中国投资年鉴

2011

CHINA INVESTMENT YEARBOOK

中国计划出版社

图书在版编目（C I P）数据

中国投资年鉴．2011/《中国投资年鉴》编辑委员会编，—北京：中国计划出版社，2012.5
ISBN 978-7-80242-768-6

I．①中… II．①中… III．①投资-中国-2011-年鉴 IV．①F832.48-54

中国版本图书馆CIP数据核字（2012）第094380号

中国投资年鉴2011

《中国投资年鉴》编辑委员会 编

☆

中国计划出版社出版
（地址：北京市西城区木樨地北里甲11号国宏大厦C座4层）
（邮政编码：100038　电话：63906433　63906381）
新华书店北京发行所发行
北京市凯鑫彩色印刷有限公司

787×1092毫米　1/16　49.50印张 1400千字
2012年6月第一版　2012年6月第一次印刷
印数1—2000册

☆

ISBN 978-7-80242-768-6
定价：680.00元

《中国投资年鉴》编辑委员会

李宝卿	山西省发展改革委主任	初　鹏	中国石油化工集团公司发展计划部副主任
陈元先	中国航空工业集团公司副总经济师	陈俐民	西安市经委主任
张东生	国家发展改革委就业和收入分配司司长	张　工	北京市发展改革委委主任
张汉亚	中国投资协会会长	张志强	天津市发展改革委主任
张金铸	福建省经贸委副主任	张维宁	河南省发展改革委主任
张守成	青海省经委原主任	张光进	陕西省发展改革委副主任
张海东	民航局规划司副司长	张晓刚	鞍山钢铁集团公司原总经理
沈小平	河北省发展改革委主任	沈卫国	安徽省发展改革委主任
沈晓钟	重庆市发展改革委副主任	沈传立	青海省发展改革委副主任
余和平	西藏自治区发展改革委副书记、副主任	余自	攀枝花钢铁（集团）公司总经理
余楚媛	搜狐公司联席总裁兼首席财务官	杨伊波	新疆自治区发展改革委副主任
杨贵民	铁道部发展计划司司长	沙先华	中国长江三峡集团公司副总经理
周建平	国家发展改革委国民经济动员办公室主任	周学文	水利部总规划师
范恒山	国家发展改革委地区经济司司长	郄建伟	国家粮食局副局长
郑栅洁	福建省发展改革委党组副书记、副主任	罗云毅	国家发展改革委投资研究所所长
赵家荣	国家发展改革委副秘书长、资源节约和环境保护司司长		
赵庆波	国家电网公司发展部主任	胡祖才	国家发展改革委副秘书长、社会司司长
胡成栋	哈尔滨市发展改革委副主任	姚昌恬	国家林业局发展规划与资金管理司原司长
姜　周	大连市发展改革委市长助理、主任	徐水师	中国煤炭地质总局局长
徐　莹	江苏省发展改革委副主任	袁进琳	宁夏回族自治区发展改革委主任
秦　柯	山东省发展改革委副主任	贾　康	财政部财政科学研究所所长
隋　斌	农业部发展计划司副司长	章远新	广西省发展改革委主任
梁铁城	内蒙古自治区发展改革委主任	黄晓舟	厦门市发改委党组成员、副巡视员
黄春旺	中国国旅集团有限公司总经理助理	董贺义	国家发展改革委办公厅巡视员
舒　庆	环境保护部规划财务司原司长	蒋作斌	湖南省发展改革委原主任
蒋为民	宝钢集团有限公司总经理助理	韩　勇	海南省工业和信息化厅副厅长
彭　林	沈阳市发展改革委主任	程晓蔚	南京市发展改革委副主任
窦　皓	中国国际工程咨询公司副总经理	裴伟东	辽宁省发展改革委副主任
蔡　勇	广东省经贸委副主任	谭成旭	辽宁省经济和信息化委员会副主任
臧秋华	甘肃省发展改革委副主任	潘建国	广州市发展改革委主任
魏国旗	国家海洋局政策法规和规划司助理巡视员		

《中国投资年鉴》主办与编辑名单

主　　管：国家发展和改革委员会

主办单位：中国投资协会
中国投资学会
国家发展和改革委员会投资研究所
财政部财政科学研究所

主编单位：《中国投资》杂志社

总 编 辑：刘慧勇　罗云毅　贾　康

总 策 划：张汉亚　董景良　程北平

副总编辑：苏　明　程　选　张长春

编辑部主任：肖静秋

办 公 室：武雪龚

编辑人员：张锦霞　张　梅　牛艳宇　金嘉文　闫建军

2011年《中国投资年鉴》编辑说明

2011年，中国进入“十二五”时期的开局之年。中国人民继续高举中国特色社会主义伟大旗帜，以邓小平理论和“三个代表”重要思想为指导，深入贯彻落实科学发展观，以科学发展为主题，以加快转变经济发展方式为主线，实施积极的财政政策和稳健的货币政策，加快推进经济结构调整，着力保障和改善民生，不断深化改革开放，保持经济平稳较快发展，促进社会和谐稳定。

“十二五”是全面建设小康社会的关键时期，是深化改革开放、加快转变经济发展方式的攻坚时期。中国发展的有利条件和长期向好的趋势没有改变，工业化、信息化、城镇化、市场化、国际化深入发展，政府宏观调控和应对重大挑战的能力明显增强，社会大局坚实稳定。综合判断国际国内形势，中国发展仍处于可以大有作为的重要战略机遇期。

作为记录国家投资和经济发展历程的《中国投资年鉴》，通过宏观经济、行业投资、地区发展、投资政策等栏目，翔实地反映了我国2010年及“十一五”时期的经济发展和变革，展示了2011年的政策导向，是中国经济持续较快发展的有力佐证。

《中国投资年鉴》步入第十一个年头，已成为广大读者工作、学习重要的参考和工具书。为使《中国投资年鉴》办的更好，我们诚恳欢迎广大读者提出宝贵意见和建议，积极和编辑部互动，反映地方和企业发展情况。

按往年惯例，本卷《中国投资年鉴》数据部分仍为上年全年的完整资料，其他栏目资料截止到2011年10月底，具有较好的时效性。

《中国投资年鉴》编辑部

2011年12月

目　　录

特　载

第一部分　宏观经济

第二部分　行业发展与投资

农、林、水、资源、环境

第四部分　财政与金融

第五部分　节能减排与循环经济

第六部分　利用外资和境外投资

第七部分　国家发展政策

部门发展政策

第八部分　投资法规

国家法规

部门法规

第九部分　投资统计

附　录

特载

紧紧抓住历史机遇 切实加大工作力度 推动战略性新兴产业快速健康发展

——胡锦涛在中共中央政治局第二十九次集体学习时的讲话

中共中央政治局就培育发展战略性新兴产业研究进行第二十九次集体学习。中共中央总书记胡锦涛在主持学习时强调，加快培育发展战略性新兴产业，对实现经济社会全面协调可持续发展，对全面建设小康社会、加快推进社会主义现代化具有重要战略意义。要深入贯彻落实科学发展观，面向经济社会发展重大需求，处理好市场基础性作用和政府引导推动的关系、整体推进和重点突破的关系、立足当前和着眼长远的关系，发挥企业主体作用，加大政策扶持力度，深化体制机制改革，着力营造良好环境，强化科技成果产业化，推动战略性新兴产业快速健康发展。

他指出，加快培育发展战略性新兴产业是加快转变经济发展方式的必然要求，是努力掌握国际经济竞争主动的必然要求，是加快建设创新型国家的必然要求，关系经济社会发展全局。加快培育发展战略性新兴产业，有利于我们充分发挥科技引领作用、在更高起点上形成新的经济增长点、提高经济增长质量和效益，有利于我们抓住国际产业调整转移和生产要素优化重组的时机、加快形成参与国际经济合作和竞争新优势，有利于我们有效吸引、集聚、整合创新资源，加强经济社会发展创新驱动。我们一定要紧紧抓住历史机遇，切实加大工作力度，把战略性新兴产业加快培育成为先导产业和支柱产业。

胡锦涛要求抓好以下重点工作的落实。第一，着力实现重点领域突破，综合考虑我国国情和科技、产业基础，根据战略性新兴产业发展阶段和特点，在统筹规划、系统布局、协调推进的同时，选择最有基础和条件的领域进行重点突破，加快形成竞争优势。第二，着力增强自主创新能力，完善以企业为主体、市场为导向、产学研相结合的技术创新体系，发挥国家科技重大专项核心引领作用，结合实施产业发展规划，强化企业技术创新能力建设，建设产业创新支撑体系，加快培养造就高素质人才，集中力量突破一批支撑战略性新兴产业发展的关键共性技术。第三，着力培育市场需求，组织实施惠及民生的重大应用示范工程，支持市场拓展和商业模式创新，鼓励先进低碳技术应用，完善标准体系和市场准入制度，加快建立有利于战略性新兴产业发展的行业标准和重要产品技术标准体系，为企业开拓市场创造必要条件。第四，着力深化国际合作，坚持“引进来”和“走出去”相结合，以更加有效的措施推进更加广泛和深入的国际科技交流合作，更好利用全球科技成果和智力资源，支持我国战略性新兴产业领域的重点产品、技术、服务开拓国际市场，支持我国企业培育国际化品牌，引导外资投向战略性新兴产业，推动形成合作发展新格局。第五，着力强化政策扶持，发挥我国社会主义制度能够集中力量办大事的政治优势，借鉴发达国家经验，紧紧围绕加快培育发展战略性新兴产业的目标和任务，建立健全科学、合理、有效的政策保障体系，调动各方面积极性，集聚创新资源，形成发展合力。

胡锦涛强调，加快培育发展战略性新兴产业是我国经济社会发展的重大战略任务。各级党委和政府要切实负起责任，把这项工作摆上重要议事日程，把国家总体部署同本地区本部门实际紧密结合起来，加强组织领导和统筹协调，加大政策支持力度，加强规划编制、政策落实等工作协调指导，加快推进相关领域改革，遵循规律，因地制宜，努力完成加快培育发展战略性新兴产业各项目标任务。

政府工作报告

2011年3月5日第十一届全国人民代表大会第四次会议

国务院总理　温家宝

我代表国务院，向大会作政府工作报告，请各位代表审议，并请全国政协委员提出意见。

一、“十一五”时期国民经济和社会发展的回顾

“十一五”时期是我国发展进程中极不平凡的五年。面对国内外复杂形势和一系列重大风险挑战，中国共产党团结带领全国各族人民，全面推进改革开放和现代化建设，国家面貌发生了历史性变化。

——这五年，我国社会生产力、综合国力显著提高。我们有效应对国际金融危机冲击，保持经济平稳较快发展，胜利完成“十一五”规划的主要目标和任务，国民经济迈上新的台阶。国内生产总值达到39.8万亿元，年均增长11.2%，财政收入从3.16万亿元增加到8.31万亿元。载人航天、探月工程、超级计算机等前沿科技实现重大突破。国防和军队现代化建设取得重大成就。

——这五年，各项社会事业加快发展、人民生活明显改善。教育、科技、文化、卫生、体育事业全面进步。城镇新增就业5771万人，转移农业劳动力4500万人；城镇居民人均可支配收入和农村居民人均纯收入年均分别实际增长9.7%和8.9%；覆盖城乡的社会保障体系逐步健全。

——这五年，改革开放取得重大进展。重点领域和关键环节改革实现新突破，社会主义市场经济体制更加完善。去年对外贸易总额达到2.97万亿美元，开放型经济水平快速提升。

——这五年，我国国际地位和影响力显著提高。我们在国际事务中发挥重要的建设性作用，有力维护国家主权、安全和发展利益，全方位外交取得重大进展。我们成功举办北京奥运会、上海世博会，实现了中华民族的百年梦想。

这些辉煌成就，充分显示了中国特色社会主义的优越性，展现了改革开放的伟大力量，极大增强了全国各族人民的自信心和自豪感，增强了中华民族的凝聚力和向心力，必将激励我们在新的历史征程上奋勇前进。

五年来，我们主要做了以下工作：

（一）加强和改善宏观调控，促进经济平稳较快发展。我们注重把握宏观调控的方向、重点和力度，牢牢掌握经济工作的主动权。“十一五”前期，针对投资增长过快、贸易顺差过大、流动性过剩，以及结构性、输入性物价上涨等问题，采取正确的政策措施，有效防止了苗头性问题演变成趋势性问题、局部性问题演变成全局性问题。近两年，面对百年罕见的国际金融危机冲击，我们沉着应对，科学决策，果断实行积极的财政政策和适度宽松的货币政策。坚持实施一揽子计划，大规模增加政府支出和实行结构性减税，大范围实施重点产业调整振兴规划，大力推进自主创新和加强科技支撑，大幅度提高社会保障水平。坚持扩大内需的战略方针，采取鼓励消费的一系列政策措施，增加城乡居民特别是低收入群众收入，消费规模持续扩大，结构不断升级。实施两年新增4万亿元的投资计划，其中，新增中央投资1.18万亿元。保障性安居工程、农村民生工程和社会事业投资占43.7%，自主创新、结构调整、节能减排和生态建设占15.3%，重大基础设施建设占23.6%，灾后恢复重建占14.8%。政府投资引导带动社会投资，国内需求大幅增加，有效弥补外需缺口，较短时间内扭转经济增速下滑趋势，在世界率先实现回升向好，既战胜了特殊困难、有力地保障和改善了民生，又为长远发展奠定了坚实基础。

（二）毫不放松地做好“三农”工作，巩固和加强农业基础。中央财政“三农”投入累计近3万亿元，年均增幅超过23%。彻底取消农业税和各种收费，结束了农民种田交税的历史，每年减轻农民负担超过1335亿元。建立种粮农民补贴制度和主产区利益补偿机制，农民的生产补贴资金去年达到1226亿元。对重点粮食品种实行最低收购价和临时收储政策，小麦、稻谷最低收购价提高了25%到40%。严格保护耕地。着力推进农业科技进步。粮食产量屡创历史新高，去年达到54641万吨，连续7年增产；农民人均纯收入达到5919元，实现持续较快增长。农村综合改革稳步推进，集体林权制度改革、国有农场管理体制改革全面推开。农业农村基础设施加快建设，完成7356座大中型和重点小型水库除险加固，解决2.15亿农村人口饮水安全问题，农民的日子越过越好，农村发展进入一个新时代。

（三）大力推进经济结构调整，提高经济增长质量和效益。一是加快产业结构调整和自主创新。积极推进企业技术改造和兼并重组，工业特别是装备制造业总体水平和竞争力明显提高。战略性新兴产业迅速成长。加快建设国家创新体系，实施知识创新工程和技术创新工程，突破了一批产业发展急需的前沿技术、核心技术和关键装备技术，一大批科研成果实现了产业化。服务业快速发展，在国内生产总值中占比提高2.5个百分点。基础设施建设明显加快，五年建成铁路新线1.6万公里，新增公路63.9万公里，其中高速公路3.3万公里，新建、改扩建机场33个，新建和加固堤防1.7万公里。二是扎实推进节能减排、生态建设和环境保护。提出到2020年我国控制温室气体排放行动目标和政策措施，制定实施节能减排综合性工作方案。大力发展清洁能源，新增发电装机容量4.45亿千瓦，其中水电9601万千瓦、核电384万千瓦。关停小火电机组7210万千瓦，淘汰了一批落后的煤炭、钢铁、水泥、焦炭产能。推进林业重点生态工程建设，完成造林2529万公顷。综合治理水土流失面积23万平方公里，加强重点流域水污染防治、大气污染防治和工业“三废”治理。大力发展循环经济。五年累计，单位国内生产总值能耗下降19.1%，化学需氧量、二氧化硫排放量分别下降12.45%、14.29%。三是促进区域经济协调发展。落实区域发展总体战略，颁布实施全国主体功能区规划，制定西部大开发新十年指导意见和一系列区域发展规划，推出促进西藏和四省藏区、新疆等民族地区跨越式发展的新举措。中西部和东北地区发展加快，经济增速等主要指标超过全国平均水平；东部地区经济结构不断优化，自主创新和竞争力逐步提高；地区间基本公共服务差距趋于缩小，各具特色的区域发展格局初步形成。

（四）坚定不移深化改革开放，增强经济社会发展内在活力。财政转移支付制度逐步完善，县级基本财力保障机制初步建立。增值税转型全面实施，成品油价格和税费改革顺利推进，资源税改革启动试点，内外资企业税制全面统一。国有大型商业银行股份制改革顺利完成，政策性金融机构改革、农村信用社改革积极推进；平稳解决上市公司股权分置问题，创业板、股指期货和融资融券顺利推出，债券市场稳步发展；深入推进保险业改革开放；人民币汇率形成机制改革有序推进，跨境贸易人民币结算试点不断扩大。国有企业公司制股份制改革、国有资产监管体制改革取得积极进展。邮政体制改革加快推进。制定实施促进中小企业发展和民间投资的一系列政策，非公有制经济发展环境不断改善，多种所有制经济共同发展。

不断拓展对外开放的广度和深度。进出口总额年均增长15.9%，结构不断优化。贸易顺差连续两年下降，2010年比上年减少6.4%。利用外资水平进一步提高。企业“走出去”步伐明显加快，累计对外直接投资2200亿美元，对外工程承包和劳务合作营业额3352亿美元。积极参与全球经济治理机制改革和区域合作机制建设，多边、双边经贸合作继续深化。对外援助规模持续扩大。对外开放有力促进了经济发展和结构调整，增加了就业，吸收了先进技术和管理经验，大大提高了我国的国际地位。

（五）加快发展社会事业，切实保障和改善民生。始终坚持经济发展与社会发展相协调，围绕改善民生谋发展。把就业放在经济社会发展的优先位置。加强职业培训和就业服务，促进高校毕业生、农村转移劳动力、城镇就业困难人员就业，做好退役军人就业安置工作。实施劳动合同法和就业促进法，普遍提高最低工资标准，推动建立和谐劳动关系。覆盖城乡的社会保障体系建设取得突破性进展，城镇职工基本养老保险实现省级统筹，实施养老保险关系跨省转移接续办法，连续7年提高企业退休人员基本养老金水平，年均增长10%，新型农村社会养老保险试点覆盖24%的县。积极稳妥推进医药卫生体制改革，全面建立城镇居民基本医疗保险制度、新型农村合作医疗制度，惠及12.67亿城乡居民。最低生活保障制度实现全覆盖，城乡社会救助体系基本建立，社会福利、优抚安置、慈善和残疾人事业取得新进展。全国社会保障基金积累7810亿元，比五年前增加5800多亿元。大力实施保障性住房建设和棚户区改造，使1100万户困难家庭住上了新房。我们要持之以恒，努力让全体人民老有所养、病有所医、住有所居。

制定和实施国家中长期教育改革和发展规划纲要。五年全国财政教育支出累计4.45万亿元，年均增长22.4%。全面实现城乡免费义务教育，所有适龄儿童都能“不花钱、有学上”。义务教育阶段教师绩效工资制度全面实施。中等职业教育对农村经济困难家庭、城市低收入家庭和涉农专业的学生实行免费。加快实施国家助学制度，财政投入从2006年的18亿元增加到2010年的306亿元，覆盖面从高等学校扩大到中等职业学校和普通高中，共资助学生2130万名，还为1200多万名义务教育寄宿生提供生活补助。加快农村中小学危房改造和职业教育基础设施建设。全面提高高等教育质量和水平，增强高校创新能力。制定并实施国家中长期科学和技术发展规划纲要，中央财政科技投入6197亿元，年均增长22.7%，取得了一系列重大成果。大力加强基层医疗卫生服务能力建设。国家财政安排专项资金，改造和新建2.3万所乡镇卫生院、1500所县医院、500所县中医院和1000所县妇幼保健院，建立了2400所社区卫生服务中心。制定并实施国家中长期人才发展规划纲要。人口规划目标顺利实现。文化体制改革取得重要进展。公共文化服务体系建设明显加快，文化产业蓬勃发展。哲学社会科学和新闻出版、广播影视、文学艺术繁荣进步。城乡公共体育设施建设加快，全民健身活动蔚然成风。法制建设全面推进，“五五”普法顺利完成。创新和加强社会管理，社会保持和谐稳定。

抗击汶川特大地震等严重自然灾害的斗争取得重大胜利，汶川灾后恢复重建三年任务两年基本完成，玉树强烈地震和舟曲特大山洪泥石流灾后恢复重建有序推进。经过灾难的洗礼，中国人民更加成熟、自信、坚强，中华民族百折不挠、自强不息的伟大精神不可战胜。

五年来，我们不断深化行政管理体制改革，加快转变政府职能，全面完成了新一轮政府机构改革，深入推进依法行政，建设法治政府和服务型政府，推进政务公开，加强行政问责，坚持不懈地开展反腐败斗争，政府自身建设取得积极进展。

过去五年，我们是一步一个脚印走过来的，中国人民有理由为此感到自豪！五年的成绩来之不易。这是以胡锦涛同志为总书记的党中央总揽全局、正确领导的结果，是全党全国各族人民共同努力奋斗的结果。在这里，我代表国务院，向全国各族人民，向各民主党派、各人民团体和各界人士，表示诚挚感谢！向香港特别行政区同胞、澳门特别行政区同胞、台湾同胞和海外侨胞，表示诚挚感谢！向关心和支持中国现代化建设的各国政府、国际组织和各国朋友，表示诚挚感谢！

我们清醒地认识到，我国发展中不平衡、不协调、不可持续的问题依然突出。主要是：经济增长的资源环境约束强化，投资与消费关系失衡，收入分配差距较大，科技创新能力不强，产业结构不合理，农业基础仍然薄弱，城乡区域发展不协调，就业总量压力和结构性矛盾并存，制约科学发展的体制机制障碍依然较多；服务业增加值和就业比重、研究与试验发展经费支出占国内生产总值比重没有完成“十一五”规划目标。一些群众反映强烈的问题没有根本解决，主要是：优质教育、医疗资源总量不足、分布不均；物价上涨压力加大，部分城市房价涨幅过高；违法征地拆迁等引发的社会矛盾增多；食品安全问题比较突出；一些领域腐败现象严重。我们一定要以对国家和人民高度负责的精神，通过艰苦细致的工作和坚持不懈的努力，加快解决这些问题，让人民满意！

回顾“十一五”时期的政府工作，我们进一步加深了以下几个方面的认识和体会。

一是必须坚持科学发展。我们战胜各种严峻挑战，靠的是发展；各领域取得的一切成就和进步，靠的是发展；解决前进道路上的困难和问题，仍然要靠发展。我国仍处于并将长期处于社会主义初级阶段，必须坚持以经济建设为中心，坚持科学发展。要以人为本，把保障和改善民生作为一切工作的出发点和落脚点，坚定不移走共同富裕道路，使发展成果惠及全体人民；坚持统筹兼顾，促进城乡、区域、经济社会协调发展；加快转变经济发展方式，大力推进自主创新，节约资源和保护环境，使经济社会发展与人口资源环境相协调，提高发展的全面性、协调性和可持续性。

二是必须坚持政府调控与市场机制有机统一。健全的市场机制，有效的宏观调控，都是社会主义市场经济体制不可或缺的重要组成部分。市场作用多一些还是政府作用多一些，必须相机抉择。在应对国际金融危机冲击中，我们加强和改善宏观调控，及时纠正市场扭曲，弥补市场失灵，防止经济出现大的起落，实践证明是完全正确的。我们必须不断完善社会主义市场经济体制，充分发挥市场在资源配置中的基础性作用，激发经济的内在活力，同时，科学运用宏观调控手段，促进经济长期平稳较快发展。

三是必须坚持统筹国内国际两个大局。在经济全球化深入发展和对外开放不断深化的条件下，我国经济同世界经济的联系日益紧密，互动和依存不断增强。必须树立世界眼光，加强战略思维，善于从国际形势发展变化中充分把握发展机遇，稳妥应对风险挑战，利用好国内国际两个市场、两种资源，统筹处理好国内发展与对外开放关系，真正做到内外兼顾、均衡发展。

四是必须坚持把改革开放作为经济社会发展的根本动力。改革开放是实现国家强盛、人民幸福的必由之路，必须贯穿社会主义现代化建设全过程。我们要以更大的决心和勇气推进改革，提高改革决策的科学性，增强改革措施的协调性，全面推进经济、政治、文化、社会等各方面改革创新，从根本上破除体制机制障碍，最大限度解放和发展生产力，促进社会公平正义。要坚持把改善人民生活作为正确处理改革发展稳定关系的结合点，把改革的力度、发展的速度和社会可承受的程度统一起来，以改革促进和谐稳定，确保人民安居乐业、社会安宁有序、国家长治久安。

二、“十二五”时期的主要目标和任务

根据《中共中央关于制定国民经济和社会发展第十二个五年规划的建议》，我们编制了《国民经济和社会发展第十二个五年规划纲要（草案）》，提交大会审议。

“十二五”是全面建设小康社会的关键时期，是深化改革开放、加快转变经济发展方式的攻坚时期。从国际看，世界多极化、经济全球化深入发展，和平、发展、合作仍是时代潮流。国际金融危机影响深远，世界经济结构加快调整，全球经济治理机制深刻变革，科技创新和产业转型孕育突破，发展中国家特别是新兴市场国家整体实力步入上升期。从国内看，我国发展的有利条件和长期向好的趋势没有改变，工业化、信息化、城镇化、市场化、国际化深入发展，市场需求潜力巨大，资金供给充裕，科技和教育水平整体提升，劳动力素质提高，基础设施日益完善，政府宏观调控和应对重大挑战的能力明显增强，社会大局保持稳定。综合判断国际国内形势，我国发展仍处于可以大有作为的重要战略机遇期。

我们要高举中国特色社会主义伟大旗帜，以邓小平理论和“三个代表”重要思想为指导，深入贯彻落实科学发展观，适应国内外形势新变化，顺应各族人民过上更好生活新期待，以科学发展为主题，以加快转变经济发展方式为主线，深化改革开放，保障和改善民生，巩固和扩大应对国际金融危机冲击成果，促进经济长期平稳较快发展和社会和谐稳定，为全面建成小康社会打下具有决定性意义的基础。

——我们要推动经济发展再上新台阶。今后五年，我国经济增长预期目标是在明显提高质量和效益的基础上年均增长7%。按2010年价格计算，2015年国内生产总值将超过55万亿元。要继续加强和改善宏观调控，保持价格总水平基本稳定，把短期调控政策和长期发展政策结合起来，坚持实施扩大内需战略，充分挖掘我国内需的巨大潜力，加快形成消费、投资、出口协调拉动经济增长的新局面。

——我们要加快转变经济发展方式和调整经济结构。坚持走中国特色新型工业化道路，推动信息化和工业化深度融合，改造提升制造业，培育发展战略性新兴产业。加快发展服务业，服务业增加值在国内生产总值中的比重提高4个百分点。积极稳妥推进城镇化，城镇化率从47.5%提高到51.5%，完善城市化布局和形态，不断提升城镇化的质量和水平。继续加强基础设施建设，进一步夯实经济社会发展基础。大力发展现代农业，加快社会主义新农村建设。深入实施区域发展总体战略和主体功能区战略，逐步实现基本公共服务均等化。促进城乡、区域良性互动，一二三产业协调发展。

——我们要大力发展社会事业。坚持优先发展教育，稳步提升全民受教育程度。坚持自主创新、重点跨越、支撑发展、引领未来的方针，完善科技创新体系和支持政策，着力推进重大科学技术突破。研究与试验发展经费支出占国内生产总值比重达到2.2%，促进科技成果更好地转化为生产力。适应现代化建设需要，加强人

才培养，努力造就规模宏大的高素质人才队伍。大力加强文化建设，推动文化改革发展实现新跨越，满足人民群众不断增长的精神文化需求。大力发展体育事业。进一步深化医药卫生体制改革，健全基本医疗卫生制度，加快实现人人享有基本医疗卫生服务的目标。创新社会管理体制机制，加强社会管理法律、体制、能力建设，确保社会既充满活力又和谐稳定。

——我们要扎实推进资源节约和环境保护。积极应对气候变化。加强资源节约和管理，提高资源保障能力，加大耕地保护、环境保护力度，加强生态建设和防灾减灾体系建设，全面增强可持续发展能力。非化石能源占一次能源消费比重提高到11.4%，单位国内生产总值能耗和二氧化碳排放分别降低16%和17%，主要污染物排放总量减少8%至10%，森林蓄积量增加6亿立方米，森林覆盖率达到21.66%。切实加强水利基础设施建设，推进大江大河重要支流、湖泊和中小河流治理，明显提高基本农田灌溉、水资源有效利用水平和防洪能力。

——我们要全面改善人民生活。坚持把增加就业作为经济社会发展的优先目标，为全体劳动者创造公平的就业机会，五年城镇新增就业4500万人。坚持和完善按劳分配为主体、多种分配方式并存的分配制度，努力实现居民收入增长和经济发展同步、劳动报酬增长和劳动生产率提高同步，逐步提高居民收入在国民收入分配中的比重，提高劳动报酬在初次分配中的比重，加快形成合理的收入分配格局。城镇居民人均可支配收入和农村居民人均纯收入年均实际增长超过7%。提高扶贫标准，减少贫困人口。加快完善社会保障制度，进一步提高保障水平。城乡基本养老、基本医疗保障制度实现全覆盖，提高并稳定城乡三项基本医疗保险参保率，政策范围内的医保基金支付水平提高到70%以上，全国城镇保障性住房覆盖面达到20%左右。坚持计划生育基本国策，逐步完善政策，促进人口长期均衡发展，人均预期寿命提高1岁，达到74.5岁。

——我们要全面深化改革开放。更加重视改革顶层设计和总体规划，大力推进经济体制改革，积极稳妥地推进政治体制改革，加快推进文化体制、社会体制改革，不断完善社会主义市场经济体制，扩大社会主义民主，完善社会主义法制，使上层建筑更加适应经济基础发展变化，为科学发展提供有力保障。坚持和完善基本经济制度，营造各种所有制经济依法平等使用生产要素、公平参与市场竞争、同等受到法律保护的体制环境。加快财税金融体制改革，积极构建有利于转变经济发展方式的财税体制，构建组织多元、服务高效、监管审慎、风险可控的金融体系。深化资源性产品价格和环保收费改革，建立健全能够灵活反映市场供求关系、资源稀缺程度和环境损害成本的资源性产品价格形成机制。实施更加积极主动的开放战略，培育参与国际合作与竞争新优势，进一步形成互利共赢的开放新格局。

——我们要不断加强政府自身改革建设。政府的一切权力都是人民赋予的，必须对人民负责，为人民谋利益，接受人民监督；必须最广泛地动员和组织人民依法管理国家和社会事务，管理经济和文化事业；必须坚持依法治国基本方略，加强维护群众利益的法制建设，推进依法行政；必须实行科学、民主决策，建立健全决策、执行、监督既相互制约又相互协调的运行机制，确保权力正确行使；必须从制度上改变权力过分集中而又得不到制约的状况，坚决惩治和预防腐败；必须保障人民的民主权利和合法权益，维护社会公平正义。

总之，经过未来五年努力，实现“十二五”规划的各项目标，我国的综合国力就会有更大的提升，人民生活就会有更大的改善，国家面貌就会发生更大的变化。

三、2011年的工作

2011年，是“十二五”开局之年，做好今年的工作对于完成“十二五”各项目标任务至关重要。过去一年，我们的各项工作取得了很大成绩。国内生产总值增长10.3%，居民消费价格涨幅控制在3.3%，城镇新增就业1168万人，国际收支状况有所改善。这为做好今年的工作打下了良好基础。

今年，我国发展面临的形势仍然极其复杂。世界经济将继续缓慢复苏，但复苏的基础不牢。发达经济体经济增长乏力，失业率居高难下，一些国家主权债务危机隐患仍未消除，主要发达经济体进一步推行宽松货币政策，全球流动性大量增加，国际大宗商品价格和主要货币汇率加剧波动，新兴市场资产泡沫和通胀压力加大，保护主义继续升温，国际市场竞争更加激烈，不稳定不确定因素仍然较多。我国经济运行中一些长期问题和短期问题相互交织，体制性矛盾和结构性问题叠加在一起，加大了宏观调控难度。我们要准确判断形势，保持清醒头脑，增强忧患意识，做好应对风险的准备。

今年国民经济和社会发展的主要预期目标是：国

内生产总值增长8%左右；经济结构进一步优化；居民消费价格总水平涨幅控制在4%左右；城镇新增就业900万人以上，城镇登记失业率控制在4.6%以内；国际收支状况继续改善。总的考虑是，为转变经济发展方式创造良好环境，引导各方面把工作着力点放在加快经济结构调整、提高发展质量和效益上，放在增加就业、改善民生、促进社会和谐上。

实现上述目标，要保持宏观经济政策的连续性、稳定性，提高针对性、灵活性、有效性，处理好保持经济平稳较快发展、调整经济结构、管理通胀预期的关系，更加注重稳定物价总水平，防止经济出现大的波动。

继续实施积极的财政政策。保持适当的财政赤字和国债规模。今年拟安排财政赤字9000亿元，其中中央财政赤字7000亿元，继续代地方发债2000亿元并纳入地方预算，赤字规模比上年预算减少1500亿元，赤字率下降到2%左右。要着力优化财政支出结构，增加“三农”、欠发达地区、民生、社会事业、结构调整、科技创新等重点支出；压缩一般性支出，严格控制党政机关办公楼等楼堂馆所建设，出国（境）经费、车辆购置及运行费、公务接待费等支出原则上零增长，切实降低行政成本。继续实行结构性减税。依法加强税收征管。对地方政府性债务进行全面审计，实施全口径监管，研究建立规范的地方政府举债融资机制。

实施稳健的货币政策。保持合理的社会融资规模，广义货币增长目标为16%。健全宏观审慎政策框架，综合运用价格和数量工具，提高货币政策有效性。提高直接融资比重，发挥好股票、债券、产业基金等融资工具的作用，更好地满足多样化投融资需求。着力优化信贷结构，引导商业银行加大对重点领域和薄弱环节的信贷支持，严格控制对“两高”行业和产能过剩行业贷款。进一步完善人民币汇率形成机制。密切监控跨境资本流动，防范“热钱”流入。加强储备资产的投资和风险管理，提高投资收益。

今年，重点要做好以下几方面工作。

（一）保持物价总水平基本稳定

当前，物价上涨较快，通胀预期增强，这个问题涉及民生、关系全局、影响稳定。要把稳定物价总水平作为宏观调控的首要任务，充分发挥我国主要工业品总体供大于求、粮食库存充裕、外汇储备较多等有利条件，努力消除输入性、结构性通胀因素的不利影响，消化要素成本上涨压力，正确引导市场预期，坚决抑制价格上涨势头。要以经济和法律手段为主，辅之以必要的行政手段，全面加强价格调控和监管。一是有效管理市场流动性，控制物价过快上涨的货币条件。把握好政府管理商品和服务价格的调整时机、节奏和力度。二是大力发展生产，保障主要农产品、基本生活必需品、重要生产资料的生产和供应。落实“米袋子”省长负责制和“菜篮子”市长负责制。三是加强农产品流通体系建设，积极开展“农超对接”，畅通鲜活农产品运输“绿色通道”。完善重要商品储备制度和主要农产品临时收储制度，把握好国家储备吞吐调控时机，搞好进出口调节，增强市场调控能力。四是加强价格监管，维护市场秩序。特别要强化价格执法，严肃查处恶意炒作、串通涨价、哄抬价格等不法行为。五是完善补贴制度，建立健全社会救助和保障标准与物价上涨挂钩的联动机制，绝不能让物价上涨影响低收入群众的正常生活。

（二）进一步扩大内需特别是居民消费需求

扩大内需是我国经济发展的长期战略方针和基本立足点，也是促进经济均衡发展的根本途径和内在要求。

积极扩大消费需求。继续增加政府用于改善和扩大消费的支出，增加对城镇低收入居民和农民的补贴。继续实施家电下乡和以旧换新政策。加强农村和中小城市商贸流通、文化体育、旅游、宽带网络等基础设施建设。大力促进文化消费、旅游消费和养老消费。推动农村商业连锁经营和统一配送，优化城镇商业网点布局，积极发展电子商务、网络购物、地理信息等新型服务业态。大力整顿和规范市场秩序，切实维护消费者权益。深入开展打击侵犯知识产权和制售假冒伪劣商品的专项治理行动。

大力优化投资结构。认真落实国务院关于鼓励引导民间投资新36条，抓紧制定公开透明的市场准入标准和支持政策，切实放宽市场准入，真正破除各种有形和无形的壁垒，鼓励和引导民间资本进入基础产业和基础设施、市政公用事业、社会事业、金融服务等领域，推动民营企业加强自主创新和转型升级，鼓励和引导民间资本重组联合和参与国有企业改革，加强对民间投资的服务、指导和规范管理，促进社会投资稳定增长和结构优化。充分发挥政府投资对结构调整的引导作用，优先保证重点在建、续建项目的资金需求，有序启动“十二五”规划重大项目建设。防止盲目投资和重复建设。严格执行投资项目用地、节能、环保、安全等准入标准，提高投资质量和效益。

（三）巩固和加强农业基础地位

坚持把“三农”工作放在重中之重，在工业化、城镇化深入发展中同步推进农业现代化，巩固和发展农业农村好形势。

确保农产品供给，多渠道增加农民收入。要把保障粮食安全作为首要目标，毫不放松地抓好农业生产。稳定粮食种植面积，支持优势产区生产棉花、油料、糖料等大宗产品。大力发展畜牧业、渔业、林业。切实抓好新一轮“菜篮子”工程建设，大中城市郊区要有基本的菜地面积和生鲜食品供给能力。强化农业科技支撑，发展壮大农作物种业，大规模开展高产创建。继续实施粮食最低收购价政策，今年小麦最低收购价每50公斤提高5到7元，水稻最低收购价每50公斤提高9到23元。大力发展农村非农产业，壮大县域经济，提高农民职业技能和创业、创收能力，促进农民就地就近转移就业。提高扶贫标准，加大扶贫开发力度。

大兴水利，全面加强农业农村基础设施建设。重点加强农田水利建设、中小河流治理、小型水库和病险水闸除险加固以及山洪地质灾害防治。完善排灌设施，发展节水灌溉，加固河流堤岸，搞好清淤疏浚，消除水库隐患，扩大防洪库容。通过几年努力，全面提高防汛抗旱、防灾减灾能力。大力推进农村土地开发整理，大规模建设旱涝保收高标准农田，加快全国新增千亿斤粮食生产能力建设。加强农村水电路气房建设，大力改善农村生产生活条件，努力为农民建设美好家园。

国务院关于落实《政府工作报告》重点工作部门分工的意见

国发〔2011〕7号

根据党中央关于2011年工作部署和十一届全国人大四次会议通过的《政府工作报告》，为做好今年的政府工作，实现国民经济和社会发展的预期目标，现就《政府工作报告》明确的重点工作提出部门分工意见如下：

一、保持宏观经济政策的连续性和稳定性，提高针对性、灵活性、有效性

（一）继续实施积极的财政政策。保持适当的财政赤字和国债规模。2011年安排财政赤字9000亿元，其中中央财政赤字7000亿元，继续代地方发债2000亿元并纳入地方预算。着力优化财政支出结构，增加“三农”、欠发达地区、民生、社会事业、结构调整、科技创新等重点支出；压缩一般性支出，严格控制党政机关办公楼等楼堂馆所建设，出国（境）经费、车辆购置及运行费、公务接待费等支出原则上零增长，切实降低行政成本。继续实行结构性减税。依法加强税收征管。对地方政府性债务进行全面审计，实施全口径监管，研究建立规范的地方政府举债融资机制。（财政部、发展改革委、审计署、税务总局等负责。列第一位者为牵头部门，其他有关部门或单位按职责分工负责，下同）

（二）实施稳健的货币政策。保持合理的社会融资规模，广义货币增长目标为16%。健全宏观审慎政策框架，综合运用价格和数量工具，提高货币政策有效性。提高直接融资比重，发挥好股票、债券、产业基金等融资工具的作用，更好地满足多样化投融资需求。着力优化信贷结构，引导商业银行加大对重点领域和薄弱环节的信贷支持，严格控制对“两高”行业和产能过剩行业贷款。进一步完善人民币汇率形成机制。密切监控跨境资本流动，防范“热钱”流入。加强储备资产的投资和

风险管理，提高投资收益。（人民银行、金融监管机构、发展改革委等负责）

（三）保持物价总水平基本稳定。全面加强价格调控和监管。有效管理市场流动性，控制物价过快上涨的货币条件，把握好政府管理商品和服务价格的调整时机、节奏和力度。大力发展生产，保障主要农产品、基本生活必需品、重要生产资料的生产和供应，落实“米袋子”省长负责制和“菜篮子”市长负责制。加强农产品流通体系建设，积极开展“农超对接”，畅通鲜活农产品运输“绿色通道”。完善重要商品储备制度和主要农产品临时收储制度，把握好国家储备吞吐调控时机，搞好进出口调节。加强价格监管，维护市场秩序，特别要强化价格执法，严肃查处恶意炒作、串通涨价、哄抬价格等不法行为。完善补贴制度，建立健全社会救助和保障标准与物价上涨挂钩的联动机制，保障低收入群众基本生活。（发展改革委、财政部、交通运输部、铁道部、人民银行、农业部、商务部、民政部等负责）

二、进一步扩大内需特别是居民消费需求

（四）积极扩大消费需求。继续增加政府用于改善和扩大消费的支出，增加对城镇低收入居民和农民的补贴。继续实施家电下乡和以旧换新政策。加强农村和中小城市商贸流通、文化体育、旅游、宽带网络等基础设施建设。大力促进文化消费、旅游消费和养老消费。推动农村商业连锁经营和统一配送，优化城镇商业网点布局，积极发展电子商务、网络购物、地理信息等新型服务业态。大力整顿和规范市场秩序，切实维护消费者权益。深入开展打击侵犯知识产权和制售假冒伪劣商品的专项治理行动。（发展改革委、工业和信息化部、财政部、商务部、农业部、人民银行、住房城乡建设部、工商总局、质检总局、新闻出版总署、知识产权局、旅游局、测绘局等负责）

（五）大力优化投资结构。认真落实《国务院关于鼓励和引导民间投资健康发展的若干意见》（国发〔2010〕13号），抓紧制定公开透明的市场准入标准和支持政策，切实放宽市场准入，真正破除各种有形和无形的壁垒，鼓励和引导民间资本进入基础产业和基础设施、市政公用事业、社会事业、金融服务等领域，推动民营企业加强自主创新和转型升级，鼓励和引导民间资本重组联合和参与国有企业改革，加强对民间投资的服务、指导和规范管理，促进社会投资稳定增长和结构优化。充分发挥政府投资对结构调整的引导作用，优先保证重点在建、续建项目的资金需求，有序启动“十二五”规划重大项目建设。防止盲目投资和重复建设。严格执行投资项目用地、节能、环保、安全等准入标准。（发展改革委、工业和信息化部、财政部、国土资源部、环境保护部、住房城乡建设部、人民银行、国资委、安全监管总局等负责）

三、巩固和加强农业基础地位

（六）确保农产品供给，多渠道增加农民收入。毫不放松地抓好农业生产。稳定粮食种植面积，支持优势产区生产棉花、油料、糖料等大宗产品。大力发展畜牧业、渔业、林业。切实抓好新一轮“菜篮子”工程建设，大中城市郊区要有基本的菜地面积和生鲜食品供给能力。强化农业科技支撑，发展壮大农作物种业，大规模开展高产创建。继续实施粮食最低收购价政策，2011年小麦最低收购价每50公斤提高5—7元，水稻最低收购价每50公斤提高9—23元。大力发展农村非农产业，壮大县域经济，提高农民职业技能和创业、创收能力，促进农民就地就近转移就业。提高扶贫标准，加大扶贫开发力度。（农业部、发展改革委、财政部、林业局、科技部、人力资源社会保障部、扶贫办、粮食局等负责）

（七）大兴水利，全面加强农业农村基础设施建设。重点加强农田水利建设、中小河流治理、小型水库和病险水闸除险加固以及山洪地质灾害防治。完善排灌设施，发展节水灌溉，加固河流堤岸，搞好清淤疏浚，消除水库隐患，扩大防洪库容。通过几年努力，全面提高防汛抗旱、防灾减灾能力。大力推进农村土地开发整理，大规模建设旱涝保收高标准农田，加快全国新增千亿斤粮食生产能力建设。加强农村水电路气房建设，大力改善农村生产生活条件。（水利部、发展改革委、财政部、国土资源部、农业部、交通运输部、住房城乡建设部、能源局等负责）

（八）加大“三农”投入，完善强农惠农政策。财政支出重点向农业农村倾斜，确保用于农业农村的总量、增量均有提高；预算内固定资产投资重点用于农业农村基础设施建设，确保总量和比重进一步提高；土地出让收益重点投向农业土地开发、农田水利和农村基础设施建设，确保足额提取、定向使用。2011年中央财政用于“三农”的投入安排9884.5亿元。继续增加对农民的生产补贴，新增补贴重点向主产区、重点品种、专业

大户、农民专业合作组织倾斜。增加中央财政对粮食、油料、生猪调出大县的一般性转移支付，扩大奖励补助规模和范围。引导金融机构增加涉农信贷投放，确保涉农贷款增量占比不低于上年。加大政策性金融对“三农”的支持力度。健全政策性农业保险制度，建立农业再保险和巨灾风险分散机制。（财政部、发展改革委、农业部、国土资源部、人民银行、银监会、林业局、保监会等负责）

（九）深化农村改革，增强农村发展活力。坚持和完善农村基本经营制度，健全覆盖耕地、林地、草原等家庭承包经营制度。有序推进农村土地管理制度改革。探索建立耕地保护补偿机制。继续推进农村综合改革。全面实施村级公益事业建设一事一议财政奖补，大幅增加奖补资金规模。加快发展农民专业合作组织和农业社会化服务体系。2011年年底前，在全国普遍建立健全乡镇或区域性农业技术推广、动植物疫病防控、农产品质量监管等公共服务机构。（农业部、国土资源部、林业局、财政部、国务院农村综合改革工作小组、中央编办等负责）

四、加快推进经济结构战略性调整

（十）改造提升制造业。加大企业技术改造力度，重点增强新产品开发能力和品牌创建能力，提高能源资源综合利用水平、技术工艺系统集成水平，提高产品质量、技术含量和附加值。推动重点行业企业跨地区兼并重组。完善落后产能退出机制和配套政策。（工业和信息化部、发展改革委、科技部、财政部、国土资源部等负责）

（十一）加快培育发展战略性新兴产业。积极发展新一代信息技术产业，建设高性能宽带信息网，加快实现“三网融合”，促进物联网示范应用。大力推动节能环保、新能源、生物、高端装备制造、新材料、新能源汽车等产业发展。抓紧制定标准，完善政策，加强创新能力建设，发挥科技型中小企业作用，促进战略性新兴产业健康发展，加快形成生产能力和核心竞争力。（发展改革委、工业和信息化部、科技部、财政部、商务部、质检总局、广电总局等负责）

（十二）大力发展服务业。加快发展生产性服务业，积极发展生活性服务业。大力发展和提升软件产业。着力营造有利于服务业发展的市场环境，加快完善促进服务业发展的政策体系。尽快实现鼓励类服务业用电、用水、用气、用热与工业基本同价。（发展改革委牵头。只明确一个部门的，其他有关部门配合，不一一列出，下同）

（十三）加强现代能源产业和综合运输体系建设。积极推动能源生产和利用方式变革，提高能源利用效率。推进传统能源清洁利用，加强智能电网建设，大力发展清洁能源。统筹发展、加快构建便捷、安全、经济、高效的综合运输体系。（发展改革委牵头）

（十四）促进区域协调发展。全面落实各项区域发展规划。认真落实西部大开发新十年的政策措施和促进西藏、新疆等地区跨越式发展的各项举措。全面振兴东北地区等老工业基地，继续推进资源型城市转型。大力促进中部地区崛起。积极支持东部地区率先发展。加大力度支持革命老区、民族地区、边疆地区发展，颁布实施2011—2020年中国农村扶贫开发纲要，启动集中连片特殊困难地区扶贫开发攻坚工程，加快贫困地区脱贫致富步伐。坚持陆海统筹，推进海洋经济发展。（发展改革委、财政部、扶贫办、国家民委、海洋局等负责）

（十五）积极稳妥推进城镇化。加强城市基础设施和公共服务设施建设。因地制宜，分步推进，把有稳定劳动关系并在城镇居住一定年限的农民工，逐步转为城镇居民。对暂不具备落户条件的农民工，要解决好他们在劳动报酬、子女就学、公共卫生、住房租赁、社会保障等方面的实际问题。充分尊重农民在进城和留乡问题上的自主选择权，切实保护农民承包地、宅基地等合法权益。（发展改革委、住房城乡建设部、人力资源社会保障部、国土资源部、财政部、公安部、农业部、教育部、卫生部等负责）

（十六）加强节能环保和生态建设，积极应对气候变化。突出抓好工业、建筑、交通运输、公共机构等领域节能。继续实施重点节能工程。大力开展工业节能，推广节能技术，运用节能设备，提高能源利用效率。加大既有建筑节能改造投入，积极推进新建建筑节能。大力发展循环经济。推进低碳城市试点。加强适应气候变化特别是应对极端气候事件能力建设。建立完善温室气体排放和节能减排统计监测制度。加快城镇污水管网、垃圾处理设施的规划和建设，推广污水处理回用。加强化学品环境管理。启动燃煤电厂脱硝工作，深化颗粒物污染防治。加强海洋污染治理。加快重点流域水污染治理、大气污染治理、重点地区重金属污染治理和农村环境综合整治，控制农村面源污染。继续实施重大生态修复工程，加强重点生态功能区保护和管理，实施天然林资源保护二期工程，落实草原生态保护补助奖励政策，巩固退耕还林还草、退牧还草等成果，大力开展植树造林，加强湿地保护与恢复，推进荒漠化、石漠化综合治理。完善防灾减灾应急预案，加快山洪地质灾害易发区调查评价、监测预警、防治应急等体制建设。（发展改革委、环境保护部、财政部、工业和信息化部、国土资源部、住房城乡建设部、交通运输部、水利部、农业部、民政部、林业局、统计局、气象局、海洋局等负责）

五、大力实施科教兴国战略和人才强国战略

（十七）坚持优先发展教育。推动教育事业科学发展，为人们提供更加多样、更加公平、更高质量的教育。2012年财政性教育经费支出占国内生产总值比重达到4%。落实和完善国家助学制度，无论哪个教育阶段，都要确保每个孩子不因家庭经济困难而失学。（教育部、发展改革委、财政部、人力资源社会保障部负责）

（十八）加快发展学前教育。公办民办并举，增加学前教育资源，抓紧解决“入园难”问题。（教育部、发展改革委、财政部负责）

（十九）促进义务教育均衡发展。加强义务教育阶段学校标准化建设，公共资源配置重点向农村和城市薄弱学校倾斜。以流入地政府和公办学校为主，切实保障农民工随迁子女平等接受义务教育。支持民族地区教育发展，做好“双语”教学工作。支持特殊教育发展。（教育部、发展改革委、财政部、人力资源社会保障部、住房城乡建设部、国家民委负责）

（二十）全面推进素质教育。加快教育改革，切实减轻中小学生过重课业负担，注重引导和培养孩子们独立思考、实践创新能力。保证中小学生每天一小时校园体育活动。（教育部牵头）

（二十一）引导高中阶段学校和高等学校办出特色。提高教育质量，增强学生就业创业能力。加强重点学科建设，加快建设一批世界一流大学。大力发展职业教育。（教育部、发展改革委、财政部、人力资源社会保障部负责）

（二十二）全面加强人才工作。以高层次和高技能人才为重点，加快培养造就一大批创新型科技人才和急需紧缺人才。加大人才开发投入，推进重大人才工程。深化选人用人制度改革，努力营造平等公开、竞争择优的制度和社会环境，激励优秀人才脱颖而出。（人力资源社会保障部、发展改革委、教育部、科技部、财政部、国资委等负责）

（二十三）大力推进科技创新。加快实施国家科技重大专项，突破一批核心关键技术，提升重大集成创新能力。加强基础研究、前沿技术研究，增强原始创新能力。推动建立企业主导技术研发创新的体制机制。鼓励企业共同出资开展关键共性技术研发，共担风险、共享成果，对符合国家战略方向的项目，政府从政策和资金上给予支持。（科技部、发展改革委、财政部、国资委、工业和信息化部、教育部负责）

（二十四）深化科技管理体制改革。促进科技资源优化配置、高效利用和开放共享。激励科研院所、高等学校和广大科技人员以多种形式与企业合作。保持财政科技投入稳定增长，提高科研经费使用效率。坚定不移地实施国家知识产权战略，提升知识产权的创造、应用、保护、管理能力，激发全社会创新活力。（科技部、发展改革委、财政部、知识产权局负责）

六、加强社会建设和保障改善民生

（二十五）千方百计扩大就业。继续实施更加积极的就业政策。2011年中央财政投入423亿元，用于扶助和促进就业。大力发展劳动密集型产业、服务业、小型微型企业和创新型科技企业，努力满足不同层次的就业需求。继续把高校毕业生就业放在首位，做好重点人群就业工作。加强职业技能培训，鼓励自主创业。加强公共就业服务，健全统一规范灵活的人力资源市场。加快就业信息网络建设，实现全国互联互通。加强劳动保障监察执法，完善劳动争议处理机制，依法维护劳动者权益，构建和谐劳动关系。（人力资源社会保障部、发展改革委、财政部、教育部、农业部等负责）

（二十六）合理调整收入分配关系。着力提高城乡低收入群众的基本收入。稳步提高职工最低工资、企业退休人员基本养老金和城乡居民最低生活保障标准。建立健全职工工资正常增长机制，严格执行最低工资制度。加大收入分配调节力度。提高个人所得税工薪所得费用扣除标准，合理调整税率结构，切实减轻中低收入者税收负担。有效调节过高收入，加强对收入过高行业工资总额和工资水平的双重调控，严格规范国有企业、金融机构高管人员薪酬管理。大力整顿和规范收入分配

秩序，坚决取缔非法收入，加快建立收入分配监测系统。（发展改革委、财政部、民政部、人力资源社会保障部、人民银行、金融监管机构、国资委、税务总局、统计局等负责）

（二十七）加快健全覆盖城乡居民的社会保障体系。将新型农村社会养老保险试点范围扩大到全国40%的县。推进城镇居民养老保险试点，解决集体企业退休人员养老保障的历史遗留问题，建立企业退休人员基本养老金正常调整机制。积极推进机关和事业单位养老保险制度改革。将国有企业、集体企业“老工伤”人员纳入工伤保险制度。继续多渠道增加社会保障基金。加快推进社会保障管理信息化。发挥商业保险在完善社会保障体系中的作用。（人力资源社会保障部、财政部、民政部、中国残联、保监会等负责）

（二十八）进一步健全社会救助体系，发展社会福利和慈善事业。完善城乡低保制度。将孤儿养育、教育和残疾孤儿康复等纳入财政保障范围。继续推进残疾人社会保障体系和服务体系建设。大力发展慈善事业。（民政部、教育部、财政部、人力资源社会保障部、卫生部、中国残联负责）

（二十九）坚定不移地搞好房地产市场调控。加快健全房地产市场调控的长效机制，重点解决城镇中低收入家庭住房困难，切实稳定房地产市场价格，满足居民合理住房需求。2011年再开工建设保障性住房、棚户区改造住房共1000万套，改造农村危房150万户。重点发展公共租赁住房。中央财政安排补助资金1030亿元。各级政府要多渠道筹集资金，大幅度增加投入。抓紧建立保障性住房使用、运营、退出等管理制度，提高透明度，加强社会监督，保证符合条件的家庭受益。进一步落实和完善房地产市场调控政策，制定并向社会公布年度住房建设计划，在新增建设用地计划中，单列保障性住房用地，做到应保尽保。重点增加中小套型普通商品住房建设。规范发展住房租赁市场。严格落实差别化住房信贷、税收政策，调整完善房地产相关税收政策，加强税收征管，有效遏制投机投资性购房。加强房地产市场监测和市场行为监管，严厉查处各类违法违规行为。建立健全考核问责机制。稳定房价和住房保障工作实行省级人民政府负总责、市县人民政府负直接责任。加快完善巡查、考评、约谈和问责制度。（住房城乡建设部、发展改革委、财政部、国土资源部、监察部、人民银行、税务总局、银监会等负责）

（三十）在基层全面实施国家基本药物制度。建立完善基本药物保障供应体系，加强药品监管，确保用药安全，切实降低药价。（发展改革委、卫生部、人力资源社会保障部、财政部、工业和信息化部、商务部、食品药品监管局负责）

（三十一）抓好公立医院改革试点。鼓励各地在医院管理体制、医疗服务价格形成机制和监管机制等方面大胆探索。完善医疗纠纷调处机制，改善医患关系。大力发展中医药和民族医药事业，落实各项扶持政策。（卫生部、发展改革委、财政部、人力资源社会保障部、中央编办、中医药局负责）

（三十二）提高基本医疗保障水平。稳定提高城镇职工、居民医保参保率和新农合参合率。2011年把新农合和城镇居民医保财政补助标准提高到200元。（人力资源社会保障部、卫生部、财政部负责）

（三十三）完成农村三级卫生服务网络和城市社区卫生服务机构建设任务。2011年全国人均基本公共卫生服务经费标准提高到25元。加强重大传染病、慢性病、职业病、地方病和精神疾病的预防控制和规范管理。加强妇幼保健工作，继续推进妇女宫颈癌、乳腺癌免费检查和救治保障试点。认真做好艾滋病防治工作。（卫生部、发展改革委、财政部、民政部、人力资源社会保障部、安全监管总局负责）

（三十四）鼓励社会资本举办医疗机构。放宽社会资本和外资举办医疗机构的准入范围。完善和推进医生多点执业制度，鼓励医生在各类医疗机构之间合理流动和在基层开设诊所，为人民群众提供便捷的医疗卫生服务。（卫生部、发展改革委、人力资源社会保障部、商务部负责）

（三十五）全面做好人口和计划生育工作。继续稳定低生育水平。做好流动人口计划生育服务管理工作。加强出生缺陷干预，进一步扩大免费孕前优生健康检查试点，做好孕产妇和婴幼儿保健工作。农村妇女住院分娩率达到95%以上。实施新一轮妇女儿童发展纲要，切实保护妇女和未成年人权益。加快建立健全老年人社会服务体系，加强公益性养老服务设施建设。（人口计生委、卫生部、发展改革委、财政部、民政部、公安部、中国残联、全国老龄工作委员会负责）

（三十六）加强和创新社会管理。强化政府社会管理职能，广泛动员和组织群众依法参与社会管理，发挥社会组织的积极作用，完善社会管理格局。以城乡社区为载体，以居民需求为导向，整合人口、就业、社保、民政、卫生、文化等社会管理职能和服务资源，实现政府行政管理与基层群众自治有效衔接和良性互动。加快建立健全维护群众权益机制、行政决策风险评估和纠错机制，切实解决乱占耕地、违法拆迁等群众反映强烈的问题。完善社会治安防控体系，加强社会治安综合治理。严密防范、依法打击各类违法犯罪活动。加强和完善公共安全体系。加强信息安全和保密工作，完善信息网络管理。（民政部、公安部、发展改革委、工业和信息化部、国家民委、安全部、司法部、法制办、宗教局、新闻办、信访局、保密局负责）

（三十七）加强信访工作，拓宽社情民意表达渠道。深入排查化解矛盾纠纷，积极预防和妥善处理各类群体性事件，加强人民调解、行政调解、司法调解工作，建立健全重大工程项目建设和重大政策制定的社会稳定风险评估机制，从源头上预防和减少不稳定因素。（信访局、公安部、国土资源部、住房城乡建设部、司法部、发展改革委等负责）

（三十八）健全突发事件应急体系。编制“十二五”期间全国应急体系建设规划和航空应急救援体系建设规划，修订国家总体应急预案，完善国家应急平台体系。健全中央、地方、职能部门及专业应急指挥机构的分工协作机制。推进应急志愿者队伍建设和应急产业发展，完善应急物资储备体系，提高全社会危机管理和抗风险能力。（国务院办公厅牵头）

（三十九）加强安全生产。落实企业安全生产和产品质量主体责任，强化安全生产监管，深化安全专项整治，严厉打击非法违法生产经营建设行为，构建安全生产防范体系，坚决遏制重特大安全生产事故。（安全监管总局、质检总局等负责）

（四十）加强食品安全监管。完善食品安全监管体制机制，健全法制，严格标准，完善监测评估、检验检测体系，强化地方政府监管责任，加强监管执法，全面提高食品安全保障水平。（食品安全办牵头）

七、大力加强文化建设

（四十一）大力发展文化、体育事业。加强公民道德建设，在全社会树立中国特色社会主义的共同理想和信念，加快构建传承中华传统美德、符合社会主义精神文明要求、适应社会主义市场经济的道德和行为规范。加强诚信体系建设，建立相关制度和法律法规。增强公共文化产品供给和服务能力，重点加强中西部地区和城乡基层的文化基础设施建设，继续实施文化惠民工程。扶持公益性文化事业，加强文化遗产保护、利用和传承。进一步繁荣哲学社会科学。发展新闻出版、广播影视、文学艺术、档案事业。加强对互联网的利用和管理。深化文化体制改革，积极推进经营性文化单位转企改制。大力发展文化产业，培育新型文化业态，推动文化产业成为国民经济支柱性产业。大力开展全民健身活动，促进群众体育和竞技体育协调发展。加强对外文化体育交流与合作，不断扩大中华文化国际影响力。（文化部、发展改革委、财政部、广电总局、新闻出版总署、体育总局、法制办、新闻办、社科院、文物局、教育部、档案局、侨办负责）

八、深入推进重点领域改革

（四十二）继续推进国有经济战略性调整，健全国有资本有进有退、合理流动机制。完善国有金融资产、非经营性资产和自然资源资产监管体制，加强境外国有资产监管。继续鼓励、支持和引导非公有制经济发展。完善成品油、天然气价格形成机制和各类电价定价机制。推进水价改革。研究制定排污权有偿使用和交易试点的指导意见。价格改革要充分考虑人民群众特别是低收入群众的承受能力。（发展改革委、国资委、工业和信息化部、环境保护部、财政部、人力资源社会保障部、水利部、电监会、能源局等负责）

（四十三）继续推进财税体制改革。健全财力与事权相匹配的财税体制，清理和归并专项转移支付项目，增加一般性转移支付。健全县级基本财力保障机制。在一些生产性服务业领域推行增值税改革试点，推进资源税改革。深化预算管理制度改革，全面编制政府性基金预算，扩大国有资本经营预算范围，试编社会保险基金预算。（财政部牵头）

（四十四）推进金融体制改革。继续深化金融企业改革，加快建立现代金融企业制度。加快培育农村新型金融机构。继续大力发展金融市场，鼓励金融创新。推进利率市场化改革。扩大人民币在跨境贸易和投资中的使用。推进人民币资本项下可兑换工作。加强和改善金融监管，建立健全系统性金融风险防范预警体系和处置机制。（人民银行、金融监管机构、发展改革委、财政

部等负责）

（四十五）分类推进事业单位改革。按照政事分开、事企分开、管办分开、营利性与非营利性分开的要求，积极稳妥地分类推进事业单位改革。（中央编办牵头）

九、进一步提高对外开放水平

（四十六）积极发展互利互惠的多双边经贸关系，不断拓展新的开放领域和空间。继续推动多哈回合谈判，反对各种形式的保护主义，促进国际经济秩序朝着更加公正、合理、共赢的方向发展。（商务部、外交部、财政部、发展改革委会同有关部门负责）

（四十七）切实转变外贸发展方式。在大力优化结构和提高效益的基础上，保持对外贸易稳定增长。一般贸易和加工贸易出口要继续发挥劳动力资源优势，减少能源资源消耗，要向产业链高端延伸，提高质量、档次和附加值。积极扩大自主品牌产品出口。大力发展服务贸易和服务外包，不断提高服务贸易的比重。坚持进口和出口并重，扩大先进技术设备、关键零部件和能源原材料进口，促进从最不发达国家和主要顺差来源国增加进口，逐步改善贸易不平衡状况，妥善处理贸易摩擦。（商务部、发展改革委、工业和信息化部、财政部、海关总署、税务总局、质检总局、外汇局等负责）

（四十八）推动对外投资和利用外资协调发展。加快实施“走出去”战略，完善相关支持政策，简化审批手续。鼓励企业积极有序开展跨国经营。加强对外投资的宏观指导，健全投资促进和保护机制，防范投资风险。坚持积极有效利用外资的方针，注重引进先进技术和人才、智力资源，鼓励跨国公司在华设立研发中心，切实提高利用外资的总体水平和综合效益。抓紧修订外商投资产业目录，鼓励外资投向高新技术、节能环保、现代服务业等领域和中西部地区。（商务部、发展改革委、工业和信息化部、人民银行、农业部等负责）

十、加强廉政建设和反腐败工作

（四十九）认真治理政府工作人员以权谋私和渎职侵权问题。针对工程建设、土地使用权出让和矿产资源开发、国有产权交易、政府采购等重点领域存在的问题，加大查处违法违纪案件工作力度，坚决惩处腐败分子。（监察部牵头）

（五十）切实加强廉洁自律。认真贯彻执行《廉政准则》，落实领导干部收入、房产、投资以及配偶子女从业、移居国（境）外等情况定期报告制度，自觉接受监督。加强审计和监察工作。加大对行政机关领导干部和国有企业、事业单位负责人的监督力度。（监察部、审计署等负责）

（五十一）坚决反对铺张浪费和形式主义。精简会议、文件，清理和规范各种达标、评比、表彰以及论坛、庆典等活动，从经费上严加控制。规范公务用车配备使用管理并积极推进公务用车制度改革。加快实行财政预算公开。（监察部、国务院办公厅、财政部、人力资源社会保障部、公务员局、发展改革委、国管局、预防腐败局等负责）

十一、加强民族、宗教、国防、港澳台侨、外交工作

（五十二）进一步做好民族和宗教工作。坚持和完善民族区域自治制度，全面落实中央支持少数民族和民族地区发展的政策措施。制定实施扶持人口较少民族发展、推进兴边富民行动和发展少数民族事业五年规划。全面贯彻党的宗教工作基本方针，深入落实《宗教事务条例》，发挥宗教界人士和信教群众在促进经济发展、社会和谐中的积极作用。（国家民委、发展改革委、财政部、扶贫办、宗教局负责）

（五十三）继续加强侨务工作。保护侨胞的正当权益、保护归侨和侨眷的合法权益，充分发挥他们在促进祖国统一和民族振兴中的独特作用。（侨办、外交部负责）

（五十四）积极支持国防和军队建设。加快全面建设现代后勤步伐。推动军民融合式发展，加强国防科研和武器装备建设。建设现代化武装警察力量，增强执勤、处置突发事件和反恐维稳能力。加强国防动员和后备力量建设，巩固和发展军政军民团结。（工业和信息化部、发展改革委、公安部、民政部、财政部、国家国防动员委员会、国务院中央军委军队保障社会化工作领导小组负责）

（五十五）全力支持香港、澳门两个特别行政区发展经济，改善民生。支持香港巩固和提升国际金融、贸易、航运中心地位。支持澳门建设世界旅游休闲中心，促进经济适度多元发展。充分发挥香港、澳门在国家整体发展战略中的独特作用。进一步提高内地与港澳合作的机制化水平，支持粤港澳深化区域合作，实现互利共赢。（港澳办、发展改革委、财政部、交通运输部、商

务部、人民银行、旅游局等负责）

（五十六）努力维护两岸关系和平发展的良好局面。继续推进两岸协商，积极落实两岸经济合作框架协议，加强产业合作，加快新兴产业、金融等现代服务业合作发展，支持有条件的大陆企业赴台投资。支持海峡西岸经济区在推进两岸交流合作中发挥先行先试作用。深入开展两岸社会各界交流，积极拓展两岸文化教育合作。增进两岸政治互信，巩固两岸关系和平发展的政治基础。（台办牵头）

（五十七）继续推进全方位外交。保持与主要大国关系健康稳定发展，积极推进对话合作，扩大共同利益和合作基础。深化同周边国家的睦邻友好合作关系，推进区域次区域合作进程。增进同广大发展中国家的传统友好合作关系，进一步落实和扩大合作成果，推进合作方式创新和机制建设。积极开展多边外交，以二十国集团峰会等为主要平台，加强宏观经济政策协调，推动国际经济金融体系改革，促进世界经济强劲、可持续、平衡增长，在推动解决热点问题和全球性问题上发挥建设性作用，履行应尽的国际责任和义务。（外交部会同有关部门负责）

今年是“十二五”开局之年，做好今年的工作对于完成“十二五”各项目标任务至关重要。各部门、各单位要认真履行职责，加倍努力工作，切实完成各项任务。一要加强组织领导，结合本部门、本单位实际抓紧制定落实重点工作的实施方案，明确每项任务的时间进度和质量要求，并于4月15日前报国务院。二要增强大局观念，牵头部门与协办部门要强化协调配合，形成工作合力，切实提高办事效率。三要统筹兼顾，抓住重点，着力解决经济社会发展中的突出矛盾和问题，做好关系全局、影响长远的重要工作。四要坚持求真务实，真抓实干，深入基层、深入群众开展调查研究，及时发现新情况，解决新问题。五要加强督促检查，完善问责机制，严肃责任追究，确保各项政策措施落到实处。

国务院

二○一一年三月十九日

关于当前的宏观经济形势和经济工作

国务院总理　温家宝

一、全面准确把握当前的经济形势

今年以来，我国经济增长由政策刺激向自主增长有序转变，继续朝着宏观调控的预期方向发展。上半年经济运行的主要情况和特点：一是国民经济平稳较快发展，国内生产总值增长9.6%。三大需求对经济增长的拉动都在正常水平，内需的作用增大。社会消费品零售总额增长16.8%，固定资产投资增长25.6%，进出口总额增长25.8%，贸易顺差有所减少。农业生产形势良好，夏粮总产2525亿斤，比上年增加62亿斤。二是物价涨幅总体可控。按照控制货币、发展生产、保障供应、搞活流通、加强监管、安定民生的要求，出台了一系列有针对性的措施。粮油糖肉菜和成品油等重要商品市场供应得到较好保障，价格违法违规行为受到严肃查处。多数省份已经建立社会救助和保障标准同物价上涨挂钩的联动机制。上半年居民消费价格同比上涨5.4%，其中翘尾因素影响3.3个百分点；工业生产者购进价格和出厂价格同比涨幅高位趋稳。三是经济效益稳步提高。财政收入增长31.2%，比上年同期增收1.35万亿元。企业效益增长较快，规模以上工业企业实现利润同比增长28.7%。四是结构调整积极推进。战略性新兴产业发展较快，机械、医药等行业生产增幅高于规模以上工业增长水平，软件、信息服务、文化创意等现代服务业发展态势良好。全国主体功能区规划完成并实施，支持民族地区发展力度加大，中西部地区承接产业转移的步伐加快。五是就业和居民收入较快增长，人民生活进一步改善。城镇新增就业655万人，6月末城镇登记失业率4.1%；城镇居民人均可支配收入和农民人均现金收入实际分别增长7.6%和13.7%。社会保障体系进一步完善，国家财政对社保和就业、医疗卫生、住房保障等民生领域投入大幅增加。

总的看，我国经济运行的情况是好的，经济增长的速度与质量、结构和效益的关系趋于改善，经济与社会发展趋于协调，一些突出矛盾正在逐步缓解。经济增速略为放缓，在很大程度上是主动调控的结果，处在合理水平，没有超出预期。我们更加注重缓解物价过快上涨这一主要矛盾，更加注重应对各类经济、非经济因素对经济运行的冲击，更加注重解决涉及人民群众利益的突出问题，较好地处理了保持经济平稳较快发展、调整经济结构和管理通胀预期三者之间的关系，巩固和扩大了应对国际金融危机冲击的成果。

当前我国经济发展面临的国内外环境仍然十分复杂，不稳定、不确定因素还不少。

从国际看，世界经济正在复苏之中，但复苏进程还很脆弱、很不平衡。一是一些国家经济增速出现回落。美国一、二季度国内生产总值按年率分别增长0.4%、1.3%，大幅低于去年四季度3.1%的水平，不少生产、需求指标出现走弱态势，明显低于市场预期，特别是房地产市场复苏乏力。欧元区经济一季度环比和同比增速分别为0.8%和2.5%，但各国分化明显，一些受主权债务危机困扰的国家经济低迷。日本一季度国内生产总值环比下降0.9%，二季度环比下降0.3%，已连续3个季度负增长。一些新兴经济体一季度增速也有所放缓。巴西同比增长4.2%，比上年同期减缓5.1个百分点；印度延续去年初以来增速逐季递减态势，一季度同比增长7.8%，是5个季度新低。二是全球通胀压力加大。流动性过剩的影响日益突出，石油、粮食等大宗商品价格高位波动，多数国家物价面临较大上涨压力。通货膨胀成为新兴经济体普遍面临的突出问题。巴西7月份消费价格指数同比上涨6.9%；印度6月份批发价格指数上涨9.4%。发达国家的通胀风险也明显上升。美国5、6月份消费价格指数同比均上涨3.6%，连续两个月保持在2008年11月以来最高值；欧元区7月份通胀率为2.5%，连续8个月超过欧洲央行2%的目标上限。三是发达经济体的失业率居高不下，经济增长缺乏动力。国际金融危机爆发后，美国、欧元区和日本的失业率都明显上升，最高时分别达到10.2%、10.1%和5.7%，目前虽有所回落，但仍显著高于危机前平均水平。四是政府债务风险继续积聚。很多国家应对国际金融危机超常规财政刺激政策的负面影响开始显现，风险从私人部门向公共部门转移。美国联邦赤字连续3个财年超过1万亿美元，今年可能达到创纪录的1.65万亿美元，超过国内生产总值的10%。欧元区一些国家财政收支严重失衡，财政赤字高企，债务规模占国内生产总值的比重仍在上升，欧债危机阴霾挥之不去。最近，标准普尔在将美国长期主权信用评级列入负面观察名单近4个月后，从AAA级下调为AA+，引起了国际金融市场急剧动荡。主要股指大幅波动，原油等大宗商品价格明显回落，黄金等避险产品价格再创新高。受美欧等国经济、社会等因素制约，主权债务问题在短期内很难缓解，这将明显拖累世界经济复苏进程。

从国内看，虽然发展的有利条件较多，各方面发展的积极性很高，但面临的矛盾也不少。除了一些长期存在的体制性、结构性问题外，经济运行中还出现一些新的变化。主要是经济增速缓慢回落与物价较快上涨交织在一起，使宏观调控的难度加大；房地产市场成交量萎缩、房价僵持不下、房屋竣工量增速下降；一些中小企业受多重因素挤压经营困难；节能减排形势十分严峻，部分高耗能行业生产有所反弹；出口增长面临的外部环境趋于严峻；食品安全等民生领域还存在一些群众反映强烈的问题。我们一定要保持清醒头脑，增强忧患意识，充分估计面临形势的复杂性和严峻性，冷静观察，沉着应对，把工作做得更扎实一些，巩固经济社会发展的好势头。

二、坚持宏观调控的取向不变，把握好宏观经济政策的方向、力度和节奏

要准确判断经济形势，针对经济运行中的主要矛盾，把握好宏观调控的方向、力度和节奏。综合各方面情况看，稳定物价总水平仍然是宏观调控的首要任务，宏观调控的取向不能变。同时，必须根据形势变化，提高宏观经济政策的针对性、灵活性、前瞻性，切实处理好保持经济平稳较快发展、调整经济结构、管理通胀预期三者关系，既要把物价涨幅降下来，又不使经济增速出现大的波动。

去年底中央经济工作会议提出实施稳健的货币政策，到现在已经半年多，货币信贷增长向常态回归，取得明显成效。去年四季度以来，已经9次提高存款准备金率共4.5个百分点，5次上调存贷款基准利率共1.25个

百分点，7月末广义货币M2同比增长14.7%，处于16%的目标区间内。对货币政策要把握好三个方面。一是坚持实施稳健的货币政策。近几个月，货币信贷增速有所下降，但与正常年份相比并不算低。7月末人民币贷款余额同比增长16.6%，考虑到前两年基数比较大，货币存量比较多，增加的绝对量不算少。要保持社会融资总量合理增长，重视优化信贷结构，提高金融服务水平，加大对结构调整特别是农业、小企业的信贷支持。二是充分重视货币政策的滞后和累积效应，提高政策的前瞻性。当前国内外经济形势非常复杂。宏观政策效应会有时滞，加上原材料涨价、劳动力成本上升、用电紧张、利率上调、汇率升值等，企业经营压力在不断加大。我们既要看当前经济运行状况，也要准确判断未来经济发展的趋势，增强政策的前瞻性，避免货币政策的滞后效应与多种因素叠加，对下一阶段实体经济产生过大影响。三是合理运用多种政策工具，提高政策的针对性。要把握好各种政策工具的平衡点并进行合理组合，强化银行表外业务监管，防止风险积聚，保持金融系统健康稳定。同时，要进一步推进利率市场化、汇率形成机制等金融改革，管好用好外汇储备存量、逐步减少增量，加强对跨境资本的有效监控，防止热钱大量流入。此外，还要处理好银行资本充足率、银行体系风险防范与资本市场稳定的关系，合理引导市场预期，稳定市场信心，促进资本市场健康发展。

要继续实施好积极的财政政策，强化增收节支，优化支出结构。最近，各方面对地方政府性债务非常关注。客观地说，这是一个老问题、老现象。我国地方政府性债务最早发生在1979年，到1996年全国所有省级政府和绝大多数市县级政府都举借了债务。今年3月至5月，根据国务院部署，审计署对全国地方政府性债务情况进行了全面审计，摸清了情况，已向全国人大报告并向社会公开。2010年底，地方政府性债务余额共计10.72万亿元，其中有51.15%共计5.48万亿元是2008年及以前年度举借和用于续建2008年以前开工项目的。同时，地方政府性债务的增加，主要是用于地方经济社会发展，在应对两次金融危机中都发挥了一定积极作用。但值得高度重视的是，地方政府性债务的举借和管理等方面还存在一些问题。要抓紧清理规范地方政府融资平台公司，实施全口径监管，严格控制增量，逐步消化存量，有效化解风险。要按照分类管理、区别对待的原则，妥善处理债务偿还和在建项目后续融资问题。金融机构要切实加强风险识别和风险管理，遵循商业化原则，审慎评估借款人财务能力和还款来源。坚决禁止政府违规担保承诺行为。同时，要研究建立规范的地方政府举债融资机制。有关部门和地方政府以及金融机构要抓紧研究，进一步提出具体解决办法，提高透明度和资金使用绩效，强化财经纪律，增强公众信心。

三、统筹做好关系全局的几项重要工作

要按照年初的部署，全面抓好今年的各项工作，突出以下重点。

（一）保持物价总水平基本稳定。当前一些推动价格上涨的因素虽然得到一定程度控制，但没有根本消除。一是全球流动性充裕、国际初级产品价格上涨的传导，输入性通胀压力并没有显著减弱。二是食品、居住类价格同比涨幅仍处高位，短期内很难明显大幅下降，这将继续对物价上涨形成压力。7月份食品类价格同比上涨14.8%，影响价格总水平上涨4.38个百分点。三是基数效应。尽管7月份开始，基数效应的影响会逐步缓解，出现拐点，但三季度仍然不低。四是劳动工资等要素成本上升的推动，其影响是长期、刚性的。要充分认识稳定物价总水平的重要性，把中央出台的一系列有针对性的政策措施进一步落实到位，除了管住货币总量外，重点抓好农产品、尤其是食品供应，加强食品质量监管，促进供求平衡；切实降低过高的流通成本，抓紧出台促进物流业发展的税收、收费政策细则；规范发展住房租赁市场；合理把握政府管理价格的调整时机和力度；加强价格监管，稳定通胀预期。要尽可能使物价涨幅在下半年降得多一些，保持物价总水平基本稳定，并为明年稳定物价打下好的基础。

（二）坚定不移地把房地产市场调控政策落到实处，确保见到实效。今年以来，我们多措并举，综合施策，加强和改善房地产市场调控。从上半年的情况看，多数城市房价涨幅回落，部分城市房价出现下降，投资投机性需求得到遏制，居民购房心态趋于理性，市场预期正在发生转变，一些房价过高的城市出现了降温迹象，调控效果初步显现。同时也要看到，房价上涨的短期和长期潜在压力仍然较大，大部分城市房价依然处于高位，买卖双方仍处于观望和博弈阶段，市场陷入僵持和胶着状态，调控效果全面显现还需要一段时间。

目前，房地产市场调控正处在关键时期，调控决心

不能动摇、政策方向不能改变、力度不能放松。各级政府要不折不扣将中央房地产调控政策落到实处。一要坚定不移地抑制不合理需求，继续严格实施差别化住房信贷、税收政策和住房限购措施，同时要有针对性地抑制二、三线城市房价过快上涨，促进房价合理回归。二要适当增加房地产用地供应，促进当前和今后一个时期住房有效供给，重点抓好保障性住房和普通商品房建设。三要强化责任和督促检查，对调控政策落实不到位、房价上涨过快和保障性住房建设滞后的城市，要加强督查，限期改正。四要利用目前房地产市场相持的这段时间，抓紧研究和制定促进房地产市场稳定健康发展的治本之策。

落实好1000万套保障性住房开工建设计划，是确保房地产市场调控效果的重要举措，也是一项必须完成的硬任务，不能有丝毫懈怠。今年中央大幅增加了对地方的补助资金，在原定安排1030亿元的基础上，又追加了280亿元，目前已经基本下达。中央将根据财政收入增长情况，进一步加大补助的力度，重点增加对中西部地区的补助。要优先保证保障性住房建设用地，落实好行政审批、税费减免方面的优惠政策，加强对保障房建设的金融支持。要高度重视、切实提高保障性住房工程质量，让老百姓住上放心房。要重点加强制度建设和长远规划，建立和完善保障性住房分配、运营、退出等一整套管理制度，特别是推进保障性住房使用的公平、公开、公正，使保障性安居工程真正成为民心工程。各地都要将保障性住房的建设计划，以及开工、竣工、分配等情况，及时通过政府网站和公共媒体向社会公开，接受社会监督。

（三）毫不放松农业和粮食生产。多年来的经验表明，要保持物价稳定，关键是要保持食品价格的稳定，最根本的是要保持粮食和农业生产的稳定发展。我国粮食连年丰收，供给比较充裕，但由于消费增长快，供求仍处于紧平衡状态，加上劳动成本上升、农资价格上涨、流通费用增加等因素，粮价上涨压力较大。在这种条件下，要更加重视稳定发展粮食和农业生产。

今年夏粮再获丰收，但粮食的大头是秋粮，受近期旱涝灾害的影响，加上一些不确定因素，对全年粮食生产形势还不容盲目乐观。当前要着力抓好以下几个方面工作：一是切实抓好秋粮生产。加强农业科技服务和秋粮田间管理，做好各类农资储备、供应和价格质量监管工作，搞好市场调剂和调运，确保全年粮食丰收。二是做好防灾减灾工作。有关地区和部门要高度重视，落实责任，加强协调配合，切实降低灾害的影响。要全面贯彻中央水利工作会议精神，加强农田水利等农业基础设施建设，尽快改变水利设施落后面貌，从根本上增强农业抵御自然灾害的能力。三是抓好农产品流通工作。这是保证供应和促进生产发展的重要环节。要加强农产品流通环节监管，坚决打击各种扰乱市场秩序的行为，防止农产品价格异常波动。继续落实“米袋子”省长负责制和“菜篮子”市长负责制。四是认真落实好扶持生猪产业持续健康发展的各项政策措施，全力抓好生猪生产，增加市场供给，促进市场稳定。同时，尽快健全保持生猪产业长期稳定发展的长效机制。

（四）推进结构调整和节能减排。今年是“十二五”开局之年，要为转变经济发展方式创造良好环境，引导各方面把工作着力点放在加快经济结构调整、提高发展质量和效益上，放在增加就业、改善民生、促进社会和谐上。目前，经济增长方式粗放、结构不合理的问题仍然较为突出，特别是部分高耗能产品生产增长较快，一些过去停工减产的也在恢复生产，产能大量释放，局部地区电力供需偏紧，节能减排任务非常严峻。同时，重金属污染、水污染问题呈多发高发态势，部分新兴产业发展也存在一些环境隐患。要下更大力气推进结构调整，把改造提升制造业、加大企业技术改造力度、加快培育发展战略性新兴产业、大力发展服务业等方面的工作做实做好。从多方面采取措施，改善小企业发展环境，支持小企业发展。认真抓好节能减排和环境保护工作，明确各地和企业目标责任，突出能耗、环保等标准对企业投资和生产的约束性作用，加强节能减排重点工程建设，深入推进全社会节能减排，积极应对气候变化。

（五）着力深化改革开放。坚持用改革的办法破解发展难题是我们的一条基本经验。今年我们在一些重点领域和关键环节推出了一系列改革，包括扩大新型农村社会养老保险试点、开展城镇居民社会养老保险试点、加快预算公开步伐、改革个人所得税、启动境外直接投资人民币结算试点、开展房地产税改革试点、出台国有土地上房屋征收与补偿条例等。这些方面的改革都要认真实施，及时总结经验。同时，要更加注重改革的顶层设计，抓紧研究和推动财税、金融、收入分配、对外经济等领域的深层次改革。

今年以来我国进出口贸易总体呈现平稳较快增长态势。二季度进出口增速趋于放缓，出口增速回落更多一些。从出口订单指数等反映外贸出口的先行指标看，下一阶段出口仍面临各种困难和不确定性。外部需求疲软与生产经营成本上升叠加在一起，将进一步挤压外贸企业的利润空间，不少中小企业可能面临更大的困难，对此必须高度重视。要保持外贸政策的连续性和稳定性，有针对性地解决中小企业资金紧张等突出困难，努力促进对外贸易平稳增长和基本平衡。要密切关注外部市场环境变化，认真研判对我国进出口贸易的影响，并采取应对措施。要着眼于增强外贸长期发展的动力，把扶持中小企业和做强大企业结合起来，把稳定传统优势产品出口和大力扶持高科技、高附加值产品出口结合起来，把巩固传统市场和开拓新兴市场结合起来，把稳步发展一般贸易和加快提升加工贸易结合起来，坚持进口和出口并重，实现对外贸易速度、质量、效益协调发展。

（六）大力保障和改善民生。发展经济的根本目的是不断提高人民的物质文化生活水平。实现好、维护好、发展好最广大人民的根本利益，是检验我们一切工作的标准。要进一步把政府管理的资源向就业、社保、教育、医疗、保障性住房等公共服务领域倾斜。着力促进重点群体就业，强化对高校毕业生的就业指导与服务，加强对农民工、退役士兵的培训和就业服务。进一步健全养老等社会保险制度，扎实推进新农保和城镇居民社会养老保险试点，确保年底均实现60%的覆盖目标。加快发展教育、卫生、文化等各项社会事业，落实拓宽财政性教育经费来源渠道的各项政策，加强全科医生培养和乡村医生队伍建设，实施好基本和重大公共卫生服务项目。创新社会管理和服务，完善安全生产、应急管理、社会治安等管理体系，妥善解决群众合法合理诉求，坚决纠正损害群众利益的行为，维护社会和谐稳定。

我们要在以胡锦涛同志为总书记的党中央领导下，坚定信心，扎实工作，努力实现今年经济社会发展目标，确保“十二五”良好开局。

第一部分

宏观经济

关于2010年国民经济和社会发展计划执行情况与2011年国民经济和社会发展计划草案的报告

2011年3月5日第十一届全国人民代表大会第四次会议

国家发展和改革委员会

受国务院委托，现将2010年国民经济和社会发展计划执行情况与2011年国民经济和社会发展计划草案提请十一届全国人大四次会议审议，并请全国政协各位委员提出意见。

一、2010年国民经济和社会发展计划执行情况

去年，我国经济社会发展环境极为复杂，各类自然灾害和重大挑战极为严峻。在中国共产党的坚强领导下，全国各族人民深入贯彻落实科学发展观，按照十一届全国人大三次会议审议批准的国民经济和社会发展计划，坚持实施应对国际金融危机冲击的一揽子计划，加快推进经济发展方式转变，巩固了经济社会发展良好势头。计划执行情况总体是好的，“十一五”规划确定的主要目标和任务胜利完成。

（一）经济保持平稳较快增长

经济运行总体平稳，质量效益明显改善。全年国内生产总值39.8万亿元，增长10.3%，超过预期目标2.3个百分点。一、二、三产业分别增长4.3%、12.2%和9.5%，超过预期目标0.3个、4个和0.8个百分点。工业增加值16万亿元，增长12.1%，超过预期目标4.1个百分点。煤电油气运等的运行调节和综合协调得到加强，保障了经济社会发展、居民生活以及受灾地区、重大活动、重要时段的需求。全年国家财政收入8.3万亿元，增长21.3%，财政赤字比预算减少500亿元。广义货币供应量M2增长19.7%，新增人民币贷款7.95万亿元。企业效益继续提高，1－11月，全国规模以上工业企业实现利润3.88万亿元，同比增长49.4%。

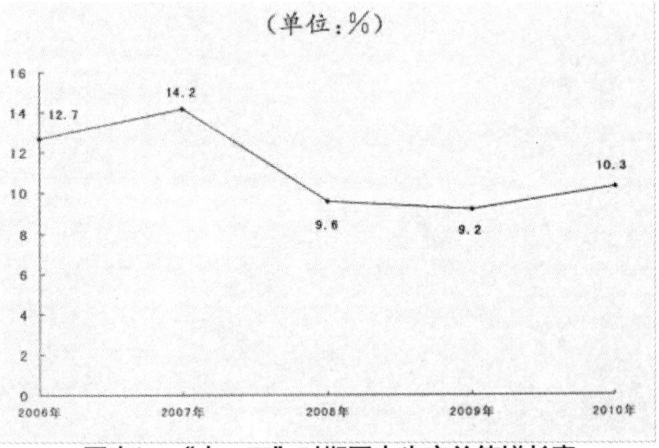

图表1、“十一五”时期国内生产总值增长率

内需持续扩大，增长的拉动力趋向协调。扩大消费的各项政策取得积极成效，消费需求潜力进一步释放。社会消费品零售总额156998亿元，比上年增长18.3%，超过预期目标3.3个百分点。全国家电下乡产品销售7718万台，增长1.3倍。汽车销售1806万辆，增长32.4%。投资保持适度增长，结构进一步改善。全社会固定资产投资278140亿元，比上年增长23.8%，超过预期目标3.8个百分点。两年新增4万亿元投资计划圆满完成。鼓励和引导民间投资健康发展的若干意见发布实施，为民间投资注入了新的活力，2010年民间投资占城镇固定资产投资比重达51.1%，比上年提高3个百分点。消费、投资、净出口为经济增长分别贡献了3.9个、5.6个和0.8个百分点。

价格总水平基本稳定，市场秩序进一步规范。实

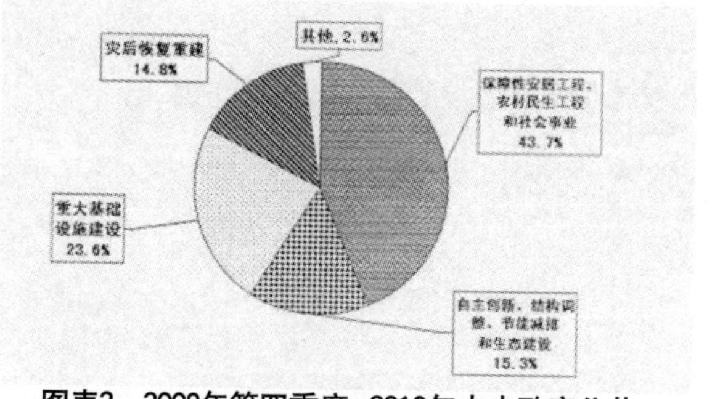

图表2、2008年第四季度–2010年中央政府公共投资的主要用途

行稳定价格与改善民生多措并举，做好粮、棉、肉、糖等重要商品的收储和投放工作；增加鲜活农产品绿色通道政策品种，并将实施范围扩大到所有收费公路；完善困难群众生活补助与物价变动的联动机制，减轻价格上涨对居民生活的影响；停止和取消一批收费项目，降低一批收费标准和药品价格，减轻企业和群众负担；组织开展涉企收费、电力价格、农产品价格等专项整治和打击侵犯知识产权、制售假冒伪劣产品专项行动，营造有序的价格和市场环境。全年居民消费价格总水平上涨3.3%，基本实现调控目标。

（二）农业基础得到加强

粮食等主要农产品稳定增产。克服部分地区特大干旱、低温寡照、严重洪涝等灾害影响，全年粮食产量54641万吨，比上年增加1559万吨，增长2.9%，实现了连续7年增产。油料产量3239万吨，增长2.7%。畜牧业生产总体平稳，全年肉类总产量7925万吨，增长3.6%；水产品产量5366万吨，增长4.9%。受部分地区气候条件不利、种植面积减少等因素影响，棉花产量597万吨，下降6.3%；糖料产量12045万吨，下降1.9%。

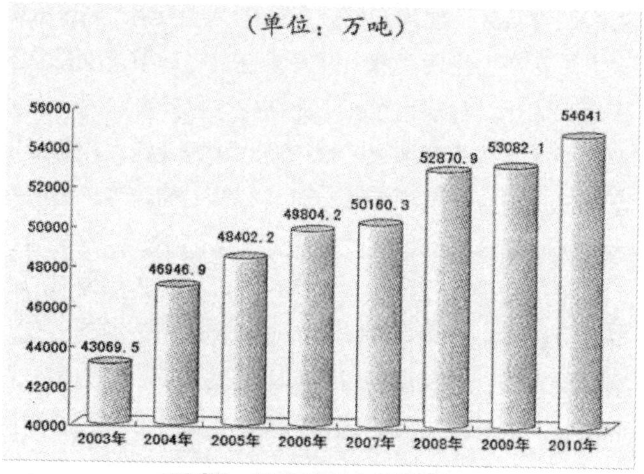

图表3、粮食产量七连增情况

强农惠农政策有效实施。全年中央财政用于“三农”方面的支出8579.7亿元，比上年增长18.3%，其中，用于农业和农村建设的中央预算内投资1928亿元，占全部中央预算内投资的比重达到49%。耕地保护工作进一步加强，全国整治土地130多万公顷，新增耕地30多万公顷。全国新增千亿斤粮食生产能力规划全面实施，棉油糖基地、植保工程、动物防疫体系、种养业良种工程得到加强。制定并实施了加强中小水利设施建设、促进农业机械化、保障蔬菜生产供应等方面政策。规划内病险水库除险加固任务全面完成，第二轮小型病险水库除险加固启动实施。支持建设了一批农产品批发市场、粮油仓储、农产品冷链物流等流通基础设施。小麦、稻谷最低收购价每50公斤比2009年平均提高3元和6元，大豆、油菜籽临时收储政策得到较好落实，化肥供应较为充足。对种粮农民实行“四项补贴”的规模达到1226亿元。

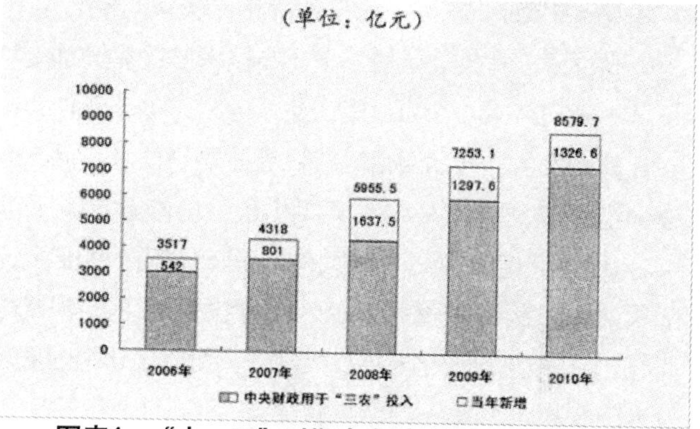

图表4、“十一五”时期中央财政用于“三农”的投入增长情况

农村生产生活条件继续改善。2010年，解决了6186万农村居民和农村学校师生的饮水安全问题，农村安全饮水普及率达到71.3%。新增农村电网线路30万公里。乡镇、建制村的油路通畅率分别达到96%和81%。支持建设大中型沼气工程1343处，全国新增沼气用户500万户。农村危房改造120万户，完成计划目标。新建万村千乡农家店10万家，农村连锁经营网络初步形成。

（三）经济结构调整积极推进

自主创新能力增强。16个国家科技重大专项与973、863、支撑计划顺利实施，上海光源、国家纳米科学中心等重大科学工程建成并通过验收，中科院知识创新三期工程基本完成，数字电视、下一代互联网等50个国家工程中心、32个国家工程实验室、在企业设立的56个国

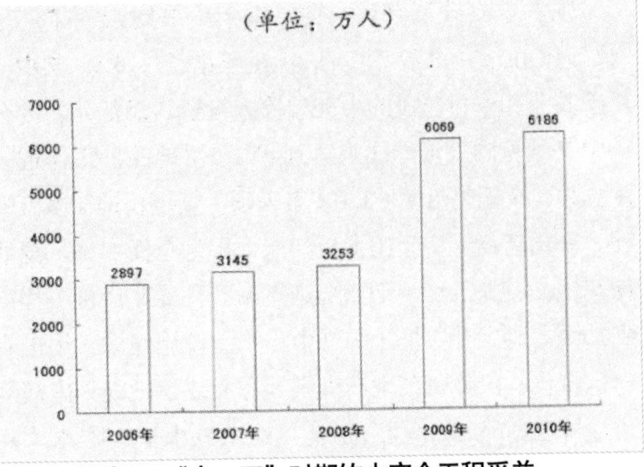

图表5、“十一五”时期饮水安全工程受益人数增加情况

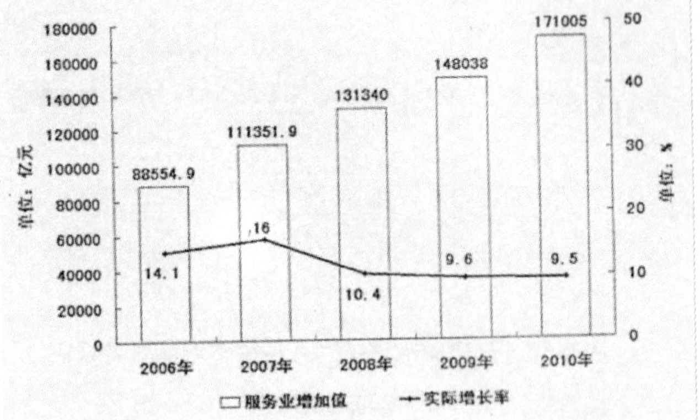

图表6、“十一五”时期服务业增加值增长情况

家重点实验室以及高世代液晶显示面板、大规模集成电路、支线飞机等重大项目建设顺利推进。大型飞机研制取得新进展。认定国家级企业技术中心93家，国家创新型试点企业达到550家，创新型试点城市45个。自主研发的高效能计算机“天河一号”运算速度跃居世界第一。

高技术产业发展加快。全年高技术制造业增加值增长16.6%，提高8.9个百分点。集成电路、电子元件、微型计算机设备、移动通信手持机等主要高技术产品产量分别增长57.4%、30.1%、35%和46.4%；软件销售收入1.3万亿元，增长30%。技术市场交易额突破3000亿元。加快培育和发展战略性新兴产业决定颁布实施，现代中药等7个高技术产业化专项积极推进，新建了18个国家高技术产业基地，设立了13只创业投资基金。

工业结构调整取得新进展。重点行业调整振兴规划进一步实施，安排200亿元重点产业振兴和技术改造专项资金，支持了5051个技术改造项目。首钢搬迁顺利完成，鞍钢与攀钢重组取得实质性进展。加快医药行业结构调整的指导意见颁布实施。淘汰落后产能任务全面完成。火电、炼钢、炼铁、水泥、平板玻璃、造纸等行业分别淘汰落后产能1210万千瓦、931万吨、4000万吨、11619万吨、1105万重箱和472万吨，超过计划目标210万千瓦、331万吨、1500万吨、6619万吨、505万重箱和419万吨。

服务业稳定发展。启动了服务业综合改革试点，运用服务业发展引导资金，支持重点领域和薄弱环节加快发展，颁布实施了促进节能服务产业发展的意见。2010年，服务业就业人数占就业总人数比重达到34.8%，服务业增加值占国内生产总值的比重为43%。

基础设施和基础产业保障能力提升。全国铁路营业里程9.1万公里，增加4986公里；公路通车总里程398万公里，增加12万公里；内河高等级航道里程1万公里，增加500公里，沿海港口深水泊位1774个，新增125个；民用运输机场通航175个，新增9个。光缆线路长度995万公里，增加166万公里；互联网宽带接入端口1.88亿个，增加4924万个。能源重点项目、能源基地和储运设施建设得到加强。13个大型煤炭基地已有11个产能达到亿吨，一批清洁能源项目竣工投产，石油储备二期项目加快建设，西电东送工程北、中、南通道的总输送能力超过7800万千瓦。全年原煤产量32.4亿吨，增长8.9%；原油产量2.03亿吨，增长7.1%；天然气产量967.6亿立方米，增长13.5%；发电量42065亿千瓦小时，增长13.2%。

区域发展的协调性增强。区域发展总体战略向纵深推进，全国主体功能区规划发布实施。深入实施西部大开发战略的若干意见顺利出台，推进西藏、新疆跨越式发展和长治久安的意见，以及加快四川、云南、甘肃、青海四省藏区发展的意见颁布实施，重庆两江新区批准设立。新开工建设西部大开发重点工程23项，投资总规模6822亿元。对东北地区工业结构优化升级和现代服务业发展的支持力度加大，扶持东北建设现代农业的指导意见制定出台，资源型城市可持续发展的政策体系进一步完善。促进中部地区崛起规划全面落实，“三基地、一枢纽”建设步伐加快，促进中部地区城市群发展的指导意见以及皖江城市带承接产业转移示范区规划出台，武汉城市圈、长株潭城市群、中原城市群、鄱阳湖生态经济区、太原城市圈的辐射带动作用进一步增强。中西部地区承接产业转移工作取得新进展。东部地区产业结构升级和自主创新积极推进，深圳等经济特区、上海浦东新区、天津滨海新区改革开放步伐加快，促进长江三角洲地区发展的规划颁布实施，全国海洋经济发展试点开始启动。对革命老区、民族地区、边疆地区和贫困地区的扶持力度进一步加大。2010年，安排中央以工代赈投资55亿元和易地扶贫搬迁试点资金20亿元，易地扶贫搬迁人口87万人，超过计划目标11万人，又有909万农村贫困人口脱贫，基本完成计划目标。

（四）节能环保和应对气候变化成效明显

节能减排目标基本实现。2010年，用于节能减排方面的中央预算内投资333亿元，中央财政专项资金518亿元，分别比上年增长1.4倍和73%。积极推进十大重点节能工程，形成节能能力3310万吨标准煤。大力实施节能产品惠民工程，推广高效节能空调近3000万台、节能汽车100多万辆、高效照明产品1.6亿只。新能源汽车示范推广试点启动实施。国家“城市矿产”示范基地建设积极推进。支持城镇污水垃圾处理设施建设，全年新增城镇污水日处理能力1900万立方米、城市生活垃圾日处理能力6.8万吨；城市污水处理率、城市生活垃圾无害化处理率分别达到76.9%和72.5%，比上年提高1.6个和1.2个百分点。2010年，单位国内生产总值能耗下降4.01%，二氧化硫、化学需氧量排放量分别下降1.32%和3.08%；万元工业增加值用水量下降9.6%，工业固体废物综合利用率提高2个百分点。过去五年，单位国内生产总值能耗累计下降19.06%，二氧化硫和化学需氧量排放量分别下降14.29%和12.45%，万元工业增加值用水量下降36.7%，基本或超额完成“十一五”规划目标。

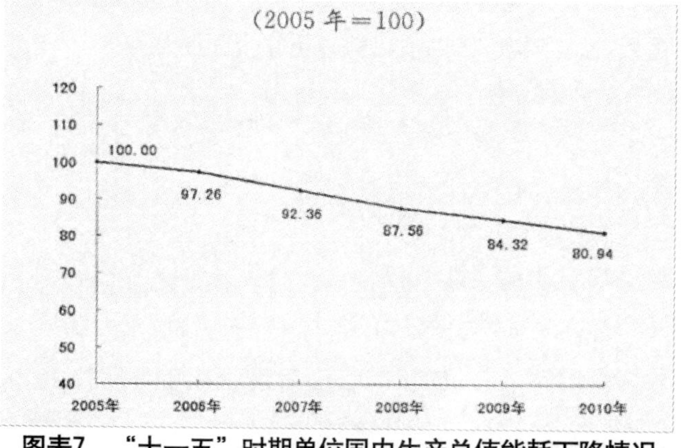

图表7、“十一五”时期单位国内生产总值能耗下降情况

生态环境保护迈出新步伐。退耕还林、退牧还草成果进一步巩固，天然林资源保护一期工程全面完成，长江上游、黄河上中游全面停止了天然林的商品性采伐，

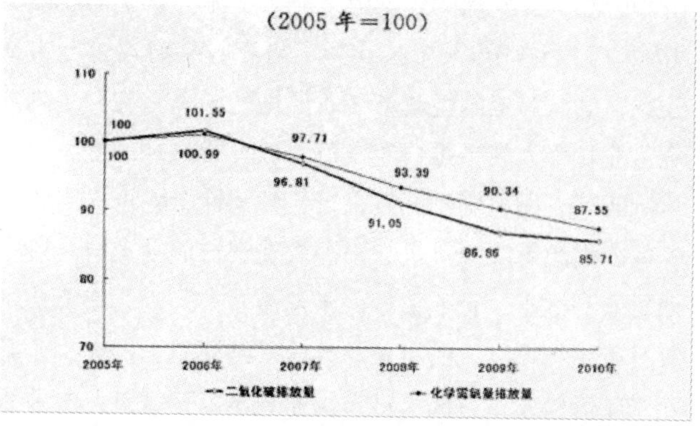

图表8、“十一五”时期二氧化硫、化学需氧量排放量减少情况

生物多样性得到保护和恢复。2010年，全国新增造林面积592万公顷，实施退牧还草666.7万公顷，综合治理水土流失面积4.2万平方公里。全国水资源综合规划颁布实施，“三河三湖”、黄河中上游、三峡库区及上游、渤海、松花江、丹江口库区及上游等重点流域污染治理积极推进，太湖流域水环境综合治理总体方案全面实施。

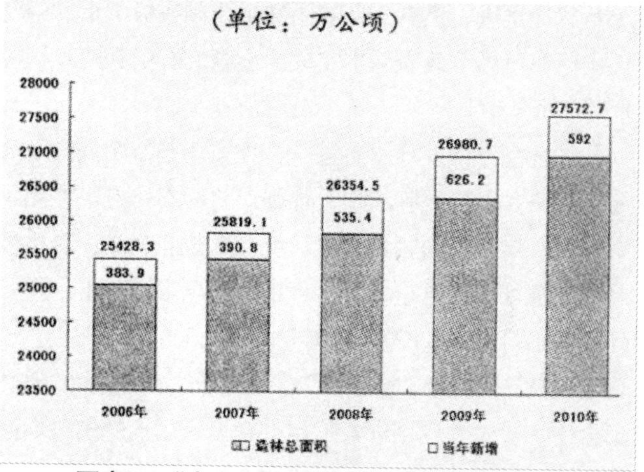

图表9、“十一五”时期造林总面积增加情况

应对气候变化工作进一步加强。国家方案得到有效实施，低碳技术创新积极推进，低碳省区和低碳城市试点工作进展顺利。成功举办联合国气候变化谈判天津会议，积极开展和参与全方位的国际交流与合作。

（五）改革开放进一步深化

重点领域和关键环节改革取得新突破。农村改革方面，集体林权制度改革有序开展，80%以上的集体林确权到户，国有林场林区改革试点、农垦管理体制改革稳步推进。企业改革方面，中央企业及其下属企业改制面超过70%，规范董事会试点扩大到32家。电力、邮政、市政公用事业等改革取得新进展。多项促进非公有制经济和中小企业发展的配套政策颁布实施。财税体制改革方面，27个省份970个县实行了省直管县财政管理方式改革，油气等资源税改革在西部地区试点，统一了内外资企业和个人城市维护建设税、教育费附加制度。金融体制改革方面，国家开发银行、政策性金融机构、资产管理公司改革稳步推进，中国农业银行成功上市，股指期货顺利推出，企业债券稳步发展，人民币汇率形成机制改革继续推进，跨境贸易人民币结算范围扩大。资源性产品价格改革方面，城市供水成本公开试点、农业水价综合改革试点进展顺利，对超能耗限额产品实行了惩罚性电价，制定统一的农林生物质发电上网电价。社会事业改革方面，医药卫生体制五项重点改革深入推进，国家基本药物制度在60%的政府办基层医疗卫生机构实行，公立医院改革在16个国家试点城市及37个省级试点地区积极探索并不断深化，出台了进一步鼓励和引导社会资本举办医疗机构意见。国家教育体制改革试点全面启动，义务教育学校绩效工资改革深入实施。文化体制改革有序推进，国有文艺院团转企改制省级试点和经营性出版单位转企改制基本完成。全国综合配套改革试点取得积极成效。

开放型经济发展水平进一步提高。坚持实施市场多元化战略和以质取胜战略，加强对“两高一资”产品出口调控，增加国内紧缺的原材料、高载能产品、先进技术及关键零部件进口，贸易不平衡状况得到改善。全年外贸进出口总额29727.6亿美元，增长34.7%，其中，出口增长31.3%，进口增长38.7%；顺差比上年减少6.4%。出台进一步做好利用外资工作的意见，引导外资投向高端制造业、高技术产业、现代服务业、新能源、节能环保产业和中西部地区。全年利用外商直接投资（不含银行、证券、保险领域）1057.4亿美元，增长17.4%。借用国外贷款205亿美元，增长57%。积极实施“走出去”战略，一批重点境外投资项目取得新进展。全年非金融类对外直接投资590亿美元，增长36.3%。对外承包工程完成营业额922亿美元，增长18.7%。

（六）保障和改善民生工作全面加强

城乡居民收入继续增加。城镇居民人均可支配收入和农村居民人均纯收入分别达到19109元和5919元，增加1934元和766元，剔除价格因素，比上年实际增长7.8%和10.9%，超过预期目标1.8个和4.9个百分点。这是1998年以来首次农村居民收入增速快于城镇居民。

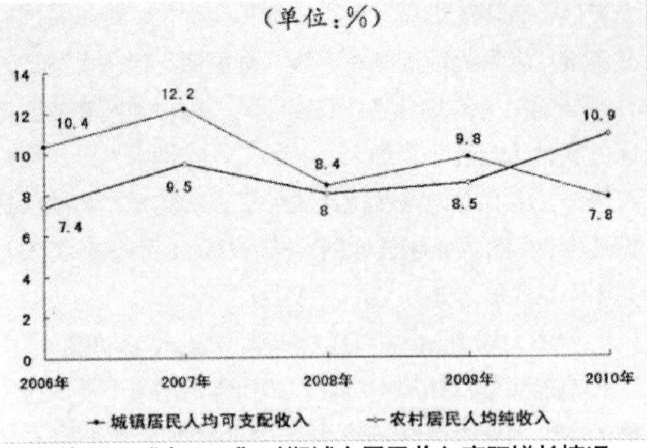

图表10、“十一五”时期城乡居民收入实际增长情况.

就业稳定增长。积极就业政策实施力度加大，基层公共就业和社会保障服务设施建设得到加强，在中西部地区建设了162个县级服务中心和610个乡级服务中心。全年城镇新增就业1168万人，超过预期目标268万人；城镇登记失业率4.1%，实现预期目标。

社会保障水平进一步提高。到2010年底，城镇参加基本养老保险人数25673万人，超过计划目标1673万人；新型农村社会养老保险试点范围扩大到24%的县。城镇企业职工基本养老保险、流动就业人员基本医疗保障关系转移接续办法顺利实施。城镇参加基本医疗保险人数43206万人，比上年增加3059万人；新型农村合作医疗参合人数8.35亿人，参合率96.3%，比上年扩大2.1个百分点。提高了城乡最低生活保障、失业保险、企业退休人员基本养老金、优抚对象抚恤和生活补助、家庭经济困难学生资助等保障和救助标准。灾后恢复重建工作进展顺利，汶川地震灾后恢复重建实现三年任务两年基本完成目标，玉树、舟曲灾后恢复重建全面展开。

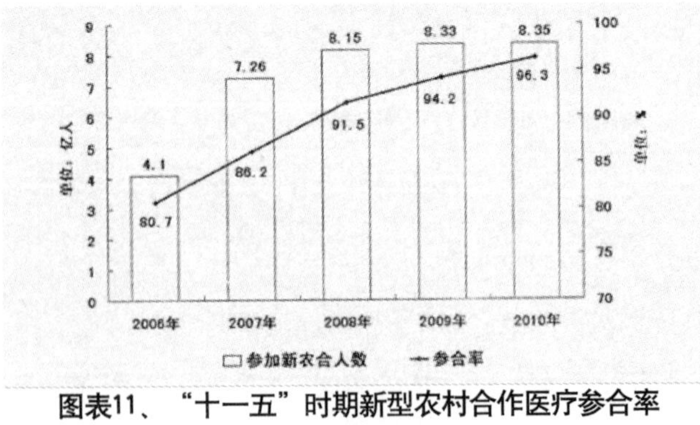

图表11、“十一五”时期新型农村合作医疗参合率提高情况

保障性安居工程建设大规模推进。进一步提高了中西部地区新建廉租住房和农村危房改造中央补助标准，

加快发展公共租赁住房，并将其纳入保障性安居工程建设规划。2010年，全国保障性住房和棚户区改造住房开工590万套，超过计划目标10万套，其中，保障性住房322万套，棚户区改造268万户；全年基本建成370万套。

社会建设得到加强。国家中长期教育改革和发展规划纲要、人才发展规划纲要颁布实施。改造农村中小学校舍1325万平方米，建设中等职业学校校舍212万平方米。全国“两基”人口覆盖率达到100%，初中阶段三年保留率94%；高中阶段毛入学率达到82.5%，提高3.3个百分点；高等教育毛入学率26.5%，普通本专科招生661.8万人，研究生招生53.8万人。医疗卫生服务体系建设进展顺利。支持建设和改造了891所县级医院、1620所中心乡镇卫生院、1228所社区卫生服务中心和116所精神卫生防治机构。人口自然增长率5‰左右，完成计划目标，年末总人口13.41亿人。广播电视村村通工程、乡镇综合文化站建设、西新工程和文化资源信息共享工程稳步推进。国家博物馆、国家话剧院等重大文化工程进展顺利，全国免费开放的公共博物馆、纪念馆和爱国主义教育基地达到1743家。重点旅游景区基础设施建设得到加强，海南国际旅游岛建设积极推进。哲学社会科学、新闻出版、文学艺术等事业繁荣发展。上海世博会圆满成功，有246个国家和国际组织参展，是世博会历史上参展单位最多的一届。广州亚运会、亚残运会成功举办。群众体育工作迈上新台阶，全国已建成农民体育健身工程超过23万个。社会福利事业发展加快，社会服务机构床位数达到312.3万张，增长4.3%。

在国际经济环境复杂多变、国内自然灾害多发重发的情况下，国民经济保持平稳较快发展，回升向好态势进一步巩固，取得的成绩来之不易。这是党中央国务院统揽全局、坚强领导的结果，是各地区各部门认真执行中央方针政策、密切配合、扎实工作的结果，是全国各族人民迎难而上、共同努力的结果。经过五年的努力，“十一五”规划《纲要》确定的22个经济社会发展主要指标中，8个约束性指标全部实现，14个预期性指标除服务业就业比重、服务业增加值占国内生产总值比重和研发支出占国内生产总值比例3个指标没有完成外，其余都已顺利实现。

在看到成绩的同时，我们也清醒地认识到，国内发展依然面临着一些突出矛盾和问题。一是粮食稳定增产和农民持续增收基础不牢固。耕地、淡水等资源约束加剧，水利基础设施依然薄弱，农业科技水平总体不高，比较效益长期偏低，农民外出务工仍面临制度性障碍。二是经济结构调整任务艰巨。提高自主创新能力面临激励机制不完善、核心技术和高端人才缺乏等制约，一些领域盲目投资、产能过剩问题进一步暴露，淘汰落后产能工作难度加大，服务业发展仍然滞后，城乡区域发展不平衡、不协调问题依然突出。三是物价上涨压力较大。输入性通胀压力上升，市场流动性宽松，游资投机炒作现象增多，资源、土地、劳动力等要素成本上升已成为推动价格上涨的长期性因素。去年物价上涨构成中，70%左右是由食品价格上涨引起的，加大了城乡居民特别是中低收入家庭生活压力。部分大中城市房价涨幅过高，普通居民通过市场解决住房问题的难度依然较大。四是资源环境约束强化。能源资源消耗总量偏大、增长偏快，主要污染物排放量大。节能减排长效机制尚未建立，“两高”行业增长依然偏快，节能减排和应对气候变化压力加大，可持续发展面临较大挑战。五是社会矛盾增多。收入分配、社会保障、上学、就医等方面与人民群众要求还有较大差距，食品药品安全、征地拆迁、安全生产等方面损害群众利益的行为时有发生。同时，世界经济复苏进程艰难曲折，部分国家债务沉重，失业率居高难下，全球流动性继续增加，国际市场大宗商品价格和主要货币汇率持续动荡，这些不稳定不确定因素也增加了做好国内工作的难度。对于上述问题，我们将高度重视，采取有效措施，认真加以解决。

二、2011年经济社会发展的总体要求和主要目标

今年的经济社会发展工作，要全面贯彻党的十七大和十七届三中、四中、五中全会精神，以邓小平理论和“三个代表”重要思想为指导，深入贯彻落实科学发展观，正确把握国内外形势新变化新特点，以科学发展为主题，以加快转变经济发展方式为主线，实施积极的财政政策和稳健的货币政策，增强宏观调控的针对性、灵活性、有效性，加快推进经济结构调整，大力加强自主创新，切实抓好节能减排，不断深化改革开放，着力保障和改善民生，巩固和扩大应对国际金融危机冲击成果，保持经济平稳较快发展，促进社会和谐稳定。

按照上述总体要求，考虑到需要和可能，并与“十二五”规划《纲要》相衔接，提出2011年经济社会发展主要目标：

——保持经济稳定增长。国内生产总值增长8%左右。主要考虑是：一方面，增加就业、改善民生，巩固和扩大应对国际金融危机冲击成果，需要保持合理的经济增长速度。另一方面，8%左右的增长目标比去年实际增长速度要低，主要是为了把各方面的注意力和工作重点引导到加快转变经济发展方式上来，使经济增长速度与结构质量效益相统一，经济发展与人口资源环境相协调，切实做到在发展中促转变、在转变中谋发展。而且在外部环境变数较多、资源环境约束增强、生产要素成本提高的情况下，实现高质量、高效益的8%，还需付出很大的努力。另外，8%左右的增长目标是就全国来讲的，是一个预期性、指导性目标，各地应结合自身实际，把需要和可能结合起来，科学确定增长目标，切不可盲目追求和攀比高速度，更不要层层加码。

——优化经济结构。研究与试验发展经费支出占国内生产总值的比例提高到1.85%；培育战略性新兴产业取得积极进展，服务业加快发展；技术改造、淘汰落后、兼并重组取得新成效；单位国内生产总值能耗比上年下降3.5%，二氧化碳排放强度下降3.5%左右，二氧化硫、化学需氧量、氨氮和氮氧化物四项主要污染物排放量均减少1.5%，生态建设和环境治理进一步加强；城镇化率提高到48.3%。提出这个组合目标的主要考虑是：加快转变经济发展方式是当前和今后一个时期的主线，必须贯穿于经济社会发展的全过程和各领域，要在“十二五”开局之年迈出坚实步伐，必须坚持把经济结构战略性调整作为主攻方向，进一步加大研发投入，着力推进自主创新，培育和发展战略性新兴产业，促进传统产业转型升级，加大统筹城乡区域协调发展的力度，积极稳妥地推进城镇化，强化节能减排和生态环境保护，提高增长的科技含量和质量效益，提高发展的协调性和可持续性。

——保持物价总水平基本稳定。居民消费价格涨幅4%左右。当前，我国总供给与总需求基本平衡，绝大多数产品供应充足，特别是粮食连续7年丰收、库存充裕，有利于保持物价总水平基本稳定。但是，去年下半年消费价格的较快上涨，会对今年上半年形成较大的翘尾影响，同时引起价格上涨的因素仍然较多：全球流动性大量增加，国际市场大宗商品价格上涨将继续形成较大的输入性通胀压力；国内货币存量规模较大，能源、原材料、土地、劳动力等要素成本逐渐上升，资源性产品价格和环保收费改革也要积极稳妥地推进，这都在一定程度上加大了价格上涨的压力。把居民消费价格涨幅确定为4%左右，既考虑了上述涨价因素和群众的承受能力，同时也为价格改革预留了一定空间。

——保障和改善民生。城镇新增就业900万人以上，城镇登记失业率控制在4.6%以内；努力实现居民收入增长和经济发展同步、劳动报酬增长和劳动生产率提高同步，城镇居民人均可支配收入和农村居民人均纯收入均实际增长8%以上；社会保障制度继续完善，开工建设保障性住房和棚户区改造住房1000万套；人口自然增长率控制在6.5‰以内。保障和改善民生是推动科学发展、促进社会和谐的必然要求，是不断满足人民群众过上更好生活新期待的迫切需要，也是加快转变经济发展方式的根本出发点和落脚点。坚持发展经济与改善民生的内在统一、加快转变经济发展方式与保障和改善民生的有机结合，把解决好就业、收入分配、社会保障等涉及广大人民群众切身利益的突出问题放在更加重要的位置，完善制度安排，健全体制机制，加大投入力度，务求取得新的成效，使改革发展成果惠及全体人民。

——改善国际收支状况。促进货物出口转型升级，服务贸易发展加快，积极扩大进口，进出口贸易总额增长10%左右；利用外资保持增长，结构进一步优化；对外投资稳步扩大。尽管今年世界经济环境依然严峻复杂，各种形式的保护主义抬头，国际市场竞争更趋激烈，但只要有效发挥我国在国际经济分工中的比较优势，坚持出口和进口并重、吸收外资和对外投资并重，加快转变外贸方式和对外投资方式，就能够继续保持外需的稳定增长，并进一步改善国际收支状况。

三、2011年经济社会发展的主要任务和措施

今年是实施“十二五”规划的开局之年，做好经济社会发展各项工作，对于继续抓住和用好重要战略机遇期，以优异成绩迎接中国共产党成立90周年，具有十分重要的意义。要继续加强和改善宏观调控，更加积极稳妥地处理好保持经济平稳较快发展、调整经济结构、管理通胀预期的关系，把稳定物价总水平作为宏观调控的首要任务。继续实施积极的财政政策，并在政策力度上进行微调。适当减少财政赤字和国债规模，今年财政赤字拟安排9000亿元，比上年预算减少1500亿元，其中中央财政赤字7000亿元，代地方发债2000亿元并纳入地方预算，赤字率下降到2%左右。实施稳健的货币政策，今

年广义货币供应量M2预期增长16%，保持合理的社会融资规模。要把握好政策实施的力度、节奏和重点，加强政策之间的协调配合，统筹考虑短期调控政策和长期发展政策，既要着力解决当前发展中的突出问题，防止经济出现较大波动，又要切实推进解决深层次矛盾和化解潜在风险，增强发展的协调性、可持续性和内生动力。2011年重点做好以下九方面工作：

（一）强化价格调控监管，保持物价总水平基本稳定

（1）保障市场供应。切实落实“米袋子”省长负责制和“菜篮子”市长负责制。完善重要商品储备制度和主要农产品临时收储制度，科学把握储备吞吐时机，搞好进出口调节。畅通农产品流通渠道，加强“农超对接”，规范和降低城市农贸市场摊位费和超市进场费，支持骨干批发市场升级改造和大型粮食物流节点、蔬菜批发市场、社区菜店、冷链物流建设。（2）增强调控针对性。加强流动性管理。建立健全重要农副产品市场监测预警体系，完善重点商品市场和价格调控预案。把握好政府管理商品和服务价格的调整时机、节奏和力度。依法建立和完善价格调节基金。（3）强化价格监管。加强农产品期货市场监管，清理整顿农产品电子交易市场，遏制过度投机。严格粮食收购资格审核，规范农产品经营和深加工秩序。认真执行《价格违法行为行政处罚规定》和《反价格垄断规定》，严肃查处囤积居奇、哄抬价格、变相涨价、串通涨价等违法行为。（4）完善补贴制度。继续对优抚对象、城乡低保对象、农村五保供养对象发放价格临时补贴。按照隶属关系，增加对大中专院校家庭经济困难学生和学生食堂补贴。尽快建立和完善最低生活保障、失业保险标准与物价上涨挂钩的联动机制，保障低收入群体基本生活。（5）改善价格环境。落实治理和规范收费的各项规定，继续取消不合理收费项目，降低偏高的收费标准，严禁擅自收费、超标准收费和变相收费。（6）加强舆论引导。正确报道价格形势，阐释价格政策，严厉查处捏造事实、传播虚假信息等恶性炒作事件。

（二）坚持扩大内需特别是消费需求战略，保持经济平稳较快发展

⑴ 进一步增加居民消费需求。全年社会消费品零售总额预期增长16%。加大收入分配调节力度，增加政府用于改善和扩大消费的支出，增加对城镇低收入群众和农民的补贴。继续实施家电下乡和以旧换新政策，落实促进节能与新能源汽车消费的优惠政策，扩大节能产品推广范围。积极发展电子商务等新型消费业态，促进文化、旅游、健身等消费。推动农村商业连锁经营和统一配送，优化城镇商业网点布局。整顿和规范市场秩序，维护消费者合法权益。⑵ 在优化结构的前提下保持合理的投资规模。2011年全社会固定资产投资预期增长18%。充分发挥政府投资对结构调整的引导作用。拟安排中央预算内投资3826亿元，比上年减少100亿元，优先保证重点在建、续建项目的资金需求，有序启动“十二五”规划重大项目建设。中央预算内投资主要用于支持保障性安居工程，水利设施，农业和农村基础设施，教育卫生基础设施，自主创新、节能减排和生态环保，中西部地区特别是西藏及四省藏区、新疆等经济社会发展。认真落实国务院关于鼓励和引导民间投资发展的政策，继续抓紧制订配套措施，促进社会投资稳定增长和结构优化。坚持分类指导、有保有压，坚决控制“两高”和产能过剩领域的盲目重复建设，提高投资质量和效益。⑶ 搞好经济运行调节。加强煤炭产运需衔接，强化电力需求侧管理，搞好原油、成品油、天然气总量平衡和应急调度，保证重点物资运输。

（三）进一步做好“三农”工作，巩固农业农村发展和农民增收的基础

（1）促进粮食稳定增产，力争夺取第8个丰收年。全面强化促进粮食和农业生产发展的各项措施，实施全国粮食稳定增产行动，完善产粮大县奖励政策，深入开展高产创建活动，增加“一事一议”奖励补贴资金，充分调动各级政府重农抓粮和农民务农种粮的积极性，夺取全年农业丰收。2011年，力争粮食产量保持在5亿吨以上；棉花、油料、糖料、肉类、水产品产量分别达到680万吨、3250万吨、12500万吨、8000万吨、5430万吨，比上年增长13.9%、0.3%、3.8%、0.9%和1.2%。（2）加强以水利为重点的农业和农村基础设施建设。认真贯彻落实党的十七届五中全会和中央1号文件精神，制订水利改革发展的重大政策。加快中小河流治理、病险水库除险加固，加强山洪地质灾害防治、蓄滞洪区建设和西南等地区重点水源工程建设。加快实施灌区续建配套和节水改造，全面加强农田水利骨干和田间工程建设。推进高标准农田和水资源配置工程建设。继续做好农村土地整治工作。改善农村生产生活条件。2011年，拟再解决6000万农村人口的饮水安全问题，农村安全饮水普及率

达到77%；积极发展农村沼气，力争年末农村沼气户数达到4325万户，比上年增加325万户；实施新一轮农村电网改造，加快无电地区电力建设；继续支持农村公路建设；加大农村危房改造力度，今年拟安排150万户以上；实施好游牧民定居工程。（3）提高农业综合生产能力。严格保护耕地，稳定播种面积，努力增加单产。加快实施全国新增千亿斤粮食生产能力规划，支持东北地区提高粳稻和玉米生产能力。加强糖料生产基地、旱作农业示范基地、新疆优质棉和黄淮海、长江流域棉花生产基地建设。着力建设长江流域油菜籽、黄淮海榨油花生和东北及内蒙古大豆生产基地。支持大城市建设蔬菜保障基地。支持生猪、奶牛标准化规模养殖小区和畜禽、水产良种繁育体系建设。积极发展设施农业。增加农业科研推广投入。推进农作物病虫害专业化统防统治，综合防控重大动物疫病。强化农产品质量安全监管。加强渔政渔港建设。（4）努力促进农民持续增收。提高主要粮食品种最低收购价，从新粮上市起，小麦每50公斤提高5到7元，水稻每50公斤提高9到23元。继续扩大农业补贴规模，提高补贴标准。落实化肥、柴油等农资价格上涨与农资综合补贴挂钩的动态调整机制。大力扶持农民专业合作社、农村社会化服务组织和农业产业化龙头企业，积极发展优势特色农业、农产品加工业。壮大县域经济。加强农民工职业技能培训、就业指导服务和权益保护。

（四）加快产业结构调整，着力提高核心竞争力

（1）大力推进自主创新和战略性新兴产业发展。研究制订自主创新能力建设规划和国家重大科技基础设施中长期规划。深入推进知识创新工程、技术创新工程和重大科技基础设施建设，加快实施重大科技专项，推进国家创新型城市试点示范。抓紧制订实施战略性新兴产业发展规划和配套政策，设立产业发展专项资金，扩大新兴产业创投计划实施规模，研究制订产业发展指导目录和重要新兴产业行业标准。组织实施宽带中国、云计算、物联网、集成电路、平板显示、空间基础设施、支线飞机和通用飞机产业化等产业创新发展工程，以及全民健康、信息惠民等重大应用示范工程。推进国家信息化试点示范。（2）积极改造和提升传统产业。继续实施重点产业调整和振兴规划。颁布实施新的产业结构调整指导目录。大力支持企业技术改造。积极推进钢铁、石化、有色金属、造船等重点产业生产力布局调整。加快装备制造、汽车零部件、轻工、纺织等行业现代产业集群建设。促进食品工业结构调整和产业升级，加强食品安全监测能力建设，提升食品安全保障能力。引导企业兼并重组，提升产业集中度。建立健全促进落后产能退出的政策体系，继续依法淘汰火电、炼钢、炼铁、水泥、造纸、平板玻璃等行业的落后产能，启动热电联产替代燃煤小锅炉试点。加快中小企业公共服务基础设施建设，拓宽融资渠道，营造有利于中小企业发展的良好环境。（3）促进服务业加快发展。继续推进服务业综合改革试点，建立生产性服务业集聚发展示范区，创新生活性服务业发展方式。重点发展面向农村的服务业，加快发展与现代制造业密切相关的高技术服务业，积极发展新兴服务业。拓宽服务业企业融资渠道，尽快实现鼓励类服务业用电、用水、用气、用热与工业基本同价。积极推进海南国际旅游岛建设。2011年，城镇社区服务设施预期达到18.5万个，增长2.2%。加快信息通信基础设施建设，全国光缆线路达到1095万公里，增加100万公里；互联网宽带接入端口2.23亿个，增加3500万个。（4）加强现代能源产业和综合运输体系建设。积极推动能源生产和利用方式变革，构筑安全稳定经济清洁的现代能源产业体系。加快煤矿企业兼并重组，有序推进大型煤炭基地和大中型现代化煤矿建设。加强大型油气基地建设，优化炼化工业布局。大力发展可再生能源，促进新能源开发利用。2011年，原煤产量预期增长4.9%，原油基本维持现有水平，天然气增长10.1%；发电量增长8%，其中，水电、核电分别增长6.1%和13.3%，并网风力发电装机规模增长45%。加快建设重要通道和综合交通枢纽，重点支持客运专线铁路、西部干线铁路、国家高速公路、国省干线公路、长江干线航道、内河高等级航道和中西部港口、中西部支线机场、西部干线机场建设，加强道路养护。2011年，全国铁路营业里程、公路通车总里程预期分别达到9.9万公里和410万公里，增长8.8%和3%，其中快速铁路、高速公路的通车里程为1.3万公里和8.3万公里，分别增加4700公里和9000公里；内河高等级航道里程10400公里，增加400公里；通航机场达到181个，增加6个。

（五）优化区域发展格局，提高发展的协调性和城镇化水平

（1）继续实施区域发展总体战略。坚持把深入实施西部大开发战略放在区域发展总体战略优先位置，落实新十年西部大开发的重点任务和政策，制订西部大开发

"十二五"规划，颁布西部地区鼓励类产业目录，加大对基础设施和生态环境建设的支持力度，促进特色优势产业发展，加快国家重点开发开放试验区建设，落实好促进西藏和四省藏区以及新疆跨越式发展的各项政策，启动实施西部地区生态文明示范工程。完善东北现代产业体系，编制东北地区"十二五"振兴规划，组织实施中俄地区合作规划纲要和大小兴安岭林区生态保护与经济转型规划，开展资源型城市可持续发展试点。深入实施促进中部地区崛起规划，研究制订新时期促进中部地区崛起的政策措施，发挥承东启西的区位优势，进一步增强中部地区城市群和长江中游经济带辐射带动作用。积极支持东部地区体制机制创新和发展方式转变，继续率先发展。进一步加大对革命老区、民族地区、边疆地区和贫困地区的扶持力度，深入开展兴边富民行动，启动集中连片特殊困难地区扶贫开发攻坚工程，做好以工代赈和易地扶贫工作。(2) 推动主体功能区建设。全面落实全国主体功能区规划，细化分类指导的区域政策，加强国家专项规划、区域规划与全国主体功能区规划的衔接，建立健全绩效考核评价体系。加快省级主体功能区规划编制。(3) 积极稳妥推进城镇化。编制实施促进城镇化健康发展规划，合理确定大中小城市和小城镇的功能定位、产业布局、开发边界。同时要在就业、教育、社会保障、医疗、保障性住房等方面充分考虑农民工进城需要，有序推进符合条件的农业转移人口落户城镇。

（六）坚持不懈地推进节能减排，加强生态文明建设

（1）严格落实目标责任。做好"十二五"节能减排地区目标分解，完善节能减排统计和考核办法。组织对省级政府"十一五"节能减排目标完成情况的评价考核，落实奖惩措施。（2）加快重点工程建设。实施重点节能改造工程、节能产品惠民工程。加强节能减排共性和关键技术研发，实施好重大节能环保技术产业化示范和推广应用。推进城镇污水、垃圾处理设施建设，启动燃煤电厂脱硝，提高污染治理设施投运率。2011年，城市污水处理率、城市生活垃圾无害化处理率达到80%和74%，分别比上年提高3.1个和1.5个百分点。（3）强化节能减排管理。制订并实施高耗能行业能耗限额标准和终端用能产品能效标准。严格执行投资项目节能评估审查制度。开展能耗总量控制和节能量交易试点。突出抓好重点耗能企业节能管理，组织开展万家企业节能低碳行动和绿色建筑行动。严格执行新建建筑节能标准，加快北方采暖地区既有建筑节能改造和供热计量改革，扩大可再生能源建筑应用规模。加大合同能源管理、节能发电调度、电力需求侧管理、能效标识、节能产品认证和政府采购等节能机制的实施力度。加强节能管理能力建设和执法监督检查。（4）大力发展循环经济。完善和落实鼓励支持循环经济发展的政策措施，深化循环经济试点示范。加快大宗固体废物综合利用，推进海水淡化。抓好"城市矿产"示范基地建设，推动再制造产业化及餐厨废弃物资源化利用。全面推行清洁生产。2011年，万元工业增加值用水量下降7%，工业固体废物综合利用率提高1个百分点。（5）加强生态环境保护。加大重点流域特别是大江、大河、大湖水污染防治，以及重点地区重金属污染治理和农村环境综合整治力度，开展农村垃圾收集处理系统建设，控制农村面源污染。加强海洋污染治理。实施天然林资源保护二期工程，加快构建青藏高原生态安全屏障，继续推进京津风沙源、岩溶地区石漠化综合治理、重点防护林体系建设工程，启动黄土高原地区、祁连山冰川与水源涵养区生态环境保护和综合治理。实施好退牧还草工程，支持重要水源补给区生态保护建设。建立健全生态补偿机制，推进重点生态功能区补偿试点，出台三江源国家生态保护综合试验区总体方案。加强水土流失综合治理。加大重点区域地质灾害治理力度。（6）积极应对气候变化。落实控制温室气体排放行动目标。2011年，新增造林面积600万公顷，增加森林蓄积量，增强固碳能力。建立温室气体排放统计和核算体系。扩大低碳试点。加强应对气候变化国际合作。

（七）着力保障和改善民生，建立健全基本公共服务体系和社会管理机制

1) 坚持实施更加积极的就业政策。把促进就业放在经济社会发展优先位置，大力发展劳动密集型产业、小型微型企业、现代服务业和家庭服务业，鼓励自主创业和自谋职业。着力做好高校毕业生、农村转移劳动力、城镇就业困难人员、退役军人就业工作。继续加强基层就业和社会保障服务设施建设，健全统一规范灵活的人力资源市场，强化职业培训。完善劳动争议处理机制。(2) 合理调整收入分配关系。研究制订收入分配改革方案，调整国民收入分配格局，缩小收入分配差距。建立健全企业职工工资正常增长机制，稳步推进工资集体协商，逐步提高最低工资标准，坚决防止拖欠职工工资特别是农民工工资。分步实施个

人所得税制度改革，适当提高工薪所得税费用扣除标准，降低中低收入者税负，完善对高收入行业工资总额和工资水平双重调控政策。整顿和规范收入分配秩序。(3) 切实做好社会保障工作。落实养老、医疗保险关系转移接续办法，提高社会保险统筹层次。健全企业退休人员基本养老金、城乡居民低保标准正常调整机制。积极推进机关和事业单位养老保险制度改革，扩大新型农村社会养老保险试点范围。2011年，城镇参加养老、医疗、失业和工伤保险人数分别增加827万人、794万人、124万人和827万人。加快发展社会救助、社会福利事业，加强儿童福利院、残疾人康复及养老服务设施建设。2011年，每千名老人拥有养老床位数20张，增长9.9%；残疾人服务设施数达到3230个，增长8.6%。(4) 加快推进住房保障体系建设。加大保障性安居工程建设力度，大规模开展公共租赁住房等保障性住房建设，加快城市、工矿、林区、垦区等棚户区改造，建立稳定的政府投入机制和社会资金偿还保障机制，优先安排供地和建设计划，鼓励社会资金参与公共租赁住房建设和运营。继续增加商品住房有效供给，提高中小套型、中低价位住房比重，规范发展住房租赁市场。进一步落实和完善房地产调控政策，抑制投机投资性需求，遏制房价过快上涨。抓紧完善符合国情的住房体制和政策体系，形成有效调节住房供应和需求的长效机制。(5) 加强教育重点领域建设。全面落实国家中长期教育改革和发展规划纲要。加快农村中小学薄弱学校改造，继续推进中西部农村初中校舍改造工程、全国中小学校舍安全工程和职业教育基础能力建设。大力发展农村学前教育，重视特殊教育，完善高中和职业教育，支持民族院校建设和民族地区"双语"教育。推进边远艰苦地区农村学校教师周转宿舍建设。提升高等教育质量，加快一流大学和一流学科建设。解决好经济困难家庭子女上学问题。2011年，高中阶段教育毛入学率预期达到84%，普通高校计划招收本专科生675万人，研究生56万人。(6) 推进医疗卫生事业发展。加强以基层为重点的医疗卫生服务体系建设，实施全科医生培养基地项目，开展卫生监督体系、农村急救体系、精神卫生防治体系建设。加强妇幼保健工作，继续推进妇女宫颈癌、乳腺癌免费检查和救治保障试点。加大对农村特别是中西部边远地区医疗基础设施投入。2011年，人均基本公共卫生服务经费标准由15元提高到25元，新型农村合作医疗、城镇居民基本医疗保险财政补助标准年人均由120元提高到200元。每千人口病床数力争达到3.42张，提高5.6%。完善人口和计划生育服务体系。(7) 大力发展文化事业和文化产业。加快构建覆盖城乡的公共文化服务体系。积极推进文化惠民工程，加快重点文化设施建设。繁荣发展哲学社会科学，推进广播影视、新闻出版等领域重大文化建设项目和产品创新。规范发展文化产业基地，强化文化遗产和自然遗产保护，进一步推进美术馆、图书馆、文化馆(站)、博物馆、纪念馆、科技馆免费开放。加强旅游基础设施建设，启动实施红色旅游二期规划。全面发展公共体育事业。2011年，广播、电视人口覆盖率预期分别达到96.71%、97.43%；国内旅游者人数23.1亿人次，增长7.4%。(8) 创新社会管理。整合社区管理资源，进一步畅通群众利益诉求表达渠道，积极预防和妥善处理各类群体性事件，加强社会治安综合管理。强化食品药品安全监督管理。坚决遏制重特大安全事故发生。(9) 继续搞好灾后恢复重建。全面完成汶川灾后恢复重建任务，扎实推进玉树、舟曲灾后恢复重建工作。

（八）加大改革攻坚力度，增强经济社会发展的动力和活力

（1）坚持和完善公有制为主体、多种所有制经济共同发展的基本经济制度。继续推进国有经济战略性调整，健全国有资本有进有退、合理流动机制，培育具有国际竞争力的大公司、大企业集团。深化电力、石油、盐业等行业改革。鼓励、支持和引导非公有制经济发展，营造各种所有制经济依法平等使用生产要素、公平参与市场竞争、同等受到法律保护的体制环境。（2）积极稳妥地推进资源性产品价格和环保收费改革。适时推进成品油价格市场化改革。改革和完善天然气价格形成机制，理顺天然气与可替代能源比价关系。择机实施居民阶梯电价，完善水电、核电、可再生能源价格形成机制。推进水价改革。进一步推动排污权有偿使用和交易试点。（3）加快医药卫生体制改革。深入推进五项重点改革，基本完成三年重点工作任务。2011年城镇职工和城镇居民医保参保率、新农合参合率保持在90%以上。在政府办基层医疗卫生机构全面实施基本药物制度，建立规范基本药物采购机制，推进基层医疗卫生机构综合改革，建立长效稳定的补偿机制。抓好公立医院改革试点。落实鼓励和引导社会资本举办医疗机构的政策。（4）深化财税、金融、投资体制改革。完善财政转移支付制度，增加一般性转移支付规模和比例，健全县级基本财力保障机制。深化预算管理制度改革，积极推进预算公开。扩大资源税改革实施范围。开展生产性服务业

改征增值税改革试点。健全多层次资本市场体系，加快发展债券、期货市场，提高直接融资比重。积极培育农村新型金融机构。进一步完善人民币汇率形成机制。抓紧制订政府投资条例、企业投资项目核准和备案管理条例。（5）继续推进农村综合改革。研究制订农村征地条例。深化集体林权制度改革，继续开展国有林场林区改革试点。积极推进综合配套改革试点。

（九）坚持实施互利共赢开放战略，拓展国际经济合作空间

（1）优化对外贸易结构。坚持实施市场多元化战略，巩固传统市场，大力开拓新兴市场，稳定和拓展外需。加快加工贸易转型升级，支持成套设备、文化、软件等潜力较大的商品和服务出口，大力发展服务外包，继续控制“两高一资”产品出口。完善进口促进政策，扩大先进技术设备、关键零部件、能源原材料和节能环保产品进口。加强和改善多双边经贸关系，妥善应对贸易摩擦。（2）提高利用外资质量和水平。修订出台外商投资产业指导目录和中西部地区外商投资优势产业目录，鼓励外资投向高端制造业、高技术产业、现代服务业、节能环保等领域和中西部地区，支持外资以多种方式参与国内企业改组改造和兼并重组。积极稳妥扩大服务领域对外开放。进一步完善全口径外债管理。（3）深入实施“走出去”战略。完善支持企业“走出去”的财税、金融、保险政策。扩大人民币在跨境贸易和投资中的使用。健全境外风险防控机制。继续推动境外能源、矿产资源和农业合作。做好对外经济援助工作。

加强内地和香港、澳门交流合作，继续实施更紧密经贸关系安排。支持香港巩固和提升国际金融、贸易、航运中心地位，增强金融在全球的影响力。支持澳门建设世界旅游休闲中心，促进经济适度多元发展。深化粤港澳合作，促进区域经济发展。深化两岸经济合作，落实两岸经济合作框架协议，促进双向投资，加强新兴产业、金融等现代服务业和文化、教育等领域的交流合作。充分发挥海峡西岸经济区在推动两岸交流合作中的先行先试作用。

各位代表，做好2011年经济社会发展各项工作，任务艰巨，责任重大。我们要更加紧密地团结在以胡锦涛同志为总书记的党中央周围，坚持以邓小平理论和“三个代表”重要思想为指导，深入贯彻落实科学发展观，自觉接受全国人大的监督，虚心听取全国政协的意见和建议，奋发有为，锐意进取，扎实工作，为顺利完成经济社会发展目标，实现“十二五”良好开局而努力奋斗！

关于2010年中央和地方预算执行情况与2011年中央和地方预算草案的报告

2011年3月5日第十一届全国人民代表大会第四次会议　财政部

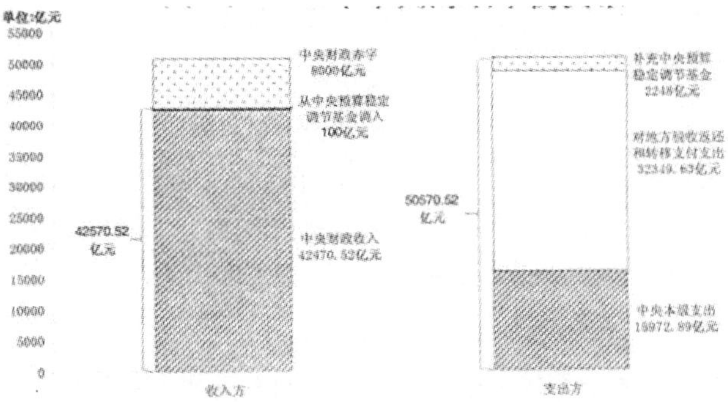

图1 2010年中央财政平衡关系

地方本级收入40609.8亿元，加上中央对地方税收返还和转移支付收入32349.63亿元，地方财政收入总量72959.43亿元，增长19.3%。地方财政支出73602.49亿元，增长20.6%，加上结转下年支出1356.94亿元，支出总量为74959.43亿元。收支总量相抵，差额2000亿元，经国务院同意由财政部代理发行地方政府债券弥补。

一、2010年中央财政预算主要执行情况

（一）中央财政收入预算执行及超收使用情况

2010年中央财政收入总体增长较快，是经济发展、物价上涨以及2009年财政收入基数相对较低等因素的综合反映。中央财政收入超过预算4410亿元，主要是年初收入预算安排是根据相关经济预期指标测算的，执行中

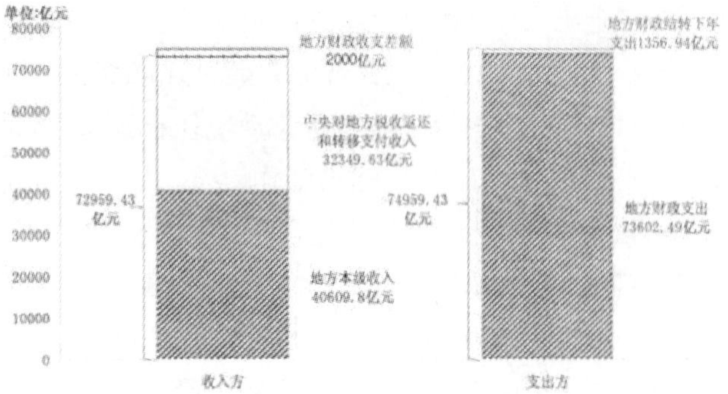

图2 2010年地方财政平衡关系

一些指标超过预期较多，导致收入超过预算。2010年外贸进出口总额增长34.7%（其中进口增长38.7%），超过年初8%的增幅预期，进口环节税收比预算超收2865亿元；2010年汽车销售量增长32.4%，消费税和车辆购置税比预算超收1285亿元。这两项超收合计占中央财政超收额的94.1%。其他各项收入与预算基本持平。

中央财政主要收入项目。国内增值税15895.59亿元，完成预算的103.6%，增长14.2%。国内消费税6071.54亿元，完成预算的115.8%，增长27.5%。进口货物增值税、消费税10487.46亿元，完成预算的130%，增长35.7%；关税2027.45亿元，完成预算的128.3%，增长36.6%。出口货物退增值税、消费税7327.31亿元（账务上作冲减收入处理），完成预算的103.6%，增长13%。企业所得税7794.25亿元，完成预算的96.7%，增长2.3%。个人所得税2902.85亿元，完成预算的114.2%，增长22.6%。证券交易印花税527.82亿元，完成预算的102.3%，增长6.6%。车辆购置税1792.03亿元，完成预算的133.9%，增长54%。非税收入1968.01亿元，完成预算的94.8%，下降22.9%。

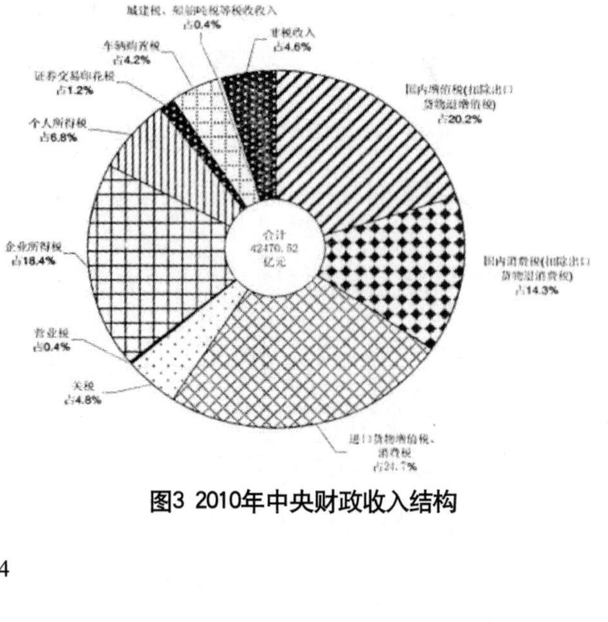

图3 2010年中央财政收入结构

中央财政超收收入使用。根据有关法律法规和第十一届全国人民代表大会第三次会议有关决议要求，在中央财政超收的4410亿元中，用于增加对地方税收返还和一般性转移支付650亿元，增加对地方公路养护等经费转移支付242亿元；增加教育支出260亿元，增加科学技术支出56亿元，增加公路建设支出454亿元。其余2748亿元，用于削减中央财政赤字500亿元，补充中央预算稳定调节基金2248亿元，留待以后年度预算安排使用。2010年中央财政超收收入安排使用情况，国务院已向十一届全国人大常委会第18次会议报告。

（二）中央财政主要支出项目执行情况

按照中央的决策部署，并经全国人大审议批准，2010年中央财政加大了对农业、教育、医疗卫生、社会保障和就业、保障性安居工程、科学技术、环境保护等方面的投入，各项重点支出（包括中央本级支出和中央对地方转移支付支出）得到较好保障。

1.教育支出2547.34亿元，完成预算的117.9%，增长28.6%。其中，中央本级支出720.96亿元，对地方转移支付1826.38亿元。完善农村义务教育经费保障机制，支出731.8亿元，全国1.3亿名农村义务教育阶段学生全部享受免除学杂费和免费教科书政策，中西部地区约1228万名农村义务教育阶段家庭经济困难寄宿生获得生活费补助。免除2900多万名城市义务教育阶段学生的学杂费。落实农村义务教育薄弱学校改造计划。全面清理化解农村义务教育债务。将普通高中家庭经济困难学生纳入国家资助政策体系，提高高校国家助学金资助标准。加强职业教育基础能力建设，免除440万名中等职业学校家庭经济困难学生和涉农专业学生学费，继续实施中等职业学校国家助学金政策等，共支出209.09亿元。启动新一轮“985工程”建设，推进“211工程”、高校本科教学质量与教学改革工程等，共支出606.63亿元。加大对地方高校改革发展的支持力度，支出200.67亿元。

2.科学技术支出1728.34亿元，完成预算的105.8%，增长14.3%。其中，中央本级支出1661.3亿元，对地方转移支付67.04亿元。实施国家科技重大专项，支出302亿元。支持国家自然科学基金、“973计划”、国家重点实验室建设运行等基础研究，支出244.39亿元。加强前沿技术研究、社会公益研究和重大共性关键技术研究开发等应用研究，支出904.13亿元。实施重点产业调整振兴规划，促进企业技术改造和自主创新，支出200亿元。推动区域科技创新体系建设，促进产学研用有机结合。

3.文化体育与传媒支出316亿元，完成预算的100.5%。其中，中央本级支出150.13亿元，对地方转移支付165.87亿元。加强乡镇综合文化站、农家书屋、农村电影放映等重点文化惠民工程建设，丰富农村文化生活，改善基层公共文化体育设施条件。全国向社会免费开放的公共博物馆、纪念馆达到1743家。大遗址、重点文物和非物质文化遗产保护工作继续加强。强化新闻媒体传播能力建设，促进深化文化体制改革，推动文化产业发展。

4.医疗卫生支出1485.35亿元，完成预算的106.9%，增长16.7%。其中，中央本级支出73.56亿元，对地方转移支付1411.79亿元。新型农村合作医疗参合人数达到8.35亿人，城镇居民基本医疗保险参保人数达到1.95亿人，财政补助标准达到人均120元，中央财政共补助560亿元。支持未参保的关闭破产国有企业退休人员和困难企业职工参加城镇职工基本医疗保险，补助63亿元。进一步提高城乡医疗救助水平，补助94亿元。加强基层医疗卫生服务体系建设，支出225亿元。在60%的政府举办的基层医疗卫生机构实施国家基本药物制度，推进体制机制综合改革。支持向城乡居民免费提供9类基本公共卫生服务，实施重大公共卫生服务项目，共补助295.69亿元。启动公立医院改革试点。

5.社会保障和就业支出3784.99亿元，完成预算的105.7%，增长14.8%。其中，中央本级支出428.25亿元，对地方转移支付3356.74亿元。全国新型农村社会养老保险试点覆盖面达到24%，补助资金120亿元。开展做实企业职工基本养老保险个人账户试点，继续提高企业退休人员基本养老金水平，基本养老金月人均标准达到1400元，对企业职工基本养老保险基金共补助1561亿元。提高城乡低保补助标准，支出633.01亿元。提高优抚对象等人员抚恤和生活补助标准，支出215.62亿元。建立孤儿基本生活保障制度。切实保障受灾地区群众的基本生产生活，适当提高因灾农户倒损住房恢复重建中央补助标准，支出137.69亿元。做好国有企业政策性关闭破产相关工作，补助资金71.75亿元。落实更加积极的就业政策，积极推行以工代赈，鼓励企业吸纳下岗失业人员，促进高校毕业生就业，对返乡农民工等实施特别职业培训计划。加大小额担保贷款财政贴息力度，扩大扶持范围。

6.住房保障支出1125.73亿元，完成预算的113.4%，增长15%。其中，中央本级支出386.48亿元，对地方转移支付739.25亿元。加强保障性安居工程建设，全国保障性住房和棚户区改造住房开工590万套，基本建成370万套，加快推进农村危房改造和游牧民定居工程，中央财政保障性安居工程支出764.86亿元，增长38.9%。行政事业单位职工住房公积金等支出352.16亿元。

7.农林水事务支出3879.66亿元，完成预算的102.7%，增长10.5%。其中，中央本级支出387.89亿元，对地方转移支付3491.77亿元。落实农资综合补贴动态调整机制，农作物良种补贴覆盖地域和品种范围进一步扩大，农机购置补贴范围增加到12大类180个品目，共补贴1074.9亿元。促进农业科技成果转化和先进适用农业技术推广应用，扶持农民专业合作组织发展，推动优势特色和安全高效农业发展，支出114亿元。农业综合开发支出192亿元，改造中低产田、建设高标准农田2411.72万亩，增加粮食综合生产能力311.2万吨。农业林业保险保费补贴支出67.77亿元，累计参保农户达到1.3亿户次。创新财政扶贫开发机制，支持贫困地区发展特色优势产业，补助资金260亿元，覆盖扶贫对象3597万人。农业农村基础设施建设支出1352亿元，完成第一轮病险水库除险加固三年规划任务，启动第二轮重点小型病险水库除险加固，新增450个县实施小型农田水利重点县建设，推进大中型灌区续建配套节水改造等重点工程以及农村电网改造。村级公益事业建设一事一议财政奖补试点范围扩大到27个省份，支出102.67亿元，5.3亿农民受益。中央财政森林生态效益补偿基金支持的国家级公益林扩大到10.49亿亩，支出75.81亿元。

8.国土气象等事务支出370.04亿元，完成预算的110%，增长51.4%，主要是探矿权采矿权使用费及矿产资源补偿费收入增加较多，按有关规定专项用于矿产资源开发和利用。其中，中央本级支出176.39亿元，对地方转移支付193.65亿元。支持实施与地质和矿业有关的重大项目，进一步加强基础性调查、矿山环境治理及矿产资源节约与综合利用等方面。

9.环境保护支出1443.1亿元，完成预算的102.1%，增长25.3%。其中，中央本级支出69.48亿元，对地方转移支付1373.62亿元。推动节能减排，支出851.25亿元。扶持1184个重点节能项目，促进773户企业开展节能技术改造，支持经济欠发达地区1689户企业淘汰落后产能。推动532个环境监测站和691个环境监察执法机构开展标准化建设，实施三河三湖及松花江流域水污染防治等重大减排工程，支持城镇污水处理设施配套管网建设8.7万公里。在8个省份约4100个村庄推进农村环境连片整治示范工作，改善农村生活环境。扩大节能产品惠民工程实施范围，推广高效节能空调近3000万台、高效照明产品1.6亿只。公共领域节能与新能源汽车示范推广试点城市扩大到25个，在6个城市启动私人购买新能源汽车补贴试点。加快发展可再生能源，支出106.31亿元。实施金太阳工程，积极推进光伏发电国内规模化应用。促进生物质能源、风电等发展，在26个城市、62个县启动可再生能源建设应用示范。巩固退耕还林、退牧还草成果，推进林业重点工程和草原生态建设，支出468.06亿元。

10.交通运输支出2599.25亿元，完成预算的122.7%，增长19.3%。其中，中央本级支出1489.58亿元，对地方转移支付1109.67亿元。推进国省干线等公共交通基础设施建设，新建、改造30万公里农村公路，支出1512亿元。对城市公交等部分公益性行业给予油价补贴，支出187.11亿元。取消政府还贷二级公路收费，补助地方260亿元。推进铁路、高速公路、机场等项目建设，支出125亿元。

11.资源勘探电力信息等事务支出827.77亿元，完成预算的118.9%，下降2.8%。其中，中央本级支出488.38亿元，对地方转移支付339.39亿元。推进资源勘探电力信息等基础设施建设，支出484亿元。促进中小企业发展，支出93.43亿元。

12.粮油物资储备管理事务支出793.24亿元，完成预算的73.6%，下降28.2%，主要是据实结算的粮油利息费用等补贴减少。其中，中央本级支出495.12亿元，对地方转移支付298.12亿元。实施粮食直补支出151亿元。提高粮食最低收购价，补贴利息费用109亿元。加强粮油以及石油、有色金属等重要物资储备体系建设，支出257.9亿元。

13.商业服务业等事务支出802.85亿元，完成预算的94.2%，增长29.9%，与预算的差异主要是据实结算的石油、棉花等物资储备费用减少。其中，中央本级支出140.91亿元，对地方转移支付661.94亿元。继续实施家电汽车下乡以及家电、汽车以旧换新政策，补贴403.58亿元。国家储备棉、糖、肉等补贴支出31.93亿元。推进新农村现代流通服务网络工程建设，促进商贸流通服务业发展，支出81亿元。

14.地震灾后恢复重建支出794.34亿元，完成预算的101.8%。其中，中央本级支出37.9亿元，对地方转移支付756.44亿元。汶川地震灾后恢复重建三年任务两年基本完成。2008—2010年，汶川地震灾后恢复重建支出累计2330.88亿元，加上中央国有资本经营预算等安排的支出655.82亿元和结转下年支出46.57亿元，合计3033.27亿元，实现三年中央财政对地震灾后恢复重建投入3000亿元的规划目标。

15.国防支出5182.27亿元，完成预算的99.8%，增长7.3%。与预算的差异主要是据实结算的退役士兵安置经费低于预计。其中，中央本级支出5176.35亿元，对地方转移支付5.92亿元。支持改善军队官兵生活待遇，加强信息化建设，适当增加装备及配套设施，提高军队抢险救灾应急能力等。

16.公共安全支出1475.42亿元，完成预算的106.1%，增长14.6%。其中，中央本级支出875.2亿元，对地方转移支付600.22亿元。推进政法经费保障体制改革，不断提高保障水平。防灾减灾和灾害应急救援体系建设得到加强。

17.一般公共服务支出992.7亿元，完成预算的97.8%，下降8.3%，主要用于保障机关正常运转，以及支持地方落实自主择业军转干部退役金。其中，中央本级支出837.24亿元，对地方转移支付155.46亿元。

18.国债付息支出1512.36亿元，完成预算的98.5%，增长14.5%。

汇总以上各项支出，2010年中央财政用在与人民群众生活直接相关的教育、医疗卫生、社会保障和就业、

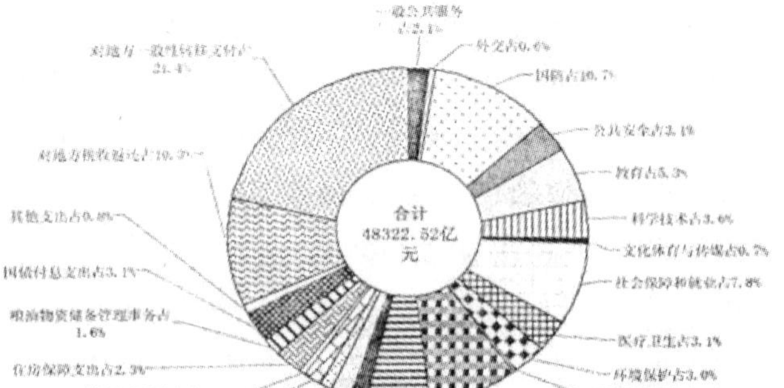

图4 2010年中央财政支出结构

住房保障、文化方面的民生支出合计8898.54亿元，增长19.9%。农业水利、交通运输和环境保护等支出也与民

生密切相关，中央财政对地方的税收返还和一般性转移支付大部分也用于民生支出。2010年中央财政用于“三农”的支出合计8579.7亿元，增长18.3%。其中：支持农业生产支出3427.3亿元，对农民的粮食直补、农资综合补贴、良种补贴、农机购置补贴支出1225.9亿元，促进农村教育、卫生等社会事业发展支出3350.3亿元，农产品储备费用和利息等支出576.2亿元。需要说明的是，民生和“三农”支出不是单独的预算科目，为了便于审议，将与民生和“三农”相关的支出项目综合反映出来，因而存在一些交叉重复。

（二）政府性基金预算执行情况

2010年全国政府性基金收入35781.94亿元，全国政府性基金支出32582.64亿元。

中央政府性基金收入3175.57亿元，完成预算的124.3%。其中：三峡工程建设基金收入59.16亿元，铁路建设基金收入616.92亿元，港口建设费收入114.44亿元，民航机场管理建设费收入136.41亿元，彩票公益金收入247.73亿元，大中型水库移民后期扶持基金收入183.44亿元，中央农网还贷资金收入91.44亿元等。加上2009年结转收入631.34亿元，2010年使用的中央政府性基金收入总量3806.91亿元。中央政府性基金支出3016.75亿元，完成预算的94%。其中：中央本级支出2284.05亿元，包括三峡工程建设支出69.89亿元，铁路建设支出582亿元，港口建设支出87.15亿元，民航机场管理建设支出46.76亿元，彩票公益金用于社会福利、体育、教育等社会公益事业支出139.1亿元，大中型水库移民后期扶持基金支出0.45亿元，中央农网还贷资金支出102.87亿元等；对地方转移支付732.7亿元，增加133.4亿元，增长22.3%。中央政府性基金结转下年支出790.16亿元。

地方政府性基金本级收入32606.37亿元，完成预算的201.9%。其中：国有土地使用权出让收入29109.94亿元，完成预算的213.2%，主要是土地供应增加、地价总体水平上升以及收入管理加强等因素所致。城市基础设施配套费收入610.87亿元。彩票公益金收入243.64亿元。地方教育附加收入242.82亿元。加上中央政府性基金对地方转移支付732.7亿元，地方政府性基金收入为33339.07亿元。地方政府性基金支出30298.59亿元，完成预算的175%。其中：国有土地使用权出让收入安排的支出26975.79亿元，包括征地拆迁补偿等成本性支出13395.6亿元、农村基础设施建设和补助农民等支出2248.27亿元、廉租住房保障支出463.62亿元、破产或改制企业土地出让收入用于安置职工支出3336.63亿元、按城市房地产管理法有关规定用于城市建设的支出7531.67亿元。彩票公益金支出288.19亿元，用于社会福利、体育、教育等社会公益事业。城市基础设施配套支出479.68亿元。地方教育附加支出177.41亿元。地方政府性基金收入大于支出部分结转下年使用。

（三）中央国有资本经营预算执行情况

2010年收取中央企业国有资本收益558.7亿元，完成预算的132.7%。超过预算主要是将国有股减持收入纳入国有资本经营预算管理。加上2009年结转收入18.9亿元，使用的收入总量为577.6亿元。中央国有资本经营支出563.43亿元，其中：补充全国社会保障基金支出148.54亿元，地震灾后恢复重建支出9.32亿元，国有经济和产业结构调整支出179.5亿元，中央企业改革脱困补助支出121.96亿元，重大科技创新支出32亿元，重大节能减排支出30亿元，境外投资支出22.41亿元，社会保障等支出4.7亿元，调入公共财政预算用于民生方面的支出10亿元，新疆生产建设兵团产业发展资金支出5亿元。

以上有关预算执行的具体情况详见《中华人民共和国2010年全国预算执行情况2011年全国预算（草案）》。

（四）积极的财政政策实施情况

认真落实积极的财政政策，促进国民经济继续朝着宏观调控的预期方向发展，进一步巩固经济向好势头。

提高城乡居民收入，扩大居民消费需求。增加对农民的补贴，加强农业基础设施和农业综合生产能力建设，促进农民增收。提高对城乡低保对象、企业退休人员和优抚对象等群体的补助水平，增强居民消费能力。继续实施家电汽车下乡以及家电、汽车以旧换新等鼓励消费的一系列政策。

安排使用好政府公共投资，优化投资结构。通过统筹使用公共财政预算拨款、政府性基金收入、国有资本经营收益等，中央政府公共投资支出10710亿元，主要用于农业基础设施及农村民生工程、教育卫生等社会事业、保障性安居工程、节能减排和生态建设、自主创新和结构调整等方面。继续代理发行2000亿元地方政府债券，优先用于公益性项目续建和收尾。

落实结构性减税政策，引导企业投资和居民消费。

巩固增值税转型改革以及成品油税费改革成果。对部分小型微利企业实施所得税优惠政策。对1.6升及以下排量乘用车减按7.5%的税率征收车辆购置税。继续执行各项税费减免政策，严格行政事业性收费和政府性基金项目的审批管理。

（五）财税改革进展情况

优化转移支付结构，提高一般性转移支付规模和比例，归并和清理专项转移支付项目。完善民族地区转移支付办法，健全生态功能区转移支付制度，资源枯竭城市转移支付规模逐步扩大。建立完善县级基本财力保障机制，增强基层政府公共服务保障能力。27个省份970个县实行了省直管县财政管理方式改革，2.86万个乡镇实行了乡财县管财政管理方式改革。健全公共财政预算，全面编制中央和地方政府性基金预算，继续扩大国有资本经营预算制度试点范围，启动试编社会保险基金预算。深化部门预算、国库集中收付、政府采购等预算管理制度改革。资源税改革相继在新疆和西部地区试点。统一了内外资企业和个人城市维护建设税、教育费附加制度。积极推动收入分配制度改革。义务教育学校绩效工资政策全面落实。公共卫生与基层医疗卫生事业单位绩效工资政策加快实施。

（六）落实全国人大预算决议有关情况

按照第十一届全国人民代表大会第三次会议有关决议，以及十一届全国人大财政经济委员会的审查意见，加强和改善财政宏观调控，着力保障重点支出，完善预算编制，严格预算执行，推进财税体制改革，加强政府债务管理。深入推进财政科学化精细化管理。预算法、注册会计师法修订和车船税立法工作取得重要进展。进一步细化预算编制，减少代编预算规模，预算年初到位率有所提高。积极开展重大项目预算评审，增强项目支出预算的准确性和科学性。提前通知中央转移支付预计数额，地方预算编制的完整性明显增强。提高预算执行的均衡性和效率，12月份全国财政支出占全年支出的比重，从2009年的26.3%下降到2010年的20.1%。制定加强地方政府融资平台公司管理具体实施方案，完善相关政策，组织清理核实融资平台公司债务。预算编制、执行、决算和监督相互协调、相互促进的机制不断健全。“小金库”专项治理工作不断深入。组织开展强农惠农资金专项清理和检查，促进管理机制的创新和完善。预算公开全面推进，对外公开的中央财政预算表格从2009年的4张增加到2010年的12张，支出预算表细化到了款级科目。74个中央预算部门公开了部门预算。地方预算公开取得新的进展。加强支出标准体系建设等财政管理基础工作。不断规范乡镇财政管理，监管力度逐步增强。顺利完成全国人大常委会对2009年中央决算询问的应询工作，年中向全国人大常委会报告预算执行情况，并根据审议意见落实相关改进措施，有关情况国务院已向十一届全国人大常委会报告。

2010年是“十一五”的最后一年。回顾过去的五年，财政发展改革呈现新的面貌。

财政收支规模不断扩大，支出结构进一步优化。“十一五”时期，全国公共财政总收入30.3万亿元，年均增长21.3%；全国公共财政总支出31.9万亿元，年均增长21.4%。国家财政用于民生方面的投入大幅增加，城乡免费义务教育全面实现，城乡居民基本医疗保障水平显著提高，覆盖城乡的社会保障制度框架基本形成，公共文化服务体系建设明显加快。“十一五”时期全国公共财政用于教育、医疗卫生、社会保障和就业、文化方面的支出达到4.45万亿元、1.49万亿元、3.33万亿元和5600亿元，分别比“十五”时期增长1.6倍、2.6倍、1.3倍和1.4倍。中央财政用于“三农”的支出累计近3万亿元。

财税政策不断完善，财政宏观调控进一步加强。根据国内外经济形势的发展变化，先后实施了稳健的财政政策和积极的财政政策，并与货币政策、产业政策等协调配合，健全了社会主义市场经济条件下的宏观调控体系，有效应对了国际金融危机的冲击，并为长期可持续发展奠定了基础。

财税改革不断深化，公共财政体系进一步健全。财政转移支付制度逐步完善，县级基本财力保障机制初步建立，政府预算体系框架基本形成。农业税全面取消，增值税转型改革全面实施，内外资企业税制全面统一，消费税制度继续完善，成品油税费改革顺利推进，资源税改革启动试点，地方税改革稳步推进。

财政管理不断加强，管理水平进一步提高。依法理财深入推进，政府收支分类科目体系不断健全，预算编制和执行管理得到加强，预算公开工作加快推进，财政监督机制不断完善，财务会计制度进一步健全，较好保障了财政职能作用的发挥。

上述成绩的取得，是党中央、国务院统揽全局、正确领导的结果，是各地区、各部门密切配合、扎实工作的结果，是全国各族人民团结奋斗、共同努力的结果。同时，我们也清醒地认识到，财政运行和管理工作中还存在一些突出问题，主要是：一些县乡基层财政仍比较困难，基本财力保障力度还需加大；财力与事权相匹配的财政体制尚需完善，推进地区、城乡之间基本公共服务均等化任务相当艰巨；促进经济发展方式转变的财税政策还不够健全，财政调节收入分配的作用需要进一步增强；地方政府性债务风险不容忽视；土地出让收支管理亟待加强；财政管理仍比较薄弱，支出进度还不够均衡，资金使用效益尚需提高。我们将高度重视这些问题，继续采取有效措施，努力加以解决。

二、2011年中央和地方预算草案

（一）当前我国财政形势

2011年我国发展面临的形势仍然极其复杂。世界经济将继续缓慢复苏，但复苏的基础不牢。我国经济向好趋势没有改变，但面临的矛盾和问题也不少。从财政看，收支矛盾依然比较突出。收入方面，经济持续平稳较快发展为财政收入增长奠定了基础，同时，由于2010年收入基数较高，加上外贸进出口快速增长的态势难以持续，车市逐步降温，以及实施个人所得税改革、调整增值税和营业税征收范围、继续对部分小型微利企业实施所得税优惠政策等，也会减少一些收入。2011年财政收入增幅将比上年有所回落。支出方面，完成公共投资在建项目，加强农业、水利等基础设施建设，需要保持一定的投资规模。加快经济结构调整和发展方式转变，推进教育、医药卫生和社会保障等重点领域改革，切实保障和改善民生，应对通货膨胀压力，加大对低收入群体的补助力度等，需要进一步加大财政投入，支出压力很大。

（二）财政预算编制和财政工作总体要求

根据中央决策部署，结合面临的经济财政形势，2011年财政预算编制和财政工作的指导思想是：全面贯彻党的十七大和十七届五中全会精神，以邓小平理论和“三个代表”重要思想为指导，深入贯彻落实科学发展观，紧紧围绕科学发展主题和加快转变经济发展方式主线，继续实施积极的财政政策，深化财税制度改革，推进国民收入分配格局调整，优化财政支出结构，加大对“三农”、教育、医疗卫生、社会保障和就业、保障性安居工程、节能环保以及欠发达地区的支持力度，切实保障和改善民生，推动经济增长、结构调整、区域协调和城乡统筹发展。坚持依法理 财和统筹兼顾、增收节支的方针，加强财政科学管理，从严控制一般性支出，提高财政资金使用效益，促进经济平稳较快发展与社会和谐稳定。

根据这一指导思想，2011年继续实施积极的财政政策，主要体现在以下几个方面：

一是提高城乡居民收入，扩大居民消费需求。促进调整国民收入分配格局，增加财政补助规模，提高城乡低收入群体的基本收入，增强其消费能力。完善各项强农惠农政策，努力扩大就业，支持建立健全企业职工工资正常增长机制，提高企业退休人员基本养老金和城乡居民最低生活保障标准，落实义务教育学校、公共卫生和基层医疗卫生事业单位绩效工资等政策。完善家电下乡和以旧换新等有利于扩大消费的政策。

二是着力优化投资结构，加强经济社会发展的薄弱环节。中央基建投资主要用于支持保障性安居工程、以水利为重点的农业基础设施、教育卫生基础设施建设，节能减排和生态环保，新疆、西藏及四省藏区经济社会发展，自主创新和战略性新兴产业发展等方面，优先保证重点在建、续建项目的资金需求，有序启动“十二五”规划重大项目建设。同时，进一步鼓励和引导民间投资健康发展。

三是调整完善税收政策，促进企业发展和引导居民消费。继续改革和完善税制，清理规范行政事业性收费和政府性基金，更好地发挥税收调节经济和收入分配的作用，促进加快转变经济发展方式。开展增值税改革试点，完善消费税制度，分步实施个人所得税制度改革，推进资源税改革。继续对部分小型微利企业实施所得税优惠政策，支持中小企业发展。实施有利于节能减排、环境保护和增加就业的税收优惠政策。

四是进一步优化财政支出结构，保障和改善民生。增加“三农”、欠发达地区、社会事业、结构调整、科技创新等重点支出，促进民生改善和各项社会事业发展，让群众得到更多看得见、摸得着的实惠。大力支持玉树、舟曲灾后恢复重建。压缩一般性支出，切实降低行政成本。

五是大力支持经济结构调整和区域协调发展，推动经济发展方式转变。加大对科技创新的支持力度，推进科技成果转化。促进战略性新兴产业发展，支持中小企业和服务业发展，积极推进产业结构调整、企业兼并重组和技术改造。鼓励并扩大关键零部件及先进设备进口，引进先进技术。大力支持节能减排，加快建立生态环境补偿机制，全面建立草原生态保护补助奖励机制。增加中央对地方一般性转移支付，加大对革命老区、民族地区、边疆地区和贫困地区的支持力度，实施促进区域协调发展的相关财税政策。

2011年要在促进经济平稳较快发展的基础上，集中财力办几件保障和改善民生的大事：一是全面落实国家中长期教育改革和发展规划纲要要求，加大教育投入力度，提高教育资金使用效率；二是大力支持医药卫生体制改革，提高医疗服务和保障水平；三是加大保障性安居工程投入力度，推进公共租赁房、廉租房建设和农村危房及各类棚户区改造；四是支持加快建立覆盖城乡居民的社会保障体系，进一步扩大新型农村社会养老保险试点范围，并将试点地区城镇无收入居民纳入保障范围；五是加强农业农村基础设施建设，大力推进农田水利建设、中小河流治理、小型病险水库除险加固、山洪灾害防治等，切实改善农村生产生活条件；六是支持节能减排和科技创新，促进经济结构调整和发展方式转变。

（三）2011年公共财政预算安排情况

根据中央经济工作会议确定的2011年经济发展预期指标、经济社会政策和财政预算编制的总体要求，2011年公共财政预算主要指标拟安排如下：中央财政收入45860亿元，比2010年执行数（下同）增长8%。从中央预算稳定调节基金调入1500亿元。合计收入总量为47360亿元。中央财政支出总量54360亿元，增长12.5%。其中，中央本级支出17050亿元，增长6.7%；中央对地方税收返还和转移支付支出37310亿元，增长15.3%。中央财政收支总量相抵，赤字7000亿元，比2010年预算数减少1500亿元。中央财政国债余额限额77708.35亿元。

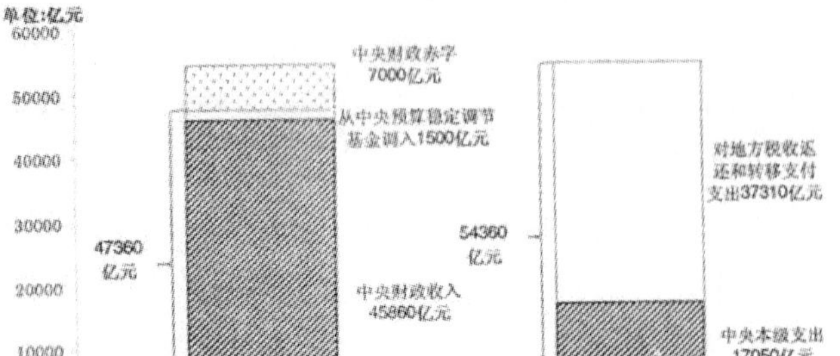

图5 2011年中央财政预算平衡关系

根据地方预算初步安排情况，中央财政代编的地方本级收入43860亿元，增长8%，加上中央对地方税收返还和转移支付收入37310亿元，地方财政收入合计81170亿元，地方财政支出83170亿元，收支相抵，差额2000亿元，国务院同意由财政部代理发行地方政府债券弥补，并列入省级预算管理。地方财政收支安排以同级人民代表大会批准的预算为准。

汇总中央预算和地方预算安排，全国财政收入89720亿元，增长8%，加上从中央预算稳定调节基金调入1500亿元，可安排的收入总量为91220亿元；全国财政支出100220亿元，增长11.9%。全国财政收支差额9000亿元，占GDP的比重由2010年的2.5%下降到2%左右。这样安排，既考虑了巩固和发展应对国际金融危机冲击成果、保持经济平稳较快发展的需要，也体现了促进财政可持续发展的要求。

中央预算稳定调节基金情况。2010年底余额为2368.13亿元，2011年预算调入使用1500亿元，剩余868.13亿元。

1. 中央财政主要收入项目安排情况

国内增值税17570亿元，增长10.5%。国内消费税6500亿元，增长7.1%。进口货物增值税、消费税11220亿元，增长7%。关税2170亿元，增长7%。企业所得税8380亿元，增长7.5%。个人所得税3120亿元，增长7.5%。证券交易印花税550亿元，增长4.2%。出口退税8005亿元，增长9.2%，相应冲减财政收入。车辆购置税1927亿元，增长7.5%。非税收入2080亿元，增长5.7%。

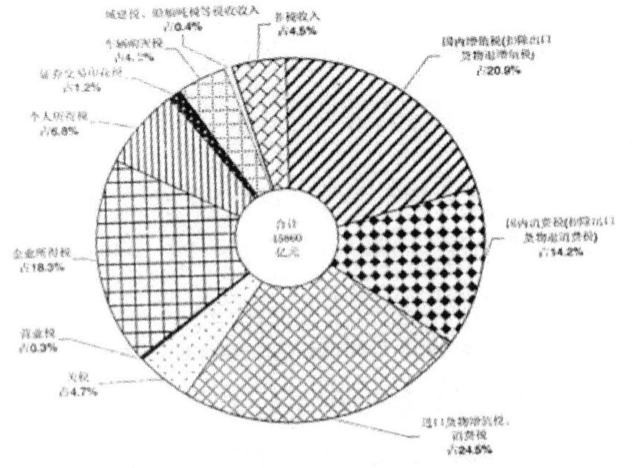

图6 2011年中央财政收入结构

2. 中央财政主要支出项目安排情况

进一步优化财政支出结构，优先保障加强“三农”、改善民生、发展社会事业、促进经济结构调整、深化改革等方面的支出。中央财政主要支出项目（包括中央本级支出和中央对地方转移支付）拟安排如下：

（1）教育支出2963.57亿元，增长16.3%。其中，中央本级支出786.45亿元，对地方转移支付2177.12亿元。重点支持中西部地区和民族地区发展农村学前教育，安排补助30亿元。完善农村义务教育经费保障机制，提高农村中小学公用经费生均基准定额，继续实施免除城市义务教育阶段学生学杂费政策，解决进城务工人员子女平等接受义务教育问题，共安排921.24亿元。继续实施农村义务教育薄弱学校改造计划等，安排资金165.14亿元。落实中等职业学校家庭经济困难学生和涉农专业学生免学费政策，加强职业教育基础能力建设，安排资金134亿元。健全普通高中、普通本科高校、高等和中等职业学校家庭经济困难学生资助政策体系，安排补助经费271亿元。实施“985工程”、“211工程”等，加快建设一流大学和一流学科，开展优势学科创新平台建设，安排资金717.25亿元。支持提高地方高校生均拨款水平，推动地方高校发展改革，安排资金200亿元。促进特殊教育、民族地区教育发展。

（2）科学技术支出1944.13亿元，增长12.5%。其中，中央本级支出1901.59亿元，对地方转移支付42.54亿元。加快实施国家科技重大专项，安排435亿元，增长44%。增加对国家自然科学基金的投入，推动国家重点实验室和基础科研机构科研能力建设，安排基础研究资金257.19亿元。重点支持前沿技术研究、社会公益研究和重大共性关键技术研究开发，安排应用研究资金990.63亿元。扩大重大科研装备自主研制试点范围。加大对区域创新能力建设的引导支持，推动科技成果向现实生产力转化。

（3）文化体育与传媒支出374.43亿元，增长18.5%。其中，中央本级支出188.4亿元，对地方转移支付186.03亿元。优先支持涉及农村和基层群众切身利益的文化建设项目。保障博物馆、纪念馆等公益性文化设施免费开放。加大国家重点文物和大遗址保护力度。积极推动文化体制改革和文化事业、产业发展。加强新闻媒体国际传播能力建设。

（4）医疗卫生支出1727.58亿元，增长16.3%。其中，中央本级支出63.56亿元，对地方转移支付1664.02亿元。加上2009年安排的1273.21亿元和2010年安排的1485.35亿元，完成中央财政支持深化医药卫生体制改革的三年新增投入计划。将城镇职工基本医疗保险、城镇居民基本医疗保险和新型农村合作医疗保险参保率提高到90%以上，将新型农村合作医疗和城镇居民基本医疗保险的财政补助标准由人均120元提高到200元，中央财政安排760亿元，增长35.7%。支持在政府举办的基层医疗卫生机构全面实施国家基本药物制度，推进基层医疗卫生机构综合改革。将城乡居民人均基本公共卫生服务经费标准由15元提高到25元，继续支持实施重大公共卫生服务项目，安排346亿元。推动公立医院改革试点。加大城乡医疗救助力度，安排80亿元。

（5）社会保障和就业支出4414.34亿元，增长16.6%。其中，中央本级支出484.79亿元，对地方转移支付3929.55亿元。支持将新型农村社会养老保险试点范围由全国24%的县扩大到40%的县，并将城镇无收入居民纳入养老保险范围，安排补助资金131亿元。对全国城乡低保对象、农村五保户等8600多万困难群众发放一次性生活补贴，安排资金104亿元。将企业退休人员月人均基本养老金水平提高140元左右，完善企业职工基本养老保险省级统筹制度，妥善解决未参保集体企业退休人员的基本养老保障问题，安排企业职工基本养老保险补助资金1796亿元，增长15.1%。提高城乡最低生活保障标准，中央财政共安排补助资金749亿元，增长18.3%。调整优抚对象等人员抚恤和生活补助标准，安排补助资金257.7亿元，增长19.5%。适当提高孤儿基本生活补助标准，安排36亿元。安排自然灾害生活救助资金106.5亿元。继续做好国有企业政策性关闭破产收尾工作，安排补助资金60亿元。扩大鼓励创业政策的扶持范围，做好就业帮扶、职业技能培训和创业培训等。

（6）住房保障支出1292.66亿元，增长14.8%。其中，中央本级支出291.63亿元，对地方转移支付1001.03亿元。通过加大各级财政投入、积极引导社会资金参与，加快公共租赁房和廉租房建设，推进城市、工矿、林区、垦区、煤矿等棚户区改造，以及农村危房改造和游牧民定居工程，中央财政安排保障性安居工程支出1030亿元，增长34.7%。行政事业单位职工住房公积金等支出安排262.66亿元。

（7）农林水事务支出4588.83亿元，增长18.3%。其中，中央本级支出424.19亿元，对地方转移支付4164.64亿元。强化以水利为重点的农业农村基础设施建设，大力支持中小河流治理、小型病险水库除险加固和山洪地质灾害防治，扩大小型农田水利重点县建设和国家水土保持重点建设工程实施范围，推进大中型灌区续建配套节水改造以及农村电网改造等，安排资金1575.4亿元。农资综合补贴安排860亿元，增长20.1%。健全农作物良种补贴制度，提高补贴标准，安排资金220亿元。增加农机购置补贴规模，安排175亿元。推动现代农业建设和优势特色产业发展，安排资金90亿元。以粮食主产区为重点，加快全国新增千亿斤粮食生产能力建设，加强中低产田改造，推进高标准农田建设，促进农业产业化经营，提高农业综合生产能力，安排农业综合开发资金230亿元，增长19.8%。建立草原生态保护补助奖励机制，安排资金136.6亿元。支持集中连片特殊类型贫困地区实施扶贫攻坚，发展贫困地区特色优势产业，安排资金306亿元，增长17.7%。完善农业保险保费补贴政策，安排资金94.06亿元。全面实施村级公益事业建设一事一议财政奖补，安排奖补资金160亿元，增长55.8%。全面清理化解农村义务教育债务，继续实施其他公益性乡村债务清理化解试点。

（8）国土资源气象等事务支出454.89亿元，增长22.9%，增幅较高主要是探矿权采矿权使用费及矿产资源补偿费收入预计增加较多，按有关规定专项用于矿产资源开发和利用。其中，中央本级支出167.48亿元，对地方转移支付287.41亿元。加强矿产资源勘查、矿山地质环境恢复治理以及矿产资源节约和综合利用，支持开展海域使用监管和保护等工作。

（9）节能环保支出1591.85亿元，增长10.3%。其中，中央本级支出74.37亿元，对地方转移支付1517.48亿元。加强重点节能工程建设，促进清洁生产、节能技术改造、节能产业发展，继续支持淘汰落后产能，推进建筑节能，进一步加大节能产品惠民工程实施力度，扩大对购买节能和新能源汽车的补贴范围，加强重金属污染治理以及重点地区、重点流域生态综合治理，推进农村环境综合整治，安排节能减排资金945亿元。支持实施金太阳工程，加强生物质能源综合利用，推动可再生能源建筑应用示范，鼓励企业生产循环化、物资再制造和利用，安排122亿元。推动实施天然林资源保护二期工程，安排资金140.84亿元，增长1.2倍。支持实施重大生态修复工程，巩固退耕还林成果，安排327亿元。鼓励重要能源、资源、原材料进口，严格控制“两高一资”产品出口。促进重点领域低碳技术研究推广，支持实施《应对气候变化国家方案》。

（10）交通运输支出2866.91亿元，增长10.3%。其中，中央本级支出400.24亿元，对地方转移支付2466.67亿元。推进农村公路、国省干线等公共交通基础设施建设，安排1966.4亿元。继续对城市公交、农村客运等部分公益性行业给予油价补贴，安排296.47亿元。支持地方取消政府还贷二级公路收费，安排补助资金260亿元。

（11）资源勘探电力信息等事务支出744.86亿元，下降10%，主要是相关基建支出减少。其中，中央本级支出410.88亿元，对地方转移支付333.98亿元。推进资源勘探电力信息等基础设施建设，安排资金381亿元。安排专项资金35亿元，支持战略性新兴产业技术研发和示范等工作。促进各类中小企业发展，安排专项资金103.44亿元。

（12）粮油物资储备事务支出1130.5亿元，增长23.9%。其中，中央本级支出796.28亿元，对地方转移支付334.22亿元。取消粮食主产区粮食风险基金地方配套，增加中央财政补助规模，安排粮食风险基金293亿元。支持稳步提高小麦、稻谷最低收购价，增加粮油、石油、有色金属等重要物资储备，安排703.87亿元。

（13）商业服务业等事务支出706.14亿元，增长3.3%。其中，中央本级支出24.66亿元，对地方转移支付681.48亿元。完善家电下乡和以旧换新政策，安排补贴资金426亿元。继续推进新农村现代流通服务网络工程建设，促进商贸流通服务业发展，安排资金94亿元。

（14）国防支出5835.91亿元，增长12.6%。其中，中央本级支出5829.56亿元，对地方转移支付6.35亿元。主要用于支持军队现代化建设和改善军队官兵生活待遇。

（15）公共安全支出1617.32亿元，增长9.6%。其中，中央本级支出1024.53亿元，对地方转移支付592.79亿元。继续推进政法经费保障体制改革，提高基层政法机关装备水平和办案能力。

（16）一般公共服务支出1118.84亿元，增长4.3%。严格控制一般性支出，对出国（境）经费、车辆购置及运行费、公务接待费等三项经费支出按不超过2009年压缩后的规模安排。其中，中央本级支出876.85亿元，对地方转移支付241.99亿元。

（17）国债付息支出1839.84亿元，增长21.7%。

汇总以上各项支出，2011年中央财政用在与人民群众生活直接相关的教育、医疗卫生、社会保障和就业、住房保障、文化方面的支出安排合计10509.92亿元，增长18.1%。农业水利、交通运输和环境保护等支出也与民生密切相关，中央财政对地方的税收返还和一般性转移支付大部分也将用于保障和改善民生，民生支出合计将占中央财政支出的2/3左右。中央财政用于“三农”的支出安排合计9884.5亿元，增长15.2%。其中：支持农业生产支出3938.7亿元，对农民的粮食直补、农资综合补贴、良种补贴、农机购置补贴支出1406亿元，促进农村教育、卫生等社会事业发展支出3963.6亿元，农产品储备费用和利息等支出576.2亿元。中央基建投资安排合计3826亿元。

3. 中央对地方税收返还和转移支付支出安排情况

进一步优化转移支付结构，2011年中央对地方税收返还和转移支付支出37310亿元，增长15.3%。其中：税收返还5067.99亿元，增长1.4%；一般性转移支付17336.77亿元，增长18.5%；专项转移支付14905.24亿元，增长17.1%。在一般性转移支付中，均衡性转移支付安排6609.11亿元，增长21.2%。其中：安排县级基本财力保障机制奖补资金775亿元，增强基层政府提供基本公共服务的能力；安排资金300亿元，提高三江源等生态功能区的财政保障能力。民族地区转移支付安排370亿元，支持西藏、新疆等少数民族地区实现跨越式发展。继续实施资源枯竭城市转移支付制度，安排资金135亿元。成品油税费改革转移支付安排581亿元。

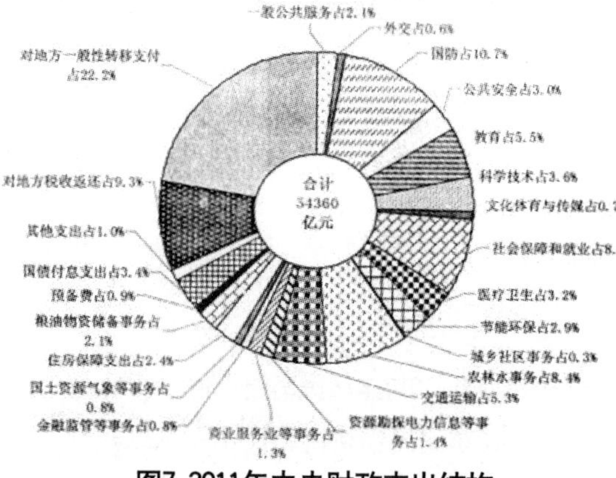

图7 2011年中央财政支出结构

（四）政府性基金预算安排情况

2011年中央政府性基金预算收入2826.27亿元，下降11%。其中：铁路建设基金收入648亿元，港口建设费收入123.93亿元，民航机场管理建设费收入147.32亿元，彩票公益金收入261.5亿元，大中型水库移民后期扶持基金收入198.11亿元，中央农网还贷资金收入96.01亿元等。加上上年结转收入790.16亿元，可安排的中央政府性基金收入总量为3616.43亿元。中央政府性基金预算支出3616.43亿元，增长19.9%。其中：中央本级支出2384.93亿元，增长4.4%，包括铁路建设支出682.92亿元，港口建设支出101.71亿元，民航机场管理建设支出87.77亿元，彩票公益金用于社会福利、体育、教育等社会公益事业支出244.02亿元，大中型水库移民后期扶持基金支出0.47亿元，中央农网还贷资金支出105.95亿元等；对地方转移支付1231.5亿元，增长68.1%。

中央财政代编的地方政府性基金本级收入22995.47亿元，下降29.5%，主要是预计土地相关政府性基金收入减少。其中：国有土地使用权出让收入19753.41亿元，城市基础设施配套费收入446.67亿元，彩票公益金收入261.5亿元，地方教育附加收入274.13亿元。加上中央政府性基金对地方转移支付1231.5亿元，地方政府性基金收入为24226.97亿元。地方政府性基金支出24226.97亿元，下降20%。其中：用国有土地使用权出让收入安排的征地拆迁补偿成本性支出、城市建设等支出20339.57亿元；彩票公益金用于社会福利、体育、教育等社会公益事业支出351.4亿元；城市基础设施配套费安排的支出446.67亿元；地方教育附加安排的支出274.13亿元。

汇总中央和地方政府性基金收支，全国政府性基金收入25821.74亿元，下降27.8%，加上上年结转收入790.16亿元，可安排的全国政府性基金收入总量为26611.9亿元；全国政府性基金支出26611.9亿元，下降18.3%。

（五）中央国有资本经营预算安排情况

2011年，中央国有资本经营预算编制范围在原有基础上，新增教育部、中国国际贸易促进委员会所属企业，农业部、文化部、国家广播电影电视总局直属企业，中国出版集团公司以及中国对外文化集团公司，并适当提高中央企业国有资本收益收取比例。中央企业国有资本经营预算收入844.39亿元，增长51.1%。加上上年结转收入14.17亿元，可安排的预算支出858.56亿元。主要用于：国有经济和产业结构调整支出495.5亿元，中央企业改革脱困补助支出30.5亿元，重大科技创新支出35亿元，重大节能减排支出35亿元，境外投资支出30亿元，安全生产保障能力建设支出10亿元，兼并重组支出80亿元，新兴产业等发展支出45亿元，补充全国社会保障基金支出50亿元，社会保障等支出5亿元，调入公共财政预算用于民生方面的支出40亿元。随着国有资本经营预算制度的不断完善，今后将逐步增加对社保等民生方面的投入。同时，积极推进地方加快试编国有资本经营预算。

以上有关预算安排的具体情况详见《中华人民共和国2010年全国预算执行情况2011年全国预算（草案）》。

中华人民共和国2010年国民经济和社会发展统计公报

国家统计局

2010年，面对复杂多变的国内外经济环境和各种重大挑战，全国各族人民在党中央、国务院的坚强领导下，以邓小平理论和“三个代表”重要思想为指导，深入贯彻落实科学发展观，坚持实施应对国际金融危机冲击的一揽子计划，加快转变经济发展方式和经济结构战略性调整，国民经济保持了平稳较快发展，各项社会事业取得新的进步。

一、综合

初步核算，全年国内生产总值[2]397983亿元，比上年增长10.3%。其中，第一产业增加值40497亿元，增长4.3%；第二产业增加值186481亿元，增长12.2%；第三产业增加值171005亿元，增长9.5%。第一产业增加值占国内生产总值的比重为10.2%，第二产业增加值比重为46.8%，第三产业增加值比重为43.0%。

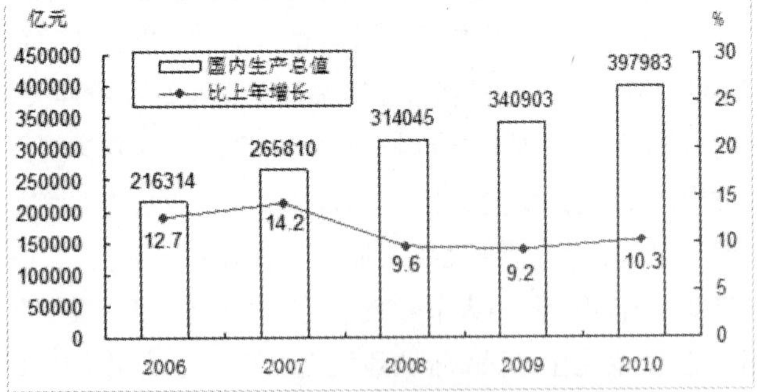

图1 2006—2010年国内生产总值及其增长速度

居民消费价格一季度同比上涨2.2%，二季度上涨2.9%，三季度上涨3.5%，四季度上涨4.7%，全年平均比上年上涨3.3%，其中食品价格上涨7.2%。固定资产投资价格上涨3.6%。工业品出厂价格上涨5.5%。原材料、燃料、动力购进价格上涨9.6%。农产品生产价格上涨10.9%。

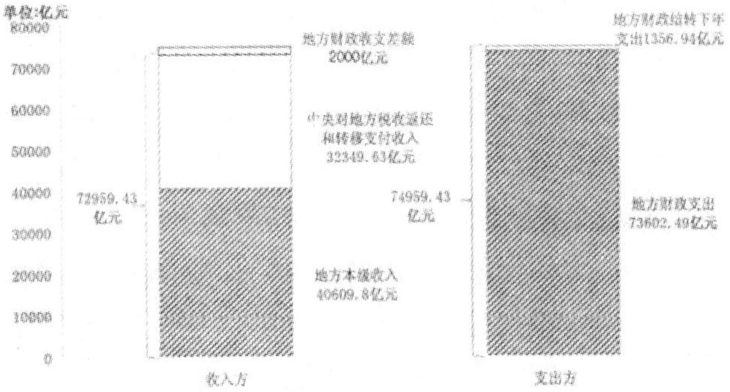

图2 2010年地方财政平衡关系

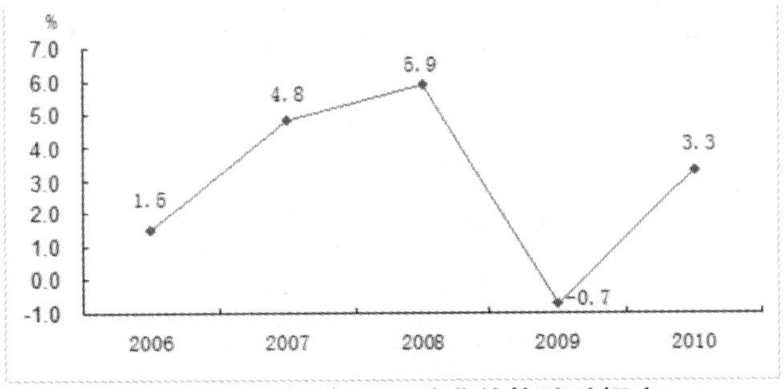

图3 2006—2010年居民消费价格涨跌幅度

表1 2010年居民消费价格比上年涨跌幅度

单位：%

指标	全国		
		城市	农村
居民消费价格	3.3	3.2	3.6
食品	7.2	7.1	7.5
其中：粮食	11.8	11.5	12.3
肉禽及其制品	2.9	2.6	3.5
油脂	3.8	3.4	4.4
蛋	8.3	8.4	8.2
鲜菜	18.7	17.8	21.3
鲜果	15.6	15.0	17.5
非食品	1.4	1.3	1.8
其中：家庭设备用品及维修服务	0.0	−0.1	0.1
医疗保健和个人用品	3.2	3.2	3.2
交通和通信	−0.4	−0.6	0.3
居住	4.5	4.5	4.5

70个大中城市房屋及新建商品住宅销售价格月度同比涨幅呈现先上升后回落趋势。

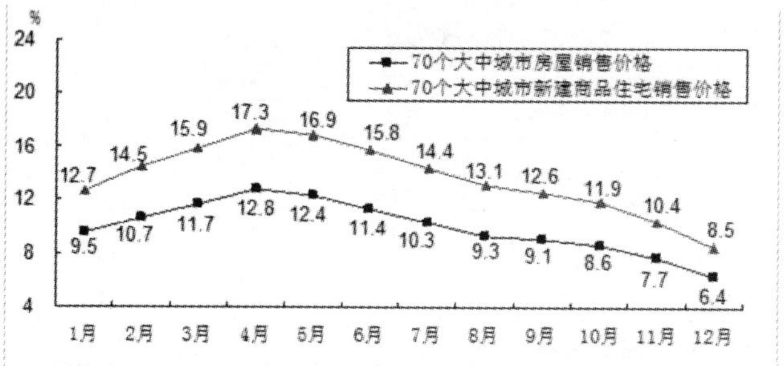

图4 2010年70个大中城市房屋及新建商品住宅销售价格涨跌幅度（月度同比）

全年城镇新增就业1168万人，比上年增加66万人。年末城镇登记失业率为4.1%，比上年末下降0.2个百分点。全年农民工[3]总量为24223万人，比上年增长5.4%。其中，外出农民工15335万人，增长5.5%；本地农民工8888万人，增长5.2%。

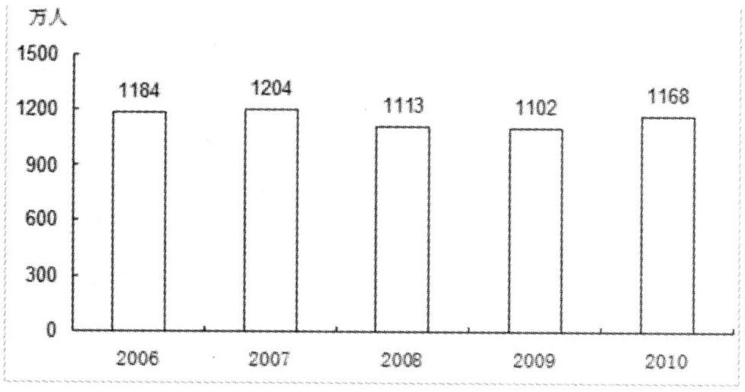

图5 2006—2010年城镇新增就业人数

年末国家外汇储备28473亿美元，比上年末增加4481亿美元。年末人民币汇率为1美元兑6.6227元人民币，比上年末升值3.0%。

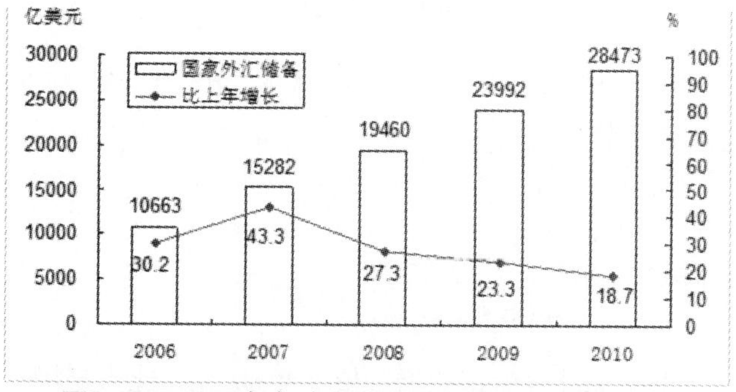

图6 2006—2010年年末国家外汇储备及其增长速度

全年财政收入83080亿元，比上年增加14562亿元，增长21.3%；其中税收收入73202亿元，增加13680亿元，增长23.0%。

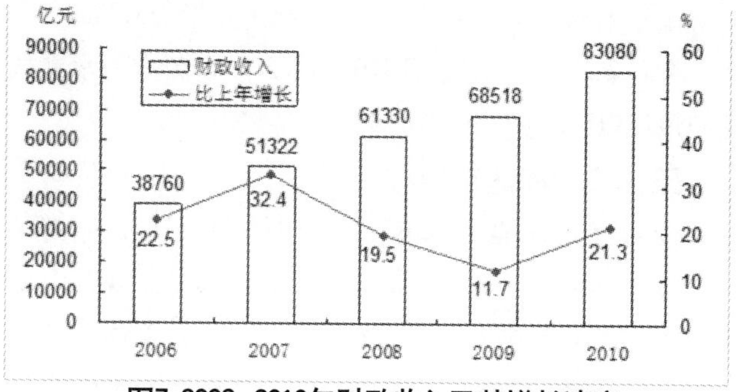

图7 2006—2010年财政收入及其增长速度

二、农业

全年粮食种植面积10987万公顷，比上年增加89万公顷；棉花种植面积485万公顷，减少10万公顷；油料种植面积1397万公顷，增加32万公顷；糖料种植面积192万公顷，增加3万公顷。

全年粮食产量54641万吨，比上年增加1559万吨，增产2.9%。其中，夏粮产量12310万吨，减产0.3%；早稻产量3132万吨，减产6.1%；秋粮产量39199万吨，增产4.8%。

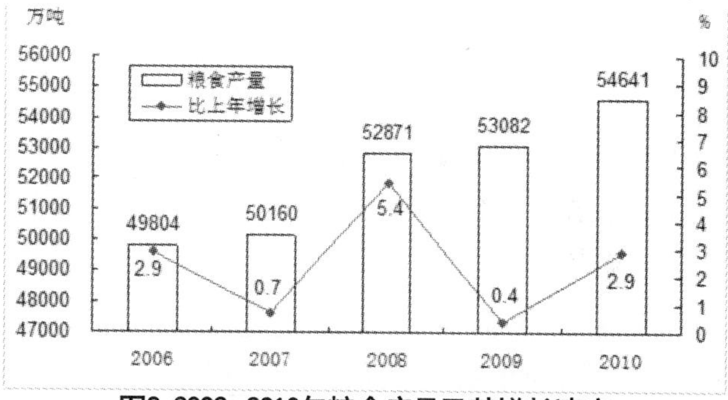

图8 2006—2010年粮食产量及其增长速度

全年棉花产量597万吨，比上年减产6.3%。油料产量3239万吨，增产2.7%。糖料产量12045万吨，减产1.9%。烤烟产量271万吨，减产3.9%。茶叶产量145万吨，增产6.4%。

全年肉类总产量7925万吨，比上年增长3.6%。其中，猪肉产量5070万吨，增长3.7%；牛肉产量653万吨，增长2.7%；羊肉产量398万吨，增长2.2%。生猪年末存栏46440万头，下降1.2%；生猪出栏66700万头，增长3.3%。禽蛋产量2765万吨，增长0.8%。牛奶产量3570万吨，增长1.5%。

全年水产品产量5366万吨，增长4.9%。其中，养殖水产品产量3850万吨，增长6.3%；捕捞水产品产量1516

万吨，增长1.4%。

全年木材产量7284万立方米，比上年增长3.1%。

全年新增有效灌溉面积163.4万公顷，新增节水灌溉面积197.5万公顷。

三、工业和建筑业

全年全部工业增加值160030亿元，比上年增长12.1%。规模以上工业增加值增长15.7%。在规模以上工业中，国有及国有控股企业增长13.7%；集体企业增长9.4%，股份制企业增长16.8%，外商及港澳台商投资企业增长14.5%；私营企业增长20.0%。轻工业增长13.6%，重工业增长16.5%。

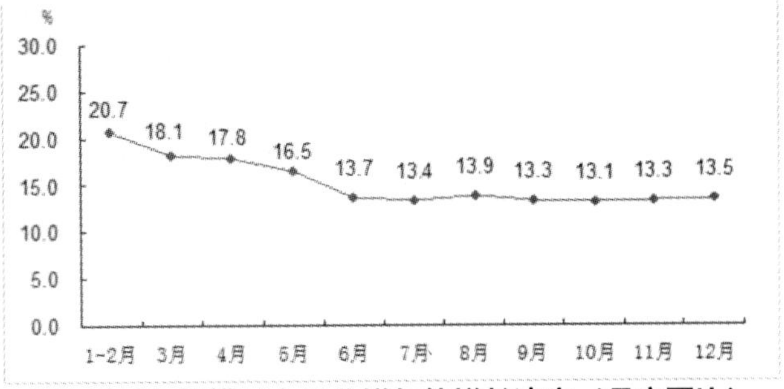

图9 2010年规模以上工业增加值增长速度（月度同比）

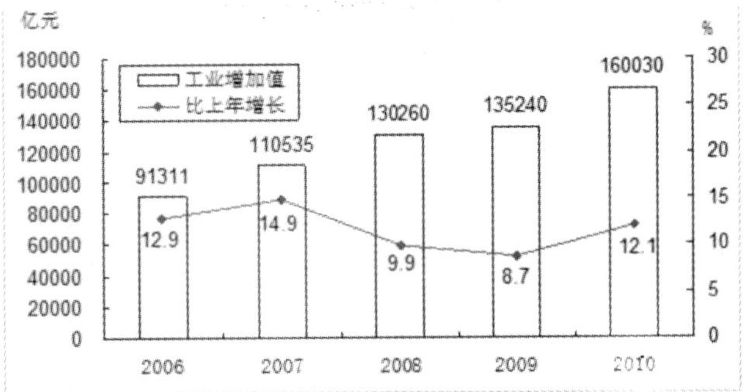

图10 2006—2010年全部工业增加值及其增长速度

全年规模以上工业中，农副食品加工业增加值比上年增长15.0%；纺织业增长11.6%；通用设备制造业增长21.7%；专用设备制造业增长20.6%；交通运输设备制造业增长22.4%，其中汽车制造增长24.8%，铁路运输设备制造增长25.4%；通信设备、计算机及其他电子设备制造业增长16.9%；电气机械及器材制造业增长18.7%。六大高耗能行业[4]比上年增长13.5%，其中，非金属矿物制品业增长20.3%，化学原料及化学制品制造业增长15.5%，有色金属冶炼及压延加工业增长13.2%，黑色金属冶炼及压延加工业增长11.6%，电力、热力的生产和供应业增长11.0%，石油加工、炼焦及核燃料加工业增长9.6%。高技术制造业增加值比上年增长16.6%。

表2 2010年主要工业产品产量及其增长速度

产品名称	单位	产量	比上年增长%
纱	万吨	2717.0	13.5
布	亿米	800.0	6.2
化学纤维	万吨	3090.0	12.5
成品糖	万吨	1102.9	−17.6
卷烟	亿支	23752.6	3.7
彩色电视机	万台	11830.0	19.5
其中：液晶电视机	万台	8937.5	32.1
家用电冰箱	万台	7300.8	23.1
房间空气调节器	万台	10899.6	34.9
一次能源生产总量	亿吨标准煤	29.9	8.7
原煤	亿吨	32.4	8.9
原油	亿吨	2.03	7.1
天然气	亿立方米	967.6	13.5
发电量	亿千瓦小时	42065.4	13.2
其中：火电	亿千瓦小时	33301.3	11.6
水电	亿千瓦小时	7210.2	17.1
核电	亿千瓦小时	738.8	5.3
粗钢	万吨	62695.9	9.6
钢材[5]	万吨	79775.5	14.9
十种有色金属	万吨	3092.6	16.8
其中：精炼铜（电解铜）	万吨	457.3	10.6
原铝（电解铝）	万吨	1565.0	21.4
氧化铝	万吨	2893.9	21.6
水泥	亿吨	18.8	14.4
硫酸	万吨	7090.8	19.0
纯碱	万吨	2029.3	4.3
烧碱	万吨	2086.7	13.9
乙烯	万吨	1418.9	32.3
化肥（折100%）	万吨	6740.6	5.6
发电机组（发电设备）	万千瓦	12880.2	9.8
汽车	万辆	1826.99	32.4
其中：轿车	万辆	957.6	27.9
大中型拖拉机	万台	38.4	3.3
集成电路	亿块	652.5	57.4
程控交换机	万线	3133.3	−24.5
移动通信手持机	万台	99827.4	46.4
微型计算机设备	万台	24584.5	35.0

1—11月规模以上工业企业累计实现利润38828亿元，比上年同期增长49.4%。

表3 2010年1—11月规模以上工业企业实现利润及其增长速度

单位：亿元

指标	利润总额	比上年同期增长%
规模以上工业	38828	49.4
其中：国有及国有控股企业	11924	59.1
其中：集体企业	689	34.6
股份制企业	21100	49.4
外商及港澳台商投资企业	11131	46.3
其中：私营企业	10430	49.4

全年全社会建筑业增加值26451亿元，比上年增长12.6%。全国具有资质等级的总承包和专业承包建筑业企业实现利润3422亿元，增长25.9%，其中国有及国有控股企业990亿元，增长35.0%。

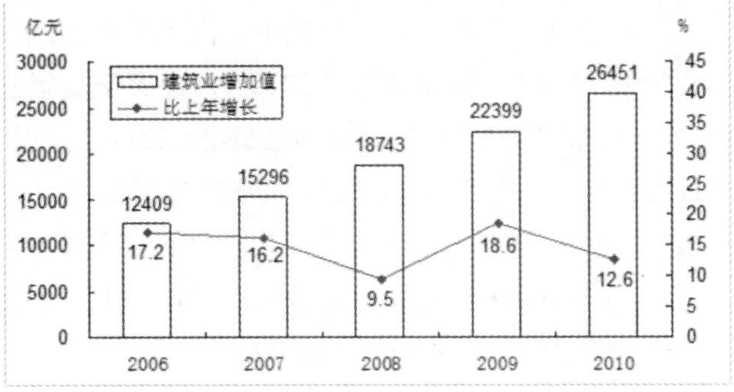

图11 2006–2010年建筑业增加值及其增长速度

四、固定资产投资

全年全社会固定资产投资278140亿元，比上年增长23.8%，扣除价格因素，实际增长19.5%。其中，城镇投资241415亿元，增长24.5%；农村投资36725亿元，增长19.7%。东部地区投资[6]115970亿元，比上年增长21.4%；中部地区投资62894亿元，增长26.2%；西部地区投资61875亿元，增长24.5%；东北地区投资30726亿元，增长29.5%。

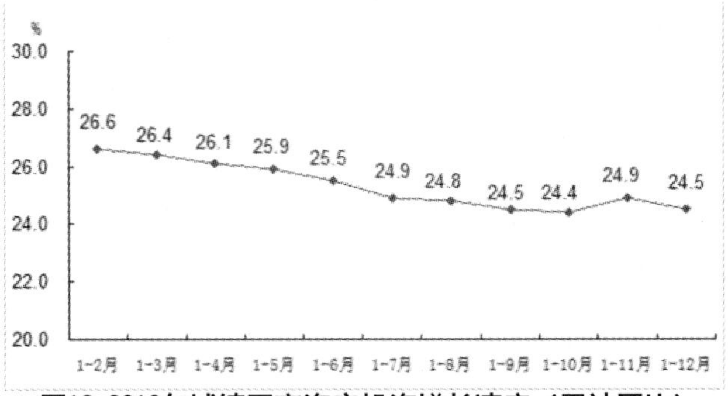

图12 2010年城镇固定资产投资增长速度（累计同比）

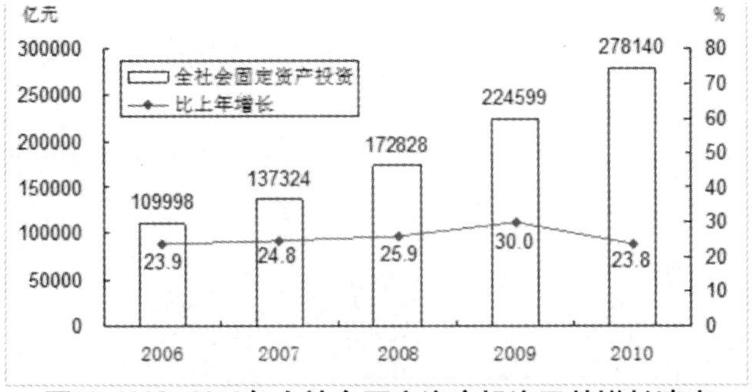

图13 2006–2010年全社会固定资产投资及其增长速度

表4 2010年分行业城镇固定资产投资及其增长速度

单位：亿元

行业	投资额	比上年增长%
总计	241415	24.5
农、林、牧、渔业	3966	18.2
采矿业	9653	18.1
其中：煤炭开采及洗选业	3770	23.3
石油和天然气开采业	2893	3.6
制造业	74528	27.0
其中：农副食品加工业	3626	28.1
食品制造业	1944	28.8
纺织业	2230	26.4
纺织服装、鞋、帽制造业	1412	34.4
石油加工、炼焦及核燃料加工业	2076	12.9
化学原料及化学制品制造业	6863	14.8
非金属矿物制品业	7556	28.0
黑色金属冶炼及压延加工业	3465	6.1
有色金属冶炼及压延加工业	2924	35.8
金属制品业	3622	28.6
通用设备制造业	5459	22.4
专用设备制造业	4154	35.1
交通运输设备制造业	6554	31.7
电气机械及器材制造业	4996	40.4
通信设备、计算机及其他电子设备制造业	3889	48.2
电力、燃气及水的生产和供应业	14535	7.3
其中：电力、热力的生产与供应业	11869	6.6
建筑业	2332	48.6
交通运输、仓储和邮政业	27820	19.5
信息传输、计算机服务和软件业	2392	–6.0
批发和零售业	5216	16.2
住宿和餐饮业	2971	27.6
金融业	476	36.5
房地产业[7]	57557	33.5
租赁和商务服务业	2490	32.4
科学研究、技术服务和地质勘查业	1288	18.8
水利、环境和公共设施管理业	22261	24.5
居民服务和其他服务业	758	46.1
教育	3717	14.6
卫生、社会保障和社会福利业	1967	15.9
文化、体育和娱乐业	2596	22.1
公共管理和社会组织	4891	21.2

在城镇投资中，第一产业投资3966亿元，比上年增长18.2%；第二产业投资101048亿元，增长23.2%；第三产业投资136401亿元，增长25.6%。

表5 2010年固定资产投资新增主要生产能力

指标	单位	绝对数
新增发电机组容量	万千瓦	9118
新增22万伏及以上变电设备	万千伏安	25816
新建铁路投产里程	公里	4986
其中：高速铁路	公里	1554
增建铁路复线投产里程	公里	3747
电气化铁路投产里程	公里	5948
新建公路	公里	104457
其中：高速公路	公里	8258
港口万吨级码头泊位新增吞吐能力	万吨	27202
新增光缆线路长度	万公里	166
新增数字蜂窝移动电话交换机容量	万户	6433

全年房地产开发投资48267亿元，比上年增长33.2%。其中，商品住宅投资34038亿元，增长32.9%；

办公楼投资1807亿元，增长31.2%；商业营业用房投资5599亿元，增长33.9%。

全年各类保障性住房和棚户区改造住房开工590万套，基本建成370万套。

表6 2010年房地产开发和销售主要指标完成情况

指标	单位	绝对数	比上年增长%
投资完成额	亿元	48267	33.2
其中：商品住宅	亿元	34038	32.9
其中：90平方米以下住宅	亿元	10665	27.4
房屋施工面积	万平方米	405539	26.6
其中：商品住宅	万平方米	314943	25.3
房屋新开工面积	万平方米	163777	40.7
其中：商品住宅	万平方米	129468	38.8
房屋竣工面积	万平方米	75961	4.5
其中：商品住宅	万平方米	61216	2.7
商品房销售面积	万平方米	104349	10.1
其中：商品住宅	万平方米	93052	8.0
本年资金来源	亿元	72494	25.4
其中：国内贷款	亿元	12540	10.3
其中：个人按揭贷款	亿元	9211	7.6
本年购置土地面积	万平方米	40970	28.4
完成开发土地面积	万平方米	21254	−7.7
土地购置费	亿元	9992	65.9

五、国内贸易

全年社会消费品零售总额156998亿元，比上年增长18.3%，扣除价格因素，实际增长14.8%。按经营地统计[8]，城镇消费品零售额136123亿元，增长18.7%；乡村消费品零售额20875亿元，增长16.2%。按消费形态统计，商品零售额139350亿元，增长18.4%；餐饮收入额17648亿元，增长18.1%。

图14 2010年社会消费品零售总额增长速度（月度同比）

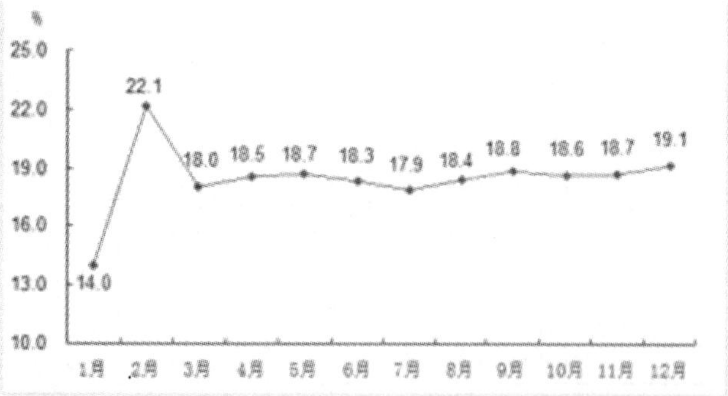

图15 2006-2010年社会消费品零售总额及其增长速度

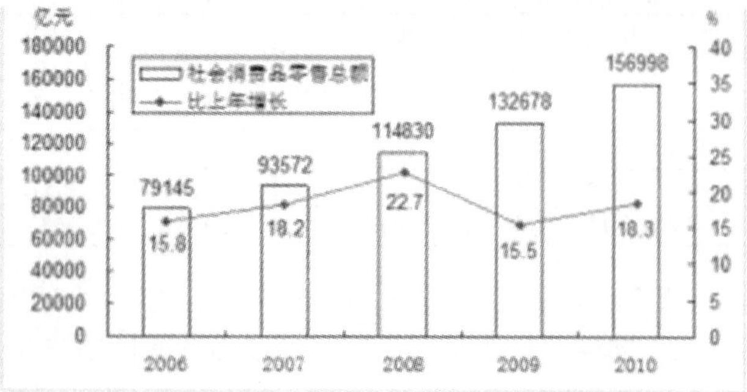

在限额以上企业商品零售额中，汽车类零售额比上年增长34.8%，粮油类增长27.9%，肉禽蛋类增长21.7%，服装类增长25.8%，日用品类增长25.1%，文化办公用品类增长23.5%，通讯器材类增长21.8%，化妆品类增长16.6%，金银珠宝类增长46.0%，中西药品类增长23.5%，家用电器和音像器材类增长27.7%，家具类增长37.2%，建筑及装潢材料类增长32.3%。

六、对外经济

全年货物进出口总额29728亿美元，比上年增长

表7 2010年货物进出口总额及其增长速度

单位：亿美元

指标	绝对数	比上年增长%
货物进出口总额	29728	34.7
货物出口额	15779	31.3
其中：一般贸易	7207	36.0
加工贸易	7403	26.2
其中：机电产品	9334	30.9
高新技术产品	4924	30.7
其中：国有企业	2344	22.7
外商投资企业	8623	28.3
其他企业	4813	42.2
货物进口额	13948	38.7
其中：一般贸易	7680	43.7
加工贸易	4174	29.5
其中：机电产品	6603	34.4
高新技术产品	4127	33.2
其中：国有企业	3876	34.3
外商投资企业	7380	35.3
其他企业	2693	56.6
进出口差额（出口减进口）	1831	—

表8 2010年主要商品出口数量、金额及其增长速度

商品名称	单位	数量	比上年增长%	金额（亿美元）	比上年增长%
煤	万吨	1903	−15.0	23	−5.2
钢材	万吨	4256	73.0	368	65.3
纺织纱线、织物及制品	——	—	—	771	28.4
服装及衣着附件	——	—	—	1295	20.9
鞋类	——	—	—	356	27.1
家具及其零件	——	—	—	330	30.3
自动数据处理设备及其部件	万台	166724	27.4	1640	34.0
手持或车载无线电话	万台	75789	30.0	467	18.2
集装箱	万个	250	263.7	72	274.9
液晶显示板	万个	224976	16.9	265	37.7
汽车（包括整套散件）	万辆	54	53.2	62	32.1

34.7%。其中，货物出口15779亿美元，增长31.3%；货物进口13948亿美元，增长38.7%。进出口差额（出口减进口）1831亿美元，比上年减少126亿美元。

表9 2010年主要商品进口数量、金额及其增长速度

商品名称	数量（万吨）	比上年增长%	金额（亿美元）	比上年增长%
谷物及谷物粉	571	81.2	15	70.1
大豆	5480	28.8	251	33.5
食用植物油	687	−15.8	60	2.2
铁矿砂及其精矿	61863	−1.4	794	58.4
氧化铝	431	−16.1	15	14.9
煤	16478	30.9	169	60.1
原油	23931	17.5	1352	51.4
成品油	3688	−0.1	223	31.3
初级形状的塑料	2391	0.4	436	25.2
纸浆	1137	−16.9	88	28.8
钢材	1643	−6.8	201	3.3
未锻造的铜及铜材	429	0.0	327	44.4

表10 2010年对主要国家和地区货物进出口额及其增长速度

单位：亿美元

国家和地区	出口额	比上年增长%	进口额	比上年增长%
欧盟	3112	31.8	1685	31.9
美国	2833	28.3	1020	31.7
中国香港	2183	31.3	123	40.9
东盟	1382	30.1	1546	44.8
日本	1211	23.7	1767	35.0
韩国	688	28.1	1384	35.0
印度	409	38.0	208	51.8
中国台湾	297	44.8	1157	35.0
俄罗斯	296	69.0	258	21.7

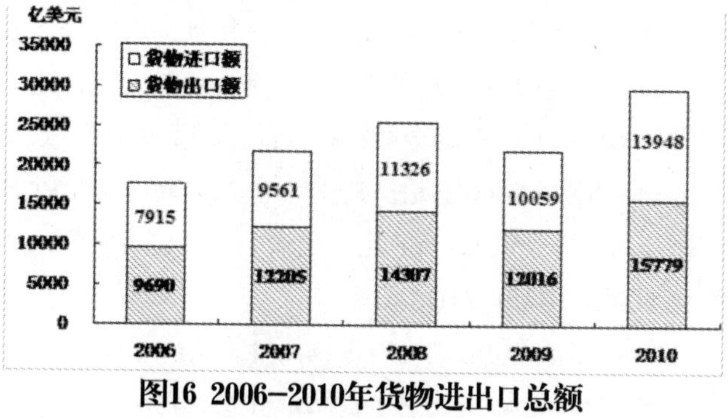

图16 2006-2010年货物进出口总额

全年非金融领域新批外商直接投资企业27406家，比上年增长16.9%。实际使用外商直接投资金额1057亿美元，增长17.4%。

全年非金融类对外直接投资额590亿美元，比上年增长36.3%。

全年对外承包工程业务完成营业额922亿美元，比上年增长18.7%；对外劳务合作完成营业额89亿美元，与上年持平。

表11 2010年非金融领域外商直接投资及其增长速度

行业	企业数（家）	比上年增长%	实际使用金额（亿美元）	比上年增长%
总计	27406	16.9	1057.4	17.4
其中：制造业	11047	13.1	495.9	6.0
电力、燃气及水的生产和供应业	210	−11.8	21.2	0.6
交通运输、仓储和邮政业	396	0.3	22.4	−11.2
信息传输、计算机服务和软件业	1046	−3.2	24.9	10.7
批发和零售业	6786	33.1	66.0	22.4
房地产业	689	21.1	239.9	42.8
租赁和商务服务业	3418	19.3	71.3	17.3
居民服务和其他服务业	217	4.8	20.5	29.4

七、交通、邮电和旅游

全年货物运输总量320亿吨，比上年增长13.4%。货物运输周转量137329亿吨公里，增长12.4%。

表12 2010年各种运输方式完成货物运输量及其增长速度

指标	单位	绝对数	比上年增长%
货物运输总量	亿吨	320.3	13.4
铁路	亿吨	36.4	9.3
公路	亿吨	242.5	14.0
水运	亿吨	36.4	14.0
民航	万吨	557.4	25.1
管道	亿吨	4.9	10.3
货物运输周转量	亿吨公里	137329.0	12.4
铁路	亿吨公里	27644.1	9.5
公路	亿吨公里	43005.4	15.6
水运	亿吨公里	64305.3	11.7
民航	亿吨公里	176.6	39.9
管道	亿吨公里	2197.6	8.7

表13 2010年各种运输方式完成旅客运输量及其增长速度

指标	单位	绝对数	比上年增长%
旅客运输总量	亿人	328.0	10.2
铁路	亿人	16.8	9.9
公路	亿人	306.3	10.2
水运	亿人	2.2	−0.7
民航	亿人	2.7	15.8
旅客运输周转量	亿人公里	27779.2	11.9
铁路	亿人公里	8762.2	11.2
公路	亿人公里	14913.9	10.4
水运	亿人公里	71.5	3.1
民航	亿人公里	4031.6	19.4

全年规模以上港口完成货物吞吐量80.2亿吨，比

上年增长15.0%，其中外贸货物吞吐量24.6亿吨，增长13.6%。港口集装箱吞吐量14500万标准箱，增长18.8%。

年末全国民用汽车保有量达到9086万辆（包括三轮汽车和低速货车1284万辆），比上年末增长19.3%，其中私人汽车保有量6539万辆，增长25.3%。民用轿车保有量4029万辆，增长28.4%，其中私人轿车3443万辆，增长32.2%。

全年完成邮电业务总量[9]32940亿元，比上年增长20.6%。其中，邮政业务总量1985亿元，增长21.6%；电信业务总量30955亿元，增长20.5%。全年局用交换机容量减少2707万门，总容量46559万门；新增移动电话交换机容量[10]6433万户，达到150518万户。固定电话年末用户29438万户。其中，城市电话用户19662万户，农村电话用户9776万户。新增移动电话用户11179万户，年末达到85900万户。其中，3G移动电话用户[11]4705万户。年末全国固定及移动电话用户总数达到115339万户，比上年末增加9244万户。电话普及率达到86.5部/百人。互联网上网人数4.57亿人，其中宽带上网人数4.50亿人；互联网普及率达到34.3%。

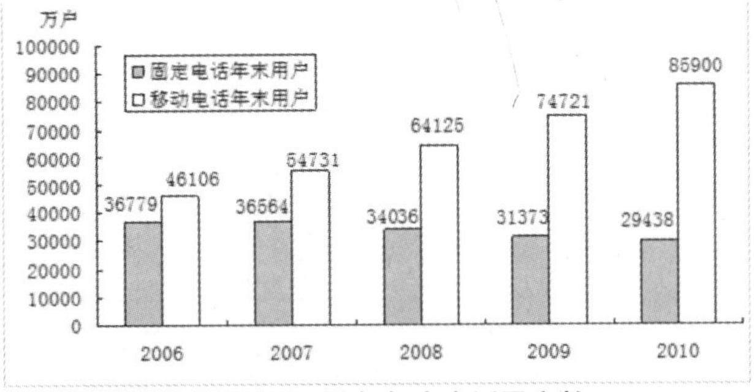

图17 2006—2010年年末电话用户数

全年国内出游人数达21.0亿人次，比上年增长10.6%；国内旅游收入12580亿元，增长23.5%。入境旅游人数13376万人次，增长5.8%。其中，外国人2613万人次，增长19.1%；香港、澳门和台湾同胞10764万人次，增长3.0%。在入境旅游者中，过夜旅游者5566万人次，增长9.4%。国际旅游外汇收入458亿美元，增长15.5%。国内居民出境人数达5739万人次，增长20.4%。其中因私出境5151万人次，增长22.0%，占出境人数的89.8%。

八、金融

年末广义货币供应量（M2）余额为72.6万亿元，比上年末增长19.7%；狭义货币供应量（M1）余额为26.7万亿元，增长21.2%；流通中现金（M0）余额为4.5万亿元，增长16.7%。

年末全部金融机构本外币各项存款余额73.3万亿元，比年初增加12.1万亿元。其中人民币各项存款余额71.8万亿元，增加12.0万亿元。全部金融机构本外币各项贷款余额50.9万亿元，增加8.4万亿元。其中人民币各项贷款余额47.9万亿元，增加7.9万亿元。

表14 2010年全部金融机构本外币存贷款及其增长速度

单位：亿元

指标	年末数	比上年末增长%
各项存款余额	733382	19.8
其中：企业存款	252960	12.7
城乡居民储蓄存款	307166	16.0
其中：人民币	303302	16.3
各项贷款余额	509226	19.7
其中：短期贷款	171236	13.1
中长期贷款	305127	29.5

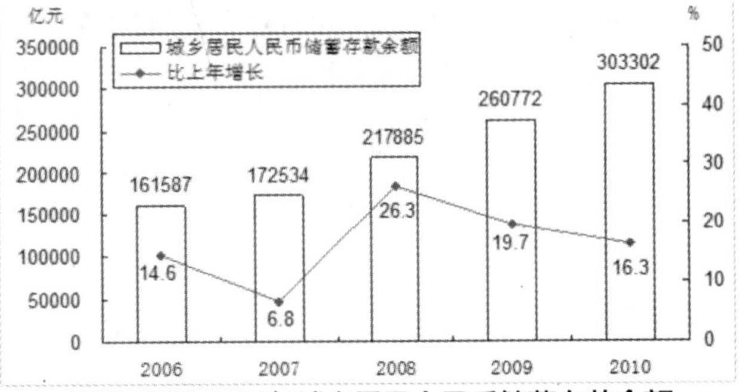

图18 2006—2010年城乡居民人民币储蓄存款余额及其增长速度

全年农村金融合作机构（农村信用社、农村合作银行、农村商业银行）人民币贷款余额5.7万亿元，比年初增加9655亿元。全部金融机构人民币消费贷款余额7.5万亿元，增加18866亿元。其中，个人短期消费贷款余额1.0万亿元，增加2935亿元；个人中长期消费贷款余额6.5万亿元，增加15931亿元。

全年上市公司通过境内市场累计筹资10257亿元，比上年增加5666亿元。其中，首次公开发行A股347只，筹资4883亿元，增加3004亿元；A股再筹资（包括配股、公开增发、非公开增发、认股权证）筹资4072亿元，增加2057亿元；上市公司通过发行可转债、可分离债、公司债筹资1320亿元，增加605亿元。全年公开发行创业板股票117只，筹资963亿元。

全年发行非上市公司企业（公司）债券3627亿元，

比上年减少625亿元。企业发行短期融资券6742亿元，增加2130亿元；中期票据4924亿元，减少1961亿元。发行中小企业集合票据47亿元。

全年保险公司原保险保费收入[12]14528亿元，比上年增长30.4%，其中寿险业务原保险保费收入9680亿元；健康险和意外伤害险业务原保险保费收入952亿元；财产险业务原保险保费收入3896亿元。支付各类赔款及给付3200亿元，其中寿险业务给付1109亿元；健康险和意外伤害险赔款及给付335亿元；财产险业务赔款1756亿元。

九、教育、科学技术和文化

全年研究生教育招生53.8万人，在学研究生153.8万人，毕业生38.4万人。普通高等教育本专科招生661.8万人，在校生2231.8万人，毕业生575.4万人。各类中等职业教育招生868.1万人，在校生2231.8万人，毕业生659.2万人。全国普通高中招生836.2万人，在校生2427.3万人，毕业生794.4万人。全国初中招生1716.6万人，在校生5279.3万人，毕业生1750.4万人。普通小学招生1691.7万人，在校生9940.7万人，毕业生1739.6万人。

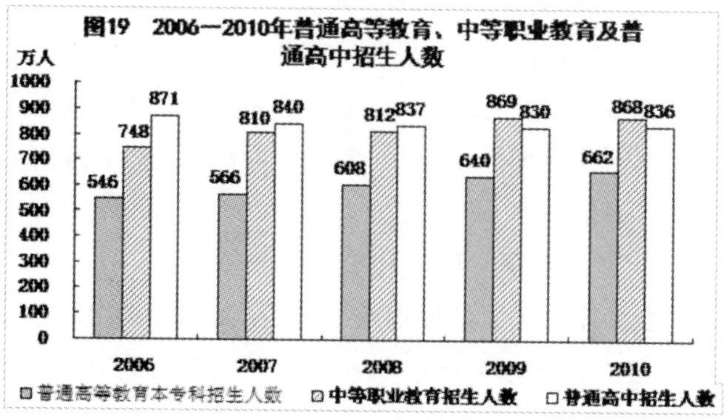

图19 2006—2010年普通高等教育、中等职业教育及普通高中招生人数

特殊教育招生6.5万人，在校生42.6万人。幼儿园在园幼儿2976.7万人。

全年研究与试验发展（R&D）经费支出6980亿元，比上年增长20.3%，占国内生产总值的1.75%，其中基础研究经费328亿元。全年国家安排了326项科技支撑计划课题，308项“863”计划课题。累计建设国家工程研究中心127个，国家工程实验室91个。国家认定企业技术中心达到729家。省级企业技术中心达到5532家。实施新兴产业创投计划，累计支持设立20家创业投资企业，投资创业企业46家。全年受理境内外专利申请122.2万件，其中境内申请108.4万件，占88.7%。受理境内外发明专利申请39.1万件，其中境内申请28.1万件，占71.9%。全年授予专利权81.5万件，其中境内授权71.9万件，占88.2%。授予发明专利权13.5万件，其中境内授权7.4万件，占54.8%。截至年底，有效专利221.6万件，其中境内有效专利173.2万件，占78.2%；有效发明专利56.5万件，其中境内有效发明专利23.0万件，占40.7%。全年共签订技术合同23.0万项，技术合同成交金额3906亿元，比上年增长28.5%。全年成功发射卫星15次。嫦娥二号卫星成功发射。

年末全国共有产品检测实验室27000个，其中国家检测中心443个。全国现有产品质量、体系认证机构171个，已累计完成对79850个企业的产品认证[13]。全国共有法定计量技术机构3309个，全年强制检定计量器具4467万台（件）。全年制定、修订国家标准2860项，其中新制定2123项。全年中央气象台和省级气象台共发布气象预警信号5149次，警报6559次。全国共有地震台站1477个，地震遥测台网32个。全国共有海洋观测站71个。测绘部门公开出版地图1944种，测绘图书806种。

年末全国文化系统共有艺术表演团体2515个，博物馆2141个，全国共有公共图书馆2860个，文化馆3258个。广播电台227座，电视台247座，广播电视台2120座，教育电视台44个。有线电视用户18730万户，有线数字电视用户8798万户。年末广播节目综合人口覆盖率为96.8%；电视节目综合人口覆盖率为97.6%。全年生产电视剧436部14685集，动画电视221456分钟。全年生产故事影片526部，科教、纪录、动画和特种影片[14]95部。出版各类报纸448亿份，各类期刊32亿册，图书74亿册（张）。年末全国共有档案馆4077个，已开放各类档案9035万卷（件）。

全年运动健儿在22个项目中共获得108个世界冠军，8人5队15次创15项世界纪录。在第十六届广州亚运会上，中国体育代表团共获得199枚金牌、119枚银牌、98枚铜牌，奖牌总数416枚。在广州亚残运会上，中国体育代表团共获得185枚金牌、118枚银牌、88枚铜牌，奖牌总数391枚。

新中国第一次承办了世界博览会。上海世博会历时184天，共有246个国家和国际组织参展，其中国家190个，国际组织56个。全国31个省（区、市）和港澳台地区全部参展。累计参观者7308万人次。

十、卫生和社会服务

年末全国共有卫生机构[15]93.9万个，其中医院、卫生院6.0万个，社区卫生服务中心（站）3.1万个，诊所（卫生所、医务室）17.4万个，村卫生室65.1万个，疾病预防控制中心3491个，卫生监督所（中心）2851个。卫生技术人员584万人，其中执业医师和执业助理医师237万人，注册护士205万人。医院和卫生院床位437万张。乡镇卫生院3.8万个，床位100万张，卫生技术人员96.4万人。全年甲、乙类法定报告传染病发病人数341.4万例，报告死亡15950人；报告传染病发病率255.80/10万，死亡率1.20/10万。

年末全国共有各类提供住宿的收养性社会服务机构4.0万个，床位312.3万张，收养各类人员236.5万人。其中，农村养老服务机构3.1万个，床位213.9万张，收养各类人员170.4万人。各类社区服务设施18.0万个，其中，社区服务中心11400个，社区服务站5.1万个。全年救助城市医疗困难群众373.6万人次，救助农村医疗困难群众813.8万人次；资助1237.4万城镇困难群众参加城镇医疗保险，资助4223.7万农村困难群众参加新型农村合作医疗。

十一、人口、人民生活和社会保障

初步预计，年末全国总人口[16]134100万人。

全年农村居民人均纯收入5919元，剔除价格因素，

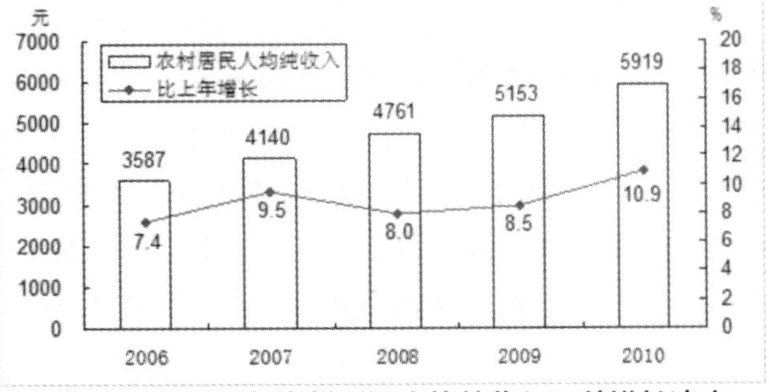

图20 2006—2010年农村居民人均纯收入及其增长速度

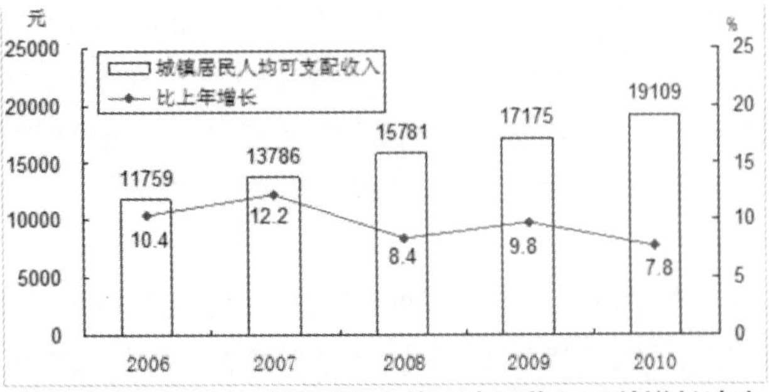

图21 2006—2010年城镇居民人均可支配收入及其增长速度

比上年实际增长10.9%；城镇居民人均可支配收入19109元，实际增长7.8%。农村居民家庭食品消费支出占消费总支出的比重为41.1%，城镇为35.7%。按2010年农村贫困标准1274元测算，年末农村贫困人口为2688万人，比上年末减少909万人。

年末全国参加城镇基本养老保险人数25673万人，比上年末增加2123万人。其中参保职工19374万人，参保离退休人员6299万人。参加城镇基本医疗保险的人数43206万人，增加3059万人。其中，参加城镇职工基本医疗保险[17]人数23734万人，参加城镇居民基本医疗保险人数19472万人。参加城镇医疗保险的农民工4583万人，增加249万人。参加失业保险的人数13376万人，增加660万人。参加工伤保险的人数16173万人，增加1278万人。其中参加工伤保险农民工6329万人，增加741万人。参加生育保险的人数12306万人，增加1430万人。2678个县（市、区）开展了新型农村合作医疗工作，新型农村合作医疗参合率96.3%。新型农村合作医疗基金支出总额为832亿元，累计受益7.0亿人次。全国列入国家新型农村社会养老保险试点地区参保人数10277万人。年末全国领取失业保险金人数为209万人。

全年2311.1万城市居民得到政府最低生活保障，比上年减少34.5万人；5228.4万农村居民得到政府最低生活保障，增加468.4万人；554.9万农村居民得到政府五保救济[18]，增加1.5万人。

十二、资源、环境和安全生产

全年全国国有建设用地土地供应总量[19]42.8万公顷，比上年增长18.4%。其中，工矿仓储用地15.3万公顷，增长7.9%；商服用地3.9万公顷，增长40.4%；住宅用地11.4万公顷，增长40.3%；基础设施等其他用地12.2万公顷，增长10.2%。全年全国105个重点监测城市综合地价[20]比上年上涨8.6%，其中商业地价上涨10.0%，居住地价上涨11.0%，工业地价上涨5.3%。

全年水资源总量28470亿立方米，比上年增加17.7%。全年平均降水量682毫米，增加15.4%。年末全国422座大型水库蓄水总量2091亿立方米，比上年末多蓄水284亿立方米。全年总用水量5990亿立方米，比上年增加0.4%。其中，生活用水增加2.9%，工业用水增加1.4%，农业用水减少0.6%，生态补水增加6.8%。万元国内生产总值用水量[21]190.6立方米，比上年下降9.1%。万元工业增加值用水量105.0立方米，下降9.6%。

全年完成造林面积592万公顷，其中人工造林389万

公顷。林业重点工程完成造林面积346万公顷，占全部造林面积的58.4%。截至年底，自然保护区达到2588个，其中国家级自然保护区319个。新增综合治理水土流失面积4.2万平方公里，新增实施水土流失地区封育保护面积2.5万平方公里。截至年底，已确权集体林地面积为16204万公顷，其中发放林权证的面积为13396万公顷。

全年平均气温为9.5℃，共有7个台风登陆。

初步核算，全年能源消费总量32.5亿吨标准煤，比上年增长5.9%。煤炭消费量增长5.3%；原油消费量增长12.9%；天然气消费量增长18.2%；电力消费量增长13.1%。全国万元国内生产总值能耗下降4.01%。主要原材料消费中，钢材消费量7.7亿吨，增长12.4%；精炼铜消费量792万吨，增长5.1%；电解铝消费量1526万吨，增长6.0%；乙烯消费量1419万吨，增长32.3%；水泥消费量18.6亿吨，增长14.5%。

七大水系的408个水质监测断面中，Ⅰ～Ⅲ类水质断面比例占59.6%，比上年提高2.2个百分点；劣Ⅴ类水质断面比例占16.4%，下降2.0个百分点。七大水系水质总体上持续好转，部分流域污染仍然严重。

近岸海域298个海水水质监测点中，达到国家一、二类海水水质标准的监测点占62.8%，比上年下降10.1个百分点；三类海水占14.1%，上升8.1个百分点；四类、劣四类海水占23.2%，上升2.1个百分点。

在监测的330个城市中，有273个城市空气质量达到二级以上（含二级）标准，占监测城市数的82.7%；有53个城市为三级，占16.1%；有4个城市为劣三级，占1.2%。在监测的331个城市中，城市区域声环境质量好的城市占6.3%，较好的占67.4%，轻度污染的占25.4%，中度污染的占0.9%。

年末城市污水处理厂日处理能力达10262万立方米，比上年末增长13.4%；城市污水处理率达到76.9%，提高1.6个百分点。集中供热面积39.1亿平方米，增长3.0%。建成区绿地率达到34.5%，提高0.3个百分点。

全年各类自然灾害造成直接经济损失5340亿元，比上年增加1.1倍。全年农作物受灾面积3743万公顷，减少20.7%。其中，绝收486万公顷，减少1.1%。全年因洪涝、滑坡和泥石流灾害造成直接经济损失3505亿元，增加4.4倍；死亡3101人。全年因旱灾造成直接经济损失757亿元，下降31.2%。全年因低温冷冻和雪灾造成直接经济损失318亿元，死亡51人。全年因海洋灾害造成直接经济损失149.4亿元，增加49.1%。全年累计发生赤潮面积10892平方公里，减少22.8%。全年大陆地区共发生5级以上地震17次，成灾10次，造成直接经济损失235.7亿元，死亡2705人。全年共发生森林火灾7723起，下降12.8%。

全年各类生产安全事故共死亡79552人，比上年下降4.4%。亿元国内生产总值生产安全事故死亡人数为0.201人，下降19.0%；工矿商贸企业就业人员10万人生产安全事故死亡人数为2.13人，下降11.3%；道路交通万车死亡人数为3.2人，下降11.1%；煤矿百万吨死亡人数为0.749人，下降16.0%。

注释：

[1]本公报中数据均为初步统计数。各项统计数据均未包括香港特别行政区、澳门特别行政区和台湾省。部分数据因四舍五入的原因，存在着与分项合计不等的情况。

[2]国内生产总值、各产业增加值绝对数按现价计算，增长速度按不变价格计算。

[3]年度农民工数量包括年内在本乡镇以外从业6个月以上的外出农民工和在本乡镇内从事非农产业6个月以上的本地农民工两部分。

[4]六大高耗能行业分别为：化学原料及化学制品制造业、非金属矿物制品业、黑色金属冶炼及压延加工业、有色金属冶炼及压延加工业、石油加工炼焦及核燃料加工业、电力热力的生产和供应业。

[5]钢材产量及消费量数据中均含部分使用钢材加工成其他钢材的重复计算因素。

[6]固定资产投资按东部、中部、西部和东北地区计算的合计数据小于全国数据，是因为有部分跨地区的投资未计算在地区数据中。其中：东部地区是指北京、天津、河北、上海、江苏、浙江、福建、山东、广东和海南10省市；中部地区是指山西、安徽、江西、河南、湖北和湖南6省；西部地区是指内蒙古、广西、重庆、四川、贵州、云南、西藏、陕西、甘肃、青海、宁夏和新疆12省（区、市）；东北地区是指辽宁、吉林和黑龙江3省。

[7]房地产业投资除房地产开发投资外，还包括建设单位自建房屋以及物业管理、中介服务和其他房地产投资。

[8]从2010年起，社会消费品零售总额统计采用新的分组，即将经营单位所在地分组由“市”、“县”、“县以下”改为“城镇”、“乡村”；取消按行业分组，新设按“商品零售额”和“餐饮收入额”两种消费形态的分组。

[9]邮电业务总量按2000年不变价格计算。

[10]移动电话交换机容量是指移动电话交换机根据一定话务模型和交换机处理能力计算出来的最大同时服务用户的数量。

[11]3G是指第三代蜂窝移动通信系统（3rd—generation，简称3G），3G移动电话用户是指报告期末在计费系统拥有使用信息、占用3G网络资源的在网用户。

[12]原保险保费收入是指保险企业确认的原保险合同保费收入。

[13]完成产品认证的企业口径有所调整，原口径仅包括强制性产品认证，2010年增加了非强制性产品认证。

[14]特种影片是指那些采用与常规影院放映在技术、设备、节目方面不同的电影展示方式，如巨幕电影、立体电影、立体特效（4D）电影、动感电影、球幕电影等。

[15]卫生机构口径有所调整，2010年数据含村级卫生室。

[16]2010年末人口数为初步预计数，有关最终总人口数和结构数据以拟于2011年4月发布的第六次全国人口普查公报为准。

[17]城镇职工基本医疗保险人数包括参保职工和参保退休人员。城镇居民基本医疗保险的参保对象是不属于城镇职工基本医疗保险覆盖范围的城镇非从业人员。

[18]农村五保救济是指老年、残疾和未满16周岁的村民，无劳动能力、无生活来源又无法定赡养、抚养、扶养义务人，或者其法定赡养、抚养、扶养义务人无赡养、抚养、扶养能力的村民，在吃、穿、住、医、葬方面得到的生活照顾和物质帮助。

[19]建设用地供应总量是指报告期市、县人民政府根据年度土地供应计划依法以出让、划拨、租赁等方式将国有建设用地使用权提供给单位或个人使用的国有建设用地总量。

[20]地价是指根据国土资源部《城市地价动态监测技术规范》，以城市监测点地价为基础，综合土地市场和房地产市场交易价格测算反映城市整体状况的土地价格水平。综合地价是指同一城市或地区的不同用途土地的平均价格水平。

[21]万元国内生产总值用水量、万元国内生产总值能耗按2005年不变价格计算。

资料来源：本公报中城镇新增就业、登记失业率、社会保障数据来自人力资源社会保障部；外汇储备和汇率数据来自外汇局；财政数据来自财政部；水产品产量数据来自农业部；木材产量、林业、森林火灾数据来自林业局；灌溉面积、水资源数据来自水利部；新增发电机组容量、新增22万伏及以上变电设备数据来自中电联；新建铁路投产里程、增建铁路复线投产里程、电气化铁路投产里程、铁路运输数据来自铁道部；新建公路、港口万吨级码头泊位新增吞吐能力、公路运输、水运、港口货物吞吐量数据来自交通运输部；新增光缆线路长度、新增数字蜂窝移动电话交换机容量、电话用户、上网人数等通信数据来自工业和信息化部；保障性住房、城市污水处理、集中供热面积、建成区绿地率来自住房城乡建设部；货物进出口数据来自海关总署；外商直接投资、对外直接投资、对外承包工程、对外劳务合作等数据来自商务部；民航数据来自民航局；管道数据来自中石油、中石化；民用汽车数据来自公安部；邮政业务总量数据来自邮政局；旅游数据来自旅游局；货币金融数据来自人民银行；上市公司数据来自证监会；企业债券、国家工程研究中心、企业技术中心、新兴产业创投等数据来自发展改革委；保险业数据来自保监会；教育数据来自教育部；安排科技计划课题、技术合同等数据来自科技部；专利数据来自知识产权局；发射卫星数据来自国防科工局；质量检验、国家标准制定修订数据来自质检总局；气象预警、平均气温、登陆台风数据来自气象局；地震数据来自地震局；测绘数据来自测绘局；海洋观测站、海洋灾害造成直接经济损失、发生赤潮面积来自海洋局；艺术表演团体、博物馆、公共图书馆、文化馆数据来自文化部；广播、电视、电影数据来自广电总局；报纸、期刊、图书数据来自新闻出版总署；档案数据来自档案局；体育数据来自体育总局，其中亚残运会数据来自中国残联；世博会数据来自上海世博会事务协调局；卫生、新农合数据来自卫生部；社会服务、低保和五保救济数据、各类自然灾害造成直接经济损失、农作物受灾面积、洪涝滑坡和泥石流灾害造成直接经济损失及死亡人数、旱灾造成直接经济损失、低温冷冻和雪灾造成直接经济损失及死亡人数来自民政部；国有建设用地土地供应、综合地价等数据来自国土资源部；环境监测数据来自环境保护部；安全生产数据来自安全监管总局；其他数据均来自国家统计局。

关于2010年中央决算的报告

2011年6月27日第十一届全国人民代表大会常务委员会第二十一次会议

财政部部长 谢旭人

第十一届全国人民代表大会第四次会议审查批准了《关于2010年中央和地方预算执行情况与2011年中央和地方预算草案的报告》。现在，2010年中央决算已经汇编完成。按照《中华人民共和国预算法》等法律规定和全国人大常委会的安排，我受国务院委托，向全国人大常委会提出2010年中央决算报告和中央决算草案，请予审查。

一、2010年中央决算情况

2010年，各地区、各部门在中国共产党的坚强领导下，坚持以邓小平理论和“三个代表”重要思想为指导，深入贯彻落实科学发展观，全面落实中央决策部署和第十一届全国人民代表大会第三次会议决议，加强和改善宏观调控，国民经济平稳较快发展，社会保持和谐稳定，改革开放和社会主义现代化建设取得新的重大成就。在此基础上，中央决算情况较好。

（一）中央公共财政收支决算情况

2010年，中央公共财政收入42488.47亿元，完成预算的111.6%，比2009年（下同）增长18.3%。加上从中央预算稳定调节基金调入100亿元，使用的收入总量为42588.47亿元。与向第十一届全国人民代表大会第四次会议报告的预算执行数比较，中央公共财政收入增加17.95亿元，主要是在决算清理期间，增加了一些专项收入、行政事业性收费等非税收入。中央公共财政支出48330.82亿元，完成预算的103.6%，增长10.3%。其中，中央本级支出15989.73亿元，完成预算的99.6%，增长4.8%；中央对地方税收返还和转移支付支出32341.09亿元（相应形成地方财政收入和支出），完成预算的105.7%，增长13.2%。加上用于补充中央预算稳定调节基金2257.65亿元，支出总量为50588.47亿元。与向第十一届全国人民代表大会第四次会议报告的预算执行数比较，中央公共财政支出增加8.3亿元，主要是根据有关规定，增加了全国社会保障基金支出。决算数比预算执行数增收增支相抵，净增收9.65亿元，用于补充中央预算稳定调节基金。中央公共财政收支总量相抵，赤字8000亿元，比预算减少500亿元。2010年末中央财政国债余额67548.11亿元，控制在年度预算限额71208.35亿元以内。

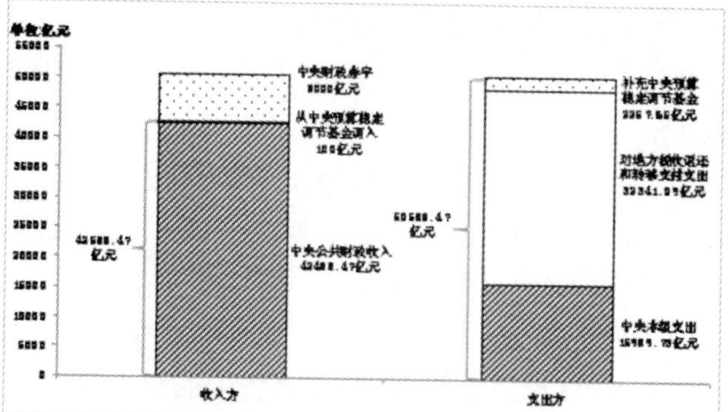

图1 2010年中央公共财政平衡关系

1.中央公共财政收入决算情况

各主要收入项目具体完成情况如下：

（1）国内增值税15897.21亿元，完成预算的103.6%。预算超收主要是工业增加值增幅及工业品出厂价格水平高于预计，相应增加了增值税收入。

（2）国内消费税6071.55亿元，完成预算的115.8%。超过预算主要是汽车销售量大幅增长，相应增加了消费税收入。

（3）进口货物增值税、消费税和关税12518.47亿元，完成预算的129.7%。超过预算主要是一般贸易进口额增幅超过预计，相应增加了进口税收。

（4）出口货物退增值税、消费税7327.31亿元，完成预算的103.6%。退税高于预算主要是一般贸易出口额超过预计，出口退税相应增加。

（5）营业税153.34亿元，完成预算的80.7%。未完成预算主要是国家开发银行分行缴纳的营业税划转为地方财政收入。

（6）企业所得税7795.17亿元，完成预算的96.7%。

（7）个人所得税2902.97亿元，完成预算的114.2%。超过预算主要是城镇居民人均可支配收入增长带动个人所得税增加。

（8）证券交易印花税527.82亿元，完成预算的102.3%。

（9）车辆购置税1792.59亿元，完成预算的134%。超过预算主要是汽车销售量大幅增长带动车辆购置税增加。

（10）非税收入1979.17亿元，完成预算的95.3%。

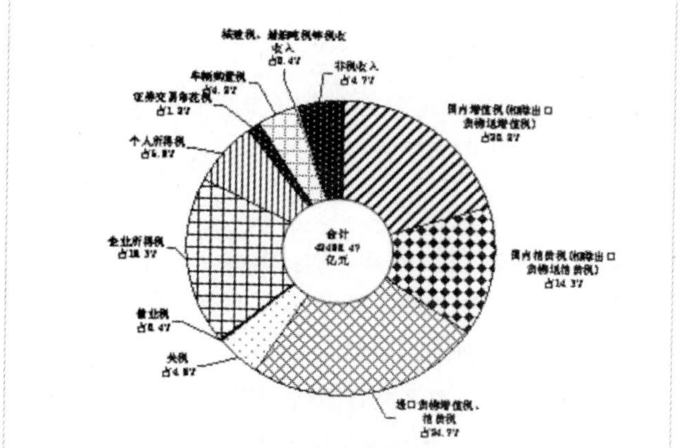

图2 2010年中央公共财政收入构成

2.中央公共财政支出决算情况

按照第十一届全国人民代表大会第三次会议批准

的预算，中央各部门认真组织执行，总体上各项重点支出得到较好保障。部分支出科目决算数与预算数存在差异，一是按照法律规定，用中央财政超收收入安排增加了教育、科学技术、公路建设支出以及对地方的转移支付，有关安排使用情况已向第十一届全国人民代表大会第四次会议报告。二是年初预算一些未分配到具体科目而暂列在“其他支出”中的基本建设支出，在执行中按照实际用途列相关科目。三是用中央预备费安排一些“三农”、救灾和灾后恢复重建等支出，相应增加农林水事务等相关科目支出。四是一些年初预算安排、执行中据实结算的项目，决算数与预算数出现差异。

中央本级支出项目具体完成情况如下：

（1）教育支出720.96亿元，完成预算的118.1%。超过预算主要是按照有关法律规定，用中央财政超收收入安排增加了“985工程”、秋季学期提高国家助学金标准等支出。

（2）科学技术支出1661.3亿元，完成预算的104%。超过预算主要是按照有关法律规定，用中央财政超收收入安排增加了国家重点基础研究、国家自然科学基金、国际科技合作等支出。

（3）文化体育与传媒支出150.13亿元，完成预算的95%。未完成预算主要是年初预算列中央本级的文化产业发展专项资金执行中部分下划地方以及国家博物馆新馆开办经费支出减少。

（4）医疗卫生支出73.56亿元，完成预算的169.8%。超过预算主要是年初预算暂列在“其他支出”科目的部分基本建设支出，执行中落实到具体医疗卫生支出项目。

（5）社会保障和就业支出450.3亿元，完成预算的146.2%。超过预算主要是增加了全国社会保障基金支出、新疆生产建设兵团养老保险补助和自然灾害生活补助等支出。

（6）住房保障支出386.48亿元，完成预算的102.6%。与预算的差异主要是增加了新疆生产建设兵团廉租住房保障专项补助支出。

（7）农林水事务支出387.89亿元，完成预算的120.5%。超过预算主要是增加了农业部直属垦区和新疆生产建设兵团农作物良种补贴、农机购置补贴等支出。

（8）环境保护支出69.48亿元，完成预算的125.7%。超过预算主要是年初预算暂列在“其他支出”科目的部分基本建设支出，执行中落实到具体环境保护支出项目。

（9）交通运输支出1489.58亿元，完成预算的115.6%。超过预算主要是车辆购置税超收，按规定相应增加公路建设支出。

（10）资源勘探电力信息等事务支出488.38亿元，完成预算的112.9%。超过预算主要是年初预算暂列在“其他支出”科目的部分基本建设支出，执行中落实到本科目具体支出项目。

（11）粮油物资储备管理事务支出495.12亿元，完成预算的63.3%。低于预算主要是为稳定国内粮油市场供求，国家减少了粮油储备收购，加大了储备投放，相应据实结算的中央储备粮油利息费用等政策性补贴支出减少。

（12）商业服务业等事务支出139.79亿元，完成预算的69.2%。低于预算主要是国家储备的利息费用补贴等据实结算的政策性补贴支出减少。

（13）地震灾后恢复重建支出37.9亿元，完成预算的88.3%。低于预算主要是预算安排的部分中央地震灾后恢复重建基金在执行中列入对地方转移支付支出。

（14）国防支出5176.35亿元，完成预算的99.8%。与预算的差异主要是退役士兵安置经费等据实结算的支出低于预计。

（15）公共安全支出875.2亿元，完成预算的107.2%。超过预算主要是增加了武警部队救灾等安保支出。

（16）一般公共服务支出837.42亿元，完成预算的97.7%。与预算的差异主要是年初预算安排的基本建设等支出在执行中列入其他科目，相应减少本科目支出。

（17）国债付息支出1508.88亿元，完成预算的98.3%。

（18）其他支出98.32亿元，完成预算的47.8%。低于预算主要是年初预算列本科目的部分基本建设支出，在执行中按照实际用途列入医疗卫生支出等科目，相应减少本科目支出。

中央对地方税收返还和转移支付情况如下

（1）对地方税收返还支出4993.37亿元，完成预算的99.8%。

（2）对地方一般性转移支付支出13235.66亿元，完成预算的107.6%。超过预算主要是成品油消费税超收，相应增加对地方成品油税费改革转移支付；以及增加对地方的均衡性转移支付。

（3）对地方专项转移支付支出14112.06亿元，完成预算的106%。超过预算主要是按照有关法律规定，用中央财政超收收入和预备费增加了对地方教育、医疗卫生、保障性住房、交通运输等方面的转移支付。

预备费使用情况。中央预备费预算400亿元，实际支出400亿元，已列在相关支出科目决算数中。主要是：农林水事务支出127.05亿元，环境保护支出15.35亿元，社会保障和就业支出15.45亿元，公共安全支出27.58亿元，救灾综合财力补助及灾后恢复重建支出157.22亿元。

汇总以上各项支出，2010年中央财政用在与人民群众生活直接相关的教育、医疗卫生、社会保障和就业、保障性住房、文化方面的支出合计8920.59亿元，增长20.2%。此外，农业水利、公共交通基础设施建设、环境保护等支出也与人民群众生活密切相关，中央财政对地方的税收返还和一般性转移支付支出经地方统筹安排后也大部分用于保障和改善民生，这些方面的支出达到23864.26亿元。2010年中央财政用于"三农"的支出合计8579.7亿元，增长18.3%。其中：支持农业生产支出3427.3亿元，对农民的粮食直补、农资综合补贴、良种补贴、农机购置补贴支出1225.9亿元，促进农村教育、卫生等社会事业发展支出3350.3亿元，农产品储备费用和利息等支出576.2亿元。需要说明的是，民生和"三农"支出不是单独的预算科目，为了便于审议，将与民生和"三农"相关的支出项目综合反映出来，因而存在一些交叉重复。

汇总2010年中央行政单位（含参照公务员法管理的事业单位）、事业单位和其他单位用财政拨款开支的出国（境）经费、车辆购置及运行费、公务接待费（以下简称"三公"经费）支出，合计94.7亿元。其中，出国（境）经费17.73亿元，车辆购置及运行费61.69亿元，

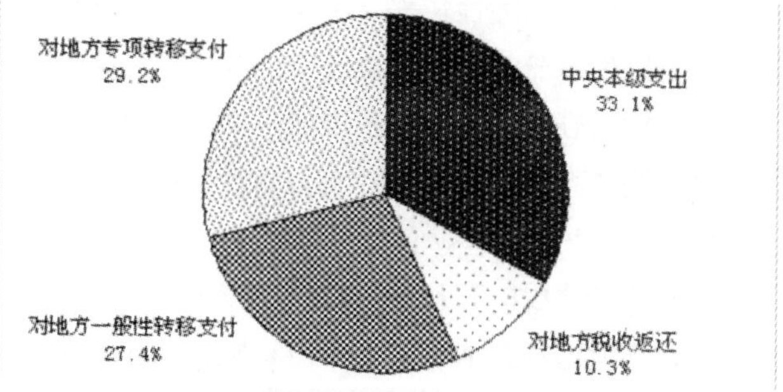

图3 2010年中央公共财政支出构成

公务接待费15.28亿元。

汇总2010年中央行政单位（含参照公务员法管理的事业单位）履行行政管理职责、维持机关运行开支的行政经费，合计887.1亿元。

（二）中央政府性基金收支决算情况

中央政府性基金收入3175.75亿元，完成预算的124.3%。其中：三峡工程建设基金收入59.15亿元，完成预算的591.5%，超过预算较多主要是全面清缴了以前年度欠缴的基金；铁路建设基金收入616.92亿元，完成预算的106%，超过预算主要是铁路货物运输量高于预计；港口建设费收入114.44亿元，完成预算的114.4%，超过预算主要是港口货物吞吐量大于预计；民航机场管理建设费收入136.41亿元，完成预算的112.7%，超过预算主要是民航旅客运输量大于预计；新增建设用地土地有偿使用费收入288.21亿元，完成预算的110.9%，超过预算主要是新增建设用地供应量增长较快；大中型水库移民后期扶持基金收入183.44亿元，完成预算的122.3%，超过预算主要是省级电网企业销售电量增加较多；彩票公益金收入247.73亿元，完成预算的121%，超过预算主要是彩票销售量大于预计。

中央政府性基金支出3016.75亿元，完成预算的94%。与预算的差异主要是一些项目因前期工作准备不充分，当年不具备实施条件，导致结转下年支出较多。其中：三峡工程建设支出89.61亿元，完成预算的199.6%；铁路建设支出582亿元，完成预算的100%；港口建设支出119.41亿元，完成预算的100%；民航机场管理建设支出146.08亿元，完成预算的85.8%；新增建设用地土地有偿使用费支出286.63亿元，完成预算的51.3%；大中型水库移民后期扶持支出158.29亿元，完成预算的72.1%；彩票公益金用于社会福利、体育、教育等社会公益事业支出239.69亿元，完成预算的89.1%。

2010年中央政府性基金收支决算数，与向第十一届全国人民代表大会第四次会议报告的预算执行数基本持平。

（三）中央国有资本经营收支决算情况

中央国有资本经营收入558.67亿元，完成预算的132.7%。超过预算主要是将国有股减持收入纳入国有资本经营预算管理。加上2009年结转收入18.91亿元，使用的收入总量为577.58亿元。

中央国有资本经营支出541.99亿元，完成预算的

123.2%。超过预算主要是用国有股减持收入补充全国社会保障基金支出。主要支出项目情况是：补充全国社会保障基金支出127.1亿元，地震灾后恢复重建支出9.32亿元，国有经济和产业结构调整支出179.5亿元，中央企业改革脱困补助支出121.96亿元，重大科技创新支出32亿元，重大节能减排支出30亿元，境外投资支出22.41亿元，社会保障等支出4.7亿元，调入公共财政预算支出10亿元，新疆生产建设兵团产业发展资金支出5亿元。

2010年中央国有资本经营决算数与向第十一届全国人民代表大会第四次会议报告的预算执行数比较，收入基本持平，支出略有减少。

二、2010年预算执行效果

2010年，各地区、各部门按照第十一届全国人民代表大会第三次会议和第十一届全国人民代表大会常务委员会第十五次会议有关决议，以及十一届全国人大财政经济委员会审查意见的要求，优化转移支付结构，严格预算执行，加强预算支出绩效考核，严格政府债务管理，推进财政体制改革，贯彻落实积极的财政政策，努力服务于改革发展稳定大局。

（一）促进经济协调稳定发展

2010年，中央政府公共投资支出10710亿元，主要用于农业基础设施及农村民生工程、教育卫生等社会事业、保障性安居工程、节能减排和生态建设、自主创新和经济结构调整等方面，并引导和带动全社会固定资产投资增长23.8%。落实结构性减税政策，对部分小型微利企业实施所得税优惠政策，对1.6升及以下排量乘用车减按7.5%的税率征收车辆购置税，引导企业投资和居民消费。清理到期的税收减免政策。增加对农民的补贴，加强农业基础设施和综合生产能力建设，提高对城乡低保对象等群体的补助水平。继续实施家电汽车下乡等鼓励消费的一系列政策，直接拉动了居民即期消费，2010年社会消费品零售总额实际增长14.8%。

（二）努力保障和改善民生

农村义务教育经费保障机制进一步完善，全国1.3亿名农村义务教育阶段学生全部享受免除学杂费和免费教科书政策，中西部地区约1228万名农村义务教育阶段家庭经济困难寄宿生获得生活费补助。免除2900多万名城市义务教育阶段学生的学杂费。家庭经济困难学生资助政策体系不断健全，449万名普通高校学生、482万名普通高中学生和1136万名中等职业学校学生获得资助。免除440万名中等职业学校家庭经济困难学生和涉农专业学生学费。落实更加积极的就业政策，全年城镇新增就业1168万人。新型农村社会养老保险试点覆盖面达到24%。连续第六年提高企业退休人员基本养老金水平，继续提高城乡低保补助标准、优抚对象等人员抚恤和生活补助标准。调整自然灾害生活救助项目，提高补助标准。建立孤儿基本生活保障制度。城镇职工基本医疗保险、城镇居民基本医疗保险、新型农村合作医疗保险的最高支付限额，分别提高到当地职工年平均工资、城镇居民可支配收入、全国农民人均纯收入的6倍以上。新型农村合作医疗参合人数、城镇居民基本医疗保险参保人数分别达到8.35亿人和1.95亿人，财政补助标准提高到每人每年120元。支持未参保的关闭破产国有企业退休人员和困难企业职工参加城镇职工基本医疗保险。城乡医疗救助水平进一步提高。基层医疗卫生服务体系建设得到加强。国家基本药物制度覆盖到60%的政府举办的基层医疗卫生机构。支持向城乡居民免费提供9类基本公共卫生服务，重大公共卫生服务项目加快实施。公立医院改革试点在部分城市启动。保障性安居工程进展顺利，全国保障性住房和棚户区改造住房基本建成370万套，农村危房改造和游牧民定居工程加快推进。

（三）积极推动经济结构调整

实施各项强农惠农财税政策，加大财政投入力度，以农田水利为重点的农业基础设施建设不断加快，农业综合开发改造中低产田、建设高标准农田2548万亩，农业综合生产能力不断提高，农村发展与改革的好形势进一步巩固。科技投入和政策扶持力度加大，基础研究和应用研究不断加强，科技重大专项顺利实施，推动了战略性新兴产业发展和科技创新。扩大促进服务业发展专项资金规模，着力改善服务业发展环境，提升服务业发展水平。落实促进区域协调发展的各项财税政策。积极扶持革命老区、民族地区、边疆地区、贫困地区加快发展。增加对地方均衡性转移支付841.79亿元，财力薄弱地区改善民生事业的保障能力进一步提高。建设资源节约型、环境友好型社会取得新进展。扶持1184个重点节能项目，促进773户企业开展节能技术改造，支持经济欠发达地区1689户企业淘汰落后产能。支持城镇污水处理设施配套管网建设8.7万公里。在8个省份约4100个村庄推进农村环境连片整治示范工作，农村生态环境继续改善。支持7个省份开展排污权有偿使用和交易试点。在14

个重金属污染重点防控省份开展重金属污染治理。节能产品惠民工程实施范围进一步扩大，推广高效节能空调近3000万台、高效照明产品1.6亿只、节能汽车100多万辆。公共领域节能与新能源汽车示范推广试点城市扩大到25个，在6个城市启动私人购买新能源汽车补贴试点。金太阳工程顺利实施，光伏发电国内规模化应用积极推进。巩固退耕还林、退牧还草成果，建立草原生态保护奖补机制，促进草原生态建设和牧民增收。

（四）构建有利于科学发展的体制机制

改善转移支付结构，增加一般性转移支付规模，一般性转移支付占中央对地方转移支付的比重提高0.6个百分点，归并和清理专项转移支付项目，规范专项转移支付管理办法。完善民族地区转移支付办法，健全生态功能区转移支付制度，资源枯竭城市转移支付规模逐步扩大。探索建立县级基本财力保障机制，基层政府公共服务保障能力有所增强。在27个省份970个县推行了省直管县财政管理方式改革。健全公共财政预算，全面编制中央和地方政府性基金预算，国有资本经营预算制度试点范围继续扩大，试编社会保险基金预算。部门预算等预算管理制度改革深入开展。在27个省份的21.5万个行政村开展了村级公益事业建设一事一议财政奖补试点。资源税改革在整个西部地区试点。统一了内外资企业和个人城市维护建设税、教育费附加制度。支持义务教育学校落实绩效工资政策。公共卫生与基层医疗卫生事业单位的绩效工资政策加快实施。

在看到成绩的同时，我们也清醒地认识到，预算管理中还存在不少突出问题：代编预算规模仍然较大，预算编制仍不够细化，基本建设等支出项目预算的年初到位率不够高；预算支出进度不够均衡，部分专项支出进度偏慢；专项转移支付规模仍然较大，县级基本财力保障机制还不够完善；财政管理仍然比较粗放，资金使用效益还不够高，财政监督力度还不够强。审计情况也表明，2010年中央预算执行情况总体较好，但也存在中央部门归口管理的部分本级支出预算年初到位率偏低、国有资本经营预算制度不够完善、政府性基金预算管理不够规范等问题。对此，国务院已要求中央有关部门认真按照全国人大有关决议要求和审计意见，采取有力措施切实进行整改。

三、进一步提高预决算管理水平

针对当前存在的问题和不足，我们将在不断完善财税体制和运行机制的同时，继续加强科学化精细化管理，努力提高预决算管理水平。

（一）加强预算编制管理

进一步规范预算编制程序，细化预算编制内容，切实减少代编预算规模，提高预算年初到位率，并严格部门预算管理。加强统筹协调，将预算编制与预算执行、结余结转资金管理、行政事业单位资产管理等有机结合起来。健全部门预、决算相互反映、相互促进的机制。进一步规范转移支付制度，逐步扩大一般性转移支付规模，降低专项转移支付所占比重。继续完善县级基本财力保障机制。细化政府性基金预算，完善政府性基金预算管理制度及使用管理办法，指导地方规范政府性基金预算编制。继续扩大中央国有资本经营预算实施范围，逐步提高中央企业国有资本收益收取比例，加快推进地方试编国有资本经营预算步伐。研究完善社会保险基金预算制度。

（二）狠抓预算执行管理

建立健全预算支出责任制度，完善激励和约束机制。加强对预算执行的动态监控，完善预算支出执行通报机制。进一步改进收入预算编制方法，规范超收收入使用管理，超收收入除依法安排当年部分重点支出外，原则上转入预算稳定调节基金，留待以后年度预算安排使用。加强库款调度管理，减少上下级预算解缴和拨付的资金规模，保障基层政府预算支出的资金需要。完善以收定支和据实结算项目支出方式，提高预算执行的均衡性。强化管理基础工作和基层建设，完善部门基础信息数据库，健全支出标准体系，完善政府收支分类科目体系，充实基层财政职能。

（三）强化财政资金管理

加强财政专户管理，切实做好财政专户清理整顿工作，取消违规设立的各类专户。强化部门和单位银行账户管理，凡不符合规定设置的账户一律撤销。加强对部门银行账户的监控。规范账户开设代理银行选择方式，增强公开性和透明度。继续完善非税收入收缴管理制度，规范非税收入执收行为。进一步扩大国库集中支付制度的实施范围，2012年底前所有预算单位的财政性资金全部纳入国库集中支付范围，建立覆盖各级财政的预算执行动态监控体系。完善各级财政部门内设机构之间，上下级财政部门之间，财政部门与预算单位、人民银行国库、财政专户开户银行之间的对账制度。加强监控制度建设，加快构建财政资金风险防控机制，健全内部监督制度，落实财政资金安全责任制。

（四）稳步开展预算绩效管理

逐步建立“预算编制有目标、预算执行有监控、项目完成有评价、评价结果有反馈、反馈结果要运用”的预算绩效管理模式。进一步扩大绩效评价试点范围，合理确定绩效评价试点项目，将民生项目和具有较大经济社会影响的重大项目作为绩效评价的重点。逐步扩大上级对下级转移支付的绩效评价试点。建立绩效评价结果反馈制度，研究绩效评价结果与预算资金安排有机结合的机制，逐步实行绩效问责和评价结果公开，促进部门改善预算管理，优化资源配置，提高财政资金使用效益。

（五）加快推进预决算公开

进一步细化预算公开，2011年中央公共财政预算的部分重点支出和2010年度中央财政总决算公开到“项”级科目。2011年经全国人大审查批准的部门预算和部门决算向社会公开。经全国人大常委会批准后，中央财政2010年度行政经费支出决算总额和“三公”经费决算总额由财政部向社会公开；中央各部门2010年度“三公”经费决算数和2011年“三公”经费预算，由本部门向社会公开。同时，推动地方做好财政预决算、“三公”经费等公开工作。

（六）严格财政监督

牢固树立综合监督理念，建立财政监督机构与预算管理机构之间的工作协调机制和信息共享制度，健全覆盖所有政府性资金和财政运行全过程的监督机制，提升财政监督合力。做好有利于转变经济发展方式重大财税政策实施情况的专项检查，保障政策有效落实。建立完善财政监督信息披露和公告制度。完善基础制度，加强纵横沟通，强化定期核查。继续推进“小金库”专项治理，切实抓好调整经济结构资金、强农惠农资金和重点民生资金管理使用的监督检查。切实加强地方政府性债务管理，加快构建地方政府性债务规模控制和风险预警机制，努力防范财政风险。

规范财政管理，对于促进经济社会健康发展关系重大。我们要在以胡锦涛同志为总书记的党中央领导下，坚持以邓小平理论和“三个代表”重要思想为指导，深入贯彻落实科学发展观，诚恳接受全国人大常委会的指导和监督，大力推进财政发展改革，切实完善财政科学管理，充分发挥财政职能作用，为促进经济社会又好又快发展做出积极贡献！

关于2010年中央公共财政收入决算的说明

1．2010年国内增值税预算数为15350亿元，决算数为15897.21亿元，完成预算的103.6%，比预算超收547.21亿元。主要是工业增加值增幅及工业品出厂价格水平高于预计。

2．2010年国内消费税预算数为5241亿元，决算数为6071.55亿元，完成预算的115.8%，比预算超收830.55亿元。主要是2010年汽车销售量大幅增长带动相关消费税增收较多。

3．2010年进口货物增值税、消费税和关税预算数为9650亿元，决算数为12518.47亿元，完成预算的129.7%，比预算超收2868.47亿元。主要是2010年一般贸易进口额增长43.7%，超过年初预计，进口税收相应增收。

4．2010年营业税预算数为190亿元，决算数为153.34亿元，完成预算的80.7%，比预算短收36.66亿元。主要是国家开发银行分行缴纳的营业税划转为地方财政收入，2010年对营业税收入的影响大于预计。

5．2010年企业所得税预算数为8061亿元，决算数为7795.17亿元，完成预算的96.7%，比预算短收265.83亿元。主要是根据有关政策规定，返还部分银行缴纳的企业所得税数额大于预计。

6．2010年个人所得税预算数为2542亿元，决算数为2902.97亿元，完成预算的114.2%，比预算超收360.97亿元。主要是2010年城镇居民人均可支配收入增长带动个人所得税增加。

7．2010年证券交易印花税预算数为516亿元，决算数为527.82亿元，完成预算的102.3%，比预算超收11.82亿元。主要是证券交易量好于预计。

8．2010年出口货物退增值税、消费税预算数为7070亿元，决算数为7327.31亿元，完成预算的103.6%，比预算多退257.31亿元。主要是2010年一般贸易出口额增长36%，出口退税相应增加。

9．2010年车辆购置税预算数为1338亿元，决算数为1792.59亿元，完成预算的134%，比预算超收454.59亿元。主要是2010年汽车销售量大幅增长带动车辆购置税增加。

10．2010年专项收入预算数为216亿元，决算数为298.03亿元，完成预算的138%，比预算超收82.03亿元。主要是矿产资源补偿费、探矿权采矿权使用费及价款收入等专项收入增收较多。

11．2010年行政事业性收费预算数为410亿元，决算数为396.02亿元，完成预算的96.6%，比预算短收13.98亿元。主要是根据相关规定和标准，实际缴纳数低于预计。

12．2010年其他收入预算数为1415亿元，决算数为1253.33亿元，完成预算的88.6%，比预算短收161.67亿元。主要是根据有关规定，返还部分银行上缴的分红大于预计。

关于2010年中央本级支出决算的说明

1．2010年一般公共服务预算数为857.2亿元，决算数为837.42亿元，完成预算的97.7%。

其中：2010年人大事务预算数为6.94亿元，决算数为8.75亿元，完成预算的126.1%。主要是增加了基本建设支出。

2010年政协事务预算数为3.23亿元，决算数为5.9亿元，完成预算的182.7%。主要是增加了基本建设支出。

2010年政府办公厅（室）及相关机构事务预算数为16.4亿元，决算数为27.63亿元，完成预算的168.5%。主要是增加了基本建设支出。

2010年发展与改革事务预算数为3.59亿元，决算数为4.18亿元，完成预算的116.4%。主要是增加了基本建设支出。

2010年统计信息事务预算数为28.06亿元，决算数为26.29亿元，完成预算的93.7%。主要是农作物抽样调查等支出减少。

2010年财政事务预算数为8.3亿元，决算数为7.7亿元，完成预算的92.8%。主要是投资评审业务经费等支出比预计减少。

2010年审计事务预算数为6.92亿元，决算数为7.54亿元，完成预算的109%。主要是增加了基本建设支出。

2010年海关事务预算数为82.35亿元，决算数为79.65亿元，完成预算的96.7%。主要是金关工程、海关收费业务费等支出减少。

2010年人力资源事务预算数为16.91亿元，决算数为16.94亿元，完成预算的100.2%。

2010年人口与计划生育事务预算数为3.39亿元，决算数为3.12亿元，完成预算的92%。主要是年初预算原列本科目的基本建设支出执行中转列其他相关科目，本科目支出相应减少。

2010年商贸事务预算数为4.15亿元，决算数为4.62亿元，完成预算的111.3%。主要是增加了中国绿色产业和绿色经济高科技国际博览会经费等支出。

2010年知识产权事务预算数为22.75亿元，决算数为23.99亿元，完成预算的105.5%。主要是增加了专利受理审批业务经费等支出。

2010年工商行政管理事务预算数为3.88亿元，决算数为6.88亿元，完成预算的177.3%。主要是增加了基本建设支出。

2010年质量技术监督与检验检疫事务预算数为76.31亿元，决算数为74.72亿元，完成预算的97.9%。主要是防控甲型H1N1流感专项经费等支出减少。

2010年民族事务预算数为1.78亿元，决算数为1.76亿元，完成预算的98.9%。

2010年档案事务预算数为1.67亿元，决算数为4.8亿元，完成预算的287.4%。主要是增加了基本建设支出。

2010年群众团体事务预算数为15.61亿元，决算数为15.75亿元，完成预算的100.9%。主要是增加了日本青年上海世博访问团、全国总工会劳模大会文艺晚会等支出。

2010年其他一般公共服务支出预算数为135.67亿元，决算数为77.7亿元，完成预算的57.3%。主要是年初预算原列本科目的基本建设支出等执行中转列其他相关科目，本科目支出相应减少。

2．2010年外交预算数为281.39亿元，决算数为268.05亿元，完成预算的95.3%。

其中：2010年外交管理事务预算数为4.69亿元，决算数为4.55亿元，完成预算的97%。主要是驻艰苦及污染地区人员回国工作医药费支出减少。

2010年驻外机构预算数为70.08亿元，决算数为64.53亿元，完成预算的92.1%。主要是海外文化中心购房经费等支出减少。

2010年对外援助预算数为144.11亿元，决算数为136.11亿元，完成预算的94.4%。主要是商务部援外支出减少。

2010年国际组织预算数为43.3亿元，决算数为43.16亿元，完成预算的99.7%。

3．2010年国防预算数为5185.77亿元，决算数为5176.35亿元，完成预算的99.8%。主要是退役士兵安置经费等支出减少。

4．2010年公共安全预算数为816.74亿元，决算数为875.2亿元，完成预算的107.2%。

其中：2010年武装警察预算数为663.25亿元，决算数为699.3亿元，完成预算的105.4%。主要是增加了武警部队维稳、救灾、上海世博会安保等支出。

2010年公安预算数为44.49亿元，决算数为62.2亿元，完成预算的139.8%。主要是增加了基本建设支出、上海世博会和广州亚运会安保等支出。

2010年法院预算数为4.08亿元，决算数为5.72亿元，完成预算的140.2%。主要是增加了基本建设等支出。

2010年司法预算数为1.47亿元，决算数为1.74亿元，完成预算的118.4%。主要是增加了因公牺牲人员特别补助金和特别慰问金等支出。

2010年缉私警察预算数为11.02亿元，决算数为10.62亿元，完成预算的96.4%。主要是走私案件移交奖励专项经费等支出减少。

2010年其他公共安全支出预算数为13.93亿元，决算数为4.6亿元，完成预算的33%。主要是年初预算原列本科目的重大活动安保、公检法司优抚经费等支出执行中转列其他相关科目，本科目支出相应减少。

5．2010年教育预算数为610.35亿元，决算数为720.96亿元，完成预算的118.1%。

2010年教育管理事务预算数为1.67亿元，决算数为1.67亿元，完成预算的100%。

2010年普通教育预算数为549.53亿元，决算数为630.97亿元，完成预算的114.8%。主要是增加了“985工程”专项资金、秋季学期国家助学金提高标准经费和基本建设支出等。

2010年职业教育预算数为1.27亿元，决算数为9.95亿元，完成预算的783.5%。主要是新疆兵团等单位中等职业学校国家助学金、免学费补助资金等执行中由对地方转移支付转列中央本级。

2010年广播电视教育预算数为0.76亿元，决算数为0.78亿元，完成预算的102.6%。主要是增加了基本建设支出。

2010年留学教育预算数为16.02亿元，决算数为16.02亿元，完成预算的100%。

2010年教师进修及干部继续教育预算数为7.02亿元，决算数为10.17亿元，完成预算的144.9%。主要是增加了基本建设支出。

2010年其他教育支出预算数为34.08亿元，决算数为51.4亿元，完成预算的150.8%。主要是增加了向西部地区农村义务教育阶段学校送电脑、俄罗斯中小学生来华夏令营、规范津贴补贴等支出。

6．2010年科学技术预算数为1597.19亿元，决算数为1661.3亿元，完成预算的104%。

其中：2010年基础研究预算数为198.7亿元，决算数为242.68亿元，完成预算的122.1%。主要是增加了国家重点基础研究发展计划、国家自然科学基金等支出。

2010年应用研究预算数为902.46亿元，决算数为887.8亿元，完成预算的98.4%。主要是现代农业产业技术体系建设等经费执行中转列对地方转移支付。

2010年科技条件与服务预算数为28.81亿元，决算数为28.85亿元，完成预算的100.1%。主要是增加了科技基础条件专项资金等支出。

2010年社会科学预算数为16.33亿元，决算数为

20.21亿元，完成预算的123.8%。主要是增加了基本建设等支出。

2010年科学技术普及预算数为5.79亿元，决算数为5.93亿元，完成预算的102.4%。主要是增加了基本建设等支出。

2010年科技交流与合作预算数为13.68亿元，决算数为23.68亿元，完成预算的173.1%。主要是增加了国际科技合作与交流专项经费。

7. 2010年文化体育与传媒预算数为157.96亿元，决算数为150.13亿元，完成预算的95%。

2010年文化预算数为18.15亿元，决算数为19.46亿元，完成预算的107.2%。主要是增加了基本建设等支出。

2010年文物预算数为11.4亿元，决算数为9.84亿元，完成预算的86.3%。主要是国家博物馆新馆开办费等支出减少。

2010年体育预算数为11.98亿元，决算数为12.16亿元，完成预算的101.5%。主要是增加了温哥华冬奥会奖金等支出。

2010年广播影视预算数为43.75亿元，决算数为54.77亿元，完成预算的125.2%。主要是增加了基本建设支出、加强重点媒体国际传播能力建设专项资金等支出。

2010年新闻出版预算数为45.9亿元，决算数为39.66亿元，完成预算的86.4%。主要是年初预算原列本科目的加强重点媒体国际传播能力建设专项资金执行中转列其他相关科目，本科目支出相应减少。

2010年其他文化体育与传媒支出预算数为26.78亿元，决算数为14.24亿元，完成预算的53.2%。主要原因：一是年初预算原列本科目的文化产业发展专项资金执行中部分资金下划地方；二是基本建设支出执行中转列其他相关科目，本科目支出相应减少。

8. 2010年社会保障和就业预算数为307.97亿元，决算数为450.3亿元，完成预算的146.2%。

2010年人力资源和社会保障管理事务预算数为3.12亿元，决算数为3.09亿元，完成预算的99%。

2010年民政管理事务预算数为2.05亿元，决算数为3.09亿元，完成预算的150.7%。主要是增加了基本建设等支出。

2010年财政对社会保险基金的补助预算数为38.55亿元，决算数为47.34亿元，完成预算的122.8%。主要是增加了新疆兵团养老保险补助资金。

2010年补充全国社会保障基金预算数为50亿元，决算数为122.05亿元，完成预算的244.1%。主要是执行中增加了补充全国社会保障基金支出。

2010年行政事业单位离退休预算数为181.93亿元，决算数为218.34亿元，完成预算的120%。主要是增加了规范津贴补贴支出。

2010年企业改革补助预算数为20亿元，决算数为11.75亿元，完成预算的58.8%。主要是企业关闭破产补助支出减少。

2010年就业补助预算数为4.17亿元，决算数为6.98亿元，完成预算的167.4%。主要是增加了新疆兵团就业专项资金等支出。

2010年抚恤预算数为1.92亿元，决算数为0.21亿元，完成预算的10.9%。主要是烈士纪念建筑物保护一期工程等项目未支出。

2010年社会福利预算数为0.05亿元，决算数为0.04亿元，完成预算的80%。主要是因尾数取舍造成决算数与预算数略有差异。

2010年残疾人事业预算数为2.37亿元，决算数为9.57亿元，完成预算的403.8%。主要是增加了基本建设等支出。

2010年城市居民最低生活保障预算数为2亿元，决算数为3.47亿元，完成预算的173.5%。主要是增加了新疆兵团城市居民最低生活保障补助资金。

2010年其他城镇社会救济预算数为0.01亿元，决算数为0.41亿元，完成预算的4100%。主要是增加了基本建设支出。

2010年自然灾害生活救助预算数为1.5亿元，决算数为15.95亿元，完成预算的1063.3%。主要是增加了基本建设支出、新疆兵团自然灾害生活补助等支出。

2010年红十字事业预算数为0.3亿元，决算数为0.31亿元，完成预算的103.3%。主要是增加了红十字会理论研究项目等支出。

2010年其他农村社会救济预算数为零，决算数为0.01亿元。主要是增加了新疆兵团农村五保供养对象临时价格补贴资金。

2010年其他社会保障和就业支出预算数为零，决算数为7.61亿元。主要是增加了规范津贴补贴和基本建设支出。

9．2010年医疗卫生预算数为43.31亿元，决算数为73.56亿元，完成预算的169.8%。

2010年医疗卫生管理事务预算数为2.21亿元，决算数为2.25亿元，完成预算的101.8%。

2010年公立医院预算数为17.96亿元，决算数为39.46亿元，完成预算的219.7%。主要是增加了基本建设支出。

2010年基层医疗卫生机构预算数为零，决算数为0.78亿元。主要是增加了基本建设支出、新疆兵团基层医疗机构实施国家基本药物制度和综合改革以奖代补等支出。

2010年公共卫生预算数为9.98亿元，决算数为6.83亿元，完成预算的68.4%。主要是年初预算原列本科目的疾病预防控制经费、农村卫生经费等执行中转列其他相关科目，本科目支出相应减少。

2010年医疗保障预算数为7.16亿元，决算数为8.57亿元，完成预算的119.7%。主要是增加了新疆兵团、农业部直属垦区城镇居民基本医疗保险补助、城市医疗救助补助等支出。

2010年中医药预算数为0.37亿元，决算数为0.4亿元，完成预算的108.1%。

2010年食品和药品监督管理事务预算数为4.71亿元，决算数为11.9亿元，完成预算的252.7%。主要是增加了基本建设等支出。

2010年其他医疗卫生支出预算数为0.92亿元，决算数为3.37亿元，完成预算的366.3%。主要是增加了规范津贴补贴、医改培训及中期评估补助等支出。

10．2010年环境保护预算数为55.26亿元，决算数为69.48亿元，完成预算的125.7%。

2010年环境保护管理事务预算数为3.68亿元，决算数为3.73亿元，完成预算的101.4%。主要是增加了环境保护部所属中国–东盟环境保护合作中心启动费等支出。

2010年环境监测与监察预算数为2.12亿元，决算数为2.86亿元，完成预算的134.9%。主要是增加了基本建设等支出。

2010年污染防治预算数为零，决算数为8.61亿元。主要是增加了基本建设支出、中央环境保护专项资金和新疆兵团环境监察执法能力建设项目等支出。

2010年自然生态保护预算数为0.44亿元，决算数为0.72亿元，完成预算的163.6%。主要是增加了基本建设支出和新疆兵团农村环境保护专项资金。

2010年天然林保护预算数为6.75亿元，决算数为6.76亿元，完成预算的100.1%。

2010年退耕还林预算数为4.78亿元，决算数为4.66亿元，完成预算的97.5%。主要是退耕还林补助资金减少。

2010年退牧还草预算数为零，决算数为0.45亿元。主要是增加了基本建设支出和新疆兵团退牧还草饲料粮补助资金。

2010年能源节约利用预算数为20亿元，决算数为26.89亿元，完成预算的134.5%。主要是增加了机关办公建筑和大型公共建筑节能管理补助资金、节能技术改造奖励资金和基本建设支出等。

2010年污染减排预算数为6亿元，决算数为6.11亿元，完成预算的101.8%。主要是增加了主要污染物减排专项和新疆兵团城镇污水处理设施配套管网建设以奖代补专项等支出。

2010年可再生能源预算数为4亿元，决算数为5.5亿元，完成预算的137.5%。主要是增加了金太阳示范工程财政补贴等支出。

2010年资源综合利用预算数为零，决算数为2.49亿元。主要是增加了基本建设支出。

2010年能源管理事务预算数为0.72亿元，决算数为0.7亿元，完成预算的97.2%。

2010年其他环境保护支出预算数为6.77亿元，决算数为零。主要是年初预算原列本科目的基本建设支出等执行中转列其他相关科目，本科目支出相应减少。

11．2010年城乡社区事务预算数为1.98亿元，决算数为10.09亿元，完成预算的509.6%。

2010年城乡社区管理事务预算数为1.9亿元，决算数为2.1亿元，完成预算的110.5%。主要是增加了基本建设支出、住房和城乡建设部住房公积金项目贷款试点工作监管经费等支出。

2010年城乡社区规划与管理预算数为0.08亿元，决算数为0.07亿元，完成预算的87.5%。主要是因尾数取舍造成决算数与预算数略有差异。

2010年城乡社区公共设施预算数为零，决算数为7.92亿元。主要是增加了基本建设支出。

12．2010年农林水事务预算数为321.95亿元，决算数为387.89亿元，完成预算的120.5%。

2010年农业预算数为159.34亿元，决算数为215.95亿元，完成预算的135.5%。主要是农业部直属垦区和新疆兵团农作物良种补贴资金、农机购置补贴资金、农业保险保费补贴等支出执行中由对地方转移支付转列中央本级，以及增加了基本建设等支出。

2010年林业预算数为17.51亿元，决算数为28.48亿元，完成预算的162.6%。主要是石油价格改革财政补贴、林业贷款贴息等支出执行中由对地方转移支付转列中央本级，以及增加了基本建设等支出。

2010年水利预算数为34.4亿元，决算数为58.41亿元，完成预算的169.8%。主要是增加了基本建设支出、第一次全国水利普查经费等支出。

2010年南水北调预算数为65.78亿元，决算数为66.86亿元，完成预算的101.6%。主要是增加了基本建设等支出。

2010年扶贫预算数为3.21亿元，决算数为4.43亿元，完成预算的138%。主要是增加了基本建设支出和新疆兵团少数民族发展资金等支出。

2010年农业综合开发预算数为8.09亿元，决算数为10.14亿元，完成预算的125.3%。主要是增加了国家农业综合开发办公室统借统还外债项目支出。

2010年农村综合改革预算数为零，决算数为0.26亿元。主要是增加了新疆兵团村级公益事业建设“一事一议”财政奖补资金。

2010年其他农林水事务支出预算数为33.62亿元，决算数为3.36亿元，完成预算的10%。主要是年初预算原列本科目的基本建设支出等执行中转列其他相关科目，本科目支出相应减少。

13．2010年交通运输预算数为1288.74亿元，决算数为1489.58亿元，完成预算的115.6%。

其中：2010年公路水路运输预算数为49.03亿元，决算数为58.46亿元，完成预算的119.2%。主要是增加了基本建设等支出。

2010年车辆购置税支出预算数为1016亿元，决算数为1209.91亿元，完成预算的119.1%。主要是通过当年超收收入增加安排了车辆购置税支出。

2010年铁路运输预算数为130.86亿元，决算数为141.15亿元，完成预算的107.9%。主要是增加了基本建设支出。

2010年石油价格改革对交通运输的补贴预算数为零，决算数为0.48亿元。主要是增加了石油价格改革对农村道路、城市出租车等的补贴支出。

2010年邮政业支出预算数为63.38亿元，决算数为52.3亿元，完成预算的82.5%。主要是邮政普遍服务和特殊服务补贴支出减少，以及年初预算原列本科目的基本建设支出执行中转列其他相关科目，本科目支出相应减少。

2010年其他交通运输支出预算数为6.41亿元，决算数为1.41亿元，完成预算的22%。主要是年初预算原列本科目的基本建设支出等执行中转列其他相关科目，本科目支出相应减少。

14．2010年资源勘探电力信息等事务预算数为432.44亿元，决算数为488.38亿元，完成预算的112.9%。

其中：2010年资源勘探开发和服务支出预算数为13.64亿元，决算数为15.96亿元，完成预算的117%。主要是增加了基本建设支出。

2010年建筑业预算数为0.64亿元，决算数为0.64亿元，完成预算的100%。

2010年电力监管支出预算数为125.77亿元，决算数为203.9亿元，完成预算的162.1%。主要是增加了基本建设支出和三峡工程建设等支出。

2010年工业和信息产业监管支出预算数为41.41亿元，决算数为36.91亿元，完成预算的89.1%。主要是年初预算原列本科目的基本建设支出等执行中转列其他相关科目，本科目支出相应减少。

2010年安全生产监管预算数为6.66亿元，决算数为8.36亿元，完成预算的125.5%。主要是增加了基本建设支出。

2010年国有资产监管预算数为7.99亿元，决算数为7.82亿元，完成预算的97.9%。主要是基本建设支出减少。

2010年支持中小企业发展和管理支出预算数为0.73亿元，决算数为4.41亿元，完成预算的604.1%。主要是中小企业创业投资引导基金、新疆兵团中小企业发展专项资金等执行中由对地方转移支付转列中央本级。

2010年其他资源勘探电力信息等事务支出预算数为143.42亿元，决算数为38.15亿元，完成预算的26.6%。主要是年初预算原列本科目的基本建设支出等执行中转列其他相关科目，本科目支出相应减少。

15．2010年商业服务业等事务预算数为201.92亿元，决算数为139.79亿元，完成预算的69.2%。

2010年商业流通事务预算数为200.39亿元，决算数为123.35亿元，完成预算的61.6%。主要是国家储备原油经费补贴、国家储备棉竞卖亏损补贴等据实结算支出和基本建设支出减少。

2010年旅游业管理与服务支出预算数为1.53亿元，决算数为2.05亿元，完成预算的134%。主要是增加了国家旅游局驻台北办事处购房经费、基本建设等支出。

2010年涉外发展服务支出预算数为零，决算数为13.46亿元。主要是中央企业对外经济技术合作专项资金、进口产品贴息资金等执行中由对地方转移支付转列中央本级。

2010年其他商业服务业等事务支出预算数为零，决算数为0.93亿元。主要是增加了中国工艺（集团）公司代管中国工艺美术馆期间费用补助支出。

16．2010年金融监管等事务支出预算数为415.54亿元，决算数为488.16亿元，完成预算的117.5%。

其中：2010年金融发展支出预算数为47亿元，决算数为21.33亿元，完成预算的45.4%。主要是据实结算的支出减少。

17．2010年地震灾后恢复重建支出预算数为42.93亿元，决算数为37.9亿元，完成预算的88.3%。主要是中央地震灾后恢复重建基金预留支出执行中转列对地方转移支付。

18．2010年国土气象等事务预算数为131.32亿元，决算数为176.39亿元，完成预算的134.3%。

2010年国土事务预算数为30.91亿元，决算数为57.34亿元，完成预算的185.5%。主要是地质矿产调查评价项目、国外矿产资源风险勘查专项资金等执行中由对地方转移支付转列中央本级。

2010年海洋管理事务预算数为21.22亿元，决算数为31.08亿元，完成预算的146.5%。主要是增加了基本建设支出、海洋环境监管能力建设专项资金等支出。

2010年测绘事务预算数为10.7亿元，决算数为10.71亿元，完成预算的100.1%。

2010年地震事务预算数为11.26亿元，决算数为12.65亿元，完成预算的112.3%。主要是增加了中国国际救援队赴海地、巴基斯坦救援工作经费、玉树地震紧急救援经费和地震台站恢复重建经费等支出。

2010年气象事务预算数为57.23亿元，决算数为64.61亿元，完成预算的112.9%。主要是增加了基本建设支出。

19．2010年住房保障支出预算数为376.58亿元，决算数为386.48亿元，完成预算的102.6%。

2010年保障性住房支出预算数为16亿元，决算数为34.32亿元，完成预算的214.5%。主要是增加了基本建设支出和新疆兵团中央廉租住房保障专项补助等支出。

2010年住房改革支出预算数为360.58亿元，决算数为352.16亿元，完成预算的97.7%。主要是转制科研机构离退休人员住房改革支出和垂直管理部门住房改革支出减少。

20．2010年粮油物资储备管理事务预算数为781.61亿元，决算数为495.12亿元，完成预算的63.3%。

其中：2010年粮油事务预算数为685.57亿元，决算数为452.02亿元，完成预算的65.9%。主要是储备粮油利息费用补贴等据实结算的支出减少。

21．2010年国债付息支出预算数为1535.16亿元，决算数为1508.88亿元，完成预算的98.3%。

其中：2010年国内债务付息预算数为1466.58亿元，决算数为1460.21亿元，完成预算的99.6%。主要是内债付息支出减少。

2010年国外债务付息预算数为23.23亿元，决算数为16.86亿元，完成预算的72.6%。主要是外债付息支出减少。

2010年国内外债务发行预算数为45.35亿元，决算数为31.81亿元，完成预算的70.1%。主要是国债发行兑付费用和外债发行费减少。

22．2010年其他支出预算数为205.69亿元，决算数为98.32亿元，完成预算的47.8%。主要是年初预算原列本科目的基本建设支出等执行中转列其他相关科目，本科目支出相应减少。

2010年税收收入增长的结构性分析

一、2010年税收收入增长的总体情况

（一）税收增长的总体情况

2010年全国税收总收入完成73202亿元[1]，比上年同期增长23%，同比增收13681亿元，比上年同期增速加快了13.2个百分点。

（二）税收增长的主要特点

1.税收总收入增长较快

2010年全国税收总收入增长较快。部分原因是由于2009年基数较低，若将其与2008年同期的税收总收入进行比较，两年间年均增长率为16%，低于金融危机前的税收增速，仍属于恢复性增长。

2.单月税收收入呈现明显的“前高后低”的走势

受2009年基数前低后高等因素影响，2010年的税收增长呈现明显的“前高后低”的走势，上半年增长30.8%，下半年增长15.3%，8月份税收收入增速跌入全年谷底，从9月份以来开始逐渐反弹。

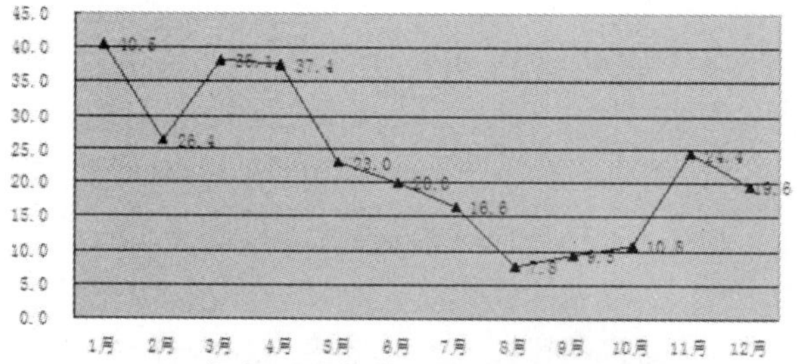

2010年各月税收收入同比增速变动图

3.进口环节税收和汽车相关税收快速增长

进口货物增值税、消费税和关税快速增长，增幅分别为35.7%和36.6%。汽车消费税和车辆购置税大幅增长，增幅分别为55.8%和54%。上述税种的税收增收额占全年税收增收额比重超过30%。

（三）全年税收收入实现较快增长的主要原因

一是经济稳定增长为税收增长奠定了税源基础。2010年国民经济运行良好，特别是与税收关联度较高的经济指标增长较快，全社会固定资产投资增长23.8%，社会商品零售总额增长18.4%，规模以上工业增加值增长15.7%，进出口总额增长34.7%，1−11月规模以上企业利润增长49.4%，带动主体税种实现增收。

二是价格水平上涨使得以现价计算的税收收入较快增长。2010年居民消费价格指数和工业品出厂价格指数同比分别增长3.3%和5.5%，带动税收收入上涨。

三是进口贸易快速恢复以及全年汽车旺销，带动进口环节税收和车辆购置税、汽车消费税等大幅增长。

四是2009年税收收入增速较慢，基数较低，相应抬高了2010年税收收入增幅。

五是2010年以来税务机关采取多种有效措施，依法加强征管，促进了税收增长。

二、主要税种收入情况

（一）国内增值税

2010年国内增值税保持较快增长，实现收入21091.95亿元，同比增长14.1%，比上年同期增速加快11.4个百分点。2010年国内增值税收入占税收总收入的比重为29%。

分行业看，2010年增值税增长较快的行业主要是成品油、原油和煤炭行业，同比分别增长73.2%、39.7%和29.7%。增值税减收较多的行业是钢坯钢材业，同比下降20%。

增值税的税基大体相当于工业增加值和商业的增加值。

国内增值税较快增长的主要原因：一是工业增加值稳步增长。2010年规模以上工业增加值同比增长15.7%。二是消费品价格水平和消费品零售总额上升。全年 CPI 上升3.3%，全年社会消费品零售总额上升18.4%。三是工业品出厂价格上涨使得增值税税基扩大。全年工业品出厂价格同比上涨5.5%。四是成品油、原油量价齐升带动成品油、原油增值税加快增长。1−11月成品油产量同比增长13.3%，全年汽、柴油批发价同比上涨15%左右。2010年原油产量同比增长6.9%，原油的平均价格同比上涨

28%左右。五是煤炭业工业增加值快速增长带动煤炭增值税增收。2010年1–11月煤炭工业增加值同比增长17.8%。

2010年增值税减收较多的行业是钢坯钢材业，同比下降20%。钢坯钢材增值税减收的主要原因是铁矿石价格上涨、钢材价格下跌，增加了进项税额，降低了销项税额。

（二）国内消费税

2010年国内消费税快速增长，但增速比上年同期明显回落。2010年国内消费税完成6017.54亿元，同比增长27.5%，比上年同期增速回落了57.9个百分点。国内消费税收入占税收总收入的比重为8.3%。

分产品看，国内消费税的增收主要集中在汽车、卷烟和贵重首饰三类产品，同比分别增长55.8%、32%和29%。

国内消费税的税基是烟、酒、汽车、成品油等14类特定商品的销售额或销售量。

国内消费税快速增长的主要原因：一是乘用车销量大幅增长带动汽车消费税快速增长。2010年乘用车销售1375.78万辆，同比增长33.17%。二是卷烟销售额快速增长带动卷烟消费税大幅增长。2010年工业环节卷烟销售额同比增长16.94%，商业环节卷烟销售额同比增长16.15%。三是人们购买黄金等贵重首饰的投资需求迅速扩张，使得贵重首饰价量齐涨，带动贵重首饰消费税较快增长。2010年金银珠宝商品零售额同比增长46%。

国内消费税收入增速比上年同期大幅回落，主要是因为2009年的政策调整。2009年国家实施成品油税费改革和提高烟产品消费税，带动上年同期消费税高速增长，2010年政策增收效应逐渐消退，消费税增速恢复正常。

（三）营业税

2010年营业税快速增长，但全年增速“前高后低”。2010年国内营业税完成11157.64亿元，同比增长23.8%，比上年同期增速加快了5.6个百分点。营业税收入占税收总收入的比重为15.2%。

分行业看，保险业、房地产和建筑业营业税收入快速增长，同比分别增长37.8%、32.4%和30.7%。租赁和商务服务业、住宿餐饮业保持平稳增长，增速分别为24.3%和18.6%。

营业税的税基是交通运输业、建筑业、金融保险业、邮电通信业、文化体育业、娱乐业、服务业、转让无形资产和销售不动产等9个行业取得的营业收入。

营业税增长较快的主要原因：一是保险业务规模扩大使得保费收入增加，带动保险业营业税快速增长。2010年1–11月，保险保费收入同比增长31.6%。二是全社会固定资产投资和商品房建设保持较快增长，带动房地产营业税和建筑业营业税增长。2010年全社会固定资产投资同比增长23.8%，全年商品房销售额同比增长18.3%。2010年1–11月建筑安装工程投资同比增长24.2%。三是旅游业、福利彩票等各类服务业快速发展使得租赁和商务服务业营业税较快增长。2010年全国旅游业总收入同比增长21.7%。全国彩票销售收入同比增长25.5%。四是住宿餐饮业蓬勃发展使得住宿餐饮业营业税收入保持平稳增长。2010年1–11月餐饮业收入同比增长18%。

分月看，营业税增速“前高后低”的主要原因：一是基数因素。2009年营业税增长呈现前低后高的特点，使得2010年后半年增长速度相对放缓。二是2010年，国家出台了多项遏制房地产价格过快上涨的政策，房地产交易额增速回落，使得房地产营业税增速逐步回落。

（四）企业所得税

2010年企业所得税保持平稳增长，实现收入12842.79亿元，同比增长11.3%，比上年同期增速加快8.1个百分点。企业所得税收入占税收总收入的比重为17.5%。

分行业看，除电信业、金融保险业等个别行业外，绝大多数行业的企业所得税收入实现增收。全年工业企业缴纳所得税5168.85亿元，同比增长40.4%，其中成品油、交通运输设备企业所得税增速列前，同比分别增长119.5%和66.3%。其他行业中，房地产企业所得税同比增长50%。

企业所得税的税基是企业利润总额。

2010年企业所得税收入平稳增长的主要原因：一是工业企业整体效益大幅提高，企业利润平稳增长，带动全年工业企业所得税收入大幅增长。2010年1–11月全国规模以上工业实现利润同比增长49.4%。二是2010年成品油价格多次上调，使得成品油等行业利润和企业所得税收入大幅增长。三是房地产销售额保持较快增长，使得房地产业及相关行业企业所得税出现较快增长。四是受益于国家产业结构调整和设备投资增长，交通运输设备等产业发展迅速，带动相关行业的企业所得税较快增长。1–11月交通运输设备制造业行业利润同比增长59.7%。

分月看，2010年企业所得税在8、9、10月份出现了较大幅度的减收，主要是受企业所得税集中退税影响。

（五）个人所得税

2010年个人所得税快速增长，实现收入4837.17亿元，同比增长22.5%，比上年同期增速加快16.4个百分点。个人所得税收入占税收总收入的比重为6.6%。

分项目看，除储蓄利息所得税收入同比下降76.9%以外，其他项目的个人所得税收入都保持了快速增长。其中，工资薪金所得税收入同比增长26.8%，个体工商户生产经营所得税收入同比增长24.7%，劳务报酬所得税收入同比增长22.6%，财产转让所得税收入同比增长52.2%（房屋转让所得税收入同比增长8.3%）。

个人所得税的税基是个人（主要是城镇居民）收入。

个人所得税收入实现快速增长的主要原因：一是居民收入持续增长，扩大了个人所得税的税源基础。2010年全国城镇居民人均可支配收入19109元，同比增长11.3%，其中工资性收入增长17.9%。二是2010年1月1日开始对限售股转让征收个人所得税，使得财产转让所得税收入较快增长。三是2010年10月1日开始对个人出售自有住房并在一年内重新购房的纳税人不再减免个人所得税，扩大所得税征收范围。四是税务机关继续加强了对个人所得税的征管，有力地保证了个人所得税税款的征收。

储蓄利息所得税收入大幅下降的主要原因是政策调整。从2008年10月起对储蓄存款利息所得、个人投资者取得的证券交易结算资金利息所得暂免征收个人所得税，造成储蓄利息所得税持续大幅减收。

（六）进口税收

2010年进口税收高速增长，单月增速逐月回落。2010年进口货物增值税、消费税实现收入10487.46亿元，同比增长35.7%，比上年同期增速加快31.1个百分点。关税实现2027.45亿元，同比增长36.6%，比上年同期增速加快52.8个百分点。进口税收收入占税收总收入的比重为17%。

关税和进口货物增值税、消费税的税基是一般贸易进口额。

进口货物增值税、消费税收入高速增长的主要原因是一般贸易进口快速恢复，进口货物量价齐升。2010年一般贸易进口额7679.8亿美元，同比增长43.7%。进口商品中，大部分大宗商品进口量均有不同程度的增长，进口均价同比快速上升。2010年，进口大豆5480万吨，增长28.8%，进口均价为每吨457.7美元，上涨33.5%；进口原油23931万吨，同比增长17.5%，进口均价为每吨564.7美元，上涨51.4%。

分月看，进口税收增速逐月回落的主要原因：一是2009年同期进口税收前低后高，基数逐步抬高。二是一般贸易进口额逐月回落。2010年一般贸易进口额同比增长43.7%，比1–6月增速回落12.9个百分点。

三、其他税种收入情况

（一）契税

2010年契税快速增长，实现收入2464.80亿元，同比增长42.1%。契税收入占税收总收入的比重为3.4%。

契税的税基大体相当于土地和房产的交易总金额，土地的交易额与国土部门的用地规划密切相关，房产的交易额主要受新建住房和二手房的交易量和价格的影响。

契税快速增长的主要原因是房地产交易额总体保持较快增长。2010年全国商品房销售额同比增长18.3%。

（二）车辆购置税

2010年车辆购置税高速增长，实现收入1792.03亿元，同比增长54.0%，比上年同期增速加快了36.4个百分点。车辆购置税收入占税收总收入的比重为2.4%。

车辆购置税的税基是应税车辆（包括汽车、摩托车、电车、挂车、农用运输车）的销售总额。

车辆购置税收入高速增长的主要原因：一是汽车销量实现高速增长。2010年全国汽车销售1806.19万辆，同比增长32.37%。二是车辆购置税优惠政策调整，从2010年1月1日起将排气量1.6升以下机动车的车辆购置税税率由5%提高到7.5%，使得车辆购置税高速增长。

（三）房产税

2010年房产税平稳增长，实现收入894.06亿元，同比增长11.2%。房产税收入占税收总收入的比重为1.2%。

房产税的税基是企业保有的自用房产原值总额和出租房屋的租金收入总额，它的增长速度是由纳税人房产的保有总量和房屋出租价格的增长速度决定的。

2010年房产税平稳增长的主要原因是办公楼、商业营业用房的保有量较快增长。2010年办公楼和商业营业用房销售额同比分别增长31.2%和46.3%。

（四）土地相关税收

2010年土地相关税收总体保较快增长，但个别税种增速呈回落态势。城镇土地使用税、土地增值税、耕地占用税共实现收入3169.02亿元，同比增长28.26%。这三个税种的收入占税收总收入的比重为4.3%。

城镇土地使用税实现收入1004.01亿元，同比增长9.0%。土地增值税实现收入1276.67亿元，同比增长77.4%。耕地占用税实现收入888.34亿元，同比增长40.3%，比上年同期增速回落了61.1个百分点。

城镇土地使用税的税基是纳税人占用的土地面积。城镇土地使用税平稳增长的主要原因是办公楼和商业营业用房销售面积较快增长。2010年，办公楼和商业营业用房销售面积同比分别增长21.9%和29.9%。

土地增值税的税基是纳税人销售新建房屋和二手房的土地增值收益总额。土地增值税快速增长的主要原因：一是商品房销售额快速增长。二是各地税务机关加强了土地增值税清算。

耕地占用税的税基是纳税人实际占用的耕地面积。耕地占用税收入增速回落的主要原因是上年同期基数较高。

（五） 证券交易印花税

2010年证券交易印花税平稳增长，实现收入544.17亿元，同比增长6.6%，比上年同期增速加快了54.5个百分点。证券交易印花税收入占税收总收入的比重为0.74%。

表1 2010年主要经济指标和主要税种收入德增长率对比

主要经济指标	同比增长率	主要税种	同比增长率
2010年 工业增加值	15.7%	国内增值税	14.1%
2010年 城镇固定资产投资	24.5%		
2010年 社会消费品零售总额	18.4%		
2010年1-11月 规模以上工业企业利润	49.4%	企业所得税	11.3%
2010年 一般贸易进口额	43.7%	进口货物增值税、消费税	35.7%
		关税	36.6%

证券交易印花税的税基是A股和B股的交易总金额。

证券交易印花税保持平稳增长的主要原因是沪深两市股票成交额放量。2010年深市股票成交额同比增长27%。（税政司税源调查分析处供稿）

表2 2010年税收总收入和主要税种收入

（单位：亿元）

税种	收入	比去年同期增收	增长率(%)
税收总收入	73202.3	13680.71	23
国内增值税	21091.95	2610.73	14.1
国内消费税	6071.54	1310.32	27.5
进口货物增值税、消费税	10487.46	2757.67	35.7
关税	2027.45	543.64	36.6
出口货物退增值税、消费税	-7327.31	-840.7	13
营业税	11157.64	2143.66	23.8
企业所得税	12842.79	1305.95	11.3
个人所得税	4837.17	887.82	22.5
证券交易印花税	544.17	33.79	6.6
房产税	894.06	90.4	11.2
车辆购置税	1792.03	628.11	54
城镇土地使用税	1004.01	83.03	9.0
土地增值税	1276.67	557.11	77.4
耕地占用税	888.34	255.27	40.3
资源税	417.58	79.34	23.5
契税	2464.80	729.75	42.1
上述税种收入合计	143672.65	26856.6	23

注：全国税收总收入包括税务部门征收的国内税收收入，和海关征收的关税、船舶吨税、代征的进口货物增值税和消费税，以及财政或地税部门征收的耕地占用税和契税，并扣除了出口退税，为全国税收净收入数。

2010年全国财政收入情况

2010年，全国财政收入83080亿元，比上年增加14562亿元，增长21.3%。财政部表示，2010年全国财政预算执行情况良好，财政收入较快增长，各项重点支出得到较好保障。

数据显示，12月份，全国财政收入6340亿元，比上年同月增加1215亿元，增长23.7%。其中：中央本级收入2230亿元，增长20.5%；地方本级收入4110亿元，增长25.5%。

1—12月累计，全国财政收入83080亿元，比上年增加14562亿元，增长21.3%。其中：中央本级收入42470亿元，比上年增加6554亿元，增长18.3%；地方本级收入40610亿元，比上年增加8008亿元，增长24.6%。财政收入中的税收收入73202亿元，增长23%；非税收入9878亿元，增长9.8%。

全国财政收入主要项目情况如下：

1.国内增值税21092亿元，比上年增加2611亿元，增长14.1%。主要是受工业生产增长较快和工业品出厂价格上涨等因素的带动。

2.国内消费税6072亿元，比上年增加1310亿元，增长27.5%。增长较快，主要是2009年成品油税费改革和提高烟产品消费税税率，2010年前几个月有翘尾增收因素，以及汽车销量大幅增长带动消费税增加。

3.营业税11158亿元，比上年增加2144亿元，增长23.8%。主要是固定资产投资平稳较快增长等因素带动相关行业营业税增长。

4.企业所得税12843亿元，比上年增加1306亿元，增长11.3%。主要是受企业利润恢复性增长等因素的影响。

5.个人所得税4837亿元，比上年增加888亿元，增长22.5%。主要是受居民收入增加以及加强征管等因素的影响。

6.进口货物增值税、消费税10487亿元，比上年增加2758亿元，增长35.7%；关税2027亿元，比上年增加544亿元，增长36.6%。增幅高，主要受2009年一般贸易进口基数较低(下降6.7%)，2010年一般贸易进口快速恢复(增长43.7%)的影响。

7.出口退税7327亿元，比上年多退841亿元，增长13%，账务上相应冲减财政收入。

8.车辆购置税1792亿元，比上年增加628亿元，增长54%。增幅高，主要是受全年汽车销量大幅增长32.4%，以及对1.6升及以下小排量乘用车由减按5%调至减按7.5%征收车辆购置税的影响。

9.非税收入9878亿元，比上年增加881亿元，增长9.8%。主要是按有关规定，将部分原实行预算外专户管理的行政事业性收费纳入预算管理。

全国财政收入增长较快的主要原因：一是经济较快增长为财政收入增长奠定了税源基础。特别是与税收关联度较高的经济指标增长较快，2010年规模以上工业增加值增长15.7%、全社会固定资产投资增长23.8%、社会消费品零售总额增长18.4%、进出口总额增长34.7%。二是价格水平上涨。2010年居民消费价格指数和工业品出厂价格指数分别上涨3.3%和5.5%，带动以现价计算的相关税收增长。三是全年汽车旺销带动车辆购置税、汽车消费税等大幅增长。四是2009年全国财政收入增长11.7%，基数相对较低，相应抬高了2010年收入增幅。从全年走势看，全国财政收入呈前高后低走势：上半年增长27.6%，下半年增长15%。其中，中央本级收入上半年增长28.6%，下半年增长8.2%。全年财政收入与2008年相比增长35.5%(其中中央本级收入增长30%)，折算到两年中年均增长16.4%(其中中央本级收入年均增长14%)。

各项收入中，增长较快、比预算超收较多的主要是进口货物增值税消费税、关税、国内消费税、车辆购置税等。与年初全国人大批准的预算相比，中央财政收入超过预算数4410亿元，主要是年初收入预算安排是根据相关经济预期指标测算的，执行中一些指标超过预期较多，相应地收入超过预算。主要体现在：一是进口货物增值税消费税和关税超收2865亿元，主要是2010年外贸进出口总额增长34.7%(其中进口增长38.7%)，远超年初8%的增长预期。二是国内消费税和车辆购置税超收1285亿元，主要是2010年汽车销售量增长32.4%超过年初预计较多等因素的影响。这两方面的超收数合计占超收额的94.1%。其他各项收入略有超收。根据有关法律法规规定，中央财政超收收入除按法定增长要求增加教育、科学等支出，按现行财政体制增加对地方税收返还和转移支付以及适当用于削减中央财政赤字等外，其余部分都转入中央预算稳定调节基金，以后年度经全国人大批准后再安排使用。

据介绍，全国财政支出情况如下：

12月份，全国财政支出17982亿元，比上年同月减少2081亿元，下降10.4%。其中，中央本级支出1706亿元，下降49%；地方本级支出16276亿元，下降2.6%。主要是狠抓预算执行工作，提高了预算支出的均衡性和效率，相应地12月份财政支出同比减少。

1—12月累计，全国财政支出89575亿元，比上年增加13275亿元，增长17.4%。分中央地方看，中央财政支出48323亿元，其中，中央本级支出15973亿元，比上年增加717亿元，增长4.7%；对地方税收返还和转移支付32350亿元，比上年增加3786亿元，增长13.3%。地方财政用地方本级收入以及中央税收返还和转移支付资金安排的地方本级支出73602亿元，比上年增加12558亿元，增长20.6%。

2010年，全国财政支出结构得到进一步优化，重点支持了教育、医疗卫生、社会保障和就业、住房保障、文化等民生方面的支出，加大了对“三农”的投入力度。主要支出项目情况如下：教育支出12450亿元，比上年增加2012亿元，增长19.3%；医疗卫生支出4745亿元，比上年增加751亿元，增长18.8%；社会保障和就业支出9081亿元，比上年增加1475亿元，增长19.4%；住房保障支出2358亿元，比上年增加553亿元，增长30.7%；农林水事务支出8052亿元，比上年增加1331亿元，增长19.8%；交通运输支出5488亿元，比上年增加840亿元，增长18.1%；环境保护支出2426亿元，比上年增加492亿元，增长25.4%；城乡社区事务支出5980亿元，比上年增加1046亿元，增长21.2%；资源勘探电力信息等事务支出3497亿元，比上年增加617亿元，增长21.4%；公共安全支出5486亿元，比上年增加742亿元，增长15.6%；科学技术支出3227亿元，比上年增加482亿元，增长17.6%；一般公共服务支出9353亿元，比上年增加1191亿元，增长14.6%；国债付息支出1845亿元，比上年增加354亿元，增长23.7%。

财政部表示，2011年1月份财政收支整理期结束后，上述2010年财政收入、支出数还会有一些变化。

2010年1–12月全国吸收外商直接投资情况

据外资快报统计，2010年1–12月，全国新批设立外商投资企业27406家，同比增长16.94%；实际使用外资金额1057.35亿美元，同比增长17.44%。

12月当月，全国新批设立外商投资企业3104家，同比增长9.49%；实际使用外资金额140.28亿美元，同比增长15.57%。

1–12月，亚洲十国/地区（香港、澳门、台湾省、日本、菲律宾、泰国、马来西亚、新加坡、印尼、韩国）对华投资新设立企业22058家，同比增长20.4%，实际投入外资金额881.79亿美元，同比增长20.55%。美国对华投资新设立企业1576家，同比下降0.76%，实际投入外资金额40.52亿美元，同比增长13.31%。欧盟二十七国对华投资新设立企业1688家，同比增长6.97%；实际投入外资金额65.89亿美元，同比增长10.71%。

1–12月，对华投资前十位国家/地区（以实际投入外资金额计）依次为：香港（674.74亿美元）、台湾省（67.01亿美元）、新加坡（56.57亿美元）、日本（42.42亿美元）、美国（40.52亿美元）、韩国（26.93亿美元）、英国（16.42亿美元）、法国（12.39亿美元）、荷兰（9.52亿美元）和德国（9.33亿美元），前十位国家/地区实际投入外资金额占全国实际使用外资金额的 90.1%。

说明：上述国家/地区对华投资数据包括这些国家/地区通过维尔京、开曼群岛、萨摩亚、毛里求斯和巴巴多斯等自由港对华进行的投资。

根据《公报》，2010年中国对外直接投资主要呈现以下特点：

第一，投资流量再创新高，跃居全球第五。2010年，中国对外直接投资净额（流量）为688.1亿美元，同比增长21.7%，连续九年保持增长势头，年均增速为49.9%。其中，非金融类601.8亿美元，同比增长25.9%；金融类86.3亿美元。根据联合国贸发会议《2011年世界投资报告》，2010年中国对外直接投资占全球当年流量的5.2%，位居全球第五，首次超过日本（562.6亿美元）、英国（110.2亿美元）等传统对外投资大国。

第二，投资存量突破3000亿美元，对大洋洲、欧洲存量增幅最大。截至2010年底，中国对外直接投资累计净额（下称存量）达3172.1亿美元，位居全球第17位。亚洲、拉丁美洲是存量最为集中的地区，分别为2281.4亿美元（占总存量的71.9%）和438.8亿美元（占13.8%），大洋洲、欧洲是存量增幅最大的地区，其中，在大洋洲的直接投资存量为86.1亿美元，是2005年末的13.2倍。对发达国家(地区)的投资存量占中国对外投资存量总额的 9.4%,较上年增加2个百分点。国有企业对外投资存量所占比重下降3个百分点，降至66.2%。

第三，投资覆盖率进一步扩大，行业多元而聚集度较高。至2010年末，中国在全球178个国家（地区）共有1.6万家境外企业，投资覆盖率达到72.7%，其中对亚洲、非洲地区投资覆盖率分别达90%和85%。中国对外直接投资覆盖了国民经济所有行业类别。绝大部分投资流向商务服务、金融、批发和零售、采矿、交通运输和制造六大行业，上述行业累计投资存量2801.6亿美元，占中国对外直接投资存量总额的88.3%。

第四，并购比重超四成，再投资比重上升。2010年，中国企业以并购方式实现的直接投资297亿美元，同比增长54.7%，占流量总额的43.2%。并购领域涉及采矿、制造、电力生产和供应、专业技术服务和金融等行业。中国境外直接投资的当期利润再投资240亿美元，较上年增长48.9%，所占流量比重由上年的28.5%上升到34.9%。

第五，对主要经济体的投资增幅较大，对欧投资流量翻番。2010年，中国对欧盟直接投资为59.63亿美元，同比增长101%；对东盟44.05亿美元，同比增长63.2%；对美国13.08亿美元，同比增长44%；对俄罗斯5.68亿美元，同比增长63%；对日本3.38亿美元，同比增长302%。

第六，地方对外投资持续活跃，西部地区增幅最大。2010年，地方非金融类对外直接投资流量达到177.5亿美元，同比增长84.8%，为2005年的8.6倍，创下连续8年保持快速增长的记录。浙江、辽宁、山东名列地方非金融类对外直接投资流量前三位。2010年，西部地区非金融类对外直接投资23.8亿美元，增幅高达107.1%，中部地区14.6亿美元，同比下降7.6%，其他地区139.1亿美元，同比增长102.4%。

2010年全国固定资产投资和工业投资情况

2010年，全社会固定资产投资278140亿元，同比增长23.8%，比上年回落6.2个百分点；其中城镇固定资产投资完成241415亿元，同比增长24.5%，比上年回落5.9个百分点。城镇固定资产投资中，第一产业投资3966亿元，增长18.2%；第二产业投资101048亿元，增长23.2%；第三产业投资136401亿元，增长25.6%。12月份，城镇固定资产投资同比增长21.8%，比上月回落7.3个百分点。

工业投资保持平稳较快增长。在城镇固定资产投资中，全年工业完成投资额98716亿元，同比增长22.8%，比上年回落3.4个百分点，工业占城镇固定资产投资比重为40.9%；其中制造业投资74528亿元，增长27%，比上年加快0.2个百分点。12月份，工业投资增长23.4%，比上月回落3.4个百分点。

高耗能行业投资增速回落。全年六大高耗能完成投资34754亿元，同比增长14.8%(12月份增长15%)，同比回落7个百分点。其中，非金属矿物制品业、化学原料及化学制品制造业投资分别增长28%和14.8%，比上年回落15.5个和12.1个百分点；石油加工炼焦及核燃料加工业、有色金属冶炼及压延加工业投资分别增长12.9%和35.8%，比上年加快12.5个和19个百分点；黑色金属冶炼及压延加工业投资由上年下降1.3%转为增长6.1%；电力、热力的生产与供应业增长6.6%，比上年回落16.2个百分点。

装备制造业投资增长较快。全年专用设备、通用设备制造业投资分别增长35.1%和 22.4%，同比回落2.2个和15.2个百分点；电气机械及器材制造业投资增长40.4%，同比回落10.8个百分点；交通运输设备制造业投资增长31.7%，同比加快0.4个百分点。

轻工业投资增速回落，纺织行业投资增速加快。轻工行业投资增幅回落，其中农副食品加工和食品制造业分别增长28.1%和28.8%，比上年回落10.1个和3.6个百分点；纺织行业投资增速加快，其中纺织业增长26.4%，比上年加快11.6个百分点，纺织服装、鞋、帽制造业增长34.4%，比上年加快17.4个百分点；化学纤维制造业由上年下降6.4%转为增长42.2%；烟草行业投资216亿元，由上年同比增长63.7%转为下降0.4%。

电子制造业投资保持快速增长。全年通信设备计算机及其他电子设备制造业投资同比增长48.2%，比上年加快41.5个百分点，

房地产开发投资保持较高增速。全年完成房地产开发投资48267亿元，同比增长33.2%，比上年加快17.1个百分点。12月份仅增长12.4%。

注：文中数据来自国家统计局，或根据其数据测算。

2010年全国进出口情况

2010年，全国进出口总额29728亿美元，同比增长34.7%。其中，出口15779亿美元，增长31.3%；进口13948亿美元，增长38.7%；贸易顺差1831亿美元，同比下降6.4%。

12月份当月进、出口额创历史新高。12月份，进出口总额2952亿美元，同比增长21.4%(比上月减缓14.8个百分点)，环比增长4%；其中出口1542亿美元，同比增长17.9%(比上月减缓17个百分点)，环比增长0.5%；进口1411亿美元，同比增长25.6%(比上月减缓12.1个百分点)，环比增长8%；贸易顺差131亿美元，比上月减少98亿美元。

钢铁出口量前高后低，取消出口退税率效果明显。2010年上半年钢材出口量稳步回升，6月份出口达到562万吨，之后受出口政策调整影响，出口明显下降，8月份跌至280万吨，9－12月份出口量保持在280－300万吨低位。2010年，出口钢材4256万吨，同比增长73%，其中1－7月同比增长1.52倍，8－12月出口增速回落至7.4%；进口钢材1643万吨，下降6.8%，进口钢坯64万吨，下降86.1%。全年钢材、钢坯折合粗钢净出口2730万吨(2009年为净出口286万吨)。

主要大宗原材料进口量涨跌互现，进口价格大幅上涨。2010年，进口原油2.39亿吨，同比增长17.5%，进口平均价格为565美元/吨，同比上涨28.9%；进口铁矿砂6.2亿吨，同比下降1.4%，进口平均价格为128美元/吨，上涨60.6%，由于进口铁矿砂涨价，我国钢铁行业为此多支出近300亿美元；进口天然橡胶186万吨，同比增长8.8%，进口平均价格为3047美元/吨，上涨85.2%。

铜进口量先升后震荡保持高位，铝进口量保持低位。2010年，进口未锻造铜及铜材429万吨，进口量与去年同期持平，进口额为327亿美元，同比增长44.4%，进口平均价格为7626美元/吨，上涨44.4%；进口未锻造铝及铝材95.5万吨，同比下降58.8%，进口额为39.3亿美元，同比下降26.5%，进口平均价格为4109美元/吨，上涨78.4%；进口氧化铝431万吨，同比下降16.1%，进口额为15亿美元，增长14.9%，进口平均价格为348美元/吨，上涨37.1%。

轻纺产品出口增势良好，出口额超2008年水平。2010年，主要轻纺产品出口同比增速均在20%以上。纺织品、服装、鞋类出口额分别为771亿美元、1295亿美元和356亿美元(2008年同期分别为654亿美元、1198亿美元和297亿美元)，同比分别增长28.4%、20.9%和27.1%；箱包出口额为180亿美元(2008年同期为139亿美元)，增长40.8%；塑料制品、灯具、玩具、家具分别增长29.5%、33.7%、29.4%和30.3%。

机电产品、高新技术产品出口形势较好。2010年，机电产品、高新技术产品出口额分别为9334亿美元和4924亿美元，同比分别增长30.9%和30.7%，分别占全年出口总值的59.2%和31.2%；手机、彩电、计算机出口额分别增长23.2%、38.1%和34%。

与东盟等新兴市场双边贸易快速增长。2010年，中欧双边贸易总值4797亿美元，增长31.8%；中美双边贸易总值为3853亿美元，增长29.2%；中日双边贸易总值为2978亿美元，增长30.2%。与东盟、印度、澳大利亚、巴西、俄罗斯等新兴市场双边贸易快速增长，进出口额分别增长37.5%、42.4%、46.5%、47.5%和43.1%。

注：文中数据来源于海关总署或据此测算。

2010年我国黄金业发展情况

2010年我国黄金年产量突破340吨，标志着我国已连续四年成为世界第一产金大国。2007年，我国黄金产量首次超过南非。此前自1905年以来，南非一直保持着世界产金第一大国地位。黄金是重要的全球性战略资源。我国黄金生产能力的提高，增强国家对抗金融风险的能力，对维护国家经济安全、金融安全具有重要意义。

我国黄金产量排名前五位的省份依次为山东、河南、江西、云南、福建，五省产量占全国总产量的59.82%。国内排名前10位的中国大型黄金企业生产黄金167.686吨，占全国总产量的49.19%。中国黄金生产企业从2002年的1200多家已下降到目前的700多家，黄金行业"小而散"的局面正在得到改变，大型黄金企业主导黄金工业发展的格局初步形成。

1049年时，我国黄金产量仅为4.07吨，到1975年也仅为13,8吨，国内黄金总存量很少。上个世纪70年代开始，为解决外汇极度紧缺的困难，国家对黄金生产采取一系列扶持政策，加大了对黄金行业的投入，改善技术装备，逐步摆脱了人拉肩扛的落后生产方式，黄金工业进入发展快车道。1995年我国黄金产量突破100吨，2003年达到200吨，2009年起超过300吨。目前，全国产金县（市）达500多个，黄金工业在100多个县（市）中成为支柱产业和重要的财政收入来源。

由于全球金融危机导致各类资产出现大幅波动，黄金对抗通货膨胀和金融风险功能日益显现，官方和民间对持有实物黄金的兴趣持续增强，在国际金融体系和货币体系改革中加入黄金因素的呼声日渐高涨。2010年全年平均金价为1224.53美元／盎司，比上年增长25.6%。我国黄金制品市场需求活跃，2010年首饰、工业、投资用金超过510吨。上海黄金交易所各类黄金产品共成交6046.064吨，同比增长28.48%；成交额共16143.262亿元，同比增长57.07%。

2010年工业经济运行情况

2010年，全国规模以上工业注增加值同比增长15.7%，增速比上年加快4.7个百分点；其中，一季度增长19.6%，二季度增长15.9%，三季度增长13.5%，四季度增长13.3%，呈现"前高后稳"的走势。考虑基期因素影响，以2008年为基期，近两年(2009—2010年)平均增速为13.3%，快于2008年0.4个百分点。12月份，规模以上工业增加值同比增长13.5%，比上月加快0.2个百分点。

轻工业运行平稳，重工业增速前高后低。轻工业增长13.6%，同比加快3.9个百分点；受节能减排等宏观调控政策影响，重工业增速从二季度开始放缓，全年增长16.5%，同比加快5个百分点，轻、重工业增速差由上半年的5.8个百分点缩小到2.9个百分点。进入下半年，轻、重工业各月增速基本稳定在一个相对较小的区间内波动，其幅度不超过1个百分点。12月份，轻、重工业分别增长13%和13.7%，比上月加快0.3个和0.1个百分点。

高耗能行业产能过快增长势头得到遏制。国务院召开节能减排工作会议后，各部门、各地区加大了节能减排工作力度，2010年六大高耗能行业增加值同比增长13.5%，比上半年和前三季度分别回落3.7个和1.3个百分点，其中9－12月份当月增速均低于10%。其中，黑色金属冶炼及压延加工业、有色金属冶炼及压延加工业分别增长11.6%和13.2%，比前三季度回落2.1个和2.2个百分点；电力热力的生产和供应业增长11%，回落1.8个百分点；化学原料及化学制品制造业、石油加工炼焦及核燃料加工业分别增长15.5%和9.6%，回落1个和0.4个百分点；非金属矿物制品业增长20.3%，与前三季度持平。12月份，六大高耗能行业增加值同比增长9.8%。

工业产品出口增速前高后稳，12月份出口交货值创年内新高。全年规模以上工业完成出口交货值9.1万亿元，同比增长25.4%，与2008年相比增长12.7%。其中12月份出口交货值8663亿元，创历史最高水平，同比增长18.3%。另据海关统计，2010年我国外贸出口额15779亿美元，同比增长31.3%，比2008年增长10.5%；其中12月份增长17.9%。

工业投资保持平稳较快增长。在城镇固定资产投资中，全年工业完成投资额98716亿元，同比增长22.8%，比上年回落3.4个百分点，工业占城镇固定资产投资比重为40.9%；其中制造业投资74528亿元，增长27%，比上年加快0.2个百分点。12月份，工业投资增长23.4%，比上月回落3.4个百分点。

高耗能行业投资增速明显回落。全年六大高耗能完成投资34754亿元，比上年增长14.8%(12月份增长15%)，增速同比回落7个百分点。其中，非金属矿物制品业、化学原料及化学制品制造业投资分别增长28%和14.8%，同比回落15.5个和12.1个百分点；石油加工炼焦及核燃料加工业、有色金属冶炼及压延加工业投资分别增长12.9%和35.8%，同比加快12.5个和19个百分点；黑色金属冶炼及压延加工业投资由上年下降1.3%转为增长6.1%；电力、热力的生产与供应业增长6.6%，同比回落16.2个百分点。

能源原材料价格涨幅快于工业品出厂价格。工业品出厂价格累计同比上涨5.5%，其中12月份同比上涨5.9%，比上月回落0.2个百分点，环比上涨0.7%。原材料、燃料、动力购进价格累计同比上涨9.6%，高出工业品出厂价格涨幅4.1个百分点，其中12月份上涨9.5%；燃料动力购进价格上涨16.3%。

产销衔接良好。工业产品销售率97.9%，比上年提高0.2个百分点；12月份，全国产销率98.9%，比上月提高1.4个百分点。

企业效益状况明显改观。1－11月，规模以上工业企业实现利润38828亿元，同比增长49.4%(去年同期增长7.8%)。企业亏损面12.9%，比上年收窄4.5个百分点；亏损企业亏损额2457亿元，同比减亏799亿元，同比下降24.5%(上年同期下降33.5%)。11月末，产成品资金占用2.44万亿元，同比增长11.2%，比上年上升11个百分点；应收帐款6.46万亿元，增长22.4%，上升8.4个百分点。

企业从业人员稳步增长。1－11月，规模以上工业企业全部从业人员平均人数9063万人，同比增加658万人，增长7.8%，增速同比加快7.2个百分点。

东中西部地区协调发展。全年东、中部地区工业增加值分别增长14.9%和18.4%，增速比上年加快5.2个和6.3个百分点；西部地区增长15.5%，增速与上年持平。分省市看，全年31个省份均达到两位数增长，其中11个省份增速超过20%。主要工业大省中，江苏、山东、广东、浙江、河南、辽宁分别增长16%、15%、16.8%、16.2%、19%和17.8%。前11个月，东、中、西部地区规模以上工业分别实现利润24360亿元、8467亿元和6001亿元，同比分别增长45.3%、52.7%和62.7%(东部地区去年同期增长16.7%，中、西部地区分别下降6.1%和3.9%)。东部地区工业转型和中西部地区承接产业转移步伐进一步加快。

中小企业经营状况进一步改善。全年全国规模以上中小型工业企业增加值同比增长17.5%，增速比全部规模以上工业平均水平快1.8个百分点；1－11月，实现利润25944亿元，同比增长50.5%；上缴税金总额14708亿元，同比增长28.3%；实现利润和上缴税金分别占规模以上工业的66.8%和54.3%；从业人数7056万人，增加561万人，增长8.6%。（注：从2007年开始，规模以上工业企业划分标准改为：年主营业务收入500万元及以上的全部工业企业。）

2010年工业经济运行情况之一：原材料工业

全年规模以上原材料工业增加值同比增长12.9%，增速仅比上年加快0.9个百分点，比上半年和前三季度分别减缓3.2个和0.9个百分点，比同期规模以上工业低2.8个百分点。12月份原材料工业增长11.1%。

冶金：全年冶金行业增加值比上年增长13.4%，同比加快1.5个百分点。全年粗钢产量6.3亿吨，同比增长9.3%，日均产量173万吨。钢材产量8亿吨，同比增长14.7%。1－11月，冶金行业实现利润2356亿元，同比增长63.1%(去年同期为下降40.8%)，销售利润率仅为3.68%，低于全国工业行业平均利润率2.5个百分点。

钢铁出口量前高后低，取消出口退税率效果明显。2010年上半年钢材出口量稳步回升，6月份出口达到562万吨，之后受出口政策调整影响，出口明显下降，8月份跌至280万吨，9—12月份出口量保持在280—300万吨。全年出口钢材4256万吨，同比增长73%，其中1—7月同比增长1.52倍，8—12月出口增速回落至7.4%；进口钢材1643万吨，下降6.8%，进口钢坯64万吨，下降86.1%。全年钢材、钢坯折合粗钢净出口2730万吨(2009年净出口286万吨)。

进口铁矿石量减价升。全年进口铁矿砂6.2亿吨，比上年下降1.4%；进口额为794亿美元，比2009年增加293亿美元，增长58.4%；进口平均价格为128美元/吨，同比上涨60.6%，仅进口铁矿砂涨价，我国钢铁行业为此多支出近300亿美元。2010年青岛港印度矿粉(成份63.5%)价格基本在1000—1300元/吨之间波动。矿粉价格自2月下旬开始快速上涨，4月份达到1335元/吨的年内高点后快速下跌，7月初跌至985元/吨后再度回升，8月中旬回升至1170元/吨之后持续波动，四季度稳中有升，12月31日为1275元/吨，比上年末提高385元。

钢材价格上半年先升后降，下半年震荡上行。国内市场钢材综合价格指数由年初的107.23上升到4月中旬的126.4高点之后冲高回落，于7月中旬跌至110.61的年内低点后见底回升，于12月末达到128.29的年内又一次高点，比2009年末提高21.06点。据钢铁工业协会统计，12月末6.5mm普线、16mm螺纹钢、10mm中厚板每吨价格分别为4674元、4680元和4881元，比上月末上涨114元、128元和204元，比年初上涨843元、835元和753元(上涨幅度为22%、21.7%和18.2%)；0.5mm热轧薄板和0.5mm冷轧薄板每吨价格分别为5084元和5803元，比年初上涨753元和95元，上涨幅度为17.4%和1.7%。

钢材库存小幅增加。2010年末，全国26个主要钢材市场五种钢材社会库存量1324万吨，同比增加90.6万吨，增长7.4%，其中线材、冷轧、热轧、中板库存分别为117万吨、147万吨、482万吨和137万吨，比上年末分别上升7.7%、18.7%、13.9%和11.1%；螺纹钢库存441万吨，下降3%。

有色：上半年有色行业生产稳步增长，下半年小幅回调。全年有色行业增加值比上年增长12.7%，增速同比回落1.4个百分点。十种有色金属产量3153万吨，同比增长17.3%；电解铝、电解铜产量分别达到1565万吨和479万吨，同比增长19.9%和12.2%。1—11月，有色金属行业实现利润1435亿元，增长80.3%(去年同期为下降20.4%)。

铜进口量先升后震荡保持高位，铝进口量保持低位。据海关快报统计，全年进口未锻造铜及铜材429万吨，进口量与去年同期持平，进口额为327亿美元，同比增长44.4%，进口平均价格为7626美元/吨，上涨44.4%；进口未锻造铝及铝材95.5万吨，同比下降58.8%，进口额为39.3亿美元，同比下降26.5%，进口平均价格为4109美元/吨，上涨78.4%；进口氧化铝431万吨，同比下降16.1%，进口额为15亿美元，增长14.9%，进口平均价格为348美元/吨，上涨37.1%。

有色金属价格先降后升高位运行。国内市场铜现货月度平均价格上半年震荡下行，于6月份跌至52732元/吨的年内低点后稳步回升，12月份达到66657元/吨，创年内新高，同比上涨19.7%；铝现货月度平均价格在1月份达到16953元/吨的年内高点后逐步回落，6月份跌至14429元/吨的年内最低点，之后价格持续回升，12月份为16119元/吨，同比上涨1.8%。期货方面，12月31日，铜三个月期货价格收于72380元/吨，创年内新高，比上年末提高12360元；铝、锌三个月期货价格分别收于17010元/吨和19695元/吨，比上年末降低380元和1680元。

建材：建材行业增加值比上年增长20%，同比加快4.9个百分点。据建材联合会统计，全年生产水泥187672万吨，增长14%；生产平板玻璃66261万重量箱，增长15.6%。1—11月，建材行业实现利润2005亿元，增长49.3%，增幅同比提高16.7个百分点。

水泥、平板玻璃价格先降后升，12月份价格均创年内新高。据建材联合会统计，全年重点建材企业水泥平均出厂价312元/吨，比上年上涨7.6%；平板玻璃平均出厂价79.6元/重量箱，比上年上涨18.2%。12月份，水泥平均出厂价为366元/吨，同比上涨25.7%；平板玻璃出厂价为84元/重量箱，同比上涨4.8%。12月末，重点建材企业水泥库存1412万吨，同比增长10.7%；平板玻璃库存1989万重量箱，增长44.3%。

化工：全年化工行业增加值比上年增长15.8%，同比回落0.1个百分点。烧碱产量2087万吨，纯碱产量2029万吨，同比分别增长12.8%和4.2%；乙烯产量1419万吨，增长31.7%；化肥产量6620万吨，农药产量234万吨，分别增长2.5%和20.4%。1—11月，化工行业实现利润2724亿元，同比增长58.8%，增幅同比提高45.1个百分点。

主要化工产品市场价格总体涨势强劲，天然橡胶价格屡创新高。据石油化工联合会统计，硫酸年均价为447元/吨，同比上涨42.9%，其中12月份，硫酸价格为660元/吨，比年初上涨280元；天然橡胶年均价为26303元/吨，同比上涨55.5%，5、6月份国家抛售储备橡胶，价格略有平抑，下半年价格大幅上扬，11月份价格突破3.4万元/吨关口，12月份天然橡胶(SCR10)价格为32000元/吨，比上月下降2750元。12月份，尿素价格为1960元/吨，比上月下降30元，比年初上涨160元。

2010年工业经济运行情况之二：装备工业

总体运行态势是：在投资拉动和政策推动下，生产保持高速增长，其中汽车消费拉动作用明显，效益状况好于整体工业。全年规模以上装备工业增加值比上年增长21.1%，同比加快7.3个百分点；以2008年同期为基期，装备工业近两年平均增速为17.4%，比2008年增速高0.3个百分点。其中，通用、专用设备同比分别增长21.7%和20.6%，仪器仪表及文化办公设备和电气机械及器材制造业分别增长19.6%和18.7%，交通运输设备制造业增长22.4%。1-11月，机械行业实现利润9186亿元，同比增长50.6%，增幅同比提高26.9个百分点，高于全部工业水平1.2个百分点；其中，汽车工业实现利润3198亿元，增长69.1%，同比加快16.3个百分点，高于全国工业水平19.7个百分点。

出口形势逐步恢复。全年装备工业实现出口交货值15693亿元，受去年基数较低影响，增速由上年下降13.2%转为增长29.4%，比2008年增长12.4%，其中12月份增长26%。另据海关统计，2010年，机电产品出口9334亿美元，同比增长30.9%。

多数投资类产品生产高速增长。全年挖掘机、压实机械产量同比分别增长68.8%和36%，同比加快54.7个和14.2个百分点；装载机产量由上年下降10.1%转为增长45.1%；水泥、炼油及化工专用设备产量分别增长40.7%和30.4%，同比加快16.2个和6.2个百分点；金属成形机床增长17.2%，同比加快11.3个百点；金属切削机床由上年下降13.6%转为增长32.7%。

汽车产销双双超过1800万辆。据中国汽车工业协会统计，2010年，汽车产销分别达到1826万辆和1806万辆，同比均增长32.4%；产销再创新高，刷新全球历史纪录。小排量乘用车继续保持较快增长。全年乘用车产销分别为1390万辆和1376万辆，同比分别增长33.8%和33.2%。1.6升及以下排量乘用车受政策影响最为明显。2010年1.6升及以下乘用车销量为946万辆，同比增长31.8%，占乘用车总销量的比重为68.8%，比2009年下降0.9个百分点。随着消费者对购置税优惠政策退出的预期，四季度销售火爆，其中11月份、12月份市场份额均超过70%。自主品牌市场份额有所提升。2010年，自主品牌乘用车销售627万辆，同比增长37.1%，高于全行业增速4.7个百分点，占乘用车销售总量的45.6%，比上年提高1.3个百分点；自主品牌轿车销售293万辆，同比增长32.3%，占轿车销售总量的30.9%，比上年提高1.2个百分点。

另据商务部统计，全年全国共办理以旧换新补贴车辆45.9万辆，发放补贴资金64.1亿元，拉动新车消费496亿元，日均补贴车辆数约为2009年日均补贴车辆的12倍。

船舶生产实现较快增长。全年造船完工量达到6560万载重吨，同比增长54.6%，其中出口船舶占80.8%；新承接船舶订单量7523万载重吨，是上年新接订单量的2.9倍，其中出口船舶占75.8%；截至12月底，手持船舶订单量19590万载重吨，比2009年底增长4.1%，其中出口船舶占84.6%。我国造船完工量、新接订单量、手持订单量分别占世界市场份额的43.6%、54.8%和41.2%。

受农机购置补贴政策带动，大型农业机械产量快速提升。全年大型拖拉机产量同比增长77.7%；中、小型分别增长4.6%和19.1%；农作物收获机械产量80.2万台，同比增长9.5%；场上作业机械产量增长31.3%。截止10月31日，中央财政155亿元农机购置补贴已全部落实到位，共补贴各类农机具约525万台(套)，受益农户近400万户。

2010年1—11月工业经济运行情况之三：消费品工业

总体运行态势是：在国内消费支撑下，消费品工业总体运行态势平稳。全年消费品工业增加值比上年增长15.3%，同比加快4.5个百分点，比2008年增长27.8%，其中12月份增长14.5%，比上月加快0.2个百分点。

轻工：全年轻工行业增加值比上年增长16.7%，同比加快5.5个百分点；出口交货值同比增长24.4%，比2008年增长17.7%。1-11月，轻工行业实现利润6613亿元，增长36.4%，同比加快12.6个百分点。

食品生产保持较快增长。全年农副食品加工、食品制造和饮料制造行业增加值同比分别增长15%、15.2%和

14.6%；主要产品中，小麦粉增长16.2%；饮料酒和软饮料分别增长9.5%和18.3%，肉类和乳制品分别增长24.7%和11.2%。

大宗农副产品产量下降，价格先降后升高位运行。全年成品糖产量1105万吨，同比下降15.9%。食糖价格上半年先升后降，6月份以后，主产区受干旱灾害影响，产量下降，价格持续上涨，10月份食糖价格涨至年内高点，10月末产、销区价格分别达到7250元/吨和7600元/吨，高于上年最高价格2150元/吨和2700元/吨，11、12月份略有回落，12月31日产、销区价格分别达到7000元/吨和7300元/吨，同比上涨37.3%和49%。

家电产品产销两旺。重点监测的12种家用电器产品中，全年有5种产品增速超过20%，其中家用电冰箱、洗衣机、电热水器产量分别为7546万台、6208万台和1892万台，同比分别增长26.9%、27.1%和28.8%。据商务部统计，全年全国家电下乡产品累计销售7718万台，实现销售额1732亿元，同比分别增长1.3倍和1.7倍。

造纸生产保持稳步增长，纸浆进口价格大幅上涨。全年机制纸及纸板产量1亿吨，同比增长11.4%；全年纸浆进口均价为776美元/吨，同比增长55%。

纺织：全年纺织行业增加值比上年增长12.7%，出口交货值同比增长16.6%。全年纱产量2717万吨，增长13.7%；布产量656亿米，增长19.5%；服装产量285亿件，增长18.6%；化纤产量3090万吨，增长15.6%。1-11月，纺织行业实现利润2004亿元，同比增长53.4%，增幅同比提高28.1个百分点；其中纺织业实现利润1187亿元，增长52.6%，服装及其制造业实现利润558亿元，增长35.8%。

国内棉花持续上涨高位运行。国内棉花价格指数(328级)价格上半年持续上涨，下半年高位震荡，12月份达到27508元/吨，创年内新高，比上年末上涨12635元/吨，涨幅为85%。12月份，钱清市场纯棉纱价格为34800元/吨，比上年末上涨14000元/吨，涨幅为67.3%；聚脂切片、涤纶短纤、涤纶长丝价格分别为11750元/吨、12600元/吨和14350元/吨，同比分别上涨27%、31.3%和23.2%。

医药：全年医药行业增加值比上年增长14.9%，增速与上年持平。生产化学药品原药222万吨，同比增长13.9%；中成药200万吨，增长21.6%。1-11月，医药行业实现利润1156亿元，同比增长28.8%，增幅同比提高2.9个百分点。

烟草：全年烟草行业增加值比上年增长11.9%。生产卷烟23753亿支，同比增长3.7%。1-11月，烟草行业实现利润659亿元，增长6.3%(去年同期下降8.1%)。

2010年工业经济运行情况之四：电子制造业

总体运行态势是：出口形势好转，电子工业生产加快恢复。全年电子制造业增加值比上年增长16.9%，增速同比加快11.6个百分点。主要产品中，微型计算机设备产量2.5亿台，增长25.6%，其中笔记本计算机增长19.4%；手机10亿台，增长35%；彩电产量1.2亿台，增长12.9%，其中液晶电视机产量9031万台，增长24.5%；集成电路653亿块，增长30.7%。1-11月，电子行业实现利润1938亿元，增长52%(去年同期下降5.5%)。

出口交货值呈现恢复性加快增长。受上年基数较低影响，全年规模以上电子制造业出口交货值增速由上年下降5.5%转为增长25.2%，比2008年同期增长18.2%。主要产品中，集成电路出口同比增长46.9%，彩色电视增长21.4%，自动数据处理设备同比增长27.4%。12月份，电子制造业出口交货值增长14.9%，比上月回落2个百分点。

2010年工业经济运行情况之五：能源保障

煤炭：煤炭价格基本平稳。据煤炭行业协会统计，秦皇岛港山西优混煤价格1月中旬达到805元/吨的高位之后开始下跌，3月中旬跌至675元/吨后回升，7月份再次下行，9月后开始快速上涨，11月下旬回升至815元/吨的年内高点，12月份有所回落，12月27日为785元/吨，与上年末持平。全年平均价在745元/吨左右，比上年提高145元。截至2011年1月4日，秦皇岛港5500大卡山西优混煤价格为775-785元/吨，比上年同期上涨5元/吨。12月末，统调电厂存煤5607万吨，可用 15天。前11个月，煤炭行业实现利润2930亿元，同比增长61.1%(去年同期下降9.4%)。

煤炭进口增加，出口减少。全年出口煤炭1903万吨，同比下降15%；进口煤炭1.65亿吨，同比增长30.9%；全年净进口煤炭1.46亿吨；进口年均价为103美元/吨，同比上涨22.3%。

电力：全年规模以上工业企业发电量4.14万亿千瓦时，比上年增长13.3%，增速同比加快6.3个百分点；其中火电增长11.7%，同比加快4.5个百分点；水电增长18.4%，同比加快14.1个百分点。前11个月，电力行业实现利润1419亿元，同比增加590亿元，增长71.2%(去年同期同比增长2.3倍)。

石油：石油供应基本平稳。全年原油产量2亿吨，比上年增长6.9%；据海关统计，进口原油2.39亿吨，同比增长17.5%，进口平均价格为565美元/吨，同比上涨28.9%。原油加工量4.2亿吨，增长13.4%；其中汽油产量增长5.1%，同比回落8个百分点；柴油产量增长12%，同比加快6个百分点。受国际油价变化影响，国家发展改革委2010年共4次调整国内成品油价格，三升一降，汽、柴油每吨分别累积上调了630元和620元。

国际油价上半年先升后降，下半年逐步回升，12月份突破90美元/桶大关。2010年以来国际油价呈现持续震荡态势，布伦特原油三个月期货在70—90美元/桶之间波动，进入12月份再度上行并突破90美元，12月31日收于94.7美元/桶的年内新高，比上年末提高15.3美元。12月份，布伦特原油现货月度平均价为91.36美元/桶(比上月上涨6.1美元/桶)，比年初上涨15.2美元/桶。

(有关统计数据除有注明外，进出口数据为海关统计数据，其余均为国家统计局数据或根据国家统计局数据测算)

关于2011年深化经济体制改革重点工作的意见

国家发展和改革委员会

国发〔2011〕15号

2011年是“十二五”开局之年，积极适应国内外形势新变化，进一步加大改革攻坚力度，加快破除制约科学发展的体制机制障碍，对顺利启动实施“十二五”规划、促进经济发展方式转变，具有十分重要的意义。现就2011年深化经济体制改革重点工作提出以下意见：

一、指导思想和总体要求

（一）指导思想。高举中国特色社会主义伟大旗帜，以邓小平理论和“三个代表”重要思想为指导，深入贯彻落实科学发展观，全面贯彻党的十七大、十七届三中、四中、五中全会和中央经济工作会议精神，坚持社会主义市场经济改革方向，按照“十二五”规划总体部署，以科学发展为主题，以加快转变经济发展方式为主线，以更大决心和勇气推进重点领域改革，着力解决深层次矛盾和化解潜在风险，促进“十二五”开好局、起好步。

（二）总体要求。要处理好应对当前挑战和建立长效机制的关系，更好发挥改革创新对保持年度经济平稳较快增长和长远经济发展方式转变的促进作用；处理好政府和市场的关系，提高资源配置效率和政府宏观调控水平；处理好发展社会事业和创新社会体制的关系，更加重视从制度上保障和改善民生、促进社会公平正义；处理好改革创新和依法行政的关系，有效运用法制手段规范改革程序、深化改革实践、巩固改革成果；处理好深化改革和保持稳定的关系，统筹各项改革措施出台的时机、力度和节奏。

二、围绕加快转变经济发展方式深化改革

（三）推进资源性产品价格改革。积极推进成品油价格市场化改革。加快输配电价改革，推进竞争性电力市场建设和大用户直接交易试点，完善水电、核电、可再生能源发电价格形成机制，调整销售电价分类结构，择机实施居民用电阶梯电价。建立反映资源稀缺程度和市场供求关系的天然气价格形成机制，进一步理顺天然气与可替代能源的比价关系。（发展改革委牵头）

（四）改革和完善税收制度。在总结试点经验的基

础上，扩大资源税改革实施范围。在部分生产性服务业领域推行增值税改革试点。合理调整消费税范围和税率结构，研究将部分大量消耗资源、严重污染环境的商品纳入消费税征收范围。完善房地产相关税收政策。（财政部、税务总局、住房城乡建设部、法制办负责）

（五）推进电力体制改革。深入推进电网企业主辅、主多分离，稳步开展电力输配分开试点，探索输配分开的有效实现形式。从实际出发，因地制宜，稳步推进农村电力体制改革，制定实施改革指导意见。（发展改革委、电监会、国资委、能源局、财政部、水利部等负责）

（六）完善食品安全监管体制，建立健全地方政府食品安全综合协调机制，加强监管基础能力建设和基层执法队伍建设，加大行政执法和责任追究力度，完善应对食品安全事故的快速反应机制和程序。深化流通体制改革，开展农产品现代流通综合试点，稳步推进肉类、蔬菜流通追溯体系试点。（食品安全办、公安部、农业部、卫生部、质检总局、工商总局、商务部、中央编办等负责）

（七）推进场外交易市场建设，研究建立国际板市场，进一步完善多层次资本市场体系。深入推进跨境贸易人民币结算试点，扩大人民币在跨境贸易和投资中的使用。推进利率市场化改革。加快推出存款保险制度。（证监会、人民银行、银监会等负责）

（八）加快完善境外投资法律法规制度，深化以投资便利化为核心的管理体制改革，完善跨部门协调机制，健全支持“走出去”的相关政策和服务体系。建立健全境外投资风险防控机制，完善风险预警体系和突发事件应急处理机制。（发展改革委、商务部等负责）

三、围绕保障和改善民生深化改革

（九）围绕“保基本、强基层、建机制”，统筹推进医药卫生体制五项重点改革，不断取得新突破。进一步提高基本医疗保障和基本公共卫生服务水平。在政府举办的基层医疗卫生机构全面实施基本药物制度，推进基层医疗卫生机构综合改革。加快推进公立医院改革试点。鼓励和引导社会资本举办医疗机构。（发展改革委、卫生部、财政部、人力资源社会保障部、中央编办负责）

（十）全面落实国家中长期教育改革和发展规划纲要，积极推进国家教育体制改革试点，加快推进义务教育均等化。深化科技管理体制改革，加快科技成果转化，完善科研经费管理和评价奖励制度，促进科技资源高效配置和开放共享。（教育部、科技部等负责）

（十一）深化文化体制改革，全面推进国有文艺院团体制改革和非时政类报刊转企改制，深入推进公益性文化事业单位内部机制改革，创新公共文化服务运行机制。（文化部、广电总局、新闻出版总署负责）

（十二）深化收入分配和社会保障制度改革。提高个人所得税工薪所得费用扣除标准，合理调整税率结构，降低中低收入者税负，加大对高收入的调节。以非公有制企业、中小企业密集的区域和行业为重点，稳步推行工资集体协商制度。开展城镇居民养老保险试点，扩大新型农村社会养老保险试点范围，出台职业年金试行办法。（财政部、税务总局、人力资源社会保障部等负责）

（十三）推进公共服务体制改革。强化政府提供基本公共服务的责任，明确基本公共服务的范围、标准及各级政府的事权和支出责任，建立评价指标体系。改革基本公共服务提供方式，扩大政府购买服务范围，推动提供主体和提供方式多样化。积极推进非基本公共服务市场化改革。（发展改革委、财政部、中央编办等负责）

四、围绕加强政府自身建设深化改革

（十四）深入推进行政审批制度改革，进一步减少审批事项，规范审批程序，健全制约监督机制，促进行政审批规范有序、高效便民、公开透明。建立政府绩效管理制度，加强行政问责制度建设，着力提高政府执行力和公信力。（监察部牵头）

（十五）制定出台分类推进事业单位改革的指导意见及相关配套文件，分类指导、分业推进、分级组织、分步实施。（中央编办、财政部、人力资源社会保障部等负责）

（十六）完善政府预算公开机制，进一步细化公开中央财政总预算和总决算，继续推进中央部门预算和决算公开，加快因公出国（境）、公务用车购置及运行、公务接待等“三公”经费和行政经费支出情况公开，推进中央对地方转移支付资金管理办法公开和地方财政预算、决算公开，保障公民知情权、参与权和监督权。研究推进公务用车制度、机关后勤服务社会化等政府机关事务管理体制改革，提高机关后勤服务运行效率，降低成本。（财政部、发展改革委、国管局、中央编办等负责）

（十七）在有条件的地方开展省直管县（市）改革试点，扩大县级政府经济社会管理权限，进一步理顺省、市、县（市）政府间财政分配关系，积极探索省直接管理县（市）的途径和方式。（中央编办、发展改革委、民政部、财政部负责）

五、围绕完善农村发展体制机制深化改革

（十八）完善土地管理制度。完善农村土地承包关系长久不变的政策和实施办法，赋予农民更加充分而有保障的土地承包经营权。开展耕地保护补偿试点，探索建立激励性补偿机制。以征地制度改革为核心，研究修订土地管理法等相关法律法规。完善城乡平等的要素交换关系，促进土地增值收益主要用于农业农村。（农业部、国土资源部、法制办负责）

（十九）推进国有林场和国有林区改革，研究提出改革指导意见，选择部分基础好、有代表性的地区开展国有林场改革试点。全面深化集体林权制度改革，加快明晰产权、承包到户。推进国有农场改革，分离企业办社会职能。做好新形势下农村改革试验区工作。（发展改革委、林业局、农业部、财政部、人力资源社会保障部负责）

（二十）创新水利发展体制机制。完善水资源管理体制，促进水资源优化配置。加快水利工程建设和管理体制改革，区分水利工程性质，分类推进改革，健全良性运行机制。健全基层水利服务体系。积极推进水价改革，合理制定水资源费征收标准和水利工程供水价格。（水利部、财政部、发展改革委负责）

（二十一）积极稳妥推进户籍管理制度改革，充分考虑当地经济社会发展水平和城市综合承载能力，把有稳定劳动关系并在城镇居住一定年限的农民工及其家属逐步转为城镇居民。切实保护农民承包地、宅基地等合法权益，充分尊重农民在进城和留乡问题上的自主选择权。（公安部、人力资源社会保障部、发展改革委、农业部、国土资源部等负责）

六、积极推进综合配套改革试点

（二十二）围绕贯彻落实科学发展观，突出主题、特色和重点，积极开展各类综合配套改革试点。上海浦东新区、天津滨海新区、深圳经济特区要加快转变经济发展方式，创新开发开放体制，力争率先建成完善的社会主义市场经济体制。认真总结成都市、重庆市统筹城乡综合配套改革试点经验，积极探索解决农业、农村、农民问题新途径。武汉城市圈和长株潭城市群要深入推进“两型”社会建设改革试点，尽快形成经验，为全国提供示范和借鉴。山西省和沈阳经济区要分别围绕资源型经济转型和新型工业化改革主题，针对重点难点问题，大胆探索创新。支持和指导各地区、各有关部门开展多层次、多形式的改革试点。（发展改革委牵头）

各地区、各有关部门要加强组织领导和统筹协调，狠抓贯彻落实，确保2011年各项重点改革取得实质性突破。对“十二五”规划提出的深化铁路石油等行业改革、理顺各级政府间财力事权关系、调整国民收入分配格局、推进基础养老金全国统筹等中长期重大改革任务，要抓紧制定方案，尽快启动实施。对国有经济战略性调整、促进非公有制经济发展、金融机构改革和农村新型金融机构发展、住房保障体系建设等需要继续深化的改革任务，要按照国务院的部署积极推进。牵头负责部门要切实负起责任，明确部门分工和工作任务，相关部门要根据职能积极配合。发展改革委要进一步完善统筹协调推进改革的工作机制，切实加强对年度重点改革工作的协调指导、督促推进和检查评估，及时将各项改革进展情况和重大问题报告国务院。

“十一五”期间我国固定资产投资发展情况

“十一五”是我国全面建设小康社会的关键时期，也是我国经济社会发展极不平凡的5年。5年间，我国国民经济经受住了国际金融危机、汶川地震等一系列历史罕见的严峻挑战，保持了持续、稳定、快速增长，综合国力不断增强。5年来，针对经济社会生活中出现的问题，国家通过及时调整财政政策、货币政策和产业政

策，灵活运用经济手段、法律手段和一定的行政手段，固定资产投资保持了平稳较快的发展态势，投资结构调整取得了积极进展，工业生产能力进一步提高，部分行业投资增长过快的势头得到遏制，基础设施建设和社会事业建设等薄弱环节得到了进一步的加强，城乡面貌极大改善，人民生活水平日益提高。"十一五"时期固定资产投资为保障我国经济快速协调发展作出了重大贡献，特别在应对国际金融危机保增长中发挥了极为关键的作用。

"十一五"时期全社会固定资产累计完成投资[1]922889亿元，2006年以来5年的增长速度分别为：23.9%、24.8%、25.9%、30%和23.8%，年平均增长速度为25.5%，仅次于"八五"时期的36.9%，是改革开放以来增速较高的一个时期。"十一五"时期，城镇固定资产累计完成投资794907亿元，年均增长26.1%，增速比"十五"时期提高4.4个百分点；农村固定资产累计完成投资127982亿元，年均增长21.7%，增速比"十五"时期提高7.9个百分点；城镇完成投资占全社会完成投资的比重由2005年的84.6%提高至2010年的86.8%。

一、"十一五"时期固定资产投资主要特点

（一）区域统筹发展，投资进一步优化

"十一五"时期，我国区域经济建设成果显著，在相关政策的支持下，区域投资进一步优化，中、西部和东北地区投资快速发展，与全国经济增长的差距逐步缩小，呈现东、中、西、东北地区投资统筹、协调发展的局面。

承继了"十五"启动西部大开发的好势头，"十一五"时期，西部大开发加速向前推进。5年间，西部地区固定资产投资快速增长，累计完成投资197758亿元，年均增长28.2%，比同期全国固定资产投资增速高2.7个百分点。西部地区完成投资占全国投资比重逐年上升，2010年西部地区完成投资占全国投资的比重为22.2%，比"十五"末期提高2.3个百分点。

"十一五"时期，中部地区在中部崛起政策的支持下奋起直追，投资呈现高速增长的态势。2006年《中共中央国务院关于促进中部地区崛起的若干意见》颁布实施；2009年国家又出台了《促进中部地区崛起规划》，2010年国家发改委印发了促进中部地区崛起规划实施意见，明确了中部崛起的工作目标和进度。"十一五"时期，中部地区累计完成投资198084亿元，年均增长31.6%，增速比"十五"时期高10.2个百分点，比同期全国投资增速高6.1个百分点。2010年中部地区投资占全国投资的比重为22.6%，比"十五"末期提高4.4个百分点。

"十一五"时期，东北地区在东北振兴政策的支持下，重新焕发青春，投资高速增长。2007年，国务院批复了《东北地区振兴规划》，确立了"四基地一区"的目标定位，提出将东北地区建设成为综合经济发展水平较高的重要经济增长区域。2009年，《国务院关于进一步实施东北地区等老工业基地振兴战略的若干意见》出台，明确指出，东北地区老工业基地要在应对国际金融危机中实现新的跨越，加快形成具有独特优势和竞争力的新的增长极，为全国经济发展作出更大贡献。"十一五"时期，东北地区累计完成投资97613亿元，年均增长32.9%，增速比"十五"时期平均增速高13.1个百分点，比同期全国投资平均增速高7.4个百分点；2010年东北地区投资占全国投资的比重为11%，比"十五"末期提高2.4个百分点。

"十一五"时期，东部地区投资稳步增长，继续发挥中流砥柱的作用。5年间，东部地区累计完成投资408767亿元，年均增长20.1%，增速比"十五"时期高0.3个百分点，比同期全国固定资产投资增速低5.4个百分点；2010年东部地区完成投资占全国投资的比重为41.7%，比"十五"末期回落9.7个百分点。

（二）投资产业结构进一步优化

"十一五"时期，投资产业结构进一步优化，第一产业投资快速增长，第一、三产业投资比重有所提高。"十一五"时期，第一产业累计完成投资26078亿元，年均增长28.3%，增速比"十五"时期高4.9个百分点；2010年第一产业投资占全部投资的比重为2.9%，比"十五"末期提高0.3个百分点。第二产业累计完成投资400956亿元，年均增长25.2%，增速比"十五"时期回落0.1个百分点；2010年第二产业投资占全部投资的比重为42.4%，比"十五"末期回落1.4个百分点。第三产业累计完成投资495855亿元，年均增长25.5%，增速比"十五"时期提高8.5个百分点；2010年第三产业投资占全部投资的比重为54.7%，比"十五"末期提高1.1个百分点。

"十一五"时期，我国工业投资平稳增长，一些高耗能行业投资增速出现了回落。5年间，工业累计完成

投资392084亿元，年均增长25.5%；2010年工业投资占全部投资的比重为41.4%，比“十五”末期回落1.1个百分点。在产业结构调整政策的作用下，“十一五”时期一些高耗能行业投资增速逐步放缓，得到有效控制。2010年城镇投资中，石油加工、炼焦及核燃料加工业投资增长12.9%，增速比“十五”末期回落12.7个百分点；化学原料及化学制品制造业投资增长14.8%，增速比“十五”末期回落19.9个百分点；黑色金属冶炼及压延加工业投资增长6.1%，增速比“十五”末期回落22.7个百分点。

“十一五”时期，我国房地产业继续快速发展，5年间房地产开发累计完成投资160424亿元，年均增长24.4%。从各年看，由于受宏观调控的影响，房地产开发投资增速出现比较大的波动，2006—2009年分别增长22.1%、30.2%、23.4%和16.1%。2010年房地产开发投资48267亿元，比上年增长33.2%，增速比2009年提高17.1个百分点；占全部投资的比重为17.4%，比“十五”末期回落0.5个百分点。

基础设施投资稳步增长，为改善人民生活水平作出了重要贡献。5年间，城镇基础设施累计完成投资220648亿元，年均增长21.8%。2009年，在国家4万亿元投资计划的推动下，基础设施行业作为政策的重点，出现了迅猛增长，比上年增长40.6%，特别是铁路投资异军突起，2009年增长63.5%，为近年来的高点。2010年城镇基础设施行业完成投资64826亿元，比上年增长16.7%，占城镇投资的比重为26.9%。

（三）民间投资充满活力，国有投资保持平稳增长

2005年，国务院印发《关于鼓励支持和引导个体私营等非公有制经济发展的若干意见》，2010年国务院又印发了《关于鼓励和引导民间投资健康发展的若干意见》，相应政策对促进民间投资发展起到了十分积极的作用。“十一五”时期民间投资充满活力，无论是增长幅度还是总量，都很迅速。5年间累计完成投资485760亿元，年均增长30.6%，增速比同期全社会投资高5.1个百分点；2010年民间投资占全社会投资的比重为55.1%，比“十五”末期提高了9.3个百分点。

“十一五”时期国有及国有控股投资平稳增长，占全社会投资比重出现较大幅度的回落，但在关键时刻发挥了稳定经济的作用。5年间，国有及国有控股累计完成投资364835亿元，年均增长21%；2010年国有及国有控股占全社会投资的比重为38.8%，比“十五”末期回落了5.9个百分点。为应对国际金融危机，2008年底国家启动了4万亿元投资计划，在政策的带动下，2008年和2009年国有及国有控股投资出现了快速增长，分别增长23.1%和36.6%，为保增长发挥了至关重要的作用。

“十一五”时期，外商和港澳台商投资企业在投资中的地位和作用有所减弱。2006年增长28.9%，2007年增长23%。国际金融危机对外商及港澳台商投资企业的投资影响深刻，至今尚未完全恢复，2008—2009年外商和港澳台商投资企业投资增速出现了回落，分别增长15.4%和0.5%；2010年在中国经济逐步企稳的大环境下，外商和港澳台商投资企业完成投资17187亿元，增长11%，占全社会投资的比重为6.2%，比“十五”末期回落了3.3个百分点。“十一五”时期，外商和港澳台商投资企业累计完成投资72294亿元，年均增长18.6%。

（四）投资资金充足，自筹资金高歌猛进

从资金来源看，“十一五”时期全社会固定资产投资到位资金1013243亿元，年均增长26.6%，无论从总量上还是增速上都高于同期全社会固定资产完成投资，说明“十一五”时期我国固定资产投资资金到位情况良好。

国内贷款、自筹资金和其他资金是投资资金来源中三大主要渠道，“十一五”时期这三条渠道对投资的快速增长起到了重要的支撑作用。特别是自筹资金，在“十一五”时期高歌猛进，年均增长29.1%，占全部资金来源的比重由“十五”末期的58.3%提高至“十一五”末期的63.7%，是投资资金来源中的绝对主力。国内贷款和其他资金在“十一五”时期均保持了平稳增长，占资金来源比重比“十五”时期有所回落。其中，国内贷款年均增长22.3%，2010年占全部资金来源的比重比“十五”末期回落2.1个百分点；其他资金年均增长25.3%，比重比“十五”末期回落1个百分点。

国家预算内资金在关键时刻起到了“四两拨千斤”的作用，国家4万亿元投资计划主要依靠预算内资金的推动，2008年和2009年国家预算内到位资金分别为7955亿元和12686亿元，比上年增长35.8%和59.5%，带动全社会投资分别增长25.9%和30%。其他年份国家预算内资金基本保持了稳步增长，各年占资金来源的比重基本保持在4%左右。国家预算内资金仍主要投入在一些关系

民生的行业中，根据2010年城镇500万元以上项目投资统计，水利管理业投资资金来源中，国家预算内资金占28.5%，环境管理业占17.4%，道路运输业占16.3%，铁路运输业占14.2%。

国际金融危机给利用外资带来了较大冲击，2009年利用外资出现了大幅回落，比上年下降13%。“十一五”时期，利用外资整体呈低速增长，年均增长6.9%；2010年占全部资金来源的比重为1.6%，比“十五”末期大幅回落2.6个百分点。

二、“十一五”时期固定资产投资取得新成就

（一）“十一五”时期若干重大项目建成投产

“十一五”时期城镇固定资产投资中累计投产项目129万个，占全部施工项目个数的61.8%。若干重大项目建成投产，为经济发展和人民生活的改善作出了重要贡献。能源工业中，神东、陕北、鲁西等13个大型煤炭基地颇具规模，煤炭生产集中度大大提高；石油炼制产业加快发展，先后建成了中海油惠州炼油分公司、中石化天津分公司乙烯工程、青岛大炼油等项目；长庆和普光等大型气田投产，建成西气东输二线西段、川气东送、陕京三线等国内天然气骨干管线；水电发展跃上新起点，龙滩、景洪、构皮滩、拉西瓦、小湾、瀑布沟等大型水电站先后建成；核电发展步伐明显加快，岭澳二期1号机组、秦山二期扩建3号机组建成投产，结束了我国3年无核电机组投产徘徊不前的历史；新能源产业中江西赛维LDK1.5万吨硅料项目二线达产。制造业中，一汽PQ35平台、太钢150万吨不锈钢冷轧项目、广西华银铝业一期工程等大项目先后建成投产。交通运输方面，被称为“有史以来最困难的铁路工程”“世界上最壮观的铁路之一”的青藏铁路，京津高速、郑西客专等多个客运专线竣工，多条高速公路建成通车，天津港北港池集装箱码头三期工程、天津空客A320项目建成投产。信息产业方面，海力士-恒忆半导体有限公司三期工程，成都成芯半导体公司8英寸芯片投产。文化方面，国家大剧院建成使用。这些项目的竣工投产为我国经济平稳快速发展奠定了良好的基础。

（二）“十一五”时期大批新开工项目蓄势待发

“十一五”时期城镇固定资产投资中累计新开工项目151万个，占全部施工项目个数的72.6%。这些项目包括京沪高铁、宁德核电、中海油1000万吨/年炼油改扩建及100万吨/年乙烯工程、沈钢超大型无缝钢管生产线、一汽大众二期工程、广东汉能光伏太阳能薄膜电池项目、京东方第8.5代薄膜晶体管液晶显示器件项目、福州市三坊七巷改建工程等具有重大影响的项目。

（三）“十一五”时期重大项目进展顺利

1．南水北调工程：2002年12月正式开工建设。“十一五”时期，南水北调东、中线一大批工程项目陆续开工建设，如东线穿黄、南四湖至东平湖段工程，中线膨胀土试验段、黄河以北至漳河段、黄河以南段、引江济汉、天津干线段部分工程项目，以及世界最大规模的渡槽工程——沙河渡槽段等。中线水源工程——丹江口大坝加高工程已顺利加高至176.6米新的设计高程。采用世界先进盾构技术的中线穿黄工程首条隧洞顺利穿越黄河底部。湖北兴隆水利枢纽开工且同年实现截流，极大地推进了汉江中下游综合治理开发。“十一五”时期，南水北调东、中线一期工程累计完成投资732亿元。

2．西气东输：西气东输是我国投资最多、距离最长、管径最大、钢材级别最高、输送压力最高、输气量最大、地形地貌最复杂的管道工程。一期工程在2000-2001年先后动工，于2007年全部建成。二期工程干线全长4859公里，加上若干支线，管道总长度将超过7000公里。西气东输二期工程于2008年全线开工，2011年建成通气。三期工程路线确定为从新疆通过江西抵达福建，把俄罗斯和中国西北部的天然气输往能源需求量庞大的长江三角洲和珠江三角洲地区。“十一五”时期西气东输工程累计完成投资442亿元。

3．长江三峡水利枢纽工程：世界上最大的长江三峡水利枢纽工程于1994年12月14日正式开工。“十一五”时期，三峡工程建设及运行取得了一个个重要成果。2006年大坝浇筑全线达到设计高程185m，三峡水库比初步设计提前一年实现了156m的初期蓄水目标。2007年全年投产总装机容量达到500万千瓦。2008年10月29日三峡电站26台机组全部投产发电。2009年8月8日，三峡电站最大出力首次达到设计出力1820万千瓦。2010年10月26日9时，三峡工程首次达到初步设计的175米正常蓄水位。截至2010年12月底，三峡工程已累计完成投资约1646亿元，其中，“十一五”时期累计完成投资约426亿元。目前，除升船机项目外，其余土建项目都已基本完成。

4．京沪高铁：京沪高铁是国家重大战略性交通工程，纵贯四省三市，全程1318公里，设计时速350公里，全线设21个车站，计划投资2209亿元，2008年4月开工建设，预计工期

5年。工程自开始建设累计完成投资1471亿元。

（四）“十一五”时期主要建设成果

“十一五”时期，投资建设成果显著，为国民经济的发展提供了坚实的物资保障。2010年，我国原煤产量达到32.4亿吨，比“十五”末期增加了8.9亿吨；原油开采2.03亿吨，比“十五”末期增加了0.22亿吨；天然气产量968亿立方米，比“十五”末期增加了475亿立方米；发电量42065亿千瓦小时，比“十五”末期增加了17062亿千瓦小时。2010年钢材产量达到8亿吨，产量比“十五”末期增长1.1倍；汽车产量1827万辆，比“十五”末期增长2.2倍；水泥产量18.8亿吨，比“十五”末期增长75.9%。

交通运输业快速发展，由铁路、公路、水运组成了四通八达的交通网络，人民的出行更加便捷。2010年铁路营业里程为9.1万公里，比“十五”末期增加了1.6万公里。2010年公路里程为398万公里，比“十五”末期增加了64万公里，其中高速公路里程为7.4万公里，比“十五”末期增加了3.3万公里；2010年内河航道里程12.4万公里，比“十五”末期增加了0.07万公里。

“十一五”时期，水利业投资的高速增长有效地增强了防洪、防涝、抵御自然灾害的能力，推动了农业经济的发展。到2009年底，我国共有水库87151座，水库总库容量7064亿立方米，分别比“十五”末期增加了2043座和1440亿立方米。堤防长度由“十五”末期的27.7万公里增加至2009年的29.1万公里；堤防保护面积由“十五”末期的4412万公顷增加至2009年的4655万公顷。

“十一五”时期，我国住宅建设飞速发展，住宅投资快速增长，大批住宅相继竣工，改善了人民的居住条件。“十一五”时期住宅累计完成投资157586亿元，年均增长24.8%；累计竣工住宅面积80亿平方米，人均增加住宅竣工面积6平方米。

（资料来源：国家统计局固定资产投资统计司）

第二部分

行业发展与投资

农、林、水、资源、环境

加快推进农业发展方式转变

农业部部长 韩长赋

话题之一

加快转变农业发展方式的必要性和紧迫性

要点 当前，进一步强化农业基础地位，加快推进农业发展方式转变，尤为重要和迫切。加快转变农业发展方式有利于巩固农业基础地位、推进农业现代化，有利于扩大国内需求、缩小城乡差距，有利于应对国际市场挑战、增强农业竞争力，有利于突破资源环境约束、实现可持续发展。

我国正处在现代化建设的重要时期，工业化、城镇化、市场化进程加快推进，城乡之间、农业与非农产业之间联系日趋紧密，国内外经济形势变化对农业发展的影响越来越大，对农业基础性支撑作用的要求越来越高。在此背景下，进一步强化农业基础地位，加快推进农业发展方式转变，尤为重要和迫切。

首先，加快转变农业发展方式有利于巩固农业基础地位、推进农业现代化。农业是国民经济的基础，是安天下、稳民心的战略产业。尽管目前我国农业产值在国内生产总值中的比重有所降低，但农业在国民经济中的基础地位没有变，农业依然是衣食之源、发展之本。经济越发展，城镇化、工业化水平越高，越要转变农业发展方式、强化农业的基础地位，这是保障工业化、城镇化顺利进行的必然要求。2008年我国人均国内生产总值超过3000美元，这是经济发展阶段的重要分水岭。从国际经验看，这一时期既是农业现代化建设的重要机遇期，也是农业发展的风险期。美国、西欧各国在进入这个阶段后，都注重农业发展方式转变。因此，在我国工业化、城镇化加速推进期，只有加快农业发展方式转变，才能有效地保障国家粮食安全和经济安全，实现经济社会又好又快发展。

其次，加快转变农业发展方式有利于扩大国内需求、缩小城乡差距。扩大国内需求特别是消费需求，是实现我国未来经济发展目标的战略举措。扩大消费需求，潜力在于扩大农村消费需求，这就需要增加农民收入，使农民有消费能力。目前，我国农村消费较为滞后，农村消费水平低，根本原因是农民收入水平不高。农民收入增长相对迟缓主要源于农业内外两方面。从农业内部看，传统农业经营方式很难大幅度提高劳动生产率，制约了农民的农业收入；从农业外部看，外出农村劳动力的文化素质和就业技能还难以满足就业岗位的需要，制约了农村劳动力外出就业的规模扩大和充分就业。因此，无论是提高农业劳动生产率、增加农民的农业收入，还是促进农村劳动力稳定转移就业、拓宽农民的非农收入来源，都迫切需要加快农业发展方式转变。

其三，加快转变农业发展方式有利于应对国际市场挑战、增强农业竞争力。随着对外开放的不断扩大，我国农业面临着激烈的国际竞争。一方面，国外低价农产品的进口压力始终存在；另一方面，园艺、畜禽、水产等优势农产品出口难度加大，竞争优势面临挑战。当前，发达国家正在大力推动农业尖端科技研发应用，跨国公司正在加快产业布局和资本渗透，在种业等关键领域抢占发展制高点，给我国农业产业安全带来新的风险。特别是这次国际金融危机爆发以来，发达国家不仅没有放松农业，反而把转变农业发展方式、提升农业发展水平作为克服危机的重要战略，在新能源、低碳经济等领域培育新的经济增长点，这将对未来国际农业发展格局产生深刻影响。因此，只有加快转变我国农业发展方式，充分利用“两种资源、两个市场”改善要素结构，提高资源配置效率，大力提高农业科技自主创新能力，推动产业结构优化升级，才能增强我国农业的核心竞争力，在激烈的国际竞争中赢得主动。

其四，加快转变农业发展方式有利于突破资源环境约束、实现可持续发展。农业是高度依赖资源条件、直接影响自然环境的产业，农业的资源利用方式对实现可持续发展具有重要影响。新中国成立以来特别是改革开放30多年来，我国农业发展取得了举世瞩目的成就，但也要看到，我国农业发展方式粗放，资源消耗过大等问题也日益突出。只有加快转变农业发展方式，提高资源和投入品使用效率，发挥农业的多功能性，才能突破资源环境约束，实现可持续发展。

话题之二

转变农业发展方式的重点任务

要点　转变农业发展方式涉及很多方面。要促进农产品供给由注重数量增长向总量平衡、结构优化和质量安全并重转变；促进农业发展由主要依靠资源消耗向资源节约型、环境友好型转变；促进农业生产条件由主要“靠天吃饭”向提高物质技术装备水平转变；促进农业劳动者由传统农民向新型农民转变；促进农业经营方式由一家一户分散经营向提高组织化程度转变。

现阶段，我国农业农村发展出现了多年难得的好形势，加快转变农业发展方式面临难得的机遇。粮食连续6年增产，粮食综合生产能力基本稳定在5亿吨水平上，为加快转变农业发展方式奠定了物质基础；初步建立的强农惠农政策框架，农业支持保护水平的逐渐提高，为加快转变农业发展方式提供了政策保障；农业科技进步取得的新进展，科技对农业增长贡献率的稳步提高，为加快转变农业发展方式提供了动力支撑；不断完善的农村基本经营制度，农业组织化程度的稳步提升，为加快转变农业发展方式提供了制度保障；农民收入连续较快增加，农村经济全面发展，为加快转变农业发展方式提供了经济基础。但我们也要清醒地看到，我国农业基础仍不牢固，农业发展方式仍然粗放，农业劳动者总体素质不高，转变农业发展方式的任务十分艰巨。当前和今后一个时期，加快转变农业发展方式，要坚持走中国特色农业现代化道路，以确保国家粮食安全和农产品有效供给、增加农民收入、实现可持续发展为主要目标，以夯实农业基础、提高农业综合生产能力为主攻方向，以保障农产品质量安全为关键环节，以加快科技进步和改革创新为根本动力，切实把农业发展转到依靠科技进步、提高劳动者素质和管理创新的轨道上来，努力提高土地产出率、资源利用率和劳动生产率，巩固农产品保障能力，提升农业国际竞争力，增强农业可持续发展能力，力争在提高农业综合生产能力上取得新进展，在转变农业发展方式上取得新突破，在发展现代农业上取得新成效。

转变农业发展方式涉及方方面面，要重点在以下5个方面实现根本性转变。

一是促进农产品供给由注重数量增长向总量平衡、结构优化和质量安全并重转变。近年来，受城乡居民生活水平提高等因素影响，我国农产品需求呈刚性增长态势。而在国际农产品市场变化加剧的情况下，我国利用国际市场调剂余缺的不确定性在增加，保障国家粮食安全和主要农产品总量平衡、结构优化、质量安全的压力不断增大。因此，必须加快转变农业发展方式，不断提高农业综合生产能力，保障主要农产品有效供给，确保国家粮食安全。同时，要坚持推进产业结构、产品结构、区域结构调整，不断提升农产品质量安全与竞争能力。

二是促进农业发展由主要依靠资源消耗向资源节约型、环境友好型转变。缓解我国农业面临的资源环境约束，从根本上改善农业生态环境，必须转变粗放的农业发展方式，走内涵式发展道路。要采取综合措施，切实加大农业资源和生态环境保护力度，坚决执行最严格的耕地保护制度和集约节约用地制度，推广农业节本增效技术，发展循环农业，提高资源利用效率，减少面源污染，促进资源永续利用。

三是促进农业生产条件由主要“靠天吃饭”向提高物质技术装备水平转变。物质技术装备水平既是现代农业的重要标志，也是提高农业综合生产能力的关键环节，更是加快转变农业发展方式的重要条件。要坚定不移地用现代物质条件装备农业，用现代科学技术改造农业，大力发展设施农业，加快推进农业机械化，强化农业防灾减灾体系建设，提高农业科技进步贡献率，增强农业抵御自然风险的能力，形成稳定有保障的农业综合生产能力。

四是促进农业劳动者由传统农民向新型农民转变。我国农村劳动力资源丰富，但总体上科技文化素质偏低，相对缺乏适应发展现代农业需要的新型农民。要把提高农民科技文化水平放在突出位置，大力发展农村职业教育，积极开展农民培训，切实加强农村实用人才开发，培养一大批有文化、懂技术、善经营、会管理的新型农民，为转变农业发展方式提供智力支撑。

五是促进农业经营方式由一家一户分散经营向提高组织化程度转变。我国农户经营规模小、组织化程度低，需要不断提高农业的组织化程度。要在坚持农村基本经营制度基础上，加快推进农业经营体制机制创新。要大力发展各类产业化经营组织特别是农民专业合作社，进一步健全农业社会化服务体系，促进农户分散经营向适度规模经营转变，形成多元化、多层次、多形式的经营方式，切实提高农业组织化程度。

话题之三

多措并举加快推进农业发展方式转变

要点 目前，要加快构建现代农业产业体系，大力加强农业基础设施建设，积极推进农业科技创新和应用，加快推进农业经营体制机制创新，不断完善农业支持保护体系，进一步强化对农业的管理和调控，从而加快推进农业发展方式转变。

目前，应当采取有效措施，加快推进农业发展方式转变。

一要加快构建现代农业产业体系。当前我国农业面临的主要任务是适应日益增长和升级的农产品需求，继续做大做强农业产业，构建现代农业产业体系。要加大粮食战略工程实施力度，稳定粮食播种面积，推进国家粮食核心产区和后备产区建设，健全粮食安全保障体系；积极推进农业结构调整，实施优势农产品区域布局规划，提升高效经济作物和园艺产业、现代畜牧水产业的比重，加快形成优势突出和特色鲜明的农产品产业带；大规模开展园艺产品生产和畜牧水产养殖标准化创建活动，加快发展无公害农产品、绿色食品和有机农产品，实行规模化种养、标准化生产、品牌化销售和产业化经营，进一步提升农产品质量安全水平。

二要大力加强农业基础设施建设。要把建设高标准粮田、改造中低产田和完善农田水利设施，作为农业基础设施建设的重中之重，全面实施新增千亿斤粮食生产能力规划、新一轮“菜篮子”建设工程等项目，科学谋划和实施一批提高保障支撑水平、增强发展后劲的农业重大工程项目，推进农业基础设施建设跨上新台阶；探索农业基础设施建设新机制；积极推动中国特色农业机械化发展，进一步提高农机装备水平和服务能力。

三要积极推进农业科技创新和应用。要大力促进农业技术集成化、劳动过程机械化、生产经营信息化；强化农业基础研究和科技储备，积极抢占农业科技竞争制高点，在转基因生物新品种培育等关键领域和核心技术上取得突破；以节地、节水、节肥、节药、节种、节能，资源综合循环利用为重点，开发农业节约型技术；坚持规模化、标准化的种子产业发展方向，依托大企业和大基地做大做强种子产业；大规模开展粮食高产创建活动，集成推广良种良法，通过提高单产水平来克服耕地资源限制；加快推进基层农技推广体系改革与建设，积极提供新品种供应、新技术推广、病虫害专业化统防统治、农资统购统供等服务，提升公共服务能力。

四要加快推进农业经营体制机制创新。不断深化农村改革，加快创新农业体制机制，是加快推进农业发展方式转变的重要抓手。要在稳定土地承包关系的基础上，加快建立健全土地承包经营权流转市场，在依法自愿有偿流转的基础上发展多种形式的适度规模经营；创新农业经营制度，大力提升农业产业化经营水平，完善利益联结机制；加快发展农民专业合作社，加强合作社规范化建设；深化农村集体产权制度改革，增强集体服务功能。

五要不断完善农业支持保护体系。坚持工业反哺农业、城市支持农村和多予少取放活方针，逐步建立有利于强化农业基础的支持保护制度；持续加大国民收入分配格局调整力度，推动资金、人才、技术等资源要素向农村配置；继续扩大农业补贴规模，提高补贴标准，完善补贴办法，逐步完善目标清晰、收益直接、类型多样、操作简便的农业补贴政策框架；完善主要粮食品种最低收购价制度，健全重要农产品临时收储政策，提高农产品价格保护水平；加大农产品出口支持力度，推动完善农产品进出口调控机制；创新农村金融制度，通过产品和服务创新，满足农村金融服务需求。

六要进一步强化对农业的管理和调控。转变农业发展方式，需要不断加强和改善政府对农业的管理和调控。要加强利益协调，建立健全利益补偿机制；积极转变农业部门职能，重点强化技术推广、检验检测、行政执法等关键环节；借鉴“米袋子”省长负责制和“菜篮子”市长负责制的做法，以主产区为重点逐步建立新的绩效考核评价体系，强化地方政府夯实农业基础、加快转变农业发展方式的责任。

抓住战略机遇 转变发展方式 全面开创现代林业科学发展新局面

——贾治邦在全国林业厅局长会议上的讲话

（2011年1月5日）

这次会议的主要任务是，认真学习贯彻党的十七大和十七届三中、四中、五中全会，中央经济、农村、林业工作会议，以及全国人才工作、组织部长会议精神，全面总结“十一五”林业工作，认真谋划“十二五”发展思路，安排部署2011年重点工作。

党中央、国务院对这次会议高度重视。中共中央政治局委员、国务院副总理回良玉同志会前专门听取汇报，对林业工作作出了重要指示。回良玉副总理充分肯定了“十一五”时期的林业工作，对谋划“十二五”、部署2011年林业工作提出了明确要求。我们要认真学习，深刻领会，全面落实。

下面，我讲三个问题，供大家讨论。

一、关于“十一五”林业工作的简要回顾

五年来，党中央、国务院高度重视林业工作，颁发了中央10号文件，召开了首次中央林业工作会议和全国集体林权制度改革百县经验交流会，明确了林业的“四个地位”、“四大使命”和“五大功能”，把林业摆上了前所未有的战略高度。全国务林人奋发进取，锐意改革，扎实工作，有效破解了长期以来严重制约林业发展的体制机制性障碍，成功应对了各种重大自然灾害和国际金融危机的冲击，林业三大体系建设和各项工作取得了辉煌成就，林业的面貌发生了重大而深刻的变化，为促进经济社会发展作出了历史性贡献。

（一）集体林权制度改革取得重大成果，为林业和农村发展注入了强大活力。经过精心谋划和全力推进，集体林权制度改革取得显著成效，受到广大农民的衷心拥护和社会各界的普遍赞誉，成为继土地家庭承包之后我国农村经营制度的又一重大变革和经济体制改革的又一突出亮点。一是明晰产权、承包到户取得重大进展。目前，已有18个省区市基本完成明晰产权任务，全国共解决林权纠纷80余万起，确权到户林地22.36亿亩，占全国集体林地总面积的81.69%。6825万农户拿到林权证，3亿多农民直接受益。二是完善政策、创新机制取得重大突破。公共财政支持制度、林业金融支撑制度、林权保护和流转制度、林木采伐管理制度和林业社会化服务体系相继建立。林权保护管理服务工作日益规范，林木采伐管理制度改革试点在全国193个县展开。林业合作组织达到6.4万个，带动农户1846万户，经营林地3亿多亩。三是兴林富民、农村稳定取得重大成效。林改大幅度增加了农民的家庭财产，极大地激发了农民兴林致富的热情，为破解农民增收难的问题找到了有效途径。全国林地直接产出率已由2003年的84元／亩提高到2010年的

198元／亩。2550个林改县农民林业收入占人均年收入的比重，由2009年的12.96%增加到20%以上，重点林区县超过60%，一些山区农民的收入超过了平原地区。新疆维吾尔自治区若羌县2001年农民人均收入只有2216元，2010年仅红枣收入一项就达3万多元，增长了10多倍。林改还推动了基层民主政治建设和党风廉政建设，密切了党群干群关系，促进了农村和谐稳定。同时，国有林场改革稳步推进，改革思路基本成熟；重点国有林区改革试点顺利推进，已经取得初步成效。

（二）生态建设和保护全面加强，国家生态安全屏障的框架基本形成。紧紧围绕“三个系统一个多样性”，全面加强生态建设和保护，为维护国家生态安全作出了突出贡献。一是森林生态系统建设力度加大。全国完成造林3.7亿亩，义务植树117.2亿株。全国森林面积达29.32亿亩，森林覆盖率达20.36%，活立木蓄积达149.13亿立方米。人工林保存面积达9.26亿亩，稳居世界首位。森林植被总碳储量达78.11亿吨，年生态服务价值10.01万亿元。森林经营实现突破，完成中幼林抚育4.7亿亩。林木良种使用率达到51%。天然林保护工程圆满完成一期建设任务，退耕还林政策进一步完善，三北防护林、速生丰产用材林等工程建设成效明显。国务院批准了《全国林地保护利用规划纲要》，征占用林地定额管理制度开始实施，林地保护力度明显加大。二是湿地生态系统保护全面加强。实施了《全国湿地保护工程规划（2005—2010年）》，完成湿地保护与恢复工程项目201个，5万多公顷湿地得到恢复。湿地自然保护区达550多处，国家湿地公园达100处，国际重要湿地达37处。自然湿地保护率达到50.3%，较“十五”末增加5个多百分点。启动了第二次全国湿地资源调查。建立了长江、黑龙江等流域湿地保护网络。黑龙江、湖北、宁夏等省区湿地保护和恢复面积明显增加。三是荒漠生态系统明显改善。国务院召开了全国防沙治沙大会，国家林业局与各重点省份签订了防沙治沙责任书，全面实行了省级政府防沙治沙目标责任制。启动了石漠化治理工程和38个全国防沙治沙综合示范区建设。第四次全国荒漠化沙化监测结果显示，2005—2009年，全国沙化土地面积年均缩减1717平方公里，比上个监测期年均多缩减434平方公里，沙化土地减少的省份增加到29个。全国土地沙化防治进入了“整体遏制、局部恶化”的新阶段。四是生物多样性保护成效明显。大熊猫等50多个濒危野生动物繁育种群持续扩大，苏铁等千余种野生植物人工种群基本建立，野马等物种回归自然进展顺利，野生动物损害补偿试点有序推进。林业系统自然保护区达2035处，总面积达18.5亿亩，占国土面积的12.9%，90%的陆地生态系统类型、85%的野生动物种群和65%的高等植物群落得到有效保护。同时，森林在农田、草原和城市生态系统中的基础作用更加突出。

（三）林业产业发展连续迈上两个大台阶，林产品生产和贸易大国地位已经确立。出台了《林业产业政策要点》和《林业产业振兴规划》，加强了产业扶持和指导，成功应对国际金融危机冲击，林业产业发展继续保持强劲势头。一是产业规模迈上新台阶。松香、人造板、木竹藤家具、木地板产量跃居世界第一，干鲜果品和花卉产量名列世界前茅，成为世界林产品生产和贸易大国。2005年全国林业产值只有8400多亿元，2006年超过1万亿元，2010年突破2万亿元。林产品进出口贸易额由“十五”末的400多亿美元增加到900亿美元。二是结构调整迈出新步伐。林业一二三产业的比例由2005年的52：41：7调整为目前的38：53：9，林业工业化进程明显加快，第三产业比重逐步加大。经济林产品产量突破1.27亿吨。2009年全国人均水果占有量达到91.2公斤，超过85公斤的世界平均水平。油茶、核桃等木本油料产业快速发展，不仅开辟了农民增收就业的新渠道，而且为维护国家粮油安全发挥了积极作用。以木竹加工和野生动植物繁育利用为主的林业第二产业主要产品产量持续增长，森林旅游业等新兴产业成为林业第三产业新的增长点。三是产业素质实现新提升。特色产业集群初步形成，龙头企业逐步壮大，林产品质量继续提高，产业化经营势头良好，工农合作更加紧密，产业带动能力持续增强。浙江省安吉县以占全国2%的竹资源，形成了占全国20%的竹产品市场、年产值达120亿元的竹产业。

（四）生态文化体系建设全面展开，全社会生态文明观念普遍树立。首次明确提出要构建繁荣的生态文化体系，并将其与林业生态体系和林业产业体系建设同步推进，实现了生态文化建设的良好开局。一是全社会生态文明观念明显增强。中央作出了建设生态文明的战略决策，形成了经济建设、政治建设、文化建设、社会建设以及生态文明建设“五位一体”的现代化建设格局，进一步丰富和发展了科学发展观的内涵。建设生态文明成为各级党委政府和全社会的共同行动，江西、福建等省把春节团拜改成了植树活动，重庆、山西、河南、广西、内蒙古、黑龙江、辽宁等省区市纷纷加大造林绿化力度。“生态立省”、“生态立市”、“生态立县”，“既要金山银山，更要绿水青山”成为地方各级党政领导的执政理念，加强生态建设、加快林业发展成为各地规划的重要内容，创建森林城市成为市长们的不懈追求。目前，已有贵阳、沈阳、长沙等22个城市成为国家森林城市。二是生态文化建设成绩斐然。成立了中国生态文化协会，深入研究生态价值观、生态道德观、生态发展观、生态消费观、生态政绩观等问题，取得了一批重要理论成果。创作了一批富有震撼力的生态文学、影视和艺术作品，涌现出《天狗》、《踏界》、《龙顶》、《绝处逢生》、《森林之歌》、《从吴起开始》等精品力作。整理出版了《中华大典 · 林业典》。三是林业宣传影响广泛。围绕林业改革发展的中心工作，开展了丰富多彩的林业宣传活动，中央媒体每年刊播林业稿件1万多条。广泛深入的宣传活动，使林业政策深入人心，林业行业精神得到弘扬，生态文化知识广泛普及。四是生态文明教育活动扎实开展。与教育部、共青团中央共同确定了30个国家生态文明教育基地，成功举办了森林城市论坛、生态文化论坛、生态文明高层论坛、绿博会、花博会等宣传教育活动，强化了全社会生态文明观念。

（五）林业应急处置工作取得重大成效，防灾减灾能力显著增强。过去五年，是林业应急任务极为繁重的五年，也是应急能力全面提升、防灾减灾成效显著的五年。一是成功抗击重特大自然灾害。林业系统全力投入抗击低温雨雪冰冻、汶川特大地震、玉树地震、舟曲泥石流等重特大自然灾害，努力降低生命财产损失和对自然生态的影响，大力推进灾后生态修复和重建。二是森林防火取得显著成效。实施了《全国森林防火中长期发展规划》，加强了火灾防控能力建设和责任、措施的落实。成功扑灭2006年免渡河、2009年沾河、2010年呼中等地发生的数十起重特大森林火灾，年均火灾次数、受害面积和人员伤亡分别下降27.2%、82.6%和80.3%，与部分国家连续发生历史罕见森林大火形成鲜明对比，多次受到中央领导同志的表扬。三是林业有害生物防控全面加强。落实了地方政府及林业主管部门防控责任，形成了联防联控有效机制，推进了有害生物测报站点建设，增强了灾情处置能力，测报准确率达到85%，成灾率降至5‰以下。四是野生动物疫源疫病监测防控不断强化。设立了350处国家级、768处省级和一批市县级监测站，成功控制多起突发疫情，维护了公共卫生安全和人民群众利益。五是沙尘暴应急体系逐步健全。制定了部门应急预案和重点省区应急预案，建立了沙尘暴趋势会商制度。建设了39个沙尘暴地面监测站，开展了重点地区监测工作。加强了重大沙尘暴现场救灾指导，减缓了沙尘暴危害。六是林区治安状况继续改善。全面推进森林公安“五化”建设，重点加强林区治安源头管理、重点地区综合治理、突发事件应对和林区禁毒工作，稳妥处理了一批涉林非法集资案件，维护了林区社会和谐稳定。

（六）林业对外开放加速推进，国际影响力明显提升。以应对气候变化为重点，积极推进林业国际合作，全力服务国家发展和外交大局，林业的国际地位和影响力显著提升。一是森林应对气候变化成为重大国家战略。认真落实胡锦涛主席在APEC领导人会议和联合国气候变化峰会上的庄严承诺，实施了《应对气候变化林业行动计划》，建立了亚太森林网络中心，提前兑现了2010年森林覆盖率达到20%的承诺，确立了林业在应对气候变化中的特殊地位。二是积极实施“引进来”和“走出去”战略。引进实施国际合作项目2000多个，实际利用外资30多亿美元。湿地生物多样性保护和世行、亚行、欧投行等国际金融组织贷款项目顺利实施。援助欠发达国家生态建设起步良好，林业“走出去”步伐加快，利用两种资源、服务两个市场的能力明显增强。三是深入开展各领域国际合作。积极配合国家重大外交行动，开展了大熊猫、朱 、东北虎等外交工作，成功参与“老虎峰会”和《濒危野生动植物种国际贸易公约》第十五届缔约国大会，妥善处理老虎保护、木材非法采伐等敏感问题。积极参与中美战略与经济对话、中日经济高层对话等重要活动，全力推动中美合作共建中国园项目建设。认真履行国际公约，与美、英、日、澳、德、印等国就林业相关议题展开了双边磋商与合作。国际竹藤组织在上海世博会设立了全部由竹藤制作的独立展馆。

（七）强林惠林政策体系初步形成，为兴林富民提供了有力保障。五年来，特别是中央林业工作会议召开后，各项强林惠林政策密集出台，为林业改革发展提供了有力保障。一是林业投资创历史新高。“十一五”

国家林业投入达2979亿元，比“十五”增加了80%。其中，林业基本建设投入由389亿元增加到479亿元，财政资金由1267亿元增加到2500亿元。林业贴息贷款和基本建设贴息贷款由223亿元增加到588亿元，增幅达164%。二是林业公共财政支持制度初步建立。营造林投入补助标准由每亩100元提高到200元。属集体的国家级公益林，中央财政补偿标准由每亩每年5元提高到10元。造林、林木良种和森林抚育补贴和湿地保护补助等试点相继启动，32种林业机具纳入农机购置补贴范围。三是林业金融扶持政策取得重大突破。中国人民银行等五部门出台了《关于做好集体林权制度改革与林业发展金融服务工作的指导意见》。中央财政森林保险保费补贴试点稳步推进，公益林保费补贴比例提高到50%，与中国人保财险公司签订了《共同推进森林保险框架协议》。林权抵押贷款规模不断扩大，2010年涉林贷款规模预计达1200亿元。四是林业税费政策更加优惠。以林区“三剩物”和次小薪材为原料生产加工的综合利用产品增值税即征即退政策继续执行。育林基金征收标准从20%降至10%以下，农民涉林负担进一步减轻。林业部门行政事业经费纳入同级财政预算，改变了靠收费养人的状况。五是林区民生工程和基础设施建设扎实推进。国有林区棚户区和危旧房改造安排中央投资70.5亿元，安排改造任务52.43万户，林区134万户列入全国保障性住房建设规划，林区安全饮水纳入全国农村饮水安全工程规划，林区生产生活条件明显改善。同时，地方各级政府林业投资规模空前，“十一五”共投入1900多亿元，为“十五”的3.4倍。

（八）林业基础工作取得实质性进展，可持续发展能力明显增强。一是科技兴林全面加强。共获得重要科技成果1036项、国家科学技术奖励36项、林业专利9569项，科技成果转化应用率首次超过50%，林业科技进步贡献率由39.1%提高到43%。发布国家及行业标准502项。生态定位站、基层推广站和林产品质检机构等科技能力建设明显加强。森林认证和林业知识产权保护工作有序推进。二是人才强林取得实效。林业干部培训实现了规范化、信息化，大规模培训任务圆满完成，人才总量持续增长，素质不断提高。一大批基层实用人才脱颖而出，在带动农民增收致富中发挥了重要作用。林业院校共建工作和学科建设进展顺利。三是依法治林成效明显。森林法修改、湿地保护条例和林权争议处理条例制订工作加快推进，濒危野生动植物进出口管理条例颁布实施，森林防火条例修订完成，行政许可工作进一步规范，林业综合行政执法工作稳步推进，多起行政复议案件得到妥善处理。林业执法力度不断加大，有效打击了涉林违法犯罪活动。四是林业信息化建设实现重大突破。发布了《全国林业信息化建设纲要》及其《指南》，成功召开了首届全国林业信息化工作会议，确定了“加快林业信息化、带动林业现代化”的总体思路。大力开展信息化示范工程建设，强化了数据库、应用系统、林业网站建设与整合，搭建了林业信息资源共享平台。建成了中国林业网、国家林业局办公网、全国林业专网和国家林业中心机房，国家林业局政府网访问量突破1.5亿人次，荣获“中国政府网站领先奖”。综合办公系统正式上线运行，全国林业系统开始进入无纸化办公新阶段，文件平均运转周期由3周缩短为1周。编制了《全国林业信息化发展“十二五”规划》，开展了首次“中国林业信息化发展战略研究”。建立了林业信息化标准规范和制度体系，开展了林业信息化示范省建设，辽宁、湖南、福建和吉林森工成为全国首批林业信息化示范省。湖南省投资近2亿元，建成了省市县乡四级专网，实现从省到乡的网络化办公和科技营造林信息化管理。五是机构队伍建设全面推进。森林防火、森林公安、林业改革、湿地管理、信息化管理、森林认证、碳汇造林等林业机构得到强化。广西、新疆、湖北、青海等省区将林业局升格为林业厅。增加了武警森林部队编制，新建了福建、甘肃总队和机动、直升机支队。南京森林公安专科学校升格为森林警察学院，并被确定为全国公安民警招录培养改革试点院校。局驻地方森林资源监督机构和濒危物种进出口管理机构实现合署办公。基层林业工作站建设扎实推进。深化了干部人事制度改革，组织工作科学化水平明显提高。六是机关建设和党建工作常抓不懈。深入开展学习实践科学发展观、“讲党性、重品行、作表率”、“创四型机关、做五个模范”、“强党性、促政风、带行风”廉洁从政警示教育和“创先争优”活动，惩治和预防腐败体系进一步健全，林业行风政风继续改善，林业行政效能全面提高。离退休干部工作取得明显成效，机关事务管理和后勤服务保障水平不断提高。

总的看，过去的五年，是我国林业发展史上极不平凡、成就辉煌、影响深远的五年，是林业地位不断提高、内涵不断丰富、功能不断拓展的五年，是林业改革波澜壮阔、林业活力全面迸发、林业发展亮点纷呈的五年，是林业投入力度最大、兴林富民成效最好、林农群众受益最多的五年，也是林业作用最为凸显、国际影响力最为显著、为国家大局和社会贡献最为突出的五年。林业改革发展取得的重大成就，归功于党中央、国务院的正确领导，归功于各级党委、政府的高度重视，归功于有关部门和社会各界的大力支持，归功于全国务林人的艰苦努力。在此，我代表全国绿化委员会和国家林业局，向所有关心、支持和参与林业建设的全体同志表示衷心感谢和崇高敬意！

在取得重大成就的同时，也积累了许多宝贵经验：一是坚持紧紧围绕国家战略大局谋划林业发展。始终站在经济社会发展全局的高度，紧扣解决“三农”问题、应对气候变化、维护粮油安全、改善林区民生等国家战略，着力推进集体林权制度改革、森林碳汇、木本粮油、棚户区和危旧房改造等重点工作，既与党中央、国务院保持高度一致，又拓展了林业发展空间。二是坚持用实践的全面的辩证统一的科学方法指导林业发展。提出了“发展现代林业、建设生态文明、推动科学发展”的总体要求，注重统筹推进林业三大体系建设，正确处理生态与产业、兴林与富民、保护与利用等重大关系，充分发挥林业的多种功能，不断满足社会的多样化需求，开创了现代林业建设新局面。三是坚持以深化改革推动林业发展。以集体林权制度改革为突破口，极大地解放和发展了农村生产力，极大地调动了亿万农民的积极性，全面带动了林业体制机制创新。同时，积极推进国有林场和重点国有林区改革，林业发展活力持续增强。四是坚持以工程项目带动林业发展。通过深入实施林业重点工程和完善林业政策，争取到了较大规模的资金投入，形成了从良种培育、植树造林、生态补偿到加工利用的强林惠林政策体系，为林业长期稳定发展奠定了坚实基础。五是坚持以先进典型引导林业发展。从林业改革到产业发展，从政策制定到全面实施，都注重围绕重点难点问题，发现、培育和总结典型，积累经验后再全面推开，既防止急躁冒进、造成失误，又避免消极畏难、无所作为，形成了点上突破、以点带面、全面推开的工作方法，确保了各项事业稳步推进。

同时，我们也清醒地认识到，当前林业发展还存在一些问题和困难：一是造林绿化难度加大。60%以上的宜林地集中在三北、南方石漠化及干热河谷等地区，造林难度大，成果巩固难。二是森林资源质量不高。7亿多亩中幼龄林亟待抚育，4亿多亩低产林亟待改造，生态系统整体功能亟待提高。三是木材供需矛盾加剧。木材及木制品进口折合成原木，已占国内总消费量的43.6%，木材安全形势日益严峻。四是林业改革任务依然艰巨。集体林权制度改革配套政策仍需继续完善，少数地区明晰产权质量有待进一步提高。国有林场和国有林区改革尚未全面启动。五是林区民生问题突出。林区基础设施落后，经济社会发展滞后，生产生活条件亟待改善。六是林业发展方式粗放。林业质量效益不高，自主创新能力不足，转变发展方式任重道远。对于这些问题和困难，一定要高度重视，认真解决。

二、关于“十二五”林业工作的总体思路

“十二五”时期，是我国全面建设小康社会的关键时期，是深化改革开放、加快转变经济发展方式的攻坚时期，也是加快林业改革发展、全面推进现代林业建设的战略机遇期和黄金发展期。

之所以说林业发展面临极好的战略机遇，主要基于以下几点判断：第一，以科学发展为主题，必须加快林业发展。科学发展观的第一要义是发展，核心是以人为本，基本要求是全面协调可持续，根本方法是统筹兼顾。我国山区面积占国土面积的69%，山区人口占全国人口的56%，山区经济是我国经济最薄弱的环节。加快山区发展是实现全面协调可持续发展最大的难题，是统筹城乡发展最艰巨的任务，也是扩大国内需求的潜力所在。加快林业发展，可以释放山区发展的巨大潜能，带动亿万农民增收致富，对于统筹山区和平原、城市和农村协调发展具有战略意义。近年来的实践证明，越来越多的山区通过发展林业找到了新的经济增长点，越来越多的农民通过发展林业走上了致富之路，也必将为统筹城乡发展、扩大国内需求、拉动全国经济再上新的台阶发挥越来越重要的作用。第二，以加快转变经济发展方式为主线，必须加快林业发展。转变经济发展方式，就需要以最少的资源能源消耗和最小的生态环境代价，实现最大限度的发展和最大利润的回报。森林是巨大的、绿色的、可再生的资源库和能源库，是培育战略性新兴产业和发展循环经济的潜力所在。许多地方通过大力发展林业产业，已经逐步摆脱了拼资源、拼能源、高排放、高污染的旧发展模式，为转变经济发展方式展示了

美好前景。第三，提升生态文明水平，必须加快林业发展。生态文明既有物质的又有意识的概念。所谓生态是指生物生存的环境和状态；所谓文明是指意识的、道德的范畴。建设生态文明，重点包括三个层面：一是改善生态。其核心是建设和保护“三个系统一个多样性”。没有生态的改善，生态文明就无从谈起。二是转变生产方式和生活方式。使人类的行为自觉地与自然和谐相处，自觉地节约资源、保护环境。三是增强全社会的生态文明意识和提高全社会的生态道德水平。生态意识的增强和生态道德水平的提高，又能反过来促进生态状况的改善和生产生活方式的转变。林业部门承担着建设和保护“三个系统一个多样性”的重要职责，担负着弘扬生态文化、普及生态知识的重要任务，只有加快林业发展，才能持续改善生态状况，才能增强全社会的生态文明意识，才能促进全社会形成有利于改善生态的绿色生产生活方式，才能不断提升生态文明建设水平。因此，中央明确指出，建设生态文明必须把发展林业作为首要任务。第四，应对气候变化，必须加快林业发展。森林的增汇减排功能已经得到国际社会的一致认可，成为一些国家履行减排承诺的重要途径。2010年底召开的坎昆气候变化大会，在减少毁林、防止森林退化和建立绿色基金等方面达成了共识，进一步凸显了林业在应对气候变化中的特殊作用与地位。我国在发展经济和减少排放的双重压力下，必须大力发展林业，全面增强森林的碳汇功能。只有这样，我国才能在应对全球气候变化的进程中占据主动地位，才能为我国经济发展赢得更大的空间。为此，在国家“十二五”规划中，已明确将森林覆盖率和森林蓄积量确定为约束性指标。第五，维护国家木材安全，必须加快林业发展。在世界各国不断加大本国森林资源保护力度的情况下，我国必须立足国内加强森林资源培育，加快建立木材生产战略储备基地，尽快改变木材对外依存度过高的局面，防止木材供应长期受制于人。总之，从国家战略大局看，加快林业发展已经成为历史潮流和大势所趋。目前，国家综合实力和地方经济实力已经明显增强，完全有能力进一步加大对林业的投入。2010年12月29日，国务院审议通过了天然林保护工程二期实施方案，仅此一项今后10年的中央投资就高达2195.2亿元，为一期投入的2.4倍。尤其是经过“十一五”时期的不懈努力，我国林业已经站在新的历史起点上，呈现出良好的发展态势，具备了大发展、新跨越的坚实基础。

在看到这些有利条件的同时，“十二五”林业发展也面临着一些不利因素。林业问题的国际化、政治化趋势更加明显，我国林业将在物种保护、木材进口等方面，面临更多挑战，承受更大压力。同时，国内巨大的社会需求与林业供应能力不足的矛盾将长期存在，创新体制、完善政策的任务还很艰巨，改善林区民生仍然任重道远。对此，我们必须要有清醒的认识，争取最大限度地变被动为主动、化不利为有利，才能为现代林业发展创造更好的条件。

总的来看，“十二五”时期我国林业发展机遇大于挑战，有利条件多于不利因素，仍然处于可以大有作为的战略机遇期和黄金发展期。只要我们满怀信心，审时度势，科学应对，趋利避害，加快转变林业发展方式，就一定能够推动现代林业发展再上新台阶。

根据对林业形势的判断，我们提出“十二五”时期林业工作的总体思路是：高举中国特色社会主义伟大旗帜，以邓小平理论和“三个代表”重要思想为指导，深入贯彻落实科学发展观，全面实施以生态建设为主的林业发展战略，以推动林业科学发展为主题，以加快转变林业发展方式为主线，以确保如期实现“双增”目标为核心，以兴林富民为宗旨，坚持依靠人民群众，坚持依靠科学技术，坚持依靠深化改革，加大生态建设保护力度，加强森林抚育经营，加速培育主导产业，加快繁荣生态文化，全面开创现代林业科学发展新局面，为夺取全面建设小康社会新胜利作出新贡献。力争到2015年，森林覆盖率达到21.66%，森林蓄积量达到143亿立方米，林地保有量达到3.09亿公顷，森林植被总碳储量达到84亿吨，林业总产值达到3.5万亿元，生态文明观念全面增强，为到2020年实现生态良好奠定坚实基础。

按照这一总体思路，“十二五”时期在全面完成各项林业建设任务的基础上，必须重点建设“十大生态屏障”，加快发展“十大主导产业”，为维护国家生态安全和扩大内需、改善民生作出更大贡献。

十七届五中全会和全国主体功能区规划都明确要求，加快构建国土生态安全屏障。林业是生态建设的主体，必须义不容辞地承担起这一重大历史任务，坚持以建设和保护“三个系统一个多样性”为核心，以林业重点生态工程为依托，以防范和减轻风沙、山洪、泥石流等灾害为重点，加快构建十大生态屏障。一是东北森林屏障。以天然林保护和经营为重点，着力提高森林资源的总量和质量。二是北方防风固沙屏障。以防护林体系建设和现有植被保护为重点，着力解决风沙危害和水土流失问题。三是东部沿海防护林屏障。以营造防风消浪林带、海岸基干林带和纵深防护林为重点，尽快建成沿海综合防护林体系。四是西部高原生态屏障。以高原植被和高寒湿地保护修复为重点，着力建设以林草植被为主体的高原防护林体系。五是长江流域生态屏障。以防护林体系建设和流域湿地保护为重点，切实维护三峡库区和长江中下游生态安全。六是黄河流域生态屏障。以增强水源涵养能力和防治水土流失为重点，进一步减少黄河泥沙含量。七是珠江生态屏障。以水源涵养林建设和石漠化防治为重点，全面改善珠江流域生态状况。八是中小河流及库区生态屏障。以防治水土流失和山洪、泥石流灾害及涵养水源、净化水质为重点，全面提升中小河流及库区周边森林生态系统的功能。九是平原农区生态屏障。以平原绿化和农田林网建设为重点，为平原农区粮食稳产高产和农村生产生活提供坚实的生态保障。十是城市森林生态屏障。以发展城市森林和加强郊区绿化为重点，全面增强城市生态功能。这十大生态屏障，建设范围覆盖了全国主要的生态重点地区和生态脆弱地区，建设内容包括森林、湿地、荒漠、城市等主要生态系统，构成了国家生态安全体系的基本框架，是全国生态建设的主要抓手和战略重点。着力建设好这十大生态屏障，就能有效维护国家生态安全，为经济社会可持续发展奠定坚实的生态基础。

增加农民收入，保障和改善民生，扩大国内需求，必须依托林业资源优势，大力发展林业富民产业，着力提升林业传统产业，积极培育林业战略性新兴产业，加快发展十大主导产业。一是木材及其他原料林培育产业。以建立优质高效木材生产基地为重点，切实增强木材等原材料供应能力。二是林产工业。以科技创新和技术改造为重点，不断提升林产品的质量和档次。三是木本粮油和特色经济林产业。以优化品种结构和强化经营管理为重点，大力发展油茶、核桃、枣等木本粮油。四是森林旅游产业。以保护、开发和利用森林景观资源为重点，不断壮大绿色低碳林业产业规模。五是林下经济产业。以发展林下种植业、养殖业为重点，实现林业以短养长和农民快速致富。六是竹产业。以竹林资源培育和综合开发利用为重点，努力构建具有区域特色的竹产业带。七是花卉苗木产业。以培育特色花卉和绿化苗木为重点，不断满足日益增长的花卉苗木需求。八是林业生物产业。以挖掘林地资源和物种资源潜力为重点，大力发展生物质能源、生物基因材料和生物制药等产业。九是野生动植物繁育利用产业。以加快建设野生动植物种源繁育基地为重点，全面开发利用野生动植物资源的多种功能。十是沙产业。以发展沙区灌草饲料、沙漠观光、中药材、太阳能等为重点，充分发挥沙区光、热、土地等资源优势。这十大主导产业，涵盖了林业一二三产业，是林业发展的潜力和优势所在，是农民增收的希望和出路所在。要通过培育林业主导产业，在全国建立起一大批布局科学合理、主导优势明显、产业特色突出、市场竞争力强的用材林基地县、油茶县、核桃县、红枣县、板栗县、花卉县、竹子县和林业产业集群，逐步形成能够在农民增收致富和县域经济乃至全国经济发展中发挥主导性、支柱性作用的产业，真正为扩大内需、改善民生作出突出贡献。

要如期完成“十二五”各项规划任务，切实抓好十大生态屏障建设和十大主导产业发展，必须全面贯彻落实以科学发展为主题、以转变发展方式为主线的中央关于经济发展的总方针、总政策，并结合林业实际，切实把握好以下五项重要原则。一要坚持把实现“双增”目标作为转变林业发展方式的主要任务。“双增”目标是林业建设质与量的有机统一，充分体现了推动科学发展、转变发展方式的基本要求。“十二五”时期，既是转变林业发展方式的机遇期，也是确保2020年实现“双增”目标的攻坚期。必须紧紧围绕林业“双增”目标和“十二五”时期森林覆盖率、森林蓄积量这两个约束性指标，层层分解任务，加大考核力度，确保森林面积和森林蓄积同步增长。二要坚持把兴林富民作为转变林业发展方式的根本宗旨。转变林业发展方式的根本目的就是要更好地实现兴林富民，坚持兴林富民也更有利于转变林业发展方式。因为，只有兴林才能富民，只有富民才能激发林业经营主体的内在动力，以最少的投入获得最大的效益，从而更加自觉有效地推进林业发展方式的转变。我们必须把兴林富民作为转变林业发展方式的出发点和落脚点，在兴林富民上想办法、下功夫、见实效。通过兴林富民切实增强林业发展的活力与动力，真正推动林业走上科学发展的轨道。三要坚持把深化改革作为转变林业发展方式的强大动力。转变林业发展方式是一场深刻变革，必须从深化改革、根除体制机制性障碍入手。要全面深化集体林权制度改革，搞好国有林场和重点国有林区改革试点，着力解决与现代林业科学发展不相适应的体制机制、政策措施和管理方式，不断增强林业发展的全面性、协调性和可持续性。四要坚持把科技创新作为转变林业发展方式的重要支撑。科技创新是林业长期稳定发展的根本所在和不竭动力。必须把科技创新作为转变发展方式的中心环节和战略基点，充分发挥科技对林业的驱动引领和突破带动作用，切实把林业发展转到依靠科技进步和提高劳动者素质上来，最大程度地提高林业生产力和资源综合利用率，全面提升林业建设的质量和效益。五要坚持把森林经营作为转变林业发展方式的重要内容。森林经营既是发展现代林业的永恒主题，又是转变林业发展方式最重要的内容。我国9.26亿亩人工林，平均每亩蓄积只有3.26立方米，不到世界平均水平的一半，仅为林业发达国家的1/5—1/10，这既是林业发展最突出的问题，又是林业发展最大的潜力。我们必须把森林经营作为转变林业发展方式的重要内容，摆上突出位置，加大资金投入，科学经营森林，精心抚育森林，力争经过一段时间的努力，使我国森林资源的质量有一个大的提升。

总之，加快转变林业发展方式，是全面提升林业建设质量和效益，充分发挥林业多种功能和作用的根本途径，是推动林业科学发展的必由之路。必须把加快转变林业发展方式作为主线，贯穿于现代林业建设的全过程和各领域，在发展中促转变、在转变中谋发展，最终实现现代林业又好又快发展。

三、关于2011年的林业重点工作

2011年是“十二五”规划的开局之年，也是转变林业发展方式的关键之年，做好全年林业工作，对于确保“十二五”开好头、起好步，意义重大。要按照党中央、国务院的决策部署和“十二五”林业工作总体思路，重点抓好以下九项工作。

（一）着力深化林业改革，增强发展活力。一要全面深化集体林权制度改革。指导督促各地搞好“回头看”和检查验收，加强纠纷调处和调解仲裁，全力打好明晰产权攻坚战，确保2011年全面完成集体林地确权任务，2012年全面完成林权证发放任务。深化改革要有新举措，必须在顶层制度设计上下功夫，从森林保险、信用担保机构建设、抵押贷款入手，继续完善配套政策，打通银行资本等各种资本大规模进入林业的渠道，全面盘活森林资源资产，进而带动整个农村经济发展。筹备召开林下经济现场会，总结交流各地兴林富民的生动实践。在认真总结福建省永安市深化改革经验的基础上，开展百县林改大培训。切实加强农民林业专业合作社示范建设，加强林权管理服务中心标准化建设，扩大村级涉林公益事业一事一议财政奖补试点，探索转变政府职能、强化公共服务的新途径。二要抓好国有林场改革。深化国有林场改革试点，筹备召开全国国有林场工作会议。各地要先行先试，创新经营机制，重点解决好职工养老、医疗、就业等问题，分离国有林场办社会职能。三要稳步推进重点国有林区改革。在充分调研的基础上，提出重点国有林区改革的总体思路和近期任务，争取出台改革的指导性意见，深化重点国有林区改革试点。

（二）继续推进造林绿化，努力改善生态状况。全年计划安排营造林任务9000万亩，抚育森林8000万亩，低产林改造2500万亩，义务植树25亿株。一要加大造林绿化力度。尽快上报国务院批准《全国造林绿化规划纲要》，全面落实造林绿化任务。优化造林绿化方式，增加混交林、乡土树种、珍贵树种造林比重。抓好油茶造林项目，开展核桃标准化园、碳汇造林、能源林基地建设试点。抓好义务植树和部门绿化，努力提高尽责率。开展全民义务植树30周年纪念活动，筹备召开全国造林绿化管理工作会议。二要抓好天然林保护等重点工程建设。国务院决定继续实施天然林保护工程二期，这是我国林业建设史上的又一件大事。与一期工程相比，二期工程取消了地方配套，中央财政对中央投资的项目实行全额补助；大幅度提高了森林管护、公益林建设和社会保险补助标准，并将进行动态调整；将森林经营纳入了天保工程，增加了中幼林抚育和森林改造培育补助政策；扩大了工程实施范围，增加了丹江口库区11个县。这些重大突破和政策设计，充分体现了党中央、国务院推进生态文明建设的坚定决心和对林业改革发展的高度重视。必须根据国务院常务会议精神，按照目标、任务、资金、责任“四到省”的要求，认真实施天保二期工程。上半年要专门召开总结表彰大会，全面部署天保二期工程建设。同时，要抓紧编制退耕还林、三北防护林、京津风沙源治理等工程规划，深入推进沿海防护林和速生丰产用材林等工程建设。三要强化森林经营。开展森林经营现状调查，编制《森林抚育经营实施方案》。继续抓好森林抚育补贴试点，努力扩大试点规模，提高补贴标准，增加试点内容。强化森林经营监督管理，推行森林经营行政、技术和施工负责人制。修订森林经营技术标准，加强森林经营模式和关键政策研究。四要抓好良种壮苗培育。加强国家重点林木良种基地管理，确定一批新的国家重点林木良种基地和保障性苗圃。搞好林木良种补贴试点跟踪检查。依据《全国林木种苗发展规划》，合理布局林木种苗工程项目。加强珍贵树种苗木繁育，优化种苗供应结构。严格执行“两证一签”制度，开展林木种苗专项执法检查，整顿规范生产经营秩序。

（三）加大资源保护力度，切实巩固建设成果。一要加强森林资源保护。认真落实《全国林地保护利用规划纲要》，完成省级县级林地保护利用规划编制工作。分解落实全国“十二五”期间年森林采伐限额，继续推进林木采伐管理制度改革。开展保护森林资源目标责任制监督检查。做好第八次全国森林资源清查工作。启动国家级公益林监测与评价试点。严厉打击毁坏林木、侵占林地、破坏野生动植物资源等违法犯罪行为。二要加强湿地资源保护。大力推进湿地保护立法和制度建设，建立健全湿地生态效益补偿制度。深入实施湿地保护工程，加快构建湿地保护长效机制。研究建立湿地生态系统健康、价值和功能评价指标体系。加强国际重要湿地建设和管理，促进湿地公园健康发展。三要加强荒漠资源保护。编制《全国防沙治沙规划（2011—2020年）》，启动国家级沙化土地封禁保护区项目。开展防沙治沙目标责任考核。做好岩溶地区第二次石漠化监测工作。完成京津风沙源治理、石漠化综合治理工程林业建设任务，抓好防沙治沙综合示范区建设。推动石羊河流域、新疆等重点地区防沙治沙规划报批工作。四要加强生物多样性保护。编制野生动植物保护及自然保护区建设相关规划和《大熊猫保护工程规划》。推进自然保护区示范省和示范自然保护区建设。推动落实全国极小种群野生植物拯救保护实施方案。加强珍稀濒危物种拯救和保护，扩大回归自然范围。推动《国家重点保护野生动物名录》、《国家重点保护野生植物名录（第二批）》的调整和颁布。做好第二次全国野生动物资源调查、野生植物资源调查试点和第四次大熊猫调查。

（四）强化林业应急管理，提升灾害防控能力。一要全力抓好森林防火。继续贯彻落实《森林防火条例》，组织实施《全国森林防火中长期发展规划》，强化基础设施建设和装备配备。完善预警响应和应急处置机制，扎实推进依法治火、科学防火和群防群治，构建快捷高效的防火保障体系。严格落实行政首长负责制和村级联户承包责任制，严防发生特大森林火灾。二要强化林业有害生物防治。推行重大危险性林业有害生物防治政府参与的“双线”责任制管理，全面落实松材线虫病和美国白蛾防治工作政府责任制。健全考核指标评价办法，建立检疫责任追溯制度，开展检疫执法整顿工作。开展林业有害植物摸底调查，进一步强化防控措施。三要加强野生动物疫源疫病监测防控。完善监测防控体系，制定监测防控管理办法。强化监测防控形势研判，大力推进主动预警，做好重点时节、重点区位和重点疫病的监测防控。四要妥善处置沙尘暴灾害。加强沙尘暴预测预警，做好沙尘暴高发期适时监测、信息报送和应急处置工作，减缓灾害损失。五要加大林区治安防范力度。建立新型警务机制，加大林区治安源头管理和综合治理力度，深化林区禁毒工作。妥善处置涉林非法集资案，防止发生群体性突发事件。

（五）加快发展林业产业，促进农民就业增收。一要继续壮大林业产业规模。充分发挥市场配置资源的基础作用和政府宏观调控的引导作用，推动落实《林业产业振兴规划》，大力培育十大主导产业，力争全国林业产业总产值达到2.4万亿元，林产品国际贸易总量突破1000亿美元。二要大力发展林下经济。鼓励推广林药、林菌、林菜、林牧等立体开发、循环利用模式，实现长中短有机结合、上中下综合利用、林农牧复合经营，提高林地综合利用率和产出率，促进农民在较短时间内增收致富。三要不断提高综合服务水平。制订《关于建立国家级木材贸易加工示范区的意见》、《关于建立重点林产品市场和林业企业联席制度的意见》，办好第二届中国（国际）林业博览会、中国林产品交易会等展会。四要加强林产品市场信息搜集与分析，提升林业企业应对国际贸易技术壁垒的能力。

（六）加强生态文化建设，提升生态文明水平。一要加强林业宣传。积极策划开展系列宣传活动，进一步提升林业的地位和影响力。深入开展关注森林系列活动，继续办好第八届中国城市森林论坛，组织开展第五届关注森林奖评选工作。二要推进生态文明基地建设。新建一批生态文化博物馆、科技馆、森林公园、湿地公园、主题公园、生态文化和生态文明教育示范基地。三要开展生态文化宣传教育活动。继续推进森林城市、绿化模范先进单位等创建活动，组织开展森林旅游节、湿地文化节、国际湿地日、爱鸟周等生态文化主题活动，全面展示生态文明建设成果。四要加大生态文化作品创作力度。创作一批社会效益明显的生态文化精品，办好《绿野寻踪》、《绿色时空》电视栏目，抓好《湿地空间》专题片摄制工作，大力弘扬人与自然和谐相处的价值观。加强林业系统报刊管理，提高办刊质量效益。

（七）推进基础设施建设，切实改善林区民生。一要加快林区棚户区危旧房改造。2011年是林区棚户区危旧房改造规模最大的一年，涉及林区上百万人口的切身利益。各地要进一步搞好调查摸底，登记核实，确保符合政策规定的棚户区和危旧房全部纳入国家保障性住房建设规划。要根据年度建设任务，科学编制建设方案，协调落实配套资金，抓紧和细化各项前期工作，确保及时开工建设。采取更加严格的措施，加强质量监管，确保工程质量优良、职工群众满意。拆迁安置、户型设计、房屋分配等工作，要广泛听取职工意见，充分尊重群众意愿，切实做到公开、公正、公平。多渠道筹措资金，加大棚户区危旧房改造配套供热、给排水、小区道路、绿化美化等设施建设力度，确保职工群众居住条件、居住环境同步改善。密切关注和妥善处理棚户区危旧房改造工作中出现的新情况、新问题，切实维护林区稳定。二要切实加强林区道路、饮水、供电等基础设施建设。详细测算建设任务，抓紧与有关部门对接。对已经纳入相关专项规划的，要进一步明确建设任务，落实投资渠道，加快建设进程。对还未纳入规划的，要积极反映，争取尽快纳入相关专项规划，确保林区基础设施建设得到同步改善。三要做好灾区生态和基础设施恢复重建工作。认真实施雨雪冰冻灾害和汶川地震灾害生态修复规划，积极推进玉树地震灾区、舟曲地质灾区生态修复和基础设施重建工作，加大扶持力度，确保工程质量。通过劳务购买等方式，扩大林业职工和林农就业，保障灾区群众生产生活水平不下降，确保兴林富民、改善民生取得新成效。

（八）增强支撑保障能力，促进林业可持续发展。一要进一步完善强林惠林政策体系。继续实施造林、林木良种、湿地保护、中幼林抚育、野生动物损害、森林保险保费等补贴补偿补助政策。完善金融支持体系和税收扶持政策。积极争取防沙治沙财政补助政策。努力将国有林场纳入国家分离国有农场办社会政策范围。二要推进科技创新和成果转化。强化困难立地造林、森林经营和雷击火防范技术攻关，力争在林业碳汇监测计量、生物质能源、资源保护、野外科学观测和生态服务功能测算等方面取得新突破。继续实施林业科技引领计划、林业科技富民示范工程和林业科技特派员创业行动，推动建立科技成果转化基地、标准化示范区等各级各类科技示范样板。加强林业植物新品种等知识产权保护和运用，强化林业生物安全和遗传资源管理，加快推进森林认证工作。加强协调，积极推进国家重点实验室、林业野外生态定位观测站、国家工程实验室、工程技术（研究）中心、林产品质量监督与检验检测机构等林业科技条件能力建设。三要强化依法治林。切实抓好森林法修改，继续开展自然保护区立法调研，推进沿海防护林条例、湿地保护条例、森林病虫害防治条例等行政法规起草修订工作。抓好野生动植物进出口证书核发管理办法、集体林权制度改革档案管理办法等部门规章制订工作。推进林业综合行政执法示范点建设。完成规范性文件清理，深化行政审批制度改革，认真做好林业行政复议工作，提升各级林业部门依法行政水平。四要大力推进林业信息化建设。林业信息化建设必须统一规划、统一标准、统一制式、统一平台、统一管理，加大资源整合，促进信息共享，在统一的前提下，发挥各自优势，开展各具特色的信息化业务。加快推进“金林工程”立项工作，尽快启动物联网应用示范工程。积极拓展林业信息化交流与合作，适时召开全国林业信息化工作会议。加强林业信息化示范省建设和林业信息化标准建设，推进应急通讯和先进成熟信息技术的应用普及。五要深化国际交流合作。及时准确掌握应对气候变化林业议题谈判形势变化，认真研究坎昆会议通过的两项决议，积极开展相关政策研究和科技攻关，及早制订我国林业与国际应对气候变化规则接轨的新政策、新措施、新规程和新标准，为林业议题谈判和林业长远发展争取主动。妥善应对森林可持续经营、非法采伐和老虎、象牙、犀牛角等涉林敏感、热点问题，全力维护国家权益。做好联合国亚太地区林业委员会会议、APEC林业部长会议等重要国际会议和国际森林年的相关工作。积极参与相关国际公约谈判和国际规则制定。继续实施林业“走出去”战略，巩固和拓展政府间、部门间合作渠道。积极争取日、韩、澳、德和联合国粮农组织、全球环境基金会、国际热带木材组织等双多边援助项目。

（九）全面抓好自身建设，提高服务管理能力。一要加强干部培养管理。深化干部人事制度改革，加大竞争上岗、挂职锻炼力度，抓好关键岗位轮岗交流，优化机关干部配置，选派一批政治上靠得住、业务上过得硬的干部充实到关键岗位。颁布实施国家林业局关于进一步加强林业人才工作的意见、全国林业人才“十二五”及中长期发展规划和全国林业教育培训“十二五”规划。二要抓好基层林业队伍建设。加快推进森林公安、调查监测、信息化等队伍建设，切实加强林业工作站、木材检查站、国有林场等基层单位建设，稳定机构队伍，强化职能作用，理顺资金渠道，完善基础设施，改善办公条件，着力解决干部职工关心的民生问题。三要推进反腐倡廉建设。切实抓好教育、制度、监督并重的惩治和预防腐败体系建设，开展各种专项治理工作，加强对重点领域、环节和岗位的监督检查，加大违纪违法案件查办力度，促进党员干部廉洁从政，依法行政。四要强化作风建设。深入开展创先争优活动，表彰一批先进党组织和优秀共产党员，努力形成学习先进、崇尚先进、争当先进的良好氛围。切实转变工作作风，以良好的作风凝聚人心，以优良的政风推动工作。

全面贯彻中央农村工作会议精神　奋力推进水利改革发展新跨越

——水利部部长陈雷在全国水利工作会议上的讲话

（2010年12月24日）

这次会议是在全面建设小康社会进入关键时期、水利改革发展迎来重大机遇的背景下召开的，主要任务是：全面贯彻落实党的十七届五中全会和中央经济工作会议、中央农村工作会议精神，系统总结“十一五”时期水利工作，深入分析当前水利面临形势，科学谋划“十二五”时期水利工作，安排部署2011年任务。

中央和国家有关部门、江苏省委省政府对这次会议高度重视，中央农村工作领导小组副组长、办公室主任陈锡文同志百忙之中亲自出席会议。刚才，江苏省委常委、副省长黄莉新同志发表了热情洋溢的致辞，介绍了江苏经济社会发展成就、水利工作成效和水利改革发展的经验及做法，描绘了江苏“两个率先”的宏伟蓝图和现代水利的美好前景，听后深受鼓舞、倍感振奋。锡文同志全面传达了中央农村工作会议精神，深入解读了即将出台的《中共中央、国务院关于加快水利改革发展的决定》，对于我们准确把握中央关于水利工作的战略部署、全力抓好会议精神的贯彻落实，具有十分重要的意义。下面，我讲几点意见。

一、　全面总结“十一五”水利工作

“十一五”时期，是我国水利发展史上极不平凡的五年，也是抗灾减灾成效最大、发展目标实现最好、人民群众受益最多、行业能力提升最快的五年。在党中央、国务院的正确领导下，各级水利部门深入贯彻落实科学发展观，积极践行可持续发展治水思路，大力发展民生水利，开拓进取，攻坚克难，扎实工作，圆满完成了“十一五”规划确定的目标任务，谱写了水利改革发展新篇章。

第一，新时期治水思路不断完善。“十一五”时

期，我们按照科学发展观要求，根据水利工作新形势新任务，不断丰富完善可持续发展治水思路，进一步确立七大流域水利发展定位和区域水利发展布局，明确提出实行最严格的水资源管理制度，加快从控制洪水向洪水管理转变，从供水管理向需水管理转变，从水资源开发利用为主向开发保护并重转变，可持续发展治水思路焕发出勃勃生机。我们顺应人民群众过上更好生活的新期待，把大力发展民生水利作为践行可持续发展治水思路的着力点和突破口，加快解决直接关系人民群众生命安全和切身利益的水利问题，使水利更好地惠及亿万人民群众。民生水利的理念在全国水利系统深入人心，民生水利快速发展成为"十一五"时期的鲜明特点。

第二，防汛抗旱减灾取得显著成效。"十一五"时期，我国洪涝干旱灾害多发并发重发，灾情之重历史罕见，救灾难度前所未有。各级水利部门坚持以人为本、科学防控，各级地方党委政府精心组织、周密部署，广大军民携手并肩、顽强拼搏，战胜了淮河、太湖、长江、松花江等流域发生的严重洪涝灾害，成功抗御了2006年川渝百年不遇大旱、2009年北方冬麦区大范围干旱、2010年西南地区特大干旱，有效应对"碧利斯"、"莫拉克"等超强台风的袭击，最大程度地保障了人民群众生命安全、减轻了灾害损失。特别是经过艰苦卓绝的努力，夺取了汶川水利抗震救灾斗争的重大胜利，灾区950多万人的饮水问题及时得到解决，2400多座震损水库、800多座震损水电站无一垮坝，1000多公里震损堤防无一决口，妥善化解了唐家山等105处堰塞湖风险，创造了世界上处理大型堰塞湖的奇迹；及时抢修、恢复玉树震损水利水电工程，为抢险救灾和灾后重建创造了有利条件；按照安全、科学、迅速的原则，采取挖爆冲等措施，连续奋战20多天，圆满完成舟曲堰塞湖应急处置及白龙江淤堵河道清淤疏通任务。

第三，重点工程建设取得重大进展。五年来，新建和加固堤防17080公里，新增水库库容381亿立方米，新增供水能力285亿立方米。如期完成专项规划内6240座大中型及重点小型、东部1116座重点小型病险水库除险加固任务，启动实施新一轮小型病险水库除险加固。大江大河大湖治理成效显著，长江下游河势控制、黄河标准化堤防建设稳步推进，治淮19项骨干工程全面完成，洞庭湖、鄱阳湖综合治理顺利实施，太湖流域水环境综合治理水利项目全面启动。一大批重点水利枢纽建成并投入运行，三峡工程成功实现175米水位试验性蓄水，嫩江尼尔基、广西百色、湖南皂市、黄河西霞院、四川紫坪铺等工程建成发挥效益。南水北调东、中线一期工程稳步推进，中线京石段实现向北京应急供水，辽宁大伙房输水工程正式通水，西藏旁多、甘肃引洮、贵州黔中、吉林哈达山、四川亭子口等工程进展顺利。开展了1000余条中小河流重点河段治理和103个县的山洪灾害防治试点建设。

第四，农村水利事业加快发展。农村饮水安全投入大幅增加，累计解决2.1亿农村人口的饮水安全问题，提前1年完成"十一五"规划任务，提前6年实现联合国千年宣言目标。农田水利建设步伐加快，累计新增有效灌溉面积5000万亩，改善灌溉面积1.9亿亩，新增工程节水灌溉面积8500万亩，农业灌溉水有效利用系数从0.45提高到0.50。对全国434处大型灌区进行续建配套与节水改造，80处灌区全面完成规划任务，同时对216处中型灌区进行节水改造。中部四省大型排涝泵站更新改造全面完成，全国大型灌排泵站更新改造启动实施。开展850个小型农田水利重点县建设，农田水利基本建设实现恢复性增长。新增水电装机8100万千瓦，其中农村水电装机2000万千瓦。建成400多个水电农村电气化县，实施小水电代燃料工程，改善了农民群众生产生活条件和生态环境。

第五，水资源节约保护不断加强。节水型社会建设深入推进，提前完成"十一五"规划确定的万元GDP用水量降低20%和万元工业增加值用水量降低30%的目标。江河流域水量分配逐步开展，省级行政区用水定额指标体系基本建立，水资源有偿使用制度逐步完善，水资源论证和取水许可工作不断强化，水权转换深入实践，开展了100个国家级和200个省级节水型社会建设试点。水资源保护力度加大，流域和省级地表水水功能区划全面完成，太湖流域水功能区划得到国务院批复，饮用水水源地保护不断加强，有效应对了松花江污染、太湖蓝藻暴发等引发的供水危机。黄河水量统一调度更加完善，连续11年不断流。以三峡水库为核心的长江水量调度不断加强，枯水期下游供水和航运安全得到保障。适时开展河北山西向北京调水、引黄济津济冀济淀、引江济太、珠江枯水期水量调度等工作，确保了北京、天津等重点城市和澳门特别行政区以及奥运会、世博会、亚运会等重大活动的供水安全。

第六，水土保持生态建设逐步深入。长江上中游、黄河中上游、西南石漠化、东北黑土区水土流失重点治理力度不断加大，坡耕地综合治理试点、南方崩岗治理启动实施，新增水土流失综合治理面积23万平方公里，治理小流域2万多条，完成水土保持生态修复22万平方公里，年均减少土壤侵蚀量3.68亿吨。水土保持预防监督扎实开展，全国水土流失与生态安全综合科学考察活动取得丰硕成果。重点流域生态治理深入推进。水利风景区建设成效显著。

第七，水利改革迈出新的步伐。水利投融资体制改革继续深化，中央和地方公共财政水利投入大幅度增长，初步形成了以政府投资为主导、社会投资为补充的水利投融资机制。国有水利工程管理体制改革基本完成，“两项经费”得到落实。流域管理与行政区域管理相结合的水资源管理体制不断健全，全国72%的县级以上行政区域实行城乡涉水事务一体化管理。农业水价综合改革试点取得明显成效，工业和城市生活水价改革稳步推进。区域协作机制加快建立，水利援藏、援疆工作取得明显成效，水库移民后期扶持政策全面落实，水利定点扶贫规划顺利完成。

第八，依法治水管水能力不断增强。水利政策法规体系不断健全，出台抗旱条例等5件涉水行政法规、10件部门规章及一批地方性法规，《水土保持法》（修订草案）已进入全国人大常委会审议阶段。水行政执法力度不断加大，严厉打击非法采砂、侵占河道等违法违规行为，全面完成“四无水电站”清查整改，妥善调处一批重大省际水事纠纷。“五五”普法工作全面完成。水利规划取得重要成果，国务院批复全国水资源综合规划、七大流域防洪规划等24项重要水利规划，七大流域综合规划修编全面通过技术审查。第一次全国水利普查全面展开。水利技术标准体系不断完善。水利工程建设管理、运行管理与河湖管理不断加强，安全生产监督检查深入开展，没有发生重大质量与安全事故。

第九，水利科技与国际合作成果丰硕。水利科技创新体系加快建立，国家重点实验室和国家工程技术研究中心建设取得突破，获得国家级科技奖励40项，引进、推广和转化先进适用技术800余项，水利科技创新成效显著，部分学科领域处于国际领先地位。水文站网体系进一步完善，预测预报预警能力不断提升，藻类监测和城市水文工作取得新进展。水利信息化建设步伐加快，防汛抗旱指挥、水土保持、电子政务等信息系统建成并发挥重要作用。国际交流与合作广泛开展，与60多个国家开展双边水利交流与合作，积极参与世界水论坛等重大水事活动，水利对外开放和利用外资步伐加快，小水电“点亮非洲”得到国际社会高度赞誉。

第十，党的建设和干部队伍建设扎实推进。党的先进性建设取得新成效，圆满完成学习实践科学发展观活动，深入开展学习型党组织建设和创先争优活动。“5151人才工程”、青年科技英才选拔培养项目和新技师培养计划顺利实施，水利队伍整体素质明显提高。党风廉政建设责任制不断加强，惩防体系建设逐步深入，强化预算管理和财务管理，加强关键部位和重点环节的监督、稽察和审计，开展水利工程建设领域突出问题和商业贿赂专项治理，严肃查办违纪违法案件，水利系统政风行风建设成效明显。精神文明建设取得新成果，一批单位被评为全国文明单位和全国精神文明建设先进单位。水利宣传工作成效显著，水文化建设富有生机。离退休干部工作全面加强。工青妇、学会、协会等团体作用进一步发挥。“献身、负责、求实”的水利行业精神得到广泛弘扬，涌现出一大批水利先进集体和模范人物。

五年来，我们经受了严峻考验，得到了艰苦磨炼，积累了宝贵经验，获得了深刻启示。

第一，党中央、国务院高度重视是水利又好又快发展的根本保证。五年来，胡锦涛总书记、温家宝总理和回良玉副总理等中央领导多次对水利工作作出重要批示、提出明确要求，在防汛抗旱和抢险救灾的关键时刻亲临一线视察灾情、指导工作。党的十七届三中全会进一步明确病险水库除险加固、农村饮水安全、灌区续建配套与节水改造三大目标任务，每年中央一号文件都对水利工作作出安排部署，为加快水利改革发展指明了前进方向，提供了根本保证。

第二，持续加大政策支持是水利又好又快发展的有力支撑。五年来，中央出台一系列指向明确、作用直接、见效迅速的水利扶持政策，大幅度增加水利投入，各地也积极制定政策措施，千方百计增加水利投资。“十一五”水利总投入是“十五”的1.93倍，干成了一些多年想干而没有条件干的大事。

第三，坚持人与自然和谐相处是水利又好又快发展的基本要求。五年来，水利部党组坚决贯彻中央水利工作方针，坚持可持续发展治水思路，顺应自然规律和社会发展规律，注重合理开发、优化配置、全面节约、有效保护水资源，有力促进了经济社会可持续发展。

第四，着力保障和改善民生是水利又好又快发展的内在动力。五年来，我们始终把保障和改善民生作为水利工作的出发点和落脚点，着力解决事关群众切身利益的水利问题，实施了一大批民生水利项目，为人民群众带来了更多实惠，也为水利事业发展增添了强大活力和内在动力。

第五，建设高素质水利队伍是水利又好又快发展的重要基础。五年来，我们着力培养造就一支政治坚定、业务精通、勇于创新、作风扎实、爱岗敬业、勤政廉洁的高素质水利干部队伍。广大水利干部职工在防汛抗旱、抢险救灾的紧要关头，在水利建设、管理的主战场，奋勇拼搏，无私奉献，成为水利改革发展的坚强柱石。

第六，广泛凝聚全社会治水力量是水利又好又快发展的重要保障。五年来，中央有关部门密切配合、鼎力支持，各级党委政府高度重视、大力推动，广大军民同心协力、并肩作战，充分体现了社会主义制度集中力量办大事、团结各方渡难关、凝心聚力克时艰的优越性，形成了治水兴水的强大合力。

经过五年的不懈努力，我国水利基础不断夯实，防灾减灾体系逐步完善，水利保障能力大幅提升，群众受益程度明显提高，为粮食连续七年增产、农民持续增收、农村经济持续发展提供了有力保障，为有效应对国际金融危机冲击、保持经济平稳较快发展奠定了坚实基础，为全面建设小康社会、加快社会主义现代化进程做出了重要贡献。在此，我代表水利部，向长期关心和支持水利工作的各有关部门、地方各级党委政府、人民解放军指战员和武警官兵，以及社会各界表示衷心的感谢！向长年奋战在水利战线的广大干部职工致以崇高的敬意！

二、深刻领会中央精神和决策部署

“十二五”时期，是加强水利重点薄弱环节建设、加快民生水利发展的关键时期，是深化水利改革、加强水利管理的攻坚时期，也是推进传统水利向现代水利、可持续发展水利转变的重要时期。党的十七届五中全会对“十二五”时期水利改革发展提出明确要求，中央经济工作会议作出重要部署，刚刚闭幕的中央农村工作会议重点研究部署加快水利改革发展问题，讨论了《中共中央、国务院关于加快水利改革发展的决定》，进一步明确了新形势下水利的战略定位，水利改革发展的指导思想、主要原则、目标任务、工作重点和政策举措。认真学习、深刻理解、准确把握、全面落实党的十七届五中全会和中央经济工作会议、中央农村工作会议精神，对于抓住和用好水利改革发展的战略机遇期，推动水利更好更快发展，具有十分重要的意义。

第一，准确把握经济社会发展提出的新要求。党的十七届五中全会提出，制定“十二五”规划要以科学发展为主题，以加快转变经济发展方式为主线，提高发展的全面性、协调性和可持续性，同时提出了“五个坚持”的基本要求，强调要在工业化、城镇化深入发展中同步推进农业现代化。中央经济工作会议明确了明年宏观经济政策的基本取向，强调实施积极的财政政策和稳健的货币政策，提出的明年经济工作总体要求和6个方面主要任务，统筹当前和长远，与“十二五”规划目标任务紧密衔接。加快转变经济发展方式是我国经济社会发展领域的一场深刻变革，是推动科学发展和现代化建设的必由之路，是水利工作必须牢牢把握的战略大局。“三化同步”是现代化建设必须牢牢把握的客观规律，是顺应农业农村新发展新变化新趋势的必然要求，是我国经济社会发展的重大原则，也是谋划“十二五”水利发展新思路新举措的重要遵循。大力推动结构调整，实现经济转型升级，迫切需要加快水利建设步伐，转变水利发展方式，充分发挥水资源要素配置的先导作用和水利基础设施的保障作用；协调推进经济发展和社会建设，迫切需要解决好涉及民生的水利问题，促进水利基本公共服务均等化；尽快形成“三化同步”的良好局面，迫切需要大兴水利，着力夯实农田水利基础，消除水利的瓶颈制约；深化改革开放、创新体制机制，迫切需要全面推进水利各个领域改革，突破制约水利发展的体制机制障碍。我们必须深刻认识世情国情水情变化，在形势发展变化中抓住新机遇，在应对各种挑战中把握主动权，推动水利改革发展再上新台阶。

第二，准确把握新时期水利的战略定位。明确水利的战略地位，是关系水利长远发展的根本问题。随着经济社会快速发展，我国水资源形势深刻变化，水安全状况日趋严峻，水利对全局的影响更为重大，地位愈加凸显。中央农村工作会议指出，水是生命之源、生产之要、生态之基，水利是现代农业建设不可或缺的首要条件，是经济社会发展不可替代的基础支撑，是生态环境改善不可分割的保障系统，具有很强的公益性、基础性、战略性。加快水利改革发展，不仅事关农业农村发展，而且事关经济社会发展全局；不仅关系到防洪安全、供水安全、粮食安全，而且关系到经济安全、生态安全、国家安全。这是在我们党的重要会议上，第一次全面深刻阐述水利在现代农业建设、经济社会发展和生态环境改善中的重要地位，第一次将水利提升到关系经济安全、生态安全、国家安全的战略高度，第一次鲜明提出水利具有很强的公益性、基础性、战略性，这是对我国基本国情水情的准确把握，是对水利发展阶段特征的科学判断，是今后统筹水利改革发展、完善水利扶持政策的基本依据，是我们党对水利工作认识的又一次重大飞跃，对统一全党思想、形成全民共识、凝聚全社会力量、加快水利改革发展，必将起到巨大的推动作用和深远的历史影响。

第三，准确把握制约水利发展的突出矛盾。新中国成立以后特别是改革开放以来，我国水利改革发展取得显著成就，但必须清醒看到，与经济社会发展对水利的要求相比，水利投入强度明显不够，建设进度明显滞后，主要表现在：中小河流和大江大河主要支流防洪能力低、小型水库病险率高、山洪灾害威胁大、抗旱水源工程严重不足，这些都是水利建设的突出薄弱环节；“两工”取消后农民投工投劳锐减，农田水利设施不足，农业抗御水旱灾害能力较低；水资源短缺问题日益突出，水资源水环境对经济社会发展的约束不断强化；水利发展仍存在诸多不适应、不符合科学发展要求的体制机制问题，水利改革进入深层次攻坚克难阶段。中央农村工作会议明确指出，人多水少、水资源时空分布不均依然是我国现阶段的基本国情水情，洪涝灾害频繁仍然是中华民族的心腹大患，水资源供需矛盾突出仍然是可持续发展的主要瓶颈，农田水利建设滞后仍然是影响农业稳定发展和国家粮食安全的最大硬伤，水利设施薄弱仍然是国家基础设施的明显短板。随着工业化、城镇化深入发展，全球气候变化影响加大，我国水利面临的形势更趋严峻，2010年西南地区发生特大干旱、多数省区市遭受洪涝灾害、部分地方突发严重山洪泥石流，再次警示我们加快水利建设刻不容缓，深化水利改革时不我待，强化水利管理势在必行。

第四，准确把握水利改革发展的目标任务。中央农村工作会议强调，要把水利作为国家基础设施建设的优先领域，把农田水利作为农村基础设施建设的重点任务，把严格水资源管理作为加快经济发展方式转变的战略举措，注重科学治水、依法治水，围绕保障国家粮食安全大兴农田水利，围绕保障防洪安全继续加强江河治理，围绕保障供水安全加强水资源配置工程建设，围绕保障水资源安全加强各项管理制度建设，促进水利可持续发展，努力走出一条中国特色水利现代化道路。明确提出力争通过5到10年努力，从根本上扭转水利建设明显滞后的局面，到2020年基本建成防洪抗旱减灾体系、水资源合理配置和高效利用体系、水资源保护和河湖健康保障体系、有利于水利科学发展的制度体系。强调要突出加强农田水利等五个方面的薄弱环节建设，全面加快水利基础设施建设；实行最严格的水资源管理制度，确立用水总量控制、用水效率控制、水功能区限制纳污“三条红线”；创新水利发展体制机制。我们要认真学习领会中央农村工作会议精神，全面把握中央农村工作会议对水利工作的重大部署，把重点突破与整体推进更好地结合起来，把保障发展与改善民生更好地结合起来，把构建现代水利基础设施体系与实行最严格的水资源管理制度更好地结合起来，奋力推进水利改革发展新跨越。

第五，准确把握加快水利发展的政策措施。解决我国日益复杂的水资源问题，推动水利事业又好又快发展，最根本的是靠政策、靠制度、靠改革。中央农村工作会议制定和出台了一系列支持水利的新政策新举措，包含财政、投资、金融、税收、土地、价格、政绩考核等各个领域，明确提出要发挥政府在水利建设中的主导作用，各级财政性资金对水利投入的总量和增幅要有明显提高，进一步提高水利建设资金在国家固定资产投资中的比重，大幅度增加中央和地方财政专项水利投入，从土地出让收益中提取10%用于农田水利建设，进一步完善水利基金政策，延长征收年限、拓宽来源渠道、增加收入规模，引导金融机构增加水利信贷资金，广泛吸引社会资金投入水利建设，力争今后10年全社会水利年平均投入比2010年高出1倍。同时，在建立水资源管理责任和考核制度、基层水利管理和服务体系建设、水源储备、建设项目占用水利设施和水域补偿等方面也提出了许多政策措施。这些重大举措，是对各地水利实践探索的总结升华，是对过去水利扶持政策的集成发展，是对水利发展体制机制的完善创新，针对性强，覆盖面广，含金量高。我们要深刻领会、准确把握，抓紧实化细化政策，加大政策落实力度，充分发挥政策效力。

三、努力推进“十二五”水利新发展

“十二五”时期水利工作的总体要求是：全面贯彻党的十七届五中全会和中央经济工作会议、中央农村工作会议精神，坚持科学发展主题和加快转变经济发展方式主线，积极践行可持续发展治水思路，大力发展民生水利，以推进传统水利向现代水利转变、保障经济社会可持续发展为根本目标，以加强水利薄弱环节建设、强化水利基础设施体系为重点任务，以落实最严格的水资源管理制度、全面建设节水型社会为战略举措，以深化重点领域和关键环节改革、创新水利科学发展体制机制为重要保障，着力增强水旱灾害应对与综合防御能力、水资源合理调配与高效利用能力、水生态环境保护与修复能力、科学治水与依法管水能力，确保防洪安全、供水安全、粮食安全和生态安全，为全面建设小康社会和促进经济长期平稳较快发展提供坚实水利保障。

今后五年水利发展的主要目标是：

——防洪减灾综合体系进一步完善。大江大河防洪体系基本建成。重点中小河流重要河段治理基本完成，现有病险水库和大中型病险水闸隐患基本消除，山洪灾害防治区监测预警系统和群测群防体系基本建立。全国洪涝灾害年均直接经济损失占同期GDP的比重降低到0.7%以下。

——城乡供水安全保障水平显著提高。流域和区域水资源合理配置格局初步形成，与工业化、城镇化、农业现代化相适应的城乡供水体系基本建立，农村饮水安全问题全面解决。全国新增供水能力400亿立方米左右，全国干旱灾害年均直接经济损失占同期GDP的比重降低到1.1%以下。

——农村水利基础设施条件明显改善。完成70%以上的大型灌区和50%以上的重点中型灌区骨干工程续建配套与节水改造任务，净增农田有效灌溉面积4000万亩，新增高效节水灌溉面积5000万亩。新增农村水电装机1000万千瓦。

——水资源利用效率和效益大幅提高。节水型社会建设取得显著进展，水资源高效利用与有效保护体系基本建立。全国万元GDP用水量降低到140立方米以下，万元工业增加值用水量降到80立方米以下，农业灌溉水有效利用系数提高到0.53。

——水环境保护与水生态建设成效显著。全国重要江河湖库水功能区主要水质指标达标率提高到60%。水土流失综合防治体系初步建立，新增水土流失综合治理面积25万平方公里，生态环境脆弱地区及重点河湖水生态环境状况得到改善，地下水严重超采区超采状况初步扭转。

——依法治水管水能力不断增强。符合我国国情水情的较为完善的水法规体系基本形成，水行政执法能力显著提升，预防为主、预防与调处相结合的水事纠纷处理机制基本建立，全社会水法治意识进一步增强。

——重点领域和关键环节改革取得突破。最严格的水资源管理制度体系初步建立，以公共财政为主渠道的稳定增长的水利投融资体制基本形成，水利工程良性运行与管护机制基本健全，水价形成机制初步理顺。

——行业能力建设取得重要进展。水利科技创新水平明显提升，水文服务能力和水利信息化水平进一步提高，水利人才队伍不断壮大，基层水利服务体系基本建立，水利公共服务能力显著增强。

实现上述目标，要着力抓好以下工作：

第一，突出加强防洪薄弱环节建设。加大中小河流治理力度，基本完成有防洪任务的重点中小河流重要河段治理。巩固大中型病险水库除险加固成果，全面完成小型病险水库和规划内大中型病险水闸除险加固。加快山洪灾害防治步伐，用3年时间完成1836个县山洪灾害防治非工程措施建设。加大江河主要支流治理力度，加强重点独流入海河流和西北地区重点内陆河流综合治理。

第二，全面加强农田水利建设。加快实施大中型灌区续建配套和节水改造，完成190处大型、800处重点中型和1500处一般中型灌区的节水改造任务。结合新增千亿斤粮食生产能力建设，在水土资源条件具备的地区新建一批灌区，大力发展有效灌溉面积。加强灌区末级渠系节水改造和田间工程配套，建设旱涝保收高标准农田。实施大中型灌排泵站更新改造，加强重点涝区治理。因地制宜兴建小水窖、小水池、小塘坝、小泵站、小水渠等“五小”水利工程，搞好雨洪资源利用，提高供水保障能力。加快推进小型农田水利重点县建设，对县域农田水利基础设施进行集中配套改造。加快以节水灌溉饲草地为重点的牧区水利工程建设。

第三，大幅提高城乡供水保障能力。加快实施全国大型、中型水库建设规划，完成南水北调东、中线一期主体工程及配套工程建设，积极推进引汉济渭、引江济淮（巢）、滇中调水等跨流域、跨区域调水工程，开展南水北调西线工程前期研究，优化水资源战略配置格局。实施西南五省重点水源工程近期建设规划，建设一批中小型水库、引提水工程，着力解决西南等地区工程性缺水问题。加快河湖水系连通工程建设，构建引得进、蓄得住、排得出、可调控的江河湖库水网体系，提高供水可靠性和防洪保安能力。继续推进农村饮水安全工程建设，2012年年底前解决规划内农村饮水安全问题，2015年年底前全面解决农村饮水安全问题。建设一批规模合理、标准适度的抗旱应急水源工程，建立应对特大干旱和突发水安全事件的水源储备制度。

第四，大力发展高效节水灌溉。大幅度增加高效节水灌溉资金投入，小农水重点县建设资金要优先用于节水灌溉，用好灌排设备农机具补贴政策和节水灌溉财政贴息政策，大力推广管道输水、喷灌、滴灌、微灌等高效节水灌溉技术，集中力量建设一批规模化高效节水灌溉示范区。北方平原地区要大力推行管道灌溉，固定式、半固定式、移动式喷灌等技术；东北、西北等有规模化耕作条件的地区，要大力发展大型机械化行走式喷灌，集中连片建设高标准节水灌溉示范区。南方水资源相对丰富地区也要发展节水灌溉，大力推行水田控制灌溉。水源条件较差的山丘区，要利用小型集雨设施，发展滴灌、微灌等窖灌农业。要结合农业种植结构调整，大力发展节水型设施农业和旱作农业。要完善节水灌溉技术服务体系，建立农业灌溉总量控制和定额管理制度，加强量水设施建设，改进水费计收手段，抓好输水、灌水、用水过程节水。要积极研发具有中国特色、质优价廉的节水灌溉技术和设备。

第五，继续实施大江大河治理。进一步治理淮河，加快以入海水道二期为重点的新三项工程建设，搞好黄河下游治理和长江中下游河势控制，继续推进主要江河河道整治和堤防建设，加强太湖、洞庭湖、鄱阳湖综合治理。开工建设西江大藤峡、黄河古贤、淮河出山店等一批流域防洪控制性水利枢纽工程，不断提高调蓄洪水能力。加快蓄滞洪区建设，重点实施长江城陵矶附近和海河重点蓄滞洪区建设，调整和建设淮河行蓄洪区，加强黄河下游滩区安全建设。抓好城市防洪排涝工程建设，推进海堤建设和跨界河流整治。

第六，深入开展水生态环境治理。继续抓好重点区域水土保持生态建设，全面开展坡耕地综合整治，推进生态清洁型小流域建设。继续实施塔里木河、黑河、石羊河流域综合治理和首都水资源可持续利用规划，开展海河流域、敦煌等生态脆弱地区与艾比湖等河湖水生态修复治理。抓好农村水环境综合治理，搞好农村河道疏浚和小型水库清淤。大力推进水电新农村电气化县建设，扩大小水电代燃料工程规模，实施农村水电增效扩容改造，加强水能资源开发利用管理和安全监管。

第七，着力实施最严格的水资源管理制度。确立用水总量控制、用水效率控制、水功能区限制纳污“三条红线”。落实重要江河流域水量分配方案，建立流域、省、市、县四级取水总量控制指标体系。完善农业、工业、服务业、居民生活等用水定额指标体系，强化计量和考核管理。从严核定水域纳污容量，严格控制入河排污总量，建立和完善水功能区水质达标评价体系和监测预警监督制度。加大城乡饮用水水源地、南水北调沿线、三峡库区等重点区域水资源保护力度，推进太湖、滇池、巢湖水环境综合治理。完善国家水权制度，全面落实水资源有偿使用、水资源论证、取水许可等管理制度，建立水资源管理责任制与考核制。加强水资源统一调度，开展海水淡化，开发利用再生水、苦咸水、矿井水等非常规水资源。积极推进地下水超采治理。

第八，努力创新水利科学发展的体制机制。建立水利投入稳定增长机制，充分发挥公共财政的主渠道作用，大幅度增加各级财政水利投资规模，充实完善中央和地方水利建设基金筹集政策，扩大基金来源和规模，完善有关财政补贴政策，用好从土地出让收益中提取10%用于农田水利建设的政策。加强对水利建设的政策性金融支持。鼓励各地积极出台扶持政策，加大一事一议财政奖补力度，广泛吸引社会资金参与水利建设。推进水资源管理体制改革，健全流域管理与行政区域管理相结合的水资源管理体制，推进城乡水务一体化进程。深化水利工程管理体制改革，落实中小水利工程管护主体和管理责任，保障水利工程良性运行。完善基层水利服务体系，以乡镇或小流域为单元，健全基层水利服务机构，强化公益性职能，核定人员编制，经费纳入县级财政预算。加快农民用水合作组织建设，加强防汛机动抢险队伍和抗旱服务组织建设，推动水文行业管理体制和农村水电管理体制改革。推进水价改革，发挥水价在促进节约用水中的杠杆作用。建立与水有关的生态补偿机制。充分发挥水土资源优势，积极开展水利多种经营，加强水利风景区建设与管理。

第九，不断强化科学治水和依法管水。健全水利科技创新体系，强化基础条件平台建设，加强基础研究和技术研发，力争在水利重点领域、关键环节和核心技术上实现新突破，获得一批具有重大实用价值的研究成果，加大技术引进和推广应用力度。健全水利技术标准和计量、质量认证体系。建立健全水法规体系，完善水资源配置、节约保护、防汛抗旱、河道采砂、农村水利、水土保持、流域管理等领域的法律法规。全面推进水利综合执法，加大对非法取水、非法采砂等水事违法行为的打击力度。加强河湖管理，严禁建设项目非法侵占河湖水域、岸线。健全预防为主、预防与调处相结合的水事纠纷调处机制，完善应急预案。做好水库移民安置工作，深入落实后期扶持政策。完善水利安全监督管理制度。加强水利国际交流与合作。

第十，切实加强行业能力建设。全面做好第一次全国水利普查工作。完善全国、流域、区域水利规划体系，强化水利规划对涉水活动的管理和约束作用，加快重点建设项目前期工作。优化水文站网布局，着力增强重点地区、重要城市、地下水超采区水文测报能力，加快应急机动监测能力建设。建立防汛抗旱督察制度，健全防汛抗旱应急管理机制。加快国家防汛抗旱指挥系统、全国水资源管理信息系统和国家水利数据中心建设，以水利信息化带动水利现代化。大力加强水利系统党的建设、干部队伍建设、反腐倡廉建设和精神文明建设。

四、扎实做好2011年水利工作

2011年是建党90周年，也是实施“十二五”规划的开局之年。中央农村工作会议明确，2011年农业农村工作的总体要求是：大兴水利强基础、狠抓生产保供给、力促增收惠民生、着眼统筹增活力。贯彻落实中央决策部署，做好2011年水利工作，对保持国民经济平稳较快发展、加快转变经济发展方式、促进水利发展“十二五”规划顺利实施，具有十分重要的意义。

第一，做好防汛抗旱防台风工作。把保障人民群众生命安全放在第一位，提前做好防汛抗旱各项准备，全面落实以行政首长负责制为核心的各项防汛抗旱责任制，突出抓好病险水库、水电站、在建水利工程安全度汛，着力防范中小河流洪涝灾害和山洪地质灾害，高度重视台风防御工作，认真做好北方河流防凌汛工作，统筹做好城市防洪排涝和农田排涝降渍工作。加强旱情监测预警分析评估，狠抓抗旱水源工程建设，强化抗旱水源管理和水量统一调配，做好引黄济津济淀、引江济太、珠江枯水期水量调度、山西河北向北京集中输水等调度工作，确保城乡供水安全。

第二，抓紧防洪重点薄弱环节建设。加快实施全国重点地区中小河流近期治理建设规划，确保2012年年底前完成规划确定的2209条中小河流的重要河段治理任务。继续加大小（1）型病险水库除险加固力度，2010年开工项目要在2011年完成任务，其他项目2011年全部开工建设。启动实施小（2）型病险水库除险加固规划和全国大中型病险水闸除险加固规划。抓紧实施全国山洪灾害防治规划，在2010年安排500个县的基础上，2011年再安排600个县的山洪灾害防治非工程措施建设。

第三，加强西南抗旱能力建设。加快西南地区“润滇”、“泽渝”、“兴蜀”、“滋黔”一期工程建设步伐，加快实施中型水库建设规划。抓紧落实西南五省重点水源工程近期建设规划，开工建设一批前期基础好、综合效益高的水源工程项目。对现有小型水利设施进行清淤扩容、续建配套、除险加固，因地制宜兴建小微型蓄引提灌排工程，大力发展牧区水利，搞好集雨水窖工程建设，统筹推进其他地区抗旱薄弱环节建设。

第四，继续推进重点工程建设。落实国务院治淮工作会议部署，抓紧开工建设入江水道加固、行蓄洪区调整、平原洼地治理等一批重点项目。实施太湖太浦闸除险加固，开工建设新孟河、新沟河延伸拓浚等工程。加快洞庭湖治理近期实施方案项目建设，推进鄱阳湖二期治理及“五河”尾闾疏浚。加快建设西藏旁多、贵州黔中、吉林哈达山等一批骨干水库工程。搞好重点蓄滞洪区安全建设。加大水利援疆、援藏工作力度，扎实做好水库移民及水利定点扶贫工作。

第五，着力抓好农村水利建设。2011年再解决6000万农村人口饮水安全问题，确保完成30处以上大型灌区续建配套与节水改造，新启动一批小型农田水利重点县建设，发展有效灌溉面积800万亩。大力抓好农村河道清淤疏浚及水环境整治。新增农村水电装机260万千瓦，全面启动水电新农村电气化县建设，新开工一批小水电代燃料工程项目建设，启动农村水电增效扩容试点。

第六，强化水资源节约保护和水土保持。完善最严格水资源管理制度实施方案，组织实施跨省河流水量分配，明确省级行政区取水许可总量，确定各地新增农业和工业取用水量分阶段控制指标，会同有关部门修订重点行业取水定额国家标准，完成全国重要江河湖泊水功能区划并尽快报国务院审批。在重点流域和区域率先划定“三条红线”，加强监测评价和考核监督，考核结果交由干部主管部门，作为地方相关领导干部综合考核评价的重要依据。加大重点区域水土流失治理力度，搞好坡耕地水土流失综合治理，加快生态清洁型小流域建设，力争年内完成水土流失综合治理面积5万平方公里。深入推进石羊河等生态脆弱河流综合治理，实施敦煌水资源合理利用与生态保护工程，加强以青海“三江源”、新疆内陆河流域、西藏等地区为重点的生态自然修复。

第七，深化重点领域水利改革。积极争取将水利工程管理体制改革覆盖到基层水管单位，延伸到小型水利工程，落实公益性小型水利工程管护主体、责任和经费。会同有关部门研究制定土地出让收益用于农田水利建设的资金使用管理办法。加强水资源统一管理，推进城乡水务一体化改革，强化水务市场监管。推动落实基层水利站人员编制、经费保障等有关政策，加强抗旱服务队、试验示范站等基层水利技术服务体系建设。扩大农业水价综合改革试点范围，积极推行农业终端水价和计量收费，稳步推进工业和生活用水水价改革。全面加强水利财务工作，健全预算执行长效机制。

第八，完善水利规划和政策法规。全面完成七大流域综合规划修编，启动全国水中长期供求规划编制，抓好各专项规划编制工作，加快重点项目前期工作。大力宣传贯彻新修订的《水土保持法》，配合做好太湖管理条例、洪水影响评价管理条例的审查工作，积极推进节约用水条例等立法工作。加强水政监察，继续推进水利综合执法。强化水利安全生产和工程质量监管，全面加强河湖水域岸线和河道采砂管理。抓好水利改革发展配套政策研究制定工作，加强水利重大战略问题研究。认真抓好水利普查的组织实施，按时完成清查登记阶段各项任务。

第九，推动水利科技创新与国际合作。做好“十二五”国家级重大研究项目的论证和启动实施工作，力争在水安全战略研究、实行最严格的水资源管理制度、江河湖库水系连通和水资源优化配置、流域控制性骨干工程联合调度等方面实现新突破，抓好技术引进和科技推广。加强水文基础工作，强化水文行业管理，加快水利信息化步伐，启动防汛抗旱指挥系统二期工程、水资源管理信息系统等建设。积极推进双边多边水利务实合作。

第十，加强党的建设和干部队伍建设。紧紧围绕建党90周年，深入开展创先争优活动，扎实推进学习型党组织建设。加大干部队伍、人才队伍建设力度，积极稳妥推进事业单位改革。加强水利惩防体系建设，深化党性党风党纪教育，建立水利廉政风险防控机制，加大水利项目安排、投资计划、工程建设、资金管理等重点领域和关键环节的监察、审计、稽察，全面完成水利工程建设领域突出问题专项治理工作，与监察部建立联合监督检查机制。继续做好离退休干部工作，抓好社团建设和管理，做好信访维稳和后勤保障。加强水利新闻宣传，深入开展精神文明创建活动，推动和谐机关建设和水文化建设取得新进展。

五、着力抓好各项工作的贯彻落实

加快水利改革发展是党中央、国务院作出的重大战略部署，是对各级水利部门工作态度、工作能力、工作作风的重大考验。我们一定要全力以赴、扎实工作，全面贯彻落实好中央决策部署，为“十二五”水利发展开好局、起好步奠定坚实基础。

第一，加强领导，落实责任。落实中央决策部署，关键在领导。各级水利部门要把思想和行动统一到中央的决策部署上来，统一到部党组的工作安排上来，结合本地区、本流域、本部门、本单位实际，认真研究制定工作方案，明确目标任务，抓住主攻方向，找准薄弱环节，突出工作重点，实化工作措施。要建立健全领导责任制和岗位责任制，把目标和任务分解到岗位，把责任和措施落实到人头，主要领导要亲自抓、负总责，分管领导要直接抓、负主要责任。对重点水利项目、关键改革举措、重要政策落实，要按照分级负责的原则，层层签订责任书，形成一级抓一级、层层抓落实的工作格局。

第二，加大投入，健全机制。落实中央决策部署，投入是保障。各级水利部门要积极主动向当地党委政府汇报，明确政府在水利发展中的主要责任，及时研究解决水利改革发展中的突出问题，切实把水利作为公共财政预算安排的优先领域，大幅度增加水利投入，千方百计落实好地方配套资金。要优化项目安排和投资结构，优先考虑水利重点薄弱环节建设，统筹推进水利基础设施建设。要进一步拓宽水利投融资渠道，不仅要努力建立中央和地方财政投入水利建设的新机制，还要加快研究制定吸引农民资金、信贷资金以及社会各方面资金投入水利基础设施建设的政策措施。要切实加强水利资金使用管理，加快预算执行进度，加强审计稽察，确保资金安全，提高投资效益。

第三，转变作风，真抓实干。落实中央决策部署，首先看作风。回良玉副总理在中央农村工作会议上指出，完成艰巨繁重的“三农”发展任务，必须要有好的作风，关键是要带着“四情”做工作，服务农民要有感情，开展工作要有热情，开拓创新要有激情，献身事业要有痴情。这是对我们的谆谆告诫，也是对我们的殷切期望，水利系统各级领导干部特别是主要领导同志要铭记在心，落实于行，满怀“四情”做好工作，心无旁骛抓好落实。要深入基层和一线，及时发现并解决工作中存在的问题。对中央已经明确的政策要抓紧实施，对实践中行之有效的做法要总结推广，对迫切需要解决的问题要敢于先行先试。

第四，注重宣传，营造氛围。落实中央决策部署，必须营造良好氛围。要组织广大水利干部职工认真学习，把思想和行动统一到中央加快水利改革发展的决策部署上来。充分利用中央和地方、行业内外主流媒体，策划重点宣传活动，深入解读中央加快水利改革发展的战略决策和政策措施，全面反映水利改革发展的新举措和新进展，及时报道各地治水实践的新经验和新成效，把政策和要求原原本本地交给干部群众，最大限度放大政策效应，更大范围赢得社会各界的理解和支持。

第五，加强检查，强化监督。落实中央决策部署，必须狠抓监督检查。要重点检查各地政策措施是否落实到位，最严格的水资源管理制度是否落实到位，工程建设进度、质量、安全、资金保障措施是否落实到位，预算执行和资金监管的各项规章是否落实到位。在继续开展专项检查、日常巡查、突击抽查和蹲点督查的基础上，加大跨地区、跨行业相互检查和社会公开监督的力度，建立健全问责制度。检查结果要及时通报，并与项目安排、资金拨付、绩效考核挂钩。

第六，搞好协调，形成合力。落实中央决策部署，必须强化团结治水、合力兴水。各级水利部门要当好党委政府参谋，争取党政领导的重视和支持，加强与发展改革、财政、国土、农业、建设等部门的协调配合，确保各项水利任务落到实处。要搞好流域机构与地方水利部门之间的协调配合，加强水利部门内部的团结协作，强化上下级之间的沟通联系，动员社会各方面力量，共同做好各项水利工作。

珍惜地球资源 转变发展方式

——写在第42个“世界地球日”

国土资源部部长 徐绍史

今天是第42个“世界地球日”。每一年的今天，我们都会怀着敬畏的心情，隆重纪念这一特殊的日子，互相传递一种理念：地球是人类生存的家园，保护地球，就是守护人类自己的家园。今天，面对工业文明鼎盛、地球资源过度消耗的现实，我们向社会郑重呼吁：珍惜地球资源，转变发展方式。

同地球的古老历史相比，人类出现后的岁月是短暂的，然而人类却占据了自然大舞台的中心位置。在数千年的发展文明史中，人类深谙最大化地利用地球资源，却常常忽略科学、合理地利用资源。特别是近百年来，工业化快速发展，人类涉足的疆域迅速扩张，上天、入地、下海……这些梦想实现的同时，也带来了资源过度消耗和环境遭受破坏的问题。今天，油荒、电荒、气荒、粮荒，世界经济发展陷入资源匮乏的窘境；海洋污染、大气污染、土壤污染、水污染，破坏了人类引以为荣的发展成果；极端气候事件不断发生，地质灾害高发频发，威胁着人类的生命财产安全……珍惜地球资源，转变发展方式，已经成为地球人面对的共同命题。

我国地域辽阔，资源总量大、种类全，但人均占有量少，禀赋总体不高。人均耕地、林地、草地面积和淡水资源分别仅相当于世界平均水平的43%、14%、33%和25%，主要矿产资源人均占有量占世界平均水平的比例分别是煤67%、石油6%、铁矿石50%、铜25%。矿产资源品位低、贫矿多，难选冶矿多；土地资源中难利用地多、宜农地少，宜居面积仅占国土面积20%；水土资源空间匹配性差，资源富集区多与生态脆弱区重叠。加之，我国正处在加快推进工业化、城镇化和农业现代化的进程中，有其他国家无法比拟的巨大资源需求，同时资源供给的刚性制约也在不断加剧。特殊的国情，对我国珍惜地球资源、转变经济发展方式提出了更为迫切的要求。

珍惜地球资源，转变发展方式，国土资源管理大有可为。国土资源是经济社会发展的重要物质基础，经济发展方式在相当程度上决定了资源利用方式，粗放的发展方式往往导致资源大量消耗和粗放利用；资源利用方式反过来也深刻影响着经济发展方式。加快经济发展方式转变的战略任务，迫切要求加快资源利用方式转变。今年是“十二五”开局之年，“十二五”规划纲要明确提出，以科学发展为主题，以加快转变经济发展方式为主线，把建设资源节约型、环境友好型社会作为加快转变经济发展方式的重要着力点。在“十二五”战略机遇期，国土资源管理工作要抓住机遇，深入贯彻落实科学发展观、加快和促进经济发展方式的转变，全面构建保障和促进科学发展新机制，统筹保障发展和保护资源，大力实施节约优先战略，显著提高国土资源保障能力和保护水平，促进经济社会全面协调可持续发展。

珍惜地球资源，转变发展方式，要求我们完善国土资源宏观调控机制，健全国土资源规划体系。加强土地政策与财政、货币、产业等相关政策的协调配合，进一步发挥土地宏观调控作用。加强矿业权设置管理，优化矿产资源开发结构布局，完善矿产资源参与宏观调控政策。抓紧编制实施国土规划，优化国土开发格局，促进区域协调发展和城镇化健康发展。坚持海陆统筹，制定和实施海洋发展战略，合理开发利用海洋资源，大力发展海洋经济。

珍惜地球资源，转变发展方式，要求我们严格保护耕地，保障国家粮食安全。要坚持最严格的耕地保护制度，强化耕地保护共同责任机制；严格土地利用规划计划管理，从严控制非农建设占用耕地，落实耕地占补平衡。要整体推进农村土地整治，促进城乡统筹发展和新农村建设。实施土地整治重大工程，推进基本农田质量建设。抓紧落实“按照节约用地、保障农民权益的要求推进征地制度改革”的任务，保护被征地农民合法权益。

珍惜地球资源，转变发展方式，要求我们加强地质勘探，努力提高矿产资源保障能力。要深化基础地质调查评价，实施地质矿产保障工程，加大对石油、天然气等大宗紧缺资源和重要成矿区带的勘查投入力度，形成一批重要矿产资源开发后备基地。建立重要矿产资源储备体系，推进矿产资源开发整合。扎实推进地质找矿新机制和地质找矿突破战略行动，尽快实现地质找矿重大突破。同时，要着眼全球，积极拓展我国资源安全供应渠道。“十二五”期间，力争新发现大中型矿产地500处以上，新形成10处以上大型能源资源基地。

珍惜地球资源，转变发展方式，要求我们推进资源节约集约利用，不断提高市场化配置程度。要节约集约利用土地，控制总量、增加流量、盘活存量，形成土地节约集约利用的倒逼机制，严格控制城市用地扩张。抓紧研究制定农村集体建设用地使用权出让和转让管理办法。推进国有土地有偿使用制度改革，完善房地产用地有偿使用方式。完善矿业权有偿取得制度，深化资源性产品要素市场改革，建立反映市场供求关系、资源稀缺程度、环境损害成本的资源价格形成机制，强化矿产资源节约与综合利用，提高矿产资源开采回采率、选矿回收率和综合利用率。要严格水资源保护，实施地下水监测工程，严格控制地下水开采。

珍惜地球资源，转变发展方式，要求我们加强防灾减灾体系建设，保护人民群众生命财产安全。加大地质灾害防治力度，实施地质灾害防治重大工程。加快建立地质灾害易发区调查评价体系、监测预警体系、防治体系、应急体系，落实地质灾害防治责任，加大防灾知识宣传普及力度，提高对突发性地质灾害应急反应能力。继续开展地质灾害易发区详细调查，严格易发区工程建设和城镇规划的地质灾害危险性评估。加强气象灾害监测预警预报和信息发布系统建设。同时要促进生态保护和修复，推进荒漠化、石漠化和水土流失综合治理。我们还要充分开发利用清洁能源。我国地热资源丰富，20年来我国地热直接利用的能量始终保持世界排名第一，目前通过应用地源热泵每年减少近4000万吨二氧化碳排放量。我们要大幅度提高地热在我国能源结构中的份额，力争"十二五"期间每年减少二氧化碳排放量约2.1亿吨。

古老的地球，是一本厚重的大书。今天，走科学发展之路，已经成为人类共识。人与自然和谐发展，成为我们共同的追求。在第42个"世界地球日"到来之际，我们希望唤起全社会的关注，珍惜宝贵的地球资源，加快经济发展方式转变，加快资源利用方式转变，用实际行动献出对地球母亲的关爱。国土资源系统将一如既往，与大家携手迈向和谐共赢的科学发展之路！

紧紧围绕主题主线新要求 努力开创环保工作新局面

——环境保护部部长周生贤在2011年全国环境保护工作会议上的讲话

(2011年1月13日)

今年会议的主要任务是，认真贯彻落实党的十七大、十七届三中、四中、五中全会和中央经济工作会议精神，总结"十一五"时期环保工作，研究"十二五"环保总体思路，紧紧围绕科学发展的主题、加快转变经济发展方式的主线和提高生态文明水平的新要求，部署2011年重点工作任务，继续探索环保新道路，努力开创环保工作新局面。下面，我讲三个问题。

一、"十一五"时期环保工作取得突破性进展

"十一五"时期是我国发展史上极不平凡的5年，也是环境保护事业大有作为的5年。过去的5年，国家将主要污染物减排作为国民经济和社会发展规划的约束性指标，着力解决影响可持续发展和损害群众健康的突出环境问题，环境保护从认识到实践发生重要变化。我们化挑战为机遇，环境保护事业不断发展；我们建立健全区域流域联防联控新机制，环境质量进一步改善；我们凝练成中国环保精神，环保队伍经受了考验。在这里，我代表部领导班子向你们，并通过你们向战斗在一线的环保工作者，以及所有关心支持环保事业的同志们表示亲切慰问和衷心感谢！

(一)环境保护的认识发生重大转变，全社会环境保护意识普遍增强

中央提出了一系列加强环境保护的新理念新举措。"十一五"以来，党中央、国务院把环境保护摆上更加重要的战略位置，提出建设生态文明、推进环境保护历史性转变、让江河湖泊休养生息、节能减排是转方式调结构的重要抓手、环境保护是重大民生问题、探索中国环保新道路等新思想新观点。

各级党委、政府和广大领导干部的环境责任意识明显增强。很多地方党委、政府更加重视，切实把环境保护放在全局工作的突出位置，坚持并完善责任制，确定环境

保护的目标任务，及时研究解决环境保护的重大问题。

人民群众更加关注和积极参与环境保护。围绕建设生态文明、推进历史性转变、探索环保新道路等理念和主题，依托北京奥运会、上海世博会、六五环境日等大事和热点，加强环保宣传工作，积极引导社会舆论，绿色环保的观念深入人心，全社会关心支持和参与环保的氛围更加浓郁，公众环保意识显著增强。

（二）污染减排任务超额完成，环境质量持续好转

在“十一五”期间经济增速和能源消费总量均超过规划预期的情况下，二氧化硫减排目标提前一年实现，化学需氧量减排目标提前半年实现。据初步测算，2010年全国化学需氧量排放量较2005年下降12%左右，二氧化硫下降14%左右，双双超额完成减排任务。成绩来之不易，影响广泛深远。

减排责任考核得到落实。我们把10%的减排目标量化为削减二氧化硫673万吨、化学需氧量571万吨，通过签订目标责任书逐一分解落实到各省级政府和6家电力集团公司，各省级政府又将减排指标、减排工程和减排措施分解落实到地市和重点排污单位。创造性地提出淡化基数、算清增量、核实减量的原则，摸索出一整套核查核算的有效办法，强化结构减排、工程减排和管理减排措施，严格考核问责，形成上下联动、左右协同的污染减排工作模式。河北实施节能减排“双三十”工程，山西实行环保考核问责奖惩制，天津市每年都把污染减排列入市委年度工作。

环境基础设施建设突飞猛进。“十一五”，累计建成运行5亿千瓦燃煤电厂脱硫设施，全国火电脱硫机组比例从2005年的12%提高到80%；新增污水处理能力超过5000万吨/日，全国城市污水处理率由2005年的52%提高到75%以上。河南、江苏、浙江、广东等省县县建成污水处理厂，宁夏在西北地区率先启动县县建设污水处理厂。

落后产能淘汰力度空前。“十一五”，充分发挥污染减排倒逼机制作用，累计关停小火电机组7000多万千瓦，提前一年半完成关闭5000万千瓦的任务；淘汰落后炼铁产能1.1亿吨、炼钢6860万吨、水泥3.3亿吨、焦炭9300万吨、造纸720万吨、酒精180万吨、味精30万吨、玻璃3800万重量箱。

环境质量持续改善。2009年，全国地表水国控断面高锰酸盐指数平均浓度5.1毫克/升，比2005年下降29%，七大水系国控断面好于Ⅲ类水质的比例由2005年的41%提高到57%；全国城市空气环境二氧化硫年均浓度0.035毫克/立方米，比2005年下降17%，环保重点城市空气二氧化硫年平均浓度0.046毫克/立方米，比2005年下降24.6%。地级以上城市达到或优于空气质量二级标准的比例明显提升，达79.6%。

（三）主动参与宏观调控，环境保护优化经济发展的综合作用日益显现

2006年以来，我部与8个省（区）签订部省环保合作协议，推动落实国务院批复的多个区域经济发展规划。同时，我部对不符合要求的813个项目环评文件作出不予受理、不予审批或暂缓审批等决定，涉及投资2.9万多亿元，给“两高一资”、低水平重复建设和产能过剩项目设置了不可逾越的“防火墙”。在工程建设领域突出环保问题专项治理工作中，各级环保部门共组织排查11.8万个建设项目，发现问题1.6万个，已整改10400多个。多次采取“区域限批”、“行业限批”措施，有效遏制了环境违法行为。

组织完成环渤海、海峡西岸、北部湾、成渝和黄河中上游能源化工区等五大区域重点产业发展战略环评，涉及15个省（区、市）的石化、能源、冶金、装备制造等10多个重点行业，相关成果已在重点产业布局和重大项目环境准入中得到应用。安徽、福建等省积极开展开发区（工业园区）规划环评，甘肃省将治污减排腾出的环境容量优先支持改善环境质量贡献大的地区、行业和企业新建项目。从煤炭矿区到能源基地，从城市轨道到城际交通，从西南水系到跨界河流，从国家粮食安全到区域协调发展，规划环评在各个区域、众多领域正扎实推进。

国家环保标准的数量以每年100项的速度递增，填补了声环境质量标准的空白，完成了60余项重点行业污染排放标准的制修订，开展了1050项国家环保标准的制修订工作。现行国家环保标准达1300项，比“十五”期间新增502项。江苏、山东、广东等省实施更加严格的地方污染物排放标准，有效推动产业升级和结构调整。

（四）创新治理模式，重点流域区域污染防治力度不断加大

让江河湖泊休养生息深入推进。2008年初，胡锦涛总书记从生态文明建设的战略高度，提出让江河湖泊休养生息，成为我国水环境综合治理的指导思想。我们认真贯彻落实，不断创新政策举措。国务院办公厅转发《重点流域水污染防治专项规划实施情况考核暂行办法》，重点流域省界断面水质考核制度全面建立，成为重点流

域水污染防治的关键抓手。截至2009年底，列入规划的治污项目完成64.9%，80.1%的断面水质达标。黑龙江、吉林、内蒙古三省(区)团结奋战，松花江流域综合整治取得明显进展。河北省在全省七大水系201个断面实行水质考核，并建立全流域生态补偿机制。江苏省率先实行“河长制”，太湖水质有所改善。山东省采取“治、用、保”方式，省控重点污染河流全部恢复鱼类生长。2009年4月和7月，胡锦涛总书记两次作出重要批示，充分肯定“休养生息”取得的成效。

区域污染联防联控新机制得以建立。为确保举世瞩目的北京奥运会办成一届名副其实的“绿色奥运”，我们探索推进区域大气污染联防联控。去年5月，国务院办公厅转发《关于推进大气污染联防联控工作改善区域空气质量指导意见》。组织开展上海世博会两省一市、广州亚运会四省一区、环北京护城河三省两市一区等区域性环境执法督查，着力构建“统一规划、统一监测、统一监管、统一评估、统一协调”的区域空气联防联控机制。继“绿色奥运”成功之后，圆满完成上海世博会、广州亚运会空气质量保障任务。

(五)坚持环保为民，着力解决损害群众健康的突出环境问题

饮水安全保障工作扎实推进。把保障群众饮水安全作为首要任务。开展全国县级以上城市和乡镇的饮用水水源地环境状况调查，组织评估环保重点城市226个集中式饮用水水源环境状况，督促落实环保要求。编制发布《全国城市饮用水水源地环境保护规划(2008~2020年)》，提出到2015年，水质达标的饮用水水源地比例不低于90%，到2020年达到并稳定在95%以上。编制完成《地下水污染防治规划》，即将报国务院批准印发。

重金属污染防治取得新进展。重金属污染是“十一五”凸显的重大环境问题。继2008年妥善处置多起密集发生的重金属、类金属污染事件后，我部联合国务院八部门开展重金属污染企业专项检查，有力遏制了重金属污染事件高发态势。编制完成《重金属污染综合防治规划(2010~2015年)》，力争到2015年，进一步优化涉重金属产业结构，完善重金属污染防治体系、事故应急体系及环境与健康风险评估体系。中央财政增设重金属污染防治专项，2010年首次下达资金15亿元，支持重点防控区综合防治、新技术示范和推广。胡锦涛总书记牵挂的“锰三角”污染问题，经过湖南、贵州、重庆三省(市)政府和相关部门的集中整治，环境质量明显改善。截至2010年6月底，全国累计完成293万吨历史遗留铬渣无害化治理。

环境执法监督力度不断加大。2006年以来，针对重金属污染、造纸企业、污水处理厂和垃圾填埋场等重点问题开展专项检查，全国共出动执法人员1065余万人次，检查企业446万多家次，查处环境违法企业8万多家次，取缔关闭违法排污企业7293家，停产治理企业5981家，限期治理企业6432家，挂牌督办环境违法案件1.9万余件，严厉打击了环境违法行为，维护了群众环境权益。各区域环保督查中心在专项执法行动中做了大量卓有成效的工作，发挥了重要作用。

环境应急处置体制机制日益完善。我部组建应急中心，建立环境应急专家库。全国约有1/3以上的省级环保部门成立了专门环境应急管理机构。“十一五”，共处置突发环境事件912起，一批社会高度关注的重特大环境事件得到妥善处置。汶川、玉树地震和舟曲特大山洪泥石流灾害发生后，应急监测科学快捷，有效防范了次生环境灾害。

(六)抢抓机遇乘势而上，农村和生态保护工作切实加强

农村环境保护全面推进。2008年7月，国务院首次召开全国农村环境保护工作电视电话会议，李克强副总理出席会议并发表重要讲话，提出了“以奖促治、以奖代补”等政策措施。中央财政首次设立农村环保专项资金，三年共安排资金40亿元，带动地方资金投入近80亿元，支持6600多个村镇开展环境综合整治和生态示范建设，2400多万农村人口直接受益。按照“抓点、带线、促面”的要求，确定2010~2012年共安排中央财政专项资金120亿元，从2010年开始，第一批中央财政安排20亿元，支持辽宁、江苏、浙江等8个省(区、市)开展农村环境连片整治示范工作。完成全国土壤污染状况调查，出台《关于加强土壤污染防治工作的意见》。各地积极探索，四川、陕西等地建立“组保洁、村收集、镇运输、县处理”的生活垃圾处理模式。

生态保护深入开展。成立了由李克强副总理任主席的国际生物多样性年中国国家委员会，发布“2010国际生物多样性年中国行动方案”，国务院常务会议审议通过《中国生物多样性保护战略与行动计划》(2011~2030年)，全面开展国际生物多样性年活动。“十一五”，全国新建各类自然保护区192处，陆地自然保护区面积约占国土面积

的14.72%。前不久，国务院办公厅发布关于做好自然保护区管理有关工作的通知，进一步强化并丰富了我部会同有关部门加强自然保护区综合管理的职能和内涵。生态建设示范区工作体系不断完善，建成11个国家生态县(市)。发布了《国家重点生态功能保护区规划纲要》、《全国生态功能区划》。一些生态功能重点省区不断强化生态安全保障，西藏自治区安排超过100亿元资金建设生态安全屏障工程，云南省成立生物多样性保护基金会，青海省大力加强三江源生态监测与保护。

(七)政策法制、环保规划、科技监测和国际合作亮点纷呈，为环保事业发展提供强力支撑

环保法规不断完善。《水污染防治法》修订颁布，《大气污染防治法》正在修订，《循环经济法》制定实施，《规划环境影响评价条例》、《废弃电器电子产品回收处理管理条例》等7项环境保护行政法规相继出台，《节能减排综合性工作方案》、《应对气候变化国家方案》等法规性文件先后发布。辽宁、河南、重庆、广东、江西、海南、广西、新疆等省(区、市)法制建设不断创新，强化地方政府和相关主体的环保责任，进一步加大对违法行为的处罚力度。

环境经济政策的作用日益显现。我部提出的“双高”(高污染、高环境风险)产品名录成为出口退税、加工贸易、安全监管等政策制定与调整的重要依据。4万余条环境违法信息、7000余条项目环评审批验收信息进入银行征信管理系统。10余家保险企业推出环境污染责任保险产品，550余家企业、2000余艘船舶相继投保。加大排污费征收力度，“十一五”共征收排污费847亿元。燃煤电厂脱硫实行每度电1.5分钱的加价政策，推动燃煤电厂脱硫装机容量快速提升，增加了10倍以上。绿色产品政府采购比例不断加大，排污权交易、生态补偿试点走向深入，“绿色税收”政策正在积极酝酿。北京实行财政补贴，淘汰黄标车15万多辆。湖北率先开展绿色电力调度。

“十一五”环保规划执行情况评估顺利完成。我部会同发展改革委等部门，对“十一五”环保规划进行评估。国务院第99次常务会议专门听取评估结果汇报，认为“十一五”环保规划实施首次达到进度要求，部分指标超额完成，主要规划目标可以如期实现，是截至目前执行得较好的一个五年环保规划。

科技支撑进一步强化。共有367项成果获得国家环保科技成果登记，178项成果获得国家科技进步奖励或环境保护科学技术奖励，化工、制药、冶金和化纤等行业多项污染防治关键技术取得突破。环保科研能力加速壮大，已有10个国家环境保护重点实验室，建成10个国家环境保护工程技术中心，9个国家重点实验室和9个工程技术中心正在建设中。环境与灾害监测小卫星成功发射，环境监测预警体系进入了从“平面”向“立体”发展的新阶段。成立国家环境咨询委和科技委，在重大环境决策中发挥重要作用。

环境监测工作加快推进。国控重点污染源自动监控能力建设项目基本完成，全国已建成343个省级、地市级污染源监控中心；15000多家企业实施自动监控，各级财政及企业年投入运行经费约6.6亿元。2009年7月1日起，向社会发布100个国家地表水水质自动监测站的实时监测数据。环境监测质量管理三年行动计划有序开展，5万余名干部职工参加的第一届全国环境监测专业技术人员大比武活动圆满结束。

国际环境合作成效明显。中美环境合作开拓了环境法等新的合作领域；中俄之间环境合作已从应对危机发展到全方位、深层次、多领域的合作阶段；中日韩部长会议关于电子废弃物的合作建议被三国首脑会议声明所采纳。我主动参与生物多样性、斯德哥尔摩、汞等公约的谈判，切实履行已签订的公约。我国共计淘汰生产和消费消耗臭氧层物质分别达10万吨和11万吨，约占全球淘汰总量的50%以上，为保护臭氧层作出突出贡献。成功召开中国环境与发展国际合作委员会各次年会，受到国务院领导的充分肯定。

(八)三大基础性战略性工程取得丰硕成果，发挥了指导当前谋划长远的重要作用

“求木之长者，必固其根本；欲流之远者，必浚其源泉。”环保事业的长远发展，离不开扎实的基础工作。国务院批准了污染源普查、中国环境宏观战略研究和水专项三大基础性工程。

全国污染源普查全面摸清了情况。共调查工业源、农业源、生活源和集中式污染治理设施4大类普查对象592万多个，掌握了我国污染源排放的基本情况，查清了主要污染物产生、处理和排放情况以及农业源污染物排放情况，摸清了有毒有害污染物区域分布，建立了污染源信息数据库。

中国环境宏观战略研究圆满完成。历时3年，经过深入研究，形成了战略研究综合报告和专题报告等一系

列重要成果，共600多万字。去年12月28日，温家宝总理作出重要批示："要重视研究成果的利用。制定'十二五'规划，要认真参考这份报告。《报告》可发发改委和有关部门。" 12月20日，李克强副总理主持召开研究成果应用座谈会，对研究提出的积极探索代价小、效益好、排放低、可持续的环境保护新道路这个重大命题表示赞成，要求有关方面高度重视研究提出的意见，在编制"十二五"规划中认真吸收，转化为推动环境保护的新举措和新政策。

水体污染控制与治理科技重大专项进入攻坚阶段。已启动32个项目，230个课题，中央财政经费32亿元已全部落实。部分项目和课题取得阶段性成果，攻克了大中型浅水湖泊富营养化控制理念与成套关键技术、城市污水深度处理关键技术和设备、流域水生态功能分区技术体系等一批难题。

（九）核安全与放射性污染防治取得进展，监管水平得到提升

核能与核技术利用安全状况良好。"十一五"期末，我国共有运行核电机组13台，在建30台。在建核设施质量得到有效控制，在役核设施运行安全得到保障，未发生二级及以上运行事件或事故，老旧核设施的延寿或退役准备工作有序开展。核技术利用活动的管理日益规范，基本实现了生产、销售、使用、进出口和回收的全过程管控。

放射性污染防治工作稳步开展。高风险污染源逐步得到控制，中低放废液处理和处置取得进展，铀矿勘探和采冶过程中的辐射防护和环境保护不断加强，关闭的铀矿山环境安全隐患进一步消除。"十一五"期间，全国辐射环境质量状况保持良好。

（十）软硬件建设协同推进，环保能力建设进一步加强

中央财政对环保工作的支持达到历史最好水平。财政预算首次设立"211环境保护"科目，为政府环保投入稳步增长打下基础。"十一五"时期累计下达预算资金100.34亿元，是"十五"的4.71倍。全口径中央环保投资达1564亿元，是"十五"中央环保投资的近3倍。在我部直接参与安排项目中，能力建设和环境治理方面下达中央投资约290亿元，是"十五"的近7倍。各地不断完善环保投入机制。四川等省环保部门预算年增幅均高于上年GDP增幅，宁夏、山西等省区"十一五"环保投入占GDP比重超过2%。

环保能力建设取得积极进展。实施《国家环境监管能力建设"十一五"规划》，规划总投资149.59亿元，中央投资78.47亿元，实际完成总投资近300亿元，其中中央投资110亿元。启动基层环保监测和执法业务用房项目，第一阶段列入310个项目，下达投资6亿元。环境监察标准化建设稳步推进，"十一五"共安排16.59亿元，配备环境执法车辆5128辆，执法仪器设备86351台套。环境监测能力投入大幅增加，中央财政安排55.86亿元，支持环境质量监测能力建设及国控重点污染源监督性监测运行。

环保系统机构队伍建设取得重大突破。组建国家环境保护部，建立6个区域环保督查派出机构，扩建了6个地区核与辐射安全监督站，成立中国—东盟环境保护合作中心、中国生态文明研究与促进会。与2005年底相比，部机关内设机构增加3个，行政编制增加124名，司级领导职数增加12名；事业单位增加5个，事业编制增加874名；地方环保机构增加10%，人员增加14%。截至2009年底，全国环保系统共有12657个机构，从业人员达到18.8万人。尤其是地区核与辐射安全监督机构人员编制由34人增加到331人，核与辐射安全中心人员编制由100人增加到600人，到2012年中央本级监管人员将增加到1000人。地方各级环保部门的机构和队伍也得到了加强。

机关建设继续加强。深入开展"五大建设"，努力建设学习型、服务型、法治型、和谐型、廉洁型和节约型机关。部党组率先垂范，要求从严治部、从我做起，加强自身建设。在学习实践活动中，坚持把科学发展观当作政治信仰来追求、当作科学真理来坚持、当作行动指南来践行，48项整改任务全部落实到位。按照中央统一部署，我部结合环保工作实际，通过制定工作方案、公开承诺、开展向田洪光同志学习、打赢污染减排决胜战主题实践活动和表彰先进等，激励广大党员干部立足岗位建功立业，带动全系统创先争优活动不断深入开展。组织面向全国和环保系统的司局级干部公开选拔各1次，开展部机关处级干部竞争上岗3次，123名同志通过竞争性选拔走上司、处级领导岗位。加大干部交流培养和实践锻炼力度，积极贯彻落实"百名挂职干部计划"。

过去的5年，积累了许多宝贵经验，加深了对环境保护规律的认识。最深刻的体会是，解决我国的环境问题，必须积极探索代价小、效益好、排放低、可持续的环保新道路；最突出的成绩是，全面完成"十一五"环保规划的各项任务，污染减排目标提前实现；最鲜明的共识是，努

力把环境保护与经济发展、社会进步和民生改善相协调相融合。归结起来，以下几个方面值得我们认真总结和研究。

一是必须把环境保护放在经济社会发展大局中统筹考虑，从国家宏观战略层面切入解决环境问题。环境问题究其本质是经济结构、生产方式、消费模式和发展道路问题，必须从发展方式上找根源，从最顶层的经济社会发展规划中寻出路，从国家宏观战略层面入手。

二是必须处理好环境保护与经济发展和社会进步的关系，实现环境保护历史性转变。环境保护关系经济质量和效益，关系民生保障和改善。推进历史性转变，必须把环境保护摆上更加突出的战略位置，与经济社会发展统筹考虑、统一安排、同时部署。

三是必须解决损害群众健康的突出环境问题，维护群众环境权益。环境保护事关群众健康和福祉。必须秉持环保为民理念，为人民群众健康鞠躬尽瘁。

四是必须从再生产全过程制定环境经济政策，打出多种政策手段的组合拳。统筹兼顾消费、投资、出口三个方面的环境保护，从生产、流通、分配、消费的再生产全过程研究制定环境经济政策，打出的组合拳才具有更强的生命力和执行力。

五是必须促进人与自然和谐相处，让不堪重负的生态系统休养生息。给生态系统以人文关怀，让其休养生息、早日恢复生机活力。

六是必须发动全社会力量，结成最广泛的环保统一战线。广大人民群众是环境保护的生力军和基本保证，只有全社会广泛参与、共同建设，环境保护事业发展的动力才会持久强劲。

二、"十二五"环保工作总体思路和基本要求

党的十七届五中全会审议通过的《建议》，对今后5年发展做出全面部署，明确提出要以科学发展为主题，以加快转变经济发展方式为主线，把加快建设资源节约型、环境友好型社会作为重要着力点，加大环境保护力度，提高生态文明水平。这为我们做好"十二五"环保工作指明了方向。

"十二五"是我国环保事业充满希望的5年，也是攻坚克难的关键时期。做好环保工作具有许多有利条件，也面临不少严峻挑战。一是治污减排的压力继续加大。我国工业化、城镇化快速发展，经济总量仍将保持高速增长，能源资源消耗还要增加，环境容量有限的基本国情不会改变，治污减排指标在增加、潜力在减小，在消化增量的同时，持续削减存量，任务十分艰巨。二是环境质量改善的压力继续加大。常规环境污染因子恶化势头有所遏制，重金属、持久性有机污染物、土壤污染、危险废物和化学品污染问题日益凸显，人民群众对享有良好环境的新期待有增无减，水、空气和土壤环境质量全面改善的任务非常复杂。三是防范环境风险的压力继续加大。环境违法行为时有发生，突发环境事件呈高发势头，自然灾害引发的次生环境问题不容忽视，核安全、辐射安全和辐射环境安全压力不断加大，保障环境安全的不确定因素增多。四是应对全球环境问题的压力继续加大。气候变化和生物多样性等全球性环境问题，已经成为各国利益博弈的焦点。随着我国二氧化碳、二氧化硫等排放量居世界前列，将承受更多国际压力。总之，我国面临的环境形势异常严峻，我们必须增强忧患意识、风险意识、责任意识，采取切实措施，积极应对，妥善解决。

(一)"十二五"环保工作总体思路和主要目标

总体思路是，以党的十七届五中全会精神为统领，深入贯彻落实科学发展观，加快转变经济发展方式，坚持以人为本和环保优先，全面体现生态文明建设和探索环保新道路的要求，统筹协调总量削减、质量改善与风险防范的关系，以解决影响可持续发展和损害群众健康的突出环境问题为重点，以环境保护优化经济发展，进一步保障改善民生。

主要目标是，到2015年，单位国内生产总值二氧化碳排放大幅下降，主要污染物排放总量显著减少，生态环境质量明显改善，环境保护体系逐步完善。全国化学需氧量、二氧化硫、氨氮、氮氧化物排放总量比2010年分别削减一定比例，待全国人代会批准后实施。

实现这样的总体思路和主要目标，异常艰巨。根本要求和主要途径就是，进一步推进生态文明建设，继续探索环保新道路，有所创新，加快实践，善于突破，取得实效。"十一五"环保工作已经证明，我们别无其它路径可以选择，唯有在推进生态文明建设、探索环保新道路上奋力前行。

(二)进一步深化对生态文明建设的认识

建设生态文明是我国深入贯彻落实科学发展观，立足经济快速增长中资源环境代价过大的严峻现实而提出的重大战略思想和战略任务。中国特色社会主义既是经济发达、政治民主、社会和谐、文化先进的社会，也是生

态环境良好的社会。推进生态文明建设，是破解日益强化的资源环境约束的有效途径，是加快转变经济发展方式的客观需要，是保障与改善民生的内在要求，是后金融危机时期抢占未来竞争制高点的战略选择。

人与自然和谐相处是生态文明的本质特征。人与自然处于共同发展、共同变化、共同进步的过程。人与自然的关系反映着人类文明和自然演化的相互作用及其结果，人类的生存和发展依赖于自然，同时文明的进步也影响着自然的结构、功能和演化。人与自然关系要克服片面，走向全面；克服对立，走向和谐。任何时候都不能以牺牲生态环境为代价换取人类的一时发展。保护环境就是化解人与自然之间不和谐的因素，改善环境就是不断提升人与自然和谐相处的水平。

建设生态文明的首要任务就是要正确处理好发展与环境的关系。环境与发展密不可分，正确的经济政策就是正确的环境政策，正确的环境政策也是正确的经济政策。离开经济发展谈环境保护必然是“缘木求鱼”，离开环境保护谈经济发展势必是“竭泽而渔”。只有科学把握规律，做到环境保护与经济发展相协调相融合，生态文明建设才能加快推进。

生态文明建设是理念、行动、过程和效果的有机统一体。其中，牢固树立生态文明理念、绿色低碳发展理念、环保优先理念，是前提。采取一切有利于推进生态文明建设的政策举措，抓紧行动起来，是关键。生态文明成在持久，是长期艰巨的建设过程，坚持不懈地加以推进，是基础。注重生态文明建设效果的最优化和可持续，是目的。

环境问题是生态文明建设的主要制约因素。推进生态文明建设，促进人与自然和谐，必须加强环境保护。环境保护是生态文明建设的主阵地和根本措施。环境保护取得的任何成效任何突破，都是对生态文明建设的积极贡献。要用建设生态文明的战略眼光、战略思维和战略手段，来审视和解决我国突出的环境问题，推动我国环境保护事业的新发展。

(三)探索环保新道路是提高生态文明水平的主要途径

在深圳经济特区建立30周年庆祝大会上，胡锦涛总书记明确要求，继续加快转变经济发展方式，努力为推动科学发展探索新路。温家宝总理在西部大开发工作会议上强调指出，做好新形势下的环保工作，关键是要坚持在开发中保护，在保护中开发，实现经济社会发展与人口、资源、环境相协调，不能走“先污染后治理”的老路。探索新路、不走老路，昭示了环保事业发展的方向。

积极探索环保新道路已经成为全系统的普遍共识和自觉行动。“十一五”时期，我国环境保护之所以力度最大、发展最快、效果最好，与积极探索环保新道路的引领作用是分不开的。环保系统离退休老同志都是探索环保新道路的先行者，在职的广大干部职工都是探索环保新道路的实践者。继续探索环保新道路，需要着重把握好以下要求：

第一，准确把握探索环保新道路的基本内涵。环保新道路的基本内涵就是代价小、效益好、排放低、可持续。所谓“代价小”，就是坚持环境保护与经济发展相协调，以尽可能小的环境代价支撑更大规模的经济活动。所谓“效益好”，就是坚持环境保护与经济社会建设相统筹，寻求最佳的环境效益、经济效益和社会效益。所谓“排放低”，就是坚持污染预防与环境治理相结合，用适当的环境治理成本，把经济社会活动对环境损害降低到最小程度。所谓“可持续”，就是坚持环境保护与长远发展相融合，通过建设资源节约型、环境友好型社会，不断推动经济社会可持续发展。

第二，准确把握探索环保新道路的目标指向。要制定与我国基本国情相适应的环境保护宏观战略体系、全防全控的防范体系、健全高效的环境治理体系、完善的环境法规政策标准体系、完备的环境管理体系、全民参与的社会动员体系。随着不断深入，探索环保新道路必然会从量的积累，达到质的飞跃，实现从必然王国向自由王国的历史性跨越。

第三，准确把握探索环保新道路的引领作用。国内外环保历程的两条教训，必须记取。一是西方发达国家曾走过的先污染后治理、牺牲环境换取经济增长、注重末端治理的环保老路在中国走不通，也走不起。二是改革开放30多年来，一些地方把环境保护与经济发展割裂开来，就环保论环保，就污染谈污染，环境保护路子越走越窄，难有作为。把环境保护放在经济社会发展中统筹推进，环境保护路子就会越走越宽。

第四，准确把握探索环保新道路的实践要求。一步行动胜过一打纲领。不干半点马克思主义都没有。探索环保新道路，既要深化认识、不断丰富，也要重视实践、知行合一，在实践中探索，在实践中推进，在实践中升华。探索环保新道路必须结合环保工作的目标任务和重点工作来进行，使其更加具体化。每项工作的创新，每项难点的突破，每项任务的完成，都是对探索环保新道路的贡献。实践的力度越大，探索环保新道路的成效越明显。

实践永无止境，认识永无止境，探索也永无止境。我们要继承30多年探索环保新道路的有益经验，勇于创新，永不停滞，不动摇、不争论、不折腾，坚持不懈地把积极探索环保新道路、提高生态文明水平这项事业奋力推向前进。

三、扎实做好2011年环保重点工作

今年是“十二五”开局之年，良好的开端是成功的一半。今年环保工作总的要求是：以邓小平理论和“三个代表”重要思想为指导，深入贯彻落实科学发展观，认真贯彻党的十七大、十七届三中、四中、五中全会和中央经济工作会议精神，紧紧围绕科学发展的主题、加快转变经济发展方式的主线和提高生态文明水平的新要求，把加强环境保护与转方式调结构、惠民生促和谐有机结合起来，以解决影响可持续发展和损害群众健康的突出环境问题为重点，扎实推进污染减排，加大重点流域区域污染防治力度，严格环境执法监督，全面加强农村环境保护和生态保护，抓好核与辐射安全监管，积极探索环保新道路，为“十二五”环境保护事业发展创造良好开局。

按照上述要求，今年要重点抓好以下工作：

(一)认真做好第七次全国环保大会筹备工作

1973年到2006年，国务院先后召开六次全国环境保护会议，集中宣示党和国家关于环保工作的重大理念和重大政策举措，极大地推动了环保事业发展。召开第七次全国环保大会，是党中央、国务院高度重视环境保护的集中体现，是推动环保事业迈向新台阶的重大机遇，也是做好新时期环保工作的强大动力。

面对新形势新任务新挑战，我们需要召开一次这样的大会，总结“十一五”以来环保工作的进展和经验，表彰全国环保系统先进集体和模范个人，确定“十二五”期间环保工作的指导思想、主要目标、重点任务和政策措施。第一次全国污染源普查、中国环境宏观战略研究、“十一五”环保规划执行情况中期评估等基础性工程和工作已经顺利完成，为召开此次大会提供了较为充分的前期准备。国务院领导同志同意我们抓紧做好文件起草和筹备工作，在2011年择机召开第七次全国环保大会。

为开好这次大会，国家将发布关于进一步加强环境保护几个重大问题的意见。现将征求意见稿提交会议听取意见和建议。希望大家贡献智慧和力量，立足找准攻坚方向、解决突出问题，争取在困扰环保工作的机制体制上有所创新、有所突破。

(二)完善并发布“十二五”环境保护规划

抓紧构建“十二五”环保规划体系。要在总结“十一五”环保规划实施情况的基础上，编制好“十二五”环保规划以及主要污染物总量控制规划、重点流域水污染防治规划、核安全与放射性污染防治规划、能力建设规划等各专项规划。

“十二五”环保规划已经部常务会议审议。要抓紧修改完善，与国务院有关部门和地方做好沟通衔接，力争今年上半年完成规划报批。在规划中，要落实好以下要求：一是在指导思想上，要落实探索中国环保新道路的战略思想，在构建六大体系方面多下功夫。二是在规划内容上，要以解决影响可持续发展和损害群众健康的突出环境问题为重点，加大重金属、持久性有机污染物、土壤、放射性等污染防治工作力度。三是在规划指标上，要以约束性指标为核心，统筹考虑其他指标。四是在技术问题上，要充分研究论证。

(三)抓紧制定实施生态文明建设的指标体系和考核办法

李克强副总理明确要求，环保部门要牵头制定实施生态文明建设目标指标体系和考核办法。我们要认真落实，积极谋划，深入研究，抓紧制定并发布生态文明建设指标体系和考核办法。一是实事求是，与时俱进。既要从实际出发，又要以发展的眼光来确定指标体系。二是理论与实践相结合。指标体系的科学性、系统性，要与可操作性相结合。单纯追求指标体系的科学性、系统性，忽视可操作性，指标体系无异于“空中楼阁”；片面考虑可操作性，忽视指标体系的科学性、系统性，也可能“南辕北辙”。三是研究推进生态文明建设的政策措施。着力实现生态文明建设的制度化、自觉化、长效化，深入推进生态建设示范区，继续扩大生态文明建设试点。四是分步实施和分段考核。生态文明建设目标要分阶段实施，按每个阶段完成目标情况进行考核。

(四)狠抓污染减排务求首战告捷

组织完成“十一五”污染减排核查和考核工作。对各地区、各单位污染减排目标完成情况，要算总账，落实奖惩措施。对未完成减排任务的地区、企业集团和行政不作

为的部门，追究责任，根据情节给予相应处分。对减排工作成效突出的地区、单位和个人予以表彰奖励。考核结果向社会公告。

在“十二五”减排任务的分解上，要认真吸纳相关意见。在确保全国总体控制目标的前提下，综合考虑各地环境质量状况、“十一五”减排进展、经济发展水平和削减能力以及各污染防治专项规划的要求，对东、中、西部地区实行区别对待。

国家已经确定将四种主要污染物纳入“十二五”约束性指标，即化学需氧量、二氧化硫、氨氮和氮氧化物。要拟订各省、自治区、直辖市以及各企业集团的总量控制目标责任书，分解落实具体减排任务和措施。加强减排指标、监测和考核“三大体系”建设，统筹环境统计、污染源普查及其动态更新数据，研究确定“十二五”污染减排基数，制定和完善四项减排指标的核查核算和考核办法。

今年，确定的减排任务是同2010年相比，四种主要污染物的排放量均下降1.5%。考虑到“十二五”开局各地的投资冲动高涨，国际经济日趋回暖，以及需要时间部署新增约束性指标，污染减排任务相当艰巨。

把结构减排放在更加突出的位置。提高并严格执行造纸、纺织、皮革、化工等行业的主要污染物排放标准，严格执行产业政策和国家下达的落后产能关停计划。继续强化工程减排和管理减排。全面启动县县建设污水处理厂工程，开展农业源污染减排工程建设。继续加强燃煤电厂脱硫，切实加强电厂脱硝，严格控制机动车尾气排放。深入研究城镇污水处理厂脱氮、化工行业氨氮处理、钢铁烧结机脱硫、脱硫石膏综合利用、污水处理厂污泥和垃圾渗滤液处理处置等关键技术。切实加强环境监管，确保已建成污染治理设施有效稳定运行。

积极完善有利于减排的政策机制。研究出台非电行业脱硫、火电行业脱硝电价优惠政策，适度提高城镇污水处理收费和排污收费标准，建立企业和地区减排财政补贴激励机制。推进主要污染物排污权有偿使用和交易工作。出台鼓励农业源污染防治的经济政策，研究制定促进有机肥使用、秸秆和畜禽粪便等农村废弃物综合利用、有机农产品发展的财政扶持政策。在重点区域和城市开展机动车排污费试点。

(五)充分发挥环境保护促进经济发展方式转变的综合作用和保障改善民生的基础作用

积极开展规划环评。督促各地各部门在编制“十二五”规划过程中依法开展规划环评。加快推进水电开发、开发区、工业园区等重点领域规划环评，加强对产业布局、结构和规模的统筹。及时向国务院报告五大区域战略环评成果，推进成果应用。推进西部大开发战略环评工作，出台西部地区环评管理指导意见。

深化建设项目环评。严格控制高耗能、高排放行业低水平重复建设，加快推进落后产能淘汰和兼并重组。对化工石化类项目，坚持规划环评先行，优化项目布局，明确环境风险防范措施和要求；对位于饮用水源地附近、江河两岸、人口密集地区等环境敏感地区的石化项目，要特别慎重审批。对钢铁行业建设项目，坚决落实国务院关于加快钢铁工业结构调整的精神，建立长效监管机制。对水电行业建设项目，坚持“生态优先、统筹考虑、适度开发、确保底线”的原则，以规划环评为龙头，严把水电建设环评关。

保持环境执法监管高压态势。深入开展整治违法排污企业保障群众身体健康环保专项行动，对重金属、危险废物处置污染企业违法行为予以坚决整治。加大重点区域、典型案件挂牌督办、责任追究和后督察力度。深入推进工程建设领域突出问题专项治理工作，集中开展“两整治”(未批先建、未验投产)行动。深化农村和生态环境监察工作。

健全环境风险防范与应急管理工作机制。加强风险管理，集中开展沿江沿河沿湖化工企业综合整治，全力遏制化工行业环境事件高发势头。突出环境应急预案建设和管理，妥善处置各类突发环境事件。

全面实施重金属污染防治规划。把任务分解落实到各有关省(区、市)和部门，下大力气整治重点防控地区、重点防控行业重金属排放企业的环境违法问题。抓紧出台《重金属污染综合防治规划实施情况考核办法》，建立责任追究机制。推进重金属污染责任保险试点和重金属污染自动监控的适用性检测工作。

继续推进化学品环境管理。开展持久性有机污染物和汞污染防治，推动危险化学品环境管理立法，完善危险废物规范化管理指标体系，建立和完善废弃电器电子产品拆解处理信息系统。

(六)进一步加强重点流域区域海域污染防治

加大水污染防治工作力度。完成重点流域水污染防治“十一五”规划的总体考核。全面落实《全国城市饮用水水源地环境保护规划》，开展地级以上城市饮用水水源地评估工作，建立重点湖库流域生态安全评估的技术和管理体系，启动地下水污染防治工程示范。坚持陆海统筹、河海兼顾，系统防控对海洋环境的污染损害和生态破坏。

推进大气污染防治工作。以京津冀、长三角和珠三角区域为重点，加快推进区域联防联控新机制。加强城市空气质量达标和分级管理工作，推进颗粒物、挥发性有机物污染防治，严格控制机动车尾气污染。

加强工业污染防治和城市环境管理。推进重点企业清洁生产和重点行业污染防治，完善上市公司环保核查制度，深化国家环保模范城市创建工作。

（七）强化核与辐射安全监管

推进核安全经验反馈体系建设，始终将运行核设施安全监管作为重中之重，强化对新建、扩建核电站、研究堆及核燃料循环设施、核安全设备的安全审查和监管，加强对核材料、放射性物品运输的安全管理，加强对放射源尤其是高危流动放射源的监管。推动老旧核设施退役和早期核活动遗留放射性污染治理，开展民用辐照装置退役和废源回收工作，推进放射性废物的处理处置，促进铀矿冶和伴生放射性矿环境保护。

（八）大力推进农村环境保护和自然生态保护

深化“以奖促治”政策举措。扎实开展农村环境连片整治，开展环境成效评估。严格控制农业面源污染，加大工矿企业污染治理力度，防止污染向农村转移。推进农村环境综合整治目标责任制试点工作。做好全国重点地区土壤污染加密调查各项准备。

进一步加强生态保护。做好《中国生物多样性保护战略与行动计划》(2011~2030年)任务分解工作，开展生物多样性保护、恢复和减贫示范。落实国务院办公厅《关于做好自然保护区管理有关工作的通知》，强化涉及自然保护区的开发建设活动监管。启动《全国生态环境十年变化(2000~2010)遥感调查与评估》。

（九）扎实做好政策法制、科技、宣传教育和国际合作工作

推进环保立法进程。抓紧《环境保护法》修订草案的起草论证，继续推动自然遗产保护法的立法工作。推动大气污染防治法、土壤环境保护法、环境监测管理条例、畜禽养殖污染防治条例、放射性废物安全管理条例等法律法规的制订和修订。

完善环境经济政策。继续修订“高污染、高环境风险”产品名录，深化“绿色信贷”、“绿色证券”，推进环境污染责任保险，开展健全污染者付费制度、开征环境税的研究。抓好环境宏观战略研究成果应用。

引导环境科技创新。全力以赴抓好水专项科技攻关，推动大气、土壤和环境基准方面的专项研究，争取“环境基准和风险评估国家重点实验室”立项建设，进一步严格污染物排放等环境标准，积极推进环保产业发展，组织完成好全国重点地区环境与健康专项调查。

做好环境宣传教育工作。紧紧围绕中心工作，大力宣传探索环保新道路、提高生态文明水平的举措和成效，努力在引导社会舆论上迈出新步伐，在动员公众参与上取得新进展。

深化环保国际合作。组织好国合会年会及国合会20周年主题论坛活动，完成第五届国合会组建工作。继续推进多边、双边及区域国际合作，做好环境公约谈判和国内履约工作，稳步推进核安全国际合作。

（十）继续加强环境监测、监察、应急、信息等基础能力建设

能力建设是“十二五”规划和建设的重点之一。要切实加强中央本级能力建设，着重加强民族地区、中西部地区、欠发达地区基层环保部门能力建设。基层环保监测执法业务用房项目首次纳入国家基本建设管理范畴，要科学规划、精心组织、确保成效。

推进环境监测站标准化建设。探索建立国家和地方的环境质量信息发布平台，考核“环境监测质量管理三年行动计划”执行情况。做好温室气体、臭氧、灰霾等试点监测，探索开展生物多样性监测。抓紧推动环境卫星后续星计划以及遥感监测工作。加强环境监察执法标准化建设，提升各级环境监察机构达标率。开展市、县级环境应急能力标准化示范建设，建立区域应急物资信息库，提高应急响应能力。加快建设“数字环保”工程，继续谋划推进重点信息项目，扩大网络覆盖范围，增强环境信息资源综合开发与利用能力。

加强机构和人才队伍建设。推进机构编制能力建设和事业单位改革。加大竞争性选拔力度，加快培养选拔优秀干部，推动干部交流轮岗。加强干部培训轮训，提高干部队伍综合素质。实施“环保百名人才”工程，培养造就环保领域的领军人才。

开展创先争优活动。推进学习型党组织和机关建设，形成学先进、找差距、作表率、振奋精神谋发展的好风气。严格执行党风廉政建设责任制和领导干部廉洁从政准则，正确行使手中权力，严于律己、廉洁奉公，兢兢业业、干干净净为国家和人民工作。

交通、铁路、工业信息、科技、能源

加快转变交通运输发展方式 开创"十二五"交通运输科学发展新局面

——李盛霖部长在2011年全国交通运输工作会议上的讲话

(2010年12月29日)

2011年全国交通运输工作会议的主要任务是：深入贯彻落实党的十七届五中全会精神，按照中央经济工作会议的部署，总结"十一五"交通运输工作，明确"十二五"交通运输发展总体思路和主要任务，安排2011年交通运输工作。

下面，我讲三个方面的问题。

一、"十一五"交通运输发展回顾和基本经验

"十一五"是我国交通运输发展历程中极不平凡、极为重要的五年。五年来，交通运输工作深入贯彻落实科学发展观，按照党中央、国务院的决策部署，全力推进科学发展，积极应对国际金融危机冲击，基础设施保障能力明显增强，运输服务水平明显提升，安全监管和应急处置能力明显加强，超额完成"十一五"规划确定的目标任务，交通运输面貌发生了新的历史性变化，为保持全国经济平稳较快增长、改善民生、增加就业、提高综合国力作出了重要贡献。

2010年是"十一五"最后一年，各项工作又取得新成绩。预计公路水路交通固定资产投资完成1.28万亿元，同比增长14.5%。公路货运量、货物周转量、客运量、旅客周转量分别完成243亿吨、43005亿吨公里、306亿人、14914亿人公里，同比增长14%、15.6%、10.2%、10.4%。水路货运量、货物周转量、客运量、旅客周转量分别为36.4亿吨、64305亿吨公里、2.2亿人、71.5亿人公里，同比增长14%、11.7%、-0.7%、3.1%。全国规模以上港口完成货物吞吐量80.2亿吨、集装箱吞吐量1.45亿标准箱，同比增长15%、18.8%。城市公共交通运输总量达870亿人，同比增长12%。民航完成运输总周转量533.6亿吨公里，客运量2.7亿人，货邮运输量556.4万吨，同比增长24.9%、15.4%和24.9%。邮政业务总量完成1975亿元，同比增长21%，快递业务量日均突破1000万件。

回顾总结"十一五"交通运输工作，有以下几个主要特点：

第一，深入贯彻落实科学发展观，积极探索交通运输科学发展新理念新思路新举措。五年来，交通运输工作深入贯彻落实科学发展观，认真落实党的十六大、十七大和历次全会精神，正确把握交通运输发展阶段性特征，努力把交通运输各项工作纳入科学发展轨道。在发展视野上，坚持以"四个审视"谋划交通运输发展，不断增强贯彻落实科学发展观的自觉性和坚定性；在发展理念上，坚持把做好“三个服务”作为交通运输工作的重要指导原则，不断提高服务经济社会发展全局、服务新农村建设、服务群众安全便捷出行的能力和水平；在发展战略上，坚持推进现代交通运输业发展，不断探索做好“五个努力”的途径；在发展方式上，着力推进“三个转变”，不断提高发展的全面性、协调性和可持续性；在发展动力上，坚持推进“四个创新”，不断破解影响和制约交通运输科学发展的突出问题，推动交通运输走创新驱动发展之路。

实践证明，这些理念和工作思路完全符合科学发展观的本质要求和交通运输发展规律，为加快转变方式、推动交通运输科学发展奠定了思想基础。

第二，交通基础设施更加完善，服务经济社会发展全局的能力大幅提升。“十一五”特别是2008年以来，认真落实中央应对国际金融危机、促进经济增长的一揽子计划，制定出台政策措施，努力保持公路、水路、民航、邮政平稳较快发展，交通运输基础设施建设迈上新台阶。预计“十一五”期全社会共完成公路水路交通建设投资4.7万亿元，是“十五”期的2倍多。

全国公路网总里程达到398.4万公里，五年新增63.9万公里。高速公路由“十五”期末的4.1万公里发展到7.4万公里，新增3.3万公里。“五纵七横”12条国道主干线提前13年全部建成，西部开发8条省际通道基本贯通。杭州湾跨海大桥、苏通长江大桥、舟山连岛工程、秦岭终南山隧道、上海崇明隧桥工程和厦门翔安海底隧道等重大工程相继建成。四川汶川地震公路设施灾后恢复重建任务基本完成，青海玉树地震和甘肃舟曲泥石流灾后公路恢复重建进展顺利。

沿海港口五年建成深水泊位661个，达到1774个，新增通过能力30亿吨，达到55.1亿吨，基本建成煤、油、矿、箱、粮五大专业化运输系统。长江黄金水道等内河水运建设取得重大进展，部与沿江七省二市建立了合力发展协调机制，按照《“十一五”期长江黄金水道建设总体推进方案》，成功实施了长江口12.5米深水航道治理三期工程并延伸至太仓、中游航道整治等工程。珠江三角洲高等级航道网基本建成。京杭运河和长江三角洲高等级航道网建设工程成效明显。“十一五”期新增及改善内河航道4181公里，全国内河通航里程达12.4万公里，其中三级及以上航道9085公里，初步形成了国家高等级航道网络。

民航基础设施五年投资2500亿元，相当于前25年民航建设资金的总和。定期航班机场达到176个，五年新增35个，改建了一批机场，初步形成了规模适当、功能完善的机场体系。

邮政基础设施补建空白乡镇邮政局所2500多个，改造西部及农村邮政局所7000多个，“村邮户箱”工程全面启动。

组织了农村公路、港口普查和运输量调查，开展了公路建设市场督查、农村公路和内河航运建设质量年等活动。基础设施建设工程质量监管体系不断完善，行业技术标准体系建设不断深化。

第三，统筹城乡交通运输发展，农村交通运输事业成效显著。按照中央部署要求，部省联手推进农村公路建设，加大对中西部地区和老少边穷地区的倾斜力度，农村公路建设车购税投资总规模是“十五”期的3.2倍，新改建农村公路186.8万公里，新增农村公路52.7万公里，总里程达345万公里。国务院《全国农村公路建设规划》确定的“十一五”期建设目标全部实现。各地认真贯彻落实国办《农村公路管理养护体制改革方案》，政府投入为主的养护资金渠道和以县为主的养护管理体制初步建立。开展农村客运网络化试点，加快客运站建设，启动了农村客运班车通达工程。到今年底，全国农村客运班线达8.5万条，乡镇、建制村通班车率分别达到98%、88%。

第四，交通运输服务保障能力快速提高，人民群众安全便捷出行条件显著改善。到今年底，我国营运客货车辆达1143万辆，较2005年增长56%，2010年公路客货运量均为2005年的1.8倍。运输船舶25万余艘，船舶吨位达1亿总吨，承担了90%以上的外贸货物运输量，2010年沿海港口完成货物吞吐量是2005年的1.8倍，沿海港口货物和集装箱吞吐量连续多年保持世界第一，22个港口进入亿吨大港行列，世界排位前20位的亿吨大港和集装箱大港，中国大陆分别占12个和9个。民用航空运输机队总数达1610架，是2005年的近1.9倍；运输总周转量、旅客运输量和货邮运输量分别是2005年的2倍、1.9倍和1.8倍。邮政局所达5.4万个，邮路总长402.8万公里。

公路、水路、民航公众出行信息服务系统日益完善，重点物资运输和春运等重点时段旅客运输得到有效保障，建成了覆盖全国的鲜活农产品运输“绿色通道”网络。在抗击南方低温雨雪冰冻灾害、汶川和玉树地震、舟曲泥石流等重特大自然灾害中抢通保运，打通和保障“生命线”，为抢险救灾作出了重要贡献。圆满完成北京奥运会、残奥会、国庆60周年庆祝活动、上海世博会和广州亚运会、亚残运会等重大活动的运输和安全保障任务。签订了海峡两岸海运、空运、邮政协议，实现海上、空中通航及通邮。经国务院、中央军委批准，武警交通部队纳入国家交通运输应急救援力量体系。国有大型交通运输企业、武警交通部队在保障运输服务、完成急难险重任务中发挥了生力军作用。

完成国家高速公路网命名编号与标志标牌更换，加强公路养护，公路技术水平和通行效率显著提升。深入开展车辆超限超载专项治理，与财政部联合实施了城乡道路客运燃油补贴制度，研究规范发展出租汽车行业政策，开展公路甩挂运输试点，建立了全国重点营运车辆联网联控系统。道路运输业向大型化、规模化方向发展，向仓储、装卸、信息咨询等环节延伸，小件快运、城市物流配送快速发展。

推进水运运力结构调整，实施中资方便旗船舶特案免税回国登记政策，推进国轮船队建设。完成京杭运河船型标准化示范工程。健全国内航运企业经营资质动态监管，整顿规范国际班轮运输等运输市场。开展内贸集装箱超载治理专项活动。建立渤海湾客滚运价、国际集装箱班轮运价、无船承运人运价报备制度。加强三峡工程防洪调度和船闸完建期、175米试验性蓄水期等特殊时期的通航管理。

水上交通安全监管和应急处置能力建设进一步加强，建成了船舶跟踪监控系统、海陆空立体安全监管和搜救应急反应体系，完善对外开放港口保安体系，提升港航动态治安防控能力。“十一五”期海事救捞系统共增加各类监管救助船舶400余艘、直升机12架、基地58处，在沿海和长江干线建设15个船舶溢油应急设备库。水上交通安全形势保持基本稳定，与“十五”期末相比，全国水上交通运输事故件数和死亡失踪人数分别下降39.8%和32.4%，未发生死亡失踪30人以上的特别重大事故。五年成功救助遇险人员10万余人，成功率达到96.2%。完成“神舟”飞船海上救援保障任务和南宋古沉船“南海1号”打捞工作。成功处置了大连“7·16”火灾引发的建国以来最严重的陆源海上油污事故。

干线公路灾害防治、危桥改造、安保工程成效显著，初步建成部公路网管理与应急处置中心。组织开展“平安工地”建设活动，施工安全生产形势总体稳定。

民航系统创造了连续安全飞行2150万小时的记录，是我国民航史上最长的安全周期，百万小时重大事故率为0.05，较“十五”降低74%。

健全完善邮政安全监管机制，邮政通信和信息安全得到有效保障。

第五，依法行政能力和科技创新能力明显增强，行业改革和对外交流合作不断推进。修订了《邮政法》，出台了《船员条例》、《防治船舶污染海洋环境管理条例》，《中国民用机场管理条例》和55件部颁规章。深化交通行政审批制度改革，取消了40项行政审批项目，部审批的行政许可项目70%实现网上办理。实施交通行政执法禁令，规范行政处罚自由裁量权，开展行政执法评议考核，推行行政执法责任制。实施交通行政复议工作规则、责任追究管理办法和人员资格管理办法，认真办理行政复议案件。

全行业科研投入比“十五”期增长60%以上，取得一大批科技创新成果，获得30多项国家级科技奖励，行业科技进步贡献率达到50%。沙漠、冻土、膨胀土、盐渍土等特殊地质条件下筑路技术取得新突破，长大桥隧建设技术、深水筑港技术、河口航道治理技术跻身世界先进行列。电子政务、公众出行信息服务、道路水路运政信息化、高速公路不停车收费、港口物流管理、集装箱电子标签、国家空中交通管理系统、邮件自动化处理等方面的应用管理技术研究取得新进展，智能交通和物流信息化实现研究试验向集成应用转变。涌现出常年冻土区公路建设与养护技术重点实验室、船舶通信导航技术团队、上海振华重工技术中心、民航数据通信与新航行系统科研基地、信函自动分拣系统项目组等优秀科技创新团队。

实施《公路水路交通节能中长期规划纲要》，实行营运车辆燃料消耗准入制度，推广节能减排示范项目，开展低碳交通运输体系研究，组织开展“车、船、路、港”千家企业低碳交通运输专项行动，营运车船的单位运输周转量能耗、港口生产综合单耗分别比“十五”末下降了5%、7%和4%。

完成成品油价格和税费改革，改革涉及人员安置工作进展顺利，17个省份取消了政府还贷二级公路收费。交通运输部和民航局、邮政局完成了机关机构改革，省级交通运输部门机构改革工作基本完成。完成引航管理体制改革，基本完成人民交通出版社转企改革，海事系统行政编制获中央编委批准。邮政基本实现政企分开，普遍服务和竞争性业务分业经营、分账核算，成立中国邮政储蓄银行。

积极推动与周边国家的互联互通战略，与相关国家合作建设交通运输基础设施项目进展顺利。与美国、欧盟、俄罗斯等签署了交通合作谅解备忘录或合作协议。中国—东盟及大湄公河次区域交通合作稳步推进，上海合作组织成员国间的交通运输合作进一步加强，实现中韩陆海联运，建立东北亚物流信息服务网络，中日韩运输与物流合作取得实质性进展。连续当选国际海事组织A类理事国、国际民航组织一类理事国，成功当选万国邮联行政理事会和邮政经营理事会理事国。推动建立马六甲海峡国际合作机制。协助我国海军护航编队共完成了亚丁湾索马里海域278批3100艘次商船护航任务，成功解决了多起涉及我国交通运输企业员工人身及船舶等财产安全的海外突发事件。与立陶宛政府联合举办了首届亚欧交通部长会议和亚欧交通发展论坛，成功举办了第三届上海合作组织交通部长会议、中国2009世界集邮展览、第二届世界农村公路大会等国际性会议。

第六，行业文明建设和人才队伍建设取得丰硕成果，党风廉政建设不断深化。扎实开展深入学习实践科学发展观活动和创先争优活动。深入开展“学树创”活动，实施《交通文化建设实施纲要》，研究提出交通运输行业核心价值体系。成功举办航海日活动。83家单位被中央文明委命名为文明单位，　75%以上的省级交通运输部门被命名为省部级文明单位，142名个人获得全国劳动模范、先进工作者称号，涌现出许振超、陈刚毅、孔祥瑞、王顺友等全国重大典型和熊文清、尼玛拉木、杨庆文、高发明、贾凤姿、郑启湘、姚泽炎等先进人物。加强宣传工作，组织开展重大主题和突发事件新闻报道。认真落实新形势下离退休干部的政治待遇和生活待遇。

实施“人才强交”战略取得成效。培养“交通青年科技英才”261人，“新世纪十百千人才工程”第一层次人选118人，2人获得“中国技能人才楷模”称号，2人获得“中华技能大奖”称号，66人获得“全国技术能手”称号，583人获得“全国交通技术能手”称号，张喜刚同志荣获“十佳全国优秀科技工作者”称号。建立了4项专业技术人员职业资格制度和24个特有工种职业技能鉴定制度。

认真贯彻落实党风廉政建设责任制，扎实推进交通运输特色惩治和预防腐败体系建设。深入开展党性党风党纪教育，建立健全廉政风险防控机制；开展了商业贿赂、工程建设领域突出问题和“小金库”等专项治理工作，加强对落实中央扩大内需政策情况、灾后重建情况和交通重大项目的监督检查；推进干部选拔任用制度改革，形成了风清气正的用人环境；深化了领导干部经济责任审计，加大对部属单位的巡视监督力度；坚决纠正损害群众利益的不正之风，严肃查处了一批违纪违法案件。认真做好信访工作，维护行业稳定。

五年来，在积极推进交通运输科学发展的实践中，也积累了宝贵经验。

第一，坚持以科学发展观为统领，是做好交通运输工作的根本保证。把握发展阶段性特征，创新发展理念，理清发展思路，破解交通运输科学发展的深层次矛盾和问题，科学制定和组织实施发展规划，努力提高发展的全面性、协调性和可持续性。

第二，坚持牢牢把握和用好机遇，是推进交通运输发展的重要前提。积极主动落实国家应对国际金融危机的一揽子计划，实施促进交通运输业平稳较快发展的一系列措施，保持基础设施的建设规模和发展速度，为交通运输业健康有序发展创造条件。

第三，坚持以人为本、民生为先，是交通运输工作的出发点和落脚点。顺应人民群众安全便捷出行的新需求、新期待，统筹区域、城乡交通运输协调发展，逐步推进城乡交通运输基本公共服务均等化，使广大人民群众共享发展成果。

第四，坚持推进改革创新，是发展交通运输的不竭动力。适应经济社会发展的新要求和履行大部制改革后赋予的新职责，加快职能转变，推进依法行政，不断消除制约交通运输发展的体制机制性障碍。

第五，坚持凝心聚力团结协作，是完成各项任务的强大合力。健全完善部省协调联动机制，合力推进基础设施建设、管理、区域和城乡协调发展、重大改革、应对处置重特大自然灾害等，形成全国交通运输一家人、交通运输工作一盘棋的协力奋进局面。

第六，坚持抓党风促政风带行风，是发展交通运输的政治保障。把两手抓、两手都要硬落到实处，不断推进党风廉政建设，努力做到为民、务实、清廉，加强行业文明建设，始终保持拼搏奉献、昂扬向上的行业风貌。

“十一五”期交通运输发展取得的成绩，是党中央、国务院正确领导的结果，是各省区市和中央有关部门大力支持的结果，是交通运输广大干部职工共同奋斗的结果，也得益于历届部领导班子和几代交通人奋力拼搏打下的坚实基础。在此，我代表部党组，向长期以来大力支持交通运输工作的各级党委、政府和中央各有关部门，向交通运输系统广大干部职工和离退休老同志，表示衷心的感谢！

二、“十二五”交通运输科学发展的总体思路

党的十七届五中全会对当前和今后一个时期我国经济社会发展面临的国内外形势作出了科学判断，深刻指出，“十二五”时期是全面建设小康社会的关键时期，也是深化改革开放、加快转变经济发展方式的攻坚时期，我国经济社会仍处于可以大有作为的重要战略机遇期。这是一个非常重要的战略判断，对于深刻认识交通运输发展形势、推进交通运输科学发展具有十分重要的指导意义。

谋划好“十二五”交通运输改革发展，加深对重要战略机遇期的认识，加深对转变发展方式紧迫性的认识，十分重要。部党组在研究制定“十二五”规划中，对新时期交通运输发展面临的形势进行了深入分析，认为，对于交通运输来说，今后一个较长时期有四个“没有变”：一是整个国家仍处在重要战略机遇期没有变；二是交通运输作为国民经济基础性和先导性产业、服务性行业的战略地位没有变；三是各级政府对发展交通运输的重视支持和人民群众持续增长的交通运输需求没有变；四是中央优先发展交通运输的方针政策没有变。党的十七届五中全会更加突出强调了“按照适度超前原则，统筹各种运输方式发展”。因此，未来五年，交通运输发展仍处于重要战略机遇期。

与此同时，我们要清醒地看到，我国交通运输发展也积累了一些深层次矛盾和问题，还面临着世情国情深刻变化带来新的挑战和考验。交通运输发展不平衡、不协调，区域和城乡之间的发展差距还比较大；基础设施总量还不能完全适应和满足经济社会发展的需求，提高交通运输基础设施供给能力的任务还很繁重；拓展运输服务领域、提高服务质量水平与适应经济结构调整、顺应人民群众出行的期盼还有差距；交通运输行业自主创新能力还不强、信息化水平还不高，制约了管理水平、服务水平的整体提升；资源环境等对交通运输建设和发展的约束强化，走低碳、绿色、可持续发展之路刻不容缓；重特大自然灾害和突发性事件频发，交通运输安全保障和应急处置体系亟待进一步加强。我们要深刻认识加快转变交通运输发展方式的紧迫性、复杂性和艰巨性，切实增强机遇意识、忧患意识、责任意识，把科学发展作为解决各种矛盾和问题的关键、基础和“总钥匙”，更加注重以人为本，更加注重全面协调可持续发展，更加注重统筹兼顾，更加注重保障和改善民生，在新的历史起点上，科学谋划、统筹安排，推动“十二五”交通运输沿着科学发展的轨道继续前进，不断提高“三个服务”的能力和水平。

部党组在认真分析当前形势和未来发展趋势的基础上，结合交通运输实际，研究提出了“十二五”交通运输发展的总体要求，即：深入贯彻落实科学发展观，认真落实中央的一系列决策部署，以科学发展为主题，以加快转变交通运输发展方式为主线，以结构调整为主攻方向，按照适度超前的原则，积极推进综合运输体系建设，加快发展现代交通运输业。到2015年，初步形成涵盖公路水路民航邮政的安全畅通便捷绿色的交通运输体系，适应经济社会发展新要求和人民群众的新期待。

实现上述总体要求，必须紧紧抓住加快转变交通运输发展方式这条主线，这是关系交通运输发展全局、推进交通运输科学发展的内在要求，也是持续推进传统产业向现代产业转型、加快发展现代交通运输业的必由之路。加快转变发展方式、大力发展现代交通运输业，是当前和今后一个时期交通运输发展的重大战略任务。要增强加快转变、促进发展的紧迫感，把转变发展方式贯穿到交通运输发展的全过程和各领域，在“加快”上下功夫、见实效。2009年全国交通运输工作会议明确提出交通运输发展方式要实现“三个转变”，即由主要依靠基础设施投资建设拉动向建设、养护、管理和运输服务协调拉动转变；由主要依靠增加物质资源消耗向科技进步、行业创新、从业人员素质提高和资源节约环境友好转变；由主要依靠单一运输方式发展向综合运输体系发展转变。我们要按照党的十七届五中全会对加快转变经济发展方式的部署要求，在继续推进“三个转变”的基

础上，积极探索加快转变交通运输发展方式的内容、途径和政策措施。

落实“十二五”时期交通运输发展总体要求，要从以下六个方面组织推进。

第一，稳步推进基础设施建设。坚持适度超前，继续保持交通运输基础设施建设适度规模和速度，确保国家扩大内需的重点在建和续建项目顺利建成并发挥效益，完善国家综合交通运输基础设施网络。公路方面：以国家高速公路网建设为龙头，加强省际连接线（“断头路”）建设，到2015年基本建成国家高速公路网。修订国家公路网规划，强化国省道改造，力争“十二五”末路网整体结构优化升级，服务水平进一步提高。水运方面：有序推进沿海港口建设，完善煤油矿箱等主要货种港口布局，加强资源整合，推进以临港工业为依托的沿海港口新港区开发建设。到2015年，我国沿海港口万吨级以上深水泊位适应度达到1.1：1。加快推进长江等内河高等级航道建设，实施南京以下12.5米深水航道建设工程、荆江河段治理工程、西江航运干线和京杭运河扩能工程等重点项目，到2015年，内河高等级航道达1.3万公里。民航方面：优化机场布局，增强机场保障能力，到2015年，民用机场覆盖全国80%以上的县级城市和人口。邮政方面：加强邮政基础网络建设和增强快递发展能力，基本完成空白乡镇邮政所补建，到2015年，全国邮政局所数达到6.2万个。

深入贯彻落实国家区域发展战略和主体功能区战略，进一步增强统筹区域交通运输协调发展能力，为西部大开发、东北地区等老工业基地振兴、中部地区崛起、东部地区率先发展以及天津滨海新区、海峡西岸经济区发展等提供交通先行服务。健全完善投资体制机制，提高投资质量和效益，重点向中西部地区和老少边穷地区倾斜。完善国边防交通网络，加强国际通道和口岸公路建设，促进红色旅游公路发展。

第二，加快推进结构调整。2010年全国交通运输工作会议提出“一条主线、五个努力”的总体思路，明确了加快转变交通运输发展方式、推进结构调整的主要内容和重点任务。“十二五”要把结构调整作为转变交通运输发展方式的主攻方向，进一步加大力度，加快推进，务求实效。

一是深化综合运输体系建设。建立健全综合运输规划体系和协调机制，优化通道结构，合理配置综合运输通道和枢纽资源，推进国家运输通道建设，加快形成布局合理、功能完善、有机衔接、安全环保的综合运输基础设施网络。加快综合运输枢纽建设，为各种运输方式的有效衔接创造条件，提高综合运输优势和组合效率。“十二五”重点建设与铁路衔接的综合客运枢纽100个，在36个中心城市重点建设现代化综合客运枢纽，完善集疏运基础设施。加强养护管理，提高公路、航道、港口、机场的运营水平。继续推进运力结构调整，鼓励发展标准化、专业化运输工具，推进内河船舶标准化，不断提升运输装备技术水平。

二是深化现代物流发展。积极支持运输站场向物流站场特别是物流园区转型，加强货运站场与物流园区规划衔接，改造、提升现有货运站场，发展内陆无水港，拓展服务领域和功能。引导和支持运输企业向现代物流企业转型，加快培育龙头企业。优化运输组织，积极发展多式联运以及集装箱、江海直达等先进的运输组织方式，加快甩挂运输试点工作。推动邮政快递加快发展、提升水平，积极扶持农村物流配送，拓展城乡客货运输服务领域。

三是深化科技进步和信息化建设。这个问题在后面专门讲。

四是深化资源节约型环境友好型行业建设。积极发展低碳交通运输体系，开展低碳交通城市试点工作，鼓励混合动力、替代燃料运输工具的发展，促进能源消费结构优化升级。到2015年，全国营运客货车单位运输周转量能耗分别下降6%和12%，全面实施营运车辆燃耗限制标准；海洋和内河营运船舶单位运输周转量能耗分别下降16%和14%；沿海港口单位吞吐量平均能耗下降8%。探索建立绿色交通发展机制，发展循环经济，推广应用节能环保新技术、新装备、新工艺，淘汰落后工艺，降低车船等交通运输工具的空驶率，鼓励路面材料、施工废料、弃渣、废旧轮胎、港口和航道疏浚土等资源的再生和综合利用。

五是深化安全监管和应急处置能力建设。坚持预防为主、预防与应对有机结合，加快基础设施、安全监管、专业救助、治安防控、协调机制建设，逐步实现管理规范化、监管法制化、手段现代化、人员专业化、应急高效化。健全完善安全生产责任链和长效机制，加快建设安全生产和应急保障综合信息服务系统，继续完善水路、公路等安全应急指挥系统，健全应急预案，加强应急运力和物资储备。到2015年，基本建成全方位覆盖、全天候监控、快速反应的现代化水上交通安全监管系统和救援体系，努力做到“十二五”期单位运量的事故件数、伤亡人数、事故损失稳步下降，人命救助成功率达93%以上。基本建立公路应急抢通保通体系。继续组织开展基础设施建设“平安工地”活动。推进重点营运车辆联网联控系统建设，开展城市轨道交通运营安保工程建设。

第三，着力推进科技创新和信息化建设。深入实施“科技强交”战略，统筹推进创新能力建设、重大科技研发、成果推广应用和标准化建设。围绕交通运输建设、管理的共性和核心技术，继续加大投入，优化资源配置。注重消化吸收前沿技术，加强基础性、引领性重点项目研发，解决制约行业发展的重大关键技术问题。到“十二五”末，交通运输科技贡献率达到55%。

提高信息化水平，着力抓好“三个系统”建设：一是以电子政务为主体的交通运输行政管理和服务系统，加强顶层设计和总体规划，推进数据共享开发利用。二是以物联网技术应用为引领的出行服务系统，运用新一代通信、射频识别、卫星定位、云计算等先进技术，在智能交通、基础设施状态感知和安全运营、集装箱多式联运、甩挂运输等领域开展物联网应用示范工程，提高公路水路出行的公众信息服务水平。到“十二五”末，公众出行信息覆盖率达75%，建成地市级以上城市出租车服务信息管理系统，建成长江干线数字航道。三是以传感和相关信息技术为支撑的交通运输监管、应急保障系统。基本建立部省联动的市场信用体系、应急保障、经济运行分析等信息平台，建成全国高速公路光纤通信信息网络。

第四，不断推进基本公共服务均等化。交通运输是直接关系到人民群众衣食住行的重要领域和民生工程。要加快构建衔接顺畅、方便快捷、经济可靠的运输服务体系，保障重点物资和城乡居民生产生活必需品的运输畅通。落实“公交优先”战略，发挥轨道交通、快速公交在城市交通运输系统中的骨干作用，建设“公交都市”示范工程，缓解中心城市交通拥堵。加强和规范出租车市场管理。到“十二五”末，实现全国高速公路电子不停车收费平均覆盖率60%，建成城市公交专用道10000公里，民航航班正常率保持在80%以上，乡镇邮政局所实现全覆盖，建制村村邮站和邮件转接点覆盖率超过80%。

农村公路是农村重要基础设施和公共服务设施。要坚持扩大成果、完善设施、提升能力、统筹城乡的原则，着力改善中西部地区和老少边穷地区农村交通运输设施条件，夯实新农村建设的交通运输基础，推进交通运输基本公共服务均等化。组织实施以西部建制村通沥青（水泥）路为重点的全国农村公路通达、通畅建设工程，进一步改善农村公路网络结构，增强整体服务能力。到“十二五”末，我国农村公路总里程达390万公里。提高农村公路抗灾能力和安全保障水平，加大农村公路桥梁新改建、渡改桥、安保工程等专项工程的实施力度，强化质量管理。深化农村公路管理养护体制改革，着力推进长期稳定的农村公路养护公共财政投资体制和运行机制，逐步实现管养规范化、常态化。统筹城乡客运资源配置，推进城乡客运一体化，稳步提高农村客运班车通达率，鼓励城市公交向城市周边延伸覆盖。到“十二五”末，基本实现全国所有乡镇通班车，90%的建制村通班车。

第五，深入推进交通运输改革开放。按照中央大部制改革的部署要求，继续积极落实好各级交通运输管理部门职责，加快职能转变，推进综合运输法制体系建设，逐步形成权责一致、分工合理、决策科学、执行顺畅、监督有力的交通运输行政管理体制，努力消除制约综合运输体系发展的体制机制性障碍。

继续深化取消政府还贷二级公路收费后续改革，加强和规范交通运输建设专项资金和财政性资金的管理和使用，深化交通运输投融资体制机制改革。继续引导和鼓励民营、社会资本和外资进入交通运输基础设施建设领域，规范民营和社会资本投资项目管理，不断提高利用外资的质量和水平。

推进公路管理体制改革，重点解决好事权不清、责权不符的问题，推进以高速公路为主的收费公路体系和向社会公众提供普遍服务的免费公路体系建设。完善港口、航道、锚地等公用设施建设、维护和管理体制。稳步实施交通运输行政执法模式改革。深化民航管理体制改革，建立健全航空公司、机场、空管的协调发展机制，推进机场管理体制改革和空管体制改革，健全完善邮政普遍服务保障监督机制。推进交通运输事业单位分类改革。培育统一开放竞争有序的交通运输市场，完善市场准入机制，加强行业诚信体系建设，营造公平公正公开的市场环境。

坚持互利共赢的方针，深化与周边国家的交通运输战略合作，加强双边、多边以及与国际组织的合作，为保障我国经济安全和能源安全创造条件。贯彻落实“走出去”战略，为交通运输企业拓展海外工程承包和发展劳务外派创造有利条件。

第六，持续推进行业文明和党风廉政建设。认真践行社会主义核心价值体系，大力推进和深化行业精神文明建设，组织开展好“学树建创”活动。到“十二五”末，争取创建150个全国文明单位，创建80个省部级文明行业、400个省部级文明单位和500个省部级文明示范窗口；打造10个文化精品、100个文化建设示范单位和1000名先进典型，进一步塑造和提升交通运输行业的形象。

进一步加大教育、制度、监督、改革、惩处、纠风力度，健全交通运输特色的惩治和预防腐败体系和长效机制，落实领导干部《廉政准则》和各项要求，深入推进重点工程建设领域突出问题专项治理，净化交通运输科学发展环境。

深入实施“人才强交”战略，加强交通运输系统干部职工队伍、执法队伍和人才队伍建设。优化队伍结构和人才结构，强化领导干部和专业人才教育培训和基地建设，创造优秀人才脱颖而出的良好环境，把更多的优秀人才集聚到交通运输行业。深化干部人事制度改革，按照德才兼备、以德为先的原则，建设一支政治强、作风优、有能力的干部队伍。提高交通行政执法的规范化水平，建设一支作风硬、纪律严、服务好的行政执法队伍。落实“新世纪十百千人才工程”，建设一支素质高、业务精、技术尖的专业人才队伍。

上述总体要求和“六个推进”归纳了交通运输“十二五”发展规划（草案）的主要内容，一些数据和指标的考虑也是初步的。请大家结合这次会上印发的规划（草案）进行讨论修改。我们将认真梳理和吸纳大家的意见和建议，进一步充实完善规划，按规定程序报批同意后组织实施。

三、 2011年交通运输工作主要任务

2011年是实施“十二五”规划的初始之年，开好局、起好步，至关重要。要切实按照不久前召开的中央经济工作会议要求，做好“十二五”开局之年的各项工作，保持交通运输良好发展势头。

2011年的民航、邮政工作由中国民航局、国家邮政局分别召开会议作出部署。下面，主要强调公路、水路方面的重点工作。

（一）加大公路基础设施建设和改造力度，完善路网布局。

继续推进国家高速公路网、国家区域发展战略确定的交通基础设施、特大城市圈、大中城市群交通基础设施以及省际“断头路”建设，加快重要运输通道扩容改造，完善疏港高速公路。推进构建国家公路网，完善国家公路网规划和省道网布局规划。

以“五射六纵四横”等15条路线为重点，组织开展国省干线公路升级改造工程。加强公路日常养护，有序组织实施公路大中修工程，进一步加大危桥改造、公路安保、灾害防治等工程实施力度，加强长大桥隧安全运营管理，建立桥隧养护管理制度。

实施以西部建制村通沥青（水泥）路为重点的农村公路通达、通畅建设工程，加强县乡公路改造及连通工程建设，强化农村公路养护管理，完善路网结构，提高抗灾能力和安全保障水平。

继续抓好玉树、舟曲等灾区的公路恢复重建，做好汶川交通运输设施灾后重建的收尾工作，全力做好部分省份水毁公路、桥梁等设施的恢复重建。

（二）有序推进沿海港口建设，加快内河水运发展。

继续完善主要货类运输系统码头建设，合理把握集装箱码头建设节奏，有序推进新港区开发建设。加强港口公共基础设施建设，促进港口结构调整和资源整合，完善港口功能。

落实国务院即将出台的关于加快长江等内河水运发展的意见，加快长江干线航道系统治理，重点推进中游荆江河段航道治理工程和南京以下12.5米深水航道建设工程。推进西江航运干线扩能工程、京杭运河苏南段和浙江段三级航道建设工程等。加快内河规模化、专业化港区建设，推进长江上游重庆、长江中游武汉的航运中心建设。制定实施全国内河船舶标准化工作方案。实施

国家三峡后续工作规划，积极理顺三峡通航建筑物管理体制。

（三）强化运输保障能力建设，不断提高运输服务水平。

继续加强煤炭、矿石、石油、粮食、化肥等重点物资运输和城乡居民生活必需品以及抢险救灾物资运输工作，加强春运、“十一”黄金周等时段的旅客组织协调。发展轨道交通和快速公交，启动“公交都市”建设示范工程。完善公路、水路客运信息服务体系，推进城市出租汽车服务管理信息系统和城市公交运营监控系统建设，推动建立全国汽车租赁业服务网络，全面推进甩挂运输试点工作，发展水上旅游客运和海峡、岛屿间客滚运输。组织实施道路、水路客运联网售票系统建设示范工程。加强对行业经济运行的统计、分析、监测、预警。

加快推进综合客运枢纽和货运枢纽集疏运网络建设，优化公路客货站场与港口、火车站、机场的运输组织，拓展运输枢纽和运输企业物流服务功能，促进货运枢纽向物流园区转型。发挥沿海港口优势，建设港口物流园区。

（四）加强市场监管，进一步提高行业管理水平。

加强交通建设市场监管，推行现代工程管理，以人本化、专业化、标准化、信息化、精细化为抓手，完善招投标等建设市场管理机制。调整完善公路、水运工程质量监督规定，加强工程质量和施工安全监管，大力推行专业化管理、标准化设计、工厂化施工和信息化监管。推行工程监理总监负责制，加强工程施工试验检测工作。

建立道路运输市场诚信体系和信誉考核制度，制定城市公共汽电车、汽车租赁、出租汽车、城市轨道交通运营管理办法和标准规范，出台公交优先政策措施。继续做好城乡道路客运燃油价格补贴工作，建立农村客运公共财政奖励制度，促进农村客运发展。

深化国内水路运输、港口经营、海峡两岸航运、国际班轮、无船承运和方便旗船舶管理市场监管，严格实施运价备案制度，完善港口价格机制。研究制定船舶港口供应的资质条件和服务标准，进一步完善引航、理货行业管理政策。

加快建立以国际海运从业人员、出租汽车驾驶员、经营性道路客货运输驾驶员、桥梁养护工程师为重点的从业人员职业资格制度，制定水路危险货物运输从业人员管理规定和资格考试管理办法，规范船员服务管理，扩大船员外派规模。

（五）加强科技创新能力，推进信息化建设。

启动国家工程实验室、工程研究中心建设，加快行业研发中心建设，加强行业重点实验室管理。组织实施港珠澳大桥跨海集群工程建设、国家海上应急搜救系统工程关键技术研究及应用示范等国家重大科技项目，启动长江黄金水道通过能力提升、公路基础设施维护与重大装备、基于物联网的公路网运行状态监测与效能提升等行业重大科技专项研究。继续实施科技成果推广专项行动计划和科技示范工程，加快完善技术标准体系和机制。

推进部省两级行业管理工作平台以及公路、水运、道路运输、水上安全等管理和服务系统建设。继续推进国家交通运输物流公共信息共享平台和东北亚物流信息服务网络建设。开展公路水路畅通保障、公众出行信息服务、市场信用信息、安全监管和应急指挥、交通运输运行监测与决策支持、综合运输协调服务、区域物流公共信息服务、城市客运智能化等技术研发、重点工程和示范工程建设，加快实施全国高速公路光纤通信信息系统建设，推进交通运输电子口岸建设。推进交通运输人力资源保障体系、行业管理干部队伍培训平台和行业人才管理信息系统建设。组织实施共建高校交通主干学科专业以及职业院校实训基地建设。

（六）进一步推动节能减排，构建绿色交通运输体系。

制定和实施建设低碳交通运输体系的指导意见和试点工作方案，深化“车、船、路、港”千家企业低碳交通运输专项行动，实施交通运输行业应对气候变化行动方案。进一步完善运输装备市场准入和退出机制。推出第四批交通运输行业节能减排示范项目，推广节能环保型运输工具、隧道节能照明、港口装卸机械“油改电”和船舶靠港使用岸电技术、高速公路联网不停车收费、甩挂运输、内河船型标准化。建立完善交通运输行业能源消耗统计监测考核体系。

统筹利用综合运输通道线位资源和运输枢纽资源，合理确定建设规模和技术标准，优化建设方案。推广使用交通废弃物（废水）循环利用的新材料、新工艺、新设备。大力开展施工废料、弃渣、港口和航道疏浚土等资源的再生和综合利用，建设资源循环利用试点工程。

加强生态保护和污染治理，增强环境保护监管能力，建设部省两级交通运输节能环保监测考核体系，逐步形成对国家高速公路沿线、三峡库区、环渤海、长江口和珠江口等区域的交通环境监测网络。

（七）提高交通运输安全监管和应急能力，有效预防和应对特大自然灾害与突发性事件。

加强交通运输安全生产源头管理，严格交通运输安全生产准入条件，加强动态监管，建设安全生产和应急综合信息系统。继续开展 “平安工地”建设活动示范工程，推进施工安全风险评估工作，完善事故隐患排查治理机制。组织开展“重点运输过程监控管理服务”示范工程，完善港口安全监管制度，做好船舶和港口设施保安工作。

进一步建立健全应急管理机制，加强突发事件的预测预警和应急演练。推进国家、省、市公路交通应急救援保障中心建设，加快建成信息互通、协同高效的公路网管理和应急平台体系，加强高速公路和重要干线公路运行监控设施建设，建设国家级危险品事故应急物资及装备储备库和省级公路应急保障基地，建立国家、省、市道路运输应急保障车队。构建覆盖全国干线公路和重点水域的气象监测网络和预报预警服务体系。健全水上交通安全监管体系，增强安全风险预控能力，加快救助飞行力量、大中型监管救助船舶、抢险打捞装备及基地建设，提高海上溢油污染等应急处置能力，完善水上搜救奖励与补偿机制，不断强化搜救指挥体系建设，建立综合航海保障体系，加强交通运输的反恐防范。完善沿海、长江干线和其他内河水域安全监管和救助力量布局，推进内河搜救机制和能力建设，制定航道专项应急预案，加强航道应急物资储备和应急装备建设。

（八）推进交通运输行业依法行政，深化体制机制改革。

研究制订综合运输法规体系框架。力争出台《公路保护条例》、《城市公交管理条例》，加快推进《水路运输管理条例》、《海上交通安全法》、《航道法》立法进程，开展《收费公路管理条例》、《道路运输条例》等法规的修订研究工作，加大部颁规章的制（修）订力度。建立《交通行政执法规范》，落实《交通运输行政执法评议考核规定》，完善行政许可网上办理系统，加快交通运输执法信息平台建设。规范执法行为、执法程序、执法文书和自由裁量权。继续推进执法模式改革，推动跨地区执法联动。

加快推进“层次清晰、事权明确、权责一致、运转高效”的地方公路管理体制改革，深化农村公路养护管理体制改革，积极稳妥地推进海事系统核编工作。建立促进综合运输体系发展协调机制。

（九）坚持互利共赢，积极拓展国际交流合作。

进一步深化交通运输领域的双边和多边合作，重点推进与周边国家的交通运输战略合作，推进国际运输通道建设。继续落实《中国－东盟交通合作战略规划》，发挥上海合作组织成员国交通部长会议机制的作用，推动公路通道建设与多国过境道路运输合作，进一步推动与东北亚国家间的陆海联运国际合作。办好第二届亚欧交通部长会议，促进欧亚运输连接。做好参加国际海事组织第27届大会和竞选A类理事国的有关工作，积极参与航运减排等多边谈判。加强交通运输行业国际条约的缔约和履约工作。组织承办第21届世界海上人命救助大会。加强海运海事合作，维护我航运企业海外经营合法权益，推动海运、港口领域双边及区域性协定的签署和实施。完善和加强界河航道管理机制。贯彻“走出去”战略，为交通运输企业拓展海外市场创造有利条件。

加强防范海盗的国际合作，进一步加强应急值守、预警发布和防范能力建设，继续指导船公司增强船舶自防自救能力。按照反海盗部际联席会议机制和有关工作程序，及时做好应急处置工作。

（十）加强党风廉政建设和精神文明建设，提升行业发展软实力。

贯彻落实《中国共产党党和国家机关基层组织工作条例》，继续深入开展创先争优活动，加强学习型党组织和机关建设，推进基层党组织党务公开，不断提高机关党建工作科学化水平。

贯彻落实党风廉政建设责任制，完善反腐倡廉领导体制和工作机制。加强监督检查，保证中央重大决策部署有效贯彻落实。推进制度建设，健全完善交通运输特色惩治和预防腐败体系。深化“小金库”等专项治理，着力解决工程建设领域突出问题。加大纠风力度，切实维护人民群众切身利益。强化宣传教育，落实《廉政准则》，促进领导干部廉洁自律。深入开展巡视工作，深化党政主要领导干部经济责任审计，加强对部属单位领导班子的监督。严肃查处违法违纪行为，努力取得党风廉政建设和反腐败工作新成效。贯彻中央深化社会矛盾化解、公共管理创新、公正廉洁执法等重大决策，加强行业治安综合治理，做好新形势下的信访工作，落实国家艾滋病防治工作部署。

附：

2010年交通固定资产投资情况

交通基础设施建设投资规模持续增长。2010年，全国完成公路水路交通固定资产投资13212.78亿元，比上年增长18.6%，占全社会固定资产投资的4.75%。“十一五”期间累计完成投资47851.63亿元，是“十五”投资完成额的2.1倍。分地区看，西部地区全年完成交通固定资产投资4497.48亿元，所占比重为34.0%，比上年提高4.1个百分点，比“十五”期末提高14.3个百分点；东、中部地区分别完成投资5168.53亿元、3546.77亿元，所占比重分别为39.1%和26.8%。

（一）公路建设。

公路建设投资继续较快增长。全年完成公路建设投资11482.28亿元，比上年增长18.8%，“十一五”

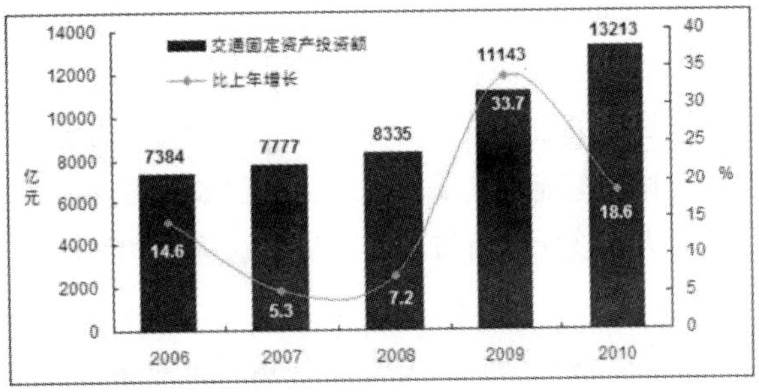

图1　2006－2010年交通固定资产投资额及增长速度

累计完成投资40752.63亿元，年均增长15.9%。高速公路建设完成投资6862.20亿元，比上年增长28.9%，“十一五”累计完成投资22159.01亿元，是“十五”

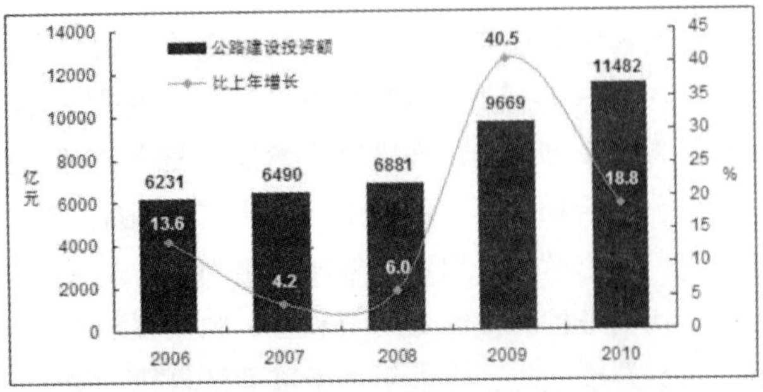

图2　2006－2010年公路建设投资额及增长速度

投资完成额的2.5倍。农村公路建设完成投资1923.82亿元，“十一五”累计完成投资9540.58亿元，新改建农村公路187.12万公里，是农村公路发展投入最大、成效最显著的五年。

公路建设资金来源中，国内贷款、车购税所占份额进一步加大。全年公路建设到位资金10166.55亿元，同投资完成额相比，资金到位率为88.5%。到位资金中，国内贷款占39.9%，车购税占13.1%，所占比重比上年分别提高1.4和2.2个百分点；国家预算内资金占1.8%，利用外资占0.4%，地方自筹占31.3%，企事业单位资金占7.7%，其他资金占1.2%，上年末结余资金占4.5%。

（二）水运建设。

水运建设投资稳步增长。全年内河及沿海建设完成投资1171.41亿元，比上年增长10.5%。其中，内河建设完成投资334.53亿元，增长10.9%。内河港口新建及改（扩）建码头泊位325个，新增吞吐能力9767万吨，其中万吨级以上泊位25个，新增吞吐能力3827万吨。全年新增及改善内河航道里程924公里。沿海建设完成投资836.87亿元，增长10.4%。沿海港口新建及改（扩）建码头泊位142个，新增吞吐能力21393万吨，其中万吨级以上泊位69个，新增吞吐能力19094万吨。

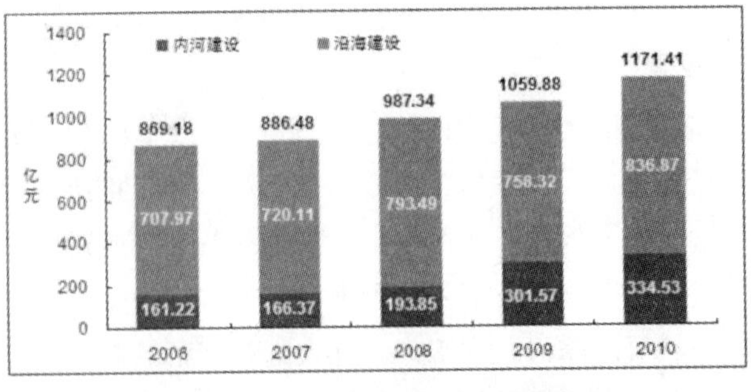

图3　2006－2010年水运建设投资额

摘自《2010年公路水路交通运输行业发展统计公报》

盛光祖在全国铁路电视电话会议上的讲话（摘要）

今天召开全路电视电话会议，主要是与各铁路局领导班子成员和部机关各部门负责同志共同研究深入学习贯彻胡锦涛总书记重要指示精神，加快转换铁路经营机制，推动当前重点工作的落实。

一、把学习贯彻胡锦涛总书记重要指示的活动引向深入

胡总书记考察铁路后，全路广泛深入开展了学习贯彻胡总书记重要指示精神的活动。主要抓了五个方面的工作：一是部党组连续召开会议，学习总书记重要指示，领会深刻内涵，对铁路科学发展思路和各项重点工作进行了深入研究。二是部党组专门发出通知，对全路的学习贯彻活动作出了具体安排。三是利用人民铁道报、铁路有线电视和铁路办公网等多种载体，以最快的速度把胡总书记考察铁路的情况和所作的重要指示向全路干部职工进行了传达。四是召开全路电视电话会议，向部属各单位通报了部党组的学习体会，对落实总书记的重要指示、推动铁路科学发展作出了具体部署。五是部党组确定了实现铁路科学发展的八个重点课题，组织部机关和各单位专题研究落实方案和措施，推动铁路改革发展重大问题的解决。

各单位按照部党组的统一安排，对学习贯彻活动精心组织，深入理解胡总书记重要指示精神，认真落实部党组关于实现铁路科学发展的思路和部署，学习贯彻活动取得了比较好的成果。通过深入学习领会，各级领导干部和广大干部职工一致认识到，胡总书记的重要指示高屋建瓴，思想深刻，内涵丰富，给铁路发展指明了方向，是铁路各项工作的根本指针。大家纷纷表示，一定要牢记总书记的嘱托，做好本职工作，让总书记放心，让党中央放心，让人民群众满意。

各单位以学习贯彻胡总书记的重要指示精神为动力，按照4月22日全路电视电话会议和全路经营工作会议部署，各项工作有了明显改进和加强，保持了良好的发展态势。全路上下更加注重研究经济社会发展需要和广大人民群众需求，积极进行经营开发，延伸铁路运输服务链条，提高服务质量，大力拓展铁路市场；更加注重按照确保运输安全万无一失的要求，强化安全管理，充分调动职工群众保安全的积极性；更加注重铁路建设管理，对工程建设合理安排，科学有序组织实施，确保了工程质量；更加注重职工生产生活实际问题的解决，许多单位开展谈心活动，了解职工需求，关心职工疾苦，努力为职工排忧解难，维护了职工队伍稳定。这些工作成绩，是全路认真学习贯彻胡总书记重要指示精神取得的重要成果。

部党组要求，全路要进一步把学习贯彻活动引向深入，以胡总书记重要指示为指针，搞好铁路建设、运营等各项工作，推动铁路走上科学发展轨道。

一是在深入理解胡总书记重要指示精神上下工夫。各级领导班子和广大干部职工在前一段学习的基础上，要重点围绕胡总书记对铁路重要地位、发展道路、根本标准、重点任务的深刻阐述，加深对总书记重要指示精神的理解。要认清铁路在经济社会发展中的地位和作用至关重要，以高度的责任感和使命感，做好各项工作；要坚定不移地走科学发展之路，把科学发展主题和加快转变发展方式主线贯穿到铁路建设和运营的各个方面；要确立衡量铁路发展的根本标准，更加自觉地为经济社会发展服务，为人民群众服务。

二是在理解和把握铁路科学发展思路上下工夫。部党组关于推进铁路科学发展的思路，是紧密结合铁路实际，学习贯彻胡总书记重要指示精神的重要成果。近一段时间，各单位结合对铁路科学发展思路的理解，围绕部党组确定的八个方面的课题，组织开展了专题研讨，取得了比较好的收效。应该说，切实抓好八个重点课题的研讨，就能够更深入地理解铁路科学发展思路，更有效地抓好推进落实。部党组认为，实现铁路科学发展，有多方面的工作要做，我们要以胡总书记强调的推进铁路体制机制改革为龙头，着力构建适应社会主义市场经济要求的铁路经营机制。抓住新的经营机制建设这一抓手，才能为铁路科学发展注入动力、提供制度保障。

二、加快推进铁路经营机制的转换

转换经营机制，首先，要转变思想观念，打牢思想基础；其次，要做好新的经营机制顶层设计以及相应方案措施的制定，进行制度创新；第三，要建立科学高效的企业运行机制，确保相关制度在企业得到有效落实。

在转变思想观念方面。近一段时间，全路按照推进铁路体制机制改革的要求，围绕铁道部职能转变、强化铁路局市场主体地位，进行了深入研究和思考，统一了思想，形成了共识，为转换铁路经营机制奠定了较好的思想基础。

在新的经营机制的顶层设计和方案措施的制定方面。按照关于铁路科学发展的制度框架，铁道部组织制定了一系列政策、措施、办法，有的已经形成文件下发，有的通过会议作了部署，有的正在修订完善，近期将下发实施，基本形成了铁路新的经营机制框架和相应的政策措施、办法。

在构建新的企业运行机制方面。这一段时间，各单位按照部党组的部署，对发挥运输企业的市场主体作用、实施多元化经营、加强和改进运输安全管理、优化铁路建设管理等工作，积极探索实践，尤其是开拓市场的积极性很高，在增收创效方面采取了许多新的举措。部党组认为，在这一形势下，必须特别强调规范管理，使各项政策措施的实施，既积极又稳妥，做到依法管理、依法经营。

所谓规范管理，就是以市场需求为导向，以经济效益为中心，以人民群众满意为标尺，通过完善制度、规范行为，既充分调动各方面的积极性，又依法合规地开展经营，确保企业经营活动有序高效、健康发展。实现规范管理，要突出抓好权力制衡、运行有序、合力形成、考核有效四个环节。

第一个环节，权力制衡。就是严格按照有关法律法规和制度行使权力，使各项权力得到有效监督和制约，形成权力制衡机制，保证各项经营决策权、行政管理权能够得到正确运用。

从铁道部层面看，部党组正在制定党组的重大事项议事规则，坚持集体决策重要事项；部机关各部门正在制定权力运行的规范办法，确保依法实施铁道部的政府职能和行业管理职能，为企业的经营活动创造良好环境。

从铁路局层面看，铁路局作为市场主体，经营自主权将逐渐扩大到位，对权力制衡的要求更高更迫切。

一是要进一步完善“三重一大”事项决策制度，对领导班子的权力运行进行有效制约。目前铁路局领导班子决策“三重一大”事项，主要是通过党政联席会议的形式。此外，按照规定应由党委决定的问题由党委会讨论决定，应当由局长决定的问题由局长办公会议讨论决定；按职代会有关规定，涉及企业发展规划、经营责任制方案、职工福利等事项，要提请职代会审议通过、审议决定、审议监督。对这些决策形式要进一步加以改进和完善。各铁路局要根据部党组即将下发的铁路局领导班子集体决策“三重一大”事项的规定，结合自身实际情况，制定实施细则，把重要决策、重要项目安排、重要干部任免和大额资金使用等重大事项纳入集体决策范围，按照集体领导、民主集中、个别酝酿、会议决定的要求，由领导班子集体决策，坚决防止个人和少数人说了算，实现决策的科学化、民主化和制度化。对铁路运输企业强调集体决策、民主决策，这是由企业的性质和特点决定的，也是转换企业经营机制所必需的。铁路是国有企业，实施的是集体领导制度，具有完善的党政工团组织领导体系，这是我们的优势。如果我们能够集中集体智慧，发挥各级组织的作用，就可以使企业运行机制取得更好的效果。

在决策重要事项时，无论采取哪种决策形式，所有领导班子成员都要提出明确意见，铁路局局长和党委书记要充分尊重大家的意见，集思广益，保证决策的正确性。对重要事项，局长和党委书记意见不一致的，不能上会研究；领导班子内多数同志有不同意见时，不能决策；较多同志有不同意见或分管同志有不同意见时，要慎重决策。与决策相关的分管领导要有明确的意见，业务主管部门要为决策提供准确情况和客观分析，提出相关建议方案。现在仍然实行党委常委制的单位，如需常委会研究决定重要事项，要把行政副职纳入会议。

二是要规范日常权力运行。各单位要针对工程建设、物资设备采购、车皮车票管理、财务资金管理、选人用人等重点领域权力行使不规范、权责不匹配、考核不严格等问题，制定主要领导、分管领导、相关部门的权力运行规则，细化岗位责任，清晰责任界面，明确用权程序，强化用权监督，加强对行政管理过程的掌控，防止权力滥用。尤其是对较为集中的权力，要进行合理分解，形成各环节之间既相互协调又有效制衡的机制。要根据铁道部即将下发的关于重点部门权力运行规范办法，进一步健全本单位日常权力运行的有关制度，保证权力运行处在有效监督和掌控之中。

三是要严格责任追究。针对不同岗位和具体用权事项，制定并落实责任追究办法，加强制度落实情况的检查监督，对违反规定的，要实行严格的责任追究；对失职渎职或造成决策严重失误的，要严肃查处。

第二个环节，运行有序。就是要适应市场变化和生产经营的要求，建立科学的运行机制，做到各部门、各管理层次职能定位准确清晰，使企业各项工作从部署到落实，均处于有序状态，确保生产经营活动正常运行。

一是科学合理设置机构。铁路局在铁道部确定的机构编制宏观调控目标内，根据管理工作需要，确定企业内部的机构设置。要深入研究机构设置问题，使机构设置科学合理、符合市场经营的需要。同时，要明确各部门的职责，做到分工合理、运转协调，整体功能最佳。

二是明晰岗位职责。从铁路局领导班子成员到各部门负责人及机关工作人员，都要按照逐级负责、岗位负责的要求，明确界定岗位责任，做到权责明晰、任务明确，形成科学完善的责任体系，确保工作高质量、高效率。

三是完善管理制度。铁路局要适应转换经营机制的要求，创新管理制度。要建立起符合本局实际情况的运输安全管理、运输组织管理、财务资金管理、工程建设管理、更改大修计划管理、各类设备管理、物资采购管理、资产管理、劳动人事管理等相关制度办法。要通过完善的制度办法，使各项管理工作有序衔接、相互协调，使整个企业管理运行顺畅。

第三个环节，合力形成。就是铁路局党政工团组织要积极适应确立铁路局市场主体地位带来的新变化，围绕企业发展战略的实施、发展目标的实现，共同承担责任，发挥各自优势，形成推动企业改革发展的强大合力。

党组织要充分发挥政治核心作用。一方面，要发挥保证作用，保证党和国家方针政策及部党组决策部署在企业的贯彻落实；加强领导班子、干部队伍和人才队伍建设，为企业发展提供坚强的组织保证；加强宣传思想工作和文化建设，为企业发展提供可靠的思想保证；加强基层党组织和党员队伍建设，充分发挥党支部的战斗堡垒作用和共产党员的先锋模范作用。另一方面，要强化监督作用，保证企业的经营决策、权力运行、日常管理严格遵守有关法律、规章和制度，保证铁路作为公有制企业的属性，保证企业沿着正确的经营方向发展。

行政组织作为生产经营的组织管理者，尤其是铁路局长作为企业法人代表，既要勇于创新、大胆工作，又要坚持民主决策、依法经营、按章办事、规范管理，承担起企业改革发展的责任。

纪检监察组织要严格执法执纪，加强源头防范和过程监督，依照法纪设置好“高压线”，对违纪违规行为严肃查处，为企业发展提供纪律保证。

工会组织要加强民主管理工作，充分发挥职代会作用，组织好劳动竞赛和帮扶救助，切实维护职工利益，当好联系群众的桥梁和纽带。

共青团组织要带领团员青年投身安全生产、运输经营、铁路建设的主战场，充分发挥生力军作用。

第四个环节，考核有效。就是根据不同管理层次和不同岗位在生产经营中的职责定位，建立有效的考核机制，实现铁道部对铁路局、铁路局对基层单位、基层单位对干部职工有力的激励和约束。

一是铁道部要加强对铁路局的考核。铁道部要充分发挥政府监管和行业管理职能，通过行政的和经济的手段，采取多种方式，对铁路局进行检查、监督、评价、考核。铁道部将制定新的运输和服务清算规则，建立公平、公正、公开的清算体系，使运输企业公平地取得相应的运输收入，相互提供服务得到合理补偿，以此来激励各铁路局积极开拓市场，努力增加收入。铁道部还将改进工效挂钩办法，建立企业工资总额与企业经济效益同步增长的机制，激励各铁路局在生产发展、效益提高的前提下，不断增加职工收入，改善职工的生产生活条件。铁道部要进一步完善对铁路局的经营业绩考核，把国有资产保值增值、运输安全、廉政建设、路风建设、铁路建设等全面纳入考核，通过考核，规范企业行为，促进企业依法经营。

二是铁路局要加强对局机关和站段的考核。改进和完善考核制度，加大对安全生产、增收节支、服务质量、廉政建设、路风建设、队伍稳定等考核力度，科学确定考核指标，建立严密的考核程序，把握重点，覆盖全面，保证企业生产经营活动既依法合规，又高效率、高效益。

三是改进和完善对干部职工的考核。要坚持严格要求、严格管理，同时做到严爱结合。严格管理要严在尽职尽责上，严在遵章守纪上。根据岗位职责，建立和完善对职工的考核制度，将职工的工作业绩与个人收入紧密挂钩，既规范他们的工作行为，又调动大家的积极性和创造性。

三、全力做好当前重点工作

一是切实抓好安全生产工作。要以确保高速、提速和客车安全为重点，加强安全生产工作。在防洪安全上，针对陆续发生水害的情况，科学制订防洪预案，加强防洪重点地段的检查监控，保证一旦发生水害，能够及时妥善处置，认真落实汛期行车办法，严防列车事故的发生。在设备安全上，要进一步强化对主要行车设备的检测维修，保证设备质量稳定可靠、运用状态良好。在施工安全上，落实“天窗”修制度，完善施工安全措施，加强施工现场控制，保证施工安全有序可控。

二是加大增收节支工作力度。要认真落实经营工作会议精神，增强增运补欠的紧迫感，抓紧研究和实施多元化经营措施，积极开拓市场，深入开展增收节支活动，千方百计提高经济效益。精心做好“7·1”调图准备工作，按照适应经济社会发展需要和满足人民群众需求的原则，优化列车开行方案。抓好暑运准备工作，结合新图实施，改进客货运输组织工作，实现运营收入的大幅度增长。在拓展市场、增运增收过程中，各单位一定要依法合规，不能违反有关规定，不能发生损害旅客货主利益和路风路誉的事件。

三是科学有序推进铁路建设。按照优化建设规模、建设标准、工程进度的要求，加快调整和完善工程的组织管理工作，搞好建设资源配置，强化对重点项目的管理，统筹抓好工程质量、施工安全、工程进度、资金筹措和廉政建设等工作，保持加快铁路建设的良好态势。

四是确保职工队伍稳定。按照有关政策，研究对策措施，化解矛盾纠纷。切实关心职工生活，认真落实解决职工生产生活困难的措施，充分调动广大职工的积极性。

五是深入开展创先争优活动。党政工团各级组织要按照以“三保一促”为主题的创先争优活动推进方案，紧密围绕中心工作，充分发挥优势，把广大党员和职工群众组织到“三保一促”活动中来，形成推动当前工作、实现铁路科学发展的浓厚氛围。

附：

2010年全国铁路固定资产投资情况

全国铁路固定资产投资（含基本建设、更新改造和机车车辆购置）完成8426.52亿元，比上年增加1381.25亿元、增长19.6%。

表1 全国铁路固定资产投资

单位:亿元

指　标	2010年完成	比上年±%	“十一五”完成	比“十五”±%
合　计	8426.52	19.6	24309.98	387.5
基本建设	7074.59	17.8	19787.09	529.1
更新改造	285.43	12.5	1209.07	34.8
机车车辆购置	1066.50	35.5	3313.82	250.8

基本建设。全国铁路共完成投资7074.59亿元，比上年多1070.12亿元、增长17.8%。国家铁路和合资铁

图1 全国铁路固定资产投资总额

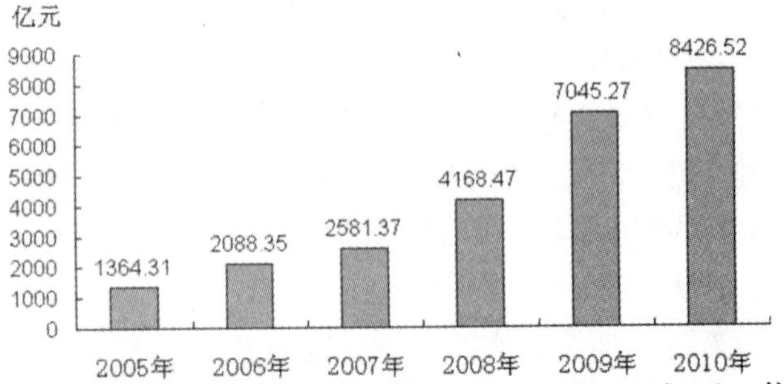

路完成投资7008.60亿元，比上年多1038.42亿元、增长17.4%。路网大中型项目316个，完成投资7005.33亿元，比上年多1045.9亿元，增长17.5%；其中，新建

铁路完成投资5612.89亿元，既有线扩能改造完成投资1392.44亿元，分别占80.1%和19.9%。地方铁路完成投资65.99亿元。

图2 全国铁路基本建设投资

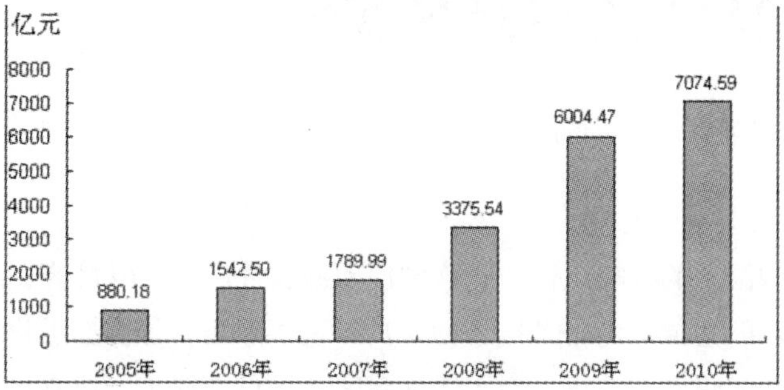

基本建设全年共投产新线4908.4公里、复线3792.4公里、电气化铁路6029.7公里。完成新线铺轨7514公里、复线铺轨6794.4公里，分别比上年增长38.6%和61.3%。

表2 新开工项目情况

项　目	项目个数	投资总规模(亿元)	建设总规模(公里)		
			Ⅰ线	Ⅱ线	电气化
总计	97	12789.0	13332.6	12479.8	14095.3
高速铁路	18	8974.0	8129.0	7933.2	8213.2
新建铁路	28	2250.4	4390.7	2328.1	3703.6
复线	21	995.7	631.1	2045.3	1818.5
电气化	1	9.9			156.8
枢纽	29	558.9	181.8	173.2	203.2

——新线建设。新建铁路完成投资5612.89亿元，其中高速铁路项目（含收尾和筹建项目）完成投资4415.9亿元，占路网大中型项目完成投资的63%。建成投产沪宁、沪杭、广珠、长吉、昌九等高速铁路共1554.3公里；新开工沪昆、合福、大西、云桂、兰新等高速铁路，建设规模8100公里。太（中）银、包西通道、宜万铁路等区际大能力通道相继于年底建成通车。

——既有线改造。既有线增建复线和电气化改造完成投资753.92亿元，比上年多17.2亿元、增长2.3%。南同蒲、新菏兖日、蓝烟、达万、长荆等电气化改造和南疆线库轮段、通霍线等复线扩能改造项目建成投产。

——枢纽建设。枢纽及客站建设完成投资638.51亿元，比上年多109.13亿元、增长20.6%。29个枢纽客站项目开工。石家庄货运系统迁建、成都货车外绕线、满洲里国际货场等枢纽建成投产。成都、杭州东、深圳福田、哈尔滨西等客站以及昆明枢纽加快建设。

更新改造。全国铁路完成更新改造投资285.43亿元，其中国家铁路更新改造完成投资245.47亿元，同比多13亿元、增长13%。国家铁路完成投资中，运输设备更新改造完成投资192.68亿元，同比多31.17亿元、增长19.3%。部管项目完成60.10亿元；局管项目完成132.58亿元，生产性投资占95.1%。铁路地震灾后重建项目完成18.66亿元（含运输设备更新改造铁路局配套资金），其中使用铁路灾后重建专项资金16.75亿元。

表3 全国铁路营业里程

指　标	单　位	年末数	比上年±%	
营业里程	万公里	9.1	6.6	
复线里程	万公里	3.7	12.9	
复线率	%	41.1	百分点	2.3
电气化里程	万公里	4.2	19.1	
电化率	%	46.6	百分点	4.9

路网规模。全国铁路营业里程达到9.1万公里，比上年增加5660.7公里、增长6.6%，里程长度居世界第二位。路网密度95.0公里/万平方公里，比上年增加5.9公里/万平方公里。其中，复线里程3.7万公里，比上年增加4292.4公里、增长12.9%，复线率41.1%，比上年提高2.3个百分点；电气化里程4.2万公里，比上年增加6811.5公里、增长19.1%，电化率46.6%，比上年提高4.9个百分点。西部地区营业里程达到3.6万公里，比上年增加3212公里、增长9.8%。

移动设备。“和谐号”动车组累计投用480组。全国铁路机车拥有量达到1.94万台，比上年增加509台，其中和谐型大功率机车3372台。内燃机车占56.6%，电力机车占43.1%，主要干线全部实现内燃、电力机车牵引。全国铁路客车拥有量达到5.21万辆，比上年增加2776辆；其中空调车3.66万辆，占70.3%，比上年提高5.4个百分点。国家铁路货车保有量达到622284辆，比上年增加27896辆。

表4 全国铁路机、客、货车拥有量

指标	单位	数量	比上年±%
机车	台	19431	2.7
客车	辆	52130	5.6
货车（部属）	辆	622284	4.7

摘自《中华人民共和国铁道部 2010年铁道统计公报》

推进物联网产业快速有序发展

工业和信息化部部长　苗　圩

“十二五”规划纲要明确指出，要“推动物联网关键技术研发和在重点领域的应用示范”。贯彻这一战略，推进物联网产业快速有序发展，不仅对我国战略性新兴产业的迅速崛起将发挥重要作用，而且对于推进我国现代化建设具有战略意义，是我们面临的一项重大任务。

一、充分认识加快发展物联网的重要意义

物联网是互联网和通信网的网络延伸与应用拓展，具有整合感知识别、传输互联和计算处理等功能，是对新一代信息技术的高度集成和综合运用。物联网通过信息共享和业务协同，将人与人之间的信息交互沟通向人与物、物与物扩展延伸，它的应用为优化资源配置、加强科学管理、缓解资源能源约束提供了可能，拓宽了道路。

加快发展物联网是构建现代产业体系、走新型工业化道路的内在要求。作为信息技术新的突破方向，物联网成长潜力大、带动力强、综合效益好，不仅本身蕴含着巨大的战略增长潜能，而且能够有力地推进信息化和工业化深度融合，带动传统产业转型升级，催生新的经济增长点。加快发展物联网，将为我国建设结构优化、技术先进、清洁安全、附加值高、吸纳就业能力强的现代产业体系，提供强有力的支撑和保障。

加快发展物联网是提高人民生活水平、全面实现小康社会的迫切需要。物联网在教育、医疗卫生、政府管理、社区服务等方面的广泛应用，必将带来社会管理和公共服务模式的创新，极大地促进社会公共服务改善，从而最终改变人们的生活方式，更好地满足人民群众日益增长的物质文化需要。近年来，物联网在公共服务领域加速拓展，为提高人民生活质量与水平开创了一条有效途径。

加快发展物联网是构建国际竞争新优势、建设创新型国家的战略选择。物联网技术涵盖面广、关联度高、辐射力强，对带动技术创新具有重要作用。加快推进物联网研发与应用，对于增强我国自主创新能力、提高科技对经济发展的贡献率意义重大，已成为各国抢占未来战略制高点的重要领域。目前，物联网在全球尚处于起步阶段，各国基本处在同一起跑线上。因此，抓住难得的战略机遇，加快推进物联网发展，是增强我国国际竞争力的必然选择。

二、进一步明确我国物联网发展的思路和重点

目前，我国已具备了发展物联网的技术、产业和应用基础，部分领域形成了可观的产业规模，技术研发和标准化工作取得了初步成果，掌握了一批具有自主知识产权的关键技术，物联网在交通、物流、金融、工业控制、环境保护、医疗卫生、公共安全、国防军事等领域已有了初步应用。但是，物联网技术集成性高、应用跨度大、产业链长、产业分散度高，多数领域的核心技术尚在发展中，从物联网核心架构到各层次的技术与产品接口大多还未实现标准化，大规模应用所需的条件和市场还需要一个长期而渐进的过程。针对我国物联网发展所处的阶段和目前已有的基础，我们要加强统筹协调，着力营造良好的发展环境，促进物联网在重点领域的深入应用，力求实现重大突破。

一是构建自主创新体系，提升产业核心竞争力。技术的创新突破是物联网发展的关键。要支持建设一批重点实验室、工程中心、技术中心，支持重点科研基础设施和大型科技资源平台的整合和共享，组织开展重点关键领域技术攻关。对关系国家安全的核心技术，要大力开展原始创新，努力实现自主可控。同时学习借鉴世界先进成果，博采众长，加强引进技术的消化、吸收、再创新。发挥企业在自主创新中的主体作用，增加研发投入，提升知识产权拥有水平。加快突破一批关键核心技

术，形成从研发、生产到应用的完整创新链条。

二是推进标准体系建设，掌握发展主动权。要加快建立跨行业、跨领域物联网标准化协作机制，加强对物联网系统结构、参考模型等总体标准，物联网信息安全、网络管理等基础共性标准，以及智能传感器、传感器网络等关键技术标准的研制。积极推动网络架构、标识和网络业务安全研究，为实现不同行业物联网协同融合奠定基础。鼓励和支持企业积极参与国际标准化工作，推动我国具有自主知识产权的技术成为国际标准。

三是加强产业合作，面向重点领域开展应用。物联网技术涉及多行业、多领域、多学科，产业链环节众多。要重点发展核心产业，大力扶持支撑产业，积极带动关联产业，促进产业链的形成和完善。根据现有条件，要选择基础设施和民生服务等示范效应突出、产业带动性强、关联性高的重点领域，积极开展应用示范。在工业和交通运输领域，要大力建设发展智能电网、智能交通、智能物流和智能工业，加快物联网在相关行业和领域的渗透与融合。

四是发挥市场优势，培育和壮大物联网产业。要支持企业发展专业服务、增值服务等新业态，鼓励和支持产业链上下游探索培育新型商业模式，加快形成市场化运作机制。发挥政府的引导作用，加强规划、标准和产业政策的制定和实施，支持鼓励企业创新，加强知识产权保护，抓好物联网的示范应用和市场培育，积极营造公平竞争的市场环境。支持物联网产业公共服务平台建设，加快建立健全中介服务体系。加快培育骨干企业，促进中小企业发展，形成具有国际竞争力的物联网产业集群。

三、多措并举推进物联网快速有序发展

当前，加快发展物联网，必须着眼长远，科学谋划，多措并举。

加强组织领导，建立协同工作机制。建立政府部门、行业、地方之间的统筹协调机制，指导、推动物联网产业发展。协调物联网在重点行业应用及示范项目建设推广，共同解决物联网发展面临的标准、关键共性技术、产业支持、基础设施建设、安全保障等问题，形成各地区、各环节发挥优势、分工合作、协同推进的格局。及时掌握行业发展情况，加强统计分析和预测、预警，加强对重大项目建设的监督、检查和处理。

加强统筹规划，推进典型应用示范。深入开展物联网发展战略研究，编制国家发展规划，统筹部署物联网技术研发、产业发展和应用示范。加强各部委间协调，抓紧制定促进物联网发展的指导意见，明确物联网产业发展的定位与路线。着力抓好典型应用示范，加快国家传感网创新示范区建设，引导各地区因地制宜地开展物联网区域试点应用，促进资源共享和优势互补，逐步形成分工合理、特色鲜明、相互支持的产业发展格局。

完善政策法规，营造健康发展环境。落实国家支持高新技术产业和战略性新兴产业发展的税收优惠政策，设立国家物联网发展专项资金，建立长效稳定的财政扶持机制。完善物联网发展的投融资政策，鼓励银行和风险投资及社会资金投向物联网产业，促进金融机构加大支持企业发展的力度，支持企业在海内外资本市场直接融资。加快影响物联网发展的关键问题的相关立法，强化政策间的协调和衔接，为物联网深入发展提供法律保障。

高度重视信息安全，提升安全保障能力。信息安全在物联网发展中至关重要，必须超前谋划。要研究制定相关法律法规，加强信息应用的监管，建立和完善安全政策与技术标准、身份识别机制和认证授权机制、信用体系和信用环境等，有效保障信息采集、传输、处理等各环节的安全可靠。加强物联网重大项目安全评测和风险评估，构建有效的预警和管理机制。

加强人才队伍建设，构建人才支撑体系。物联网发展，人才是根本。要实施物联网高层次人才引进培养计划，依托国家重大专项、重大工程和重点企业，培养高端领军人才，积极引进和用好海外人才。研究制定切合实际的分配政策和激励措施，形成主要由市场配置人才资源、促进人才流动的机制，营造人才脱颖而出的环境。要在有条件和基础的院校中增加物联网相关专业，加强同国际教育培训机构的交流与合作，积极推进分层次、分类别的人才教育和培训，满足产业不断发展的需要。

高新技术产业与风险资本对接

——科技部部长万钢在第二届中国（西部）高新技术产业与风险资本对接推进会开幕式上的讲话

当前各部门、各地方都在认真学习中央精神，把加快经济发展方式转变作为深入贯彻落实科学发展观的重要目标和战略举措。通过近年来科技工作的实践，我们认识到，贯彻落实中央提出加快转变经济发展方式的战略部署，必须加快培育和发展战略性新兴产业，这是转变经济发展方式、调整经济结构和提升自主创新能力的关键。风险投资怎样参与和促进培育、发展战略性新兴产业？这是我们必须深入研究的重大课题。

一、培育战略性新兴产业是我国风险投资的重要使命与机遇

培育和发展战略性新兴产业是党中央、国务院在成功应对国际金融危机，经济回升向好的形势下，着眼于我国经济社会可持续发展，加快经济发展方式转变，调整经济结构的重要举措，对我国经济社会发展具有长远而深刻的影响。之所以有这一判断，主要来自历史的启示。以信息产业为例：人类从开始印刷商业书刊进行销售开始，到收音机、电视机和互联网，本质上都是以不同的技术来实现信息和文化的传播。实现同一信息覆盖5000万人的目标，依靠传统的书刊可能需要数百年以上的时间，收音机用了38年，电视机用了15年，而互联网仅用了5年的时间。

战略性新兴产业是在国民经济中具有重大战略意义的领域由于新型技术突破所产生的新兴产业，其本身表现出巨大的带动系数、强大的市场拓展速度，深刻地改变着世界的面貌、竞争的格局，具有难以估量的经济、社会和商业价值。如果将互联网看作是新兴产业，传统书刊看作是传统产业，那么新兴产业对传统产业的改造和促进作用也是非常明显的。在互联网时代，书刊、影视作为信息、文化传播的媒体，不仅没有消失，种类反而更加繁多，形式更为丰富。借助网上书店、电子书籍、电子阅览器等工具和手段，其流通范围更大，速度更快，对印刷业、出版业、影视业和传媒业的结构调整、发展模式创新等产生了深远影响。

在此轮新兴产业源发地——美国，信息技术发展最快的1986—1997年间，风险投资同步迅速壮大，总量增长了10倍，有效地利用社会资本，补充了政府科技投入和市场需求之间的缺口，扶助了一大批高新技术企业从小到大，从弱到强，有力地推进了信息产业的发展，同时也实现了行业高达41%以上的平均收益率。这一阶段，风险投资也成为全球公认的新投资模式典范和新财富产生方式的代表。

当前，新一轮产业技术革命曙光初现，新能源、电动汽车、智能电网、生物技术、新材料和先进制造业等领域已经蕴含了较大的势能。世界范围内，借调整产业结构，应对金融危机之际，大力培育新兴经济增长点，新兴产业正悄然逆势而上，迅猛发展。党的十六大、十七大确定自主创新战略、建设创新型国家目标以来，我国加速了重点领域布局、加大了科技投入。目前，已具备了在新兴产业占据某些制高点、接近一些前沿和做大若干领域的基础。

将这些潜在的优势变为现实的优势，风险投资可以发挥重要的作用，同时也是风险投资难得的发展机遇。风险投资可以为战略性新兴产业注入早期的发展资金，选拔培育企业管理团队，开发出适合战略性新兴产业快速壮大的新型商业模式。

近年，发达国家的风险投资和资本市场正在积极进行新一轮产业技术投资，2005年以来，硅谷已有100亿美元的风险投资进入了新能源领域，2008年投入新能源领域的资金更是超过50%。根据美国风险投资协会最新

发布的预测，2010年在新能源等清洁技术领域的投资还将继续增加。海外资本市场也加大了对新兴产业的扶持力度。应特别关注的是，很多我国新兴产业的代表性企业远赴海外上市，2009年以来就有多家新能源企业赴美国、韩国上市。实际上，各个国家、各方投资者对战略性新兴产业的竞争战已经打响，我国风险投资业一定要关注和重视这一动向，并要积极应对，有所作为。

二、我国风险投资取得了长足进展，但总体效能还有待进一步释放

十年来，我国风险投资业取得了很大发展，特别是2006年全国科技大会以来，随着法律环境的日趋完善、财税政策的出台以及多层次资本市场的逐步建立，风险投资的机构数、管理资本总量大幅增加，平均增速超过16%。2007年爆发的国际金融危机使全球资本市场和风险投资业普遍陷入低迷，但我国风险投资却逆势上扬，已连续两年保持快速增长。据科技部、商务部、国家开发银行等部门正在联合开展的2009年全国风险投资调查数据显示，我国风险投资机构已超过580家，管理资本超过1700亿元，分别比2008年增加21%和17%以上。我国风险投资已培育出一批对全国乃至世界有影响力的新兴经济增长点，如光伏产业、软件产业、网络产业、信息通讯产业、先进制造产业。取得这些成绩的同时，我们应清醒地看到，我国风险投资业总体还处于成长阶段，一些体制机制方面的障碍尚未突破，其投资抚育能力还有待进一步提高，主要表现在以下几个方面：

一是后端投资过于“拥挤”，种子期和起步期投资依然严重不足。2009年，我国风险投资业早期投资项目数和投资额只占全部投资的8.1%，且呈现不断下降的趋势。许多机构虽然被称之为风险投资，但已成为“保险投资”。从历史的经验看，正是风险投资家将早期项目转化为相对成熟的企业，从而大规模商业资金可以进入，才引发了信息技术革命，才奠定了风险投资不可或缺的地位。如果仅仅是“摘果实”，信奉纯粹的“拿来主义”，采用完全的“跟随战略”，我国的风险投资将难以完成培育战略性新兴产业的使命。

二是投资传统产业和低端环节偏多，技术预见和管理水平还需提高。近年来，我国风险投资在传统产业上的投资比重依然很高，一般性技术改造项目多，高风险但呈现高渗透的技术创新项目少；在太阳能、风能、生物质能源的产业链上低端环节投资的比重比较高，如硅晶片，风电叶片投资多，但实现大容量、低成本储存，解决风能和太阳能发电的智能电网技术环节投资较少。与此相比，国际风投主要集中在企业发展的前端，近来更有向萌芽期进展的趋势，凸现出我国风险投资团队对高新技术项目的技术发展路线和战略性新兴产业的发展规律的把握能力较弱，还需全面提高。

同时，我国风险投资机构对于战略性新兴产业的结构，企业的形态把握能力也需进一步提升，要尽快实现从过度关注IPO，到重点关注技术整合、产业策划和并购等相结合的转变。实际上，新兴产业很大程度上是通过整合来完成的，如思科公司主要通过并购实现成长。这就需要投资者要具备产业技术预见能力和较高的投资技能，目前，我国风险投资机构的这种综合能力与国际同行先进团队相比还有较大差距。

三是国有风险投资的功能正在弱化，部分地区风险投资引导基金重心偏移。国有风险投资机构从设立即定位在科技型中小企业、科技成果转化以等早期投资阶段。2008年对国有风险投资机构的一次全面调查显示，国有风险投资机构占据全行业的1/3强，累计对早期项目的投资比例高达67%，远高于全行业约30%的平均水平。但近年来情况正在发生变化，目前国有风险投资被等同于一般经营性国有资产，在同一尺度下接受管理，受保值增值等指标考核影响，很多机构不愿从事或难以从事早期投资，从而转向后端投资，甚至成为享受稳定收益的控股公司；国有风险投资按照国有资产的交易制度，在进入和退出阶段需要履行复杂的程序。国有股转持政策的实施对国有创投的投资理念和行为产生了负面影响。近年来，很多地方政府设立了风险投资引导基金，但在运行中有些偏离了促进科技企业发展的宗旨，成为地方招商引资的工具，失去了对前端和科技投资的引导功能。

四是风险投资运营环境不够完善，运营条件不够成熟。从风险投资的外部支撑条件看，风险投资中介服务体系还不很健全，存在政策、技术、企业等相关信息获取难的问题；行业自律机制尚未形成，信用与绩效评价机制尚未建立；风险投资长期资本来源渠道不畅，行业内天使投资、合格的机构投资者缺失，导致管理人行为短期化；税收制度在不同性质风险投资之间不平衡，有限合伙制尚未充分显示其制度优势。

三、发展有中国特色风险投资，加快培育战略性新兴产业

我国风险投资业伴随着科技事业成长而发展，是我国科技体制改革的成果，具有十分明显的特点与特色。

目前，我国风险投资业已基本完成了由政府主导向社会资本主导的转型。我们既要借鉴发达国家风险投资的一般规律，更要重视探求适合我国风险投资业的发展道路，创新体制机制，促进我国风险投资事业健康壮大，为培育战略性新兴产业发挥积极助推作用。

一是深刻认识和把握战略性新兴产业的发展规律，加强科技资源与风险投资的对接。与传统产业不同，战略性新兴产业在技术路线、产业环节、商业模式、市场培育等方面具有较大的不确定性，需要大量的技术攻关、成果集成、模式创新和政策突破，才能使其健康发展。例如，在太阳能利用方面，就有多晶硅、光伏电池、并网输电、配电控制等关键技术和产业环节，如果后续环节不畅，市场就难以形成、就会造成前端的投资失效，这就是人们常说的阶段性、配套性产能过剩的“堰塞湖”现象。

这里有一个很好的例证，就是十年前的纳斯达克网络股票泡沫。20世纪90年代初期，美国“信息高速公路”项目虽然已经开始实施，但“信息高速公路”进入每家每户的工作并没有完成；虽然网上采购和交易已经成为可能，但是网上支付的信誉还得不到保障，电子签名还不具有法律效力。即便存在诸多的缺陷，资本市场中的网络股还是持续高涨，进而形成了泡沫。可以说，这个泡沫主要是因为经营环境和新兴商业模式还没有形成完整配套所造成的。纳斯达克泡沫破裂以后，网络业才逐步发展起来，网上支付和电子签名瓶颈得以突破，用户开始了大规模接入，整个网络产业才有了真正发展。新兴产业的发展，会有光明的前景，必然也会经历一些困难和挫折。

克服战略性新兴产业发展中的各个障碍，要充分利用我国体制机制的优势，促进政府、企业、科技和投资界的紧密结合，及时沟通信息，联手共进：从政府来看，要及时地进行科技前瞻部署、破除政策障碍；企业要努力开展技术攻关，创新商业模式；风险投资和金融机构要创新投资模式，支持企业融资。在去年开始实施的科技成果产业化示范应用工程中，我们在“十城千辆”中重点解决电动汽车公交运营模式和基础设施建设问题；在“金太阳”工程中重点攻克太阳能发电的并网输配电技术；在“十城万盏”中着力探索半导体照明能源合同管理商业模式。政府、企业、金融紧密合作，取得了很好的成效。

今后，在国家科技重大专项和重大科技产业化工程实施过程中，我们要进一步研究战略性新兴产业形成和发展过程中技术创新链条与资金链条的对接关系，对市场失灵的环节，政府要充当“第一位天使”；对风险投资可以顺利进入的环节，政府要营造环境，加大激励；对于风险投资“过热”的环节，政府要发挥“窗口指导”作用，加强引导。通过政府和市场的有效结合，切实打通新兴产业发展的各个环节，消除“堰塞湖”，使整条“河流”流动起来。

二是创新国有风险投资管理制度，使其继续发挥“先锋队”作用。中国特色的风险投资还表现在，在早期股权（天使）投资市场很不发达的情况下，政府引导和推动风险投资发展的模式将继续发挥作用，国有风险投资要按照风险投资运作的规律，创新国有风险投资机构的管理制度，破除障碍、明确定位；探索建立国有风险投资机构的决策和执行制度、激励和约束制度、资产管理和交易制度。要以促进战略性新兴产业各个环节的健康、快速发展作为检验国有风险投资发展目标是否实现的标准。

三是发挥科技型中小企业创业投资引导基金的引导和带动作用。科技部、财政部通过引导基金出资3.09亿元参与设立了14家重点投资科技型中小企业的创业投资公司，带动社会资金20.43亿元。随着国家引导基金运作成效的逐步显现，各地也纷纷设立各具特色的创业投资引导基金，截止到2009年6月，北京、天津、上海、重庆、江苏、湖北、四川、福建等25个省市设立了50家地方引导基金，资金总规模超过245亿元。创业投资引导基金已成为引导各类风险投资和社会民间资本进入科技型中小企业和战略性新兴产业的重要渠道和载体，是我们大力支持和鼓励发展的方向。

四是进一步优化风险投资运营、政策和法律环境。加快推进我国风险投资行业自律，推广有限合伙制度，完善风险投资税收政策；以全国风险投资调查工作为基础，加强风险投资业公共信息平台建设，为全国风险投资业提供政策信息和技术信息；研究鼓励风险投资中介服务发展的措施；加强对复合型创业投资人才的培训；研究推动社保、保险等长期资金利用风险投资机制进入战略性新兴产业的方式方法。

风险投资家们常说：“真正的成功不是昨天的成功，不是现在的成功，而是未来的成功。”相信风险投资家们一定能够在战略性新兴产业发展中获得更大的成功！

附：

2010年全国科技经费投入统计公报

国家统计局　科学技术部　财政部

2011年9月28日

2010年，我国科技经费投入继续保持稳定增长。国家财政科技支出稳步增加，全国研究与试验发展（R&D，以下简称R&D）经费投入力度加大，R&D经费投入强度进一步提高。

一、R&D经费情况

2010年，我国共投入R&D经费7062.6亿元，比上年增加1260.5亿元，增长21.7%；R&D经费投入强度（与国内生产总值之比）为1.76%，比上年的1.70%有所提高。按R&D人员（全时工作量）计算的人均经费为27.7万元，比上年增加2.3万元。

分活动类型看，全国用于基础研究的经费投入为324.5亿元，比上年增长20.1%；应用研究经费893.8亿元，增长22.3%；试验发展经费5844.3亿元，增长21.7%。其中代表原创性研究的基础研究和应用研究经费所占比重为17.2%，连续三年保持稳定。

分执行部门看，各类企业投入R&D经费5185.5亿元，比上年增长22.1%；政府属研究机构投入1186.4亿元，增长19.1%；高等学校投入597.3亿元，增长27.6%。企业、政府属研究机构、高等学校经费所占比重分别为73.4%、16.8%和8.5%。

分产业部门*看，R&D经费投入强度（与主营业务收入之比）最高的行业是专用设备制造业，为2.04%；投入强度在1.5%-2%的有4个行业，分别是医药制造业（1.82%）、通用设备制造业（1.59%）、电气机械及器材制造业（1.59%）和仪器仪表及文化、办公用机械制造业（1.50%）。

分地区看，R&D经费超过300亿元的有江苏、北京、广东、山东、浙江和上海6个省（市），共投入经费4136.5亿元，占全国经费投入总量的58.6%。R&D经费投入强度（与地区生产总值之比）达到或超过全国水平的有北京、上海、天津、陕西、江苏、浙江和广东7个省（市）。

二、财政科学技术支出情况

2010年，国家财政科学技术支出为4114.4亿元，比上年增加889.5亿元，增长27.6%；财政科学技术支出占当年国家财政支出的比重为4.58%。

2010年财政科学技术支出情况

	财政科技支出额（亿元）	比上年增长（%）	占财政科技支出总额的比重（%）
合　计	4114.4	27.6	—
其中：科学技术	3250.2	18.4	79.0
其他功能支出中用于科学技术的支出	864.2	79.9	21.0
其中：中央	2046.4	24.1	49.7
地方	2068.0	31.2	50.3

注：2006年及以前年度财政科技支出包括科技三项费、科学事业费、科研基建费和其他科研事业费；2007年政府收支分类体系改革后，财政科技支出包括‘科学技术’科目下支出和其他功能支出中用于科学技术的支出；前后年度财政科技支出涵盖范围基本一致。

附表：

2010年各地区R&D经费情况

地　区	R&D经费（亿元）	R&D经费投入强度（%）
全　国	7062.6	1.76
北　京	821.8	5.82

天　津	229.6	2.49
河　北	155.4	0.76
山　西	89.9	0.98
内蒙古	63.7	0.55
辽　宁	287.5	1.56
吉　林	75.8	0.87
黑龙江	123.0	1.19
上　海	481.7	2.81
江　苏	857.9	2.07
浙　江	494.2	1.78
安　徽	163.7	1.32
福　建	170.9	1.16
江　西	87.2	0.92
山　东	672.0	1.72
河　南	211.2	0.91
湖　北	264.1	1.65
湖　南	186.6	1.16
广　东	808.7	1.76
广　西	62.9	0.66
海　南	7.0	0.34
重　庆	100.3	1.27
四　川	264.3	1.54
贵　州	30.0	0.65
云　南	44.2	0.61
西　藏	1.5	0.29
陕　西	217.5	2.15
甘　肃	41.9	1.02
青　海	9.9	0.74
宁　夏	11.5	0.68
新　疆	26.7	0.49

注：

1.主要指标解释

研究与试验发展（R&D）经费：指统计年度内全社会实际用于基础研究、应用研究和试验发展的经费。包括实际用于研究与试验发展活动的人员劳务费、原材料费、固定资产购建费、管理费及其他费用支出。

基础研究：指为了获得关于现象和可观察事实的基本原理的新知识（揭示客观事物的本质、运动规律，获得新发展、新学说）而进行的实验性或理论性研究，它不以任何专门或特定的应用或使用为目的。

应用研究：指为了确定基础研究成果可能的用途，或是为达到预定的目标探索应采取的新方法（原理性）或新途径而进行的创造性研究。应用研究主要针对某一特定的目的或目标。

试验发展：指利用从基础研究、应用研究和实际经验所获得的现有知识，为产生新的产品、材料和装置，建立新的工艺、系统和服务，以及对已产生和建立的上述各项作实质性的改进而进行的系统性工作。

2.统计范围

R&D经费的统计范围为全社会有R&D活动的企事业单位，具体包括工业企业、政府属研究机构、高等学校以及R&D活动相对密集行业（包括农、林、牧、渔业，建筑业，交通运输、仓储和邮政业，信息传输、计算机服务和软件业，金融业，租赁和商务服务业，科学研究、技术服务和地质勘查业，水利、环境和公共设施管理业，卫生、社会保障和社会福利业，文化、体育和娱乐业等）中从事R&D活动的企事业单位。

3.调查方法

R&D经费：大中型工业企业、政府属研究机构、高等学校采用全面调查取得，小型工业企业及其他行业的企事业单位采用全面调查、重点调查及使用第二次全国R&D资源清查资料推算等多种方法取得。

产业部门仅包括大中型工业企业的数据。

能源局：能源“十二五”规划突出七大重点

国家能源局发展规划司司长江冰在10月30日召开的“能源经济发展”论坛上表示，到2015年，我国非化石能源消费占一次能源消费的比重将达到11%，这将为到2020年非化石能源消费占一次能源消费15%的目标做好铺垫。

此外，江冰还透露，我国能源“十二五”规划将突出七大重点，控制能源消费总量，其中将率先控制东部地区的燃煤机组建设以控制当地的煤炭消费总量。

能源规划提出七大重点

江冰介绍了“十二五”期间能源产业发展的七大重点内容。一是优化发展化石能源。稳步推进煤矿升级改造，加大油气资源开发，优化火电开发。合理控制煤炭产量，大力推进煤炭清洁高效利用，扩大电力、天然气在终端消费中的比重。二是要加快推进非化石能源发展。加快推进水电、核电建设，积极有序做好风电、太阳能、生物质能等可再生能源的转化利用，要确保到2015年非化石能源消费占一次能源消费的比重达到11%以上。分析人士表示，只有在2015年将非化石能源消费占比提升到11%左右，才能为2020年非化石能源消费达15%的目标和二氧化碳排放强度降低40%–45%的目标打好基础。三是要加强能源输送管网建设，提高能源配置能力。四是要加快能源科技装备创新，提高能源装备自主化发展水平。五是要加强节能减排。促进能源开发和利用全过程的节能减排，通过集约开发能源资源，加强能源需求管理，推进重点领域节能，减少污染物排放，实现平衡发展。六是要加强国际能源合作。加强海外开发，深化和拓展国内能源对外开放，进一步扩大能源贸易。七是要推进能源体制改革。

将控制东部燃煤电站建设

能源局权威人士表示，从“十二五”开始，将逐步控制东部地区建设燃煤机组的总量以控制当地的煤炭消费总量，其中环渤海、长三角、珠三角等地都将是控制的重点区域。

江冰表示，到2015年，我国能源消费总量需要控制在40–42亿吨标准煤以内，如果进一步加强节能措施，还有望控制在40亿吨标准煤以内，相反，如果不对能源总量进行控制，到2030年我国能源消费总量可能超过70亿吨标准煤，这对中国和世界来说都是灾难性的。

具体而言，“十二五”期间我国东部地区将以建设核电、燃气电站为主，煤电的建设应当考虑一些支撑电能的建设，消耗进口电量，东部地区应该严格控制煤电发展。

对西部地区和中部地区，要根据水资源和环境承载能力，优化布局大型火电站，优化电网和输电线路建设，促进资源优势和区域优势转化为经济优势。西南地区要积极开发天然气和重点流域的水电开发，做好移民安置工作，加强生态保护，以带动当地的经济发展。

从“十二五”开始，我国将逐步形成山西、鄂尔多斯盆地、西南和蒙东、新疆五个综合能源基地，在中东部建设核电站，形成5+1能源开发总体格局，预计到2030年，西部的五个综合能源基地的一次能源的供应能力将占到新增能力的85%，构成中国一次能源的基本框架与格局。

附：

2010全国能源消费总量为32.5亿吨标准煤

国家统计局2月28日发布的统计公报显示，2010年全国能源消费总量为32.5亿吨标准煤，比上年增长5.9%。

初步核算数据显示，煤炭消费量增长5.3%；原油消费量增长12.9%；天然气消费量增长18.2%；电力消费量增长13.1%。全国万元国内生产总值能耗下降4.01%。

2010年，全国发电量42065.4亿千瓦小时，同比增长13.2%。其中：火电33301.3亿千瓦小时，同比增长11.6%；水电7210.2亿千瓦小时，同比增长17.1%；核电738.8亿千瓦小时，同比增长5.3%。水电增长速度大于火电。在投资额方面，电力、热力的生产与供应业投资额达11869亿元，同比增长6.6%。新增发电机组容量 9118万千瓦，新增22 万伏及以上变电设备 25816万千伏安。

在进口方面，全年煤进口量达16478万吨，比上年增长30.9%，金额达169亿美元，比上年增长60.1%。进口金额增长率为进口量增长率的两倍。但相对全国煤炭20多亿吨的消费量，1.6亿吨的进口量并不足以撼动国内煤炭企业的地位。原油进口量达23931万吨，比上年增长17.5%，金额达1352亿美元，比上年增长51.4%。

在宏观经济方面，全年国内生产总值397983亿元，比上年增长10.3%。其中，第一产业增加值40497亿元，增长4.3%；第二产业增加值186481亿元，增长12.2%；第三产业增加值171005亿元，增长9.5%。第一产业增加值占国内生产总值的比重为10.2%，第二产业增加值比重为46.8%，第三产业增加值比重为43.0%。

全年全社会固定资产投资278140亿元，比上年增长23.8%，扣除价格因素，实际增长19.5%。其中，城镇投资241415亿元，增长24.5%；农村投资36725亿元，增长19.7%。东部地区投资115970亿元，比上年增长21.4%；中部地区投资62894亿元，增长26.2%；西部地区投资61875亿元，增长24.5%；东北地区投资30726亿元，增长29.5%。

城建、贸易、旅游、教育

着力满足人民群众的基本住房需求

中华人民共和国住房和城乡建设部房地产市场监管司

2011年是“十二五”规划实施的第一年，房地产市场监管的初步工作思路是：贯彻落实“十二五”规划要求，保持房地产市场调控政策的连续性、稳定性，增强政策措施的针对性和灵活性，着力满足人民群众的基本住房需求，着力解决群众反映强烈的突出问题。加强房地产市场运行态势的监测，加快推进个人住房信息系统建设等基础性工作，促进房地产市场平稳健康发展。

一、坚定不移地贯彻落实好国办发（2011）1号文件

继续坚决遏制房价过快上涨。指导各直辖市、计划单列市、省会城市和房价过高、上涨过快的城市，从严制定和执行好住房限购措施。指导和督促各城市，根据当地经济发展目标、人均可支配收入增长速度和居民住房支付能力，合理确定本地区年度新建住房价格控制目标，并于一季度向社会公布。

着力增加住房有效供给。配合国土资源部，确保住房用地有效供应。今年的商品住房用地供应计划总量原则上不得低于前两年年均实际供应量。进一步完善土地出让方式，大力推广“限房价、竞地价”方式供应中低位普通商品住房用地。房价高的城市要增加限价商品住房用地计划供应量。

继续加强房地产市场监测。密切跟踪房地产市场走势，重点加强对房价过高、上涨过快、供应紧张地区房地产市场的监测分析。加快房地产市场信息系统和预警预报系统的建设，提高房地产市场监测基础数据采集质量。指导地方提高房地产市场监测分析水平。

加大监督检查力度。继续督促各地严格贯彻落实国办发（2011）1号文件及相关配套政策。根据国务院的部署，组织开展贯彻落实国办发（2011）1号文件的联合督察。会同监察部等部门，适时对落实调控政策不到位、稳定房价工作不得力的省、市，进行约谈直至追究责任。

继续严格实施差别化住房信贷、税收政策。配合人民银行、银监会，强化差别化住房信贷政策，加强对商业银行执行差别化住房信贷政策情况的监督检查。配合相关部门调整完善相关税收政策，加强税收征管。

二、继续加强房地产市场监管

加大对房地产市场违法违规行为的查处力度。依法查处捂盘惜售、囤积房源、哄抬房价等违法违规行为，加大处罚和曝光力度，问题严重的企业要依法取消经营资格，对存在违法违规行为的个人要依法吊销资格和追究相关人员的责任。改进和完善房地产企业资质管理制度。

完善房屋权属登记制度，规范房地产中介管理。出台《房地产登记技术规程》，继续稳妥开展集体土地上房屋登记工作，大力推行房地产交易与权属登记规范化管理。贯彻落实《房地产经纪管理办法》，加强房地产经纪行为监管，严格执行房地产经纪机构备案管理制度。规范房地产估价行为，提高房地产估价报告质量，促进房地产估价行业健康发展。鼓励和发展住房租赁市

场，完善租赁管理制度，做好《商品房屋租赁管理办法》的贯彻落实工作。

加大物业管理市场监管力度。宣传贯彻《物业承接查验办法》，加大政府部门的监管力度，厘清建设单位与物业服务企业的权利义务关系，最大限度减少开发建设阶段的遗留问题，进一步优化物业管理的市场环境。完善住宅专项维修资金各项制度，推行住宅专项维修资金代管机构的标准化建设，逐步制订专项维修资金管理细则，完善交存、管理和使用等制度，严格查处专项维修资金使用、管理过程中的违法违规行为，切实维护业主的合法权益。加强街道办事处、乡镇人民政府对业主大会、业主委员会的指导和监督，建立多层次、全方位的物业管理纠纷调解机制，动员社会各种力量及时调解和处理物业管理活动中的矛盾和纠纷，维护社区稳定和社会和谐，促进物业管理和社区管理的协调发展。

三、贯彻落实《国有土地上房屋征收与补偿条例》

认真贯彻落实《国有土地上房屋征收与补偿条例》（以下简称《条例》）精神。撰写《条例》条文释义，对地方房屋征收部门负责人进行宣传贯彻培训，对《条例》进行解读，指导地方认真做好新旧条例的衔接工作，努力实现平稳过渡。

制定《条例》配套政策。制定《房屋征收评估办法》，规范房屋征收评估活动；指导各省、自治区、直辖市尽快制定房屋征收评估机构选择、被征收人住房保障、非住宅房屋停产停业损失补偿等办法，将《条例》规定的各项制度落到实处。注重收集《条例》贯彻落实中的突出问题，及时完善相关政策。

加强房屋征收市场监管。加强新旧条例衔接过程中的市场监管，发现苗头隐患，督促地方采取措施妥善处理，防止事态蔓延；严肃查处房屋征收过程中，采取中断供水、供热、供气、供电和道路通行等非法方式迫使被征收人搬迁的行为，严肃追究有关单位和人员的责任。

规范征收行为，化解矛盾纠纷。贯彻落实中央联席会议的部署和要求，指导各地做好新旧条例衔接过程中矛盾纠纷的排查化解工作。继续在“事要解决”、“案结事了”上下功夫，化解拆迁信访积案；规范房屋征收行为，避免产生新的矛盾纠纷，切实维护征收当事人合法权益。

四、扎实开展基础性工作

加快推进个人住房信息系统建设。加强省、市两级个人住房信息系统建设的指导，加快完成一期项目立项及系统建设工作，全面推进个人住房信息系统建设，争取尽早实现部与40个重点城市系统的互联互通。

加快完善房地产法律法规。配合国务院法制办等部门做好《城市房地产管理法》的修订工作。修订《房地产开发企业资质管理规定》，进一步规范房地产开发企业经营行为。修订商品房买卖合同示范文本，维护当事人合法权益。根据物业服务市场的变化情况，适时修订《物业服务企业资质管理办法》，开展物业管理师的注册管理和继续教育工作，全面实施物业管理师职业准入制度。

开展基础性研究。抓紧做好促进房地产市场长远健康发展的基础性工作。针对房地产市场出现的新情况、新问题，继续组织开展前瞻性研究，做好政策储备。研究探索建立与住房保障体制相配套的物业管理保障机制，在旧住宅小区积极引进和推广物业管理的同时，尝试建立与经济适用住房和廉租住房特点相适应的物业管理模式。

坚持和强化舆论正面引导。引导新闻媒体加大对各地房地产市场调控工作好的做法和经验的宣传力度，深入解读政策措施，引导居民从国情出发理性消费，为促进房地产市场平稳健康发展和加快推进住房保障体系建设提供有力的舆论支持，防止虚假信息或不负责任的猜测、评论误导消费预期。对制造、散布虚假信息的，要追究有关责任人的责任。

摘自《中国建设报》2011.03.04

附：

加大统筹城乡发展力度　夯实村镇建设发展基础

村镇建设司司长　李兵弟

2009年村镇建设行业基本实现了工作重点向管理制度建设、农村危房改造、村镇规划等重点领域重点项目的职能转变，工作要求向为农民提供规划建设综合服务转变，工作目标向农房建设等农村民生方向转变。2010年要在已有工作的基础上，深入贯彻落实科学发展观，推动经济发展方式转变和农村改革发展，全面落实国家农村改革发展要求，进一步夯实村镇建设工作基础，全面履行“三定”方案确定的村镇建设职责要求。要重点抓好农村危房改造试点、村镇规划、“建材下乡”、小城镇发展建设，逐步提高村镇规划建设管理的行政能力和为“三农”服务的水平。

稳步推进扩大农村危房改造试点工作

2009年农村危房改造工作取得了显著成效。今年，我司将按照中央关于加大农村危房改造支持力度的要求，会同国家发改委、财政部，结合2009年试点工作情况，在基本保持现有试点范围、补助对象、建设标准等不变的基础上制定2010年试点政策，并根据2009年各地省级投入、试点绩效、监管情况、财力水平等因素综合确定试点任务量。

进一步加大指导和监督力度，督促各地全面落实补助对象审核、技术指导、质量安全监管、档案信息管理、建筑节能示范等要求。继续推进农户档案信息系统建设和使用。同时，加强农房质量安全监管服务制度建设，引导农民建设质量安全、功能合理的住房。

按照东部地区率先完成农村危房改造、基本解决中西部地区贫困农户居住安全的基本目标，拟定农村危房改造“十二五”规划；开展农村房屋登记省级试点工作；继续组织对国家农村住房制度的研究。

督促指导村镇规划工作

村镇规划是“三定”方案中确定的村镇建设的重要职责之一，今年村镇建设司将针对农村特点和改革发展的新形势，依法编制和实施村镇规划，提高村镇规划覆盖率和编制水平。按照部立法计划继续推动《村庄和集镇规划建设管理条例》修订，抓紧出台《镇、乡和村庄规划编制办法》、《乡村建设规划许可证实施管理办法》两项部门规章。

同时，起草下发《关于支持农民建房加强规划建设管理的若干意见》（暂定名），对农村居民点调整和农民建房进行科学的规划引导。协调相关部门联合下发《关于加强乡镇村庄规划工作的指导意见》。

进一步推进村镇规划建设标准体系与技术规范建设；推动镇乡域规划编制试点、工程项目带动村镇规划实施试点和“村级公益事业建设一事一议奖补”规划试点工作；组织优秀村镇规划设计评选。

落实“建材下乡”工作

落实中共中央2010年1号文件和国办分解任务分工要求，制定“建材下乡”2010年工作方案。组织部委联合调研，开展农房建设大宗建材需求测算，落实年度试点工作目标，研究资金补贴实施方案。推动建立部委协商工作机制。推动支持重点镇发展

为推进健康城镇化发展，加快小城镇建设，今年我司将从以下几个方面开展工作：第一，积极稳妥推进城镇化，提高小城镇规划水平和发展质量，以国家重点镇为抓手，提出改善重点镇人居环境的政策措施；第二，结合新的发展形势，协调有关部门开展重点镇动态管理；第三，开展第二批特色景观旅游名镇（村）申报工作，与国家旅游局共同制定有关扶持政策；第四，开展低碳生态小城镇建设示范，研究相关技术标准。

进一步推进村庄整治和农村节能减排

第一，加强村庄整治的技术指导和服务，推动《村庄整治技术规范》宣传贯彻，出版《村庄整治技术手册（13本）》丛书。推动山东农大村庄整治示范基地建设，争取纳入国家“十二五”重大科技专项支持。

第二，完善《全国村镇污水治理规划》、《全国村镇垃圾治理规划》，制定推进规划实施的措施。

第三，总结各地村镇垃圾、污水治理及农村危房改

造建筑节能示范的主要技术措施。集成推广一批成熟的村镇垃圾和污水、农房建筑节能实用技术。完善相关技术标准和规范，加强应用的技术指导与服务。

第四，公布第一批全国垃圾治理全覆盖县（市）名单。

抓好队伍建设和廉政建设

首先，要以改革的自觉性加强行业队伍建设。研究建立适应城乡统筹、符合农村改革发展要求、有利于充分发挥建设系统力量的村镇规划建设管理体制。

其次，研究提出行业扶贫工作目标，统筹行业扶贫工作，有重点地推动行业扶贫。

再其次，推进村镇建设协会组建。充分发挥建筑学会、规划学会、城市科学研究会等行业组织作用。加强对基层村镇工作人员的专业培训。积极组织国际合作与交流。

最后，要加强对中央“三农”政策的学习，建设学习型机关。深入农村基层调研，改进工作作风。提高工作的政策水平和文字能力。严格遵守廉洁从政的各项规定，加强机关精神文明建设，主动接受同级、同事和各方监督。

摘自《中国建设报》2010.03.18

大力发展服务贸易　推动世界经济新增长

——商务部部长陈德铭在第三届中国服务贸易大会上的演讲

（2011年6月1日，北京）

2009年11月，我们在北京召开第二届中国服务贸易大会，我和在座的许多朋友一起，就服务贸易在引领世界经济复苏中的重要作用，进行了深入探讨，达成了共识。今天，我们欣喜地看到，服务贸易在推动全球经济复苏进程中发挥的积极作用正在显现。本届大会以"服务贸易：推动世界经济新增长"为主题，对凝聚共识，把握机遇，深化合作，促进发展，具有重要意义。在此，我愿与大家就服务贸易进行进一步沟通和交流。

当今世界，服务贸易已经成为推动全球经济强劲、平衡、可持续增长的重要动力。

世界经济已经步入服务经济时代。当前，服务业占世界经济总量的比重约为70%，主要发达经济体的服务业比重接近80%；服务领域跨国投资占全球跨国投资的比重已接近三分之二，服务贸易占世界贸易的比重约为五分之一。

国际金融危机的冲击使世界经济格局深度调整和变革，但经济全球化和贸易投资自由化的趋势没有改变，以服务经济为主的全球产业结构没有改变，以服务贸易快速发展为重要特征的世界贸易发展前景没有改变。后金融危机时期，全球产业发展进入转型升级新阶段，产业跨国转移出现新特点。随着以服务业跨国转移和要素重组为特征的新一轮国际产业转移不断加速，服务贸易成为推动全球经济新增长的重要动力，大力发展服务贸易也已成为世界各国全面深度参与经济全球化的重要途径。

当前和今后一段时期，广大发展中国家大力发展服务贸易，有利于创造新的经济增长点，从全球技术研发和知识转移中获益，促进经济贸易强劲增长；有利于提高经济的灵活性，有效应对外部冲击，促进经济贸易平衡发展；有利于推动资源节约，缓解经济发展与资源、环境的矛盾，促进经济贸易可持续发展。

当今中国，服务贸易在促进经济长期平稳较快发展和社会和谐稳定中的积极作用日益显现。

大力发展服务贸易是中国实现科学发展的内在要求，也是顺应人民过上美好生活新期待的必然选择。当前，中国的工业化、信息化、城镇化、市场化、国际化正在加速发展，扩大内需特别是消费需求战略全面实施，对服务业以及服务贸易发展提出了新的更高要求。大力发展服务贸易是中国开放型经济发展新阶段的重要内容，也是中国进一步深入参与国际经济合作的新领域。

改革开放30多年来，中国经济社会发展取得了举世瞩目的成就。2010年，中国国内生产总值达到5.88万亿美元，跃居世界第二位，货物进出口总额位居世界第二位；服务进出口总额达到3624亿美元，同比增长26.4%，高于世界服务进出口平均增幅18个百分点。中国已成为全球服务贸易重要国家之一。中国综合国力的提升和对外开放水平的提高，为中国服务贸易快速发展提供了良好的基础和条件。2010年，中国人均国内生产总值超过4000美元，服务业将进入加速发展时期。中国的"十二五"规划纲要提出，"十二五"时期，中国服务业增加值占国内生产总值的比重将提高四个百分点。服务业将成为提供就业机会的主要行业、推动经济结构战略调整的主导行业、拉动经济增长的重要支柱行业，服务贸易将迎来新的发展时期。"十二五"时期，中国将实施更加主动的开放战略，把服务贸易作为参与国际经济合作的新平台。

——在总体发展方向上，中国将坚持服务贸易均衡协调发展。一方面，逐步提高服务贸易在对外贸易中的比重，实现货物贸易和服务贸易的良性互动。另一方面，坚持服务进口与服务出口的均衡发展。过去10年，中国国内消费每年以15%的速度增长，今后还会继续保持这样的增速，进口也将随之显著增长，特别是服务进口将是重要内容。中国消费者在教育培训、养老服务、医疗保健等生活服务方面的需求潜力还很大。中国需要进口大量的先进技术和高端服务，加速经济结构的调整。按照中国服务进出口基本保持平衡的发展趋势，今后五年，中国从国外进口服务累计将超过1.25万亿美元。

——在重点领域培育上，今后一段时期，中国将加快发展与新一代信息技术、生物、高端装备制造、新能源、新材料、新能源汽车等战略性新兴产业相配套的服务贸易。紧密依托物流运输、金融保险、研发设计、信息咨询、专业服务等生产性服务业的发展，积极开拓服务贸易新领域。"十二五"时期，中国将着力培育以下重点领域的新兴服务贸易。信息技术服务领域，要培育20家具有国际竞争力的大型信息技术服务企业，培养10万名具有国际接包能力的复合型高级工程师。推动中国成为全球信息技术服务承接中心。技术贸易领域，专有技术和专利技术许可占技术引进总额的比重超过60%。引导企业加大技术引进消化吸收再创新投入，推动技术出口快速增长，提高技术出口在技术贸易中的比例。银行和其他金融服务领域，稳妥推进全方位、多元化的海外业务和海外分支机构建设，逐步提高中资银行海外分支机构的数量和规模；提升银行和其他金融服务的整体竞争力，为中国企业的跨国发展提供支持。环境及节能服务领域，建立并完善环境及节能服务贸易管理制度及政策体系，逐步建立一个开放、公平的环境及节能服务市场；环境及节能服务贸易规模显著扩大。分销服务领域，大力推进现代流通方式发展，增强流通主体竞争能力，促进内外贸协调发展，参与和建立国际分销网络，进一步增强分销服务在拓展市场、带动货物贸易发展等方面的作用。

——在重点发展举措上，中国将进一步提高服务业对外开放水平。继续扩大金融、物流等服务业对外开放，稳步开放教育、医疗、体育等领域，引进优质资源，提高服务业国际化水平。在地域布局上，中国将深化沿海开放，吸引国际服务业要素向珠三角、长三角、环渤海地区和服务业为主的特大型城市集聚。中国将加快推动服务业提高国际化水平。鼓励有条件的服务企业灵活运用跨国并购、绿地投资等多种方式，追随制造业企业"走出去"开展海外投资活动。重点支持对外承包工程、建筑、运输、分销等服务企业在发展中国家进行直接投资和本地化经营。积极争取在运输、分销、金融、教育、文化、广播影视和旅游等领域的对外投资方面取得明显突破。

站在新的历史起点上，全球服务贸易将在机遇和挑战中进入发展的新阶段。大力发展服务贸易，推动世界经济新增长，需要我们凝聚共识，携手共进。借此机会，我愿提出以下三点建议。

第一，维护自由贸易体系，创造良好发展环境。在经济全球化背景下，一个公正、自由、开放的全球服务贸易环境，符合国际社会成员的根本利益。在经济低迷时期，世界贸易组织仍然秉持自由贸易的理念并发挥了积极作用，服务贸易得以持续发展，为全球经济复苏提供了有力保障。但是，相对危机爆发之初，当前服务贸易壁垒增加的风险依然存在。有的国家或地区已经在对外国开放服务市场设置过高门槛或障碍，有的正在限制或减少服务外包。历史和实践反复证明，保护主义没有出路，我们一贯秉持的开放的自由贸易立场不能动摇。

第二，秉承互利共赢理念，努力实现共同发展。当今世界，各国相互联系、相互依存、利益交融达到前所未有的程度。携手合作、同舟共济符合各国共同利益。在国际经济交往中，秉承互利共赢基本理念，才能与贸易伙伴们在交流与合作中增进了解、缩小差距、消除分歧、达成共识、实现共赢。中国在加入世界贸易组织谈判过程中，谈得最多的就是服务领域的对外开放，承诺最多的就是服务贸易减让表。中国已经完全兑现"入世"承诺，还在多个服务部门实行了自主开放，部分服务领域的开放程度超过"入世"承诺，部分领域甚至超过了发达经济体的开放水平。中国加入世界贸易组织的十年，是中国和世界分享繁荣和实现共赢发展的十年。中国不折不扣地履行"入世"承诺，在为贸易伙伴们创造了巨大商机的同时，自己也实现了服务业和服务贸易的持续快速发展。

第三，坚持协调合作原则，不断拓展发展空间。加强协调、深化合作是各国服务贸易实现可持续发展的必然选择。面对服务贸易发展的新挑战，应该进一步加强宏观经济政策协调，大力推动新兴服务领域合作，不断拓展发展空间。中国将积极参与全球经济治理机制合作，促进全球经济治理机制公平、公正、均衡发展，为世界服务贸易发展创造更广阔的平台。多哈回合谈判已经进行了十年，中国一直以积极的姿态参加多哈回合谈判。最近，多哈回合谈判"希望之窗"离我们渐远，有些国家由于本国政治的原因，一时还难以接受多哈回合全部的条件。但是，昨天和今天，各国正在日内瓦进行早期收获的讨论。这场讨论对我们服务贸易的开放有着十分重要的意义，所以，中国支持在世贸组织的领导下，进一步推动多哈回合谈判，我们也衷心地预祝多哈回合谈判取得圆满成功！

冷静观察 沉着应对 保持我国旅游市场持续稳定较快发展

——国家旅游局局长邵琪伟在全国旅游市场工作会议上的讲话

这次全国旅游市场工作会议是在国际金融市场出现急剧动荡，世界经济不确定性、不稳定性上升，旅游市场复杂性增加的情况下召开的。会议的主要任务是，分析当前旅游市场形势，研究讨论应对措施，部署下一阶段工作，促进我国旅游市场持续稳定较快发展。

一、全面把握当前旅游市场形势

今年以来，我国旅游业总体上保持平稳较快发展的态势，国内、出境和入境三大旅游市场延续“两高一平”格局。其中，国内旅游较快增长，出境旅游快速增长，入境旅游平稳增长。总体看，国内市场、出境市场比预想的要好，但入境旅游要实现年初确定的增长目标难度加大。对此，我们必须保持冷静的头脑，既要充分认识到当前国际国内经济的复杂因素对我国旅游市场特别是入境市场带来的挑战，又要清醒地看到，我国旅游业发展良好的基本面没有改变，仍然有着诸多有利条件和发展机遇。面对当前形势，我们要未雨绸缪，积极应对，同时要善抓机遇，推动发展。

从不利因素看：

一是当前国际金融市场出现急剧动荡，全球旅游发展的不确定因素增多。近期国际金融市场动荡增加了全球经济发展的不确定性和不稳定性，也增加了全球旅游业发展的不确定因素。8月份以来，美债上限调整、主权评级下降，意大利、希腊等欧洲国家债务危机等一系列金融事件已经从金融领域蔓延到整个经济体系。因担心美国经济会陷入新一轮衰退，近日美国纽约股市下跌，亚太与欧洲主要股市也相继下跌，国际金融市场处于动荡之中。从历史经验看，国际金融动荡将影响居民消费，抑制居民消费意愿，2008年全球爆发的金融危机使得2009年全球旅游下降了4.2个百分点，超过了2003年SAS影响的下降幅度。国际金融危机还没有过去，当前全球金融市场又急剧动荡，对我入境旅游市场定会带来新的冲击。

二是主要客源国家可能调整的经济政策，将进一步挤压我国入境市场增长空间。金融动荡引发的经济不确定性将影响我主要客源地的居民出游意愿与旅游消费支出，同时影响投资信心，导致商务旅行减少。如国际金融市场继续动荡，有可能促使部分国家进一步实施紧缩性的出境政策与宽松的入境政策。有的国家已实施征收“出境税”政策，不排除其他国家或地区对出境旅游采取进一步紧缩政策的可能。另一方面，各国对入境旅游可能采取宽松政策，如对高收入人群发放多次往返个人旅游签证等，这将加剧国际旅游市场竞争，对我国入境旅游形成新一轮挤压。

三是国内价格上涨压力加大等因素影响居民旅游消费预期。7月份，我国CPI同比上涨6.5%，创37个月新高。物价上涨相对降低了部分居民特别是中低收入者的旅游消费能力。同时，受美国量化宽松政策等的持续影响，我国输入性通胀压力进一步增大，加上股市、汇市、房市等诸多不确定性因素都将一定程度上影响居民旅游消费预期。

四是各种传统和非传统安全因素都增加了旅游市场发展的不确定性。今年以来，全球“东震西乱、南升北降”，直接影响年初对全球旅游市场的预测。1—4月，东北亚因日本复合型灾害国际游客仅增长5%，中东地区的乱象使其旅游下降14%。近期，挪威枪击事件、伦敦骚乱等导致欧洲旅游市场下滑。受全球气候变化和极端天气事件频发的影响，韩国首都圈、国内部分地区发生洪涝灾害等因素都将对旅游市场产生影响。

看到不利因素的同时，我们必须而且应该充分看到有利因素：

一是我国旅游业正处于难得的“黄金发展期”。本世纪前20年，是我国经济社会发展的战略机遇期。这个阶段，我国经济保持持续稳定较快发展的基本面不会变；我国扩大内需、促进消费这个长期战略方针和基本立足点不会变；我国人均GDP持续增长、居民收入稳定增加、旅游消费需求快速发展的趋势不会变；随着消费结构升级加快，居民旅游消费支出占居民总消费支出比重增加的态势不会变。这一时期，我国旅游发展大众化趋势更为明显，散客市场快速成长，包括农民和农民工以及部分老年人等一般收入人群，成为旅游消费新的重要组成部分。中国经济基本面持续向好，将继续促进出境旅游较快增长，加上许多国家采取放宽签证政策，人民币升值等因素，我国出境旅游保持快速增长的势头不会改变。中国旅游业至少有十年左右的“黄金发展期”，这个发展趋势不会变。

二是旅游发展政策环境持续向好。在转变发展方式、调整经济结构，更多地依靠扩内需、促消费的战略推动下，各级党委政府更加重视旅游业发展，促进旅游业发展的政策强度、措施力度都将不断增强。党中央、国务院已把旅游业确立为国民经济的战略性支柱产业和人民群众更加满意的现代服务业加以培育，并且批准设立了“中国旅游日”，这都增强了各级政府和全社会对旅游业的认识，我国旅游业发展的社会氛围更加浓郁，各级政府、各部门和人民群众的旅游意识不断提高。全国有27个省区市将旅游业定位为支柱产业或第三产业的龙头产业。北京、上海、江苏、云南、新疆等省区市提出把旅游业建设成为战略性支柱产业。各相关部门支持旅游业发展的力度明显提高，旅游业与一二三产业融合发展的态势正在加快推进。

三是旅游产业化发展加速。近年来，我国高速铁路、高速公路、民航航线等不断增加，旅游通达条件进一步改善。宾馆饭店、景区景点等旅游设施建设进一步加快，仅今年二季度全国就新开业五星级饭店30多家。旅游投资持续升温，初步统计全国有近4000个在建旅游项目，上半年实际完成投资600多亿元，同比增长一成以上。新建项目总体投资大，质量、档次和综合配套水平更高，出现了一批数十亿乃至上百亿的投资项目。旅游供给的不断增加，缓解了旅游供求矛盾，进一步引导了旅游消费需求。

四是入境旅游发展潜力仍然很大。我国入境旅游经过改革开放30多年的高速发展，随着市场基数的不断扩大，市场增幅有所放缓是正常现象。总体看，我国入境旅游发展潜力仍然很大。一方面，我国作为文明古国、文化大国和新兴经济体，对各国和地区旅游者仍然有很强的吸引力。另一方面，我主要入境市场仍然有很大拓展空间。如港澳台市场，港澳游客目前绝大部分到的是广东、台湾游客大部分到的是福建等沿海省市，内地很多省区市特别是西部地区都没去过。中日韩旅游部长会议提出到2015年三国间人员双向往来2600万人次，目前只有1700万人次。东南亚市场中目前来华游客80%是华人，开发非华人市场潜力很大。中美省州旅游局长会提出到2015年中美双向旅游往来500万人次，目前只有300万人次。印度出境旅游已近1000万人次，但是到中国目前只有60万人次。因此，无论是传统市场还是新兴市场，都有很大发展潜力。我们应当对这些潜力市场多做工作。

二、采取更加有力措施，促进三大市场协调发展

近年来，在党中央、国务院的正确领导下，我们成功应对了如南方雨雪冰冻灾害、“5 12”汶川特大地震、甲型H1N1流感、国际金融危机等一系列事件对旅游业的冲击。这说明，无论是现在还是将来，各种危机，包括传统和非传统的安全因素，都将始终伴随着旅游业的发展过程。在应对各种危机中，我们认识到，要善于在危机中增强工作的预见性，把握工作的主动权；要善于利用危机形成的倒逼机制，加快旅游业改革创新；要善于从危机中发现积极因素，抓住机遇，乘势而上。这是我们在实践中形成的宝贵经验，一定要充分总结、善于运用。针对当前国际金融市场动荡对旅游市场带来的变数，我们一定要未雨绸缪，冷静观察，沉着应对。要及时分析旅游市场发展面临的新形势、出现的新情况，做好防范风险的准备。同时，我们要坚定信心，进一步采取有力措施，推动我国旅游市场持续健康稳定发展。

一是要全面认识和推动三大旅游市场协调发展。三大市场协调发展，符合中国国情，也符合旅游业发展的基本规律。要始终坚持“大力发展国内旅游、积极发展入境旅游、有序发展出境旅游”的基本方针。针对当前入境旅游市场复杂性增强、不确定性增大的情况，各地、各旅游企业尤其要将开拓入境旅游市场作为当前开拓市场的一项重点工作。总结借鉴国际上旅游业发展的经验教训，我们不能等到出境旅游和入境旅游出现大幅逆差时，再来重视入境旅游市场。立足于中国国情，我国旅游市场主体是国内旅游，但入境市场事关中国对外开放，事关我国旅游业全面协调可持续发展，事关我国旅游业的国际地位，各地要在大力发展国内旅游的同时，一定要始终坚持积极发展入境旅游的方针。

二是要加强对重要旅游市场研究。港澳台是我入境旅游基础市场，入境过夜人数约占我入境过夜旅游者总量的62%，必须保持并且巩固这一市场的主体地位。入境外国人中，日本、韩国、东南亚、西欧、北美是我传统市场，对我入境旅游占“半壁江山”；俄罗斯、澳新是发展很快的新兴市场；印度、中东、南美等地来华旅游市场发展潜力很大。对此，我们要始终坚持“巩固传统市场，开拓新兴市场，培育潜在市场”的方略，进一步加强对不同市场的研究，针对新情况、新趋势、新变化，采取不同的工作方法和工作措施，以不断巩固和扩大这些市场的游客规模。不管国际经济形势如何变化，我国入境旅游市场占全球国际市场份额不能减少。

三是要加大入境旅游宣传推广力度。要在继续用好传统的旅游市场宣传推广办法和手段的同时，不断创新旅游营销推广方式，加大投入力度。近年来，各地由省级旅游部门牵头，联合相关地州市在央视等媒体做捆绑宣传推广，效果很好。这种方式也可借鉴运用到对海外旅游推广工作中，由国家旅游局或驻外办事处牵头，联合有积极性的省区市进行捆绑推广。要积极运用现代网络信息优势，积极拓展网络、短信、视频、微博、手机等新媒体宣传渠道。要创新宣传推广手段，广泛使用客源地旅游消费群体看得懂、听的明、受影响的宣传推广方式。要整合各种宣传促销平台，推出国家旅游形象，推出若干国家旅游线路，认真办好中国国际旅游交易会，运用好各种国际会议、旅游展览会等促销渠道。

四是要充分发挥各省区市和旅游企业特别是骨干旅游企业的积极性。总结近年来海外宣传推广的经验，经过认真总结，国家旅游局提出，要努力形成“政府主导、企业主体、产品主打、品牌主旨”的旅游市场宣传推广总体思路。核心是要发挥地方的积极性和旅游企业的主体作用，重点是要采取各种鼓励措施，推动地方政府和企业更加积极地参与入境旅游市场开发。鼓励有条件的省区市和国家旅游局在宣传推广尤其是广告营销方面实现合作，相对集中资金、集中区域、集中时段对重点客源市场进行持续宣传推广。鼓励各地出台具体措施，对旅游企业积极吸引入境游客予以奖励。要高度重视边境入境旅游市场开发。

五是要充分运用国际国内各种合作平台。运用各种合作机制和平台举办各种大型主题活动，是开拓旅游市场行之有效的方法。明年是中日邦交40周年，中韩邦交20周年及中俄旅游年，要积极借助这些机制和平台，研究大思路、策划大活动。在推动中日韩、中美、中俄、中澳、中国-东盟、海峡两岸、内地与港澳等旅游合作方面，要积极利用政府、中介机构、企业、民间的各种

合作平台和机制，强化务实合作，推动大产业合作，继续推动旅游市场互换，鼓励企业“走出去”。要推动各国各地区秉承开放合作理念，务实推动区域和国际旅游合作，共同应对各类危机挑战，不轻易对本国出境市场采取紧缩政策。

六是提升质量，规范秩序，保障安全，推动旅游市场持续健康发展。随着中国出境旅游的快速发展，中国游客将遍布全球，成为一种世界现象。加上活动在祖国各地的入境旅游和国内旅游游客，不可避免地会出现各种旅游安全事故、旅游质量问题等，这就要求我们必须未雨绸缪，认真做好旅游质量、秩序、安全工作，尤其要加快推进旅游紧急救援体系建设和旅游保险体系建设，增强抵御风险和应对突发事件的能力，推动旅游市场持续健康发展。

附.

2010年中国旅游业统计

国家旅游局

2010年，我国旅游业明显复苏，全年保持较快增长。国内旅游市场平稳较快增长，入境旅游市场实现恢复增长，出境旅游市场继续加速增长。全年共接待入境游客1.34亿人次，实现国际旅游(外汇)收入458.14亿美元，分别比上年增长5.8%和15.5%；国内旅游人数21.03亿人次，收入12579.77亿元人民币，分别比上年增长10.6%和23.5%；中国公民出境人数达到5738.65万人次，比上年增长20.4%；旅游业总收入1.57万亿元人民币，比上年增长21.7%。

一、入境旅游业实绩

——入境旅游人数13376.22万人次，比上年增长5.8%。其中：外国人2612.69万人次，增长19.1%；香港同胞7932.19万人次，增长2.6%；澳门同胞2317.29万人次，增长2.0%；台湾同胞514.06万人次，增长14.6%。

——入境过夜旅游者人数5566.45万人次，比上年增长9.4%。其中：外国人2127.64万人次，增长20.2%；香港同胞2609.45万人次，增长2.3%；澳门同胞392.89万人次，增长2.1%；台湾同胞436.47万人次，增长13.9%。

——国际旅游(外汇)收入达458.14亿美元，比上年增长15.5%。

二、国内旅游业实绩

——全国国内旅游人数21.03亿人次，比上年增长10.6%。其中：城镇居民10.65亿人次，农村居民10.38亿人次。

——全国国内旅游收入12579.77亿元人民币，比上年增长23.5%。其中：城镇居民旅游消费9403.81亿元，农村居民旅游消费3175.96亿元。

——全国国内旅游出游人均花费598.2元，比上年增长11.7%。其中：城镇居民国内旅游出游人均花费883.0元，农村居民国内旅游出游人均花费306.0元。

——在春节、“十一”两个“黄金周”中，全国共接待国内游客3.79亿人次，实现旅游收入1812亿元。

三、入境旅游客源市场情况

（一）外国市场

2010年，我国入境外国客源市场快速增长，各大洲来华人数均保持两位数的增长。全年入境外国游客人数2612.69万人次，同比增长19.1%。

——亚洲市场依旧是主要客源市场，入境人数占入境外国人总数的62.0%，比上年增长17.5%。其中：韩国为第一大入境客源国。

——其他大洲的入境市场均保持了快速增长的势头，其中欧洲市场比上年增长23.9%，美洲市场增长20.2%，大洋洲市场增长17.4%，非洲市场增长15.6%.

——2010年，外国入境过夜旅游者在我国境内平均停留时间为7.4天，比上年减少0.2天，下降2.6%；人均天花费为197.93美元，比上年减少5美元，下降2.6%。

（二）港澳台地区市场

2010年，作为入境旅游市场的主体的港澳台市场中，台湾市场增幅最大，港澳市场稳步增长。

——2010年，香港市场入境人数7932.19万人次，比上年增长2.6%。其中：过夜旅游者2609.45万人次，增长2.3%，占32.9%；一日游人数5322.74万人次，增长2.7%，占67.1%。

——2010年，澳门市场入境人数2317.29万人次，比上年增长2.0%。其中：过夜旅游者392.89万人次，增长2.1%，占17.0%；一日游人数1924.40万人次，增长2.0%，占83.0%。

——2010年，台湾市场入境人数514.06万人次，比上年增长14.6%。其中：过夜旅游者436.47万人次，增长13.9%，占84.9%；一日游人数77.59万人次，增长19.1%，占15.1%。

四、各省、自治区、直辖市入境旅游接待与收入情况

——2010年，全国各省、自治区、直辖市接待的入境旅游者总计为9658.98万人次，比上年增长20.2%。接待量超过100万人次的有广东、上海、浙江、江苏、北京、福建、山东、辽宁、云南、广西、陕西、安徽、湖南、湖北、黑龙江、天津、河南、内蒙古、重庆、山西、江西和四川等22个省(区、市)。广东省接待入境旅游者3140.93万人次，继续居全国第一位。

——2010年，全国各省、自治区、直辖市接待的外国旅游者总计为5411.12万人次，比上年增长22.4%。接待量超过50万人次的有广东、上海、江苏、浙江、北京、辽宁、山东、云南、黑龙江、陕西、天津、广西、内蒙古、湖北、安徽、福建、重庆、湖南、河南、河北、山西、四川和吉林等23个省(区、市)。广东省接待外国旅游者733.28万人次，继续居全国第一位。

——2010年，国际旅游(外汇)收入超过1亿美元的有广东、上海、北京、江苏、浙江、福建、辽宁、山东、天津、云南、陕西、湖南、广西、黑龙江、湖北、安徽、重庆、内蒙古、河南、山西、四川、河北、江西、海南、吉林、新疆、贵州和西藏等28个省(区、市)。广东省的旅游(外汇)收入达123.83亿美元，继续居全国第一位。按国际旅游(外汇)收入排列，31个省、自治区、直辖市的具体情况是：

五、主要城市入境旅游接待与收入情况

——2010年，接待入境旅游者人数超过20万人次的城市有深圳、广州、上海、北京、珠海、杭州、苏州、天津、厦门、桂林、重庆、南京、大连、青岛、黄山、宁波、武汉、昆明、西安、无锡、泉州、成都、长沙、福州、沈阳、中山、烟台、洛阳、三亚、温州、延边、威海、南通、郑州、乌鲁木齐、太原、哈尔滨、承德、九江、长春、漳州、合肥、秦皇岛、济南和大同等45个，比上年增加3个。

——2010年，接待外国旅游者人数超过20万人次的城市有上海、北京、广州、杭州、深圳、天津、苏州、大连、重庆、桂林、南京、青岛、西安、武汉、昆明、黄山、珠海、无锡、成都、宁波、厦门、长沙、沈阳、烟台、福州、洛阳、延边、威海、三亚、南通、温州、乌鲁木齐、秦皇岛、承德、长春和哈尔滨等36个，比上年增加4个。

——2010年，国际旅游(外汇)收入超过1亿美元的城市有上海、北京、广州、深圳、杭州、天津、苏州、珠海、厦门、南京、福州、大连、重庆、泉州、青岛、宁波、西安、桂林、无锡、武汉、长沙、沈阳、烟台、南通、黄山、中山、成都、三亚、昆明、温州、威海、太原、漳州、哈尔滨、郑州、洛阳、长春、合肥、秦皇岛、延边、济南、乌鲁木齐和连云港等43个，比上年增加4个。上海市的国际旅游(外汇)收入达63.41亿美元，居全国城市第一位。

六、全国星级饭店的规模和经营情况

截至2010年底，全国纳入星级饭店统计管理系统的星级饭店共计13991家，其中有11779家完成了2010年财务状况表的填报，并通过省级旅游行政管理部门审核。根据11779家星级饭店填报的财务数据显示：

——到2010年末，全国11779家星级饭店，拥有客房147.64万间，床位256.64万张；拥有固定资产原值4546.77亿元；实现营业收入总额2122.66亿元；上缴营业税金111.36亿元；全年平均客房出租率为60.28%。

——在11779家星级饭店中：五星级饭店545家；四星级饭店2002家；三星级饭店5384家，二星级饭店3636家，一星级饭店212家。

——全国4179家国有星级饭店，2010年共实现营业收入760.15亿元，上缴营业税38.22亿元。

——全国外商和港澳台投资兴建的537家星级饭店，2010年共实现营业收入334.42亿元；上缴营业税16.91亿元。

七、旅行社的规模和经营情况

——到2010年末，全国纳入统计范围的旅行社共有22784家，比上年末增长5.2%。

——到2010年末，全国旅行社资产总额666.14亿元，比上年增长13.7%；各类旅行社共实现营业收入2649.01亿元，比上年增长46.6%；营业税金及附加12.77亿元，比上年增长0.6%。

——2010年，全国旅行社共招徕入境游客1352.04万人次、4614.57万人天，分别比上年增长7.2%和下降17.8%；经旅行社接待的入境游客为2408.06万人次、5610.10万人天，分别比上年增长28.5%和下降11.0%。

——2010年，全国旅行社共组织国内过夜游客11953.31万人次、32831.73万人天，分别比上年增长18.1%和9.4%；经旅行社接待的国内过夜游客为14147.25万人次、28833.21万人天，分别比上年增长3.3%和9.5%。

八、出境旅游情况

2010年，我国公民出境旅游市场继续加速增长，旅游目的地不断增加。

——2010年，我国公民出境人数达到5738.65万人次，比上年增长20.4%。其中：因公出境人数587.85万人次，增长7.9%；因私出境人数5150.90万人次，增长22.0%。出境第一站按人数排序，列前十位的国家和地区依次是：香港、澳门、日本、韩国、台湾、越南、美国、马来西亚、泰国和新加坡。

——2010年，经旅行社组织出境旅游的总人数为1663.88万人次，增长34.8%，其中：组织出国游876.1万人次，增长27.8%；组织港澳游787.78万人次，增长51.6%。

——2010年，我国公民出境旅游目的地新增的国家分别为：朝鲜、密克罗尼西亚、乌兹别克斯坦、黎巴嫩、加拿大、塞尔维亚共和国和伊朗伊斯兰共和国。

——2010年，我国内地居民赴香港的旅游人数为2309.90万人次，增长23.7%；赴澳门1611.24万人次，增长6.5%；赴日本196.89万人次，增长26.8%；赴韩国196.86万人次，增长33.5%；赴台湾166.19万人次，增长68.6%；赴越南121.1万人次，下降9.9%；赴美国107.76万人次，增长30.7%；赴马来西亚103.37万人次，增长69.7%；赴泰国101.46万人次，增长63.1%；赴新加坡82.57万人次，增长23.6%；赴俄罗斯71.09万人次，增长3.9%；赴澳大利亚54.53万人次，增长20.6%；赴印度尼西亚46.88万人次，增长42.6%；赴柬埔寨36.72万人次，增长65.2%；赴英国31.23万人次，增长21.6%；赴加拿大30.6万人次，增长25%；赴德国28.69万人次，增长21.7%；赴法国27.33万人次，增长19.8%；赴意大利27.18万人次，增长23.5%；赴缅甸26.27万人次，下降24.2%；赴蒙古22.65万人次，增长52.3%；赴菲律宾21.52万人次，增长26.8%；赴老挝19.52万人次，增长2.9%；赴阿拉伯联合酋长国16.59万人次，增长28.8%；赴哈萨克斯坦13.53万人次，下降21.7%；赴朝鲜13.11万人次，增长36.4%；赴马尔代夫10.25万人次，增长128.0%。

九、旅游教育培训情况

——到2010年末，全国共有高等旅游院校及开设旅游系(专业)的普通高等院校967所，比上年末增加115所，在校生59.61万人，增加9.77万人；中等职业学校1001所，比上年末增加120所，在校学生49.03万人，增加3.62万人。两项合计，旅游院校总数1968所，在校学生为108.64万人。

——2010年，全行业在职人员培训总量达426.65万人次，比上年增加29.54万人次，增长7.4%。

全面落实教育规划纲要　深入推进教育事业科学发展

——教育部部长袁贵仁在2011年全国教育工作会议上的讲话

(2011年1月24日)

2011年对于全国教育工作来说，至关重要，非常关键。2010年，党中央、国务院颁布实施教育规划纲要，召开了新世纪第一次全国教育工作会议，中国教育改革发展进入一个新的阶段。今年是我们党成立90周年，是“十二五”开局之年，也是全面落实教育规划纲要的关键一年，做好今年教育改革发展稳定各项工作，意义重大而深远。关于2011年的工作，教育部工作要点作了全面安排，各位副部长分别作了重点部署。总的要求是，高举中国特色社会主义伟大旗帜，深入贯彻落实科学发展观，坚持以人为本、执政为民，按照优先发展、育人为本、改革创新、促进公平、提高质量的要求，全面落实教育规划纲要，稳步实施国家重大教育发展项目和改革试点，着力促进教育公平、提高教育质量，深入推进教育事业科学发展,办好人民满意的教育。中共中央政治局委员、国务委员刘延东同志出席会议并作了重要讲话，要求坚持改革创新，狠抓工作落实，努力开创教育事业科学发展新局面。我们要认真学习领会、全面贯彻落实。下面，我围绕2011年全面落实教育规划纲要，特别是落实问题，讲三点意见。

一、全面落实是当前教育系统的紧迫任务

2010年，党的十七届五中全会、全国教育工作会议和教育规划纲要，描绘了教育改革发展的蓝图，指明了教育事业科学发展的方向，明确了各级各类教育的目标任务，形成了全社会关心支持教育的良好氛围。现在的当务之急、重中之重是抓好落实。落实，是2011年全国教育工作的关键词、核心词。抓好落实，这是中央要求、人民期盼、工作所需，既是我们面临的紧迫任务，也是对我们的重大考验。

一是中央的明确要求。2010年10月18日，胡锦涛总书记在党的十七届五中全会上提出，要认真落实国家中长期教育改革和发展规划纲要，落实促进教育公平、提高教育质量重大举措，办好人民满意的教育。12月10日，在中央经济工作会议上，胡锦涛总书记再次强调，全面落实国家中长期教育改革和发展规划纲要，重在促进教育公平、提高教育质量。温家宝总理要求，全面落实国家中长期教育改革和发展规划纲要，稳步实施国家重大教育发展项目和改革试点。刘延东国务委员在全国教育工作会议总结讲话中明确指出，贯彻落实教育规划纲要，是当前和今后一个时期各级党委和政府的重要任务，是教育战线的主要工作。

二是人民群众的强烈期盼。教育是国计，也是民生，寄托着亿万家庭对美好生活的期盼，关系着每一个孩子的前途命运。广大人民群众特别关注教育，强烈期盼把教育办得更好。在教育规划纲要研究制定之初，人民群众期盼出台一个好的规划纲要；规划纲要出台之后，人民群众期盼尽快落实。群众评价我们的工作，既看纲要写得好不好，更看落实得好不好。制定一个群众满意的规划纲要不容易，贯彻落实好规划纲要则更难。马克思有一句名言，“一个实际行动，胜过一打纲领”。现在最关键的，就是把教育规划纲要付诸实践、见诸行动，一项一项地落到实处、见到成效。

三是教育工作的迫切需要。在日常工作中，我们经常面临这样的问题：不少事情过去不是没提过，不是没说到，而是提出、说过之后只是热闹了一阵子，最后不了了之，没有真正落实，没有达到预期效果。工作不落实或落实得不好，是当前人民群众最不放心、最不踏实的问题。事实一再告诉我们：抓而不紧，等于不抓；抓而不实，等于不抓。我们必须下定决心，抓紧落实，抓好落实，把好事办好，把实事办实，以真抓实干、一抓到底的精神和工作成效取信于民，不断提高教育工作的执行力和公信力，不断增强人民群众对于教育改革发展的信心，对教育部门的信任。

四是党的宗旨的集中体现。这是最根本的一条。我们党是执政党，以人为本、执政为民是我们党的性质和宗旨的集中体现，也是我们党一贯的政治主张和执政理念。各级领导干部的责任，就是要把中央的精神、人民的要求同实际情况结合起来，深入分析问题，切实解决问题，踏踏实实地做好工作。教育规划纲要作为中央的重大决策部署，体现了国家意志，反映了人民意愿，作为共产党员和党的干部，必须自觉维护中央的权威和中央大政方针的严肃性，坚决地、无条件地把教育规划纲要落到实处。“实干兴邦，空谈误国。”人民满意的教育是干出来的，不是说出来的。教育事业的科学发展，需要我们每一个人兢兢业业从每一天、每一件事做起，在各自的岗位上埋头苦干、真抓实干、攻坚克难。我们天天讲素质，不干事的人就是最没有素质的；我们天天讲马列，不干就半点马克思主义都没有；我们天天讲创先争优，不抓教育规划纲要的贯彻落实，就不可能成为教育系统先进的党组织和优秀的共产党员。我们必须从确保党的路线方针政策全面贯彻执行、确保党和国家发展目标顺利实现的高度，把抓落实的问题十分严肃地提到大家面前。

作为新时期我国教育改革发展的纲领性文件，教育规划纲要本身的一个突出特点就是“实”，集中体现在目标实、措施实、项目实、要求实。内容上，设计了十大发展项目和十大改革试点，对组织实施提出了明确

要求；制定过程中，坚持边制定、边试点、边实行的原则。教育规划纲要颁布后，全社会迅速行动、狠抓落实，取得了初步成效。半年来的实践充分证明，只要下决心抓落实、下功夫抓落实，工作就会有成效，群众就能得实惠，社会也就能给予更多的理解和支持。归结起来，半年来的主要做法：

一是凝聚共识促落实。及时编写印发教育规划纲要学习辅导材料，部党组成员分赴全国31个省（区、市）和新疆生产建设兵团开展宣讲，举办全国省部级分管教育工作领导、省级教育部门领导干部、高校主要领导干部研修班，指导学校师生学习研讨，用全教会精神和教育规划纲要统一思想、统一行动，开阔眼界、提高境界，明确任务、落实责任。

二是加强指导促落实。国务院成立了20个部门和单位参与的国家教育体制改革领导小组，研究部署、指导实施教育体制改革工作。成立了国家教育咨询委员会，对国家教育重大改革发展政策进行调研、论证和评估。部党组成员分别出席各省（区、市）教育工作会议，共同研究推动解决重大教育问题。

三是积极协调促落实。在国务院统一领导下，积极加强与各部委、各单位的密切合作，制定并落实《教育规划纲要任务分工》方案，分解重大教育改革发展项目与任务分工，多部门联合出台一批重大政策、重大项目，全方位推进省部共建、部部合作，构建各尽其职、相互配合、协同推进贯彻落实规划纲要的新机制。

四是舆论宣传促落实。及时宣传全国教育工作会议和教育规划纲要，及时报道各地教育工作会议和教育规划纲要研究制定情况，及时宣传各地优先发展教育、加强和改进对教育工作领导的重大措施，及时推广各地教育改革创新成功经验，努力营造你追我赶、争先恐后推动教育科学发展的崭新局面。

这些既是半年来积累的宝贵经验，也是今后要继续坚持的有效做法。全面落实任务繁重，我们既要看到目前已经取得的成效，又要看到全面落实的艰巨性、复杂性和长期性。各地、各部门、各学校落实不平衡、不协调的问题还比较突出，一些项目还处于理念化、概念化阶段，没有具体实化、细化、量化，更有不少内容还未真正启动，即使已经开展的工作，离取得工作实效、群众得到实惠还有相当的距离。半年来所做的工作只是万里长征迈出的第一步，全面落实教育规划纲要任重道远，我们务必大力增强落实意识，努力提高落实能力，以更加坚定的信念、更加坚决的举措、更加积极的行动，狠抓教育规划纲要的全面落实。

二、全面落实必须整体推进突出重点

2010年是教育规划纲要“启动实施”之年，2011年是“全面落实”之年。今年的落实工作做好了，工作局面就会进一步打开，事业基础就会进一步牢固，教育体制就会进一步完善，我们就有了更为充分的条件和把握抓好本届政府的各项教育工作，抓好“十二五”时期各项教育工作，抓好今后十年各项教育工作。

全面落实规划纲要，要全面贯彻党的教育方针，按照优先发展、育人为本、改革创新、促进公平、提高质量的要求，注重整体推进、突出工作重点。通过重点突破带动全局工作发展，通过加强关键环节带动整体建设推进，切实增强落实工作的系统性、针对性、有效性。

（一）认真做好教育改革试点

改革创新是教育发展的强大动力。教育规划纲要确定并启动实施的十大改革试点，既是落实教育规划纲要的重要内容，也是教育事业科学发展的制度保障。全面落实教育规划纲要，必须认真做好教育改革试点项目，进一步凝聚改革共识、加强改革协调、营造改革环境。

一要细化目标方案。制定一个好的实施方案是做好试点工作的基础环节。目前，各试点地区、试点学校都已制定了改革实施方案，国家教育咨询委员会、国家教育体制改革领导小组逐一提出了评审及备案意见。各试点地区和学校要进一步明确改革工作的路线图、时间表和任务书，落实责任制，建立检查工作机制，确保改革试点顺利推进。

二要制定推进政策。改革的深入推进，必须依靠政策的不断完善和创新。要在职业学校双师型教师队伍建设、高校科研评价标准、学前和研究生阶段资助政策、贫困地区学生营养改善政策等方面有新的突破。要及时研究出台指导性文件，颁布实施《3—6岁儿童学习与发展指南》、《幼儿园工作规程》、普通高中学生发展指导纲要、残疾儿童少年随班就读工作指导意见、加快少数民族双语教育工作指导意见。

三要突破关键点。要抓准关键点，通过关键点的突破，闯出一条科学发展的新路子。要着力加强课程教材建设，颁布新修订的义务教育阶段课程方案和学科课程标准，启动教材修订工作，切实减轻中小学生过重课业负担，促进中小学生健康成长。要着力完善义务教育均衡发展保障机制，均衡配置教师、设备、图书、校舍等公共教育资源，有效解决义务教育“择校”问题。要扎实推进考试招生制度改革，成立国家教育考试指导委员会，研究制定高等教育考试招生改革方案。全面实施普通高中学业水平考试，为推进素质教育和创新人才培养创造条件。要着力完善学校内部治理结构，坚持和完善公办高校党委领导下的校长负责制，颁布实施普通高等学校章程制定办法，促进高校章程建设。

四要创新体制机制。改革试点既要立足当前，又要着眼长远，解决一些深层次体制机制问题。要研究制定2012年实现4%目标并保持稳定增长的长效机制，配合有关部门落实各地教育投入工作。加强和改进教育经费统计公告制度，完善推动地方政府落实教育投入法定增长机制。要改革教师管理制度，建立中小学教师国标、省考、县聘、校用的职业准入制度。要探索建立现代大学制度，配合有关部门制定《坚持和完善普通高等学校党委领导下的校长负责制的若干实施意见》，健全决策程序和议事规则。要创新民办教育发展体制机制，制定《关于进一步促进民办教育发展的若干意见》，改善民办教育发展环境。

五要加强分类指导。各项教育改革试点的内容不同，面临的形势任务相同，各地各校实际情况千差万别，确保改革试点顺利推进，必须强化分类指导。要充分尊重和鼓励各地各校的改革首创精神，因地制宜、因校制宜，从实际出发、实事求是。目标上保留一定幅度，不搞一刀切；模式上多一点允许，不搞一个样；进度上也多一些引导，不搞一阵风，最终都要以干成事为准，以有实效为准，以群众满意为准。

（二）稳步实施重大发展项目

教育规划纲要还确定了本届政府实施的十个重大发展项目，这些项目涉及当前教育改革发展的重点领域和薄弱环节，是落实教育规划纲要的重要载体，推动教育事业科学发展的重要抓手。实施这些重大项目，不能就项目论项目、不能就投入论投入，要突出制度建设，突出标准建设，通过项目的设计实施，逐步建立依靠制度、依靠标准推动工作的有效机制，形成教育事业科学发展的长效机制。

一要加强统筹指导。全面落实教育规划纲要，必须充分发挥各级政府的职能，协调好各方面关系。要明确各级政府和教育部门的职责。中央做好制定政策、宏观指导和推动发展、监督检查工作。各地要成立专门领导小组和工作班子，加强对项目设计实施指导工作。省级统筹安排中央转移支付资金，统筹确定省级及省以下各级政府的经费分担责任。市、县因地制宜实施相关项目。要统筹规划项目布局，统筹项目建设内容，统筹已有项目与新增项目，把握好各项目的启动时机和建设规模，真正做到成熟一个，启动一个，做好一个。

二要制定行动计划。实践证明，制定和实施行动计划是抓落实行之有效的办法。要启动实施学前教育三年行动计划，深入实施农村义务教育学校教师特设岗位计划、中小学教师国家级培训计划，全面实施中等职业教育改革创新计划、职业学校教师素质提高和校长能力提升计划，制定实施中西部高等教育振兴计划、高素质教育人才培养工程和高校高层次创新人才计划。

三要完善各类标准。标准是投入的依据、监管的依据和问责的依据。组织实施好各项重大项目，首先要完善标准体系，努力做到用标准加大投入、用标准加强监管、用标准加强问责。要研究制定学校办学基本标准、特殊教育学校课程标准、中等职业教育专业设置标准、中小学校长专业发展标准和教师教育标准，制定和完善各级各类学校生均拨款标准。

四要扩大优质资源。优质教育资源不足，是我国教育事业长期面临的重大问题，也是实施重大教育发展项目要着力解决的问题。要推进形成加大教育投入的长效机制，努力扩大各级各类教育优质资源供给。要坚持以发展促公平，通过扩大中小学教育资源促进均衡发展，支持国家中等职业教育改革发展示范学校和优质特色学校建设，推进建设优势学科创新平台，深入实施特色学科重点项目，引导学校办出特色、办出水平。要加大力度、加快步伐，顶层设计、整合资源，问题切入、以用为主，认真抓好教育信息化建设，以教育信息化带动教育现代化。

五要加强评估考核。每一个项目，都要明确实施进度和考核指标，保证可操作、可监控、可评估。要严格执行先规划、后建设的原则，教育重大项目的布局和实施要广泛听取群众意见，了解群众的真实想法、真实意愿。特别是农村学校布局，要充分考虑城镇化进程、新农村建设和人口流动状况，确保布局的合理性、前瞻性和项目的实效性。要建立重大项目监督检查机制、重大项目进展专报制度，强化对重大工程项目和惠民资金的监管。教育部将会同相关部门对各重大项目的组织实施进行全面检查。10项改革试点，每一项都有一个专家咨询组，同样，10个发展项目，每一项也要有一个监督检查组。对检查中发现的问题，要督促有关单位认真整改，对违法违纪案件要严肃查处，确保各项任务落到实处。

（三）切实维护教育系统和谐稳定

保持教育系统和谐稳定，是加快教育改革和发展的前提，关系社会稳定大局，越是在改革处于攻坚克难的阶段，越是在发展任务繁重的时候，越是要高度重视稳定工作，正确处理好改革发展稳定的关系。对此，我们必须始终保持清醒头脑，切实增强政治意识、大局意识、责任意识、忧患意识。2011年是我们党建党90周年。各级教育部门、各级各类学校都要精心设计、组织好纪念活动、主题教育活动、访问活动、表彰活动。要围绕纪念中国共产党成立90周年，唱响共产党好、社会主义好、改革开放好、伟大祖国好、各族人民好的主旋律，促进社会和谐，维护社会稳定，推动科学发展。

一要加强社会主义核心价值体系建设。要坚持不懈用马克思主义中国化最新成果武装头脑、指导工作、推动实践。坚持和巩固马克思主义在高校意识形态领域的主导地位，积极参与马克思主义理论研究和建设工程，深入推动中国特色社会主义理论体系进教材、进课堂、进头脑。用社会主义荣辱观引领风尚，引导学生树立正确的世界观、人生观、价值观，培养德智体美全面发展的社会主义建设者和接班人。

二要加强和改进新形势下群众工作。要牢固树立群众观点，始终站稳群众立场，不断创新群众工作方法。关心群众生活，倾听群众呼声，畅通网络、电话等渠道。加强信访工作，实行群众来信来访、来电来帖处理情况办结制度、通报制度，凡实名反映情况的，要做到件件回复、限时回复，依法按政策及时处理群众反映的问题。

三要切实纠正和解决损害群众利益的突出问题。要落实治理义务教育阶段择校乱收费问题10项措施，坚决治理中小学教辅教材散滥问题，严格规范服务性收费和代收费。制定学前教育收费管理办法。要制定招生信息公开办法，规范和调整高考加分，加强对特殊类型招生的监督。全面推行中职学生资助专用银行卡，规范助学金发放行为。要切实加大查处力度，对在社会上造成严重影响、损害人民群众切身利益的违纪违法案件，严格追究有关当事人和主管领导责任。

四要进一步加强引导化解工作。要完善科学有效的利益协调机制、诉求表达机制、矛盾调处机制、权益保障机制，切实维护群众合法权益。

五要切实加强学校及周边治安综合治理。要落实《关于进一步加强学校幼儿园安全防范工作建立健全长效工作机制的意见》，推动各级各类学校及周边治安防控措施的落实，提高学校安全防范水平，确保校园安全，确保校园和谐稳定。

（四）紧紧围绕促进公平、提高质量

促进公平、提高质量，是教育事业科学发展的两大战略重点。实现我国教育“由大到强”，建设人力资源强国，更好地保障和改善民生，关键是要大力促进教育公平和提高教育质量。无论是推进教育改革试点，实施重大发展项目，还是维护和谐稳定，都要始终紧紧围绕而不能偏离这两大重点。

要坚持把促进公平作为基本教育政策。重大发展项目的实施要针对薄弱环节，坚持雪中送炭。在全国或一省范围内，从项目的整体设计、评审立项到经费分配，都要向农村地区、革命老区、民族地区、边疆地区、贫困地区倾斜；在同一城市和县域范围内，要向薄弱学校倾斜；在不同群体中，要向家庭经济困难学生、残疾学生和孤儿倾斜。要通过改革试点，完善促进和保障教育公平的领导体制、经费分配机制、教师流动机制、义务教育均衡发展督导考核机制和学生资助体系。

要坚持把提高质量作为核心任务。改革试点要探索突破影响质量的关键环节，建立以质量为导向的管理制度和工作机制，引导各级政府和学校把教育资源配置、学校工作重点集中到强化教学环节、提高教育质量上来。发展项目要突出加大教学投入、改善办学条件、提高教师水平和促进优质资源共享。要深化教育质量问题调查研究，建立健全适合中国国情、具有国际视野的各级各类教育质量标准；加强教育教学质量监管监测；创造条件发布有关教育教学质量报告。

三、全面落实必须转变职能改进作风

通过实施教育体制改革试点，解决落实的动力问题，通过实施重大教育发展项目，解决落实的抓手问题，还要通过转变职能和作风，解决落实主体也就是教育系统的精神状态问题。为政之首，贵在力行，重在履责。实践证明，规划可以复制，思路可以借鉴，唯有落实者的精神状态不可替代。没有良好的精神状态，改革试点落实不好，发展项目落实不好，维护稳定落实不好，最终促进公平和提高质量也落实不好。

一是更新观念。抓落实，首先要抓思想观念。一要用新的理念指导落实。各地各校要对全国教育工作会议精神和教育规划纲要进行再学习、再宣传、再动员，深刻领会胡锦涛总书记、温家宝总理和刘延东国务委员重要讲话精神，深刻把握教育规划纲要提出的新思想、新理念、新部署。各级领导干部尤其要学在前面、用在前面，不仅要做持久学、深入学的表率，而且要成为学以致用、用有所成的模范，成为勇于探索、善于思考、敢于实践的模范。二要满腔热情抓落实。落实就是工作，工作就是落实。在当前这个特别重要的阶段，教育系统的全体同志特别是各级领导干部，都要把忠于党、忠于人民的深厚感情体现在落实行动之中，一心一意抓落实、聚精会神抓落实。三要创造性地落实。创造性地落实，就是要努力做到把教育规划纲要确定的全国性目标具体化为地方性目标，把教育规划纲要的思路细化为本地的政策措施，把别人的成功经验转化为本地的有效举措。

二是转变职能。转变职能，是行政改革的重要内容，也是抓好落实的关键环节。一要增强服务职能。按照建设服务型政府的要求，强化公共服务职能，切实履行公共教育服务职责。要大力增强服务意识，主动热情地为基层服务、为群众服务、为师生服务，努力建设高效、公开、透明的服务型机关，做到为民、务实、清廉。二要坚决简政放权。坚持依法治教，界定政府和学校的责、权、利，把政府该管的切实管好，把不该管、管不好的坚决放开，克服政府缺位、越位、错位现象。要修订本科专业设置管理办法，落实和扩大高校专业设置自主权，研制省级政府依法审批设立专科学历高等学校的具体办法，落实省级政府教育统筹权。要继续深化行政审批制度改革，进一步清理行政审批事项，对不适应经济社会发展和教育改革发展要求的教育类规章和规范性文件，该清理的清理，该废止的废止。三要科学评估评价。学校办学自主权的落实，必然要求政府加强评估评价。要按照新的设计、新的标准、新的方式开展高校教育教学评估。要指导高校健全质量保障体系，加强教学基础数据信息库建设，完善监测评估体系，发布监测评估报告。

三是改进作风。作风决定落实，落实体现作风，完成艰巨繁重的落实任务，必须要有好的作风。要按照党中央要求，深入推进党风党性党纪教育，以党风带政风促行风正学风。切实抓好创先争优活动，把政风、行风、学风建设作为2011年教育系统创先争优活动的重要内容和载体，组织动员基层党组织和党员创科学发展之先、争校园和谐之优。围绕“全面落实”，狠抓教育系统政风、行风、学风“三风”建设，让人民群众真切感受到教育系统在贯彻落实教育规划纲要中的新变化、新气象。一要着力加强政风建设。要大力倡导奋发有为、真抓实干的政风，坚决反对不思进取、庸懒散慢。要认真解决一般性工作布置多、一般号召多、虚话多、浮在上面多的问题，坚持讲实话、出实招、办实事、求实效。要树立责任意识、使命意识，勇于创新，追求卓越，创先争优，不断开拓工作新局面。要切实改进会风，从严控制会议数量、规格和时限。要大力提倡优良文风，真正做到讲短话、讲实话、讲管用的话。二要着力加强行风建设。要大力倡导心系人民、服务人民的行风，坚决反对敷衍塞责、麻木不仁。要真正站在人民群众的立场上，忠实地为人民群众谋利益，全面分析、认真研究、努力解决教育乱收费问题和种种不正之风。全面贯彻落实《关于实行党风廉政建设责任制的规定》，坚决反对奢侈浪费，严厉惩治腐败行为，坚决查处和纠正各种形式的“小金库”。要认真落实干部谈心谈话、巡视、审计制度，采取通报、公告等形式，提高巡视、审计结果的利用度。要建立并发挥好教育部经费监管事务中心的作用，切实加强教育经费监管。制定出台《高等学校总会计师管理办法》，试行对直属高校总会计师由教育部直接委派，推动高校纪委书记异校任职。三要着力加强学风建设。要大力倡导淡泊名利、科学严谨的学风，坚决反对急功近利、弄虚作假。要完善学术规范，加强教育引导，将校风、教风、学风考核结果作为学校、教师绩效考核、评优奖励的重要依据。要创新管理机制，完善科研成果评价体系，形成重质量、重效益、重长远的正确导向。要严肃惩处学术不端行为，坚持“出重拳、零容忍”，举报一起、调查一起、处理一起、公布一起。要坚持育人为本、德育为先，引导青少年学生养成勤奋好学、诚实守信、踏实严谨的良好品质。

四是强化监管。推进工作落实，既要慎始又要慎终，尤其是慎终于始，加强监督检查。一要强化督查督办。对于重大事项，要紧紧抓住、全力推进，不论困难多少、阻力大小，只要是看准了的、确定了的，都要一个环节一个环节地紧抓不放，一个步骤一个步骤地盯住落实，一个项目一个项目地实现突破。各级教育部门要以落实工作为重点，健全充实督查工作机构，完善督查工作办法，切实加强落实工作的督促检查。要建立重点督办工作通报制度、公告制度，坚决防止几个月甚至几年过去，问题依旧，工作没有实质进展。二要强化信息公开。要创造条件让人民群众监督落实。深化政务公开，扩大公开范围和层次，凡涉及群众切实利益的重大事项都要向社会公开。深化校务公开，贯彻落实《高等学校信息公开办法》和《关于推进中小学信息公开工作的意见》，研究制定信息公开的考核评估指标体系。要畅通群众反映问题、表达合理诉求各种可能的渠道，充分发挥广大群众的监督作用。三要强化行政问责。按照《关于实行党政领导干部问责的暂行规定》，对决策失误、落实不力、工作失职、造成重大损失或影响的，严格追究相关人员责任。

五是健全机制。没有有效的工作机制，再好的规划、再好的政策也难以保障落实到位。一要完善科学民主决策机制。决策正确、切实可行，是抓好工作落实的前提。要完善决策程序，把公众参与、专家咨询、风险评估、合法性审查和集体讨论决定作为决策的必经程序。政策和文件出台后，要加强跟踪调研，及时发现问题，及时纠正偏差。要加强教育政策研究和形势分析，提高工作的原则性、预见性、系统性和针对性。二要完善干部选拔任用机制。工作要落实，用人是关键，班子最重要。各级领导干部要在抓落实上起好示范表率作用，不仅要一级指挥一级，而且要一级做给一级看，坚持重大问题亲自调研、亲自部署、亲自协调、亲自督办。要坚持正确的用人导向，建立科学规范的实绩考核评估标准，把落实工作情况，作为考核领导干部和领导班子工作实绩的重要内容，真正把那些在落实中有思路、有能力、有实绩的优秀干部选拔到重要岗位上来，真正让那些在关键时刻勇于负责，重大问题敢于担当，复杂局面善于驾驭，用心、用情、用力啃硬骨头的干部得到鼓舞，受到奖励。对长期不换脑筋、只说不做、推动不力的，坚决进行组织调整，决不让“只会干事、不会来事”的人吃亏，决不让敢于碰硬、勇担责任的人吃亏。三要完善沟通协调机制。按照落实教育规划纲要责任分工方案，加强各方面之间的协调配合，形成分工明确、各尽其责、统筹协调的落实工作机制。

六是加强宣传。宣传是实现政务公开、争取群众理解、支持、监督教育工作的一个基本途径，也是增强执行力、促进落实的有效手段。一要大力宣传各地、各部门、各单位贯彻落实教育规划纲要的思路、举措、方案，切实保障广大人民群众对教育工作的知情权、参与权、监督权。二要及时了解群众的所思、所盼、所忧，积极回应人民群众教育需求，切实做到想群众所想、急群众所急、忧群众所忧、办群众所需。三要大力宣传教育战线的感人事迹，大力宣传各级党委政府支持教育的有效做法，大力宣传社会各界关心支持教育的先进典型，以典型经验、典型人物带动整个教育工作。四要树立大宣传意识。教育系统每一位同志尤其是每一位领导干部既要做教育改革发展的实践家，也应当做教育改革发展的宣传家。各地各高校特别是试点单位都应当有专门的通讯员、观察员、评论员和新闻发言人，按照中央关于教育工作、关于宣传工作的要求，形成横向上和所有媒体密切联系，纵向上各级教育部门以及各级各类学校有效对接的立体化宣传网络，形成一个宣传群众、组织群众、动员群众、依靠群众，全面落实教育规划纲要、共同促进科学发展的舆论氛围。

行业发展与经济运行情况

2010年全国物流运行情况通报

国家发展改革委 国家统计局 中国物流与采购联合会

（2011年2月28日）

2010年我国物流运行形势总体良好，物流需求显著增加，运行效率有所提高，物流业增加值快速增长，为保证国民经济平稳较快发展发挥了重要的支撑保障作用。

一、社会物流总额实现较快增长

2010年全国社会物流总额125.4万亿元，按可比价格计算，同比增长15%，增幅比上年提高3.7个百分点。受上年同期基数影响，增幅呈现前高后低态势，一季度增长20.8%，上半年增长18.4%，前三季度增长16.8%。

从构成情况看，工业品物流总额113.1万亿元，按可比价格计算，同比增长14.6%，增幅比上年提高0.5个百分点，占社会物流总额的比重为90.2%，是带动社会物流总额增长的主要因素。进口货物物流总额9.4万亿元，按可比价格计算，同比增长22.1%，增幅比上年提高34.9个百分点，表明我国进口货物物流重回快速增长通道。农产品物流总额、再生资源物流总额和单位与居民物流总额同比分别增长4.3%、39.5%和14.7%。

二、社会物流总费用与GDP的比率稳中有降

2010年全国社会物流总费用7.1万亿元，同比增长16.7%。其中，运输费用3.8万亿元，同比增长14%，占社会物流总费用的比重为54%，同比下降1.3个百分点；保管费用2.4万亿元，同比增长20.5%，占社会物流总费用的比重为33.9%，同比提高1.1个百分点；管理费用0.9万亿元，同比增长19%，占社会物流总费用的比重为12.1%，同比提高0.2个百分点。

2010年社会物流总费用与GDP的比率为17.8%，同比下降0.3个百分点，物流运行效率有所提高。

三、物流业增加值稳步上升

2010年全国物流业增加值为2.7万亿元，按可比价格计算，同比增长13.1%，增幅比上年提高2.5个百分点。物流业增加值占GDP的比重为 6.9%，占服务业增加值的比重为16%，均与上年基本持平。

2010年物流统计数据

	单位	本期	同比增长（%）
一、社会物流总费用	亿元	70984	16.7
运输费用	亿元	38321	14.0
保管费用	亿元	24044	20.5
管理费用	亿元	8619	19.0
二、物流业增加值	亿元	27310	13.1
其中：交通运输业	亿元	19746	12.5
仓储业	亿元	2084	13.7
贸易业	亿元	4897	15.1
邮政业	亿元	582	13.6

三、社会物流总额	亿元	1254130	15.0
其中：农产品物流总额	亿元	22355	4.3
工业品物流总额	亿元	1131031	14.6
进口货物物流总额	亿元	94305	22.1
再生资源物流总额	亿元	4464	39.5
单位与居民物品物流总额	亿元	1975	14.7
四、物流相关行业固定资产投资	亿元	30675	19.4
其中：交通运输业	亿元	23221	19.2
仓储、邮政业	亿元	2238	26.7
贸易业	亿元	5216	17.2

说明：2010年物流总费用与GDP的比率为17.8%。物流业增加值占GDP的6.9%，占服务业增加值的16%。

附：

2010年全国重点企业物流统计调查报告

国家发展改革委经济运行调节局 国家统计局贸易外经司 中国物流与采购联合会

根据《社会物流统计核算与报表制度》要求，2010年4月至2010年12月，国家发展改革委、国家统计局和中国物流与采购联合会对2009年全国重点工业、批发和零售业企业物流状况和物流企业经营情况进行了统计调查。本次调查共收到1188家企业资料，有效报表1117家，报表有效率94%。其中，工业、批发和零售业企业672家，占60%，物流企业445家，占40%。

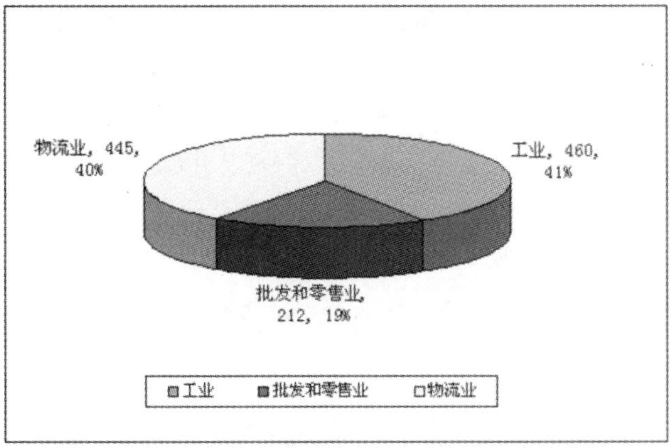

图1 重点调查企业行业分布情况（单位：个，%）

调查企业按登记注册类型划分，国有企业144家，占12.9%；私营企业251家，占22.5%；有限责任公司332家，占29.7%；港澳台投资企业80家，占7.2%；外商投资企业136家，占12.2%。

一、工业、批发和零售业企业情况

（一）销售总额增幅回落，物流需求有所放缓

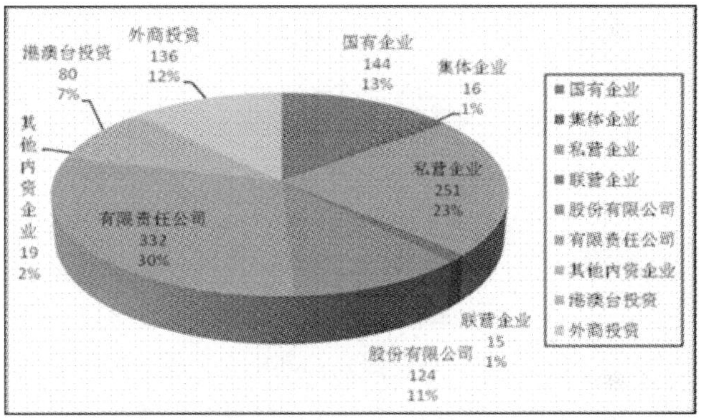

图2 重点调查企业登记注册类型分布情况（单位：个，%）

调查企业汇总数据显示，2009年工业、批发和零售业企业销售总额比上年增长8.9%，增幅同比回落6.5个百分点。其中，工业企业销售总额比上年增长4.0%，增幅同比回落7.8个百分点；批发和零售业企业销售总额比上年增长14.3%，增幅同比回落6.9个百分点。销售总额增幅回落，一定程度上反映出企业物流需求增速放缓。

（二）货运量平稳增长，委托代理货运量比重提高

调查企业汇总数据显示，2009年工业、批发和零售业企业货运量同比增长9.4%。其中，工业企业同比增长8.6%，批发和零售业企业同比增长15.1%。在货运总量中，委托代理货运量同比增长12.5%，占货运总量的比重为57.4%，同比提高7.6个百分点。其中，工业企业委托代理货运量同比增长12%，占货运总量的比重

为57.2%，同比提高16.7个百分点；批发和零售业企业委托代理货运量同比增长15.5%，占货运总量的比重为58.5%，同比提高3.5个百分点。委托代理货运量比重的提高，一定程度上表明工业、批发和零售业企业出于节约物流成本和集中精力于主要业务的考虑，更多地选择将物流业务外包，以利于自身核心竞争力的进一步提升。

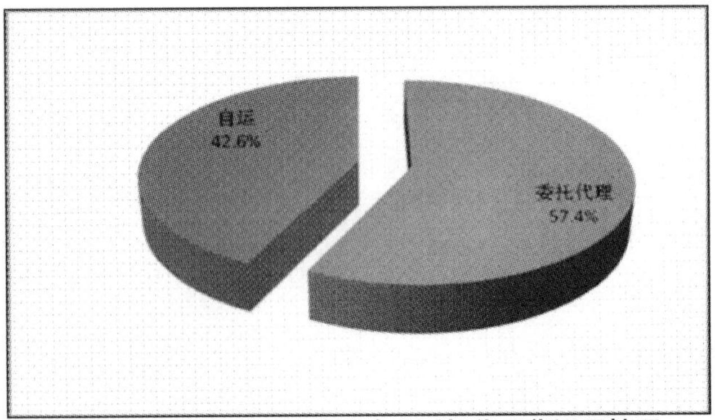

图3 工业、批发和零售业企业委托代理货运量情况（单位：%）

（三）物流成本增速明显减缓，企业物流效率有所提高

调查企业汇总数据显示，2009年工业、批发和零售业企业物流成本比上年增长8.2%，增幅低于销售总额增长0.7个百分点，同比回落20.1个百分点，一定程度上表明企业物流效率有所提高。其中，运输成本同比增长1.8%，增幅同比回落28.9个百分点。保管成本增长11.9%，增幅同比回落24个百分点。在保管成本中，配送成本、仓储成本、货物损耗成本和利息成本同比增长17.4%、7.2%、2.4%和3.6%，增幅均有较大回落，分别为15.4个，35.8个，4.6个和55.4个百分点。此外，物流管理成本增长10.7%，增幅同比提高2.1个百分点。

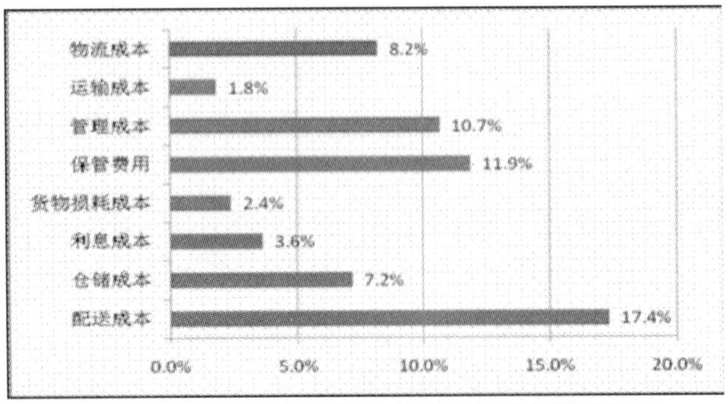

图4 工业、批发和零售业企业物流成本增长情况（单位：%）

（四）物流成本费用率水平略有下降

调查企业汇总数据显示，受企业物流成本增幅减缓，物流效率有所提高等因素影响，2009年工业、批发和零售业企业物流成本费用率为9.0%，同比下降0.3个百分点。其中，工业企业物流成本费用率为9.8%，下降 0.1个百分点；批发和零售业企业物流成本费用率为8.1%，下降0.2个百分点。

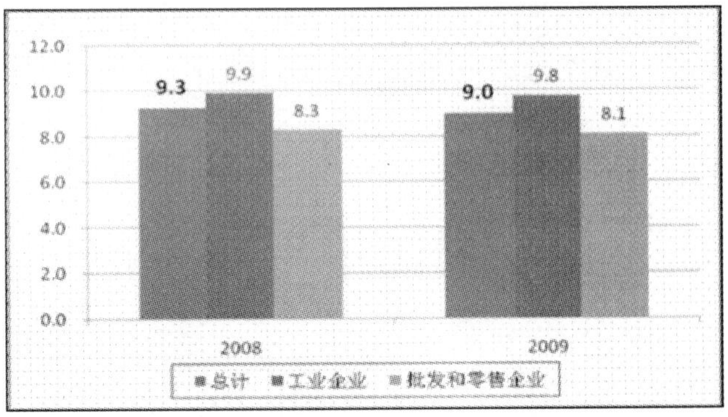

图5 工业、批发和零售业企业物流成本费用率情况（单位：%）

从不同行业看，2009年工业行业物流成本费用率最高的橡胶制造业为24.3%，工艺品及其他制造业、专用设备制造业等行业相对较低；批发零售行业中，物流成本费用率最高的纺织、服装及日用品专门零售行业为23.3%，无店铺及其他零售、机械设备五金交电及电子产品批发等行业相对较低。

二、物流企业情况

调查企业汇总数据显示，2009年物流企业业务量增速普遍放缓，主营业务收入、成本双双下降，企业利润率水平走低。按类型划分，综合型物流企业131家，占29%；运输型物流企业244家，占55%；仓储型物流企业占70家，占16%。在运输型物流企业中，道路运输企业和水上运输企业所占比例较高，分别为64%和26%。

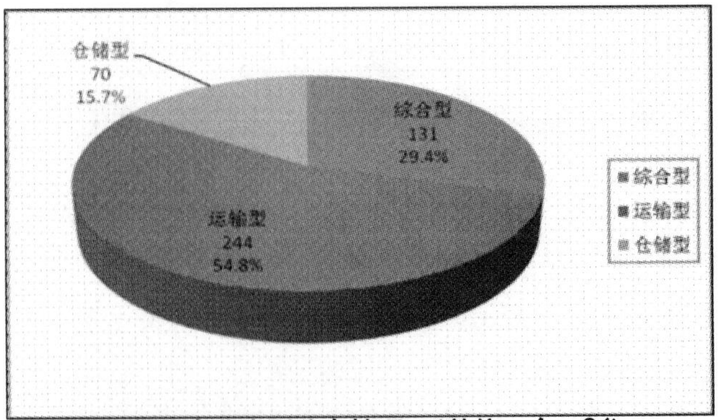

图6 物流企业类型分布情况（单位：个，%）

（一）主要业务量增幅回落，主营业务收入下降

调查企业汇总数据显示，2009年物流企业货运量同比增长6.0%，一体化物流业务量同比增长26.1%，配送量同比增长13.6%，增幅同比回落1.2个、0.3个和16.8个百分点。与此同时，货运周转量同比下降10.2%，货代业务量同比下降11.9%。

2009年物流企业主营业务收入同比下降11.3%。其中，占主营业务收入三成的运输收入同比下降25.3%，导致主营业务收入下降9个百分点。此外，一体化物流收入、配送收入增长27.2%和21.7%，增幅同比分别回落17.4个和9.2个百分点。在全部调查企业中，主营业务收入同比下降的企业占43.6%，同比上升17.8个百分点。

从不同类型看，2009年运输型物流企业主营业务收入降幅最大，同比下降13.2%；综合型物流企业主营业务收入由去年的增长36.2%转为下降12.9%；仓储型物流企业主营业务收入同比增长12.3%，但增幅同比回落19.9个百分点。

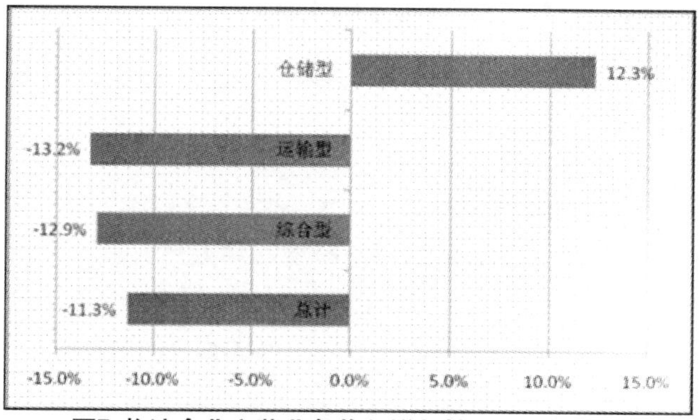

图7 物流企业主营业务收入增长情况(单位：%)

从不同区域看，西部地区企业主营业务收入同比增长11%，增幅同比回落26.6个百分点；中部地区企业主营业务收入同比增长8.9%，增幅同比回落26.4个百分点；东部地区企业主营业务收入同比下降12.6%。由于东部地区物流企业数量和规模普遍大于中西部，成为影响总体收入下降的主要原因。

从不同登记注册类型看，2009年国有企业主营业务收入同比下降16.8%，降幅最高；私营企业主营业务收入同比增长9.8%，但增幅同比回落30.7个百分点；港澳台商投资企业和外商投资企业主营业务收入分别下降3.7%和9.6%。

（二）主营业务成本小幅下降，企业利润率水平走低

调查企业汇总数据显示，2009年物流企业主营业务成本同比下降3.6%。其中，运输成本下降20.4%，货代成本下降15.0%；一体化物流成本增长33.3%，配送成本增长23.0%，仓储成本增长10.2%，但增幅同比分别回落12.6，11.5和13.1个百分点。

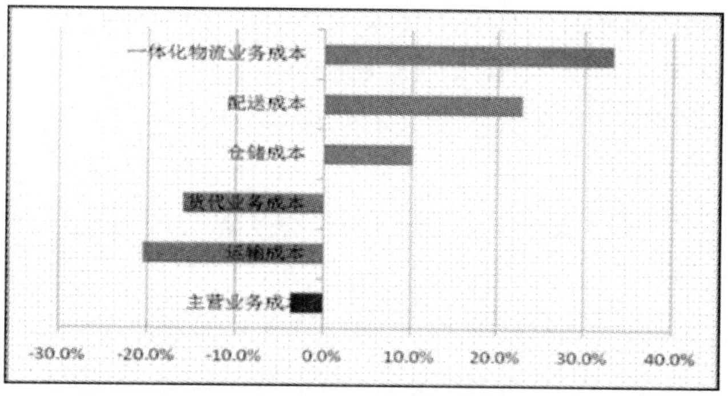

图8 物流企业主营业务成本增长情况（单位：%）

从不同类型看，运输型物流企业主营业务成本同比下降3.1%；综合型物流企业主营业务成本同比下降15.6%；仓储型物流企业主营业务成本同比增长10.7%，增幅同比回落18.7个百分点。在运输型物流企业中，铁路运输企业主营业务成本同比增长44.9%。航空运输业和水上运输业企业，一方面受需求动力不足影响，另一方面企业积极采取措施，有效减少燃油消耗，主营业务成本同比分别下降18.9%和12.7%。道路运输业企业受成品油价格上涨和税费改革等因素影响，主营业务成本同比增长10.9%。

调查企业汇总数据显示，2009 年物流企业收入利润率为5.5%，同比下降5.6个百分点。成本利润率为6.0%，同比下降7.1个百分点，物流企业盈利水平有所下降。

2009年物流企业收入利润率小于3%和大于10%的企业所占比例最高，为38.7%和31.0%，物流企业盈利水平呈现两级分化现象。

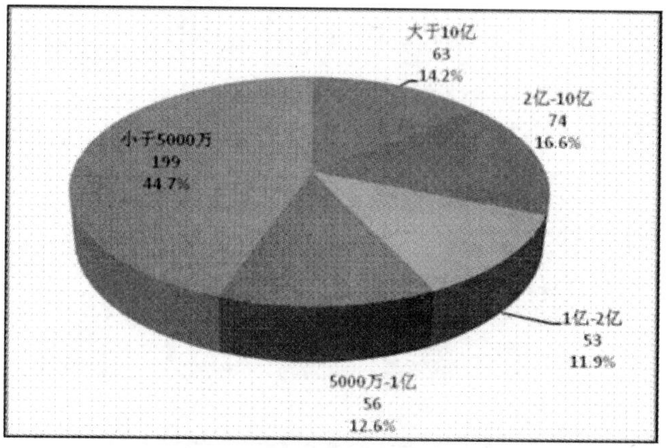

图9 物流企业资产规模分布情况(单位:%)

（三）资产规模较快增长

调查企业汇总数据显示，2009年物流企业资产规模同比增长17.2%。其中，资产大于10亿元的企业占14.2%，资产在1亿到10亿间的企业占28.5%，资产在5000万到1亿间的企业占12.6%，资产小于5000万的企业占44.7%。不过与2008年相比，资产大于10亿元的企业比重同比提高了1.8个百分点，小于5000万的企业所占比重同比下降3.8个百分点。

（四）前50家物流企业主营业务收入均超过十亿元

调查企业汇总数据显示，2009年前50家物流企业主营业务收入共达4506亿元，同比下降5.3%，但降幅低于全部调查企业8个百分点。其中，中国远洋运输（集团）总公司主营业务收入超过千亿元，中国外运长航集团有限公司等9家企业主营业务收入超过百亿元，同比增加3家；前50家物流企业主营业务收入均超过十亿元，第50位物流企业主营业务收入达到12.2亿元，同比提高60.5%。

从不同类型看，在主营业务收入前50家物流企业中，运输型物流企业30家，占60%；综合型物流企业12家，占24%；仓储型物流企业8家，占16%。

从不同区域看，在主营业务收入前50家物流企业中，八成分布在经济较为发达的东部地区，西部和中部地区分别占8%和12%。

从不同登记注册类型看，在主营业务收入前50家物流企业中，国有企业18家，占36%；有限责任公司19家，占38%；私营企业4家，占8%；港澳台商投资企业4家，占8%；外商投资企业为2家，占4%。

2010年全国电信业投资发展情况

2010年，在党中央、国务院的正确领导下，我国电信业以科学发展观为主导，围绕加快转变发展方式的主线，积极推动行业转型发展，3G建设和业务发展稳步推进，移动互联网业务蓬勃发展，市场竞争格局进一步优化，全行业回升调整趋势明显，总体继续保持平稳健康运行，在推动两化融合和支撑国民经济社会发展中发挥重要的作用。

一、总体情况

初步核算，2010年累计完成电信业务总量30955亿元，同比增长20.5%；实现电信主营业务收入8988亿元，同比增长6.4%；完成电信固定资产投资3197亿元，同比下降14.2%。

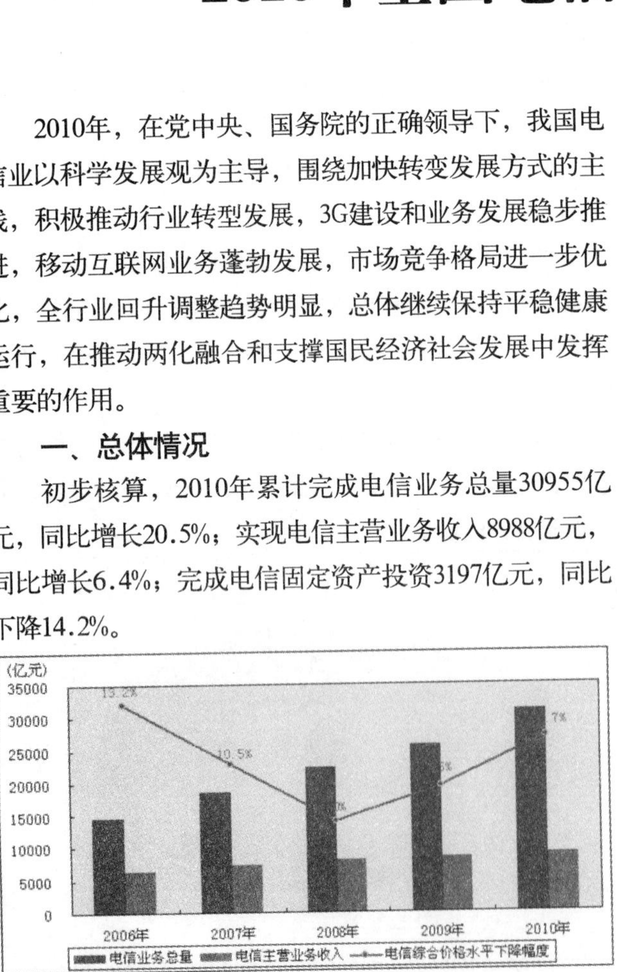

图1 2006—2010年电信综合价格水平下降情况

2010年，电信综合价格水平同比下降11.7%。

二、电信用户

2010年，全国电话用户净增9244万户，总数达到115339万户。其中，移动电话用户85900万户，在电话用户总数中所占的比重达到74.5%，是固定电话用户的3倍左右。

表1 2006—2010年电话用户到达数和净增数

	单位	2006年	2007年	2008年	2009年	2010年
到达数	万户	82884	91273	98160	106095	115339
净增数	万户	8499	8389	6866	7934	9244

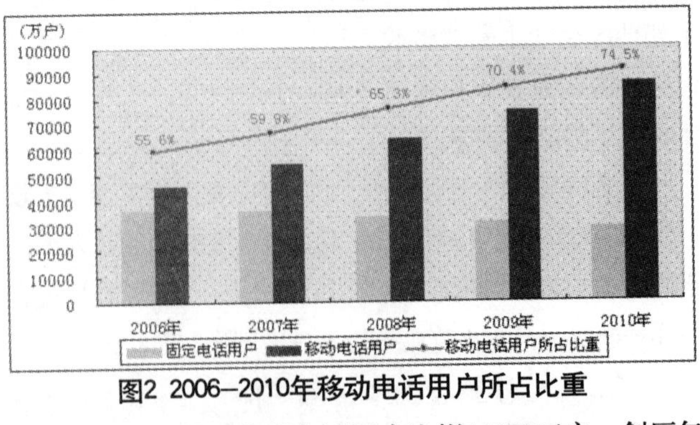

图2 2006—2010年移动电话用户所占比重

2010年，全国移动电话用户净增11179万户，创历年净增用户新高，累计达到85900万户。其中，3G用户净增3473万户，累计达到4705万户。移动电话普及率达到64.4部/百人，比上年底提高8.1个百分点。

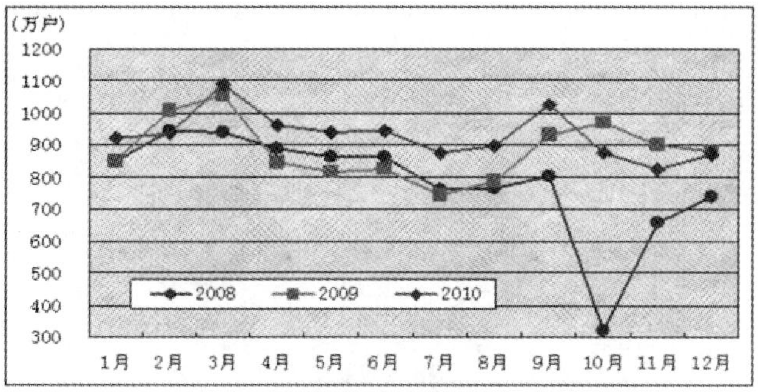

图3 2008–2010年移动电话用户各月净增比较

移动增值业务发展较快，移动个性化回铃业务用户达到57408万户，渗透率达到66.8%；移动短信业务用户达到70062万户，渗透率达到81.6%；移动彩信业务用户达到18037万户，渗透率达到21.0%。

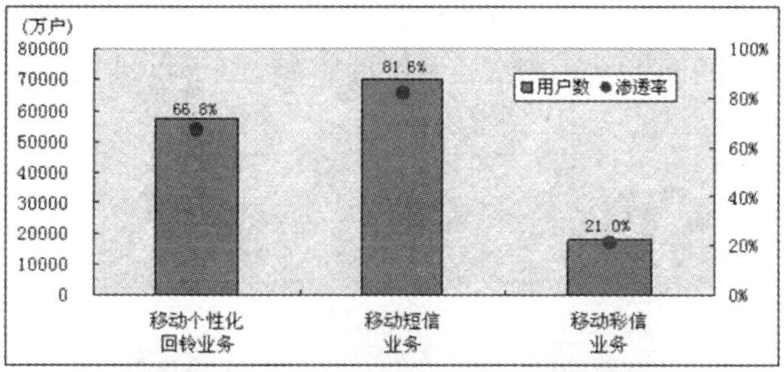

图4 2010年主要移动增值业务发展情况

(二)固定电话用户

2010年，全国固定电话用户减少1935万户，达到29438万户。其中，城市电话用户减少1528万户，达到19662万户；农村电话用户减少407万户，达到9776万户。固定电话普及率达到22.1部/百人，比上年底下降1.5个百分点。

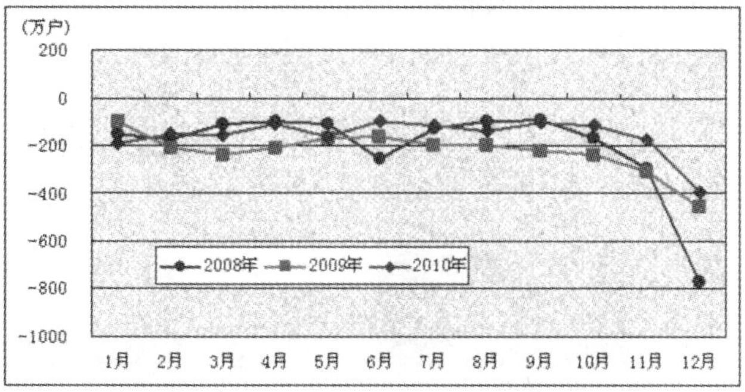

图5 2008–2010年固定电话用户各月净增比较

固定电话用户中，传统固定电话用户减少199万户，达到26575万户；无线市话用户减少1736万户，达到2863万户。无线市话用户在固定电话用户中所占的比重从上年底的14.7%下降到9.7%。

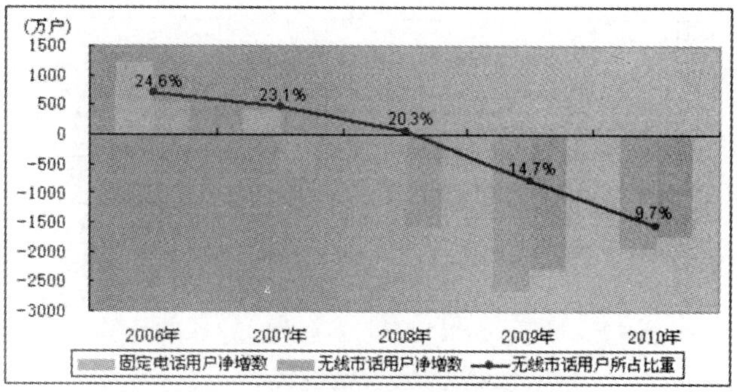

图6 2006–2010年无线市话用户所占比重

固定电话用户中，住宅电话用户达到20298万户，政企电话用户达到6555万户，公用电话用户达到2585万户。与上年相比，各类电话用户所占比重基本保持稳定。

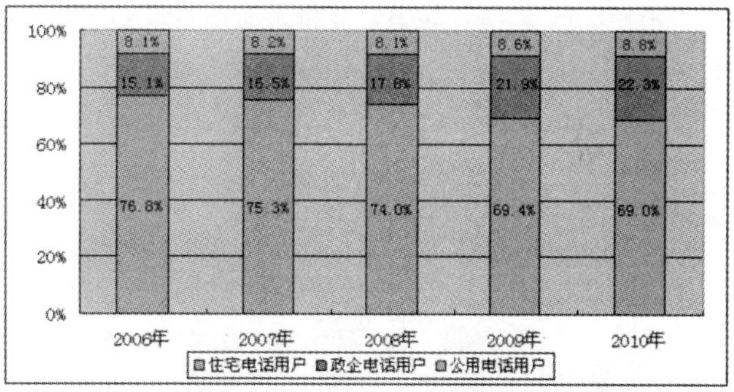

图7 2006–2010年公用、政企、住宅电话用户所占比重

(三)互联网用户

2010年，全国网民数净增0.73亿人，累计达到4.57亿人。其中宽带网民数净增1.04亿人，达到4.5亿人，占网民总数的98.3%；手机网民数净增0.69亿人，达到3.03亿人，占网民总数的66.2%；农村网民数净增0.18亿人，达到1.25亿人，占网民总数的27.3%。互联网普及率达到34.3%，比上年底提高5.4个百分点。

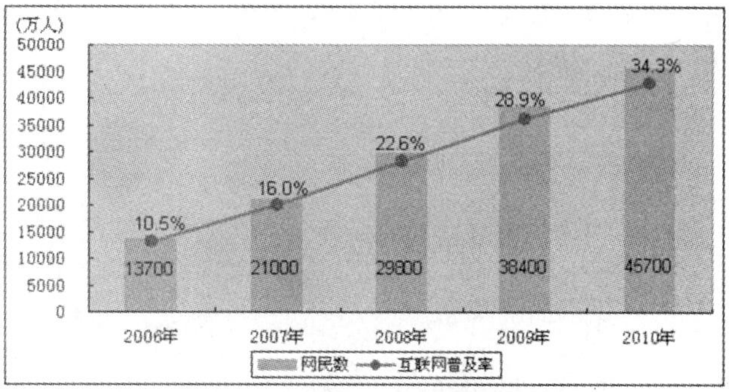

图8 2006–2010年网民数和互联网普及率

2010年，基础电信企业的互联网拨号用户减少164

万户，达到590万户，而互联网宽带接入用户净增2236万户，达到12634万户。

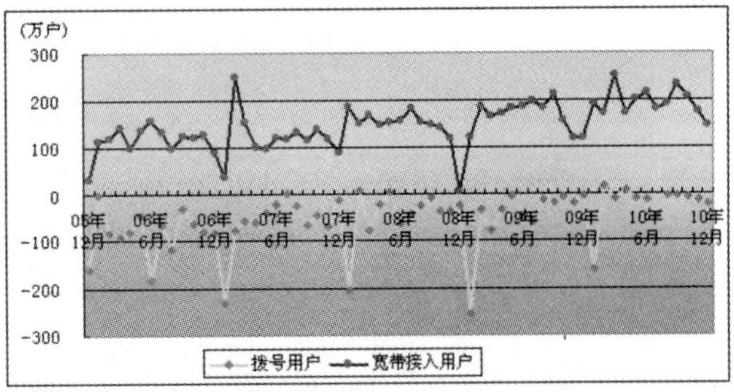

图9 2006–2010年各月互联网拨号、宽带接入用户净增比较

三、业务使用情况

(一)移动电话业务

2010年，全国移动电话通话时长累计达到43261亿分钟，同比增长22.4%。其中，非漫游通话时长40520亿分钟，漫游出访通话时长2741亿分钟。

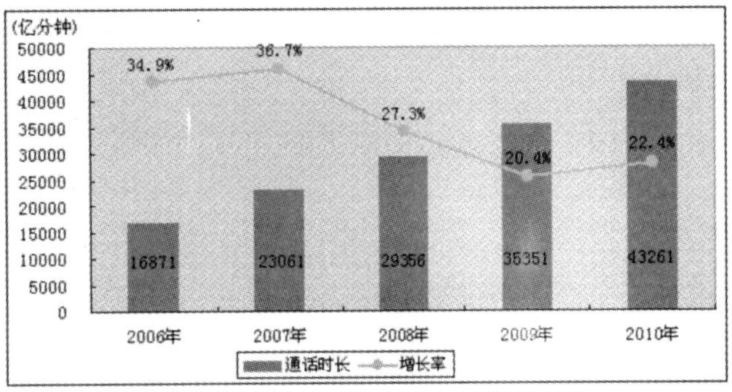

图10 2006–2010年移动电话通话时长

(二)固定电话业务

2010年，固定本地电话通话量累计达到4369亿次，同比下降19.1%。其中，本地网内区间通话量569亿次，下降14.2%；区内通话量3753亿次，下降19.2%；拨号上网通话量47亿次，下降47.0%。固定本地通话中，传统电话通话量3774亿次，下降10.6%；无线市话通话量596亿次，下降49.4%。

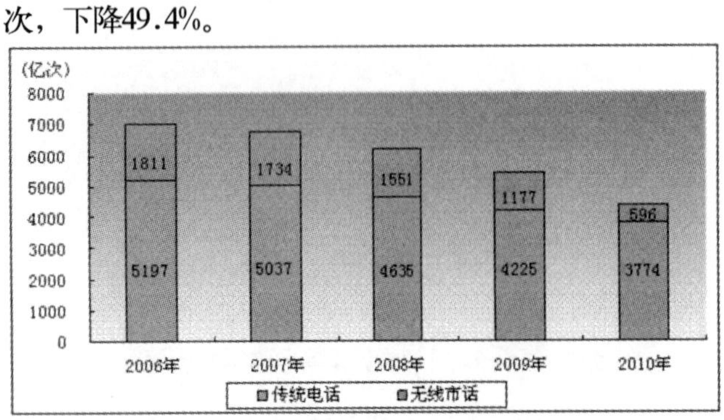

图11 2006–2010年固定本地电话通话量

2010年，固定传统长途电话通话时长累计达到729亿分钟，同比下降11.7%。

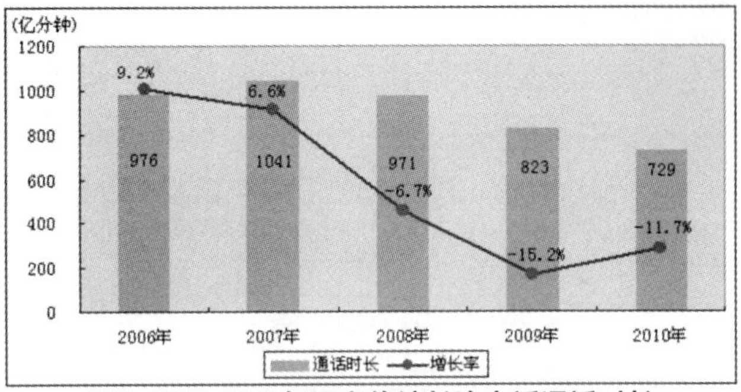

图12 2006–2010年固定传统长途电话通话时长

(三)IP电话业务

2010年，全国IP电话通话时长累计达到998亿分钟，同比下降15.8%。其中，从固定电话终端发起的通话时长342亿分钟，同比下降30.4%；从移动电话终端发起的通话时长655亿分钟，同比下降5.6%。通过移动电话终端发起的IP电话所占比重从上年底的57.8%上升到65.7%。

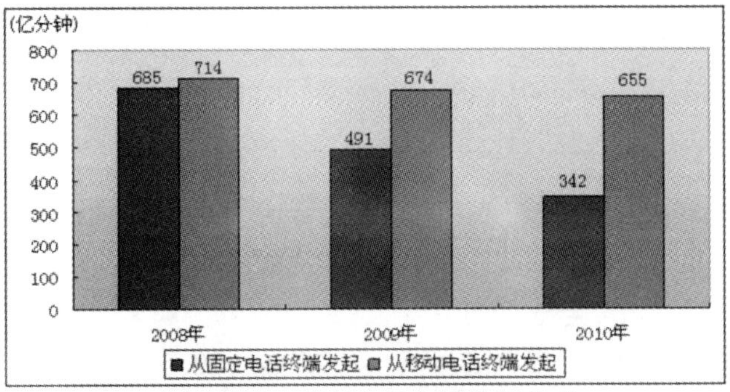

图13 2008–2010年IP电话发起方式

(四)短信业务

2010年，各类短信发送量达到8317亿条，同比增长6.1%。其中，无线市话短信业务量67亿条，下降47.6%；移动短信业务量8250亿条，增长7.0%。

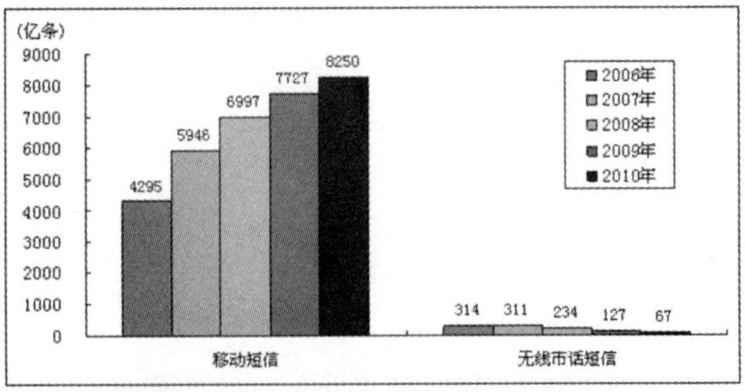

图14 2006–2010年短信业务发展情况

四、经济效益

2010年，全国电信主营业务收入累计完成8988亿

元，同比增长6.4%。其中，移动通信业务收入6282亿元，增长11.2%，占主营业务收入的比重上升到69.9%；固定通信业务收入2707亿元，下降3.3%。

电信主营业务收入中，非话音业务收入3801亿元，同比增长11.3%，占主营业务收入的比重上升到42.3%；话音业务收入5187亿元，同比增长3.1%。话音业务收入中，移动话音业务收入4265亿元，增长9.4%；固定话音业务收入922亿元，下降18.7%。

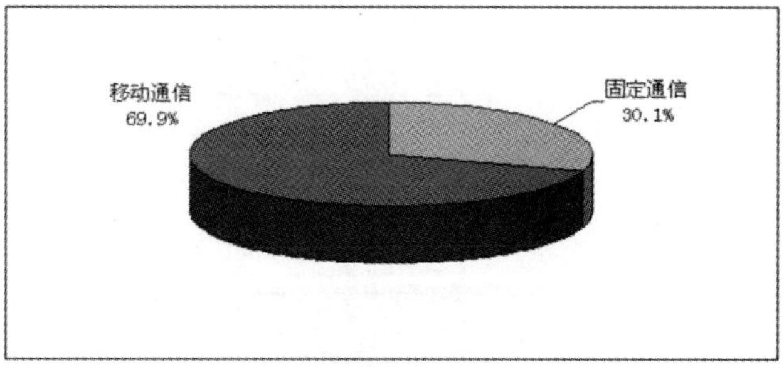

图15 2010年电信主营业务收入构成

2010年.完成电信固定资产投资3197亿元，同比下降14.2%。

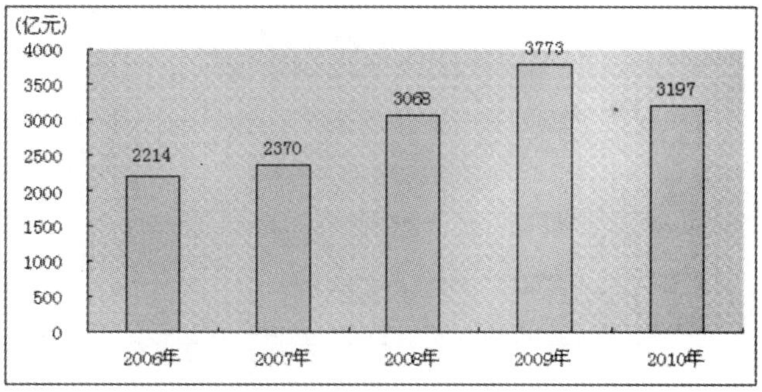

图16 2006–2010年电信固定资产投资

五、电信能力建设

2010年，全国光缆线路长度净增166万公里，达到995万公里。固定长途电话交换机容量减少41万路端，达到1644万路端；局用交换机容量(含接入网设备容量)减少2707万门，达到46559万门。移动电话交换机容量净增6433万户，达到150518万户。基础电信企业互联网宽带接入端口净增4924万个，达到18760万个。全国互联网国际出口带宽达到1098957Mbps，同比增长26.8%。

表2 2010年主要电信能力指标增长情况

指标名称	单位	2010年	比上年末净增
光缆线路长度	万公里	995	166
固定长途电话交换机容量	万路端	1644	−41
局用交换机容量	万门	46559	−2707
移动电话交换机容量	万户	150518	6433
互联网宽带接入端口	万个	18760	4924
互联网国际出口带宽	Mbps	1098957	232590

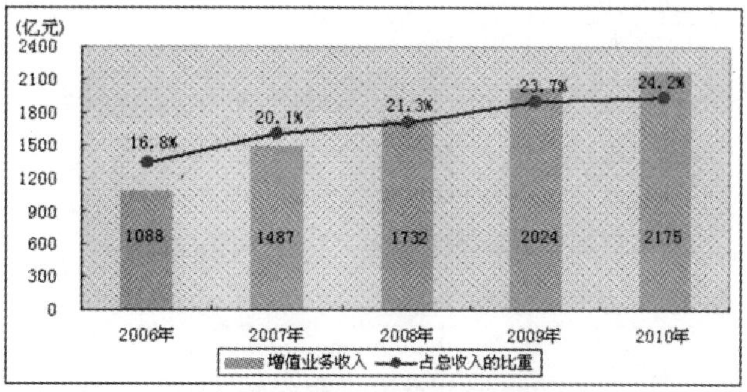

图17 2006–2010年基础电信企业的增值业务收入

六、增值电信业务

2010年，基础电信企业实现增值电信业务收入2175亿元，同比增长15.7%，占主营业务收入的比重上升到24.2%。其中，移动增值业务收入1947亿元，增长19.0%；固定增值业务收入227亿元，下降7.0%。

七、村通工程与农村信息化建设

2010年，我国电信业从建设基础设施、推广信息服务两方面大力发展农村信息通信，消除城乡数字鸿沟，以信息化手段促进农村经济社会发展。

“村村通电话、乡乡能上网”的“十一五”农村通信发展规划目标全面实现。全国范围内100%的行政村通电话，100%的乡镇通互联网(其中98%的乡镇通宽带)，94%的20户以上自然村通电话，全国近一半乡镇建成乡镇信息服务站和县、乡、村三级信息服务体系。此外，已有19个省份实现所有自然村通电话，75%的行政村基本具备互联网接入能力。

“信息下乡”进展明显，建成“农信通”、“信息田园”、“金农通”等全国性农村综合信息服务平台，涉农互联网站接近2万个。建成乡镇信息服务站20229个、行政村信息服务点117281个，网上建成乡镇涉农信息库14137个、村信息栏目135478个。

表3 2010年电信业务总量、收入、投资分省情况

	电信业务总量		电信主营业务收入		电信固定资产投资	
	2010年(亿元)	比上年(±%)	2010年(亿元)	比上年(±%)	2010年(亿元)	比上年(±%)
全　国	30954.9	20.5	8988.3	6.4	3196.7	−14.2

北 京	1069.9	21.2	430.6	6.9	107.8	−21.6
天 津	428.4	18.2	132.6	6.7	49.4	−15.6
河 北	1386.8	20.4	378.5	7.3	123.3	−23.3
山 西	714.5	18.8	214.8	4.3	79.1	−23.7
内蒙古	662.4	22.4	167.8	14.5	80.8	−13.1
辽 宁	1122.7	23.5	359.1	4.1	113.7	−26.8
吉 林	631.2	23.3	151.6	6.8	66.2	−25.8
黑龙江	778	17.2	211.7	6	80.9	−23.1
上 海	969.1	15.5	448	7.3	120.8	−20.5
江 苏	2006.3	21	687.1	7.3	212.7	−7
浙 江	1922.9	18.4	616.7	5.6	183.9	−19
安 徽	804.4	20.7	264.5	10.6	106.3	−7.8
福 建	1157.5	20.6	349.2	7.9	113.4	−9.9
江 西	660.2	12.2	181.2	7	78.3	10.1
山 东	1926.2	20.1	538.4	6	154.3	−22
河 南	1430.2	16.6	382	9.1	131.8	−21.5
湖 北	972.4	21.9	301	6.9	106.1	−15.5
湖 南	1048.1	21.6	309.7	5.9	112.9	−13.1
广 东	4697.8	22.1	1258.3	3.9	356.3	−10.8
广 西	779.2	15.7	216.2	7.6	84.5	−12.8
海 南	228.2	23.6	67.6	14.1	32.1	−11.4
重 庆	566.8	22.1	160	8.3	67.1	−7.7
四 川	1411.1	25.6	391.5	9.1	149.1	−18.9
贵 州	567.6	19.9	147.3	7.5	56.3	−14.8
云 南	804.7	21.1	210.8	9.4	83.8	−6.1
西 藏	62.3	22.4	22	9.8	18.7	20.6
陕 西	863.4	20.2	233.2	11.5	88.3	−2.8
甘 肃	448.2	26.2	117.7	14.5	54.4	−18
青 海	119.9	37.1	32	6.8	19.5	−20.4
宁 夏	149.4	27.6	40.4	13.3	20.9	−5.4
新 疆	565.2	21.2	140.2	11.5	74.2	−7.3

表4．2010年电信用户分省情况

省（区、市）	固定电话用户		移动电话用户		互联网宽带接入用户	
	2010年(万户)	比上年(万户)	2010年(万户)	比上年(万户)	2010年(万户)	比上年(万户)
全 国	29438.3	−1934.9	85900.3	11178.9	12633.7	2235.9
北 京	885.6	−7.5	2129.8	304.3	498.4	46.4
天 津	366.8	−18.5	1089.8	97.3	173	13.6
河 北	1251.4	−92.6	4353.5	570.3	667	143.7
山 西	720.7	−38.1	2205.2	252.9	353.1	73.1
内蒙古	414.1	−27.5	2034	418	190.5	32
辽 宁	1428	−101.2	3341.8	459.7	595.6	92.7
吉 林	595.2	13.9	1805.4	231.1	285.1	56.9
黑龙江	813.5	−56.7	2072	206.1	326.1	48.6
上 海	935.9	0.4	2361.6	248.4	486.7	35.3
江 苏	2498.8	−163.6	5923.1	982.8	1048.4	93.7
浙 江	1985.5	−145.5	5047.3	591.1	869.5	50.2
安 徽	1231	−36.3	2798.7	644.1	341.9	82.4
福 建	1045.7	−199.1	3021.8	382.7	471.6	101.9
江 西	709.6	−39	1811.3	263.3	253.4	14.7
山 东	1992.3	−225.1	6190.4	855.9	966.9	207.6
河 南	1426.9	−33.7	4402	414.8	642.5	138.6
湖 北	1026.4	−61.9	3454.7	317.8	459.4	97.2
湖 南	1077	−90	3257	504.6	374.5	88.4
广 东	3169.1	−197.5	9624.6	701.4	1400	276

广 西	708.9	−78.7	2214.5	254.3	330.1	81.8
海 南	179.8	−3	594.3	97.9	67.6	18.4
重 庆	582.7	−45	1664.4	223.5	263.1	61.3
四 川	1419.1	−132.1	4156.4	689.6	526.4	128.2
贵 州	431.2	−19.9	1800.6	347.2	149.7	36.5
云 南	562.5	−20.6	2244.5	308.2	224.1	50
西 藏	43.9	−10.1	157.6	33.6	10.4	1.6
陕 西	781.9	−33.1	2518.2	180.9	308.3	85.8
甘 肃	411.9	−42	1390.1	195.4	112.2	25.5
青 海	103.2	−6.1	397.8	96.8	34.9	7
宁 夏	111.9	−2.6	437.3	54.5	43	9
新 疆	528	−22.5	1359.9	246.9	160.4	37.8

表5．2010年电信能力、电话普及率分省情况

省（区、市）	光缆	互联网宽带	局用交换机	移动电话	固定电话	移动电话
	线路长度(公里)	接入端口(万个)	容量(万门)	交换机容量(万户)	普及率(部/百人)	普及率(部/百人)
全 国	9951278	18759.5	46558.8	150517.5	22.1	64.4
北 京	123530	633.4	1412.9	4134	50.5	121.4
天 津	67098	230	534	1910	29.9	88.7
河 北	455763	920.8	1739.6	8080	17.8	61.9
山 西	493559	502.8	1009.3	4176.5	21	64.3
内蒙古	201308	260.5	711.5	3565.4	17.1	84
辽 宁	344936	793.4	1958.6	5425	33.1	77.4
吉 林	187688	362	837	3340	21.7	65.9
黑龙江	306330	498.4	1326.8	4493.1	21.3	54.2
上 海	153365	819.1	1338.6	3995	48.7	122.9
江 苏	814464	1806.3	4288.2	8795.1	32.3	76.7
浙 江	646457	1316.5	3061.4	8666.2	38.3	97.4
安 徽	402326	609.5	1528.8	6058.6	20.1	45.6
福 建	392803	747.1	1807.2	6282.2	28.8	83.3
江 西	364374	358.9	1125.4	3603	16	40.9
山 东	452552	1424	2737	10484.7	21	65.4
河 南	394814	869.5	1989.2	7948	15	46.4
湖 北	379836	588.4	1690.8	5862.7	17.9	60.4
湖 南	313591	468.2	1750.4	4719	16.8	50.8
广 东	761532	2184.8	5334.5	14766.9	32.9	99.9
广 西	322789	493.9	1380	3567.1	14.6	45.6
海 南	58536	111.3	290.7	1099.4	20.8	68.8
重 庆	258550	401.1	1150.3	2746.2	20.4	58.2
四 川	562131	767.8	2107.9	9624.1	17.3	50.8
贵 州	236684	226.2	885.3	2724.5	11.4	47.4
云 南	329785	325.9	1010.8	4364.3	12.3	49.1
西 藏	37504	17.8	128.1	199	15.1	54.4
陕 西	293513	484.9	1302.7	3724.1	20.7	66.8
甘 肃	224483	172.3	807.2	1940	15.6	52.8
青 海	71471	51.6	161.7	549	18.5	71.4
宁 夏	41471	56.6	223.4	823.4	17.9	70
新 疆	258040	256.6	927.3	2851	24.5	63

注：【1】对于本公报所披露的数据，2009年及以前的数据为年报最终核算数，2010年的数据为快报初步核算数。2010年的最终核算数及分省、分企业数据将在2011年年中出版的《中国通信统计年度报告(2010)》中公布。

【2】本公报电信综合指标是基础电信企业的合计数，未包括增值电信企业。增值电信企业年报数据将在2011年年中出版的《中国通信统计年度报告(2010)》中公布。

【3】网民数、互联网普及率、互联网国际出口带宽等数据取自中国互联网络信息中心(CNNIC)发布的《中国互联网络发展状况统计报告(2011年1月)》。

2010年全国工业和信息化产业进出口情况

2010年，全国进出口总额29728亿美元，同比增长34.7%。其中，出口15779亿美元，增长31.3%；进口13948亿美元，增长38.7%；贸易顺差1831亿美元，同比下降6.4%。

12月份当月进、出口额创历史新高。12月份，进出口总额2952亿美元，同比增长21.4%(比上月减缓14.8个百分点)，环比增长4%；其中出口1542亿美元，同比增长17.9%(比上月减缓17个百分点)，环比增长0.5%；进口1411亿美元，同比增长25.6%(比上月减缓12.1个百分点)，环比增长8%；贸易顺差131亿美元，比上月减少98亿美元。

钢铁出口量前高后低，取消出口退税率效果明显。2010年上半年钢材出口量稳步回升，6月份出口达到562万吨，之后受出口政策调整影响，出口明显下降，8月份跌至280万吨，9—12月份出口量保持在280—300万吨低位。2010年，出口钢材4256万吨，同比增长73%，其中1—7月同比增长1.52倍，8—12月出口增速回落至7.4%；进口钢材1643万吨，下降6.8%，进口钢坯64万吨，下降86.1%。全年钢材、钢坯折合粗钢净出口2730万吨(2009年为净出口286万吨)。

主要大宗原材料进口量涨跌互现，进口价格大幅上涨。2010年，进口原油2.39亿吨，同比增长17.5%，进口平均价格为565美元/吨，同比上涨28.9%；进口铁矿砂6.2亿吨，同比下降1.4%，进口平均价格为128美元/吨，上涨60.6%，由于进口铁矿砂涨价，我国钢铁行业为此多支出近300亿美元；进口天然橡胶186万吨，同比增长8.8%，进口平均价格为3047美元/吨，上涨85.2%。

铜进口量先升后震荡保持高位，铝进口量保持低位。2010年，进口未锻造铜及铜材429万吨，进口量与去年同期持平，进口额为327亿美元，同比增长44.4%，进口平均价格为7626美元/吨，上涨44.4%；进口未锻造铝及铝材95.5万吨，同比下降58.8%，进口额为39.3亿美元，同比下降26.5%，进口平均价格为4109美元/吨，上涨78.4%；进口氧化铝431万吨，同比下降16.1%，进口额为15亿美元，增长14.9%，进口平均价格为348美元/吨，上涨37.1%。

轻纺产品出口增势良好，出口额超2008年水平。2010年，主要轻纺产品出口同比增速均在20%以上。纺织品、服装、鞋类出口额分别为771亿美元、1295亿美元和356亿美元(2008年同期分别为654亿美元、1198亿美元和297亿美元)，同比分别增长28.4%、20.9%和27.1%；箱包出口额为180亿美元(2008年同期为139亿美元)，增长40.8%；塑料制品、灯具、玩具、家具分别增长29.5%、33.7%、29.4%和30.3%。

机电产品、高新技术产品出口形势较好。2010年，机电产品、高新技术产品出口额分别为9334亿美元和4924亿美元，同比分别增长30.9%和30.7%，分别占全年出口总值的59.2%和31.2%；手机、彩电、计算机出口额分别增长23.2%、38.1%和34%。

与东盟等新兴市场双边贸易快速增长。2010年，中欧双边贸易总值4797亿美元，增长31.8%；中美双边贸易总值为3853亿美元，增长29.2%；中日双边贸易总值为2978亿美元，增长30.2%。与东盟、印度、澳大利亚、巴西、俄罗斯等新兴市场双边贸易快速增长，进出口额分别增长37.5%、42.4%、46.5%、47.5%和43.1%。

注：文中数据来源于海关总署或据此测算。

2010年有色金属行业运行情况

2010年，有色金属行业认真贯彻落实党中央、国务院的各项方针政策，积极实施《有色金属产业调整和振兴规划》，回升向好的基础逐步巩固，实现了平稳较快增长。

一、生产平稳较快增长

2010年，十种有色金属产量3135万吨，同比增长20.4%。其中，精炼铜457.4万吨，同比增长11.3%；原铝1619.5万吨，同比增长26.1%；铅419.9吨，同比增长13.3%；锌516.4万吨，同比增长18.5%；镍17.1万吨，同比增长4.0%；锡14.9万吨，同比增长11.1%；锑18.7万吨，同比增长13.1%。

二、主要品种价格振荡上涨

2010年国内市场，铜现货平均价为59066元/吨，同比上涨40.5%；铝现货平均价为15763元/吨，同比上涨13.5%；铅现货平均价为16100元/吨，同比上涨9.1%；锌现货平均价为17387元/吨，同比上涨19.9%。其中，铜价超过金融危机前的最高点。

三、企业效益大幅提高

2010年1－11月，规模以上有色金属工业企业(不包括独立黄金企业，下同)实现主营业务收入27122.4亿元，同比增长45.1%；实现利润1145.5亿元，同比增长89.1%。

四、投资持续增长

2010年，有色金属工业累计完成固定资产投资3627.9亿元，同比增长33.5%。其中，铝冶炼（包括电解铝和氧化铝）投资460.0亿元,同比增长24.7%；铜冶炼投资228.2亿元，同比增长20.0%；铅锌冶炼投资233.4亿元，同比增长34.9%。新开工项目投资总额为3684.5亿元,同比增长28.8%。

五、单位能耗下降

2010年，铝锭综合交流电耗为13979千瓦时/吨，同比下降192千瓦时/吨；氧化铝综合能耗为632.4千克标煤/吨，同比下降3.7%；铜冶炼综合能耗为360.3千克标煤/吨，同比下降3.7%；铅冶炼综合能耗降到453.5千克标煤/吨，同比下降4.4%；电锌综合能耗为946.6千克标煤/吨，同比下降1.1%。

六、科技进步成果显著

有色金属行业12个产业技术创新战略联盟正式成立并取得阶段性效果。电解槽新型阴极技术使原铝直流单耗下降了约900～1000千瓦时，目前已在部分铝厂推广应用；方圆氧气底吹熔炼多金属捕集技术、氧气底吹铅冶炼技术等一批铜镍铅锌冶炼技术取得重大创新成果。

七、境外资源开发顺利推进

中铝公司与力拓集团联合开发几内亚西芒杜铁矿；中国有色集团成功收购了赞比亚、澳大利亚、英国的三家矿业公司；中铁建铜冠投资有限公司收购了加拿大科里安特资源公司；华东有色地勘局收购了澳大利亚全球金属与矿业公司51%的股份，与巴西木星铁矿签订意向协议。

八、进出口贸易总额创历史新高

2010年，我国有色金属进出口贸易总额达到1203.4亿美元，同比增长43.7%。其中： 进口额920.8亿美元，同比增长38.5%；出口额282.6亿美元，同比增长63.7%。2010年进出口贸易逆差额为638.2亿美元，同比增长29.7%。

2010年有色金属行业发展态势良好，但也存在一些突出矛盾和问题：一是结构性矛盾突出，电解铝等行业冶炼产能严重过剩，内部竞争激烈，企业经济效益下降。二是资源、能源对行业发展的制约因素加大，矿产资源对外依存度继续上升。三是贸易摩擦加剧，深加工产品出口难度加大。四是自主创新能力不足，高端装备制造所需结构材料、关键信息技术支撑材料以及部分先进装备仍主要依赖进口。

2011年有色金属行业管理工作的重点：一是做好有色金属工业“十二五”规划的编制工作，加快有色金属工业转型升级。二是加快淘汰落后产能，控制冶炼产能过快增长。三是积极推进科技创新，利用技术改造专项资金重点支持开发高精深加工产品和新材料产业发展。四是制定和完善有色金属行业准入条件，加强行业准入工作，及时公告符合准入条件的企业名单。五是加大兼并重组的协调力度，推进大型骨干企业实施跨地区兼并重组，提高产业集中度。六是积极推动矿产资源开采、产品加工企业“走出去”。

2010年石油和化学工业经济运行情况

2010年，石油和化工行业在宏观经济向好趋势的带动下，经济规模明显扩大，经济结构不断优化，运行质量进一步提高，行业综合实力显著增强。

重点产品保障能力大幅提高。2010年，全国原油产量达2.03亿吨，同比增长6.9%，创近年最大增幅。新增炼油能力约3000万吨，一次原油加工总能力达5.12亿吨，成品油（汽、煤、柴油合计）产量2.53亿吨，同比增长10%。全年乙烯产量1419万吨，同比增长31.7%，合成树脂产量4361万吨，增长18.3%，化肥产量6620万吨，同比增长2.5%。钾肥实现两位数增长，达12.7%，自给率超过50%。

发展基础更加稳固。截至2010年末，全行业规模以上企业3.67万家，实现工业总产值8.88万亿元，同比增长34.1%，占全国规模工业总产值的12.7%。化工行业产值达5.23万亿元，按目前汇率计算已突破7700亿美元，经济总量居全球首位。预计全行业实现利润总额超6800亿元，同比增长约50%，约占全国的16.3%；全行业上缴税金6205.9亿元，同比增长35.9%；资产总计6.75万亿元，增长18.1%。

经济结构不断优化。2010年我国石油和化工行业基本形成了“珠三角”、“长三角”和“环渤海”地区三大经济重心，东部向中西部地区产业转移加快，其中广西和江西的产值增速分别达73.4%和45.9%。继2009年专用化学品产值比重首度超过基础化工原料后，2010年专用化学品产值比重继续扩大，达25.5%，超基础化工原料0.9个百分点。

关键技术有所突破。2010年全氟离子膜、甲醇制烯烃、多喷嘴对置式水煤浆气化以及航天粉煤加压气化技术等一批关键技术及成套设备取得突破，相继建成工业化示范装置并试运行。

固定资产投资增势放缓。2010年，全行业完成固定投资1.15万亿元，增幅为13.8%，比2009年扩大0.9个百分点，远低于同期全国城镇固定资产投资增幅（23.8%）。化工领域投资占全行业比重较上年提高1个百分点，达62.7%。

价格增长较快，产销顺畅。2010年，在能源等资源性产品价格强劲上升推动下，石油和化工行业价格总水平涨幅达16.1%，其中油气开采行业涨幅最大，达37.8%，炼油行业为18.3%，化工行业为7.4%；进入第四季度后，受输入性通胀及成本上升影响，涨势更加明显。全行业产销衔接总体较为顺畅，产品销售率为98.3%，与上年基本持平。

贸易大幅增长，原油占比攀升。2010年，全行业进出口总额达4587.8亿美元，同比增长40.3%，占全国进出口总额的15.4%。其中，进口总额3244.6亿美元，同比增长42.3%，出口总额1343.2亿美元，同比增长35.7%。进口贸易额中，原油占比持续攀升。全年进口原油2.4亿吨，同比增长17.4%，再刷历史纪录，进口金额1349.4亿美元，占石油和化工行业进口总额的41.6%。全年化工行业贸易逆差433.8亿美元。

“走出去”成效显著。2010年，海外油气作业产量达8673万吨，较2009年增长13.9%。权益油产量突破6000万吨，同比增长约15%。2010年，中石油、中石化、中海油三大石油公司海外并购金额合计超过300亿美元，占同期全球上游并购的20%。

部分大宗原材料价格快速上涨。天然橡胶（SCR5）11月价格34500元/吨，比年初上涨11400元/吨，同比涨幅72.5%，12月有所回落，为31800元/吨；合成纤维单体己内酰胺价格12月价格23000元/吨，比年初上涨4800元/吨，同比涨幅27.6%；硫磺11月份价格同比涨幅147%。

2010年钢铁行业运行情况及2011年展望

2010年，我国经济处于由回升向好向稳定发展转变的关键时期，钢铁工业保持了上年以来的回升态势，产量保持增长、出口增幅较大，企业效益好转。但自下半年以来，由于国内外经济复苏和增长的不确定、不稳定性，行业运行水平逐步回落，钢铁工业全年运行呈前高后低态势。

一、我国钢铁工业运行情况

（一）粗钢产量快速增长势头放缓，结构发生积极变化

2010年全国产粗钢62665万吨，比上年增加5300万吨，增长9.3%，产能利用率82%。从全年钢铁运行走势看，前5个月粗钢月度增幅均在两位数以上，6月后增速明显放缓，产+量连续4个月环比下降，8、9、10 三个月产量同比出现负增长。全年粗钢平均日产水平171.7万吨，4月达到年内最高的184.7万吨，相当年产粗钢6.7亿吨，9月降至最低点159.8万吨，相当年产粗钢5.8亿吨，比最高的4月下降了近14%，呈明显回落态势。2010年粗钢表观消费59935万吨，比去年同期增长6.1%。

分企业看，重点大中型钢铁企业占全国粗钢产量比重86.2%，比上年提高4.2个百分点。年产钢1000万吨的企业集团达到13家。

从钢材品种看，主要用于制造业的板带材产量同比增长18.9%，高出以建筑用途为主的长材增幅8个百分点，代表工业化进程的板带材产品比重明显增加。

（二）钢材价格震荡幅度缩小，总体处于较低水平

综合看全年钢材价格，总体处于较低水平，价格走势显示出震荡频繁，振幅收窄的态势。国内钢材价格随着宏观经济形势以及钢材的供求变化历经几次小幅震荡，年内钢材价格综合指数最低108.7点，年末攀升至全年最高的128.3点，全年钢材价格指数上涨了21.1点，但仍比2008年金融危机前的高价位低20%左右。其中长材（包括线材、螺纹、圆钢、型钢）比年初上涨了23.1%，板材（包括热轧板卷、冷轧板卷、镀锌板、中厚板）上涨了13.8%。2010年，钢材价格虽经几次上下波动，但最高与最低的综合价格指数仅相差19.6点，是近几年震荡幅度最小的一年，总体看，属市场的正常波动。

（三）钢材出口增幅较大，但势头得到抑制

金融危机后我国钢材出口大幅萎缩，2009年出口比上年下降了近6成。2010年钢材出口有较大恢复，全年出口钢材4256万吨，同比增长73.1%。6月份出口钢材达到年内最高的562万吨，之后，受国际市场钢材价格由升转降、需求放缓和出口调控政策的影响，我国钢材出口逐月回落，8月后，月度出口量维持在300万吨左右的水平，钢材出口累计增长幅度也由最高152%逐步收窄到年末的73.1%。同期，我国进口钢材1643万吨，同比下降6.9%。进出口相抵，全年净出口钢材2613万吨，比上年增长2.76倍，但比2008年下降40%左右。同时，受进口矿价格涨幅过高和国内矿增幅较大影响，全年进口铁矿石6.2亿吨，同比下降1.4%，铁矿石对外依存度也由上年的69%下降到63%左右。

（四）节能减排取得进展，单位耗能和排放量继续下降

2010年，钢铁行业通过技术改造，淘汰落后，在节能减排方面取得了新进展。三季度末，钢铁行业单位增加值能耗由一季度上升0.67%转为下降4.88%。重点大中型企业吨钢综合能耗604.6千克标煤，同比下降2.21%，二氧化硫排放66.7万吨，下降8.79%，COD排放3万吨，下降11.43%。

（五）淘汰落后稳步推进，兼并重组有序进行

2010年是完成 “十一五”淘汰落后产能的关键一年，国家加大了淘汰落后产能工作力度，各地统一思想，狠抓贯彻落实。年初国家下达了淘汰落后产能目标任务，各地积极落实到企业，并向社会进行了公告。钢铁行业全年淘汰落后炼铁能力3524万吨、炼钢能力876万吨，“十一五”累计完成淘汰落后炼铁、炼钢产能预定

目标的117%和126%。

企业兼并重组也取得了新进展，鞍钢与攀钢实现联合重组，本钢兼并了北台钢铁，首钢兼并了通钢，天津四家钢铁企业联合成立了天津渤海钢铁有限公司，河北钢铁集团对省内12家民营钢铁企业进行重组等。通过联合重组，产业集中度有较大提高，粗钢产量排名前十位的钢铁企业产量占全国比重48.6%，比2009年提高了5.1个百分点。

二、2010年钢铁行业运行存在的主要问题

（一）行业运行成本大幅度增加

2010年随着全球市场的逐步复苏，主要粗钢生产国产量的强劲恢复，对原料的需求大幅度增长，致使国际大宗原料市场价格一路走高，也带动国内原料价格的快速上涨。我国进口铁矿石价格从1月平均90 美元/吨攀升至年末的145美元/吨，上涨61%，全年进口铁矿石平均价格128美元/吨，比上年上涨了40美元/吨，为此，钢铁企业全年进口铁矿石成本上涨了大约1960亿元人民币。同期，国内大于40mm冶金焦价格上涨了12.8%，废钢价格上涨了20%。由此，2010年重点大中型钢铁企业生产成本上升了30.7%。生产成本的大幅度上涨，严重侵蚀了钢铁企业利润。

（二）企业盈利水平不断下降

由于近几年大宗原料价格大幅度上涨，而钢材价格的上涨要低于原料价格的上涨，导致钢铁行业盈利水平不断下降。从重点大中型企业利润情况看，2007年以来销售收入利润率逐年下降，2007至2009年分别为7.26%，3.23%，2.46%。2010年小幅回升至2.91%，仍远低于全国工业企业6.2%的平均水平。特别是2010年5月以来，受矿石等原燃料价格上涨，钢材市场供大于求，钢材价格持续低位震荡等因素的影响，企业盈利水平逐月下降。2010年大中型钢铁企业实现利润897亿元，其中实现利润前20名企业的利润约占83%左右，宝钢一家利润约占26%左右，而大多属企业处于微利或亏损状态，行业盈利水平总体不容乐观。

（三）利用国际市场消化产能的空间缩小

金融危机前，我国粗钢净出口一度高达全年产量的11.2%，对我国钢铁行业出现的过剩产能起到了一定的缓解作用。2009年这一比例降到0.5%，2010年恢复到4.4%。但我国国情决定钢铁产品以满足内需为主，国家不鼓励大幅度出口，2010年调整了钢铁产品出口政策，以及国际贸易保护主义蔓延，使我国钢铁产品出口的难度增加，空间缩小，钢铁产能基本上要由国内市场消化。出口减少无疑体现了国家利益，但对钢铁行业来说则加重了国内市场压力。

三、2011年我国钢铁工业面临的形势

中央经济工作会议指出，2011年世界经济有望继续恢复增长，但不稳定不确定因素仍然较多，做好2011年经济工作，有许多有利条件，也存在一些突出矛盾和问题。钢铁工业作为重要基础产业，在今后相当长时间内，依然要为我国工业化、城镇化的发展做出贡献。展望2011年，世界经济复苏仍缓慢，将在稳定中寻求经济增长；国内经济仍将保持一定增速，刚性需求依然强盛。主要用钢行业如建筑、机械、交通、家电、造船等下游制造产业仍呈发展态势，为钢铁工业发展提供了市场空间；联合重组、淘汰落后、节能减排、行业规范等政策措施的推进和实施，为钢铁行业和钢铁市场的平稳运行创造有利条件。同时，国内经济结构调整压力加大，钢材消费强度下降；国际市场竞争激烈，钢材出口形势不容乐观，更由于大宗原燃料仍呈上涨趋势，钢铁生产成本将继续加大，在新的一年中，钢铁行业生产经营将面临更加严峻的局面。

（一）钢铁生产和消费保持增长态势，但增速放缓

2011年，预计粗钢表观消费量为6.3亿吨，同比增长5%左右；粗钢产量为6.6亿吨左右，同比增长5%左右。在钢铁产品以满足国内市场需求的政策导向下，2011年我国粗钢净出口量预计与2010年持平。

（二）原燃料价格高位运行，钢铁行业效益不会明显改观

2011年，铁矿石价格仍将高位运行，我国进口铁矿石大致维持在6亿吨左右。国内钢材市场价格总体水平预计在成本的支撑下比上年有所提高。在原燃料价格高位运行与钢材价格持续波动的双重作用下，钢铁行业销售利润率仍将低于工业领域的平均水平。

2011年是“十二五”开局之年，我国钢铁工业高速发展阶段已近尾声，转方式、调结构是钢铁工业下步发展的必由之路。目前，钢铁企业的生产经营难度加大，但也正是钢铁行业加快节能减排，加快结构调整的好时期，全行业要在节能减排、结构调整上苦练内功，利用市场倒逼机制加快结构调整、转变发展方式，促进钢铁

工业健康发展。

四、2010年有色金属行业运行情况

2010年，有色金属行业认真贯彻落实党中央、国务院的各项方针政策，积极实施《有色金属产业调整和振兴规划》，回升向好的基础逐步巩固，实现了平稳较快增长。

（一）生产平稳较快增长。

2010年，十种有色金属产量3135万吨，同比增长20.4%。其中，精炼铜457.4万吨，同比增长11.3%；原铝1619.5万吨，同比增长26.1%；铅419.9吨，同比增长13.3%；锌516.4万吨，同比增长18.5%；镍17.1万吨，同比增长4.0%；锡14.9万吨，同比增长11.1%；锑18.7万吨，同比增长13.1%。

（二）主要品种价格振荡上涨。

2010年国内市场，铜现货平均价为59066元/吨，同比上涨40.5%；铝现货平均价为15763元/吨，同比上涨13.5%；铅现货平均价为16100元/吨，同比上涨9.1%；锌现货平均价为17387元/吨，同比上涨19.9%。其中，铜价超过金融危机前的最高点。

（三）企业效益大幅提高。

2010年1−11月，规模以上有色金属工业企业(不包括独立黄金企业，下同)实现主营业务收入27122.4亿元，同比增长45.1%；实现利润1145.5亿元，同比增长89.1%。

（四）投资持续增长。

2010年，有色金属工业累计完成固定资产投资3627.9亿元，同比增长33.5%。其中，铝冶炼（包括电解铝和氧化铝）投资460.0亿元,同比增长24.7%；铜冶炼投资228.2亿元，同比增长20.0%；铅锌冶炼投资233.4亿元，同比增长34.9%。新开工项目投资总额为3684.5亿元,同比增长28.8%。

（五）单位能耗下降。

2010年，铝锭综合交流电耗为13979千瓦时/吨，同比下降192千瓦时/吨；氧化铝综合能耗为632.4千克标煤/吨，同比下降3.7%；铜冶炼综合能耗为360.3千克标煤/吨，同比下降3.7%；铅冶炼综合能耗降到453.5千克标煤/吨，同比下降4.4%；电锌综合能耗为946.6千克标煤/吨，同比下降1.1%。

（六）科技进步成果显著。

有色金属行业12个产业技术创新战略联盟正式成立并取得阶段性效果。电解槽新型阴极技术使原铝直流单耗下降了约900～1000千瓦时，目前已在部分铝厂推广应用；方圆氧气底吹熔炼多金属捕集技术、氧气底吹铅冶炼技术等一批铜镍铅锌冶炼技术取得重大创新成果。

（七）境外资源开发顺利推进。

中铝公司与力拓集团联合开发几内亚西芒杜铁矿；中国有色集团成功收购了赞比亚、澳大利亚、英国的三家矿业公司；中铁建铜冠投资有限公司收购了加拿大科里安特资源公司；华东有色地勘局收购了澳大利亚全球金属与矿业公司51%的股份，与巴西木星铁矿签订意向协议。

（八）进出口贸易总额创历史新高。

2010年，我国有色金属进出口贸易总额达到1203.4亿美元，同比增长43.7%。其中： 进口额920.8亿美元，同比增长38.5%；出口额282.6亿美元，同比增长63.7%。2010年进出口贸易逆差额为638.2亿美元，同比增长29.7%。

2010年有色金属行业发展态势良好，但也存在一些突出矛盾和问题：一是结构性矛盾突出，电解铝等行业冶炼产能严重过剩，内部竞争激烈，企业经济效益下降。二是资源、能源对行业发展的制约因素加大，矿产资源对外依存度继续上升。三是贸易摩擦加剧，深加工产品出口难度加大。四是自主创新能力不足，高端装备制造所需结构材料、关键信息技术支撑材料以及部分先进装备仍主要依赖进口。

2011年有色金属行业管理工作的重点：一是做好有色金属工业"十二五"规划的编制工作，加快有色金属工业转型升级。二是加快淘汰落后产能，控制冶炼产能过快增长。三是积极推进科技创新，利用技术改造专项资金重点支持开发高精深加工产品和新材料产业发展。四是制定和完善有色金属行业准入条件，加强行业准入工作，及时公告符合准入条件的企业名单。五是加大兼并重组的协调力度，推进大型骨干企业实施跨地区兼并重组，提高产业集中度。六是积极推动矿产资源开采、产品加工企业"走出去"。

2010年建材工业生产及主要产品产量较快增长

2010年，在宏观经济向好趋势的带动下，建材工业生产及主要产品产量较快增长，出口额超过金融危机爆发前水平，销售收入增幅较大，经济效益稳步增长。

主要产品产量平稳增长。生产水泥18.7亿吨，同比增长15.5%，生产水泥熟料11.5亿吨，同比增长10.4%，其中，生产新型干法水泥熟料8.2亿吨，同比增长14.3%；江苏、山东、四川、河北、广东、河南和浙江省水泥产量超过1亿吨；生产平板玻璃产量6.3亿重量箱，同比增长10.9%；陶瓷砖、卫生陶瓷、商品混凝土、砖、瓦、玻璃纤维纱等产品增速都达到两位数；水泥和平板玻璃产能利用率分别为72%和75%。

经济效益增长较快。2010年，建材工业销售产值（现价）为3.6万亿元，同比增长33.37%，其中，水泥制造业7475万元，同比增长25.9%；玻璃及制品业为4972.73亿元，同比增长35.91%。预计建材工业完成销售收入3.2万亿元，同比增长34.4%；实现利润总额将超过2100亿元，同比增长28.6%。规模以上建材工业增加值增长速度按可比价格计算为20%。

固定资产投资趋稳。建材工业固定资产投资完成额同比增长速度已经从年初的40%回落到年末的23%，历经三年的高速扩张，建材工业的投资规模已经趋向高水平上的稳定。

节能降耗、淘汰落后成效显著。建材工业万元工业增加值综合能耗降到3.3吨标准煤。近700条新型干法水泥生产线建设了余热发电系统，有10家玻璃企业生产线余热发电系统投入运营。2010年淘汰水泥落后产能1.07亿吨，淘汰玻璃落后产能994万重量箱。玻璃纤维增强塑料、建筑用石、云母和石棉制品、隔热隔音材料、防水材料、土砂石开采、技术玻璃、水泥制品等行业万元工业增加值综合能耗低于国内生产总值综合能耗。

结构调整取得新的进展。行业结构优化，低能耗高附加值产业快速发展，建材工业中低能耗行业增加值比重将达到42%；水泥平板玻璃生产工艺结构优化，新型干法水泥产量比重达到80%，浮法玻璃工艺比例提高到86%；企业组织结构优化，前60家水泥企业熟料产量已经占总产量的半数以上，前20家水泥企业年熟料生产能力达到45%，大型企业集团平板玻璃产量占全国总量73%，大中型技术玻璃企业生产量占技术玻璃生产总量72%。

2010年汽车工业经济运行报告

2010年，在国家扩内需、调结构、促转变等一系列政策措施的积极作用下，我国汽车工业延续2009年发展态势，保持平稳较快发展。汽车产销快速增长，自主品牌市场份额提升，汽车出口逐步恢复，大企业集团产销规模整体提升，市场需求结构进一步优化，汽车工业产业结构调整加快。

一、汽车产销量双超1800万辆，产销量世界第一

2010年，我国汽车市场呈现高开稳走态势，产销量月月超过100万辆，平均每月产销突破150万辆，全年累计产销超过1800万辆，刷新全球历史纪录。

据中国汽车工业协会统计，我国全年累计生产汽车1826.47万辆，同比增长32.4%，销售汽车1806.19万辆，

同比增长32.4%，产销同比增长率较2009年分别下降了15.9和13.8个百分点。其中，乘用车产销1389.70万辆和1375.78万辆，同比增长33.8%和33.2%，产销同比增长率较2009年下降了20个百分点；商用车产销436.76万辆和430.41万辆，同比增长28.2%和29.9%，销量同比增长较2009年提高1.5个百分点。（见附图14）

2010年12月，汽车产销分别完成186.48万辆和166.67万辆，同比增长22%和18%。2010年1～4季度，我国汽车销量同比增长分别为72.5%、29.0%、16.0%和23.2%。

二、1.6升及以下排量乘用车市场稳定发展

2010年上半年，受车辆购置税减征政策力度减弱影响，1.6升及以下排量乘用车市场占有率逐月回落，7月其乘用车市场占有率为65%，较2009年下降5个百分点。2010年下半年，在节能汽车推广政策的作用下，小排量乘用车市场占有率逐步回升。2010年，1.6升及以下排量乘用车全年共销售945.92万辆，同比增长31.8%；占乘用车销售市场的68.8%，较2009年下降1个百分点；占汽车销售市场的52.4%，与2009年相比基本持平（见附图5）。

三、自主品牌汽车保持良好发展态势，市场份额继续提高

2010年，自主品牌乘用车销售627.3万辆，占乘用车销售市场的45.6%，市场份额同比提高1.5个百分点。轿车销售949.43万辆，其中自主品牌轿车销售293.3万辆，占轿车市场的30.9%，市场份额同比提高1个百分点，较排名第二的日系车高出8个百分点（见附图6）。

四、汽车下乡使千万户农民得实惠，改善农民生产生活条件

2010年，全国共有270家汽车摩托车生产企业与财政部、工业和信息化部签订汽车摩托车下乡协议。汽车10000多个车型、摩托车11000多个车型参加汽车摩托车下乡活动。

据财政部统计，截至2010年12月底，汽车下乡政策实施22个月，全国已补贴下乡汽车摩托车1791.47万辆，兑付补贴资金265.67亿元；其中，汽车补贴499.69万辆，摩托车补贴1291.78万辆。2010年，全国补贴下乡汽车摩托车1208.47万辆，兑付补贴资金178.87亿元；其中，汽车补贴332.69万辆，摩托车补贴875.78万辆。

五、节能汽车全面推广，汽车产品升级换代提速

2010年，我国汽车产品燃料消耗量公示制度全面建立。工业和信息化部“轻型汽车燃料消耗量通告”系统发布了12批“轻型汽车燃料消耗量通告”，累计发布152家企业、11124条轻型汽车燃料消耗量数据，在中国境内市场上销售的所有轻型汽车(包括进口轻型汽车)燃料消耗量情况都可通过“轻型汽车燃料消耗量通告”查阅。

2010年6月，“节能产品惠民工程”节能汽车推广政策实施。截至2010年年底，国家发展改革委、工业和信息化部、财政部发布四批节能汽车推广目录，共37家企业272个车型纳入节能汽车推广目录。2010年下半年，纳入节能汽车推广目录车型共生产168.07万辆，占同期乘用车整体产量的24%，占有率较2009年提高17个百分点。

六、节能与新能源汽车示范推广全面推进，技术法规进一步完善

2010年，公共服务领域节能与新能源汽车示范推广城市从2009年的13个城市扩大到25个城市，6个城市启动私人购买新能源汽车补贴试点工作。截至2010年年底，共有54家汽车生产企业的190个车型列入《节能与新能源汽车示范推广应用工程推荐车型目录》，2010年，以上车型年产量为7181辆车。

《电动汽车传导充电用连接装置》、《电动汽车动力蓄电池结构型式及尺寸》等一批重要标准通过审查或发布，对电动汽车应用及充电基础设施建设具有重要促进作用，进一步建立健全新能源汽车技术标准体系。

七、企业经济效益持续向好，技术改造和技术研发投入能力提高

2010年1～11月，全国汽车行业规模以上企业累计实现主营业务收入3.9万亿元，同比增长38.8%；累计实现利润总额3314亿元，同比增长66.8%；累计实现利税总额5119亿元，同比增长54.8%。

2010年1～11月，17家重点企业（集团）累计完成工业增加值3987.45亿元，同比增长45.4%；累计实现主营业务收入1.9万亿元，同比增长41.5%；累计实现利润总额1884.23亿元，同比增长77.2%，增幅同比提高13.4个百分点；累计实现利税总额3073.66亿元，同比增长58%，增幅同比提高5个百分点（见附图7）。

八、大企业集团产销规模整体提升，产业集中度进一步提高

2010年，4家汽车生产企业（集团）产销规模超过200万，其中上汽集团汽车销量突破300万辆，达到

355.84万辆，东风、一汽和长安分别达到272.48万辆 、255.82万辆、237.88万辆。上述4家企业（集团）2010年共销售汽车1122.02万辆，占汽车销售总量的62.1%，汽车产业集中度同比略有上升（见附图8）。

我国汽车销量前十名的企业集团共销售汽车1559.61万辆，占汽车销售总量的86.3%。

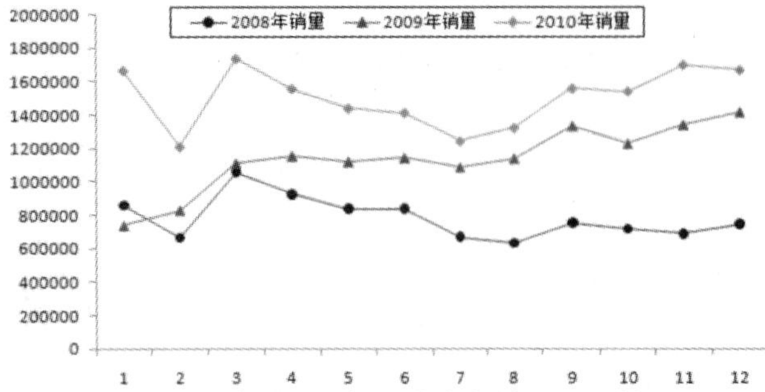

图1 2008年–2010年月度汽车销量变化情况

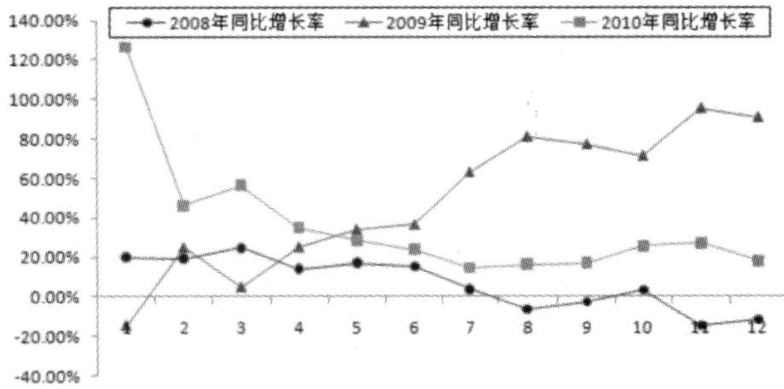

图2 2008–2010年月度汽车销量同比变化情况

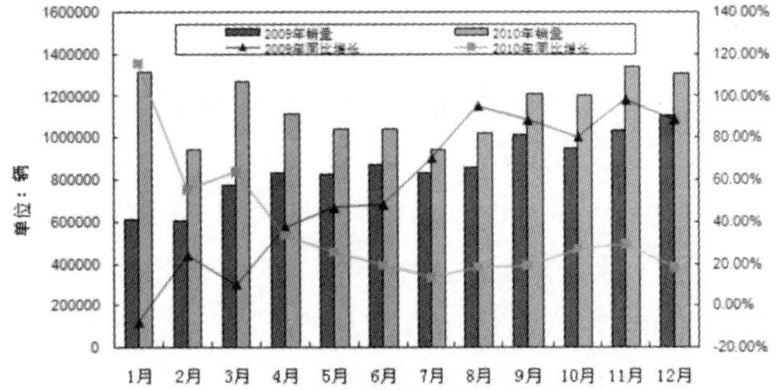

图3 2009–2010年月度乘用车销量及同比变化情况

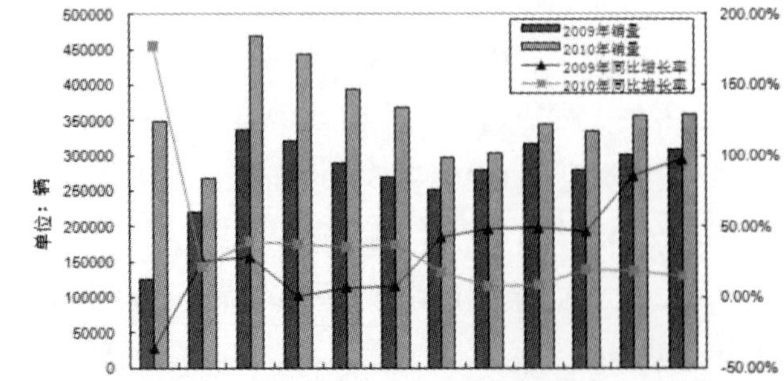

图4 2009–2010商用车月度销量及同比变化情况

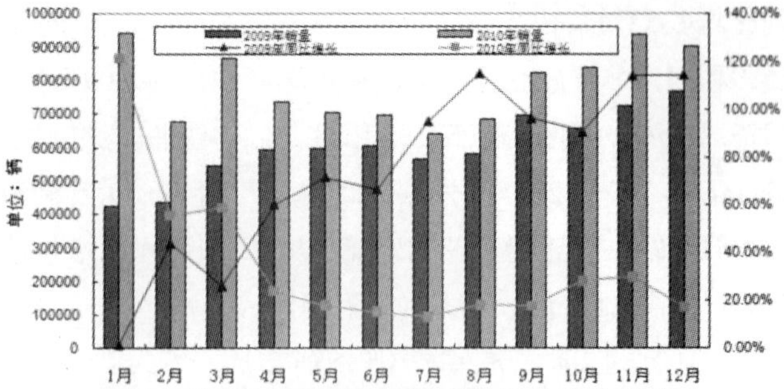

图5 1.6L及以下乘用车销量及同比变化情况

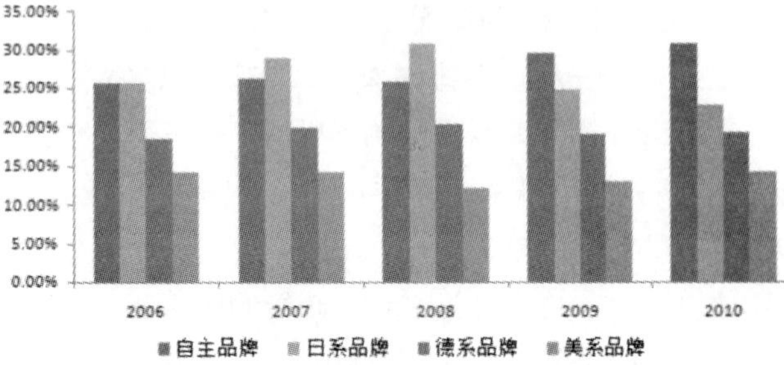

图6 2006–2010年国内轿车市场份额变化比较

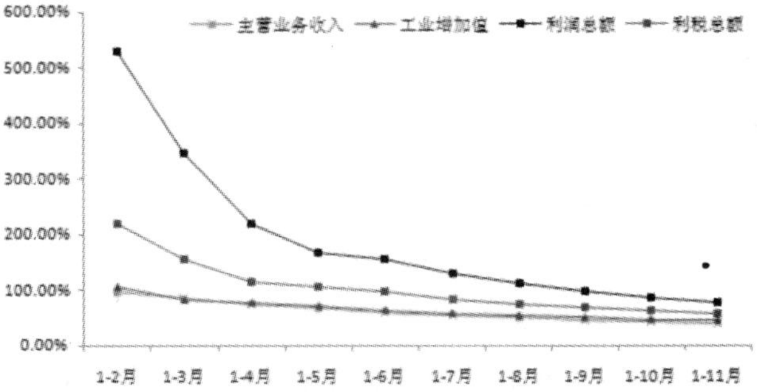

图7 2010年汽车工业重点企业经济指标同比变化情况

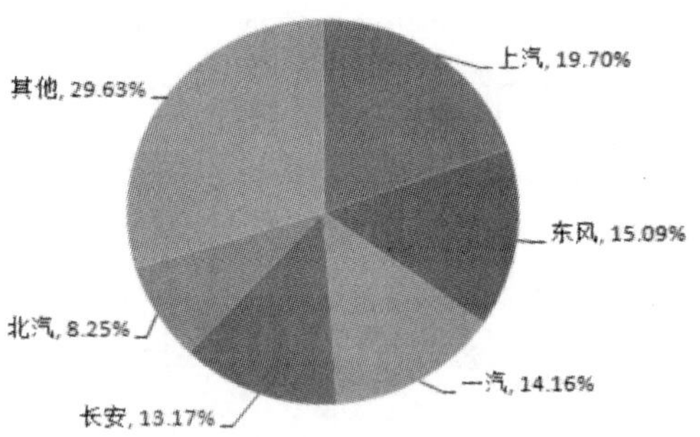

图8 2010年国内汽车销售市场占有率

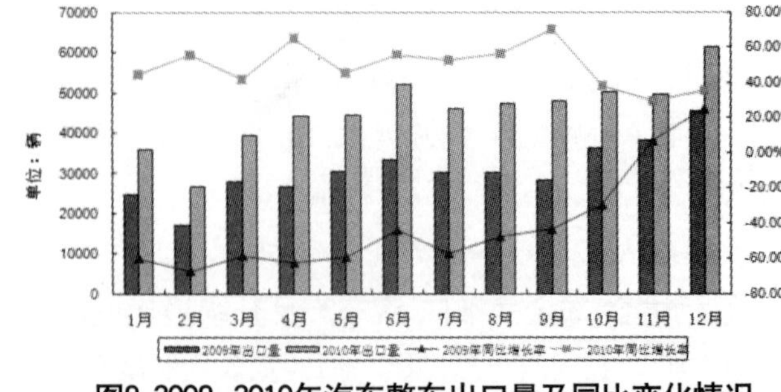

图9 2009–2010年汽车整车出口量及同比变化情况

九、汽车进出口市场发展态势良好，进口大幅增长

2010年，我国汽车整车累计出口54.49万辆，同比增长63.94%，其中乘用车出口28.29万辆，同比增长89.18%；商用车出口26.19万辆，同比增长43.28%。1-11月，汽车整车累计进口72.76万辆，同比102.73%。

2010年1-11月，全国汽车商品累计进出口总额为975.42亿美元，同比增长58.69%。其中进口金额507.74亿美元，同比增长76.79%，出口金额467.68亿美元，同比增长42.82%。

2010年棉纺行业运行情况

2010年以来，我国棉纺行业在市场需求推动下，积极应对高棉价、劳动力成本上涨等不利因素，生产、出口、效益等实现较大幅度增长。

一、棉纺行业运行特点及因素分析

（一）生产保持较快增长

2010年，我国规模以上纺织企业纱产量为2717万吨，同比增长13.7%，增速同比提高1个百分点；布产量为655.5亿米，同比增长19.5%，增速同比提高14.2个百分点；棉纺行业产销率达98.47%。

（二）经济效益大幅提升

2010年1-11月，棉纺行业实现主营业务收入11400亿元，同比增长30.85%，增速同比提高20.28个百分点；利润总额576亿元，同比增长66.31%，增速比纺织行业平均水平高出11.68个百分点；利润率达5.05%，同比提高1.11个百分点；规模以上棉纺企业亏损面为8.15%，比上年同期下降6.05个百分点；三费比例为4.44%，同比下降0.26个百分点。

（三）棉制品出口快速恢复

2010年，棉制纺织品服装出口772.23亿美元，同比增长23.36%，，增速同比提高36.13个百分点。棉制纺织品服装出口额占纺织品服装出口总额的37.38%。

（四）投资增长平稳

2010年，棉纺行业实际完成投资额同比增长20.92%，增速比上年同期提高9.67个百分点，比纺织工业投资平均增速低9.21个百分点；新开工项目数累计同比增长4.29%，增速比上年同期减少16.25个百分点。

2010年，棉纺行业的投资、生产、出口、利润等指标都有较大幅度增长。主要原因有：一是在宏观政策引导下，市场在经济复苏后对纺织品的强劲需求拉动了棉纺行业的生产；二是企业注重提升管理水平，风险意识增强，企业库存因棉价持续上涨而增值且产品盈利空间加大；三是国内棉价基本与国际棉价接轨保证了我国棉纺行业的国际竞争优势；四是金融危机后部分小企业关闭、产能向规模以上企业集中。

二、当前棉纺行业面临的主要问题

总体上看，棉纺行业运行呈现较快回升趋势，但仍面临着原料保障压力增加、中小企业经营难度加大等问题。

（一）原料价格仍将高位波动

2010年，国内328级棉花年均价达19446元/吨，较2009年增长51.55%；国内涤纶短纤、粘胶短纤的年均价分别为11139元/吨、20729元/吨，较2009年分别增长了27.79%、34.91%。进入2011年以来，原料价格仍继续上涨，2月12日，328级棉花、涤纶短纤、粘胶短纤价格较2011年1月4日分别上涨7.5%、16.41%、7.14%。

（二）棉花供需矛盾加剧

一是棉花供需缺口加大，预计2010棉花年度棉花需求在1100万吨左右，同比增加40万吨，中国棉花协会预计2010年国内棉花产量为665万吨，较上年产量下降2.1%，国内产需缺口加大；二是国际市场可供采购量减少，据中国棉花信息网数据，截至2010年12月30日，2010/11年度美国棉花出口总签约量为316.5万吨，已占2010/11年度美棉预计出口总量（342.9万吨）的92.30%；三是2010年气候异常，棉花品质有所下降，导致高等级棉短缺。

（三）中小企业经营困难

一是高原料价格增加了企业流动资金需求，货币政策调整增加了信贷难度，中小企业资金紧张的问题更加突出；二是劳动力资源紧缺加剧，据中国纺织工业协会的调查，29.3%的企业劳动力成本同比上涨幅度在20%以上，83.8%的企业劳动力资源紧缺；三是人民币升值压力加大，影响企业国际竞争力。

三、对策建议

（一）加快棉纺行业发展方式转变，推进结构调整

一是加快技术进步和改造步伐，采用新技术、新装备、新工艺，扩大非棉纤维和再生纤维应用，提高纤维利用率和制成率；二是利用市场倒逼机制和相应产业政策淘汰落后产能；三是推进品牌建设，提高产品附加值和品牌影响力；四是大宗产品要发挥大企业的规模优势，中小企业要注重特色化经营，发展名、特、优、新产品；五是推进棉纺企业向新疆等棉花生产基地转移，优化产业空间布局。

（二）稳定棉花市场，保证纺织工业原料供应

一要加大优势棉生产基地的建设和财政支持，提高棉花单产和质量；二要稳定棉农收益预期，研究采取最低保护价或棉花补贴政策，保证棉农收益；三要大力推进棉花种植产业化和机械化，提高种植效率，降低人工成本；四要加强市场调控，推进国内外棉价接轨。

2010年全国造船完工量同比增长54.6%

2010年1－12月，全国造船完工量6560万载重吨，同比增长54.6%，其中海船为2078万修正总吨；新承接船舶订单量7523万载重吨，是去年同期新接订单量的2.9倍，其中海船为2290万修正总吨；截至12月底，手持船舶订单量19590万载重吨，比2009年底手持订单上升4.1%，其中海船为5695万修正总吨，出口船舶占总量的84.6%。

2010年我国石油和化工行业经济运行主要特点

(一)经济规模再上台阶，化工总量世界第一。2010年，全行业总产值达8.88万亿元，其中化学工业产值达5.23万亿元，按汇率计算已突破7700亿美元，超越美国(7340亿美元)，化工经济总量跃居世界第一。但“大而不强”问题突出，与美国、欧洲和日本等发达国家和地区相比，在产业集中度、整体生产技术和技术创新等方面仍存在较大差距。

(二)技术装备水平不断提高，竞争实力明显增强。目前，我国石油和化工行业有40余种产品产量居世界第一或第二位。经过多年努力，技术装备水平大幅提升，部分处于世界前列。我国乙烯关键设备国产化水平大大提高，并首次实现了乙烯成套技术和工程设计总承包的国产化突破。新型煤化工和大型化肥技术装备水平也处于世界领先地位。

(三)经济结构继续优化，化工比重稳步攀升。近年来，随着石油和化工行业产业结构调整力度加大，上游资源型产业在经济增长中的比重呈逐步下降趋势，下游技术密集型产业比重上升。2010年，化工行业产值比重上升到59%，比2008年提高5个百分点。在化工行业中，专用化学品、合成材料在经济增长中的比重呈上升趋势，而基础化学原料和化肥等行业则呈下降趋势。

(四)投资增速总体放缓，化工领域投资比重持续上升。2010年，石油和化工行业投资同比增长13.8%，远低于同期城镇投资增幅。化工领域投资占全行业比重为

62.7%，比上年提高1个百分点，比2008年提高约5.5个百分点。在化工领域中，专用化学品的投资比重持续扩大，而基础化工原料投资所占比重则不断缩小。

(五)价格涨势逐步趋缓，产销衔接基本顺畅。2010年，石油和化工行业价格总水平同比上涨16.1%，其中油气开采、炼油行业、化工涨幅分别为37.8%、18.3%和7.4%。全行业产销衔接总体顺畅，产品销售率为98.3%，与上年基本持平。其中，化工行业产销率为97.8%，油气开采行业产销率为99%，炼油行业产销率为99.3%。

(六)对外贸易大幅增长，出口结构继续调整。2010年，在国际贸易摩擦频发、贸易保护主义盛行的情况下，石油和化工行业进出口总额创历史新高，增幅达40.3%。其中进口、出口分别增长42.3%和35.7%。出口结构继续调整。橡胶制品、无机化学品等资源型产品在出口贸易中的比重呈下降趋势，而专用化学品等技术含量较高的产品，出口比重不断上升。

2010年机械工业经济运行情况

2010年，机械工业经济运行整体继续保持平稳增长，部分产品产量再上新台阶，经济效益稳步提高，产业结构升级步伐加快。

(一)生产保持快速增长。2010年，机械工业累计完成工业总产值达14.4万亿元，同比增长33.9%，单月产量已连续11个月超过1.1万亿元，其中12月单月产值达1.5万亿元，创历史新高。部分产品产量再上新台阶。据工业快报统计，2010年，累计生产发电设备1.3亿千瓦，已连续五年产量越过亿千瓦。汽车产量达1826万辆，增长32.4%；大中型拖拉机产量超过38万台。数控机床产量22.39万台，增长66.7%。，

(二)主要经济效益指标全面向好。1-11月，机械工业实现利润总额8984亿元，同比增长52.7%，占同期全国工业利润总额的23.1%。主营业务收入利润率7.2%，创历史新高。其中工程机械行业达到10.5%，居全行业首位；汽车行业8.4%、仪器仪表行业8.3%。全年机械工业产品产销率为97.7%，同比提高0.2个百分点

(三)投资增速平稳增长。2010年，机械工业投资同比增长30.4%，低于近几年平均40%左右的增幅。分行业看，电工电器行业、汽车行业投资额分列前两位，分别为4727亿元和4587亿元，合计占全行业投资额48.8%。

(四)进出口贸易持续扩大。全年累计现进出口总额5138亿美元，其中出口2585亿元，进口2553亿美元，均创历史新高。受多种因素影响，机械工业贸易差额波动较大，全年有5个月出现月度逆差，累计顺差为31.4亿美元，同比大幅减少117.7亿美元。机械工业出口市场继续呈现多元化趋势，进口相对集中。出口总额中超过100亿美元的国家或地区仅有4个，合计占出口总额的比重38.9%；进口总额中超过100亿美元的国家或地区有5个，合计占比达到69.4%。

(五)企业技术创新速度加快。新产品开发已从点向面全面铺开，不断有新产品推向市场。如，世界首台百万千瓦空冷发电机组正式投产发电；我国首座兆瓦级太阳能热发电项目开工；板材折弯成形装备获重大突破，填补了我国在这一技术装备领域的空白，可广泛满足汽车、造船、能源、电力、工程机械等行业对大型、高档数控折弯机的迫切需求；武桥重工1000吨起重机试吊成功，是目前我国惟一能满足内河24米通航的吊重能力最强的千吨级重型变幅式船用起重机，等等。

(六)产业集聚初具规模。目前已形成了辽宁省瓦房店市的中国轴承之都，浙江省温州市的中国新兴仪表城，湖北省随州市“中国专业汽车之都”，江苏省常州市西夏墅镇的中国工具名镇，江苏徐州的中国工程机械之都，山东省滕州市中国中小机床之都，福建省福安市中国中小电机之都，江苏省常州市中国汽摩配名镇，浙江省的中国塑机之都，浙江台州路桥区中国植保与清洗机械之都等等。

2010年轻工行业经济运行情况

(一)工业生产快速增长。2010年，轻工行业规模以上企业累计完成工业总产值13.9万亿元，同比增长29.9%。月度增速稳中趋升，12月当月工业总产值同比增长32.2%，比1－11月提高0.7个百分点。农副食品加工、塑料制品、食品制造、造纸、家电、饮料、皮革、五金等8个行业总产值均达到6000亿元以上，合计占到轻工行业总产值的76.0%。全年产、销总体趋势保持基本一致，产销率保持较高水平。

(二)进出口额保持高位。据海关统计，2010年轻工产品累计出口额3555亿美元，同比增长29.1%。分行业看，塑料制品、家电、文体、皮革等7个行业出口额均超过280亿美元，合计占轻工出口总额的69.9%。由于四季度末有圣诞、新年消费旺季和为明年一季度提前补充库存的需求，2010年12月，轻工产品出口额350.4亿美元，创出全年月度新高。全年累计进口额950.9亿美元，同比增长31.1%。分行业看，食品饮料、塑料制品、造纸、日化、皮革、轻工机械6个行业进口额均超过42亿美元，合计占轻工进口总额的81.4%。全年轻工行业贸易顺差为2603.8亿美元，同比增长28.4%。

(三)行业效益良好。2010年1－11月，轻工规模以上企业累计实现利润6748.7亿元，同比增长37.1%，增速比1－8月减少0.2个百分点。轻工企业销售收入、利税、利润仍保持高速增长，销售收入、利税同比增幅比1－8月有所提升，而利润同比增速比1－8月略有减缓。

(四)投资速度有所放缓。随着国家经济政策由2009年的“保增长”逐渐调整到2010年的“调结构”为主，轻工行业新增投资力度比去年同期有所减弱。各子行业投资增速表现不一，农副食品加工、食品制造、造纸行业投资增速同比有不同程度回落，饮料制造、文教体育用品制造投资增速同比提高。

2010年主要高载能行业运行情况

钢铁行业。2010年，全国粗钢产量62665万吨，同比增长9.3%，增速同比减缓4.2个百分点；钢材产量79627万吨，增长14.7%，减缓3.8个百分点。焦炭产量38757万吨，增长9.1%，减缓1.4个百分点。铁合金产量2436万吨，增长8.2%，减缓12.2个百分点。铁矿砂进口61863万吨，下降1.4%。焦炭出口335万吨，增长5.1倍。钢材出口4256万吨，增长73%；进口1643万吨，下降6.8%。

钢材价格前4个月呈上涨态势，5－7月一直下行，8月份又开始持续上涨。12月份，国内市场钢材价格综合指数平均为126.83，同比提高21.21点。6.5mm高线、20mm中厚板、1.0mm冷轧板卷平均价格分别为4702元/吨、4641元/吨和5458元/吨，同比上涨2.6%、2.9%和1.3%。

前11个月，钢铁行业实现利润2356亿元，同比增长63.1%，上年同期为下降40.8%。其中，黑色金属矿采选业利润603亿元，增长1.1倍，上年同期为下降48.8%；黑色金属冶炼及压延加工业利润1283亿元，增长58.1%，上年同期为下降42.6%。

有色金属行业。2010年，全国十种有色金属产量3153万吨，同比增长17.3%，增速同比加快11.5个百分点。其中，电解铝产量1565万吨，增长19.9%，加快18.9个百分点；铜产量479万吨，增长12.2%，加快2.6个百分点；铅产量增长9.8%，减缓6.6个百分点；锌产量增长19.7%，加快8.1个百分点。氧化铝产量增长22.4%，加快18个百分点。

主要有色金属价格上半年呈下滑态势，7月份开始持续上涨，12月份略有回落。国内市场铜、电解铝、铅现货平均价12月份分别为64089元/吨、16303元/吨和17248元/吨，同比上涨14.3%、1.9%和7.9%；锌价为18507元/吨，同比下降2.2%。

前11个月，有色金属行业实现利润1435亿元，同比增长80.3%，上年同期为下降20.4%。其中，有色金属矿采选业利润449亿元，增长76.6%，上年同期为下降26.7%；有色金属冶炼及压延加工业利润986亿元，增长82.1%，上年同期为下降17.1%。

建材行业。2010年，全国水泥产量186796万吨，同比增长15.5%，增速同比减缓2.4个百分点；平板玻璃产量63026万重箱，增长10.9%，加快9.2个百分点。

水泥价格前7个月基本稳定，8月份开始持续上涨。平板玻璃价格上半年呈下滑态势，7月份开始不断上涨。12月份，重点建材企业水泥平均出厂价为366元/吨，同比上涨75元/吨，涨幅为25.8%；平板玻璃出厂价84元/重量箱，同比上涨4元/重量箱，涨幅为5%。12月末，重点建材企业水泥库存1412万吨，同比上升10.7%；平板玻璃库存1989万重量箱，上升44.3%。

前11个月，建材行业实现利润2005亿元，同比增长49.3%，增幅同比提高16.7个百分点。其中，水泥行业利润487亿元，增长34.6%，增幅同比回落4.4个百分点；平板玻璃行业利润66.6亿元，增长1.3倍，上年同期增幅达12.3倍。

化工行业。2010年，化工行业增加值同比增长15.8%，增幅同比回落0.1个百分点。主要产品中，烧碱产量2087万吨，同比增长12.8%。纯碱产量2029万吨，增长4.2%。化肥产量6620万吨，增长2.5%；其中，氮肥产量下降3.6%，磷肥、钾肥产量分别增长20.2%和12.7%。农药产量234万吨，增长20.4%。橡胶轮胎外胎产量77634万条，增长19.8%。电石产量1462万吨，下降0.2%。

多数化工产品价格前三季度小幅波动，四季度明显上涨。12月份，烧碱（片碱）平均价格为2500元/吨，同比上涨13.6%；纯碱2250元/吨，同比上涨75.8%。尿素1960元/吨，同比上涨10.1%；国产磷酸二胺3300元/吨，同比上涨22.7%；电石4450元/吨，同比上涨43.5%。

前11个月，化工行业实现利润2724亿元，同比增长58.8%，增幅同比提高45.1个百分点。

2010年煤炭行业经济运行主要特点

（一）煤炭供应能力进一步提高。生产方面，产能大幅提升，产量继续增加。一些主要产煤省资源整合、兼并重组取得阶段性成效，一大批新建、改扩建现代化矿井陆续投产。晋陕蒙宁等主要产煤省区煤炭产能大幅提升，其中内蒙古、山西产能分别达到9亿吨/年、8.5亿吨/年。煤炭运输方面，大秦、侯月线等主要煤运通道运输能力和曹妃甸等港口中转能力明显提高，支撑了煤炭发运量的快速增加。

（二）主要用煤行业煤炭消耗增幅趋缓。2010年，在各地加大节能减排工作力度等因素的作用下，电力、钢铁、建材、化工等主要行业煤炭消耗增幅减缓，火力发电量单月增速从4月份的25.6%逐渐回落，进入四季度后火力发电量回落到上年同期水平。全年粗钢、生铁、水泥分别增长9.3%、7.4%和15.5%，比上年回落4.2、8.5和2.4个百分点。随着主要耗煤产品产量增幅减缓，煤炭消耗增幅下降。

（三）煤炭市场淡季不淡、旺季不紧。3、4月份，受高耗能行业快速增长拉动、西南地区干旱来水偏枯、恶劣天气频繁，以及部分产煤省区资源整合、安全整顿等因素影响，煤炭市场淡季不淡，供需处于紧平衡状态。进入迎峰度夏后，随着南方地区普降暴雨、水电增发，以及节能减排政策实施力度不断加大，高耗能行业增幅下降，火电增幅明显回落，煤炭市场旺季不紧，供应宽松。入冬以来，除华中地区个别电厂存煤偏紧外，煤炭市场供应形势整体平稳。

(四)国际市场煤价有所上涨。国际煤价在前三季度保持相对平稳，纽卡斯尔港标准动力煤离岸价格基本在90—100美元/吨。进入四季度后，受欧洲冷冬天气、澳大利亚和印尼特大暴雨洪水等影响，煤价出现持续上涨。12月份纽卡斯尔港标准动力煤离岸价格平均价格达到119.47吨/美元，同比上涨46%。

总的看，全年煤炭运行态势良好，在迎峰度夏、度冬等用煤高峰时期，在应对特大干旱、地震、泥石流和雨雪冰冻等重大自然灾害的关键时段，在世博会、亚运会等重要活动期间，煤炭供应都保持基本平稳有序。

2010年电力运行情况

（一）电力生产与供应。2010年全国发电量41413亿千瓦时，比上年增长13.3%，增幅较上年提高7个百分点。其中，火电33253亿千瓦时，增长11.7%；水电6622亿千瓦时，增长18.4%；核电734亿千瓦时，增长70.3%；风电430亿千瓦时，增长73.4%。全国发电设备累计平均利用小时数为4660小时，比上年增加123小时，其中火电水电分别为5031小时和3429小时，分别增加171小时和172小时。全国日最高发电量达到139.58亿千瓦时，发生在8月13日。

（二）电力消费。2010年全社会用电量41923亿千瓦时，其中，第一产业984亿千瓦时，比重为2.3%；第二产业31318亿千瓦时，比重为74.7%，比上年提高0.6个百分点；第三产业4497亿千瓦时，比重为10.7%；城乡居民生活5125亿千瓦时，比重为12.2%。分地区看，用电量排在前五位的省份依次是广东（4060亿千瓦时）、江苏（3856亿千瓦时）、山东（3300亿千瓦时）、浙江（2825亿千瓦时）、河北（2692亿千瓦时）。

（三）电力企业经营状况。11月末，发电行业资产负债率为72.1%，同比提高2.4个百分点；电力供应行业资产负债率为60.4%。1-11月，发电行业主营业务成本10081亿元，同比上升23.4%；利息支出846亿元，上升8.3%；利润总额827亿元，增长3.6%。电力供应行业主营业务成本21960亿，上升20.8%；利息支出360亿，上升1.7%；利润总额592亿，同比增加561亿。

（四）电力建设情况。2010年全国电力建设完成投资7051亿元，其中电源投资3634亿元，占51.5%；电网投资3410亿元，占48.4%。全年新增发电设备容量9127万千瓦，其中水电1661万千瓦，火电5872万千瓦，风电1399万千瓦。年末全国发电设备容量96219万千瓦，其中火电70663万千瓦，占73.4%；水电21340万千瓦，占22.2%；风电3107万千瓦；核电1082万千瓦。

重点项目相继投产。全年共有12台百万千瓦超超临界火电机组建成投产，年底全国在运百万千瓦机组已经达到33台。云南至广东以及向家坝至上海±800千伏特高压直流输电工程、±500千伏呼伦贝尔至辽宁直流输电工程、±660千伏宁东至山东直流极Ⅰ系统、新疆与西北750千伏联网等一批跨区跨省重点工程建成投运，青藏电网联网工程开工建设。

（五）节能减排情况。2010年全国供电煤耗335克标煤/千瓦时，线损率6.5%；全年关停小火电机组1100万千瓦。

2010年电力运行主要特点

（一）电力供需形势总体平稳，一些地区部分时段供应偏紧。2010年初，受工业需求拉动、来水持续偏枯、电煤供应紧张影响，华东、华中和南方电网电力供应紧张。1月份，全国日最大电力缺口超过2200万千瓦，京津唐、河北、山西、山东、上海、浙江等15个省级电网采取了有序用电措施。迎峰度夏期间，受持续高温影响，加之少数地区限制不合理用电需求，北京、河北、山东、上海、江苏、浙江、安徽、广东等14个省级电网实施了有序用电措施，其中江苏、浙江、广东最大错避峰电力分别达到551、364和360万千瓦。进入12月份，受降温、电煤供应、电源结构性矛盾等因素影响，华中、西北区域电网电力供应紧张，其中重庆、河南、湖北、山西、陕西等省限电较为严重。

（二）全社会用电需求保持较快增长。2010年全社会用电量增速呈逐渐下降趋势，但总量仍然比2009年增加了5336亿千瓦时。其中一产、二产、三产和城乡居民生活用电增长贡献率分别为6.7%、78.6%、10.3%和10.4%。工业用电需求增长较快是全社会用电增长的主要因素。从用电负荷看，2010年全国最高统调用电负荷出现在8月4日，为58640万千瓦，比2009年最高值增长了16.8%。全国6大区域电网和所有省级电网用电负荷在年内不同时间均创下历史新高，部分地区负荷增长接近20%。

（三）高耗能行业用电需求过快增长势头得到一定抑制。受节能减排政策调控和上年同期基数逐渐加大影响，2010年工业用电量特别是高耗能行业用电量增速呈不断下降趋势，化工、建材、冶金、有色金属四个行业累计用电增速由年初的37.9%降至1−11月的17.7%，降幅达20.2个百分点，其中，3月份环比增长10.9%，6月份仅增长0.2%，7月份环比下降1.3%，9月降幅达到8%，10月份起下降趋势有所减缓，11月份环比仍下降2.5%。

（四）丰水期水电增发较多。2010年全国主要流域来水丰、枯期差异较大，丰水期较常年平均偏丰，枯水期比常年平均偏枯。分区域看，国家电网经营区内来水总体较常年偏多，呈现汛期多、枯期少的特点。南方电网经营区来水总体偏枯。各季度水电发电量依次为906、1686、2406、1624亿千瓦时，同比分别增长−5%、8.9%、26.3%、37%，全年共增发1029亿千瓦时，约折合节省电煤4700万吨。丰水期水电大幅增发对保障迎峰度夏期间电力供应发挥了重要作用。

（五）火电企业经营困难。受燃料成本上升、财务费用加大等因素影响， 2010年1−11月，火电行业资产负债率由72.7%上升到74.3%，主营业务成本同比增加23%，实现利润同比下降38.8%，亏损面达到43%，比去年同期增加了8个百分点。

2010年天然气行业运行情况

2010年，国内天然气产量稳定增长，普光气田建成投产，中亚天然气、LNG(液化天然气，下同)进口持续扩大，资源供应大幅增加；用气需求保持较快增长，消费市场进一步扩展。除冬季部分地区天然气供应偏紧外，供需总体平稳，重点用气需求得到较好保障。

国内产量稳定增长。据行业统计(下同)，2010年累计生产天然气951亿立方米，同比增长13.1%。

进口保持较高快增长幅。随着中亚天然气正式进入国内市场及部分LNG项目设施竣工投产，天然气进口大幅增加。全年累计进口约合167亿立方米，同比增长1.3倍。进口资源占消费总量的比重达到15.6%，比2009年增加7.3个百分点。

消费量快速增加。全年表观消费量1073亿立方米，同比增长20.9%。

输配设施进一步完善。一是川气东送、西气东输二线(西段)、陕京三线等长输管道相继建成投产，管网建设逐步完善，目前川气东送、中亚管道日供气分别达到1500万立方米/日和2500万立方米/日。二是上海、安徽等地建成了小型LNG调峰站，应急调峰能力有所增强。

第三部分

中国区域投资与发展

中国区域投资与发展

构建高效、协调、可持续的国土空间开发格局

国土空间(1)是宝贵资源，是我们赖以生存和发展的家园。我国辽阔的陆地国土和海洋国土，是中华民族繁衍生息和永续发展的家园。为了我们的家园更美好、经济更发达、区域更协调、人民更富裕、社会更和谐，为了给我们的子孙留下天更蓝、地更绿、水更清的家园，必须推进形成主体功能区，科学开发我们的家园。

推进形成主体功能区，就是要根据不同区域的资源环境承载能力、现有开发强度和发展潜力，统筹谋划人口分布、经济布局、国土利用和城镇化格局，确定不同区域的主体功能，并据此明确开发方向，完善开发政策，控制开发强度，规范开发秩序，逐步形成人口、经济、资源环境相协调的国土空间开发格局(2)。

推进形成主体功能区，是深入贯彻落实科学发展观的重大举措，有利于推进经济结构战略性调整，加快转变经济发展方式，实现科学发展；有利于按照以人为本的理念推进区域协调发展，缩小地区间基本公共服务和人民生活水平的差距；有利于引导人口分布、经济布局与资源环境承载能力相适应，促进人口、经济、资源环境的空间均衡；有利于从源头上扭转生态环境恶化趋势，促进资源节约和环境保护，应对和减缓气候变化，实现可持续发展；有利于打破行政区划界限，制定实施更有针对性的区域政策和绩效考核评价体系，加强和改善区域调控。

《全国主体功能区规划》（以下简称本规划）根据中国共产党第十七次全国代表大会报告、《中华人民共和国国民经济和社会发展第十一个五年规划纲要》和《国务院关于编制全国主体功能区规划的意见》（国发〔2007〕21号）编制，是推进形成主体功能区的基本依据，是科学开发国土空间的行动纲领和远景蓝图，是国土空间开发的战略性、基础性和约束性规划(3)，各地区、各部门必须切实组织实施，健全法律法规，加强监测评估，建立奖惩机制，严格贯彻执行。

本规划推进实现主体功能区主要目标的时间是2020年，规划任务是更长远的，实施中将根据形势变化和评估结果适时调整修订。本规划的规划范围为全国陆地国土空间以及内水和领海（不包括港澳台地区）。海洋既是目前我国资源开发、经济发展的重要载体，也是未来我国实现可持续发展的重要战略空间。鉴于海洋国土空间在全国主体功能区中的特殊性，国家有关部门将根据本规划编制全国海洋主体功能区规划，作为本规划的重要组成部分，另行发布实施。

一、主体功能区划分

根据以上开发定义和开发理念，本规划将我国国土空间分为以下主体功能区：按开发方式，分为优化开发区域、重点开发区域、限制开发区域和禁止开发区域(22)；按开发内容，分为城市化地区、农产品主产区和重点生态功能区；按层级，分为国家和省级两个层面。

优化开发区域、重点开发区域、限制开发区域和禁止开发区域，是基于不同区域的资源环境承载能力、现有开发强度和未来发展潜力，以是否适宜或如何进行大

规模高强度工业化城镇化开发为基准划分的。

城市化地区、农产品主产区和重点生态功能区，是以提供主体产品的类型为基准划分的。城市化地区是以提供工业品和服务产品为主体功能的地区，也提供农产品和生态产品；农产品主产区是以提供农产品为主体功能的地区，也提供生态产品、服务产品和部分工业品；重点生态功能区是以提供生态产品为主体功能的地区，也提供一定的农产品、服务产品和工业品。

优化开发区域是经济比较发达、人口比较密集、开发强度较高、资源环境问题更加突出，从而应该优化进行工业化城镇化开发的城市化地区。

重点开发区域是有一定经济基础、资源环境承载能力较强、发展潜力较大、集聚人口和经济的条件较好，从而应该重点进行工业化城镇化开发的城市化地区。优化开发和重点开发区域都属于城市化地区，开发内容总体上相同，开发强度和开发方式不同。

限制开发区域分为两类：一类是农产品主产区，即耕地较多、农业发展条件较好，尽管也适宜工业化城镇化开发，但从保障国家农产品安全以及中华民族永续发展的需要出发，必须把增强农业综合生产能力作为发展的首要任务，从而应该限制进行大规模高强度工业化城镇化开发的地区；一类是重点生态功能区，即生态系统脆弱或生态功能重要，资源环境承载能力较低，不具备大规模高强度工业化城镇化开发的条件，必须把增强生态产品生产能力作为首要任务，从而应该限制进行大规模高强度工业化城镇化开发的地区。

禁止开发区域是依法设立的各级各类自然文化资源保护区域，以及其他禁止进行工业化城镇化开发、需要特殊保护的重点生态功能区。国家层面禁止开发区域，包括国家级自然保护区、世界文化自然遗产、国家级风景名胜区、国家森林公园和国家地质公园。省级层面的禁止开发区域，包括省级及以下各级各类自然文化资源保护区域、重要水源地以及其他省级人民政府根据需要确定的禁止开发区域。

各类主体功能区，在全国经济社会发展中具有同等重要的地位，只是主体功能不同，开发方式不同，保护内容不同，发展首要任务不同，国家支持重点不同。对城市化地区主要支持其集聚人口和经济，对农产品主产区主要支持其增强农业综合生产能力，对重点生态功能区主要支持其保护和修复生态环境。

二、国家层面主体功能区

国家层面的主体功能区是全国“两横三纵”城市化战略格局、“七区二十三带”农业战略格局、“两屏三带”生态安全战略格局的主要支撑。推进形成主体功能区，必须明确国家层面优化开发、重点开发、限制开发、禁止开发四类主体功能区的功能定位、发展目标、发展方向和开发原则。

1.国家层面的优化开发区域

（一）*环渤海地区*

该区域位于全国“两横三纵”城市化战略格局中沿海通道纵轴和京哈京广通道纵轴的交汇处，包括京津冀、辽中南和山东半岛地区(30)。

该区域的功能定位是：北方地区对外开放的门户，我国参与经济全球化的主体区域，有全球影响力的先进制造业基地和现代服务业基地，全国科技创新与技术研发基地，全国经济发展的重要引擎，辐射带动“三北”地区发展的龙头，我国人口集聚最多、创新能力最强、综合实力最强的三大区域之一。

（1）京津冀地区。

该区域位于环渤海地区的中心，包括北京市、天津市和河北省的部分地区。

该区域的功能定位是：“三北”地区的重要枢纽和出海通道，全国科技创新与技术研发基地，全国现代服务业、先进制造业、高新技术产业和战略性新兴产业基地，我国北方的经济中心。

——强化北京的首都功能和全国中心城市地位，着眼建设世界城市，发展首都经济，增强文化软实力，提升国际化程度和国际影响力。加快建设人文北京、科技北京、绿色北京。强化创新功能，加快中关村国家自主创新示范园区的建设，建设国家创新型城市。不断改善人居环境，建设宜居城市。

——提升天津的国际港口城市、生态城市和北方经济中心功能，重点开发天津滨海新区，构筑高水平的产业结构，建设成为对外开放的重要门户、先进制造业和技术研发转化基地、北方国际航运中心和国际物流中心，增强辐射带动区域发展的能力。

——优化提升京津主轴的发展水平，增强廊坊、武清等京津周边地区承接京津主城区部分功能转移的能力，建设高新技术产业和先进制造业基地。

——培育形成河北沿海发展带，使之成为区域新的增长点。推进曹妃甸新区、沧州渤海新区和北戴河新区建设，增强唐山、黄骅、秦皇岛的港口功能，带动临港产业和临港城区发展。

——发展都市型现代农业，推进农产品加工业，建设现代化的农产品物流基地。

——统筹区域水源保护和风沙源治理，在地下水漏斗区和海水入侵区划定地下水禁采区和限采区并实施严格保护，加强入海河流小流域综合整治和近岸海域污染防治，推进防护林体系建设，构建由太行山、燕山、滨海湿地、大清河、永定河、潮白河等生态廊道组成的网状生态格局。

(2) 辽中南地区。

该区域位于环渤海地区的北翼，包括辽宁省中部和南部的部分地区。

该区域的功能定位是：东北地区对外开放的重要门户和陆海交通走廊，全国先进装备制造业和新型原材料基地，重要的科技创新与技术研发基地，辐射带动东北地区发展的龙头。

——发展辽宁沿海经济带，统筹发展具有国际竞争力的临港产业，强化科技创新与技术研发功能，建设成为东北地区对外开放的重要平台，我国沿海地区新的经济增长极。

——增强沈阳经济区整体竞争力，促进区域一体化。加强城市间分工协作和功能互补，促进产业转型和空间重组，提升产业的整体竞争力，建设先进装备制造业、重要原材料和高新技术产业基地。

——强化沈阳、大连中心城市功能，加强综合服务功能和辐射带动能力，增强节点城市综合实力。沈阳建设成为东北亚商贸物流服务中心，大连建设成为东北亚国际航运中心和国际物流中心。

——加强粮食生产基地建设，稳定特色农产品生产、加工和出口基地地位，重视海洋渔业经济，推进循环农业发展。

——加强东部山地水源涵养区和饮用水源地保护，加快采煤沉陷区综合治理及矿山生态修复，加强辽河流域和近海海域污染防治，构建由长白山余脉、辽河、鸭绿江、滨海湿地和沿海防护林构成的生态廊道。

(3) 山东半岛地区。

该区域位于环渤海地区的南翼，包括山东省胶东半岛和黄河三角洲的部分地区。

该区域的功能定位是：黄河中下游地区对外开放的重要门户和陆海交通走廊，全国重要的先进制造业、高新技术产业基地，全国重要的蓝色经济区。

——强化青岛航运中心功能，积极发展海洋经济、旅游经济、港口经济和高新技术产业，增强辐射带动能力和国际化程度，建设区域性经济中心和国际化城市。

——提升胶东半岛沿海发展带整体水平，加强烟台、威海等城市的产业配套能力及其功能互补，与青岛共同建设自主创新能力强的高新技术产业带。

——建设黄河三角洲全国重要的高效生态经济示范区，积极发展生态农业、环境友好型工业、高新技术产业和现代服务业，建设全国重要的循环经济示范区，增强东营、滨州等城市的综合实力和辐射能力，建设成为环渤海地区重要的增长点。

——发展外向型农业，发展渔业及其加工业，构建现代农业产业体系。

——在地下水漏斗区和海水入侵区划定地下水禁采区和限采区并实施严格保护，推进低山丘陵封山育林、小流域治理，加强黄河三角洲水资源集约利用，加强自然保护区和海岸带保护，维护生态系统多样性，构建以山东半岛中部生态脊为中心，向南北两翼延展的片状生态网络和沿海生态廊道。

(二) 长江三角洲地区

该区域位于全国“两横三纵”城市化战略格局中沿海通道纵轴和沿长江通道横轴的交汇处，包括上海市和江苏省、浙江省的部分地区(31)。

该区域的功能定位是：长江流域对外开放的门户，我国参与经济全球化的主体区域，有全球影响力的先进制造业基地和现代服务业基地，世界级大城市群，全国科技创新与技术研发基地，全国经济发展的重要引擎，辐射带动长江流域发展的龙头，我国人口集聚最多、创新能力最强、综合实力最强的三大区域之一。

——优化提升上海核心城市的功能，建设国际经济、金融、贸易、航运中心和国际大都市，加快发展现代服务业和先进制造业，强化创新能力和现代服务功能，率先形成服务经济为主的产业结构，增强辐射带动长江三角洲其他地区、长江流域和全国发展的能力。

——提升南京、杭州的长江三角洲两翼中心城市功能。增强南京金融、科教、商贸物流和旅游功能，发挥南京在长江中下游地区承东启西枢纽城市作用，建设全国重要的现代服务业中心、先进制造业基地和国家创新型城市，区域性的金融和教育文化中心。增强杭州科技、文化、商贸和旅游功能，建设国际休闲旅游城市，全国重要的文化创意中心、科技创新基地和现代服务业中心。

——优化提升沪宁（上海、南京）、沪杭（上海、杭州）发展带的整体水平，建设沪宁高新技术产业带。培育形成沿江、沿海、杭湖宁（杭州、湖州、南京）、杭绍甬舟（杭州、绍兴、宁波、舟山）发展带，积极发展高新技术产业和现代服务业，加强港口和产业的分工协作，控制城镇蔓延扩张。调整太湖周边地区产业布局，建设技术研发和旅游休闲基地。

——强化宁波、苏州、无锡综合服务和辐射带动能力。宁波建设成为长江三角洲南翼的经济中心和国际港口城市，苏州建设成为高新技术产业基地、现代服务业基地和旅游胜地，无锡建设成为先进制造业基地、国家传感信息中心、商贸物流中心、服务外包和创意设计基地。

——增强常州、南通、扬州、镇江、泰州、湖州、嘉兴、绍兴、台州、舟山等节点城市的集聚能力，加强城市功能互补，提高整体竞争力。

——发展高附加值的特色农业、都市农业和外向型农业，完善农业生产、经营、流通等服务体系，建设现代化的农产品物流基地。

——加强沿江、太湖、杭州湾等地区污染治理，严格控制长江口、杭州湾陆源污染物排江排海和太湖地区污染物入湖，加强海洋、河口和山体生态修复，构建以长江、钱塘江、太湖、京杭大运河、宜溧山区、天目山—四明山以及沿海生态廊道为主体的生态格局。

（三）珠江三角洲地区

该区域位于全国“两横三纵”城市化战略格局中沿海通道纵轴和京哈京广通道纵轴的南端，包括广东省中部和南部的部分地区(32)。

该区域的功能定位是：通过粤港澳的经济融合和经济一体化发展，共同构建有全球影响力的先进制造业基地和现代服务业基地，南方地区对外开放的门户，我国参与经济全球化的主体区域，全国科技创新与技术研发基地，全国经济发展的重要引擎，辐射带动华南、中南和西南地区发展的龙头，我国人口集聚最多、创新能力最强、综合实力最强的三大区域之一。

——以广州、深圳、珠海为核心，以广州、佛山同城化为示范，积极推动广佛肇（广州、佛山、肇庆）、深莞惠（深圳、东莞、惠州）、珠中江（珠海、中山、江门）的建设，构建珠江三角洲一体化发展格局。促进产业和劳动力双转移，带动环珠江三角洲地区的发展。

——增强与香港、澳门的优势对接与功能互补，推进与港澳地区的经济一体化，发展与香港国际金融中心相配套的现代服务业，建设与港澳地区错位发展的国际航运、物流、贸易、会展、旅游和创新中心。

——增强广州高端要素集聚、科技创新、文化引领和综合服务功能，强化作为国家中心城市、综合性门户城市和区域文化教育中心的地位，建设国际大都市。

——增强深圳科技研发和高端服务功能，继续发挥经济特区的示范带动作用，建设国家创新型城市和国际化城市。

——优化提升珠江口东岸地区的发展水平，打造科技创新中心，大力发展高新技术产业和现代服务业，提高制造业水平，增强交通枢纽功能。

——提升珠江口西岸地区的发展能力，提高产业层次，建设科技创新基地和先进制造业基地。增强珠海综合服务功能，培育成为珠江口西岸的中心城市。

——增强东莞、中山、佛山、江门、惠州等节点城市的集聚能力，壮大规模，实现各城市分工协作、共同发展，提高区域整体竞争力。

——转变农业发展方式，建立都市型现代农业产业体系，加强农业国际合作，拓展外向型农业广度和深度。

——加强大气污染防治、水生态综合治理和生态修复，严格控制珠江口围垦和山体开发，保护河口和海岸湿地，提高水质，构建以粤北山地丘陵、近海岛屿湿地和珠江水系为主体的生态格局。

2.国家层面的重点开发区域

（一）冀中南地区

该区域位于全国“两横三纵”城市化战略格局中京哈京广通道纵轴的中部，包括河北省中南部以石家庄为中心的部分地区(34)。

该区域的功能定位是：重要的新能源、装备制造业和高新技术产业基地，区域性物流、旅游、商贸流通、科教文化和金融服务中心。

——构建以石家庄为中心，以京广沿线为主轴，以保定、邯郸等城市为重要支撑点的空间开发格局。

——壮大京广沿线产业带，重点发展现代服务业以及新能源、装备制造、电子信息、生物制药、新材料等产业，改造提升钢铁、建材等传统产业。

——提升冀中南地区整体竞争实力，强化石家庄中心城市地位，完善服务功能，建设区域性科技创新基地；增强保定、邯郸、邢台等城市集聚人口和经济的能力，提高区域内基础设施和公共服务设施的网络化水平。

——稳定发展粮食生产，保障主要农产品有效供给，推进农业产业化经营，加强农业农村基础设施建设。

——加强南水北调中线引江干支渠、城市河道人工湿地建设，构建由防护林、城市绿地、区域生态水网等构成的生态格局。

（二）太原城市群

该区域位于全国“两横三纵”城市化战略格局中京哈京广通道纵轴的中部，包括山西省中部以太原为中心的部分地区(35)。

该区域的功能定位是：资源型经济转型示范区，全国重要的能源、原材料、煤化工、装备制造业和文化旅游业基地。

——构建以太原为中心，以太原盆地城镇密集区为主体，以主要交通干线为轴线，以汾阳、忻州、长治、临汾等主要节点城市为支撑的空间开发格局。

——强化太原的科技、教育、金融、商贸物流等功能，提升太原中心城市地位，推进太原—晋中同城化发展。

——增强主要节点城市集聚经济和人口的能力，强化城市间经济联系和功能分工，承接环渤海地区产业转移，促进资源型城市转型。

——依托中心城镇发展劳动密集型城郊农业、生态农业和特色农产品加工业。

——实施汾河清水复流工程和太原西山综合整治工程，加强采煤沉陷区的生态恢复，构建以山地、水库等为基础，以汾河水系为骨架的生态格局。

（三）呼包鄂榆地区

该区域位于全国“两横三纵”城市化战略格局中包昆通道纵轴的北端，包括内蒙古自治区呼和浩特、包头、鄂尔多斯和陕西省榆林的部分地区(36)。

该区域的功能定位是：全国重要的能源、煤化工基地、农畜产品加工基地和稀土新材料产业基地，北方地区重要的冶金和装备制造业基地。

——构建以呼和浩特为中心，以包头、鄂尔多斯和榆林为支撑，以主要交通干线和内蒙古沿黄产业带为轴线的空间开发格局。

——增强呼和浩特的首府城市功能，建成民族特色鲜明的区域性中心城市。包头、鄂尔多斯、榆林应依托资源优势，促进特色优势产业升级，增强辐射带动能力。

——统筹煤炭开采、煤电、煤化工等产业的布局，促进产业互补和产业延伸，实现区域内产业错位发展。加快城市人口的集聚，促进呼包鄂榆区域一体化发展。

——加强农畜产品生产及其加工基地建设。

——加强节能减排、灌区节水改造以及城市和工业节水，加强黄河水生态治理和草原生态系统保护，完善引黄灌区农田防护林网，构建沿黄河生态涵养带。

（四）哈长地区

该区域位于全国“两横三纵”城市化战略格局中京哈京广通道纵轴的北端，包括黑龙江省的哈大齐（哈尔滨、大庆、齐齐哈尔）工业走廊和牡绥（牡丹江、绥芬河）地区以及吉林省的长吉图经济区(37)。

该区域的功能定位是：我国面向东北亚地区和俄罗斯对外开放的重要门户，全国重要的能源、装备制造基地，区域性的原材料、石化、生物、高新技术产业和农产品加工基地，带动东北地区发展的重要增长极。

（1）哈大齐工业走廊和牡绥地区。

该区域包括黑龙江省哈尔滨、大庆、齐齐哈尔和牡丹江及绥芬河的部分地区。

该区域的功能定位是：全国重要的能源、石化、医药和重型装备制造基地，区域性的农产品加工和生物产业基地，东北地区陆路对外开放的重要门户。

——构建以哈尔滨为中心，以大庆、齐齐哈尔为重要支撑，以牡绥地区为对外开放窗口，以主要交通走廊为主轴的空间开发格局。

——哈大齐工业走廊要强化科技创新、综合服务功能，增强产业集聚能力和核心竞争力。哈尔滨建设成为全国重要的装备制造业基地、东北亚地区重要的商贸中心和国际冰雪文化名城，大庆建设成为全国重要的原油、石化基地和自然生态城市，齐齐哈尔建设成为全国重型装备制造基地。

——牡绥地区要强化绥芬河综合保税区功能，重点发展进出口产品加工、商贸物流、旅游等产业，建设成为重要的国际贸易物流节点和对外合作加工贸易基地。

——发挥区域生态优势和资源优势，建设绿色特色农产品生产及加工基地，推动规模化经营，提高农产品精深加工和农副产品综合利用水平。

——加强松花江、嫩江流域污染防治和水环境保护，开展松嫩平原湿地修复，防治丘陵黑土地区水土流失，加快封山育林、植树造林和冷水性鱼类资源保护，构建以松花江、嫩江、大小兴安岭、长白山和大片湿地为主体的生态格局。

（2）长吉图经济区。

该区域包括吉林省长春、吉林、延边、松原的部分地区。

该区域的功能定位是：全国重要的交通运输设备制造、石化、生物、光电子和农产品加工基地，区域性高新技术产业基地，我国参与图们江区域国际合作开发的先导区，我国面向东北亚开放的重要门户，东北地区新的重要增长极。

——构建以长春为中心，以长春、吉林为主体，以延龙图（延吉、龙井、图们）为对外开放前沿，以珲春为对外开放窗口，以交通走廊为轴线的空间开发格局。

——强化长春科技创新和综合服务功能，建设全国重要的光电子、生物、医药、汽车、轨道客车、新材料、农产品加工基地和国际影视文化名城。推进长吉经济一体化，建设吉林石化产业基地和宜居城市。增强要素集聚和辐射带动能力，建设先进制造业和科技创新基地。

——推进延龙图一体化，发展先进制造、商贸物流、旅游等产业，建设重要的物流节点和对外合作加工贸易基地。把珲春建设成为集出口加工、境外资源开发、生产服务、国际物流、跨国旅游等于一体的特殊经济功能区。

——发挥粮食生产优势，加强特色农产品产业带建设，加快农业产业化经营和现代流通业发展，提高农业综合生产能力。

——增强长白山生态屏障功能，加强长白山森林和水源保护，加快松花江水污染防治，构建以长白山、松花江为主体，森林、水系共生的生态格局。

（五）东陇海地区

该区域位于全国“两横三纵”城市化战略格局中陆桥通道横轴的东端，是陆桥通道与沿海通道的交汇处，包括江苏省东北部和山东省东南部的部分地区(38)。

该区域的功能定位是：新亚欧大陆桥东方桥头堡，我国东部地区重要的经济增长极。

——构建以连云港、日照为中心，以沿海产业带和沿陇海线产业带为轴线的空间开发格局。

——强化连云港港口、产业的一体化发展，增强对陇海兰新沿线地区的辐射作用，集约发展临港产业，建设临港产业基地和国际性海港城市。

——培育形成沿海发展带，增强连云港和日照的港口功能，实施沿海临港产业开发，培育和壮大沿海城镇。

——提升沿陇海带的发展水平，增强徐州集聚人口和经济的能力，加快资源型城市转型，打造重要的能源基地、先进制造业基地、物流基地和商品集散地。

——建设特色农产品生产和加工基地，推动高效农业和外向型农业发展，逐步形成具有区域特色的农产品生产和加工产业带。

——加强自然保护区、重要湿地、滩涂以及水源保护区等的保护，加强淮河流域综合治理，加强入海河流小流域综合整治和近岸海域污染防治，实施矿山废弃地环境综合整治与生态修复，构建东部沿海防护林带、北部山区森林、南部平原林网有机融合的生态格局。

（六）江淮地区

该区域位于全国“两横三纵”城市化战略格局中沿长江通道横轴，包括安徽省合肥及沿江的部分地区(39)。

该区域的功能定位是：承接产业转移的示范区，全国重要的科研教育基地，能源原材料、先进制造业和科技创新基地，区域性的高新技术产业基地。

——构建以安庆、池州、铜陵、巢湖、芜湖、马鞍山沿江六市为发展轴，合肥、芜湖为双核，滁州、宣城为两翼的“一轴双核两翼”空间开发格局。

——提升合肥中心城市地位，完善综合服务功能，建设全国重要的科研教育基地、科技创新基地、先进制造业基地和综合交通枢纽。

——培育形成沿江发展带，壮大主要节点城市规模，推进芜湖、马鞍山一体化，建设皖江城市带承接产业转移示范区。

——加强农业基础设施建设，调整优化农业结构，发展农产品加工业，不断提高农业效益。

——加强大别山水土保持和水源涵养功能，保护巢湖生态环境，构建以大别山、巢湖及沿江丘陵为主体的生态格局。

（七）海峡西岸经济区

该区域位于全国“两横三纵”城市化战略格局中沿海通道纵轴南段，包括福建省、浙江省南部和广东省东部的沿海部分地区(40)。

该区域的功能定位是：两岸人民交流合作先行先试区域，服务周边地区发展新的对外开放综合通道，东部沿海地区先进制造业的重要基地，我国重要的自然和文化旅游中心。

——构建以福州、厦门、泉州、温州、汕头等重要城市为支撑，以漳州、莆田、宁德、潮州、揭阳、汕尾等沿海重要节点城市为补充，以快速铁路和高速公路沿线为轴线的空间开发格局。

——凸显福建在海峡西岸经济区中的主体地位，发挥对台交往的独特优势，加大对台交流合作先行先试力度，构筑两岸交流合作的前沿平台，建设两岸经贸合作的紧密区域、两岸文化交流的重要基地和两岸直接往来的综合枢纽。加快平潭综合试验区开放开发。

——强化福州科技创新、综合服务和文化功能，增强辐射带动能力，打造海峡西岸经济区中心城市、国家历史文化名城和高新技术产业研发制造基地。推进厦漳泉（厦门、漳州、泉州）一体化，实现组团式发展，建设全国重要的国际航运、科技创新、现代服务业和文化教育中心以及先进制造业基地。

——促进莆田、宁德等沿海节点城市的经济发展，依托大型港湾，壮大临港产业集群，推动以港兴市，增强海洋经济实力，形成海峡西岸经济区新的增长点。

——深化闽台农业合作，建设特色农产品生产与加工出口示范基地，发展特色优势产业。

——强化温州作为海峡西岸经济区连接长江三角洲地区重要枢纽的功能，加快构筑对外开放平台，建设民营经济改革与发展的先行区。

——强化汕头作为粤东中心城市地位，推进汕潮揭（汕头、潮州、揭阳）一体化，加强粤东地区与福建南部沿海城市在港口、产业等的分工合作与功能互补。

——强化防台风能力建设，加强武夷山、雁荡山、戴云山等山区和沿海港湾、近海岛屿保护，加强入海河流小流域综合整治和近岸海域污染防治，推进水环境综合治理和水源涵养地保护，保护闽江、九龙江等水生态廊道。

（八）中原经济区

该区域位于全国“两横三纵”城市化战略格局中陆桥通道横轴和京哈京广通道纵轴的交汇处，包括河南省以郑州为中心的中原城市群部分地区(41)。

该区域的功能定位是：全国重要的高新技术产业、先进制造业和现代服务业基地，能源原材料基地、综合交通枢纽和物流中心，区域性的科技创新中心，中部地区人口和经济密集区。

——完善城市群一体化发展机制，构建以郑州为中心，以郑汴（郑州、开封）一体化区域为核心层、以“半小时经济圈”城市为紧密层，以“一小时交通圈”城市为辐射层的“一极两圈三层”的空间开发格局。

——强化郑州先进制造、科技教育、商贸物流和金融服务功能，重点建设郑汴新区，推进郑汴一体化，建设区域性经济中心和全国重要的交通枢纽。

——提升洛阳区域副中心的地位，重点建设洛阳新区。壮大许昌、新乡、焦作、平顶山等重要节点城市的经济实力和人口规模，促进城市功能互补。

——建设郑汴洛（郑州、开封、洛阳）工业走廊和沿京广、南太行、伏牛东产业带，加强产业分工协作与功能互补，共同构建中原城市群产业集聚区。

——加强粮油等农产品生产和加工基地建设，发展城郊农业和高效生态农业，建设现代化农产品物流枢纽。

——依托黄河标准化堤防和黄河滩区加强黄河生态保护，搞好南水北调中线工程沿线绿化，推进平原地区和沙化地区的土地治理，构建横跨东西的黄河滩区生态涵养带和纵贯南北的南水北调中线生态走廊。

（九）长江中游地区

该区域位于全国“两横三纵”城市化战略格局中沿长江通道横轴和京哈京广通道纵轴的交汇处，包括湖北武汉城市圈、湖南环长株潭城市群、江西鄱阳湖生态经济区(42)。

该区域的功能定位是：全国重要的高新技术产业、先进制造业和现代服务业基地，全国重要的综合交通枢纽，区域性科技创新基地，长江中游地区人口和经济密集区。

（1）武汉城市圈。

该区域包括湖北省以武汉为中心的江汉平原部分地区。

该区域的功能定位是：全国资源节约型和环境友好型社会建设的示范区，全国重要的综合交通枢纽、科技教育以及汽车、钢铁基地，区域性的信息产业、新材料、科技创新基地和物流中心。

——构建以武汉为核心，以长江沿线和沿京广线产业带为轴线，以周边其他城市为节点的空间开发格局。

——完善武汉中心城市功能，强化科技教育、商贸物流、先进制造和金融服务等功能，增强辐射带动能力，建设全国重要的科技教育中心、交通通信枢纽和区域性经济中心。

——培育黄石成为区域副中心城市，发展壮大黄冈、鄂州、孝感、咸宁、仙桃、潜江、天门等城市，增强要素集聚能力。

——优化农业区域布局，推进优势农产品产业带和特色农产品基地建设，发展农产品加工业，做大做强优势特色产业。

——加强长江、汉江和东湖、梁子湖、磁湖等重点水域的水资源保护，实施江湖连通生态修复工程，构建以长江、汉江和东湖为主体的水生态系统。

（2）环长株潭城市群。

该区域包括湖南省以长沙、株洲、湘潭为中心的湖南东中部的部分地区。

该区域的功能定位是：全国资源节约型和环境友好型社会建设的示范区，全国重要的综合交通枢纽以及交通运输设备、工程机械、节能环保装备制造、文化旅游和商贸物流基地，区域性的有色金属和生物医药、新材料、新能源、电子信息等战略性新兴产业基地。

——构建以长株潭为核心，以衡阳、岳阳、益阳、常德、娄底等重要节点城市为支撑，集约化、开放式、错位发展的空间开发格局。

——强化长株潭科技教育、文化创意、商贸物流等功能，推进传统产业的升级改造，增强产业集聚能力，辐射带动其他重要节点城市，建设全国重要的机车车辆、工程机械、新能源装备、文化产业基地，区域性的新材料、信息产业和有色金属基地。

——加强基础设施共建共享以及产业合作和城市功能对接，推进长株潭一体化进程。提升长株潭核心带动能力，壮大其他主要节点城市的经济实力和人口规模，促进环长株潭城市群功能互补和联动发展。

——稳定农产品供给，调整农业产业结构，发展都市型农业和特色农业，建成优质高效的现代农业生产体系。

——保护好位于长株潭三市结合部的生态“绿心”(43)，加强洞庭湖保护和湘江污染治理，构建以洞庭湖、湘江为主体的水生态系统。

（3）鄱阳湖生态经济区。

该区域包括江西省环鄱阳湖的部分地区。

该区域的功能定位是：全国大湖流域综合开发示范区，长江中下游水生态安全保障区，国际生态经济合作重要平台，区域性的优质农产品、生态旅游、光电、新能源、生物、航空和铜产业基地。

——构建以鄱阳湖为“绿心”，以南昌为中心，以九江、景德镇、鹰潭、新余和抚州等城市为主要支撑，以环鄱阳湖交通走廊为环状的空间开发格局。

——强化南昌科技创新、文化和综合服务功能，推进形成“一小时经济圈”，建设区域性的先进制造业基地和商贸物流中心。

——强化九江临港产业和商贸、旅游功能，建成港口城市和旅游城市、区域性的物流枢纽，培育形成区域副中心。发展壮大景德镇、鹰潭、新余和抚州等城市的特色优势产业。

——巩固和加强粮食主产区地位，加强农业综合生产能力建设，重视农业生态环境保护，建成畜禽水产养殖主产区和生态农业示范区。

——以鄱阳湖水体和湿地为核心保护区，以沿湖岸线邻水区域为控制开发带，以赣江、抚河、信江、饶河、修河五大河流沿线和交通干线沿线为生态廊道，构建以水域、湿地、林地等为主体的生态格局。

（十）北部湾地区

该区域位于全国“两横三纵”城市化战略格局中沿海通道纵轴的南端，包括广西壮族自治区北部湾经济区以及广东省西南部和海南省西北部等环北部湾的部分地区(44)。

该区域的功能定位是：我国面向东盟国家对外开放的重要门户，中国—东盟自由贸易区的前沿地带和桥头堡，区域性的物流基地、商贸基地、加工制造基地和信息交流中心。

——构建以主要城市为支撑，以沿海地区为主轴，以综合运输通道为纽带的空间开发格局。

——增强南宁、海口的要素集聚能力、综合实力和辐射能力，建成区域性中心城市。发展壮大北海、钦州、防城港、湛江等城市，形成以南宁为核心，以城际快速交通为纽带的滨海特色城市群。

——实行沿海推进战略，以钦州、防城港、北海（铁山港）、湛江为重点，建设主要利用海外资源的沿海重化工业产业带，建设石化、船舶和钢铁基地。以南宁、海口、北海为重点，建设以电子信息、生物产业、海洋经济为主的高新技术产业带。

——以海南岛为依托，合理规划、科学利用滨海资源，建设国际旅游岛，推进三亚世界级热带滨海度假旅游城市、博鳌国际会展中心、文昌航天城等建设，发展以旅游业为主导的现代服务业，将海南东部沿海地区打造成国家级休闲度假海岸。重化工业严格限定在洋浦、东方工业园区。

——发展高效优质生态农业，转变养殖业发展方式，合理开发北部湾渔业资源，发展农产品精深加工业，深化与珠三角地区以及东盟国家的农业合作与交流。

——加强对自然保护区、生态公益林、水源保护区等的保护，加强防御台风和风暴潮能力建设，构建以沿海红树林、珊瑚礁、港湾湿地为主体的沿海生态带和海洋特别保护区。

（十一）成渝地区

该区域位于全国“两横三纵”城市化战略格局中沿长江通道横轴和包昆通道纵轴的交汇处，包括重庆经济区和成都经济区(45)。

该区域的功能定位是：全国统筹城乡发展的示范区，全国重要的高新技术产业、先进制造业和现代服务业基地，科技教育、商贸物流、金融中心和综合交通枢纽，西南地区科技创新基地，西部地区重要的人口和经济密集区。

（1）重庆经济区。

该区域包括重庆市西部以主城区为中心的部分地区。

该区域的功能定位是：西部地区重要的经济中心，全国重要的金融中心、商贸物流中心和综合交通枢纽，以及高新技术产业、汽车摩托车、石油天然气化工和装备制造基地，内陆开放高地和出口商品加工基地。

——构建以重庆主城区为核心，以“一小时经济圈”地区为重点，以主要交通干线和长江为轴线的空间开发格局。

——强化重庆主城区的综合服务功能，提升先进制造和综合服务水平，建设全国重要的金融、科技创新、教育文化、商贸物流中心，增强辐射带动能力。

——培育壮大沿交通轴线和沿长江发展带，拓展发展空间，加强区域基础设施建设，强化产业分工协作和资源利用合作，改善人居环境，提高产业和人口承载能力，形成本区域新的增长点。

——加强农业基础设施建设，推进优势特色产业发展，发展农业循环经济，保护与合理开发三峡库区渔业资源。

——加强长江、嘉陵江流域水土流失防治和水污染治理，改善中梁山等山脉的生态环境，构建以长江、嘉陵江、乌江为主体，林地、浅丘、水面、湿地带状环绕、块状相间的生态系统。

（2）成都经济区。

该区域包括四川省成都平原的部分地区。

该区域的功能定位是：西部地区重要的经济中心，全国重要的综合交通枢纽，商贸物流中心和金融中心，以及先进制造业基地、科技创新产业化基地和农产品加工基地。

——构建以成都为核心，以成德绵乐（成都、德阳、绵阳、乐山）为主轴，以周边其他节点城市为支撑的空间开发格局。

——强化成都中心城市功能，提升综合服务能力，建设成为全国重要的综合交通通信枢纽和商贸物流、金融、文化教育中心。

——壮大成德绵乐发展带，增强电子信息、先进装备制造、生物医药、石化、农产品加工、新能源等产业的集聚功能，加强产业互补和城市功能对接，推进一体化进程。

——壮大其他节点城市人口和经济规模，增强先进制造业和现代服务业的集聚功能，加强产业互补和城市功能对接，形成本区域新的增长点。

——提高标准化农畜产品精深加工和现代农业物流水平，发展农业循环经济和农村新能源。

——加强岷江、沱江、涪江等水系的水土流失防治和水污染治理，强化龙泉山等山脉的生态保护与建设，构建以邛崃山脉—龙门山、龙泉山为屏障，以岷江、沱江、涪江为纽带的生态格局。

（十二）黔中地区

该区域位于全国“两横三纵”城市化战略格局中包昆通道纵轴的南部，包括贵州省中部以贵阳为中心的部分地区(46)。

该区域的功能定位是：全国重要的能源原材料基地、以航天航空为重点的装备制造基地、烟草工业基地、绿色食品基地和旅游目的地，区域性商贸物流中心。

——构建以贵阳为中心，以遵义、安顺、都匀、凯里等城市为支撑，以主要交通走廊为主轴的空间开发格局。

——提升贵阳中心城市地位，增强产业配套和要素集聚能力，加强综合服务功能，建设重要的新材料、生物制药、电子信息、装备制造基地，陆路交通枢纽和生态城市、旅游城市。

——加强与成渝地区的融合与互补，推进贵阳、安顺一体化进程，增强遵义、安顺、凯里、都匀等城市集聚人口和经济的能力。

——稳定粮食生产，发展特色农业和绿色农业，加快农产品加工业发展，优化农业生产结构和区域布局。

——强化石漠化治理和大江大河防护林建设，推进乌江流域水环境综合治理，保护长江上游重要河段水生态及红枫湖等重要水源地，构建长江和珠江上游地区生态屏障。

（十三）滇中地区

该区域位于全国“两横三纵”城市化战略格局中包昆通道纵轴的南端，包括云南省中部以昆明为中心的部分地区(47)。

该区域的功能定位是：我国连接东南亚、南亚国家的陆路交通枢纽，面向东南亚、南亚对外开放的重要门户，全国重要的烟草、旅游、文化、能源和商贸物流基地，以化工、冶金、生物为重点的区域性资源精深加工基地。

——构建以昆明为中心，以曲靖、玉溪和楚雄等节点城市为支撑，以主要交通轴线为纽带，一体化的滇中城市经济圈空间开发格局。

——强化昆明的科技创新、商贸流通、信息、旅游、文化和综合服务功能，建设区域性国际交通枢纽、商贸物流中心、历史文化名城、山水园林城市。

——曲靖、玉溪和楚雄等节点城市应依托资源特点和比较优势，加强产业分工协作和对接，实现优势互补、错位发展，形成民族特色和产业特色鲜明的城市。

——完善国际运输大通道，强化面向东南亚、南亚陆路枢纽功能。加强区域内城际快速轨道交通、通信等基础设施建设，提升区域一体化水平。

——建设优质特色农产品生产基地，发展农产品加工业，稳步提高农产品质量和效益，推进与周边国家的农业合作。

——加强以滇池为重点的高原湖泊治理和高原水土流失防治，构建以高原湖泊为主体，林地、水面相连，带状环绕、块状相间的高原生态格局。

（十四）藏中南地区

该区域包括西藏自治区中南部以拉萨为中心的部分地区(48)。

该区域的功能定位是：全国重要的农林畜产品生产加工、藏药产业、旅游、文化和矿产资源基地，水电后备基地。

——构建以拉萨为中心，以青藏铁路沿线、“一江两河”流域（雅鲁藏布江中游、拉萨河和年楚河下游）以及尼洋河中下游等地区城镇为支撑的空间开发格局。

——提升拉萨中心城市功能，提高基础设施和公共服务设施水平，建设旅游、文化基地和区域性交通、航空物流枢纽。

——完善日喀则、那曲、泽当、八一等城镇的功能，发展农林畜产品加工、旅游、藏药产业，有序开发利用矿产资源。

——推进农业科技进步，建设标准化优质粮油和牧草基地，抓好林下资源开发，推进农业产业化经营。

——加强草原保护，增强草地生态系统功能，提高草原畜牧业生产水平。

——维护生态系统多样性，加强流域保护，推进雅鲁藏布江综合治理，构建以雅鲁藏布江、拉萨河、年楚河、尼洋河为骨架，以自然保护区为主体的生态格局。

（十五）关中—天水地区

该区域位于全国“两横三纵”城市化战略格局中陆桥通道横轴和包昆通道纵轴的交汇处，包括陕西省中部以西安为中心的部分地区和甘肃省天水的部分地区(49)。

该区域的功能定位是：西部地区重要的经济中心，全国重要的先进制造业和高新技术产业基地，科技教育、商贸中心和综合交通枢纽，西北地区重要的科技创新基地，全国重要的历史文化基地。

——构建以西安—咸阳为核心，以陇海铁路、连霍高速沿线走廊为主轴，以关中环线、包茂、京昆、银武高速公路关中段沿线走廊为副轴的空间开发格局。

——强化西安科技、教育、商贸、金融、文化和交通枢纽功能，推进西安、咸阳一体化进程和西咸新区建设，加强产业合作和城市功能对接，建设全国重要的科技研发和文化教育中心，高新技术产业和先进制造业基地，区域性商贸物流会展中心以及国际一流旅游目的地。

——壮大陇海沿线发展主轴，扩大交通通道综合能力，强化产业配套功能，壮大宝鸡、铜川、渭南、商洛、杨凌、兴平、天水等城市的规模，形成西部地区重要的城市群。

——培育高速公路沿线发展副轴，依托现有的开发区和工业园区，加强产业配套对接，提高沿线中小城市的人口承载能力，集聚人口和经济，成为地区对外辐射极。

——加大中低产田改造力度，加快农业结构调整，建设特色农产品生产和加工基地，提高农业产业化水平。

——加强渭河、泾河、石头河、黑河源头和秦岭北麓等水源涵养区的保护，加强地下水保护，修复水面、湿地、林地、草地，构建以秦岭北麓、渭河和泾河沿岸生态廊道为主体的生态格局。

（十六）兰州—西宁地区

该区域位于全国“两横三纵”城市化战略格局中陆桥通道横轴上，包括甘肃省以兰州为中心的部分地区和青海省以西宁为中心的部分地区(50)。

该区域的功能定位是：全国重要的循环经济示范区，新能源和水电、盐化工、石化、有色金属和特色农产品加工产业基地，西北交通枢纽和商贸物流中心，区域性的新材料和生物医药产业基地。

——构建以兰州、西宁为中心，以白银、格尔木为支撑，以陇海兰新铁路、包兰兰青铁路、青藏铁路沿线走廊为主轴的空间开发格局。

——提升兰州、西宁综合功能和辐射带动能力，推进兰州与白银、西宁与海东的一体化。壮大白银、格尔木等城市规模，增强产业集聚能力，加强产业合作和城市功能对接，建设重要的能源、化工和原材料基地。建设柴达木国家循环经济试验区。

——强化向西对外开放通道陆路枢纽功能，提升交通通道综合能力。

——发展旱作农业和生态农业，推进特色优势农牧产品基地建设，加强草原保护，构建农产品加工业产业集群。

——保护和合理开发利用水资源，加强黄河干流和湟水河、大通河流域生态环境保护和污染治理，加大青海湖保护力度，做好水土流失治理和沙化防治，提高植被覆盖率，着力扩大绿色生态空间。

（十七）宁夏沿黄经济区

该区域位于全国“两横三纵”城市化战略格局中包昆通道纵轴的北部，包括宁夏回族自治区以银川为中心的黄河沿岸部分地区(51)。

该区域的功能定位是：全国重要的能源化工、新材料基地，清真食品及穆斯林用品和特色农产品加工基地，区域性商贸物流中心。

——构建以银川—吴忠为核心，以石嘴山和中卫为两翼，以主要交通通道为轴线的空间开发格局。

——提升银川区域性中心城市地位，完善综合服务功能，培育发展金融、物流、信息等产业，提高产业和人口集聚能力，增强辐射带动作用。壮大石嘴山、吴忠、中卫等节点城市的规模，加强产业分工和城市功能互补。

——加强宁东能源化工基地建设，建成全国重要的大型煤炭基地、“西电东送”火电基地、煤化工产业基地和循环经济示范区。

——推进节水型灌区建设，加强农田设施建设和盐碱地改造，调整农牧业结构，稳定粮食生产。

——保护和合理利用沙区资源，建设全国防沙治沙示范区，构建以贺兰山防风防沙生态屏障、黄河湿地生态带，以及自然保护区、湿地公园、国家森林公园等为主体的生态格局。

（十八）天山北坡地区

该区域位于全国“两横三纵”城市化战略格局中陆桥通道横轴的西端，包括新疆天山以北、准噶尔盆地南缘的带状区域以及伊犁河谷的部分地区（含新疆生产建设兵团部分师市和团场）(52)。

该区域的功能定位是：我国面向中亚、西亚地区对外开放的陆路交通枢纽和重要门户，全国重要的能源基地，我国进口资源的国际大通道，西北地区重要的国际商贸中心、物流中心和对外合作加工基地，石油天然气化工、煤电、煤化工、机电工业及纺织工业基地。

——构建以乌鲁木齐—昌吉为中心，以石河子、奎屯—乌苏—独山子三角地带和伊犁河谷为重点的空间开发格局。

——推进乌昌一体化建设，提升贸易枢纽功能和制造业功能，建设西北地区重要的国际商贸中心、制造业中心、出口商品加工基地。发展壮大石河子、克拉玛依、奎屯、博乐、伊宁、五家渠、阜康等节点城市。

——强化向西对外开放大通道功能，扩大交通通道综合能力。

——发展旱作节水农业和设施农业，培育特色农牧产业，发展集约化、标准化高效养殖，推进农业发展方式转变。

——保护天山北坡山地水源涵养区，加强伊犁草原森林生态建设，建设艾比湖流域防治沙尘与湿地保护功能区、克拉玛依—玛纳斯湖—艾里克湖沙漠西部防护区、玛纳斯—木垒沙漠东南部防护区以及供水沿线等“三区一线”生态防护体系。

3.限制开发区域

（1）农产品主产区——限制进行大规模高强度工业化城镇化开发的农产品主产区

国家层面限制开发的农产品主产区是指具备较好的农业生产条件，以提供农产品为主体功能，以提供生态产品、服务产品和工业品为其他功能，需要在国土空间开发中限制进行大规模高强度工业化城镇化开发，以保持并提高农产品生产能力的区域(53)。

（2）重点生态功能区——限制进行大规模高强度工业化城镇化开发的重点生态功能区

国家层面限制开发的重点生态功能区是指生态系统十分重要，关系全国或较大范围区域的生态安全，目前生态系统有所退化，需要在国土空间开发中限制进行大规模高强度工业化城镇化开发，以保持并提高生态产品供给能力的区域。

4.禁止开发区域

——禁止进行工业化城镇化开发的重点生态功能区

国家禁止开发区域是指有代表性的自然生态系统、珍稀濒危野生动植物物种的天然集中分布地、有特殊价值的自然遗迹所在地和文化遗址等，需要在国土空间开发中禁止进行工业化城镇化开发的重点生态功能区。

三、能源与资源

——主体功能区形成的能源与资源支撑

1．主要原则

能源、矿产资源的开发布局和水资源的开发利用，要坚持以下原则：

——能源基地和矿产资源基地以及水功能区分布于优化开发、重点开发、限制开发区域之中，不属于独立的主体功能区。能源基地和矿产资源基地以及水功能区的布局，要服从和服务于国家和省级主体功能区规划确定的所在区域的主体功能定位，符合该主体功能区的发展方向和开发原则。

——能源基地和矿产资源基地的建设布局，要坚持“点上开发、面上保护”的原则。通过点上开发，促进经济发展，提高人民生活水平，为生态环境保护奠定基础，同时达到面上保护目的。

——能源基地和矿产资源基地以及能源通道的建设，要充分考虑“两横三纵”城市化战略格局的需要，充分考虑“七区二十三带”农业战略格局和“两屏三带”生态安全战略格局的约束。

——能源基地和矿产资源基地的建设布局，要按照引导产业集群发展，尽量减少大规模长距离输送加工转化的原则进行。

——能源基地和矿产资源基地的建设布局，应当建立在对所在区域资源环境承载能力综合评价基础上，并要做到规划先行。能源基地和矿产资源基地的布局规划，应以主体功能区规划为基础，并与相关规划相衔接。

——能源和矿产资源的开发，应尽可能依托现有城市作为后勤保障和资源加工基地，避免形成新的资源型城市或孤立的居民点。

——位于优化开发或重点开发区域内，且资源环境承载能力较强的能源和矿产资源基地，应作为城市化地区的重要组成部分进行统筹规划、综合发展。

——位于限制开发的重点生态功能区的能源基地和矿产资源基地建设，必须进行生态环境影响评估，尽可能减少对生态空间的占用，并同步修复生态环境。其中，在水资源严重短缺、环境容量很小、生态十分脆弱、地震和地质灾害频发的地区，要严格控制能源和矿产资源开发。

——在不损害生态功能前提下，在重点生态功能区内资源环境承载能力相对较强的特定区域，支持其因地制宜适度发展能源和矿产资源开发利用相关产业。资源环境承载能力弱的矿区，要在区外进行矿产资源的加工利用。

——城市化地区和农产品主产区的发展要与水资源承载能力相适应。根据不同主体功能区发展的主要任务，合理调配水资源，统筹调配流域和区域水资源，综合平衡各地区、各行业的水资源需求以及生态环境保护的要求。

——实行严格的水资源管理制度。根据水资源和水环境承载能力，强化用水需求和用水过程管理，实现水资源的有序开发、有限开发、有偿开发和高效可持续利用。

——对水资源过度开发地区以及由于水资源过度开发造成的生态脆弱地区，要通过水资源合理调配逐步退还挤占的生态用水，使这些地区的生态系统功能逐步得到恢复，维护河流和地下水系统的功能。

2.能源开发布局

重点在能源资源富集的山西、鄂尔多斯盆地、西南、东北和新疆等地区建设能源基地，在能源消费负荷中心建设核电基地，形成以“五片一带”为主体，以点状分布的新能源基地为补充的能源开发布局框架。

——山西。合理开发煤炭资源，积极发展坑口电站，加快煤层气开发，继续发挥保障全国能源安全的功能。除满足本地区能源需要外，应主要保障京津冀、山东半岛、长江三角洲、珠江三角洲、东陇海、海峡西岸、中原、长江中游等城市化地区及其周边农产品主产区和重点生态功能区的能源需求。

——鄂尔多斯盆地。以煤炭开采加工和火力发电建设为主，加大石油、天然气、煤层气和风能开发力度，建设高效清洁大型能源输出地。除满足本地区能源需求外，应主要保障京津冀、山东半岛、长江三角洲、珠江三角洲、东陇海、江淮、海峡西岸、中原、长江中游等城市化地区及其周边农产品主产区和重点生态功能区的能源需求。

——西南地区。以水电开发为主，加快四川盆地天然气资源开发，有序开发煤炭资源和建设坑口电站，加强煤电外送通道建设，建成以水电为主体的综合性能源输出地。除满足本地区需要外，主要向长江三角洲、珠江三角洲、长江中游和北部湾等城市化地区输送水电，保障本区域农产品主产区和重点生态功能区的能源需求。

——东北地区。加强石油勘探，稳定石油产量，加快蒙东大型煤炭基地建设，积极发展坑口电站和风电，加快建设面向东北和华北的能源输送通道。除满足本地区需要外，主要保障京津冀、山东半岛等城市化地区以及本区域农产品主产区和重点生态功能区的能源需求。

——新疆。适度加大石油、天然气和煤炭资源的勘探开发，加快能源外输通道建设，加强与中亚国家的能源合作，建设我国重要的能源战略接替区。

——核电。按照整体布局、分步实施的方针，在完善核电安全保障体系的前提下，在一次能源资源匮乏的东中部负荷中心有序布局建设核电基地，逐步形成东中部核电开发带。

大力发展风能、太阳能等清洁能源。风能，重点在资源丰富的西北、华北和东北以及东部沿海地区布局建设大型风电基地。太阳能，近期重点在光伏产业较发达的山东半岛、长江三角洲、珠江三角洲等地区布局建设大型太阳能基地，中远期逐步在河西走廊、兰新线、青藏线、宁夏和内蒙古沙漠边缘等地区建设大型太阳能基地。

3.主要矿产资源开发布局

西部地区加大矿产资源开发利用力度，建设一批优势矿产资源勘查开发基地，促进优势资源转化，积极推进矿业经济区建设；中部地区大力推进矿业结构优化升级，强化综合利用；东部地区重点调整矿产资源开发利用结构，挖掘资源潜力；东北地区稳定规模，保障振兴，促进资源型城市持续发展。

——西南地区。合理开发利用攀西钒钛资源，加快技术攻关，进行保护性开发，提高资源综合利用水平，把攀西建设成为全国重要的钒钛产业基地。合理开发利用云南、贵州、广西的铜、铝、铅、锌、锡等资源。提高云南滇中、贵州开阳瓮福磷矿的开发利用水平，提高可持续发展能力，建设滇黔全国重要的磷化工基地。

——西北地区。合理开发内蒙古包头白云鄂博铁稀土矿，强化稀土资源保护和综合利用，建设全国重要的稀土生产基地。合理开发利用内蒙古、陕西、甘肃、新疆的铜、锌、镍、钼等资源。加强青海、新疆盐湖资源开发，加大对钾、镁、锂、硼等多种矿产综合开发利用的力度，构建循环经济产业链，建设青海柴达木、新疆罗布泊资源综合开发利用基地。

——中部地区。合理开发利用山西、河南铝土矿，以及江西、湖南、湖北、安徽的铜、铅、锌、锡、钨等资源。促进山西吕梁太行、湖北鄂东、安徽皖江和江西赣中铁矿的开发利用。做好赣南赣北、湘南钨和稀土的保护性开发。提高湖北宜昌磷矿开发利用水平，发展磷化工深加工产业。

——东北地区。充分挖掘辽宁鞍本铁矿资源潜力，合理开发利用黑龙江、辽宁、吉林的铅、锌、铜、金、钼等资源以及菱镁矿等非金属矿产，积极发展接续产业，促进资源型城市转型发展。

——东部沿海地区。综合利用好河北承德钒钛磁铁矿、冀东铁金矿、海南铁矿，整顿并合理开发利用山东铁矿资源，合理开发利用广东、福建的铜、铅、锌等资源。充分发挥区位优势，更多地利用进口矿产资源支撑经济发展。

4.水资源开发利用

——松花江、辽河区。合理开发松嫩平原及三江平原的水资源，保障哈长地区、辽中南地区工业化城镇化以及农产品主产区对水资源的需求。合理配置区域水资源，改善辽宁中西部、吉林中西部地区水资源短缺状况，逐步解决辽河以及辽东半岛等地区水资源开发过度的问题，退还挤占的生态用水和超采的地下水。

——黄河、淮河、海河区。采取最严格的节水措施，加大水污染治理，强化水资源保护。调整经济布局，严格控制高耗水产业发展，推进京津冀、山东半岛形成节水型产业体系。加强水资源综合利用，适度增加跨流域调水规模，增加生态用水量，扭转黄河、淮河、海河等过度开发的局面，改善水生态系统功能。

——长江、西南诸河区。长江上游和西南诸河区，要统筹干支流、上中下游梯级开发，加强水资源开发管理。结合水能资源开发，加强水资源控制性工程建设，保障重点开发区域用水需求，解决云贵高原和川渝北部山区缺水问题。长江中游区，要加强节约用水和防污治污，加强对干流和支流、丰水和枯水期水资源统筹调控能力，保障重点开发区域和农业发展、生态用水的需要，合理规划向区域外调水。长江下游区，要加强水环境治理和循环利用，优化空间布局，减少对水空间的占用，提高水资源利用水平。

——珠江、东南诸河区。适应区域水资源差异大的特点，在严格节水减排基础上，通过加强水源调蓄能力与区域水资源合理配置，保障水资源供给。珠江上游地区要重点解决局部地区工程性缺水问题，中下游地区重点解决河道与河口水生态环境问题。浙江、福建、广东、广西及海南岛等沿海地区，要提高水资源调配能力，保障城市化地区用水需求，解决季节性缺水。加强珠江三角洲及钱塘江、闽江下游水污染治理，改善生态环境。

——西北诸河区。水资源开发要以保护生态环境为前提，合理调配区域水资源，加强对塔里木河、吐哈盆地、天山北麓诸河、石羊河、黑河、疏勒河等重要河流和重点地区的生态修复。在逐步改善和恢复河湖生态环境与地下水系统的同时，控制高耗水产业，制止盲目开荒，增强可持续发展能力。

四、区域政策

实行分类管理的区域政策，形成经济社会发展符合各区域主体功能定位的导向机制。

1.财政政策

按主体功能区要求和基本公共服务均等化原则，深化财政体制改革，完善公共财政体系。

——适应主体功能区要求，加大均衡性转移支付力度。中央财政继续完善激励约束机制，加大奖补力度，引导并帮助地方建立基层政府基本财力保障制度，增强限制开发区域基层政府实施公共管理、提供基本公共服务和落实各项民生政策的能力。中央财政在均衡性转移支付标准财政支出测算中，应当考虑属于地方支出责任范围的生态保护支出项目和自然保护区支出项目，并通过明显提高转移支付系数等方式，加大对重点生态功能区特别是中西部重点生态功能区的均衡性转移支付力度。省级财政要完善对省以下转移支付体制，建立省级生态环境补偿机制，加大对重点生态功能区的支持力度。建立健全有利于切实保护生态环境的奖惩机制。对位于重点生态功能区的新疆生产建设兵团所属团场，黑龙江森工、农垦系统所属局、场的财政政策比照县执行。

——鼓励探索建立地区间横向援助机制，生态环境受益地区应采取资金补助、定向援助、对口支援等多种形式，对重点生态功能区因加强生态环境保护造成的利益损失进行补偿。

——加大各级财政对自然保护区的投入力度。在定范围、定面积、定功能基础上定经费，并分清中央、省、市、县各级政府的财政责任。

2.投资政策

（一）政府投资

将政府预算内投资分为按主体功能区安排和按领域安排两个部分，实行二者相结合的政府投资政策。

——按主体功能区安排的投资，主要用于支持国家重点生态功能区和农产品主产区特别是中西部国家重点生态功能区和农产品主产区的发展，包括生态修复和环境保护、农业综合生产能力建设、公共服务设施建设、生态移民、促进就业、基础设施建设以及支持适宜产业发展等。实施国家重点生态功能区保护修复工程，每五年统筹解决若干个国家重点生态功能区民生改善、区域发展和生态保护问题，根据规划和建设项目的实施时序，按年度安排投资数额。优先启动西部地区国家重点生态功能区保护修复工程。

——按领域安排的投资，要符合各区域的主体功能定位和发展方向。逐步加大政府投资用于农业、生态环境保护方面的比例。基础设施投资，要重点用于加强国家重点开发区域特别是中西部国家重点开发区域的交通、能源、水利、环保以及公共服务设施的建设。生态环境保护投资，要重点用于加强国家重点生态功能区特别是中西部国家重点生态功能区生态产品生产能力的建设。农业投资，要重点用于加强农产品主产区特别是中西部农产品主产区农业综合生产能力的建设。对重点生态功能区和农产品主产区内国家支持的建设项目，适当提高中央政府补助或贴息比例，降低省级政府投资比例，逐步降低市（地）级和县（市）级政府投资比例。

（二）民间投资

——鼓励和引导民间资本按照不同区域的主体功能定位投资。对优化开发和重点开发区域，鼓励和引导民间资本进入法律法规未明确禁止准入的行业和领域。对限制开发区域，主要鼓励民间资本投向基础设施、市政公用事业和社会事业等。

——积极利用金融手段引导民间投资。引导商业银行按主体功能定位调整区域信贷投向，鼓励向符合主体功能定位的项目提供贷款，严格限制向不符合主体功能定位的项目提供贷款。

3.产业政策

——修订现行《产业结构调整指导目录》、《外商投资产业指导目录》和《中西部地区外商投资优势产业目录》，进一步明确不同主体功能区鼓励、限制和禁止的产业。对不同主体功能区国家鼓励类以外的投资项目实行更加严格的投资管理，其中属于限制类的新建项目按照禁止类进行管理，投资管理部门不予审批、核准或备案。

——编制专项规划、布局重大项目，必须符合各区域的主体功能定位。重大制造业项目原则上应布局在优化开发和重点开发区域，并区分情况优先在中西部国家重点开发区域布局。

——严格市场准入制度，对不同主体功能区的项目实行不同的占地、耗能、耗水、资源回收率、资源综合利用率、工艺装备、“三废”排放和生态保护等强制性标准。

——在资源环境承载能力和市场允许的情况下，依托能源和矿产资源的资源加工业项目，优先在中西部国家重点开发区域布局。

——建立市场退出机制，对限制开发区域不符合主体功能定位的现有产业，要通过设备折旧补贴、设备贷款担保、迁移补贴、土地置换等手段，促进产业跨区域转移或关闭。

4.土地政策

——按照不同主体功能区的功能定位和发展方向，实行差别化的土地利用和土地管理政策，科学确定各类用地规模。确保耕地数量和质量，严格控制工业用地增加，适度增加城市居住用地，逐步减少农村居住用地，合理控制交通用地增长。

——探索实行城乡之间用地增减挂钩的政策，城镇建设用地的增加规模要与本地区农村建设用地的减少规模挂钩。

——探索实行城乡之间人地挂钩的政策，城镇建设用地的增加规模要与吸纳农村人口进入城市定居的规模挂钩。

——探索实行地区之间人地挂钩的政策，城市化地区建设用地的增加规模要与吸纳外来人口定居的规模挂钩。

——严格控制优化开发区域建设用地增量；相对适当扩大重点开发区域建设用地规模；严格控制农产品主产区建设用地规模，严禁改变重点生态功能区生态用地用途；严禁自然文化资源保护区土地的开发建设。

——将基本农田落实到地块并在土地承包经营权登记证书上标注，严禁改变基本农田的用途和位置。

——妥善处理自然保护区内农牧地的产权关系，使之有利于引导自然保护区核心区、缓冲区人口逐步转移。

5．农业政策

——逐步完善国家支持和保护农业发展的政策，加大强农惠农政策力度，并重点向农产品主产区倾斜。

——调整财政支出、固定资产投资、信贷投放结构，保证各级财政对农业投入增长幅度高于经常性收入增长幅度，大幅度增加国家对农村基础设施建设和社会事业发展的投入，大幅度提高政府土地出让收益、耕地占用税新增收入用于农业的比例，加大中央财政对农产品主产区的转移支付力度。

——健全农业补贴制度，规范程序，完善办法，特别要支持增产增收，落实并完善农资综合补贴动态调整机制，做好对农民种粮补贴工作。

——完善农产品市场调控体系，稳步提高粮食最低收购价格，改善其他主要农产品市场调控手段，充实主要农产品储备，保持农产品价格合理水平。

——支持农产品主产区依托本地资源优势发展农产品加工业，根据农产品加工业不同产业的经济技术特点，对适宜的产业，优先在农产品主产区的县城布局。

2010年地区综合发展指数报告

为客观、全面反映各地区综合发展水平，中国统计学会根据《综合发展指数编制方案》，对2000－2010年各地区综合发展指数（CDI）进行了测算。测算结果表明，2000－2010年各地区综合发展指数稳步提升，东部地区明显高于其他地区，西部地区增速最快，2010年各地区综合发展指数比上年均有所提高。

一、四大区域综合发展指数稳步提升，西部地区增速最快

2000－2010年期间，中国四大区域[1]的综合发展指数稳步提升，其中东部地区由2000年的44.88%提升到2010年的65.32%，中部地区由2000年的35.93%提升到2010年的54.13%，西部地区由2000年的33.72%提升到2010年的52.23%，东北地区由2000年的38.96%提升到2010年的56.35%（见图1）。

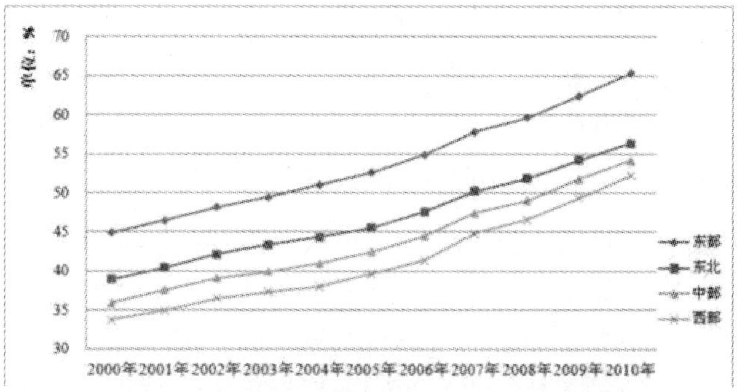

图1　2000–2010年中国四大区域综合发展指数

综合发展指数由“经济发展”、“民生改善”、“社会发展”、“生态建设”和“科技创新”五大类分项指数组成。2010年，东部、东北、中部和西部地区“经济发展”类指数分别为73.29%、67.49%、57.91%和58.72%；“民生改善”类指数分别为73.21%、63.04%、61.33%和55.54%；“社会发展”类指数分别为67.32%、68.28%、66.93%和66.12%；“生态建设”类指数分别为65.90%、54.52%、57.73%和55.31%；“科技创新”类指数分别为38.37%、15.16%、14.72%和13.54%（见图2）。

2001－2010年，东部、东北、中部和西部地区综合发展指数年均增速分别为3.82%、3.76%、4.18%和4.47%，在四大区域中西部地区增速最快，中部地区次之（见图3）。

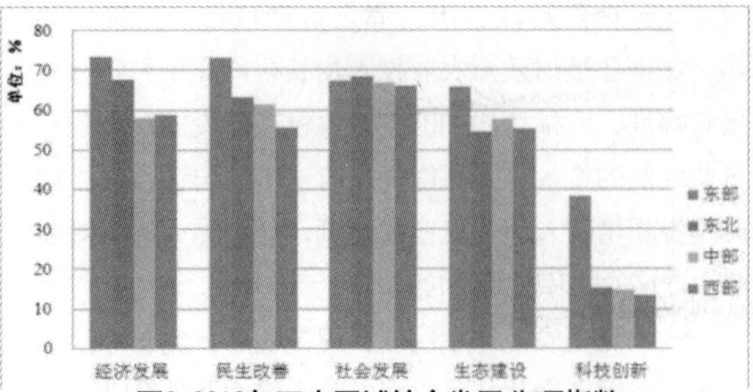

图2 2010年四大区域综合发展分项指数

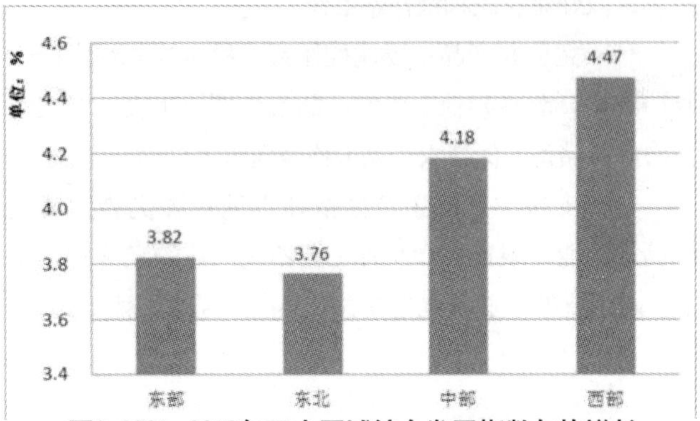

图3 2001—2010年四大区域综合发展指数年均增长

二、31个省（区、市）综合发展指数普遍提高，差距有所缩小

2000－2010年，31个省（区、市）的综合发展指数普遍呈现向好的趋势（见附表1和图4）。

2010年综合发展指数排在前十名的地区分别为北京、上海、天津、浙江、江苏、广东、福建、辽宁、山东和重庆（见附表2）。2000－2010年，综合发展指数年均增速排在前十名的地区分别为贵州、新疆、重庆、山西、四川、江西、西藏、安徽、宁夏和甘肃（见附表3）。

需要关注的是，全国31个省（区、市）综合发展指数的变异系数[2]，自2004年后呈现逐年缩小的趋势

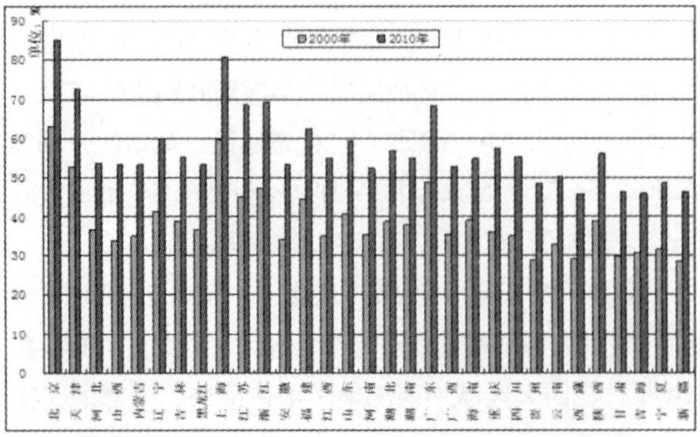

图4 2000－2010年各地区综合发展指数比较

（见图5）。

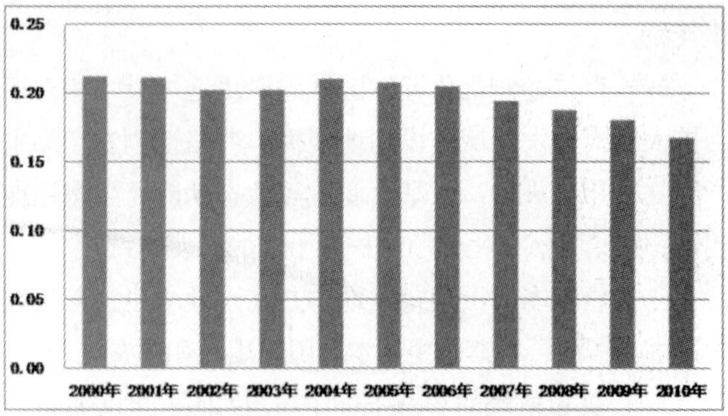

图5 2000－2010年各地区综合发展指数变异系数

三、综合发展指数与人均GDP有一定的相关性，但个别地区差异较大

若将2010年全国31个省（区、市）综合发展指数排序结果，与按人均GDP的排序结果进行对比可以发现，两者之间有一定的相关性（见图6），但个

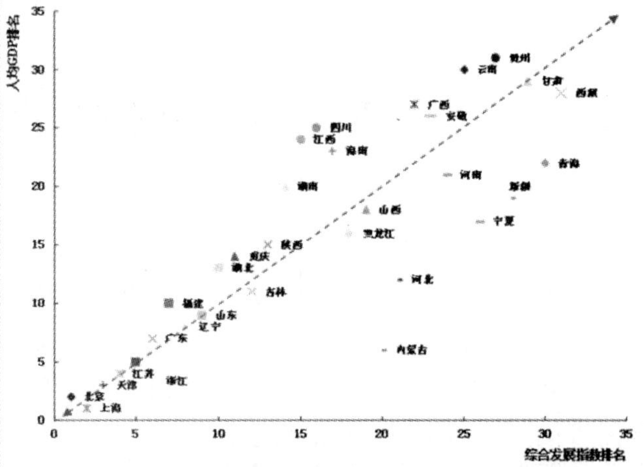

图6 综合发展指数排序与人均GDP排序相关图

别地区人均GDP排位与综合发展指数排位有较大的差异。

四、与2009年相比，2010年各地区综合发展指数均有所提高

2010年，东部、东北、中部和西部地区综合发展指数比2009年分别提高4.65%、4.03%、4.55%和5.85%，在四大区域中西部地区增长仍然最快（见图7）。

2010年，31个省（区、市）综合发展指数比上年都有所提高，近一半省份增幅达到5%以上，其中，贵州、青海、西藏、宁夏、海南、甘肃、陕西、云南、新疆和重庆增幅位列前10名（见图8）。

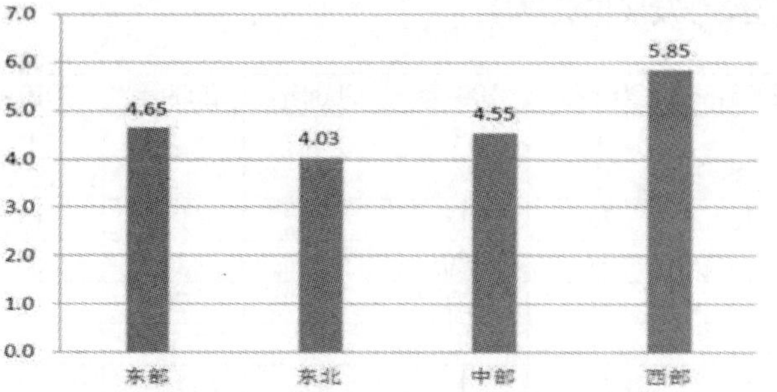

图7 2010年四大区域综合发展指数比上年提高

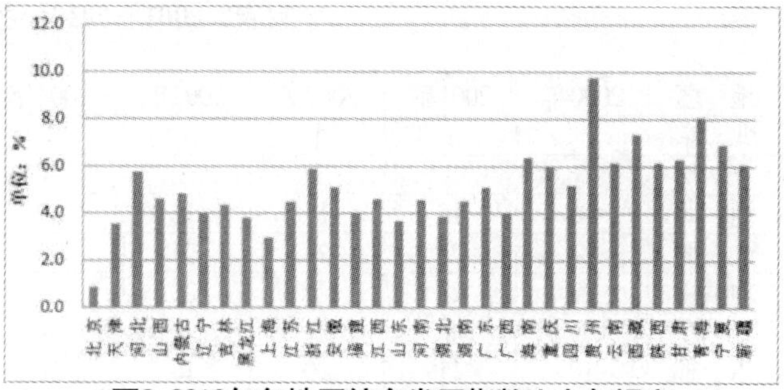

图8 2010年各地区综合发展指数比上年提高

注：[1]东部地区包括北京、天津、河北、上海、江苏、浙江、福建、山东、广东和海南10省（市）；中部地区包括山西、安徽、江西、河南、湖北和湖南6省；西部地区包括内蒙古、广西、重庆、四川、贵州、云南、西藏、陕西、甘肃、青海、宁夏和新疆12省（区、市）；东北地区包括辽宁、吉林和黑龙江3省。

[2]标准差与平均数的比值称为变异系数，记为C V。变异系数是衡量资料中各观测值变异程度的一个统计量，它可以消除单位和（或）平均数不同对两个或多个地区变异程度比较的影响。

附表1 2000－2010年各地区综合发展指数

地　区	2000年	2001年	2002年	2003年	2004年	2005年	2006年	2007年	2008年	2009年	2010年
北　京	62.88	65.32	67.37	68.30	72.53	74.95	77.54	81.01	82.13	84.33	85.05
天　津	52.88	55.03	57.53	58.27	60.27	61.38	64.17	66.67	68.04	70.18	72.65
河　北	36.71	37.93	39.36	40.43	41.06	42.92	44.56	47.07	48.66	50.79	53.71
山　西	33.73	35.17	38.00	38.57	39.31	40.79	43.70	46.79	47.45	51.05	53.41
内蒙古	34.86	35.49	36.69	37.48	39.11	42.02	44.13	46.45	48.29	50.97	53.42
辽　宁	41.15	42.90	44.28	45.94	46.89	48.79	51.05	53.74	55.17	57.42	59.71
吉　林	38.61	40.30	42.15	43.15	44.46	44.96	46.46	49.49	51.28	53.11	55.41
黑龙江	36.79	37.78	39.72	40.70	41.51	42.35	44.43	46.80	48.55	51.30	53.26
上　海	59.53	61.05	61.73	64.67	66.81	68.32	70.99	74.85	75.42	78.25	80.57
江　苏	44.85	46.34	48.17	50.05	52.54	53.79	55.79	59.19	61.42	65.51	68.45
浙　江	47.05	48.80	49.77	51.55	52.94	56.09	58.69	61.12	62.79	65.42	69.26
安　徽	34.26	36.01	37.14	37.45	39.23	39.88	42.21	45.52	47.91	50.62	53.21
福　建	44.37	45.98	47.23	48.63	50.00	51.17	52.90	55.86	57.81	60.15	62.58
江　西	35.06	36.70	38.80	40.02	40.96	43.39	44.90	48.17	50.15	52.57	54.99
山　东	40.65	41.66	43.50	45.01	45.98	47.46	49.87	52.99	54.60	57.21	59.32
河　南	35.15	37.04	38.43	39.57	40.42	41.75	43.57	46.40	47.50	50.14	52.42
湖　北	38.73	39.88	41.73	42.55	43.49	45.15	47.48	50.26	51.64	54.59	56.68
湖　南	37.85	39.84	40.33	41.18	42.19	43.62	45.33	48.04	50.03	52.64	55.03
广　东	48.71	50.82	52.64	52.96	54.65	55.47	57.85	60.65	62.39	64.98	68.28
广　西	35.48	36.81	38.03	38.83	39.22	41.18	42.56	45.64	47.07	50.71	52.75
海　南	38.92	40.56	41.96	41.73	42.34	43.54	45.54	47.27	48.59	51.48	54.75
重　庆	35.94	36.48	37.81	39.39	41.38	43.28	45.87	49.58	51.53	54.26	57.51
四　川	35.06	37.50	39.43	39.74	40.05	41.67	44.03	47.96	49.67	52.46	55.18
贵　州	28.69	29.93	31.43	32.56	33.69	35.58	36.55	40.01	41.09	43.97	48.25
云　南	32.79	33.10	34.44	35.70	36.68	37.92	39.42	43.18	45.21	47.52	50.45
西　藏	29.20	31.50	33.64	33.96	35.66	34.91	37.84	39.81	40.87	42.47	45.60
陕　西	38.56	39.48	40.96	41.06	41.09	41.88	43.81	47.34	49.97	52.69	55.94
甘　肃	29.81	30.14	32.02	33.15	33.76	35.40	36.09	38.96	41.05	43.32	46.04
青　海	30.65	31.78	32.87	34.52	35.06	36.52	38.32	40.16	40.94	42.52	45.95
宁　夏	31.37	33.76	36.43	35.29	35.87	37.18	39.50	42.81	44.02	45.56	48.71
新　疆	28.54	29.94	32.00	33.86	33.94	34.66	36.18	39.69	41.22	43.80	46.46

附表2 2001－2010年各地区综合发展指数排序

地 区	2000年	2001年	2002年	2003年	2004年	2005年	2006年	2007年	2008年	2009年	2010年
北 京	1	1	1	1	1	1	1	1	1	1	1
天 津	3	3	3	3	3	3	3	3	3	3	3
河 北	16	15	17	16	17	16	16	18	17	21	18
山 西	24	24	21	22	21	23	21	20	23	19	20
内蒙古	22	23	24	23	24	18	18	21	20	20	19
辽 宁	8	8	8	8	8	8	8	8	8	8	8
吉 林	12	11	10	10	10	11	11	12	12	12	13
黑龙江	15	16	15	15	14	17	17	19	19	18	21
上 海	2	2	2	2	2	2	2	2	2	2	2
江 苏	6	6	6	6	6	6	6	6	6	4	5
浙 江	5	5	5	5	5	4	4	4	4	5	4
安 徽	23	22	23	24	22	24	24	24	21	23	22
福 建	7	7	7	7	7	7	7	7	7	7	7
江 西	21	20	18	17	18	14	15	13	13	15	16
山 东	9	9	9	9	9	9	9	9	9	9	9
河 南	19	18	19	19	19	20	22	22	22	24	24
湖 北	11	12	12	11	11	10	10	10	10	10	11
湖 南	14	13	14	13	13	12	14	14	14	14	15
广 东	4	4	4	4	4	5	5	5	5	6	6
广 西	18	19	20	21	23	22	23	23	24	22	23
海 南	10	10	11	12	12	13	13	17	18	17	17
重 庆	17	21	22	20	15	15	12	11	11	11	10
四 川	20	17	16	18	20	21	19	15	16	16	14
贵 州	30	31	31	31	31	28	29	28	28	27	27
云 南	25	26	26	25	25	25	26	25	25	25	25
西 藏	29	28	27	28	27	30	28	29	31	31	31
陕 西	13	14	13	14	16	19	20	16	15	13	12
甘 肃	28	29	29	30	30	29	31	31	29	29	29
青 海	27	27	28	27	28	27	27	27	30	30	30
宁 夏	26	25	25	26	26	26	25	26	26	26	26
新 疆	31	30	30	29	29	31	30	30	27	28	28

附表3 各地区综合发展指数增长情况

地 区	2001－2010年 累计增长速度	2001－2010年 累计增长速度排序	“十五”期间 年均增长速度	“十一五”期间 年均增长速度
北 京	35.26	31	3.57	2.56
天 津	37.37	29	3.03	3.43
河 北	46.33	19	3.18	4.59
山 西	58.36	4	3.88	5.54
内蒙古	53.24	12	3.81	4.92
辽 宁	45.08	22	3.46	4.12
吉 林	43.52	25	3.09	4.27
黑龙江	44.76	24	2.85	4.69
上 海	35.35	30	2.79	3.35
江 苏	52.60	13	3.70	4.94
浙 江	47.22	17	3.58	4.31
安 徽	55.29	8	3.08	5.94
福 建	41.05	26	2.89	4.11
江 西	56.86	6	4.36	4.85
山 东	45.91	20	3.15	4.56
河 南	49.16	15	3.51	4.66
湖 北	46.33	18	3.11	4.65

湖　南	45.39	21	2.88	4.76
广　东	40.18	28	2.63	4.24
广　西	48.67	16	3.02	5.08
海　南	40.68	27	2.27	4.69
重　庆	60.02	3	3.79	5.85
四　川	57.35	5	3.51	5.78
贵　州	68.20	1	4.40	6.28
云　南	53.83	11	2.95	5.88
西　藏	56.17	7	3.64	5.49
陕　西	45.06	23	1.66	5.96
甘　肃	54.42	10	3.50	5.40
青　海	49.94	14	3.57	4.70
宁　夏	55.27	9	3.46	5.55
新　疆	62.78	2	3.96	6.04

附表4 2010年各省（区、市）综合发展指数与人均GDP、HDI、全面小康指数的比较

	综合发展指数	人均GDP	HDI*	全面小康指数
北　京	1	2	2	2
天　津	3	3	3	4
河　北	21	12	10	21
山　西	19	18	14	23
内蒙古	20	6	13	13
辽　宁	8	8	7	8
吉　林	12	11	9	11
黑龙江	18	16	11	14
上　海	2	1	1	1
江　苏	4	4	6	5
浙　江	5	5	5	6
安　徽	23	26	26	17
福　建	7	10	12	7
江　西	15	24	25	19
山　东	9	9	8	9
河　南	24	21	15	20
湖　北	10	13	16	12
湖　南	14	20	19	10
广　东	6	7	4	3
广　西	22	27	20	24
海　南	17	23	17	16
重　庆	11	14	18	15
四　川	16	25	24	18
贵　州	27	31	30	29
云　南	25	30	28	25
西　藏	31	28	31	28
陕　西	13	15	22	22
甘　肃	29	29	29	27
青　海	30	22	27	31
宁　夏	26	17	23	26
新　疆	28	19	21	30

*注：HDI（人类发展指数）为2008年排名。

附表5 2010年各地区综合发展指数及分类指数

地　区	综合发展	经济发展	民生改善	社会发展	生态建设	科技创新
北　京	85.05	96.13	90.63	82.17	74.38	78.38
天　津	72.65	87.56	80.49	70.16	70.02	46.24

河　北	53.71	58.00	62.35	66.11	56.34	13.22
山　西	53.41	60.80	58.39	70.41	51.53	12.71
内蒙古	53.42	67.80	58.54	66.71	51.39	7.89
辽　宁	59.71	72.69	65.92	68.47	58.13	20.70
吉　林	55.41	63.62	61.82	72.08	53.70	11.67
黑龙江	53.26	64.34	60.61	65.35	51.00	11.34
上　海	80.57	99.02	87.41	71.29	71.96	67.99
江　苏	68.45	74.94	74.62	66.11	65.62	56.88
浙　江	69.26	73.48	84.17	66.97	69.05	44.83
安　徽	53.21	57.92	62.13	61.98	58.92	13.11
福　建	62.58	71.93	70.03	67.66	68.84	22.57
江　西	54.99	58.19	63.60	65.32	60.79	15.17
山　东	59.32	64.85	68.12	65.35	62.81	25.03
河　南	52.42	53.16	60.00	67.14	58.38	11.10
湖　北	56.68	61.63	61.97	68.69	56.05	24.82
湖　南	55.03	59.70	62.04	68.79	58.46	13.35
广　东	68.28	79.51	73.46	67.02	70.00	43.83
广　西	52.75	56.33	59.15	66.07	61.14	7.92
海　南	54.75	66.98	60.60	66.09	58.87	6.42
重　庆	57.51	66.93	60.83	65.76	64.67	17.68
四　川	55.18	59.65	59.05	65.80	59.34	22.08
贵　州	48.25	55.24	50.92	65.22	50.49	6.37
云　南	50.45	55.57	48.96	71.22	57.47	5.77
西　藏	45.60	52.92	51.25	64.56	42.29	2.98
陕　西	55.94	61.03	54.72	69.23	57.16	29.26
甘　肃	46.04	52.17	48.92	62.84	44.95	9.55
青　海	45.95	57.26	49.02	64.38	39.66	5.80
宁　夏	48.71	59.67	54.76	62.36	44.64	8.89
新　疆	46.46	56.12	57.56	58.26	41.23	5.30

2010年东、中、西和东北地区工业推动经济较快增长

2010年，东、中、西和东北地区的工业增加值比上年分别增长16.7%、21.9%、20.3%和17.8%。从增长趋势来看，各地区工业增速相比前几个季度普遍回落，但比2009年仍然分别加快5.0、5.0、2.9和1.8个百分点，比2008年也分别高4.0、3.3、1.9和1.0个百分点，增速仍是近年较高水平。

2010年，中部地区增速列四个地区首位，中部六省工业均保持20%左右的高增长。西部地区中，广西、重庆、四川和青海增速分别达到23.7%、23.7%、23.5%和20.6%。东部地区的天津和福建较快增长，分别增长23.7%和20.5%。

2010年长三角、珠三角与京津冀地区地方财政收入大幅增长

2010年，长三角、珠三角和京津冀地区分别实现地方财政收入9561.9、3138.6和4259.5亿元，分别增长20.9%、31.5%和21.7%，增速比上年分别提高8.2、19.8和8.1个百分点，增速加快幅度较大。长三角三省市中，上海、江苏和浙江分别增长13.1%、26.4%和21.7%，江苏和浙江增速较快。珠三角九城市中，肇庆增长最快，增速达到37.4%，其他城市也都增长20%以上。京津冀地区，北京和天津分别增长16.1%和30.1%，河北各城市中，廊坊和沧州增长最快，分别增长52.8%和41.0%。除唐山（15.4%）外，其他各城市增长也在20%以上。

2010年黄河三角洲高效生态经济区经济发展情况

2010年，黄河三角洲高效生态经济区建设工作取得了新成效，区内主要经济指标增幅均高于全省平均水平。2010年，实现地区生产总值5678.5亿元，增长13.6%；规模以上固定资产投资3177.4亿元，增长24.9%；地方财政收入308.1亿元，增长29.3%；进出口总额189.5亿美元，增长67.3%；增幅分别高于全省平均水平1.1、2.6、4.2、31.4个百分点。

2010年广西北部湾经济区地区生产总值持续较快增长

2010年，广西北部湾经济区生产总值(GDP)3021.73亿元，增长15.6%，比全区快1.4个百分点，对全区GDP增长的贡献率为32.9%，占全区GDP的比重为31.8%。从各市增速看，钦州市发展迅速，增长18.0%，比全区快3.8个百分点，排全区第1位；防城港市增长17.8%，排第3位；北海市增长17.6%，排第5位；南宁市增长14.2%，排第9位。

（国家发展改革委地区司规划处供稿）

地区投资

2010年和“十一五”期间北京市固定资产投资与房地产开发情况

固定资产投资：全年完成全社会固定资产投资5493.5亿元，比上年增长13.1%。

分登记注册类型看，国有内资单位完成投资1907.3亿元，比上年下降17.7%；非国有内资单位完成投资3179.1亿元，增长51.6%；外商及港澳台单位完成投资407.1亿元，下降8.5%。

分城乡看，城镇投资5002.6亿元，增长14.3%；农村投资490.9亿元，增长2.2%。

分产业看，第一产业投资43.2亿元，下降24.8%；第二产业投资528.1亿元，增长28.4%，其中工业投资522.3亿元，增长28.6%；第三产业投资4922.3亿元，增长12.1%。

表1 2010年分行业固定资产投资

行业名称	投资额（亿元）	比上年增长（%）
总　　计	5493.5	13.1
农、林、牧、渔业	43.2	-24.8
采矿业	9.3	-59.8
制造业	355.3	63.3
电力、燃气及水的生产和供应业	157.8	-4.7
建筑业	5.7	10.2
交通运输、仓储和邮政业	736.1	0.8
信息传输、计算机服务和软件业	143.3	2.4
批发和零售业	30.8	52.3
住宿和餐饮业	36.1	-10.5
金融业	30.3	309.7
房地产业	3196.2	17.2
租赁和商务服务业	27.7	4.9
科学研究、技术服务和地质勘查业	85.3	40.5
水利、环境和公共设施管理业	378.2	5.1
居民服务和其他服务业	6.8	3.4
教育	88.8	34.8
卫生、社会保障和社会福利业	39.1	-5.7
文化、体育和娱乐业	71.9	-7.1
公共管理和社会组织	51.6	-38.9

全年完成基础设施投资1403.5亿元，下降4%，主要投向交通运输和公共服务业，交通运输投资720.5亿元，所占比重为51.3%，公共服务业投资359.1亿元，所占比重为25.6%。

房地产开发：全年完成房地产开发投资2901.1亿元，比上年增长24.1%。其中住宅投资1509亿元，增长66.4%；办公楼投资259.1亿元，增长55.4%；商业营业用房投资336.3亿元，增长67.5%。

表2 2010年房地产开发和销售主要指标

指　　标	单 位	绝对数	比上年增长%
房地产开发投资	亿元	2901.1	24.1
其中：住宅	亿元	1509	66.4
商品房施工面积	万平方米	10300.9	6
其中：住宅	万平方米	6176	11.2
其中：新开工面积	万平方米	2974.2	32.4
其中：住宅	万平方米	2063.4	49.5
商品房竣工面积	万平方米	2386.7	−10.9
其中：住宅	万平方米	1498.5	−7.1
商品房销售面积	万平方米	1639.5	−30.6
其中：住宅	万平方米	1201.4	−36.1
商品房待售面积	万平方米	1482.7	9.7
其中：住宅	万平方米	511.9	19.9
本年资金来源	亿元	5790.6	−5.5
其中：国内贷款	亿元	1439.1	−39.2
自筹资金	亿元	1763	71.7
定金及预收款	亿元	1611	−3.2

政策房建设：全市完成政策性住房投资412.7亿元。年末政策性住房施工面积4023.4万平方米，其中，新开工面积1958.5万平方米。全年政策性住房竣工面积495.1万平方米。住宅销售面积203.5万平方米。

“十一五”期间，全市完成全社会固定资产投资21538.5亿元，是“十五”时期的2倍；五年间年均增长14.4%，低于“十五”时期平均增速3.3个百分点。其中，累计完成基础设施投资6137.3亿元，是“十五”时期的2.7倍，五年间年均增长24.3%，高于“十五”时期平均增速15.8个百分点；累计完成房地产开发投资10863.2亿元，是“十五”时期的1.8倍，五年间年均增长12%，低于“十五”时期平均增速17个百分点。

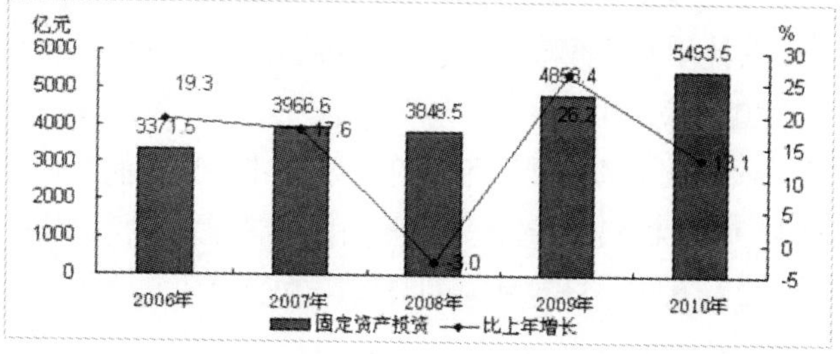

北京亿创网安科技股份有限公司

一、企业基本概况

北京亿创网安科技股份有限公司成立于2003年9月，注册资本2022万元，股票代码：430072。公司由一批多年从事安全技术和金融产品开发的高级人才创立。主要从事金融行业应用软件、网络安全系统、数据仓库平台、数据挖掘系统、数据交互平台、无线POS终端、RFID物联网应用、云计算产品、数字城市及政府信息化产品的设计、开发与销售。

公司的管理团队是由在高科技行业中多年从事管理工作的高级管理人员组成，拥有丰富的高科技企业和高级技术人员的管理经验和创新理念。公司在发展过程中不断吸收优秀的软件研发人员，目前员工总数86人，其中研发人员54人，占总人数的62.8%，另有技术服务人员17人，占19.8%。公司设立有研发中心，形成了技术总监、技术经理和技术组长的三级研发管理体系，并通过了ISO 9001质量管理体系认证。

二、回顾2011年

（一）研发“数据仓库智能平台”软件

项目概述：

“数据仓库智能平台”是基于TB级行业数据，采用云计算技术的虚拟存储、实用计算技术以及异构数据库整合技术将数据进行集中整合，研发而成的面向多行业、多平台、多数据源的功能强大的数据交互、共享及服务共享的综合性平台。

产品提供在不同的系统、架构、区域间对数据的抽取、转换、清洗、切片、重组、存储、分发、查询、报表、数据集市、分析、预警、观测、考核、对账、监控、归档、灾备及恢复等功能，采用SOA架构及J2EE标准、纯JAVA实现、集群部署和虚拟化架构。具有并发、多路、异步、SaS、云计算等特性。

项目前景：

项目产业化后将建成运营平台，初期支持500TB的数据存储量，数据处理并发500线程，数据查询并发3000线程，支持Windows、Unix、Linux等多平台，支持多种国外及国产数据库。可应用于数字城市、政府信息化、社保数据和统计数据全国统一、工商税务、诚信等数据共享，还可广泛应用于证券、保险、电信、社保、工商、税务、统计、卫生、民政、智慧城市管理、物联网运行、医疗、食品安全、物流等政府部门或行业。产品运营计划总投资3000万元，其中融资2000万元。

项目意义：

项目技术的实现，不仅打破了国外寡头企业对数据抽取中间件的技术垄断，填补了国内空白，更提供了一套完整的基于云计算技术的数据获取、灾备、分析和展现的全功能平台。

项目不仅能够兼容各类国外操作系统和数据库，如Oracle、Sybase、SQL Server等，更能够对国产数据库和操作系统提供完整的支持和服务。

项目的实现，在突破国外技术壁垒的同时，更为国内各行业的数据处理提供了一个本地化的选择，能够有效避免重要数据被国外窃取和截获，保障了国家数据的安全。

（二）研发“金融现钞押运存放统计管理系统”软件

“金融现钞押运存放统计管理系统”主要将RFID技术、网络技术以及数据库技术相结合应用于金融领域，针对金融机构的金库现钞进行押运、存放、监控、统计管理。通过系统对现钞出库、出厅、入库、入厅进行自动化快速准确处理，减少人力和物力投入，并实时掌握现钞的流向和流量，便于统计分析，进行合理调配。同时对现钞的押运和流转进行全程的实时跟踪，确保现钞不会丢失或被窃，保障了现钞的安全，避免财产损失。

此外，通过符合相关标准的算法与方式进行加解密处理，以确保系统的安全性。

本研发项目获得了科技部科技型中小企业技术创新基金的支持。

（三）“RFID技术在银行管理上的应用”项目获得奖励

“RFID技术在银行管理上的应用”是公司于2010年完成的国家863计划项目，之后一直在进行市场推广及产业化应用，于2011年获得了“海淀区促进重大科技成果转化和产业化专项支持资金”的奖励。

项目深入了解和分析了现有银行存折使用中的种种问题，以及银行现行对大客户管理方式的优劣，在此基础上，研究了RFID标签在银行存折的封装、安全校验、数据采集、查询统计等技术，以及RFID银行系统与客户信息管理系统集成平台架构，提出了RFID技术应用于银行存折以及银行大客户识别、管理和服务的完整解决方案及技术标准。

RFID技术在银行存折和大客户的管理方面的成功应用，为其在银行管理的其他方面（如其他重要凭证、有价证券和金库现钞等），乃至证券和保险等其他金融领域的应用打下了坚实的基础，也为研究和应用的进一步深化和扩大提出了新的课题。

公司正对此项目积极开展试点应用，不断将研究成果推荐给多家银行，不但提高了银行的服务和业绩，还促进了RFID技术在银行业的应用，为RFID产业技术和业务的发展带来了新的增长点。

三、展望“十二五”

（一）发展战略

公司未来的发展规划是：以行业应用软件的研发和服务为基础，以金融、政府应用为龙头，以通用软件产品和金融产品运营为业务增长点，通过在市场、技术、产品和资金上的不断投入，将公司建设成为国内金融数据应用软件产品的优选服务商和产品运营商，以及国内领先的数据应用软件企业。并努力在创业板实现转板上市。

（二）产品开发计划

在产品发展战略上，公司将完善金融领域的产品系列，进一步将产品标准化、系统化、灵活化，提供满足高、中、低端客户的全面解决方案，形成具有行业号召力的软件产品。公司还将加强推广已经培育完成的产品的推广。

对现有的产品进行美化，对共性化需求进行打包整合，形成通用性产品，并可将个性化的需求进行通用性改造，形成通用性产品的插件、中间件或附属模块，更有利于产品的推广。

（三）市场开发与营销网络建设计划

在市场发展战略上，公司将加大对自身和产品的宣传，增加在专业媒体的宣传力度，并积极参加相关展会、论坛等，逐步提升自己的行业地位和客户认知度。公司将以客户服务为中心，建立相应的技术支持和售后服务体系，增强对用户需求快速反应的能力和远程服务功能。加强客户关系管理的建设，做好重点客户的服务工作。在巩固金融行业软件优秀应用商地位的基础上，进一步加强向政府、事业单位等领域的扩展，加强与重点部门的合作。

公司还要积极开拓市场。从业务类别方面，在巩固金融行业软件优秀应用商地位的基础上，进一步加强向政府、事业单位等领域的扩展，加强与重点部门的合作，"巩固老客户，发掘新客户"。一方面要巩固和深化在北京的市场，另一方面要积极拓展周边地区市场，力争在3年内客户范围涵盖周边省区，5年内客户范围逐步发展到整个国内市场。以金融业软件为先锋，辅以政府、事业单位应用软件，以打入市场为首要目标，审时度势，根据市场需求及时调整。

2011年11月，为了深入贯彻科学发展观，落实国家"十二五"规划纲要关于积极发展电子商务的战略任务，国家发改委发布了《关于同意北京市等21个城市创建国家电子商务示范城市的复函》，大力推进电子商务示范应用。公司将构建数据交换中心，积极参与电子商务的推广应用。

此外，公司计划上市后用自主产品投入参与运营项目，占领市场。

首先，公司将对数据仓库智能平台项目产业化并建成运营平台，可应用于数字城市、政府信息化、社保全国统一、工商税务等数据共享等，还可广泛应用于证券、保险、电信、社保、工商、税务、统计、卫生、民政、智慧城市管理、物联网运行、医疗、食品安全、物流等政府部门或行业。

其次，公司可以利用无线PDA或POS终端与电信运营商合作，开展话费缴付、打印充值卡、小额支付等业务。

公司还可与人民银行及各商业银行签署运营协议，由公司负责搭建物联网应用运营环境，面向全国的金库和银行营业网点推广物联网应用。

（四）技术发展战略

在技术发展战略上，公司将进一步加大研发投入，加强对先进技术的跟踪，强化技术成果的转化。目前公司已经在网络化、Web 技术应用、XML、数据管理等技术应用领域达到了国内先进水平，今后将逐步用先进的技术改进现有产品。公司今后的技术发展重点主要集中在数据库技术、软件开发技术、RFID应用技术和无线终端技术等方面。

北京搜狐集团

一、企业基本概况

搜狐前身"爱特信信息技术有限公司"成立于1996年8月，当时名为"爱特信"网站，其中一部分内容是分类搜索，称作"爱特信指南针"。随后因为该业务与搜索相关，结合中国传统文化"之乎者也"，改名为"搜乎"，并确定为未来发展重点方向。考虑到无论在世界还是中国文化中，狐狸都象征着机敏、灵活和聪慧，而这些特质也符合搜索引擎服务的特点，1997年11月份将"搜乎"改为"搜狐"。

目前，搜狐公司已形成富有影响力与公信力的新闻中心、联动娱乐市场并跨界经营的娱乐中心、深受体育迷喜爱的体育中心、引领潮流的时尚文化中心。同时以雄厚的媒体实力和产业资源精心打造了汽车、房产、财经和IT四大主流产业事业部，以影响多中心，特色全频道的形式为中国网民提供权威资讯，全面影响消费决策，全方位多维度的打造实力媒体平台。

截止到2011年度，搜狐总收入达到8.52亿美元，折算为人民币突破50亿元，创下历史纪录。刚刚过去的2012年2月，搜狐品牌度过了14岁生日，经过14个春夏秋冬的风雨洗礼，搜狐集团已经成为中文世界最大的网络资产，旗下拥有搜狐公司（NASDAQ：SOHU）和畅游公司（NASDAQ:CYOU）两家美国纳斯达克上市公司，为中国近5亿的互联网用户提供全面的新闻资讯、在线游戏、视频、搜索引擎以及互动社区等网络服务。

二、回顾2011年

（一）【搜狐+】门户矩阵推出

随着中国互联网发展的日趋成熟，中国网民在网上生活的需求越发多元化，互联网营销格局正在进行重构。面对网络信息的碎片化和无序化传播、网络视频的快速发展、社会化网络崛起的状态，满足中国网民日益多元化的网上生活需求，成了各个网络厂商思考的关键，而“门户、视频、垂直、SNS、搜索”五大门类则是网民需求的核心。

【搜狐+】的推出，正是为了适应广大网民的网上生活需求以及广告主随之变化的营销需求，在“门户、视频、垂直、SNS、搜索”互联网五大门类上纵深发展后，形成的多元化互联网营销平台，在满足中国网民对网上生活多元化需求的同时，更为广告主提供了更为广阔的互联网营销空间。

搜狐集团的优势在于，旗下产品涵盖了“门户、视频、垂直、SNS、搜索”五大门类，在每个领域都有不同特质的行业领先产品。

数据显示，作为整个【搜狐+】基础的搜狐门户，日用户到达率位列行业第一，达到49.7%；而在发力的几大领域中，视频服务搜狐视频月用户到达率为44.2%，搜索服务搜狗周用户到达率为22.5%，这二者均位列行业第二；微博用户达到率位列行业第三，为18%。至于垂直领域，汽车、焦点房产、金融以及游戏17173，其用户达到率均在行业前三。

艾瑞的统计数据显示，2011年下半年，广告主在搜狐进行一周的campaign投放，即能够影响到中国大陆约84%的网民。

（二）搜狐视频业务位列行业第二

2011年搜狐视频取得飞速发展，超越主要竞争对手土豆，由行业第三跻身行业第二位。全年收入超过3.7亿人民币，收入增速达到120%。

2011年2月13日，搜狐视频推出大制作网剧，“搜狐制造”升级网剧2.0时代，开创全新网络“自制剧”模式。2011年5月5日，凤凰卫视执行台长刘春加盟搜狐担任搜狐视频COO，全力推进搜狐视频内容制作，并在随后几个月里，全面推出了包括“搜狐大视野”在内的多档自制节目，全面开创网络视频媲美电视台的“高、精、尖”节目制作模式。2011年6月7日，搜狐视频联手湖南卫视推出《夏日甜心》，推进与传统电视台的“台网联动”，开创全新“热剧套拍”模式。2011年6月16日，搜狐视频与中广传播达成战略合作，抢滩手机电视。2011年6月18日，搜狐视频与中影合作，推出自制节目“7电影”，邀请七位一线男星跨界执导，掀起创意革命。2011年12月5日，搜狐视频iPhone 2.0客户端上线，全面升级移动“云端”服务。

整个2011年，搜狐视频用户规模的快速成长，月度播放量VV、月度用户覆盖等方面，首次全面超过了土豆成为中国第二大视频播放平台。而由搜狐视频主办“电视剧盛典”，以“打破行业颁奖潜规则，引入独立评审团，重新定位互联网颁奖的权威度和公信力”的全新模式，引发娱乐行业的轩然大波，被誉为中国电视剧界的奥斯卡。

（三）搜狗坐稳搜索行业第二把交椅

2011年底，搜狗搜索的使用率突破10%大关，超越谷歌中国，位列行业第二，这意味着搜狗流量继正式超越谷歌中国之后，已经稳固了第二的市场地位。这也给搜狗收入带来巨大增长，2011年全年，搜狗实现营收6300万美元，同比增长238%，成为增长最快的中国互联网公司之一，并在第三季度开始实现盈利，成为继百度之后，国内第二家盈利的搜索引擎公司。

搜狗的三大产品呈现全线增长态势：搜狗输入法连续五年雄踞第一，市场渗透率达83.6%；搜狗搜索成为第二大搜索引擎，使用率为10.45%；搜狗高速浏览器年同比增长72%，覆盖用户达1.1亿，搜狗网址导航覆盖用户6292万人，月度用户覆盖率19.7%。搜狗的系列创新产品和服务，已成为中国网民和企业营销不可或缺的重要成员之一。

（四）搜狐微博快速发展

2011年度，搜狐微博发展态势良好，包括iPhone、

iPad、android在内的多个移动平台客户端全面升级服务，良好的用户体验促进用户快速增长。

搜狐微博坚定走社会化媒体的道路，微博是新时代门户的标配，搜狐门户资源已经全力向微博倾斜。目前，搜狐微博通过事件当事人的开通微博，以及“微访谈“等形式在重大事件上开始有爆发的迹象。

三、展望“十二五”

（一）总体发展战略

按照搜狐董事局主席兼CEO张朝阳先生的规划，搜狐集团将依托现有的优势产品，形成合力，满足中国网民日益多元化的需要。

对于搜狐的用户来说，你可以上传一段视频，分享到你自己的微博当中，还有你的发言，都可以跟搜狐其他产品、应用打通，这种容器与容器之间的打通非常重要，在“我的搜狐”中都可以体现。而在营销上，门户、视频、微博等等产品，也已经有一个很好的合作了，比如视频和微博，一个是影像的渠道，一个是文字的渠道，结合起来，搜狐在营销上，就可以左右开弓。

（二）【搜狐+】门户业务

2011年推出的【搜狐+】正在吸引越来越多用户和广告主的关注。而面对营销升级的局面，搜狐正努力在“搜狐+”的基础上，提供全新的“搜狐+互联网营销加速工具”——“搜狐+ P.V.V.S.S.”，内容包括影响力加速工具、视频加速工具、产业加速工具到关系加速工具、搜索加速工具等，5大营销加速工具及其相互间的多维组合，能够帮助企业实时捕捉在搜狐+平台间切换的目标消费群。

在整体营销中，“搜狐+Media”的门户权威发布将继续扮演信息传播上的关键角色；“搜狐+Video”作为网络视频领域的主流收视媒体，也是广告主不可忽视的重要产品；“搜狐+Vertical”对应垂直频道，其优势在于打通全产业链，实现厂商联动和区域营销；“搜狐+SNS”适应社会化网络布局需求，为企业架设多接触点营销通道；“搜狐+SEM”为企业搭建搜索桥梁，精准锁定目标消费者，

【搜狐+】是一个可以提供全互联网媒介的综合营销平台，能够帮助广告主带来大流量的曝光，帮助广告主在短时间内聚焦关注度。

（三）搜狐视频业务

在2011年，搜狐视频的内容储备仍旧令人羡慕。根据央视索福瑞媒介研究有限公司的收视统计数字，搜狐视频拥有2011年全国省级卫视黄金档收视率前30名热播剧中的21部。凭借极具吸引人的视频内容和积极的营销策略，搜狐视频不断扩大用户规模并稳固了在市场位居一线的竞争地位。

面对“十二五”是搜狐视频发展的关键期。随着互联网视频行业的快速发展，吸引越来越多的网络视频用户，广告主会将更多的市场推广预算从传统电视转移至网络视频，搜狐视频的首要任务之一，是利用这种趋势来进一步货币化现有的大规模的用户流量，为了加速收入增长，搜狐视频将积极利用CPM模式来面对更广泛的广告主。

在2012年，除长视频外，搜狐还将加强发展短视频内容，如新闻、综艺节目以及UGC。以前中国没有普遍的摄像机，用户分享在中国这个模式没有起来，现在还是有机会的，我们将注重用户分享这种模式的重生，随着产品方面不断发展，现在要加大力度开发增长我们的UGC用户，视频分享以及各种突发事件的记录播放量以及用户上传分享的播放量。

在未来的盈利方向上，自制剧只是收入的一个方向，不会成为盈利方式，搜狐视频将精力打造播放平台，通过资金去购买市场上最好的作品。

由于视频网站“烧钱”很厉害，需要一个是广告方面的深度研发，更加精准瞄准用户广告的研发。还有就是对于电影来说，可能将有一部分走向收费模式，这是视频未来走向盈利的一个出路。

另外，搜狐视频还将更加注重IPHONE时代或者PAD各种类产品以及内容分享。而立足打造的中国电视剧界“奥斯卡”的“搜狐视频电视剧盛典”，也将进一步推进。

（四）搜狗业务

2011年搜狗强劲增长充分证明此前规划的“输入法-浏览器-搜索”三级火箭战略得到了市场验证，通过“三级火箭战略”的成功执行，搜狗从一个输入法品牌，成为一个拥有“客户端+云端”全能力的技术驱动型公司；从一个弱势搜索引擎，成为第二大搜索公司并实现稳定盈利，这让搜狗有精力、也有技术实力考虑未来更大的发展，保证可持续的高增长。

2012年，搜狗原有的“三级火箭”战略，将会升级为更强大、更全面的“三箭齐发”，现在的“三级火

箭”只是“第一支箭”。“第二支箭”为去年底内测的搜狗“探索引擎”它将搜索和浏览器结合起来，用户无需输入关键词即可自动获取可能感兴趣的信息，搜狗将以此试水现有搜索引擎无法覆盖的61%的互联网广告市场。“第三支箭”则是在引人瞩目的移动互联网市场，搜狗正在秘密研发一款革命性新产品。

为执行“三箭齐发”新战略，2012搜狗将“大投入、大发展”，同时加大技术、产品、营销、市场等各方面的投入。2012年，搜狗的员工规模将从700多人增长到1400人，其中研发和产品人员的比例仍将保持75%的比例，这在所有中国互联网公司中是最高的，而搜狗的技术专利数量则在业内仅次于腾讯、阿里巴巴。

（五）微博业务

作为国内三大微博之一，面对新浪微博、腾讯微博的社交倾向，搜狐微博坚持“社交媒体”的差异化之路。从强化搜狐微博的媒体属性，到争取更多的内容资源，再到对微博内容版权的保护，搜狐微博媒体化战略的途径图已经基本清晰，2012年，搜狐微博将继续夯实此战略。

实际上，中国现在还处在web2.0早期，可以肯定最后不会形成像美国那样facebook和Twitter两大巨头并存、其他的全都倒下去的局面，但是到底最后是什么一种局面，现在还是个巨大的问号，这种背景下，创新最重要，要允许大家都来做各种各样的尝试，走出一个中国特色的道路，而不是简单模仿美国。

可以肯定，快速传播的形态不会只有一种，可能有几种，新浪微博是一种，搜狐微博将与新浪微博走着不太一样的道路，它提供差异化的存在，比如新浪可能青睐facebook的朋友关系链模式，但搜狐还是遵照微博的本来面目发展它，继续挖掘微博快速传播型产品特征。

2010年天津市固定资产投资情况

投资总量保持快速增长。全社会固定资产投资完成6511.42亿元，增量连续3年超千亿元，比上年增长30.1%。其中城镇投资6114.34亿元，增长30.1%；农村投资397.08亿元，增长29.7%。在城镇固定资产投资中，第一产业完成投资45.74亿元，同比下降2.7%；第二产业完成投资2704.04亿元，增长32.8%，其中工业八大优势产业投资增长38.0%，快于全市7.9个百分点，拉动城镇投资增长13.9个百分点；第三产业完成投资3364.56亿元，增长28.5%。三次产业完成投资占城镇投资的比重为0.8：44.2：55.0。

重大项目及新开工大项目带动作用明显增强。截至2010年末，全市940项重大项目中450项建成或基本建成，有力地带动了全市经济的平稳较快增长。新开工亿元以上施工项目374个，比上年增加136个，完成投资1418.04亿元，增长60.5%，拉动城镇投资增长11.3个百分点。

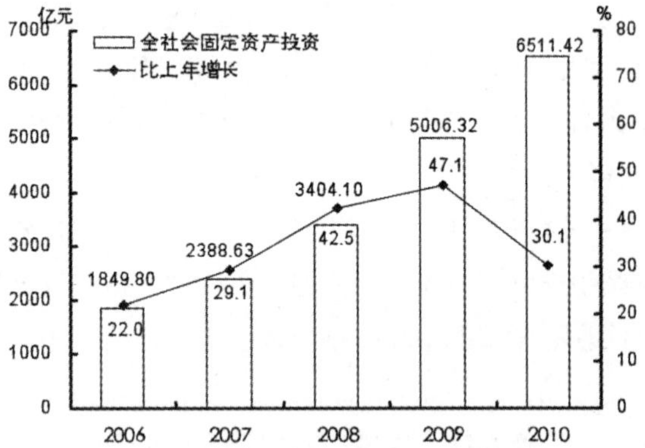

“十一五”时期全社会固定资产投资及增长速度

2010年河北省固定资产投资情况

全年全社会固定资产投资完成15082.5亿元，比上年增长22.9%。其中，城镇固定资产投资12921.8亿元，增长23.3%；农村投资2160.7亿元，增长20.5%。

在城镇投资中，第一产业投资318.5亿元，比上年增长 30.3%；第二产业投资5602.6亿元，增长11%；第三产业投资7000.8亿元，增长34%。城市基础设施完成投资3244.2亿元，增长27.1%。高新技术产业投资增长22.3%，其中生物技术与现代医药、新材料、新能源、航空航天投资分别增长42.2%、30.8%、18.7%和3.7倍。

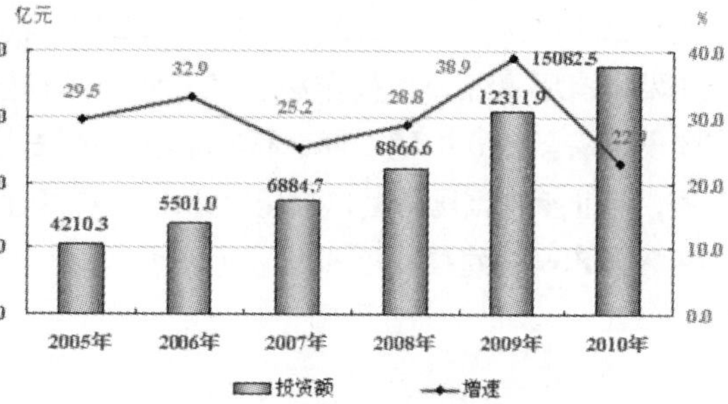

2005—2010年全社会固定资产投资

2010年分行业城镇固定资产投资及增速

单位：亿元		
行　　业	绝对值	比上年增长（%）
城镇固定资产投资	12921.8	23.3
农、林、牧、渔业	318.5	30.3
采矿业	361.1	28.2
制造业	4535.0	7.5
其中：农副食品加工业	181.7	11.9
食品制造业	121.3	22.8
纺织业	195.2	4.4
石油加工、炼焦及核燃料加工业	155.9	28.1
化学原料及化学制品制造业	376.2	−0.7
医药制造业	110.2	37.2
非金属矿物制品业	515.5	26.7
黑色金属冶炼及压延加工业	494.6	−20.0
金属制品业	372.0	10.1
通用设备制造业	353.4	24.4
专用设备制造业	245.9	13.1
交通运输设备制造业	238.7	31.9
电气机械及器材制造业	318.7	21.2
通信设备、计算机及其他电子设备制造业	72.9	9.3
电力、燃气及水的生产和供应业	635.2	20.7
其中：电力、热力的生产与供应业	537.2	32.2
建筑业	71.3	229.7
交通运输、仓储和邮政业	1356.2	44.8
信息传输、计算机服务和软件业	40.7	262.6
批发和零售业	403.5	5.4
住宿和餐饮业	136.2	24.2
金融业	12.2	1.9
房地产业	3003.9	47.6
租赁和商务服务业	120.1	6.5
科学研究、技术服务和地质勘查业	51.1	−32.8
水利、环境和公共设施管理业	1323.5	21.9
居民服务和其他服务业	39.7	4.2

教 育	138.0	4.5
卫生、社会保障和社会福利业	106.0	−1.8
文化、体育和娱乐业	119.7	49.2
公共管理和社会组织	150.1	43.4

在重大投资项目中，总投资亿元以上项目3476个，比上年增加965个；完成投资6759.0亿元，增长44.0%。其中曹妃甸工业区和沧州渤海新区分别完成投资687.7亿元和227.8亿元，分别增长5.7%和18.1%。青兰高速邯郸西至涉县段，承朝高速公路、承唐高速公路，河北国华沧东发电有限责任公司黄骅发电厂二期，河北国华电厂定州发电有限公司扩建二期，石家庄市二环快速路提升工程，河北承德围场御道口牧场150MW风电场建设项目，沽源县东辛营建投能源20万千瓦风场项目，河北亿隆公司年产5万吨发电机主轴制造项目，英利能源（中国）有限公司年产300兆瓦单晶硅太阳能电池项目，南堡经济开发区管委会四方物流一期项目，胜芳国际家具博览有限公司家具博览城建设，河北钢铁集团承钢老厂区改造，开滦(集团)有限责任公司技改项目等一批重大项目建成投产。

全年房地产开发投资2264.8亿元，比上年增长49.0%。其中，商品住宅投资1785.6亿元，增长46.5%；办公楼投资51.2亿元，增长70.1%；商业营业用房投资275.2亿元，增长83.1%。

2010年山西省固定资产投资情况

固定资产投资：全年全社会固定资产投资6352.6亿元，比上年增长26.2%。按城乡分，城镇投资5816.0亿元，增长26.4%；农村投资536.6亿元，增长23.7%。按产业分，第一产业投资282.6亿元，增长28.2%；第二产业投资2617.5亿元，增长21.0%；第三产业投资3452.5亿元，增长30.3%。按登记注册类型分，国有投资3190.8亿元，增长28.1%；非国有投资3161.8亿元，增长24.3%。

城镇固定资产投资建成投产项目8187个，项目建成投产率59.9%；新增固定资产2996.0亿元，固定资产交付使用率51.5%。

房地产开发：全年房地产开发投资592.2亿元，比上年增长24.1%。按工程用途分，住宅投资457.5亿元，增长21.1%；商业营业用房投资60.8亿元，增长38.9%。

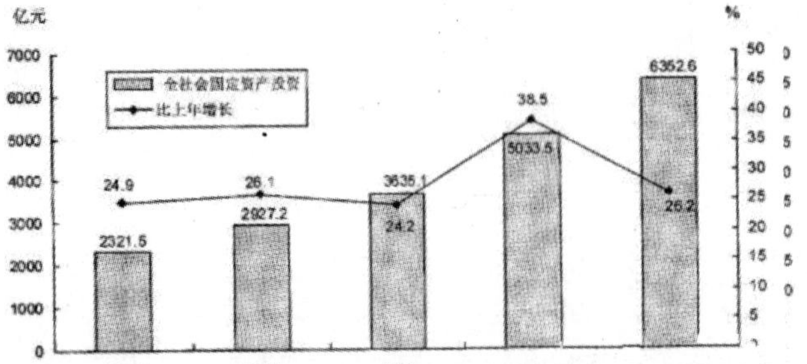

图1 “十一五”时期全社会固定资产投资及其增长速

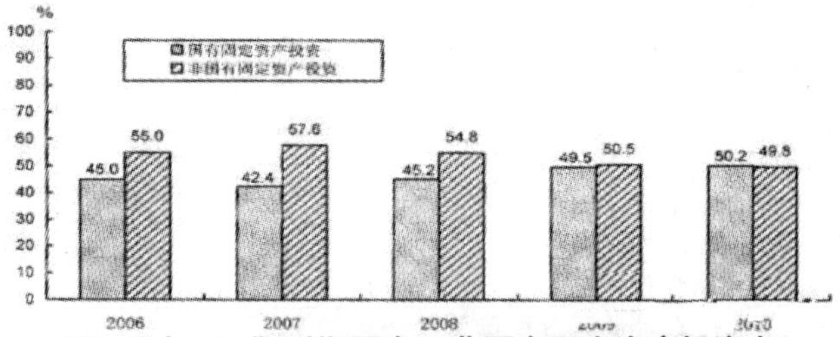

图2 “十一五”时期国有、非国有固定资产投资占全社会固定资产投资比重

表12010年分行业城镇固定资产投资及其增长速度

单位：亿元

行　　业	投资额	比上年增长%
总　　计	5816.0	26.4
农林牧渔业	162.6	10.1
采矿业	1034.1	59.7
制造业	968.2	12.7
电力、燃气及水的生产和供应业	506.8	−5.5
建筑业	17.2	−20.6
交通运输、仓储和邮政业	1156.8	53.3
信息传输、计算机服务和软件业	40.6	−53.7
批发和零售业	74.7	−3.6
住宿和餐饮业	37.2	−9.4
金融业	2.6	39.1
房地产业	944.8	23.7
租赁和商务服务业	34.4	140.9
科学研究、技术服务和地质勘查业	24.8	253.0
水利、环境和公共设施管理业	425.9	−1.1
居民服务和其他服务业	7.9	54.0
教　　育	236.9	139.0
卫生、社会保障和社会福利业	54.2	54.1
文化、体育和娱乐业	59.8	16.9
公共管理和社会组织	26.7	38.9

城镇固定资产投资建成投产项目8187个，项目建成投产率59.9%；新增固定资产2996.0亿元，固定资产交付使用率51.5%。

房地产开发：全年房地产开发投资592.2亿元，比上年增长24.1%。按工程用途分，住宅投资457.5亿元，增长21.1%；商业营业用房投资60.8亿元，增长38.9%。

表2 2010年房地产开发和销售情况

指标	单位	绝对数	比上年增长%
投资完成额	亿元	592.2	24.1
其中：住宅	亿元	457.5	21.1
房屋施工面积	万平方米	7616.4	38.8
其中：住宅	万平方米	6252.8	35.3
房屋新开工面积	万平方米	2759.0	12.9
其中：住宅	万平方米	2253.6	7.1
房屋竣工面积	万平方米	1089.7	26.5
其中：住宅	万平方米	896.9	20.6
商品房销售面积	万平方米	1163.4	12.5
其中：住宅	万平方米	1057.3	9.7

2010年内蒙古自治区固定资产投资情况

全年全社会固定资产投资总额8972.08亿元，比上年增长19.1%。其中，城乡50万元以上项目完成固定资产投资8880.86亿元，增长19.2%。从投资主体看，国有经济单位投资3371.02亿元，增长15.3%；集体单位投资108.74亿元，增长52.9%；个体投资105.45亿元，增长4.8%；其他经济类型单位投资5386.87亿元，增长21.3%。按项目隶属关系分，地方项目完成投资8005.27亿元，增长19.3%；中央项目完成投资926.81亿元，增长11.8%。“十一五”期间，全社会固定资产投资累计达到29923亿元，年均增长27.3%。

在全区固定资产投资中，第一产业投资450.63亿元，增长6.9%；第二产业投资4451.75亿元，增长15.8%，其中，工业投资4330.94亿元，增长12.9%；第三产业投资4069.70亿元，增长32.5%。从城乡看，城镇固定资产投资8741.35亿元，比上年增长19.1%，其中，城镇房地产开发投资1120.02亿元，比上年增长37.3%；在城镇房地产开发投资中，经济适用房投资39.09亿元，下降27.4%；农村牧区固定资产投资230.73亿元，增长18.6%，其中，非农户投资139.51亿元，增长26.4%。从主要行业投资看，电力、燃气及水的生产和供应业投资1351.41亿元，增长17.6%；交通运输、仓储及邮政业投资1042.88亿元，增长22.8%；水利、环境和公共设施管理业投资657.98亿元，增长7.6%。

全年新开工项目1.0115万个，比上年下降8.5%；在建项目投资总规模22107.68亿元，比上年增长18.9%。在全区城乡50万元以上项目固定资产投资中，全部建成投产项目9349个，项目建成投产率73%；新增固定资产5554.85亿元，固定资产交付使用率62.6%。城镇住宅施工面积9837.66万平方米，比上年增长24%；城镇住宅竣工面积2472.75万平方米，比上年下降8.3%。商品房竣工面积2192.01万平方米，比上年下降5.3%；商品房销售面积3020.54万平方米，增长17.0%；农村牧区竣工住宅面积360万平方米，下降8.6%。

2011年辽宁省固定资产投资情况

全年全社会固定资产投资16043亿元，比上年增长30.5%。分产业看，第一产业投资358.3亿元，比上年增长11%；第二产业投资7493.1亿元，增长28.2%；第三产业投资8191.6亿元，增长33.7%。投资三次产业构成由上年的2.6：，47.5：49.9调整为2.2：46.7：51.1。分行业看，采矿业投资增长63.8%，制造业投资增长25.7%，信息传输及计算机服务和软件业投资增长10.5%，住宿餐饮业投资增长18.5%，租赁和商务服务业投资增长1.2倍，科学研究、技术服务和地质勘查业投资增长28.7%，居民服务和其他服务业投资增长49.9%。

新开工项目个数由上年的19951个增加到25022个，增长25.4%；完成投资7484.5亿元，增长27.9%。其中，施工计划总投资5000万元以上新开工项目4743个，完成投资5934.1亿元，分别增长94.8%和1.1倍；亿元以上新开工项目1559个，完成投资3857.4亿元，分别增长46.5%和82.4%；10亿元以上新开工项目166个，完成投资1134.9亿元，分别增长93%和1.3倍。辽宁红沿河核电站项目、中油油气田工程、中国石油天然气股份有限公司乙烯技改项目、鞍钢技改项目、大连星海湾体育中心项目、鞍钢鲅鱼圈新厂二期工程、本钢技术改造工程、锦赤铁路锦州港配套项目、阜新华能风电场项目、沈阳全运会路网建设项目、朝阳鞍凌精品钢项目、绥中发电有限公司二期扩建项目等重点项目建设进展顺利。

全年房地产开发投资3465.8亿元，比上年增长31.3%。其中，住宅投资2481.1亿元，增长28.4%；商业营业用房投资588.8亿元，增长35.9%。房屋施工面积26824.5万平方米，比上年增长44.4%；房屋竣工面积4466.5万平方米，增长10.6%。商品房销售面积6798.2万平方米，比上年增长26.5%；商品房销售额3059.9亿元，增长41.1%。

全年基础设施建设完成投资3839.1亿元，比上年增长37%。其中，电力、燃气及水的生产和供应业投资828.7亿元，增长22.6%；交通运输、仓储和邮政业投资1080.4亿元，增长48.9%；水利、环境和公共设施建设投资1377.4亿元，增长49.4%；文化、体育和娱乐业投资186.6亿元，增长41.2%。

2010年吉林省固定资产投资情况

全年完成全社会固定资产投资9621.77亿元，比上年增长32.5%。人均投资达到35381万元。其中，城镇投资7925.72亿元，增长33.0%；农村投资1696.05亿元，增长30.4%。

在城镇固定资产投资中，第一产业完成投资167.10亿元，增长64.1%；第二产业完成投资4610.03亿元，增长37.2%；第三产业完成投资3148.59亿元，增长26.1%。

全年完成城镇工业投资4516.34亿元，增长37.5%，增幅高于全部城镇投资增速4.5个百分点，对全社会投资增长的贡献率达52.1%。

全年完成城镇非国有投资5590.60亿元，增长32.4%，占全部城镇投资总额的70.5%。其中，完成私营企业投资1728.64亿元，增长81.3%。

全年城镇基础设施建设投资达到1608.32亿元，增长39.3%，占城镇固定资产投资总额的比重为20.3%。全省在建计划总投资超亿元以上的建设项目有1023个，完成投资2854.09亿元；计划总投资10亿元以上的项目166个，完成投资1558.21亿元。

全年完成房地产开发投资921.01亿元，增长21.7%。商品房竣工面积1871.38万平方米，增长27.3%；商品房销售建筑面积2319.64万平方米，增长19.3%。其中，销售住宅面积2062.73万平方米，增长17.3%。

2010年黑龙江省固定资产投资情况

固定资产投资持续快速增长。全年完成全社会固定资产投资6812.6亿元，比上年增长35.5%。其中，城镇投资6292.7亿元，增长34.0%。在城镇投资中，民间投资3035.3亿元，增长52.4%；国有及国有控股投资3093.6亿元，增长19.2%；外商及港澳台投资163.8亿元，增长49.3%。装备、石化、能源、食品等四大主导产业完成投资2077.1亿元，增长37.6%，占城镇工业投资的75.9%。亿元以上建设项目1157个，比上年增加266个，完成投资2878.3亿元，增长33.8%。全年城镇建成投产项目7604个，项目建成投产率74.8%。各类房屋竣工面积7450.7万平方米，竣工率42.7%。新增固定资产4655.7亿元，增长23.2%，固定资产交付使用率68.3%。

房地产开发投资保持较快增长。全年完成房地产开发投资843.1亿元，比上年增长49.5%。商品房销售面积2718.1万平方米，增长34.9%，其中住宅销售面积2380.7万平方米，增长36.0%；商品房销售额1010.1亿元，增长54.8%，其中住宅销售额830.4亿元，增长54.9%。

2010年上海市综合发展和城市基础设施建设情况

一、综合发展

全年实现上海市生产总值(GDP)16872.42亿元，按可比价格计算，比上年增长9.9%。其中，第一产业增加值114.15亿元，下降6.6%；第二产业增加值7139.96亿元，增长16.8%；第三产业增加值9618.31亿元，增长5%。“十一五”时期上海市生产总值达到69054.99亿元，按可比价格计算，年均增长11.1%。

在全市生产总值中，公有制经济增加值8537.87亿元，比上年增长8.3%；非公有制经济增加值8334.55亿元，增长11.7%，占全市生产总值的比重由上年的48.4%提高到49.4%。其中，私营及个体经济增加值4060.29亿元，增长10.3%，占全市生产总值的比重达到24.1%。

全年经工商登记新设立的各类市场主体18.45万户，比上年增长9.4%。其中，企业12.52万户，增长16.4%；个体工商户5.81万户，下降3.2%。在新设立企业中，内资企业(不含私营企业)4155户，增长5%；外商投资企业6457户，增长27.1%；私营企业11.46万户，增长16.3%。

全年地方财政收入2873.58亿元，比上年增长13.1%。其中，增值税388.62亿元，增长4.3%；营业税933.91亿元，增长11.2%；个人所得税261.2亿元，增长13.3%；企业所得税606.05亿元，增长25.8%。全年地方财政支出3302.89亿元，比上年增长10.5%。其中，一般公共服务支出226.02亿元，增长14.5%；公共安全支出187.25亿元，增长14.6%；社会保障和就业支出362.56亿元，增长8.6%；医疗卫生支出160.07亿元，增长20.5%；城乡社区事务支出475.47亿元，下降14.6%。“十一五”时期地方财政收入达到11499.2亿元，年均增长14.9%。

全年完成全社会固定资产投资总额5317.67亿元，比上年增长0.8%。其中，城市基础设施投资1497.46亿元，下降29.1%。从产业投向看，第一产业投资16.4亿元，比上年增长43.8%，占全社会固定资产投资总额的比重为0.3%；第二产业投资1435.37亿元，增长0.6%，所占比重为27%；第三产业投资3865.9亿元，增长0.8%，所占比重为72.7%。从投资主体看，国有经济投资2234.12亿元，比上年下降14.7%，占全社会固定资产投资总额的比重为42%；集体经济投资183.07亿元，增长38.4%，所占比重为3.4%；股份制经济投资1200.26亿元，增长2.2%，所占比重为22.6%；外商及港澳台投资686.95亿元，增长11.2%，所占比重为12.9%。“十一五”时期全社会固定资产投资总额达到23804.15亿元，年均增长10%。

全年居民消费价格指数为103.1(见表1)。其中，食品类价格指数107.7；烟酒及用品类价格指数101.1；家庭设备用品及维修服务类价格指数101.1。

全年工业品出厂价格指数为102.3；原材料、燃料、动力购进价格指数为111.2。

全年新建住宅销售价格指数为107.6。在新建住宅销售价格指数中，商品住宅价格指数为108。其中，普通商品住宅价格指数为109。全年住宅租赁价格指数为104.9。

二、城市基础设施和房地产

全年完成城市基础设施建设投资1497.46亿元，比上年下降29.1%，占全社会固定资产投资总额的比重为28.2%。其中，交通运输邮电通信投资866.2亿元，市政建设投资396.18亿元，公用事业投资86.58亿元。全面完成世博会计划建设项目，市域快速路网基本建成。龙耀路隧道、闵浦二桥、外滩地区综合交通改造工程、铁路上海站北广场综合交通枢纽等建成投入使用。年内沪宁城际铁路、沪杭客运专线建成通车。全市高速公路网通车里程达到775公里。

全市自来水日供水能力达到1121万立方米，比上年增长2.3%。全年全市用电量1295.87亿千瓦小时，比上年增长12.4%。至年末，全市家庭人工煤气用户132.9万户；家庭液化气用户316.4万户；家庭天然气用户达到405.9万户。

全年完成房地产开发投资1980.68亿元，比上年增长35.3%；商品房施工面积11295.03万平方米，增长13.4%；竣工面积1941.25万平方米，下降7.8%；销售面积2055.53万平方米，下降39%。其中，商品住宅销售面积1685.35万平方米，下降42.4%。全年商品房销售额2959.94亿元，比上年下降31.6%。其中，商品住宅销售额2395.35亿元，下降33.8%。全年存量房成交过户面积1966.86万平方米，比上年下降30%。

2010年江苏省固定资产投资情况

固定资产投资总量较快增长。全年完成全社会固定资产投资23186.8亿元，比上年增长22.4%；其中，城镇固定资产投资17418.9亿元，增长22.1%。在全社会投资中，国有及国有控股投资5285.8亿元，增长20%；外商港澳台经济投资3019.6亿元，增长12.5%；民间投资14881.4亿元，增长25.5%，其中私营个体经济投资8433.1亿元，增长22.7%。民间投资占全社会投资的比重达64.2%，比上年提高1.6个百分点。

“十一五”时期全社会固定资产投资与增长速度

	货物周转量		货运量		旅客周转量		客运量	
	绝对数（亿吨公里）	比上年增长（%）	绝对数（万吨）	比上年增长（%）	绝对数（亿人公里）	比上年增长（%）	绝对数（万人）	比上年增长（%）
总计	6111.5	18.6	188401.6	17.0	1610.4	13.1	226727.3	12.7
铁路	336.9	4.0	6374.2	3.9	351.3	12.9	9711.4	5.9
公路	1149.1	18.3	123500.0	18.7	1196.6	13.1	215850.0	13.0
水路	4095.7	21.5	48545.0	15.5	1.5	17.5	690.0	0.6
民航	0.8	28.3	5.5	23.0	60.9	15.6	475.9	16.6
管道	529.1	8.7	9977.0	13.3	—	—	—	—

投资结构进一步优化。在城镇固定资产投资中，第一产业投资55.2亿元，比上年增长22.5%；第二产业投资8250.8亿元，增长21.7%；第三产业投资9113.0亿元，增长22.4%。第二产业投资中，工业投资8196.3亿元，增长22.5%。其中，制造业投资7645.9亿元，增长25.8%；高新技术产业投资2188.3亿元，增长44.6%，占工业投资的比重达26.7%。主要工业行业投资中，化学原料及化学制品制造业825.9亿元，专用设备制造业525.4亿元，电气机械及器材制造业767.1亿元，通信设备、计算机及其他电子设备制造业904.4亿元，仪器仪表及文化、办公用机械制造业254.7亿元，分别增长27.4%、26.5%、48.9%、50.9%和50.4%。第三产业投资中，交通运输仓储和邮政业投资973.1亿元，增长14.2%；房地产开发投资4301.9亿元，增长28.9%；科学研究、技术服务和地质勘察业投资114.3亿元，增长15.2%；水利、环境和公共设施管理业投资1455.5亿元，增长17.2%；文化、体育和娱乐业投资156.5亿元，增长25.7%。

重点项目建设力度加大。新开工项目中亿元项目个数、完成投资为2040个和2956.0亿元，比上年分别增长67.4%和59.7%。200个省级重点项目进展顺利，一批重大项目顺利竣工或加快推进。江都至海安、无锡至张家港等高速公路建成通车；沪宁城际高速铁路建成通车；南京地铁1号线南延线、2号线东延线建成投入运营，3号线开工建设；淮安涟水机场正式通航，无锡硕放机场飞行区扩建工程基本完成；连云港港疏港航道工程全线贯通；南汽轿车及发动机、无锡海力士三期、镇江恒神碳纤维、张家港道康宁有机硅、徐工机械基地、盐城华锐风电设备等项目顺利竣工；“川气东送”管道建成并实现供气，如东LNG外输管线与冀宁联络线和西气东输一线全面贯通，田湾核电项目建设继续加快推进，海上风电加快发展。

2010年浙江省固定资产投资和房地产业情况

2010年，全社会固定资产投资12488亿元，比上年增长16.3%(见图5)，其中限额以上投资11564亿元，增长16.7%；限额以上非国有控股投资7615亿元，增长21.6%，占全部限额以上投资的65.9%。

2006-2010年固定资产投资及其增长速度

	绝对数(亿美元)	比上年增长(%)
进出口总额	2534.7	35.0
出口额	1804.8	35.7
# 一般贸易	1450.2	36.0
加工贸易	330.1	32.5
# 机电产品	791.3	42.6
# 高新技术产品	147.4	49.2
进口额	729.9	33.4
# 一般贸易	493.8	31.9
加工贸易	157.6	34.0
# 机电产品	163.2	37.2

在限额以上固定资产投资中，第一产业投资60.3亿元，比上年增长5.3%；第二产业投资4698亿元，增长9.6%，其中工业投资4650亿元，增长9.3%；第三产业投资6806亿元，增长22.4%。全年限额以上投资项目31780个，比上年增长6.2%，其中，新开工项目16963个，增长6.6%。

全年房地产开发投资3030亿元，比上年增长34.4%。商品房销售额4449亿元，增长2.6%。

2010年安徽省固定资产投资情况

全年固定资产投资11849.4亿元，比上年增长33.6%。其中，城镇投资10928.4亿元，增长34%；农村投资921亿元，增长28.3%。工业及信息化产业技术改造投资2472.3亿元，增长37.1%。

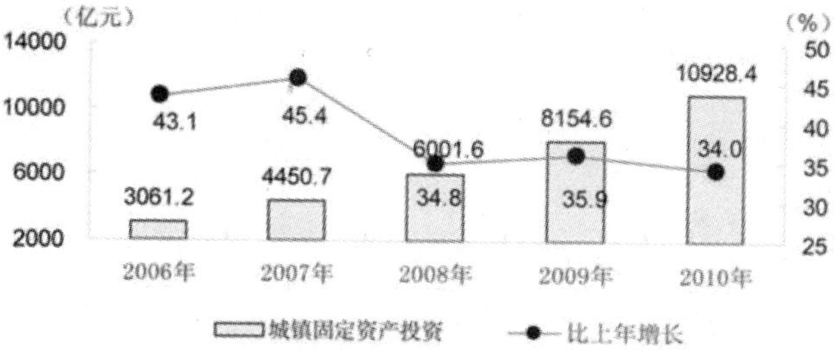

“十一五”全省城镇固定资产投资及增长

从产业看，第一产业投资增长21.2%，第二产业增长40.5%，第三产业增长28.1%。从行业看，工业投资增长41.3%，其中制造业增长46.2%，制造业中的装备制造业增长49.5%。六大高耗能行业投资增长34.5%。三产中的交通运输、仓储和邮政业投资增长32.9%，住宿和餐饮业增长39.5%，金融业增长52.8%，科学研究、技术服务和地质勘查业增长1.2倍，居民服务业增长30%，文化、体育和娱乐业增长25.3%，卫生、社会保障和社会福利业增长15%。

全年房地产开发投资2251.8亿元，比上年增长34.9%，其中经济适用房投资28亿元，增长16.2%。商品房销售面积4113.9万平方米，增长2.1%；商品房销售额1732.7亿元，增长25.7%；商品房待售面积521.3万平方米，增长6%。

全年共安排“861”行动计划项目4033项，当年完成投资5294.3亿元，其中省政府重点协调调度项目完成投资1050.8亿元。开工建设奇瑞年产30万台1.5L—1.8L发动机、马钢动车组车轮钢及精品车轮加工生产线、铜陵有色铜冶炼升级改造(双闪)、大唐淮北虎山发电厂、中建材(合肥)平板显示TFT—LCD玻璃基板、合肥新桥机场高速公路、徐州至明光高速公路安徽段等一批重大项目；枞阳海螺2×4500t/d水泥熟料、宿州钱营孜年产180万吨煤矿、500千伏淮南开关站(汤庄变)扩建、桐城羽绒加工、芜湖华强文化科技产业园等一批工程已建成或基本建成。

2010年福建省固定资产投资情况

全年全社会固定资产投资8273.42亿元，比上年增长30.0%，其中，城镇投资7460.07亿元，增长31.4%，农村投资813.34亿元，增长19.2%。全年全社会固定资产投资按三次产业分，第一产业投资158.92亿元，增长28.1%；第二产业投资2968.21亿元，增长25.3%，其中工业投资2942.21亿元，增长26.1%；第三产业投资5146.29亿元，增长33.0%。

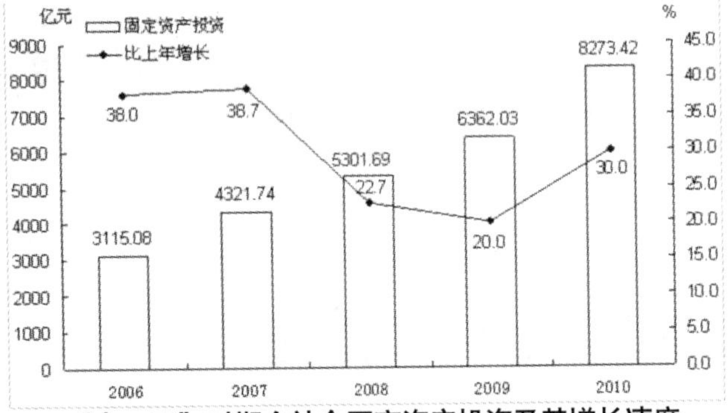

"十一五"时期全社会固定资产投资及其增长速度

表1 2010年全社会固定资产投资情况

指　　标	投资额(亿元)	比上年增长(%)
全社会固定资产投资	8273.42	30.0
按地域分		
城镇	7460.07	31.4
其中：国有及国有控股	3203.58	16.8
农村	813.34	19.2
按产业分		
第一产业	158.92	28.1
第二产业	2968.21	25.3
其中：工业	2942.21	26.1
第三产业	5146.29	33.0

在城镇投资中，第一产业投资增长37.6%；第二产业投资增长28.1%，其中，工业投资增长28.7%；第三产业投资增长33.2%。

房地产开发投资1818.86亿元，比上年增长60.1%。按工程用途分，商品住宅投资975.13亿元，增长31.2%；办公楼投资49.67亿元，增长31.3%；商业营业用房投资162.33亿元，增长85.9%。商品房销售面积2575.65万平方米，下降5.4%。商品房销售额1610.99亿元，增长9.0%。在建（含配建）廉租住房173.94万平方米，年底前竣工104.44万平方米。经济适用住房施工面积356.15万平方米。

表2 2010年分行业城镇固定资产投资情况

行　　业	投资额(亿元)	比上年增长(%)
总计	7460.07	31.4
农、林、牧、渔业	68.48	37.6
采矿业	63.80	−0.2
其中：煤炭开采和洗选业	19.46	−20.0
制造业	2087.57	37.8
其中：农副食品加工业	93.68	55.6
食品制造业	62.62	34.8
石油加工、炼焦及核燃料加工业	168.43	50.6
化学原料及化学制品制造业	99.40	44.4
非金属矿物制品业	180.48	52.8
黑色金属冶炼及压延加工业	64.92	77.8
有色金属冶炼及压延加工业	83.42	26.5
金属制品业	67.61	15.7
通用设备制造业	77.06	8.9
专用设备制造业	55.38	8.7
交通运输设备制造业	107.76	2.3
电气机械及器材制造业	94.41	19.8
通信设备、计算机及其他电子设备制造业	115.37	95.2
电力、燃气及水的生产和供应业	486.26	3.5
其中：电力、热力的生产和供应业	426.74	4.4
建筑业	19.61	−22.9
交通运输、仓储和邮政业	1300.61	34.7
信息传输、计算机服务和软件业	140.73	−4.5
批发和零售业	126.45	36.6
住宿和餐饮业	83.05	−3.8
金融业	23.09	36.5
房地产业	2034.26	60.3
租赁和商务服务业	82.27	25.6
科学研究、技术服务和地质勘查业	15.17	3.4
水利、环境和公共设施管理业	632.90	12.0
居民服务和其他服务业	9.06	27.1
教育	89.19	−0.6
卫生、社会保障和社会福利业	47.07	8.1
文化、体育和娱乐业	62.12	35.7
公共管理和社会组织	88.37	−39.5

表3 2010年房地产开发和销售主要指标完成情况

指　标	单位	绝对数	比上年增长(%)
投资完成额	亿元	1818.86	60.1
其中：住宅	亿元	975.13	31.2
房屋施工面积	万平方米	14184.85	21.6
其中：住宅	万平方米	10570.84	19.5
房屋新开工面积	万平方米	4679.56	93.1
其中：住宅	万平方米	3399.53	82.7
房屋竣工面积	万平方米	2244.66	0.2
其中：住宅	万平方米	1717.07	1.6
房屋销售面积	万平方米	2575.65	−5.4
其中：住宅	万平方米	2139.26	−11.6
本年资金来源	亿元	2527.86	30.5
其中：国内贷款	亿元	436.09	10.5
其中：个人按揭贷款	亿元	398.37	−13.5
本年购置土地面积	万平方米	1532.47	36.8
完成土地开发面积	万平方米	203.78	−56.2
土地购置费	亿元	764.99	129.9

366个在建重点项目完成投资1936亿元，占全社会投资的23.4%。全年建成投产或部分投产166个项目，新开工177个项目。泉厦高速扩建、福州机场高速二期、福州绕城高速西北段洋门至西岭段、渔平高速、武邵高速、永武高速、平潭海峡大桥、湄洲湾东港石化码头储运工程、莆田和晋江3#、4#机组、省汽集团戴姆勒汽车项目NCV2产品，南纸林纸一体化、南铝高品质铝合金圆棒生产、第五届全国特奥会比赛场馆、十四届省运会比赛场馆、福建中医药大学附属第二人民医院屏山分院一期一阶段等一批项目建成投产；宁德、福清核电，龙厦、厦深、向莆铁路，福泉、厦漳高速扩建，福州轨道交通一号线、漳州古雷石化、中化(泉州)重油深加工等项目建设加快；南三龙、福州至平潭、福州至长乐机场铁路，古武线武平十方至东留、永定湖雷至城关、泉州环城南安张坑至石井段、漳州天宝至诏安、漳州南联络线、平潭海峡大桥复桥、泉州湾跨海通道施工栈桥、京台线建瓯至闽侯、福州绕城东南段、莆永泉州段、沈海复线莆田仙游至南安金淘、沈海复线宁德漳湾至连江浦口、长乐至平潭等高速公路，三明机场，中科院海西研究院、东南电化搬迁、玖龙纸业、泉州海峡轨道客车、龙岩新龙马15万辆微型汽车、金鹰集团差别化纤维、厦门正兴轮胎二期，省妇幼保健院医疗保健综合楼、省肿瘤医院肿瘤诊疗中心等一批项目开工建设。

“十一五”期间，全社会固定资产累计投资达到27373.96亿元，相当于“十五”时期的3.4倍，五年间投资年均增长28.7%，比“十五”时期提高12.0个百分点。

2010年江西省固定资产投资情况

全年全社会固定资产投资8775.5亿元，比上年增长32.1%。其中，城镇固定资产投资7856.7亿元，增长30.8%。分产业看，第一产业投资250.9亿元，增长9.0%；第二产业投资5046.2亿元，增长38.1%，其中工业投资5002.1亿元，增长37.6%；第三产业投资3478.5亿元，增长26.1%。分投资主体看，国有经济投资2178.6亿元，增长24.1%；非国有投资6596.9亿元，增长35.0%，其中民间投资6134.4亿元，增长40.7%。

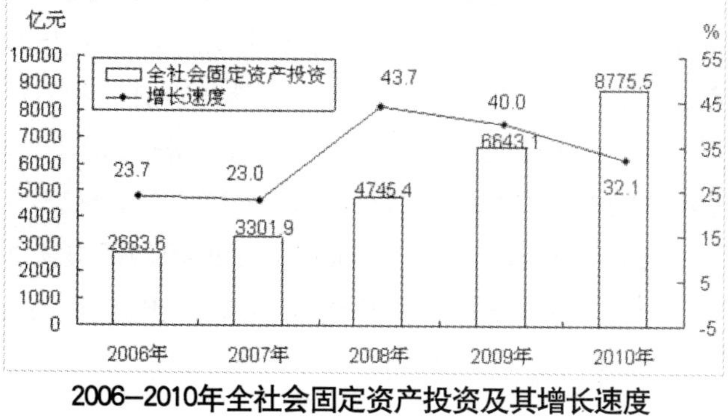

2006–2010年全社会固定资产投资及其增长速度

年末高速公路通车里程突破3000公里，达3088公里，铁路营运里程达2735公里，高速铁路实现零的突破。新建扩建一批民航机场，民航旅客年吞吐量543.5万人次。统调电力装机达1349万千瓦，基本形成500千伏输变电主网架。

全年房地产开发投资706.8亿元，比上年增长11.4%。商品房竣工面积1822.2万平方米，增长10.7%；商品房销售面积2469.7万平方米，增长8.3%；商品房销售额776.4亿元，增长28.8%。

2010年分行业全社会固定资产投资及其增长速度

行　　业	投资额（亿元）	比上年增长（%）
总　　计	8775.5	32.1
农、林、牧、渔业	250.9	9
工业	5002.1	37.6
采矿业	265.4	51
制造业	4432.8	40.9
其中：化学原料及化学制品制造业	419.1	40.8
非金属矿物制品业	612.8	33.9
黑色金属冶炼及压延加工业	110.6	13.2
有色金属冶炼及压延加工业	327.3	34
电气机械及器材制造业	478.4	37.4
通信设备、计算机及其他电子设备制造业	243	33.4
电力、燃气及水的生产和供应业	303.9	-3
建筑业	44	111.5
交通运输、仓储和邮政业	467.4	22.7
信息传输、计算机服务和软件业	66.5	31.5
批发和零售业	211.4	23.7
住宿和餐饮业	217.9	34.7
金融业	26.4	21.5
房地产业	1099.9	18.9
租赁和商务服务业	83.6	44.3
科学研究、技术服务和地质勘查业	44.1	58.7
水利、环境和公共设施管理业	845	43.1
居民服务和其他服务业	54.9	58.8
教育	112.3	0.6
卫生、社会保障和社会福利业	58.5	10.1
文化、体育和娱乐业	85.6	15.4
公共管理和社会组织	105.1	8.3

2010年山东省固定资产投资情况

固定资产投资保持平稳较快增长。全社会固定资产投资23279.1亿元，比上年增长22.3%。其中，城镇投资18846.8亿元，增长22.1%；农村投资4432.3亿元，增长23.2%。建设资金充足，到位资金25374.1亿元，增长23.8%，其中，自筹资金增长25.2%，占到位资金的72.6%。

投资结构继续优化。三次产业投资结构由上年的3.2:51.1:45.7调整为2.4:48.7:48.9。服务业投资11376.8亿元，比上年增长26.9%。重点领域和薄弱环节投资力度加大，高新技术产业投资增长36.7%，改建和技术改造投资增长31.8%，民生事业投资增长36.0%。民间投资活力增强，完成投资18478.9亿元，增长25.7%，占全社会投资的79.4%，比重比上年提高2.0个百分点。

房地产市场建销两旺。房地产开发投资3251.8亿元，比上年增长33.9%。从商品房建设用途看，住宅投资2513.4亿元，增长35.1%，占全部房地产开发投资的77.3%；商业营业用房投资374.4亿元，增长14.3%，占全部房地产开发投资的11.5%。房屋施工面积28229.0万平方米，增长27.6%；房屋竣工面积4999.7万平方米，下降0.3%；商品房销售面积9291.2万平方米，增长32.4%。

2010年河南省固定资产投资情况

全年全社会固定资产投资16585.85亿元，比上年增长21.0%，增速比上年回落9.6个百分点，其中：城镇投资13934.82亿元，增长21.6%，回落9.7个百分点；农村投资2651.03亿元，增长17.8%，回落9.3个百分点。

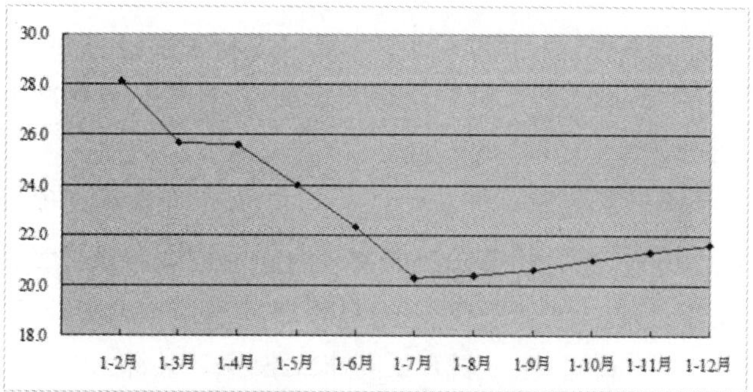

2010年各月城镇固定资产投资累计增长速度

在城镇投资中，国有及国有控股投资2950.56亿元，比上年增长10.8%；民间投资10649.24亿元，增长24.2%；港澳台商控股投资205.87亿元，增长69.0%；外商控股投资129.15亿元，增长38.9%。第一产业投资311.47亿元，下降11.7%；第二产业投资7558.57亿元，增长17.5%，其中，工业投资7546.60亿元，增长17.6%；第三产业投资6064.79亿元，增长29.9%。

全年房地产开发投资2114.08亿元，比上年增长36.1%，其中，住宅投资1685.21亿元，增长36.4%。房屋施工面积20394.18万平方米，增长26.9%，其中，住宅16902.19万平方米，增长25.5%。房屋竣工面积4427.14万平方米，增长30.2%，其中，住宅3852.80万平方米，增长28.8%。商品房销售面积5452.23万平方米，增长25.8%，其中，住宅5092.49万平方米，增长26.8%。

全年城镇亿元及以上在建项目3511个，完成投资5029.52亿元，比上年增长53.5 %。一批重大项目建成投产，南水北调中线工程河南段、石武客运专线河南段、郑州城市轨道交通一号线一期工程等重点项目建设进展顺利。

2010年各行业城镇固定资产投资完成情况

行　　业	投资额（亿元）	比上年增长%
合　计	13934.82	21.6
农林牧渔业	311.47	−11.7
工业	7546.60	17.6
煤　炭	231.68	−26.6
石　油	71.46	−5.8
电力、热水	339.63	−21.2
燃气、水	145.53	1.8
冶　金	828.90	15.8
建　材	992.68	8.4
化　工	1028.64	23.3
机　械	1800.72	29.1
电　子	144.43	69.1
食　品	872.78	22.6
纺　织	438.92	39.2
其他工业	651.23	36.3
建筑业	11.96	−30.8
交通运输、仓储和邮政业	660.28	36.3
信息传输、计算机服务和软件业	56.33	−24.2
房地产业	2907.02	31.2
水利、环境和公共设施管理业	1110.50	45.9
教育	237.05	15.7
卫生、社会保障和社会福利	122.08	11.2
文化、体育和娱乐业	141.37	13.0
其他	830.15	19.5

2010年湖北省固定资产投资情况

全社会完成固定资产投资10802.69亿元，比上年增长31.6%，其中城镇以上项目投资9934.71亿元，增长31.3%；房地产开发投资1618.24亿元，增长34.8%。按经济类型划分，国有经济投资3728.82亿元，增长19.3%；集体经济投资610.02亿元，增长48.4%；城乡私营个体投资2558.77亿元，增长44.4%；其他经济投资3905.08亿元，增长34.5%。按产业划分，全省一、二、三次产业投资分别为393.00亿元、4169.92亿元和6239.77亿元，分别增长22.2%、34.6%和30.2%。

全省182个重点建设项目完成投资1403.72亿元，占城镇以上项目投资的14.1%。新增的主要生产能力有：发电机组容量173万千瓦、新建高速公路334.07公里、电气化铁路主线正线交付运营里程499.6公里。

2010年湖南省固定资产投资情况

固定资产投资增速较快。全省全社会固定资产投资9821.06亿元，增长27.6%。其中，城镇固定资产投资8775.51亿元，增长27.5%。在全社会固定资产投资中，国有投资3322.32亿元，增长13.6%；非国有投资6498.75亿元，增长36.2%。非国有投资占全社会固定资产投资的比重达66.2%，比上年提高4.2个百分点。在城镇固定资产投资中，第一产业投资210.02亿元，增长60.4%；第二产业投资3703.64亿元，增长30.2%；第三产业投资4861.85亿元，增长24.5%。房地产开发投资1469.33亿元，增长35.5%。

投资结构得到优化。全省制造业投资2877.04亿元，增长33.8%；占城镇固定资产投资的比重为32.8%，比上年提高1.6个百分点。高新技术产业投资247.35亿元，占城镇固定资产投资的比重为2.8%；技术改造投资3052.88亿元，占城镇固定资产投资的比重为34.8%，分别比上年提高0.5个和1.2个百分点。

重点工程建设进展顺利。全省175个在建重点项目完成投资1505.40亿元，占全社会固定资产投资的比重为15.3%。亿元以上投资项目1662个，完成投资3188.17亿元，增长32.2%。新开工高速公路9条，长株、宜凤、衡邵等高速公路建成通车，高速公路通车里程达2386公里，比上年增加160公里。

房地产市场活跃。全省房地产用地供应5141.60公顷，增长77.8%。其中，住宅用地3890.20公顷，增长77.6%。商品房屋销售面积4472.97万平方米，增长27.3%。其中，住宅销售面积4143.06万平方米，增长27.0%。商品房销售额1406.52亿元，增长49.4%。其中，住宅销售额1247.87亿元，增长51.1%。

2010年广东省固定资产投资情况

全年全社会固定资产投资16113.19亿元，比上年增长20.7%。分城乡看，城镇投资12870.25亿元，增长23.9%；农村投资3242.94亿元，增长9.4%。分投资主体看，国有经济投资5150.08亿元，增长22.4%；民间投资8625 .20亿元，增长24 .0%；港澳台、外商经济投资2337.91亿元，增长6.8%。分地区看，珠三角地区投资11355.80亿元，增长18.2%；东翼投资1475.51亿元，增长29.7%；西翼投资1100.32亿元，增长35.4%；山区投资2181.56亿元，增长21.3%。

分三次产业看，第一产业投资181.83亿元，增长40.0%；第二产业投资5234.92亿元，增长17.5%，其中工业投资5204.29亿元，增长17.2%；第三产业投资10696.44亿元，增长22.0%。

全年房地产开发投资3659.69亿元，比上年增长

23.6%。按地区分，珠三角地区3118.66亿元，增长20.7%；东翼118.49亿元，增长33.1%；西翼164.23亿元，增长55.8%；山区258.31亿元，增长40.6%。按工程用途分，商品住宅投资2538.02亿元，增长21.4%；办公楼投资144.46亿元，增长13.2%；商业营业用房投资349.31亿元，增长25.0%；其他投资627.90亿元，增长35.3%。城镇保障性住房投资82.37亿元，增长32.1%。

2010年广西壮族自治区固定资产投资情况

全年全社会固定资产投资7859.07亿元，比上年增长37.7%。其中，城镇固定资产投资7161.84亿元，增长38.8%；农村固定资产投资697.23亿元，增长27.4%。在城镇固定资产投资中，基本建设投资3479.48亿元，增长33.1%；更新改造投资2215.9亿元，增长42.7%；房地产开发投资1206.22亿元，增长48.2%；其他投资260.24亿元，增长45.7%。在城镇固定资产投资中，分投资主体看,国有投资2958.58亿元，比上年增长29.5%；非国有投资4203.26亿元，增长46.2%，其中民间投资3836.54亿元，增长49.0%。分产业看，第一产业投资160.98亿元，增长13.3%；第二产业投在城镇固定资产投资中，分投资主体看,国有投资2958.58亿元，比上年增长29.5%；非国有投资4203.26亿元，增长46.2%，其中民间投资3836.54亿元，增长49.0%。分产业看，第一产业投资160.98亿元，增长13.3%；第二产业投资2655.2亿元，增长38.4%，其中工业投资2627.33亿元，增长38.7%；第三产业投资4345.66亿元，增长40.2%。

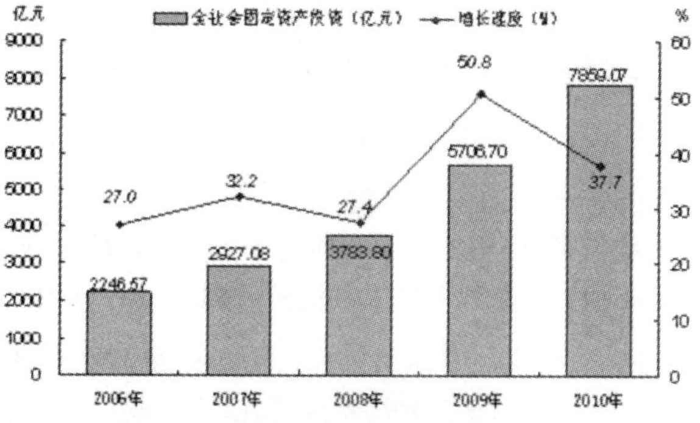

2006—2010年全社会固定资产投资

及其增长速度

全年商品住宅投资878.89亿元，比上年增长52.3%。商品房施工面积12050.65万平方米，增长44.4%，其中住宅9768.56万平方米，增长45.4%。商品房竣工面积1564.31万平方米，增长8.5%，其中住宅1342.87万平方米，增长10%。商品房销售面积2793.92万平方米，增长17.2%，其中住宅2607.15万平方米，增长15.9%。商品房销售额995.19亿元，增长28.1%,其中住宅881.7亿元，增长25.1%。房地产业增加值377.20亿元，增长3.6%。

表1 2010年分行业城镇固定资产投资及其增长速度

单位：亿元

行　业	投资额	比上年增长%
总　　计	7161.84	38.8
农林牧渔业	160.98	13.3
采矿业	191.32	80.3
制造业	2036.96	43.5
电力、燃气及水的生产和供应业	399.05	8.3
其中：电力、热力的生产和供应业	297.45	-1.6
建筑业	27.67	12.7
交通运输、仓储和邮政业	1092.90	31.4
其中：邮政业	3.89	41.4
交通运输业	1019.06	31.7
信息传输、计算机服务和软件业	99.22	7.3
批发和零售业	157.00	42.3
住宿和餐饮业	93.40	58.4
金融业	21.27	26.3
房地产业	1430.34	46.4
租赁和商务服务业	64.19	12.8
科学研究、技术服务和地质勘查业	19.61	24.6
水利、环境和公共设施管理业	910.78	49.4
居民服务和其他服务业	9.85	14.3
教　育	181.80	51.6
卫生、社会保障和社会福利业	79.16	44.4
文化、体育和娱乐业	65.77	54.1
公共管理和社会组织	120.38	16.8

表2 2010年固定资产投资新增主要生产能力

指　　标	单位	绝对数
新增发电机组容量	万千瓦	17.24
11万伏及以上变电设备	万千伏安	1002.95
新增等级公路里程	公里	4085
其中：高速公路	公里	179
新增港口泊位综合通过能力	万吨	997
其中：沿海港口泊位综合通过能	万吨	665

全区年新增公路里程1291公里，公路总里程101782公里，其中新增高速公路里程179公里，高速公路总里程2574公里。新增港口泊位综合通过能力1094万吨，港口泊位综合通过能力18217万吨，其中新增沿海港口泊位综合通过能力665万吨，沿海港口泊位综合通过能力12181万吨。新增发电机组容量17.24万千瓦，发电机组总容量2515万千瓦。

2010年海南省固定资产投资与房地产开发情况

固定资产投资快速增长。2010年，东环快速铁路、金海160万吨造纸一期、100兆瓦多晶硅太阳能电池一期、中航特玻一期、80万吨甲醇、威隆船舶、华盛水泥三期、海马10万台发动机技改、海南生态软件园一期、海口综合保税区、省人民医院扩建一期、省文化艺术中心等一批重点项目建成投产；大广坝二期、海南会展中心、解放军总医院海南分院、昌江核电、海南电网建设与改造、海口至屯昌高速公路、三亚绕城高速公路、三亚湾新城、洋浦港区深水航道及岸滩整治工程和海棠湾、神州半岛、石梅湾、铜鼓岭等开发区，一大批旅游房地产项目等加快建设，以及各市县保障性住房大规模开工建设，促进了投资快速增长。全年全社会固定资产完成投资总额1331.46亿元，比上年增长32.8%，比全国增长23.8%快9个百分点。其中，城镇固定资产投资1257.50亿元，增长33.4%；农村投资73.96亿元，增长24.0%。全年137个重点项目完成投资553.6亿元，占全部投资的44.0%。

区域投资发生新变化，中部投资明显加强。中部地区投资67.79亿元，增长65.1%；西部地区投资276.05亿元，增长45.3%；东部地区投资934.78亿元，增长35.4%。

房地产开发投资迅猛增长，成为拉动投资增长的主导力量。全年房地产开发完成投资467.87亿元，同比增长62.5%，占城镇固定资产投资额的37.2%，是拉动投资快速增长的主力。全年房屋销售面积854.73万平方米，增长52.3%。

2010年重庆市固定资产投资情况

全年全社会固定资产投资6934.80亿元，比上年增长30.4%。其中，基础设施建设投资1911.45亿元，增长23.9%；城镇投资6342.98亿元，增长27.9%；农村投资591.81亿元，增长64.8%。

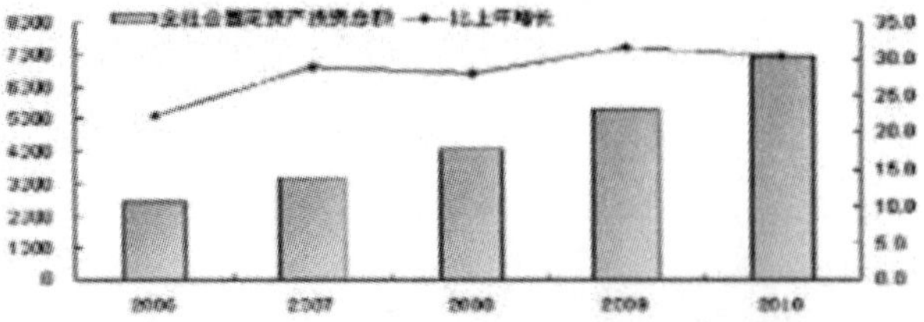

"十一五"期间全社会固定资产投资总额及其增长速度

分区域看，一小时经济圈完成5155.94亿元，比上年增长29.7%；渝东北翼完成1257.88亿元，增长34.1%；渝东南翼完成520.97亿元，增长28.6%。

分产业看，第一产业投资264.77亿元，比上年增长33.0%。第二产业投资2423.12亿元，增长28.1%。其中，工业投资2233.69亿元，增长24.6%，占全社会固定资产投资总量的32.2%；第三产业投资4246.90亿元，增长31.6%。其中，房地产开发投资1620.26亿元，增长30.8%。

全市重点项目完成投资1932.00亿元，占全社会固定资产投资的27.9%。其中，政府主导类投资1329.10亿元，市场主导类投资602.90亿元，分别占重点项目投资的68.8%和31.2%。

2010年四川省固定资产投资情况

全社会固定资产投资规模扩大。全年完成全社会固定资产投资13582亿元，比上年增长13%。第一、二、三产业分别完成投资500.9亿元、5169.5亿元、7911.6亿元。其中，民营企业投资6419.4亿元，增长24.2%，占全社会投资的比重为47.3%；房地产开发投资2194.6亿元，增长38.2%。

工业投资保持平稳增长，完成投资5110.8亿元，增长14.2%，增速快于全社会投资1.2个百分点。投资结构不断完善，工业投资中“7+3”优势产业投资3944.5亿元，增长16.4%，增速比工业投资快2.2个百分点。其中，钒钛钢铁业增长最快，完成投资242.5亿元，增长45.9%；饮料食品业完成投资464.1亿元，增长30.2%；装备制造业完成投资873.6亿元，增长18.7%；能源电力业完成投资1468.2亿元，增长16.6%。

服务业投资快速增长。全年完成服务业固定资产投资4977.6亿元，增长14.6%，占全社会投资的比重为58.3%，较上年提高0.8个百分点。其中，交通运输仓储和邮政业投资1805.6亿元，增长31.1%；文化体育和娱乐业投资162.4亿元，增长60.1%。

2010年贵州省固定资产投资情况

固定资产投资保持快速增长。全年全社会固定资产投资完成3186.28亿元，比上年增长30.0%，其中，城镇固定资产投资2699.86亿元，增长29.0%。在城镇固定资产投资中，基本建设投资增长25.5%，更新改造投资增长24.8%，房地产开发投资增长49.9%。

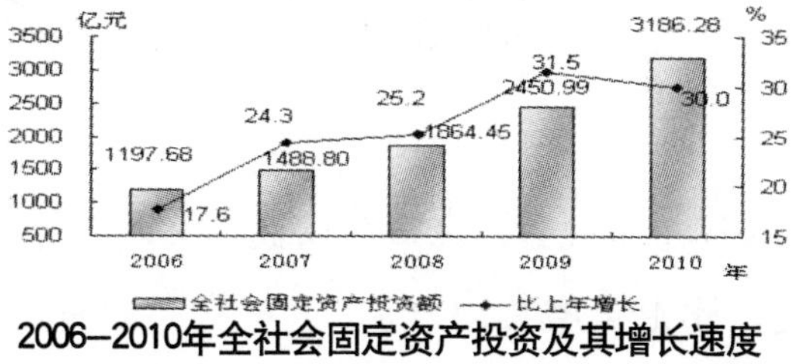

2006–2010年全社会固定资产投资及其增长速度

2010年固定资产投资情况

指标名称	绝对数（亿元）	比上年增长（%）
全社会固定资产投资额	3186.28	30.0
其中：城镇固定资产投资	2699.86	29.0
其中：中央	323.98	−7.1
地方	2375.88	36.2
其中：基本建设	1588.05	25.5
更新改造	468.95	24.8
房地产开发	556.69	49.9
其他	86.17	5.5
其中：第一产业	27.56	−3.8
第二产业	860.91	14.1
其中：采矿业	186.14	39.4
其中：煤炭开采和洗选业	157.31	31.7
制造业	405.40	18.0

其中：饮料制造业	33.40	64.0
烟草制品业	9.28	-21.2
化学原料及化学制品制造业	63.70	-10.2
医药制造业	9.89	7.4
黑色金属冶炼及压延加工业	29.94	57.0
有色金属冶炼及压延加工业	48.45	30.0
电力、燃气及水的生产和供应业	259.65	-4.3
其中：电力的生产和供应业	243.28	-1.6
第三产业	1811.39	38.2
其中：交通运输、仓储和邮政业	589.65	41.4
其中：公路建设投资	434.58	40.6
铁路建设投资	128.46	44.8
信息传输、计算机服务和软件业	54.54	-9.1
水利、环境和公共设施管理业	315.13	49.7
其中：水利管理业	39.26	77.7
教育	51.58	33.4
卫生、社会保障和社会福利业	21.87	43.3
农村固定资产投资	486.42	36.1

以交通和水利为重点的基础设施建设继续快速推进。全年城镇固定资产投资中用于交通运输、仓储和邮政业的投资589.65亿元，比上年增长41.4%，其中，公路、铁路建设投资分别完成434.58亿元和128.46亿元，增长40.6%和44.8%；用于水利、环境和公共设施管理业的投资315.13亿元，比上年增长49.7%，其中用于水利管理业的投资39.26亿元，增长77.7%。

社会事业和民生领域薄弱环节投资快速增长。全年城镇固定资产中用于教育事业的投资51.58亿元，比上年增长33.4%；用于卫生、社会保障和社会福利业的投资21.87亿元，增长43.3%。

2010年云南省固定资产投资情况

2010年全社会固定资产投资规模达到5528.71亿元，比上年增长22.1%。分三次产业看，第一产业投资225.89亿元，增长14.6%；第二产业投资1773.18亿元，增长16.3%，其中工业投资1765.35亿元，增长16.0%；第三产业投资3529.64亿元，增长25.8%。

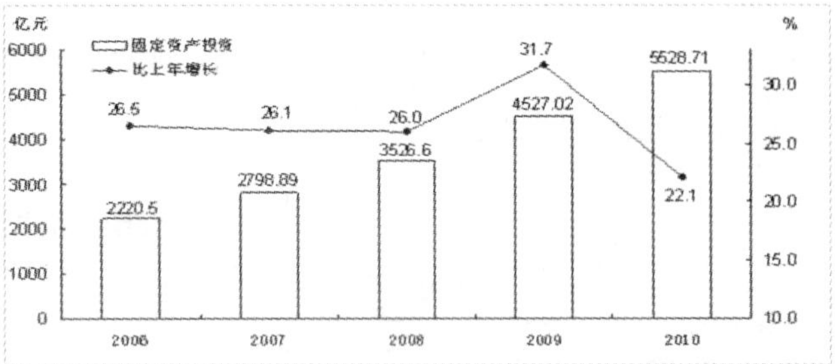

2006—2010年云南省全社会固定资产投资及其增长速度

表1 2010年云南省分行业全社会固定资产投资及其增长速度

行　　业	投资额	比上年增长%
总　　计	5528.71	22.1
农、林、牧、渔业	225.89	4.1
采矿业	251.80	28.8
制造业	757.77	27.2
其中：烟草制品业	28.55	-19.3
化学原料及化学制品制造业	78.85	-38.5

医药制造业	19.14	1.0
非金属矿物制品业	114.15	28.5
黑色金属冶炼及压延加工业	60.44	84.3
有色金属冶炼及压延加工业	116.44	27.1
电力工业	715.25	1.8
建筑业	6.83	106.0
交通运输、仓储和邮政业	977.55	73.6
信息传输、计算机服务和软件业	51.85	−18.2
批发和零售业	123.11	11.9
住宿和餐饮业	82.10	106.5
金融业	4.92	−20.4
房地产业	1222.50	10.6
租赁和商务服务业	14.50	−13.7
科学研究、技术服务和地质勘查业	7.77	−33.4
水利、环境和公共设施管理业	632.18	18.9
居民服务和其他服务业	8.05	−8.9
教育	181.20	44.2
卫生、社会保障和社会福利业	67.10	33.5
文化、体育和娱乐业	50.84	0.9
公共管理和社会组织	105.97	−13.2

全年房地产开发投资完成900.44亿元，比上年增长22.1%，其中，商品住宅投资654.67亿元，增长18.4%；办公楼投资22.21亿元，增长17.5%；商业营业用房投资97.88亿元，增长21.6%。全省商品房屋施工面积8784.97万平方米，增长28.5%；竣工面积1535.99万平方米，下降8.6%；商品房屋销售面积2959.43万平方米，增长32.7%，商品房屋销售额934.6亿元，增长43.0%。

表2 2010年云南省房地产开发和销售主要指标完成情况

指　　标	单 位	绝对数	比上年增长%
投资完成额	亿元	900.44	22.1
其中：住宅	亿元	654.67	18.4
其中：90平方米以下住宅	亿元	127.07	30.4
其中：经济适用房	亿元	12.47	−36.5
房屋施工面积	万平方米	8784.97	28.5
其中：住宅	万平方米	7046.37	27.3
房屋新开工面积	万平方米	3702.76	31.3
其中：住宅	万平方米	2960.81	32.7
房屋竣工面积	万平方米	1535.99	−8.6
其中：住宅	万平方米	1258.44	−10.6
商品房销售面积	万平方米	2959.43	32.7
其中：住宅	万平方米	2658.99	30.3
本年资金来源	亿元	1300.66	30
其中：国内贷款	亿元	160.82	15.3
其中：个人按揭贷款	亿元	208.98	1.6
本年购置土地面积	万平方米	1031.39	−18.8
完成开发土地面积	万平方米	391.75	−52.6
土地购置费	亿元	121.27	−8.5

全省铁路在建项目达13个，9条高速公路、52条二级干线公路、农村公路建设全面推进，新开工建设42件骨干水源工程、近40万件“五小水利”工程，新增发电装机容量500多万千瓦，昆明市轨道交通工程等市政基础设施项目加快推进。

2010年西藏自治区固定资产投资情况

全年全社会完成固定资产投资总额463.26亿元，比上年增长22.1%。其中：民间投资118.02亿元，增长10.8%。

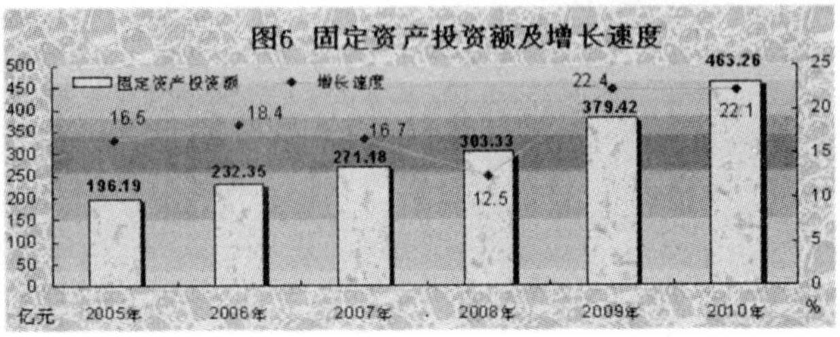

图6 固定资产投资额及增长速度

按产业分：第一产业23.74亿元，比上年增长0.6%；第二产业134.21亿元，增长45.9 %；第三产业305.31亿元，增长15.7%。按经济类型分：国有经济完成投资344.41亿元，比上年增长25.9%；集体经济完成投资3.03亿元，下降31.8%；其他各种经济类型完成投资94.88亿元，增长32.9%；个体经济完成投资20.94亿元，下降44.9%。按城乡分：城镇完成投资405.43亿元，比上年增长23.4%；农村完成投资57.83亿元，增长13.9%。在农村投资中：农户投资19.90亿元，下降20.7%；农村集体投资0.71亿元，增长64.4%。

在城镇固定资产投资中，农、林、牧、渔业投资完成23.74亿元，增长1.0%；采矿业投资完成20.27亿元，增长1.1倍；制造业投资完成35.51亿元，增长94.7%；电力、燃气及水的生产和供应业投资完成56.00亿元，增长30.7%；建筑业投资完成22.43亿元，增长6.4%；交通运输、仓储和邮政业投资完成115.54亿元，增长40.1%；信息传输、计算机服务和软件业投资完成11.14亿元，增长15.8%；批发和零售业投资完成6.50亿元，增长9.1%；住宿和餐饮业投资完成14.67亿元，增长64.5%；金融业投资完成0.78亿元，增长1.1倍；房地产业投资完成36.85亿元，下降16.9%；租赁和商务服务业投资完成1.81亿元，增长2.4倍；科学研究、技术服务和地质勘查业投资完成1.82亿元，增长1.8倍；水利、环境和公共设施管理业投资完成25.37亿元，增长27.7%；居民服务和其他服务业投资完成1.35亿元，增长1.1倍；教育投资完成11.75亿元，增长16.3%；卫生、社会保障和社会福利业投资完成3.73亿元，与上年持平；文化、体育和娱乐业投资完成6.89亿元，增长39.2%；公共管理和社会组织投资完成58.16亿元，增长3.7%。

全年房地产开发投资8.96亿元，比上年下降43.1%。房地产开发施工房屋面积75.26万平方米，比上年下降46.5%；竣工房屋面积12.18万平方米，下降73.5%；商品房销售面积19.37万平方米，下降69.4%。

2010年陕西省固定资产投资情况

全年全社会固定资产投资8562.04亿元,比上年增长30.7%。其中，城镇固定资产投资8168.23亿元，增长31.9%；农村固定资产投资393.81亿元，增长9.8%。

在城镇投资中,第一产业投资212.84亿元,比上年增长31.1%,占城镇投资的2.6%,与上年持平;第二产业投资2984.87亿元,增长21.1%,比重为36.5%,回落3.3个百分点;第三产业投资4970.53亿元,增长39.3%,比重达60.9%,上升3.3个百分点。在投资构成中,基础设施投资、能源工业投资和房地产开发投资是全省固定资产投资的重点。全年以交通运输、仓储业、邮政业、信息传输服务业、电网、水利和城市公共设施管理业为主的基础设施投资2054.38亿元，比上年增长44.6%，占全社会投资比重为23.9%；以煤炭、石油开采、石油加工和电力、热力生产和供应业为主的能源工业投资1211.39亿元，增长20.3%，占全社会投资比重为14.1%；房地产开发投资1160.23亿元，比上年增长23.2%。商品房销售建筑面积2590.18万平方米，增长24.1%；商品房屋销售额973.44亿元，增长44.7%。

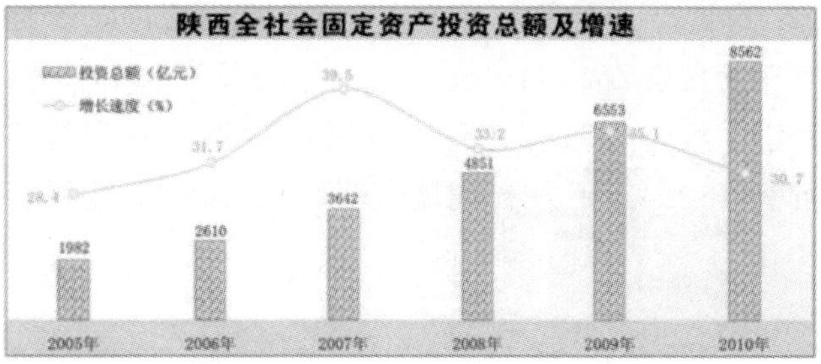

2010年甘肃省固定资产投资情况

固定资产投资：全年全社会固定资产投资3378.10亿元，比上年增长36.24%。其中，城镇固定资产投资2808.55亿元，比上年增长35.26%；农村固定资产投资349.78亿元，增长22.03%。

在城镇固定资产投资中，第一产业投资82.56亿元，比上年增长10.69%；第二产业投资1448.51亿元，增长32.99%，其中工业投资1168.87亿元，增长29.00%；第三产业投资1277.48亿元，增长39.98%。

城镇固定资产投资按行业分，电力、燃气及水的生产和供应业投资531.09亿元，比上年增长30.23%；制造业投资500.70亿元，增长25.99%；房地产业投资415.61亿元，增长56.66%；建筑业投资279.64亿元，增长52.70%；交通运输、仓储和邮政业投资187.35亿元，增长29.17%。

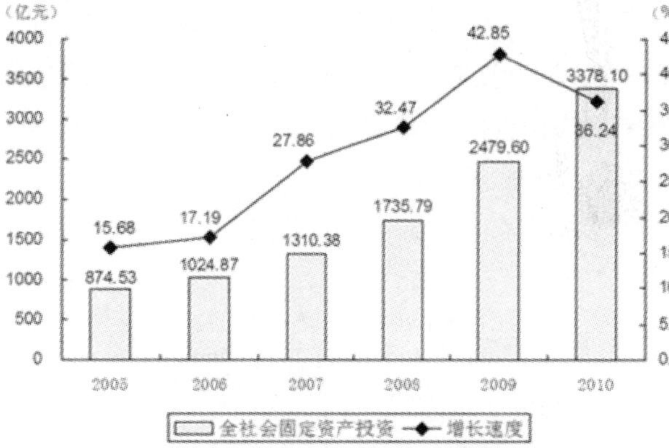

2005–2010年甘肃省全社会固定资产投资及增长速度

2010年分行业城镇固定资产投资及其增长速度

行　　业	投资额	比上年增长
农、林、牧、渔业	82.56	10.69
采矿业	137.09	35.90
制造业	500.70	25.99
电力、燃气及水的生产和供应业	531.09	30.23
建筑业	279.64	52.70
交通运输、仓储和邮政业	187.35	29.17
信息传输、计算机服务和软件业	22.05	18.45
批发和零售业	56.53	45.34
住宿和餐饮业	23.60	25.03
金融业	3.26	15.04
房地产业	415.61	56.66
租赁和商务服务业	25.28	294.90
科学研究、技术服务和地质勘查业	23.38	20.23
水利、环境和公共设施管理业	128.72	37.00
居民服务和其他服务业	7.44	67.51
教育	64.33	26.73
卫生、社会保障和社会福利业	39.42	42.47
文化、体育和娱乐业	23.77	32.66
公共管理和社会组织	256.75	26.82

房地产开发投资：城镇固定资产投资中，房地产开发投资266.41亿元，比上年增长30.51%，其中住宅投资187.93亿元，增长36.86%。房屋施工面积3130.4万平方米，比上年增长23.09%；房屋竣工面积598.66万平方米，增长9.81%。商品房销售面积756.51万平方米，增长8.65%；商品房销售额227.81亿元，增长30.49%，其中期房销售额158.37亿元，增长47.17%。

2010年宁夏回族自治区固定资产投资情况

全年全社会完成固定资产投资1464.70亿元，比上年增长30.9%。其中，基本建设投资875.53亿元，增长26.1%；更新改造投资165.12亿元，增长25.3%；房地产开发投资254.37亿元，增长56.3%。分城乡看，城镇投资1313.34亿元，增长30.4%，农村投资151.36亿元，增长35.4%。分投资主体看，国有经济控股投资776.08亿元，增长8.8%；非国有经济控股投资688.62亿元，增长69.8%。

在城镇投资中，第一产业投资19.45亿元，下降26.0%。第二产业投资699.77亿元，增长21.0%，其中，工业投资694.26亿元，增长20.8%。分行业看，采矿业投资126.28亿元，增长3.3%；制造业投资342.95亿元，增长27.0%；电力燃气及水的生产和供应业投资225.03亿元，增长23.4%；工业投资在城镇投资中所占比重为52.9%，对全区城镇投资增长的贡献达39.1%。第三产业投资594.11亿元，增长47.5%。

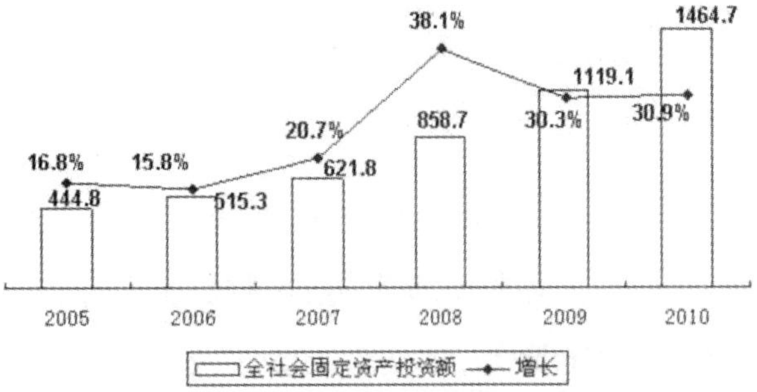

2005—2010年全区全社会固定资产投资总额及增长速度

全年房地产开发投资254.37亿元，比上年增长56.3%。其中，住宅投资187.29亿元，增长48.5%；商业营业用房投资35.56亿元，增长56.5%。商品房施工面积2940.53万平方米，增长50.6%，竣工面积936.86万平方米，增长26.4%。

全年商品房销售面积935.98万平方米，比上年增长20.7%。其中，住宅销售面积 816.79万平方米，增长20.5%；商品房销售额309.22亿元，增长29.1%。其中，住宅销售额253.76亿元，增长32.5%。

2010年青海省固定资产投资与房地产开发情况

全年全社会固定资产投资1068.73亿元，比上年增长33.5%。分城乡看，城镇投资890.01亿元，增长28.7%；农村投资178.71亿元，增长63.7%。从投资类型看，国有及国有控股投资644.87亿元，增长25.8%；民间投资402.34亿元，增长43.3%；港澳台及外商投资21.52亿元，增长2.0倍。从产业看，三次产业投资分别为77.62亿元、465亿元和526.11亿元，分别增长44.4%、22.3%和43.6%。

在50万元以上（含50万元）固定资产投资中，四大支柱产业固定资产投资319.94亿元，比上年增长19.2%。四大优势产业固定资产投资57.11亿元，比上年增长6.6%。

全年房地产开发投资108.19亿元，比上年增长48.5%。施工房屋面积1423.97万平方米，增长58.2%；竣工房屋面积267.67万平方米，增长50.3%。商品房销售面积281.04万平方米，增长28.7%；商品房销售额84.40亿元，增长53.7%，其中现房和期房销售额分别占商品房销售额的14.8%和85.2%。

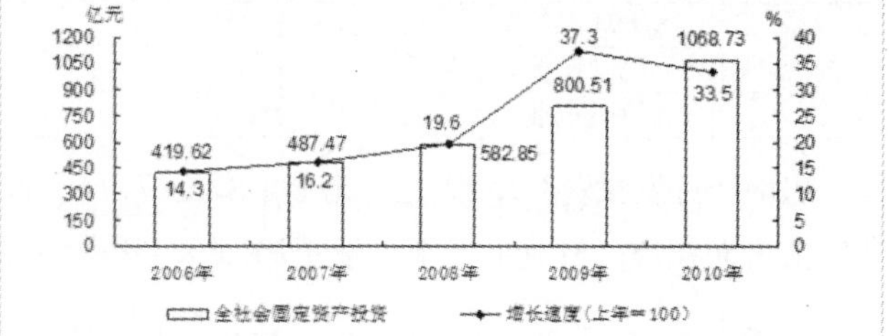

"十一五"以来全社会固定资产投资及其增长速度

2010年新疆维吾尔自治区固定资产投资情况

全社会固定资产投资3539亿元，比上年增长25.2%。按城乡划分，城镇投资3175.24亿元，增长25.2%；农村投资363.76亿元，增长24.8%。

按三次产业划分，第一产业投资211.96亿元，增长23.0%；第二产业投资1648.25亿元，增长27.3%；第三产业投资1678.79亿元，增长23.5%。在第二产业中，工业投资1606.92亿元，增长26.9%，其中，制造业投资618.13亿元，增长37.0%。

在全社会固定资产投资中，地方项目投资2436.05亿元，增长32.2%；民间投资1207.86亿元，增长58.8%。

房地产开发投资344.93亿元，增长46.2%。房屋施工面积3997.24万平方米，增长30.4%；竣工面积896.76万平方米，下降13.2%。商品房销售面积1504.96万平方米，增长7.0%；销售额466.02亿元，增长27.2%。

2010年新疆生产建设兵团固定资产投资情况

全年全社会固定资产投资448.27亿元，比上年增长40.8%。其中，第一产业39.16亿元，增长7.8%；第二产业230.47亿元，增长55.6%；第三产业178.64亿元，增长33.3%（见表五）。南疆垦区投资88.05亿元，增长6.9%，北疆垦区投资360.22亿元，增长52.6%。

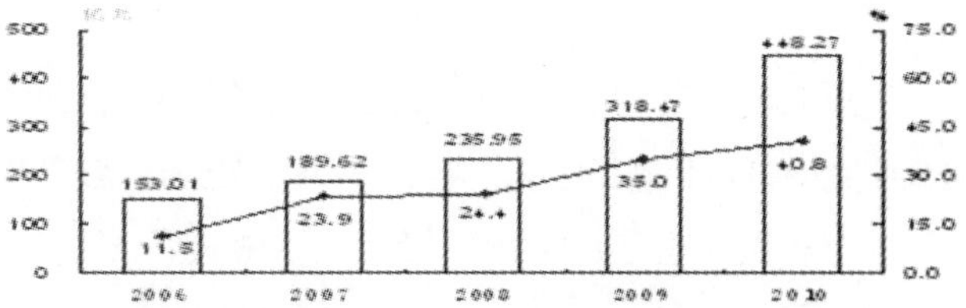

2006—2010年固定资产投资及其增长速度

2010年全社会固定资产投资及其增长速度

指　标	绝对数（亿元）	比上年增长%
全社会固定资产投资	448.27	40.8
# 房地产开发投资	33.53	37.9
按经济类型分		
# 国有经济	231.84	13.5
集体经济	0.52	18.5
私营个体	74.63	163.2
其　他	141.28	65.2
按用途分		

# 第一产业	39.16	7.8
第二产业	230.47	55.6
第三产业	178.64	33.3

房地产开发投资33.53亿元，比上年增长37.9%。商品房销售面积189.31万平方米，增长20.5%，其中住宅175.41万平方米，增长17.6 %。商品房待售面积47.48万平方米，增长34.2 %。

2010年分行业全社会固定资产投资及其增长速度

指　　标	绝对量（万元）	比上年增长%
总计	4482739	40.8
农、林、牧、渔业	391574	7.8
采矿业	81513	−31.4
制造业	1571775	71.3
# 农副食品加工业	123679	105.3
食品制造业	102821	−4.8
饮料制造业	60254	436.8
纺织业	178100	33.2
石油加工、炼焦及核燃料加工业	67751	81.1
化学原料及化学制品制造业	432575	58.0
非金属矿物制品业	280798	100.8
有色金属冶炼及压延加工业	231279	692.8
电力、燃气及水的生产和供应业	629452	45.6
建筑业	21969	77.0
交通运输、仓储和邮政业	368571	6.6
信息传输、计算机服务和软件业	7246	41.1
批发和零售业	27854	50.0
住宿和餐饮业	19227	215.6
金融业	3537	183.6
房地产业	978130	57.7
租赁和商务服务业	1472	−46.8
科学研究、技术服务和地质勘查业	9689	−37.2
水利、环境和公共设施管理业	208267	−3.6
居民服务和其他服务业	5216	12.2
教育	95242	128.9
卫生、社会保障和社会福利业	25282	−13.0
文化、体育和娱乐业	21760	19.2
公共管理和社会组织	14963	−1.6

工业完成投资228.27亿元，比上年增长55.4%。其中制造业完成投资157.18亿元，增长71.3%；电力、燃气及水的生产和供应业完成投资62.95亿元，增长45.6%（见表六）。

交通运输业累计完成投资34.19亿元，比上年增长5.9%。新建改建公路2515公里，新建等级客运站33个。其中通营连公路建成1853公里，新增165个连队通公路。

农田水利及水利工程投资19.86亿元，比上年下降22.3%。

全年保障性住房建设完成投资59.50亿元，建设保障性住房9.73万户。

全年固定资产投资建设资金总额464.89亿元，本年资金来源450.80亿元。本年资金来源中，国家预算内资金57.23亿元，国内贷款80.70亿元，利用外资3.00亿元，自筹资金232.84亿元，其他资金77.02亿元。在自筹资金中，企事业单位自有资金182.33亿元，增长72.3%。

全年新增固定资产331.76亿元，比上年增长5.2%。主要新增生产能力或效益：原煤开采60万吨，水泥265万吨，棉纺锭40.06万锭，焦炭100万吨，电解铝20万吨，石墨及碳素制品30万吨，氮肥21.5万吨，发电装机容量17.02万千瓦，输电线路1354千米，医院1009个床位/4.31万平方米，各类学校28152个学生席位/14.62万平方米。

第四部分

财政与金融

财经综述

加快财税体制改革　促进又好又快发展

财政部部长 谢旭人

(2010年11月18日)

党的十七届五中全会审议通过的《中共中央关于制定国民经济和社会发展第十二个五年规划的建议》，从全局和战略的高度，对“十二五”时期加快财税体制改革提出了明确要求。各级财政部门要认真学习领会，切实按照《建议》要求，以科学发展观为统领，进一步深化财税体制改革，积极构建有利于转变经济发展方式的财税体制、运行机制和管理制度，为促进经济平稳较快发展与社会和谐稳定服务。

一、“十一五”时期财税体制改革取得重要进展

“十一五”时期，我国财税体制改革不断深化，取得重要进展。

不断完善财政体制，推动区域协调发展。各级政府的收入划分和支出责任总体保持相对稳定。中央对地方财政转移支付制度不断完善。一般性转移支付规模不断扩大，归并和清理专项转移支付力度进一步加大。调整民族地区转移支付政策，开展重点生态功能区转移支付试点，资源枯竭城市转移支付规模逐步扩大。中央对地方转移支付相应形成地方财政收入，并由地方安排用于保障和改善民生等方面财政支出，有力地促进了基本公共服务均等化和区域协调发展。省以下财政体制改革不断深化。探索建立县级基本财力保障机制。积极推进省直管县和乡财县管财政管理方式改革。

健全预算管理制度，财政管理水平明显提高。政府预算体系框架初步建立，进一步完善了公共财政预算，全面编制了中央和地方政府性基金预算，推进了国有资本经营预算制度试点，启动了社会保险基金预算试编工作。政府收支分类科目体系不断健全。预算管理制度改革深入开展。预算编制管理水平逐步提高。预算执行管理继续强化。预算公开工作加快推进。

推进税收制度改革，政府与企业、个人之间的分配关系进一步规范。全面取消农业税，切实减轻了农民负担。统一内外资企业所得税制度，公平了税收负担。全面实施消费型增值税，完善了增值税制度，促进企业扩大投资和技术改造。顺利推进成品油税费改革，理顺税费关系，建立了依法筹集公路发展资金的长效机制。调整和完善个人所得税、消费税等税收制度。

总体上看，“十一五”时期财税体制改革成效明显，保障了财政职能作用的发挥，较好地服务了改革发展稳定大局。同时也要看到，与建立有利于转变经济发展方式的财税体制目标相比，现行财税体制还存在一些问题，突出表现在：政府间事权和支出责任划分不够清晰，省以下财政体制尚需完善；预算完整性和透明度有待提高，财政管理需进一步加强；税制结构不尽合理，地方税体系建设相对滞后等，迫切需要通过加快财税体制改革加以解决。

二、“十二五”时期加快财税体制改革的总体思路

《建议》提出，要加快改革攻坚步伐，完善社会主义市场经济体制，并对加快财税体制改革提出了具体要

求。根据《建议》精神，结合面临的新形势、新任务，认真总结以往财税改革的经验，“十二五”时期加快财税体制改革的指导思想是：全面贯彻党的十七大和十七届五中全会精神，以邓小平理论和“三个代表”重要思想为指导，深入贯彻科学发展观，认真落实党中央、国务院对深化财税体制改革的要求，以科学发展为主题，以加快经济发展方式转变为主线，以保障和改善民生为立足点，积极构建有利于转变经济发展方式、促进科学发展的财税体制、运行机制和管理制度。

加快财税体制改革，应遵循以下基本原则：一是明确方向，服务大局。把科学发展观切实贯穿于深化财税体制改革的全过程，进一步健全公共财政体系，加快经济结构调整和发展方式转变，促进区域协调和城乡统筹发展，为推动科学发展与社会和谐提供体制保障，努力为全面建设小康社会服务。二是整体设计，协调联动。妥善处理政府与纳税人、中央与地方、政府与社会、财政与金融、财政部门与其他部门的关系，统一规划，全面设计，综合配套，协调推进，加强各项财税改革之间以及财税改革与其他改革之间的协调配合，形成改革合力。三是积极稳妥，循序渐进。既抓住机遇，突出重点，加大改革力度；又妥善处理改革、发展、稳定的关系，调动各方面的积极性，精心谋划，远近结合，分步实施，成熟一项推出一项，确保改革平稳有序进行。

加快财税体制改革的主要目标是：完善财政体制。在合理界定事权基础上，按照财力与事权相匹配的要求，进一步理顺各级政府间财政分配关系。健全统一规范透明的财政转移支付制度，提高转移支付资金使用效益。建立县级基本财力保障机制，加强县级政府提供基本公共服务财力保障。提高预算完整性和透明度。建立并不断完善科学完整、结构优化、有机衔接、公开透明的政府预算体系，全面反映政府收支总量、结构和管理活动。健全预算编制和执行管理制度，强化预算管理，增强预算编制的科学性和准确性。健全税收制度。完善以流转税和所得税为主体税种，财产税、环境资源税及其他特定目的的税相协调，多税种、多环节、多层次调节的复合税制体系，充分发挥税收筹集国家财政收入的主渠道作用和调控经济、调节收入分配的职能作用。

三、“十二五”时期加快财税体制改革的主要任务

（一）健全财力与事权相匹配的财政体制，促进基本公共服务均等化

从我国社会主义初级阶段基本国情出发，在保持分税制财政体制框架基本稳定的前提下，进一步健全中央和地方财力与事权相匹配的财政体制。

合理界定中央与地方的事权和支出责任。在加快政府职能转变、明确政府和市场作用边界的基础上，按照法律规定、受益范围、成本效率、基层优先等原则，合理界定中央与地方的事权和支出责任，并逐步通过法律形式予以明确，力争首先在义务教育、公共卫生、公共安全、社会保障等基本公共服务领域划清中央与地方的支出责任。同时，结合推进税制改革，按照税种属性和经济效率等基本原则，研究进一步理顺政府间收入划分，调动中央和地方的积极性。

完善中央对地方财政转移支付制度。科学设置、合理搭配一般性转移支付和专项转移支付，发挥好各自的作用。增加一般性转移支付规模和比例。加大对中西部地区转移支付力度，优先弥补禁止和限制开发区域的收支缺口，推进主体功能区建设。积极扶持革命老区、民族地区、边疆地区、贫困地区加快发展。分类规范专项转移支付项目，并从监管制度、技术操作等方面着手，进一步提高转移支付资金使用效益。

推进省以下财政体制改革。规范省以下财政收入和政府支出责任划分，将部分适合更高一级政府承担的事权和支出责任上移。强化省级政府在义务教育、医疗卫生、社会保障等基本公共服务领域的支出责任，提高民生支出保障程度。在注意处理好与现行行政管理体制和其他经济管理权限关系的基础上，积极推进省直管县财政管理方式改革。强化乡镇财政管理，因地制宜深化乡财县管改革。

加快完善县级基本财力保障机制。把加强县级政府提供基本公共服务财力保障放在更加突出的位置，以满足县级基本财力保障需要，实现保工资、保运转、保民生为目标，在中央和省级财政加大支持力度的基础上，通过建立和完善奖补机制，力争在“十二五”前三年基本建立起县级基本财力保障机制，“十二五”后期逐步提高保障水平。

（二）完善预算编制和执行管理制度，提高预算完整性和透明度

完善政府预算体系。健全公共财政预算，提高公共财政收入质量，增加公共服务领域投入，着力保障和改

善民生。强化政府性基金预算管理，提高基金预算的规范性和透明度。完善国有资本经营预算收支政策，扩大中央国有资本经营预算试行范围，加快推动地方国有资本经营预算工作。规范社会保险基金预算，扩大社会保险基金预算编报范围。取消预算外资金，将所有政府性收入纳入预算管理。

健全预算管理制度。深化政府收支分类改革，完善支出标准体系，加强项目库建设，夯实预算编制的基础。继续规范预算编制程序，细化预算内容。建立完善预算编制与预算执行、结余结转资金管理和行政事业单位资产管理有机结合的制度。进一步增强地方预算编制的完整性。加强预算执行管理。依法加强税收征管，强化非税收入管理，建立规范的收入管理体系。完善各单位部门预算执行管理制度，健全预算支出责任制度，提高预算支出执行的均衡性和效率。深化部门预算、国库集中收付、政府采购等制度改革。建立健全预算绩效管理制度。

建立健全完整规范的预算公开机制。在完善预算编制的基础上，进一步扩大公开范围，细化公开内容。结合修订预算法，明确预算公开的原则和主体，完善预算信息披露制度，强化预算公开责任制度，加快预算公开的法制化、规范化进程。

（三）推进税制改革，完善有利于科学发展的税收制度

按照简税制、宽税基、低税率、严征管的原则，进一步优化税制结构，公平税收负担，规范收入分配秩序。

强化税收促进经济发展方式转变的作用。在实施和完善消费型增值税的基础上，结合增值税立法，稳步扩大增值税征收范围，相应调减营业税等税收，从制度上解决货物与劳务税收政策不统一问题，逐步消除重复征税，促进服务业发展。合理调整消费税范围和税率结构，充分发挥消费税促进节能减排和引导理性消费的作用。完善企业所得税制度，鼓励科技创新。全面改革资源税，促进资源节约和环境保护。开征环境保护税，促进环境友好型社会建设。

充分发挥税收调节收入分配的作用。实施个人所得税改革，逐步建立健全综合和分类相结合的个人所得税制度，加大对高收入者的调节力度。完善消费税制度，进一步发挥其调节收入分配的作用。按照强化税收、规范收费的原则，继续推进费改税，研究推进房地产税改革，完善财产税制度。按照适当提高社会保障统筹级次的要求，健全社会保障筹资机制。

逐步健全地方税体系。在统一税政的前提下，赋予省级政府适当税政管理权限，培育地方支柱税源。中央集中管理中央税、共享税的立法权、税种开征停征权、税目税率调整权、减免税权等，以维护国家的整体利益。对于一般地方税税种，在中央统一立法的基础上，赋予省级人民政府税目税率调整权、减免税权，并允许省级人民政府制定实施细则或具体实施办法。

中央财政增加投入为建设创新型国家提供支撑保障

日前从财政部获悉，2010年，中央财政安排科学技术经费1728.34亿元，比2006年初翻了一番多，年均增幅达到23.53%。“十一五”期间，中央财政大幅增加财政科技投入，改进和加强财政科技经费管理，以前所未有的支持力度、持续稳定的支持机制和系统全面的支持方式，从各个层次和方面满足了科技工作的需要，为促进自主创新和建设创新型国家提供支撑和保障。

加大投入力度，为科技事业发展进步提供保障。“十一五”期间，中央财政切实加大财政科技投入，确保中央财政科技经费支出增幅高于中央财政经常性收入的增幅，初步建立了财政科技投入的稳定增长机制。2010年，中央财政安排科学技术经费1728.34亿元，比

2006年初翻了一番多，年均增幅达到23.53%。同时，通过制定财税政策，促进全社会尤其是企业增加科技投入，全社会研究与试验发展经费逐年增长，从2006年的3003.1亿元增加到2009年的5802.1亿元，年均增幅达24.55%，占国内生产总值的比例由1.42%提高到1.7%。

优化投入结构，构建符合科研活动规律、科技工作特点和财政预算管理要求的财政科技投入体系。"十一五"期间，中央财政将科技投入分为国家科技计划（基金等）经费、科研机构运行经费、基本科研业务费、公益性行业科研经费和科研条件建设经费等5类，在明确分类的基础上，合理配置各类财政科技经费。一方面，继续加大对国家科技计划（基金）等项目的投入力度，2010年安排国家三大科技计划、自然科学基金、社会科学基金经费约272亿元，比2006年增长81.88%。另一方面，着重加大了稳定支持的力度。一是加大了对科研机构稳定支持的力度。中央财政共安排相关经费430.61亿元，加大对科研机构运行经费的保障力度；新设"公益性科研院所基本科研业务费"；安排科研院所离退休经费、研究生培养经费补助和博士生奖学金。二是加大了对公益性行业科研工作稳定的支持力度。新设"公益性行业科研专项经费"，累计安排资金71.73亿元，系统解决了行业科技发展中的实际问题。三是大幅度增加中央级科学事业单位修缮购置专项资金。中央财政累计安排资金95亿元，切实改善中央级科学事业单位科技基础条件，推进科技创新能力建设。四是积极支持科研装备自主研制，以中科院为试点，支持其开展重大科研装备自主创新工作，提高科研装备自主研制能力，推动"中国制造"向"中国创造"的转变。中央财政累计为此安排资金约7.6亿元。五是新设现代农业产业技术体系建设专项资金。中央财政累计安排资金31.22亿元，支持现代农业产业技术体系建设。六是新设国家（重点）实验室专项经费。"十一五"期间，中央财政累计安排资金86.44亿元，从开放运行、自主选题研究和科研仪器设备更新三方面，加大对国家重点实验室等科研基地稳定支持的力度。

改进和加强科技经费管理，提高资金使用效益。"十一五"期间，中央财政改进和加强科技经费管理，搭建制度框架体系，不断完善管理理念和管理机制，实现了从重投入、重分配向重管理、重效益的转变。一是强化顶层设计和统筹规划，确保经费安排突出重点。如公益性行业科研专项要求行业部门在本行业科研规划基础上，围绕行业科研目标和实际需求，提出项目建议，并建立与国家科技计划项目的查重机制，避免重复支持。二是实行预算安排与绩效评估结果挂钩机制。如在安排国家重点实验室专项经费时，根据对实验室的运行、管理进行定期绩效考评的结果，确定分档支持标准及经费。三是规范科研项目经费管理。针对科研项目经费管理存在的一些问题，规范了国家科研项目经费支出科目和相关标准、经费拨付、财务审计和验收等。四是健全科技经费预算评审评估机制。会同相关部门组织财务和技术专家对相关经费预算进行评审评估，建立公平、公正、公开的预算决策程序，提高资金安排的科学性和规范性。五是加强科技经费绩效考评工作。会同国家自然科学基金委员会开展科学基金资助和管理绩效国际评估工作，进一步明确发展和完善科学基金制的着力点，不断提高管理水平和资助效益。

2010年四大银行实现净利润超5000亿元

在中国货币政策由宽松转为稳健、利差逐步回升的背景下，中国银行业去年的发展备受关注。工、农、中、建四大行年报显示，2010年四大行实现净利润超5000亿元，不良贷款余额和比例均实现"双降"，资产质量普遍提高。

但是，在当前通胀压力下，信贷规模收紧，监管标准提高，融资平台和房地产贷款等方面风险担忧尚存，银行健康、稳健发展也面临一系列考验。四大行高层普遍表示，正采取措施予以应对，对2011年银行业务发展充满信心。

四大行实现净利润超5000亿元 资产质量总体向好

从净利润额来看，工行以1660.25亿元位居第一，建行以1350.31亿元列第二，中行和农行分别净赚1044.18亿元、948.73亿元；从净利润增速来看，四大行均在20%以上，农行以46%拔得头筹，超出市场预期。

四大行的利润不俗，主要来自于净息差回升，生息资产规模增长。从宏观政策来看，2010年两度加息使得银行净息差扩大，同时银行生息资产规模增加，对利润增加起到正面作用。

年报显示，2010年四大行的利息净收入占营业收入比重均超过70%。工行利息净收入3037.49亿元，增长23.6%；农行净利息收益率为2.57%，较上年上升29个基点；建行净利差和净利息收益率分别为2.4%和2.49%，较上年分别提高10个基点和8个基点；中行内地机构净息差为2.14%，比上年提高0.05个百分点。

中行有关负责人表示，2011年随着人民币基准利率的提高，市场流动性的收紧，银行将提高议价能力，有利于进一步改善净息差。

除了利息收入，中间业务对四大行利润贡献度也不断提高，其中手续费以及佣金收入贡献较大。年报显示，建行手续费以及佣金收入较2009年增加180.73亿元，增幅为37.61%。而中行2010年实现内地机构手续费以及佣金收入440.28亿元，增长21.47%。

除此之外，去年上市的农行县域业务从潜在竞争优势转为现实优势。截至2010年末，农行县域地区实现税前利润345.27亿元，较2009年增长64.8%。

年报显示，四大行在利润增加的同时，拨备覆盖率提高，资产质量持续向好。截至2010年末，四大行的不良贷款余额和不良贷款率均实现“双降”，且拨备覆盖率比上年末提高程度都超过45个百分点。

工、农、中、建的拨备覆盖率为228.2%、168.05%、196.67%和221.14%；不良贷款率则分别为1.08%、2.03%、1.1%和1.14%。

监管标准提高 四大行未雨绸缪

去年，监管标准不断提高，银行经营压力也不断加大。此前，银监会曾表示，正在起草指导商业银行实施新监管框架的相关标准，并要求商业银行拨贷比在2013年达到2.5%。不少银行未雨绸缪，采取多种措施，加大拨备力度，减轻今年将面临的监管压力。

据四大行年报显示，目前农行与建行均已达标，且农行拨贷比达到3.4%，是四大行最高；而建行由于去年四季度计提拨备129亿元，目前拨贷比为2.52%，未来这两家银行拨备压力较小。

目前，工行拨贷比是2.46%。工行董事长姜建清表示，0.04个百分点的差距，对工行来说，压力不大。

中行行长李礼辉表示，中行境内业务目前的贷款拨备比是2.4%左右，要达到监管要求压力不是特别大。

此外，作为四大监管新工具之一，资本充足率也是各家银行面前的达标课题。去年四大行经过融资，资本不足的状况得到明显缓解。

截至2010年末，工、农、中、建四大行的核心资本充足率分别达到9.97%、9.75%、10.09%和10.40%，均达到监管要求。

专家认为，经过大规模融资，大型银行融资潮或将告一段落，未来银行补充资本，倾向于发行次级债、提高利润留存等方式，对资本市场影响相对较小。

建行行长张建国表示，建行近、中期均无向市场融资计划；中行明确表示，2012年年底前不会安排股本市场的融资计划，但不排除安排非股本融资计划的可能，包括发行次级债计划；农行行长张云表示，今明两年农行没有通过股市融资的计划，但是计划用发行次级债的方式来补充资本金。此前，工行董事长姜建清也曾多次表示，工行 3 年内无资本市场融资计划。

四大行表示：房贷风险可控

去年，政府出台一系列房地产调控政策，与此同时，监管机构督促金融机构全面开展地方政府融资平台贷款“解包还原”和“六项清查”工作。这使得房地产企业资金链及地方融资平台的不良贷款对于银行的风险影响成为市场关注热点。

针对市场普遍关注的房地产贷款问题，四大行高层均表示，房地产贷款占银行整体贷款占比较小，不良率也很低，整体质量可控。

工行行长杨凯生表示，2006年至今，工行房地产开发贷款占总贷款比重只上升1.6个百分点，成长稳定。“工行房地产按揭贷款中，超过90%是首套房，第三套房的占比只有百分之一点儿，我对工行房地产贷款质量保持稳定充满信心。”

截至2010年末，工行房地产开发贷款和个人住房贷款不良率分别为0.88%和0.4%。

李礼辉说，若房价下跌30%左右，可能会增加中行部分不良贷款和违约率，但均在可承受的范围内。“这部分不良贷款率对于中行利润影响较小，不会对财务表现带来重大影响。”

农行副行长郭浩达则表示，压力测试显示，即使在内地楼市下跌五成的极端情况下，农行不良资产增长也不会超过0.5个百分点。

建行年报称，建行房地产开发贷款资产质量不断向好。

分析人士认为，2011年商业银行针对房地产业务的贷款比例将会下降，重点将转向满足居民自住性需求的中低价位、中小套型普通商品住宅项目的信贷需求。

建行年报称，董事会通过了向中德住房储蓄银行增资15.02亿元的议案。张建国称，增资主要针对中低收入家庭购买住房的产品。

郭浩达则表示，目前农行介入保障性住房贷款约90亿元，未来将审慎介入，在风险可控的情况下，择优选择项目，支持保障房建设。姜建清表示，目前工行保障性住房贷款只有60多亿元。

此外，四大行高层均表示，已对地方融资平台贷款进行清理，目前不会造成系统性风险，并已采取必要措施防范风险。

目前，工行向地方融资平台投放的贷款大概有6400亿元，截至2010年末，工行地方融资平台贷款不良率为0.3%。建行已停止对县级融资平台客户贷款，政府融资平台贷款清理将提前符合监管要求。中行和农行表示，该行地方政府融资平台贷款风险可控，对未来拨备水平和资本充足率的影响有限。

2010年全国公共财政收入基本情况

2010年全国公共财政收入83101.51亿元，完成预算的112.4%，比2009年增加14583.21亿元，增长21.3%，与国际金融危机爆发前几年平均增幅基本持平（2005—2008年全国财政收入增幅分别为19.9%、22.5%、32.4%和19.5%）。

一、税收收入和非税收入

（一）税收收入执行情况

2010年全国公共财政收入中，税收收入73210.79亿元，完成预算的112.6%，比2009年增长23.0%，占全国公共财政收入的88.1%。

税收收入中，流转税（含国内增值税、国内消费税、营业税、进口环节增值税和消费税，扣除出口退税）收入合计41486.27亿元，占税收收入的56. 7%，其中，国内增值税21093.48亿元，完成预算的103.1%，比2009年增长14.1%，主要原因是经济回升向好，工业增加值和工业品出厂价格增长增加了国内增值税收入；国内消费税6071.55亿元，完成预算的115.8%，比2009年增长27.5%，主要原因是2010年汽车销售增长较快带动相关消费税增收较多；营业税11157.91亿元，完成预算的111.1%　，比2009年增长23.8%，主要是建筑安装行业、房地产和金融业保持较快增长势头，相应地这些行业的营业税收入增加较多；进口货物增值税、消费税10490.64亿元，完成预算的130%，比2009年增长35.7%，主要原因是2010年一般贸易进口额增长43.7%，超过年初预计，进口税收相应增长；出口货物退增值税、消费税7327.31亿元，完成预算的103.6%，比2009年增长13%，主要原因是2010年一般贸易出口额增长36%，出口退税相应增加。

所得税（含企业所得税和个人所得税）收入合计17680.81亿元，占税收收入的24.2%，其中，企业所得税12843.54亿元，完成预算的103.5%，比2009年增长11.3%，主要原因是企业利润继续保持较快增长带动了企业所得税增长；个人所得税4837.27亿元，完成预算的114.2%，比2009年增长22.5%，主要原因是2010年城镇居民人均可支配收入增幅较大。

关税2027.83亿元，完成预算的128.3%，比2009年增长36.7%，主要原因是2010年一般贸易进口额增长较快带动关税快速增长。房产税、印花税、车辆购置税、耕地占用税等其他税收收入合计达12015.88亿元，比上年增长32.7%，占全国税收收入的16.4%。

（二）纳入一般预算管理的非税收入执行情况

纳入一般预算管理的非税收入包括专项收入、行政事业性收费收入、罚没收入、国有资源有偿使用收入等。2010年全国非税收入9890.72亿元，完成预算的110.8%，比2009年增长9.9%，占全国公共财政收入的11.9%，比2009年下降1.2个百分点。

近几年除推进资源税改革外，我国基本没有出台新的增税措施，而且为应对国际金融危机实行了大规模结构性减税。2010年财政收入继续保持较快增长，反映了我国经济增长质量、企业效益以及收入征管水平进一步提高。

二、中央收入和地方收入

（一）中央收入执行情况

2010年全国公共财政收入中，中央本级收入（即中央财政收入）42488.47亿元，完成预算的111.6%，比2009年增长18.3%，占全国公共财政收入的51.1%。加上从预算稳定调节基金调入的100亿元，可使用的收入总量为42588.47亿元，其中有32341.09亿元通过税收返还和转移支付返还地方，占中央公共财政收入的76.1%，占中央可使用收入总量的75.9%，中央的税收返还和转移支付主要分配给中西部地区，有效缩小了地区间基本公共服务水平差距。

（二）地方收入执行情况

地方本级收入40613.04亿元，完成预算的113.2%，比2009年增长24.6%，占全国公共财政收入的48.9%。地方本级收入加上中央对地方税收返还和转移支付收入32341.09亿元，地方财政收入总量72954.13亿元，增长19.3%。中央对地方的税收返还和转移支付相当于地方本级支出的43.8%，主要分配给中西部地区，用于均衡地区间财力差距，缩小地区间基本公共服务水平差距，推进地区间基本公共服务均等化。

2010年全国公共财政支出基本情况

2010年，各级财政部门按照中央的决策部署，进一步调整和优化财政支出结构，加大对“三农”、教育、医疗卫生、社会保障和就业、保障性住房、科学技术、环境保护等方面的投入力度，增加对中西部地区转移支付，促进了经济增长、结构调整、地区协调和城乡统筹发展。根据中央财政决算数据和地方财政决算数据汇总， 2010年全国财政支出89874.16亿元，比2009年增加13574.23亿元，增长17.8%。其中，中央本级支出15989.73亿元，增长4.8%，占全国财政支出的17.8%,占比较上年下降了2.2个百分点；地方财政支出（包括地方用本级收入以及中央对地方税收返还和转移支付安排的财政支出）73884.43亿元，增长21.0%，占全国财政支出的82.2%，占比较上年上升了2.2个百分点。

一、全国公共财政主要支出项目执行情况

目前我国公共财政支出科目共分为23类。按现行科目分类，2010年全国公共财政项目执行支出情况是：

（一）教育支出12550.02亿元，比上年增长20.2%，占全国财政支出的14.0%，主要用于支付各类公办学校教师工资、正常运转经费、建设经费；完善农村义务教育经费保障机制，进一步提高经费保障水平，对全国1.3亿农村中小学生免除学杂费并免费发放教科书；继续实施城市义务教育免学杂费政策，免除2900多万名城市义务教育阶段学生的学杂费；将普通高中家庭经济困难学生纳入国家资助政策体系，提高高校国家助学金资助标准；加强职业教育基础能力建设，启动实施中等职业教育发展示范校计划，免除440万名中等职业学校家庭经济困难学生和涉农专业学生学费，继续实施中等职业学校国家助学金政策；支持高等教育事业发展，启动新一轮“985工程”建设，推进中央高校减轻债务负担试点工作，完善地方高校支持体系。

（二）医疗卫生支出4804.18亿元，比上年增长20.3%，占全国财政支出的5.3%，主要用于支持实施新型农村合作医疗和城镇居民基本医疗保险等制度改革，扩大改革范围、提高补助标准；支持解决关闭破产国有

企业退休人员和困难企业职工参加城镇职工基本医疗保险问题；支持实施公共卫生与基层医疗卫生事业单位绩效工资政策；支持基本公共卫生服务建设，支持向城乡居民免费提供九类基本公共卫生服务，推动加强基层医疗卫生服务体系建设；支持扩大国家基本药物制度覆盖范围和启动公立医院改革试点；支持提高城乡医疗救助水平。

（三）社会保障和就业支出9130.62亿元，比上年增长20.0%，占全国财政支出的10.2%，主要用于支持落实更加积极的就业政策，推进以工代赈，鼓励企业吸纳下岗失业人员，促进高校毕业生就业，对返乡农民工实施特别职业培训计划；逐步扩大新型农村社会养老保险试点覆盖面，全国新农保试点覆盖面扩大到24%；继续提高企业退休人员基本养老金补助水平和城乡低保补助标准，全国城市和农村低保对象分别达到2311万人和5228万人，基本实现应保尽保；调整优抚对象等人员的抚恤和生活补助标准，建立孤儿基本生活保障制度；切实保障受灾地区群众的基本生产生活，适当提高因灾农户倒损住房恢复重建补助标准。社会保障支出除公共财政安排支出外，主要由社会保险基金预算安排，2010年企业职工基本养老、失业、医疗、工伤、生育等五项社会保险基金支出13310亿元。

（四）住房保障支出2376.88亿元，比上年增长31.8%，占全国财政支出的2.6%，主要用于支持保障性安居工程建设，推进保障性住房建设和棚户区改造，加快推进农村危房改造和游牧民定居工程，改善城乡困难群众居住条件。

（五）农林水事务支出8129.58亿元，比上年增长21.0%，占全国财政支出的9.0%，主要用于落实农资综合补贴动态调整机制，进一步扩大农作物良种补贴覆盖地域和品种范围，增加农机购置补贴范围；促进农业科技成果转化和先进适用农业技术推广应用，扶持农民专业合作组织发展，推动优势特色和安全高效农业发展；推进农业综合开发，改造中低产田和建设高标准农田，增强粮食综合生产能力；创新扶贫开发机制，支持贫困地区发展特色优势农业；支持农业农村基础设施建设，完成第一轮病险水库除险加固三年规划任务，启动第二轮重点小型病险水库除险加固，推动大中型灌区续建配套节水改造等重点工程以及农村电网改造；落实农业林业保险保费补贴政策，扩大补贴覆盖面。

（六）文化体育支出1542.70亿元，比上年增长10.7%，占全国财政支出的1.7%，主要用于加强乡镇综合文化站、农家书屋、农村电影放映等重点文化惠民工程建设，丰富农村文化生活，改善基层公共文化体育设施条件；扩大向社会免费开放的公共博物馆、纪念馆范围，加强文化遗产保护工作，继续加强大遗址、重点文物和非物质文化遗产保护工作；强化新闻媒体传播能力建设，支持深化文化体制改革，推动文化产业发展。

（七）交通运输支出5488.47亿元，比上年增长18.1%，占全国财政支出的6.1%，主要用于支持国省干线等公共交通基础设施建设，新建、改造农村公路；对城市公交等部分公益性行业给予油价补贴；发放用于支持取消政府还贷二级公路收费的补贴；推进水路运输、铁路运输、民用航空运输以及邮政等项目建设，改善城乡交通运输条件。

（八）城乡社区事务支出5987.38亿元，比上年增长21.4%，占全国财政支出的6.7%，主要用于加强城乡社区规划与管理、城乡社区公共设施建设、维护与管理（包括城乡社区道路、桥涵、燃气、供暖、公共交通、道路照明）、城乡社区环境卫生（包括城乡社区道路清扫、垃圾清运与处理、园林绿化）等，支持改善市场环境，规范市场经济秩序，提高城乡居民生活质量。

（九）公共安全支出5517.7亿元，比上年增长16.3%，占全国财政支出的6.1%，主要用于公检法司等政法机关人员经费、日常运行公用经费、办案（业务）经费、业务装备经费和基础设施建设经费；推进政法经费保障体制改革，不断提高保障水平；用于武警部队支出；加强防灾减灾和灾害应急救援体系建设，维护公共安全和社会稳定。

（十）科学技术支出3250.18亿元，比上年增长18.4%，占全国财政支出的3.6%，主要用于支付科研单位人员工资、运行经费及设备购置费；支持国家自然科学基金、"973计划"、国家重点实验室建设运行等基础研究，加强前沿技术研究、社会公益研究和重大共性关键技术研究等应用研究；实施重点产业调整振兴规划，促进技术改造和自主创新；推进区域科技创新体系建设，促进产学研有机结合。

（十一）环境保护支出2441.98亿元，比上年增长26.3%，占全国财政支出的2.7%，主要用于推动节能减排，扶持重点节能项目，促进企业开展节能技术改造，支持经济欠发达地区企业淘汰落后产能；实施三河三湖以及松花江流域水污染治理等重大减排工程，支持城镇污水处理设施配套管网建设；推进农村环境连片整治示范工作，改善农村生活环境；扩大节能产品惠民工程实施范围，推广高效节能空调、高效照明等节能产品，扩大公共领域节能和新能源汽车示范推广城市范围，启动私人购买新能源汽车补贴试点；加快发展可再生能源，实施金太阳工程，积极推进光伏发电国内规模化应用；巩固退耕还林、退牧还草成果，推进林业重点工程和草原生态保护。

（十二）一般公共服务支出9337.16亿元，比上年增长14.4%，占全国财政支出的10.4%，主要用于保障机关事业单位正常运转，支持各机关单位履行职能，保障各机关部门的项目支出需要，以及支持地方落实自主择业军转干部退役金等。同时，压缩一般性支出，对出国（境）经费、车辆购置及运行费、公务接待费等支出原则上实行零增长，严格控制党政机关办公楼等楼堂馆所建设，努力降低行政成本。

（十三）国防支出5333.37亿元，比上年增长7.7%，占全国财政支出的5.9%，主要用于支持改善军队官兵生活待遇，加强信息化建设，适当增加装备及配套设施，提高军队抢险救灾应急能力。

（十四）外交支出269.22亿元，比上年增长7.3%，占全国财政支出的0.3%，主要用于支持各项外交事务、对外援助、对外合作与交流，维护国家利益。

（十五）资源勘探电力信息等事务支出3485.03亿元，比上年增长21%，占全国财政支出的3.9%，主要用于支持资源勘探电力信息等领域战略性新兴产业发展、企业技术改造、中小企业发展，支持安全生产监管、电力监管，支持制造业和建筑业发展等方面。

（十六）地震灾后恢复重建支出1132.54亿元，比上年下降3.6%，占全国财政支出的1.3%，主要用于汶川地震灾后恢复重建。2008—2010年实现三年中央财政对地震灾后恢复重建投入3000亿元的规划目标，汶川地震灾后恢复重建三年任务两年基本完成。

（十七）粮油物资储备管理事务支出1171.96亿元，比上年下降9.5%，占全国财政支出的1.3%，主要用于提高粮食最低收购价补贴利息和储备粮油包干费标准，加强粮油以及重要物资储备体系建设。

（十八）金融监管等事务支出637.04亿元，比上年下降30.1%，占全国财政支出的0.7%，主要用于支持金融体制改革、实施政策性银行亏损补贴、农村金融发展以及出口信用保险事业发展，推进金融部门监管和金融调控等。

（十九）商业服务业等事务支出1413.14亿元，比上年增长53%，占全国财政支出的1.6%，主要用于实施家电汽车下乡以及家电、汽车以旧换新政策，提供国家储备棉、糖、肉补贴，推进新农村现代流通服务网络工程建设，促进商贸流通服务业发展。

（二十）国土气象等事务支出1330.39亿元，比上年增长32.7%，占全国财政支出的1.5%，主要用于支持与地质和矿业有关的重大项目建设，加强基础性调查，支持矿山环境治理、矿产资源节约与综合利用。

（二十一）国债付息支出为1844.24亿元，比上年增长23.7%，占全国财政支出的2.1%，主要用于支付国债利息。

（二十二）其他支出为2700.39亿元，比上年增长17.4%，占全国财政支出的3%，主要包括地方对新疆、西藏、四川汶川等地的对口援助资金，对边境地区和革命老区专项支出，以及青海玉树、甘肃舟曲救灾和灾后恢复重建支出，利用外国政府和国际金融组织贷款统借统还项目支出等。在其他支出中，中央本级支出98.32亿元，地方支出2602.07亿元。

（二十三）预备费支出。按照《预算法》规定，各级政府在年初预算安排时按照本级支出的一定比例安排预备费，用于应对自然灾害及其他难以预见的支出，执行中预备费按具体用途在上述二十二类功能支出科目中列支。

汇总以上各项支出，2010年全国财政用于与人民群众生活直接相关的教育、医疗卫生、社会保障和就业、保障性住房、文化体育方面的民生支出合计29256.19亿元，比上年增长21.1%，占全国财政支出的32.6%。与民生密切相关的支出还包括农林水利、交通运输、环境保护、城乡社区事务、科学技术、商业服务等事务、国土资源气象事务、粮油物资储备、地震灾后恢复重建等方面，这些支出合计达到30345.63亿元，占全国财政支出的33.8%。 2010年民生支出合计达到59601.82亿元，占全国财政支出的2/3。此外，还有1/3的全国财政支出（30272.34亿元），主要用于一般公共服务、公共安全、国防、外交以及资源勘探电力信息、国债利息、金融监管等支出，这些方面的支出是公共财政必须予以保障的，也是满足人民群众生产生活需要的必然要求，比如，公共安全支出促进了社会稳定，为保障和改善民生营造了良好的经济社会环境；国债利息支出是国债发行的必要条件，对于支持交通运输、环境保护等国债建设项目顺利推进具有重要意义，这些国债建设项目是与民生发展紧密相关的。

2010年全国财政用于“三农”的支出合计24213.4亿元，比上年增加4170.8亿元，增长20.8%。中央财政用于“三农”的支出8579.7亿元，增长18.3%，其中，中央本级支出837.5亿元，补助地方支出7742.2亿元。加上中央补助支出，地方各级财政2010年共实现“三农”支出23375.9亿元，增长20.9%。全国“三农”支出中，支持农业生产支出8571.4亿元，比上年增加1479.3亿元，增长20.9%；支持农村社会事业发展13221.4亿元，增加2448.3亿元，增长22.7%；对农民补贴支出1258亿元，增加31.8亿元，增长2.6%；对农产品流通环节补贴支出1162.7亿元，增加211.5亿元，增长22.2%。

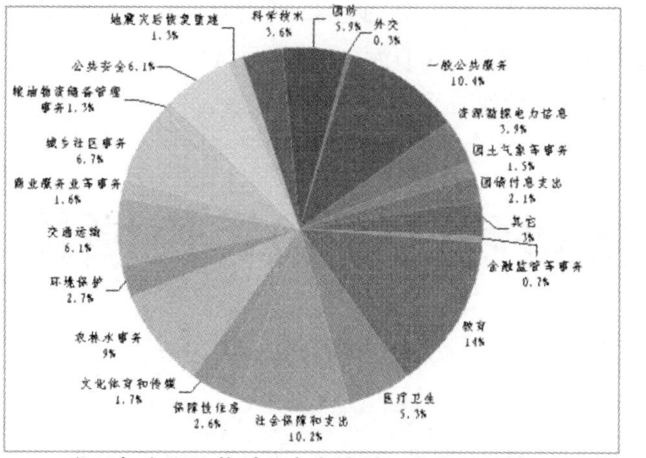

2010年全国公共财政支出按科目分类比重情况

需要说明的是，民生和“三农”支出不是单独的预算科目，为更清楚地说明有关情况，将与民生和“三农”相关的支出项目综合反映出来，因而存在一些交叉重复。

二、中央财政对地方转移支付情况

2010年中央继续加大对地方的转移支付力度，特别是加大对中西部地区的转移支付力度，有力保障地方各项支出重点，促进了地区间基本公共服务均等化和区域协调发展。2010年，中央财政对地方税收返还和转移支付32341.09亿元，比上年增加3777.3亿元，增长13.2%。中央对地方税收返还和转移支付相当于中央财政收入的76.1%、中央财政支出的66.9%，相当于地方财政支出的43.8%，也就是说，43.8%的地方财政支出是来源于中央财政的税收返还和转移支付。从全国财政支出的构成看，中央本级支出占全国财政支出的17.8%，比2009年降低2.2个百分点。中央本级支出比重降低，地方本级支出比重提高，体现了财政支出进一步向地方倾斜。

2010年中央对地方转移支付完成27347.72亿元，比上年增长15.5%。中央对地方转移支付分配过程中，充分考虑了地方的困难程度和支出需求，体现了向中西部的倾斜，有力地促进了区域协调发展，推动了基本公共服务均等化进程。2010年，中央对地方一般性转移支付为13235.66亿元，其中东、中、西部的比例分别为11.3%、44.1%、44.6%；中央对地方专项转移支付为14112.06亿元，其中东、中、西地区所占的比例分别为19.4%、39%、41.6%。如果东部地区人均一般预算收入总额为100，2010年中、西部地区人均一般预算收入仅为36和41。经中央转移支付后，中、西部地区的人均财政收入达到67和87，差距明显缩小。

2010年中央政府公共投资情况

2010年，通过公共财政预算拨款、政府性基金收入、国有资本经营收益等方式筹措资金，中央政府公共投资支出达到10710亿元（见表4.3），其中：农业基础设施及农村民生工程投资3153亿元，教育卫生等社会事业建设投资1065亿元，保障性安居工程建设投资765亿元，节能减排和生态建设投资995亿元，自主创新、技术改造及服务业投资736亿元，重点基础设施建设投资2604亿元，地震灾后恢复重建投资1092亿元。为确保中央政

表4.3 2010年中央政府公共投资支出情况

单位：亿元

项目		数额
农业基础设施及农村民生工程		3153
其中：	水利工程	505
	农村饮水、电网、沼气等	1612
	小型农田水利建设	1036
保障性安居工程建设		765
节能减排和生态建设		995
其中：	十大重点节能工程、循环经济发展等	628
	城镇污水、垃圾处理设施、污水管网	255
	重点流域水污染防治	112
教育卫生等社会事业建设		1065
地震灾后恢复重建		1092
自主创新、技术改造及服务业		736
其中：	重大科技专项等投资（设备购置）	421
	支持企业自主创新和高技术产业化	315
铁路、公路、机场和港口等基础设施建设		2604
其中：	铁路	697
	公路	1503
	机场	198
	港口	125
其他社会事业等投资项目		300
合计		10710

府公共投资安全、规范、有效使用，财政部门不断健全和完善监管机制，将扩大内需政策落实和资金管理使用的日常监控与专项检查结合起来，提高监管成效。2011年初，共抽调检查人员497人，对2010年中央政府公共投资项目进行检查，共检查285个市县的3359个项目，涉及项目投资总额468亿元，发现各类违规问题483个，涉及违规资金20亿元。

在2008年第四季度增加1040亿元、2009年增加5038亿元的基础上，2010年中央政府公共投资10710亿元，比2008年预算增加6505亿元，累计达到12583亿元，比两年中央政府新增公共投资1.18万亿元的计划增加783亿元，主要是用车辆购置税安排的公路建设支出，以及青海玉树、甘肃舟曲灾后恢复重建支出增加。中央政府公共投资重点用于支持保障性安居工程、农业基础设施及农村民生工程、教育卫生等社会事业、自主创新和经济结构调整等方面。资金安排主要用于项目续建和收尾，避免“半拉子工程”，严格控制新上项目，防止重复建设。同时，财政部将继续会同各有关部门做好中央政府公共投资监督检查工作，进一步提高中央政府公共投资效益。总体上看，中央政府公共投资增加了即期需求，带动了民间投资和消费，加强了经济社会发展的薄弱环节，有力地促进了经济平稳较快发展。

扎实实施积极财政政策 促进经济平稳较快增长

财政部新闻办公室

2010年1月10日

1月10日，全国财政工作会议在北京召开。财政部党组书记、部长谢旭人出席会议并讲话。谢旭人指出，2009年，各级财政部门紧紧围绕服务改革发展稳定大局，认真贯彻党中央、国务院的决策部署，充分发挥财政职能作用，全面落实应对国际金融危机冲击的一揽子计划，扎实实施积极的财政政策，为实现保增长、调结构、促改革、惠民生做出了积极贡献。同时，切实加强财政管理，合理把握政策实施力度和节奏，积极防范和控制财政风险，大力推动财政自身的改革与发展。尤其是面对国际金融危机严重冲击、经济增速明显放缓、企业效益下滑、大规模实施结构性减税政策等带来的严峻挑战，狠抓收支管理，圆满完成全年财政收支预算目标。全国财政收入预计达到68477亿元，增长11.7 %。财政赤字在人大批准的预算之内。

谢旭人说，为有效应对国际金融危机冲击、遏制经济增速下滑势头，2009年，财政部门着力扩大投资需求，大幅增加政府公共投资，加强各项重点建设。重点用于农村民生工程、教育医疗卫生等社会事业、保障性住房、节能减排和生态建设、企业自主创新和结构调整、重大基础设施建设和汶川地震灾后恢复重建等方面。会同有关部门建立扩大内需协调机制，加强对中央投资的统一领导、统筹协调和督促检查，改进资金分配机制，确保资金按规定用途有效使用。各地也采取多种措施扩大政府投资。发行2000亿元地方政府债券，较好保障了地方政府对中央公益性投资项目的配套资金需要。这些投资直接增加了即期需求，带动了民间投资和消费，缓解了部分行业和企业生产经营困难，也加强了经济社会发展的薄弱环节，为长期发展夯实了基础。

增加城乡居民尤其是低收入居民收入，增强居民消费能力。对农民的补贴力度进一步加大，支持较大幅度提高粮食最低收购价，促进增加农民收入。提高城乡低保对象、企业退休人员和优抚对象等群体的补助水平。出台了政策力度大、群众受惠面广的促进家电、汽车、节能产品消费等措施。对1.6升及以下排量乘用车暂减按5%征收车辆购置税，实施家电下乡、汽车摩托车下乡以及汽车家电以旧换新政策，并不断完善相关操作办法，提高财政补贴使用效益。预计家电下乡产品销售达3200万台，拉动消费超过1500亿元；汽车销售达1300万辆，增长38.5%。

结合改革和优化税制，实行结构性减税。在全国范围内实施消费型增值税，完善增值税制度，调整小规模纳税人的划分标准，降低小规模纳税人的增值税征收率，促进企业扩大投资、加快技术改造。顺利推进成品油税费改革，公平税费负担，推动节能减排，促进科学发展。对住房转让环节暂定减免一年营业税。进一步提高纺织、服装、石化、电子信息等产品的出口退税率，多次调整部分商品进出口关税。取消和停征100项行政事业性收费。继续执行2008年已实施的一系列税费减免政策。预计2009年实施各项税费减免政策共减轻企业和居民负担5000亿元左右，有力地促进企业扩大投资，刺激居民消费。

落实促进区域协调发展的各项财税政策。结合三江源保护等重大生态保护规划，通过提高转移支付补助比例，增强禁止开发与限制开发区域政府提供公共服务的财政保障能力。加大转移支付力度，支持化解资源枯竭城市历史遗留的社会负担。增加对民族地区、粮食主产区和边境地区的转移支付。

加快实施科技重大专项。支持国家（重点）实验室以及相关科研机构、大学的科研条件和能力建设，推动开展公益性行业科研工作。运用贴息和进口税收优惠等政策，支持实施重点产业调整振兴规划。大幅增加中小企业发展专项资金规模，引导担保机构扩大中小企业贷款担保业务，促进中小企业技术创新、结构调整和专业化发展。支持金融机构对符合条件的中小企业不良贷款进行重组和减免。运用中央外贸发展基金等扶持政策，推动服务外包业发展和中小企业开拓国际市场。

采取以奖代补方式，支持城市污水处理设施配套管网、十大重点节能工程等建设。全面推进建筑节能，加大高效照明产品推广力度并向农村倾斜，启动节能产品惠民工程。加快发展新能源等新兴产业，实施金太阳工程，在北京等十三个城市开展节能与新能源汽车推广试点。矿产资源有偿使用制度改革取得明显成效，矿业权有偿取得制度全面实施，矿山环境治理和生态恢复责任机制基本建立。排污权有偿使用和交易改革试点范围逐步扩大并取得阶段性成果。继续实施天然林保护工程，扩大中央财政森林生态效益补偿基金支持范围，巩固退耕还林成果，推进草原生态重点工程建设。积极发挥中国清洁发展机制基金的作用，推动贯彻落实《应对气候变化国家方案》。

谢旭人说，根据中央经济工作会议的总体部署和经济财政工作面临的新形势，2010年财政工作的指导思想是：全面贯彻党的十七大、十七届三中、四中全会，以及中央经济工作会议和胡锦涛总书记在中央政治局第十八次集体学习时的重要讲话精神，以邓小平理论和“三个代表”重要思想为指导，深入贯彻落实科学发展观，继续实施积极的财政政策，着力调整国民收入分配格局，推进财税制度改革，优化财政支出结构，加大对“三农”、教育、科技、医疗卫生、文化、社会保障、保障性住房、节能减排以及欠发达地区的支持力度，促进经济增长、结构调整、地区协调和城乡统筹发展，切实保障和改善民生。坚持依法理财、统筹兼顾、增收节支的方针，加强财政科学化精细化管理，从严控制一般性支出，提高财政资金使用效益，促进经济平稳较快发展。

按照上述指导思想，制定实施财政政策、开展财政工作时，要着重把握以下几个原则：一是更加注重推进结构调整，切实提高经济发展的质量和效益；二是更加注重扩大内需特别是消费需求，切实保持经济平稳较快增长；三是更加注重保障和改善民生，切实推动经济社会协调发展；四是更加注重深化财税改革，切实增强财政经济发展的内在动力和活力；五是更加注重加强财政科学化精细化管理，切实提高财政资金绩效。

全国人大财经委副主任委员、人大常委会预工委主任高强，全国人大财经委副主任委员尹中卿，财政部党组成员，部内各单位负责人，各省（自治区、直辖市、计划单列市）财政厅（局）长、财政部驻各地财政监察专员办事处专员、中央部门及企事业财务部门有关负责人、特邀部门代表等参加了会议。

2011年实施积极财政政策突出五个方面

在27日举行的全国财政工作会议上，财政部部长谢旭人说，继续实施积极的财政政策是中央在全面分析国内外经济环境变化的基础上作出的重大决策。

谢旭人说，今年以来，在党中央、国务院的坚强领导下，各级财政部门认真落实和完善积极的财政政策，中央政府公共投资完成两年新增1.18万亿元的目标。重点支持农业农村基础设施建设、保障性住房、教育和医疗卫生等社会事业，节能减排、环境保护和自主创新等方面。继续实施结构性减税政策，进一步增加对农民的补贴，提高城乡低保对象等低收入群体补助水平，继续实施和完善家电、汽车下乡等鼓励消费的一系列政策。这些措施对增加城乡居民收入、扩大内需，进一步保持经济向好势头发挥了重要作用。

他指出，明年财政部门要按照中央决策部署，紧紧围绕科学发展主题和加快转变经济发展方式主线，继续实施积极的财政政策，处理好保持经济平稳较快发展、调整经济结构、管理通胀预期的关系，更加重视稳定物价总水平，促进经济平稳较快发展以及社会和谐稳定。

谢旭人强调，明年落实好积极的财政政策要着重把握五个方面。

一是提高城乡居民收入，扩大居民消费需求。明年要进一步促进调整国民收入分配格局，增加居民特别是低收入者的收入，增强其消费能力。完善有利于扩大消费的财税政策，积极引导消费需求。

二是合理把握财政赤字和政府公共投资规模，着力优化投资结构。明年政府公共投资要与扩大消费、调整结构、改善民生等有机结合，重点用于加强经济社会发展薄弱环节，促进投资与消费良性互动。同时，深化投融资体制改革，引导和带动民间投资增长。

三是调整完善税收政策，促进结构调整和引导居民消费。要结合改革和完善税制，更好地发挥税收调节经济和收入分配的作用，促进加快转变经济发展方式。

四是进一步优化财政支出结构，保障和改善民生。明年要进一步压缩一般性支出，重点加大对“三农”、欠发达地区、民生和社会事业、结构调整、深化改革等方面的支持力度。

五是大力支持经济结构调整和区域协调发展，推动经济发展方式转变。加大财政科技投入，推动自主创新，促进产业结构优化升级。大力支持节能减排，加快建立生态环境补偿机制，推动资源节约和环境保护。落实相关财税政策，促进区域协调发展。

财政部关于全面贯彻落实中央水利工作会议精神的意见

财农[2011]265号

各省、自治区、直辖市、计划单列市财政厅（局），新疆生产建设兵团财务局：

兴水利，除水害，历来是治国安邦的大事。日前召开的中央水利工作会议，总结了我国水利改革发展实践经验，分析了水利工作面临的新情况新问题，明确了今后一个时期水利改革发展主要任务，对贯彻落实《中共中央国务院关于加快水利改革发展的决定》（中发[2011]1号）进行了全面部署。为认真贯彻落实好中央水利工作会议精神，进一步做好财政支持水利改革发展工作，现提出如下意见：

一、统一思想认识，明确新形势下财政支持水利改革发展工作的目标任务

（一）提高思想认识，不折不扣地落实好中央重大决策部署。中央水利工作会议指出，加快水利改革发展，是事关我国社会主义现代化建设全局和中华民族长远发展重大而紧迫的战略任务，是保障国家粮食安全的迫切需要，是转变经济发展方式和建设资源节约型、环境友好型社会的迫切需要，是保障和改善民生、促进社会和谐稳定的迫切需要，是应对全球气候变化、增强抵御自然灾害综合能力的迫切需要。会议明确了水利改革发展的总体要求、基本原则、主要目标和新形势下治水方略，全面部署了当前和今后一段时期水利改革发展的重要任务和工作，为新时期水利改革发展指明了方向，对财政支持水利改革发展提出了更高的要求。各级财政部门要认真学习领会中央水利工作会议精神，深刻理解加快水利改革发展的重大战略意义，准确把握中央提出的新形势下的治水方略，充分认识做好财政支持加快水利改革发展工作的重要性和紧迫性，自觉把思想和行动统一到中央的重大决策部署上来，把支持水利改革发展放到财政工作更加突出的位置，把加快水利改革发展作为保障和改善民生工作更加重要的领域，积极推动水利改革发展再上新台阶。

（二）明确目标任务，扎扎实实地做好财政支持加快水利改革发展的各项工作。加快水利改革发展是关系中华民族生存和发展的长远大计，一定要真抓实干，持之以恒，把中央各项决策部署落到实处。各级财政部门要按照中央水利工作会议部署要求，全面贯彻落实中发[2011]1号文件明确的方针政策，切实加强与水利等有关部门的配合协调，把财政支持水利改革发展的目标任务实化到各项具体工作中，不断加大公共财政对水利的投入，健全水利投入稳定增长机制，以“今后10年全社会水利年均投入水平比2010年高出一倍”为目标，以完善扶持政策为支撑，以体制机制创新为保障，以水利重大薄弱环节建设为重点，全力支持水利改革发展，为顺利实现“力争通过5年到10年努力，从根本上扭转水利建设明显滞后局面。到2020年，基本建成防洪抗旱减灾体系、水资源合理配置和高效利用体系、水资源保护和河湖健康保障体系、有利于水利科学发展的体制机制和制度体系”的战略目标发挥积极作用。

二、不断健全投入增长机制，努力增加公共财政对水利的投入

（三）坚持政府主导，充分发挥公共财政对水利改革发展的保障作用。水是生命之源、生产之要、生态之基。水利基础设施直接关系人民群众切身利益，直接服务农业生产，具有很强的公益性、基础性、战略性。加强水利建设，提高水利公共服务能力，是各级政府的重要职责。必须坚持政府主导，充分发挥公共财政对水利改革发展的保障作用，形成政府社会协同治水兴水合力。

（四）健全水利投入稳定增长机制，明显提高财政性资金对水利投入的总量和增幅。通过公共财政预算和政府性基金预算，不断增加水利投入，明显提高财政性资金对水利投入的总量和增幅。把水利作为国家基础设施建设的优先领域，进一步提高水利建设资金在国家固定资产投资中的比重，保证事关民生的水利工程、江河重点骨干水利工程、生态环境保护和治理工程等建设投资稳定增长。大幅度增加各级财政水利专项资金投入，重点支持中小河流治理、小型病险水库除险加固、山洪灾害非工程措施建设和小型农田水利建设。各省、自治区、直辖市、计划单列市要认真落实财政部、发展改革委、水利部联合印发的《水利建设基金筹集和使用管理办法》（财综[2011]2号），抓紧制定具体实施细则，确保足额筹集并用好管好水利建设基金。切实加强国家重大水利工程建设基金和南水北调工程基金征收管理，确保应征尽征，并按规定足额缴入国库，支持地方重大水利工程建设和南水北调工程建设。加强水资源费的征收管理，发挥好中央分成水资源费项目的示范和引导作用，用好管好水资源费，促进水资源节约、保护和管理。

（五）认真落实“从土地出让收益中提取10%用于农田水利建设”政策，确保足额计提和专款专用。根据《财政部水利部关于从土地出让收益中计提农田水利建设资金有关事项的通知》（财综[2011]48号）要求，按照统一口径和标准，及时、足额、准确计提农田水利建设资金，并按照规定专项用于农田水利建设。依据县级农田水利建设规划，统筹和整合资金，合理确定建设项

目，将从土地出让收益中提取的农田水利建设资金统筹安排，避免重复，加快推进农田水利建设。针对土地出让收益和农田水利建设资金需求不匹配的区域性矛盾，各地要按照财综[2011]48号文件的要求，抓紧做好省内统筹工作。财政部将按照中央水利工作会议精神，抓紧制定中央统筹部分资金用于农田水利建设的具体办法，报经国务院批准后实施。各级财政部门要会同水利部门，切实加强对土地出让收益中提取的农田水利建设资金和项目的监督检查，督促做好前期工作，确保工程质量。各级财政部门在计提和使用从土地出让收益中提取的农田水利建设资金的同时，要继续加大本级财政农田水利投入，不得因此减少现有的由公共财政预算安排的农田水利建设资金规模。

（六）创新财政资金使用方式，鼓励和引导社会资金投入水利建设。发挥财政政策引导作用，创新财政资金使用方式，支持农业发展银行积极开展水利建设中长期政策性贷款业务，加大水利建设贷款贴息力度，鼓励金融机构进一步增加水利建设的信贷资金。研究农村饮水安全工程相关税收政策，完善农村水电增值税政策和水利工程耕地占用税政策。注重运用市场机制，积极推进经营性水利项目市场融资，鼓励符合条件的地方政府融资平台拓宽水利投融资渠道，积极吸引社会资金投入水利建设，多渠道筹集水利资金，确保今后10年全社会水利年均投入水平比2010年高出一倍。

（七）积极引导农民投入，形成政府与农民群众共同兴修水利的新局面。继续加大一事一议财政奖补力度，大力推行 “民办公助”机制，引导农民为改善生产生活条件兴修水利，促进形成政府与农民共同投入的良性机制。发挥财政资金作用，引导农户、农村基层组织和农民专业合作组织参与农村水利设施建设与管护全过程。针对农村劳动力大量进城务工、农村土地规模化流转、农田水利建设机械化水平不断提高等新情况，不断完善支持农田水利建设的相关政策措施。

三、调整和优化水利支出结构，突出支持水利改革发展重点领域和薄弱环节

（八）调整优化财政支出结构，突出支持重点。继续支持水利枢纽、重点水源、重点堤防、南水北调工程、旱涝灾害防御体系等大型水利工程建设，加大对与民生密切相关的中小型水利工程建设和农村水利建设的支持力度。调整和优化财政支出结构，盘活存量，用好增量，突出支持重点，优先支持农田水利建设、中小河流治理、小型病险水库除险加固和山洪灾害防治、农村饮水安全工程等水利重点领域和薄弱环节建设。

（九）支持全面加强农田水利建设，提高农业综合生产能力。大幅度增加中央和省级财政农田水利建设专项资金和农业综合开发资金规模，并向粮食主产区倾斜，以旱涝保收高标准农田建设和高效节水灌溉为重点，坚持集中投入、连片治理、整体推进，加快推进小型农田水利重点县建设和农业综合开发，突出支持解决制约农田水利建设的“卡脖子”和“最后一公里”问题。加大对中型灌区节水配套改造的投入力度，为高标准农田建设提供可靠水源保障。继续加大对西南地区等山丘区小水窖、小水池、小塘坝、小泵站、小水渠等“五小水利”工程建设的支持力度，改善山丘区水源条件，增强抗旱能力。以节水灌溉饲草料地建设为重点，支持牧区水利发展，改善牧民生产生活条件。大力支持推广先进适用的节水灌溉技术，健全节水灌溉技术服务体系，形成合理的农业用水分配和管理机制。加大农业综合开发对农田水利建设的支持，充分发挥新增建设用地土地有偿使用费等土地整治资金的综合效益。健全农田水利建设新机制，支持农田水利设施运行管护长效机制建设。

（十）支持中小河流治理、小型病险水库除险加固和山洪灾害防治，减少洪涝灾害损失。按照国务院《关于切实加强中小河流治理和山洪地质灾害防治的若干意见》（国发[2010]31号）要求，积极筹措和落实资金，支持实施《全国中小河流治理和病除水库除险加固、山洪地质灾害防御和综合治理总体规划》。进一步加大对中小河流治理、小型病险水库除险加固的支持力度，优先治理洪涝灾害易发、保护区人口密集、保护对象重要的河流和河段，消除水库安全隐患，尽快提高防御能力。大幅度增加山洪灾害防治专项资金规模，抓紧在全国范围内实施山洪灾害防治规划，以非工程措施为重点，加强监测预警系统建设，建立基层防御组织体系，最大程度减少山洪灾害损失。

（十一）支持改善民生水利，解决群众最关心最直接最现实的水利问题。支持提高城乡供水保障能力，改善生活用水条件，确保城乡居民饮水安全。支持加快实施农村饮水安全工程，确保2015年底前全面解决农村饮水不安全问题。支持推进水生态保护和水环境治理，

维护河湖健康生态，改善城乡人居环境。加大水土保持资金投入，支持水土流失综合防治，遏制人为水土流失破坏，保护生态环境。加大大中型水库移民后期扶持力度，努力改善水库移民生产生活条件。

（十二）支持实施最严格的水资源管理制度，促进水资源节约保护。采取有效措施，足额征缴和规范使用水资源费，积极推进水资源的开发、配置、使用、管理、节约和保护，支持建立用水总量、用水效率和水功能区限制纳污三条红线制度，实行最严格的水资源管理制度，把节约用水贯穿经济社会发展和群众生活生产全过程。

（十三）支持深化重点领域水利改革，健全水利科学发展体制机制。不断深化水利投融资体制改革，逐步建立符合国情、适应水利改革发展需要的投融资体制机制。继续推进水利工程管理体制改革，地方各级财政要切实落实好应由本级财政承担的公益性、准公益性水管单位基本支出和维修养护经费，认真落实中央财政对中西部地区、贫困地区公益性工程维修养护经费补助政策，确保水利工程正常运行。支持深化小型水利工程产权制度改革，明确所有权和使用权，落实管护主体和责任，积极筹集资金，对公益性小型水利工程管护经费给予补助。支持基层水利服务体系建设，强化水资源管理、防汛抗旱、农田水利建设、水利科技推广等公益性职能，按规定核定人员编制，经费纳入县级财政预算。按照促进节约用水、降低农民水费支出、保障灌排工程良性运行的原则，推进农业水价综合改革。支持加快水利科技进步，促进水利现代化迈出新步伐。

四、切实加强水利资金监管，不断提高水利资金使用效益

（十四）积极推进水利建设资金整合，提高水利改革发展规划的科学性和可行性。各级财政部门要主动配合有关部门做好水利改革发展规划编制和实施工作，特别要把好规划投资关，合理确定投资规模，提高规划的科学性和可行性。对现有水利建设相关规划进行认真梳理和归并，依据规划对相同或相似用途的资金进行归并和整合，实行统筹安排和集中使用。认真落实涉农资金整合工作要求，把整合和统筹涉及农田水利基础设施建设资金作为水利建设资金整合的重点，明确部门分工，加强协调配合，逐步建立健全农田水利建设集中投入机制，支持大规模建设旱涝保收高标准农田。

（十五）建立健全水利资金管理制度，提高水利资金使用效益。按照“依法行政、依法理财”和预算资金管理的有关要求，全面加强水利资金管理制度建设，建立健全覆盖资金分配、拨付、使用和项目立项、设计、实施、验收、后续管理等环节在内的，整个资金运行全过程的管理制度体系，确保每项水利资金都有相应的资金管理制度。积极推行绩效评价机制，扩大水利项目支出绩效评价范围，改进评价办法，强化评价结果的运用，形成注重绩效的氛围。按照中央统一要求，认真做好水利资金预算公开工作。切实强化水利资金监管，发挥人大、审计、财政监督检查、媒体和社会舆论的监督作用，确保水利资金发挥实效。

（十六）切实加强预算管理基础工作，加快水利资金预算执行进度。各级财政部门要紧紧围绕水利改革发展的重点任务和中心工作，为部门履行职能、实现事业发展目标提供财力保障，建立与部门机构正常运转和日常工作任务合理需要相适应的基本支出保障体系。突出加强项目支出管理和预算执行，全面加强各项管理基础工作，建立完善基础信息数据库，推进项目支出标准体系建设和项目库建设，做好项目前期工作和项目支出预算细化工作，加快工作节奏，提高工作效率。健全完善水利资金预算执行管理机制，在保证资金安全、规范、高效使用的基础上，加快水利资金预算执行进度，不断提高预算执行的均衡性和有效性。

财政部

二〇一一年七月二十七日

节能减排财政政策综合示范指导意见

一、指导思想和基本原则

（一）指导思想

以邓小平理论和“三个代表”重要思想为指导，深入贯彻落实科学发展观，以城市为平台，以整合财政政策为手段，以加快体制机制创新为动力，从产业低碳化、交通清洁化、建筑绿色化、服务集约化、主要污染物减量化、可再生能源利用规模化等方面全面开展城市节能减排综合示范，发挥示范带动作用，促进发展方式转变，推动“十二五”节能减排目标实现，加快建设资源节约型、环境友好型社会。

（二）基本原则

一是坚持节能减排与发展经济相结合。以节能减排为抓手，大力淘汰落后产能，严控高耗能、高排放行业过快增长，推广先进节能环保技术产品，改造提升传统产业，发展现代服务业和战略性新兴产业，促进产业结构优化升级和人居环境改善，增强可持续发展能力。

二是坚持政府推动与机制创新相结合。加强政府对节能减排工作的组织领导，创新工作体制，充分发挥财政资金的引领带动作用；完善有利于节能减排的市场机制，吸引社会资金加大节能减排投入，加快构建节能减排长效机制。

三是坚持重点突破与整体推进相结合。优先选择节能减排潜力大、投入少、见效快的重点行业、重点企业进行突破，同时要统筹规划，全面推进工业、建筑、交通运输和全社会的节能减排工作。

四是坚持政策激励与目标约束相结合。加强对试点城市的财政支持，积极引导试点城市深入推进节能减排工作；同时要强化责任目标考核，加强监督检查，促进试点城市为完成全国节能减排目标多做贡献。

二、总体目标和主要任务

（一）总体目标

在示范城市树立绿色、循环、低碳发展理念，加快构建政府为主导、企业为主体、市场有效驱动、全社会共同参与的推进节能减排工作格局，实现工业、建筑、交通运输等领域能效水平大幅提高、低碳技术广泛推广、可再生能源规模化应用、主要污染物排放量显著减少、服务业加快发展、合同能源管理等市场化机制逐步健全，使试点城市节能减排工作走在全社会前列，可持续发展能力显著增强。

（二）主要任务

围绕产业低碳化加大产业结构调整力度。坚决淘汰落后产能和设备，支持重点企业实施节能技术改造，大力推广应用先进节能环保技术和设备，提高重点行业产业集中度和先进生产能力比重。提高高耗能、高排放行业准入门槛和主要耗能产品能耗限额水平，强化节能、环保、土地、安全等指标约束。加快发展战略性新兴产业和服务业，提升优化产业结构。

围绕交通清洁化改造城市交通体系。在城市公共服务领域大力推广使用节能与新能源汽车，鼓励私人购买低排放和新能源汽车，配套建设新能源汽车充电站等基础设施。大力发展公共交通运输体系，倡导绿色出行，鼓励公交优先和各种公交便利化。

围绕建筑绿色化推动建筑节能。积极发展绿色建筑，政府办公建筑、学校、医院、大型公共建筑、保障性住房、棚户区改造等逐步强制执行绿色建筑标准。新建建筑严格执行节能强制性标准。北方采暖区城市全面推进既有居住建筑供热计量及节能改造，实施“节能暖房”工程；推动夏热冬冷、夏热冬暖地区既有居住建筑，以及公共建筑节能改造。达到节能50%强制性标准的既有建筑基本完成供热计量改造，并同步实行按用热量计价收费。推进公共建筑节能，加强节能监管体系建设，深入推进建筑能耗统计、能源审计、能效公示及能耗监测。

围绕集约化加快发展服务业。支持现代物流以及金融、科技、咨询、信息、服务外包等高端生产性服务业发展，着力打造服务业聚集圈（带）或聚集园区，促进现代服务业功能聚集，形成辐射广、功能强的现代服务业空间布局，实现规模化、产业化发展。围绕居民消费结构升级以及城镇化要求，大力发展社区服务、家政服务、再生资源回收利用等面向民生的服务业；规范提升传统服务业，拓展传统服务业的发展空间和专业门类。

围绕主要污染物减量化促进城市环境质量改善。建设完善的城镇污水处理设施配套管网，改造污水治理设施，提高污水收集率、处理率和回用率。科学制定生活垃圾分类办法，建设完善的垃圾收运处理体系，全面实现生活垃圾无害化处理。大力推进电力、钢铁、水泥等行业的脱硫脱硝。大力发展循环经济，引导和支持生产、流通和消费等领域废弃物减量化、资源化和再利用，形成循环经济的生产生活模式。

围绕可再生能源利用规模化优化城市能源结构。采取综合配套措施，推进太阳能、风能、生物质能、地热能等可再生能源的综合应用示范。充分利用公共建筑和开发区、工业园区屋顶，集中建设太阳能发电系统；大力推广太阳能热水、地热能在建筑上规模化应用，积极推进光电建筑一体化应用。有条件的区域建设以智能电网为载体、“发输用”一体化、可再生能源为主的分布式电力系统。

三、组织实施和政策保障

（一）组织实施

1．示范城市政府要高度重视，加强领导，成立专门领导机构。示范城市财政部门、节能减排主管部门要明确职责，密切配合，及时跟踪掌握试点情况，扎实推进相关工作。

2．示范城市要按照指导意见的要求，在深入调研、科学论证的基础上，编制执行期为三年的综合示范总体实施方案和产业低碳化、交通清洁化、建筑绿色化、服务集约化、主要污染物减量化和资源化、可再生能源利用规模化六个方面的具体实施方案。总体实施方案应包括示范城市经济社会发展基本情况、能源消费和主要污染物排放情况、节能减排总体及分阶段量化目标（单位GDP能耗、碳排放强度和主要污染物减排等）、主要措施、管理体系、资金概算和政策保障等内容。具体实施方案的编制提纲详见附1–6。

3．示范城市要将实施方案及相关材料报送财政部和国家发展改革委，财政部、国家发展改革委会同有关部门组织专家进行评审后批复实施。

4．财政部、国家发展改革委与示范城市所在省（自治区、直辖市）政府、示范城市政府签署示范协议，明确目标，落实责任。

5．示范城市根据实施方案将年度实施项目报财政部、国家发展改革委等相关部门备案，国家发展改革委等相关部门根据现有制度办法对项目进行审核。财政部根据批复的实施方案、项目审核情况、工作进展情况，分类、分批、分次拨付资金。

6．示范期结束后，财政部、国家发展改革委等部门组织对试点效果进行评估和验收。

（二）政策保障

1．现有支持节能减排和可再生能源发展的各项政策优先向试点城市倾斜，对符合条件并列入实施方案的项目按现有政策给予支持。

2．对列入实施方案但现有政策没有覆盖的项目，中央财政根据项目投资、地方投入和节能减排效果等情况给予综合奖励。已经享受政策支持的项目，综合奖励不再重复安排。

3．示范城市所在省级政府和本级政府要安排一定资金，专项用于城市节能减排综合示范。

金　融

关于促进融资性担保行业规范发展的意见

银监会 发展改革委 工业和信息化部 财政部
商务部 人民银行 工商总局 法制办

《国务院办公厅关于进一步明确融资性担保业务监管职责的通知》（国办发〔2009〕7号）印发以来，各地人民政府和国务院有关部门高度重视，制定完善政策法规，明确监管责任，推进规范整顿工作，取得了明显成效。但是，融资性担保行业基础薄弱，长期以来缺乏有效监管，存在机构规模小、资本不实、抵御风险能力不强等问题，一些担保机构从事非法吸收存款、非法集资和高利贷等活动，严重扰乱市场秩序，危害社会稳定，需要进一步采取措施予以规范。为贯彻“十二五”规划纲要要求，促进融资性担保行业规范发展，现提出以下意见：

一、统一思想认识，明确目标定位

（一）深入贯彻落实科学发展观，坚持规范与发展并重、市场主导和政府引导相结合，重点提高融资性担保机构为中小企业和“三农”服务的能力。

（二）融资性担保行业规范发展的总体目标是，加快推进融资性担保机构体系、法规制度体系、监管体系、扶持政策体系和行业自律体系建设。构建适度审慎、联动协调、科学有效的监管机制。加快培育公司治理完善、内部控制严密、风险管理有效、具有较强承保能力的融资性担保机构，逐步形成布局合理、适度竞争、规范有序、运行高效的融资性担保体系。

二、推动行业建设，实现可持续发展

（三）融资性担保机构要按照安全性、流动性、收益性原则，坚持以融资性担保业务为核心主业，稳妥开展非融资性担保业务。建立完善符合自身特点、市场化运作的可持续审慎经营模式，不断提高承保能力。要加强公司治理、内部控制和风险管理等方面的制度建设，完善信息披露制度，依法合规经营，提升融资性担保机构可持续发展能力。

（四）在有效控制风险的前提下，鼓励融资性担保机构积极开发新业务、新产品，提高服务质量和效率。鼓励融资性担保机构从事行业性、专业性担保业务，提高风险识别和管理能力，形成自身专业优势和独特竞争力。鼓励规模较大、实力较强的融资性担保机构在县域和西部地区设立分支机构或开展业务；鼓励县域内融资性担保机构加强对中小企业和“三农”的融资担保服务。积极鼓励民间资本和外资依法进入融资性担保行业，增强行业资本实力，促进市场竞争，满足多层次、多领域、差别化的融资担保需求。

（五）加强融资性担保行业自律组织建设，充分发挥行业协会在规范经营行为、加强自律管理、开展教育培训、实现行业信息共享等方面的重要作用。制定科学合理的人才培养、储备和使用规划，逐步完善融资性担保行业董事、监事、高级管理人员任职资格管理制度和从业人员资格认证制度，提高从业人员的职业道德和专业素质。

三、完善扶持政策，优化外部环境

（六）地方各级人民政府要立足本地实际，科学

规划，按照市场原则合理布局，重点扶持经营管理较好、风险管控水平较高、有一定影响力的融资性担保机构的发展。制定完善扶持政策体系，加强扶持资金管理，落实对符合条件的融资性担保机构的财税优惠政策，建立扶优限劣的良性发展机制。要因地制宜，通过设立再担保机构等方式，综合运用资本注入、风险补偿和考核奖励等手段，建立完善风险补偿和分担机制，实现扶持与监管的有效衔接，提高融资性担保机构服务能力。

（七）有关部门要统筹协调各项财税扶持政策，不断完善扶持措施，加大扶持力度。银行业监管部门要督促银行业金融机构加强与融资性担保机构合作，创新业务模式，优化审贷流程，在责任明晰的前提下，有选择地与融资性担保机构开展长期、稳定、深入的业务合作，构建平等、互利、共赢的合作模式。征信管理部门要不断完善融资性担保征信管理制度，促进信息交流共享。银行业金融机构要为融资性担保机构依法查询、确认有关信息提供便利。

（八）有关部门和地方各级人民政府要认真落实抵（质）押相关制度，研究建立融资担保抵（质）押登记公示和查询平台；为担保债权的保护和追偿提供必要支持，维护融资性担保机构合法权益。

四、健全监管机制，加强科学监管

（九）融资性担保业务监管部际联席会议要加强对地方融资性担保机构监管工作的指导，建立健全对地方监管部门的履职评价制度，完善联席会议、地方监管部门等多方联动工作机制。建立完善以《融资性担保公司管理暂行办法》（中国银行业监督管理委员会令2010年第3号）为主体，协调配套的融资性担保法规制度体系。加强对政府出资设立或控股的融资性担保机构的监管，防止融资性担保风险转化为财政风险。加快建设标准统一的统计信息系统，提高行业统计分析工作水平。

（十）各省（区、市）人民政府要积极贯彻落实《融资性担保公司管理暂行办法》（中国银行业监督管理委员会令2010年第3号）及相关配套制度，加快建立健全本地区融资性担保相关规章制度。严格依法审批融资性担保机构，强化日常监管检查。地方各级人民政府要加强对融资性担保机构监管工作的组织领导，从人员、经费等方面保障地方监管部门有效履行职责，指导督促相关部门研究解决融资性担保行业发展与监管中的重大问题。地方监管部门要建立完善审慎有效的监管体制机制，加快建设融资性担保机构监管信息系统，完善监管手段，寓监管于服务中，提高监管有效性，防范系统性和区域性风险，推进融资性担保行业规范发展。

银监会要求中小商业银行切实加强小企业金融服务

银监会主席助理阎庆民近日在江苏调研时强调，中小商业银行要从战略高度，加快转型，全面提高小企业金融服务水平。

他说，当前，银行信贷依然是我国小企业融资的主要渠道。中小商业银行要进一步总结服务小企业的有效做法，对公司治理完善、科技含量高、核心主业突出、具有市场潜力的小企业要积极支持。除信贷支持外，中小商业银行更要加大非信贷服务的比重。

阎庆民指出，城市商业银行是小企业金融服务的主力军，要进一步做好小企业金融服务工作：战略上要将小企业作为主要目标客户，从“要我做”转向“我要做”；实行不同于大企业贷款的考核、审批机制，提高审批效率；创新产品，积极探索运用风险投资、担保、债券、短期融资券等金融工具；拓展渠道，继续抓好专营机构建设；搭建银企对接平台，缓解银企信息不对称问题；控制风险。

商务部 银监会关于支持商圈融资发展的指导意见

商秩发【2011】253号

各省、自治区、直辖市、计划单列市及新疆生产建设兵团商务主管部门，各省、自治区、直辖市、计划单列市银监局，各省、自治区、直辖市融资性担保机构监管部门，国家开发银行，各政策性银行、国有商业银行、股份制商业银行，邮政储蓄银行：

为缓解中小商贸企业融资难题，深化银商合作，搞活流通、扩大消费，根据商务部、财政部、人民银行、银监会、保监会《关于推动信用销售健康发展的意见》（商秩发[2009]88号）有关精神，现就支持商圈融资发展提出如下意见：

一、充分认识发展商圈融资的重要意义

发展商圈融资是缓解中小商贸企业融资困难的重大举措。改革开放以来，我国以商品交易市场、商业街区、物流园区、电子商务平台等为主要形式的商圈发展迅速，已成为我国中小商贸服务企业生存与发展的重要载体。据不完全统计，全国现有亿元以上交易额的商品交易市场达4500多个，100亿元以上的商品交易市场达70多个，已建、在建和规划中的物流园区近600个，规模以上电子商务平台约2.3万家。但是，由于商圈内多数商贸经营主体属中小企业，抵押物少、信用记录不健全，融资难问题较为突出，亟需探索适应中小商贸服务企业特点的融资新模式。发展商圈融资有助于增强中小商贸经营主体的融资能力，缓解融资困难，促进中小商贸企业健康发展；有助于促进商圈发展，增强经营主体集聚力，提升产业关联度，整合产业价值链，推进商贸服务业结构调整和升级，从而带动税收、就业增长和区域经济发展，实现搞活流通、扩大消费的战略目标。同时，也有助于银行业金融机构和融资性担保机构等培养长期稳定的优质客户群体，扩大授信规模，降低融资风险。

二、推广适合商圈特点的融资模式

（一）支持银行开展商圈融资业务。银行业监管部门要鼓励和引导银行业金融机构按照风险可控、经营可持续原则合理布局商圈营业网点。银行业金融机构要根据商贸主体特点创新融资产品和工具，并针对商圈融资特点完善审批流程、提高审批效率，加强对商圈各经营主体的金融服务。

（二）积极发展商圈担保融资。融资性担保机构监管部门要鼓励经营情况良好、风险控制能力强且获得经营许可证的融资性担保机构入驻商圈，大力开展针对商贸经营主体的融资担保业务；支持融资性担保机构与商圈、再担保机构及银行业金融机构按照约定建立风险分担机制。

（三）大力促进供应链融资。商务主管部门要鼓励集中仓储的商圈建立物流监管平台；引导第三方物流监管服务商开展仓单、存货质押监管业务。银行业金融机构要在有效整合利用供应链内企业信息的基础上，开展动产质押融资业务，发展供应链融资等金融产品。

（四）深入探索其他融资模式。研究推动商铺经营权、租赁权质押融资试点。商务主管部门要鼓励商圈内有条件的商贸企业通过发行企业集合债券等多种形式，参与融资租赁、借助主板和创业板上市等方式筹资，拓宽融资途径。

三、建立商圈与金融机构的合作机制

（一）促进实体商圈与各类融资机构开展合作。商务主管部门要会同银行业监管部门、融资性担保机构监管部门，鼓励实体商圈管理机构与银行业金融机构、融资性担保机构、融资租赁公司、典当行、商业保理公司等融资机构建立各种形式的合作，支持商圈向融资机构提供各类信用信息，开辟融资机构获取经营主体信息的

征信通道，降低征信成本。同时，帮助融资机构宣传相关融资业务和产品，促进其发展。

（二）推动虚拟商圈与金融机构合作。商务主管部门要会同银行业监管部门、融资性担保机构监管部门，鼓励各类网络商城、社区、网络交易平台搭建虚拟商圈，并在商圈内开展经营主体信用认证和评价。银行业监管部门、融资性担保机构监管部门要指导银行业金融机构和融资性担保机构利用认证评价信息和经过授权获得的网上交易信息，科学评价网络经营主体信用状况，并向其提供安全、便捷的金融服务。

四、创造良好的融资服务环境

（一）研究制订本地区支持政策和措施。商务主管部门要会同银行业监管部门、融资性担保机构监管部门，进一步摸清行政区域内商圈融资的基本情况、发展趋势、需求及特点，建立商圈基本信息档案，研究制订促进本地区商圈融资发展的具体政策。

（二）加大财政资金支持力度。商务主管部门要会同银行业监管部门和融资性担保机构监管部门，参考中小商贸企业发展专项资金补助对象、标准和范围，结合本地区商圈内企业和为商圈服务的银行业金融机构、融资性担保机构、信用公共服务平台和商业信用服务机构实际情况，制订相应的政策支持方案，积极争取地方财政资金支持，确保各项工作资金到位。

（三）指导商圈建立经营主体信用档案。商务主管部门要指导有条件的商圈管理机构为经营主体建立包括基本信息、经营状况、违约失信、行政处罚等信息的信用档案，实现对商圈发展情况的动态管理，提高商圈的组织化程度和信用管理水平。

（四）提升商贸经营主体的综合管理水平。商务主管部门要指导商圈管理机构开展多种形式的信用管理培训，提升经营主体的信用管理水平；协助开展贸易信用保险、商业保理业务宣讲活动，鼓励经营主体运用市场化工具防范信用风险。同时，鼓励和支持商业信用服务机构为经营主体服务，帮助其加强信用制度建设，建立规范的财务制度、交易记录和风险管理机制，提高信用等级。

（五）增强商圈整体风险防控能力。商务主管部门要积极推进非营利性的信用公共服务平台建设，支持其为商圈内经营主体提供服务。支持商圈参与省级或区域性企业征信平台建设，加强与有关部门、行业协会以及征信机构的沟通联系，建立商圈信用交易信息共享机制，解决经营主体因信用信息封闭、分散、不对称，无法有效判断交易伙伴信用状况的问题。鼓励有条件的商圈管理机构建立客户资信管理系统、信用销售管理系统，提高经营主体识别风险、防范风险的能力。

（六）引入信用服务机构。商务主管部门要指导商圈管理机构引入信用调查和评价、商账管理、咨询培训等信用服务机构，使商圈内经营主体得到有力的信用支持，开拓其融资渠道，促进商业信用与金融信用的有效结合。

（七）广泛开展诚信宣传教育。商务主管部门要在商圈内广泛开展诚信经营示范创建活动，促进商圈内经营主体诚信自律，提高商圈信用水平。

（八）规范金融机构竞争秩序。银行业监管部门、融资性担保机构监管部门要督促银行业金融机构和融资性担保机构在商圈内开展合理有序竞争，创造和谐的市场环境。

发展商圈融资，意义十分重大。各地商务主管部门、银行业监管部门、融资性担保机构监管部门，要高度重视商圈融资工作，加强组织领导，创新工作方法，加大宣传推广力度，及时总结经验、报送信息，努力营造良好的融资服务环境，有效提高中小商贸企业的竞争力。请各省、自治区、直辖市银监局、融资性担保机构监管部门，将本意见速转发至辖内派出机构、银行业金融机构和融资性担保机构。

资本与外汇市场

深化资本市场改革创新　服务经济发展方式转变

中国证券监督管理委员会主席 尚福林

党的十七届五中全会强调，要坚持以科学发展为主题，围绕加快转变经济发展方式这条主线，大力加强经济结构战略性调整，提高发展的全面性、协调性、可持续性。资本市场作为优化资源配置的重要平台，能够有效促进资本形成、积聚和流转，对于加快经济发展方式转变、促进我国经济长期平稳较快发展具有重要意义。要牢牢把握经济转型和结构调整带来的重要战略机遇，进一步深化资本市场改革创新，坚定不移地服务经济结构调整，支持经济发展方式转变。

一、积极拓展和优化资源配置渠道，我国资本市场服务国民经济的能力不断提升

近年来，我们坚持以科学发展观为指导，大力加强市场基础性制度建设，坚定不移推进市场改革创新，全面加强依法治市，积极稳妥解决市场深层次矛盾和结构性问题，使资本市场在市场规模、制度建设、体系结构、秩序维护方面实现了重要突破，整体承载能力大幅提升，资本市场优化资源配置、推动自主创新、促进结构调整的作用逐渐发挥，初步具备了在更高层面服务国民经济全局的条件和能力。

深化新股发行体制改革，支持实体经济发展。按照分步实施、逐步完善的原则，分阶段启动了新股发行体制市场化改革。重点完善了询价、申购和配售约束机制，推动发行人、投资者、承销商等市场主体归位尽责。自改革以来，新股价格市场化约束机制逐步形成，基本达到了预期效果。据初步统计，截至2010年11月底，共实现境内融资8773.8亿元，比2009年全年增长90.3%。其中，首发融资规模居世界前列，新股发行体制改革的深化增强了市场容纳能力，有效提升了直接融资比重。在融资分布上，加大了对中小企业支持力度，2010年前三季度上市的260家企业中，中小板和创业板上市企业243家，占比达93%。

完善并购重组功能，促进产业结构调整与行业升级。我们大力推动符合国家产业政策导向的并购重组，形成了鼓励上市公司创新并购重组方式、推动部分改制上市公司整体上市、规范借壳上市行为等10项具体措施。完善并购重组停复牌规则，严厉打击并购重组中的内幕交易行为。经过制度创新和规范发展，资本市场已成为企业重组和产业整合的主要场所。我国钢铁、航空、电信、煤炭、医药等行业通过整合推进整体上市，有力提升了产业集中度。2008年至2010年11月底，上市公司并购重组交易额达8062亿元。

引导和规范创业板市场发展，支持国家自主创新战略。创业板自2009年10月正式推出以来，市场各方积极有序参与，运行总体平稳。截至2010年11月底，创业板上市公司达141家，总市值7103.96亿元。创业板的发展，适应了加快转变经济发展方式的内在需要，加快了科技成果的产业化，对落实国家自主创新战略、促进产融结合、带动社会创新创业发挥了重要作用。目前创业板上市公司中，高新技术企业超过90%，属于战略性新兴产业的公司占比达46%。

稳步推出股指期货和融资融券，改善市场运行机制。在充分考虑投资者风险承受能力、全面引入投资者适当性制度的基础上，推出了融资融券业务和股指期货，从目前情况看，市场交投比较活跃，总体运行平稳。这两项创新业务的平稳推出，有利于改善市场运行机制，改变我国证券市场长期以来“单边市”的运行格局，丰富了市场风险管理工具。特别是股指期货的推出，结束了我国只有商品期货、没有金融期货的历史。截至2010年11月底，融资融券交易金额累计901.26亿元，其中融资交易金额累计883.75亿元，融券交易金额累计17.51亿元；股指期货累计成交4128.42万手，成交金额36.67万亿元。

积极配合宏观经济调控，促进金融体系稳健运行。认真贯彻执行中央宏观调控政策，充分发挥资本市场优化资源配置的功能，促进经济金融健康发展。为落实房地产调控政策，暂缓受理房地产开发企业重组申请，对已受理的房地产类重组申请征求国土部门意见，严格限制产能过剩行业企业融资，防止盲目扩张。2010年以来，农业银行、光大银行在境内成功上市。随着工、农、中、建、交五大商业银行的改制上市，我国金融业整体素质明显提高，经济金融体系的整体抗风险能力显著增强。

二、以十七届五中全会重要精神为指导，准确把握新形势下资本市场面临的战略任务

作为社会主义市场经济的重要组成部分，资本市场已成为推动我国经济结构战略性调整和加快经济发展方式转变的重要平台。保持经济长期平稳较快发展，需要认真学习贯彻十七届五中全会精神，准确把握新形势下资本市场面临的战略任务。

保持经济长期平稳较快发展，需要显著提高直接融资比重。近年来，资本市场直接融资发展迅速，但总体上银行间接融资仍占据主导，直接融资比例明显偏低。这种融资结构，宏观上使金融风险高度集中于银行体系，加大了风险隐患，微观上不利于平衡企业资产负债水平，在一定程度上制约了企业的发展能力，也影响了经济发展的动力与活力。解决上述问题，必须拓展资本市场覆盖面，在注重发展股市融资的同时，要大力发展债券市场，进一步提高直接融资比重。

加快转变经济发展方式，需要完善资本市场层次结构。国际金融危机后，世界经济结构面临着再调整、再平衡，我国以传统加工制造业为主体的经济结构受到资源和环境制约也难以持续。借助资本市场集聚和配置资源功能，既可以迅速筹集大量资金，将分散的社会储蓄转化为长期资本，为“转方式”和“调结构”开辟增量资金来源，又可以调整存量资源，引导资金流向国家产业政策鼓励领域。实践证明，只有建立健全层次丰富、结构合理、功能完善的资本市场体系，才能加快推进产业资本与金融资本的高效结合，加快推进经济结构调整和发展方式转变。

促进居民收入增长和社会保障事业发展，需要多元化的金融资产管理渠道。2009年我国城乡居民人均可支配收入比1990年增长了10倍。目前境内个人投资于股票市场的有效账户数达1.3亿，机构投资者有效账户数约60万，股票市场已成为管理社会财富的重要平台。随着基本养老保险、企业年金、社保基金等各类社会保障机制的建立和完善，需要资本市场提供多元化的资产管理渠道，完善不同风险的产品供给，进一步丰富市场交易产品的种类和数量，满足居民财富管理和社会保障事业发展的需要。

提高服务实体经济水平，需要不断改善资本市场的运行质量。资本市场能够提供一套引导资源合理流动、促进创新、鼓励创业、择优汰劣的体制机制，有利于促进经济转型和持续健康发展。同时，资本市场在市场准入、信息公开、并购重组、退市等方面有严格透明的制度安排，也有利于满足经济社会多样化的投融资需求。要不断完善市场化的发行机制和高效的二级市场交易机制，增强资本市场定价效率，将资源导向具有竞争优势和发展潜力的行业，有效提升资本市场弹性和运行质量。

三、深化资本市场改革创新，全力促进经济结构战略性调整

中国证监会将坚决贯彻落实十七届五中全会和中央经济工作会议精神，坚持强化基础性制度建设，着力培育和完善市场机制，逐步健全多层次市场体系，拓展资本市场的覆盖面和服务能力，积极稳妥地推进市场改革创新，不断增强市场的活力和竞争力，为促进经济结构战略性调整提供强有力的支持和保障。

第一，大力发展债券市场，显著提高直接融资比重。在我国直接融资体系中，股票市场规模较大，债券市场规模较小，不利于金融市场稳定健康发展。要加快发展债券市场，认真落实上市商业银行进入交易所债券

市场试点安排。逐步健全债券发行、结算、信用评级和监管体制，完善交易所债券市场投资者结构，研究建立适应债券市场发展和市场需求的交易机制。切实提高审核效率，积极扩大公司债券规模。研究推进实现债券市场的互联互通，更好地发挥债券市场在扩大直接融资比重中的功能作用。

第二，积极推进场外市场建设，完善多层次市场体系。加快中关村代办股份转让系统试点扩大工作，研究推进统一监管下的全国场外市场建设。继续大力发展主板、中小板市场，鼓励优质资源向上市公司集中。进一步完善创业板发行审核与持续监管机制，研究建立创业板再融资制度，推动创业板成为培育战略性新兴产业的基础平台。探索建立交易所市场各板块之间的转板机制，积极推进主板、中小板退市制度改革，逐步建立完善创业板公司退出机制，促进市场优胜劣汰。

第三，稳步发展期货市场，提升市场定价和风险管理能力。坚持稳步发展商品期货市场，稳妥推动重要大宗商品期货品种上市，逐步形成科学规范的新品种上市机制。充分发挥期货市场价格发现、套期保值、风险管理等功能，继续探索农产品期货服务“三农”模式，增强期货市场服务实体经济能力。加强股指期货市场监测和风险防控，健全跨市场监管制度安排，全力维护股指期货市场安全平稳运行。研究推出符合经济发展需要的其他金融衍生产品，逐步形成更加完善的市场定价和风险管理机制。

第四，创新市场体制机制，促进结构调整与产业升级。认真落实新股发行第二阶段改革措施，从申购、询价、配售等环节继续完善新股发行体制，培育市场机制，强化市场约束。稳步扩大融资融券试点，适时推出转融通等配套制度。着力完善并购重组市场化制度安排，提高并购重组的审核效率、透明度和规范度。推动部分改制公司通过并购重组、定向增发等方式整体上市，减少关联交易，解决同业竞争，促进行业整合与产业升级。结合实体经济需要，完善以风控为前提、以市场为导向、以需求为动力的产品和业务创新机制。

第五，加强和改进市场监管，有效维护公开、公平、公正的市场秩序。坚持不懈地抓好常规监管，强化信息披露监管、合规管理、分类监管等措施，加快完善诚信数据库和诚信监管机制，构建行政监管、自律管理和市场约束为一体的综合监管体系。建立健全内幕交易综合防治体系，强化监管协作，保持对内幕交易、操纵市场等违法违规行为的高压态势，切实维护市场秩序和投资者权益。强化稽查体系建设，提升对市场违法违规行为的查处和打击能力，加强系统性风险的监测和预警，积极探索宏观审慎监管和微观审慎监管相结合的有效途径，维护资本市场和国家经济金融安全。

外汇局：2010年末我国对外金融资产41260亿美元

国家外汇管理局30日公布的2010年末中国国际投资头寸表显示，2010年末，我国对外金融资产41260亿美元，较上年末增长19%。

统计显示，2010年末，我国对外金融负债23354亿美元，较上年末增长20%；对外金融净资产17907亿美元，较上年末增长19%。

在对外金融资产中，对外直接投资3108亿美元，证券投资2571亿美元，其他投资6439亿美元，储备资产29142亿美元，分别占对外金融资产的7%、6%、16%和71%。在对外金融负债中，外国来华直接投资14764亿美元，证券投资2216亿美元，其他投资6373亿美元，分别占对外金融负债的63%、10%和27%。

国际投资头寸表是反映特定时点上一个国家或地区对世界其他国家或地区金融资产和负债存量的统计报表，它与反映交易流量的国际收支平衡表一起，构成该国家或地区完整的国际账户体系。

第五部分 节能减排与循环经济

综合论述

2010年中国环境状况

2010 年是中国经济形势最为复杂的一年。党中央、国务院团结带领全国各族人民，坚持以邓小平理论和“三个代表”重要思想为指导，深入贯彻落实科学发展观，牢牢把握经济工作主动权，把工作重点更多地转移到调整经济结构、转变发展方式上来，妥善处理好保持经济平稳较快发展、调整经济结构和管理通胀预期的关系，有效巩固和扩大了应对国际金融危机冲击的成果，经济实现较快增长，经济结构调整步伐加快。面对复杂多变的国内外经济环境，党中央、国务院把环境保护摆上更加重要的位置，提出节能减排是转方式、调结构的重要抓手，环境保护是重大民生问题等一系列新思想、新理念，环境保护从认识到实践发生重要变化，进入了经济和社会发展的主干线、主战场和大舞台，污染减排任务超额完成，环境质量稳步改善，全社会环境保护意识普遍增强

2010年，在党中央、国务院的正确领导下，环保系统深入贯彻落实科学发展观，大力推进生态文明建设，积极探索环保新道路，把环境保护与推动发展方式转变、污染减排与促进经济结构战略性调整、环治理与保障和改善民生更加有机地结合起来，以解决影响科学发展和损害群众健康的突出环境问题为重点，扎实推进环保各项工作，较好地完成了2010年各项任务。一是主要污染物减排任务超额完成。化学需氧量和二氧化硫排放量分别比2005 年下降12.45%和14.29%，双双超额完成“十一五”减排任务。环境基础设施建设突飞猛进，落后产能淘汰力度空前，环境质量持续改善。二是环境保护优化经济发展的综合作用日益显现。完成环渤海、海峡西岸、北部湾、成渝和黄河中上游能源化工区等五大区域重点产业发展战略环评。不断深化项目环评，对不符合要求的59个项目不予受理、不予审批、暂缓审批或退回报告书，涉及总投资

904亿元，给“两高一资”、低水平重复建设和产能过剩项目设置了不可逾越的“防火墙”。三是重点流域和区域污染防治力度不断加大。深入推进让江河湖泊休养生息，会同有关部门对2009 年度重点流域规划执行情况进行考核评估。建立健全区域污染联防联控新机制，国务院办公厅转发《关于推进大气污染联防联控工作改善区域空气质量指导意见》，圆满完成上海世博会、广州亚运会空气质量保障任务。四是着力解决损害群众健康的突出环境问题。饮水安全保障工作扎实推进，重金属污染防治全面开展，中央财政增设重金属污染防治专项2010年首次下达重金属污染防治专项资金15 亿元，支持重点防控区综合防治、新技术示范和推广。环境执法监督力度不断加大，突发环境事件得到妥善处置。五是农村环保和自然生态保护工作继续加强。落实李克强副总理关于推进农村“连片整治”的重要批示精神，开展农村环境连片整治示范。组织国际生物多样性年活动，国务院办公厅发布《关于做好自然保护区管理有关工作的通知》，生态建设示范区工作体系得到完善。六是环境保护基础性战略性工程取得丰硕成果。圆满完成中国环境宏观战略研究，形成战略研究综合报告和专题报告等一系列重要成果。水体污染控制与治理科技重大专项进入攻坚阶段。七是政策法制、环保规划、环境监测和国际合作稳步推进。环保法规不断完善，环境经济政策

的作用日益显现，“十一五”环保规划执行情况中期评估顺利完成，科技支撑进一步强化，环境监测工作加快推进，国际环境合作取得明显成效。八是核与辐射安全监管水平得到提升。核能与核技术利用安全状况良好，放射性污染防治工作稳步开展，全国辐射环境质量状况保持良好。九是环保能力建设进一步加强。环保能力建设取得积极进展，环保系统机构队伍建设取得突破。

2010 年，中国地表水污染依然较重，七大水系总体为轻度污染，湖泊（水库）富营养化问题突出，近岸海域水质总体为轻度污染。城市空气质量总体良好，酸雨分布区域保持稳定。城市声环境质量总体较好。

2010年中国主要污染物总量减排

基本目标

《国民经济和社会发展第十一个五年规划纲要》提出了“十一五”期间单位国内生产总值能耗降低20%左右，主要污染物排放总量减少10%的约束性指标。到2010年，全国化学需氧量和二氧化硫排放量分别比2005 年下降10%，即化学需氧量排放量由2005 年的1414.2万吨减少到1272.8 万吨，二氧化硫排放量由2005 年的2549.4万吨减少到2294.4 万吨。

2010 年污染减排工作目标主要有：二氧化硫排放量力争比上年再削减40 万吨，化学需氧量减排在完成“十一五”目标的基础上，力争再削减20 万吨以上。确保新增城市污水日处理能力1000 万立方米以上，新增燃煤电厂脱硫装机容量5000 万千瓦，新增30 台（套）钢铁烧结机烟气脱硫设施。通过工程减排，新增削减化学需氧量80 万吨、二氧化硫100 万吨以上。分别淘汰炼铁、电力、水泥、焦化和造

纸落后生产能力2000 万吨、1000 万千瓦、5000 万吨、2000 万吨和52 万吨。

主要污染物削减情况

2010 年，中国化学需氧量排放总量1238.1 万吨，比上年下降3.09%；二氧化硫排放总量2185.1 万吨，比上年下降1.32%。与2005年相比，化学需氧量和二氧化硫排放总量分别下降12.45%和14.29%，

均超额完成10%的减排任务。

主要措施

2010 年，温家宝总理先后主持召开了国务院常务会议和节能减排工作电视电话会议，研究部署节能减排工作；国务院发布了《关于进一步加大工作力度确保实现“十一五”节能减排目标的通知》，国务院办公厅印发了《2010 年节能减排工作安排》，对节能减排提出了明确要求；国务院组成6 个督查组对18 个重点地区进行了节能减排专项督查，有力地促进了节能减排工作。

2010年，先后印发了《关于贯彻落实环境保护部污染减排工作部署电视电话会议精神的通知》、《关于印发〈环境保护部2010 年贯彻落实国务院节能减排工作任务分解表〉的通知》和《关于火电企业脱硫设施旁路烟道挡板实施铅封的通知》等文件，积极推进污染减排工作。发布了2009 年各省（自治区、直辖市）以及国家电网公司和五大电力集团公司主要污染物总量减排考核结果及2010 年上半年各省（自治区、直辖市）主要污染物排放量指标公告，对30 多个地区和企业实行了区域限批、挂牌督办及经济处罚等一系列处理措施。结合国民经济运行数据，每季度开展减排形势分析和工作调度，对2010年上半年污染减排出现反弹的7 个省区进行预警通报，约谈当地政府领导，进行督查指导。

河北省大力实施节能减排“双三十”工程；山西省出台了《山西省减少污染物排放条列》，将减排工作纳入法制化轨道；天津市把污染减排列入市委年度工作；上海市制定了化学需氧量超量削减补贴政策

和二氧化硫超量削减奖励政策，积极挖掘减排潜力；山东、广东、甘肃、重庆等省（直辖市）实施更加严格的地方污染物排放标准，有效推动产业升级和结构调整；河南、江苏、重庆等省（市）县县建成污水处理厂工程，宁夏在西部地区率先启动县县建成污水处理

厂；贵州、广西等省（自治区）在财力不足的情况下挤出资金支持重点减排工程建设，努力完成“十一五”污染减排任务。

2010年，全国工程减排、结构减排和管理减排三大措施继续稳步推进，全面发挥效益。一是工程减排，2010 年，全国新增燃煤脱硫机组装机容量1.07 亿千瓦，火电脱硫机组装机容量达到5.78 亿千瓦，占全部火电机组的比例从2005 年的12%提高到82.6%；新增城市污水日处理能力1900 万立方米，污水日处理能力达到1.25 亿立方米，城市污水处理率由2005 年的52%提高到75%以上；钢铁烧结机烟气脱硫设施累计建成运行170 台，占烧结机台数的比例由2005 年的0%提高到2010年的15.6%。二是结构减排，累计关停小火电机组7210万千瓦，提前一年半完成关停5000 万千瓦的任务；钢铁、水泥、焦化及造纸、酒精、味精等高耗能高排放行业淘汰落后产能均超额完成任务。2010 年，全国电力行业30 万千瓦以上火电机组占火电装机容量比重从2005年的47%提高到70%以上，火电供电煤耗下降9.5%；造纸行业单位产品化学需氧量排污负荷下降45%。三是管理减排，“十一五”中央财政投入100 多亿元，用于支持全国污染减排“三大体系”和环保监管能力建设，建成污染源监控中心343 个，对1.5 万家企业实施自动监控，配备监测执法设备10 万多台（套），环境监管能力显著增强。南方电网公司和多个省份开展节能减排发电调度，对燃煤脱硫机组实行投运率考核并扣减脱硫电价，投运率由2005年不足60%提高到2010年的95%以上。国控重点污染源二氧化硫和化学需氧量达标率分别为92%和94%，较2005年分别提高22和34个百分点。

国家发展改革委公布2011年资源节约和环境保护主要目标

单位国内生产总值能耗比上年下降3.5%；

二氧化硫、化学需氧量、氨氮和氮氧化物四项主要污染物排放量均比上年减少1.5%；

万元工业增加值用水量比上年下降7%；

工业固体废物综合利用率比上年提高1个百分点；

城市污水处理率达到80%；

城市生活垃圾无害化处理率达到74%。

两部门要求开展节能减排财政政策综合示范工作

日前，财政部、国家发展改革委印发了《关于开展节能减排财政政策综合示范工作的通知》（以下简称《通知》），决定“十二五”期间，在部分城市开展节能减排财政政策综合示范，并选定了北京市、深圳市、重庆市、浙江省杭州市、湖南省长沙市、贵州省贵阳市、吉林省吉林市、江西省新余市等8个城市作为首批示范城市，明确以地方政府为责任主体，以城市为平台，加大各项节能减排财政政策整合力度，加快体制机制创新，积极推进经济结构调整和发展方式转变，促进实现“十二五”节能减排目标。

《通知》提出，节能减排财政政策综合示范工作主要包括六个方面：一是围绕产业低碳化加大产业结构调整力度，坚决淘汰落后产能和设备，支持重点企业实施节能技术改造，大力推广应用先进节能环保技术，加快发展战略性新兴产业。二是围绕交通清洁化改造城市交通体系，大力推广使用节能与新能源汽车，鼓励公交优先和各种公交便利化，倡导绿色出行。三是围绕建筑绿色化推动建筑节能，积极发展绿色建筑，推动既有居住建筑以及公共建筑节能改造。四是围绕集约化加快发展服务业，着力打造服务业聚集圈（带）或聚集园区，大力发展社区服务、家政服务、再生资源回收利用等面向民生的服务业。五是围绕主要污染物减量化促进城市环境质量改善，建设完善的城镇污水处理设施配套管网，全面实现生活垃圾无害化处理，大力发展循环经济。六是围绕可再生能源利用规模化优化城市能源结构，积极推进太阳能、风能、生物质能、地热能等可再生能源规模化利用。

《通知》明确，中央财政除现有支持节能减排和可再生能源发展的各项政策优先向示范城市倾斜外，还将根据项目投资、地方投入和节能减排效果等因素对示范城市给予综合奖励。同时，要求示范城市政府加大财政支出结构调整力度，安排一定资金支持节能减排工作，形成政策合力。

《通知》要求，各示范城市政府要高度重视，加强领导，成立专门领导机制，组织编制综合示范总体实施方案，突出各自特点或特色，全面推进与重点突破相结合，积极开展各项工作，努力实现工业、建筑、交通等领域能效水平大幅提高、可再生能源初具规模、主要污染物排放量显著减少、服务业加快发展、合同能源管理等市场化机制逐步健全等各项目标，使本城市节能减排工作走在全社会前列，可持续发展能力显著增强。

环境保护部公布2010年度及“十一五”全国主要污染物总量减排考核结果和“十一五”主要污染物总量减排任务全面完成情况

环境保护部新闻发言人陶德田8月29日向媒体通报，环境保护部会同发展改革委、统计局、监察部近日联合完成了2010年度及“十一五”各省、自治区、直辖市和五大电力集团公司主要污染物总量减排情况的考核工作。结果表明，国家确定的“十一五”主要污染物总量减排任务全面完成，但也发现个别企业问题严重，决定实行挂牌督办和进行处罚。

陶德田说，2010年，各地区、各部门认真贯彻落实党中央、国务院节能减排工作的决策部署，综合运用法律、经济、技术、行政等手段，不断加大工作力度，污染减排取得重大进展。2010年，全国化学需氧量排放总量1238.1万吨，比2009年下降3.09%；二氧化硫排放总量2185.1万吨，比2009年下降1.32%。与2005年相比，化学需氧量和二氧化硫排放总量分别下降12.45%和14.29%，均超额完成10%的减排任务。31个省、自治区、直辖市和新疆生产建设兵团以及国家电网公司和华能、大唐、华电、国电、中电投五大电力集团公司都较好地完成了《“十一五”期间全国主要污染物排放总量控制计划》下达的总量控制任务（考核结果详见附表一、二）。

从主要减排措施来看，2010年，全国新增燃煤脱硫机组装机容量1.07亿千瓦，新增城市污水日处理能力1900万立方米。到“十一五”末，全国累计建成运行燃煤电厂脱硫设施5.32亿千瓦，火电脱硫机组装机容量比例从2005年的12%提高到82.6%，电力行业30万千瓦以上火电机组占火电装机容量比重从2005年的47%提高到70%以上；累计新增城市污水日处理能力超过6000万立方米，城市污水日处理能力达到1.25亿立方米，城市污水处理率由2005年的52%提高到75%以上；累计关停小火电机组7682.5万千瓦，提前一年半完成关闭5000万千瓦的任务；钢铁、水泥、焦化及造纸、酒精、味精、柠檬酸等高耗能高排放行业淘汰落后产能均超额完成任务。

陶德田指出，经核实，仍有个别企业在污染减排工作中存在突出问题。根据有关规定，决定：对污水处理设施无故不运行、长期低负荷运行、出水超标排放的天津市天津创业环保集团股份有限公司咸阳路污水处理厂、山西省太原市排水管理处污水净化三厂（殷家堡污水处理厂）、内蒙古自治区通辽市木里图污水处理厂、江苏省扬州市江都沿江汇同水处理发展有限公司、河南省周口市鹏鹞水务有限公司（沙南污水处理厂）、广西壮族自治区防城港市污水处理厂、新疆维吾尔自治区乌鲁木齐市米东区污水处理厂等7家单位实行挂牌督办，责令限期整改，整改不到位或逾期未完成整改任务的，将暂停所在城市新增化学需氧量排放建设项目的环评审批；对脱硫设施运行不正常、烟气在线监测数据作假、未按期完成整改任务的内蒙古霍煤鸿骏铝自备电厂、江苏连云港新海发电有限公司、河南民权发电有限公司、河南能信热电有限公司、湖南石门发电有限公司、广东省东莞市三联热电厂、四川乐山海虹发电有限公司、甘肃西固热电公司等8家单位实行挂牌督办，责令限期整改，由有关部门扣减停运时间所发电量的脱硫电价款并按规定予以相应罚款。

陶德田强调，环境保护部将督促和跟踪挂牌督办企业认真整改。对整改不到位或因工作不力造成重大社会影响的，监察机关将追究有关人员的责任。

附表一：2010年度及“十一五”全国主要污染物总量减排情况考核结果

附表二：2010年度及“十一五”五大电力集团公司二氧化硫总量减排考核结果

附表一：2010年度及“十一五”全国主要污染物总量减排情况考核结果

省份	化学需氧量					二氧化硫				
	2005年	2010年				2005年	2010年			
	排放量（万吨）	排放量（万吨）	削减目标	实际削减率	完成情况	排放量（万吨）	排放量（万吨）	削减目标	实际削减率	完成情况
全国	1414.2	1238.1	−10.0%	−12.45%	完成	2549.4	2185.1	−10.0%	−14.29%	完成
北京	11.60	9.20	−14.7%	−20.67%	完成	19.10	11.51	−20.4%	−39.73%	完成
天津	14.60	13.20	−9.6%	−9.61%	完成	26.50	23.52	−9.4%	−11.26%	完成
河北	66.07	54.62	−15.1%	−17.34%	完成	149.60	123.38	−15.0%	−17.53%	完成
山西	38.70	33.31	−13.2%	−13.93%	完成	151.60	124.92	−14.0%	−17.6%	完成
内蒙古	29.73	27.51	−6.7%	−7.46%	完成	145.60	139.41	−3.8%	−4.25%	完成
辽宁	64.44	54.16	−12.9%	−15.95%	完成	119.70	102.22	−12.0%	−14.6%	完成
吉林	40.70	35.21	−10.3%	−13.48%	完成	38.20	35.63	−4.7%	−6.72%	完成
黑龙江	50.37	44.44	−10.3%	−11.77%	完成	50.80	49.02	−2.0%	−3.51%	完成
上海	30.40	21.98	−14.8%	−27.71%	完成	51.30	35.81	−25.9%	−30.2%	完成
江苏	96.62	78.80	−15.1%	−18.44%	完成	137.30	105.05	−18.0%	−23.49%	完成
浙江	59.47	48.68	−15.1%	−18.15%	完成	86.04	67.83	−15.0%	−21.16%	完成
安徽	44.37	41.11	−6.5%	−7.36%	完成	57.10	53.26	−4.0%	−6.72%	完成
福建	39.40	37.26	−4.8%	−5.44%	完成	46.10	40.94	−8.0%	−11.2%	完成
江西	45.73	43.11	−5.0%	−5.73%	完成	61.30	55.71	−7.0%	−9.13%	完成
山东	77.03	62.05	−14.9%	−19.44%	完成	200.30	153.78	−20.0%	−23.22%	完成
河南	72.08	61.97	−10.8%	−14.02%	完成	162.45	133.87	−14.0%	−17.59%	完成
湖北	61.60	57.24	−5.0%	−7.08%	完成	71.70	63.25	−7.8%	−11.78%	完成
湖南	89.45	79.90	−10.1%	−10.68%	完成	91.90	80.13	−9.0%	−12.81%	完成
广东	105.81	85.83	−15.0%	−18.88%	完成	129.40	105.05	−15.0%	−18.81%	完成
广西	106.98	93.69	−12.1%	−12.43%	完成	102.30	90.38	−9.9%	−11.66%	完成
海南	9.50	9.23	0.0%	−2.84%	完成	2.20	2.84	100.0%	29.12%	完成
重庆	26.90	23.45	−11.2%	−12.82%	完成	83.70	71.94	−11.9%	−14.05%	完成
四川	78.32	74.07	−5.0%	−5.43%	完成	129.90	113.10	−11.9%	−12.93%	完成
贵州	22.56	20.78	−7.1%	−7.89%	完成	135.80	114.89	−15.0%	−15.39%	完成
云南	28.47	26.83	−4.9%	−5.76%	完成	52.20	50.07	−4.0%	−4.08%	完成
西藏	1.40	2.89	114.0%	106.43%	完成	0.20	0.29	1000.0%	45.0%	完成
陕西	35.04	30.77	−10.0%	−12.18%	完成	92.20	77.86	−12.0%	−15.55%	完成

甘 肃	18.23	16.76	−7.7%	−8.05%	完成	56.30	55.18	0.0%	−1.99%	完成
青 海	7.20	8.31	18.0%	15.40%	完成	12.40	14.34	17.7%	15.61%	完成
宁 夏	14.27	12.17	−14.7%	−14.72%	完成	34.30	31.08	−9.3%	−9.38%	完成
新 疆	25.67	28.07	10.0%	9.35%	完成	50.24	56.94	13.9%	13.34%	完成
兵 团	1.43	1.53	10.0%	6.74%	完成	1.66	1.91	15.1%	15.09%	完成

备注：公告不含香港特别行政区、澳门特别行政区和台湾省。

附表二：2010年度及“十一五”五大电力集团公司二氧化硫总量减排考核结果

集团名称	中国华能集团公司	中国大唐集团公司	中国华电集团公司	中国国电集团公司	中国电力投资集团公司	合 计
火电装机容量(万千瓦)	9258.2	8371.0	7191.8	7527.2	5001.6	37349.8
脱硫装机容量(万千瓦)	8637.7	8316.0	6401.4	7126.2	4890.0	35371.3
火力发电量(亿千瓦时)	4719.9	4308.8	3251.2	3824.2	2310.3	18414.3
关闭小火电容量(万千瓦)	111.8	47.0	50.0	104.9	139.1	452.8
2010年二氧化硫排放量(万吨)	95.6	87.1	90.9	99.9	70.3	443.9
比2009年下降比例	4.20%	5.54%	3.04%	4.17%	8.51%	4.93%
比2005年下降比例	37.17%	45.05%	49.72%	46.19%	44.33%	44.76%
目标责任书要求“十一五”下降比例	27.60%	36.90%	44.90%	42.80%	35.00%	38.10%
“十一五”目标完成情况	完成	完成	完成	完成	完成	完成

国务院关于印发“十二五”节能减排综合性工作方案的通知

国发〔2011〕26号

各省、自治区、直辖市人民政府，国务院各部委、各直属机构：

现将《“十二五”节能减排综合性工作方案》印发给你们，请结合本地区、本部门实际，认真贯彻执行。

一、“十一五”时期，各地区、各部门认真贯彻落实党中央、国务院的决策部署，把节能减排作为调整经济结构、转变经济发展方式、推动科学发展的重要抓手和突破口，取得了显著成效。全国单位国内生产总值能耗降低19.1%，二氧化硫、化学需氧量排放总量分别下降14.29%和12.45%，基本实现了“十一五”规划纲要确定的约束性目标，扭转了“十五”后期单位国内生产总值能耗和主要污染物排放总量大幅上升的趋势，为保持经济平稳较快发展提供了有力支撑，为应对全球气候变化作出了重要贡献，也为实现“十二五”节能减排目标奠定了坚实基础。

二、充分认识做好“十二五”节能减排工作的重要性、紧迫性和艰巨性。“十二五”时期，我国发展仍处于可以大有作为的重要战略机遇期。随着工业化、城镇化进程加快和消费结构持续升级，我国能源需求呈刚性增长，受国内资源保障能力和环境容量制约以及全球性能源安全和应对气候变化影响，资源环境约束日趋强化，“十二五”时期节能减排形势仍然十分严峻，任务十分艰巨。特别是我国节能减排工作还存在责任落实不到位、推进难度增大、激励约束机制不健全、基础工作薄弱、能力建设滞后、监管不力等问题。这种状况如不及时改变，不但“十二五”节能减排目标难以实现，还将严重影响经济结构调整和经济发展方式转变。

各地区、各部门要真正把思想和行动统一到中央的决策部署上来，切实增强全局意识、危机意识和责任意识，树立绿色、低碳发展理念，进一步把节能减排作为落实科学发展观、加快转变经济发展方式的重要抓手，作为检验经济是否实现又好又快发展的重要标准，下更大决心，用更大气力，采取更加有力的政策措施，大力推进节能减排，加快形成资源节约、环境友好的生产方式和消费模式，增强可持续发展能力。

三、严格落实节能减排目标责任，进一步形成政府为主导、企业为主体、市场有效驱动、全社会共同参与的推进节能减排工作格局。要切实发挥政府主导作用，综合运用经济、法律、技术和必要的行政手段，加强节能减排统计、监测和考核体系建设，着力健全激励和约束机制，进一步落实地方各级人民政府对本行政区域节能减排负总责、政府主要领导是第一责任人的工作要求。要进一步明确企业的节能减排主体责任，严格执行节能环保法律法规和标准，细化和完善管理措施，落实目标任务。要进一步发挥市场机制作用，加大节能减排市场化机制推广力度，真正把节能减排转化为企业和各类社会主体的内在要求。要进一步增强全体公民的资源节约和环境保护意识，深入推进节能减排全民行动，形成全社会共同参与、共同促进节能减排的良好氛围。

四、要全面加强对节能减排工作的组织领导，狠抓监督检查，严格考核问责。发展改革委负责承担国务院节能减排工作领导小组的具体工作，切实加强节能减排工作的综合协调，组织推动节能降耗工作；环境保护部为主承担污染减排方面的工作；统计局负责加强能源统计和监测工作；其他各有关部门要切实履行职责，密切协调配合。各省级人民政府要立即部署本地区“十二五”节能减排工作，进一步明确相关部门责任、分工和进度要求。

各地区、各部门和中央企业要按照本通知的要求，结合实际抓紧制定具体实施方案，明确目标责任，狠抓贯彻落实，坚决防止出现节能减排工作前松后紧的问题，确保实现“十二五”节能减排目标。

国务院

二○一一年八月三十一日

附：

“十二五”节能减排综合性工作方案

一、节能减排总体要求和主要目标

（一）总体要求。以邓小平理论和“三个代表”重要思想为指导，深入贯彻落实科学发展观，坚持降低能源消耗强度、减少主要污染物排放总量、合理控制能源消费总量相结合，形成加快转变经济发展方式的倒逼机制；坚持强化责任、健全法制、完善政策、加强监管相结合，建立健全激励和约束机制；坚持优化产业结构、推动技术进步、强化工程措施、加强管理引导相结合，大幅度提高能源利用效率，显著减少污染物排放；进一步形成政府为主导、企业为主体、市场有效驱动、全社会共同参与的推进节能减排工作格局，确保实现“十二五”节能减排约束性目标，加快建设资源节约型、环境友好型社会。

（二）主要目标。到2015年，全国万元国内生产总值能耗下降到0.869吨标准煤（按2005年价格计算），比2010年的1.034吨标准煤下降16%，比2005年的1.276吨标准煤下降32%；“十二五”期间，实现节约能源6.7亿吨标准煤。2015年，全国化学需氧量和二氧化硫排放总量分别控制在2347.6万吨、2086.4万吨，比2010年的2551.7万吨、2267.8万吨分别下降8%；全国氨氮和氮氧化物排放总量分别控制在238.0万吨、2046.2万吨，比2010年的264.4万吨、2273.6万吨分别下降10%。

二、强化节能减排目标责任

（三）合理分解节能减排指标。综合考虑经济发展水平、产业结构、节能潜力、环境容量及国家产业布局等因素，将全国节能减排目标合理分解到各地区、各行业。各地区要将国家下达的节能减排指标层层分解落实，明确下一级政府、有关部门、重点用能单位和重点排污单位的责任。

（四）健全节能减排统计、监测和考核体系。加强能源生产、流通、消费统计，建立和完善建筑、交通运输、公共机构能耗统计制度以及分地区单位国内生产总值能耗指标季度统计制度，完善统计核算与监测方法，提高能源统计的准确性和及时性。修订完善减排统计监测和核查核算办法，统一标准和分析方法，实现监测数据共享。加强氨氮、氮氧化物排放统计监测，建立农业源和机动车排放统计监测指标体系。完善节能减排考核办法，继续做好全国和各地区单位国内生产总值能耗、主要污染物排放指标公报工作。

（五）加强目标责任评价考核。把地区目标考核与行业目标评价相结合，把落实五年目标与完成年度目标相结合，把年度目标考核与进度跟踪相结合。省级人民政府每年要向国务院报告节能减排目标完成情况。有关部门每年要向国务院报告节能减排措施落实情况。国务院每年组织开展省级人民政府节能减排目标责任评价考核，考核结果向社会公告。强化考核结果运用，将节能减排目标完成情况和政策措施落实情况作为领导班子和领导干部综合考核评价的重要内容，纳入政府绩效和国有企业业绩管理，实行问责制和“一票否决”制，并对成绩突出的地区、单位和个人给予表彰奖励。

三、调整优化产业结构

（六）抑制高耗能、高排放行业过快增长。严格控制高耗能、高排放和产能过剩行业新上项目，进一步提高行业准入门槛，强化节能、环保、土地、安全等指标约束，依法严格节能评估审查、环境影响评价、建设用地审查，严格贷款审批。建立健全项目审批、核准、备案责任制，严肃查处越权审批、分拆审批、未批先建、边批边建等行为，依法追究有关人员责任。严格控制高耗能、高排放产品出口。中西部地区承接产业转移必须坚持高标准，严禁污染产业和落后生产能力转入。

（七）加快淘汰落后产能。抓紧制定重点行业“十二五”淘汰落后产能实施方案，将任务按年度分解落实到各地区。完善落后产能退出机制，指导、督促淘汰落后产能企业做好职工安置工作。地方各级人民政府要积极安排资金，支持淘汰落后产能工作。中央财政统筹支持各地区淘汰落后产能工作，对经济欠发达地区通过增加转移支付加大支持和奖励力度。完善淘汰落后产能公告制度，对未按期完成淘汰任务的地区，严格控制国家安排的投资项目，暂停对该地区重点行业建设项目办理核准、审批和备案手续；对未按期淘汰的企业，依法吊销排污许可证、生产许可证和安全生产许可证；对虚假淘汰行为，依法追究企业负责人和地方政府有关人员的责任。

（八）推动传统产业改造升级。严格落实《产业结构调整指导目录》。加快运用高新技术和先进适用技术改造提升传统产业，促进信息化和工业化深度融合，重点支持对产业升级带动作用大的重点项目和重污染企业搬迁改造。调整《加工贸易禁止类商品目录》，提高加工贸易准入门槛，促进加工贸易转型升级。合理引导企业兼并重组，提高产业集中度。

（九）调整能源结构。在做好生态保护和移民安置的基础上发展水电，在确保安全的基础上发展核电，加快发展天然气，因地制宜大力发展风能、太阳能、生物质能、地热能等可再生能源。到2015年，非化石能源占一次能源消费总量比重达到11.4%。

（十）提高服务业和战略性新兴产业在国民经济中的比重。到2015年，服务业增加值和战略性新兴产业增加值占国内生产总值比重分别达到47%和8%左右。

四、实施节能减排重点工程

（十一）实施节能重点工程。实施锅炉窑炉改造、电机系统节能、能量系统优化、余热余压利用、节约替代石油、建筑节能、绿色照明等节能改造工程，以及节能技术产业化示范工程、节能产品惠民工程、合同能源管理推广工程和节能能力建设工程。到2015年，工业锅炉、窑炉平均运行效率比2010年分别提高5个和2个百分点，电机系统运行效率提高2-3个百分点，新增余热余压发电能力2000万千瓦，北方采暖地区既有居住建筑供热计量和节能改造4亿平方米以上，夏热冬冷地区既有居住建筑节能改造5000万平方米，公共建筑节能改造6000万平方米，高效节能产品市场份额大幅度提高。“十二五”时期，形成3亿吨标准煤的节能能力。

（十二）实施污染物减排重点工程。推进城镇污水处理设施及配套管网建设，改造提升现有设施，强化脱氮除磷，大力推进污泥处理处置，加强重点流域区域污染综合治理。到2015年，基本实现所有县和重点建制镇具备污水处理能力，全国新增污水日处理能力4200万吨，新建配套管网约16万公里，城市污水处理率达到85%，形成化学需氧量和氨氮削减能力280万吨、30万吨。实施规模化畜禽养殖场污染治理工程，形成化学需氧量和氨氮削减能力140万吨、10万吨。实施脱硫脱硝工程，推动燃煤电厂、钢铁行业烧结机脱硫，形成二氧化硫削减能力277万吨；推动燃煤电厂、水泥等行业脱硝，形成氮氧化物削减能力358万吨。

（十三）实施循环经济重点工程。实施资源综合利用、废旧商品回收体系、"城市矿产"示范基地、再制造产业化、餐厨废弃物资源化、产业园区循环化改造、资源循环利用技术示范推广等循环经济重点工程，建设100个资源综合利用示范基地、80个废旧商品回收体系示范城市、50个"城市矿产"示范基地、5个再制造产业集聚区、100个城市餐厨废弃物资源化利用和无害化处理示范工程。

（十四）多渠道筹措节能减排资金。节能减排重点工程所需资金主要由项目实施主体通过自有资金、金融机构贷款、社会资金解决，各级人民政府应安排一定的资金予以支持和引导。地方各级人民政府要切实承担城镇污水处理设施和配套管网建设的主体责任，严格城镇污水处理费征收和管理，国家对重点建设项目给予适当支持。

五、加强节能减排管理

（十五）合理控制能源消费总量。建立能源消费总量控制目标分解落实机制，制定实施方案，把总量控制目标分解落实到地方政府，实行目标责任管理，加大考核和监督力度。将固定资产投资项目节能评估审查作为控制地区能源消费增量和总量的重要措施。建立能源消费总量预测预警机制，跟踪监测各地区能源消费总量和高耗能行业用电量等指标，对能源消费总量增长过快的地区及时预警调控。在工业、建筑、交通运输、公共机构以及城乡建设和消费领域全面加强用能管理，切实改变敞开口子供应能源、无节制使用能源的现象。在大气联防联控重点区域开展煤炭消费总量控制试点。

（十六）强化重点用能单位节能管理。依法加强年耗能万吨标准煤以上用能单位节能管理，开展万家企业节能低碳行动，实现节能2.5亿吨标准煤。落实目标责任，实行能源审计制度，开展能效水平对标活动，建立健全企业能源管理体系，扩大能源管理师试点；实行能源利用状况报告制度，加快实施节能改造，提高能源管理水平。地方节能主管部门每年组织对进入万家企业节能低碳行动的企业节能目标完成情况进行考核，公告考核结果。对未完成年度节能任务的企业，强制进行能源审计，限期整改。中央企业要接受所在地区节能主管部门的监管，争当行业节能减排的排头兵。

（十七）加强工业节能减排。重点推进电力、煤炭、钢铁、有色金属、石油石化、化工、建材、造纸、纺织、印染、食品加工等行业节能减排，明确目标任务，加强行业指导，推动技术进步，强化监督管理。发展热电联产，推广分布式能源。开展智能电网试点。推广煤炭清洁利用，提高原煤入洗比例，加快煤层气开发利用。实施工业和信息产业能效提升计划。推动信息数据中心、通信机房和基站节能改造。实行电力、钢铁、造纸、印染等行业主要污染物排放总量控制。新建燃煤机组全部安装脱硫脱硝设施，现役燃煤机组必须安装脱硫设施，不能稳定达标排放的要进行更新改造，烟气脱硫设施要按照规定取消烟气旁路。单机容量30万千瓦及以上燃煤机组全部加装脱硝设施。钢铁行业全面实施烧结机烟气脱硫，新建烧结机配套安装脱硫脱硝设施。石油石化、有色金属、建材等重点行业实施脱硫改造。新型干法水泥窑实施低氮燃烧技术改造，配套建设脱硝设施。加强重点区域、重点行业和重点企业重金属污染防治，以湘江流域为重点开展重金属污染治理与修复试点示范。

（十八）推动建筑节能。制定并实施绿色建筑行动方案，从规划、法规、技术、标准、设计等方面全面推进建筑节能。新建建筑严格执行建筑节能标准，提高标准执行率。推进北方采暖地区既有建筑供热计量和节能改造，实施"节能暖房"工程，改造供热老旧管网，实行供热计量收费和能耗定额管理。做好夏热冬冷地区建筑节能改造。推动可再生能源与建筑一体化应用，推广使用新型节能建材和再生建材，继续推广散装水泥。加强公共建筑节能监管体系建设，完善能源审计、能效公示，推动节能改造与运行管理。研究建立建筑使用全寿命周期管理制度，严格建筑拆除管理。加强城市照明管理，严格防止和纠正过度装饰和亮化。

（十九）推进交通运输节能减排。加快构建综合交通运输体系，优化交通运输结构。积极发展城市公共交通，科学合理配置城市各种交通资源，有序推进城市轨道交通建设。提高铁路电气化比重。实施低碳交通运输体系建设城市试点，深入开展"车船路港"千家企业低碳交通运输专项行动，推广公路甩挂运输，全面推行不停车收费系统，实施内河船型标准化，优化航路航线，推进航空、远洋运输业节能减排。开展机场、码头、车站节能改造。加速淘汰老旧汽车、机车、船舶，基本淘汰2005年以前注册运营的"黄标车"，加快提升车用燃油品质。实施第四阶段机动车排放标准，在有条件的重点城市和地区逐步实施第五阶段排放标准。全面推行机动车环保标志管理，探索城市调控机动车保有总量，积极推广节能与新能源汽车。

（二十）促进农业和农村节能减排。加快淘汰老旧农用机具，推广农用节能机械、设备和渔船。推进节能型住宅建设，推动省柴节煤灶更新换代，开展农村水电增效扩容改造。发展户用沼气和大中型沼气，加强运行管理和维护服务。治理农业面源污染，加强农村环境综合整治，实施农村清洁工程，规模化养殖场和养殖小区配套建设废弃物处理设施的比例达到50%以上，鼓励污染物统一收集、集中处理。因地制宜推进农村分布式、低成本、易维护的污水处理设施建设。推广测土配方施肥，鼓励使用高效、安全、低毒农药，推动有机农业发展。

（二十一）推动商业和民用节能。在零售业等商贸服务和旅游业开展节能减排行动，加快设施节能改造，严格用能管理，引导消费行为。宾馆、商厦、写字楼、机场、车站等要严格执行夏季、冬季空调温度设置标准。在居民中推广使用高效节能家电、照明产品，鼓励购买节能环保型汽车，支持乘用公共交通，提倡绿色出行。减少一次性用品使用，限制过度包装，抑制不合理消费。

（二十二）加强公共机构节能减排。公共机构新建建筑实行更加严格的建筑节能标准。加快公共机构办公区节能改造，完成办公建筑节能改造6000万平方米。国家机关供热实行按热量收费。开展节约型公共机构示范单位创建活动，创建2000家示范单位。推进公务用车制度改革，严格用车油耗定额管理，提高节能与新能源汽车比例。建立完善公共机构能源审计、能效公示和能耗定额管理制度，加强能耗监测平台和节能监管体系建设。支持军队重点用能设施设备节能改造。

六、大力发展循环经济

（二十三）加强对发展循环经济的宏观指导。研究提出进一步加快发展循环经济的意见。编制全国循环经济发展规划和重点领域专项规划，指导各地做好规划编制和实施工作。研究制定循环经济发展的指导目录。制定循环经济专项资金使用管理办法及实施方案。深化循环经济示范试点，推广循环经济典型模式。建立完善循环经济统计评价制度。

（二十四）全面推行清洁生产。编制清洁生产推行规划，制（修）订清洁生产评价指标体系，发布重点行业清洁生产推行方案。重点围绕主要污染物减排和重金属污染治理，全面推进农业、工业、建筑、商贸服务等领域清洁生产示范，从源头和全过程控制污染物产生和排放，降低资源消耗。发布清洁生产审核方案，公布清洁生产强制审核企业名单。实施清洁生产示范工程，推广应用清洁生产技术。

（二十五）推进资源综合利用。加强共伴生矿产资源及尾矿综合利用，建设绿色矿山。推动煤矸石、粉煤灰、工业副产石膏、冶炼和化工废渣、建筑和道路废弃物以及农作物秸秆综合利用、农林废物资源化利用，大力发展利废新型建筑材料。废弃物实现就地消化，减少转移。到2015年，工业固体废物综合利用率达到72%以上。

（二十六）加快资源再生利用产业化。加快"城市矿产"示范基地建设，推进再生资源规模化利用。培育一批汽车零部件、工程机械、矿山机械、办公用品等再制造示范企业，发布再制造产品目录，完善再制造旧件回收体系和再制造产品标准体系，推动再制造的规模化、产业化发展。加快建设城市社区和乡村回收站点、分拣中心、集散市场"三位一体"的再生资源回收体系。

（二十七）促进垃圾资源化利用。健全城市生活垃圾分类回收制度，完善分类回收、密闭运输、集中处理体系。鼓励开展垃圾焚烧发电和供热、填埋气体发电、餐厨废弃物资源化利用。鼓励在工业生产过程中协同处理城市生活垃圾和污泥。

（二十八）推进节水型社会建设。确立用水效率控制红线，实施用水总量控制和定额管理，制定区域、行业和产品用水效率指标体系。推广普及高效节水灌溉技术。加快重点用水行业节水技术改造，提高工业用水循环利用率。加强城乡生活节水，推广应用节水器具。

推进再生水、矿井水、海水等非传统水资源利用。建设海水淡化及综合利用示范工程，创建示范城市。到2015年，实现单位工业增加值用水量下降30%。

七、加快节能减排技术开发和推广应用

（二十九）加快节能减排共性和关键技术研发。在国家、部门和地方相关科技计划和专项中，加大对节能减排科技研发的支持力度，完善技术创新体系。继续推进节能减排科技专项行动，组织高效节能、废物资源化以及小型分散污水处理、农业面源污染治理等共性、关键和前沿技术攻关。组建一批国家级节能减排工程实验室及专家队伍。推动组建节能减排技术与装备产业联盟，继续通过国家工程（技术）研究中心加大节能减排科技研发力度。加强资源环境高技术领域创新团队和研发基地建设。

（三十）加大节能减排技术产业化示范。实施节能减排重大技术与装备产业化工程，重点支持稀土永磁无铁芯电机、半导体照明、低品位余热利用、地热和浅层地温能应用、生物脱氮除磷、烧结机烟气脱硫脱硝一体化、高浓度有机废水处理、污泥和垃圾渗滤液处理处置、废弃电器电子产品资源化、金属无害化处理等关键技术与设备产业化，加快产业化基地建设。

（三十一）加快节能减排技术推广应用。编制节能减排技术政策大纲。继续发布国家重点节能技术推广目录、国家鼓励发展的重大环保技术装备目录，建立节能减排技术遴选、评定及推广机制。重点推广能量梯级利用、低温余热发电、先进煤气化、高压变频调速、干熄焦、蓄热式加热炉、吸收式热泵供暖、冰蓄冷、高效换热器，以及干法和半干法烟气脱硫、膜生物反应器、选择性催化还原氮氧化物控制等节能减排技术。加强与有关国际组织、政府在节能环保领域的交流与合作，积极引进、消化、吸收国外先进节能环保技术，加大推广力度。

八、完善节能减排经济政策

（三十二）推进价格和环保收费改革。深化资源性产品价格改革，理顺煤、电、油、气、水、矿产等资源性产品价格关系。推行居民用电、用水阶梯价格。完善电力峰谷分时电价政策。深化供热体制改革，全面推行供热计量收费。对能源消耗超过国家和地区规定的单位产品能耗（电耗）限额标准的企业和产品，实行惩罚性电价。各地可在国家规定基础上，按程序加大差别电价、惩罚性电价实施力度。严格落实脱硫电价，研究制定燃煤电厂烟气脱硝电价政策。进一步完善污水处理费政策，研究将污泥处理费用逐步纳入污水处理成本问题。改革垃圾处理收费方式，加大征收力度，降低征收成本。

（三十三）完善财政激励政策。加大中央预算内投资和中央财政节能减排专项资金的投入力度，加快节能减排重点工程实施和能力建设。深化"以奖代补"、"以奖促治"以及采用财政补贴方式推广高效节能家用电器、照明产品、节能汽车、高效电机产品等支持机制，强化财政资金的引导作用。国有资本经营预算要继续支持企业实施节能减排项目。地方各级人民政府要加大对节能减排的投入。推行政府绿色采购，完善强制采购和优先采购制度，逐步提高节能环保产品比重，研究实行节能环保服务政府采购。

（三十四）健全税收支持政策。落实国家支持节能减排所得税、增值税等优惠政策。积极推进资源税费改革，将原油、天然气和煤炭资源税计征办法由从量征收改为从价征收并适当提高税负水平，依法清理取消涉及矿产资源的不合理收费基金项目。积极推进环境税费改革，选择防治任务重、技术标准成熟的税目开征环境保护税，逐步扩大征收范围。完善和落实资源综合利用和可再生能源发展的税收优惠政策。调整进出口税收政策，遏制高耗能、高排放产品出口。对用于制造大型环保及资源综合利用设备确有必要进口的关键零部件及原材料，抓紧研究制定税收优惠政策。

（三十五）强化金融支持力度。加大各类金融机构对节能减排项目的信贷支持力度，鼓励金融机构创新适合节能减排项目特点的信贷管理模式。引导各类创业投资企业、股权投资企业、社会捐赠资金和国际援助资金增加对节能减排领域的投入。提高高耗能、高排放行业贷款门槛，将企业环境违法信息纳入人民银行企业征信系统和银监会信息披露系统，与企业信用等级评定、贷款及证券融资联动。推行环境污染责任保险，重点区域涉重金属企业应当购买环境污染责任保险。建立银行绿色评级制度，将绿色信贷成效与银行机构高管人员履职评价、机构准入、业务发展相挂钩。

九、强化节能减排监督检查

（三十六）健全节能环保法律法规。推进环境保护法、大气污染防治法、清洁生产促进法、建设项目环境保护管理条例的修订工作，加快制定城镇排水与污水

处理条例、排污许可证管理条例、畜禽养殖污染防治条例、机动车污染防治条例等行政法规。修订重点用能单位节能管理办法、能效标识管理办法、节能产品认证管理办法等部门规章。

（三十七）严格节能评估审查和环境影响评价制度。把污染物排放总量指标作为环评审批的前置条件，对年度减排目标未完成、重点减排项目未按目标责任书落实的地区和企业，实行阶段性环评限批。对未通过能评、环评审查的投资项目，有关部门不得审批、核准、批准开工建设，不得发放生产许可证、安全生产许可证、排污许可证，金融机构不得发放贷款，有关单位不得供水、供电。加强能评和环评审查的监督管理，严肃查处各种违规审批行为。能评费用由节能审查机关同级财政部门安排。

（三十八）加强重点污染源和治理设施运行监管。严格排污许可证管理。强化重点流域、重点地区、重点行业污染源监管，适时发布主要污染物超标严重的国家重点环境监控企业名单。列入国家重点环境监控范围的电力、钢铁、造纸、印染等重点行业的企业，要安装运行管理监控平台和污染物排放自动监控系统，定期报告运行情况及污染物排放信息，推动污染源自动监控数据联网共享。加强城市污水处理厂监控平台建设，提高污水收集率，做好运行和污染物削减评估考核，考核结果作为核拨污水处理费的重要依据。对城市污水处理设施建设严重滞后、收费政策不落实、污水处理厂建成后一年内实际处理水量达不到设计能力60%，以及已建成污水处理设施但无故不运行的地区，暂缓审批该城市项目环评，暂缓下达有关项目的国家建设资金。

（三十九）加强节能减排执法监督。各级人民政府要组织开展节能减排专项检查，督促各项措施落实，严肃查处违法违规行为。加大对重点用能单位和重点污染源的执法检查力度，加大对高耗能特种设备节能标准和建筑施工阶段标准执行情况、国家机关办公建筑和大型公共建筑节能监管体系建设情况，以及节能环保产品质量和能效标识的监督检查力度。对严重违反节能环保法律法规，未按要求淘汰落后产能、违规使用明令淘汰用能设备、虚标产品能效标识、减排设施未按要求运行等行为，公开通报或挂牌督办，限期整改，对有关责任人进行严肃处理。实行节能减排执法责任制，对行政不作为、执法不严等行为，严肃追究有关主管部门和执法机构负责人的责任。

十、推广节能减排市场化机制

（四十）加大能效标识和节能环保产品认证实施力度。扩大终端用能产品能效标识实施范围，加强宣传和政策激励，引导消费者购买高效节能产品。继续推进节能产品、环境标志产品、环保装备认证，规范认证行为，扩展认证范围，建立有效的国际协调互认机制。加强标识、认证质量的监管。

（四十一）建立“领跑者”标准制度。研究确定高耗能产品和终端用能产品的能效先进水平，制定“领跑者”能效标准，明确实施时限。将“领跑者”能效标准与新上项目能评审查、节能产品推广应用相结合，推动企业技术进步，加快标准的更新换代，促进能效水平快速提升。

（四十二）加强节能发电调度和电力需求侧管理。改革发电调度方式，电网企业要按照节能、经济的原则，优先调度水电、风电、太阳能发电、核电以及余热余压、煤层气、填埋气、煤矸石和垃圾等发电上网，优先安排节能、环保、高效火电机组发电上网。研究推行发电权交易。电网企业要及时、真实、准确、完整地公布节能发电调度信息，电力监管部门要加强对节能发电调度工作的监督。落实电力需求侧管理办法，制定配套政策，规范有序用电。以建设技术支撑平台为基础，开展城市综合试点，推广能效电厂。

（四十三）加快推行合同能源管理。落实财政、税收和金融等扶持政策，引导专业化节能服务公司采用合同能源管理方式为用能单位实施节能改造，扶持壮大节能服务产业。研究建立合同能源管理项目节能量审核和交易制度，培育第三方审核评估机构。鼓励大型重点用能单位利用自身技术优势和管理经验，组建专业化节能服务公司。引导和支持各类融资担保机构提供风险分担服务。

（四十四）推进排污权和碳排放权交易试点。完善主要污染物排污权有偿使用和交易试点，建立健全排污权交易市场，研究制定排污权有偿使用和交易试点的指导意见。开展碳排放交易试点，建立自愿减排机制，推进碳排放权交易市场建设。

（四十五）推行污染治理设施建设运行特许经营。总结燃煤电厂烟气脱硫特许经营试点经验，完善相关政策措施。鼓励采用多种建设运营模式开展城镇污水垃圾处理、工业园区污染物集中治理，确保处理设施稳定高效运行。实行环保设施运营资质许可制度，推进环保设施的专业化、社会化运营服务。完善市场准入机制，规范市场行为，打破地方保护，为企业创造公平竞争的市场环境。

十一、加强节能减排基础工作和能力建设

（四十六）加快节能环保标准体系建设。加快制（修）订重点行业单位产品能耗限额、产品能效和污染物排放等强制性国家标准，以及建筑节能标准和设计规范，提高准入门槛。制定和完善环保产品及装备标准。完善机动车燃油消耗量限值标准、低速汽车排放标准。制（修）订轻型汽车第五阶段排放标准，颁布实施第四、第五阶段车用燃油国家标准。建立满足氨氮、氮氧化物控制目标要求的排放标准。鼓励地方依法制定更加严格的节能环保地方标准。

（四十七）强化节能减排管理能力建设。建立健全节能管理、监察、服务"三位一体"的节能管理体系，加强政府节能管理能力建设，完善机构，充实人员。加强节能监察机构能力建设，配备监测和检测设备，加强人员培训，提高执法能力，完善覆盖全国的省、市、县三级节能监察体系。继续推进能源统计能力建设。推动重点用能单位按要求配备计量器具，推行能源计量数据在线采集、实时监测。开展城市能源计量建设示范。加强减排监管能力建设，推进环境监管机构标准化，提高污染源监测、机动车污染监控、农业源污染检测和减排管理能力，建立健全国家、省、市三级减排监控体系，加强人员培训和队伍建设。

十二、动员全社会参与节能减排

（四十八）加强节能减排宣传教育。把节能减排纳入社会主义核心价值观宣传教育体系以及基础教育、高等教育、职业教育体系。组织好全国节能宣传周、世界环境日等主题宣传活动，加强日常性节能减排宣传教育。新闻媒体要积极宣传节能减排的重要性、紧迫性以及国家采取的政策措施和取得的成效，宣传先进典型，普及节能减排知识和方法，加强舆论监督和对外宣传，积极为节能减排营造良好的国内和国际环境。

（四十九）深入开展节能减排全民行动。抓好家庭社区、青少年、企业、学校、军营、农村、政府机构、科技、科普和媒体等十个节能减排专项行动，通过典型示范、专题活动、展览展示、岗位创建、合理化建议等多种形式，广泛动员全社会参与节能减排，发挥职工节能减排义务监督员队伍作用，倡导文明、节约、绿色、低碳的生产方式、消费模式和生活习惯。

（五十）政府机关带头节能减排。各级人民政府机关要将节能减排作为机关工作的一项重要任务来抓，健全规章制度，落实岗位责任，细化管理措施，树立节约意识，践行节约行动，作节能减排的表率。

附件：1."十二五"各地区节能目标

2."十二五"各地区化学需氧量排放总量控制计划

3."十二五"各地区氨氮排放总量控制计划

4."十二五"各地区二氧化硫排放总量控制计划

5."十二五"各地区氮氧化物排放总量控制计划

附件1

"十二五"各地区节能目标

地区	单位国内生产总值能耗降低率（%）		
	"十一五"时期	"十二五"时期	2006–2015年累计
全国	19.06	16	32.01
北京	26.59	17	39.07
天津	21.00	18	35.22
河北	20.11	17	33.69
山西	22.66	16	35.03
内蒙古	22.62	15	34.23
辽宁	20.01	17	33.61
吉林	22.04	16	34.51
黑龙江	20.79	16	33.46
上海	20.00	18	34.40
江苏	20.45	18	34.77
浙江	20.01	18	34.41

安徽	20.36	16	33.10
福建	16.45	16	29.82
江西	20.04	16	32.83
山东	22.09	17	35.33
河南	20.12	16	32.90
湖北	21.67	16	34.20
湖南	20.43	16	33.16
广东	16.42	18	31.46
广西	15.22	15	27.94
海南	12.14	10	20.93
重庆	20.95	16	33.60
四川	20.31	16	33.06
贵州	20.06	15	32.05
云南	17.41	15	29.80
西藏	12.00	10	20.80
陕西	20.25	16	33.01
甘肃	20.26	15	32.22
青海	17.04	10	25.34
宁夏	20.09	15	32.08
新疆	8.91	10	18.02

备注："十一五"各地区单位国内生产总值能耗降低率除新疆外均为国家统计局最终公布数据，新疆为初步核实数据。

附件2：

"十二五"各地区化学需氧量排放总量控制计划

地区	2010年		2015年		2015年比2010年(%)	
	排放量	其中：工业和生活	控制量	其中：工业和生活	增加或减少	其中：工业和生活
北京	20.0	10.9	18.3	9.8	−8.7	−9.8
天津	23.8	12.3	21.8	11.2	−8.6	−9.2
河北	142.2	45.6	128.3	40.7	−9.8	−10.8
山西	50.7	31.2	45.8	27.9	−9.6	−10.6
内蒙古	92.1	27.5	85.9	25.4	−6.7	−7.5
辽宁	137.3	47.0	124.7	42.1	−9.2	−10.4
吉林	83.4	28.8	76.1	26.1	−8.8	−9.4
黑龙江	161.2	47.8	147.3	43.4	−8.6	−9.3
上海	26.6	22.5	23.9	20.1	−10.0	−10.5
江苏	128.0	86.3	112.8	75.3	−11.9	−12.8
浙江	84.2	61.4	74.6	53.7	−11.4	−12.5
安徽	97.3	55.6	90.3	52.0	−7.2	−6.5
福建	69.6	45.8	65.2	43.1	−6.3	−6.0
江西	77.7	51.9	73.2	48.3	−5.8	−7.0
山东	201.6	62.7	177.4	54.6	−12.0	−12.9
河南	148.2	62.0	133.5	55.8	−9.9	−10.0
湖北	112.4	62.1	104.1	59.0	−7.4	−5.0
湖南	134.1	71.8	124.4	66.8	−7.2	−7.0
广东	193.3	130.6	170.1	113.8	−12.0	−12.9
广西	80.7	58.1	74.6	53.6	−7.6	−7.8
海南	20.4	9.2	20.4	9.2	0	0
重庆	42.6	29.4	39.5	27.5	−7.2	−6.5
四川	132.4	75.0	123.1	71.3	−7.0	−5.0

贵州	34.8	28.1	32.7	26.4	-6.0	-6.1
云南	56.4	48.0	52.9	45.0	-6.2	-6.2
西藏	2.7	2.3	2.7	2.3	0	0
陕西	57.0	36.4	52.7	33.5	-7.6	-7.9
甘肃	40.2	25.5	37.6	23.7	-6.4	-6.9
青海	10.4	8.1	12.3	9.6	18.0	18.0
宁夏	24.0	13.3	22.6	12.5	-6.0	-6.3
新疆	56.9	26.2	56.9	26.2	0	0
新疆生产建设兵团	9.5	4.7	9.5	4.7	0	0
合计	2551.7	1328.1	2335.2	1214.6	-8.5	-8.5

备注：全国化学需氧量排放量削减8%的总量控制目标为2347.6万吨（其中工业和生活1221.9万吨），实际分配给各地区2335.2万吨（其中工业和生活1214.6万吨），国家预留12.4万吨，用于化学需氧量排污权有偿分配和交易试点工作。

附件3：

"十二五"各地区氨氮排放总量控制计划

地区	2010年		2015年		2015年比2010年(%)	
	排放量	其中：工业和生活	控制量	其中：工业和生活	增加或减少	其中：工业和生活
北京	2.20	1.64	1.98	1.47	-10.1	-10.2
天津	2.79	2.18	2.50	1.95	-10.5	-10.4
河北	11.61	6.98	10.14	6.10	-12.7	-12.6
山西	5.93	4.66	5.21	4.08	-12.2	-12.4
内蒙古	5.45	4.19	4.92	3.79	-9.7	-9.5
辽宁	11.25	7.56	10.01	6.69	-11.0	-11.5
吉林	5.87	3.92	5.25	3.49	-10.5	-10.9
黑龙江	9.45	6.14	8.47	5.49	-10.4	-10.6
上海	5.21	4.83	4.54	4.21	-12.9	-12.9
江苏	16.12	11.98	14.04	10.40	-12.9	-13.2
浙江	11.84	8.96	10.36	7.84	-12.5	-12.5
安徽	11.20	7.07	10.09	6.38	-9.9	-9.8
福建	9.72	6.16	8.90	5.67	-8.4	-8.0
江西	9.45	6.18	8.52	5.57	-9.8	-9.8
山东	17.64	10.06	15.29	8.70	-13.3	-13.5
河南	15.57	8.80	13.61	7.66	-12.6	-12.9
湖北	13.29	8.25	12.00	7.43	-9.7	-9.9
湖南	16.95	10.15	15.29	9.16	-9.8	-9.8
广东	23.52	17.53	20.39	15.16	-13.3	-13.5
广西	8.45	5.63	7.71	5.13	-8.7	-8.9
海南	2.29	1.36	2.29	1.37	0	1.0
重庆	5.59	4.19	5.10	3.81	-8.8	-9.0
四川	14.56	8.50	13.31	7.78	-8.6	-8.5
贵州	4.03	3.19	3.72	2.94	-7.7	-7.8
云南	6.00	4.66	5.51	4.29	-8.1	-8.0
西藏	0.33	0.28	0.33	0.28	0	0
陕西	6.44	4.80	5.81	4.34	-9.8	-9.6
甘肃	4.33	3.70	3.94	3.38	-8.9	-8.7
青海	0.96	0.87	1.10	1.00	15.0	15.0
宁夏	1.82	1.60	1.67	1.47	-8.0	-8.0
新疆	4.06	3.08	4.06	3.08	0	0
新疆生产建设兵团	0.51	0.25	0.51	0.25	0	0
合计	264.4	179.4	236.6	160.4	-10.5	-10.6

备注：全国氨氮排放量削减10%的总量控制目标为238.0万吨（其中工业和生活161.5万吨），实际分配给各地区236.6万吨（其中工业和生活160.4万吨），国家预留1.4万吨，用于氨氮排污权有偿分配和交易试点工作。

附件4：

“十二五”各地区二氧化硫排放总量控制计划

地区	2010年排放量	2015年控制量	2015年比2010年（%）
北京	10.4	9.0	−13.4
天津	23.8	21.6	−9.4
河北	143.8	125.5	−12.7
山西	143.8	127.6	−11.3
内蒙古	139.7	134.4	−3.8
辽宁	117.2	104.7	−10.7
吉林	41.7	40.6	−2.7
黑龙江	51.3	50.3	−2.0
上海	25.5	22.0	−13.7
江苏	108.6	92.5	−14.8
浙江	68.4	59.3	−13.3
安徽	53.8	50.5	−6.1
福建	39.3	36.5	−7.0
江西	59.4	54.9	−7.5
山东	188.1	160.1	−14.9
河南	144.0	126.9	−11.9
湖北	69.5	63.7	−8.3
湖南	71.0	65.1	−8.3
广东	83.9	71.5	−14.8
广西	57.2	52.7	−7.9
海南	3.1	4.2	34.9
重庆	60.9	56.6	−7.1
四川	92.7	84.4	−9.0
贵州	116.2	106.2	−8.6
云南	70.4	67.6	−4.0
西藏	0.4	0.4	0
陕西	94.8	87.3	−7.9
甘肃	62.2	63.4	2.0
青海	15.7	18.3	16.7
宁夏	38.3	36.9	−3.6
新疆	63.1	63.1	0
新疆生产建设兵团	9.6	9.6	0
合计	2267.8	2067.4	−8.8

备注：全国二氧化硫排放量削减8%的总量控制目标为2086.4万吨，实际分配给各地区2067.4万吨，国家预留19.0万吨，用于二氧化硫排污权有偿分配和交易试点工作。

附件5：

“十二五”各地区氮氧化物排放总量控制计划

地区	2010年排放量	2015年控制量	2015年比2010年（%）
北京	19.8	17.4	−12.3
天津	34.0	28.8	−15.2
河北	171.3	147.5	−13.9
山西	124.1	106.9	−13.9
内蒙古	131.4	123.8	−5.8
辽宁	102.0	88.0	−13.7

吉林	58.2	54.2	−6.9
黑龙江	75.3	73.0	−3.1
上海	44.3	36.5	−17.5
江苏	147.2	121.4	−17.5
浙江	85.3	69.9	−18.0
安徽	90.9	82.0	−9.8
福建	44.8	40.9	−8.6
江西	58.2	54.2	−6.9
山东	174.0	146.0	−16.1
河南	159.0	135.6	−14.7
湖北	63.1	58.6	−7.2
湖南	60.4	55.0	−9.0
广东	132.3	109.9	−16.9
广西	45.1	41.1	−8.8
海南	8.0	9.8	22.3
重庆	38.2	35.6	−6.9
四川	62.0	57.7	−6.9
贵州	49.3	44.5	−9.8
云南	52.0	49.0	−5.8
西藏	3.8	3.8	0
陕西	76.6	69.0	−9.9
甘肃	42.0	40.7	−3.1
青海	11.6	13.4	15.3
宁夏	41.8	39.8	−4.9
新疆	58.8	58.8	0
新疆生产建设兵团	8.8	8.8	0
合计	2273.6	2021.6	−11.1

备注：全国氮氧化物排放量削减10%的总量控制目标为2046.2万吨，实际分配给各地区2021.6万吨，国家预留24.6万吨，用于氮氧化物排污权有偿分配和交易试点工作。

节能减排

铁道部：2010年全国铁路节能减排取得显著成效

在“六·五”世界环境日到来之际，记者从铁道部获悉，2010年全国铁路按照建设节能环保、绿色和谐铁路的要求，强化节能环保设计审查，加强节能减排管理和考核，严控节能减排指标，大力推广节能减排重点项目，全面完成了2010年节能环保计划指标，铁路节能减排工作取得了显著成效。

国家铁路（不含控股合资铁路）运输企业2010年能源消耗折算标准煤1616万吨，比上年增长1.1%。单位运输工作量综合能耗从2009年的5.3吨/百万换算吨公里下降到4.9吨/百万换算吨公里，降低6.8%，相当于少消耗117.8万吨标准煤。2010年化学需氧量和二氧化硫排放量分别为2169吨和39202吨，分别比上年减少了45吨和958吨，下降2.0%和2.4%。国家铁路（不含控股合资铁路）沿线绿化里程已达36326公里，比2009年增加了1047公里，增长了3%，铁路适宜绿化区段的绿化率达到了82.9%。

为确保绿色和谐铁路建设目标的实现，铁路部门加大建设项目的审查把关力度，加强建设项目施工期的环保、水保监管。2010年，全国铁路预审环评报告书30项、水保报告书48项。在对建设项目进行常规监督检查的基础上，铁路部门还联合环保、水利等行政主管部门，对京沪高铁、沪杭高铁、宁杭高铁等建设项目进行施工期环保、水保现场检查，督促建设单位加强环保建设理念，将环保措施和设施落实到位，不断提高铁路建设中的环保工作水平。

规划环评是建设绿色和谐铁路的重要一环。铁道部高度重视铁路规划环评工作，并将其作为制订和完善铁路规划的重要依据。2010年，铁路部门联合环保主管部门，审查了长三角铁路网、京津冀地区城际铁路、成渝城市群城际铁路等规划环评工作，并积极推进铁路“十二五”规划环评。

此外，铁路部门还积极组织开展节能评审和节能产品推广活动，在铁路行业推广财政补贴高效照明产品。2010年全国铁路推广节能灯57万只，取得了良好的节能减排效果。

今年世界环境日的主题是“森林：大自然为您效劳”，中国主题确定为“共建生态文明，共享绿色未来”。围绕主题，铁道部将在全国铁路开展一系列节能环保宣传活动。全国各大车站和旅客列车将充分运用广播、电视、报纸、网络等信息平台，大力宣传节约能源、提高能效、保护环境的重要性，宣传铁路作为绿色运输工具的节能减排优势，倡导公众绿色出行，形成更加浓厚的节能降耗、低碳减排社会氛围。

交通运输行业第四批共20个节能减排示范项目公布

日前，交通运输部公布了交通运输行业第四批共20个节能减排示范项目，号召广大交通运输企业积极学习借鉴示范项目先进经验，充分发挥企业在节能减排工作中的主体作用，为实现国家和行业“十二五”节能减排目标共同努力。

交通运输行业第四批节能减排示范项目包括：地源热泵技术在高速公路服务站区的应用；废旧沥青面层材料再生利用综合技术；高速公路改扩建工程废旧道路材料再生利用技术；郑新黄河大桥配电照明节能工程；G-BOS智慧运营系统的应用；营运车辆燃油消耗量及排放量动态监测与统计系统；液化天然气（LNG）在道路运输车辆上的应用；中原绿色客运新干线项目——CNG汽车的应用；常州市快速公交系统；纯电动公交车示范运行项目；利用节能车型开展长途甩挂运输项目；振华物流—LG工厂物流优化项目；港口集装箱双重运输；乌北物流平台系统在节能减排的应用；LNG在运输船舶上的应用；船用冷热全效热泵技术应用；滑阀式喷油器在船舶减速航行节能中的应用；零空闲变速操作法；连云港新苏港30万吨级矿石码头节能减排技术综合应用；青岛港集装箱码头装卸工艺优化系统。

据介绍，“十一五”期间，交通运输部已经推出了三批共60个交通运输行业节能减排示范项目。示范项目的推广，调动了各级交通运输主管部门推动节能减排工作的积极性，发挥了很好的引领示范作用。本报将陆续详细介绍各个示范项目节能减排的先进经验。

推进大宗固体废物综合利用 促进资源循环利用产业发展

国家发展改革委环资司

一、我国大宗固体废物综合利用现状

1985年，国家将资源综合利用作为一项重大的技术经济政策，1996年确定为国民经济和社会发展中的一项长远战略方针，“十一五”提出大力发展循环经济。二十多年来，特别是近几年，在国家一系列鼓励资源综合利用政策引导下，我国大宗固体废物综合利用取得了明显成效。

（一）利用规模不断扩大。据初步统计，2008年，我国工业固体废物综合利用量为12.3亿吨，综合利用率达64.3%，比2000年提高了12.5个百分点，其中粉煤灰、煤矸石、冶炼废渣综合利用率分别达67%、55%、85%。目前，我国大宗固体废物除尾矿、磷石膏、脱硫石膏受技术经济等条件的限制利用量较小外，其它废物基本实现了由“以储为主”向“以用为主”的转变。

（二）技术水平不断提高。随着企业和科研单位不断的技术创新，我国大宗固体废物综合利用水平有了很大突破，开发了一批大用量、低成本、经济效益好的综合利用技术与装备，如掺量达90%以上的粉煤灰、煤矸石制砖技术，磷石膏生产硫酸联产水泥技术，煤矸石、煤泥混烧发电技术等，钢渣高温熔渣快速粒化技术、微晶陶瓷技术和热能回收技术等几十项技术获得国家专利，已开发利用脱硫石膏单线年产5000万平方米的纸面石膏板生产线，全煤矸石生产烧结砖技术装备达到国际先进水平，利废建材设备制造逐步实现国产化。

（三）利用途径不断拓宽。过去曾被当作垃圾填埋和堆存的粉煤灰，不仅成为生产建材产品的主要原料，而且广泛应用于高等级公路和市政工程建设，如三峡大坝利用粉煤灰作为混凝土掺和料，共浇注2800万立方米；北京奥运会场馆及配套设施工程建设利用粉煤灰350多万吨。近年来，粉煤灰、煤矸石、脱硫石膏等大宗固体废物综合利用正在向高附加值方向发展，可以生产氧化铝、特种硅铝铁合金、超细高岭土、高强模具石膏等产品，应用前景和发展势头较好。

（四）环境效益和经济效益显著。目前，资源综合利用已成为许多企业调整结构、改善环境、增加就业机会和培育新的经济增长点的重要途径，更是煤炭等行业发展接续产业的重点。全国已涌现出一大批综合利用产值和利润占企业总产值、利润过半的先进企业，实现了经济发展和环境保护的双赢。2008年，我国水泥原料的25%来自大宗固体废物，利废新型墙材产量占墙体材料总量的50%，综合利用固体废物2亿多吨，减少占用土地约30万亩。

我国大宗固体废物综合利用取得的成效，主要是国家政策扶持和强化管理。

一是加强宏观指导。1996年，国务院批转发布了关于进一步开展资源综合利用的意见（国发[1996]36号），成为新时期资源综合利用的纲领性文件。近年来，国务院先后发布了做好建设节约型社会近期重点工作、加快发展循环经济以及进一步推进墙体材料革新和推广节能建筑的文件，国家发展改革委制定发布了“十一五”资源综合利用指导意见，提出坚持因地制宜、鼓励利用、重点突破、全面推广，以技术创新和制度创新为动力，以企业为实施主体，大力发展循环经济，提高资源利用效率，并确定了以排放量大、堆存量大、资源化潜力大的固体废物的大宗利用和高效利用为重点，进一步加强了对资源综合利用工作的宏观指导。

二是完善法规标准。国家发布实施了《粉煤灰综合利用管理办法》、《煤矸石综合利用管理办法》、《国家鼓励的资源综合利用认定管理办法》、《关于煤矸石综合利用电厂项目核准有关事项的通知》等，加强资源综合利用管理。同时，有关部门制定发布资源节约与综合利用标准发展规划，出台了粉煤灰、矿渣、钢渣等固体废物生产水泥、混凝土、肥料等国家标准，进一步完善了资源综合利用标准体系。

三是出台优惠政策。国家出台了资源综合利用企业所得税和有关综合利用产品增值税优惠政策，对以粉煤灰、煤矸石等大宗固体废物为主要原料生产的建材产品的所得收入减按90%计入收入总额缴纳所得税，并免征增值税；对以煤矸石等为燃料综合利用发电实行增值税即征即退50%等政策，极大调动了企业开展大宗固体废物综合利用的积极性。

四是制定限制和鼓励性措施。国家发展改革委、国土资源部、住房城乡建设部、农业部分三批公布了禁止使用实心粘土砖城市名单（共577个城市），提出限期淘汰实心粘土砖目标要求，并会同财政部发布《新型墙体材料专项基金征收使用管理办法》和新型墙体材料目录，大力推广以利废建材为主的新型墙体材料，节约资源，保护耕地。

五是加大资金支持。近年来，国家在中央预算内投资中，加大了对大宗固体废物综合利用示范项目的支持力度，并将高铝粉煤灰提取氧化铝、稀贵尾矿资源整体综合利用开发技术、冶炼废渣深加工等高附加值综合利用列为重点鼓励的技术研发和重大产业化示范项目加以引导。

六是加强宣传教育。组织开展了“综合利用，大有可为”系列宣传活动，提高全民资源意识，突出宣传资源综合利用在产业结构调整，促进资源节约和环境保护的重要意义，宣传企业开展大宗固体废物综合利用的先进典型等。

二、存在的主要问题

（一）大宗固体废物产生量增长快。据有关行业协会统计测算，2008年，我国主要大宗固体废物产生量约20多亿吨，其中粉煤灰3.9 亿吨、煤矸石5.3亿吨、冶炼废渣2.5亿吨、尾矿9.6亿吨、脱硫石膏3500万吨、磷石膏5000万吨。“十二五”期间，随着我国工业化和城镇化进程加快，对电力、煤炭等资源的需求越来越大，大宗固体废物的产生量将逐年增加。据预测，到2015年，仅山西省粉煤灰年排放量就将达5300万吨，再加上历史堆存的各种固体废物，短期内无法全部消纳，综合利用压力进一步加大。

（二）区域发展不平衡问题较为突出。目前，我国沿海经济发达地区和中心城市的综合利用水平高，如南京、上海等地的粉煤灰、脱硫石膏综合利用率已达到100%，但在山西、内蒙古、陕西、贵州等资源丰富的省份和西部经济欠发达地区，煤炭资源和火电厂较为集中，大宗固体废物产生量大，再加上受价格、市场等因素的限制，综合利用规模较小。

（三）综合利用产品应用水平偏低。整体看，我国利用大宗固体废物生产的产品种类较多，但技术含量和应用水平不高，缺乏自主知识产权和高附加值综合利用储备技术和装备，由于政府引导资金不足，对有些先进适用的综合利用技术推广力度不够，产业化应用滞后。

（四）部分地区优惠政策落实较难。国家已经出台的资源综合利用优惠政策，在有些地方还不能很好落实，尤其是经济欠发达地区，由于税源不足，综合利用企业减免税兑现率较低。根据国家有关规定，煤矸石综合利用发电机组应优先上网发电，但部分地区煤矸石电厂上网问题没有得到有效解决，一些综合利用发电企业发电小时数受到限制，影响了企业开展综合利用的积极性。

三、下一步工作安排

大宗固体废物综合利用涉及煤炭、电力、建材、冶金、化工等多个行业，是一项综合性强的系统工程。下一步，我委将会同有关部门针对当前大宗固体废物综合利用面临的新形势、新问题，重点推进以下几方面工作：

（一）用循环经济理念指导大宗固体废物综合利用。按照“减量化、再利用、资源化”原则，大力推进循环经济发展，从生产源头减少固体废物的产生，并延伸和拓宽生产链条，促进产业间的共生耦合，形成资源循环利用体系，变废为宝，化害为利，使资源得到有效合理利用。

（二）组织编制规划。组织编制“十二五”资源综合利用专项规划和大宗固体废物综合利用实施方案，研究提出“十二五”资源综合利用的目标、任务、重点领域和政策措施。

（三）完善相关法规。会同有关部门组织修订粉煤灰综合利用管理办法和煤矸石综合利用管理办法，进一步完善相关制度，加强管理。

（四）支持资源化利用项目建设。继续利用中央预算内投资，在重点地区支持一批大宗固体废物资源综合利用项目，扩大资源综合利用规模。

（五）完善资源综合利用政策。研究新形势下进一步鼓励大宗固体废物综合利用的政策，细化完善《资源综合利用企业所得税优惠目录》、增值税优惠政策以及鼓励煤矸石发电政策等。

国家发展改革委等四部门联合开展城市餐厨废弃物资源化利用和无害化处理试点工作

日前，国家发展改革委、住房城乡建设部、环境保护部、农业部联合印发了《关于组织开展城市餐厨废弃物资源化利用和无害化处理试点工作的通知》（以下简称《通知》），拟选择部分具备条件的设区的城市或直辖市市辖区开展餐厨废弃物资源化利用和无害化处理试点，探索我国餐厨废弃物处理问题的有效解决途径。

餐厨废弃物包括餐饮单位、集体食堂、居民家庭等产生的厨余、废弃或过期的食物及食用油脂等。我国餐厨废弃物产生量大、油份和水份多、含盐量高、成份复杂，具有明显的资源特性和污染物特性。处理不好会引发“地沟油”、“垃圾猪”等食品安全问题，造成资源浪费，影响生态环境。处理利用好了则可以变废为宝、化害为利，从源头上解决用“地沟油”加工食用油的非法行为，避免将餐厨废弃物直接作为饲料进入食物链，有效解决餐厨废弃物作为生活垃圾填埋或焚烧造成的资源浪费和环境污染问题，实现社会效益、经济效益和环境效益的统一。推动餐厨废弃物资源化利用，不仅是发展循环经济的重要内容，也是解决餐厨废弃物引发的食品安全问题的根本性措施。

试点工作的主要目标是：建立适合我国城市特点的餐厨废弃物资源化利用和无害化处理的法规、政策、标准和监管体系；探索适合我国国情的餐厨废弃物资源化利用和无害化处理技术工艺路线；形成合理的餐厨废弃物资源化利用和无害化处理的产业链，提高餐厨废弃物资源化和无害化水平。

试点工作的主要内容是：建立餐厨废弃物产生登记、定点回收、集中处理、资源化产品评估以及监督管理体系；建设餐厨废弃物资源化利用和无害化处理示范项目，不断优化技术路线，提高资源化利用和无害化处理水平；建立促进餐厨废弃物资源化利用的激励机制；引导消费者科学消费，减少产生量；开展餐饮业分类存放、清洁生产、资源化利用、无害化处理等方面的宣传教育，促进源头减量化。

为严格试点城市（区）标准，确保试点工作取得实效，《通知》提出了试点城市（区）应具备的基本条件：出台了餐厨废弃物管理方面的地方性法规或规章，或初步形成了餐厨废弃物资源化利用方面的相关政策机制；建立部门之间分工明确、协作配合的工作机制，在餐厨废弃物收运、资源化利用、无害化处理等方面具有一定的工作基础；已建设或规划建设餐厨废弃物资源化利用和无害化处理项目，技术工艺路线成熟，资源化产品投入产出效益较好，质量安全可靠。

国家发展改革委、住房城乡建设部将会同环境保护部、农业部等有关部门加强对试点城市（区）餐厨废弃物资源化利用和无害化处理工作的跟踪、指导，对示范项目建设给予相应的支持。

清洁发展机制项目运行管理办法

第一章 总则

第一条为促进和规范清洁发展机制项目的有效有序运行，履行《联合国气候变化框架公约》（以下简称《公约》）、《京都议定书》（以下简称《议定书》）以及缔约方会议的有关决定，根据《中华人民共和国行政许可法》等有关规定，制定本办法。

第二条清洁发展机制是发达国家缔约方为实现其温室气体减排义务与发展中国家缔约方进行项目合作的机制，通过项目合作，促进《公约》最终目标的实现，并协助发展中国家缔约方实现可持续发展，协助发达国家缔约方实现其量化限制和减少温室气体排放的承诺。

第三条在中国开展清洁发展机制项目应符合中国的法律法规，符合《公约》、《议定书》及缔约方会议的有关决定，符合中国可持续发展战略、政策，以及国民经济和社会发展的总体要求。

第四条清洁发展机制项目合作应促进环境友好技术转让，在中国开展合作的重点领域为节约能源和提高能源效率、开发利用新能源和可再生能源、回收利用甲烷。

第五条清洁发展机制项目的实施应保证透明、高效，明确各项目参与方的责任与义务。

第六条在开展清洁发展机制项目合作过程中，中国政府和企业不承担《公约》和《议定书》规定之外的任何义务。

第七条清洁发展机制项目国外合作方用于购买清洁发展机制项目减排量的资金，应额外于现有的官方发展援助资金和其在《公约》下承担的资金义务。

第二章 管理体制

第八条国家设立清洁发展机制项目审核理事会（以下简称项目审核理事会）。项目审核理事会组长单位为国家发展改革委和科学技术部，副组长单位为外交部，成员单位为财政部、环境保护部、农业部和中国气象局。

第九条国家发展改革委是中国清洁发展机制项目合

作的主管机构，在中国开展清洁发展机制合作项目须经国家发展改革委批准。

第十条中国境内的中资、中资控股企业作为项目实施机构，可以依法对外开展清洁发展机制项目合作。

第十一条项目审核理事会主要履行以下职责：

（一） 对申报的清洁发展机制项目进行审核，提出审核意见；

（二） 向国家应对气候变化领导小组报告清洁发展机制项目执行情况和实施过程中的问题及建议，提出涉及国家清洁发展机制项目运行规则的建议。

第十二条国家发展改革委主要履行以下职责：

（一） 组织受理清洁发展机制项目的申请；

（二） 依据项目审核理事会的审核意见，会同科学技术部和外交部批准清洁发展机制项目；

（三） 出具清洁发展机制项目批准函；

（四） 组织对清洁发展机制项目实施监督管理；

（五） 处理其他相关事务。

第十三条项目实施机构主要履行以下义务：

（一） 承担清洁发展机制项目减排量交易的对外谈判，并签订购买协议；

（二） 负责清洁发展机制项目的工程建设；

（三） 按照《公约》、《议定书》和有关缔约方会议的决定，以及与国外合作方签订购买协议的要求，实施清洁发展机制项目，履行相关义务，并接受国家发展改革委及项目所在地发展改革委的监督；

（四） 按照国际规则接受对项目合格性和项目减排量的核实，提供必要的资料和监测记录。在接受核实和提供信息过程中依法保护国家秘密和商业秘密；

（五） 向国家发展改革委报告清洁发展机制项目温室气体减排量的转让情况；

（六） 协助国家发展改革委及项目所在地发展改革委就有关问题开展调查，并接受质询；

（七） 企业资质发生变更后主动申报；

（八） 根据本办法第三十六条规定的比例，按时足额缴纳减排量转让交易额；

（九） 承担依法应由其履行的其他义务。

第三章 申请和实施程序

第十四条附件所列中央企业直接向国家发展改革委提出清洁发展机制合作项目的申请，其余项目实施机构向项目所在地省级发展改革委提出清洁发展机制项目申请。有关部门和地方政府可以组织企业提出清洁发展机制项目申请。国家发展改革委可根据实际需要适时对附件所列中央企业名单进行调整。

第十五条项目实施机构向国家发展改革委或项目所在地省级发展改革委提出清洁发展机制项目申请时必须提交以下材料：

（一） 清洁发展机制项目申请表；

（二） 企业资质状况证明文件复印件；

（三） 工程项目可行性研究报告批复（或核准文件，或备案证明）复印件；

（四） 环境影响评价报告（或登记表）批复复印件；

（五） 项目设计文件；

（六） 工程项目概况和筹资情况说明；

（七） 国家发展改革委认为有必要提供的其他材料。

第十六条如果项目在申报时尚未确定国外买方，项目实施机构在填报项目申请表时必须注明该清洁发展机制合作项目为单边项目。获国家批准后，项目产生的减排量将转入中国国家账户，经国家发展改革委批准后方可将这些减排量从中国国家账户中转出。

第十七条国家发展改革委在接到附件所列中央企业申请后，对申请材料不齐全或不符合法定形式的申请，应当场或在五日内一次告知申请人需要补正的全部内容。

第十八条项目所在地省级发展改革委在受理除附件所列中央企业外的项目实施机构申请后二十个工作日内，将全部项目申请材料及初审意见报送国家发展改革委，且不得以任何理由对项目实施机构的申请作出否定决定。对申请材料不齐全或不符合法定形式的申请，项目所在地省级发展改革委应当场或在五日内一次告知申请人需要补正的全部内容。

第十九条国家发展改革委在受理本办法附件所列中央企业提交的项目申请，或项目所在地省级发展改革委转报的项目申请后，组织专家对申请项目进行评审，评审时间不超过三十日。项目经专家评审后，由国家发展改革委提交项目审核理事会审核。

第二十条项目审核理事会召开会议对国家发展改革委提交的项目进行审核，提出审核意见。项目审核理事会审核的内容主要包括：

（一） 项目参与方的参与资格；

（二）　本办法第十五条规定提交的相关批复；

（三）　方法学应用；

（四）　温室气体减排量计算；

（五）　可转让温室气体减排量的价格；

（六）　减排量购买资金的额外性；

（七）　技术转让情况；

（八）　预计减排量的转让期限；

（九）　监测计划；

（十）　预计促进可持续发展的效果。

第二十一条国家发展改革委根据项目审核理事会的意见，会同科学技术部和外交部作出是否出具批准函的决定。对项目审核理事会审核同意批准的项目，从项目受理之日起二十个工作日内（不含专家评审的时间）办理批准手续；对项目审核理事会审核同意批准，但需要修改完善的项目，在接到项目实施机构提交的修改完善材料后会同科学技术部和外交部办理批准手续；对项目审核理事会审核不同意批准的项目，不予办理批准手续。

第二十二条项目经国家发展改革委批准后，由经营实体提交清洁发展机制执行理事会申请注册。

第二十三条国家发展改革委负责对清洁发展机制项目的实施进行监督。项目实施机构在清洁发展机制项目成功注册后十个工作日内向国家发展改革委报告注册状况，在项目每次减排量签发和转让后十个工作日内向国家发展改革委报告签发和转让有关情况。

第二十四条工程建设项目的审批程序和审批权限，按国家有关规定办理。

第四章　法律责任

第二十五条本办法涉及的行政机关及其工作人员，在清洁发展机制项目申请过程中，对符合法定条件的项目申请不予受理，或当项目实施机构提交的申请材料不齐全、不符合法定形式时，不一次告知项目实施机构必须补正的全部内容的，由其上级行政机关或者监察机关责令改正；情节严重的，对直接负责的主管人员和其他直接责任人员依法给予行政处分。

第二十六条本办法涉及的行政机关及其工作人员，在接收、受理、审批项目申请，以及对项目实施监督检查过程中，索取或者收受他人财物或者谋取其他利益，构成犯罪的，依法追究刑事责任；尚不构成犯罪的，依法给予行政处分。

第二十七条本办法涉及的行政机关及其工作人员，对不符合法定条件的项目申请予以批准，或者超越法定职权作出批准决定的，由其上级行政机关或者监察机关责令改正，对直接负责的主管人员和其他直接责任人员依法给予行政处分；构成犯罪的，依法追究刑事责任。

第二十八条项目实施机构在清洁发展机制项目申请及实施过程中，如隐瞒有关情况或者提供虚假材料的，国家发展改革委可不予受理或者不予行政许可，并给予警告。

第二十九条项目实施机构以欺骗、贿赂等不正当手段取得批准函的，国家发展改革委依法处以与项目减排量转让收入相当的罚款，罚款收入按照《行政处罚法》等有关规定，就地上缴中央国库。构成犯罪的，依法追究刑事责任。

第三十条项目实施机构在取得国家发展改革委出具的批准函后，企业股权变更为外资或外资控股的，自动丧失清洁发展机制项目实施资格，股权变更后取得的项目减排量转让收入归国家所有。

第三十一条项目实施机构在减排量交易完成后，未按照相关规定向国家按时足额缴纳减排量交易额分成的，国家发展改革委依法对项目实施机构给予行政处罚。

第三十二条项目实施机构伪造、涂改批准函，或在接受监督检查时隐瞒有关情况、提供虚假材料或拒绝提供相关材料的，国家发展改革委依法给予行政处罚；构成犯罪的，依法追究刑事责任。

第五章　附则

第三十三条本办法中的发达国家缔约方是指《公约》附件一中所列的国家。

第三十四条本办法中的清洁发展机制执行理事会是指《议定书》下为实施清洁发展机制项目而专门设置的管理机构。

第三十五条本办法中的经营实体是指由清洁发展机制执行理事会指定的审定和核证机构。

第三十六条清洁发展机制项目因转让温室气体减排量所获得的收益归国家和项目实施机构所有，其他机构和个人不得参与减排量转让交易额的分成。国家与项目实施机构减排量转让交易额分配比例如下：

（一）　氢氟碳化物（HFC）类项目，国家收取温室气体减排量转让交易额的65%；

（二）　己二酸生产中的氧化亚氮（N2O）项目，国家收取温室气体减排量转让交易额的30%；

（三） 硝酸等生产中的氧化亚氮（N2O）项目，国家收取温室气体减排量转让交易额的10%；

（四） 全氟碳化物（PFC）类项目，国家收取温室气体减排量转让交易额的5%；

（五） 其它类型项目，国家收取温室气体减排量转让交易额的2%。

国家从清洁发展机制项目减排量转让交易额收取的资金，用于支持与应对气候变化相关的活动，由中国清洁发展机制基金管理中心根据《中国清洁发展机制基金管理办法》收取。

第三十七条国家发展改革委已批准项目2012 年后产生的减排量，须经国家发展改革委同意后才可让，项目实施按照本办法管理。

第三十八条本办法由国家发展改革委商科学技术部、外交部、财政部解释。

第三十九条本办法自发布之日起施行。2005 年10月12日起实施的《清洁发展机制项目运行管理办法》即行废止。

附：可直接向国家发展改革委提交清洁发展机制项目申请的中央企业名单

1．中国核工业集团公司
2．中国核工业建设集团公司
3．中国化工集团公司
4．中国化学工程集团公司
5．中国轻工集团公司
6．中国盐业总公司
7．中国中材集团公司
8．中国建筑材料集团公司
9．中国电子科技集团公司
10．中国有色矿业集团有限公司
11．中国石油天然气集团公司
12．中国石油化工集团公司
13．中国海洋石油总公司
14．国家电网公司
15．中国华能集团公司
16．中国大唐集团公司
17．中国华电集团公司
18．中国国电集团公司
19．中国电力投资集团公司
20．中国铁路工程总公司
21．中国铁道建筑总公司
22．神华集团有限责任公司
23．中国交通建设集团有限公司
24．中国农业发展集团总公司
25．中国林业集团公司
26．中国铝业公司
27．中国航空集团公司
28．中国中化集团公司
29．中粮集团有限公司
30．中国五矿集团公司
31．中国建筑工程总公司
32．中国水利水电建设集团公司
33．国家核电技术有限公司
34．中国节能投资公司
35．中国中煤能源集团公司
36．中国煤炭科工集团有限公司
37．中国机械工业集团有限公司
38．中国中钢集团公司
39．中国冶金科工集团有限公司
40．中国钢研科技集团公司
41．中国广东核电集团

中国发布淘汰白炽灯路线图

国家发展改革委讯 2011年1月4日

2011年11月1日，国家发展改革委、商务部、海关总署、国家工商总局、国家质检总局联合印发《关于逐步禁止进口和销售普通照明白炽灯的公告》（以下简称《公告》），决定从2012年10月1日起，按功率大小分阶段逐步禁止进口和销售普通照明白炽灯。

中国是照明产品的生产和消费大国，节能灯、白炽灯产量均居世界首位，2010年白炽灯产量和国内销量分别为38.5亿只和10.7亿只。据测算，中国照明用电约占全社会用电量的12%左右，采用高效照明产品替代白炽灯，节能减排潜力巨大。逐步淘汰白炽灯，对于促进中国照明电器行业结构优化升级、推动实现"十二五"节能减排目标任务、积极应对全球气候变化具有重要意义。

中国政府高度重视照明节电工作，1996年启动实施中国绿色照明工程，先后将其列入"九五"、"十五"节能重点领域和"十一五"、"十二五"重点节能工程，并与联合国开发计划署、全球环境基金开展了三期绿色照明国际合作项目。通过多年不懈努力，中国绿色照明工程取得显著进展，受到广大消费者的密切关注和积极支持，得到国际社会的高度评价和一致认可。中国绿色照明工程的实施，推动了照明电器行业结构的优化升级和产品质量的整体提升，节能灯和白炽灯的产量比由1996年的1：34上升至2010年的1：1，节能灯的全球市场占有率由1996年的20%提高到2010年85%；推动了高效照明产品的普及应用和全社会照明节电意识的普遍提高，截止目前通过财政补贴方式累计推广节能灯5亿只以上，全国高效照明产品的市场占有率达到70%；促进了半导体照明技术的快速发展及半导体照明产品的推广应用。

《公告》明确，中国逐步淘汰白炽灯路线图分为五个阶段：2011年11月1日至2012年9月30日为过渡期，2012年10月1日起禁止进口和销售100瓦及以上普通照明白炽灯，2014年10月1日起禁止进口和销售60瓦及以上普通照明白炽灯，2015年10月1日至2016年9月30日为中期评估期，2016年10月1日起禁止进口和销售15瓦及以上普通照明白炽灯，或视中期评估结果进行调整。通过实施路线图，将有力促进中国照明电器行业健康发展，取得良好的节能减排效果，预计可新增照明电器行业产值约80亿元（人民币）、新增就业岗位约1.5万个，形成年节电480亿千瓦时、年减少二氧化碳排放4800万吨的能力。

今年是中国"十二五"规划开局之年，联合国气候变化德班会议开幕在即。值此之际，中国发布逐步淘汰白炽灯路线图，再次表明中国政府深入开展绿色照明工程、大力推进节能减排、积极应对全球气候变化的坚强决心和采取的积极行动，将会对中国乃至全球淘汰白炽灯进程产生重要而深远的影响。

节能减排"十一五"回顾

一、节能减排取得显著成效——回顾之一

党中央、国务院高度重视节能减排工作，把节能减排作为调整经济结构、转变发展方式、推动科学发展的重要抓手，提出"十一五"单位GDP能耗降低20%左右、主要污染物排放总量减少10%的约束性指标。国务院成立节能减排工作领导小组，发布节能减排综合性工作方案，做出关于加强节能工作的决定，采取强化目标责任、调整产业结构、实施重点工程、推动技术进步、强化政策激励、加强监督管理、开展全民行动等一系列强有力的政策措施，经过艰辛努力，节能减排取得显著成效。"十一五"期间，全国单位GDP能耗下降19.1%，全国二氧化硫排放量减少14.29%，全国化学需氧量排放量减少12.45%，基本完成了"十一五"规划《纲要》确定的目标任务。节能减排的成效主要体现在八个方面：

一是为保持经济平稳较快发展提供了有力支撑。"十一五"期间，我国以能源消费年均6.6%的增速支撑了国民经济年均11.2%的增速，能源消费弹性系数由"十五"时期的1.04下降到0.59，缓解了能源供需矛盾。

二是扭转了我国工业化、城镇化加快发展阶段能源消耗强度和主要污染物排放量上升的趋势。"十五"后三年全国单位GDP能耗上升了9.8%，全国二氧化硫和化学需氧量排放总量分别上升了32.3%和3.5%；

"十一五"期间，全国单位GDP能耗下降了19.1%，全国二氧化硫和化学需氧量排放总量分别下降了14.29%和12.45%。

三是促进了结构优化升级。2010年与2005年相比，电力行业300兆瓦以上火电机组占火电装机容量比重由47%上升到71%，钢铁行业1000立方米以上大型高炉比重由21%上升到52%，建材行业新型干法水泥熟料产量比重由39%上升到81%。

四是推动了技术进步。2010年与2005年相比，钢铁行业干熄焦技术普及率由不足30%提高到80%以上，水泥行业低温余热回收发电技术由开始起步提高到55%，烧碱行业离子膜法烧碱比重由29.5%提高到84.3%。

五是节能减排能力明显增强。"十一五"期间，通过实施十大节能重点工程形成节能能力3.4亿吨标准煤；新增城镇污水日处理能力6500万吨、处理率达到77%；燃煤电厂投运脱硫机组容量达5.78亿千瓦，占全部燃煤机组容量的82.6%。

六是能效水平大幅提高。2010年与2005年相比，火电供电煤耗由370克标准煤/千瓦时降到333克标准煤/千瓦时，下降了10.0%；吨钢综合能耗由694千克标准煤降到605千克标准煤，下降了12.8%；水泥综合能耗下降了24.6%；乙烯综合能耗下降了11.6%；合成氨综合能耗下降了14.3%。

七是环境质量有所改善。2010年与2005年相比，环保重点城市二氧化硫年均浓度下降26.3%，地表水国控断面劣五类水质比例由27%下降到16.4%，七大水系国控断面好于三类比例由41%上升到59.9%。

八是为应对全球气候变化做出了重要贡献。"十一五"通过节能降耗减少二氧化碳排放14.6亿吨，得到国际社会的广泛赞誉，也体现了负责任大国的形象。

二、淘汰落后产能成效显著——回顾之二

加快淘汰落后产能是转变发展方式、调整经济结构、提高经济增长质量和效益的重大举措，是实现"十一五"节能减排目标的重要措施。

"十一五"期间，各地区、有关部门采取了一系列强有力的政策措施，综合运用法律、经济、技术及必要的行政手段，大力推动落后产能淘汰工作，圆满完成了"十一五"确定的目标。上大压小、关停小火电机组7682.5万千瓦，淘汰落后炼铁产能12000万吨、炼钢产能7200万吨、水泥产能3.7亿吨等，在关闭造纸、化工、纺织、印染、酒精、味精、柠檬酸等重污染企业方面都取得积极进展。主要政策措施：

一是分解落实目标任务，加大奖励惩罚力度。每年将目标任务分解到市、县和具体企业。对完成淘汰落后产能任务较好的地区和企业，在资金、土地、融资等方面给予倾斜，中央财政设立专项资金对经济欠发达地区淘汰落后产能给予奖励。对未按期完成淘汰落后产能任务的地区，暂停对该地区项目的环评、核准和审批；对未按要求淘汰落后产能的企业，依据有关法律法规责令停产或予以关闭。

二是完善相关技术标准，坚决淘汰落后产能。制定实施主要用能产品能耗限额标准，对达不到能耗限额标准的落后产能坚决予以淘汰。切实加强对落后产能企业执行环境保护标准、产品质量标准、能耗限额标准和安全生产规定的监督检查。

三是充分发挥市场机制作用，提高落后产能企业成本。推进资源性产品价格改革，提高土地使用价格，实行差别电价，提高差别电价加价标准。对超过限额标准的，实行惩罚性价格政策。

四是确保社会稳定，高度重视职工安置工作。研究制定职工安置措施，认真落实安置政策，通过多种渠道、多种手段，促进淘汰落后产能企业职工再就业。

三、十大重点节能工程取得积极进展——回顾之三

十大重点节能工程包括：燃煤工业锅炉（窑炉）改造工程、区域热电联产工程、余热余压利用工程、节约和替代石油工程、电机系统节能工程、能量系统优化工程、建筑节能工程、绿色照明工程、政府机构节能工程、节能监测和技术服务体系建设工程。

十大重点节能工程是实现"十一五"单位GDP能耗降低20%左右目标的一项重要的工程技术措施，目标是在"十一五"期间实现节能2.4亿吨标准煤。

"十一五"期间，国家制定发布了十大重点节能工程实施意见，中央和省级地方财政都设立了节能专项资金，对节能改造实行投资补助和财政奖励，有力推动了十大重点节能工程的实施，共形成节能能力3.4亿吨标准煤。中央预算内投资安排80多亿元、中央财政节能减排专项资金安排220多亿元，共支持了5200多个重点节能工程项目，形成节能能力1.6亿吨标准煤。十大重点节能工程的实施取得了良好的经济和社会效益：

一是大幅度提高了能源利用效率。2010年与2005年相比，火电供电煤耗由370克标准煤/千瓦时降到333克标准煤/千瓦时，下降了10.0%；吨钢综合能耗由694千克标准煤降到605千克标准煤，下降了12.8%；水泥综合能耗下降了24.6%；乙烯综合能耗下降了11.6%；合成氨综合能耗下降了14.3%。

二是促进了先进节能技术的推广应用。2010年与2005年相比，钢铁行业干熄焦技术普及率由不足30%提高到80%以上，水泥行业低温余热回收发电技术由开始起步提高到55%，烧碱行业离子膜法烧碱比重由29.5%提高到84.3%。新型阴极铝电解槽、高压变频、稀土永磁电机、等离子无油点火等一大批高效节能技术和产品得到普遍应用。

三是促进了节能环保产业发展。我国高效照明产品、家用电器、电机、新型节能墙材等节能设备和产品的市场规模得到大幅度提升，节能环保装备的研发和制造水平显著提高。

四、千家企业超额完成“十一五”节能任务——回顾之四

2006年4月，国家发展改革委会同有关部门选取年综合能源消费量18万吨标准煤以上约一千家企业，启动了千家企业节能行动，目标是“十一五”期间节能1亿吨标准煤左右。千家企业能源消费量占工业能源消费量的一半，占全国能源消费量的三分之一。

千家企业节能行动取得了显著成效。“十一五”期间，千家企业单位氧化铝综合能耗、乙烯生产综合能耗、烧碱生产综合能耗等指标下降了30%以上，单位原油加工综合能耗、电解铝综合能耗、水泥综合能耗等指标下降了10%以上，供电煤耗下降近10%，部分企业的指标达到了国际先进水平。据统计，“十一五”期间千家企业实现节能1.5亿吨标准煤。

“十一五”期间，围绕千家企业节能行动，国家主要采取了以下措施：

一是对千家企业节能行动全面部署。国家发展改革委等部门印发了实施方案，明确了工作要求和保障措施，公布了千家企业名单。

二是开展目标责任考核。国家发展改革委与地方政府签订了千家企业节能目标责任书，各地分别与本地所属千家企业签订了节能目标责任书，每年组织考核，结果向社会公告。

三是开展企业能源审计和编制节能规划。千家企业均按要求编制实施了能源审计和节能规划，各地组织专家对能源审计报告集中进行审核，对不合格的报告要求企业进行整改。

四是实施能源利用状况报告制度。研究制定了《重点用能单位能源利用状况报告制度实施方案》，要求重点用能单位每年报送能源利用状况报告。发布了《千家企业能源利用状况公报》。

五是开展能效水平对标活动。印发了《重点耗能企业能效水平对标活动实施方案》，部署实施能效水平对标活动，在钢铁、化工、水泥三个高耗能行业开展对标试点，编制了《重点耗能行业能效对标指南》。

六是积极推进千家企业节能技术改造。国家加大了对千家企业节能技术改造项目的支持力度，通过节能技术改造，千家企业单位产品综合能耗指标大幅度下降。

七是强化节能管理。95%以上的千家企业建立了专门的能源管理机构，配备了相关能源管理人员，完善三级计量仪器、仪表配备，在部分企业开展能源管理师试点。

五、节能服务产业快速发展——回顾之五

合同能源管理是发达国家普遍推行的一种市场化节能机制，指节能服务公司与用能单位签订合同，为用能单位提供节能诊断、融资、改造、运行等一系列服务，并通过分享节能效益方式回收投资和合理利润的商业模式。加快推行合同能源管理，积极发展节能服务产业，是利用市场机制促进节能提高能效、减缓温室气体排放的有力措施，是培育战略性新兴产业、形成新的经济增长点的迫切要求，是建设资源节约型和环境友好型社会的客观需要。

“十一五”期间，我国节能服务产业迅速发展，专业化节能服务公司迅速壮大、产业规模大幅增长、服务范围不断扩展、服务水平显著提高，节能服务公司已成为我国节能战线上一支重要力量。2010年与2005年相比，节能服务公司从80多家增加到800多家，从业人员从1.6万人增加到18万人，节能服务产业规模从47亿元增加到840亿元，合同能源管理项目投资从13亿元增加到290亿元，形成年节能能力从60多万吨标准煤增加到1300多万吨标准煤。“十一五”期间，节能服务产业拉动社会投资累计超过1800亿元。

为加快节能服务产业发展，2010年4月，国务院制定了了《关于加快推行合同能源管理促进节能服务产业发

展的意见》，为合同能源管理推广创造了良好的政策和体制环境。

一是加大资金支持力度。将合同能源管理项目纳入中央预算内投资和中央财政节能减排专项资金支持范围。出台了《合同能源管理财政奖励资金管理暂行办法》，2010年中央财政共安排20亿元，支持节能服务公司利用合同能源管理方式实施节能改造。

二是实行税收扶持政策。节能服务公司实施的合同能源管理项目，暂免征收营业税，所得税三免三减半，对合同期满后节能服务公司无偿转让给用能单位因实施合同能源管理项目形成的资产，免征增值税。用能企业按照合同支付给节能服务公司的合理支出，均可以在计算当期应纳税所得额时扣除。

三是完善相关会计制度。各级政府机构采用合同能源管理方式实施节能改造，按照合同支付给节能服务公司的支出视同能源费用进行列支。事业单位采用合同能源管理方式实施节能改造，按照合同支付给节能服务公司的支出计入相关支出；企业采用合同能源管理方式实施节能改造，按照合同支付给节能服务公司的支出作为费用列支。

四是进一步改善金融服务。鼓励银行等金融机构根据节能服务公司的融资需求特点，创新信贷产品，拓宽担保品范围，简化申请和审批手续，为节能服务公司提供项目融资、保理等金融服务。节能服务公司实施合同能源管理项目投入的固定资产可按有关规定向银行申请抵押贷款。

六、“节能产品惠民工程”取得明显成效——回顾之六

为扩大消费需求，提高能源效率，促进产业升级，2009年6月，国家发展改革委、财政部组织实施了“节能产品惠民工程”，以财政补贴方式推广高效节能空调、节能汽车、节能灯、三相异步电动机和稀土永磁电动机等高效节能产品，目前已形成家用电器、交通工具、照明产品、工业设备等四大类高效节能产品推广体系。

一年半来，中央财政共安排160多亿元，推广高效节能空调3400多万台、节能汽车100多万辆、节能灯3.6亿多只。据初步测算，直接拉动消费需求1200多亿元，实现年节电225亿千瓦时，年节油30万吨，减排二氧化碳超过1400多万吨。“节能产品惠民工程”培育和形成了高效节能产品消费市场，促进了产业结构升级和技术进步，而且让普通消费者得到了“价格下降、节电省钱、生活质量提高”等多重惠民效果。

（一）高效节能空调推广成效

中央财政安排115.4亿元，支持推广3400多万台高效节能空调，直接拉动消费700多亿元，实现年节电100亿千瓦时，产品寿命期内节电800–1000亿千瓦时，年节约电费50亿元，寿命周期内节约电费400–500亿元。

在政策推动下，高效节能空调的市场占有率从推广前的5%上升到70%以上，使新能效标准得到顺利实施，原三、四、五级低能效空调已全部停止生产，行业整体能效水平提高24%；市场扩大的规模效应和财政补贴使高效节能产品的售价大幅度降低，政策实施以来，高效节能空调价格从推广前每台3000–4000元下降到2000元左右，部分型号的1级能效节能空调市场售价最低降至1000元左右，累计节约老百姓购买费用300亿元。

（二）节能汽车推广成效

中央财政安排30.4亿元，支持推广100多万辆1.6升及以下节能乘用车，直接拉动消费508亿元，实现年节油30万吨，产品寿命期内节油450–600万吨。

在政策推动下，1.6升及以下节能乘用车型号从推广前101个增加到341个，每月销售数量从推广前不到5万辆上升到目前30万辆以上，市场份额从7%上升到30%以上。

（三）节能灯推广成效

中央财政安排16.2亿元，支持推广3.6亿只低汞含量节能灯，直接拉动消费41亿元，推广的节能灯实现年节电125亿千瓦时，产品寿命期内节电627亿千瓦时，使老百姓年节省电费60多亿元。在政策推动下，节能灯市场价格比推广前下降了40%。

（四）推广高效电机

2010年6月启动了高效电机的财政补贴推广工作。截至目前，发布了三批推广产品目录，67家企业的近2万个型号的产品符合推广条件。推广工作正在稳步推进之中。

七、城镇污水垃圾处理设施建设取得突出进展——回顾之七

“十一五”期间，我国政府高度重视城镇污水垃圾处理设施建设，将其作为推进节能减排、改善环境质量的重要手段，编制了污水和垃圾处理设施建设的专项规划，完善了相关优惠政策，不断加大投资力度，积极推进城镇污水垃圾处理设施建设，全社会投资建设城镇污水垃圾处理设施的热情高涨，促进了环保产业发展，为全面实现化学需氧量（COD）减排目标奠定了坚实的基础。城镇污水垃圾处理设施建设取得的成绩主要体现在三个方面：

一是污水垃圾处理能力与处理率大幅提高。五年间，全国城镇污水处理能力增加了6500万吨/日，垃圾无害化处理能力新增了22万吨/日。2010年，设市城市污水处理率、垃圾无害化处理率达77%、78%，与2005年相比，分别提高25个百分点和26个百分点。2010年底，北京、上海、浙江、河南、山东、江苏、安徽、天津等16个省（市、自治区）实现县县建成污水处理厂，江苏、浙江、河南、河北等4个省实现县县建有垃圾处理设施。

二是推动了环保产业发展。我国污水垃圾处理领域的企业克服了国际金融危机的负面影响，销售收入快速增长，极大带动了环保产业的发展。到2010年，我国生活污水垃圾处理领域年销售收入10亿元以上的企业达到20余家，环保装备快速升级，环境服务业水平显著提高。北控水务集团、北京桑德环保集团成功走出国门，实施了东南亚和中东一些国家的污水垃圾处理工程总承包项目。重庆钢铁集团环保投资公司，通过引进消化吸收国外先进技术，生产的垃圾焚烧炉在国内得到广泛应用，其自主研发的垃圾焚烧炉已出口北美。我国环保企业正逐步获得国际市场的认可。

三是新技术、新设备不断涌现。随着全国城镇污水垃圾处理设施建设需求的不断增加，相关环保企业积极攻克市场中存在的技术难题，加大科技创新的资金投入，积极与科研院所合作，开展技术攻关，形成“产学研一体化”的发展模式，研究开发了大量市场急需的治理技术和设备。污水处理领域，在成套装置、膜分离装置、新药剂等方面推出了一批新产品，同时，污泥无害化处理处置技术、常规污水处理工艺的技术改进与创新也取得了较大突破。垃圾处理领域，综合处理、水泥窑协同处理、渗滤液综合处理及资源化利用等技术和设备也不断丰富市场。

八、全国城市禁止使用实心粘土砖目标基本实现——回顾之八

“十一五”期间，墙体材料革新作为推进节能减排、发展循环经济的重要内容，各地区、各部门共同努力，采取有效措施，积极推进禁止使用实心粘土砖（简称：“禁实”），大力发展新型墙体材料，取得了显著的经济、社会和环境效益。2010年底全国城市城区基本完成“禁实”任务，新型墙体材料比重达到55%的目标，全国以非粘土多孔砖、轻质墙板、砌块为主的新型墙体材料生产和应用格局基本形成，建筑应用比例达到65%以上。

一是全国城市城区完成“禁实”任务。截至2010年底，全国城市城区基本完成“禁实”任务，北京、上海市等部分城市在禁止使用的基础上，积极推进禁止生产，彻底告别了“秦砖汉瓦”。浙江、河北、辽宁、江西、河南、湖北、陕西等16省（区、市）在完成城市城区“禁实”任务基础上，有序向县城推进，已有487个县城实现了“禁实”。北京、河南、广西等一些地区正积极向有条件的农村推进。

二是新型墙体材料快速发展。“十一五”期间，随着“禁实”工作的深入，新型墙体材料得到快速发展，已占据墙体材料的主导地位。2010年底，全国新型墙体材料产量占墙体材料总量的比重超过55%，与2005年相比提高了11个百分点；应用新型墙体材料新建节能建筑面积48亿平方米，比“十五”末增加3倍多。新型墙体材料年产能6000万块标砖以上的规模企业比“十五”末增加50%以上。以多孔砖、轻质墙板、砌块为主的新型墙材产品质量明显提高，呈现出系列化、标准化、规范化生产和应用的良好发展态势。

三是技术装备显著提升。随着科技投入加大，科技创新能力不断增强，新型墙材装备产业得到壮大，全国年产值过亿的新型墙材装备企业从无到有发展到30多家，年产亿块标砖以上的自动化生产线达100多条。黑龙江双鸭山东方墙材集团有限公司的烧结制品设备、福建卓越鸿昌建材装备股份有限公司的砌块自动成型装备、福建海源自动化机械有限公司的全自动液压成型机等一大批新墙材技术装备已达到国际先进水平，目前已出口到80多个国家。

四是节能减排成效明显。随着节能减排工作的推进，加大淘汰落后砖瓦企业的产能力度，加快推广和应用符合节能环保要求的新型墙体材料。“十一五”期间，全国累计关停实心粘土砖企业1.4万家，淘汰落后产能1000多亿块标砖，节约标准煤约1500万吨，减少二氧化碳排放约3400万吨，减少二氧化硫排放约35万吨，有力推动节能减排目标的完成。

五是利废节地效果突出。新型墙体材料快速发展，不仅满足了城乡建设对墙体材料日益增长的需求，而且消纳大量固体废弃物，节约土地资源，保护生态环境。“十一五”期间，推广新型墙体材料累计消纳煤矸石、粉煤灰、尾矿等大宗固体废弃物约15亿吨，减少堆存占地、关停企业腾退、淘汰粘土砖产能合计节约土地约300万亩，为守住18亿亩耕地红线、促进循环经济发展做出了积极贡献。

循环经济

四部门发布支持循环经济发展的投融资政策措施

为促进循环经济形成较大规模，建设资源节约型和环境友好型社会，日前国家发展改革委、中国人民银行、银监会和证监会联合发布了《关于支持循环经济发展的投融资政策措施意见的通知》（以下简称通知）。通知是《循环经济促进法》实施以来国家出台的促进循环经济发展的第一个宏观政策指导文件，提出了规划、投资、产业、价格、信贷、债权融资产品、股权投资基金、创业投资、上市融资、利用国外资金等方面支持循环经济发展的具体措施。

为解决循环经济发展投入不足的问题，通知提出要充分发挥政府规划、投资、产业和价格政策对社会资金投向循环经济领域的引导作用。各地要编制“十二五”循环经济发展规划，确定发展循环经济的重点领域、重点工程和重大项目。各级政府要采用直接投资或资金补助、贷款贴息等方式加大对循环经济的重大项目和技术示范产业化项目的支持力度。国家研究完善促进循环经济发展的产业政策、相关价格和收费政策，引导消费者使用节能、节水、节材和资源循环利用产品。

针对发展循环经济面临的融资难问题，通知提出了促进循环经济发展的信贷支持措施。银行业金融机构对国家、省级循环经济示范试点园区（示范基地）、企业，要积极给予包括信用贷款在内的多元化信贷支持。要积极支持循环经济示范试点市、县、园区（示范基地）的循环经济基础设施、相关公共技术服务平台、公共网络信息服务平台的建设和运营。要积极开发与循环经济有关的信贷创新产品，拓宽抵押担保范围，创新担保方式，研究推动应收账款、收费权质押以及包括专有知识技术、许可专利及版权在内的无形资产质押等贷款业务。

为提高银行业金融机构支持循环经济发展的可操作性，通知明确了信贷支持的重点循环经济项目。包括节能、节水、节材和综合利用、清洁生产、海水淡化和“零”排放等减量化项目，废旧汽车零部件、工程机械、机床等产品的再制造和轮胎翻新等再利用项目，以及废旧物资、大宗产业废弃物、建筑废弃物、农林废弃物、城市典型废弃物、废水、污泥等资源化利用项目。

通知还提出要多渠道拓展促进循环经济发展的直接融资途径。支持国家、省级循环经济示范试点园区、企业发行企业（公司）债券、可转换债券和短期融资券、中期票据等直接融资工具。引导社会资金设立主要投资于资源循环利用企业和项目的创业投资企业。探索循环经济示范试点园区内的中小企业发行集合债券。鼓励、支持符合条件的资源循环利用企业申请境内外上市和再融资，鼓励企业将通过股市募集的资金投向循环经济项目。积极支持符合条件的循环经济项目申请使用国际金融组织贷款和外国政府贷款。

据国家发展改革委相关负责人介绍，循环经济是指在生产、流通和消费过程中进行的减量化、再利用、资源化活动的总称，是最大限度地节约资源和保护环境的经济发展模式，是实施可持续发展发展的重要内容。当前，发展循环经济已成为我国经济社会发展的一项重大战略，国家将进一步加大扶持力度，促进循环经济尽快形成较大规模。

关于组织开展循环经济教育示范基地建设的通知

发改办环资[2011]1552号

各省、自治区、直辖市及计划单列市、新疆生产建设兵团发展改革委、经贸委（经信委），教育厅（委、局），财政厅（局），旅游局：

为贯彻落实《循环经济促进法》，加强循环经济宣传、教育和科学知识普及，国家发展改革委、教育部、财政部、国家旅游局决定组织开展国家循环经济教育示范基地建设工作，现将有关事项通知如下：

一、充分认识建设循环经济教育示范基地的意义

近年来，在党中央、国务院的正确领导下，在各地各部门的共同努力下，我国循环经济发展取得积极进展。短短几年时间，循环经济从理念变为行动，在全国范围内得到迅速发展，在理论上、实践上、政策体系和制度创新上都取得了重要突破，初步形成了循环经济发展的政策环境和社会氛围，凝炼出了一批各具特色的循环经济典型和模式。但同时也应看到，我国循环经济发展还处于初级阶段，发展循环经济还没有成为社会各界的自觉行动，循环经济模式和典型还需要进一步推广。通过建设循环经济教育示范基地，加强对典型循环经济企业或园区的宣传，广泛开展循环经济教育和知识普及活动，提升全社会对发展循环经济的感性认识和参与程度，将有利于提高社会公众、特别是广大青少年学生对发展循环经济重要性、紧迫性的认识，推动相关企业了解借鉴本行业发展循环经济的有效路径，是实现循环经济形成较大规模的重要保障。

二、建设目标和主要内容

（一）建设目标

通过循环经济教育示范基地建设，搭建循环经济的宣传、交流平台和教育培训基地，推广循环经济典型模式，宣传循环经济理念，引导社会公众广泛参与循环经济发展。

（二）主要内容

“十二五”期间，在全国建设一批技术先进、管理规范、循环经济特征明显、教育示范作用强的循环经济教育示范基地。建设完善的循环经济教育和展示场地及设施，拍摄循环经济专题教育片，设置专用参观通道、安全保障设施，配备必要的交通工具和专业讲解人员。根据学生和社会公众人群的参观实践活动，设计有针对性的教育及活动形式。

三、组织实施

（一）各地组织推荐

各地循环经济发展综合管理部门、教育部门要认真总结近年来循环经济发展典型，并在征求同级财政部门、旅游部门意见的基础上，联合向国家发展改革委、教育部推荐1－2个企业（园区）。被推荐单位应满足以下条件：

1.被列为国家循环经济（含再制造）试点示范单位或国家循环经济试点省市的省级试点单位；

2 .循环经济特征明显，具有相对完整的产业链条；

3.具备一定的教育、参观和展示设施，安全保障措施，有一定的面向公众特别是中小学生的开放时间，并相对固定；

4.接近大中城市或人口密集区，交通便利，方便参观，2010年各类参观人数不少于1000人；

5.社会形象良好，5年内没有违法违规记录。

推荐材料包括以下内容：

1.推荐文件：各地循环经济综合管理部门、教育部门的联合推荐文件。

2.申报材料：开展循环经济教育示范活动的现有基础，已开展的相关工作和下一步工作计划。已经被列为国家各类校外教育基地和工业旅游示范点的企业（园

区）可以优先推荐，并附相关证明文件。

（二）联合评审

国家发展改革委、教育部会同财政部、国家旅游局等部门共同组织专家，对各地推荐材料进行初审，并指导通过初审的单位编制循环经济教育示范基地建设实施方案。实施方案最终评审通过的单位，将被国家发展改革委、教育部、财政部、国家旅游局联合确定为国家循环经济教育示范基地，并可在适当位置标注“国家循环经济教育示范基地”标志。标志式样由国家发展改革委、教育部、财政部、国家旅游局另行发布。

各地要高度重视循环经济教育示范基地建设，加强组织领导和统筹协调，认真做好推荐工作，并于2011年7月30日前将首批推荐材料报送国家发展改革委（环资司）、教育部（基础教育一司）。

国家发展改革委办公厅
教育部办公厅
财政部办公厅
国家旅游局办公室
二〇一一年六月二十九日

中日合作城市典型废弃物循环利用体系建设及示范试点项目启动仪式在京举行

发展循环经济是中国经济社会发展的一项重大战略。中国“十一五”规划纲要把发展循环经济，建设资源节约型、环境友好型社会作为“十一五”重大战略任务。国务院印发了《关于加快发展循环经济的若干意见》，提出了发展循环经济的目标、重点和政策措施。《循环经济促进法》于2009年1月1日起正式施行，这是继德国、日本之后，世界上第三部循环经济的专门法律。中国“十二五”规划纲要将“大力发展循环经济”单独列为一章，提出了“十二五”期间资源产出率提高15%的目标，并从推行循环型生产方式、健全资源循环利用回收体系、推广绿色消费模式、强化政策和技术支撑等四个方面明确了发展循环经济的任务、思路和措施。

2011年4月7日，国家发展改革委环资司与日本国际协力机构（JICA）在京举行“中日合作 城市典型废弃物循环利用体系建设及示范试点项目启动仪式”，并为“项目办公室”揭牌，标志着该项目正式启动。国家发展改革委环资司巡视员何炳光、日本驻华大使馆参赞岩本桂一、日本国际协力机构中国事务所所长中川闻夫出席会议并致辞，外交部、科技部、环境保护部、住房城乡建设部的代表出席了会议。

据悉，该项目旨在借鉴日本在城市废弃物收集、分类、高效循环利用和安全处理的先进经验，建立中国特色的安全、高效的废弃物循环利用体系。中日双方决定围绕餐厨废弃物、废旧轮胎和包装物三种最典型废弃物的资源化利用，在青岛、贵阳、西宁、嘉兴四个城市进行试点，开展相关研究，提出科学合理的利用方案、技术路线，完善政策法规，构建适合中国国情的城市典型废弃物循环利用体系。中日双方将为试点城市提供相应的支持，帮助青岛、西宁研究建立餐厨废弃物和废旧轮胎资源化利用体系，帮助嘉兴、贵阳研究制定餐厨废弃物和包装物资源化利用体系。同时，将通过举办论坛、召开研讨会、在试点城市举办培训班、组织相关人员赴日进修等方式，开展技术交流，加强人才培训，帮助试点城市提高能力建设。项目合作期为4到5年。

参加会议的还有浙江、山东、贵州、青海等地方政府循环经济发展综合管理部门的相关同志，以及中日双方的有关专家学者。中日双方有关专家和青岛、贵阳、西宁、嘉兴等市发改委相关负责同志作了发言。

日本自1979年开始的对华ODA已经基本结束，该项目是最后一批项目之一，相关各方都表示一定把这个项目做好，成为两国循环经济领域合作的典范，并努力使之成为中日友好与合作里程碑式的标志。

第六部分

利用外资和境外投资

综合论述

2010年中国对外直接投资主要特点

第一，投资流量再创新高，跃居全球第五。2010年，中国对外直接投资净额（流量）为688.1亿美元，同比增长21.7%，连续九年保持增长势头，年均增速为49.9%。其中，非金融类601.8亿美元，同比增长25.9%；金融类86.3亿美元。根据联合国贸发会议《2011年世界投资报告》，2010年中国对外直接投资占全球当年流量的5.2%，位居全球第五，首次超过日本（562.6亿美元）、英国（110.2亿美元）等传统对外投资大国。

第二，投资存量突破3000亿美元，对大洋洲、欧洲存量增幅最大。截至2010年底，中国对外直接投资累计净额（下称存量）达3172.1亿美元，位居全球第17位。亚洲、拉丁美洲是存量最为集中的地区，分别为2281.4亿美元（占总存量的71.9%）和438.8亿美元（占13.8%），大洋洲、欧洲是存量增幅最大的地区，其中，在大洋洲的直接投资存量为86.1亿美元，是2005年末的13.2倍。对发达国家(地区)的投资存量占中国对外投资存量总额的 9.4%,较上年增加2个百分点。国有企业对外投资存量所占比重下降3个百分点，降至66.2%。

第三，投资覆盖率进一步扩大，行业多元而聚集度较高。至2010年末，中国在全球178个国家（地区）共有1.6万家境外企业，投资覆盖率达到72.7%，其中对亚洲、非洲地区投资覆盖率分别达90%和85%。中国对外直接投资覆盖了国民经济所有行业类别。绝大部分投资流向商务服务、金融、批发和零售、采矿、交通运输和制造六大行业，上述行业累计投资存量2801.6亿美元，占中国对外直接投资存量总额的88.3%。

第四，并购比重超四成，再投资比重上升。2010年，中国企业以并购方式实现的直接投资297亿美元，同比增长54.7%，占流量总额的43.2%。并购领域涉及采矿、制造、电力生产和供应、专业技术服务和金融等行业。中国境外直接投资的当期利润再投资240亿美元，较上年增长48.9%，所占流量比重由上年的28.5%上升到34.9%。

第五，对主要经济体的投资增幅较大，对欧投资流量翻番。2010年，中国对欧盟直接投资为59.63亿美元，同比增长101%；对东盟44.05亿美元，同比增长63.2%；对美国13.08亿美元，同比增长44%；对俄罗斯5.68亿美元，同比增长63%；对日本3.38亿美元，同比增长302%。

第六，地方对外投资持续活跃，西部地区增幅最大。2010年，地方非金融类对外直接投资流量达到177.5亿美元，同比增长84.8%，为2005年的8.6倍，创下连续8年保持快速增长的记录。浙江、辽宁、山东名列地方非金融类对外直接投资流量前三位。2010年，西部地区非金融类对外直接投资23.8亿美元，增幅高达107.1%，中部地区14.6亿美元，同比下降7.6%，其他地区139.1亿美元，同比增长102.4%。

商务部关于外商投资管理工作有关问题的通知

中华人民共和国商务部

商资函[2011]72号

各省、自治区、直辖市、计划单列市及新疆建设兵团商务主管部门：

2010年，国务院发布了《关于第五批取消和调整行政审批项目的决定》（国发[2010]21号）和《关于进一步做好利用外资工作的若干意见》（国发[2010]9号），将部分外商投资审核管理权限下放到省级商务主管部门并取消了部分外商投资审批事项。为进一步做好有关工作，现通知如下：

一、关于取消行政审批事项的管理

（一）对于无专项规定要求的境内分公司设立和进口作为出资的设备清单，商务主管部门不再审批，外商投资企业可直接向有关部门办理手续。

（二）对于外商投资企业法定地址变更（跨审批机关管辖的除外）、名称变更和投资者名称变更，企业在办理工商注册变更登记手续后30日内，凭申请书、企业权力机构决议、合同/章程的修改协议、变更事项的证明文件、原外商投资企业批准证书及变更后的营业执照复印件等向商务主管部门备案。商务主管部门收到上述全部材料后，即为企业换发外商投资企业批准证书。

二、关于外商投资股份公司（上市公司）的管理

境内上市的外商投资股份公司批准证书应记载外国投资者及其股份，如外国投资者减持股份变动累计超过总股本的5%，需向商务主管部门申请办理批准证书变更。

三、关于外资并购的管理

交易额限额以下的外资并购事项由省级商务主管部门负责审核，但《关于外国投资者并购境内企业的规定》（商务部令2009年第6号令）规定需由商务部审批的事项，不受上述限额限制，均由商务部负责审核管理。

四、关于国家鼓励发展的外资项目确认书的办理

根据外商投资企业审批权限的调整原则，投资总额3亿美元以下鼓励类外商投资企业项目确认书由省级商务主管部门按有关法律法规办理。

各地要严格按照《商务部关于办理外商投资企业<国家鼓励发展的内外资项目确认书>有关问题的通知》（商资发[2006]第201号）及相关法律法规出具确认书。商务部将加强督导和检查，对于未按规定及时备案或违规出具确认书的部门，责令其纠正或撤销；情节严重的，暂停其确认书出具资格。

五、关于境外投资者以人民币投资问题

为审慎监管，经商人民银行和国家外汇局，如有境外投资者申请以跨境贸易结算所得人民币及境外合法所得人民币来华投资（包括新设立企业、对现有企业增资、并购境内企业及提供贷款等），省级商务主管部门应先函报商务部（外资司），待商务部（外资司）复函同意后，方可办理相关手续，并需在批件中明确出资货币形式和金额。

六、关于外商投资合伙企业境内投资

以投资为主要业务的外商投资合伙企业视同境外投资者，其境内投资应当遵守外商投资的法律、行政法规、规章。各级商务主管部门要按有关规定做好上述企业的审核管理，加强工商、外汇等部门的沟通与合作。

七、关于加强服务业领域外商投资的审核管理

各级商务主管部门要严格按照法律、法规及其他有关规定审核管理外商投资服务业审批事项。对于融资租赁、国际快递、广告、拍卖以及省、市、自治区范围内增值电信等涉及专项规定管理的行业，小额贷款、市场调查、信用评级、保安服务等敏感行业，以及创业投资、股权投资及管理等涉及大额资金流入的行业，省级商务主管部门要切实履行职能，严格审批，与同级行业主管部门密切配合，加强沟通，遇有问题及时向商务部（外资司）报告。

中华人民共和国商务部

二〇一一年二月二十五日

商务部关于跨境人民币直接投资有关问题的通知

中华人民共和国商务部

商资函[2011]第889号

各省、自治区、直辖市、计划单列市、新疆生产建设兵团及哈尔滨、长春、沈阳、济南、南京、杭州、广州、武汉、成都、西安商务主管部门，国家级经济技术开发区、边境经济合作区：

为适应新形势发展，促进投资便利化，进一步做好利用外资工作，根据外商投资法律法规等有关规定，现就跨境人民币直接投资的有关事宜通知如下：

一、本通知所称“跨境人民币直接投资”是指外国投资者以合法获得的境外人民币依法来华开展直接投资活动。

二、本通知所称境外人民币是指：

（一）外国投资者通过跨境贸易人民币结算取得的人民币，以及从中国境内依法取得并汇出境外的人民币利润和转股、减资、清算、先行回收投资所得人民币；

（二）外国投资者在境外通过合法渠道取得的人民币，包括但不限于通过境外发行人民币债券、发行人民币股票等方式取得的人民币。

三、跨境人民币直接投资及所投资外商投资企业的再投资应当符合外商投资法律法规及有关规定的要求，遵守国家外商投资产业政策、外资并购安全审查、反垄断审查的有关规定。

四、跨境人民币直接投资在中国境内不得直接或间接用于投资有价证券和金融衍生品（除本通知第十一条规定外），以及用于委托贷款。

五、各级商务主管部门按照现行外商投资审批管理规定和权限审批跨境人民币直接投资。投资者或外商投资企业除按照外商投资法律法规及有关规定提交相关文件外，还应向商务主管部门提交下列文件：

（一）人民币资金来源证明或说明文件；

（二）资金用途说明；

（三）《跨境人民币直接投资情况表》。

跨境人民币直接投资中将原出资币种由外币变更为人民币的，需同时报请商务主管部门批准，除上述材料外，还需提供董事会等企业最高权力机构的决议、修改后的合同/章程（或修改协议）。

六、地方商务主管部门应将《跨境人民币直接投资情况表》录入外商投资审批管理系统，对属于以下情形的跨境人民币直接投资，由省级商务主管部门在《跨境人民币直接投资情况表》上签章后，报商务部审核。

（一）人民币出资金额达3亿或3亿元人民币以上；

（二）融资担保、融资租赁、小额信贷、拍卖等行业；

（三）外商投资性公司、外商投资创业投资或股权投资企业；

（四）水泥、钢铁、电解铝、造船等国家宏观调控行业。

七、商务部收到省级商务主管部门报送的《跨境人民币直接投资情况表》后，在5个工作日内完成审核或提出审核意见。通过审核的，地方商务主管部门可出具批复，颁发外商投资企业批准证书。

八、各级商务主管部门在跨境人民币直接投资批复中应写明“境外人民币出资”字样、出资金额及本通知第四条要求，在外商投资企业批准证书备注栏中应加注“境外人民币出资”字样及人民币出资金额。

九、各级商务主管部门应将跨境人民币直接投资批复文件及时抄送同级人民银行、海关、税务、工商、外汇等部门。

十、跨境人民币直接投资房地产业应按照现行外商投资房地产审批、备案管理规定执行。通过备案的，将在商务部网站（www.mofcom.gov.cn外资司子站“结果公开”栏目）上予以公示，外商投资企业凭商务部网站公示信息（登录网站查看）、商务主管部门批复文件、外商投资企业批准证书按照有关管理规定办理相关手续。

十一、外国投资者使用合法获得的境外人民币参与境内上市公司定向发行、协议转让股票的，应按照《外国投资者对上市公司战略投资管理办法》的要求向商务部办理相关审批手续。

十二、外国投资者以从中国境内所投资的外商投资企业获取但未汇出境外的人民币利润以及转股、减资、清算、先行回收投资所得人民币开展直接投资的，仍按照有关规定执行。

十三、各级商务主管部门在外商投资联合年检时，对于跨境人民币直接投资的，应对照本通知第四条予以检查。

十四、台湾、香港和澳门地区的投资者开展跨境人民币直接投资的，参照本通知办理。

十五、关于跨境人民币直接投资的业务统计要求将另行通知。

十六、本通知自下发之日起实施，此前商务部关于跨境人民币直接投资的规定与本通知不符的，以本通知为准。

为推动跨境人民币直接投资规范健康发展，请各省级商务主管部门将本通知要求传达至本地区各级商务主管部门，并加强审批监管工作。在执行中如发现问题，请及时与商务部（外资司）联系，通报有关情况。

中华人民共和国商务部

二〇一一年十月十二日

关于印发《外国政府贷款项目监督检查办法》的通知

财金〔2011〕117号

国务院有关部委、有关直属机构，各省、自治区、直辖市、计划单列市财政厅（局），新疆生产建设兵团财务局，财政部驻各省、自治区、直辖市、计划单列市财政监察专员办事处，有关银行、采购公司、中央管理企业：

为了进一步贯彻实施《国际金融组织和外国政府贷款赠款管理办法》（财政部令第38号）和《外国政府贷款管理规定》（财金〔2008〕176号），规范和加强对外国政府贷款项目的监督检查，督促各有关机构严格遵守制度规定，防范和纠正违规行为，提高贷款资金的使用效益，现将我部制定的《外国政府贷款项目监督检查办法》印发你们，请遵照执行。

附件：外国政府贷款项目监督检查办法

财政部

二〇一一年九月二十六日

附件：

外国政府贷款项目监督检查办法

第一章 总 则

第一条 为了规范和加强对外国政府贷款项目和资金的监督检查，提高贷款项目的实施质量和资金的使用效益，根据《国际金融组织和外国政府贷款赠款管理办法》（财政部令第38号）、《财政检查工作办法》（财政部令第32号）及其他有关规定，制定本办法。

第二条　财政部门、转贷银行和采购公司对利用外国政府贷款资金建设项目的监督检查以及项目单位对自身贷款项目的自查，适用本办法。

第三条　监督检查工作以统筹规划、依法监督、注重预防、规范管理为原则，督促有关机构遵守贷款规章制度，防范和纠正违规操作，提高贷款资金使用的合规性和有效性。

检查结果是项目评价的重要依据，应当在有关监督检查机构之间共享。

第二章　机构职责

第四条　财政部履行下列职责：

（一）研究建立科学有效的监督检查机制，制定监督检查相关制度；

（二）组织实施对项目的监督检查；

（三）对有关机构履行监督检查职责进行督促、指导；

（四）对有关机构履行职责的情况进行检查、评价及奖惩；

（五）财政部驻各地财政监察专员办事处（以下简称专员办）对所在地区的项目进行监督检查。

第五条　省级财政部门作为本地区外国政府贷款工作的归口管理机构，履行下列职责：

（一）制定本地区的项目监督检查制度；

（二）制定年度检查计划并报财政部备案；

（三）组织实施对本地区项目的监督检查；

（四）配合有关监督检查机构对本地区项目的检查；

（五）落实或者督促有关单位落实对违规问题的处理。

第六条　按照财政部规定及委托，转贷银行履行下列职责：

（一）对项目进行贷后检查，识别、防范还款风险；

（二）监控贷款资金的运行，检查贷款资金使用的合规性；

（三）对可能存在问题的项目进行实地检查，向财政部和省级财政部门报告检查情况；

（四）配合有关监督检查机构的检查；

（五）履行财政部规定或者委托的其他监督检查职责。

第七条　按照财政部规定及委托，采购公司履行下列职责：

（一）监督项目的招标评标、合同签署、到货验收、安装调试等过程；

（二）对采购设备的到货或者运转情况进行现场核查，定期向财政部和省级财政部门报告核查情况；

（三）配合有关监督检查机构的检查；

（四）履行财政部规定或者委托的其他监督检查职责。

第八条　项目单位履行下列自查职责：

（一）完善项目的内部控制制度和监督检查制度；

（二）定期对贷款资金的使用情况和财务会计制度执行情况进行自查；

（三）配合财政部门、转贷银行和采购公司等监督检查机构对项目的检查；

（四）按照检查处理决定进行整改。

第三章　检查范围、对象和内容

第九条　监督检查的范围包括在建项目和竣工项目。基本建设项目的竣工以通过验收并提交竣工报告为准；设备采购项目的竣工以设备安装使用并入账为准。

已全部偿还贷款本息的项目，不纳入监督检查范围。

第十条　监督检查的对象包括项目单位和与项目有关的财政部门、转贷银行、采购公司、供货商等其他单位。

第十一条　监督检查包括以下内容：

（一）项目财务制度的建立和执行情况；

（二）项目的实施进度以及影响项目实施的问题；

（三）项目申报过程的合规性；

（四）项目选取采购公司和贷款招标采购的合规性；

（五）贷款资金的提取和支付情况；

（六）设备采购的到货和运营情况；

（七）贷款本金、利息和费用的偿还和支付情况；

（八）项目机构变更及实施内容调整情况；

（九）完工项目的验收交付使用情况；

（十）项目目标的实现情况；

（十一）财务会计核算的合规性；

（十二）财政部要求的其他检查内容。

第十二条　项目单位应当归档整理并妥善保管贷款项目的可行性研究报告、项目建议书、资金申请报告、转贷协议、招标文件、投标文件、评标结果、商务合同、工程进度报告、监理报告、竣工报告、提款申请、还款指令、支付指令以及贷款管理部门对项目的批复文件等档案资料。

项目档案资料的保存期限按国家有关规定执行。没有规定保存期限的，应当自项目竣工之日起至少保存10年或者至项目还本付息完毕。

第十三条 监督检查主要包括日常检查和重点检查。

第四章 日常检查

第十四条 日常检查是指在项目实施过程中，由专员办、省级财政部门、转贷银行、采购公司以及项目单位对项目实施的各个环节进行的经常性检查。

日常检查主要针对在建项目。对于竣工项目，有关监督检查机构可以根据需要进行日常检查。

第十五条 各级财政部门、转贷银行和采购公司应当按照职责分工，及时审查项目的可行性研究报告、财务报告、工程进度报告、竣工报告、招投标文件、商务合同、提款申请、支付指令等各类材料，全面掌握项目实施和资金管理情况，确保项目实施符合各项规定。

第十六条 项目单位及其他有关单位应当按照规定的时限和要求，向有关部门报送项目书面材料，并对所报材料的真实性负责。

第十七条 省级财政部门每年应当对全部在建项目进行至少1次现场核查，掌握项目实施的进度和质量，协调解决项目存在的问题，确保项目实施符合规范。

省级财政部门可以委托下级财政部门或者中介机构进行现场核查。

省级财政部门应当于每年1月底前向财政部提交上一年度的现场核查汇总报告，其中包括对每个项目的核查时间、核查人员及结论等。现场核查汇总报告应当抄送当地专员办。

第十八条 转贷银行可以结合项目的提款支付、还本付息等情况，对项目进行现场检查。

财政部其他规定对转贷银行实施现场检查有具体要求的，转贷银行应当严格执行。

第十九条 采购公司应当对贷款项目采购到货情况进行现场核查，确保采购的货物与商务合同及有关部门的批复相符。

采购公司应当于每年1月底和7月底前向财政部报送现场核查工作半年汇总报告，其中应当包括对每个项目现场核查的时间、核查人员和结论等。现场核查工作半年汇总报告应当抄报省级财政部门。

第二十条 项目单位应当按照国外贷款机构的要求和国内贷款管理的有关规定建立内部控制制度，按季度对贷款资金的使用和采购设备的运行情况进行自查，发现问题应当及时向有关部门报告。

第二十一条 国外贷款机构或者国内其他管理部门对项目实施检查时，地方财政部门应当随时掌握情况，发现问题应当及时报告上级财政部门，重大问题应当报告财政部。

第五章 重点检查

第二十二条 重点检查是指由会计、审计等方面的专业人员对项目进行的全面、深入检查。

重点检查的范围包括在建项目和竣工项目。

第二十三条 重点检查的手段包括听取汇报、查阅档案资料、审核会计账目、核查原始凭证、现场盘点清查、分析性复核、外部延伸检查等。

第二十四条 财政部根据外国政府贷款管理的需要，可以自行或者组织专员办等机构开展重点检查。

第二十五条 专员办每年应当选取部分项目进行重点检查。具体检查的时间和项目由专员办自行确定。

其中，对于在建项目，每年专员办重点检查的项目个数原则上不少于在建项目总数的30%，或者项目金额不少于在建项目总金额的40%。

第二十六条 专员办应当于每年年底前向财政部报送当年重点检查情况报告和下一年度重点检查计划。

如在检查中发现重大违规问题，专员办应当及时向财政部报告。

第二十七条 省级财政部门应当根据项目实施进度、提款报账、资金支付、还本付息等情况，每年自行选择部分项目进行重点检查。检查结果应当抄报财政部，并抄送当地专员办。

第二十八条 专员办和省级财政部门之间应当加强配合，信息共享。省级财政部门应当及时向专员办提供有关信息和材料，专员办应当将检查情况定期告知省级财政部门。

在同一年度内，省级财政部门应当主要针对专员办检查范围之外的项目进行重点检查。

第六章 检查处理

第二十九条 财政部、专员办或者省级财政部门检查发现违规问题的，应当根据有关规定进行处理。转贷银行或者采购公司检查发现违规问题的，应当向财政部报告，财政部按照规定进行处理。涉嫌犯罪的，应当移交司法机关处理。

第三十条　处理决定下达后，被检查单位应当立即整改落实，并在90日内将整改情况报告监督检查部门。

出具处理决定的部门可以对被检查单位的整改落实情况再次检查。

第三十一条　有关机构未按规定履行监督检查及材料报送等职责的，视情节轻重作如下处理：

省级财政部门未按规定履行职责的，予以通报批评、限期整改、在有关问题得到妥善处理前暂停新项目安排。

转贷银行未按规定履行职责的，予以批评、限期整改、暂停或者取消参与贷款转贷业务。

采购公司未按规定履行职责的，予以批评、暂停或者取消参与贷款采购代理业务。

项目单位未按规定履行职责的，予以批评、限期整改、暂停贷款资金的提取和支付。

第七章　附　　则

第三十二条　国务院有关部门、计划单列企业集团以及中央管理企业利用外国政府贷款项目的监督检查，参照本办法执行。

第三十三条　本办法自2012年1月1日起施行。

利用外资

2010年1－12月全国吸收外商直接投资情况

据外资快报统计，2010年1－12月，全国新批设立外商投资企业27406家，同比增长16.94%；实际使用外资金额1057.35亿美元，同比增长17.44%。

12月当月，全国新批设立外商投资企业3104家，同比增长9.49%；实际使用外资金额140.28亿美元，同比增长15.57%。

1－12月，亚洲十国/地区（香港、澳门、台湾省、日本、菲律宾、泰国、马来西亚、新加坡、印尼、韩国）对华投资新设立企业22058家，同比增长20.4%，实际投入外资金额881.79亿美元，同比增长20.55%。美国对华投资新设立企业1576家，同比下降0.76%，实际投入外资金额40.52亿美元，同比增长13.31%。欧盟二十七国对华投资新设立企业1688家，同比增长6.97%；实际投入外资金额65.89亿美元，同比增长10.71%。

1－12月，对华投资前十位国家/地区（以实际投入外资金额计）依次为：香港（674.74亿美元）、台湾省（67.01亿美元）、新加坡（56.57亿美元）、日本（42.42亿美元）、美国（40.52亿美元）、韩国（26.93亿美元）、英国（16.42亿美元）、法国（12.39亿美元）、荷兰（9.52亿美元）和德国（9.33亿美元），前十位国家/地区实际投入外资金额占全国实际使用外资金额的 90.1%。

说明：上述国家/地区对华投资数据包括这些国家/地区通过维尔京、开曼群岛、萨摩亚、毛里求斯和巴巴多斯等自由港对华进行的投资。

鼓励进口技术和产品目录（2011年版）

一、鼓励引进的先进技术

序号	技术名称
A1	煤矿开采先进的CAD三维动态设计和有限元强度分析软件
A2	渗碳淬火高精度硬齿面齿轮装置加工制造技术
A3	强力液压支架高强度钢板焊接工艺与质量检验技术
A4	重型铠装刮板输送机中部槽焊接技术
A5	采掘装备自动化技术与工况检测系统

A6	煤矿中高压大容量移动供电系统的高可靠性、自动化技术
A7	其他高效综采成套装备和煤矿快速掘进与支护设备制造技术
A8	大功率强力刨煤机刨削与传动机构设计与制造技术
A9	大规格高强度圆环链制造技术
A10	大功率连续采煤机设计与制造技术
A11	薄煤层、极薄煤层强力刨煤机开采配套装备和短壁连续采煤机成套设备制造技术
A12	千万亿次高性能计算机的设计制造技术
A13	0.18微米及以下大规模数字集成电路设计、工艺制造技术，0.8微米及以下模拟、数模集成电路设计、工艺制造技术，SoC芯片和关键IP核，新型高密度集成电路封装与测试技术，上述技术产品专用设备的设计制造技术和专用材料的生产技术
A14	TFT-LCD、PDP、OLED面板、配套材料制造技术和专用设备的设计制造技术，3D显示、激光显示制造技术和专用设备的设计制造技术
A15	便携式计算机设计制造技术
A16	高性能、大容量存储系统设计制造技术
A17	高速移动数据通信技术
A18	基于开放源码（OPEN SOURCE ）的软件技术
A19	高速立、卧式加工中心设计制造技术
A20	精密立、卧式加工中心设计制造技术
A21	立式铣车复合加工中心设计制造技术
A22	五轴联动加工中心设计制造技术
A23	精密数控车床及车削中心设计制造技术
A24	高速数控车床及车削中心卧式铣车复合加工中心设计制造技术
A25	高速、精密大型数控滚齿机设计制造技术
A26	高速、精密大型数控磨齿机设计制造技术
A27	难加工材料轴类零件超高速精密外圆磨床设计制造技术
A28	数控切点跟踪曲轴磨床设计制造技术
A29	精密、复合、数控磨床设计制造技术
A30	精密曲面成形数控磨床设计制造技术
A31	五轴联动叶片数控磨床设计制造技术
A32	纳米级精度微型数控磨床设计制造技术
A33	五轴联动高速、精密、数控工具磨床设计制造技术
A34	大型、精密、高效、数控螺纹加工设备设计制造技术
A35	高档数控珩磨机设计制造技术
A36	高速龙门五轴加工中心设计制造技术
A37	龙门铣车复合加工中心设计制造技术
A38	重型五轴龙门加工中心设计制造技术
A39	五轴联动数控落地铣镗床设计制造技术
A40	重型曲轴铣车复合加工中心设计制造技术
A41	超重型数控落地镗铣床设计制造技术
A42	大直径、超长、深孔加工的车、珩磨复合加工中心设计制造技术
A43	高速、精密主轴设计与制造技术
A44	大功率、大钮矩双摆铣头设计与制造技术
A45	高速、重载精密滚珠丝杠及直线导轨
A46	高精、高速数控转台设计与制造技术
A47	大型刀库及自动换刀装置设计与制造技术
A48	全功能数控动力刀架设计与制造技术
A49	高速防护装置设计与制造技术
A50	高速数控机床用新型数控刀具、刀柄系统、高效可转位刀具、超硬刀设计与制造技术
A51	全数字高档数控装置、全数字交流伺服电机、主轴电机及驱动装置设计与制造技术
A52	高压变频调速设备制造技术
A53	高速、高刚度大功率电主轴及驱动装置设计与制造技术
A54	大扭矩力矩电机及驱动装置设计与制造技术
A55	大推力直线电机及驱动装置设计与制造技术
A56	500千伏以上交直流绝缘套管制造技术
A57	大型高效矿山采掘关键设备的设计制造技术
A58	有利于提高矿山回采率的设备设计制造技术

A59	100马力以上大型拖拉机、甘蔗和棉花收获机械设计制造技术
A60	电子测量仪器设计及其制造技术
A61	功率型、高亮度半导体发光二极管外延片、芯片设计制造技术，关键材料和设备设计制造技术
A62	新型电力电子器件设计、制造技术
A63	电子纸、触控显示面板新型显示器件制造技术
A64	新能源及节能装备用高压电子元件设计、制造技术
A65	微型片式元件设计、制造技术
A66	汽车电子控制系统设计制造技术
A67	新能源汽车专用关键零部件设计制造技术
A68	混合动力汽车动力传动装置设计制造技术
A69	汽车底盘电子控制系统设计、生产技术（自动稳定杆系统、防抱死制动系统、车轨控制系统、电子稳定性控制系统、磁流控制悬架系统等）
A70	车身安全性设计和分析技术
A71	NVH控制关键技术（风噪测试规范和评价技术，车型风噪优化技术，风噪数据模型，底盘系统振动噪声测试规范与评价技术；传动系统匹配建模与分析技术、变速器敲击噪声测试与评价技术、传动系统匹配参数数据模型等）
A72	先进自动变速器设计制造技术（包括无级自动变速器，湿、干式双离合器自动变速器、重型车用电子机械自动变速器、六档以上AT自动变速器等）
A73	整车CAN总线技术通讯协议建立、调试、诊断技术
A74	汽车涂装机器人、车身柔性焊装线设计、制造技术
A75	先进汽车燃油系统（包括高压共轨、缸内直喷、可变进气系统、电子油门控制、稀薄燃烧、增压和中冷、断缸技术等）设计制造技术
A76	内燃机排放后处理系统制造技术
A77	高速铁路、城际铁路及城市轨道交通运输装备的设计制造技术
A78	动力推进系统，包括各类发动机、动力装备等的设计制造技术
A79	高技术、高附加值船舶和10万吨级以上船舶设计技术
A80	船舶配套设备（包括船舶动力系统、电站、甲板机械、舱室机械、船舶控制及自动化、通讯导航、仪器仪表等）设计技术
A81	海洋工程装备及配套设计制造技术
A82	游艇和配套设备设计及制造技术
A83	修船（含改装船）设计技术
A84	伸缩臂液压挖掘机设计制造技术
A85	大型挖泥船、挖泥装置设计制造技术
A86	航天和飞机研制相关设计制造技术
A87	模具混合浇注先进制造技术
A88	产业用纺织机械设计制造技术
A89	多维纺织成型技术及关键设备制造技术
A90	吸油纤维工程化关键技术和装备制造技术
A91	喷气涡流纺纱机设计制造技术
A92	高性能苎麻纺织机械设计制造技术
A93	新型传感器制造技术
A94	无线测控设备制造技术
A95	高精度流量仪表制造技术
A96	高档在线分析仪器设计制造技术
A97	在线精密测试仪器技术
A98	无损检测关键元器件制造技术
A99	幅宽6米以上，车速1200米/分钟的先进造纸机械生产技术
A100	高速精密平板切纸机设计制造技术
A101	年产15万吨以上APMP高得率制浆生产线制造技术
A102	无氯漂浆设备制造技术
A103	高效碱回收设备制造技术
A104	生产能力达60000瓶/时以上高速贴标机生产技术
A105	氢动力电池，锂离子电池高性能/低成本正负极材料、高性能隔膜材料设计制造技术
A106	定向分离与物性修饰生产技术
A107	非热杀菌生产技术
A108	多级浓缩干燥生产技术

A109	直接浸出炼锌技术
A110	单台炉直接炼铅技术（基夫塞特Kivcet炼铅技术）
A111	非高炉炼铁技术
A112	冶金矿山选矿分级设备的设计制造技术
A113	纯净钢冶炼技术
A114	高强度汽车板、高牌号取向硅钢等关键钢材品种制造技术
A115	烧结机烟气脱硫、脱氮、脱二恶英等联合脱除技术
A116	焦炉煤气深加工利用技术
A117	炉渣余热回收利用技术
A118	冶金低中温余热回收利用技术
A119	风力发电用及环保型环氧树脂生产技术。
A120	液氢产品的生产技术
A121	用于电子级产品的包装的加工设备及原材料技术
A122	T500以上碳纤维（简称CF）成套装备的设计制造技术
A123	有机硅下游深加工产品生产技术
A124	20万吨/年以上大规模甲苯硝化及二硝基甲苯加氢成套技术
A125	20万吨/年以上过氧化氢催化氧化制环氧丙烷绿色成套技术
A126	10万吨/年TDI产品生产技术，ADI生产技术
A127	异戊橡胶制造技术
A128	非光气法聚碳酸酯制造技术
A129	高吸水性纤维生产技术
A130	无线辐射测试计量技术
A131	广播数字化及数字多媒体广播技术
A132	数字电视关键技术
A133	搪塑镍合金电铸模具制造技术
A134	发电用燃气轮机设计制造技术
A135	风电用变流器设计制造技术
A136	核电设备设计制造技术
A137	核电锻件制造技术
A138	核材料及装置的设计制造技术
A139	太阳能热发电设备的设计制造技术
A140	可再生能源、氢能等新能源领域关键设备的设计制造技术
A141	煤层气（瓦斯）勘探及开发利用关键设备的设计制造技术
A142	煤炭液化、地下气化关键设备的设计制造技术
A143	煤矿地质、石油及地球物理勘探关键设备的设计制造技术
A144	烟道二氧化碳捕集、驱油、埋存一体化技术及二氧化碳开采天然气和回注技术
A145	高性能海水淡化用反渗透膜制造技术
A146	聚乳酸纤维材料（简称PLA）产业链成套装备的设计制造技术
A147	环保型新溶剂法纤维素纤维（即LYOCELL、离子液等）成套装备的设计制造技术
A148	新型聚酯PTT成套装备的设计制造技术
A149	新型聚酯PEN成套装备的设计制造技术
A150	高强高模芳纶1414（学名聚对苯二甲酰对苯二胺，简称PPTA）成套装备的设计制造技术
A151	聚酰亚胺耐高温纤维成套装备的设计制造技术
A152	聚亚酰胺（简称P84）成套装备的设计制造技术
A153	丙烷（R290）制冷空调器技术
A154	高性能纤维的产品设计和加工技术
A155	新型聚酯PBT成套装备的设计制造技术
A156	生物法多元醇成套装备的设计制造技术
A157	用于碳纤维生产的PAN基碳纤维原丝技术
A158	20万吨/年以上乙烯氧氯化法VCM工艺技术
A159	高浓度二氧化硫转化技术
A160	45万吨/年以上丙烷脱氢制丙烯成套技术
A161	50万吨/年以上丁烷分离异构成套技术
A162	保障农产品加工质量安全、提高产品市场竞争力的清洁生产和环境污染控制制造技术
A163	高效低残留农药使用技术（包括生物防治技术）
A164	农产品中有毒有害物质（包括农药、兽药、重金属、添加剂等）残留控制与检测技术
A165	农产品质量安全追溯技术

A166	农产品质量安全风险评估技术（包括模型、数据等）
A167	良好农业规范（GAP）、危害分析与关键控制技术（HACCP）、农产品良好检测实验室管理技术等
A168	动植物优良品种选育、繁育、保种和开发技术
A169	旱作节水农业、保护性耕作、生态农业建设、耕地质量建设以及新开耕地快速培肥技术
A170	动物传染性海绵状脑病快速检测技术
A171	奶牛乳房炎防控技术
A172	饲料霉变程度及霉菌毒素快速检测技术
A173	外来动物疫病监控技术
A174	苏氨酸生产技术
A175	蜜蜂抗螨育种技术
A176	马属动物传染病检疫检验技术
A177	动物疫病的新型诊断试剂、疫苗及低毒低残留新药开发技术
A178	火电厂脱硝工艺和装备技术
A179	污水再生利用膜材料生产技术
A180	城市垃圾填埋处置二次污染控制及资源利用技术
A181	建筑垃圾处理和再生利用工艺成套设备制造技术
A182	符合环保要求的废旧电池回收处理工艺与装备技术
A183	电子废弃物干式分离回收技术
A184	化学纤维的清洁生产和环境污染控制技术
A185	废旧纤维制品回收利用制造技术
A186	CRT电视机激光PF分割技术
A187	废玻璃自动分色分选技术
A188	含汞照明器具无害化回收利用技术
A189	二恶英污染防治技术
A190	废弃滤袋处理处置技术
A191	重金属污染防治技术
A192	钢铁污水深度处理和零排放技术
A193	有色金属工业废水处理循环利用系统
A194	物流高速分拣设备系统技术
A195	物流中心智能高效的自动包装技术
A196	物流行业专业电子地图开发技术
A197	垂直货物运输系统技术
A198	RFID（射频识别）技术
A199	低汞型高效照明产品制造技术
A200	高效换热器、蓄能器、冷凝器制造技术
A201	环保型废电器电子稀贵金属提纯还原技术
A202	玻璃全氧燃烧技术
A203	玻璃瓶罐轻量化生产技术
A204	耐热微晶玻璃餐具生产技术
A205	二氧化碳热泵热水器技术
A206	航空航天用高性能铝合金、钛合金制备技术
A207	高性能铟锡耙材制备技术
A208	高性能硬质合金制备技术
A209	高性能稀土材料制备技术

二、鼓励进口的重要装备

序号	商品编码	商 品 名 称
B1	845710	镗铣加工中心(含立式、卧式、立卧式)：定位精度≤0.006mm，重复定位精度<0.004mm，快移速度>40m/min，≥4轴联动，工作台≥1250mm
B2	845710	柔性加工单元：5轴联动
B3	8458110084589100	车削中心：重复定位精度高于0.004mm，主轴端径向圆跳动≤0.001mm，加工件圆度高于0.001mm
B4	8460110084602190	数控平面磨床（含成形、龙门、导轨、双端面等）：定位精度高于0.006mm（全程），重复定位精度高于0.003mm（全程），平面度高于0.002mm/1000mm，龙门宽大于3500mm

B5	84602110846021208460291084603100	数控磨床（含内圆、外圆、端面外圆、万能、无心、轴承、专用等）：定位精度高于0.006mm，重复定位精度高于0.003mm，加工件圆度高于0.0005mm，砂轮线速度高于60m/s ；刃磨：主轴转速10000r/min，重复定位精度直线轴≤0.002mm，回转轴0.002°，多轴控制五轴联动；坐标磨床：四轴四联动、七轴四联动
B6	84596110	数控龙门铣床：工作台宽度≥5000mm，重复定位精度<0.006mm/2000mm，>3轴联动
B7	84604010	金属珩磨机床
B8	84772090	异向平行双螺杆挤压成型机：螺杆直径>100mm
B9	84619090	CNC曲轴连杆颈加工机：双主轴，切削速度≥100米/分
B10	84613000	CNC曲轴车车拉床：双主轴，双刀盘，三轴连动＊2
B11	84639000	数控曲轴圆角深滚压和滚压校直机床：滚压数≥6，滚压力≥30000N
B12	84629190	计算机控制增量成型机、流动成型机
B13	84614010	数控重型滚齿机：立式：工件直径>Φ8000mm，模数m>30mm；卧式：工件直径>Φ2000mm，模数m>30mm
B14	846021108460212084602190	数控重型磨床：工件直径>1600mm,加工圆度≤0.001mm，微量进给≤0.0001mm
B15	84629110	单柱、双柱、四柱万能液压机：公称压力>4000t
B16	84569010	数控等离子切割机：板厚>40mm
B17	901600	精密运动控制相关的工艺和专用装备
B18	84795084864031	高速、高精密机械手
B19	847420	固体矿物质的破碎或磨粉机器：生产率>120m3/h
B20	84162090	使用粉状固体燃料的炉用燃烧器
B21	84119990	高炉煤气、燃气联合循环发电关键设备
B22	84171000	多膛焙烧炉（氧化钼）
B23	84629910	精锻机（钼）
B24	851484171000	金属注射成型脱脂烧结炉
B25	841790	自动剥锌机
B26	铜冶炼无种板精炼工艺及装备	
B27	845430900084543022	铜板带加工用立式连续铸造机列
B28	85141010	水平和立式展开式保护气体退火机列
B29	84306990	修井机：额定载荷>150t
B30	84742010	双齿辊破碎机：直径>1.25m
B31	84305039	牙轮钻机：钻头直径>310mm
B32	84251100	电动的滑车及提升机：起重量>10t
B33	84282000	气压升降机及输送机：起重量>5t
B34	84283910	刮板输送机：单台电机功率>1000kW
B35	84303100	全断面掘进机：刀盘直径>13m
B36	84264910	履带式起重机：起重量>300t
B37	86040012	钢轨在线打磨列车
B38	84791090	高等级公路稀浆封层机：料仓>10m3，制浆>3t
B39	84791090	沥青路面铣刨机：铣刨宽度>2.5m ，铣刨深度>3cm
B40	84201000	研光机或其他滚压机器
B41	82071990	页岩气分段压裂可钻式桥塞
B42	84798990	水平段水平井射孔设备
B43	84211990	特大容量脱硫干风机
B44	84145930	离心式风机：流量≥2900m3/min，压升≥46Kpa
B45	84212190	内循环厌氧反应器
B46	84211990	大型化和自动化碟式分离机
B47	连铸连轧铝板带生产线：混合炉（84541000）容积≥120t ；连铸连轧机（热轧）（ 84552110） 铸机板宽≥2286mm、热轧机辊宽≥2150mm ；铝合金熔体在线处理装置ALPUR TS-75（84542010） 包括在线处气装置ALPUR TS-75，处理流量≥75t/h，深床过滤器PDBF-70，处理流量≥55t/h	
B48	84798200	船用混油装置：除最高粘度≤7×10-4 sec(rwl#100度F)的动态恒压混合方式
B49	8479820090	研磨机：研磨能力>26000KG/H，进口粒度<25μm，出口粒度<16μm
B50	8504	轨道车辆用6500V及以上IGBT
B51	85048541	轨道车辆用未封装IGBT芯片

B52	85358536	轨道车辆用高速断路器
B53	85358536	轨道车辆用直流接触器
B54	90262010	轨道检查车用传感器
B55	901420	航空或航天导航仪器及装置（罗盘除外）
B56	85044099	风电用变频器
B57	8444	高强高模芳纶1414（学名聚对苯二甲酰对苯二胺，简称PPTA）成套装备（包括聚合、纺丝、后加工技术等）
B58	8444	T500及以上碳纤维（简称CF）关键装备（包括碳纤维原丝、碳化、予浸布及复合材料等）
B59	8444	聚酰亚胺耐高温纤维成套装备（包括以P84为代表品种的各类纤维）
B60	84451120	毛纤维型梳理机
B61	84452031	转杯纺纱机:纺杯最高速度＞170000r/min，具有自动生头、接头、清洁提升
B62	84452032	喷气纺纱机：纺纱速度＞300m/min
B63	84463090	特种无梭织机
B64	8447110084471200	圆织机（除四梭圆织机）
B65	84472020	无缝电脑提花横机
B66	84514000	针织连续前处理和冷轧堆染色机生产线
B67	84454010	松式筒子自动络筒机：卷绕速度≥1000m/min
B68	84490000	成匹、成形的毡呢或无纺织物制造或整理机器：10g/ m2以下的涤纶薄型分织造布生产线；200g/ m2以上的丙纶厚型非织造布生产线；宽幅高速多模头纺粘熔喷复合非织造布生产线（幅宽＞3.2m，速度≥500m/min）；超高压水刺法非织造布生产线（水压≥40Mpa）
B69	84513000	熨烫机及挤压机（包括熔压机）
B70	84391000	纸浆生产的大型机器：年产30万吨以上化学浆生产设备；年产10万吨以上化机浆生产设备
B71	84392000	浆板机：幅宽≥3500mm，工作车速≥300m/min
B72	8439200084393000	造纸机：幅宽≥5000mm，工作车速≥800m/min
B73	84392000	年产30万吨以上纸板生产机器
B74	84414000	纸浆、纸或纸板制品模制成型机器
B75	84418090	模切机：圆压平生产速度≥6000张/小时；平压平生产速度≥4500张/小时
B76	84411000	高速精密平板切纸机：幅宽1650–2800mm，最大工作车速350m/min，切纸精度±0.5mm
B77	高速精密平板切纸机横切系统：幅宽1650–2800mm，最大工作车速350m/min，最大切纸负载1000g/m2	
B78	84431100	报纸用卷筒纸胶印机印刷速度：单幅机＞65000对开张/小时，双幅机＞140000对开张/小时（印刷速度指单纸路、单幅的印刷张数），幅宽≥787mm
B79	84431100	商用卷筒纸胶印机：印刷速度单转筒＞45000对开张/小时（印刷速度指单纸路、单幅的印刷张数），幅宽≥880mm
B80	84431200844313	单张纸胶印机：对开单张纸单面多色胶印机速度＞16000张/小时，纸张尺寸≥720×1020mm；对开单张纸双面多色胶印机:速度＞13000张/小时，纸张尺寸≥720×1020mm；全张及超全张单张纸单面多色胶印机速度＞13000张/小时，纸张尺寸≥1000×1400mm；上述均为四色及四色以上
B81	844130844140844180	瓦楞板生产设备：速度＞140m/min，板宽＞2.2m，七层以上
B82	8444	氟聚合物聚合反应器及后处理关键设备、挤出加工设备（包括微米级粉碎、高效洗涤、脱水、连续干燥、挤膜、1600mm以上双向拉伸、浸渍、烘烤等）
B83	90248000	聚合物序列结构测试表征仪器
B84	84198990	20万吨/年以上乙烯氧氯化法VCM关键设备（氯化反应器、氧氯化反应器、裂解炉等）
B85	84193990	分散聚四氟乙烯连续密闭式干燥设备
B86	38011000	高温碳化炉用人造石墨板、石墨保温硬毡
B87	84248100	喷灌设备：配套电机＞45kW
B88	84335920	采棉机用采棉头
B89	90314990	二代、三代热成像仪
B90	846184638475	陶瓷金属卤化物灯生产设备
B91	力反馈器（PHANTOM）	

B92	8517	VR平台（Freeform）
B93	87059080	石油测井车：测井深度＞7000m
B94	87059080	混砂车：输砂量＞20m3/min
B95	87059080	压裂车：工作压力＞140MPA
B96	90221910	低剂量X射线安全检查设备：X射线发生器管电压＞420kV
B97	90268000	其他检测液体或气体变化量的仪器及装置：三通道以上的超声流量计与物位仪表
B98	90272020	电泳仪
B99	90278019	其他质谱仪（除BOD/COD/TOC水质多参数检测仪器）
B100	90301000	离子射线的测量或检验仪器及装置
B101	90159000	测井仪用中子发生器
B102	90158000	地震仪：25000道以上，24BIT
B103	90158000	磁力仪：测量范围25000—80000nT，测量精度±0.2nT，分辨率0.02nT，梯度范围5000nT/m，存贮数据25000个以上读数
B104	90314100	制造半导体器件时检验半导体晶片、元器件或检测光掩模及光栅用的光学仪器
B105	光刻机、刻蚀机、气相沉淀、离子注入、金属沉淀等集成电路芯片制造设备和仪器	
B106	TFT-LCD、PDP、OLED面板生产用专用设备和仪器	
B107	片式元件、新型电力电子器件、半导体照明等专用设备和仪器	
B108	9026209090272019	致密岩石渗透率测试仪器：测试精度10—3—10—9md
B109	90318020	三坐标测量机：X、Y、Z＞3000×3000×2000mm，单轴精度＜（1+L／400）μm，空间精度＜（1.2+L／300） μm，探测精度＜1μm
B110	90318090	三维扫描仪（3DSS）
B111	85142000	工业或实验用感应或介质损耗工作的炉及烘箱：炉膛容量＞100t
B112	行列式制瓶机：电子伺服驱动八组三滴料及其以上；电子伺服驱动十组双滴料及其以上；小口吹压（NNPB）设备	
B113	84741000	碎玻璃分选设备：处理能力≥12T/h；剔除物/破碎玻璃处理量≥1%；处理后碎玻璃质量要求：磁性金属杂质≤0.1%，非磁性金属杂质≤2颗/25kg，石英、陶瓷、沙子等杂质≤1颗/25kg（杂质Φ＞2.5mm的）且≤4颗/25kg（杂质Φ＞0.9mm的）
B114	84752919	玻璃热加工设备：玻璃器皿压吹生产设备（机速≥35个/分钟，16工位以上）；高脚杯挺焊接拉伸机（机速≥35个/分钟，48工位以上）；激光爆口机（机速≥35个/分钟，36工位以上）
B115	8439100084399100	大型化学机械浆：年产10万吨以上；制浆设备和高速造纸机：工作车速1000m/min以上
B116	847989908464201084659300	数控自由曲面车房设备：内渐近镜片粗、精磨机
B117	84798990	全自动镀膜设备：用于树脂镜片专用镀膜
B118	90318090	高折射的镜片材料研发、检测设备：光谱分析设备、光谱反射检测设备
B119	85433000	阴阳极制造机（大型、自动化程度高、湿法冶金电积设备）
B120	直接法长纤维增强热塑性复合材料生产线	
B121	大型摩擦密封材料关键生产设备	
B122	大型摩擦密封材料测试设备	
B123	浮法玻璃熔窑全氧燃烧装备	
B124	84186990	连续冻干设备
B125	84798940	全自动包裹、文件分拣机：速度≥2.6m/s
船舶制造用关键件		
B126	84871000	超大型螺旋桨
B127	85015300	推进电动机
B128	85372090	推进系统控制单元
B129	850213108502132085021200	主发电机组
B130	85021200	应急发电机组
B131	84148090	空压机
B132	84211990	分油机
B133	8413	机舱泵
B134	85371090	锅炉燃烧器自动控制部分
飞机制造用关键件		
B135	发动机系统	
B136	航电系统	

B137		主飞控系统
B138		电源系统
B139		起落架系统
B140		燃油系统
B141		辅助动力装置
B142		防火系统
B143		液压系统
汽车整车和关键总成设计、试验装置		
B144	90312000	汽车零部件性能试验装置（制动器系统试验台、转向器系统试验台、汽车热平衡系统匹配试验台、喷油系统综合性能试验台等）
B145	9024800090241010	汽车非金属材料性能试验装置（皮带性能试验台、燃油管、水管性能试验台等）
B146	90312000	汽车动力总成试验装置（自动变速箱试验台、发动机测试试验台等）
B147	90312000	汽车底盘系统试验装置（悬挂测试系统试验台等）
B148	90312000	汽车整车试验台（背景空气处理试验台；整车匹配、性能、排放、耐久性能试验台；整车环境模拟试验装置；道路模拟试验台等）
B149	9030899090312000	汽车主被动安全试验装置（车碰撞牵引试验装置、台车模拟试验台、运动图像采集分析系统、行人保护试验台、车载数据采集系统等）
B150	903089909031200090318090	汽车电子试验装置（EMC测试系统、整车及发动机变速箱硬件在环仿真系统、VCT标定试验台、GDI泵嘴流量特性标定试验台等）
B151	90312000	汽车动力性试验装置（混合动力试验台等）
B152	9027100090318090	汽车尾气排放测试转鼓：THC/NOx/CH4分析单元的最小量程1ppm，测试欧5/6排放法规
B153	903040903120903180	NVH分析和试验装置

三、鼓励发展的重点行业

序号	行 业 名 称
C1	电子专用设备、仪器制造项目
C2	大型、精密模具及汽车模具设计与制造项目
C3	整体煤气化燃气－蒸汽联合循环机组设备制造
C4	重大工程自动化控制系统（含集散型控制系统）和关键精密测试仪器开发及制造
C5	40万千瓦级以上燃气、蒸汽联合循环设备制造
C6	500千伏及以上超高压交、直流输变电成套设备制造
C7	清洁能源发电设备及制造（核电、太阳能、潮汐等）
C8	低温核供热堆、快中子增殖堆、聚变堆、先进研究堆、高温气冷堆
C9	100万吨/年及以上乙烯成套设备制造技术开发及应用
C10	500万吨/年及以上矿井综合采掘、装运成套设备及大型煤矿洗选机械设备制造
C11	2000万吨级/年及以上大型露天矿成套设备制造
C12	双离合器自动变速箱制造
C13	汽车重要部件的精密锻压、多工位压力成型及铸造
C14	车用柴油发动机共轨系统开发制造
C15	新能源汽车专用零部件开发及制造
C16	船用动力系统、电站、特辅机制造
C17	大型远洋渔船及海上钻井船、钻采平台等海洋工程装备设计制造
C18	大功率交流传动机车、动车组、高原机车、机车车辆救援设备制造及技术开发
C19	交流传动核心元器件制造（含IGCT、IGBT元器件）
C20	数控机床关键零部件及刀具制造
C21	三轴以上联动的高速、精密数控机床，数控系统及交流伺服装置、直线电机制造
C22	集散型（DCS）控制系统及智能化现场仪表开发及制造
C23	核分析、核探测仪器仪表制造
C24	海水淡化和海水直接利用
C25	放射性废物及其它危险废物安全处置技术及设备
C26	高效、低能耗污水处理与再生技术开发及设备制造
C27	新型电子元器件（片式元器件、频率元器件、混合集成电路、电力电子器件、光电子器件、敏感元器件及传感器、新型机电元件、高密度印刷电路板和柔性电路板等）制造

C28	大中型电子计算机及高性能微机、服务器设备制造
C29	大规模集成电路设计、制造、封装测试
C30	电子专用材料制造
C31	8英寸及以上单晶硅、多晶硅及硅片制造
C32	卫星通信系统、地球站设备制造及建设
C33	数据通信网设备制造
C34	宽带网络设备制造
C35	PDP、OLED、TFT－LCD显示器件制造
C36	航空发动机开发制造
C37	航空电子、机载设备系统开发制造
C38	航空航天用燃气轮机制造
C39	高性能核燃料元件制造项目
C40	高技术绿色电池产品制造（无汞碱锰电池、氢镍电池、锂离子电池、高容量密封型免维护铅酸蓄电池、燃料电池、锌空气电池、太阳能电池）
C41	基于物联网技术的制造企业高效、高密度智能仓储系统开发和建设项目
C42	医药生物工程新技术、新产品开发
C43	稀有、稀土金属深加工及其应用
C44	国家级工程（技术）研究中心、国家认定的企业技术中心、重点实验室、工程实验室、高新技术创业服务中心、新产品开发设计中心、科研中试基地、实验基地建设
C45	牛羊胚胎（体内）及精液工厂化生产项目

四、资源性产品、原材料

序号	商品编码	商　品　名　称
D1	26040000	镍矿砂及其精矿
D2	26100000	铬矿砂及其精矿
D3	26140000	钛矿砂及其精矿
D4	2615901026159090	铌矿砂及其精矿
D5	2615901026159090	钽矿砂及其精矿
D6	26030000	铜精矿：铜含量≥20%
D7	26070000	铅精矿：铅含量≥55%
D8	26080000	锌精矿：锌含量≥40%
D9	26050000	钴精矿：钴含量≥6%
D10	26131000	钼精矿：钼含量≥51%
D11	26171000	锑精矿：锑含量≥30%
D12	72026000	镍铁
D13	聚亚酰胺（简称P84）颗粒	
D14	28441000	天然铀

境外投资

对外投资国别产业指引

阿联酋

一、阿联酋主要产业发展目标

1.减少对石油资源的依赖，并通过增加其它部门在国民生产总值中的比重来实现经济多元化，从而在世界石油价格动荡时保护经济增长。

2.鼓励增加私营部门在经济发展中的比重，并为本国国民提供新的工作机会。

3.实现经济长期稳定的发展；实现经济多元化；吸引外国和本地的直接投资。

二、阿联酋优先发展产业领域

石油、替代能源、化工、制造业、房地产、旅游、金融、贸易、交通和物流等行业。

三、阿联酋重点发展区域及相关产业

1.阿联酋自由贸易区：制糖、陶瓷、商品批发、贸易中转、电子产品加工、纺织品和服装加工等。

2.阿联酋经济特区：可再生能源技术与产品研发和生产、清洁能源研发、生产、推广等。

阿塞拜疆

阿塞拜疆主要产业发展目标 ：

阿塞拜疆在今后10年内经济发展主要依赖于石油和天然气的开采，但阿塞拜疆陆上油气资源已经逐渐枯竭，今后主要是里海水域油气田的开发。2010年其石油产量5080万吨，天然气产量263亿立方米。如无重大发现，预计2015–2016年将会达到高峰，以后逐年递减。

1.工业

非石油领域：

（1）制定非石油区的发展方向；

（2）调整工业结构，增加投资需求；

（3）提升就业和就业收入，限制外来劳务。

石油领域：

（1）在里海水域寻找新油田；

（2）石油深加工的发展。

2.天然气

对现有天然气管道的改造，开拓和增加向欧洲国家出口天然气的途径。

3.能源

发展太阳能、风能等替代能源产业。

4.电力

（1）国内电网改造

（2）规划电力市场，对其进行资源整合；

（3）输、配电设备更新与技术改造；

（4）改造和新建电站，增加电力供应；

（5）增加对格鲁吉亚、伊朗、俄罗斯的电力出口。

5.通讯

（1）建立发达的通讯设施网；

（2）保护信息安全；

（3）实现与国际的对接。

巴基斯坦

巴基斯坦主要产业发展目标

1.农业

（1）发展农产品和主要畜牧产品深加工，满足人口增长需要；

（2）增加农产品种类，提高产品附加值；

（3）农业稳定与城市化协调发展；

（4）改进农产品流通体制；

（5）保护环境，促进农业可持续发展；

（6）加强水资源管理以及农业技术研发等农村基础设施建设。

2.工业、制造业

2009/10财年，预计制造业总投资达到14,850亿卢比，年均增长11.3%，制造业产值达18,350亿卢比，占国内生产总值的比重上升为21.9%，到2030年，制造业占国内生产总值比重达到30%。制造业中，纺织和服装制造业占24.8%，化工占23.4%，机电产业占19.6%，食品工业占10.9%。

采矿业

（1）提高煤炭在能源消费中的比重，预计到2009/10财年，煤炭在能源消费中的比重为6%，2020财年达到14%；

（2）成立合资企业，发展采矿业；

（3）完善矿区基础设施和道路管网设施；

（4）支持采矿企业完成技术升级和商业改善计划；

（5）完成14个重点地区的探矿计划。2009/10财年，采矿业国内生产总值的增长率达到6%，矿业产值占国内生产总值比重为1.81%。

3.服务业

服务业在经济中发挥更重要的作用，在国内生产总值中占更大的比重。到2009/10财年，服务业产值占国内生产总值的比重达52.48，增长率为7.9%。服务业就业人口占全国劳动力总数的44%。

国家发展改革委关于做好境外投资项目下放核准权限工作的通知

发改外资[2011]235号

各省、自治区、直辖市及计划单列市、新疆生产建设兵团发展改革委，各中央管理企业：

为适应新形势下境外投资发展的需要，经报请国务院同意，现将下放境外投资项目核准权限有关事项通知如下：

一、下放项目核准权限。地方企业实施的中方投资额3亿美元以下的资源开发类、中方投资额1亿美元以下的非资源开发类境外投资项目（特殊项目除外），由所在省、自治区、直辖市及计划单列市和新疆生产建设兵团等省级发展改革部门（以下简称“省级发展改革部门”）核准；中央管理企业实施的上述境外投资项目，由企业自主决策并报国家发展改革委备案。中方投资额3亿美元及以上的资源开发类、中方投资额1亿美元及以上的非资源开发类境外投资项目，由国家发展改革委核准。

二、有关特殊项目核准。前往未建交、受国际制裁国家，或前往发生战争、动乱等国家和地区的投资项目，以及涉及基础电信运营、跨界水资源开发利用、大规模土地开发、干线电网、新闻传媒等特殊敏感行业的境外投资项目，不分限额，由省级发展改革部门或中央管理企业初审后报国家发展改革委核准，或由国家发展改革委审核后报国务院核准。

三、坚持政企分开原则。省级发展改革部门在核准境外投资项目时，应按照《境外投资项目核准暂行管理办法》（国家发展改革委令第21号）第十八条的要求进行外部要素审查。境外投资项目的市场前景、经济效益、资金来源和产品技术方案等由企业进行自主决策、自担责任和风险。省级发展改革部门应对境外投资项目可能发生的政治、经济、法律风险进行提示。

四、建立项目登记制度。为甄别本通知第二条的境外投资项目，做好协调工作，对中方投资额3000万美元以上至3亿美元以下的资源开发类、中方投资额1000万美元以上至1亿美元以下的非资源开发类境外投资项目，省级发展改革部门在下发核准文件前，需报国家发展改革委登记，国家发展改革委将在收到核准文件的5个工作日内出具《地方重大境外投资项目核准登记单》。经登记的项目核准文件是办理相关手续和享受相关政策的依据。

五、完善备案管理办法。中央管理企业的中方投资额3000万美元以上至3亿美元以下的资源开发类、中方投资额1000万美元以上至1亿美元以下的非资源开发类境外投资项目的备案办法，参照《国家发展改革委办公厅关于境外投资项目备案证明的通知》（发改办外资[2007]1239号）执行。

六、调整信息报告范围。根据新的境外投资项目核准权限，将《国家发展改革委关于完善境外投资项目管理有关问题的通知》（发改外资[2009]1479号）规定报送的项目信息报告范围调整为中方投资额1亿美元及以上的境外收购和竞标项目。

七、赴港澳台地区投资。前往香港特别行政区、澳门特别行政区的投资项目适用本通知；前往台湾地区的投资项目，按照国家发展改革委、商务部和国台办《关于印发〈大陆企业赴台湾地区投资管理办法〉的通知》（发改外资〔2010〕2661号）执行。

各省级发展改革部门、中央管理企业应结合实际，认真做好下放境外投资项目核准权限的指导组织实施工作，进一步完善境外投资项目管理办法，建立健全境外投资项目协调机制和责任追究制度，加强对各类投资主体特别是对设在境外企业开展境外投资合作的管理，促进境外投资健康发展。各省级发展改革部门应按照政企分开的原则，积极鼓励有条件的企业开展境外投资合作，落实企业投资决策自主权，避免不同行业、地区企业的恶性竞争，切实防范投资风险。

2010年我国派出各类劳务人员按省市区排名

单位：人

序号	省市区名称	派出人数	年末在外人数
1	山东省	47300	101913
	其中：青岛市	6393	15559
2	江苏省	34576	96336
3	河南省	32435	56291
4	广东省	24788	38455
	其中：深圳市	0	135
5	湖北省	22372	29478
6	福建省	19182	24240
	其中：厦门市	5803	7394
7	辽宁省	18291	41448
	其中：大连市	11784	19620
8	吉林省	15972	66566
9	上海市	15910	26847
10	浙江省	13446	26261
	其中：宁波市	1664	4257
11	安徽省	12631	20236
12	北京市	11770	22499
13	云南省	11275	17189
14	湖南省	9727	20370

15	河北省	8761	13324
16	陕西省	7638	8553
17	天津市	7066	12683
18	四川省	5876	21983
19	新疆维吾尔自治区	5122	3077
20	广西壮族自治区	4723	5958
21	江西省	4694	14615
22	新疆生产建设兵团	3813	4665
23	黑龙江省	3166	12885
24	重庆市	1790	4066
25	山西省	1224	6147
26	贵州省	977	1789
27	内蒙古自治区	931	4706
28	甘肃省	922	911
29	宁夏回族自治区	453	692
30	青海省	57	51
31	海南省	0	2

注：表中未列省区暂无此项业务。

2010年我国非金融类对外直接投资按省市区排名

单位:万美元

序号	省市区名称	当年直接投资流量
	地方合计	1632026
1		
	浙江省	262139
	其中:宁波市	52351
2		
	辽宁省	177429
	其中:大连市	135058
3		
	山东省	158750
	其中:青岛市	51674
4	上海市	155811
5	江苏省	120105
6		
	广东省	119577
	其中:深圳市	46009
7	安徽省	80967
8	北京市	69383
9		
	福建省	47681
	其中:厦门市	21016
10	云南省	47406
11	河北省	42712
12	重庆市	39882
13	四川省	34351
14	湖南省	31135
15	天津市	30925

16	新疆维吾尔自治区	30664
17	陕西省	28920
18	海南省	22477
19	江西省	21280
20	吉林省	18041
21	黑龙江省	17314
22	广西壮族自治区	17249
23	河南省	15618
24	湖北省	13832
25	甘肃省	10132
26	新疆生产建设兵团	6682
27	内蒙古自治区	3973
28	山西省	3863
29	宁夏回族自治区	3080
30	贵州省	510
31	青海省	110
32	西藏自治区	29

注：表中未列省区暂无对外直接投资业务

据商务部统计，2010年我国境内投资者共对全球129个国家和地区的3125家境外企业进行了直接投资，累计实现非金融类对外直接投资(下同)590亿美元，同比增长36.3%。

对外合作

2010年我国对外劳务合作业务简明统计

2010年，我国对外劳务合作完成营业额89亿美元，与上年持平；新签合同额87.2亿美元，同比增长16.8%。全年累计派出各类劳务人员41.1万人，同比增长4%，年末在外各类劳务人员84.7万人，较上年同期增加6.9万人。

截至2010年底，我国对外劳务合作累计完成营业额736亿美元，签订合同额760亿美元，累计派出各类劳务人员543万人。

2010年我国对外承包工程业务新签合同额前50家企业

序号	企 业 名 称	新签合同额
1	华为技术有限公司	830,604
2	中国水利水电建设集团公司	669,127
3	中国建筑工程总公司	526,094
4	中国中铁股份有限公司	480,000
5	中国土木工程集团公司	465,370
6	中国葛洲坝集团股份有限公司	456,834
7	中工国际工程股份有限公司	404,451
8	山东电力建设第三工程公司	404,400
9	中国电工设备总公司	348,472
10	上海电气集团股份有限公司	344,374
11	中国石油集团川庆钻探工程有限公司	328,802
12	中国港湾工程有限责任公司	306,155
13	中国机械设备进出口总公司	280,308
14	山东电力基本建设总公司	263,744
15	中铁国际经济合作有限公司	213,243
16	中国石油工程建设(集团)公司	186,592
17	中国石化集团国际石油工程有限公司	175,095
18	中信建设有限责任公司	171,370
19	上海贝尔股份有限公司	166,363
20	中国石化集团炼化工程有限公司	157,282
21	上海建工(集团)总公司	155,629
22	上海振华重工（集团）股份有限公司	155,030
23	中国水利电力对外公司	152,008
24	中国石油天然气管道局	132,450
25	中国冶金科工集团有限公司	131,427
26	中石油集团长城钻探工程有限公司	129,813
27	中国铁建股份有限公司	127,000
28	长江岩土工程总公司（武汉）	124,271

29	中国重型机械总公司	117,452
30	中国路桥工程有限责任公司	110,713
31	中国海外工程有限责任公司	110,545
32	中国技术进出口总公司	109,863
33	国家电网公司	98,900
34	中地海外建设集团有限公司	96,932
35	中国机械进出口（集团）有限公司	96,640
36	安徽省外经建设（集团）有限公司	95,072
37	中兴通讯股份有限公司	93,697
38	东方地球物理勘探有限责任公司	91,955
39	东方电气股份有限公司	87,500
40	中冶成工上海五冶建设有限公司	73,565
41	沈阳远大铝业工程有限公司	71,969
42	中国华电工程（集团）有限公司	66,797
43	中国电力投资集团公司	60,296
44	中国中材国际工程股份有限公司	59,840
45	中国石化集团胜利石油管理局	51,606
46	中国石化集团中原石油勘探局	49,216
47	中国江西国际经济技术合作公司	49,186
48	中国万宝工程公司	48,683
49	中铝国际工程有限责任公司	47,355
50	中国河南国际合作集团有限公司	46,244

2010年我国对外承包工程业务完成营业额前50家企业

单位：万美元

序号	企 业 名 称	完成营业额
1	华为技术有限公司	692,316
2	中国建筑工程总公司	487,172
3	中国水利水电建设集团公司	401,685
4	中国石油工程建设(集团)公司	329,606
5	中信建设有限责任公司	325,287
6	中国电工设备总公司	215,421
7	中国港湾工程有限责任公司	210,020
8	上海振华重工（集团）股份有限公司	161,561
9	上海建工(集团)总公司	161,179
10	山东电力建设第三工程公司	157,988
11	中国机械设备进出口总公司	149,722
12	中国中铁股份有限公司	123,051
13	中国葛洲坝集团股份有限公司	120,410
14	上海贝尔股份有限公司	118,919
15	中国路桥工程有限责任公司	117,860
16	中石油集团长城钻探工程有限公司	117,354
17	东方地球物理勘探有限责任公司	107,494
18	上海电气集团股份有限公司	104,234
19	国家电网公司	103,500
20	中国石化工程建设公司	101,809
21	中国土木工程集团公司	98,686
22	哈尔滨电站工程有限责任公司	88,609
23	中兴通讯股份有限公司	82,040
24	中国中材国际工程股份有限公司	81,580
25	中国石油天然气管道局	78,691
26	山东电力基本建设总公司	74,406
27	东方电气股份有限公司	71,681
28	中铁十八局集团有限公司	71,378
29	中地海外建设集团有限公司	65,039

30	中国石油集团川庆钻探工程有限公司	61,600
31	中国水利电力对外公司	61,026
32	中铁四局集团有限公司	60,356
33	中国石化集团中原石油勘探局	60,042
34	中国海外工程有限责任公司	59,275
35	北京建工集团有限责任公司	58,347
36	天津水泥工业设计研究院有限公司	55,658
37	中国地质工程集团公司	55,477
38	青建集团股份公司	54,515
39	中工国际工程股份有限公司	50,626
40	中材建设有限公司	42,461
41	中国江苏国际经济技术合作公司	42,268
42	中国大连国际经济技术合作集团有限公司	41,472
43	中国十五冶金建设有限公司	37,996
44	中国技术进出口总公司	37,077
45	中铁十二局集团有限公司	34,643
46	安徽省外经建设（集团）有限公司	34,234
47	中国河南国际合作集团有限公司	34,231
48	中国石油天然气管道工程有限公司	33,823
49	中国寰球工程公司	32,242
50	中国机械进出口（集团）有限公司	31,329

据商务部统计，2010年，我国对外承包工程业务完成营业额922亿美元，同比增长18.7%；新签合同额1344亿美元，同比增长6.5%。

截至2010年底，我国对外承包工程累计完成营业额4356亿美元，签订合同额6994亿美元。

对外贸易

2010年中国对外贸易

中华人民共和国国务院新闻办公室（2011年12月）

前 言

和平、发展、合作是当今世界潮流。改革开放以来，中国顺应经济全球化趋势，不断扩大对外开放，在平等互利的基础上积极同世界各国开展经贸合作。经过多年发展，对外贸易成为中国经济最为活跃、增长最快的部分之一，中国也成为跻身世界前列的贸易大国。中国对外贸易的发展，将中国与世界更加紧密地联系起来，有力推动了中国的现代化建设，也促进了世界的繁荣与进步。

2001年中国加入世界贸易组织。10年来，中国经济融入全球经济的进程加快，中国对外贸易的活力进一步增强。在中国加入世界贸易组织10周年之际，中国政府发表白皮书，对中国的对外贸易情况作一系统介绍。

一、中国对外贸易的历史性进步

1949年中华人民共和国成立以后，坚持独立自主、自力更生，逐步开展对外经济贸易交流，但受到当时国际政治环境和国内计划经济体制等因素制约，对外贸易发展相对缓慢。

1978年，中国进入改革开放的新时期。大力发展对外贸易，成为中国加快现代化建设、改变落后面貌、促进经济发展和提高综合国力的重要途径。30多年来，中国利用世界经济较长时期繁荣、经济全球化深入发展的机遇，扩大对外开放，吸引利用外商投资，引进先进技术，改造提升国内产业，在全面参与国际分工和竞争中，实现了对外贸易的跨越式发展。

——货物贸易总量跻身世界前列。1978年，中国货物进出口总额只有206亿美元，在世界货物贸易中排名第32位，所占比重不足1%。2010年，中国货物进出口总额达到29740亿美元，比1978年增长了143倍，年均增长16.8%。其中，出口总额15778亿美元，年均增长17.2%；进口总额13962亿美元，年均增长16.4%。中国出口总额和进口总额占世界货物出口和进口的比重分别提高到10.4%和9.1%，连续两年成为世界货物贸易第一出口大国和第二进口大国。

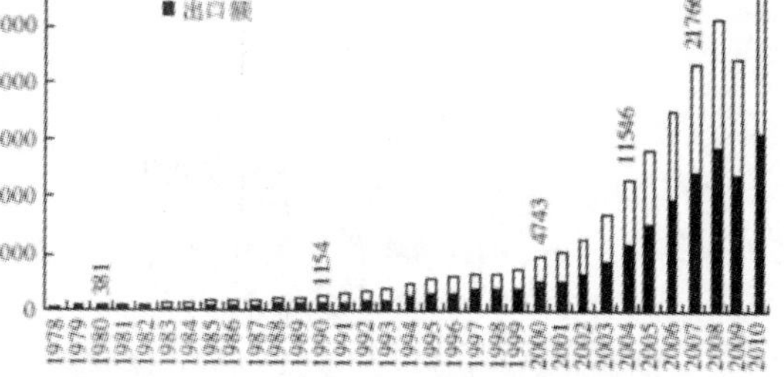

数据来源：中国海关统计

图1 1978—2010年中国货物进出口情况

——货物贸易结构发生了根本性变化。中国出口商品结构在20世纪80年代实现了由初级产品为主向工业制成品为主的转变，到90年代实现了由轻纺产品为主向机电产品为主的转变，进入新世纪以来，以电子和信息技术为代表的高新技术产品出口比重不断扩大。外贸经营主体除了国有企业外，还包括外商投资企业、民营企业等，后二者的进出口总额目前均已超过国有企业。20世纪80年代至本世纪初，中国加工贸易蓬勃发展，成为外贸的半壁江山。在中国外贸发展中，外商投资企业和加工贸易发挥了十分重要的作用。

表1 1980—2010年中国出口商品结构

	1980年		1990年		2000年		2010年	
	金额（亿美元）	比重（%）	金额（亿美元）	比重（%）	金额（亿美元）	比重（%）	金额（亿美元）	比重（%）
出口商品总额	181.2	100.0	620.9	100.0	2492.1	100.0	15777.5	100.0
初级产品	91.1	50.3	158.9	25.6	254.6	10.2	817.2	5.2
工业制成品	90.1	49.7	461.8	74.4	2237.5	89.8	14962.2	94.8
化学品及有关产品	11.2	6.2	37.3	6.0	121.0	4.9	875.9	5.6
按原料分类制成品	40.0	22.1	125.8	20.3	425.5	17.1	2491.5	15.8
机械及运输设备	8.4	4.7	55.9	9.0	826.0	33.1	7803.3	49.5
杂项制品	28.4	15.7	126.9	20.4	862.8	34.6	3776.8	23.9
未分类的其他商品	2.1	1.2	116.3	18.7	2.2	0.1	14.7	0.1
机电产品*	13.9	7.7	110.9	17.9	1053.1	42.3	9334.3	59.2
高新技术产品*	—	—	—	—	370.4	14.9	4924.1	31.2

*注：机电产品和高新技术产品中包含部分相互重叠的商品。

数据来源：中国海关统计

——形成全方位和多元化进出口市场格局。改革开放后，中国全方位发展对外贸易，与世界上绝大多数国家和地区建立了贸易关系。贸易伙伴已经由1978年的几十个国家和地区发展到目前的231个国家和地区。欧盟、美国、东盟、日本、金砖国家等成为中国主要贸易伙伴。新世纪以来，中国与新兴市场和发展中国家的贸易持续较快增长。2005年至2010年，中国与东盟货物贸易占中国货物贸易比重由9.2%提高到9.8%，与其他金砖国家货物贸易所占比重由4.9%提高到6.9%，与拉丁美洲和非洲货物贸易所占比重分别由3.5%和2.8%提高到6.2%和4.3%。

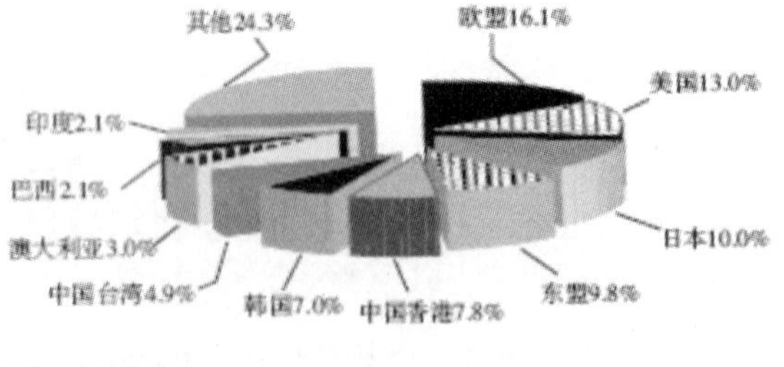

数据来源：中国海关统计

图2 2010年中国前十大货物贸易伙伴货物贸易比重

——服务贸易的国际竞争力不断增强。加入世界贸易组织后，中国服务贸易进入新的发展阶段，规模迅速扩大，结构逐步优化，排名也进入世界前列。旅游、运输等领域的服务贸易增势平稳，建筑、通讯、保险、金融、计算机和信息服务、专有权利使用费和特许费、咨询等领域的跨境服务以及承接服务外包快速增长。2001年至2010年，中国服务贸易总额（不含政府服务）从719亿美元增加到3624亿美元，增长了4倍多。中国服务贸易出口在世界服务贸易出口中的比重从2.4%提高到4.6%，2010年达1702亿美元，从世界第12位上升到第4位；服务贸易进口比重从2.6%提高到5.5%，2010年达1922亿美元，从世界第10位上升到第3位。

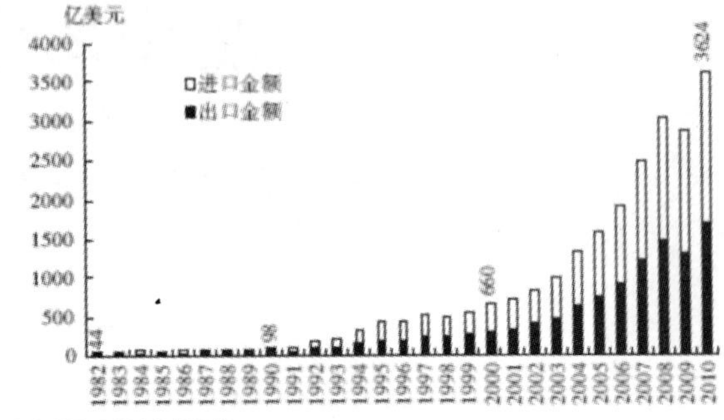

数据来源：中国商务部统计

图3 1982—2010年中国服务贸易进出口情况

对外贸易发展有力推动了中国的现代化建设，中国成长为一个开放的经济体。参与国际分工与竞争，引进先进技术、设备和管理，利用外商直接投资，极大促进了中国技术进步和产业升级，提高了企业管理水平和市场竞争力。加工贸易迅速发展壮大使中国劳动力充裕的比较优势得以发挥，加快了中国的工业化和城镇化进程。对外贸易直接带动就业人口超过8000万，其中60%以上来自农村，就业者的收入和生活得到显著改善。对外贸易与国内投资、消费一起，成为中国经济增长的三大引擎。

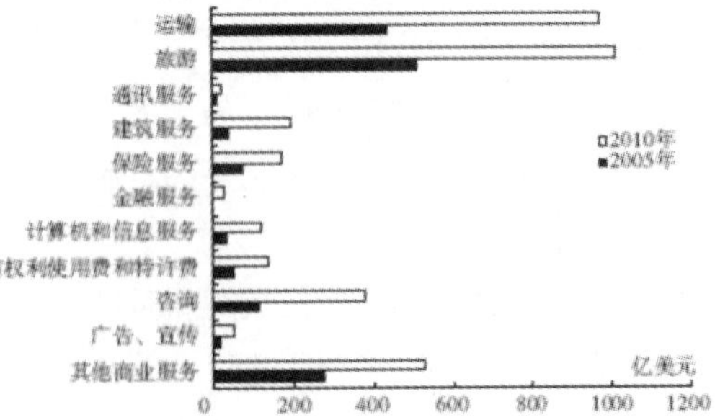

数据来源：中国商务部统计

图4 2005—2010年中国主要服务项目进出口总额增长情况

中国对外贸易的历史性进步是与国际国内形势的

发展变化紧密联系在一起的。20世纪80年代前后，和平与发展成为时代主题。随着经济全球化不断推进，资金、技术、产品、市场、资源、劳动力等要素在世界范围内的流动和配置更加活跃。以信息、通讯为主导的科学技术进步使生产效率得到极大的提高，国际产业转移不断深化和发展。经济全球化、科学技术进步、国际产业转移和各国之间加强合作等为中国融入世界经济提供了历史性机遇。中国政府顺应时代潮流，以经济建设为中心，实行改革开放，发展与世界各国的经济技术合作，积极合理有效利用外资，充分发挥比较优势，促进了国际产业链分工的深化，为对外贸易发展创造了有利条件。在这个进程中，外国企业尤其是发达国家的跨国公司在中国获得大量投资机会，其拥有的资本、技术、管理经验和销售渠道等要素实现增值，分享了中国经济高速增长的成果。中国对外贸易的发展得益于改革开放，得益于经济全球化，得益于坚持走互利合作共赢道路。中国的发展离不开世界，世界的繁荣稳定也离不开中国。

中国仍然是一个发展中国家。与世界贸易强国相比，中国出口产业仍处于全球产业链的低端，资源、能源等要素投入和环境成本还比较高，企业国际竞争力、一些行业的抗风险能力相对较弱等。实现由贸易大国向贸易强国的转变，将是一个较为长期的进程，还需要付出艰苦努力。

二、中国外贸体制的改革与完善

改革开放前，中国对外贸易实行指令性计划管理和国家统负盈亏。改革开放以来，中国外贸体制经历了由指令性计划管理到发挥市场机制的基础性作用、由经营权高度垄断到全面放开、由企业吃国家“大锅饭”到自主经营和自负盈亏的转变。在中国争取恢复关税与贸易总协定缔约方地位和加入世界贸易组织的谈判过程中，在中国加入世界贸易组织后，中国的外贸体制逐步与国际贸易规则接轨，建立起统一、开放、符合多边贸易规则的对外贸易制度。

改革开放初期，中国外贸体制改革主要是改革单一计划管理体制，下放外贸管理权和经营权，实行外汇留成制度并建立外汇调剂市场。吸收外商直接投资，使外商投资企业作为新的经营主体进入外贸领域，打破了国有外贸企业的垄断。此后，中国推行了外贸经营承包制，用指导性计划逐步取代指令性计划。按照国际贸易通行规则，建立了出口退税制度。1992年10月，中国明确提出建立社会主义市场经济体制的改革目标。根据这一目标，对财政、税收、金融、外贸和外汇体制进行了全面改革。1994年1月，中国政府取消对出口的所有财政补贴，进出口企业转变为完全自负盈亏。人民币官方汇率与市场调剂汇率并轨，实行以市场供求为基础、单一的、有管理的浮动汇率制度。外贸经营领域进行了企业股份化和进出口代理制试点。同年，《中华人民共和国对外贸易法》正式颁布实施，确立了维护公平、自由的对外贸易秩序等原则，奠定了对外贸易的基本法律制度。1996年12月，中国实现了人民币经常项目下可兑换。与此同时，中国多次大幅度自主降低关税，减少配额和许可证等非关税措施。这些改革使中国初步建立起以市场经济为基础，充分发挥汇率、税收、关税、金融等经济杠杆作用的外贸管理体制和调控体系。

2001年12月11日，历经16年谈判，中国成为世界贸易组织第143个成员。根据加入世界贸易组织的承诺，中国扩大了在工业、农业、服务业等领域的对外开放，加快推进贸易自由化和贸易投资便利化。在履行承诺过程中，中国深化外贸体制改革，完善外贸法律法规体系，减少贸易壁垒和行政干预，理顺政府在外贸管理中的职责，促进政府行为更加公开、公正和透明，推动开放型经济进入一个新的发展阶段。

——加快对外经济贸易法制化建设。加入世界贸易组织后，中国集中清理了2300多部法律法规和部门规章。对其中不符合世界贸易组织规则和中国加入世界贸易组织承诺的，分别予以废止或修订。新修订的法律法规减少和规范了行政许可程序，建立健全了贸易促进、贸易救济法律体系。根据世界贸易组织《与贸易有关的知识产权协议》，中国对与知识产权相关的法律法规和司法解释进行了修改，基本形成了体系完整、符合中国国情、与国际惯例接轨的保护知识产权法律法规体系。

——进一步降低关税，削减非关税措施。在加入世界贸易组织过渡期，中国进口商品关税总水平从2001年的15.3%逐步降低到2005年的9.9%。到2005年1月，中国绝大多数关税削减承诺执行完毕。根据承诺，中国自2005年1月起全部取消对424个税号产品的进口配额、进口许可证和特定招标等非关税措施，仅仅保留了依据国际公约以及在世界贸易组织规则下为保证生命安全、保护环境实施进口管制产品的许可证管理。2010年，中国关税总水平已经降至9.8%，其中农产品平均税率降至15.2%，工业品平均税率降至8.9%。关税约束率自2005年起一直维持在100%。

——全面放开外贸经营权。根据2004年新修订的

《中华人民共和国对外贸易法》，自2004年7月起，中国政府对企业的外贸经营权由审批制改为备案登记制，所有对外贸易经营者均可以依法从事对外贸易。取消外贸经营权审批促进了国有企业、外商投资企业和民营企业多元化外贸经营格局的形成。在国有企业和外商投资企业进出口持续增长的同时，民营企业对外贸易发展迅速，进出口市场份额持续扩大，成为对外贸易的重要经营主体。2010年，国有企业、外商投资企业和民营企业进出口分别占中国进出口总额的20.9%、53.8%和25.3%。

——进一步扩大服务市场开放。中国认真履行加入世界贸易组织的承诺，为境外服务商提供了包括金融、电信、建筑、分销、物流、旅游、教育等在内的广泛的市场准入机会。在世界贸易组织服务贸易分类的160个分部门中，中国开放了100个，开放范围已经接近发达国家的平均水平。2010年，中国服务业新设立外商投资企业13905家，实际利用外资487亿美元，占全国非金融领域新设立外商投资企业和实际利用外资的比重分别为50.7%和46.1%。

——营造更为公平的市场竞争环境。中国通过建立、完善公平贸易法律制度和执法、监督机制，遏制与打击对外贸易经营中的侵权、倾销、走私、扰乱市场秩序等不公平贸易行为，努力为境内外企业提供一个宽松、公平、稳定的市场环境。中国政府依据国内法律和国际贸易规则，加强预警监测，同时利用贸易救济和反垄断调查等措施，对贸易伙伴的不公平贸易行为予以纠正，维护国内产业和企业的合法权益。在应对国际金融危机过程中，中国与国际社会一起坚决反对任何形式的贸易保护主义，严格遵守世界贸易组织相关规定，在实施经济刺激计划时平等地对待境内外产品，促进了境内外企业的公平竞争。

截至2010年，中国加入世界贸易组织的所有承诺全部履行完毕。中国认真履行承诺的实际行动得到世界贸易组织大多数成员的肯定。2006年、2008年和2010年，中国政府接受了世界贸易组织的三次贸易政策审议。世界贸易组织所倡导的非歧视、透明度、公平竞争等基本原则已经融入中国的法律法规和有关制度。市场意识、开放意识、公平竞争意识、法治精神和知识产权观念等在中国更加深入人心，推动了中国经济进一步开放和市场经济体制进一步完善。

三、中国外贸发展对世界的贡献

中国对外贸易的发展不仅推动了中国经济的现代化和综合国力的提升，提高了13亿多中国人民的生活水平，也使中国经济成为世界经济一部分，促进了经济全球化向有利于世界各国和地区共同繁荣的方向发展。

改革开放和积极参与经济全球化，使中国成为世界上增长最快的经济体之一。最近10多年来，中国与其他新兴经济体一起，成为推动世界经济增长日益重要的力量。根据世界银行的数据，2010年中国国内生产总值比2001年增长4.6万亿美元，占同期世界经济总值增量的14.7%。中国国内生产总值占世界经济总值的比重增加至9.3%。世界贸易组织的数据显示，2000年至2009年，中国出口量和进口量年均增长速度分别为17%和15%，远远高于同期世界贸易总量3%的年均增长速度。

中国对外贸易在国际金融危机中率先趋稳，促进了全球经济复苏。2008年国际金融危机爆发以后，中国政府及时采取一系列政策措施刺激经济，扩大内需，稳定进出口规模。2009年，世界货物贸易进口量下降12.8%，中国进口量增长2.9%，是世界主要经济体中唯一保持增长的国家。中国因素支撑了许多受危机冲击国家的出口，刺激了全球大宗商品市场需求，提振了人们的信心，对世界经济复苏和增长起到巨大拉动作用。世界贸易组织在对中国进行第三次贸易政策审议时指出，应对金融危机期间，中国在刺激全球需求方面发挥了建设性作用，为世界经济稳定作出了重要贡献。

中国对外贸易的发展提高了中国与贸易伙伴的国民福利。随着加速融入世界分工体系，中国依靠劳动力成本优势、较强的产业配套和加工制造能力、不断提高的劳动生产率，逐渐发展成为世界工业品的主要生产国和出口国，为世界各国和地区提供了物美价廉的商品，满足了国际市场多种多样的需求。中国在全球制造业环节的规模经济优势和加工成本优势，部分地消化了上游生产要素的价格上涨，起到了抑制全球通货膨胀、提高贸易伙伴消费者实际购买力的作用。

中国对外贸易的发展为贸易伙伴提供了广阔市场。2001年以来，中国货物进口总额扩大了约5倍，年均增长约20%，中国迅速扩张的进口已成为世界经济增长的重要推动力，为贸易伙伴扩大出口创造了巨大市场空间。目前中国已经是日本、韩国、澳大利亚、东盟、巴西、南非等国家第一大出口市场，是欧盟的第二大出口市场，是美国和印度的第三大出口市场。中国工业化、城镇化正在快速推进，内需持续增长，不断扩大和开放的市场将为贸易伙伴提供越来越多的发展机会。

中国是对最不发达国家开放市场程度最大的发展中

国家之一。截至2010年7月，中国已经对36个已建交最不发达国家原产的4700多个税目商品实施进口零关税，约占全部税则税目的60%。中国已承诺将继续扩大对已建交最不发达国家的给惠范围，使实施零关税商品达到全部税则税目的97%。零关税措施促进了最不发达国家对中国的出口。自2008年以来，中国一直是最不发达国家第一大出口市场。2010年，中国自最不发达国家的货物进口总额比上年增长58%，约占这些国家出口总额的四分之一。

中国全面参与并推动了全球经济治理机制的改革。中国政府积极倡导以“均衡、普惠、共赢”作为多边贸易体制改革的目标，努力推动建立公平、公正的国际经济贸易新秩序。作为迅速成长的发展中大国，中国积极参与了二十国集团领导人峰会、金砖国家领导人会晤、多哈回合谈判等国际对话和合作机制，努力承担与自身发展水平及国力相适应的国际责任。中国不断加强与新兴国家在经济、金融、贸易和投资等领域的合作，促进国际经济秩序朝着公正、合理、共赢的方向发展。

中国严格履行有关出口管制的国际义务。中国一贯主张全面禁止和彻底销毁一切大规模杀伤性武器，坚决反对此类武器及其运载工具的扩散。中国有关法律明确规定对裂变、聚变物质或者衍生此类物质的货物、技术进出口，以及与武器、弹药或者其他军用物资有关的进出口采取必要的限制措施。中国认真遵守有关出口管制的国际公约，履行防扩散承诺，为国际和平与地区稳定作出了积极努力。近年来，中国政府广泛采纳国际通行规范和做法，形成了一整套涵盖核、生物、化学和导弹等敏感物项和技术的完备的出口管制体系，为更好地实现防扩散目标提供了法律依据和制度保障。

四、促进对外贸易基本平衡增长

一个国家对外贸易是顺差还是逆差，主要由其经济结构以及产品或服务的国际竞争力决定。中国并不刻意追求对外贸易的顺差。中国服务贸易长期以来一直存在一定逆差。中国货物贸易在1990年以前多数年份都是逆差。1990年以后，随着大规模承接国际产业转移，工业制成品竞争力增强，出口增长速度超过进口，中国的货物贸易由总体逆差转变为总体顺差。2005年中国货物贸易顺差首次突破1000亿美元，并持续4年大幅攀升。2008年中国货物贸易顺差达到2981亿美元历史高点，此后逐渐收窄。2009年和2010年，中国货物贸易顺差分别为1957亿美元和1816亿美元，比上年分别下降34.4%和7.2%。2010年，中国货物贸易顺差占进出口总额的6.1%，占国内生产总值的3.1%。在全球贸易差额（顺差或逆差）最大的9个国家中，中国的这两个比值并不处在偏高水平。

中国的货物贸易顺差反映了现阶段中国的国际分工地位。中国目前在工业制成品加工组装环节具有较大优势，是最大的工业品生产国和出口国。美国、欧盟等是最主要的终端消费市场。由于大量劳动密集型加工组装环节由日本、韩国、新加坡、中国台湾、中国香港等转移到中国，这些国家和地区原来对美、欧的顺差也转移到中国。其结果是，目前中国货物贸易顺差主要存在于中美贸易、中欧贸易之间，而中国与日本、韩国、东盟等工业中间品主要生产国则长期存在贸易逆差。2010年，中国对美国、欧盟的货物贸易顺差分别为1813亿美元和1428亿美元，对日本、韩国及东盟的货物贸易逆差共计1416亿美元；中国大陆对台湾地区货物贸易逆差860亿美元。中国生产和出口工业制成品需要大量进口初级产品，因此与一些初级产品出口国的货物贸易呈现逆差。正是现阶段中国制造业和服务业参与国际分工的水平和地位不同，所以中国货物贸易存在着大量顺差，而服务贸易则长期逆差。

表2 2010年货物贸易差额最大的9个国家比较

（单位：亿美元）

国家	出口额	进口额	贸易差额	贸易差额/贸易总额	国内生产总值	贸易差额/GDP
美国	12781	19681	-6900	-21.3%	145824	-4.7%
德国	12688	10671	2017	8.6%	33097	6.1%
中国	15778	13962	1816	6.1%	59266	3.1%
英国	4047	5575	-1528	-15.9%	22461	-6.8%
俄罗斯	4000	2484	1516	23.4%	14798	10.2%
印度	2162	3227	-1065	-19.8%	17290	-6.2%
法国	5205	6059	-854	-7.6%	25600	-3.3%
日本	7698	6926	772	5.3%	54978	1.4%
西班牙	2445	3122	-677	-12.2%	14074	-4.8%

数据来源：进出口数据来自世界贸易组织，国内生产总值数据来自世界银行

中国的货物贸易顺差主要来源于外商投资企业和加工贸易。在经济全球化不断深化过程中，由于分工的细化和规模经济的要求，越来越多的国际贸易由跨国公司主导，是基于价值链分工的产业内贸易或加工贸易。改革开放以来，中国吸收外商直接投资迅速增长。在相当长的时间里，外商投资企业进出口和主要由外商投资企业经营的加工贸易在中国货物贸易中的比重都保持在50%左右。外商投资企业进出口和加工贸易是中国货物贸易顺差的主要来源。2009年和2010年，外商投资企业货物贸易顺差分别为1270亿美元和1243亿美元，占同期中国货物贸易顺差总额的64.8%和68.4%，加工贸易顺差

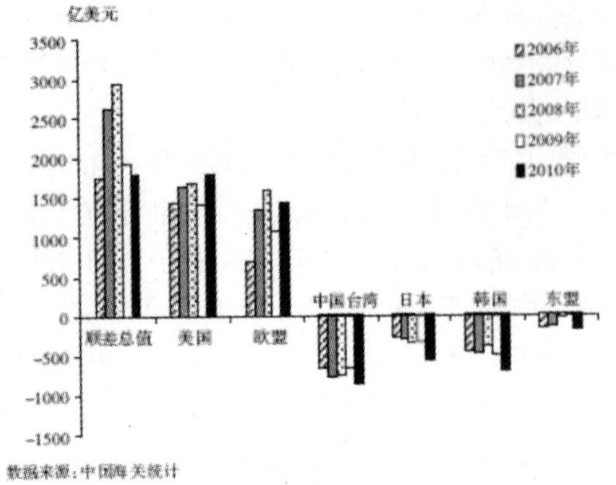

图5 2006—2010年中国对主要贸易伙伴顺差及逆差情况

分别高达2646亿美元和3229亿美元，大大高于同期中国顺差总额。在外商投资企业进出口和加工贸易存在大量顺差的同时，国有企业进出口、一般贸易和其他贸易方式则存在逆差。

发达国家对部分高新技术贸易设限也影响中国与一些贸易伙伴的贸易平衡。中国正处在工业化加速发展时期，对发达国家的先进设备和高新技术有着较大的进口需求。但是一些发达国家却仍然坚持旧有思维，对向中国出口高端装备和高新技术产品设置了诸多限制，导致其相关产品对中国出口增长缓慢。这在一定程度上阻碍了中国自这些国家的进口，不利于双边贸易的平衡。

中国货物贸易由逆差转变为顺差改善了中国的国际收支状况，增强了中国抵御外部风险的能力。但是顺差急剧扩大也给中国经济带来困扰。出口结汇人民币大量投放增加了宏观经济调控的难度和复杂性。货物贸易顺差急剧扩大还使得中国与一些贸易伙伴摩擦增多，对人民币形成了持续和较大的升值压力。

中国政府高度重视对外贸易发展中的不平衡问题，采取了一系列政策措施抑制顺差过快增长。第一，积极调整经济结构，努力扩大内需，尤其是增加改善民生投资，刺激居民消费增长。第二，出台一系列扩大进口政策，简化进口管理和进口付汇手续，降低部分商品进口暂定税率，完善进口促进体系，提高进口便利化程度。第三，调整出口退税政策，先后降低或取消部分高耗能、高污染和资源性商品的出口退税。第四，修改加工贸易禁止类和限制类目录，扩大禁止类的范围，促进加工贸易转型升级。第五，改变自亚洲金融危机以后人民币兑美元变动区间收窄的状况，从2005年7月21日起实行以市场供求为基础、参考一篮子货币进行调节、有管理的浮动汇率制度。自2005年7月汇率机制改革至2011年8月末，人民币兑美元名义汇率升值了约30%。

中国促进对外贸易平衡增长的措施取得了明显成效。货物贸易顺差自2009年以来持续减少，顺差与进出口总值和国内生产总值之比自2008年起逐渐下降，对外贸易正在趋于平衡。中国的这些努力既是中国自身经济发展的需要，也是推动世界经济结构调整和再平衡的具体行动。

五、构建全方位互利合作经贸关系

中国的对外贸易是全方位发展的对外贸易。中国坚持不分大小、贫富，与所有贸易伙伴发展务实合作和互利共赢的经贸关系。

中国与发达国家贸易持续稳定增长，实现了优势互补和互惠互利。中国与欧盟贸易近年来稳步发展。欧盟对中国出口商品主要是工业制成品，其中技术领先的机械、电子产品、运输车辆、成套设备、核心零部件和精密元器件等在中国市场颇具竞争力。中国与美国贸易有着坚实的发展基础。中国出口丰富多样的消费品适应了美国消费者的需求，同时不断扩大自美国的电子、航空、生物、医药、农产品以及服务贸易进口，也满足了中国自身发展的需要。中国与日本贸易具有地缘相近的有利条件。中日贸易促进了两国产业的持续合作和进步，也带动了东亚区域经济分工与合作的深入发展。中国与加拿大、澳大利亚、瑞士、新西兰等发达国家的贸易及投资合作均保持良好发展势头。

中国与新兴市场和发展中国家贸易增长强劲，发展潜力巨大。2010年，中国与东盟自由贸易协定全面实施，90%的商品实现零关税，有力地推动了中国东盟双边贸易迅速增长。中国与东盟各自有特色和竞争力的商品自由进入对方市场，适应了双方多方面的需求。中国与韩国贸易保持持续稳定增长，两国相互投资和经济合作领域十分宽广。中国与其他金砖国家的贸易近年来快速增长，带动了各自优势产业的强劲发展，显示了新兴经济市场具有广阔的发展前景。近年来，中国与其他发展中国家贸易也以较快速度增长，与阿拉伯国家源远流长的贸易进一步发展，与拉美国家经济贸易合作领域不断拓宽，与非洲国家的贸易充分发挥双方资源条件和经济结构的互补性优势，促进了各自发展。

中国十分重视双边和区域经贸合作的机制化建设。目前与中国签订双边贸易协定或经济合作协定的国家和地区已超过150个。中国与美、欧、日、英、俄等主要经济体均建立和保持着经济高层对话机制。中国积极参与亚太经济合作组织、东盟与中日韩（10＋3）领导人会议、东亚峰会、中非合作论坛、大湄公河次区域经济合作、中亚区域经济合作、“大图们倡议”等区域和次区域经济合作机制。中国坚持“与邻为善、以邻为伴”方针，与周边国家和地区建立和发展多种形式的边境经济贸易合作。

中国积极主动参与并推动区域经济一体化进程。截至2010年底，中国已经与五大洲28个国家和地区进行了15个自由贸易安排或紧密经贸关系安排谈判，签订和实施了10个自由贸易协定或紧密经贸关系安排。正在进行的自由贸易协定谈判5个。中国倡议建立东亚自由贸易区。2010年，中国与10个自由贸易协定或紧密经贸关系安排伙伴（东盟、巴基斯坦、智利、新加坡、新西兰、秘鲁、哥斯达黎加、中国香港、中国澳门、中国台湾）的双边货物贸易总额达到7826亿美元，超过了中国进出口总额的四分之一。

中国深入参与和推动世界贸易组织多哈回合谈判，努力维护多边贸易体制的权威性。中国强调谈判要有利于贯彻落实多边贸易体制的公平、公正原则，体现多哈回合作为发展回合的目标。中国全面参与了多哈回合的农业、非农产品、服务、规则等议题的谈判，独立提交谈判案文40多份，联合其他成员提交案文100多份。为推进多哈回合谈判，中国多次表示愿意为谈判作出建设性的、与自身发展水平相适应的贡献。

中国在解决与贸易伙伴的争议时兼顾各方利益，求同存异。加入世界贸易组织以来，随着进出口持续增长，中国与贸易伙伴的争端和摩擦有所增多。涉案产品主要集中在纺织品、鞋类、轮胎、汽车零部件、钢铁和化工产品，争议问题主要涉及知识产权、贸易平衡、公平贸易、食品安全、环境保护等领域。中国始终认为对话比对抗好，合作比施压好，应当努力通过协商谈判解决贸易伙伴之间的争议。中国坚持兼顾和平衡各方利益，在世界贸易组织规则和体制内，利用多双边渠道，通过对话、协商和谈判来解决争议。近年来，中国在扩大市场开放、保护知识产权、促进贸易平衡、改革人民币汇率形成机制、规范进出口经营秩序等方面采取了许多措施，充分照顾到贸易伙伴的关切。在协商不能解决争端的情况下，中国通过世界贸易组织争端解决机制，妥善处理与贸易伙伴的贸易争端，维护了多边贸易体制的稳定。

六、实现对外贸易的可持续发展

目前，中国对外贸易发展还存在不均衡、不协调、不可持续的问题，突出表现在：出口增长主要依赖资源、能源、土地、劳动力和环境等要素投入及耗费，科技、管理、创新等要素投入不足，外贸发展与资源能源供给和环境承载力的矛盾日益突出；企业研发、设计、营销和服务等方面的竞争力还不强，自有知识产权和自有品牌出口产品所占比重不大；外贸发展对三次产业的贡献还不够均衡；中西部地区对外贸易规模和水平还相对落后；外贸增长的质量和效益有待进一步提高等。中国政府清醒地认识到这些问题，采取积极措施加快转变外贸发展方式，实现外贸的可持续发展。

努力培育外贸发展的综合竞争优势。面对近年来劳动力成本不断上升、资源和能源等生产要素价格大幅上涨、出口产业传统的低成本优势大大弱化的新情况，中国政府提出了外贸由粗放型发展向集约型发展转变的战略目标。“十一五”规划期间（2006—2010年），中国政府调整进出口税收政策，深入实施科技兴贸战略、市场多元化战略和以质取胜战略，开展加工贸易转型升级试点，改进对进出口企业的融资保险服务，推动企业加快技术进步和产品结构优化，增强了外贸的综合竞争优势。大部分进出口企业经受住了国际金融危机冲击，进出口贸易在危机后实现了较快复苏。“十二五”规划期间（2011—2015年），中国将努力保持现有出口竞争优势，加快培育以技术、品牌、质量和服务为核心的新优势，促进工业转型升级，延长加工贸易增值链，提高企业和产品的竞争力和附加值。大力发展服务贸易，促进货物贸易和服务贸易协调发展。继续扩大服务业对外开放，推动服务外包发展，努力扩大新兴服务出口。财政税收、金融保险、外汇管理、海关通关、检验检疫、物流和运输等领域都将进一步完善和落实国家相关政策，加快贸易和投资便利化，努力推动对外贸易的稳定健康发展。

加快推进外贸发展中的节能减排。早在1994年，中国政府就制定并发表了《中国21世纪议程——中国21世纪人口、环境与发展白皮书》，将节能减排纳入国民经济和社会发展目标。“十一五”和“十二五”规划都把降低能源消耗和二氧化碳排放强度作为约束性指标。2004年以来，中国多次下调甚至取消部分高耗能、高污染和资源性商品出口退税，禁止和限制部分此类产品的加工贸易，鼓励进出口企业向国际上先进的环保标准看齐。近年来，中国出口商品中“两高一资”商品的比重大幅下降，新能源和节能环保产品出口大幅增长。大部分达到一定规模的进出口生产企业都已经获得ISO14000等与环保有关的标准认证。中国将努力调整经济结构和产业结构，加快先进节能环保技术的应用，促进对外贸易与资源节约、环境保护更加协调发展。

加强与贸易有关的知识产权保护。加强知识产权保护，是中国履行国际义务的需要，更是转变经济发展方式、建设创新型国家的内在要求。多年来，中国政府在知识产权保护方面做了大量工作，在立法、执法、宣传、培训及提高全社会知识产权保护意识等方面取得了显著成效。2008年，中国制定了《国家知识产权战略纲要》，把保护知识产权提升到国家战略的高度加以推进。2006年至2011年，中国连续6年颁布《中国保护知识产权行动计划》，实施了包括立法、执法、教育培训、文化宣传和对外交流等多个领域的1000多项具体措施。2010年，中国通过《专利合作条约》提出的国际专利申请量达到12295件，比2009年增长55.6%，增速居各国之首，世界排名从第五位上升至第四位。当前，加强与贸易有关的知识产权保护是世界各国共同面临的挑战，加强对话与合作成为世界知识产权保护的潮流。中国政府将在有关国际公约和各自法律框架下，与世界各国和地区加强知识产权交流与合作，共同推进知识产权事业的健康发展。

提高出口商品的质量和安全要求。中国出口商品质量总体上不断提高，受到全球消费者欢迎和认可。2009年和2010年，经出入境检验检疫机构检验检疫的中国出口货物分别为1103.2万批和1305.4万批，不合格率分别为0.15%和0.14%；出口货值分别为4292.7亿美元和5521.8亿美元，不合格率分别为0.12%和0.13%。2010年，中国出口美国的食品为12.7万批，合格率99.53%；出口欧盟的食品13.8万批，合格率99.78%。日本厚生省进口食品监控统计报告显示，2010年日本对自中国进口的食品以20%的高比例进行抽检，抽检合格率为99.74%，高于同期对自美国和欧盟进口食品的抽检合格率。但是，中国国内仍有少数企业为降低成本而忽视商品质量和安全，也有一些外国进口商不讲质量和诚信，压低商品价格甚至直接授意中国生产商使用不合格原料。这些行为损害了“中国制造”的信誉。针对这些问题，中国政府近年来不断完善商品质量安全法律法规，加强了各环节监管，严厉查处少数违法违规造成质量问题的企业。2011年3月，中国启动“外贸商品质量提升年”活动，进一步健全外贸商品质量和安全的许可、认证和监督机制，提高了对出口商品质量与安全保障的效率。

增强进出口企业的社会责任意识。随着对外开放不断扩大，越来越多的中国企业认识到，企业自身发展壮大的同时需要承担相应的社会责任。这不仅有利于社会和谐进步，也有利于提高企业竞争力和可持续发展能力。中国各级政府正通过倡导科学发展观和和谐社会理念，推动企业提高社会责任意识，尊重劳工权益，维护消费者权利，保护生态环境。同时，中国政府鼓励企业在进出口贸易中接受有关的社会责任标准，争取获得必要的社会责任认证。2008年新的《劳动合同法》及其实施条例施行以来，进出口企业普遍建立了“五险一金”（养老保险、医疗保险、失业保险、工伤保险、生育保险和住房公积金）制度。中国政府把增强企业社会责任作为推动外贸转型升级的一项重要任务，今后将加强对企业社会责任的宣传和培训，建立和健全进出口企业诚信管理体系，完善全社会对企业社会责任的监督，开展企业社会责任培育和管理的国际合作，推动进出口企业不断提高承担社会责任的水平。

促进战略性新兴产业的国际合作。发展战略性新兴产业对于外贸转型升级和可持续发展具有重大意义。经过改革开放30多年的发展，中国综合国力明显增强，科技水平不断提高，工业体系逐步完备，战略性新兴产业发展有了坚实基础。但与发达国家相比，中国新兴产业仍然处在初步发展阶段。2008年国际金融危机之后，世界各主要经济体都在加速发展新兴产业，中国把发展战略性新兴产业作为产业振兴的一项重要任务。为了推动重点领域的发展，在发挥市场配置资源基础性作用的同时，中国政府加强政策引导，规范市场秩序，改善投资环境，鼓励企业提高技术创新能力。中国支持战略性新兴产业发展的基本政策符合国际贸易规则，愿加强与世界各国在科学研究、技术开发和能力建设等方面的交流，为开创新兴产业国际合作和发展的新局面共同努力。

结束语

当前，国际金融危机深层次影响还在不断显露，世界经济复苏的长期性、艰巨性和复杂性更加凸显，全球经济结构和贸易格局面临着深刻调整。中国对外贸易也将进行新的调整，努力实现从规模扩张向质量和效益提高转变，从主要依赖低成本优势向增强综合竞争优势转变，从贸易大国向贸易强国转变。

中国对外贸易的发展，仍受到诸多不确定因素的制约，会遇到新的困难和压力。在“十二五”期间，中国将进一步扩大开放，以开放促改革、以开放促发展、以开放促创新，努力发挥自身优势，加强全方位国际合作，在更大范围、更广领域、更高层次融入世界经济。中国愿意与贸易伙伴一起，共同应对世界经济和贸易发展面临的各种挑战，推动对外贸易实现更平衡、更协调和可持续发展，与贸易伙伴共享繁荣，实现共赢。

第七部分

国家发展政策

国务院意见

国务院关于促进牧区又好又快发展的若干意见

国发〔2011〕17号

各省、自治区、直辖市人民政府，国务院各部委、各直属机构：

牧区在我国经济社会发展大局中具有重要的战略地位。党中央、国务院历来高度重视牧区工作，在不同历史时期都对牧区工作作出重要决策和部署，并不断加大支持力度。在各族干部群众的共同努力下，牧区经济社会发展取得重大成就。但是，由于自然、地理、历史等原因，牧区发展仍然面临不少特殊的困难和问题，欠发达地区的状况仍然没有根本改变，已成为经济社会发展的薄弱环节。为促进牧区又好又快发展，现提出以下意见：

一、重要意义与基本方针

（一）充分认识促进牧区发展的重要意义

目前，我国牧区主要包括13个省（区）的268个牧区半牧区县（旗、市），牧区面积占全国国土面积的40%以上。草原是我国面积最大的陆地生态系统，牧区是主要江河的发源地和水源涵养区，生态地位十分重要。草原畜牧业是牧区经济发展的基础产业，是牧民收入的主要来源，是全国畜牧业的重要组成部分。牧区矿藏、水能、风能、太阳能等资源富集，旅游资源丰富，是我国战略资源的重要接续地。牧区多分布在边疆地区和少数民族地区，承担着维护民族团结和边疆稳定的重要任务。促进牧区又好又快发展，是加强草原生态保护与建设，构建国家生态安全屏障的迫切需要；是转变草原畜牧业发展方式，增加牧民收入的现实选择；是缩小区域发展差距，全面实现小康社会目标的必然要求；是让各族群众共享改革发展成果，促进民族团结和边疆稳定的战略举措。

（二）加快牧区又好又快发展是一项重大而紧迫的任务

改革开放特别是实施西部大开发战略以来，牧区生态建设大规模展开，草原畜牧业发展方式逐步转变，基础设施建设步伐加快，牧民生活水平显著提高，城乡面貌发生可喜变化，牧区发展已经站在新的历史起点上。同时必须清醒地看到，草原生态总体恶化趋势尚未根本遏制，草原畜牧业粗放型增长方式难以为继，牧区基础设施建设和社会事业发展欠账较多，牧民生活水平的提高普遍滞后于农区，牧区仍然是我国全面建设小康社会的难点。必须进一步增强责任感和紧迫感，站在全局和战略的高度，采取更加有力的政策措施，支持牧区经济社会又好又快发展。

（三）进一步明确牧区发展的基本方针

草原既是牧业发展重要的生产资料，又承载着重要的生态功能。长期以来，受农畜产品绝对短缺时期优先发展生产的影响，强调草原的生产功能，忽视草原的生态功能，由此造成草原长期超载过牧和人畜草关系持续失衡，这是导致草原生态难以走出恶性循环的根本原因。必须认识到，只有实现草原生态良性循环，才能为草原畜牧业可持续发展奠定坚实基础，也才能满足建设生态文明的迫切需要。随着我国综合国力日益增强，农牧业综合生产能力不断提升，已经有条件更好地处理草原生态、牧业生产和牧民生活的关系。在新的历史条件下，牧区发展必须树立生产生态有机结合、生态优先的基本方针，走出一条经济社会又好又快发展新路子。

二、总体要求

（四）指导思想

以邓小平理论和“三个代表”重要思想为指导，深入贯彻落实科学发展观，牢固树立生态优先理念，以加快转变经济发展方式为主线，以保障改善民生为根本出发点和落脚点，进一步解放思想、锐意创新，进一步加大投入、强化支持，着力加强草原生态保护建设，实现生态良性循环；着力转变草原畜牧业发展方式，积极发展现代草原畜牧业；着力促进牧区经济全面发展，开辟牧民增收和就业新途径；着力增强基本公共服务能力，不断提高广大牧民物质文化生活水平，努力把牧区建设成为生态良好、生活宽裕、经济发展、民族团结、社会稳定的新牧区。

（五）基本原则

——坚持生态优先，协调发展。把草原生态保护建设作为牧区发展的切入点，加大生态工程建设力度，建立草原生态保护长效机制，积极转变草原畜牧业发展方式，大力培育特色优势产业，促进牧区经济与人口、资源、环境协调发展。

——坚持以人为本，改善民生。把提高广大牧民的物质文化生活水平摆在更加突出的重要位置，着力解决人民群众最现实、最直接、最紧迫的民生问题，大力改善牧区群众生产生活条件，加快推进基本公共服务均等化，让广大牧民共享改革发展的成果。

——坚持因地制宜，分类指导。遵循自然、经济和社会发展规律，根据各类牧区不同的资源环境条件，科学确定各自的生态保护模式和产业发展重点。针对全国牧区发展不平衡的特点，分别采取有针对性的政策措施，重点加强对困难地区和薄弱环节工作的指导。

——坚持深化改革，扩大开放。以稳定和完善草原承包经营制度为重点，落实基本草原保护制度，健全草原畜牧业市场化、专业化发展和生态补偿机制，深化牧区农村综合改革，逐步建立有利于牧区科学发展的体制机制。统筹牧区与农区发展，加强与其他地区的良性互动，努力扩大对外开放，为牧区发展注入新的活力。

——坚持中央支持，地方负责。根据牧区特殊重要的战略地位和特殊困难，中央加大支持力度，实施特殊的强牧惠牧政策。促进牧区发展的主要责任在地方，地方各级政府要切实负起责任，调动广大牧民和各方面的积极性，促进牧区又好又快发展。

（六）发展目标

——到2015年，基本完成草原承包和基本草原划定工作，初步实现草畜平衡，草原生态持续恶化势头得到遏制；草原畜牧业良种覆盖率、牲畜出栏率和防灾减灾能力明显提高；特色优势产业初具规模，牧区自我发展能力增强；基本实现游牧民定居，生产生活条件明显改善，基本公共服务供给能力和可及性明显提高，人畜共患病得到基本控制；贫困人口数量显著减少，牧民收入增幅不低于本省（区）农民收入增幅，牧区与农区发展差距明显缩小。

——到2020年，全面实现草畜平衡，草原生态步入良性循环轨道；草原畜牧业向质量效益型转变取得重大进展，牧区经济结构进一步优化；牧民生产生活条件全面改善，基本公共服务能力达到本省（区）平均水平；基本消除绝对贫困现象，牧民收入与全国农民收入的差距明显缩小，基本实现全面建设小康社会目标。

三、加强草原生态保护建设，提高可持续发展能力

（七）做好基本草原划定和草原功能区划工作

把保护基本草原和保护耕地放在同等重要的位置。加快制定基本草原保护条例，依法推进基本草原划定，落实基本草原保护制度，到2015年基本草原划定面积达到本地草原面积的80%。根据全国主体功能区规划，加快草原功能区划工作。青藏高原中西部（含三江源、青海湖流域）、新疆帕米尔高原和准噶尔盆地、河西走廊、内蒙古西部等地区，坚持生态保护为主，以禁牧为主要措施，促进草原休养生息；青藏高原东部、内蒙古中部、新疆天山南北坡、黄土高原等地区，坚持生态优先、保护和利用并重，严格以水定草、以草定畜，适度发展草原畜牧业；内蒙古东部、东北三省西部、河北坝上、新疆伊犁和阿勒泰山地等地区，坚持保护、建设和利用并重，加大建设力度，全面推行休牧和划区轮牧，实现草畜平衡。

（八）加大草原生态保护工程建设力度

坚持重点突破与面上治理相结合、工程措施与自然修复相结合，全面加强草原生态建设。加大天然草原退

牧还草工程实施力度，完善建设内容，科学合理布局草原围栏，加快重度退化草原的补播改良，提高中央投资补助标准，取消县及县以下资金配套。加强内蒙古中东部、河北坝上等京津风沙源区的草地治理，加大投入力度。启动草原自然保护区建设工程，对具有代表性的草原类型、珍稀濒危野生动植物以及具有重要生态功能和经济科研价值的草原进行重点保护。继续加强三江源、青海湖流域、甘南黄河水源补给区等地区草原生态建设。加快编制实施科尔沁退化草地治理、甘孜高寒草地生态修复、伊犁河谷草地保护等重点草原生态保护建设工程规划，恢复和提高水源涵养、水土保持和防风固沙能力。

（九）建立草原生态保护补助奖励机制

坚持保护草原生态和促进牧民增收相结合，实施禁牧补助和草畜平衡奖励，保障牧民减畜不减收，充分调动牧民保护草原的积极性。从2011年起，在内蒙古、新疆（含新疆生产建设兵团）、西藏、青海、四川、甘肃、宁夏和云南8个主要草原牧区省（区），全面建立草原生态保护补助奖励机制。对生存环境恶劣、草场严重退化、不宜放牧的草原，实行禁牧封育，中央财政按照每亩每年6元的测算标准对牧民给予禁牧补助，5年为一个补助周期；对禁牧区域以外的可利用草原，根据草原载畜能力，确定草畜平衡点，核定合理的载畜量，中央财政对未超载的牧民按照每亩每年1.5元的测算标准给予草畜平衡奖励。补助奖励政策实行目标、任务、责任、资金“四到省”机制，由各省（区）组织实施，补助奖励资金要与草原生态改善目标挂钩，地方可按照便民、高效的原则探索具体发放方式。建立绩效考核和奖励制度，落实地方政府责任。

（十）强化草原监督管理

按照机构设置合理、队伍结构优化、设施装备齐全、执法监督有力的要求，进一步加强草原监管工作。落实草原动态监测和资源调查制度，每年进行动态监测，每5年开展一次草原资源全面调查。加强草原基础设施管护，保护草原生态建设成果。严格草原执法监督，加强草原征占用管理，依法查处非法征占用、乱开滥垦、乱采滥挖及其他侵占破坏草原的案件，及时纠正违反禁牧和草畜平衡管理规定的行为。严格草原植被恢复费征收和管理。在牧区半牧区县（旗、市）健全草原监理机构，加强执法队伍建设，保障工作经费，改善工作条件。

四、加快转变发展方式，积极发展现代草原畜牧业

（十一）促进草原畜牧业从粗放型向质量效益型转变

有步骤地推行草原禁牧休牧轮牧制度，减少天然草原超载牲畜数量，实现草畜平衡。加强草原围栏和棚圈建设，在具备条件的地区稳步开展牧区水利建设、发展节水高效灌溉饲草基地，促进草原畜牧业由天然放牧向舍饲、半舍饲转变，实现禁牧不禁养。优化生产布局和畜群结构，提高科学饲养和经营水平，加快牲畜周转出栏，增加生产效益。加强农牧结合，形成牧区繁育、农区育肥的生产格局。启动实施内蒙古及周边牧区草原畜牧业提质增效示范工程、新疆牧区草原畜牧业转型示范工程、青藏高原牧区特色畜牧业发展示范工程，支持肉牛（羊）标准化养殖小区（场）等建设，提高生产能力和水平。落实税收优惠和财政补贴等扶持政策，支持发展牧民专业合作组织，推进适度规模经营，提高草原畜牧业组织化程度。

（十二）加强基础能力和服务体系建设

强化科技支撑，完善服务体系，提高草原畜牧业发展水平。加大相关农业科研经费对牧区的支持力度，进一步加强优良畜种和草种选育、草原生态系统恢复与重建等关键技术的研发。加强草原畜牧业、草原生态等学科建设，培养专业技术人才。支持种畜繁育场、牧草良种繁育基地建设，提高优良种畜和牧草供种能力。加强动物疫病防控，落实动物防疫和疫畜扑杀补贴政策，有效控制布病、包虫病、结核病等人畜共患病和口蹄疫等重大传染性疾病。严格全程监管，保障畜产品质量安全。结合乡镇畜牧兽医站续建，提高建设标准，改善牧区基层畜牧业技术推广服务条件。开展科技特派员农村科技创业行动。选择当地符合条件的人员定向培养，充实基层农技推广队伍。开展牧民生产技术培训，加快推广优质饲草生产、牲畜舍饲半舍饲、品种改良、疫病防控等先进适用技术。

（十三）提高防灾减灾能力

抓紧编制牧区防灾减灾工程规划，尽快启动实施。支持雪灾易灾县（旗、市）建设饲草料储备库，建立饲草料储备制度。建设草原火灾应急通信指挥系统、防火物资储备库、防火站和边境防火隔离带，建立专业半专

业防扑火队伍，开展技能培训和应急演练，提高草原防扑火能力。加强草原鼠虫害和毒害草防治基础设施建设，扩大防治面积，增加生物防治比例，加强草原外来物种入侵防控工作。完善草原防灾减灾应急预案，健全工作机制，保障工作经费。

（十四）加大生产补贴力度

针对牧区特点，完善草原畜牧业生产补贴政策。继续实施畜牧良种补贴政策，在对牧区肉牛和绵羊进行良种补贴基础上，将牦牛和山羊纳入补贴范围。在实行草原生态保护补助奖励机制的8个省（区），实施人工种植牧草良种补贴，中央财政每亩补贴10元；对牧民生产用柴油等生产资料给予补贴，中央财政每户补贴500元。加大牧区牧业机械购置补贴支持力度。发展多种形式的草原畜牧业保险，对符合条件的畜牧业保险给予保费补贴。

（十五）稳定和完善草原承包经营制度

按照权属明确、管理规范、承包到户的要求，积极稳妥地推进草原确权和承包工作。依法明确草原权属，实现草原承包地块、面积、合同、证书“四到户”，保持草原承包关系稳定并长久不变。建立地方政府草原承包工作目标责任制，落实工作经费，力争用5年的时间基本完成草原确权和承包工作。强化草原承包合同管理，健全草原承包档案。在依法自愿有偿和加强服务的基础上，规范承包经营权流转，防止以流转为名改变草原用途。因建设需要征占用草原的，应当依法进行征地或用地补偿，并做好被征占用地牧民的安置工作。草原上特殊物种资源管理和经营由当地政府制定专门管理办法。

五、促进牧区经济发展，拓宽牧民增收和就业渠道

（十六）积极发展牧区特色优势产业

发展特色农畜产品加工业，培育壮大龙头企业，延长产业链条，提高产品附加值。在保护草原生态的前提下，有序开发矿产资源，整顿开发秩序，提高开发水平。积极发展风电、太阳能发电等清洁能源，有序开发建设水电，因地制宜发展生物质能。大力发展循环经济，提高资源综合利用水平。完善民族医药标准体系和检测体系，合理开发利用药用动植物资源，扶持民族医药产业发展。落实税收优惠政策，继续扶持少数民族特需商品和民族手工艺品生产企业发展。发展现代物流服务业，加强牧区畜产品批发交易市场和商业零售网点建设。进一步发掘民族文化、民俗文化、草原文化和民族民间传统体育，发展以草原风光、民族风情为特色的草原文化产业和旅游业。加强重点旅游景区基础设施建设，打造一批精品旅游线路，形成一批国内外知名的旅游目的地。

（十七）不断提高牧区对内对外开放水平

抓住区域间产业转移的机遇，依托牧区资源优势，积极吸引发达地区企业到牧区投资兴业，促进和提高特色优势产业发展水平。加强牧区与其他地区的经济技术合作与交流，实现互利共赢。利用上海合作组织等区域合作平台，促进与周边国家和地区的经济技术合作。鼓励和支持牧区企业参与对外投资、对外承包工程和对外劳务合作。加强重点边境城镇、口岸基础设施和物流中心建设，规范并促进边民互市贸易区（点）的发展，落实边民互市优惠政策，促进口岸经济发展。

（十八）加大对牧区特色优势产业发展的支持力度

支持有条件在牧区发展的清洁能源和不破坏生态环境的资源开发利用项目优先布局建设并审批核准。现有中小企业发展专项资金、科技型中小企业技术创新基金、企业技改贴息资金和生产补助资金等对牧区符合条件的项目给予适当倾斜。对设在西部地区的鼓励类产业牧区企业减按15%的税率征收企业所得税。在安排土地利用年度计划指标时适当向牧区倾斜。鼓励外资参与提高矿山尾矿利用率和矿山生态环境恢复治理新技术开发应用项目。鼓励银行业金融机构加大对牧区金融服务力度，探索利用政策性金融手段支持牧区重点产业发展。落实涉农贷款税收优惠、农村金融机构定向费用补贴、县域金融机构涉农贷款增量奖励等优惠政策，进一步落实和完善县域法人金融机构将新增可贷资金主要留在当地使用的政策。引导银行业金融机构增加牧区特别是边远牧区服务网点，消除牧区金融服务空白乡镇。支持融资性担保公司发展牧区业务。

（十九）促进牧民转产转业

实施更加积极的就业政策，按规定为符合条件的转移就业牧民提供免费就业信息和职业介绍等服务，落实职业培训补贴、职业技能鉴定补贴、牧区未继续升学的应届初高中毕业生参加劳动预备制培训补贴等政策，提高牧民素质和转产转业能力，减轻草原人口承载压力。加强劳务品牌培育和推介，有序组织牧民劳务输出，加强公共就业服务体系建设，加强市场监管，规范发展就

业中介服务，为牧民提供高效优质的就业服务。鼓励牧区企业积极吸纳牧民就业。做好外出务工牧民社会保险关系转移接续工作。设立毒草治理、围栏管护、减畜监督、防火、鼠虫害测报等草原管护公益岗位，组织牧民开展草原管护。

六、大力发展公共事业，切实保障和改善民生

（二十）加强牧区基础设施建设

加快实施牧区饮水安全工程，尽快解决牧民饮水安全问题，优先解决游牧民定居点供水，进一步提高供水保证率和水质合格率，同步解决牲畜饮水困难问题。加大牧区农村公路和口岸公路建设投入力度，加快实施建制村通油路工程，支持主要转场牧道建设，加强农村公路养护。支持牧区适度建设支线机场和通勤机场。加强牧区铁路建设。进一步推进牧区电网改造升级和无电地区电力建设，因地制宜发展太阳能、风能等新能源，结合实施“金太阳”示范工程支持牧民建设户用太阳能光伏发电系统。加强牧区通信网络建设，逐步消除电信服务空白点。对中央安排的西部牧区公益性基础设施建设项目，取消县及县以下配套资金。

（二十一）加快实施游牧民定居工程

加大游牧民定居工程建设投入力度，将牧民基本生产生活设施纳入建设内容，在高寒高海拔边境地区根据水资源条件，因地制宜建设小型水利设施和饲草基地，在藏区建设青稞基地，力争到2015年基本完成游牧民定居任务。牧区地方政府要积极整合农村饮水安全、农村公路建设等项目资金，确保定居点的水电路和通信等基础设施配套；要落实配套资金，加大对困难游牧民和边境线地区游牧民的补助力度。加快实施牧区危房改造和抗震安居工程，统筹推进新牧区和小城镇建设。

（二十二）大力发展牧区社会事业

巩固提高义务教育质量和水平，推进寄宿制学校标准化建设，逐步提高牧区义务教育阶段家庭经济困难寄宿生生活补助标准。加快普及高中阶段教育，大力发展符合牧区发展需要的中等职业教育，逐步免除中等职业学校牧区学生学费。因地制宜开展双语教育，加强双语师资队伍建设。积极发展学前教育，加快牧区幼儿园建设。提高公共卫生服务能力，加强牧区急救体系和妇幼保健能力建设，加大地方病和重大传染病防治力度。巩固提高新型农村合作医疗参合率，逐步提高政府补助标准和报销比例，提高统筹层次。健全三级医疗卫生服务网络，加强以全科医生为重点的卫生人才队伍建设，开展流动巡回医疗服务，发展远程医疗。继续推进基层人口和计划生育服务体系建设，积极实施少生快富工程，完善农村计划生育家庭奖励扶助和计划生育特别扶助政策。“十二五”期间实现牧区新型农村社会养老保险制度全覆盖。进一步完善牧区社会救助和社会福利体系。继续实施重点文化和体育惠民工程，广泛开展公共文化体育服务和群众体育健身活动。加强少数民族语言文字广播影视节目译制制作播映，增加适合牧民的少数民族文字出版物。加大文化遗产保护力度。加强少数民族传统体育项目保护和推广。

（二十三）加大牧区扶贫开发力度

加大中央及省级财政对牧区半牧区县（旗、市）的转移支付力度，逐步缩小地方标准财政收支缺口。加大财政扶贫资金、以工代赈资金投入，加强项目资金整合。加大牧区信贷扶贫资金投入，大力发展扶贫小额信贷。对牧区贫困乡村实行整村（乡）推进扶贫，对集中连片特殊困难地区实行连片开发、综合治理，重点支持改善基本生产生活条件，扶持特色优势产业发展。对生态环境脆弱、不具备生活条件的地区，积极稳妥推进异地扶贫搬迁工程建设。完善扶贫开发工作机制，把政府支持与社会广泛参与更好地结合起来，引导社会资源投入扶贫开发事业。加大兴边富民行动规划实施力度。加大边境地区专项转移支付力度，支持边境省（区）建立边民补助机制。

（二十四）促进民族团结和社会稳定

全面贯彻党的民族政策，坚持和完善民族区域自治制度，牢牢把握各民族共同团结奋斗、共同繁荣发展的主题，巩固和发展平等团结互助和谐的社会主义民族关系，深入开展民族团结宣传教育工作，大力推进民族团结进步创建和表彰活动。全面贯彻党的宗教工作基本方针，加强对宗教组织和信教群众的服务，提高依法管理宗教事务的水平，维护宗教和睦和社会和谐。健全党委领导、政府负责、社会协同、公众参与的社会管理格局，构建具有牧区特色的社会管理体系。巩固和加强党的基层组织，加强基层党组织带头人队伍和基层政权建设。深化乡镇机构改革，加强基层干部队伍建设，稳定和充实乡村干部队伍，落实基层干部待遇政策。继续加强社会组织建设和管理，培育各类民间服务性组织，发挥其在联系社区、沟通民意等方面的重要作用。加强基

层民主管理，健全村级组织运转经费保障机制，加大对村级公益事业建设“一事一议”财政奖补力度，全面清理化解农村义务教育债务，积极稳妥开展其他公益性债务清理化解试点工作。

七、切实加强对牧区工作的组织领导

（二十五）落实地方政府责任

地方各级政府要充分认识牧区发展的紧迫性、艰巨性和长期性，切实把促进牧区又好又快发展工作摆上重要位置，统一思想，加强领导，全面部署，狠抓落实，确保牧区工作不断取得新进展。要根据中央要求，从实际出发，明确发展目标，研究制定本地区促进牧区发展的实施方案和政策措施。省级政府对牧区工作负总责，一级抓一级，逐级落实责任制。要建立工作协调机制，明确各部门工作职责，强化政策实施监督检查。要深入实际调查研究，加强工作指导，及时研究解决牧区发展中出现的新情况、新问题，妥善处理好改革、发展和稳定的关系。

（二十六）加强指导和支持

各有关部门要充分认识促进牧区发展的重要意义，认真履行职责，加强工作指导，加大工作力度，积极落实各项政策措施，支持地方政府做好工作，为促进牧区又好又快发展创造良好条件。国家民委要加强对牧区发展工作的综合协调和督促检查。农业部要认真履行规划指导、监督管理、协调服务职能，做好草原生态保护建设和草原畜牧业发展工作。发展改革委、财政部要落实支持牧区发展的资金。其他有关部门也要根据促进牧区又好又快发展的总体要求，结合各自职能，明确职责和任务，强化工作措施。各部门要加强衔接，细化方案，密切配合，形成合力，把各项政策措施落到实处。承担对口援藏、援疆、援青工作的省（市）及中央企业，在开展对口支援工作中要重点向牧区倾斜。

国务院

二〇一一年六月一日

国务院办公厅关于促进物流业健康发展政策措施的意见

国办发〔2011〕38号

各省、自治区、直辖市人民政府，国务院各部委、各直属机构：

为进一步贯彻落实《国务院关于印发物流业调整和振兴规划的通知》（国发〔2009〕8号）精神，制定和完善相关配套政策措施，促进物流业健康发展，经国务院同意，现提出以下意见：

一、切实减轻物流企业税收负担

根据物流业的产业特点和物流企业一体化、社会化、网络化、规模化发展要求，统筹完善有关税收支持政策。有关部门要抓紧完善物流企业营业税差额纳税试点办法，进一步扩大试点范围，并在总结试点经验、完善相关配套措施的基础上全面推广。要结合增值税改革试点，尽快研究解决仓储、配送和货运代理等环节与运输环节营业税税率不统一的问题。研究完善大宗商品仓储设施用地的土地使用税政策，既要促进物流企业集约使用土地，又要满足大宗商品实际物流需要。

二、加大对物流业的土地政策支持力度

仓储设施、配送中心、转运中心以及物流园区等物流基础设施占地面积大、资金投入多、投资回收期长，要在加强和改善管理、切实节约土地的基础上，加大土地政策支持力度。科学制定全国物流园区发展专项规划，提高土地集约利用水平，对纳入规划的物流园区用地给予重点保障。对各地区物流业发展规划确定的重点物流项目用地，应在土地利用总体规划修编时纳入规

划统筹安排，涉及农用地转用的，可在土地利用年度计划中优先安排。对政府供应的物流用地，应纳入年度建设用地供应计划，依法采取招标、拍卖或挂牌等方式出让。积极支持利用工业企业旧厂房、仓库和存量土地资源建设物流设施或提供物流服务，涉及原划拨土地使用权转让或租赁的，应按规定办理土地有偿使用手续，经批准可采取协议方式出让。土地出让收入依法实行“收支两条线”管理。

三、促进物流车辆便利通行

进一步降低过路过桥收费，按照规定逐步有序取消政府还贷二级公路收费，减少普通公路收费站点数量，控制收费公路规模，优化收费公路结构。加大对高速公路收费的监管力度，撤并不合理的收费站点，逐步降低偏高的高速公路收费标准，对已出让经营权的繁忙路段，应根据政府财力状况逐步回购经营权。尽快研究修订《收费公路管理条例》，统筹发展以普通公路为主的体现政府普遍服务的非收费公路和以高速公路为主的收费公路。大力推行不停车收费系统，提高车辆通行效率。抓紧修订完善道路大型物件运输管理办法和超限运输车辆行驶公路规定，规范道路交通管理和超限治理行为。按照依法、高效、环保的原则，研究制定城市配送管理办法，确定城市配送车辆的标准环保车型，全面禁止将客运车辆改装为货运车辆，有效解决城市中转配送难、配送货车停靠难等问题，促进符合条件的物流企业加快规模化发展。研究调整挂车交强险征收政策，促进甩挂运输发展。

四、加快物流管理体制改革

加快推进物流管理体制改革，打破物流管理的条块分割。加强依法行政，完善政府监管，强化行业自律。结合制（修）订相关法律、行政法规，在规范管理的前提下适当放宽对物流企业资质的行政许可和审批条件，改进资质审批管理方式。认真清理针对物流企业的资质审批项目，逐步减少行政审批。要破除地区封锁和体制、机制障碍，积极为物流企业设立法人、非法人分支机构提供便利，鼓励物流企业开展跨区域网络化经营。进一步规范交通、公安、环保、质检、消防等方面的审批手续，缩短审批时间，提高审批效率。对于法律未规定或国务院未批准必须由法人机构申请的资质，物流企业总部统一申请获得后，其非法人分支机构可向所在地有关部门备案获得。物流企业总部统一办理工商登记注册和经营审批手续后，其非法人分支机构可持总部出具的文件，直接到所在地工商行政管理机关申请登记注册，免予办理工商登记核转手续。合理规划口岸布局，改善口岸通关管理，提高通关效率，促进国际物流和保税物流发展。加强物流业政策及法规体系建设，从国民经济行业分类、产业统计、工商注册、土地使用及税目设立等方面明确物流业类别，进一步确定物流业的产业地位。尽快完善物流调查统计和信息管理制度。

五、鼓励整合物流设施资源

支持大型优势物流企业通过兼并重组等方式，对分散的物流设施资源进行整合；鼓励中小物流企业加强联盟合作，创新合作方式和服务模式，优化资源配置，提高服务水平，积极推进物流业发展方式转变。目前只为本行业本系统提供服务的仓储和运输设施，要积极创造条件向社会开放，开展社会化物流服务。支持商贸流通企业发展共同配送，降低配送成本，提高配送效率。支持物流企业加强与制造企业合作，全面参与制造企业的供应链管理，或与制造企业共同组建第三方物流企业。制造企业剥离物流资产和业务，可根据《财政部国家税务总局关于企业重组业务企业所得税处理若干问题的通知》（财税〔2009〕59号）、《财政部国家税务总局关于企业改制重组若干契税政策的通知》（财税〔2008〕175号）和《财政部关于企业重组有关职工安置费用财务管理问题的通知》（财企〔2009〕117号）等文件规定，享受税收、资产处置、人员安置等相关扶持政策。统筹规划和发展工业园区、经济开发区、海关特殊监管区域、高新技术产业园区等制造业集聚区的物流服务体系，积极引导区内企业将物流业务外包，扩大物流需求，推动区域内物流基础设施和信息平台等共享共用。

六、推进物流技术创新和应用

加强物流新技术的自主研发，重点支持货物跟踪定位、无线射频识别、物流信息平台、智能交通、物流管理软件、移动物流信息服务等关键技术攻关。适时启动物联网在物流领域的应用示范。加快先进物流设备的研制，提高物流装备的现代化水平。加强物流标准的制定和推广，促进物流标准的贯彻实施。鼓励物流企业应用供应链管理技术和信息技术，地方各级人民政府对物流企业的物流信息平台建设要积极给予扶持。推动有关部门、重点制造企业和商贸企业、物流企业不断提高物流信息资源的开发利用水平，促进物流信息的科学采集、安全管理、有效利用、深度开发、有序交换和集成应用。调整完善物流企业申请高新技术企业的认定标准，具备条件的物流企业可以享受高新技术企业的相关政策。推进物流信息资源开放共享，处理好安全与协同的关系，鼓励采取多种方式实现物流信息的互通交换，促进信息流、物流和资金流的协同和联动，提高物流服务效率和经营管理水平。

七、加大对物流业的投入

各级人民政府要加大对物流基础设施投资的扶持力度，对符合条件的重点物流企业的运输、仓储、配送、信息设施和物流园区的基础设施建设给予必要的资金扶持。积极引导银行业金融机构加大对物流企业的信贷支持力度，加快推动适合物流企业特点的金融产品和服务方式创新，积极探索抵押或质押等多种贷款担保方式，进一步提高对物流企业的金融服务水平。完善融资机制，进一步拓宽融资渠道，积极支持符合条件的物流企业上市和发行企业债券。

八、优先发展农产品物流业

要把农产品物流业发展放在优先位置，加大政策扶持力度，加快建立畅通高效、安全便利的农产品物流体系，着力解决农产品物流经营规模小、环节多、成本高、损耗大的问题。大力发展“农超对接”、“农校对接”、“农企对接”等产地到销地的直接配送方式，支持发展农民专业合作组织，加强主产区大型农产品集散中心建设，促进大型连锁超市、学校、酒店、大企业等最终用户与农民专业合作社、生产基地建立长期稳定的产销关系。发挥供销社和邮政等物流体系在农村的网络优势，积极开展“农资下乡”配送和农产品进城配送服务。抓紧开展农产品增值税抵扣政策调整试点，妥善解决农产品进项税抵扣中存在的问题，鼓励大型企业从事农产品物流业，提高农产品物流业的规模效益。加大农产品冷链物流基础设施建设投入，加快建立主要品种和重点地区的冷链物流体系，对开展鲜活农产品业务的冷库用电实行与工业同价。推动农产品包装和标识的标准化，完善农产品质量安全可追溯制度。提高对农产品批发市场和农贸市场（含社区菜市场）公益性的认识，加大政府投入和政策扶持力度。加强农产品批发市场、农贸市场的规划和建设，新建城市居住区要严格按照相关规定，配套建设社区菜市场或相应的商业设施，不得随意改变用途。农产品批发市场用地作为经营性商业用地，应严格按照规划合理布局，土地招拍挂出让前，所在区域有工业用地交易地价的，可以参照市场地价水平、所在区域基准地价和工业用地最低价标准等确定出让底价，土地出让后严禁擅自改变用途从事商业性房地产开发，确需改变用途、性质或者进行转让的，应当符合土地利用总体规划并经依法批准。研究农产品批发市场相关房产税政策，农产品批发市场和农贸市场的用水、用电、用气、用热价格实行与工业同价。规范和降低农产品批发市场、农贸市场的摊位费等相关收费，必要时按法定程序将摊位费纳入地方政府定价目录管理，清理超市向供应商收取的违反国家相关法律法规的通道费。继续严格执行并完善鲜活农产品“绿色通道”政策，进一步加强管理，完善技术手段，提高车辆检测水平和通行效率。进一步落实鲜活农产品配送车辆24小时进城通行和便利停靠政策。提高粮食物流现代化水平，推进粮食储、运、装、卸的“四散化”，加强东北产区散粮收纳和发放设施及南方销区的铁路、港口散粮接卸设施建设，推动东北地区散粮火车入关，加快发展散粮铁水联运。进一步推进棉花质检体制改革，提高棉花包装质量和物流技术装备水平与标准化程度，在全国范围推行棉花的机械快速装卸作业法，组织好新疆棉外运工作。

九、加强组织协调

各地区、各有关部门要充分认识物流业的重要性，加快政府职能转变和管理创新，积极推动物流业又好又快发展。国务院有关部门要按照职能分工，加强对物流业发展的协调指导，抓紧细化政策措施，认真组织贯彻实施，切实规范物流服务，提升物流业经营水平。发展改革委要会同有关部门加强对各项政策措施落实情况的督促检查，及时研究新情况、解决新问题，为物流业进一步健康发展创造良好的政策和体制环境。

国务院办公厅

二〇一一年八月二日

国务院关于加强环境保护重点工作的意见

国发〔2011〕35号

各省、自治区、直辖市人民政府，国务院各部委、各直属机构：

多年来，我国积极实施可持续发展战略，将环境保护放在重要的战略位置，不断加大解决环境问题的力度，取得了明显成效。但由于产业结构和布局仍不尽合理，污染防治水平仍然较低，环境监管制度尚不完善等原因，环境保护形势依然十分严峻。为深入贯彻落实科学发展观，加快推动经济发展方式转变，提高生态文明建设水平，现就加强环境保护重点工作提出如下意见：

一、全面提高环境保护监督管理水平

（一）严格执行环境影响评价制度

凡依法应当进行环境影响评价的重点流域、区域开发和行业发展规划以及建设项目，必须严格履行环境影响评价程序，并把主要污染物排放总量控制指标作为新改扩建项目环境影响评价审批的前置条件。环境影响评价过程要公开透明，充分征求社会公众意见。建立健全规划环境影响评价和建设项目环境影响评价的联动机制。对环境影响评价文件未经批准即擅自开工建设、建设过程中擅自作出重大变更、未经环境保护验收即擅自投产等违法行为，要依法追究管理部门、相关企业和人员的责任。

（二）继续加强主要污染物总量减排

完善减排统计、监测和考核体系，鼓励各地区实施特征污染物排放总量控制。对造纸、印染和化工行业实行化学需氧量和氨氮排放总量控制。加强污水处理设施、污泥处理处置设施、污水再生利用设施和垃圾渗滤液处理设施建设。对现有污水处理厂进行升级改造。完善城镇污水收集管网，推进雨、污分流改造。强化城镇污水、垃圾处理设施运行监管。对电力行业实行二氧化硫和氮氧化物排放总量控制，继续加强燃煤电厂脱硫，全面推行燃煤电厂脱硝，新建燃煤机组应同步建设脱硫脱硝设施。对钢铁行业实行二氧化硫排放总量控制，强化水泥、石化、煤化工等行业二氧化硫和氮氧化物治理。在大气污染联防联控重点区域开展煤炭消费总量控制试点。开展机动车船尾气氮氧化物治理。提高重点行业环境准入和排放标准。促进农业和农村污染减排，着力抓好规模化畜禽养殖污染防治。

（三）强化环境执法监管

抓紧推动制定和修订相关法律法规，为环境保护提供更加完备、有效的法制保障。健全执法程序，规范执法行为，建立执法责任制。加强环境保护日常监管和执法检查。继续开展整治违法排污企业保障群众健康环保专项行动，对环境法律法规执行和环境问题整改情况进行后督察。建立建设项目全过程环境监管制度以及农村和生态环境监察制度。完善跨行政区域环境执法合作机制和部门联动执法机制。依法处置环境污染和生态破坏事件。执行流域、区域、行业限批和挂牌督办等督查制度。对未完成环保目标任务或发生重特大突发环境事件负有责任的地方政府领导进行约谈，落实整改措施。推行生产者责任延伸制度。深化企业环境监督员制度，实行资格化管理。建立健全环境保护举报制度，广泛实行信息公开，加强环境保护的社会监督。

（四）有效防范环境风险和妥善处置突发环境事件

完善以预防为主的环境风险管理制度，实行环境应急分级、动态和全过程管理，依法科学妥善处置突发环境事件。建设更加高效的环境风险管理和应急救援体系，提高环境应急监测处置能力。制定切实可行的环境应急预案，配备必要的应急救援物资和装备，加强环境应急管理、技术支撑和处置救援队伍建设，定期组织培训和演练。开展重点流域、区域环境与健康调查研究。全力做好污染事件应急处置工作，及时准确发布信息，减少人民群众生命财产损失和生态环境损害。健全责任追究制度，严格落实企业环境安全主体责任，强化地方政府环境安全监管责任。

二、着力解决影响科学发展和损害群众健康的突出环境问题

（五）切实加强重金属污染防治

对重点防控的重金属污染地区、行业和企业进行集中治理。合理调整涉重金属企业布局，严格落实卫生防护距离，坚决禁止在重点防控区域新改扩建增加重金属污染物排放总量的项目。加强重金属相关企业的环境监管，确保达标排放。对造成污染的重金属污染企业，加大处罚力度，采取限期整治措施，仍然达不到要求的，依法关停取缔。规范废弃电器电子产品的回收处理活动，建设废旧物品回收体系和集中加工处理园区。积极妥善处理重金属污染历史遗留问题。

（六）严格化学品环境管理

对化学品项目布局进行梳理评估，推动石油、化工等项目科学规划和合理布局。对化学品生产经营企业进行环境隐患排查，对海洋、江河湖泊沿岸化工企业进行综合整治，强化安全保障措施。把环境风险评估作为危险化学品项目评估的重要内容，提高化学品生产的环境准入条件和建设标准，科学确定并落实化学品建设项目环境安全防护距离。依法淘汰高毒、难降解、高环境危害的化学品，限制生产和使用高环境风险化学品。推行工业产品生态设计。健全化学品全过程环境管理制度。加强持久性有机污染物排放重点行业监督管理。建立化学品环境污染责任终身追究制和全过程行政问责制。

（七）确保核与辐射安全

以运行核设施为监管重点，强化对新建、扩建核设施的安全审查和评估，推进老旧核设施退役和放射性废物治理。加强对核材料、放射性物品生产、运输、贮存等环节的安全管理和辐射防护，促进铀矿和伴生放射性矿环境保护。强化放射源、射线装置、高压输变电及移动通信工程等辐射环境管理。完善核与辐射安全审评方法，健全辐射环境监测监督体系，推动国家核与辐射安全监管技术研发基地建设，构建监管技术支撑平台。

（八）深化重点领域污染综合防治

严格饮用水水源保护区划分与管理，定期开展水质全分析，实施水源地环境整治、恢复和建设工程，提高水质达标率。开展地下水污染状况调查、风险评估、修复示范。继续推进重点流域水污染防治，完善考核机制。加强鄱阳湖、洞庭湖、洪泽湖等湖泊污染治理。加大对水质良好或生态脆弱湖泊的保护力度。禁止在可能造成生态严重失衡的地方进行围填海活动，加强入海河流污染治理与入海排污口监督管理，重点改善渤海和长江、黄河、珠江等河口海域环境质量。修订环境空气质量标准，增加大气污染物监测指标，改进环境质量评价方法。健全重点区域大气污染联防联控机制，实施多种污染物协同控制，严格控制挥发性有机污染物排放。加强恶臭、噪声和餐饮油烟污染控制。加大城市生活垃圾无害化处理力度。加强工业固体废物污染防治，强化危险废物和医疗废物管理。被污染场地再次进行开发利用的，应进行环境评估和无害化治理。推行重点企业强制性清洁生产审核。推进污染企业环境绩效评估，严格上市企业环保核查。深入开展城市环境综合整治和环境保护模范城市创建活动。

（九）大力发展环保产业

加大政策扶持力度，扩大环保产业市场需求。鼓励多渠道建立环保产业发展基金，拓宽环保产业发展融资渠道。实施环保先进适用技术研发应用、重大环保技术装备及产品产业化示范工程。着重发展环保设施社会化运营、环境咨询、环境监理、工程技术设计、认证评估等环境服务业。鼓励使用环境标志、环保认证和绿色印刷产品。开展污染减排技术攻关，实施水体污染控制与治理等科技重大专项。制定环保产业统计标准。加强环境基准研究，推进国家环境保护重点实验室、工程技术中心建设。加强高等院校环境学科和专业建设。

（十）加快推进农村环境保护

实行农村环境综合整治目标责任制。深化“以奖促治”和“以奖代补”政策，扩大连片整治范围，集中整治存在突出环境问题的村庄和集镇，重点治理农村土壤和饮用水水源地污染。继续开展土壤环境调查，进行土壤污染治理与修复试点示范。推动环境保护基础设施和服务向农村延伸，加强农村生活垃圾和污水处理设施建设。发展生态农业和有机农业，科学使用化肥、农药和农膜，切实减少面源污染。严格农作物秸秆禁烧管理，推进农业生产废弃物资源化利用。加强农村人畜粪便和农药包装无害化处理。加大

农村地区工矿企业污染防治力度，防止污染向农村转移。开展农业和农村环境统计。

（十一）加大生态保护力度

国家编制环境功能区划，在重要生态功能区、陆地和海洋生态环境敏感区、脆弱区等区域划定生态红线，对各类主体功能区分别制定相应的环境标准和环境政策。加强青藏高原生态屏障、黄土高原—川滇生态屏障、东北森林带、北方防沙带和南方丘陵山地带以及大江大河重要水系的生态环境保护。推进生态修复，让江河湖泊等重要生态系统休养生息。强化生物多样性保护，建立生物多样性监测、评估与预警体系以及生物遗传资源获取与惠益共享制度，有效防范物种资源丧失和流失。加强自然保护区综合管理。开展生态系统状况评估。加强矿产、水电、旅游资源开发和交通基础设施建设中的生态保护。推进生态文明建设试点，进一步开展生态示范创建活动。

三、改革创新环境保护体制机制

（十二）继续推进环境保护历史性转变

坚持在发展中保护，在保护中发展，不断强化并综合运用法律、经济、技术和必要的行政手段，以改革创新为动力，积极探索代价小、效益好、排放低、可持续的环境保护新道路，建立与我国国情相适应的环境保护宏观战略体系、全面高效的污染防治体系、健全的环境质量评价体系、完善的环境保护法规政策和科技标准体系、完备的环境管理和执法监督体系、全民参与的社会行动体系。

（十三）实施有利于环境保护的经济政策

把环境保护列入各级财政年度预算并逐步增加投入。适时增加同级环保能力建设经费安排。加大对重点流域水污染防治的投入力度，完善重点流域水污染防治专项资金管理办法。完善中央财政转移支付制度，加大对中西部地区、民族自治地方和重点生态功能区环境保护的转移支付力度。加快建立生态补偿机制和国家生态补偿专项资金，扩大生态补偿范围。积极推进环境税费改革，研究开征环境保护税。对生产符合下一阶段标准车用燃油的企业，在消费税政策上予以优惠。制定和完善环境保护综合名录。对“高污染、高环境风险”产品，研究调整进出口关税政策。支持符合条件的企业发行债券用于环境保护项目。加大对符合环保要求和信贷原则的企业和项目的信贷支持。建立企业环境行为信用评价制度。健全环境污染责任保险制度，开展环境污染强制责任保险试点。严格落实燃煤电厂烟气脱硫电价政策，制定脱硝电价政策。对可再生能源发电、余热发电和垃圾焚烧发电实行优先上网等政策支持。对高耗能、高污染行业实行差别电价，对污水处理、污泥无害化处理设施、非电力行业脱硫脱硝和垃圾处理设施等鼓励类企业实行政策优惠。按照污泥、垃圾和医疗废物无害化处置的要求，完善收费标准，推进征收方式改革。推行排污许可证制度，开展排污权有偿使用和交易试点，建立国家排污权交易中心，发展排污权交易市场。

（十四）不断增强环境保护能力

全面推进监测、监察、宣教、信息等环境保护能力标准化建设。完善地级以上城市空气质量、重点流域、地下水、农产品产地国家重点监控点位和自动监测网络，扩大监测范围，建设国家环境监测网。推进环境专用卫星建设及其应用，提高遥感监测能力。加强污染源自动监控系统建设、监督管理和运行维护。开展全民环境宣传教育行动计划，培育壮大环保志愿者队伍，引导和支持公众及社会组织开展环保活动。增强环境信息基础能力、统计能力和业务应用能力。建设环境信息资源中心，加强物联网在污染源自动监控、环境质量实时监测、危险化学品运输等领域的研发应用，推动信息资源共享。

（十五）健全环境管理体制和工作机制

构建环境保护工作综合决策机制。完善环境监测和督查体制机制，加强国家环境监察职能。继续实行环境保护部门领导干部双重管理体制。鼓励有条件的地区开展环境保护体制综合改革试点。结合地方人民政府机构改革和乡镇机构改革，探索实行设区城市环境保护派出机构监管模式，完善基层环境管理体制。加强核与辐射安全监管职能和队伍建设。实施生态环境保护人才发展中长期规划。

（十六）强化对环境保护工作的领导和考核

地方各级人民政府要切实把环境保护放在全局工作的突出位置，列入重要议事日程，明确目标任务，完善政策措施，组织实施国家重点环保工程。制定生态文明建设的目标指标体系，纳入地方各级人民政府绩效考核，考核结果作为领导班子和领导干部综合考核评价的重要内容，作为干部选拔任用、管理监督的重要依据，实行环境保护一票否决制。对未完成目标任务考核的地方实施区域限批，暂停审批该地区除民生工程、节能减排、生态环境保护和基础设施建设以外的项目，并追究有关领导责任。

各地区、各部门要加强协调配合，明确责任、分工和进度要求，认真落实本意见。环境保护部要会同有关部门加强对本意见落实情况的监督检查，重大情况向国务院报告。

国务院

二〇一一年十月十七日

国务院关于进一步加大财政教育投入的意见

国发〔2011〕22号

各省、自治区、直辖市人民政府，国务院各部委、各直属机构：

《国家中长期教育改革和发展规划纲要（2010–2020年）》（以下简称《教育规划纲要》）明确提出，到2012年实现国家财政性教育经费支出占国内生产总值比例达到4%的目标（以下简称4%目标）。为确保按期实现这一目标，促进教育优先发展，现提出如下意见：

一、充分认识加大财政教育投入的重要性和紧迫性

教育投入是支撑国家长远发展的基础性、战略性投资，是发展教育事业的重要物质基础，是公共财政保障的重点。党中央、国务院始终坚持优先发展教育，高度重视增加财政教育投入，先后出台了一系列加大财政教育投入的政策措施。在各地区、各有关部门的共同努力下，我国财政教育投入持续大幅增长。2001—2010年，公共财政教育投入从约2700亿元增加到约14200亿元，年均增长20.2%，高于同期财政收入年均增长幅度；教育支出占财政支出的比重从14.3%提高到15.8%，已成为公共财政的第一大支出。财政教育投入的大幅增加，为教育改革发展提供了有力支持。当前，我国城乡免费义务教育全面实现，职业教育快速发展，高等教育进入大众化阶段，办学条件显著改善，教育公平迈出重大步伐。

新形势下继续增加财政教育投入，实现4%目标，是深入贯彻党的十七大和十七届五中全会精神，推动科学发展、建设人力资源强国的迫切需要；是全面落实《教育规划纲要》，推动教育优先发展的重要保障；是履行公共财政职能，加快财税体制改革，完善基本公共服务体系的一项紧迫任务。地方各级人民政府、各有关部门必须切实贯彻党的教育方针，深入领会加大财政教育投入的重要意义，进一步提高思想认识，增强责任感和紧迫感，采取有力措施，切实保证经济社会发展规划优先安排教育发展，财政资金优先保障教育投入，公共资源优先满足教育和人力资源开发需要。

按期实现4%目标，资金投入量大，任务十分艰巨。各地区、各有关部门要认真贯彻落实国务院关于拓宽财政性教育经费来源渠道的各项政策措施，进一步调整优化财政支出结构，切实提高公共财政支出中教育支出所占比重。中央财政要充分发挥表率作用，进一步加大对地方特别是中西部地区教育事业发展转移支付力度，同时增加本级教育支出。地方各级人民政府要切实按照《教育规划纲要》要求，根据本地区教育事业发展需要，统筹规划，落实责任，大幅度增加教育投入。

二、落实法定增长要求，切实提高财政教育支出占公共财政支出比重

（一）严格落实教育经费法定增长要求

各级人民政府要严格按照《中华人民共和国教育法》等法律法规的规定，在年初安排公共财政支出预算时，积极采取措施，调整支出结构，努力增加教育经费预算，保证财政教育支出增长幅度明显高于财政经常性收入增长幅度。对预算执行中超收部分，也要按照上述原则优先安排教育拨款，确保全年预算执行结果达到法

定增长的要求。

（二）提高财政教育支出占公共财政支出的比重

各级人民政府要进一步优化财政支出结构，压缩一般性支出，新增财力要着力向教育倾斜，优先保障教育支出。各地区要切实做到2011年、2012年财政教育支出占公共财政支出的比重都有明显提高。

（三）提高预算内基建投资用于教育的比重

要把支持教育事业发展作为公共投资的重点。在编制基建投资计划、实施基建投资项目时，充分考虑教育的实际需求，确保用于教育的预算内基建投资明显增加，不断健全促进教育事业发展的长效保障机制。

三、拓宽经费来源渠道，多方筹集财政性教育经费

（一）统一内外资企业和个人教育费附加制度

国务院决定，从2010年12月1日起统一内外资企业和个人城市维护建设税和教育费附加制度，教育费附加统一按增值税、消费税、营业税实际缴纳税额的3%征收。

（二）全面开征地方教育附加

各省（区、市）人民政府应根据《中华人民共和国教育法》的相关规定和《财政部关于统一地方教育附加政策有关问题的通知》（财综〔2010〕98号）的要求，全面开征地方教育附加。地方教育附加统一按增值税、消费税、营业税实际缴纳税额的2%征收。

（三）从土地出让收益中按比例计提教育资金

进一步调整土地出让收益的使用方向。从2011年1月1日起，各地区要从当年以招标、拍卖、挂牌或者协议方式出让国家土地使用权取得的土地出让收入中，按照扣除征地和拆迁补偿、土地开发等支出后余额10%的比例，计提教育资金。具体办法由财政部会同有关部门制定。

各地区要加强收入征管，依法足额征收，不得随意减免。落实上述政策增加的收入，要按规定全部用于支持地方教育事业发展，同时，不得因此而减少其他应由公共财政预算安排的教育经费。

四、合理安排使用财政教育经费，切实提高资金使用效益

在加大财政教育投入的同时，各地区、各有关部门要按照《教育规划纲要》的要求，进一步突出重点、优化结构、加强管理，推动教育改革创新，促进教育公平，全面提高教育质量。

（一）合理安排使用财政教育经费

一是积极支持实施重大项目。坚持顶层设计、总体规划、政策先行、机制创新的基本原则，着力解决教育发展关键领域和薄弱环节的问题。国务院有关部门负责组织实施符合《教育规划纲要》总体目标、关系教育改革发展全局的项目，做好统筹规划和宏观指导工作。地方各级人民政府要按照《教育规划纲要》要求，结合本地实际，因地制宜地实施好相关重大项目。二是着力保障和改善民生。教育经费安排要坚持以人为本，重点解决人民群众关切的教育问题，切实减轻人民群众教育负担，使人民群众能够共享加大财政教育投入和教育改革发展的成果，保障公民依法享有受教育的权利。大力支持基本普及学前教育、义务教育均衡发展、加快普及高中阶段教育、加强职业教育能力建设、提升高等教育质量、健全家庭经济困难学生资助政策体系等重点任务。三是优化教育投入结构，合理配置教育资源。要统筹城乡、区域之间教育协调发展，重点向农村地区、边远地区、贫困地区和民族地区倾斜，加快缩小教育差距，促进基本公共服务均等化。要调整优化各教育阶段的经费投入结构，合理安排日常运转经费与专项经费。

（二）全面推进教育经费的科学化精细化管理

一是要坚持依法理财、科学理财。严格执行国家财政管理的法律法规和财经纪律，建立健全教育经费管理的规章制度。二是要强化预算管理。提高预算编制的科学性、准确性，提高预算执行效率，推进预算公开。三是要明确管理责任。地方各级人民政府要按照教育事权划分，督促有关部门采取有效措施，加强经费使用管理。各级教育行政部门和学校在教育经费使用管理中负有主体责任，要采取有效措施，切实提高经费管理水平。四是要加强财务监督和绩效评价。进一步完善财务监督制度，强化重大项目经费的全过程审计，建立健全教育经费绩效评价制度。五是要加强管理基础工作和基层建设。充分发挥基层相关管理部门的职能作用，着力做好教育基础数据的收集、分析和信息化管理工作，完善教育经费支出标准，健全学校财务会计和资产制度，规范学校经济行为，防范学校财务风险。

五、加强组织领导，确保落实到位

（一）加强组织领导

各省（区、市）人民政府负责统筹落实本地区加大财政教育投入的相关工作。要健全工作机制，明确目标

任务，做好动员部署，落实各级责任，加强监督检查。国务院各有关部门要按照职责分工，加强协调配合，共同抓好贯彻落实工作。

(二) 加大各省(区、市) 对下转移支付力度

要按照财力与事权相匹配的要求，进一步完善省以下财政体制，强化省级财政教育支出的统筹责任，防止支出责任过度下移。省级人民政府要根据财力分布状况和支出责任划分，加大对本行政区域内经济欠发达地区的转移支付力度。

(三) 加强监测分析

各地区要加强对落实教育投入法定增长、提高财政教育支出比重、拓宽财政性教育经费来源渠道各项政策的监测分析和监督检查，及时发现和解决政策执行中的相关问题。财政部要会同有关部门制定科学合理的分析评价指标，对各省（区、市）财政教育投入状况作出评价分析，适时将分析结果报告国务院，并作为中央财政安排转移支付的重要依据。

国务院

二〇一一年六月二十九日

国务院办公厅关于建立完整的先进的废旧商品回收体系的意见

国办发 〔2011〕 49号

各省、自治区、直辖市人民政府，国务院各部委、各直属机构：

随着我国工业化、城镇化进程加速和人民生活水平不断提高，产品更新换代周期缩短，废旧商品数量增长加快。由于我国废旧商品回收体系很不完善，不仅影响废物利用，而且极易造成环境污染，建立完整的先进的回收、运输、处理、利用废旧商品回收体系已刻不容缓。经国务院同意，现提出如下意见：

一、指导思想、基本原则和主要目标

（一）指导思想

贯彻落实科学发展观，以节约资源、保护环境为目的，充分发挥市场机制作用，完善法规和政策配套措施，推广应用先进适用技术，健全废旧商品回收网络，提高废旧商品回收率，加快建设完整的先进的回收、运输、处理、利用废旧商品回收体系。

（二）基本原则

坚持市场主导与政府引导相结合，逐步形成政府推动、市场调节、企业运作、社会参与的废旧商品回收机制；坚持循环发展与科技创新相结合，提高废旧商品回收产业整体技术水平；坚持多渠道回收与集中分拣处理相结合，提高废旧商品回收率；坚持全面推进与因地制宜相结合，有重点、有步骤地推进废旧商品回收体系建设。

（三）主要目标

到2015年，初步建立起网络完善、技术先进、分拣处理良好、管理规范的现代废旧商品回收体系，各主要品种废旧商品回收率达到70%。

二、重点任务

（四）抓好重点废旧商品回收

充分发挥市场机制作用，提高废金属、废纸、废塑料、报废汽车及废旧机电设备、废轮胎、废弃电器电子产品、废玻璃、废铅酸电池、废弃节能灯等主要废旧商品的回收率。加强政策引导和支持力度，进一步明确生产者、销售者、消费者责任，通过垃圾分类回收等途径，切实做好重点废旧商品的有效回收。加强报废汽车回收拆解管理，加快回收拆解企业升级改造，提高回收拆解水平。

（五）提高分拣水平

加快废旧商品分拣处理企业技术升级改造，鼓励

采用现代分拣分选设备，提升废旧商品分拣处理能力。建设符合环保要求的专业分拣中心，实现精细化分拣处理。不断完善废旧商品集散市场的分拣和集散功能，提高专业分拣能力，促进产需有效衔接，促进废旧商品回收加工一体化发展。

（六）强化科技支撑

在国家相关科技计划中进一步加大对废旧商品回收分拣处理技术研发的支持力度。建立健全产、学、研衔接互动机制，加强废旧商品回收分拣处理技术攻关，集中力量开发大宗废弃物、易污染环境的重点废旧商品回收分拣处理技术。鼓励研发先进的废旧商品回收分拣处理设备，提高回收分拣处理企业的技术装备水平。通过推广应用新技术、新工艺、新设备，加快提高废旧商品回收的现代化水平。加强国际合作与交流，借鉴国外废旧商品回收分拣处理的管理经验，积极引进国外先进技术设备，提高消化、吸收和创新能力。

（七）发挥大型企业带动作用

加大政策引导和支持力度，鼓励废旧商品回收企业联合、重组，做大做强，逐步培育形成一批组织规模大、经济效益好、研发能力强、技术装备先进的大型企业。充分发挥大型企业的示范和带动效应，提高废旧商品回收企业的组织化和规模化程度。鼓励外资参与废旧商品回收体系建设。

（八）推进废旧商品回收分拣集约化、规模化发展

按照布局合理、产业集聚、土地集约、生态环保的原则，在基础较好、需求迫切的地区先行试点，建设分拣技术先进、环保处理设施完备、劳动保护措施健全的废旧商品回收分拣集聚区，促进回收分拣集聚区与国家“城市矿产”示范基地等规模化利用基地的有效衔接。通过配套建设物流、信息、技术、环保设施等公共服务平台，吸引企业集群式发展，促进大企业和中小企业合作，形成企业间分工协作的完整产业链条。

（九）完善回收处理网络

鼓励各类投资主体积极参与建设、改造标准化居民固定或流动式废旧商品回收网点，发挥中小企业的优势，整合提升传统回收网络，对拾荒人员实行规范化管理。结合城市生活垃圾收运体系建设，加快建立居民废旧商品分类收集制度。畅通生产企业间直接回收大宗废旧商品和边角余料的渠道。鼓励生产企业、流通企业积极参与废旧商品回收，逐步实行生产者、销售者责任延伸制。明确生产企业回收废旧商品的责任，督促企业在设计和制造环节充分考虑产品废旧回收时的便利性和可回收率。鼓励党政机关、企事业单位以及居民社区与回收企业建立废旧商品定点定期回收机制。支持利用多种方式开展预约回收和交易，鼓励尝试押金回收、以旧换新、设置自动有偿回收机等灵活多样的回收方式，实现回收途径多元化。进一步做好废旧商品回收体系建设试点工作。

（十）加强行业监管

加强对回收企业站点、回收加工经营行为和市场秩序的监督管理，进一步健全行业管理制度和监督机制，营造统一规范、竞争有序的市场环境，建立和维护良好的废旧商品回收秩序。完善废旧商品回收经营者登记管理相关制度，加强对废旧商品交易市场经营行为的监管。强化对回收站点的治安管理，依法查处收购国家禁止收购物品、收赃销赃等违法犯罪行为。严厉打击利用废旧商品制假、造假行为，规范市场秩序。保护废旧商品回收和加工劳动者的合法权益，严格落实国家关于劳动保障的有关法规和制度。落实国家固体废物进口管理有关规定，加大预防和打击废物非法进口力度，加强对进口固体废物和旧商品的监管，鼓励进口再利用价值高、对原生资源替代性强、可直接用作原料的固体废物。

（十一）加强环境保护

强化废旧商品回收各环节的污染防治工作，完善污染防治设施，对废水、废气和固体废物实行严格收集和处理，严禁产生二次污染。制定和完善相应的环保法规、标准，加强回收、运输、处理、利用各环节的环境监管，加大环保执法力度，依法查处污染环境的企业并向社会公布。建立以环保指标为主要依据之一的市场准入和退出机制。积极推动企业开展质量管理体系和环境管理体系认证及清洁生产审核。对未达到质量和环保要求的废旧商品回收、运输、处理、利用企业，要切实加强督查、限期整改。

三、保障措施

（十二）加大财税金融支持力度

进一步研究完善支持废旧商品回收体系建设的财政政策。建立废弃电器电子产品处理基金，用于废弃电器电子产品回收处理费用补贴。通过国家科技计划（基

金）等渠道，加强废旧商品回收处理有关技术设备的研发与示范。研究制定并完善促进废旧商品回收体系建设的税收政策。创新金融产品和服务方式，加大金融机构支持废旧商品回收体系建设的服务力度。鼓励并引导社会资金参与废旧商品回收体系建设。地方各级人民政府要相应加大财政投入，同时抓紧清理废旧商品回收领域存在的不合法、不合理收费项目。

（十三）完善土地支持政策

在提高土地节约集约利用水平的基础上，加大对废旧商品回收体系项目的土地政策支持。对列入各地废旧商品回收体系建设规划的重点项目，在符合土地利用总体规划前提下布局和选址，需要进行土地征收和农用地转用的，在土地利用年度计划内优先安排。积极支持利用工业企业存量土地建设废旧商品回收体系项目。

（十四）修订完善相关制度和标准

加快废旧商品回收法规建设，将废旧商品回收处理纳入法制化轨道，明确相关主体责任。完善促进和规范废旧商品回收的相关制度，建立废旧商品回收统计体系，加强考核和评价。加快废旧商品回收行业标准和规范的制修订工作，制定相关技术规范和重点废旧商品回收目录。修订《报废汽车回收管理办法》。编制“十二五”废旧商品回收体系建设规划并纳入国家“十二五”发展规划和循环经济发展规划。各地区在编制和调整城市规划、土地利用总体规划、基础设施规划、村镇规划时，应充分考虑废旧商品回收体系建设的需要，合理布局回收网点、分拣中心和区域性回收分拣基地。

四、组织协调

（十五）建立统筹协调指导机制

成立由商务部牵头、有关部门参与的废旧商品回收体系建设部际协调机制，指导废旧商品回收体系建设工作，协调解决工作中的重大问题，研究提出政策建议和工作思路，促进废旧商品回收体系建设工作制度化。有关部门按照职能分工，加强协调，密切配合，共同推进。各地要将废旧商品回收体系建设纳入当地政府工作目标和考核内容，并建立相应的工作协调机制。充分发挥行业协会作用，强化企业与政府沟通，提高行业自律和组织水平。

（十六）深入开展宣传教育

利用多种形式，广泛进行废旧商品回收利用宣传教育，积极倡导环保健康、循环利用的生产生活方式，在全社会推动形成加强环境保护、注重资源回收的良好氛围，树立全民节约环保意识。在中小学教育和职业技能培训中，加强勤俭节约品德和废旧商品回收知识普及教育。

国务院办公厅

二〇一一年十月三十一日

国务院关于进一步促进内蒙古经济社会又好又快发展的若干意见

国发〔2011〕21号

各省、自治区、直辖市人民政府，国务院各部委、各直属机构：

改革开放特别是实施西部大开发和振兴东北地区等老工业基地战略以来，内蒙古抢抓机遇，开拓进取，经济社会发展取得巨大成就，已经站在新的历史起点上。但内蒙古在发展中仍存在基础设施建设滞后、生态环境脆弱、产业结构单一、区域发展不平衡、公共服务能力不强等突出困难和问题，为进一步促进内蒙古经济社会又好又快发展，现提出以下意见：

一、总体要求

（一）重大意义

内蒙古位于我国北部边疆，是我国民族区域自治制度的发源地，煤炭、有色金属、稀土、风能等资源富集，发展潜力巨大，生态区位独特，在全国经济社会发展和边疆繁荣稳定大局中具有重要的战略地位。在新形势下，推进内蒙古加快转变经济发展方式、深化改革开放，有利于构筑我国北方重要的生态安全屏障，有利于形成我国对内对外开放新格局，有利于优化提升经济结构，有利于促进区域协调发展，有利于加强民族团结和边疆稳定。

（二）指导思想

高举中国特色社会主义伟大旗帜，以邓小平理论和“三个代表”重要思想为指导，全面贯彻落实科学发展观，坚持和完善民族区域自治制度，深入实施西部大开发和振兴东北地区等老工业基地战略，以加快转变经济发展方式为主线，以深化改革、扩大开放为动力，进一步加大国家支持力度，着力加强生态保护和基础设施建设，夯实可持续发展基础；着力推进经济结构战略性调整，提高发展质量和水平；着力培育新的经济增长点，促进城乡和区域协调发展；着力保障和改善民生，不断提高公共服务能力；着力加强社会建设和社会管理，促进民族团结边疆稳定，努力实现全面建设小康社会目标，为全国经济社会发展作出更大贡献。

（三）战略定位

——我国北方重要的生态安全屏障。全面实施重点生态保护与建设规划，大力推进重大生态工程建设，加强重点区域、流域生态建设和环境保护，构筑以草原和森林为主体、生态系统良性循环、人与自然和谐相处的国家生态安全屏障。

——国家重要的能源基地、新型化工基地、有色金属生产加工基地和绿色农畜产品生产加工基地。充分发挥资源丰富、靠近市场、基础较好的优势，做大做强特色优势产业，加快构建多元化的现代产业体系，把内蒙古建设成为国家战略资源支撑基地和新的经济增长点。

——我国向北开放的重要桥头堡。大力实施沿边开放战略，依托重点口岸和合作园区，加快国际通道、对外窗口及沿边开发开放试验区建设。深化与俄罗斯、蒙古等国家的经贸合作与交流，发挥内引外联的枢纽作用，努力构建面向北方、服务内地的对外开放新格局。

——团结繁荣文明稳定的民族自治区。坚持和完善民族区域自治制度，发扬民族团结的优良传统，全面落实各项民族政策，大力繁荣民族地区经济，切实增进各族人民福祉，筑牢我国北方安全屏障，建设民族团结、经济繁荣、社会进步、边疆稳定的民族自治区。

（四）基本原则

——坚持推进经济结构战略性调整。把经济结构战略性调整作为加快转变经济发展方式的主攻方向，协调推进新型工业化、新型城镇化和农牧业现代化，增强自主创新能力，加快产业结构调整升级，优化城乡结构和区域布局，促进经济社会协调发展。

——坚持保障和改善民生。走富民强区之路，始终把保障和改善民生作为经济社会发展的出发点和落脚点，着力解决各族人民最关心、最直接、最现实的利益问题，努力实现居民收入增长和经济发展同步，劳动报酬增长和劳动生产率提高同步，使发展成果惠及各族人民。

——坚持节约资源保护环境。树立绿色发展理念，加强生态建设和环境保护，开发利用低碳技术，落实节能减排措施，大力发展循环经济，提高资源综合利用水平，促进经济社会发展与人口资源环境相协调，不断提高可持续发展能力。

——坚持深化改革扩大开放。赋予先行先试政策，深化重点领域和关键环节的改革，力争取得突破；深化对内对外开放，不断拓展广度和深度，增强经济社会发展的活力和动力。

——坚持促进民族团结社会稳定。全面贯彻落实党的民族工作方针和政策，始终坚持各民族共同团结奋斗、共同繁荣发展，巩固和发展社会主义新型民族关系，加强和创新社会管理，提高社会管理的科学化水平，以繁荣发展促进团结稳定，以团结稳定保障繁荣发展。

（五）主要目标

到2015年，交通、能源、水利、农牧业等基础设施瓶颈制约明显缓解；基本形成多元发展、多级支撑的产业体系，自主创新能力显著提高，综合经济实力进一步增强；农牧区生产生活条件明显改善，城乡居民收入达到全国平均水平；基本公共服务能力显著提高，区域发展差距明显缩小，贫困人口显著减少；生态环境恶化趋势得到有效遏制，治理区明显好转，基本实现草畜平衡，草原植被覆盖度达到43%，森林覆盖率达到21.5%；节能减排取得明显成效，单位地区生产总值能耗下降、主要污染物和二氧化碳减排实现预期目标。

到2020年，基础设施更加完善，基本适应经济社会发展需要；经济结构进一步优化，经济发展水平明显提升，城乡居民收入超过全国平均水平；实现基本公共服务均等化，区域内部发展的协调性明显增强；贫困地区经济社会发展水平全面提升，稳定实现扶贫对象脱贫致富；草原植被覆盖度和森林覆盖率进一步提高，生态状况明显改善，主要生态系统步入良性循环，可持续发展能力显著增强；形成生产发展、生活富裕、生态良好的现代化内蒙古新局面。

二、全面推进生态建设和环境保护

（六）加强草原生态保护与建设

推进草原生态保护与建设，在全国退牧还草工程建设中继续把内蒙古作为重点。全面落实草原生态保护补助奖励政策，严格执行草畜平衡、休牧轮牧制度，对严重退化、沙化草原实行禁牧。启动实施呼伦贝尔草原草甸、科尔沁草原、阴山北麓草原等重点生态功能区保护与建设工程。推进草原牧区基础设施建设，发展设施畜牧业和人工草场，稳步实施生态移民，培育后续产业。提高草原防灾减灾能力，加大草原防火和病虫鼠害防治力度。探索建立基本草原保护制度，研究制定草原征用占用补偿标准，依法征收草原植被恢复费。推进草原生态保护和治理的技术研究与应用，加强草原生态监测监理体系建设，加大草原管护力度。

（七）强化森林生态保护与建设

继续实施天然林保护和“三北”防护林工程，巩固退耕还林成果，支持人工造林和森林改造培育。加强林地管理，严禁毁林开荒，在林区逐步实施“代木能源”工程。加大重点湿地保护与恢复力度，严禁湿地开垦等破坏性活动，逐步扭转湿地萎缩趋势。推进大小兴安岭生态功能区的生态保护与建设，加快实施《大小兴安岭林区生态保护与经济转型规划（2010—2020年）》。提高森林防火和有害生物防治能力，加强大兴安岭寒带生物基因库保护和建设。继续实施森林管护中央财政补助政策，将符合规定的国家级公益林纳入中央财政森林生态效益补偿范围。

（八）加大沙地沙漠和水土流失治理力度

加强沙地沙漠综合治理，在京津风沙源治理工程建设中继续把内蒙古作为重点。启动重点地区防沙治沙专项治理工程和沙化土地封禁保护区建设，推广实用技术和模式，鼓励发展沙产业。加大水土保持重点工程建设规划实施力度，启动黄土高原综合治理工程，以多沙粗沙区为重点，实施黄河沿岸十大“孔兑”综合治理。加强江河源头地区水土保持和嫩江、辽河流域黑土区及中小河流水土流失治理，提高水土流失监测能力。实施阿拉善生态绿洲保护与治理工程。

（九）加强环境综合整治

加大黄河、辽河、松花江、海河等重点流域水污染防治力度，推进项目建设。抓紧开展乌梁素海综合治理，提高生态用水保障程度，严格控制污染源。强化水功能区和入河排污口监测，健全监督管理体系。加强城镇和工业园区污水、垃圾、危险废物处理等环保基础设施建设，实现危险废物全过程规范化管理。加大“以奖代补”力度，推进污水处理设施配套管网建设和既有居住建筑供热计量及节能改造。推进重点城市大气污染防治工程建设，支持燃煤电厂和工业锅炉除尘脱硫脱硝，发展集中供热，防治机动车尾气污染。全面加强矿区生态保护与环境综合治理。提高共伴生矿、煤层气、矿井水和粉煤灰、煤矸石、尾矿等工业“三废”综合利用水平。采取综合措施，开展农村面源污染治理。强化对持久性有机污染物和危险化学品的监管，开展重金属污染责任保险试点，建立重金属防治和事故应急体系。提高环境监管能力，完善管理体系。支持开展生态建设示范区和生态文明试点工作。

（十）切实做好节能减排工作

大力实施重点节能工程，支持高载能行业节能改造和重大节水技术改造工程建设。加快淘汰落后产能，推行清洁生产，积极发展循环经济。开展循环经济示范、主要污染物排污权有偿使用和交易试点工作。推广应用低碳技术，实施森林草原固碳增汇技术示范工程，控制温室气体排放。

三、大力加强基础设施建设

（十一）加快综合交通运输体系建设

推进鄂尔多斯、锡林郭勒等煤炭资源富集地区至河北、辽宁沿海港口煤运通道建设，规划建设内蒙古西部煤炭产地至中部省份的北煤南运新通道，提升大秦、朔黄等既有煤运铁路集运能力；建设呼和浩特至张家口客运专线和赤峰、通辽至京沈客运专线联络线等铁路，规划建设连接50万人口以上城市的快速铁路；继续实施铁路电气化改造。推进呼和浩特—集宁—张家口、呼和浩特—包头—东胜等高速公路扩能，建设通辽—沈阳、临河—哈密、赤峰—承德和锡林浩特—张家口等连接周边省区的高速公路；加大国省干线公路、农村公路、国边防公路建设投入，加强国边防公路养护、界河航道维护，推进国家公路运输枢纽建设。支持内蒙古发展支线航空，建设霍林郭勒等支线机场，研究论证扎兰屯、乌兰察布等支线机场建设问题，积极推进阿拉善通勤航空试点和呼伦贝尔拓展通用航空服务领域试点工作；加快呼和浩特国际机场建设，增加呼和浩特—北京航班密度；按照国家航空应急救援体系建设规划，研究购置应急救援直升机、建设应急救援基地和部分航空起降点。建设呼和浩特、包头、鄂尔多斯、通辽等区域性综合交通运输枢纽。有序建设原油、成品油、天然气和煤基燃料输送管道。

（十二）加强水利工程建设

加快黄河内蒙古段防洪工程、海勃湾水利枢纽、三座店水库等项目建设，推进文得根、扎敦河等水库和“引绰济辽”调水等工程前期工作，适时开工建设。实施病险水库（闸）除险加固和黄河防凌防洪工程，加强黄河、辽河、嫩江等重要江河及中小河流治理。完善防洪工程设施，切实提高城市防洪能力。积极推进河套、察尔森等大型灌区、中型灌区和小型微型水利设施建设。全面建设节水型社会，开展农牧业高效节水示范，加大对农业高效节水灌溉工程的支持力度。严格执行黄河、松花江等重要河流水资源用水指标，落实黑河流域水资源分水指标。

（十三）加快电力输送通道建设

将内蒙古电力外送通道纳入国家电网建设总体规划，优先安排建设。加快蒙西、呼伦贝尔等煤电基地至华北、华中、华东、东北输电通道前期工作，研究论证锡林郭勒至南京等长距离大容量高电压等级输电通道建设。完善区内500千伏骨干网架，扩大电网覆盖范围，积极推进城乡电网改造工程。鼓励利用火电输出通道外送部分风电，扩大电网接纳风电规模，配套建设调峰电源，统筹制定风电消纳方案。

（十四）推进信息网络建设

加强数字化城市管理信息系统和城市空间地理信息数据库建设，建立覆盖农牧区乡镇的信息综合服务体系。加快电子政务网和重点政务信息系统建设。推进宽带、新一代移动通信网络和广播电视网络建设，逐步实现城市光纤到户，行政村（嘎查）通宽带，实现通信信号基本覆盖自然村、居民点、旅游景点和主要交通沿线等地区。鼓励具备条件的地区开展三网融合试点，建设呼包鄂乌工业化、信息化融合创新试验区，推进其他具备条件的地区开展工业化、信息化深度融合。支持蒙古语软件研发和应用推广。建立邮政、电信普遍服务补偿机制，对农牧区邮政、通信网络建设和运营给予政策和资金支持。

四、积极发展现代农牧业

（十五）转变畜牧业发展方式

在牧区、半农半牧区坚持以草定畜，因地制宜发展草原畜牧业，在农区大力发展设施畜牧业，推进标准化规模养殖。支持百万头奶牛、百万头肉牛和千万只肉羊高产工程建设，加强饲草料基地、储草棚、青贮窖等设施建设。建立健全动物疫病防控、畜禽良种繁育和畜牧业技术推广服务体系，加大重大动物疫病和布病等人畜共患病防控工作资金投入。对牛羊肉、羊绒、羊毛等大宗畜产品实施价格保护政策。扩大牧区畜牧良种补贴范围，在对肉牛和绵羊进行补贴基础上，将山羊纳入补贴范围。完善牧业机械补贴政策。

（十六）提高农业现代化水平

加强农业基础设施建设，优化种植业结构，贯彻实施《全国新增1000亿斤粮食生产能力规划（2009—2020年）》，提高粮食综合生产能力。坚持最严格的耕地保护制度，积极推进农村土地整治，加大中低产田改造和农业综合开发力度。完善技术推广体系，促进农业科技成果转化。加强测土配方施肥和病虫害专业统防统治，发展现代种业，提高农业机械化水平，提倡保护性耕作，大力发展旱作节水农业。完善现代农业产业体系，发展高产、优质、高效、生态、安全的现代农业，推进农业生产经营专业化、标准化、规模化、集约化。发展设施农业和都市观光农业，支持赤峰、通辽、乌兰察布等地区建设绿色、有机蔬菜基地。把马铃薯列入国家良种繁育补贴范围，逐步扩大马铃薯原种生产补贴规模，对种植马铃薯脱毒种薯给予良种补贴。对粮油生产大县（旗）加大奖励性扶持力度。

（十七）深化农牧林业改革

稳定农村土地和草原家庭承包经营责任制。按照依法自愿有偿的原则，规范引导农村土地、草牧场承包经营权有序流转，稳妥推进农牧业规模化经营。深化农垦体制机制改革，建立有利于现代农业发展的经营管理制度，将国有农牧场纳入强农惠农政策范围，逐步实现垦区与地方的资源共享，支持垦区企业集团和国有农牧场发展。深化集体林权制度改革，加快国有林场改革，稳妥推进重点国有林区森林资源管理体制改革，完善林权改革配套政策。鼓励农牧区集体和个人以土地、草场使用权入股等方式参与当地资源开发建设，增加农牧民财产性收入。

五、积极构建多元化现代产业体系

（十八）稳步推进国家能源基地建设

优化煤炭资源开发，进一步规范开采秩序，推进资源整合，强化安全生产管理，建设一批现代化露天煤矿和千万吨级安全高效矿井，建成一批年产5000万吨以上的大型煤炭生产矿区。支持呼伦贝尔、锡林郭勒和鄂尔多斯等重点煤电基地建设。对富铝煤、富锗煤、焦煤和无烟煤等资源实行保护性开发，适度开展褐煤干燥等工艺创新。加大煤田灭火力度。打造蒙西、蒙东两个千万千瓦级风电基地，在太阳能资源富集地区建设一批兆瓦级并网太阳能光伏和太阳能热发电基地。鼓励城市发展背压机组实现集中采暖，允许符合条件的地级城市发展大型热电联产，合理安排工业园区热电建设，在特大型洗煤厂周边优化布局煤矸石资源综合利用电厂。

（十九）大力发展资源深加工产业

充分发挥煤炭、有色金属、农畜产品等资源优势，提高开发和深加工水平，努力打造国家新型化工、有色金属生产加工和绿色农畜产品生产加工基地。以资源环境承载能力为基础，依据国家规划适度发展煤化工产业，优先布局升级示范项目，适时推进产业化。建设油气生产加工基地，在符合国家天然气利用政策和统筹全国天然气供需的前提下，增加当地利用天然气规模。支持大型聚氯乙烯和焦炭企业技术进步和升级换代，以乌海及周边地区为重点建设全国重要的焦化、聚氯乙烯生产加工基地，以乌兰察布为重点建设高水平精细氟化工产业集群。根据水资源条件有序发展盐碱、煤焦油深加工等优势化工产业，延伸后续产业链。发展铝电联营，支持高铝粉煤灰资源综合利用，推进铜、铅、锌等有色金属采、选、冶一体化建设，实现资源就地高效转化。依托龙头企业和知名品牌，做大做强乳品和羊绒生产加工业，加快培育肉类、粮油、果蔬生产加工龙头企业，打造一批绿色知名品牌。加强原产地产品及地理标志产品保护。

（二十）改造提升传统产业

利用高新技术改造提升冶金、建材、轻纺等传统产业，提高企业技术装备水平和产品竞争力。推进钢铁产品结构调整和换代升级，发展高强度轿车用钢、高档电力用钢、大型石油管材等产品，不断提高特种钢和优质钢比重，建设包头钢铁基地。提高水泥、玻璃、陶瓷等建材行业生产水平，鼓励发展新型建筑材料。支持发展轻纺、服装、地毯生产加工以及民族手工业和民族特需用品，扩大产业规模，提高产品档次。

（二十一）努力发展装备制造业

依托现有产业基础，积极引进优势企业和先进技术，做大做强装备制造业。进一步提升工程机械、矿山机械等优势制造业发展水平，培育发展风电设备、输变电设备、化工装备、冶金装备、环保及综合利用装备和农牧业机械，扶持发展乘用车、新型商用车和新能源汽车，推进通用飞机制造项目建设。加快模具、关键零部件生产，发展配套产业。加强政策扶持和产业引导，推动形成一批先进装备制造业基地。

（二十二）积极培育战略性新兴产业

积极有序发展新材料、新医药、新一代信息技术和节能环保等战略性新兴产业。加强稀土资源保护，加大资源开发整合和储备力度，加快稀土关键应用技术研发和科技成果产业化，提高稀土开发利用水平，以包头为重点大力发展稀土等新材料产业。积极推进电子信息产业发展。鼓励发展生物制药、现代中蒙药、生物疫苗和生物育种，加强生物发酵技术研发及产业化。大力发展节能环保产业，提高技术水平，培育壮大一批节能环保企业。推进鄂尔多斯、呼伦贝尔等地可再生能源产业园区建设。支持设立新兴产业创业投资基金。

（二十三）加快发展服务业

把发展服务业作为产业结构优化升级的重点，推进生产性服务业和生活性服务业发展。加强区域性物流节点城市的物流基础设施建设，依托煤炭、化工、农畜产品等资源产品优势和口岸优势，建设一批地区性物流中心，把满洲里建成东北亚国际物流中心。合理布局商业网点，完善城乡流通网络，提升城市社区服务业功能和水平；实施“万村千乡市场工程”，开展农超对接，提高农牧区连锁经营、物流配送覆盖面；推进粮食储备设施和专业市场建设。大力发展电子商务。扶持快递业规模化发展。加快发展服务贸易，积极发展软件出口、服务外包和高新技术服务业。支持民族商品贸易发展，办好中国民族商品交易会；培育发展会展产业，提升内蒙古农博会、中俄科技展的影响力。建设草原文化旅游大区，提升草原、森林、沙漠、地质奇观等重点旅游景区水平，扶持发展休闲农业和乡村旅游，大力发展红色旅游和边境旅游，推动开展特色景观旅游名镇（村）示范建设；发展特色专项旅游、沙漠探险旅游和生态休闲旅游，打造精品旅游线路；加强旅游公路、景区公共服务等基础设施建设，提升城市旅游集散中心功能。培育壮大金融业，进一步发展银行、证券、保险、信托、期货等金融服务，加快建设现代金融服务体系，推进金融改革创新，规范金融市场秩序。支持服务业综合改革试点区域做好相关工作。

（二十四）切实增强自主创新能力

努力增强原始创新、集成创新和引进消化吸收再创新能力，优化升级产业结构。推进科技基础设施、创新平台和创新载体建设，加强核心技术和共性关键技术研发，支持建设大型数据中心、重点（工程）实验室、工程（技术）研究中心、企业技术中心等。鼓励地方科研单位与国家级科研院所开展科技合作，推动新技术开发和成果应用。提升高新技术开发区产业集聚和自主创新能力，充分发挥企业家和科技领军人才在科技进步中的作用。

六、统筹推进城乡区域协调发展

（二十五）加快城镇化进程

统筹规划、合理布局，促进城市和城镇协调发展，积极构建多中心带动的城镇发展格局。依托盟（市）、旗（县）所在地和建制镇，积极引导产业集聚，提高城镇服务功能，引导城镇有序发展，积极稳妥推进城镇化。稳妥推进城乡户籍制度改革，为农牧民进城就业落户创造条件。加强城镇公共基础设施建设，加大城镇保障性住房建设力度。研究推动大中城市快速轨道交通建设。

（二十六）培育壮大县域经济

加强县城和重点镇建设，提高集聚和辐射带动能力。发挥比较优势，扶持资源加工型、劳动密集型、产业配套型等产业发展，培育一批具有一定规模和水平的特色产业，着力打造一批各具特色的经济强县（旗）。合理规划布局工业园区，引导企业向园区集中，推动生态工业园区建设。鼓励龙头企业在农牧区建设原料生产加工基地。结合推进生态保护工程建设、相关产业发展和城镇化，有序引导农牧区劳动力转移。

（二十七）统筹内蒙古东西部地区发展

加快构建沿黄河、沿交通干线经济带，合理布局生产力，着力提升能源、新型化工、装备制造等产业水平，增强区域实力和竞争力。推进呼和浩特、包头、鄂尔多斯一体化发展，辐射带动内蒙古西部地区率先发展。加大内蒙古东部地区开发开放力度，进一步融入东北及环渤海经济区（圈），主动承接辐射带动和产业转移。优化兴安、赤峰、锡林郭勒等地区的水煤资源配置，有序发展煤电、煤化工、有色金属加工、装备制造、农畜产品深加工等产业。支持革命老区、少数民族聚居区、边境地区、贫困地区加快发展，对集中连片特殊困难地区实施扶贫攻坚。在加大对东部地区支持力度的同时，建立自治区内部对口帮扶机制，引导西部地区在资金、技术、人才、管理等方面加强对东部地区的帮扶。

（二十八）促进资源型城市转型

积极培育壮大接续替代产业，建立多元化的产业体系，支持资源型城市加快经济转型。推进内蒙古整体列为国家资源型地区可持续发展试点工作，探索资源型地区可持续发展新模式。完善资源有偿使用制度，规范资源矿业权及产权交易。将符合条件的资源型城市（地区）列入第三批资源枯竭城市名单，增加转移支付补助。全面推进采空区沉陷区治理、植被恢复和尾矿库安全闭库。支持矿区棚户区改造和转产转业人员安置。

七、着力保障和改善民生

（二十九）改善农牧区生产生活条件

积极推进新农村新牧区建设，做好村镇发展建设规划。到2013年，解决规划内农牧民及农林场职工饮水安全问题和无电地区的用电问题，尽快实现城乡用电同网同价。到2015年，解决农牧民饮水安全问题，实现所有具备条件的乡镇（苏木）通沥青（水泥）路和建制村（嘎查）通公路。积极开发农村沼气，建设一批大中型养殖场沼气工程。加大农村危房改造和游牧民定居工程实施力度，加快林区棚户区改造和垦区危房改造及配套设施建设。开展农牧民聚居区环境综合治理，落实“以奖促治”政策。

（三十）加大扶贫开发力度

积极推进贫困地区基础设施建设，改善发展环境和生产生活条件。加大财政扶贫资金投入力度，扩大扶贫贴息贷款规模，继续实施整村推进、产业化扶贫、劳动力转移培训、以工代赈、兴边富民等工程，提高贫困人口收入。积极做好易地扶贫搬迁工作，妥善解决搬迁农牧民后续发展和长远生计问题。尽快实现农村低保制度与扶贫开发政策有效衔接。积极稳妥发展贫困村互助资金组织，加强定点扶贫和东西扶贫协作，鼓励民间组织和企业积极参与扶贫开发。

（三十一）优先发展教育事业

积极发展学前教育，巩固提高九年义务教育，普及高中阶段教育，提高高等教育质量。改善义务教育办学条件，积极推进县域义务教育均衡发展。支持乡镇（苏木）、村（嘎查）幼儿园和边远艰苦农牧区学校教师周转宿舍建设，改善特殊教育学校条件。加强民族教育，提高双语教学质量，对高中阶段教育和农村义务教育家庭经济困难寄宿生给予生活费补助。积极发展技工教育，落实好中等职业教育免学费政策，支持职业教育基础能力、国家示范性职业院校以及高等院校和重点学科建设。鼓励国家重点高校与内蒙古联合办学，扩大中央部属高校和东部省（市）高校在内蒙古的招生规模，实施对口支援中西部地区高等学校计划和招生协作计划。加强师资培训和人才队伍建设，推进“草原英才”工程，实施“内蒙古院士援助计划”和“内蒙古少数民族专业技术人才特培计划”，培养和引进高层次和高技能人才，完善人才储备制度。

（三十二）提高医疗卫生服务水平

深化医药卫生体制改革，建立健全覆盖城乡居民的基本医疗卫生制度，完善公共卫生服务体系，提高医疗服务的覆盖面和可及性。支持精神卫生、农牧区应急救治、卫生监督等专业服务网络建设。加强以县（旗）医院为龙头、乡镇（苏木）卫生院和村（嘎查）卫生室为基础的农村三级医疗卫生服务网络，实现每县（旗）至少有1所基本达到二甲水平的县级医院（含民族医院），有1－3所达标的中心乡镇（苏木）卫生院，行政村（嘎查）有卫生室。推进新农合制度建设，扩大覆盖面，逐步提高筹资与保障水平。完善以社区为基础的新型城市医疗卫生服务体系，实现每个街道都有社区卫生服务机构，加强盟（市）综合医院和妇儿医院建设。加大地方病、传染病防治防控力度。支持建设卫生人才培养基地，积极培养全科医生。推进医药卫生信息化建设。完善农村计划生育家庭奖励扶助制度和计划生育家庭特别扶助制度，继续实施“少生快富”工程。建立健全出生缺陷分级干预体系、人口和计划生育技术服务体系，加强人口和计划生育基础设施及农牧区流动服务能力建设。

（三十三）积极发展文化体育事业

推进广播电视村村通工程、农牧区电影放映工程、西新工程、文化信息资源共享工程、农家（草原）书屋工程、农民体育健身工程等重大惠民工程建设，健全公共文化服务体系。培育民族特色文化产业，推进文化产业基地和区域特色文化产业群建设，鼓励发展乌兰牧骑等民族文化演艺事业。加大对民族历史文化遗产和非物质文化遗产的保护力度。加强蒙古族历史文化典籍的挖掘、整理、保护和传承。建设国家蒙古文出版基地，努力提高新闻出版单位技术装备水平，创新内容、形式和传播手段，增强新闻出版市场监管能力。支持广播影视数字化、民族语言广播电视和节目译制能力以及特色院线设施建设。加强面向群众的体育公共服务设施建设，挖掘推广优秀传统民族体育项目，积极开展民族体育节庆活动和特色体育赛事，打造体育赛事品牌。

（三十四）努力扩大就业

实施积极的就业政策，加大对就业和创业的支持力度，建立健全促进就业和支持创业的长效机制，以创业带动就业。继续做好高校毕业生、返乡农牧民、复员退伍军人和新成长劳动力等各类人群的就业工作。进一步发挥政府投资、重大项目建设带动就业的作用，吸纳一定比例的当地劳动力就业。支持开发牧区草场管护、乡村道路协管、城镇公共服务管理等公益性岗位，解决好城镇“零就业”家庭和就业困难群体的就业问题。加强公共就业服务体系和基层劳动就业公共服务平台建设，推进职业技能培训，建立健全人力资源市场。

（三十五）完善社会保障体系。建立覆盖城乡的社会保障体系，扩大覆盖范围，加大投入力度，提高保障水平。加快实施新型农村社会养老保险制度，“十二五”期间实现全覆盖。按照先保后征原则，将被征地农牧民纳入社会保障范围。进一步完善城镇基本养老保险、职工基本医疗保险、城镇居民医疗保险、新型农村合作医疗保险、失业保险、工伤保险和生育保险制度，提高社会保险统筹层次，合理确定城乡居民最低生活保障标准。加快建立城镇居民养老保险制度，按照国家统一部署提高企业退休人员基本养老金水平。支持解决关闭破产集体企业退休人员和困难企业职工参加医疗保险、国有企业和集体企业“老工伤”人员纳入工伤保险统筹管理等历史遗留问题。加强城乡社会保障经办、社会救助服务平台建设，“十二五”期间基本建成盟（市）、旗（县）人力资源和社会保障服务中心。健全社会救助体系，推进社区服务、儿童福利、养老服务、残疾人服务设施建设，完善五保供养、医疗救助、教育和临时救助资金保障机制。提高防灾救灾体系和应急能力，支持建设国家级救灾物资储备库。

八、不断深化改革扩大开放

（三十六）推进体制机制创新

坚持把深化改革作为促进科学发展的根本动力，消除体制机制障碍，增强发展活力。加快政府职能转变，创新行政管理体制，提高行政能力和效率。坚持和完善基本经济制度，加大国有企业改革力度，鼓励和引导民营企业通过参股、控股、资产收购等多种形式，参与国有企业改制重组。积极推进投资主体多元化，大力发展混合所有制经济。鼓励中央企业与地方企业联合重组，培育具有较强竞争力的大企业集团。大力发展非公有制经济，落实放宽市场准入的各项政策，支持非公有制企业进入基础设施、公用事业、金融服务和社会事业等领域。认真落实促进中小企业发展的各项政策，依法保护中小企业合法权益，鼓励中小企业与大企业形成产业链的协作配套关系。推进投资体制改革，落实企业投资决策自主权，降低民间资本市场准入门槛。健全土地、资本、人力资源、技术等要素市场，加快建设统一开放的市场体系。

（三十七）深化国内区域合作

进一步加强与北京、东北三省及其他省区的区域合作，建立健全合作机制，拓展合作领域，积极引导中央企业和其他省（区、市）企业到内蒙古投资兴业。鼓励跨地区的重大基础设施建设和产业园区共建，支持内蒙古与沿海地区合作建设出海通道和临港产业基地，与相邻省（区）合作建设能源产业集聚区。支持建设承接产业转移示范区，国家产业转移引导资金适当向内蒙古倾斜。

（三十八）扩大对外经贸合作

大力发展外向型经济，鼓励机电、轻纺、建材和优势特色农畜产品，以及高新技术产品“走出去”，加大对国内短缺原材料进口的扶持力度。创新利用外资方式，吸引外商投资特色优势产业，扩大基础设施、社会事业、生态环保、扶贫开发等领域利用外资规模。支持有条件的企业在境外建立资源开发基地。促进边境贸易发展，对进口有资质限制的商品，在核定边贸企业资质时适当放宽标准。推进满洲里重点开发开放试验区建设，研究建立二连浩特国家重点开发开放试验区。规划建设沿边开发开放经济带。探索在巴彦淖尔等有条件的地区设立边境经济合作区，支持在符合条件的地区设立海关特殊监管区和保税监管场所。探索建立中俄、中蒙跨境旅游合作区。

（三十九）打造开放合作平台

加强与俄蒙毗邻地区的交往和联系，积极参与东北亚、中亚等国际区域合作。支持开展政府间互访、商贸往来、人文交流等双边多边活动，形成多层次宽领域的合作交流机制。加大支持力度，推进满洲里、二连浩特、甘其毛都、策克等重点口岸基础设施建设。支持阿尔山口岸正式开放。加快满洲里、二连浩特等重点口岸公路和阿尔山—乔巴山等跨境铁路建设。研究出台便捷通关和简化边民互市监管的措施，推进跨境运输和口岸通关便利化。加强口岸安全、卫生检疫等工作。

九、努力构建和谐稳定边疆

（四十）巩固和加强民族团结

发扬民族团结优良传统，进一步巩固和发展平等、团结、互助、和谐的社会主义新型民族关系，深入开展民族团结进步创建活动。切实保障少数民族群众的合法权益，尊重少数民族群众的风俗习惯、文化传统和宗教信仰。落实和完善促进民族地区发展的各项政策，解决好各族人民最关心、最直接、最现实的利益问题。加大对鄂伦春、鄂温克、达斡尔、俄罗斯四个人口较少民族的扶持力度。积极推进兴边富民行动计划。

（四十一）加强和创新社会管理

强化各级政府的社会管理职能，妥善处理各类矛盾，努力构建和谐社会。动员和组织群众依法参与社会管理。强化非公有制经济组织和社会组织管理。引导各类社会组织加强自身建设，增强服务社会能力。建立健全维护群众权益机制，解决好资源开发、土地征用、房屋拆迁等涉及群众切身利益问题。完善公共安全体系，健全食品药品安全监管机制。加强安全生产管理，健全突发事件应急机制，提高社会危机管理和抗风险能力。

完善社会治安防控体系，依法加强对重点地区、重点部位、重点对象以及互联网等新兴媒体的管理。

（四十二）维护边疆社会稳定

加强边境县旗（市）、乡镇（苏木）和村（嘎查）的办公场所、综合服务设施建设。强化基层政法机关建设，支持公安、检察、法院、司法、安全以及边防、消防等基础设施建设，提高技术装备水平，增强预防和处置突发事件能力。行政人员编制适当向边境地区基层倾斜，保障运行经费，增强管理和服务能力。加强爱国主义和法制宣传教育，增强国家意识、法律意识、公民意识。严厉打击蓄意挑拨民族关系、破坏民族团结、制造恶性事件的行为，加强边境地区管理，严防境外敌对势力的破坏、分裂和渗透活动，扎实推进“平安内蒙古”建设。

十、加大政策支持力度

（四十三）产业政策

根据国家产业布局和专项规划，实施差别化产业政策，优先在内蒙古布局建设具有比较优势的煤炭、电力、煤化工、有色金属生产加工等项目，在项目核准、资源配置等方面给予积极支持。按照国家节能减排总体要求和环境容量，综合考虑经济发展、产业结构调整和能源供应等因素，合理确定内蒙古节能减排指标和主要污染物排放总量。支持具备条件的省级开发区升级为国家级开发区。建立健全电力市场机制，大力推进电力多边交易。制定促进风力发电、太阳能发电等行业发展的上网电价。建立健全节约用水和水资源保护机制，加快水权转换和交易制度建设，在内蒙古开展跨行政区域水权交易试点。

（四十四）财税政策

加大中央财政一般性转移支付和专项转移支付支持力度。推进资源税改革，研究完善内蒙古煤炭等矿产资源领域收费基金政策。完善风电产业税收政策，促进风电发展。将符合条件的公益性建设项目国债转贷资金全部改为拨款。中央财政对符合条件的农牧业保险给予适当补贴。鼓励中央企业在内蒙古的分支机构变更为独立法人，实行税收属地化管理。建立生态环境补偿机制，加大生态补偿力度。

（四十五）金融政策

鼓励股份制商业银行、外资银行和保险公司创新服务，支持内蒙古加快转变发展方式、调整经济结构。扶持地方性银行等金融机构发展。进一步加大对内蒙古的信贷支持力度。加快推进农村信用社股份制改造，培育发展村镇银行等新型农牧区金融机构。大力推进农村金融产品和服务创新，鼓励银行业经营机构在金融服务空白乡镇（苏木）设立服务网点。继续完善小额信贷和联保贷款制度。发挥邮政储蓄银行网点优势，进一步加大对“三农”的信贷投入。适度放宽扶贫贴息贷款条件。加快信用担保体系建设，积极探索扩大抵押品范围，完善农业巨灾风险分散机制。支持符合条件的企业上市和发行企业债券。

（四十六）投资政策

加大中央预算内投资支持力度，重点向民生工程、基础设施、生态环境等领域倾斜。提高对公路、铁路、民航、水利等建设项目投资补助标准。对中央安排的公益性建设项目，取消旗县以下（含旗县）以及集中连片特殊困难地区盟（市）的配套资金。加大企业技术改造和产业结构调整专项资金对优势产业的支持力度。安排中央预算内投资，支持纳入西部大开发的重点项目前期工作。

（四十七）国土资源政策

鼓励使用未利用土地，适当增加土地利用年度计划特别是未利用地计划指标。国家重点建设项目中的控制工期单体工程可申请办理先行用地手续，优先审批重大基础设施建设用地，支持盘活工矿废弃地。严格矿业权审批权限，建立健全资源型企业可持续发展准备金、矿山地质环境治理恢复保证金和生态恢复保证金制度。加强地质调查、资源勘查与评价，加大中央地质勘查基金、国土资源调查评价资金、矿山地质环境治理资金的支持力度，并向优势矿产资源重点规划区倾斜。推进基础测绘工作，支持基础地理信息库和测绘基准现代化建设。

（四十八）工资收入分配政策

进一步完善机关事业单位收入分配制度，落实艰苦边远地区津贴动态调整机制。建立企业职工工资正常增长机制，逐步提高职工收入水平。落实国家对基层边远地区教育、卫生和农牧业技术服务人员的工资倾斜政策，逐步提高边境一线地区干部职工工资收入水平和守土固边农牧民的生活补助标准。逐步提高老干部、老党员、老劳模生活补贴标准。

十一、全面落实各项任务

（四十九）切实加强组织领导

内蒙古自治区人民政府要加强领导，周密部署，创新机制，明确责任，切实承担起国家赋予的历史使命，认真完成各项重大战略任务。要加强与国务院有关部门的沟通衔接，强化与相关省（区、市）的协调配合。

（五十）积极做好指导协调

国务院有关部门要充分认识支持内蒙古又好又快发展的重要意义，按照职能分工，认真落实各项任务，抓紧制定细化方案和具体措施。国家发展和改革委员会要会同有关部门做好与相关规划的衔接，跟踪分析本意见实施情况，重大问题及时向国务院报告。

促进内蒙古经济社会又好又快发展，是实施国家区域发展总体战略的重要举措，是一项长期而艰巨的战略任务。各有关方面要进一步解放思想，提高认识，开拓创新，锐意进取，扎实工作，乘势而上，努力推动内蒙古经济社会发展实现新跨越。

国务院

二〇一一年六月二十六日

国务院关于支持喀什霍尔果斯经济开发区建设的若干意见

国发〔2011〕33号

各省、自治区、直辖市人民政府，国务院各部委、各直属机构：

为贯彻落实《中共中央　国务院关于推进新疆跨越式发展和长治久安的意见》（中发〔2010〕9号）精神，支持喀什、霍尔果斯经济开发区的建设，现提出如下意见：

一、战略定位

（一）我国向西开放的重要窗口

充分发挥喀什地区和伊犁州对外开放的区位优势，拓展对外联结通道，发挥口岸和交通枢纽的作用，加强与中亚、南亚、西亚和东欧的紧密合作，实现优势互补、互利互惠、共同发展，努力打造“外引内联、东联西出、西来东去”的开放合作平台，把喀什、霍尔果斯经济开发区建设成为我国向西开放的重要窗口，推动形成我国“陆上开放”与“海上开放”并重的对外开放新格局。

（二）新疆跨越式发展新的经济增长点

通过实施特殊经济政策，吸引国内外资金、技术、人才，高起点承接产业转移，促进产业集聚发展，构建现代产业体系，加快推进新型工业化和城镇化步伐，充分发挥对当地经济社会发展的辐射带动作用，将喀什、霍尔果斯经济开发区建设成为推动新疆跨越式发展新的经济增长点。

二、总体要求

指导思想：以邓小平理论和“三个代表”重要思想为指导，深入贯彻落实科学发展观，充分发挥喀什和霍尔果斯的特殊区位优势、资源优势和人文优势，进一步解放思想、大胆探索、突出特色，加大对经济开发区的政策扶持力度，着力推进与中亚、南亚、西亚和东欧国家的经贸合作，着力加强与内地的紧密联系，着力提升工业化、城镇化、信息化水平，促进产业集聚、协调发展和社会和谐，将喀什市和伊宁市建设成为我国西部地区重要的对外开放门户城市和区域中心城市，在推进新疆跨越式发展和促进我国向西开放大局中发挥更大的作用。

发展目标：到2015年，基本完成喀什、霍尔果斯经济开发区的基础设施建设，初步构建科学合理、特色鲜明、功能配套、协调发展的空间布局和产业体系，为经济开发区又好又快发展打下坚实基础；到2020年，大幅度提升喀什、霍尔果斯经济开发区综合经济实力、产业竞争力，为推动新疆跨越式发展发挥重要的引领和带动作用。

三、基本原则

（一）统筹规划，滚动发展

高起点、高标准、高水平地做好经济开发区的总体规划，采取统一规划、综合协调、系统推进、滚动开发的模式，加快经济开发区开发建设步伐，并为今后发展预留空间。

（二）解放思想，创新发展

充分借鉴国内各经济特区和各类产业集聚区建设发展的成功经验，根据新疆地域特点和比较优势，有针对性地实行特殊优惠政策，先行试验一些重大改革开放措施，创新和完善管理体制、发展模式，推动经济开发区又好又快发展。

（三）完善功能，协调发展

以经济开发区为载体，进一步增强和发挥喀什市、伊宁市的区域中心城市功能，吸引技术、产业、资金、人才集聚，培育壮大特色产业和新兴产业，推动产业园区和城市协调发展，尽快形成新的经济增长极，更好地发挥辐射带动作用。

（四）内引外联，共同发展

提高对外开放水平，积极参与国际产业分工与合作，加强与东部和中部地区的经济技术交流，高起点地承接国内外产业转移，鼓励东部省市开发区对口支援经济开发区建设，实现优势互补、产业联动、利益共享、共同发展。

（五）市场导向，科学发展

充分发挥市场配置资源的基础性作用，提高政府宏观调控能力，加强政策引导和扶持，创造良好的发展环境和公平竞争的市场秩序，推动技术进步，努力实现科学发展。

四、区域范围

喀什经济开发区面积约50平方公里（含新疆生产建设兵团），其中包括喀什市40平方公里左右、伊尔克什坦口岸10平方公里左右。

霍尔果斯经济开发区面积约73平方公里（含新疆生产建设兵团），包括霍尔果斯口岸30平方公里左右（含国务院已批准的中哈霍尔果斯国际边境合作中心13.16平方公里）、伊宁市35平方公里左右、清水河配套产业园区8平方公里左右。

以上区域应纳入所在城市的城市总体规划，并实施统一的规划管理。四至范围在与当地土地利用总体规划做好衔接后，由新疆维吾尔自治区人民政府按程序报国务院审批。

五、产业布局

做好喀什、霍尔果斯经济开发区产业布局工作，要充分发挥当地及周边国家的资源优势，积极利用中央支持和全国对口支援的特殊政策和有利条件，以市场需求为导向，因地制宜，突出特色，推进技术进步，构建适合经济开发区长远发展的现代产业体系。

喀什经济开发区重点发展商贸物流、出口机电产品配套组装加工、农副产品深加工、纺织、建材、冶金、进口资源加工、机械制造、旅游、文化、民族特色产品加工、生物技术、可再生能源、新能源、新材料等产业。其中，喀什市重点建设区域性商贸物流中心、金融贸易区和优势资源转化加工区；伊尔克什坦口岸重点建设进出口商品物流仓储集散中心、进出口产品加工区。

霍尔果斯经济开发区重点发展化工、农产品深加工、生物制药、可再生能源、新能源、新材料、建材、进口资源加工、机械制造、商贸物流、旅游、文化及高新技术等产业。其中，伊宁市重点建设区域性商贸物流中心和优势资源转化加工区；霍尔果斯口岸重点建设中哈霍尔果斯国际边境合作中心中方中心区及配套区；清水河配套产业园区重点建设农副产品深加工和出口机电产品配套组装加工基地。

六、扶持政策

（一）2011年至2015年，中央财政对经济开发区建设每年给予一定数额的补助。

将经济开发区内基础设施建设纳入现行国家级经济技术开发区基础设施项目贷款财政贴息政策范围，对符合条件的基础设施项目银行贷款，中央财政给予贴息支持。

（二）2011年至2015年，对经济开发区内符合条件的生产企业固定资产投资，中央投资给予支持；对符合条件的企业购置机器设备的固定资产投资贷款，地方财政予以贴息支持。

（三）2010年至2020年，对经济开发区内新办的属于重点鼓励发展产业目录范围内的企业，给予自取得第一笔生产经营收入所属纳税年度起企业所得税五年免征优惠，具体目录由财政部、税务总局会同有关部门研究制订。对农副产品加工转化和劳动密集型产业等符合条件的企业，在用电、运输等方面给予特殊价格政策支持，具体办法由发展改革委会同有关部门研究制订。

（四）对经济开发区内属于《产业结构调整指导目录（2011年本）》鼓励类、《外商投资产业指导目录》鼓励类和《中西部地区外商投资优势产业目录》的项目，进口国内不能生产的自用设备，以及按照合同随设备进口的配套件、备件，在规定范围内免征关税。

（五）支持在经济开发区内设立海关特殊监管区。批准霍尔果斯为整车进口口岸。经济开发区内符合条件的企业以边贸方式经营进出口商品，在申请配额、许可证时给予倾斜。

（六）鼓励和引导各类金融机构在经济开发区内设立分支机构。建立经济开发区金融监管协调机制，统筹研究和协调金融政策，推进金融创新试点，推动金融行业发展，支持经济开发区建设。支持设立经济开发区产业投资基金。

（七）加大国家各类科技计划的支持力度，引导企业和科研机构在经济开发区实施一批重大科技项目。通过科技型中小企业创新基金，加强对经济开发区科技型中小企业的支持。实施科技成果转化的股权激励政策，进一步加大高新技术企业认定、研发费用税前加计扣除、技术转让免税等政策落实力度，对外商投资企业设立研发中心按规定给予政策支持。支持内地科技成果在两个经济开发区转化。中央财政支持经济开发区职业技术人才的培养。

（八）国家在编制土地利用年度计划时，对新疆维吾尔自治区和新疆生产建设兵团用地计划指标给予适当倾斜。自治区和兵团可根据建设需求和进度安排，单列经济开发区用地计划指标，保障经济开发区建设。使用戈壁荒滩开发建设经济开发区、引进产业项目的，免交土地出让收入和新增建设用地土地有偿使用费。

（九）对有利于经济开发区发展的疆内重大基础设施建设，中央投资加大支持力度。积极推动中吉乌、中巴铁路建设；加快改善口岸查验设施条件；加快边境口岸铁路、公路建设；支持伊宁、喀什机场进一步完善机场设施。

（十）适时开放伊宁机场口岸和霍尔果斯铁路口岸。支持和鼓励中外航空企业开通喀什机场直达周边国家主要城市的国际航线，在伊宁机场航空口岸设立后适时开通相关国际航线。在霍尔果斯口岸和喀什机场口岸符合规定条件的前提下，适时研究批准其办理口岸签证业务。

七、组织领导

（一）新疆维吾尔自治区和新疆生产建设兵团成立喀什、霍尔果斯经济开发区领导小组，全面负责经济开发区工作，有关对口支援省市参与领导小组工作。为加强喀什、霍尔果斯经济开发区的规划、建设和管理工作，可根据需要，按有关规定和程序研究设立开发区管理机构。新疆维吾尔自治区人民政府和新疆生产建设兵团可根据实际工作需要，将相关经济管理权限适当下放给喀什、霍尔果斯经济开发区。

（二）新疆维吾尔自治区人民政府和新疆生产建设兵团要会同有关对口支援省市，编制好《喀什经济开发区总体发展规划》和《霍尔果斯经济开发区总体发展规划》，报国务院批准后实施。要加强组织协调，落实自治区、兵团相关部门和喀什地区、伊犁州的责任，确保经济开发区各项建设任务顺利有序推进。有关对口支援省市要把支持经济开发区建设作为援疆工作的重要内容，在规划制订、项目引进、人才培养等方面加大帮扶力度。

（三）发展改革委要会同有关部门，指导喀什、霍尔果斯经济开发区发展和建设，协调落实有关重大发展政策。商务部负责中哈霍尔果斯国际边境合作中心建设的指导协调工作。国务院各有关部门要抓紧研究出台各项政策措施的具体实施细则，并切实加强指导和服务。

国务院

二〇一一年九月三十日

国务院关于支持河南省加快建设中原经济区的指导意见

国发〔2011〕32号

各省、自治区、直辖市人民政府，国务院各部委、各直属机构：

中原地处我国中心地带，是中华民族和华夏文明的重要发源地。中原经济区是以全国主体功能区规划明确的重点开发区域为基础、中原城市群为支撑、涵盖河南全省、延及周边地区的经济区域，地理位置重要，粮食优势突出，市场潜力巨大，文化底蕴深厚，在全国改革发展大局中具有重要战略地位。为支持河南省加快建设中原经济区，现提出以下意见：

一、总体要求

（一）重大意义

河南省是人口大省、粮食和农业生产大省、新兴工业大省，解决好工业化、城镇化和农业现代化（以下简称“三化”）协调发展问题具有典型性和代表性。改革开放特别是实施促进中部地区崛起战略以来，河南省经济社会发展取得巨大成就，进入了工业化、城镇化加速推进的新阶段，既面临着跨越发展的重大机遇，也面临着粮食增产难度大、经济结构不合理、城镇化发展滞后、公共服务水平低等挑战和问题。积极探索不以牺牲农业和粮食、生态和环境为代价的“三化”协调发展的路子，是中原经济区建设的核心任务。支持河南省加快建设中原经济区，是巩固提升农业基础地位，保障国家粮食安全的需要；是破除城乡二元结构，加快新型工业化、城镇化进程的需要；是促进“三化”协调发展，为全国同类地区创造经验的需要；是加快河南发展，与全国同步实现全面建设小康社会目标的需要；是带动中部地区崛起，促进区域协调发展的需要。

（二）指导思想

以邓小平理论和“三个代表”重要思想为指导，深入贯彻落实科学发展观，全面实施促进中部地区崛起战略，坚持以科学发展为主题，以加快转变经济发展方式为主线，探索不以牺牲农业和粮食、生态和环境为代价的工业化、城镇化和农业现代化协调发展的路子，进一步解放思想、抢抓机遇，进一步创新体制、扩大开放，着力稳定提高粮食综合生产能力，着力推进产业结构和城乡结构调整，着力建设资源节约型和环境友好型社会，着力保障和改善民生，着力促进文化发展繁荣，以新型工业化、城镇化带动和提升农业现代化，以农业现代化夯实城乡共同繁荣的基础，推动中原经济区实现跨越式发展，在支撑中部地区崛起和服务全国大局中发挥更大作用。

（三）基本原则

——坚持稳粮强农，把解决好“三农”问题作为重中之重。毫不放松地抓好粮食生产，切实保障国家粮食安全，促进农业稳定发展、农民持续增收、农村全面繁荣。

——坚持统筹协调，把促进“三化”协调发展作为推动科学发展、转变发展方式的具体体现。坚定不移地走新型工业化、城镇化道路，建立健全以工促农、以城带乡长效机制，在协调中促发展，在发展中促协调。

——坚持节约集约，把实现内涵式发展作为基本要求。实行最严格的耕地保护制度和节约用地制度，着力提高资源利用效率，加强生态建设和环境保护，全面增强可持续发展能力。

——坚持以人为本，把保障和改善民生作为根本目的。大力发展教育、卫生、文化等各项社会事业，切实解决就业、住房、社会保障等民生问题，加快推进基本公共服务均等化，确保广大城乡居民共享改革发展成果。

——坚持改革开放，把改革创新和开放合作作为强大动力。大胆探索，勇于创新，在重点领域和关键环节的改革上先行先试，全方位扩大对内对外开放，加快形成有利于“三化”协调发展的体制机制。

（四）战略定位

——国家重要的粮食生产和现代农业基地。集中力量建设粮食生产核心区，巩固提升在保障国家粮食安全中的重要地位；大力发展畜牧业生产，建设全国重要的畜产品生产和加工基地；加快转变农业发展方式，发展高产、优质、高效、生态、安全农业，培育现代农业产业体系，不断提高农业专业化、规模化、标准化、集约化水平，建成全国农业现代化先行区。

——全国工业化、城镇化和农业现代化协调发展示范区。在加快新型工业化、城镇化进程中同步推进农业现代化，探索建立工农城乡利益协调机制、土地节约集约利用机制和农村人口有序转移机制，加快形成城乡经济社会发展一体化新格局，为全国同类地区发展起到典型示范作用。

——全国重要的经济增长板块。提升中原城市群整体竞争力，建设先进制造业和现代服务业基地，打造内陆开放高地、人力资源高地，成为与长江中游地区南北呼应、带动中部地区崛起的核心地带之一，引领中西部地区经济发展的重要引擎，支撑全国发展的重要区域。

——全国区域协调发展的战略支点和重要的现代综合交通枢纽。充分发挥承东启西、连南贯北的区位优势，加速生产要素集聚，强化东部地区产业转移、西部地区资源输出和南北区域交流合作的战略通道功能；加快现代综合交通体系建设，促进现代物流业发展，形成全国重要的现代综合交通枢纽和物流中心。

——华夏历史文明传承创新区。传承弘扬中原文化，充分保护和科学利用全球华人根亲文化资源；培育具有中原风貌、中国特色、时代特征和国际影响力的文化品牌，提升文化软实力，增强中华民族凝聚力，打造文化创新发展区。

（五）发展目标

到2015年，粮食综合生产能力稳步提高，产业结构继续优化，城镇化质量和水平稳步提升，“三化”发展协调性不断增强，基本公共服务水平和均等化程度全面提高，居民收入增长与经济发展同步，生态环境逐步改善，资源节约取得新进展，初步形成发展活力彰显、崛起态势强劲的经济区域。

到2020年，粮食生产优势地位更加稳固，工业化、城镇化达到或接近全国平均水平，综合经济实力明显增强，城乡基本公共服务趋于均等化，基本形成城乡经济社会发展一体化新格局，建设成为城乡经济繁荣、人民生活富裕、生态环境优良、社会和谐文明，在全国具有重要影响的经济区。

（六）空间布局

按照“核心带动、轴带发展、节点提升、对接周边”的原则，形成放射状、网络化空间开发格局。“核心带动”，提升郑州交通枢纽、商务、物流、金融等服务功能，推进郑（州）汴（开封）一体化发展，建设郑（州）洛（阳）工业走廊，增强引领区域发展的核心带动能力。“轴带发展”，依托亚欧大陆桥通道，壮大沿陇海发展轴；依托京广通道，拓展纵向发展轴；依托东北西南向、东南西北向运输通道，培育新的发展轴，形成“米”字形重点开发地带。“节点提升”，逐步扩大轴带节点城市规模，完善城市功能，推进错位发展，提升辐射能力，形成大中小城市合理布局、城乡一体化发展的新格局。“对接周边”，加强对外联系通道建设，促进与毗邻地区融合发展，密切与周边经济区的合作，实现优势互补、联动发展。

二、着力提高粮食生产能力，积极推进农业现代化

把发展粮食生产放在突出位置，打造全国粮食生产核心区，不断提高农业技术装备水平，建立粮食和农业稳定增产长效机制，走具有中原特点的农业现代化道路，夯实“三化”协调发展的基础。

（七）加强粮食生产核心区建设

加快实施全国新增千亿斤粮食生产能力规划和河南省粮食生产核心区建设规划，稳定播种面积，着力提高单产，挖掘秋粮增产潜力，建成全国重要的高产稳产商品粮生产基地，到2020年粮食生产能力稳定达到1300亿斤。支持黄淮海平原、南阳盆地、豫北豫西山前平原优质专用小麦、专用玉米、优质大豆、优质水稻产业带建设，大幅提高吨粮田比重。优先安排并重点支持重大控制性水利工程、低洼易涝地治理、病险水库（水闸）除险加固和大中型灌区建设，加大大型灌排泵站更新改造力度，增强抗御水旱灾害能力。在保护地下水的前提下，在井灌区因地制宜实施“机井通电”和“以电代油”工程。推进以农田水利设施为基础的田间工程建

设，发展高效节水灌溉。加快中低产田改造，建设旱涝保收高标准农田。实施粮食丰产科技工程，提升粮食生产核心区建设的科技支撑能力。支持发展现代种业，建设全国小麦、玉米育种创新基地。加大水利基础设施建设、中低产田改造、高标准基本农田建设、土地整理和复垦开发项目中央补助力度，逐步取消粮食主产县县级配套。

(八) 推进农业结构战略性调整

向农业深度和广度进军，提高农业比较效益，促进农民增收。实施农产品优势产区建设规划，不断优化农业生产布局。加快现代畜牧业发展，重点支持畜禽标准化规模养殖场（小区）建设，完善动物疫病防控和良种繁育体系。加大对生猪调出大县的政策扶持力度，建设全国优质安全畜产品生产基地。加快特色高效农业发展，重点支持优质油料、蔬菜瓜果、花卉苗木生产，建设全国重要的油料和果蔬花卉生产基地。加快现代水产养殖业发展。支持驻马店、周口、商丘、濮阳等地建设国家级现代农业示范区，推进许昌、南阳等地建设国家级农业科技园区。扶持重点龙头企业，创建农业产业化示范基地，培育知名品牌，推进农产品精深加工，不断提高农业产业化经营水平。坚持和完善农村基本经营制度，建立健全土地承包经营权流转市场，按照依法、自愿、有偿原则，允许农民以转包、出租、互换、转让、股份合作等形式流转土地承包经营权，发展多种形式的适度规模经营。

(九) 健全农业社会化服务体系

加大对公益性农业科研机构和农业院校的支持，加强基础能力建设，深入实施重大科技专项，力争在关键和共性技术方面取得突破，加快农业科技成果转化。健全乡镇或区域性农业公共服务机构，提高人员素质，充实工作手段，充分发挥基层农业技术推广体系的作用。提升秋粮生产机械化水平，增强农机推广服务能力，加快推进农业机械化。鼓励和引导农民专业合作社等提供多种形式的生产经营服务，形成多元化的农业社会化服务格局。推进农产品标准化生产，健全农产品和食品质量安全检验检测体系。推进郑州、商丘、驻马店等地建设大型农产品批发交易市场，在周口、南阳等农业大市培育和发展农产品综合交易市场。支持郑州商品交易所增加期货品种，建成全国农产品期货交易中心、价格中心和信息中心。

(十) 加大强农惠农政策支持力度

加大中央财政转移支付力度，支持粮食主产区提高财政保障能力，逐步缩小地方标准财政收支缺口。扩大对种粮农民直接补贴、农资综合补贴规模，扩大良种补贴范围，继续实施花生、生猪良种补贴，加大农机购置补贴力度，重点向粮食主产县倾斜。加大粮食主产区投入和利益补偿，提高对产粮大县奖励标准，加大中央预算内投资对主产区的投入力度，优先在主产区安排重大农业发展项目。支持在主产区中心城市和县城布局对地方财力具有支撑作用的重大项目，扶持粮食主产区经济发展。逐步提高粮食最低收购价格。引导主销区参与主产区粮食生产基地、仓储设施等建设，建立稳固的产销协作关系。加大农业保险支持力度，发展具有地方特色的农产品保险品种。研究设立农村金融改革试验区，开展农村金融综合改革创新试点。

三、加快新型工业化进程，构建现代产业体系

抢抓产业转移机遇，促进结构优化升级，坚持走新型工业化道路，加快建立结构合理、特色鲜明、节能环保、竞争力强的现代产业体系，引领带动“三化”协调发展。

(十一) 发展壮大优势主导产业

做大做强高成长性的汽车、电子信息、装备制造、食品、轻工、新型建材等产业，改造提升具有传统优势的化工、有色、钢铁、纺织产业，加快淘汰落后产能，形成带动力强的主导产业群。建设郑州汽车制造基地，推进整车及零部件产业发展。支持新型显示、信息家电、新一代信息通信产品等发展，建设郑州、漯河、鹤壁等电子信息产业基地。提升输变电装备、大型成套装备、现代农机等产业竞争力，建设现代装备制造基地。扩大面制品、肉制品、乳品果蔬饮料产业优势，提升主食工业化水平，促进食品工业大发展。加快培育一批家用电器、家具厨卫等特色轻工产业集群，大力发展节能、环保和绿色建筑材料。严格控制冶金行业总量扩张，以整合重组、技术改造、精深加工为重点，支持骨干企业实施煤电铝及加工一体化发展，加快重点钢铁企业产品结构升级，推动石油化工、盐化工、煤化工融合发展，建设具有国际竞争力的精品原材料基地。提升服装、面料、家用纺织品的发展规模和水平，支持发展品牌服装产业。推动洛阳、安阳、新乡、平顶山、南阳等老工业基地加快调整改造，支持焦作、濮阳、三门峡等

资源型城市可持续发展。

（十二）积极培育战略性新兴产业

集中优势资源，实施一批科技重大项目，加快产业化基地建设，重点推动生物、新材料、新能源、新能源汽车、高端装备等先导产业发展，大力发展节能环保产业。加快发展生物医药、生物育种、超硬材料、高强轻型合金，建设郑州生物产业基地和洛阳新材料产业基地。实施重大产业创新发展工程，促进动力电池、电动汽车、光伏材料、节能环保成套装备、纤维乙醇等发展，培育一批战略性新兴产业示范基地，形成一批具有自主知识产权的国家标准和国际标准。实施重大应用示范工程，扩大新能源汽车示范运营范围，支持建设南阳国家生物质能示范区。

（十三）加快发展服务业

提高规模化、品牌化、网络化发展水平，改造提升商贸、餐饮等传统服务业，发展壮大健康产业、社区服务、养老服务等新型业态，加快培育和扶持具有地方特色的家庭服务业。支持发展信息服务、创意设计、会展、服务外包、科技服务、电子商务等新兴服务业。突出发展物流、文化、旅游和金融等现代服务业。挖掘整合旅游资源，推动文化旅游融合发展，重点培育文化体验游、休闲度假游、保健康复游等特色产品，实施乡村旅游富民工程，建设中原历史文化旅游区、黄河文化旅游带和南水北调中线生态文化旅游带等一批重点旅游景区和精品旅游线路，建成世界知名、全国一流的旅游目的地。支持完善金融机构、金融市场和金融产品，形成多层次资本市场体系。加快推进郑东新区金融集聚核心功能区建设，适时申请开展电子商务国际结算业务。支持设立创业投资基金。推动保险业创新发展，开展保险资金投资基础设施等试点。支持郑州开展服务业综合改革试点。

（十四）促进产业集聚发展

依托中心城市和县城，促进二、三产业高度集聚，强化产业分工协作，建设沿陇海产业带、沿京广产业带，形成以产兴城、依城促产的协调发展新格局。加强产业集聚区规划与土地利用总体规划、城市总体规划的衔接，整合提升各类产业园区，科学规划建设产业集聚区，积极构建现代产业体系、现代城镇体系和自主创新体系发展的重要载体，促进企业集中布局、产业集群发展、资源集约利用、功能集合构建、人口有序转移。支持基础设施和公共服务平台建设，推进创新型、开放型、资源节约和环境友好型等产业集聚区的示范创建，建设一批国家新型工业化产业示范基地。

（十五）有序承接产业转移

发挥区位优越、劳动力资源丰富等优势，完善产业配套条件，打造产业转移承接平台，健全产业转移推进机制，全方位、多层次承接沿海地区和国际产业转移。支持中心城市重点承接发展高端制造业、战略性新兴产业和现代服务业，推动县城重点发展各具特色、吸纳就业能力强的产业，形成有序承接、集中布局、错位发展、良性竞争的格局。支持设立承接产业转移示范区。

（十六）提高产业核心竞争力

促进工业化与信息化融合、制造业与服务业融合、新兴科技与新兴产业融合，加大技术改造力度，走创新驱动发展道路。发挥企业创新主体作用，鼓励国家级科研院所、高校设立分支机构或建立成果转移中心，建立产业技术创新联盟，加强国家级企业技术中心、工程（技术）研究中心、重点实验室、工程实验室等研发平台建设，构筑区域性自主创新体系。支持组织实施一批重大科技专项工程，加强技术创新，推动郑州、洛阳成为具有重要影响力的产业创新中心。完善创新创业服务体系，支持创新型企业加快发展。推进国家级检验检测公共技术服务平台建设。鼓励和支持优质资本、优势企业跨行政区并购和重组，加快培育大型企业集团，提高产业集中度。培育若干具有国际影响力的知名品牌。

四、积极推进城镇化，促进城乡一体化发展

充分发挥中原城市群辐射带动作用，形成大中小城市和小城镇协调发展的城镇化格局，走城乡统筹、社会和谐、生态宜居的新型城镇化道路，支撑和推动“三化”协调发展。

（十七）加快中原城市群发展

实施中心城市带动战略，提升郑州作为我国中部地区重要的中心城市地位，发挥洛阳区域副中心城市作用，加强各城市间分工合作，推进交通一体、产业链接、服务共享、生态共建，形成具有较强竞争力的开放型城市群。支持郑汴新区加快发展，建设内陆开发开放高地，打造“三化”协调发展先导区，形成中原经济区最具活力的发展区域。推进教育、医疗、信息资源共享，实现电信、金融同城，加快郑汴一体化进程。加强郑州与洛阳、新乡、许昌、焦作等毗邻城市的高效联

系，实现融合发展。推进城市群内多层次城际快速交通网络建设，促进城际功能对接、联动发展，建成沿陇海经济带的核心区域和全国重要的城镇密集区。

（十八）增强城镇承载能力

科学编制城镇规划，完善城市功能，提升基础设施水平和公共服务能力，加强生态和历史文化保护，建设集约紧凑、生态宜居、富有特色的现代化城市。支持中心城市优化布局，形成以中心城区为核心、周边县城和功能区为组团的空间格局。增强郑州综合服务功能，提升高端要素集聚、科技创新、文化引领能力，建设中部地区重要的区域性经济中心。拓宽多元化投融资渠道，加强城镇基础设施和公共服务能力建设。支持有条件的中心城市制定覆盖全行政区的城乡规划，建设内涵发展、紧凑布局的复合型功能区，推进城乡一体化进程。

（十九）提高以城带乡发展水平

发挥县（市）促进城乡互动的纽带作用，把中小城市作为吸纳农村人口就近转移的重要载体，推动城乡之间公共资源均衡分配和生产要素自由流动。增强县城发展活力，支持有条件的县城逐步发展为中等城市，提高承接中心城市辐射和带动农村发展的能力。按照合理布局、适度发展原则，支持基础较好的中心镇逐步发展成为小城市，强化其他小城镇对周边农村的生产生活服务功能。推动基础设施和公共服务向农村延伸。有序推进农村人口向城镇转移，把符合条件的农业转移人口逐步转成城镇居民，享有平等权益。鼓励城市骨干企业与农村建立对口帮扶长效机制。

（二十）扎实推进新农村建设

统筹城乡规划，优化村庄布局，建设富裕、民主、文明、和谐的社会主义新农村。按照规划先行、就业为本、量力而行、群众自愿原则，积极稳妥开展新型农村社区建设试点，促进土地集约利用、农业规模经营、农民就近就业、农村环境改善。支持新乡统筹城乡发展试验区、信阳农村改革发展综合试验区建设。加快通乡通村道路建设，同步推进村庄内外道路硬化。支持农村危房改造和农村沼气建设，加快新一轮农村电网升级改造，完善农村通信基础设施，全面解决农村饮水安全问题，实施农村清洁工程，开展农村环境综合整治，改善农村生产生活条件。

（二十一）严格耕地保护和城乡节约用地

严守耕地红线，严格保护耕地特别是基本农田，确保基本农田总量不减少、用途不改变、质量有提高。建立耕地保护补偿激励机制。按照主体功能区定位要求，发挥土地利用总体规划的管控作用，统筹安排农田保护、城镇建设、产业集聚、生态涵养等空间布局，通过提高土地利用效率保障工业化、城镇化发展用地需求。以增加高产稳产基本农田和改善农村生产生活条件为目标，大力实施农村土地综合整治，积极开展“千村整治”试点，严格规范城乡建设用地增减挂钩试点工作。严格执行节约集约用地标准，提高投资强度和土地利用效率，扩大产业集聚区多层标准厂房比例，加快旧城区和城中村改造，积极盘活闲置和空闲土地。建立健全节约集约用地考核评价机制，支持探索节约集约用地新模式。

五、加强基础设施建设，提高发展保障水平

按照统筹规划、合理布局、适度超前的原则，加快交通、能源、水利、信息基础设施建设，构建功能配套、安全高效的现代化基础设施体系，为中原经济区建设提供重要保障。

（二十二）巩固提升郑州综合交通枢纽地位

加强综合规划引导，按照枢纽型、功能性、网络化要求，把郑州建成全国重要的综合交通枢纽。推进郑州国内大型航空枢纽建设，加快建设郑州机场二期工程，积极引进和培育基地航空公司，增开连接国际大型枢纽机场的客货运航线，扩大航权开放范围，大力发展航空物流，把郑州机场建成重要的国内航线中转换乘和货运集散区域性中心。提升郑州铁路枢纽在全国铁路网中的地位和作用，推进郑州东站、郑州机场站和郑州火车站三大客运综合枢纽建设改造。统筹航空、铁路、公路各种运输方式高效衔接，促进客运零距离换乘、货运无缝对接，加强与沿海港口和各大枢纽的高效连接，推进空路运输一体联程、货物多式联运。改造提升洛阳、安阳、商丘、南阳、信阳、三门峡、漯河、新乡等地区性交通枢纽，形成与郑州联动发展的现代综合交通枢纽格局。

（二十三）构筑便捷高效的交通运输网络

加强铁路、公路、航空、水运网络建设，提高通达能力，强化与沿海地区和周边经济区域的交通联系，形成网络设施配套衔接、覆盖城乡、连通内外、安全高效的综合交通运输网络体系。开工建设郑州至万州铁路，研究规划郑州至济南、郑州至太原、郑州至合肥等快速铁路通道，逐步形成促进大区域间高效连接的铁路通道网络。推进中原城市群城际铁路网建设。加快内蒙古

西部至华中地区铁路煤运通道建设，完成宁（南京）西（安）等铁路复线电气化改造工程，形成多条出海运输通道。统筹研究洛阳、南阳、商丘、明港以及豫东北、鲁山机场建设，支持发展通用航空，适时试点开放低空空域。完善内联外通的高速公路网，实施京港澳、连霍等高速公路扩容改造。建设国家级区域公路交通应急救援和路网协调中心。提高农村公路建设标准，加快县乡道改造和农村连通工程等建设。推进淮河、沙颍河、涡河、沱浍河等跨省航道建设。

（二十四）建设全国现代物流中心

实施大交通大物流战略，建设以郑州为中心、地区性中心城市为节点、专业物流企业为支撑的现代物流体系。优化郑州物流功能区布局，支持郑州干线公路物流中心、郑州铁路集装箱中心站二期和航空港物流园等建设，强化国际物流、区域分拨、本地配送功能，促进交通公共服务信息平台和物流信息平台共建共享，建设内陆无水港，成为覆盖中西部、辐射全国、连通世界的内陆型现代物流中心。大力发展食品冷链、粮食、邮政等专业物流，建设全国性快递集散交换中心、铁路冷链物流基地。建设洛阳、安阳、商丘、濮阳、信阳、南阳等区域物流枢纽。推动国内外大型物流集团建设区域性分拨中心和配送网络，大力引进和培育第三方物流企业。研究完善物流企业营业税差额纳税试点办法。

（二十五）提高能源保障水平

优化能源结构和布局，提高开发利用效率，建立安全、高效、清洁的能源保障体系。加强煤炭资源勘查和大中型矿井建设，推进煤炭资源整合和兼并重组，培育大型煤炭企业集团，建设全国重要的煤炭生产基地。结合工业园区和城市发展规划，重点建设热电联产项目，根据煤炭生产供应情况，规划建设大型坑口、路口等骨干电源。规划建设外电入豫通道，加快智能电网建设。做好南阳核电厂址保护工作。依托西气东输等国家骨干天然气管道，完善支线管网，提高燃气覆盖率。支持建设中原成品油和煤炭物流储配中心，推进濮阳、平顶山等地建设天然气储备基地。积极发展生物质能、太阳能等可再生能源。

（二十六）加强水资源保障体系建设

坚持兴利除害并举、防灾减灾并重，统筹协调区域水利基础设施建设，形成由南水北调干渠和受水配套工程、水库、河道及城市生态水系组成的水网体系。进一步推进黄河、淮河大江大河治理，支持河口村、出山店、前坪等大中型控制性水利工程建设，加强中小河流治理和蓄滞洪区建设，加快山洪灾害防治。在深入论证的基础上，适度开展引黄调蓄工程建设，提高黄河水资源利用水平。严格地下水管理，削减地下水超采量。加快推进南水北调中线及配套工程建设，研究南水北调配套工程的资金和政策支持问题，实施总干渠防洪影响工程，建立渠首、沿线地区与受水地区经济协作机制，确保南水北调中线输水水质。加强城市供水设施及应急备用水源建设。深化黄河小浪底枢纽至南水北调中线工程干渠贯通工程前期工作。建立和完善水权制度，研究设立黄河及南水北调中线工程沿线水权交易中心，推进水资源节约利用。建设黄河中下游沿线综合开发示范区，打造集生态涵养、水资源综合利用、文化旅游、滩区土地开发于一体的复合功能带。

（二十七）加快信息网络设施建设

加强区域空间信息基础设施建设，建立和完善信息资源共建共享机制，深化信息技术应用。实施数字河南、智慧中原、无线城市、中原数据基地和光网城市等重大工程，提升郑州信息集散中心和通信网络交换枢纽地位，促进新一代移动通信、下一代互联网、物联网等新一代信息通信技术产业发展。按照国家统筹部署，全面推进电信网、广播电视网、互联网“三网融合”，加快光纤接入网建设和普及延伸，建设宽带中原。实施移动通信网络升级工程，扩大第三代移动通信网络覆盖范围，优先布局新一代移动通信网络。加快物联网发展，实施重点领域物联网应用示范工程。支持重大应用网络平台和信息安全基础设施建设，完善容灾备份和信息安全应急体系。提升农业农村信息化服务水平。

六、加强资源节约和环境保护，大力推进生态文明建设

坚持高起点推进工业化、城镇化和农业现代化，把加强生态环境保护、节约集约利用资源作为转变经济发展方式的重要着力点，加快构建资源节约、环境友好的生产方式和消费模式，不断提高可持续发展能力。

（二十八）加大环境保护力度

严格污染物总量控制，实现环境容量高效利用，努力保障发展需求。加大丹江口库区和南水北调中线工程调水干渠沿线、淮河、黄河、海河等重点流域水污染防治力度，支持南水北调中线工程渠首环境保护能力建

设，建立健全跨流域、跨区域的污染联防联控、跨界防治机制。推进污水和垃圾处理、重点工业污染源治理、次级河流污染整治等项目建设，加强土壤环境保护、重金属污染治理、农村环境综合整治和危险废物管理，大力推进大气污染防治，实施多种污染物协同控制，全面完成国家明确的主要污染物减排任务。支持开展环境容量研究及应用试点，优化环境容量资源配置。加强环境保护能力建设，提升环境应急能力，建设郑州区域性应急物资储备基地和支援保障基地。将河南纳入排污权交易试点省，支持建设排污权、碳排放交易中心，探索建立排污权有偿使用和排污权、碳排放交易机制。

（二十九）加强资源节约集约利用

坚持节约优先，深化资源价格改革，提高资源利用效率和保障水平。实行最严格的水资源管理制度，建立水资源开发利用控制、用水效率控制、水功能区限制纳污红线指标体系，提高农业灌溉用水利用效率，大力开展工业节水，推进许昌、济源等创建节水型城市，全面建设节水型社会。加大工业、建筑、交通、公共机构等领域节能力度，推进重点节能工程建设，全面完成国家明确的单位生产总值能耗下降、二氧化碳减排目标任务。深入推进资源整合，继续加大矿产资源勘查、开发和保护力度，大力开展资源综合利用。加快循环经济试点省建设，建设一批循环经济重点工程和示范城市、园区、企业，推动工农业复合型循环经济发展。加大对鹤壁等循环经济试点的支持力度，推进驻马店、周口、漯河等地开展农业废弃物综合利用示范，建设许昌废金属再生利用示范基地。

（三十）建设生态网络构架

依托山体、河流、干渠等生态空间，构建区域生态网络，建设黄河中下游、淮河上中游生态安全保障区。支持实施生态移民、水土保持、天然林保护等工程，巩固退耕还林成果，构建伏牛山、桐柏大别山和太行山山地生态区。推进平原沙化治理及防护林建设，构建平原生态涵养区。加强黄河湿地保护，建设沿堤防护林带，构建沿黄生态涵养带。构建南水北调中线生态走廊，建设中线工程渠首水源地高效生态经济示范区。推进矿区生态恢复治理、煤矿塌陷区治理和农村土壤修复，支持国家级自然保护区建设，加强生物多样性保护和外来物种防控。加大对重点生态功能区财政转移支付力度，建立丹江口库区、淮河源头生态补偿机制。

七、全面提升公共服务水平，切实保障和改善民生

牢固树立以人为本理念，坚持发展为了人民，发展依靠人民，发展成果由人民共享，切实解决人民群众最关心最直接最现实的民生问题，保护调动各方面的积极性，形成建设中原经济区的强大合力。

（三十一）努力扩大就业

坚持促进产业发展和扩大就业相结合，拓宽就业渠道，增加就业岗位。大力发展劳动密集型产业和小型微型企业，加大对高校毕业生、返乡农民工等创业扶持力度，加强创业培训服务体系建设，以创业带动就业。实施全民技能振兴工程，加强农村劳动力转移就业技能培训，推进农民工培训资金省级统筹，对高校毕业生、下岗失业人员、农民工等重点群体开展职业技能培训。完善覆盖城乡的公共就业服务体系，建设人力资源开发交流服务平台。

（三十二）加快城乡社会事业发展

加快构建基本公共教育服务体系，优化配置义务教育资源，基本实现县域内义务教育均衡发展。落实好农村义务教育阶段家庭困难寄宿生生活费补助政策，扩大边远艰苦地区学校农村教师周转宿舍建设试点范围。支持教育基础薄弱县改扩建一批普通高中，办好现有乡镇中心幼儿园，加快普及学前教育和高中阶段教育。全面落实医药卫生体制改革各项任务，完善公共卫生服务体系，加快建立完善医疗急救网络，加强妇幼保健机构建设。加大对人口大县县医院、中医院和乡镇卫生院的支持力度。加强省辖市综合医院建设。建设郑州区域性医疗中心，推动省部共建医学科研院所。大力发展中医药事业。实施基础文化设施覆盖工程，支持省辖市图书馆、文化馆、博物馆和文物大县博物馆等公共文化设施建设，继续实施广播电视村村通工程、农村电影放映工程。推进人口和计划生育服务体系建设，促进人口长期均衡发展。加强公共体育设施建设。加大中央财政均衡性转移支付力度，提高城乡居民基本公共服务水平。

（三十三）健全社会保障体系

加快建设覆盖城乡居民的社会保障体系，稳步提高保障水平。加快实现新型农村和城镇居民社会养老保险制度全覆盖，稳步扩大农村低保覆盖面，做好城镇职工基本养老保险关系转移接续工作，推进社会养老服务体系建设，逐步推进城乡养老保障制度有效衔接。加快建

立预防、补偿、康复三位一体的工伤保险制度，加快康复中心建设。完善社会福利和养老机构基础设施，建立健全城乡困难群体、残疾人和优抚对象等特殊群体的社会保障机制。加强以公共租赁住房为重点的保障性安居工程建设，支持开展利用住房公积金贷款支持保障性住房建设试点。

（三十四）加大扶贫开发力度

坚持开发式扶贫方针，逐步提高扶贫标准，增加扶贫资金投入，加快解决集中连片特殊困难地区的贫困问题。支持贫困地区改善基础设施条件，发展特色优势产业，增强自我发展能力。因地制宜开展整村推进扶贫开发，对偏远山区、生态脆弱区和自然条件恶劣地区的贫困村，加大易地扶贫搬迁力度。促进扶贫开发与农村最低生活保障制度有效衔接。扩大互助资金、连片开发、彩票公益金扶贫、科技扶贫等试点。支持建设濮（阳县）范（县）台（前县）扶贫开发综合试验区。按照国家相关政策，加大对革命老区、豫西贫困山区、丹江口库区的支持力度。

（三十五）加强和创新社会管理

加强社会管理能力建设，构建社会管理源头治理、动态监控和应急处置有效机制，全面提高社会管理科学化水平。加快城乡社区服务设施建设，完善基层社会管理和服务体系，创新社区管理服务体制，健全多元投入和运行经费保障机制。支持各类社会组织发展，推动政府部门向社会组织转移职能，加快建立和完善政府向社会组织购买服务的制度。加强法治政府和服务型政府建设，促进公平司法、公正司法，建立健全科学的利益协调机制、诉求表达机制、矛盾调处机制和权益保障机制。加强公共安全体系建设，严格食品药品安全和安全生产监管。探索建立人口均衡发展的政策和服务体系。改革和调整户口迁移政策，创新流动人口管理机制。

八、弘扬中原大文化，增强文化软实力

积极推进具有中原特质的文化大发展大繁荣，打造昂扬向上的中原人文精神，大力促进人口资源向人力资源转化，全面提高人的素质，为中原经济区建设提供强大精神动力和智力支持。

（三十六）提升中原文化影响力

挖掘中华姓氏、文字沿革、功夫文化、轩辕故里等根亲祖地文化资源优势，提升具有中原特质的文化内涵，增强对海内外华人的凝聚力。加强文物保护工作，统筹做好洛阳、安阳、郑州、开封等地的遗址保护和利用，探索大遗址保护机制。依托洛阳龙门石窟、安阳殷墟、登封“天地之中”历史建筑群，建设世界遗产保护研究基地。促进地方剧种、传统手工艺发展，加强非物质文化遗产保护利用，加大历史文化名城、名镇、名村保护力度。创新文化传播内容和形式，进一步推动中原文化“走出去”，扩大对外文化贸易。

（三十七）促进文化产业大发展

加快广播影视、演艺娱乐、新闻出版、动漫游戏、文化创意等重点文化产业发展，推进数字出版基地和动漫基地建设，扶持具有中原特色和国家水准的重大文化项目，创作更多思想深刻、艺术精湛、群众喜闻乐见的文化精品，打造全国重要的文化产业基地。支持开展文化改革发展综合试验，探索政府主导与发挥市场作用有机统一的文化事业和文化产业发展机制，完善扶持公益性文化事业、鼓励文化创新的政策措施。加大金融对中原文化产业发展支持力度，加快文化产业投融资平台和公共服务平台建设。积极推动文化市场开放，鼓励社会力量参与公益性文化建设。

（三十八）提高人力资源开发水平

坚持人才优先发展，显著提升人口综合素质，把人口压力转化为人力资源优势，努力建设全国人力资源高地。调整高等学校、职业院校布局和学科专业结构，支持探索构建现代职业教育体系。建设国家职业教育改革试验区，加强职业教育基础能力建设，改革创新职业教育体制机制和人才培养模式，落实好中等职业教育免学费政策，打造全国重要的职业教育基地和职业培训实训基地。加快高水平大学和重点学科建设，支持郑州大学和河南大学创建国内一流大学，将符合条件的高校纳入“中西部高等教育振兴计划”。实施高端人才引进和培养工程，国家“千人计划”、“百人计划”等人才和引智项目予以适当倾斜。完善各类人才薪酬制度。

（三十九）塑造中原人文精神

弘扬兼容并蓄、刚柔相济、革故鼎新、生生不息的中原文化，加强人文教育，提升人文素质，注重人文关怀，塑造具有中原特质、体现时代特征的人文精神。发扬愚公移山精神、焦裕禄精神和红旗渠精神。全面增强开放意识、市场意识、机遇意识和创新意识，深入实施全民科学素质行动计划，开展群众性精神文明创建活动，倡导敬岗诚信、劳动致富、团结互助的社会风尚，

营造扶正祛邪、惩恶扬善的社会风气，树立中原发展新形象。

九、推进体制机制创新，扩大对内对外开放

坚持深化改革，不断破解体制机制难题，坚持扩大开放，不断拓展新的发展空间，以改革开放促发展、促创新，推动传统农业大区向现代经济强区转变，开创中原经济区建设新局面。

（四十）加大"三化"协调发展先行先试力度

允许采取更加灵活的政策措施，在城乡资源要素配置、土地节约集约利用、农村人口有序转移、行政管理体制改革等方面先行先试。加快农村土地管理制度改革试点，建立城乡统一的土地市场，改革和完善土地征用制度，确保农民在土地增值中的收益权。进一步完善县域法人金融机构将新增存款一定比例用于当地发放贷款的政策，提高农村存款用于农业农村发展的比重。在严格执行土地利用总体规划和土地整治规划的基础上，探索开展城乡之间、地区之间人地挂钩政策试点，实行城镇建设用地增加规模与吸纳农村人口进入城市定居规模挂钩、城市化地区建设用地增加规模与吸纳外来人口进入城市定居规模挂钩，有效破解"三化"协调发展用地矛盾。创新农民进城落户的社会保障、住房、技能培训、就业创业、子女就学等制度安排，探索建立农村人口向城镇就地就近有序转移机制，妥善解决农民工流动中的社会问题，健全农民工权益保障机制。鼓励国内外知名医疗机构在经济区设立分支机构，推动国内外知名大学在经济区设立中外合作办学机构，满足高层次医疗、教育服务需求。创新行政管理体制，优化政府结构和行政层级，加快推行省直管县（市）改革。

（四十一）深化重点领域和关键环节改革

全面深化经济体制改革，完善社会主义市场经济体制，增创体制机制新优势。探索建立符合区域主体功能定位的财政政策导向机制。深化投融资体制改革，加快发展完善资本、产权、技术、土地和劳动力等要素市场，推进资源性产品价格改革，提高资源税税率。稳步推进电价改革，开展大用户直供电试点。深化国有企业改革，加强中小企业服务体系建设，全面落实促进中小企业和非公有制经济发展的政策措施。探索建立与中央企业合作的长效机制。

（四十二）建设内陆开放高地

打造对外开放平台，营造与国内外市场接轨的制度环境，完善涉外公共管理和服务体系，加快形成全方位、多层次、宽领域的开放格局。支持郑州建设内陆开放型经济示范区，加快郑州新郑综合保税区建设，推进"一站式"通关和电子口岸建设，创新监管模式。支持符合条件的省级开发区升级为国家级开发区，支持具备条件的地区申报建设海关特殊监管区域，鼓励与东部地区合作承接沿海加工贸易梯度转移。支持符合条件的城市申报服务外包示范城市。统筹规划，合理布局海关、出入境检验检疫机构。加强与沿海港口口岸的战略合作。依托现有园区，加强与港澳台经济技术和贸易投资领域的合作。

（四十三）促进区域联动发展

强化区域发展分工与合作，构建联动发展新机制，实现优势互补，不断拓展发展空间。建立中原城市群城市与粮食主产县合作和利益补偿机制，增强城市群对区域内欠发达地区的辐射带动作用。推进与毗邻地区在基础设施、信息平台、旅游开发、生态保护等重点领域的合作，加强在科技要素、人力资源、信用体系、市场准入、质量互认和政府服务等方面的对接。完善与周边省份区域合作机制，支持晋陕豫黄河金三角地区开展区域协调发展试验，鼓励焦作、济源、安阳、濮阳与晋冀鲁地区加强区域合作。密切与长三角、山东半岛、江苏沿海、京津冀、关中－天水等区域的合作，进一步发挥连接东西南北的纽带作用。推动在河南省举办国家级经贸活动，打造高水平区域开放合作平台。

十、保障措施

（四十四）强化组织实施

河南省人民政府要加强对本意见实施的组织领导，明确工作分工，健全工作机制，完善工作方案，认真落实意见提出的各项任务，涉及的重大政策、改革试点和建设项目按规定程序另行报批后实施。要按照本意见确定的战略定位、空间布局和发展重点，有序推进重点项目建设，努力探索有利于中原经济区科学发展的体制机制。要加强与国务院有关部门的沟通衔接，强化与周边省份的互动合作，扎实推进意见实施。

（四十五）加大政策支持

国务院有关部门要按照本意见要求和各自职能分工，抓紧制定具体工作措施，认真落实财税、金融、投资、产业、土地等方面的支持政策。加大中央财政转移支付力度，支持中原经济区建设和发展。支持地方性银

行、保险等金融机构发展，开展规范股权投资企业发展、完善备案管理工作的试点，支持符合条件的企业上市和发行债券。鼓励政策性金融机构加大信贷支持力度。支持农村信用社进一步深化改革。加大专项建设资金投入，在重大项目规划布局、审批核准、资金安排等方面给予适当支持。研究制定差别化产业政策，支持鼓励类产业发展。实施差别化土地管理政策，对土地利用年度计划和城乡建设用地增减挂钩试点计划指标适度予以倾斜，支持开展土地利用总体规划定期评估和适时修订试点。

（四十六）加强指导协调

发展改革委要加强对本意见实施情况的跟踪分析，做好指导与督促检查工作，会同有关部门和河南省人民政府定期组织开展意见实施情况评估。在实施过程中，要加强与国家相关规划的衔接，注意研究新情况、解决新问题、总结新经验，重大问题及时向国务院报告。

建设中原经济区，事关促进中部地区崛起和区域协调发展总体战略，是一项重大而艰巨的历史任务。国务院有关部门和有关地方要进一步统一思想，提高认识，锐意进取，扎实工作，全面落实意见提出的各项任务，推动中原经济区实现跨越式发展，为服务全国发展大局作出更大贡献。

国务院

二〇一一年九月二十八日

国务院办公厅关于加快发展高技术服务业的指导意见

国办发〔2011〕58号

各省、自治区、直辖市人民政府，国务院各部委、各直属机构：

为落实“十二五”规划纲要、《国务院关于加快培育和发展战略性新兴产业的决定》（国发〔2010〕32号）和《国务院关于加快发展服务业的若干意见》（国发〔2007〕7号）相关部署，经国务院同意，现就加快发展高技术服务业提出如下意见：

一、充分认识加快发展高技术服务业的重要性和紧迫性

高技术服务业是现代服务业的重要内容和高端环节，技术含量和附加值高，创新性强，发展潜力大，辐射带动作用突出。加快发展高技术服务业对于扩大内需、吸纳就业、培育壮大战略性新兴产业、促进产业结构优化升级具有重要意义。当前，国民经济各行业对高技术服务的需求日益增长，科技创新对经济社会发展的支撑作用日益体现在服务上，基于高技术和支撑科技创新的新兴服务业态不断涌现，高技术服务业呈现出良好发展势头。但我国高技术服务业尚处于发展初期，存在体制机制不健全、政策体系不完善、创新能力不足、服务品牌匮乏、国际化程度不高、高端人才短缺等突出问题，不能适应经济结构战略性调整的需要。各地区、各部门要从加快转变经济发展方式出发，把发展高技术服务业放在突出位置，加强组织领导，创新工作思路，完善体制机制，营造良好环境，推进高技术服务业快速健康发展。

二、指导思想、基本原则和发展目标

（一）指导思想

以邓小平理论和“三个代表”重要思想为指导，深入贯彻落实科学发展观，按照服务业发展改革的总体要求，重点发展高技术的延伸服务和相关科技支撑服务，加强政府引导，推动体制机制创新，培育市场需求，拓展服务领域，不断提升高技术服务业的比重和水平，推动高技术服务业做强做大。

（二）基本原则

发展高技术服务业要坚持“分类指导、市场驱动、创新发展、开放合作”的原则。

分类指导。根据不同领域、不同发展阶段高技术服务业实际情况，区分公共服务和市场化服务，有针对性地采取改革试点、政策扶持、规范管理等措施，着力培育服务企业，实现高技术服务业市场化发展。

市场驱动。完善体制机制，进一步发挥市场配置资源的基础性作用，加强专业化分工，培育新兴业态，拓展市场空间，优化发展环境，促进产业集聚，实现高技术服务业规模化发展。

创新发展。营造有利于新技术、新业务开发和推广应用的外部条件，加强技术创新、服务模式创新和管理创新，引导高技术服务业专业化发展。

开放合作。引导高技术服务企业加强对外交流与合作，积极承接全球高端服务转移，整合利用全球创新资源，培育具有国际影响力的服务品牌，推动高技术服务业国际化发展。

（三）发展目标

“十二五”期间，高技术服务业营业收入年均增长18%以上，到2015年，发展成为国民经济的重要增长点，对经济结构调整、发展方式转变的支撑能力明显增强；培育一批创新能力较强、服务水平较高、具有一定国际影响力的骨干企业；形成若干产业特色鲜明、比较优势突出的产业基地和创新集聚区；基本建立高技术服务产业体系、标准体系、统计体系和政策体系。到2020年，形成较为完善的高技术服务产业体系，成为服务业发展的主导力量，基本满足建设创新型国家和全面建设小康社会的需要，为经济社会可持续发展提供强有力的支撑。

三、重点任务

当前，要重点推进以下八个领域的高技术服务加快发展：

（一）研发设计服务

突出研发设计服务对提升产业创新能力的关键作用，建立支撑产业结构调整的研发设计服务体系，壮大专业研发设计服务企业。支持高校和科研院所面向市场提高研发服务能力，创建特色服务平台。加强科研资源整合，发展研发服务企业，鼓励企业将可外包的研发设计业务发包给研发设计企业。引导跨国公司和海外高端人才在华设立研发服务机构。鼓励有条件的地区成立工业设计服务中心和实施示范工程，完善工业设计知识产权交易和中介服务体系，建设研发设计交易市场，打造一批具有国际竞争力的研发设计企业和知名品牌。

（二）知识产权服务

积极发展知识产权创造、运用、保护和管理等环节的服务，加强规范管理。培育知识产权服务市场，构建服务主体多元化的知识产权服务体系。扩大知识产权基础信息资源共享范围，使各类知识产权服务主体可低成本地获得基础信息资源。创新知识产权服务模式，发展咨询、检索、分析、数据加工等基础服务，培育评估、交易、转化、托管、投融资等增值服务。提升知识产权服务机构涉外事务处理能力，打造具有国际影响力的知识产权服务企业和品牌。加强标准信息分析和相关技术咨询等标准化服务能力。

（三）检验检测服务

推进检验检测机构市场化运营，提升专业化服务水平。充分利用现有资源，加强测试方法、测试技术等基础能力建设，发展面向设计开发、生产制造、售后服务全过程的分析、测试、检验、计量等服务，培育第三方的质量和安全检验、检测、检疫、计量、认证技术服务。加强战略性新兴产业和农业等重点行业产品质量检验检测体系建设。鼓励检验检测技术服务机构由提供单一认证型服务向提供综合检测服务延伸。

（四）科技成果转化服务

完善科技中介体系，大力发展专业化、市场化的科技成果转化服务。发展技术交易市场，鼓励建立具备技术咨询评估、成果推介、融资担保等多种功能的技术转移服务机构。鼓励社会资本投资设立新型转化实体，发展包括创业投资、创业辅导、市场开拓等多种业务的综合性科技成果转化服务。提升科技企业孵化器、生产力促进中心和大学科技园等机构的服务能力，推动市场化运营。

（五）信息技术服务

充分发挥现有信息网络基础设施的作用，依托宽带光纤、新一代移动通信网、下一代互联网、数字电视网等信息基础设施建设，大力发展网络信息服务和三网融合业务，着力推进网络技术和业务创新，培育基于移动互联网、云计算、物联网等新技术、新模式、新业态的信息服务。加强软件工具开发和知识库建设，提高信息系统咨询设计、集成实施、运营维护、测试评估和信息安全服务水平，面向行业应用提供系统解决方案。推动电子信息产品制造企业由单纯提供产品向提供综合解决方案和信息服务转变，完善电子信息产品售后服务。进一步增强承接软件和信息服务外包能力，着力培育有国际影响力的服务外包品牌。

（六）数字内容服务

加强数字文化教育产品开发和公共信息资源深化利用，构建便捷、安全、低成本的数字内容服务体系。促进数字内容和信息网络技术融合创新，拓展数字影音、数字动漫、健康游戏、网络文学、数字学习等服务，大力推动数字虚拟等技术在生产经营领域的应用。进一步推进人口、地理、医疗、社保等信息资源深度开发和社会化服务。

（七）电子商务服务

重点完善面向中小企业的电子商务服务体系，鼓励相关机构建立可信交易服务平台。加快促进集交易、电子认证、在线支付、物流、信用评估等服务于一体的第三方电子商务综合服务平台建设，培育一批骨干电子商务服务企业。

（八）生物技术服务

大力完善生物技术服务体系，加快培育和发展新业态。重点发展创新药物及产品的临床前研究和评价服务，形成具有特色的研发外包服务体系。积极发展胚胎工程、细胞工程、分子育种等现代生物农业技术服务，加速生物技术成果在农业领域的应用。加快发展生物环保技术服务。以国家生物信息共享体系为载体，开展生物信息技术服务和国际合作。

四、政策措施

国务院各有关部门和地方各级人民政府要在协调落实好国家支持科技创新、高技术产业和服务业发展有关政策的同时，进一步完善高技术服务业发展环境，加强政策创新和试点示范，针对高技术服务业发展的重点领域和重点任务，制定和完善相关政策措施。

（一）加大财税支持

积极发挥财政资金的杠杆作用，利用创业投资引导基金、科技型中小企业创新基金等资金渠道加大对高技术服务企业的支持力度，引导社会资金投向高技术服务业。鼓励有条件的地区设立高技术服务业发展专项资金。发展改革委会同有关部门组织实施高技术服务产业化专项。进一步统筹在岸和离岸高技术服务业发展。针对高技术服务业发展重点，研究完善高新技术企业认定范围，符合条件的高技术服务企业可享受相关税收优惠政策。检验检测、知识产权等高技术服务领域事业单位转制为企业的，可按规定享受有关税收优惠政策。按照增值税扩大征收范围改革总体安排，完善相关制度，解决高技术服务业发展存在的税收问题。

（二）拓展融资渠道

完善知识产权价值评估制度和管理规定，积极推行知识产权质押等融资方式。继续推动高技术服务产业基地发行中小企业集合债和集合票据。推动各类融资担保机构按照商业原则加大对高技术服务企业提供融资担保的力度。引导社会资本设立创业投资企业，支持符合条件的高技术服务企业在境内外特别是境内创业板上市，加快推进全国性证券场外交易市场建设，拓展高技术服务企业直接融资渠道。

（三）完善市场环境

有序开放高技术服务业市场，构建各类企业公平竞争的市场环境。在知识产权、检验检测、信息服务等领域进一步放开市场准入，对能够实行市场经营的服务要动员社会力量增加市场供给，充分发挥非公有制企业的作用。按照营利性机构与非营利性机构分开的原则，引导和推进知识产权、检验检测等领域体制机制改革，加强市场化服务。建立和完善高技术服务业技术体系、服务标准体系和职称评价体系，促进规范化发展。加快制定高技术服务业统计分类标准，完善统计方法和统计目录，加强统计调查和运行分析。加大高技术服务领域知识产权保护力度。完善价格政策，实现高技术服务企业用水、用电、用气与工业企业同质同量同价。实行有利于高技术服务业发展的土地管理政策。健全个人信息和商业数据保护规定，推广电子签名与认证应用，构建网络信任环境，保障信息安全。加强诚信体系建设，推进服务业务社会化。进一步完善高技术服务业市场法规和监管体制，规范市场秩序。

（四）培育市场需求

在信息技术服务、生物技术服务、知识产权服务等领域开展应用示范，培育高技术服务市场需求。切实落实并完善居民小区光纤接入建设等方面技术规范和管理规定，以基础设施升级促进信息服务业务发展。加大政府采购高技术服务的力度，拓展政府采购高技术服务的领域，鼓励政府部门将可外包的信息技术服务、检验检测服务、知识产权服务等业务发包给专业服务企业，实现服务提供主体和提供方式多元化。

（五）增强创新能力

促进服务模式创新，推动高技术服务相关业务融合发展，探索适合新型服务业态发展的市场管理方式。促进高技术服务企业技术中心建设，鼓励集成创新。推动建立各具特色的高技术服务产业创新联盟，完善以企业为主体、产学研用相结合的创新体系。加强关键共性技术和支撑工具研发，完善成果转化中试条件，整合和完善现有公共服务平台，加强必要的软件平台、仿真环境、资源信息库、公共测试平台建设。支持高技术服务企业在国内外积极获取专利权和注册商标，实施标准战略，构建专利联盟。

（六）加强人才培养

鼓励采用合作办学、定向培养、继续教育等多种形式，创新高技术服务人才培养模式。完善高技术服务学科设置，允许部分地区高校根据产业需求自行设置高技术服务相关二级学科。鼓励高技术服务企业加大职工培训投入力度，提高职工培训费用计入企业成本的比例。加强创新型人才的引进和使用。完善技术入股、股票期权等知识资本化激励机制。健全高技术服务业人才评价体系，完善职业资格制度，加强人才科学管理。加快发展人力资源服务业，促进高技术服务业人才资源优化配置和合理流动。

（七）深化对外合作

扩大高技术服务领域对外开放，支持承接境外高端服务业转移，完善外商投资管理制度，引导外商投资我国高技术服务业。支持高技术服务企业“走出去”，通过海外并购、联合经营、设立分支机构等方式积极开拓国际及港澳台市场，鼓励在境外设立研发机构。推动政府间投资保护协定谈判，保护高技术服务企业海外投资利益。进一步完善外汇、出入境等方面管理，提升出入境检验检疫能力，促进高技术服务贸易发展。鼓励国内企业和协会参与制定国际标准，支持高技术服务自主标准国际化。

（八）引导集聚发展

依托优势地区，着力培育一批创新能力强、创业环境好、特色突出的高技术服务业集聚区。完善创新创业服务体系建设，促进创新资源向高技术服务业集聚区汇集。引导形成以龙头企业为核心、中小企业协同发展的高技术服务企业集群。支持建设一批高技术服务产业基地，鼓励在政策扶持、体制创新等方面积极探索、先行先试。引导和支持高技术服务企业与制造企业互动发展，依托优势产业集群，完善配套服务。

五、加强组织落实

发展高技术服务业是培育发展战略性新兴产业和服务业的重要任务，各地区、各部门要高度重视，切实加强组织领导，根据本指导意见的要求抓紧制定具体实施方案和落实措施，加大工作力度，确保各项任务措施落到实处。国务院有关部门要按照职能分工，加强对高技术服务业发展的协调指导，细化政策措施，创新体制机制，加强监督检查，推动我国高技术服务业又好又快发展。

国务院办公厅

二〇一一年十二月十二日

部门发展政策

关于促进融资性担保行业规范发展的意见

银监会　发展改革委　工业和信息化部　财政部
商务部人民银行 工商总局　法制办

《国务院办公厅关于进一步明确融资性担保业务监管职责的通知》（国办发〔2009〕7号）印发以来，各地人民政府和国务院有关部门高度重视，制定完善政策法规，明确监管责任，推进规范整顿工作，取得了明显成效。但是，融资性担保行业基础薄弱，长期以来缺乏有效监管，存在机构规模小、资本不实、抵御风险能力不强等问题，一些担保机构从事非法吸收存款、非法集资和高利贷等活动，严重扰乱市场秩序，危害社会稳定，需要进一步采取措施予以规范。为贯彻“十二五”规划纲要要求，促进融资性担保行业规范发展，现提出以下意见：

一、统一思想认识，明确目标定位

（一）深入贯彻落实科学发展观，坚持规范与发展并重、市场主导和政府引导相结合，重点提高融资性担保机构为中小企业和“三农”服务的能力。

（二）融资性担保行业规范发展的总体目标是，加快推进融资性担保机构体系、法规制度体系、监管体系、扶持政策体系和行业自律体系建设。构建适度审慎、联动协调、科学有效的监管机制。加快培育公司治理完善、内部控制严密、风险管理有效、具有较强承保能力的融资性担保机构，逐步形成布局合理、适度竞争、规范有序、运行高效的融资性担保体系。

二、推动行业建设，实现可持续发展

（三）融资性担保机构要按照安全性、流动性、收益性原则，坚持以融资性担保业务为核心主业，稳妥开展非融资性担保业务。建立完善符合自身特点、市场化运作的可持续审慎经营模式，不断提高承保能力。要加强公司治理、内部控制和风险管理等方面的制度建设，完善信息披露制度，依法合规经营，提升融资性担保机构可持续发展能力。

（四）在有效控制风险的前提下，鼓励融资性担保机构积极开发新业务、新产品，提高服务质量和效率。鼓励融资性担保机构从事行业性、专业性担保业务，提高风险识别和管理能力，形成自身专业优势和独特竞争力。鼓励规模较大、实力较强的融资性担保机构在县域和西部地区设立分支机构或开展业务；鼓励县域内融资性担保机构加强对中小企业和“三农”的融资担保服务。积极鼓励民间资本和外资依法进入融资性担保行业，增强行业资本实力，促进市场竞争，满足多层次、多领域、差别化的融资担保需求。

（五）加强融资性担保行业自律组织建设，充分发挥行业协会在规范经营行为、加强自律管理、开展教育培训、实现行业信息共享等方面的重要作用。制定科学合理的人才培养、储备和使用规划，逐步完善融资性担保行业董事、监事、高级管理人员任职资格管理制度和

从业人员资格认证制度，提高从业人员的职业道德和专业素质。

三、完善扶持政策，优化外部环境

（六）地方各级人民政府要立足本地实际，科学规划，按照市场原则合理布局，重点扶持经营管理较好、风险管控水平较高、有一定影响力的融资性担保机构的发展。制定完善扶持政策体系，加强扶持资金管理，落实对符合条件的融资性担保机构的财税优惠政策，建立扶优限劣的良性发展机制。要因地制宜，通过设立再担保机构等方式，综合运用资本注入、风险补偿和考核奖励等手段，建立完善风险补偿和分担机制，实现扶持与监管的有效衔接，提高融资性担保机构服务能力。

（七）有关部门要统筹协调各项财税扶持政策，不断完善扶持措施，加大扶持力度。银行业监管部门要督促银行业金融机构加强与融资性担保机构合作，创新业务模式，优化审贷流程，在责任明晰的前提下，有选择地与融资性担保机构开展长期、稳定、深入的业务合作，构建平等、互利、共赢的合作模式。征信管理部门要不断完善融资性担保征信管理制度，促进信息交流共享。银行业金融机构要为融资性担保机构依法查询、确认有关信息提供便利。

（八）有关部门和地方各级人民政府要认真落实抵（质）押相关制度，研究建立融资担保抵（质）押登记公示和查询平台；为担保债权的保护和追偿提供必要支持，维护融资性担保机构合法权益。

四、健全监管机制，加强科学监管

（九）融资性担保业务监管部际联席会议要加强对地方融资性担保机构监管工作的指导，建立健全对地方监管部门的履职评价制度，完善联席会议、地方监管部门等多方联动工作机制。建立完善以《融资性担保公司管理暂行办法》（中国银行业监督管理委员会令2010年第3号）为主体，协调配套的融资性担保法规制度体系。加强对政府出资设立或控股的融资性担保机构的监管，防止融资性担保风险转化为财政风险。加快建设标准统一的统计信息系统，提高行业统计分析工作水平。

（十）各省（区、市）人民政府要积极贯彻落实《融资性担保公司管理暂行办法》（中国银行业监督管理委员会令2010年第3号）及相关配套制度，加快建立健全本地区融资性担保相关规章制度。严格依法审批融资性担保机构，强化日常监管检查。地方各级人民政府要加强对融资性担保机构监管工作的组织领导，从人员、经费等方面保障地方监管部门有效履行职责，指导督促相关部门研究解决融资性担保行业发展与监管中的重大问题。地方监管部门要建立完善审慎有效的监管体制机制，加快建设融资性担保机构监管信息系统，完善监管手段，寓监管于服务中，提高监管有效性，防范系统性和区域性风险，推进融资性担保行业规范发展。

国家发展改革委关于印发鼓励和引导民营企业发展战略性新兴产业的实施意见的通知

国务院各有关部门、直属机构，各省、自治区、直辖市及计划单列市、副省级省会城市、新疆生产建设兵团发展改革委：

为落实《国务院关于鼓励和引导民间投资健康发展的若干意见》(国发[2010]13号) 和《国务院关于加快培育和发展战略性新兴产业的决定》(国发[2010]32号)，引导和鼓励民营企业发展战略性新兴产业，我们商有关部门制定了《关于鼓励和引导民营企业发展战略性新兴产业的实施意见》，现印送你们，请各部门结合当前培育和发展战略性新兴产业相关工作予以落实；请各地发展改革委在推动区域战略性新兴产业发展工作中认真贯彻执行。

附：关于鼓励和引导民营企业发展战略性新兴产业的实施意见

国家发展改革委

二〇一一年七月二十三日

附

关于鼓励和引导民营企业发展战略性新兴产业的实施意见

民营企业和民间资本是培育和发展战略性新兴产业的重要力量。鼓励和引导民营企业发展战略性新兴产业，对于促进民营企业健康发展，增强战略性新兴产业发展活力具有重要意义。为贯彻落实《国务院关于鼓励和引导民间投资健康发展的若干意见》（国发[2010]13号）、《国务院关于加快培育和发展战略性新兴产业的决定》（国发[2010]32号）精神，增强社会各界对民营企业培育发展战略性新兴产业重要性的认识，鼓励和引导民营企业在节能环保、新一代信息技术、生物、高端装备制造、新能源、新材料、新能源汽车等战略性新兴产业领域形成一批具有国际竞争力的优势企业，制定本实施意见。

一、清理规范现有针对民营企业和民间资本的准入条件。

要结合战略性新兴产业发展要求，加快清理战略性新兴产业相关领域的准入条件，制定和完善项目审批、核准、备案等相关管理办法。除必须达到节能环保要求和按法律法规取得相关资质外，不得针对民营企业和民间资本在注册资本、投资金额、投资强度、产能规模、土地供应、采购投标等方面设置门槛。

二、战略性新兴产业扶持资金等公共资源对民营企业同等对待。

各相关部门和各地发展改革委要规范公共资源安排相关办法，在安排战略性新兴产业项目财政预算内投资、专项建设资金、创业投资引导基金等资金以及协调调度其他公共资源时，要对民营企业与其他投资主体同等对待。

三、保障民营企业参与战略性新兴产业相关政策制定。

各相关部门和各地发展改革委在制定战略性新兴产业相关配套政策、发展规划时，应建立合理的工作机制，采取有效的方式，保障民营企业和相关协会代表参与，并要充分吸纳民营企业的意见和建议。

四、支持民营企业提升创新能力。

要采取有效措施，大力推动公共技术创新平台为民营企业提供服务，探索高等院校、科研院所人才向民营企业流动机制，扶持民营企业引进人才。鼓励、支持民营企业建立健全企业技术中心、研究开发中心等研究机构。支持具备条件的民营企业申报国家和省级企业技术中心，承担或参与国家工程研究中心、国家工程实验室等建设任务。

五、扶持科技成果产业化和市场示范应用。

支持民营企业和民间资本参与国家相关科研和产业化计划，开发重大技术和重要新产品。扶持相关企业协同推进产业链整体发展，促进新技术与新产品的工程化、产业化。鼓励有条件的民营企业发起或参与相关标准制定。支持民营企业开展具有重大社会效益新产品的市场示范应用。

六、鼓励发展新型业态。

鼓励民营企业与民间资本进行商业模式创新，发展合同能源管理、污染治理特许经营、电动汽车充电服务和车辆租赁等相关专业服务和增值服务，发展信息技术服务、生物技术服务、电子商务、数字内容、研发设计服务、检验检测、知识产权和科技成果转化等高技术服务业。

七、引导民间资本设立创业投资和产业投资基金。

根据《国家发展改革委、财政部关于实施新兴产业创投计划、开展产业技术研究与开发资金参股设立创业投资基金试点工作的通知》（发改高技[2009]2743号）精神，各地发展改革委在创立新兴产业创业投资引导基金时，要积极鼓励民间资本参与创业投资。规范引导合格合规的民间资本参与设立战略性新兴产业的产业（股权）投资基金。

八、支持民营企业充分利用新型金融工具融资。

要积极支持和帮助产权制度明晰、财会制度规范、信用基础良好的符合条件的民营企业发行债券、上市融资、开展新型贷款抵押和担保方式试点等，改进对民营企业投资战略性新兴产业相关项目的融资服务。

九、鼓励开展国际合作。

鼓励符合条件的民营企业开拓国际业务、参与国际竞争。支持民营企业通过投资、并购、联合研发等方式，在境内外设立国际化的研发机构。鼓励民营企业在境外申请专利，参与国际标准制定。支持有条件的民营企业开展境外投资，建立国际化的资源配置体系。

十、加强服务和引导。

各有关部门和各地发展改革委应加强协调，及时发布战略性新兴产业发展规划、产业政策、项目扶持计划、招商引资、市场需求等信息，引导各类投资主体的投资行为，避免一哄而上、盲目投资和低水平重复建设。积极发挥工商联等相关行业组织作用，帮助民营企业解决在发展战略性新兴产业中遇到的实际问题。各级公益类信息服务、技术研发、投资咨询、人才培训等服务机构，要积极为民营企业与民间资本发展战略性新兴产业提供相关服务。鼓励和支持物流、会展、法律、广告等行业为民营企业发展战略性新兴产业提供商务服务。

关于发展天然气分布式能源的指导意见

发改能源[2011]2196号

各省、自治区、直辖市及计划单列市、副省级省会城市，新疆生产建设兵团发展改革委、能源局、财政厅（局）、住房城乡建设厅（局），国务院有关部门、直属机构，有关中央企业：

为提高能源利用效率，促进结构调整和节能减排，推动天然气分布式能源有序发展，现提出如下指导意见：

一、发展天然气分布式能源的重要意义

天然气分布式能源是指利用天然气为燃料，通过冷热电三联供等方式实现能源的梯级利用，综合能源利用效率在70%以上，并在负荷中心就近实现能源供应的现代能源供应方式，是天然气高效利用的重要方式。与传统集中式供能方式相比，天然气分布式能源具有能效高、清洁环保、安全性好、削峰填谷、经济效益好等优点。

天然气分布式能源在国际上发展迅速，但我国天然气分布式能源尚处于起步阶段。推动天然气分布式能源，具有重要的现实意义和战略意义。天然气分布式能源节能减排效果明显，可以优化天然气利用，并能发挥对电网和天然气管网的双重削峰填谷作用，增加能源供应安全性。目前，我国天然气供应日趋增加，智能电网建设步伐加快，专业化服务公司方兴未艾，天然气分布式能源在我国已具备大规模发展的条件。

二、指导思想和目标

（一）指导思想

以提高能源综合利用效率为首要目标，以实现节能减排任务为工作抓手，重点在能源负荷中心建设区域分布式能源系统和楼宇分布式能源系统。包括城市工业园区、旅游集中服务区、生态园区、大型商业设施等，在条件具备的地方结合太阳能、风能、地源热泵等可再生能源进行综合利用。

（二）基本原则

一是统筹兼顾，科学发展：统筹天然气资源、能源需求、环境保护和经济效益，科学制订发展规划，确保天然气分布式能源健康、有序发展。

二是因地制宜，规范发展：合理选择建设规模，优化系统配置，原则上天然气分布式能源全年综合利用效率应高于70%，在低压配电网就近供应电力。发挥天然气分布式能源的优势，兼顾天然气和电力需求削峰填谷。

三是先行试点，逐步推广：在经济发达、能源品质要求高的地区（包括国家规划设立的生态经济区等）或天然气资源地鼓励采用热电冷联产技术，建立示范工程，通过示范工程积累经验，为大规模推广奠定基础。

四是体制创新，科技支撑：创新天然气分布式能源政策环境和机制，鼓励多种主体参与；加强技术研发，推动产学研结合，推动技术进步和装备制备能力升级。

（三）主要任务和目标

主要任务："十二五"初期启动一批天然气分布式能源示范项目，"十二五"期间建设1000个左右天然气分布式能源项目，并拟建设10个左右各类典型特征的分布式能源示范区域。未来5－10年内在分布式能源装备核心能力和产品研制应用方面取得实质性突破。初步形成具有自主知识产权的分布式能源装备产业体系。

目标：2015年前完成天然气分布式能源主要装备研制。通过示范工程应用，当装机规模达到500万千瓦，解决分布式能源系统集成，装备自主化率达到60%；当装机规模达到1000万千瓦，基本解决中小型、微型燃气轮机等核心装备自主制造，装备自主化率达到90%。到2020年，在全国规模以上城市推广使用分布式能源系统，装机规模达到5000万千瓦，初步实现分布式能源装备产业化。

三、主要政策措施

（一）加强规划指导

国家发展改革委、能源局根据能源总体规划及相关专项规划，会同住房城乡建设部等有关部门研究制定天然气分布式能源专项规划。各省、区、市和重点城市发改委和能源主管部门会同住房城乡建设主管部门同时制定本地区天然气分布式能源专项规划，并与城镇燃气、供热发展规划统筹协调，确定合理供应结构，统筹安排项目建设。

（二）健全财税扶持政策

中央财政将对天然气分布式能源发展给予适当支持，各省、区、市和重点城市可结合当地实际情况研究出台具体支持政策，给予天然气分布式能源项目一定的投资奖励或贴息。通过合同能源管理实施且符合《关于促进节能服务产业发展增值税、营业税和企业所得税政策问题的通知》（财税[2010]110号）要求的天然气分布式能源项目，可享受相关税收优惠政策。在确定分布式能源气价时要体现天然气分布式能源削峰填谷的特点，给予价格折让。

（三）完善并网及上网运行管理体系

各地和电网企业应加强配电网建设，电网公司将天然气分布式能源纳入区域电网规划范畴，解决天然气分布式能源并网和上网问题。国家发改委、能源局会同有关部门、电网企业及单位研究制定天然气分布式能源电网接入、并网运行、设计等技术标准和规范；价格主管部门会同相关部门研究天然气分布式能源上网电价形成机制及运行机制等体制问题。

（四）充分发挥示范项目带动作用，坚持自主创新

国家能源局要会同住房城乡建设部推进和指导天然气分布式能源示范项目的实施。加大国家对示范项目的支持力度，依托示范项目推动天然气分布式能源装备自主化，加大示范项目自主化考核，引导推动分布式能源装备产业化。进一步推动产、学、研、用相结合发展创新，建立有效的研制和发展机制，加强核心技术研究与验证，促进成果转化，加大分布式能源基础研究和应用研究投入，紧密跟踪世界前沿技术发展，加强交流合作，提升技术创新能力。

（五）鼓励专业化公司发展，加强科技创新和人才培养

鼓励和引导技术咨询和工程设计单位进行技术创新，提高系统集成水平。鼓励专业化公司从事天然气分布式能源的开发、建设、经营和管理，探索适合天然气分布式能源发展的商业运作模式。加强专业化人员培训和国际交流。

国家发展改革委
财　政　部
住房城乡建设部
国 家 能 源 局
二〇一一年十月九日

关于加快推进民营企业研发机构建设的实施意见

为深入贯彻落实《国务院关于鼓励和引导民间投资健康发展的若干意见》（国发〔2010〕13 号），进一步发挥民营企业在推进经济发展方式转变中的重要作用，围绕推进民营企业建立技术（开发）中心，承担或参与工程（技术）研究中心、工程实验室、重点实验室建设，以及建立和完善服务于民营企业的技术创新服

务机构（以上统称“研发机构”），增强民营企业技术创新能力，提出如下实施意见。

一、积极推进大型民营企业发展高水平研发机构

（一）国家和省（市）认定企业技术中心要加大向大型民营企业的倾斜力度

要积极推进大型民营企业建立专业化的技术（开发）中心。对于已建技术（开发）中心并具备条件的大型民营企业，要按照地方认定企业技术中心的有关规定，积极支持申报省市级企业技术中心。对于大型骨干民营企业的省市级技术中心，要按照国家发展改革委、科技部、财政部、海关总署、国家税务总局等部门联合发布的《国家认定企业技术中心管理办法》有关要求，鼓励申报国家认定企业技术中心。对于符合条件的民营企业国家认定企业技术中心，要按照财政部、海关总署、国家税务总局等部门联合发布的《科技开发用品免征进口税收暂行规定》，积极落实相关优惠政策。

（二）引导大型民营企业参与产业关键共性技术创新平台的重点实验室等产业关键共性技术创新平台

要鼓励和引导有条件的行业大型骨干民营企业承担或参与建设任务，充分发挥其在推进产业技术进步方面的重要作用。有关具体要求和规定按照《国家工程研究中心管理办法》、《国家工程技术研究中心暂行管理办法》、《国家重点实验室建设与运行管理办法》、《国家工程实验室管理办法（试行）》等执行，并积极推进落实相关优惠政策。

（三）积极鼓励大型民营企业发展海外研发机构

进一步建立和完善相应的政策措施，鼓励有实力的大型民营企业积极“走出去”，采取多种形式建立国际化的海外研发机构，增强企业的技术创新活力。积极引导和支持大型民营企业参与全球化的产业创新网络和研发平台建设，促进民营企业利用全球创新资源，提升企业参与国际技术交流与合作的层次和水平。

（四）推进大型民营企业发展综合性研发机构

在国家鼓励发展的重点产业领域，鼓励有条件的大型骨干民营企业组建企业（中央）研究院，加强对行业战略性、前瞻性和基础性技术问题的研究，进一步提升企业整合创新资源和引领产业发展的能力。鼓励有条件的大型民营企业研发机构向中小民营企业开放实验仪器、装备和设施。推进大型骨干民营企业瞄准产业关键共性技术，与高等院校、科研院所、上下游企业、行业协会等共建行业

技术服务中心，推动行业技术进步。国家在科技计划中对符合要求的研究项目给予支持。

二、支持中小民营企业发展多种形式的研发机构

（五）鼓励有条件的中小民营企业自建技术（开发）中心

各地要根据区域经济发展的基础和需求，积极探索设立专项资金，吸引和带动社会投资，鼓励和引导有条件的中小民营企业自建技术（开发）中心，促进中小企业向专精特方向发展，不断提升自身的技术创新能力和市场适应能力。

（六）促进产学研联合建立研发机构

适应产业发展的技术需求，积极引导中小民营企业参与组建产业技术联盟，建立紧密、广泛的产学研用合作机制，增强企业参与国际分工协作的能力。鼓励中小民营企业通过在高校和科研院所设立联合研发机构，或通过投资控股、参股等方式共建研发机构，

探索企业选题、共同研发、战略联盟的联合共建研发机构的新模式。鼓励科研院所、高校更好地为民营企业提供技术服务。

（七）支持发展技术创新服务机构和平台

在民营企业相对集中、产业集群优势明显的区域，各地可扶持发展技术转移中心、技术创新服务中心、科技企业孵化器、生产力促进中心等各类技术创新服务机构，支持建立分析测试、技术评估、技术转移、技术咨询、研发设计等公共技术支持平台，为中小民营企业提供技术创新和服务支撑。

三、完善支持民营企业研发机构发展的政策措施

（八）促进国家和地方公共创新资源向民营企业研发机构开放

国家和地方利用政府资金支持建设的科技基础设施、工程（技术）研究中心、工程实验室、重点实验室等技术创新平台，要加大先进实验仪器、装备和设施向民营企业研发机构的开放力度，探索有效的模式，实现国家和地方创新资源的共享。要充分利用上述技术创新平台的研究实验条件和人力资源优势，针对民营企业急需解决的技术难题和问题，开展联合研发。

（九）探索建立民营企业研发机构的良性运行机制

国家和地方各类科技计划要加大对民营企业研发机构的支持力度，按照有关规定支持符合条件的民营企业依托研发机构牵头或参与承担相应的科研任务和产业化项目。要探索以国家和地方重大项目建设为纽带，建立促进民营企业研发机构参与重大技术联合攻关的机制。对民营企业研发机构开展技术创新活动的投入，按国家企业研发经费进行加计抵扣的有关规定，要积极给予落实。鼓励和支持民营企业参与制定国家、行业和地方技术标准。逐步建立多元化支持民营企业研发机构建设和发展的投入渠道。

（十）培育和发展相关服务机构

大力发展面向企业特别是民营企业的公共技术服务机构、政策服务机构和科技政策咨询中介机构。鼓励和引导高等院校、科研院所和行业协会等建立服务于民营企业的培训机构，加强对企业研发机构主要负责人与技术管理人员的培训，提供有关技术发展方向的指导和帮助。地方要探索有效的方式，加快建立健全服务机构体系，提高法律法规、产业政策、经营管理等中介服务机构的社会化和专业化水平，为民营企业研发机构的建设提供全方位支持。

（十一）建立和完善社会化、网络化服务

加快建立适合民营企业特点的公共信息服务网络，为民营企业加强研发机构建设提供咨询、交流、培训等。推进民营企业的信息化建设，加强企业间技术、信息的高效互动。鼓励相关政府部门利用门户网站为民营企业提供专项政策服务，支持面向中小企业的电子商务服务平台建设，发展基于信息网络的技术咨询、劳务培训和维权服务。

（十二）加强有关知识产权服务与管理

围绕推进民营企业研发机构的建设和发展，建立和完善知识产权维权援助体系，为有关专利诉讼与代理、知识产权保护等提供必要的援助服务。加强对国外行业技术法规、标准、评定程序、检验检疫规程变化的跟踪，加强对民营企业研发机构的主要技术和产品可能遭遇的技术性贸易措施进行监测，并提供预测和预警服务。强化企业的知识产权意识，探索建立公益性的专利信息服务平台，为企业提供专利信息定制服务，提高企业对专利信息资源的利用能力。

（十三）支持民营企业研发机构培养和吸引创新人才

探索推进在高等学校和科研机构设立面向民营企业研发机构的客座研究员岗位。支持民营企业研发机构为高等学校和职业院校建立作站、院士工作站，吸引院士、优秀博士到企业研发机构从事科技成果转化和科技创新活动。制定和实施针对民营企业吸引国内优秀创新人才、优秀留学人才和海外科技人才的计划，采取团队引进、核心人才带动等多种方式引进国内外优秀人才参与民营企业研发机构的建设。

四、建立国家和地方的联动工作机制

（十四）加强组织和协调。各级发展改革、科技部门要会同有关部门加强对民营企业建设研发机构的指导

会同相关部门梳理政策，消除障碍。要强化服务意识，创新服务手段，完善工作协调机制，加强相互之间的配合，形成推进民营企业建设研发机构的合力。有条件的地方可设立专项资金，支持民营企业研发机构的建设与发展。

（十五）加强政策宣传

各级发展改革、科技部门要会同有关部门及时对发布的相关政策和规划中针对民营企业的内容进行解读，通过多种媒体和政府网站等发布，以便民营企业准确了解政策导向。要指导和支持民营企业对研发机构建设和取得的重大研究成果、产业化重要进展等加强宣传，树立民营企业的良好形象，进一步营造有利于民营企业健康发展的良好社会环境。

（十六）建立和完善工作制度

各级发展改革、科技部门要建立高效、便捷的问题反馈机制，便于民营企业对建设研发机构、提升技术创新能力过程中遇到的问题进行及时反馈。要会同有关部门加强调查研究，抓紧制订和完善推进民营企业研发机构建设的具体措施及配套办法，认真解决民营企业研发机构建设与发展中遇到的实际问题，确保党和国家的方针政策落到实处，促进民营企业技术创新平台建设迈上新台阶，切实提升自主创新能力，促进民营企业快速健康发展。

商务部 发展改革委 科技部
工业和信息化部 财政部
环境保护部海关总署 税务总局
质检总局 知识产权局

关于促进战略性新兴产业国际化发展的指导意见

商产发〔2011〕310号

各省、自治区、直辖市、计划单列市及新疆生产建设兵团商务、发展改革、科技、工业和信息、财政、环境保护、

税务、质量技术监督、知识产权主管部门，海关广东分署，各直属海关，各直属检验检疫局：

加快培育和发展战略性新兴产业是党中央、国务院面向未来，为推动我国经济发展方式转变和产业结构升级作出的重大战略决策，国际化是培育和发展战略性新兴产业的必然选择。根据《国务院关于加快培育和发展战略性新兴产业的决定》（国发〔2010〕32号），现就促进战略性新兴产业国际化发展提出如下指导意见：

一、突出产业特点，明确发展方向

促进战略性新兴产业国际化发展就是要把握经济全球化的新特点，逐步深化国际合作，积极探索合作新模式，在更高层次上参与国际合作，从而提升战略性新兴产业自主发展能力与核心竞争力。促进我国战略性新兴产业国际化发展应准确定位，明确方向。一是提高战略性新兴产业研发、制造、营销等各环节的国际化发展水平，提升全产业链竞争力；二是提高战略性新兴产业人才、企业、产业联盟、创新基地的国际化发展能力，提升市场主体竞争力；三是营造有利于战略性新兴产业国际化发展的良好环境，完善支撑保障体系；四是处理好两个市场的相互关系，夯实战略性新兴产业国际化发展的国内基础。

（一）指导思想

以邓小平理论和“三个代表”重要思想为指导，深入贯彻落实科学发展观，准确把握战略性新兴产业的国际发展趋势，按照加快培育和发展战略性新兴产业的总体要求，把国际化作为推动战略性新兴产业发展的重要途径，增强自主创新能力，加大政策扶持力度，夯实国内市场基础，着力营造良好环境，鼓励和引导企业积极开拓国际市场，在更宽领域、更大范围利用全球创新资源，努力提升战略性新兴产业总体发展水平。

（二）基本原则

——坚持市场导向原则。根据当前国际竞争态势和发展趋势，充分发挥市场机制的基础性作用，切实调动市场主体的积极性，引导产业发展方向和发展重点，明确产业优先发展次序和关键环节。

——坚持提升优势原则。在积极促进战略性新兴产业贸易和投资发展的同时，着重提升发展质量和国际分工地位，形成我国参与国际竞争新的比较优势。

——坚持重点推进原则。在积极提升战略性新兴产业国际化总体水平的同时，集中力量加大对重点环节、重点企业、重点市场的扶持，形成重点带动、整体推进。

——坚持统筹发展原则。统筹国内、国际两个市场、两种资源，促进贸易、投资协调发展，实现国际化与产业化的良性互动。

（三）工作目标

通过政府引导、上下联动等方式，力争到“十二五”末期，战略性新兴产业国际分工地位明显提升，国际化主体的竞争实力显著增强，贸易和投资规模稳步增长，全方位、多层次的国际化发展体系初步形成。

——建设国际化示范基地。结合科技兴贸创新基地建设，在战略性新兴产业的重点门类集中力量建设一批国际化发展示范基地，形成集群效应。

——培育国际化领军企业。重点支持一批具有较强创新能力和国际竞争力的领军企业，发挥带动作用。

——促进对外贸易快速增长。积极支持具有知识产权、品牌、营销渠道和良好市场前景的战略性新兴产业开拓国际市场，促进我国战略性新兴产业对外贸易快速增长。

（四）国际化推进重点

1.节能环保产业

培育节能环保产业国际化基地，鼓励节能环保产品开拓国际市场，提高出口产品附加值，推动出口产品由以单机出口为主向以成套供货为主转变；建立进口再生资源监管区，鼓励有条件的再生资源回收利用企业实施“走出去”战略，开展对外工程承包和劳务输出，促进国际大循环；鼓励符合条件的企业到境外为我国投资项目和技术援助项目提供配套的环境技术服务；加强节能环保领域国际合作，推动国际环境合作项目国内配套资金的落实，加强国际环境技术转让，加大对我国参与环境服务贸易领域国际谈判的支持力度。

2.新能源产业

鼓励新能源产业关键技术的研发及引进消化吸收再创新，提升核心技术竞争力和新能源开发能力；加强太阳能产业的国际合作与交流，支持新型太阳能热利用项目和产品开拓国际市场，优化出口产品结构，鼓励企业海外承建电厂工程；鼓励有生物质能研发优势的境外企业和机构以技术投资参股，促进国内商业模式创新。

3.新一代信息技术产业

开展下一代信息网络、物联网等领域的国际科技合作与交流，推动与具有核心技术的国外高端研究机构合作；鼓励新一代信息技术领域参与国际标准制定；鼓励物联网、高端软件等领域的海外留学人员回国创业；加大对重要设备进口的支持力度，支持外商投资企业建立三网融合研发机构；鼓励外商投资设立高性能集成电路企业；充分利用国内资源优势发展高端软件服务外包，促进高端软件及相关信息服务开拓国际市场。

4.生物产业

鼓励开展全方位国际合作，充分利用全球创新资源，提升创新能力；支持生物医药、生物育种等国内企业兼并重组，培育大型跨国经营集团；鼓励企业承接国际医药研发和生产外包；支持有条件的生物医药企业“走出去”，开展对外投资和合作；通过对外援助等多种方式，带动生物育种企业开展跨国经营。

5.高端装备制造产业

鼓励高端装备制造业充分利用全球创新资源，开展多种形式的研发合作，提升创新能力；支持国产飞机（包括干线飞机、支线飞机、通用飞机）、海洋工程装备、先进轨道交通装备开拓国际市场；鼓励航空产业关键零部件及机载系统进口；鼓励转包生产，支持境内外企业开展高水平的合资合作；支持航空、海洋工程装备、高端智能装备等产业在海外投资建厂，开展零部件生产和装备组装活动；鼓励海洋工程装备类中外企业开展高水平的合资合作。

6.新材料产业

支持国内企业并购国外新材料企业和研发机构，加强国际化经营；鼓励生产高附加值产品的国外企业来华投资建厂；优化进出口商品结构，完善进出口管理措施，加大对新材料产品和技术进口的支持力度，鼓励高附加值新材料产品开拓国际市场；鼓励新材料企业兼并重组，提高企业国际竞争力。

7.新能源汽车产业

推动传统汽车制造企业向新能源汽车领域发展，培育本土龙头企业和新能源汽车跨国公司；鼓励境外申请专利；鼓励参与国际标准制定，逐步与国际标准接轨；建立产业联盟和行业中介组织，规范市场秩序；鼓励新能源汽车零部件企业“走出去”，在海外投资建厂。

二、利用全球创新资源，提升产业创新能力

在全球范围内，加强技术交流与合作，有效利用全球创新资源，不断提升我国战略性新兴产业的原始创新能力、集成创新能力和引进消化吸收再创新能力。

（五）鼓励技术引进和合作研发

修订《中国鼓励引进技术目录》和《鼓励进口技术和产品目录》，大力支持战略性新兴产业先进技术设备、关键零部件进口。支持国内企业与境外企业联合研发共性关键技术、开发新产品以及科技成果向现实生产力转化。

（六）鼓励引进消化吸收与再创新

鼓励引进项目的前期研究、再创新成果的产业化、消化吸收与再创新产品开拓国际市场、消化吸收与再创新的技术或者产品申请国内外专利。

（七）鼓励参与国际标准制定和推动国际互认

积极参与战略性新兴产业领域国际标准的制定，在基础较好、产业和技术优势明显的领域，积极探索推广使用中国标准的新途径。支持企业采用国际标准，取得相关认证，推动签署政府间产品标准和认证认可结果的相互认可协议，促进国外政府和相关机构对我国检测认证机构测试认证结果的采信。

（八）促进知识产权创造、运用、保护和管理

支持企业在境外申请专利、注册商标；加强科技成果、专利等无形资产的评估，促进技术创新和技术转让健康发展；逐步完善国际贸易领域知识产权相关法律法规；妥善处理知识产权纠纷；加大对知识产权侵权行为的打击力度，防范知识产权滥用行为。

（九）加大高端人才引进力度

加快高端人才的培养开发。畅通吸纳高端领军人才的绿色通道，按照国家规定在居留、入出境、物品通关、工作生活条件等方面，为海外高层次人才来内地工作创业提供便利。采取持股、技术入股、提供创业基金等灵活方式，积极吸引各类高端人才，营造有利于战略性新兴产业领军人才跨境流动的良好环境。

三、开拓和利用国际市场，转变贸易发展方式

支持企业开拓和利用国际市场，提升企业适应国际市场的能力，增强企业国际竞争力，不断拓展战略性新兴产业的国际化发展空间。

（十）加强对重点市场分类指导

根据战略性新兴产业的发展水平，结合不同市场需求，支持新能源汽车、光伏等产业开拓发达国家市场，推动节能环保、生物育种、生物医药等产业开拓亚洲、非洲、拉美等新兴市场，支持风电产业开拓发达国家市场和新兴市场。研究推动与20个重点国家的双边产业合作规划，确定合作重点领域，明确合作具体形式，制定有针对性的贸易投资指南，支持各类经营主体开展多种形式的国际化经营活动。

（十一）充分发挥双多边机制作用

将促进战略性新兴产业的国际交流与合作纳入双多边合作机制框架。建立战略性新兴产业专项合作协议，充分发挥中英航空等专项合作协议作用。有效运用对外投资、对外援助、对外工程承包等多种方式，提升双多边合作的质量和水平。继续通过中美、中欧、中日高技术战略合作机制，加大政府间高技术领域磋商力度，推动发达国家放宽对华出口限制，扩大高技术产品贸易。

（十二）加大对鼓励类商品对外贸易的支持力度

制订战略性新兴产业进出口产品目录，对列入目录且符合条件的产品在通关、检验检疫等方面给予支持。加强资源综合利用，通过政策引导，鼓励外商把终端产品生产转移到国内来，提高出口产品技术含量。

（十三）大力支持不同贸易方式优化发展

在大力支持战略性新兴产业一般贸易发展的同时，推动航空航天产业扩大转包生产规模，促进平板显示和高性能集成电路等产业加工贸易转型升级，支持在高附加值环节开展国际合作，提升参与国际分工能力。

（十四）积极承接服务外包

在生物医药、工业设计、软件和信息服务等与战略性新兴产业相关的领域积极承接服务外包，充分发挥国内人才、设备与成本等优势，开展生物制药研发及试验检测、传感网相关数据处理、金融后台服务、信息及软件技术研发类外包等服务外包业务，发挥服务贸易高附加值优势，提高货物贸易技术含量和附加值，延长货物贸易价值链。

（十五）加强出口促进体系建设

发挥驻外机构、行业组织等相关中介机构作用，为企业提供国际市场信息服务。有针对性地鼓励和扶持各类专业展会和重要出口商品宣传活动，促进中外企业信

息交流和项目对接。在生物医药、新能源、新材料等领域规范出口秩序。

四、创新利用外资方式，促进对外投资发展

"引进来"与"走出去"相结合，切实提高国际投融资合作的质量和水平，促进战略性新兴产业在国际分工新格局中占据有利地位。

（十六）积极引导投资方向

修订《当前优先发展的高技术产业化指南》等，补充和完善战略性新兴产业相关内容，鼓励外商投资战略性新兴产业。制订国别产业导向目录，为企业开展跨国投资提供指导。积极探索在海外建设科技型产业园区。

（十七）拓宽利用外资渠道

鼓励外商投资设立创业投资企业，完善退出机制。支持企业根据国家发展战略及自身发展需要到境外上市，创新利用外资手段。

（十八）鼓励研发合作

继续积极鼓励外商设立研发中心，支持中外企业联合研发，申请重大项目。

（十九）扩大企业境外投资自主权

简化企业境外投资审批程序。进一步加大对企业境外投资的外汇支持。鼓励有条件的企业在境外以发行股票和债券等多种方式融资。

（二十）鼓励建立海外生产体系

鼓励新能源、航空航天、新能源汽车、高端装备制造等行业符合条件的企业在国外投资建厂。鼓励生物育种业在海外设立生产示范园区，加强海外推广。支持符合条件的环保企业加强国际合作。

（二十一）鼓励设立海外研发中心

鼓励符合条件的企业通过并购、合资、合作、参股等多种方式在海外设立研发中心，重点扶持风能、太阳能、新型平板显示和高性能集成电路、新能源汽车、生物育种等行业与国外研究机构、产业集群建立战略合作关系。

（二十二）鼓励建立海外营销网络体系

针对不同国际市场，支持符合条件的企业采取自建、与渠道商合作等方式建立境外营销中心、维修服务网点等海外营销体系。支持企业通过境外注册商标、境外收购等方式，培育国际化品牌。

五、推动创新基地建设，发挥国际化发展示范带动作用

大力支持科技兴贸创新基地建设，促进国内外行业领军企业集聚发展，充分发挥科技兴贸创新基地对促进战略性新兴产业国际化发展的示范带动作用。

（二十三）发挥国际化发展示范带动作用

引导科技兴贸创新基地结合各自优势，加大对特色产业支持力度，培育若干具备行业领军优势的基地或基地企业。在积极利用好国家各项扶持政策的同时，鼓励对基地内企业给予配套政策支持，并在适当条件下，扩大至与基地相关联的企业或区域。

（二十四）推动国际合作

依托科技兴贸创新基地，结合产业特点，分行业领域深化国际合作。推动科技兴贸创新基地与国外研发机构和相关高技术产业园区建立战略伙伴关系。适时建设战略性新兴产业国际化发展示范基地，充分激发其引领、示范和促进作用。

（二十五）加强公共服务平台建设

促进共性、关键技术研发，加快国际孵化器、检验检测、信息服务、人才培训等公共服务平台建设，建设以科技兴贸创新基地为载体的国际化发展促进体系。

六、加大扶持促进力度，完善支撑保障体系

促进战略性新兴产业国际化发展，必须加大财税金融政策支持力度，完善便利化措施，加强产业预警体系建设，积极应对国际贸易保护主义。

（二十六）积极利用财税支持政策

充分利用好现行促进战略性新兴产业国际化发展的有关财税政策。结合战略性新兴产业发展特点，积极落实《国务院关于加快培育和发展战略性新兴产业的决定》确定的各项财税支持政策。

（二十七）用好出口信贷和出口信用保险

利用出口信贷和出口信用保险，积极支持战略性新兴产业领域的重点产品、技术和服务开拓国际市场，对航空航天、高端装备制造等金额较大或能带动国内专利技术和标准出口的战略性新兴产业产品，在出口信贷和出口信用保险方面给予重点支持。

（二十八）完善便利化措施

落实海关企业分类管理措施，大力推进分类通关改革，鼓励战略性新兴产业重点培育企业申请成为海关高资信管理企业，享受相关通关便利措施。战略性新兴产业领域海外科技专家来华工作，按有关规定给予通关便利。推进进出口检验检疫企业分类管理，对获得生态原产地标记保护的产品给予检验检疫便利。

（二十九）加强产业预警体系建设

重点对生物育种、生物医药等外资加速进入的产业，加强国内、国外产业发展动态监测与研究，尽快完善产业预警体系。

（三十）加强海外信用风险防范

引导企业增强风险意识，防范国际贸易和投资活动中的各类风险。积极利用保险工具，对战略性新兴产业的海外市场拓展及对外投资提供全面的风险保障和风险信息管理咨询服务。

（三十一）积极应对贸易保护主义

鼓励企业做好反倾销、反补贴、保障措施应对工作，指导企业积极利用世界贸易组织通报咨询机制等方式应对国外各种非关税壁垒。重点在生物医药等重要领域加强多双边磋商，减少国际贸易摩擦。

（三十二）完善和推进知识产权海外维权机制

继续完善和推进以政府为主导，企业、行业中介组织、研究机构和驻外经商机构共同参加的海外知识产权保护服务网络，通过培训、信息支持和服务、宣传等手段，提高企业的知识产权保护意识和海外维权能力。

（三十三）充分发挥行业组织的作用

引导和鼓励各类商协会、产业联盟、技术联盟等行业组织，在企业开拓国际市场、应对国际知识产权纠纷、防止恶性竞争、促进国内国际标准制定等方面充分发挥协调指导作用。

七、夯实国内市场基础，营造良好发展环境

夯实国内市场基础，培育国内市场需求，创造有利于国内外企业公平竞争的良好环境，为有效促进战略性新兴产业国际化发展奠定良好基础。

（三十四）促进商业模式创新

支持借鉴和引进国际先进商业模式，鼓励合同能源管理、专业化环保服务等商业模式的创新和发展。

（三十五）加强市场准入和价格管理

完善生物医药行业准入管理，进一步健全药品注册管理的体制机制，完善药品集中采购制度，完善新能源产品价格形成机制，完善生物育种行业准入管理及转基因农产品管理，完善并严格执行节能环保法规标准，推动形成与国际接轨的市场准入制度和价格形成机制。

（三十六）加强质量诚信体系建设

大力推进以质取胜战略，培育一批具有自主知识产权和知名品牌、国际竞争力强的优势企业，建设一批具有国际水平和带动能力的现代产业集群，积极推进质量诚信体系建设。加大质量失信行为的惩戒力度，提高战略性新兴产业产品的质量水平和国际信誉。

商务部　发展改革委　科　技　部
工业和信息化部　财政部
环境保护部　海　关　总　署
税务总局　质检总局　知识产权局
二　〇　一　一　年　九　月　八　日

关于规范煤化工产业有序发展的通知

发改产业〔2011〕635号

各省、自治区、直辖市发展改革委：

我国煤炭资源虽然相对丰富，但人均资源占有量也仅占世界平均水平的60%左右。科学合理开发、高效加工转化和最大限度地利用煤炭资源是一项长期艰巨的任务。2009年，针对一些地区出现的不顾资源和环境承载能力，盲目规划、违规建设、无序发展煤化工问题，国务院及时下发了《国务院批转发展改革委等部门关于抑制部分行业产能过剩和重复建设引导产业健康发展若干意见的通知》（国发〔2009〕38号），加强宏观调控和引导，对抑制煤化工产业的盲目发展发挥了积极作用。大部分地区已严格按照国务院文件要求，严格煤炭资源管理，严格项目审核，科学规范煤化工发展；但有些地

方仍存在不顾条件大上煤化工的问题，且引发的不良后果已经开始显现。为了全面贯彻落实国务院通知精神和“十二五”规划纲要的要求，进一步规范煤化工产业有序发展，现就有关问题通知如下：

一、高度重视煤化工盲目发展带来的问题

一是加大产业风险。由于一些地区片面强调煤炭转化比例，部分项目重复引进未经验证的技术，致使建成后不能正常生产，巨额资金投入不能发挥效益；有的项目盲目上马，产品缺乏竞争力，市场开发滞后，目前全国甲醇装置开工率只有50%左右，二甲醚装置也大量闲置，相当一部分企业面临破产倒闭；还有的项目不核算煤炭资源完全成本，不落实节能减排责任，不分析煤炭的全过程转化效率，只强调加工工序的效率和效益；还有的企业以发展煤化工为名，行圈占煤炭资源之实，项目盲目布局，造成大量重复建设。

二是加剧煤炭供需矛盾。据不完全统计，目前全国在建和已批待建煤化工项目新增用煤已超过亿吨，各地规划拟建项目新增用煤总量还有几亿吨。尤其值得关注的是，一些煤炭净调入地区在现有火电厂供煤已十分紧张的情况下，还在积极发展煤化工产业。煤化工盲目建设和过度发展不仅加剧了煤炭供需矛盾，也直接影响到全国合理控制能源消费总量。

三是增加节能减排工作难度。煤化工属高耗能、高排放产业，受技术制约，煤炭在整体产业链中的能源转换效率不高，能源消耗和二氧化碳排放强度均高出全国平均水平的10倍以上。煤化工的无序发展必将直接影响节能减排目标的实现。

四是引发区域水资源供需失衡。我国煤炭资源与水资源呈逆向分布，主要蕴藏在水资源短缺地区。大部分煤化工属高耗水产品，发展规模必须量水而行。但一些地区不顾水资源供给约束发展煤化工；一些企业片面强调经济效益，节水意识淡薄，继续采用高耗水技术装备，严重浪费水资源，这将对区域水资源平衡和生态环境保护造成难以估量的后果。

二、切实加强煤化工产业的调控和引导

各地要进一步贯彻落实国务院国发〔2009〕38号文件精神，加大对贯彻落实情况的督促检查，加强对煤化工产业发展的宏观调控和引导，现就有关政策重申如下：

（一）严格产业准入政策。

在国家相关规划出台之前，暂停审批单纯扩大产能的焦炭、电石项目，禁止建设不符合准入条件的焦炭、电石项目，加快淘汰焦炭、电石落后产能；对合成氨和甲醇实施上大压小、产能置换等方式，提高竞争力。煤化工示范项目要建立科学、严格的准入门槛。

（二）加强项目审批管理。

各级发展改革部门要严格遵守国家对建设项目的相关管理规定和审批程序，进一步加强煤化工项目审批管理，不得下放审批权限，严禁化整为零，违规审批。在新的核准目录出台之前，禁止建设以下项目：

年产50万吨及以下煤经甲醇制烯烃项目，年产100万吨及以下煤制甲醇项目，年产100万吨及以下煤制二甲醚项目，年产100万吨及以下煤制油项目，年产20亿立方米及以下煤制天然气项目，年产20万吨及以下煤制乙二醇项目。上述标准以上的大型煤炭加工转化项目，须报经国家发展改革委核准。

（三）强化要素资源配置。

进一步加强煤化工生产要素资源配置，要积极推动区域产业规划的环境影响评价和节能评估，严格项目环境评价审核和节能审查，对主要污染物排放总量超标和节能评估审查不合格的地区，暂停审批新增主要污染物的煤化工项目；煤炭供应要优先满足群众生活和发电需要，严禁挤占生活、生态和农业用水发展煤化工，对取水量已达到或超过控制指标的地区，暂停审批煤化工项目新增取水；对不符合产业政策等规定的煤化工项目，一律不批准用地，不得发放贷款，不得通过资本市场融资，严格防止财政性资金流向产能过剩的煤化工项目。

（四）落实行政问责制。

各有关部门及金融机构要按照国发〔2009〕38号文相关要求，认真履行职责，依法依规把好土地、节能、环保、信贷、产业政策和项目审批关，坚决遏制煤化工盲目发展的势头。对违反国家土地、节能、环保法律法规和信贷、产业政策规定，工作严重失职或失误造成重大损失或恶劣影响的行为要进行问责，严肃处理。

三、统筹规划，做好试点示范工作

国家发展改革委、国家能源局正在组织编制《煤炭深加工示范项目规划》和《煤化工产业政策》，经批准后将尽快组织实施。其政策取向：

一是贯彻落实科学发展观和党的十七届五中全会精神，按照“十二五”规划纲要的要求，统筹国内外两种资源，在科学发展石油化工的同时，合理开发和利用好

宝贵的煤炭资源，走高效率、低排放、清洁加工转化利用的现代煤化工发展之路；按照可持续发展的循环经济理念，统筹规划、合理布局，科学引导产业有序发展，使我国现代煤化工技术走在世界前沿。“十二五”重点组织实施好现代煤化工产业的升级示范项目建设。

二是加强煤化工产业规划与国民经济社会发展总体规划及相关产业规划衔接，认真落实总体规划对产业发展在节能减排等方面的要求，积极推动煤化工与煤炭、电力、石油化工等产业协调发展，努力做好煤炭供需平衡。切实落实中发〔2011〕1号文件精神，加强水资源和水源地保护，严格控制缺水地区高耗水煤化工项目的建设。

三是煤炭净调入地区要严格控制煤化工产业，煤炭净调出地区要科学规划、有序发展，做好总量控制。新上示范项目要与淘汰传统落后的煤化工产能相结合，尽可能不增加新的煤炭消费量。推行煤炭资源分类使用和优化配置政策，炼焦煤（包括气煤、肥煤、焦煤、瘦煤）优先用于煤焦化工业。

四是提高转换效率。新上示范项目必须核算从煤炭开发到终端使用全周期的能源转换效率，并与其他转换加工方式进行科学比选和评估，全周期煤炭转换效率应明显高于行业现有水平，煤炭资源价格必须按市场价格测算，特别是对二氧化碳排放及捕捉要有明确的责任，新上示范项目应具有大幅减少二氧化碳排放的能力。

五是严格产业准入标准，确保项目科学、高效率，高效益。示范项目建设要按照石化产业的布局原则，实现园区化，建在煤炭和水资源条件具备的地区；项目业主应同时具有资本、技术和资源方面的优势，工程建设方案和市场开发方案必须做到资源利用合理、竞争能力强，并经过充分比选论证。

六是示范项目的实施主要为了探索和开发出科学高效的煤化工技术，培育具有知识产权和竞争能力的市场主体。因此，原则上，一个企业承担一个示范项目，有条件发展煤化工的地区在产品和示范项目上也有严格的数量限制。工程建成后要严格考核验收，及时总结。

发展改革委

二〇一一年三月二十三日

环境保护部关于环保系统进一步推动环保产业发展的指导意见

环发〔2011〕36号

各省、自治区、直辖市环境保护厅（局），新疆生产建设兵团环境保护局：

为贯彻落实《国务院关于加快培育和发展战略性新兴产业的决定》，积极推进我国环保产业发展，切实提升环保产业的水平和竞争力，提出如下指导意见：

一、充分认识环保产业的战略性、基础性地位，进一步发挥环保系统在推动环保产业发展中的作用

（一）环保产业是具有高增长性、吸纳就业能力强、综合效益好的战略性新兴产业。环保产业是为社会生产和生活提供环境产品和服务活动，为防治污染、改善生态环境、保护资源提供物质基础和技术保障的产业。加快发展环保产业，是节能减排、改善民生的现实需求，是全面建设小康社会、实现可持续发展的必然选择，是提升传统产业、促进结构调整、加快经济发展方式转变的重大举措，是发展绿色经济、抢占后金融危机时代国际竞争制高点的战略选择。

（二）加快培育和发展环保产业，具备诸多有利条件，也面临严峻挑战。经过多年发展，我国环保产业领域不断拓展，已经形成具有一定规模、门类基本齐全的

产业体系。但环保产业对国民经济的贡献率低、对环境保护事业的支撑能力不足、环境服务业发育不良、产业层次不高、市场规范不够、参与国际竞争能力不强，影响和制约我国环保产业健康发展的一些深层次因素尚未根本解决，与经济社会、环境保护不相适应的状况仍然突出，亟待着力培育发展。

（三）各级环保部门应把发展环保产业摆在支撑环保事业的基础地位。环保部门在环保产业发展中起着不可替代的关键性作用。发展环保产业是环境保护工作的一项重要任务，各级环保部门应充分认识发展环保产业的重大意义，统一思想，进一步增强责任感和紧迫感，积极协调有关部门，主动参与、有所作为。

二、环保部门推动环保产业发展的指导思想、基本原则与重点发展方向

（四）指导思想。以改善环境质量为目标，以加强环保产业需求侧管理为中心，以各项环境管理制度措施与环保产业发展互动促进为主线，以提升产业发展水平、着力培育环境服务业为重点，以强化环保要求为手段，努力突破制约环保产业健康发展的瓶颈，促进环保产业又好又快发展。

（五）基本原则。发展环保产业应坚持“企业主体、政府引导，职责明确、制度联动，科技支撑、创新引领，强化监管、规范市场”的基本原则。

（六）“十二五”重点发展方向。“十二五”期间，要将污水处理厂脱氮除磷等升级改造和中小城镇污水处理，高浓度难降解工业废水处理，氮氧化物、微颗粒物和大气复合污染防治，污泥处置，重金属污染防治，大型城市垃圾焚烧处理，危险废物处理处置，电子废物拆解处理，农村和农业面源污染综合防治，污染场地与生态修复，环境监测与预警等作为产业发展的重点领域。着重发展环境服务总包、专业化运营服务、咨询服务、工程技术服务等环境服务业。

三、科学规划，提前发布环保要求，扩大环保产业有效需求

（七）合理规划，实现环保产业发展与环保目标、政策的紧密结合。“十二五”期间，着力完成削减总量、改善质量、防范风险三大任务，在持续推进化学需氧量和二氧化硫污染减排的同时，新增氨氮和氮氧化物约束性指标，同时鼓励总氮、总磷、重金属等区域性特征污染物总量控制。继续推进重点流域水污染防治，切实改善城市细微颗粒物和臭氧超标及区域大气复合污染等问题，逐步改善土壤环境质量，促进区域和城乡生态环境改善。积极推进工业污染全防全控，确保核与辐射环境安全，着力解决危险废物、危险化学品等突出环境风险问题。各级环保部门在制定环境保护规划时，应同步制定配套的环保产业发展规划，进一步明确环保产业的发展方向、结构布局和重点任务。

（八）充分发挥环保法规、政策、标准在引领环保产业发展中的先导作用。各项环境保护法规、政策、标准，决定了环保产业的发展方向、技术水平、服务能力、需求总量和市场容量，在制定过程中，应统筹考虑环保产业现状和发展要求，制定相应的环保产业政策措施，更加注重运用政策工具推动环保产业发展。“十二五”期间，应针对二恶英等持久性污染物和有毒污染物、形成细微颗粒物的一次前体物、危险废物、生活垃圾等领域制定和实施严格的污染物排放标准，出台新型污染物控制要求；鼓励各地根据环境质量和环境承载能力，适时出台地方污染物排放标准，加严排放限值。

（九）强化环境信息公开，引导环保产业健康发展。各级环保部门在制定环境保护法规、政策、标准过程中应提前预告，为环保产业的优化、调整和升级留出时间。要及时将重点流域、区域环境管理重点，以及新扩改“三同时”、公共环境基础设施、限期治理等环境保护要求和投资向社会发布，引导环保产业提供有效支撑。

（十）把握重大发展需求，培育新兴环保产业市场。各级环保部门要服务于经济社会发展转型，大力发展循环经济、清洁生产，促进绿色发展。控制温室气体排放，发展低碳技术，积极为环境履约提供产业支撑。立足于改善民生，提高全民环境科学素质，倡导绿色消费，推行绿色采购，推动环境基本公共服务均等化，实现区域和城乡环境基础设施均衡发展、共享发展。

四、协调环境监管与环保市场监管，形成环保产业现实需求

（十一）以加强环境保护设施监管为抓手，强化环保产业市场监管。建立规范有序的环保产业市场，是环保产业健康发展的基础。环保部门要以加强环境保护设施监管为突破口，改变环境监管与环保市场监管脱节的状况，以环境监管为抓手，从应用端有效提高我国环保技术设备、工程及服务质量水平，遏制市场不公平竞争，形成产业发展的良好有序环境。

（十二）推进环境保护设施的全过程管理。适时制定出台环境保护设施的管理规定，加强对环境保护设施的全过程管理。在环境影响评价、环评审批、环境工程设计或治污方案审查中，加强对治污工艺参数、设备选型、材料、自动控制、环保投资等技术经济评价，加大对环境保护设施建设内容的审查力度。逐步建立环境工程建设项目监理制度，强化治理工程措施落实情况的监理，保证环境保护设施的建设内容达到设计文件和审批要求。在环境保护验收（环保工程验收）中，要从工艺技术、设施性能、环保要求、主要配套设备及材料等方面对工程设施进行符合性核查和评价，达不到设计文件和审批文件要求的不得通过验收。把环境保护设施是否能连续稳定运行、有效满足环保要求纳入环境监管范畴，重点查处建而不用、时开时停等逃避监管的行为。定期开展对环境保护设施运营的绩效考核，向社会公告绩效结果，并纳入运营、特许经营资质年审复核内容。对环境保护设施经监督性监测或检查发现多次超标或情节严重的，可开展行政代执行试点，交由具备资质的第三方专业机构运营。

（十三）实施环境保护设施信息公开制度，规范环保产业市场。各级环保部门应尽快建立和完善环境保护设施信息公开制度，将环境影响评价、环境工程监理、“三同时”验收、监督性监测和监理信息向社会公告。对环境保护设施达不到设计文件和环保要求的，要同时公布项目单位、工程设计和建设、运行单位，通过公众监督强化政府监督，推进企业诚信体系建立。设立举报中心，接受公众举报，积极配合有关部门查处各种环境保护设施建设和运行过程中的违法违规行为。配合有关部门制定出台环保工程设施建设招投标管理规定，主动及时将环境执法中发现的涉及环境工程设计、建设、监理、运营资质单位弄虚作假、违法违规等情况通报发证部门，并协助进行查处。

五、大力推进环境服务体系建设，推动环保需求的产业化

（十四）大力推进环境保护设施的专业化、社会化运营服务。不断完善环境保护设施社会化运营管理制度，依法促进排污企业治污责任的专业化服务，形成专业化的系统服务外包市场。在城镇污水处理厂、生活垃圾处理厂和危险废物处置场等设施运营服务中全面引入市场机制，推进环境基础设施服务的社会化运营和特许经营。在具备相对垄断性、社会资源投入较大、环境安全敏感的行业，试点实施设计建设运营一体化模式。在工业园区、城市和重点行业开展环境保护设施社会化运营试点，逐步提高社会化运营比例。

（十五）大力发展环境咨询服务业。积极发展环境政策咨询、环境战略咨询、环境规划咨询、环境工程咨询、环境技术咨询、环境法律咨询、环境服务贸易咨询等专业咨询服务业。重点发展环境监理、环境风险损害评估、环境技术评价、环境保险、环境审计、清洁生产审核、环境管理认证、环境教育普及与培训等新兴环境咨询服务。逐步推进环境监测服务社会化，明确社会化环境监测的重点领域与监测范围，鼓励社会监测机构提供面向政府、企业及个人的环境监测与检测服务。

（十六）鼓励发展提供系统解决方案的综合环境服务业。大力提升环保企业提供环境咨询、工程、投资、装备集成等综合环境服务的能力，鼓励环保企业提供系统环境解决方案和综合服务。鼓励政府、企业综合环境服务外包。制定综合环境服务的服务标准和技术标准，在工业园区、城市和重点行业开展综合环境服务试点。积极探索合同环境服务等新型环境服务模式。

六、突破自主创新瓶颈，提升环保产业技术装备水平

（十七）实施环境技术管理体系，推进环保工程标准化进程。加快建立包括技术政策、技术指南、工程技术规范、产品标准，以及环境技术评价和示范推广体系为主要内容的国家环境技术管理体系，建立有利于技术研发、转化、推广应用的长效机制。各级环保部门应加强对技术政策、技术指南、工程技术规范和产品标准等技术标准的培训，在环境影响评价、环境工程建设、“三同时”验收等环境管理中加大实施力度。大力推进实施企业环保产品标准、环境工程技术规范、环境服务标准等。

（十八）加强环保技术创新体系建设，增强环保产业持续创新能力。大力推进建立以企业为主体、产学研结合的环保技术创新体系，鼓励、支持环保企业与科研院所联合开展技术研发并建立长效合作机制，打造具有核心竞争力的产业集群，形成产业发展新优势。积极鼓励和引导龙头骨干企业组建创新基地、工程技术中心和重点实验室，培育建设一批环保科技研发机构和创新平台，加快培育建设一批环保产业孵化器，提高其培育和

扶植科技型中小环保企业的能力。积极引导、扶持企业开发具有自主知识产权的环保技术装备、产品、材料和药剂。将产业化作为环保科技的重要考核指标，大力推进水专项等各项科研成果产业化，实施重大环保产业创新发展工程。各级环保部门要在水专项、公益性行业环保科研项目和各类环保科技计划中，加大或推动对环保企业参与环保科技创新的投入力度。

（十九）强化环境技术评价，推进先进适用技术的示范推广应用。加快建立以第三方评价为主的新型环境技术评价制度体系，完善与环境技术评价相关的配套技术文件。开展环境新技术验证评价，加大对通过验证技术的推广应用。在各类环保专项资金中，安排一定比例的资金支持环保新技术、新工艺、新产品的示范应用。完善政策环境、融资环境，以政府采购、以奖代补等多种方式加速环保高技术转化及其产业化发展。进一步提高环境标志产品和环保产品认证质量，加大对获证产品的扶持力度。建立环保先进适用成熟技术信息共享平台，及时公布有关技术信息。

（二十）鼓励环保产业联盟和区域产业集群建设。支持企业以优势互补为基础组建环保产业联盟，以多种方式逐步形成上下游产业链较为完整、产业结构比较健全的环保产业集群。依托国家生态工业园、环保产业园等平台，统筹规划、强化评估，在特色环保产业相对集中的区域，重点培育建设一批集技术研发、产品生产、工程建设和运营服务等功能为一体的环保产业集聚示范区和试点基地。

（二十一）实施环保产业“走出去”战略。加强环境领域国际合作与国际环境技术转让，大力推进我国环保产业外向型发展。培育环保产业出口基地，制定鼓励出口的政策措施，推动由以单机出口为主向提供成套产品和服务为主要形式的国际工程总承包转变。积极支持有条件的企业到境外投资，鼓励对外工程承包和劳务输出。鼓励企业到境外为我国投资项目和技术援助项目提供配套的环境技术服务。

七、协调配合，创新实践，促进环保产业健康有序发展

（二十二）加强组织领导。各地应进一步理顺环保产业管理体制，建立协调机制，成立领导小组或建立联席会议制度，加强组织领导，加强宏观调控。鼓励有关地方结合自身实际，创造有利于进一步充分发挥环保部门作用的环保产业发展组织机制。承担综合协调环保产业工作的地方环保部门还要主动协调发展与改革、财政等部门，统筹指导环保产业的发展，出台更有针对性的促进环保产业发展的实施意见。

（二十三）促进政策出台。环保部门要充分发挥自身优势，积极协调有关部门出台有关产业发展专项资金、价格税费、用地用电、人才科研、调查统计等政策措施，打破行业垄断和地方保护，积极创造有利于市场机制充分发挥作用的外部环境，不干预环保产业供给侧，不人为设置新的许可增加企业负担，不谋求部门和个人利益。

（二十四）落实分解责任。环保系统应把环保产业管理的职责分解落实到各部门，加强环评、工程验收、监督执法等环保部门自身职能与环保产业发展有效结合的认识，在各项环境管理中积极探索强化环保产业导向的措施和方法，形成管理制度措施驱动链条，形成环保和产业发展的良性互动机制。

（二十五）充分发挥中介组织的作用。进一步加强各级环保产业协会、学会建设，充分发挥其在行业协调、行业自律、市场规范、调查统计、环保技术交流、科技创新与评价、科学普及等方面的作用。

环境保护部

二〇一一年四月五日

关于深入推进基层财政专项支出预算公开的意见

财预〔2011〕27号

各省、自治区、直辖市、计划单列市财政厅（局）：

为进一步贯彻落实《财政部关于进一步做好预算信息公开工作的指导意见》（财预〔2010〕31号），深入推进基层财政专项支出预算公开工作，规范基层财政专项支出公开范围，细化基层财政专项支出公开内容，促进依法理财、民主理财，现提出以下意见。

一、充分认识基层财政专项支出预算公开的重要意义

基层财政直接面向和服务于广大人民群众，基层财政专项支出涉及人民群众切身利益。公开基层财政专项支出预算，有利于保障人民群众的知情权、参与权和监督权，提高政府依法行政能力，推进社会主义基层民主建设；有利于人民群众深入了解基层财政专项支出的资金来源和使用方向，加强对财政专项支出的监督，构建社会主义和谐社会；有利于深入推进预算公开工作，促进基层预算管理，提升财政科学化、精细化管理水平。各级财政部门要充分认识基层财政专项支出预算公开的重要意义，积极推进，增强工作主动性。

二、基层财政专项支出预算公开的重点范围

基层财政专项支出主要包括上级财政下达的转移支付资金和本级财政安排的专项资金。基层政府要进一步加大财政专项支出预算的公开力度，特别是要重点公开与人民群众利益密切相关的教育、医疗卫生、社会保障和就业、住房保障支出以及“三农”等方面的财政专项支出。

为进一步明确和规范公开范围，中央财政制定了《中央财政补助下级财政专项资金公开目录》（见附件）。省、市级财政部门要在《中央财政补助下级财政专项资金公开目录》的基础上，结合本地实际，进一步扩大财政专项支出预算公开范围，制定本地区财政专项资金公开目录。基层财政要在收到本地区有关财政专项资金并按要求分配后，及时、准确、完整地公开本地区财政专项资金公开目录所列示的专项资金项目。

三、基层财政专项支出预算公开的原则、主要内容和方式

按照“谁分配、谁公开，分配到哪里、公开到哪里”的原则，财政部门负责公开由财政部门直接安排到人（户）到项目的财政专项支出资金；其他部门负责公开由其分配到人（户）到项目的财政专项支出资金。各级财政部门和有关部门要按照《中华人民共和国政府信息公开条例》（国务院令第492号）的规定，做好基层财政专项支出预算公开工作。省、市级财政部门要加强对县、乡财政专项支出预算公开工作的指导，并根据实际情况，进一步明确本地区基层财政专项支出预算公开的具体内容和方式。

县（市）级财政是基层财政专项支出预算公开的关键环节。应主要通过政府门户网站或者报刊等方式，公开财政专项支出的资金管理办法、资金来源（按比例或数额）、分配标准以及到乡镇、部门的分配结果。年度终了，及时总结本地区的财政专项支出预算公开情况，并适时公布。

乡（镇）级财政是基层财政专项支出预算公开的重要基础。应重点公开财政专项支出的政策、资金来源（按比例或数额）、发放标准、发放形式等，并突出到人（户）到项目的分配结果。对于分配到人（户）的财政专项支出，要通过政府门户网站、乡镇服务大厅、社区（村组）公示栏等，将分配到人（户）的姓名、地址、金额等情况详细公开，方便人民群众查询。对于分配到项目的财政专项支出，要在施工场所外利用公告栏、公示牌等公开工程概算、资金来源以及施工单位等信息。

四、基层财政专项支出预算公开工作的要求

各级财政部门要高度重视，采取有效措施，扎实做

好基层财政专项支出预算公开各项工作。

（一）加强组织领导。

各级财政部门要把基层财政专项支出预算公开作为一项重要工作，明确工作目标，制定工作方案，落实责任分工，加强指导协调，推进基层财政专项支出预算公开工作。

（二）建立健全各项制度。

各级财政部门要创新工作机制，建立健全基层财政专项支出预算公开信息发布和意见反馈等制度，制定考核办法，保障基层财政专项支出预算公开工作有序开展。

（三）做好督促检查。

各级财政部门要加强对基层财政专项支出预算公开工作的督促和检查，全面把握工作进展，及时收集反馈意见，定期通报工作情况，制定和完善奖惩措施，确保基层财政专项支出预算公开工作落实到位。

附件：中央财政补助下级财政专项资金公开目录

财　政　部

二〇一一年一月二十八日

附件：

中央财政补助下级财政专项资金公开目录

序号	项目名称
1	村级公益事业建设一事一议财政奖补资金
2	农村义务教育经费保障机制改革经费
3	城市义务教育补助经费
4	国家助学金、国家奖学金、国家助学贷款贴息等
5	中等职业学校免学费补助资金
6	科普惠农兴村计划专项资金
7	农业技术推广经费
8	农村劳动力转移培训经费
9	农村部分计划生育奖励扶助制度专项资金
10	西部地区少生快富专项资金
11	计划生育特别扶助制度专项资金
12	国家免费孕前优生健康检查项目专项资金
13	农民专业合作经济组织补助资金
14	农村饮水安全资金
15	农村沼气推广补助资金
16	小型农田水利设施建设补助资金
17	测土配方施肥补助资金
18	粮食直补
19	农资综合补贴
20	农机购置补贴
21	农作物良种补贴
22	畜牧良种补贴
23	退耕还林（草）现金补助资金
24	退耕还林（草）粮食补助经费
25	新型农村合作医疗补助资金
26	农村医疗救助补助资金
27	新型农村社会养老保险补助资金
28	城市医疗救助补助资金
29	城镇居民基本医疗保险补助资金
30	农村最低生活保障补助资金
31	城市居民最低生活保障补助资金
32	公共卫生服务体系建设补助资金

33	抚恤补助资金
34	财政扶贫资金
35	农业综合开发资金
36	农业生产救灾资金
37	林业生产救灾资金
38	中央自然灾害生活补助资金
39	家电下乡
40	汽车摩托车下乡
41	租房保障专项补助资金
42	城市棚户区改造专项补助资金
43	公共租赁房专项补助资金
44	农村危房改造补助资金
45	就业补助资金

产业结构调整指导目录（2011年）

第一类　鼓励类

一、农林业

1.中低产田综合治理与稳产高产基本农田建设

2.农产品基地建设

3.蔬菜、瓜果、花卉设施栽培（含无土栽培）先进技术开发与应用

4.优质、高产、高效标准化栽培技术开发与应用

5.畜禽标准化规模养殖技术开发与应用

6.重大病虫害及动物疫病防治

7.农作物、家畜、家禽及水生动植物、野生动植物遗传工程及基因库建设

8.动植物（含野生）优良品种选育、繁育、保种和开发；生物育种；种子生产、加工、贮藏及鉴定

9.种（苗）脱毒技术开发与应用

10.旱作节水农业、保护性耕作、生态农业建设、耕地质量建设及新开耕地快速培肥技术开发与应用

11.生态种（养）技术开发与应用

12.农用薄膜无污染降解技术及农田土壤重金属降解技术开发与应用

13.绿色无公害饲料及添加剂开发

14.内陆流域性大湖资源增殖保护工程

15.远洋渔业、渔政渔港工程

16.牛羊胚胎（体内）及精液工厂化生产

17.农业生物技术开发与应用

18.耕地保养管理与土、肥、水速测技术开发与应用

19.农、林作物和渔业种质资源保护地、保护区建设；动植物种质资源收集、保存、鉴定、开发与应用

20.农作物秸秆还田与综合利用（青贮饲料，秸秆氨化养牛、还田，秸秆沼气及热解、气化，培育食用菌，固化成型燃料，秸秆人造板，秸秆纤维素燃料乙醇、非粮饲料资源开发利用等）

21.农村可再生资源综合利用开发工程（沼气工程、“三沼”综合利用、沼气灌装提纯等）

22.平垸行洪退田还湖恢复工程

23.食（药）用菌菌种培育

24.草原、森林灾害综合治理工程

25.利用非耕地的退耕（牧）还林（草）及天然草原植被恢复工程

26.动物疫病新型诊断试剂、疫苗及低毒低残留兽药（含兽用生物制品）新工艺、新技术开发与应用

27.优质高产牧草人工种植与加工

28.天然橡胶及杜仲种植生产

29.无公害农产品及其产地环境的有害元素监测技术开发与应用

30.有机废弃物无害化处理及有机肥料产业化技术开发与应用

31.农牧渔产品无公害、绿色生产技术开发与应用

32.农林牧渔产品储运、保鲜、加工与综合利用

33.天然林等自然资源保护工程

34.碳汇林建设、植树种草工程及林木种苗工程

35.水土流失综合治理技术开发与应用

36.生态系统恢复与重建工程

37.海洋、森林、野生动植物、湿地、荒漠、草原等自然保护区建设及生态示范工程

38.防护林工程

39.石漠化防治及防沙治沙工程

40.固沙、保水、改土新材料生产

41.抗盐与耐旱植物培植

42.速生丰产林工程、工业原料林工程、珍贵树种培育及名特优新经济林建设

43.竹藤基地建设、竹藤精深加工产品及竹副产品开发

44.森林抚育、低产林改造工程

45.野生经济林树种保护、改良及开发利用

46.珍稀濒危野生动植物保护工程

47.林业基因资源保护工程

48.次小薪材、沙生灌木及三剩物深加工与产品开发

49.野生动植物培植、驯养繁育基地及疫源疫病监测预警体系建设

50.道地中药材及优质、丰产、濒危或紧缺动植物药材的种植（养殖）

51.香料、野生花卉等林下资源人工培育与开发

52.木基复合材料及结构用人造板技术开发

53.木质复合材料、竹质工程材料生产及综合利用

54.松脂林建设、林产化学品深加工

55.人工增雨防雹等人工影响天气技术开发与应用

56.数字（信息）农业技术开发与应用

57.农业环境与治理保护技术开发与应用

58.海水养殖及产品深加工，海洋渔业资源增殖与保护

59.生态清洁型小流域建设及面源污染防治

60.农田主要机耕道（桥）建设

61.油茶、油棕等木本粮油基地建设

62.生物质能源林定向培育与产业化

63.粮油干燥节能设备、农户绿色储粮生物技术、驱鼠技术、农户新型储粮仓（彩钢板组合仓、钢骨架矩形仓、钢网式干燥仓、热浸镀锌钢板仓等）推广应用

64.农作物、林木害虫密度自动监测技术开发与应用

65.森林、草原火灾自动监测报警技术开发与应用

66.气象卫星工程（卫星研制、生产及配套软件系统、地面接收处理设备等）和气象信息服务

二、水利

1.江河堤防建设及河道、水库治理工程

2.跨流域调水工程

3.城乡供水水源工程

4.农村饮水安全工程

5.蓄滞洪区建设

6.海堤建设

7.江河湖库清淤疏浚工程

8.病险水库、水闸除险加固工程

9.堤坝隐患监测与修复技术开发与应用

10.城市积涝预警和防洪工程

11.出海口门整治工程

12.综合利用水利枢纽工程

13.牧区水利工程

14.淤地坝工程

15.水利工程用土工合成材料及新型材料开发制造

16.灌区改造及配套设施建设

17.防洪抗旱应急设施建设

18.高效输配水、节水灌溉技术推广应用

19.水情水质自动监测及防洪调度自动化系统开发

20.水文应急测报、旱情监测基础设施建设

21.灌溉排水泵站更新改造工程

22.水利血吸虫病防治工程（采用护坡、吹填、隔离沟、涵闸改造、设置沉螺池、抬洲降滩等防螺灭螺工程措施和疫情监测、防治宣教等措施）

23.农田水利设施建设工程（灌排渠道、涵闸、泵站建设等）

24.防汛抗旱新技术新产品开发与应用

25.山洪地质灾害防治工程（山洪地质灾害防治区监测预报预警体系建设及山洪沟、泥石流沟和滑坡治理等）

26.水生态系统及地下水保护与修复工程

27.水源地保护工程（水源地保护区划分、隔离防护、水土保持、水资源保护、水生态环境修复及有关技术开发推广）

28.水土流失监测预报自动化系统（水土流失数据采集存储、智能传输、数据分析处理、科学预测预报、数据库管理一体化）开发与应用

29.洪水风险图编制技术及应用（大江大河中下游及重点防洪区、防洪保护区等特定地区洪涝灾害信息专题地图）

30.水资源管理信息系统建设（以水源、取水、输水、供水、用水、耗水和排水等水资源开发利用主要环节的监测及大江大河行政边界控制断面、地下水超采区监测为基础，以国家电子政务外网和国家防汛指挥系统骨干网为依托，以水资源业务应用系统为核心的综合管理信息系统）

31.水文站网基础设施建设及其仪器设备开发与应用

三、煤炭

1.煤田地质及地球物理勘探

2.120万吨/年及以上高产高效煤矿（含矿井、露天）、高效选煤厂建设

3.矿井灾害（瓦斯、煤尘、矿井水、火、围岩、地温、冲击地压等）防治

4.型煤及水煤浆技术开发与应用

5.煤炭共伴生资源加工与综合利用

6.煤层气勘探、开发、利用和煤矿瓦斯抽采、利用

7.煤矸石、煤泥、洗中煤等低热值燃料综合利用

8.管道输煤

9.煤炭高效洗选脱硫技术开发与应用

10.选煤工程技术开发与应用

11.地面沉陷区治理、矿井水资源保护与利用

12.煤电一体化建设

13.提高资源回收率的采煤方法、工艺开发与应用

14.矿井采空区矸石回填技术开发与应用

15.井下救援技术及特种装备开发与应用

16.煤矿生产过程综合监控技术、装备开发与应用

17.大型煤炭储运中心、煤炭交易市场建设

18.矿井进出人员自动监控记录系统开发与应用

19.新型矿工避险自救器材开发与应用

20.建筑物下、铁路等基础设施下、水体下采用煤矸石等物质充填采煤技术开发与应用

四、电力

1.水力发电

2.单机60万千瓦及以上超临界、超超临界机组电站建设

3.采用30万千瓦及以上集中供热机组的热电联产，以及热、电、冷多联产

4.缺水地区单机60万千瓦及以上大型空冷机组电站建设

5.重要用电负荷中心且天然气充足地区天然气调峰发电项目

6.30万千瓦及以上循环流化床、增压流化床、整体煤气化联合循环发电等洁净煤发电

7.单机30万千瓦及以上采用流化床锅炉并利用煤矸石、中煤、煤泥等发电

8.500千伏及以上交、直流输变电

9.在役发电机组脱硫、脱硝改造

10.电网改造与建设

11.继电保护技术、电网运行安全监控信息技术开发与应用

12.大型电站及大电网变电站集约化设计和自动化技术开发与应用

13.跨区电网互联工程技术开发与应用

14.输变电节能、环保技术推广应用

15.降低输、变、配电损耗技术开发与应用

16.分布式供电及并网技术推广应用

17.燃煤发电机组脱硫、脱硝及复合污染物治理

18.火力发电脱硝催化剂开发生产

19.水力发电中低温水恢复措施工程、过鱼措施工程技术开发与应用

20.大容量电能储存技术开发与应用

21.电动汽车充电设施

22.乏风瓦斯发电技术及开发利用

23.垃圾焚烧发电成套设备

24.分布式电源

五、新能源

1.太阳能热发电集热系统、太阳能光伏发电系统集成技术开发应用、逆变控制系统开发制造

2.风电与光伏发电互补系统技术开发与应用

3.太阳能建筑一体化组件设计与制造

4.高效太阳能热水器及热水工程，太阳能中高温利用技术开发与设备制造

5.生物质纤维素乙醇、生物柴油等非粮生物质燃料生产技术开发与应用

6.生物质直燃、气化发电技术开发与设备制造

7.农林生物质资源收集、运输、储存技术开发与设备制造；农林生物质成型燃料加工设备、锅炉和炉具制造

8.以畜禽养殖场废弃物、城市填埋垃圾、工业有机废水等为原料的大型沼气生产成套设备

9.沼气发电机组、沼气净化设备、沼气管道供气、装罐成套设备制造

10.海洋能、地热能利用技术开发与设备制造

六、核能

1.铀矿地质勘查和铀矿采冶、铀精制、铀转化

2.先进核反应堆建造与技术开发

3.核电站建设

4.高性能核燃料元件制造

5.乏燃料后处理

6.同位素、加速器及辐照应用技术开发

7.先进的铀同位素分离技术开发与设备制造

8.辐射防护技术开发与监测设备制造

9.核设施实体保护仪器仪表开发

10.核设施退役及放射性废物治理

11.核电站延寿及退役技术和设备

七、石油、天然气

1.常规石油、天然气勘探与开采

2.页岩气、油页岩、油砂、天然气水合物等非常规资源勘探开发

3.原油、天然气、液化天然气、成品油的储运和管道输送设施及网络建设

4.油气伴生资源综合利用

5.油气田提高采收率技术、安全生产保障技术、生态环境恢复与污染防治工程技术开发利用

6.放空天然气回收利用与装置制造

7.天然气分布式能源技术开发与应用

8.石油储运设施挥发油气回收技术开发与应用

9.液化天然气技术开发与应用

八、钢铁

1.黑色金属矿山接替资源勘探及关键勘探技术开发

2.煤调湿、风选调湿、捣固炼焦、配型煤炼焦、干法熄焦、导热油换热、焦化废水深度处理回用、煤焦油精深加工、苯加氢精制、煤沥青制针状焦、焦油加氢处理、焦炉煤气高附加值利用等先进技术的研发与应用

3.非高炉炼铁技术

4.先进压水堆核电管、百万千瓦火电锅炉管、耐蚀耐压耐温油井管、耐腐蚀航空管、高耐腐蚀化工管生产

5.高性能、高质量及升级换代钢材产品技术开发与应用。包括600兆帕级及以上高强度汽车板、油气输送高性能管线钢、高强度船舶用宽厚板、海洋工程用钢、420兆帕级及以上建筑和桥梁等结构用中厚板、高速重载铁路用钢、低铁损高磁感硅钢、耐腐蚀耐磨损钢材、节约合金资源不锈钢（现代铁素体不锈钢、双相不锈钢、含氮不锈钢）、高性能基础件（高性能齿轮、12.9级及以上螺栓、高强度弹簧、长寿命轴承等）用特殊钢棒线材、高品质特钢锻轧材（工模具钢、不锈钢、机械用钢等）等

6.在线热处理、在线性能控制、在线强制冷却的新一代热机械控制加工（TMCP）工艺技术应用

7.直径600毫米及以上超高功率电极、高炉用微孔和超微孔碳砖、特种石墨（高强、高密、高纯、高模量）、石墨（质）化阴极、内串石墨化炉开发与生产

8.焦炉、高炉、热风炉用长寿节能环保耐火材料生产工艺；精炼钢用低碳、无碳耐火材料和高效连铸用功能环保性耐火材料生产工艺

9.生产过程在线质量检测技术应用

10.利用钢铁生产设备处理社会废弃物

11.烧结烟气脱硫、脱硝、脱二恶英等多功能干法脱除，以及副产物资源化、再利用化技术

12.难选贫矿、（共）伴生矿综合利用先进工艺技术

13.冶金固体废弃物（含冶金矿山废石、尾矿，钢铁厂产生的各类尘、泥、渣、铁皮等）综合利用先进工艺技术

14.利用低品位锰矿冶炼铁合金的新工艺技术，以及高效利用红土镍矿炼精制镍铁的回转窑－矿热炉（RKEF）工艺技术

15.冶金废液（含废水、废酸、废油等）循环利用工艺技术与设备

16.新一代钢铁可循环流程（在做好钢铁产业内部循环的基础上，发展钢铁与电力、化工、装备制造等相关产业间的横向、纵向物流和能流的循环流程）工艺技术开发与应用

17.高炉、转炉煤气干法除尘

九、有色金属

1.有色金属现有矿山接替资源勘探开发，紧缺资源

的深部及难采矿床开采

2.高效、低耗、低污染、新型冶炼技术开发

3.高效、节能、低污染、规模化再生资源回收与综合利用

（1）废杂有色金属回收（2）有价元素的综合利用（3）赤泥及其他冶炼废渣综合利用（4）高铝粉煤灰提取氧化铝

4.信息、新能源有色金属新材料生产。（1）信息：直径200mm以上的硅单晶及抛光片、直径125mm以上直拉或直径50mm以上水平生长化合物半导体材料、铝铜硅钨钼等大规格高纯靶材、超大规模集成电路铜镍硅和铜铬锆引线框架材料、电子焊料等。（2）新能源：核级海绵锆及锆材、高容量长寿命二次电池电极材料

5.交通运输、高端制造及其他领域有色金属新材料生产。（1）交通运输：抗压强度不低于500MPa、导电率不低于80%IACS的铜合金精密带材和超长线材制品等高强高导铜合金、交通运输工具主承力结构用的新型高强、高韧、耐蚀铝合金材料及大尺寸制品（航空用铝合金抗压强度不低于650MPa，高速列车用铝合金抗压强度不低于500MPa）。（2）高端制造及其他领域：高性能纳米硬质合金刀具和大晶粒硬质合金盾构刀具及深加工产品、稀土及贵金属催化剂材料、低模量钛合金材及记忆合金等生物医用材料、耐蚀热交换器用铜合金及钛合金材料、高性能稀土磁性材料和储氢材料及高端应用

十、黄金

1.黄金深部（1000米以下）探矿与开采

2.从尾矿及废石中回收黄金

十一、石化化工

1.含硫含酸重质、劣质原油炼制技术，高标准油品生产技术开发与应用

2.硫、钾、硼、锂等短缺化工矿产资源勘探开发及综合利用，中低品位磷矿采选与利用，磷矿伴生资源综合利用

3.零极距、氧阴极等离子膜烧碱电解槽节能技术、废盐酸制氯气等综合利用技术、铬盐清洁生产新工艺的开发和应用，气动流化塔生产高锰酸钾，全热能回收热法磷酸生产，大型脱氟磷酸钙生产装置

4.20万吨/年及以上合成气制乙二醇、10万吨/年及以上离子交换法双酚A、15万吨/年及以上直接氧化法环氧丙烷、20万吨/年及以上共氧化法环氧丙烷、5万吨/年及以上丁二烯法己二腈生产装置，万吨级脂肪族异氰酸酯生产技术开发与应用

5.优质钾肥及各种专用肥、缓控释肥的生产，氮肥企业节能减排和原料结构调整，磷石膏综合利用技术开发与应用，10万吨/年及以上湿法磷酸净化生产装置

6.高效、安全、环境友好的农药新品种、新剂型（水基化剂型等）、专用中间体、助剂（水基化助剂等）的开发与生产，甲叉法乙草胺、水相法毒死蜱工艺、草甘膦回收氯甲烷工艺、定向合成法手性和立体结构农药生产、乙基氯化物合成技术等清洁生产工艺的开发和应用，生物农药新产品、新技术的开发与生产

7.水性木器、工业、船舶涂料，高固体分、无溶剂、辐射固化、功能性外墙外保温涂料等环境友好、资源节约型涂料生产；单线产能3万吨/年及以上、并以二氧化钛含量不小于90%的富钛料（人造金红石、天然金红石、高钛渣）为原料的氯化法钛白粉生产

8.高固着率、高色牢度、高提升性、高匀染性、高重现性、低沾污性以及低盐、低温、小浴比染色用和湿短蒸轧染用的活性染料，高超细旦聚酯纤维染色性、高洗涤牢度、高染着率、高光牢度和低沾污性（尼龙、氨纶）、小浴比染色用的分散染料，用于聚酰胺纤维、羊毛和皮革染色的不含金属的弱酸性染料，高耐晒牢度、高耐气候牢度有机颜料的开发与生产

9.染料及染料中间体清洁生产、本质安全的新技术（包括催化、三氧化硫磺化、连续硝化、绝热硝化、定向氯化、组合增效、溶剂反应、循环利用等技术，以及取代光气等剧毒原料的适用技术，膜过滤和原浆干燥技术）的开发与应用

10.乙烯-乙烯醇树脂（EVOH）、聚偏氯乙烯等高性能阻隔树脂，聚异丁烯（PI）、聚乙烯辛烯（POE）等特种聚烯烃开发与生产

11.6万吨/年及以上非光气法聚碳酸酯生产装置，液晶聚合物（LCP）等工程塑料生产以及共混改性、合金化技术开发和应用，吸水性树脂、导电性树脂和可降解聚合物的开发与生产，尼龙11、尼龙1414、尼龙46、长碳链尼龙、耐高温尼龙等新型聚酰胺开发与生产

12.3万吨/年及以上丁基橡胶、乙丙橡胶、异戊橡胶，溶聚丁苯橡胶、稀土系顺丁橡胶、丙烯酸酯橡胶及低多芳含量填充油丁苯橡胶等生产装置，合成橡胶化学改性技术开发与应用

13.聚丙烯热塑性弹性体（PTPE）、热塑性聚酯弹性体（TPEE）、苯乙烯-异戊二烯-苯乙烯热塑性嵌段共聚物（SIS）、热塑性聚氨酯弹性体等热塑性弹性体材料开发与生产

14.改性型、水基型胶粘剂和新型热熔胶，环保型吸水剂、水处理剂，分子筛固汞、无汞等新型高效、环保催化剂和助剂，安全型食品添加剂、饲料添加剂，纳米材料，功能性膜材料，超净高纯试剂、光刻胶、电子气、高性能液晶材料等新型精细化学品的开发与生产

15.苯基氯硅烷、乙烯基氯硅烷等新型有机硅单体，苯基硅油、氨基硅油、聚醚改性型硅油等，苯基硅橡胶、苯撑硅橡胶等高性能橡胶及杂化材料，甲基苯基硅树脂等高性能树脂，三乙氧基硅烷等系列高效偶联剂

16.全氟烯醚等特种含氟单体，聚全氟乙丙烯、聚偏氟乙烯、聚三氟氯乙烯、乙烯-四氟乙烯共聚物等高品质氟树脂，氟醚橡胶、氟硅橡胶、四丙氟橡胶、高含氟量246氟橡胶等高性能氟橡胶，含氟润滑油脂，消耗臭氧潜能值（ODP）为零、全球变暖潜能值（GWP）低的消耗臭氧层物质（ODS）替代品，全氟辛基磺酰化合物（PFOS）和全氟辛酸（PFOA）及其盐类替代品和替代技术的开发和应用，含氟精细化学品和高品质含氟无机盐

17.高性能子午线轮胎（包括无内胎载重子午胎，低断面和扁平化（低于55系列）、大轮辋高性能轿车子午胎（15　以上），航空轮胎及农用子午胎）及配套专用材料、设备生产，新型天然橡胶开发与应用

18.生物高分子材料、填料、试剂、芯片、干扰素、传感器、纤维素酶、碱性蛋白酶、诊断用酶等酶制剂、纤维素生化产品开发与生产

19.四氯化碳、四氯化硅、一甲基氯硅烷、三甲级氯硅烷等副产物综合利用，二氧化碳的捕获与应用

十二、建材

1.利用现有2000吨/日及以上新型干法水泥窑炉处置工业废弃物、城市污泥和生活垃圾，纯低温余热发电；粉磨系统等节能改造

2.电子工业用超薄（1.3mm以下）、太阳能产业用超白（折合5mm厚度可见光透射率>90%）、在线镀膜玻璃和低辐射等特殊浮法玻璃生产线；现有浮法生产线采用纯氧燃烧技术、低温余热发电技术；玻璃熔窑用高档耐火材料；玻璃深加工工艺装备技术开发与应用

3.新型墙体和屋面材料、绝热隔音材料、建筑防水和密封等材料的开发与生产

4.150万平方米/年及以上、厚度小于6毫米的陶瓷板生产线和工艺装备技术开发与应用

5.一次冲洗用水量6升及以下的坐便器、蹲便器、节水型小便器及节水控制设备开发与生产

6.5万吨/年及以上无碱玻璃纤维池窑拉丝技术和高性能玻璃纤维及制品技术开发与生产

7.使用合成矿物纤维、芳纶纤维等作为增强材料的无石棉摩擦、密封材料新工艺、新产品开发与生产

8.信息、新能源、国防、航天航空等领域用高品质人工晶体材料、制品和器件生产装备技术开发；高纯石英原料、石英玻璃材料及其制品制造技术开发与生产；航天航空等领域所需的特种玻璃制造技术开发与生产

9.高新技术领域需求的高纯、超细、改性等精细加工的高岭土、石墨、硅藻土等非金属矿深加工材料生产及其技术装备开发与制造

10.30万平方米/年以上超薄复合石材生产；机械化石材矿山开采；矿石碎料和板材边角料综合利用生产及工艺装备开发

11.废矿石、尾矿和建筑废弃物的综合利用

12.农用田间建设材料技术开发与生产

13.利用工业副产石膏生产新型墙体材料及技术装备开发与制造

14.应急安置房屋开发与生产

十三、医药

1.拥有自主知识产权的新药开发和生产，天然药物开发和生产，新型计划生育药物（包括第三代孕激素的避孕药）开发和生产，满足我国重大、多发性疾病防治需求的通用名药物首次开发和生产，药物新剂型、新辅料的开发和生产，药物生产过程中的膜分离、超临界萃取、新型结晶、手性合成、酶促合成、生物转化、自控等技术开发与应用，原料药生产节能降耗减排技术、新型药物制剂技术开发与应用

2.现代生物技术药物、重大传染病防治疫苗和药物、新型诊断试剂的开发和生产，大规模细胞培养和纯化技术、大规模药用多肽和核酸合成、发酵、纯化技术开发和应用，采用现代生物技术改造传统生产工艺

3.新型药用包装材料及其技术开发和生产（一级耐水药用玻璃，可降解材料，具有避光、高阻隔性、高透过性的功能性材料，新型给药方式的包装；药包材无苯

油墨印刷工艺等）

4.濒危稀缺药用动植物人工繁育技术及代用品开发和生产，先进农业技术在中药材规范化种植、养殖中的应用，中药有效成份的提取、纯化、质量控制新技术开发和应用，中药现代剂型的工艺技术、生产过程控制技术和装备的开发与应用，中药饮片创新技术开发和应用，中成药二次开发和生产

5.民族药物开发和生产

6.新型医用诊断医疗仪器设备、微创外科和介入治疗装备及器械、医疗急救及移动式医疗装备、康复工程技术装置、家用医疗器械、新型计划生育器具（第三代宫内节育器）新型医用材料、人工器官及关键元器件的开发和生产，数字化医学影像产品及医疗信息技术的开发与应用

7.实验动物标准化养殖及动物实验服务

8.基本药物质量和生产技术水平提升及降低成本

十四、机械

1.三轴以上联动的高速、精密数控机床及配套数控系统、伺服电机及驱动装置、功能部件、刀具、量具、量仪及高档磨具磨料

2.大型发电机组、大型石油化工装置、大型冶金成套设备等重大技术装备用分散型控制系统（DCS），现场总线控制系统（FCS），新能源发电控制系统

3.输入输出点数512个以上的可编程控制系统（PLC）

4.数字化、智能化、网络化工业自动检测仪表与传感器，原位在线成份分析仪器，具有无线通信功能的低功耗智能传感器，电磁兼容检测设备，智能电网用智能电表（具有发送和接收信号、自诊断、数据处理功能），光纤传感器

5.用于辐射、有毒、可燃、易爆、重金属、二恶英等检测分析的仪器仪表，水质、烟气、空气检测仪器，药品检验用质量数大于1000原子质量单位（amu）的质谱仪，色质联用仪以及相关的自动取样系统和样品处理系统

6.科学研究用测量精度达到微米以上的多维几何尺寸测量仪器，自动化、智能化、多功能材料力学性能测试仪器，工业CT、三维超声波探伤仪等无损检测设备，用于纳米观察测量的分辨率高于3.0纳米的电子显微镜

7.城市智能视觉监控、视频分析、视频辅助刑事侦察技术设备

8.矿井灾害（瓦斯、煤尘、矿井水、火、围岩等）监测仪器仪表和系统

9.综合气象观测仪器装备（地面、高空、海洋气象观测仪器装备及耗材，专业气象观测、大气成分观测仪器装备及耗材，气象雷达等）、移动应急气象观测系统、移动应急气象指挥系统、气象计量检定设备、气象维修维护设备、气象观测仪器装备运行监控系统

10.水文数据采集仪器及设备、水文仪器计量检定设备

11.地震、地质灾害观测仪器仪表

12.海洋观测、探测、监测技术系统及仪器设备

13.数字多功能一体化办公设备（复印、打印、传真、扫描）、数字照相机、数字电影放映机等现代文化办公设备

14.时速200公里以上动车组轴承，轴重大于30吨重载铁路货车轴承，使用寿命200万公里以上的新型城市轨道交通轴承，使用寿命25万公里以上汽车轮毂轴承单元，耐高温（400℃以上）汽车涡轮、机械增压器轴承，P4、P2级数控机床轴承，2兆瓦（MW）及以上风电机组用各类精密轴承，使用寿命大于5000小时盾构机等大型施工机械轴承，P5级、P4级高速精密冶金轧机轴承，飞机及发动机轴承，医疗CT机轴承，以及上述轴承零件

15.单机容量80万千瓦及以上混流式水力发电设备（水轮机、发电机及调速器、励磁等附属设备），单机容量35万千瓦及以上抽水蓄能、5万千瓦及以上贯流式和10万千瓦及以上冲击式水力发电设备及其关键配套辅机

16.60万千瓦及以上超临界、超超临界火电机组用发电机保护断路器、泵、阀等关键配套辅机、部件

17.60万千瓦及以上超临界参数循环流化床锅炉

18.燃气轮机高温部件及控制系统

19.60万千瓦及以上发电设备用转子（锻造、焊接）、转轮、叶片、泵、阀、主轴护套等关键铸锻件

20.耐高低温、耐腐蚀、耐磨损精密铸锻件

21.500千伏（kV）及以上超高压、特高压交直流输电设备及关键部件：变压器（出线装置、套管、调压开关），开关设备（灭弧装置、液压操作机构、大型盆式绝缘子），高强度支柱绝缘子和空心绝缘子，悬式复合绝缘子，绝缘成型件，特高压避雷器、直流避雷器，电控、光控晶闸管，换流阀（平波电抗器、水冷设备），控制和保护设备，直流场成套设备等

22.高压真空元件及开关设备，智能化中压开关元件及成套设备，使用环保型中压气体的绝缘开关柜，智能型（可通信）低压电器，非晶合金、卷铁芯等节能配电变压器

23.二代改进型、三代核电设备及关键部件；2.5兆瓦以上风电设备整机及2.0兆瓦以上风电设备控制系统、变流器等关键零部件；各类晶体硅和薄膜太阳能光伏电池生产设备；海洋能（潮汐、海浪、洋流）发电设备

24.直接利用高炉铁液生产铸铁件的短流程熔化工艺与装备；粘土砂静压造型主机；外热送风水冷长炉龄大吨位（15吨/小时以上）冲天炉；大型压铸机（合模力3500吨以上）；差压铸造机；自动浇注机；铸造专用机器人的制造与应用

25.树脂砂、铸造粘土砂等干（热）法再生回用技术应用

26.高速精密压力机（180～2500千牛，2000～750次/分钟）、黑色金属液压挤压机（150毫米/秒以上）、轻合金液压挤压机（10毫米/秒以下）、高速精密剪切机（2000千牛以上，70～80次/分，断面斜度1.5°以下）、内高压成形机（10000千牛以上）、大型折弯机（60000千牛以上）、数字化钣金加工中心（柔性制造中心/柔性制造系统）、高速强力旋压机（径向旋压力/每轮：1000千牛，轴向旋压力/每轮：800千牛，主轴转矩：240千牛·米，主轴最高转速：95转/分钟）、数控多工位冲压机、大公称压力冷/温锻压力机（有效公称力行程25毫米以上，公称力10000千牛以上）、4工位以上自动温/热锻造压力机（公称力16000千牛以上）

27.乙烯裂解三机，40万吨级（聚丙烯等）挤压造粒机组，50万吨级合成气、氨、氧压缩机等关键设备

28.大型风力发电密封件（使用寿命7年以上，工作温度−45℃～100℃）；核电站主泵机械密封（适用压力≥17兆帕，工作温度26.7℃～73.9℃）；盾构机主轴承密封（使用寿命5000小时）；轿车动力总成系统以及传动系统旋转密封；石油钻井、测井设备密封（适用压力≥105兆帕）；液压支架密封件；高PV值旋转动密封件；超大直径（≥2米）机械密封；航天用密封件（工作温度−54℃～275℃，线速度≥150米/秒）；高压液压元件密封件（适用压力≥31.5兆帕）；高精密液压铸件（流道尺寸精度≤0.25毫米，疲劳性能测试≥200万次）

29.高性能无石棉密封材料（耐热温度500℃，抗拉强度≥20兆帕）；高性能碳石墨密封材料（耐热温度350℃，抗压强度≥270兆帕）；高性能无压烧结碳化硅材料（弯曲强度≥200兆帕，热导率≥130瓦/米·开尔文（w/m·K））

30.智能焊接设备，激光焊接和切割、电子束焊接等高能束流焊割设备，搅拌摩擦、复合热源等焊接设备，数字化、大容量逆变焊接电源

31.大型（下底板半周长度冲压模>2500毫米，下底板半周长度型腔模>1400毫米）、精密（冲压模精度≤0.02毫米，型腔模精度≤0.05毫米）模具

32.大型（装炉量1吨以上）多功能可控气氛热处理设备、程控化学热处理设备、程控多功能真空热处理设备及装炉量500公斤以上真空热处理设备、全纤维炉衬热处理加热炉

33.高强度（12.9级以上）、异形及钛合金紧固件，航空、航天、发动机等用弹簧，微型精密传动联结件（离合器），大型轧机联结轴；新型粉末冶金零件：高密度（≥7.0克/立方厘米）、高精度、形状复杂结构件；高速列车、飞机摩擦装置；含油轴承；动车组用齿轮变速箱，船用可变桨齿轮传动系统、2.0兆瓦以上风电用变速箱、冶金矿山机械用变速箱；汽车动力总成、工程机械、大型农机用链条

34.海水淡化设备

35.机器人及工业机器人成套系统

36.500万吨/年及以上矿井、薄煤层综合采掘设备，1000万吨级/年及以上大型露天矿关键装备

37.直径1200毫米及以上的天然气输气管线配套压缩机、燃气轮机、阀门等关键设备；单线260万吨/年及以上天然气液化配套的压缩机及驱动机械、低温设备等；大型输油管线配套的3000立方米/小时及以上的输油泵等关键设备

38.单张纸多色胶印机（幅宽≥750毫米，印刷速度：单色多面≥16000张/小时，双面多色≥13000张/小时）；商业卷筒纸胶印机（幅宽≥787毫米，印刷速度≥7米/秒，套印精度≤0.1毫米）；报纸卷筒纸胶印机（印刷速度：单纸路单幅机≥75000张/小时，双纸路双幅机≥150000张/小时，套印精度≤0.1毫米）；多色宽幅柔性版印刷机（印刷宽度≥1300毫米，印刷速度≥350米/分）；机组式柔性版印刷机（印刷速度≥150米/分）；环保多色卷筒料凹版印刷机（印刷速度≥300米/

分，套印精度≤0.1毫米）；喷墨数字印刷机（出版用：印刷速度≥150米/分，分辨率≥600dpi；包装用：印刷速度≥30米/分，分辨率≥1000dpi；可变数据用：印刷速度≥100米/分，分辨率≥300dpi）；CTP直接制版机（成像速度≥15张/小时，版材幅宽≥750毫米，重复精度0.025毫米，分辨率3000dpi）；无轴数控平压平烫印机（烫印速度≥10000张/小时，加工精度0.05毫米）

39.100马力以上、配备有动力换挡变速箱或全同步器换档变速箱、总线控制系统、安全驾驶室、动力输出轴有2个以上转速、液压输出点不少于3组的两轮或四轮驱动的轮式拖拉机、履带式拖拉机

40.100马力以上拖拉机配套农机具：保护性耕作所需要的深松机、联合整地机和整地播种联合作业机等，常规农业作业所需要的单体幅宽≥40厘米的铧式犁、圆盘耙、谷物条播机、中耕作物精密播种机、中耕机、免耕播种机、大型喷雾（喷粉）机等

41.100马力以上拖拉机关键零部件：动力换挡变速箱，轮式拖拉机用带差速锁的前驱动桥，离合器，液压泵、液压油缸、各种阀及液压输出阀等封闭式液压系统，闭心变量、负载传感的电控液压提升器，电控系统，轮辋及辐板，液压转向机构等

42.农作物移栽机械：乘坐式盘土机动高速水稻插秧机（每分钟插次350次以上，每穴3～5株，适应行距20～30厘米，株距可调，适应株距12～22厘米）；盘土式机动水稻摆秧机（乘坐式或手扶式，适应行距为20～30厘米，株距可调，适应株距为12～22厘米）等

43.配套动力50马力以上的棉田中耕型拖拉机、果园用高地隙拖拉机（最低离地高度40厘米以上）

44.牧草收获机械：自走式牧草收割机、指盘式牧草搂草机、牧草捡拾压捆机等

45.农业收获机械：自走式谷物联合收割机（喂入量6千克/秒以上）；自走式半喂入水稻联合收割机（4行以上，配套发动机44千瓦以上）；自走式玉米联合收割机（3～6行，摘穗型，带有剥皮装置，以及茎秆粉碎还田装置或茎秆切碎收集装置）；自走式大麦、草苜蓿、玉米、高粱等青贮饲料收获机（配套动力147千瓦以上，茎干切碎长度10～60毫米，带有去石去铁安全装置）；棉花采摘机（3行以上，自走式或拖拉机背负式，摘花装置为机械式或气力式，适应棉株高度35～160厘米，装有籽棉集装箱和自动卸棉装置）；马铃薯收获机（自走式或拖拉机牵引式，2行以上，行距可调，带有去土装置和收集装置，最大挖掘深度35厘米）；甘蔗收获机（自走式或拖拉机背负式，配套功率58千瓦以上，宿根破碎率≤18%，损失率≤7%）；残膜回收与茎杆粉碎联合作业机

46.节水灌溉设备：各种大中型喷灌机、各种类型微滴灌设备等；抗洪排涝设备（排水量1500立方米/小时以上，扬程5～20米，功率1500千瓦以上，效率60%以上，可移动）

47.沼气发生设备：沼气发酵及储气一体化（储气容积300～2000立方米系列产品）、沼液抽渣设备（抽吸量1立方米/分钟以上）等

48.大型施工机械：30吨以上液压挖掘机、6米及以上全断面掘进机、320马力及以上履带推土机、6吨及以上装载机、600吨及以上架桥设备（含架桥机、运梁车、提梁机）、400吨及以上履带起重机、100吨及以上全地面起重机、钻孔100毫米以上凿岩台车、400千瓦及以上砼冷热再生设备、1米宽及以上铣刨机；关键零部件：动力换挡变速箱、湿式驱动桥、回转支承、液力变矩器、为电动叉车配套的电机、电控、压力25兆帕以上液压马达、泵、控制阀

49.自动化物流系统装备、信息系统

50.非道路移动机械用高可靠性、低排放、低能耗的内燃机：寿命指标（重型8000～12000小时，中型5000～7000小时，轻型3000～4000小时）、排放指标（符合欧ⅢA、欧ⅢB排放指标要求）；影响非道路移动机械用内燃机动力性、经济性、环保性的燃油系统、增压系统、排气后处理系统（均包括电子控制系统）

51.制冷空调设备及关键零部件：热泵、复合热源（空气源与太阳能）热泵热水机、二级能效及以上制冷空调压缩机、微通道和降膜换热技术与设备、电子膨胀阀和两相流喷射器；使用环保制冷剂（ODP为0、GWP值较低）的制冷空调压缩机

52.12000米及以上深井钻机、极地钻机、高位移性深井沙漠钻机、沼泽难进入区域用钻机、海洋钻机、车装钻机、特种钻井工艺用钻机等钻机成套设备

53.危险废物（含医疗废物）集中处理设备

54.大型高效二板注塑机（合模力1000吨以上）、全电动塑料注射成型机（注射量1000克以下）、节能型塑料橡胶注射成型机（能耗0.4千瓦时/千克以下）、高速节能塑料挤出机组（生产能力：30～3000公斤/小时，能

耗0.35千瓦时/千克以下）、微孔发泡塑料注射成型机（合模力：60～1000吨，注射量：30～5000克，能耗0.4千瓦时/千克以下）、大型双螺杆挤出造粒机组（生产能力：30～60万吨/年）、大型对位芳纶反应挤出机组（生产能力1.4万吨/年以上）、碳纤维预浸胶机组（生产能力60万米/年以上；幅宽1.2米以上）

55.涂装用纳米过滤和反向渗透纯水装备

56.安全饮水设备：组合式一体化净水器（处理量100～2500吨/小时）

57.大气污染治理装备：300兆瓦以上燃煤电站烟气SCR脱硝技术装备（脱氮效率90%以上，催化剂使用寿命16000小时以上）；钢铁烧结烟气循环流化床干法脱硫除尘成套装备（钙硫比：1.2～1.3）；1000兆瓦超超临界机组配套电除尘技术装备；电袋复合除尘技术装备（烟尘排放浓度<30毫克/立方米）；1000兆瓦超超临界以上机组脱硫氧化多级离心鼓风机（风量≥450立方米/分钟、升压≥14000毫米水柱）；等离子体废气净化机（废气去除率>95%）

58.污水防治技术设备：20万吨/日城市污水处理成套装备（除磷脱氮）；污泥干燥焚烧技术装备（减渣量90%以上）；浸没式膜生物反应器（COD去除率90%以上）；陶瓷真空过滤机（真空度：0.09～0.098兆帕，孔隙：0.2微米～20微米）；中小城镇一体化污水处理成套技术装备；超生耦合法和生物膜法处理高浓度有机废水技术装备

59.固体废物防治技术设备：生活垃圾清洁焚烧技术装备（助燃煤量20%以下）；厨余垃圾集中无害化处理技术装备（利用率95%以上）；垃圾填埋渗滤液和臭气处理技术装备（处理量50吨/天以上）；生活垃圾自动化分选技术装备（分选率80%以上）；建筑垃圾处理和再利用工艺技术装备（处理量100吨/小时以上）；工业危险废弃物处置处理技术装备（处理率90%以上）；油田钻井废弃物处理处置技术与成套装备（减容50%以上，处理率70%以上）；医疗废物清洁焚烧、高温蒸煮无害化处理技术装备（处理量150千克/小时以上，燃烧效率70%以上）

60.土壤修复技术装备

十五、城市轨道交通装备

1.城市轨道交通减震、降噪技术应用

2.自动售检票系统（AFC），车门、站台屏蔽门、车钩系统

3.城市轨道交通火灾报警和自动灭火系统

4.数字轨道电路及以无线通信为基础的信号系统〔含自动列车监控系统（ATS）、列车自动保护装置（ATP）、自动列车运行装置（ATO）〕

5.直流高速开关、真空断路器（GIS）供电系统成套设备关键部件

6.轨道车辆交流牵引传动系统、制动系统及核心元器件（含IGCT、IGBT元器件）

7.城轨列车网络控制系统及运行控制系统

8.车体、转向架、齿轮箱及车内装饰材料轻量化应用

9.城轨列车再生制动吸收装置

十六、汽车

1.汽车关键零部件：汽油机增压器、电涡流缓速器、轮胎气压监测系统（TPMS）、随动前照灯系统、LED前照灯、数字化仪表、电控系统执行机构用电磁阀、低地板大型客车专用车桥、空气悬架、吸能式转向系统、大中型客车变频空调、高强度钢车轮、载重车后盘式制动器

2.双离合器变速器（DCT）、电控机械变速器（AMT）

3.轻量化材料应用：高强度钢、铝镁合金、复合塑料、粉末冶金、高强度复合纤维等；先进成形技术应用：激光拼焊板的扩大应用、内高压成形、超高强度钢板热成形、柔性滚压成形等；环保材料应用：水性涂料、无铅焊料等

4.高效柴油发动机（3L以下升功率≥50kW/L，3L以上升功率≥40kW/L）；后处理系统（包括颗粒捕捉器、氧化型催化器、还原型催化器）；电控直列式喷油泵、电控高压共轨喷射系统、电控高压单体泵以及喷油器、喷油嘴

5.高效汽油发动机（自然吸气汽油机升功率≥60kW/L，涡轮增压汽油机升功率≥70kW/L）

6.新能源汽车关键零部件：能量型动力电池组（能量密度≥110Wh/kg，循环寿命≥2000次），电池正极材料（比容量≥150mAh/g，循环寿命2000次不低于初始放电容量的80%），电池隔膜（厚度15～40μm，孔隙率40%～60%）；电池管理系统，电机管理系统，电动汽车电控集成；电动汽车驱动电机（峰值功率密度≥2.5kW/kg，高效区：65%工作区效率≥80%），车

用DC/DC（输入电压100V～400V），大功率电子器件（IGBT，电压等级≥600V，电流≥300A）；插电式混合动力机电耦合驱动系统

7.车载充电机、非车载充电设备

8.电动空调、电制动、电动转向；怠速起停系统

9.汽车电子控制系统：发动机控制系统（ECU）、变速箱控制系统（TCU）、制动防抱死系统（ABS）、牵引力控制（ASR）、电子稳定控制（ESP）、网络总线控制、车载故障诊断仪（OBD）、电控智能悬架、电子驻车系统、自动避撞系统、电子油门等

10.汽车产品开发、试验、检测设备及设施建设

十七、船舶

1.散货船、油船、集装箱船适应绿色、环保、安全要求的优化升级，以及满足国际造船新规范、新标准的船型开发建造

2.10万立方米以上液化天然气船、1.5万立方米以上液化石油气船、万箱以上集装箱船、5000车位及以上汽车运输船、豪华客滚船、IMOⅡ型以上化学品船、豪华邮轮等高技术、高附加值船舶

3.大型远洋捕捞加工渔船、1万立方米以上耙吸式挖泥船、火车渡轮、科学考察船、破冰船、海洋调查船、海洋监管船等特种船舶及其专用设备

4.小水线面双体船、水翼船、地效应船、气垫船、穿浪船等高性能船舶

5.120米及以上水深自升式钻井平台、1500米及以上深钻井船、1500米及以上水深半潜式钻井平台等主流海洋移动钻井平台（船舶）；15万吨及以上浮式生产储卸装置（FPSO）、1500米水深半潜式生产平台、立柱式生产平台（SPAR）、张力腿平台（TLP）、LNG-FPSO、边际油田型浮式生产储油装置等浮式生产系统；万马力水级深水三用工作船、1500米水深大型起重铺管船、1500米水深工程勘察船、高性能物探船、5万吨及以上半潜运输船、海上风车安装船等海洋工程作业船和辅助船

6.动力定位系统、FPSO单点系泊系统、大型海洋平台电站集成系统、主动力及传动系统、钻井平台升降系统、采油系统等通用和专用海洋工程配套设备

7.豪华游艇开发制造及配套产业

8.智能环保型船用中低速柴油机及其关键零部件、大型甲板机械、船用锅炉、油水分离机、海水淡化装置、压载水处理系统、船舶使用岸电技术及设备、液化天然气船用双燃料发动机、吊舱推进器、大型高效喷水推进装置、大功率中高压发电机、船舶通讯导航及自动化系统等关键船用配套设备

9.水下潜器、机器人及探测观测设备

10.精度管理控制、数字化造船、单元组装、预舾装和模块化、先进涂装、高效焊接技术应用

11.高技术高附加值船舶、海洋工程装备的修理与改装

十八、航空航天

1.干线、支线、通用飞机及零部件开发制造

2.航空发动机开发制造

3.机载设备、任务设备、空管设备和地面保障设备系统开发制造

4.直升机总体、旋翼系统、传动系统开发制造

5.航空航天用新型材料开发生产

6.航空航天用燃气轮机制造

7.卫星、运载火箭及零部件制造

8.航空、航天技术应用及系统软硬件产品、终端产品开发生产

9.航空器地面模拟训练系统开发制造

10.航空器地面维修、维护、检测设备开发制造

11.卫星地面和应用系统建设及设备制造

12.航空器专用应急救援装备开发与应用

13.航空器、设备及零件维修

14.先进卫星载荷研制及生产

十九、轻工

1.单条化学木浆30万吨/年及以上、化学机械木浆10万吨/年及以上、化学竹浆10万吨/年及以上的林纸一体化生产线及相应配套的纸及纸板生产线（新闻纸、铜版纸除外）建设；采用清洁生产工艺、以非木纤维为原料、单条10万吨/年及以上的纸浆生产线建设

2.先进制浆、造纸设备开发与制造

3.无元素氯（ECF）和全无氯（TCF）化学纸浆漂白工艺开发及应用

4.非金属制品精密模具设计、制造

5.生物可降解塑料及其系列产品开发、生产与应用

6.农用塑料节水器材和长寿命（三年及以上）功能性农用薄膜的开发、生产

7.新型塑料建材（高气密性节能塑料窗、大口径排

水排污管道、抗冲击改性聚氯乙烯管、地源热泵系统用聚乙烯管、非开挖用塑料管材、复合塑料管材、塑料检查井）；防渗土工膜；塑木复合材料和分子量≥200万的超高分子量聚乙烯管材及板材生产

8.动态塑化和塑料拉伸流变塑化的技术应用及装备制造；应用电磁感应加热和伺服驱动系统的塑料加工装备

9.应用于工业、医学、电子、航空航天等领域的特种陶瓷生产及技术、装备开发；陶瓷清洁生产及综合利用技术开发

10.高效节能缝制机械（采用嵌入式数字控制、无油或微油润滑等先进技术）及关键零部件开发制造

11.用于制笔、钟表等行业的多工位组合机床研发与制造

12.高新、数字印刷技术及高清晰度制版系统开发与应用

13.少数民族特需用品制造

14.真空镀铝、喷镀氧化硅、聚乙烯醇（PVA）涂布型薄膜、功能性聚酯（PET）薄膜、定向聚苯乙烯（OPS）薄膜及纸塑基多层共挤或复合等新型包装材料

15.二色及二色以上金属板印刷机及配套光固化（UV）设备；高速食品饮料罐制造生产线及配套设备；高速金属薄板覆膜设备及覆膜铁食品饮料罐加工设备

16.锂二硫化铁、锂亚硫酰氯等新型锂原电池；锂离子电池、氢镍电池、新型结构（卷绕式、管式等）密封铅蓄电池等动力电池；储能用锂离子电池和新型大容量密封铅蓄电池；超级电池和超级电容器

17.锂离子电池用磷酸铁锂等正极材料、中间相炭微球和钛酸锂等负极材料、单层与三层复合锂离子电池隔膜、氟代碳酸乙烯酯（FEC）等电解质与添加剂；废旧铅酸蓄电池资源化无害化回收，年回收能力5万吨以上再生铅工艺装备系统制造

18.先进的各类太阳能光伏电池及高纯晶体硅材料（单晶硅光伏电池的转化效率大于17%，多晶硅电池的转化效率大于16%，硅基薄膜电池转化效率大于7%，碲化镉电池的转化效率大于9%，铜铟镓硒电池转化效率大于12%）

19.锂离子电池自动化生产成套装备制造；碱性锌锰电池600只/分钟以上自动化生产成套装备制造

20.制革及毛皮加工清洁生产、皮革后整饰新技术开发及关键设备制造、皮革废弃物综合利用；皮革铬鞣废液的循环利用，三价铬污泥综合利用；无灰膨胀（助）剂、无氨脱灰（助）剂、无盐浸酸（助）剂、高吸收铬鞣（助）剂、天然植物鞣剂、水性涂饰（助）剂等高档皮革用功能性化工产品开发、生产与应用

21.高效节能电光源（高、低气压放电灯和固态照明产品）技术开发、产品生产及固汞生产工艺应用；废旧灯管回收再利用

22.高效节能家电开发与生产

23.多效、节能、节水、环保型表面活性剂和浓缩型合成洗涤剂的开发与生产

24.采用新型制冷剂替代氢氯氟烃-22（HCFC-22或R22）的空调器开发、制造，采用新型发泡剂替代氢氯氟烃-141b（HCFC-141b）的家用电器生产，采用新型发泡剂替代氢氯氟烃-141b（HCFC-141b）的硬质聚氨酯泡沫的生产与应用

25.节能环保型玻璃窑炉（含全电熔、电助熔、全氧燃烧技术）的设计、应用；废（碎）玻璃回收再利用

26.轻量化玻璃瓶罐（轻量化度L≤1.0的一次性使用小口径玻璃瓶）工艺技术和关键装备的开发与生产

27.水性油墨、紫外光固化油墨、植物油油墨等节能环保型油墨生产

28.天然食品添加剂、天然香料新技术开发与生产

29.先进的食品生产设备研发与制造；食品质量与安全监测（检测）仪器、设备的研发与生产

30.热带果汁、浆果果汁、谷物饮料、本草饮料、茶浓缩液、茶粉、植物蛋白饮料等高附加价值植物饮料的开发生产与加工原料基地建设；果渣、茶渣等的综合开发与利用

31.营养健康型大米、小麦粉（食品专用米、发芽糙米、留胚米、食品专用粉、全麦粉及营养强化产品等）及制品的开发生产；传统主食工业化生产；杂粮加工专用设备开发与生产

32.粮油加工副产物（稻壳、米糠、麸皮、胚芽、饼粕等）综合利用关键技术开发应用

33.菜籽油生产线：采用膨化、负压蒸发、热能自平衡利用、低消耗蒸汽真空系统等技术，油菜籽主产区日处理油菜籽400吨及以上、吨料溶剂消耗1.5公斤以下（其中西部地区日处理油菜籽200吨及以上、吨料溶剂消耗2公斤）以下；花生油生产线：花生主产区日处理花

生200吨及以上，吨料溶剂消耗2公斤以下；棉籽油生产线：棉籽产区日处理棉籽300吨及以上，吨料溶剂消耗2公斤以下；米糠油生产线：采用分散快速膨化，集中制油、精炼技术；玉米胚芽油生产线；油茶籽、核桃等木本油料和胡麻、芝麻、葵花籽等小品种油料加工生产线

34.发酵法工艺生产小品种氨基酸（赖氨酸、谷氨酸除外），新型酶制剂（糖化酶、淀粉酶除外）、多元醇、功能性发酵制品（功能性糖类、真菌多糖、功能性红曲、发酵法抗氧化和复合功能配料、活性肽、微生态制剂）等生产

35.薯类变性淀粉

36.畜禽骨、血及内脏等副产物综合利用与无害化处理

37.采用生物发酵技术生产优质低温肉制品

38.搪瓷静电粉和预磨粉等高科技新型搪瓷瓷釉、静电搪瓷关键装备、0.3毫米及以下的薄钢板平板搪瓷的开发与生产

39.冷凝式燃气热水器、使用聚能燃烧技术的燃气灶具等高效节能环保型燃气具的开发与制造

二十、纺织

1.差别化、功能性聚酯（PET）的连续共聚改性〔阳离子染料可染聚酯（CDP、ECDP）、碱溶性聚酯（COPET）、高收缩聚酯（HSPET）、阻燃聚酯、低熔点聚酯等〕；熔体直纺在线添加等连续化工艺生产差别化、功能性纤维（抗静电、抗紫外、有色纤维等）；智能化、超仿真等差别化、功能性聚酯（PET）及纤维生产；腈纶、锦纶、氨纶、粘胶纤维等其他化学纤维品种的差别化、功能性改性纤维生产

2.聚对苯二甲酸丙二醇酯（PTT）、聚萘二甲酸乙二醇酯（PEN）、聚对苯二甲酸丁二醇酯（PBT）、聚丁二酸丁二酯（PBS）、聚对苯二甲酸环己烷二甲醇酯（PCT）等新型聚酯和纤维的开发、生产与应用

3.采用绿色、环保工艺与装备生产新溶剂法纤维素纤维（Lyocell）、细菌纤维素纤维、以竹、麻等新型可再生资源为原料的再生纤维素纤维、聚乳酸纤维（PLA）、海藻纤维、甲壳素纤维、聚羟基脂肪酸酯纤维（PHA）、动植物蛋白纤维等生物质纤维

4.有机和无机高性能纤维及制品的开发与生产（碳纤维（CF）（拉伸强度≥4，200MPa，弹性模量≥240GPa）、芳纶（AF）、芳砜纶（PSA）、高强高模聚乙烯（超高分子量聚乙烯）纤维（UHMWPE）（纺丝生产装置单线能力≥300吨/年）、聚苯硫醚纤维（PPS）、聚酰亚胺纤维（PI）、聚四氟乙烯纤维（PTFE）、聚苯并双　唑纤维（PBO）、聚芳　二唑纤维（POD）、玄武岩纤维（BF）、碳化硅纤维（SiCF）、高强型玻璃纤维（HT-AR）等）

5.符合生态、资源综合利用与环保要求的特种动物纤维、麻纤维、竹原纤维、桑柞茧丝、彩色棉花、彩色桑茧丝类天然纤维的加工技术与产品

6.采用紧密纺、低扭矩纺、赛络纺、嵌入式纺纱等高速、新型纺纱技术生产多品种纤维混纺纱线及采用自动络筒、细络联、集体落纱等自动化设备生产高品质纱线

7.采用高速机电一体化无梭织机、细针距大园机等先进工艺和装备生产高支、高密、提花等高档机织、针织纺织品

8.采用酶处理、高效短流程前处理、冷轧堆前处理及染色、短流程湿蒸轧染、气流染色、小浴比染色、涂料印染、数码喷墨印花、泡沫整理等染整清洁生产技术和防水防油防污、阻燃、抗静电及多功能复合等功能性整理技术生产高档纺织面料

9.采用编织、非织造布复合、多层在线复合、长效多功能整理等高新技术，生产满足国民经济各领域需求的产业用纺织品

10.新型高技术纺织机械、关键专用基础件和计量、检测、试验仪器的开发与制造

11.高档地毯、抽纱、刺绣产品生产

12.服装企业计算机集成制造及数字化、信息化、自动化技术和装备的应用

13.纺织行业生物脱胶、无聚乙烯醇（PVA）浆料上浆、少水无水节能印染加工、“三废”高效治理与资源回收再利用技术的推广与应用

14.废旧纺织品回收再利用技术与产品生产，聚酯回收材料生产涤纶工业丝、差别化和功能性涤纶长丝等高附加价值产品

二十一、建筑

1.建筑隔震减震结构体系及产品研发与推广

2.智能建筑产品与设备的生产制造与集成技术研究

3.集中供热系统计量与调控技术、产品的研发与推广

4.高强、高性能结构材料与体系的应用

5.太阳能热利用及光伏发电应用一体化建筑

6.先进适用的建筑成套技术、产品和住宅部品研发与推广

7.钢结构住宅集成体系及技术研发与推广

8.预制装配式整体卫生间和厨房标准化、模数化技术开发与推广

9.工厂化全装修技术推广

10.移动式应急生活供水系统开发与应用

二十二、城市基础设施

1.城市基础空间信息数据生产及关键技术开发

2.依托基础地理信息资源的城市立体管理信息系统

3.城市公共交通建设

4.城市道路及智能交通体系建设

5.城市交通管制系统技术开发及设备制造

6.城市及市域轨道交通新线建设

7.城镇安全饮水工程

8.城镇地下管道共同沟建设

9.城镇供排水管网工程、供水水源及净水厂工程

10.城市燃气工程

11.城镇集中供热建设和改造工程

12.城市雨水收集利用工程

13.城镇园林绿化及生态小区建设

14.城市立体停车场建设

15.城市建设管理信息化技术应用

16.城市生态系统关键技术应用

17.城市节水技术开发与应用

18.城市照明智能化、绿色照明产品及系统技术开发与应用

19.再生水利用技术与工程

20.城市下水管线非开挖施工技术开发与应用

21.城市供水、排水、燃气塑料管道应用工程

22.城市应急与后备水源建设工程

23.沿海城镇海水供水管网及海水净水厂工程

24.城市积涝预警技术开发与应用

二十三、铁路

1.铁路新线建设

2.既有铁路改扩建

3.客运专线、高速铁路系统技术开发与建设

4.铁路行车及客运、货运安全保障系统技术与装备，铁路列车运行控制与车辆控制系统开发建设

5.铁路运输信息系统开发与建设

6.7200千瓦及以上交流传动电力机车、6000马力及以上交流传动内燃机车、时速200公里以上动车组、海拔3000米以上高原机车、大型专用货车、机车车辆特种救援设备

7.干线轨道车辆交流牵引传动系统、制动系统及核心元器件（含IGCT、IGBT元器件）

8.时速200公里及以上铁路接触网、道岔、扣配件、牵引供电设备

9.电气化铁路牵引供电功率因数补偿技术应用

10.大型养路机械、铁路工程建设机械装备、线桥隧检测设备

11.行车调度指挥自动化技术开发

12.混凝土结构物修补和提高耐久性技术、材料开发

13.铁路旅客列车集便器及污物地面接收、处理工程

14.铁路GSM-R通信信号系统

15.铁路宽带通信系统开发与建设

16.数字铁路与智能运输开发与建设

17.时速在300公里及以上高速铁路或客运专线减震降噪技术应用

18.城际轨道交通建设

二十四、公路及道路运输（含城市客运）

1.西部开发公路干线、国家高速公路网项目建设

2.国省干线改造升级

3.汽车客货运站、城市公交站

4.高速公路不停车收费系统相关技术开发与应用

5.公路智能运输、快速客货运输、公路甩挂运输系统开发与建设

6.公路管理服务、应急保障系统开发与建设

7.公路工程新材料开发与生产

8.公路集装箱和厢式运输

9.特大跨径桥梁修筑和养护维修技术应用

10.长大隧道修筑和维护技术应用

11.农村客货运输网络开发与建设

12.农村公路建设

13.城际快速系统开发与建设

14.出租汽车服务调度信息系统开发与建设

15.高速公路车辆应急疏散通道建设

16.低噪音路面技术开发

17.高速公路快速修筑与维护技术和材料开发与应用

18.城市公交

19.运营车辆安全监控记录系统开发与应用

二十五、水运

1.深水泊位（沿海万吨级、内河千吨级及以上）建设

2.沿海深水航道和内河高等级航道及通航建筑物建设

3.沿海陆岛交通运输码头建设

4.大型港口装卸自动化工程

5.海运电子数据交换系统应用

6.水上交通安全监管和救助系统建设

7.内河船型标准化

8.老港区技术改造工程

9.港口危险化学品、油品应急设施建设及设备制造

10.内河自卸式集装箱船运输系统

11.水上高速客运

12.港口龙门吊油改电节油改造工程

13.水上滚装多式联运

14.水运行业信息系统建设

15.国际邮轮运输及邮轮母港建设

二十六、航空运输

1.机场建设

2.公共航空运输

3.通用航空

4.空中交通管制和通讯导航系统建设

5.航空计算机管理及其网络系统开发与建设

6.航空油料设施建设

7.海上空中监督巡逻和搜救设施建设

8.小型航空器应急起降场地建设

二十七、综合交通运输

1.综合交通枢纽建设与改造

2.综合交通枢纽便捷换乘及行李捷运系统建设

3.综合交通枢纽运营管理信息系统建设与应用

4.综合交通枢纽诱导系统建设

5.综合交通枢纽一体化服务设施建设

6.综合交通枢纽防灾救灾及应急疏散系统

7.综合交通枢纽便捷货运换装系统建设

8.集装箱多式联运系统建设

二十八、信息产业

1.2.5GB/S及以上光同步传输系统建设

2.155MB/S及以上数字微波同步传输设备制造及系统建设

3.卫星通信系统、地球站设备制造及建设

4.网管监控、时钟同步、计费等通信支撑网建设

5.数据通信网设备制造及建设

6.物联网（传感网）、智能网等新业务网设备制造与建设

7.宽带网络设备制造与建设

8.数字蜂窝移动通信网建设

9.IP业务网络建设

10.下一代互联网网络设备、芯片、系统以及相关测试设备的研发和生产

11.卫星数字电视广播系统建设

12.增值电信业务平台建设

13.32波及以上光纤波分复用传输系统设备制造

14.10GB/S及以上数字同步系列光纤通信系统设备制造

15.支撑通信网的路由器、交换机、基站等设备

16.同温层通信系统设备制造

17.数字移动通信、接入网系统、数字集群通信系统及路由器、网关等网络设备制造

18.大中型电子计算机、百万亿次高性能计算机、便携式微型计算机、每秒一万亿次及以上高档服务器、大型模拟仿真系统、大型工业控制机及控制器制造

19.集成电路设计，线宽0.8微米以下集成电路制造，及球栅阵列封装（BGA）、插针网格阵列封装（PGA）、芯片规模封装（CSP）、多芯片封装（MCM）等先进封装与测试

20.集成电路装备制造

21.新型电子元器件（片式元器件、频率元器件、混合集成电路、电力电子器件、光电子器件、敏感元器件及传感器、新型机电元件、高密度印刷电路板和柔性电路板等）制造

22.半导体、光电子器件、新型电子元器件等电子产品用材料

23.软件开发生产（含民族语言信息化标准研究与推广应用）

24.计算机辅助设计（CAD）、辅助测试（CAT）、辅助制造（CAM）、辅助工程（CAE）系统开发生产

25.半导体照明设备，光伏太阳能设备，片式元器件设备，新型动力电池设备，表面贴装设备（含钢网印刷

机、自动贴片机、无铅回流焊、光电自动检查仪）等

26.打印机（含高速条码打印机）和海量存储器等计算机外部设备

27.薄膜场效应晶体管LCD（TFT-LCD）、等离子显示屏（PDP）、有机发光二极管（OLED）、激光显示、3D显示等新型平板显示器件及关键部件

28.新型（非色散）单模光纤及光纤预制棒制造

29.高密度数字激光视盘播放机盘片制造

30.只读光盘和可记录光盘复制生产

31.音视频编解码设备、音视频广播发射设备、数字电视演播室设备、数字电视系统设备、数字电视广播单频网设备、数字电视接收设备、数字摄录机、数字录放机、数字电视产品

32.信息安全产品、网络监察专用设备开发制造

33.数字多功能电话机制造

34.多普勒雷达技术及设备制造

35.医疗电子、金融电子、航空航天仪器仪表电子、传感器电子等产品制造

36.无线局域网技术开发、设备制造

37.电子商务和电子政务系统开发与应用服务

38.卫星导航系统技术开发与设备制造

39.应急广播电视系统建设

40.量子通信设备

41.TFT-LCD、PDP、OLED、激光显示、3D显示等新型平板显示器件生产专用设备

42.半导体照明衬底、外延、芯片、封装及材料等

43.数字音乐、手机媒体、动漫游戏等数字内容产品的开发系统

44.防伪技术开发与运用

二十九、现代物流业

1.粮食、棉花、食用油、食糖、化肥、石油等重要商品现代化物流设施建设

2.农产品物流配送（含冷链）设施建设，食品物流质量安全控制技术服务

3.药品物流配送（含冷链）技术应用和设施建设，药品物流质量安全控制技术服务

4.出版物等文化产品供应链管理技术服务

5.实现港口与铁路、铁路与公路、民用航空与地面交通等多式联运物流节点设施建设与经营

6.第三方物流服务设施建设

7.仓储和转运设施设备、运输工具、物流器具的标准化改造

8.自动识别和标识技术、电子数据交换技术、可视化技术、货物跟踪和快速分拣技术、移动物流信息服务技术、全球定位系统、地理信息系统、道路交通信息通讯系统、智能交通系统、物流信息系统安全技术及立体仓库技术的研发与应用

9.应急物流设施建设

10.物流公共信息平台建设

11.海港空港、产业聚集区、商贸集散地的物流中心建设

三十、金融服务业

1.信用担保服务体系建设

2.农村金融服务体系建设

3.债券发行、交易服务体系建设

4.农业保险、责任保险、信用保险

5.金融产品研发和应用

6.知识产权、收益权等无形资产贷款质押业务开发

7.信用卡及网络服务

8.人民币跨境结算、清算体系建设

9.信贷、保险、证券统计数据信息系统建设

10.金融监管技术开发与应用

11.创业投资

三十一、科技服务业

1.工业设计、气象、生物、新材料、新能源、节能、环保、测绘、海洋等专业科技服务，商品质量认证和质量检测服务、科技普及

2.在线数据与交易处理、IT设施管理和数据中心服务，移动互联网服务，因特网会议电视及图像等电信增值服务

3.行业（企业）管理和信息化解决方案开发、基于网络的软件服务平台、软件开发和测试服务、信息系统集成、咨询、运营维护和数据挖掘等服务业务

4.数字音乐、手机媒体、网络出版等数字内容服务，地理、国际贸易等领域信息资源开发服务

5.数字化技术、高拟真技术、高速计算技术等新兴文化科技支撑技术建设及服务

6.分析、试验、测试以及相关技术咨询与研发服务，智能产品整体方案、人机工程设计、系统仿真等设计服务

7.数据恢复和灾备服务，信息安全防护、网络安全应急支援服务，云计算安全服务、信息安全风险评估与咨询服务，信息装备和软件安全评测服务，密码技术产品测试服务，信息系统等级保护安全方案设计服务

8.科技信息交流、文献信息检索、技术咨询、技术孵化、科技成果评估和科技鉴证等服务

9.知识产权代理、转让、登记、鉴定、检索、评估、认证、咨询和相关投融资服务

10.国家级工程（技术）研究中心、国家工程实验室、国家认定的企业技术中心、重点实验室、高新技术创业服务中心、新产品开发设计中心、科研中试基地、实验基地建设

11.信息技术外包、业务流程外包、知识流程外包等技术先进型服务

三十二、商务服务业

1.租赁服务

2.经济、管理、信息、会计、税务、审计、法律、节能、环保等咨询与服务

3.工程咨询服务（包括规划编制与咨询、投资机会研究、可行性研究、评估咨询、工程勘查设计、招标代理、工程和设备监理、工程项目管理等）

4.资信调查与评级等信用服务体系建设

5.资产评估、校准、检测、检验等服务

6.产权交易服务平台

7.广告创意、广告策划、广告设计、广告制作

8.就业和创业指导、网络招聘、培训、人员派遣、高级人才访聘、人员测评、人力资源管理咨询、人力资源服务外包等人力资源服务业

9.人力资源市场及配套服务设施建设

10.农村劳动力转移就业服务平台建设

11.会展服务（不含会展场馆建设）

三十三、商贸服务业

1.现代化的农产品、生产资料市场流通设施建设

2.种子、种苗、种畜禽和鱼苗（种）、化肥、农药、农机具、农膜等农资连锁经营

3.面向农村的日用品、药品、出版物等生活用品连锁经营

4.农产品拍卖服务

5.商贸企业的统一配送和分销网络建设

6.利用信息技术改造提升传统商品交易市场

7.旧货市场建设

8.现代化二手车交易服务体系建设

三十四、旅游业

1.休闲、登山、滑雪、潜水、探险等各类户外活动用品开发与营销服务

2.乡村旅游、生态旅游、森林旅游、工业旅游、体育旅游、红色旅游、民族风情游及其他旅游资源综合开发服务

3.旅游基础设施建设及旅游信息服务

4.旅游商品、旅游纪念品开发及营销

三十五、邮政业

1.邮政储蓄网络建设

2.邮政综合业务网建设

3.邮件处理自动化工程

4.邮政普遍服务基础设施台账、快递企业备案许可、邮（快）件时限监测、消费者申诉、满意度调查与公示、邮编及行业资费查询等公共服务和市场监管功能等邮政业公共服务信息平台建设

5.城乡快递营业网点、门店等快递服务网点建设

6.城市、区域内和区域间的快件分拣中心、转运中心、集散中心、处理枢纽等快递处理设施建设

7.快件跟踪查询、自动分拣、运递调度、快递客服呼叫中心等快递信息系统开发与应用

8.快件分拣处理、数据采集、集装容器等快递技术、装备开发与应用

9.邮件、快件运输与交通运输网络融合技术开发

三十六、教育、文化、卫生、体育服务业

1.学前教育

2.特殊教育

3.职业教育

4.远程教育

5.文化艺术、新闻出版、广播影视、大众文化、科普设施建设

6.文物保护及设施建设

7.文化创意设计服务

8.文化信息资源共享工程

9.广播影视制作、发行、交易、播映、出版、衍生品开发

10.动漫创作、制作、传播、出版、衍生产品开发

11.移动多媒体广播电视、广播影视数字化、数字电

影服务监管技术及应用

12.网络视听节目技术服务、开发

13.广播电视村村通工程、农村电影放映工程

14.社区书屋、农家书屋、阅报栏等基本新闻出版服务设施建设

15.新闻出版内容监管技术、版权保护技术、出版物的生产技术、出版物发行技术开发与应用

16.电子纸、阅读器等新闻出版新载体的技术开发、应用和产业化

17.语言文字技术开发与应用

18.基层公共文化设施建设

19.非物质文化遗产保护与开发

20.民族和民间艺术、传统工艺美术保护与发展

21.国家历史文化名城（镇、村）和文化街区保护

22.演艺业

23.民族文化艺术精品的国际营销与推广

24.预防保健、卫生应急、卫生监督服务设施建设

25.计划生育、优生优育、生殖健康咨询与服务

26.全科医疗服务

27.远程医疗服务

28.卫生咨询、健康管理、医疗知识等医疗信息服务

29.医疗卫生服务设施建设

30.传染病、儿童、精神卫生专科医院和护理院（站）设施建设与服务

31.心理咨询服务

32.残疾人社会化、专业化康复服务和托养服务

33.体育竞赛表演、体育场馆设施建设及运营、大众体育健身休闲服务

34.体育经纪、培训、信息咨询服务

35.中华老字号的保护与发展

三十七、其他服务业

1.保障性住房建设与管理

2.物业服务

3.老年人、未成年人活动场所

4.城乡社区基础服务设施及综合服务网点建设

5.儿童福利、优抚收养性社会福利机构及相关配套服务设施建设

6.救助管理站及相关配套设施建设

7.公共殡葬服务设施建设

8.开发区、产业集聚区配套公共服务平台建设与服务

9.家政服务

10.养老服务

11.社区照料服务

12.病患陪护服务

13.再生资源回收利用网络体系建设

14.婚庆服务业

15.基层就业和社会保障服务设施建设

16.农民工留守家属服务设施建设

17.社会保障一卡通工程

18.工伤康复中心建设

三十八、环境保护与资源节约综合利用

1.矿山生态环境恢复工程

2.海洋环境保护及科学开发

3.微咸水、苦咸水、劣质水、海水的开发利用及海水淡化工程

4.消耗臭氧层物质替代品开发与利用

5.区域性废旧汽车、废旧电器电子产品、废旧船舶、废钢铁、废旧木材等资源循环利用基地建设

6.流出物辐射环境监测技术工程

7.环境监测体系工程

8.危险废弃物（放射性废物、核设施退役工程、医疗废物、含重金属废弃物）安全处置技术设备开发制造及处置中心建设

9.流动污染源（机车、船舶、汽车等）监测与防治技术

10.城市交通噪声与振动控制技术应用

11.电网、信息系统电磁辐射控制技术开发与应用

12.削减和控制二恶英排放的技术开发与应用

13.持久性有机污染物类产品的替代品开发与应用

14.废弃持久性有机污染物类产品处置技术开发与应用

15.“三废”综合利用及治理工程

16.“三废”处理用生物菌种和添加剂开发与生产

17.含汞废物的汞回收处理技术、含汞产品的替代品开发与应用

18.重复用水技术应用

19.高效、低能耗污水处理与再生技术开发

20.城镇垃圾及其他固体废弃物减量化、资源化、无害化处理和综合利用工程

21.废物填埋防渗技术与材料

22.新型水处理药剂开发与生产

23.节能、节水、节材环保及资源综合利用等技术开发、应用及设备制造

24.高效、节能采矿、选矿技术（药剂）

25.鼓励推广共生、伴生矿产资源中有价元素的分离及综合利用技术

26.低品位、复杂、难处理矿开发及综合利用

27.尾矿、废渣等资源综合利用

28.再生资源回收利用产业化

29.废旧电器电子产品、废印刷电路板、废旧电池、废旧船舶、废旧农机、废塑料、废橡胶、废弃油脂等再生资源循环利用技术与设备开发

30.废旧汽车、工程机械、矿山机械、机床产品、农业机械、船舶等废旧机电产品及零部件再利用、再制造，墨盒、有机光导鼓的再制造（再填充）

31.综合利用技术设备：4000马力以上废钢破碎生产线；废塑料复合材料回收处理成套装备（回收率95%以上）；轻烃类石化副产物综合利用技术装备；生物质能技术装备（发电、制油、沼气）；硫回收装备（低温克劳斯法）

32.含持久性有机污染物土壤修复技术的研发与应用

33.削减和控制重金属排放的技术开发与应用

34.工业难降解有机废水处理技术

35.有毒、有机废气、恶臭处理技术

36.高效、节能、环保采选矿技术

37.为用户提供节能诊断、设计、融资、改造、运行管理等服务

38.餐厨废弃物资源化利用技术开发及设施建设

39.碳捕获、存储及利用技术装备

40.冰蓄冷技术及其成套设备制造

三十九、公共安全与应急产品

1.地震、海啸、地质灾害监测预警技术开发与应用

2.生物灾害、动物疫情监测预警技术开发与应用

3.堤坝、尾矿库安全自动监测报警技术开发与应用

4.煤炭、矿山等安全生产监测报警技术开发与应用

5.公共交通工具事故预警技术开发与应用

6.水、土壤、空气污染物快速监测技术与产品

7.食品药品安全快速检测仪器

8.新发传染病检测试剂和仪器

9.公共场所体温异常人员快速筛查设备

10.城市公共安全监测预警平台技术

11.毒品等违禁品、核生化恐怖源探测技术与产品

12.易燃、易爆、强腐蚀性、放射性等危险物品快速检测技术与产品

13.应急救援人员防护用品开发与应用

14.社会群体个人防护用品开发与应用

15.雷电灾害新型防护技术开发与应用

16.矿井等特殊作业场所应急避险设施

17.突发事件现场信息探测与快速获取技术及产品

18.生命探测仪器

19.大型公共建筑、高层建筑、森林、水上和地下设施消防灭火救援技术与产品

20.起重、挖掘、钻凿等应急救援特种工程机械

21.通信指挥、电力恢复、后勤保障等应急救援特种车辆

22.破拆、切割、疏堵、提升、投送等高效救援产品

23.应急物资投放伞具和托盘器材

24.因灾损毁交通设施应急抢通装备及器材开发与应用

25.公共交通设施除冰雪机械及环保型除雪剂开发与应用

26.港口漂浮物应急打捞清理装备制造

27.港口危险化学品、油品应急设施建设及设备制造

28.船舶海上溢油应急处置装备

29.突发环境灾难应急环保技术装备：热墙式沥青路面地热再生设备（再生深度：0~60毫米）；无辐射高速公路雾雪屏蔽器；有毒有害液体快速吸纳处理技术装备；移动式医疗垃圾快速处理装置；移动式小型垃圾清洁处理装备；人畜粪便无害化快速处理装置；禽类病原体无害化快速处理装置；危险废物特性鉴别专用仪器

30.应急发电设备

31.应急照明器材及灯具

32.生命支持、治疗、监护一体化急救与后送平台

33.机动医疗救护系统

34.防控突发公共卫生和生物事件疫苗和药品

35.饮用水快速净化装置

36.应急通信技术与产品

37.应急决策指挥平台技术开发与应用

38.反恐技术与装备

39.交通、社区等应急救援社会化服务

40.应急物流设施及服务

41.应急咨询、培训、租赁和保险服务

42.应急物资储备基础设施建设

43.应急救援基地、公众应急体验基础设施建设

四十、民爆产品

1.炸药现场混装作业方式和低感度散装炸药

2.电子延期雷管

3.刚性药头雷管

4.高穿深石油射孔弹

5.具有高分辨率的震源药柱

6.复合型导爆管

7.适用于不同使用需要的系列导爆索

8.高性能安全型工业炸药

9.连续化、自动化工业炸药雷管生产线、自动化装药、包装技术与设备

10.先进的人工影响天气用燃爆器材

第二类 限 制 类

一、农林业

1.天然草场超载放牧

2.单线5万立方米/年以下的普通刨花板、高中密度纤维板生产装置

3.单线3万立方米/年以下的木质刨花板生产装置

4.1000吨/年以下的松香生产项目

5.兽用粉剂/散剂/预混剂生产线项目（持有新兽药证书的品种和自动化密闭式高效率混合生产工艺除外）

6.转瓶培养生产方式的兽用细胞苗生产线项目（持有新兽药证书的品种和采用新技术的除外）

7.松脂初加工项目

8.以优质林木为原料的一次性木制品与木制包装的生产和使用以及木竹加工综合利用率偏低的木竹加工项目

9.1万立方米/年以下的胶合板和细木工板生产线

10.珍稀植物的根雕制造业

11.以野外资源为原料的珍贵濒危野生动植物加工

12.湖泊、水库投饵网箱养殖

13.不利于生态环境保护的开荒性农业开发项目

14.缺水地区、国家生态脆弱区纸浆原料林基地建设

15.粮食转化乙醇、食用植物油料转化生物燃料项目

16.在林地上从事工业和房地产开发的项目

二、煤炭

1.单井井型低于以下规模的煤矿项目：山西、内蒙古、陕西120万吨/年；重庆、四川、贵州、云南15万吨/年；福建、江西、湖北、湖南、广西9万吨/年；其他地区30万吨/年

2.采用非机械化开采工艺的煤矿项目

3.设计的煤炭资源回收率达不到国家规定要求的煤矿项目

4.未按国家规定程序报批矿区总体规划的煤矿项目

5.井下回采工作面超过2个的新建煤矿项目

三、电力

1.小电网外，单机容量30万千瓦及以下的常规燃煤火电机组

2.小电网外，发电煤耗高于300克标准煤/千瓦时的湿冷发电机组，发电煤耗高于305克标准煤/千瓦时的空冷发电机组

3.直接向江河排放冷却水的火电机组

4.无下泄生态流量的引水式水力发电

四、石化化工

1.新建1000万吨/年以下常减压、150万吨/年以下催化裂化、100万吨/年以下连续重整（含芳烃抽提）、150万吨/年以下加氢裂化生产装置

2.新建80万吨/年以下石脑油裂解制乙烯、13万吨/年以下丙烯腈、100万吨/年以下精对苯二甲酸、20万吨/年以下乙二醇、20万吨/年以下苯乙烯（干气制乙苯工艺除外）、10万吨/年以下己内酰胺、乙烯法醋酸、30万吨/年以下羰基合成法醋酸、天然气制甲醇、100万吨/年以下煤制甲醇生产装置（综合利用除外），丙酮氰醇法丙烯酸、粮食法丙酮/丁醇、氯醇法环氧丙烷和皂化法环氧氯丙烷生产装置，300吨/年以下皂素（含水解物，综合利用除外）生产装置

3.新建7万吨/年以下聚丙烯（连续法及间歇法）、20万吨/年以下聚乙烯、乙炔法聚氯乙烯、起始规模小于30万吨/年的乙烯氧氯化法聚氯乙烯、10万吨/年以下聚苯乙烯、20万吨/年以下丙烯腈/丁二烯/苯乙烯共聚物（ABS，本体连续法除外）、3万吨/年以下普通合成胶乳—羧基丁苯胶（含丁苯胶乳）生产装置，新建、改扩建溶剂型氯丁橡胶类、丁苯热塑性橡胶类、聚氨酯类和聚丙烯酸酯类等通用型胶粘剂生产装置

4.新建纯碱、烧碱、30万吨/年以下硫磺制酸、20万吨/年以下硫铁矿制酸、常压法及综合法硝酸、电石（以大型先进工艺设备进行等量替换的除外）、单线产

能5万吨/年以下氢氧化钾生产装置

5.新建三聚磷酸钠、六偏磷酸钠、三氯化磷、五硫化二磷、饲料磷酸氢钙、氯酸钠、少钙焙烧工艺重铬酸钠、电解二氧化锰、普通级碳酸钙、无水硫酸钠（盐业联产及副产除外）、碳酸钡、硫酸钡、氢氧化钡、氯化钡、硝酸钡、碳酸锶、白炭黑（气相法除外）、氯化胆碱、平炉法高锰酸钾、大锅蒸发法硫化钠生产装置

6.新建黄磷，起始规模小于3万吨/年、单线产能小于1万吨/年氰化钠（折100%），单线产能5千吨/年以下碳酸锂、氢氧化锂，单线产能2万吨/年以下无水氟化铝或中低分子比冰晶石生产装置

7.新建以石油（高硫石油焦除外）、天然气为原料的氮肥，采用固定层间歇气化技术合成氨，磷铵生产装置，铜洗法氨合成原料气净化工艺

8.新建高毒、高残留以及对环境影响大的农药原药（包括氧乐果、水胺硫磷、甲基异柳磷、甲拌磷、特丁磷、杀扑磷、溴甲烷、灭多威、涕灭威、克百威、敌鼠钠、敌鼠酮、杀鼠灵、杀鼠醚、溴敌隆、溴鼠灵、肉毒素、杀虫双、灭线磷、硫丹、磷化铝、三氯杀螨醇，有机氯类、有机锡类杀虫剂，福美类杀菌剂，复硝酚钠（钾）等）生产装置

9.新建草甘膦、毒死蜱（水相法工艺除外）、三唑磷、百草枯、百菌清、阿维菌素、吡虫啉、乙草胺（甲叉法工艺除外）生产装置

10.新建硫酸法钛白粉、铅铬黄、1万吨/年以下氧化铁系颜料、溶剂型涂料（不包括鼓励类的涂料品种和生产工艺）、含异氰脲酸三缩水甘油酯（TGIC）的粉末涂料生产装置

11.新建染料、染料中间体、有机颜料、印染助剂生产装置（不包括鼓励类的染料产品和生产工艺）

12.新建氟化氢（HF）（电子级及湿法磷酸配套除外），新建初始规模小于20万吨/年、单套规模小于10万吨/年的甲基氯硅烷单体生产装置，10万吨/年以下（有机硅配套除外）和10万吨/年及以上、没有副产四氯化碳配套处置设施的甲烷氯化物生产装置，新建、改扩建含氢氯氟烃（HCFCs）（作为原料用的除外）、全氟辛基磺酰化合物（PFOS）和全氟辛酸（PFOA），六氟化硫（SF6）（高纯级除外）生产装置

13.新建斜交轮胎和力车胎（手推车胎）、锦纶帘线、3万吨/年以下钢丝帘线、常规法再生胶（动态连续脱硫工艺除外）、橡胶塑解剂五氯硫酚、橡胶促进剂二硫化四甲基秋兰姆（TMTD）生产装置

五、信息产业

1.激光视盘机生产线（VCD系列整机产品）

2.模拟CRT黑白及彩色电视机项目

六、钢铁

1.未同步配套建设干熄焦、装煤、推焦除尘装置的炼焦项目

2.180平方米以下烧结机（铁合金烧结机除外）

3.有效容积400立方米以上1200立方米以下炼铁高炉；1200立方米及以上但未同步配套煤粉喷吹装置、除尘装置、余压发电装置，能源消耗大于430公斤标煤/吨、新水耗量大于2.4立方米/吨等达不到标准的炼铁高炉

4.公称容量30吨以上100吨以下炼钢转炉；公称容量100吨及以上但未同步配套煤气回收、除尘装置，新水耗量大于3立方米/吨等达不到标准的炼钢转炉

5.公称容量30吨以上100吨（合金钢50吨）以下电炉；公称容量100吨（合金钢50吨）及以上但未同步配套烟尘回收装置，能源消耗大于98公斤标煤/吨、新水耗量大于3.2立方米/吨等达不到标准的电炉

6.1450毫米以下热轧带钢（不含特殊钢）项目

7.30万吨/年及以下热镀锌板卷项目

8.20万吨/年及以下彩色涂层板卷项目

9.含铬质耐火材料

10.普通功率和高功率石墨电极压型设备、焙烧设备和生产线

11.直径600毫米以下或2万吨/年以下的超高功率石墨电极生产线

12.8万吨/年以下预焙阳极（炭块）、2万吨/年以下普通阴极炭块、4万吨/年以下炭电极生产线

13.单机120万吨/年以下的球团设备（铁合金球团除外）

14.顶装焦炉炭化室高度<6.0米、捣固焦炉炭化室高度<5.5米，100万吨/年以下焦化项目，热回收焦炉的项目，单炉7.5万吨/年以下、每组30万吨/年以下、总年产60万吨以下的半焦（兰炭）项目

15.3000千伏安及以上，未采用热装热兑工艺的中低碳锰铁、电炉金属锰和中低微碳铬铁精炼电炉

16.300立方米以下锰铁高炉；300立方米及以上，但焦比高于1320千克/吨的锰铁高炉；规模小于10万吨/年

的高炉锰铁企业

17.1.25万千伏安以下的硅钙合金和硅钙钡铝合金矿热电炉；1.25万千伏安及以上，但硅钙合金电耗高于11000千瓦时/吨的矿热电炉

18.1.65万千伏安以下硅铝合金矿热电炉；1.65万千伏安及以上，但硅铝合金电耗高于9000千瓦时/吨的矿热电炉

19.2×2.5万千伏安以下普通铁合金矿热电炉（中西部具有独立运行的小水电及矿产资源优势的国家确定的重点贫困地区，矿热电炉容量<2×1.25万千伏安）；2×2.5万千伏安及以上，但变压器未选用有载电动多级调压的三相或三个单相节能型设备，未实现工艺操作机械化和控制自动化，硅铁电耗高于8500千瓦时/吨，工业硅电耗高于12000千瓦时/吨，电炉锰铁电耗高于2600千瓦时/吨，硅锰合金电耗高于4200千瓦时/吨，高碳铬铁电耗高于3200千瓦时/吨，硅铬合金电耗高于4800千瓦时/吨的普通铁合金矿热电炉

20.间断浸出、间断送液的电解金属锰浸出工艺；10000吨/年以下电解金属锰单条生产线（一台变压器），电解金属锰生产总规模为30000吨/年以下的企业

七、有色金属

1.新建、扩建钨、钼、锡、锑开采、冶炼项目，稀土开采、选矿、冶炼、分离项目以及氧化锑、铅锡焊料生产项目

2.单系列10万吨/年规模以下粗铜冶炼项目

3.电解铝项目（淘汰落后生产能力置换项目及优化产业布局项目除外）

4.铅冶炼项目（单系列5万吨/年规模及以上，不新增产能的技改和环保改造项目除外）

5.单系列10万吨/年规模以下锌冶炼项目（直接浸出除外）

6.镁冶炼项目（综合利用项目除外）

7.10万吨/年以下的独立铝用炭素项目

8.新建单系列生产能力5万吨/年及以下、改扩建单系列生产能力2万吨/年及以下、以及资源利用、能源消耗、环境保护等指标达不到行业准入条件要求的再生铅项目

八、黄金

1.日处理金精矿100吨以下，原料自供能力不足50%的独立氰化项目

2.日处理矿石200吨以下，无配套采矿系统的独立黄金选矿厂项目

3.日处理金精矿100吨以下的火法冶炼项目

4.年处理矿石10万吨以下的独立堆浸场项目（东北、华北、西北）、年处理矿石20万吨以下的独立堆浸场项目（华东、中南、西南）

5.日处理岩金矿石100吨以下的采选项目

6.年处理砂金矿砂30万立方米以下的砂金开采项目

7.在林区、基本农田、河道中开采砂金项目

九、建材

1.2000吨/日以下熟料新型干法水泥生产线，60万吨/年以下水泥粉磨站

2.普通浮法玻璃生产线

3.150万平方米/年及以下的建筑陶瓷生产线

4.60万件/年以下的隧道窑卫生陶瓷生产线

5.3000万平方米/年以下的纸面石膏板生产线

6.中碱玻璃球生产线、铂金坩埚球法拉丝玻璃纤维生产线

7.粘土空心砖生产线（陕西、青海、甘肃、新疆、西藏、宁夏除外）

8.15万平方米/年以下的石膏（空心）砌块生产线、单班2.5万立方米/年以下的混凝土小型空心砌块以及单班15万平方米/年以下的混凝土铺地砖固定式生产线、5万立方米/年以下的人造轻集料（陶粒）生产线

9.10万立方米/年以下的加气混凝土生产线

10.3000万标砖/年以下的煤矸石、页岩烧结实心砖生产线

11.10000吨/年以下岩（矿）棉制品生产线和8000吨/年以下玻璃棉制品生产线

12.100万米/年及以下预应力高强混凝土离心桩生产线

13.预应力钢筒混凝土管（简称PCCP管）生产线：PCCP-L型：年设计生产能力≤50千米，PCCP-E型：年设计生产能力≤30千米

十、医药

1.新建、扩建古龙酸和维生素C原粉（包括药用、食品用和饲料用、化妆品用）生产装置，新建药品、食品、饲料、化妆品等用途的维生素B1、维生素B2、维生素B12（综合利用除外）、维生素E原料生产装置

2.新建青霉素工业盐、6-氨基青霉烷酸

（6-APA）、化学法生产7-氨基头孢烷酸（7-ACA）、7-氨基-3-去乙酰氧基头孢烷酸（7-ADCA）、青霉素V、氨苄青霉素、羟氨苄青霉素、头孢菌素c发酵、土霉素、四环素、氯霉素、安乃近、扑热息痛、林可霉素、庆大霉素、双氢链霉素、丁胺卡那霉素、麦迪霉素、柱晶白霉素、环丙氟哌酸、氟哌酸、氟嗪酸、利福平、咖啡因、柯柯豆碱生产装置

3.新建紫杉醇（配套红豆杉种植除外）、植物提取法黄连素（配套黄连种植除外）生产装置

4.新建、改扩建药用丁基橡胶塞、二步法生产输液用塑料瓶生产装置

5.新开办无新药证书的药品生产企业

6.新建及改扩建原料含有尚未规模化种植或养殖的濒危动植物药材的产品生产装置

7.新建、改扩建充汞式玻璃体温计、血压计生产装置、银汞齐齿科材料、新建2亿支/年以下一次性注射器、输血器、输液器生产装置

十一、机械

1.2臂及以下凿岩台车制造项目

2.装岩机（立爪装岩机除外）制造项目

3.3立方米及以下小矿车制造项目

4.直径2.5米及以下绞车制造项目

5.直径3.5米及以下矿井提升机制造项目

6.40平方米及以下筛分机制造项目

7.直径700毫米及以下旋流器制造项目

8.800千瓦及以下采煤机制造项目

9.斗容3.5立方米及以下矿用挖掘机制造项目

10.矿用搅拌、浓缩、过滤设备（加压式除外）制造项目

11.低速汽车（三轮汽车、低速货车）（自2015年起执行与轻型卡车同等的节能与排放标准）

12.单缸柴油机制造项目

13.配套单缸柴油机的皮带传动小四轮拖拉机，配套单缸柴油机的手扶拖拉机，滑动齿轮换档、排放达不到要求的50马力以下轮式拖拉机

14.30万千瓦及以下常规燃煤火力发电设备制造项目（综合利用、热电联产机组除外）

15.电线、电缆制造项目（用于新能源、信息产业、航天航空、轨道交通、海洋工程等领域的特种电线电缆除外）

16.非数控金属切削机床制造项目

17.6300千牛及以下普通机械压力机制造项目

18.非数控剪板机、折弯机、弯管机制造项目

19.普通高速钢钻头、铣刀、锯片、丝锥、板牙项目

20.棕刚玉、绿碳化硅、黑碳化硅等烧结块及磨料制造项目

21.直径450毫米以下的各种结合剂砂轮（钢轨打磨砂轮除外）

22.直径400毫米及以下人造金刚石切割锯片制造项目

23.P0级、直径60毫米以下普通微小型轴承制造项目

24.220千伏及以下电力变压器（非晶合金、卷铁芯等节能配电变压器除外）

25.220千伏及以下高、中、低压开关柜制造项目（使用环保型中压气体的绝缘开关柜除外）

26.酸性碳钢焊条制造项目

27.民用普通电度表制造项目

28.8.8级以下普通低档标准紧固件制造项目

29.驱动电动机功率560千瓦及以下、额定排气压力1.25兆帕及以下，一般用固定的往复活塞空气压缩机制造项目

30.普通运输集装干箱项目

31.56英寸及以下单级中开泵制造项目

32.通用类10兆帕及以下中低压碳钢阀门制造项目

33.5吨/小时及以下短炉龄冲天炉

34.有色合金六氯乙烷精炼、镁合金SF6保护

35.冲天炉熔化采用冶金焦

36.无再生的水玻璃砂造型制芯工艺

37.盐浴氮碳、硫氮碳共渗炉及盐

38.电子管高频感应加热设备

39.亚硝盐缓蚀、防腐剂

40.铸/锻造用燃油加热炉

41.锻造用燃煤加热炉

42.手动燃气锻造炉

43.蒸汽锤

44.弧焊变压器

45.含铅和含镉钎料

46.新建全断面掘进机整机组装项目

47.新建万吨级以上自由锻造液压机项目

48.新建普通铸锻件项目

49.动圈式和抽头式手工焊条弧焊机

50.Y系列（IP44）三相异步电动机（机座号80～355）及其派生系列，Y2系列（IP54）三相异步电动机（机座号63～355）

51.背负式手动压缩式喷雾器

52.背负式机动喷雾喷粉机

53.手动插秧机

54.青铜制品的茶叶加工机械

55.双盘摩擦压力机

56.含铅粉末冶金件

57.出口船舶分段建造项目

十二、轻工

1.聚氯乙烯普通人造革生产线

2.年加工生皮能力20万标张牛皮以下的生产线，年加工蓝湿皮能力10万标张牛皮以下的生产线

3.超薄型（厚度低于0.015毫米）塑料袋生产

4.新建以含氢氯氟烃（HCFCs）为发泡剂的聚氨酯泡沫塑料生产线、连续挤出聚苯乙烯泡沫塑料（XPS）生产线

5.聚氯乙烯（PVC）食品保鲜包装膜

6.普通照明白炽灯、高压汞灯

7.最高转速低于4000针/分的平缝机（不含厚料平缝机）和最高转速低于5000针/分的包缝机

8.电子计价秤（准确度低于最大称量的1/3000，称量≤15千克）、电子皮带秤（准确度低于最大称量的5/1000）、电子吊秤（准确度低于最大称量的1/1000，称量≤50吨）弹簧度盘秤（准确度低于最大称量的1/400，称量≤8千克）

9.电子汽车衡（准确度低于最大称量的1/3000，称量≤300吨）、电子静态轨道衡（准确度低于最大称量的1/3000，称量≤150吨）、电子动态轨道衡（准确度低于最大称量的1/500，称量≤150吨）

10.玻璃保温瓶胆生产线

11.3万吨/年及以下的玻璃瓶罐生产线

12.以人工操作方式制备玻璃配合料及秤量

13.未达到日用玻璃行业清洁生产评价指标体系规定指标的玻璃窑炉

14.生产能力小于18000瓶/时的啤酒灌装生产线

15.羰基合成法及齐格勒法生产的脂肪醇产品

16.热法生产三聚磷酸钠生产线

17.单层喷枪洗衣粉生产工艺及装备、1.6吨/小时以下规模磺化装置

18.糊式锌锰电池、镉镍电池

19.牙膏生产线

20.100万吨/年以下北方海盐项目；新建南方海盐盐场项目；60万吨/年以下矿（井）盐项目

21.单色金属板胶印机

22.新建单条化学木浆30万吨/年以下、化学机械木浆10万吨/年以下、化学竹浆10万吨/年以下的生产线；新闻纸、铜版纸生产线

23.元素氯漂白制浆工艺

24.原糖加工项目及日处理甘蔗5000吨（云南地区3000吨）、日处理甜菜3000吨以下的新建项目

25.白酒生产线

26.酒精生产线

27.5万吨/年及以下且采用等电离交工艺的味精生产线

28.糖精等化学合成甜味剂生产线

29.浓缩苹果汁生产线

30.大豆压榨及浸出项目（黑龙江、吉林、内蒙古大豆主产区除外）；东、中部地区单线日处理油菜籽、棉籽200吨及以下，花生100吨及以下的油料加工项目；西部地区单线日处理油菜籽、棉籽、花生等油料100吨及以下的加工项目

31.年加工玉米30万吨以下、绝干收率在98%以下玉米淀粉湿法生产线

32.年屠宰生猪15万头及以下、肉牛1万头及以下、肉羊15万只及以下、活禽1000万只及以下的屠宰建设项目（少数民族地区除外）

33.3000吨/年及以下的西式肉制品加工项目

34.2000吨/年及以下的酵母加工项目

35.冷冻海水鱼糜生产线

十三、纺织

1.单线产能小于10万吨/年的常规聚酯（PET）连续聚合生产装置

2.常规聚酯的对苯二甲酸二甲酯（DMT）法生产工艺

3.半连续纺粘胶长丝生产线

4.间歇式氨纶聚合生产装置

5.常规化纤长丝用锭轴长1200毫米及以下的半自动卷绕设备

6.粘胶板框式过滤机

7.单线产能≤1000吨/年、幅宽≤2米的常规丙纶纺粘法非织造布生产线

8.25公斤/小时以下梳棉机

9.200钳次/分钟以下的棉精梳机

10.5万转/分钟以下自排杂气流纺设备

11.A502、A503细纱机

12.入纬率小于600米/分钟的剑杆织机，入纬率小于700米/分钟的喷气织机，入纬率小于900米/分钟的喷水织机

13.采用聚乙烯醇浆料（PVA）上浆工艺及产品（涤棉产品，纯棉的高支高密产品除外）

14.吨原毛洗毛用水超过20吨的洗毛工艺与设备

15.双宫丝和柞蚕丝的立式缫丝工艺与设备

16.绞纱染色工艺

17.亚氯酸钠漂白设备

十四、烟草

1.卷烟加工项目

十五、消防

1.火灾自动报警设备项目

2.灭火器项目

3.碳酸氢钠干粉（BC）和环保型水系灭火剂

4.防火门项目

5.消防水带项目

6.消防栓（室内、外）项目

7.普通消防车（罐类、专项类）项目

十六、民爆产品

1.非人机隔离的非连续化、自动化雷管装配生产线

2.非连续化、自动化炸药生产线

3.高污染的起爆药生产线

4.高能耗、高污染、低性能工业粉状炸药生产线

十七、其他

1.用地红线宽度（包括绿化带）超过下列标准的城市主干道路项目：小城市和重点镇40米，中等城市55米，大城市70米（200万人口以上特大城市主干道路确需超过70米的，城市总体规划中应有专项说明）

2.用地面积超过下列标准的城市游憩集会广场项目：小城市和重点镇1公顷，中等城市2公顷，大城市3公顷，200万人口以上特大城市5公顷

3.别墅类房地产开发项目

4.高尔夫球场项目

5.赛马场项目

6.4档及以下机械式车用自动变速箱（AT）

7.排放标准国三及以下的机动车用发动机

第三类　淘　汰　类

注：条目后括号内年份为淘汰期限，淘汰期限为2011年是指应于2011年底前淘汰，其余类推；有淘汰计划的条目，根据计划进行淘汰；未标淘汰期限或淘汰计划的条目为国家产业政策已明令淘汰或立即淘汰。

一、落后生产工艺装备

（一）农林业

1.湿法纤维板生产工艺

2.滴水法松香生产工艺

3.农村传统老式炉灶炕

4.以木材、伐根为主要原料的活性炭生产以及氯化锌法活性炭生产工艺

5.超过生态承载力的旅游活动和药材等林产品采集

6.严重缺水地区建设灌溉型造纸原料林基地

7.种植前溴甲烷土壤熏蒸工艺

（二）煤炭

1.国有煤矿矿区范围（国有煤矿采矿登记确认的范围）内的各类小煤矿

2.单井井型低于3万吨/年规模的矿井

3.既无降硫措施，又无达标排放用户的高硫煤炭（含硫高于3%）生产矿井

4.不能就地使用的高灰煤炭（灰分高于40%）生产矿井

5.6AM、ΦM－2.5、PA－3型煤用浮选机

6.PB2、PB3、PB4型矿用隔爆高压开关

7.PG－27型真空过滤机

8.X－1型箱式压滤机

9.ZYZ、ZY3型液压支架

10.木支架

11.不能实现洗煤废水闭路循环的选煤工艺、不能实现粉尘达标排放的干法选煤设备

（三）电力

1.大电网覆盖范围内，单机容量在10万千瓦以下的常规燃煤火电机组

2.单机容量5万千瓦及以下的常规小火电机组

3.以发电为主的燃油锅炉及发电机组（5万千瓦及以

下）

4.大电网覆盖范围内，设计寿命期满的单机容量20万千瓦以下的常规燃煤火电机组

（四）石化化工

1.200万吨/年及以下常减压装置（2013年，青海格尔木、新疆泽普装置除外），废旧橡胶和塑料土法炼油工艺，焦油间歇法生产沥青

2.10万吨/年以下的硫铁矿制酸和硫磺制酸（边远地区除外），平炉氧化法高锰酸钾，隔膜法烧碱（2015年）生产装置，平炉法和大锅蒸发法硫化碱生产工艺，芒硝法硅酸钠（泡花碱）生产工艺

3.单台产能5000吨/年以下和不符合准入条件的黄磷生产装置，有钙焙烧铬化合物生产装置（2013年），单线产能3000吨/年以下普通级硫酸钡、氢氧化钡、氯化钡、硝酸钡生产装置，产能1万吨/年以下氯酸钠生产装置，单台炉容量小于12500千伏安的电石炉及开放式电石炉，高汞催化剂（氯化汞含量6.5%以上）和使用高汞催化剂的乙炔法聚氯乙烯生产装置，氨钠法及氰熔体氰化钠生产工艺

4.单线产能1万吨/年以下三聚磷酸钠、0.5万吨/年以下六偏磷酸钠、0.5万吨/年以下三氯化磷、3万吨/年以下饲料磷酸氢钙、5000吨/年以下工艺技术落后和污染严重的氢氟酸、5000吨/年以下湿法氟化铝及敞开式结晶氟盐生产装置

5.单线产能0.3万吨/年以下氰化钠（100%氰化钠）、1万吨/年以下氢氧化钾、1.5万吨/年以下普通级白炭黑、2万吨/年以下普通级碳酸钙、10万吨/年以下普通级无水硫酸钠（盐业联产及副产除外）、0.3万吨/年以下碳酸锂和氢氧化锂、2万吨/年以下普通级碳酸钡、1.5万吨/年以下普通级碳酸锶生产装置

6.半水煤气氨水液相脱硫、天然气常压间歇转化工艺制合成氨、一氧化碳常压变化及全中温变换（高温变换）工艺、没有配套硫磺回收装置的湿法脱硫工艺，没有配套建设吹风气余热回收、造气炉渣综合利用装置的固定层间歇式煤气化装置

7.钠法百草枯生产工艺，敌百虫碱法敌敌畏生产工艺，小包装（1公斤及以下）农药产品手工包（灌）装工艺及设备，雷蒙机法生产农药粉剂，以六氯苯为原料生产五氯酚（钠）装置

8.用火直接加热的涂料用树脂、四氯化碳溶剂法制取氯化橡胶生产工艺，100吨/年以下皂素（含水解物）生产装置，盐酸酸解法皂素生产工艺及污染物排放不能达标的皂素生产装置，铁粉还原法工艺（4,4−二氨基二苯乙烯−二磺酸〔DSD酸〕、2−氨基−4−甲基−5−氯苯磺酸〔CLT酸〕、1−氨基−8−萘酚−3 6−二磺酸〔H酸〕三种产品暂缓执行）

9.50万条/年及以下的斜交轮胎和以天然棉帘子布为骨架的轮胎、1.5万吨/年及以下的干法造粒炭黑（特种炭黑和半补强炭黑除外）、3亿只/年以下的天然胶乳安全套，橡胶硫化促进剂N−氧联二（1,2−亚乙基）−2−苯并噻唑次磺酰胺（NOBS）和橡胶防老剂D生产装置

10.氯氟烃（CFCs）、含氢氯氟烃（HCFCs）、用于清洗的1,1,1－三氯乙烷（甲基氯仿）、主产四氯化碳（CTC）、以四氯化碳（CTC）为加工助剂的所有产品、以PFOA为加工助剂的含氟聚合物、含滴滴涕的油漆、采用滴滴涕为原料非封闭生产三氯杀螨醇生产装置（根据国家履行国际公约总体计划要求进行淘汰）

（五）钢铁

1.土法炼焦（含改良焦炉）；单炉产能5万吨/年以下或无煤气、焦油回收利用和污水处理达不到准入条件的半焦（兰炭）生产装置

2.炭化室高度小于4.3米焦炉（3.8米及以上捣固焦炉除外）（西部地区3.8米捣固焦炉可延期至2011年）；无化产回收的单一炼焦生产设施

3.土烧结矿

4.热烧结矿

5.90平方米以下烧结机（2013年）、8平方米以下球团竖炉；铁合金生产用24平方米以下带式锰矿、铬矿烧结机

6.400立方米及以下炼铁高炉（铸造铁企业除外，但需提供企业工商局注册证明、三年销售凭证和项目核准手续等），200立方米及以下铁合金、铸铁管生产用高炉

7.用于地条钢、普碳钢、不锈钢冶炼的工频和中频感应炉

8.30吨及以下转炉（不含铁合金转炉）

9.30吨及以下电炉（不含机械铸造电炉）

10.化铁炼钢

11.复二重线材轧机

12.横列式线材轧机

13.横列式棒材及型材轧机

14.叠轧薄板轧机

15.普钢初轧机及开坯用中型轧机

16.热轧窄带钢轧机

17.三辊劳特式中板轧机

18.直径76毫米以下热轧无缝管机组

19.三辊式型线材轧机（不含特殊钢生产）

20.环保不达标的冶金炉窑

21.手工操作的土沥青焦油浸渍装置，矿石原料与固体原料混烧、自然通风、手工操作的土竖窑，以煤直接为燃料、烟尘净化不能达标的倒焰窑

22.6300千伏安以下铁合金矿热电炉，3000千伏安以下铁合金半封闭直流电炉、铁合金精炼电炉（钨铁、钒铁等特殊品种的电炉除外）

23.蒸汽加热混捏、倒焰式焙烧炉、艾奇逊交流石墨化炉、10000千伏安及以下三相桥式整流艾奇逊直流石墨化炉及其并联机组

24.冷轧带肋钢筋生产装备

25.生产预应力钢丝的单罐拉丝机生产装备

26.预应力钢材生产消除应力处理的铅淬火工艺

27.2.5万吨/年及以下的单套粗（轻）苯精制装置（酸洗蒸馏法苯加工工艺及装置）

28.5万吨/年及以下的单套煤焦油加工装置（2012年）

29.100立方米及以下铁合金锰铁高炉

30.煅烧石灰土窑

31.每炉单产5吨以下的钛铁熔炼炉、用反射炉焙烧钼精矿的钼铁生产线及用反射炉还原、煅烧红矾钠、铬酐生产金属铬的生产线

32.燃煤倒焰窑耐火材料及原料制品生产线

33.单条生产线规模小于20万吨的铸铁管项目

34.环形烧结机

35.一段式固定煤气发生炉项目（不含粉煤气化炉）

36.电解金属锰用5000千伏安及以下的整流变压器、150立方米以下的化合槽（2011年），化合槽有效容积150立方米以下的生产设备

37.单炉产能7.5万吨/年以下的半焦（兰炭）生产装置（2012年）

38.未达到焦化行业准入条件要求的热回收焦炉（2012年）

39.6300千伏安铁合金矿热电炉（2012年）（国家贫困县、利用独立运行的小水电，2014年）

40.还原二氧化锰用反射炉（包括硫酸锰厂用反射炉、矿粉厂用反射炉等）

41.电解金属锰一次压滤用除高压隔膜压滤机以外的板框、箱式压滤机

42.电解金属锰用5000千伏安以上、6000千伏安及以下的整流变压器；150立方米以上、170立方米及以下的倾倒槽（2014年）

43.有效容积18立方米及以下轻烧反射窑

44.有效容积30立方米及以下重烧镁砂竖窑

（六）有色金属

1.采用马弗炉、马槽炉、横罐、小竖罐等进行焙烧、简易冷凝设施进行收尘等落后方式炼锌或生产氧化锌工艺装备

2.采用铁锅和土灶、蒸馏罐、坩埚炉及简易冷凝收尘设施等落后方式炼汞

3.采用土坑炉或坩埚炉焙烧、简易冷凝设施收尘等落后方式炼制氧化砷或金属砷工艺装备

4.铝自焙电解槽及100KA及以下预焙槽（2011年）

5.鼓风炉、电炉、反射炉炼铜工艺及设备（2011年）

6.烟气制酸干法净化和热浓酸洗涤技术

7.采用地坑炉、坩埚炉、赫氏炉等落后方式炼锑

8.采用烧结锅、烧结盘、简易高炉等落后方式炼铅工艺及设备

9.利用坩埚炉熔炼再生铝合金、再生铅的工艺及设备

10.铝用湿法氟化盐项目

11.1万吨/年以下的再生铝、再生铅项目

12.再生有色金属生产中采用直接燃煤的反射炉项目

13.铜线杆（黑杆）生产工艺

14.未配套制酸及尾气吸收系统的烧结机炼铅工艺

15.烧结–鼓风炉炼铅工艺

16.无烟气治理措施的再生铜焚烧工艺及设备

17.50吨以下传统固定式反射炉再生铜生产工艺及设备

18.4吨以下反射炉再生铝生产工艺及设备

19.离子型稀土矿堆浸和池浸工艺

20.独居石单一矿种开发项目

21.稀土氯化物电解制备金属工艺项目

22.氨皂化稀土萃取分离工艺项目

23.湿法生产电解用氟化稀土生产工艺

24.矿石处理量50万吨/年以下的轻稀土矿山开发项目；1500吨（REO）/年以下的离子型稀土矿山开发项目（2013年）

25.2000吨（REO）/年以下的稀土分离项目

26.1500吨/年以下、电解槽电流小于5000A、电流效率低于85%的轻稀土金属冶炼项目

（七）黄金

1.混汞提金工艺

2.小氰化池浸工艺、土法冶炼工艺

3.无环保措施提取线路板中金、银、钯等贵重金属

4.日处理能力50吨以下采选项目

（八）建材

1.窑径3米及以上水泥机立窑（2012年）、干法中空窑（生产高铝水泥、硫铝酸盐水泥等特种水泥除外）、立波尔窑、湿法窑

2.直径3米以下水泥粉磨设备

3.无复膜塑编水泥包装袋生产线

4.平拉工艺平板玻璃生产线（含格法）

5.100万平方米/年以下的建筑陶瓷砖、20万件/年以下低档卫生陶瓷生产线

6.建筑卫生陶瓷土窑、倒焰窑、多孔窑、煤烧明焰隧道窑、隔焰隧道窑、匣钵装卫生陶瓷隧道窑

7.建筑陶瓷砖成型用的摩擦压砖机

8.陶土坩埚玻璃纤维拉丝生产工艺与装备

9.1000万平方米/年以下的纸面石膏板生产线

10.500万平方米/年以下的改性沥青类防水卷材生产线；500万平方米/年以下沥青复合胎柔性防水卷材生产线；100万卷/年以下沥青纸胎油毡生产线

11.石灰土立窑

12.砖瓦24门以下轮窑以及立窑、无顶轮窑、马蹄窑等土窑（2011年）

13.普通挤砖机

14.SJ1580–3000双轴、单轴制砖搅拌机

15.SQP400500–700500双辊破碎机

16.1000型普通切条机

17.100吨以下盘转式压砖机

18.手工制作墙板生产线

19.简易移动式砼砌块成型机、附着式振动成型台

20.单班1万立方米/年以下的混凝土砌块固定式成型机、单班10万平方米/年以下的混凝土铺地砖固定式成型机

21.人工浇筑、非机械成型的石膏（空心）砌块生产工艺

22.真空加压法和气炼一步法石英玻璃生产工艺装备

23.6×600吨六面顶小型压机生产人造金刚石

24.手工切割加气混凝土生产线、非蒸压养护加气混凝土生产线

25.非烧结、非蒸压粉煤灰砖生产线

26.装饰石材矿山硐室爆破开采技术、吊索式大理石土拉锯

（九）医药

1.手工胶囊填充工艺

2.软木塞烫腊包装药品工艺

3.不符合GMP要求的安瓿拉丝灌封机

4.塔式重蒸馏水器

5.无净化设施的热风干燥箱

6.劳动保护、三废治理不能达到国家标准的原料药生产装置

7.铁粉还原法对乙酰氨基酚（扑热息痛）、咖啡因装置

8.使用氯氟烃（CFCs）作为气雾剂、推进剂、抛射剂或分散剂的医药用品生产工艺（根据国家履行国际公约总体计划要求进行淘汰）

（十）机械

1.热处理铅浴炉

2.热处理氯化钡盐浴炉（高温氯化钡盐浴炉暂缓淘汰）

3.TQ60、TQ80塔式起重机

4.QT16、QT20、QT25井架简易塔式起重机

5.KJ1600/1220单筒提升绞机

6.3000千伏安以下普通棕刚玉冶炼炉

7.4000千伏安以下固定式棕刚玉冶炼炉

8.3000千伏安以下碳化硅冶炼炉

9.强制驱动式简易电梯

10.以氯氟烃（CFCs）作为膨胀剂的烟丝膨胀设备生产线

11.砂型铸造粘土烘干砂型及型芯

12.焦炭炉熔化有色金属

13.砂型铸造油砂制芯

14.重质砖炉衬台车炉

15.中频发电机感应加热电源

16.燃煤火焰反射加热炉

17.铸/锻件酸洗工艺

18.用重质耐火砖作为炉衬的热处理加热炉

19.位式交流接触器温度控制柜

20.插入电极式盐浴炉

21.动圈式和抽头式硅整流弧焊机

22.磁放大器式弧焊机

23.无法安装安全保护装置的冲床

24.粘土砂干型/芯铸造工艺

25.无磁轭（≥0.25吨）铝壳中频感应电炉（2015年）

26.无芯工频感应电炉

（十一）船舶

1.废旧船舶滩涂拆解工艺

2.船长大于80米的船舶整体建造工艺

（十二）轻工

1.单套10万吨/年以下的真空制盐装置、20万吨/年以下的湖盐和30万吨/年以下的北方海盐生产设施

2.利用矿盐卤水、油气田水且采用平锅、滩晒制盐的生产工艺与装置

3.2万吨/年及以下的南方海盐生产装置

4.超薄型（厚度低于0.025毫米）塑料购物袋生产

5.直接接触饮料和食品的聚氯乙烯（PVC）包装制品

6.年加工生皮能力5万标张牛皮、年加工蓝湿皮能力3万标张牛皮以下的制革生产线

7.300吨/年以下的油墨生产总装置（利用高新技术、无污染的除外）

8.含苯类溶剂型油墨生产

9.石灰法地池制浆设备（宣纸除外）

10.5.1万吨/年以下的化学木浆生产线

11.单条3.4万吨/年以下的非木浆生产线

12.单条1万吨/年及以下、以废纸为原料的制浆生产线

13.幅宽在1.76米及以下并且车速为120米/分以下的文化纸生产线

14.幅宽在2米及以下并且车速为80米/分以下的白板纸、箱板纸及瓦楞纸生产线

15.以氯氟烃（CFCs）为制冷剂和发泡剂的冰箱、冰柜、汽车空调器、工业商业用冷藏、制冷设备生产线

16.以氯氟烃（CFCs）为发泡剂的聚氨酯、聚乙烯、聚苯乙烯泡沫塑料生产

17.四氯化碳（CTC）为清洗剂的生产工艺

18.以三氟三氯乙烷（CFC－113）和甲基氯仿（TCA）为清洗剂和溶剂的生产工艺

19.脂肪酸法制叔胺工艺，发烟硫酸磺化工艺，搅拌釜式乙氧基化工艺

20.自行车盐浴焊接炉

21.印铁制罐行业中的锡焊工艺

22.燃煤和燃发生炉煤气的坩埚玻璃窑，直火式、无热风循环的玻璃退火炉

23.机械定时行列式制瓶机

24.生产能力12000瓶/时以下的玻璃瓶啤酒灌装生产线

25.生产能力150瓶/分钟以下（瓶容在250毫升及以下）的碳酸饮料生产线

26.日处理原料乳能力（两班）20吨以下浓缩、喷雾干燥等设施；200千克/小时以下的手动及半自动液体乳灌装设备

27.3万吨/年以下酒精生产线（废糖蜜制酒精除外）

28.3万吨/年以下味精生产装置

29.2万吨/年及以下柠檬酸生产装置

30.年处理10万吨以下、总干物收率97%以下的湿法玉米淀粉生产线

31.桥式劈半锯、敞式生猪烫毛机等生猪屠宰设备

32.猪、牛、羊、禽手工屠宰工艺

33.小麦粉增白剂（过氧化苯甲酰、过氧化钙）的添加工艺

（十三）纺织

1.“1”字头成卷、梳棉、清花、并条、粗纱、细纱设备，1332系列络筒机，1511型有梭织机，“1”字头整经、浆纱机等全部“1”字头的纺纱织造设备

2.A512、A513系列细纱机

3.B581、B582型精纺细纱机，BC581、BC582型粗纺细纱机，B591绒线细纱机，B601、B601A型毛捻线机，BC272、BC272B型粗梳毛纺梳毛机，B751型绒线成球机，B701A型绒线摇绞机，B250、B311、B311C、B311C（CZ）、B311C（DJ）型精梳机，H112、H112A型毛分条整经机、H212型毛织机等毛纺织设备

4.90年以前生产、未经技术改造的各类国产毛纺细

纱机

5.辊长1000毫米以下的皮辊轧花机，锯片片数在80以下的锯齿轧花机，压力吨位在400吨以下的皮棉打包机（不含160吨、200吨短绒棉花打包机）

6.ZD647、ZD721型自动缫丝机，D101A型自动缫丝机，ZD681型立缫机，DJ561型绢精纺机，K251、K251A型丝织机等丝绸加工设备

7.Z114型小提花机

8.GE186型提花毛圈机

9.Z261型人造毛皮机

10.未经改造的74型染整设备

11.蒸汽加热敞开无密闭的印染平洗槽

12.R531型酸性粘胶纺丝机

13.2万吨/年及以下粘胶常规短纤维生产线

14.湿法氨纶生产工艺

15.二甲基甲酰胺（DMF）溶剂法氨纶及腈纶生产工艺

16.硝酸法腈纶常规纤维生产工艺及装置

17.常规聚酯（PET）间歇法聚合生产工艺及设备

18.常规涤纶长丝锭轴长900毫米及以下的半自动卷绕设备

19.使用年限超过15年的国产和使用年限超过20年的进口印染前处理设备、拉幅和定形设备、圆网和平网印花机、连续染色机

20.使用年限超过15年的浴比大于1：10的棉及化纤间歇式染色设备

21.使用直流电机驱动的印染生产线

22.印染用铸铁结构的蒸箱和水洗设备，铸铁墙板无底蒸化机，汽蒸预热区短的L型退煮漂履带汽蒸箱

23.螺杆挤出机直径小于或等于90mm，2000吨/年以下的涤纶再生纺短纤维生产装置

（十四）印刷

1.全部铅排、铅印工艺

2.全部铅印机及相关辅机

3.照像制版机

4.ZD201、ZD301型系列单字铸字机

5.TH1型自动铸条机、ZT102型系列铸条机

6.ZDK101型字模雕刻机

7.KMD101型字模刻刀磨床

8.AZP502型半自动汉文手选铸排机、ZSY101型半自动汉文铸排机、TZP101型外文条字铸排机、ZZP101型汉文自动铸排机

9.QY401、2QY404型系列电动铅印打样机，QYSH401、2QY401、DY401型手动式铅印打样机

10.YX01、YX02、YX03型系列压纸型机，HX01、HX02、HX03、HX04型系列烘纸型机

11.PZB401型平铅版铸版机，YZB02、YZB03、YZB04、YZB05、YZB06、YZB07型系列铅版铸版机

12.JB01型平铅版浇版机

13.RQ02、RQ03、RQ04型系列铅泵熔铅炉

14.BB01型刨版机，YGB02、YGB03、YGB04、YGB05型圆铅版刮版机，YTB01型圆铅版镗版机，YJB02型圆铅版锯版机，YXB04、YXB05、YXB302型系列圆铅版修版机

15.P401、P402型系列四开平压印刷机，P801、P802、P803、P804型系列八开平压印刷机

16.PE802型双合页印刷机

17.TE102、TE105、TE108型系列全张自动二回转平台印刷机

18.TY201型对开单色一回转平台印刷机，TY401型四开单色一回转平台印刷机

19.TY4201型四开一回转双色印刷机

20.TT201、TZ201、DT201型对开手动续纸停回转平台印刷机

21.TT202型对开自动停回转平台印刷机，TT402、TT403、TT405、DT402型四开自动停回转平台印刷机，TZ202型对开半自动停回转平台印刷机，TZ401、TZS401、DT401型四开半自动停回转平台印刷机

22.TR801型系列立式平台印刷机

23.LP1101、LP1103型系列平板纸全张单面轮转印刷机，LP1201型平板纸全张双面轮转印刷机，LP4201型平板纸四开双色轮转印刷机

24.LSB201（880×1230毫米）及LS201、LS204（787×1092毫米）型系列卷筒纸书刊转轮印刷机

25.LB203、LB205、LB403型卷筒纸报版轮转印刷机，LB2405、LB4405型卷筒纸双层二组报版轮转印刷机，LBS201型卷筒纸书、报二用轮转印刷机

26.K.M.T型自动铸字排版机，PH−5型汉字排字机

27.球震打样制版机（DIA PRESS清刷机）

28.1985年前生产的手动照排机、国产制版照相机

29.离心涂布机

30.J1101系列全张单色胶印机（印刷速度每小时5000张及以下）

31.J2101、PZ1920系列对开单色胶印机（印刷速度每小时4000张及以下），PZ1615系列四开单色胶印机（印刷速度每小时4000张及以下），YPS1920系列双面单色胶印机（印刷速度每小时4000张及以下）

32.W1101型全张自动凹版印刷机、AJ401型卷筒纸单面四色凹版印刷机

33.DJ01型平装胶订联动机，PRD-01、PRD-02型平装胶订联动机，DBT-01型平装有线订、包、烫联动机

34.溶剂型即涂覆膜机、承印物无法降解和回收的各类覆膜机

35.QZ101、QZ201、QZ301、QZ401型切纸机

36.MD103A型磨刀机

（十五）民爆产品

1.密闭式包装型乳化炸药基质冷却机

2.密闭式包装型乳化炸药低温敏化机

3.小直径手工单头炸药装药机

4.轴承包覆在药剂中的混药、输送等炸药设备

5.起爆药干燥工序采用蒸汽烘房干燥的工艺

6.延期元件（体）制造工序采用手工装药的工艺

7.雷管装填、装配工序及工序间的传输无可靠防殉爆措施的工艺

8.导爆管制造工序加药装置无可靠防爆设施的生产线

9.危险作业场所未实现远程视频监视的工业炸药和工业雷管生产线

10.危险作业场所未实现远程视频监视的导爆索生产线

11.采用传统轮碾方式的炸药制药工艺

12.起爆药生产废水达不到《兵器工业水污染排放标准火工药剂》（GB14470.2）要求排放的生产工艺

13.乳化器出药温度大于130℃的乳化工艺

14.小直径含水炸药装药效率低于1200kg/h、小直径粉状炸药装药效率低于800kg/h的装药机

15.有固定操作人员的场所，噪声超过85分贝以上的炸药设备

16.全电阻极差大于1.5Ω的电雷管（钢芯脚线长度2m）生产技术（2013年）

17.装箱产品下线未实现生产数据在线采集、及时传输的生产线（2013年）

18.全电阻极差大于1.0Ω的电雷管（钢芯脚线长度2m）生产工艺（2015年）

19.工序间无可靠防传爆措施的导爆索生产线（2013年）

20.制索工序无药量在线检测、自动联锁保护装置的导爆索生产线（2013年）

21.最大不发火电流小于0.25A的普通型电雷管生产工艺（2015年）

22.雷管装填工序未实现人机隔离的生产工艺（2015年）

23.雷管卡口、检查工序间需人工传送产品的生产工艺（2015年）

（十六）消防

1.火灾探测器手工插焊电子元器件生产工艺

（十七）其他

1.含氰电镀工艺（电镀金、银、铜基合金及予镀铜打底工艺，暂缓淘汰）

2.含氰沉锌工艺

3.实体坝连岛技术

4.超过生态承载力的旅游活动和药材等林产品采集

5.不符合国家现行城市生活垃圾、医疗废物和工业废物焚烧相关污染控制标准、工程技术标准以及设备标准的小型焚烧炉

二、落后产品

（一）石化化工

1.改性淀粉、改性纤维、多彩内墙（树脂以硝化纤维素为主，溶剂以二甲苯为主的O/W型涂料）、氯乙烯-偏氯乙烯共聚乳液外墙、焦油型聚氨酯防水、水性聚氯乙烯焦油防水、聚乙烯醇及其缩醛类内外墙（106、107涂料等）、聚醋酸乙烯乳液类（含乙烯/醋酸乙烯酯共聚物乳液）外墙涂料

2.有害物质含量超标准的内墙、溶剂型木器、玩具、汽车、外墙涂料，含双对氯苯基三氯乙烷、三丁基锡、全氟辛酸及其盐类、全氟辛烷磺酸、红丹等有害物质的涂料

3.在还原条件下会裂解产生24种有害芳香胺的偶氮染料（非纺织品用的领域暂缓）、九种致癌性染料（用于与人体不直接接触的领域暂缓）

4.含苯类、苯酚、苯甲醛和二（三）氯甲烷的脱漆

剂，立德粉，聚氯乙烯建筑防水接缝材料（焦油型），107胶，瘦肉精，多氯联苯（变压器油）

5.高毒农药产品：六六六、二溴乙烷、丁酰肼、敌枯双、除草醚、杀虫脒、毒鼠强、氟乙酰胺、氟乙酸钠、二溴氯丙烷、治螟磷（苏化203）、磷胺、甘氟、毒鼠硅、甲胺磷、对硫磷、甲基对硫磷、久效磷、硫环磷（乙基硫环磷）、福美胂、福美甲胂及所有砷制剂、汞制剂、铅制剂、10%草甘膦水剂，甲基硫环磷、磷化钙、磷化锌、苯线磷、地虫硫磷、磷化镁、硫线磷、蝇毒磷、治螟磷、特丁硫磷（2011年）

6.根据国家履行国际公约总体计划要求进行淘汰农药产品：氯丹、七氯、溴甲烷、滴滴涕、六氯苯、灭蚁灵、林丹、毒杀芬、艾氏剂、狄氏剂、异狄氏剂

7.软边结构自行车胎，以棉帘线为骨架材料的普通输送带和以尼龙帘线为骨架材料的普通V带，轮胎、自行车胎、摩托车胎手工刻花硫化模具

（二）铁路

1.G60型、G17型罐车

2.P62型棚车

3.K13型矿石车

4.U60型水泥车

5.N16型、N17型平车

6.L17型粮食车

7.C62A型、C62B型敞车

8.轨道平车（载重40吨及以下）

（三）钢铁

1.热轧硅钢片

2.普通松弛级别的钢丝、钢绞线

3.热轧钢筋：牌号HRB335、HPB235

（四）有色金属

1.铜线杆（黑杆）

（五）建材

1.使用非耐碱玻纤或非低碱水泥生产的玻纤增强水泥（GRC）空心条板

2.陶土坩埚拉丝玻璃纤维和制品及其增强塑料（玻璃钢）制品

3.25A空腹钢窗

4.S-2型混凝土轨枕

5.一次冲洗用水量9升以上的便器

6.角闪石石棉（即蓝石棉）

7.非机械生产中空玻璃，双层双框各类门窗及单腔结构型的塑料门窗

8.采用二次加热复合成型工艺生产的聚乙烯丙纶类复合防水卷材、聚乙烯丙纶复合防水卷材（聚乙烯芯材厚度在0.5mm以下）；棉涤玻纤（高碱）网格复合胎基材料、聚氯乙烯防水卷材（S型）

9.石棉绒质离合器面片、合成火车闸瓦，石棉软木湿式离合器面片

（六）医药

1.铅锡软膏管、单层聚烯烃软膏管（肛肠、腔道给药除外）

2.安瓿灌装注射用无菌粉末

3.药用天然胶塞

4.非易折安瓿

5.输液用聚氯乙烯（PVC）软袋（不包括腹膜透析液、冲洗液用）

（七）机械

1.T100、T100A推土机

2.ZP-Ⅱ、ZP-Ⅲ干式喷浆机

3.WP-3挖掘机

4.0.35立方米以下的气动抓岩机

5.矿用钢丝绳冲击式钻机

6.BY-40石油钻机

7.直径1.98米水煤气发生炉

8.CER膜盒系列

9.热电偶（分度号LL-2、LB-3、EU-2、EA-2、CK）

10.热电阻（分度号BA、BA2、G）

11.DDZ-Ⅰ型电动单元组合仪表

12.GGP-01A型皮带秤

13.BLR-31型称重传感器

14.WFT-081辐射感温器

15.WDH-1E、WDH-2E光电温度计，PY5型数字温度计

16.BC系列单波纹管差压计，LCH-511、YCH-211、LCH-311、YCH-311、LCH-211、YCH-511型环称式差压计

17.EWC-01A型长图电子电位差计

18.XQWA型条形自动平衡指示仪

19.ZL3型X-Y记录仪

20.DBU−521，DBU−521C型液位变送器

21.YB系列（机座号63−355mm，额定电压660V及以下）、YBF系列（机座号63−160mm，额定电压380、660V或380/660V）、YBK系列（机座号100−355mm，额定电压380/660V、660/1140V）隔爆型三相异步电动机

22.DZ10系列塑壳断路器、DW10系列框架断路器

23.CJ8系列交流接触器

24.QC10、QC12、QC8系列起动器

25.JR0、JR9、JR14、JR15、JR16−A、B、C、D系列热继电器

26.以焦炭为燃料的有色金属熔炼炉

27.GGW系列中频无心感应熔炼炉

28.B型、BA型单级单吸悬臂式离心泵系列

29.F型单级单吸耐腐蚀泵系列

30.JD型长轴深井泵

31.KDON−3200/3200型蓄冷器全低压流程空分设备、KDON−1500/1500型蓄冷器（管式）全低压流程空分设备、KDON−1500/1500型管板式全低压流程空分设备、KDON−6000/6600型蓄冷器流程空分设备

32.3W−0.9/7（环状阀）空气压缩机

33.C620、CA630普通车床

34.C616、C618、C630、C640、C650普通车床（2015年）

35.X920键槽铣床

36.B665、B665A、B665−1牛头刨床

37.D6165、D6185电火花成型机床

38.D5540电脉冲机床

39.J53−400、J53−630、J53−1000双盘摩擦压力机

40.Q11−1.6×1600剪板机

41.Q51汽车起重机

42.TD62型固定带式输送机

43.3吨直流架线式井下矿用电机车

44.A571单梁起重机

45.快速断路器：DS3−10、DS3−30、DS3−50（1000、3000、5000A）、DS10−10、DS10−20、DS10−30（1000、2000、3000A）

46.SX系列箱式电阻炉

47.单相电度表：DD1、DD5、DD5−2、DD5−6、DD9、DD10、DD12、DD14、DD15、DD17、DD20、DD28

48.SL7−30/10～SL7−1600/10、S7−30/10～S7−1600/10配电变压器

49.刀开关：HD6、HD3−100、HD3−200、HD3−400、HD3−600、HD3−1000、HD3−1500

50.GC型低压锅炉给水泵，DG270−140、DG500−140、DG375−185锅炉给水泵

51.热动力式疏水阀：S15H−16、S19−16、S19−16C、S49H−16、S49−16C、S19H−40、S49H−40、S19H−64、S49H−64

52.固定炉排燃煤锅炉（双层固定炉排锅炉除外）

53.1−10/8、1−10/7型动力用往复式空气压缩机

54.8−18系列、9−27系列高压离心通风机

55.X52、X62W 320×150升降台铣床

56.J31−250机械压力机

57.TD60、TD62、TD72型固定带式输送机

58.以未安装燃油量限制器（简称限油器）的单缸柴油机为动力装置的农用运输车（指生产与销售）

59.E135二冲程中速柴油机（包括2、4、6缸三种机型）TY1100型单缸立式水冷直喷式柴油机，165单缸卧式蒸发水冷、预燃室柴油机，4146柴油机

60.TY1100型单缸立式水冷直喷式柴油机

61.165单缸卧式蒸发水冷、预燃室柴油机

62.含汞开关和继电器

63.燃油助力车

64.低于国二排放的车用发动机

65.机动车制动用含石棉材料的摩擦片

（八）船舶

1.采用整体造船法建造的钢制运输船舶

2.不符合规范的改装船舶和已到报废期限的船舶

3.单壳油船

4.挂桨机船及其发动机

（九）轻工

1.汞电池（氧化汞原电池及电池组、锌汞电池）

2.开口式普通铅酸电池

3.含汞高于0.0001%的圆柱型碱锰电池

4.含汞高于0.0005%的扣式碱锰电池（2015年）

5.含镉高于0.002%的铅酸蓄电池（2013年）

6.一次性发泡塑料餐具

7.直排式燃气热水器

8.螺旋升降式（铸铁）水嘴

9.用于凹版印刷的苯胺油墨

10.进水口低于溢流口水面、上导向直落式便器水箱配件

11.铸铁截止阀

12.添加白砒、三氧化二锑、含铅、含氟、铬矿渣等辅助原料玻璃配合料

13.半自动（卧式）工业用洗衣机

14.开启式四氯乙烯干洗机和普通封闭式四氯乙烯干洗机，分体式石油干洗机和普通封闭式石油干洗机

（十）消防

1.二氟一氯一溴甲烷灭火剂（简称1211灭火剂）

2.三氟一溴甲烷灭火剂（简称1301灭火剂）（原料及必要用途除外）

3.简易式1211灭火器

4.手提式1211灭火器

5.推车式1211灭火器

6.手提式化学泡沫灭火器

7.手提式酸碱灭火器

8.简易式1301灭火器（必要用途除外）

9.手提式1301灭火器（必要用途除外）

10.推车式1301灭火器（必要用途除外）

11.管网式1211灭火系统

12.悬挂式1211灭火系统容

13.柜式1211灭火系统

14.管网式1301灭火系统（必要用途除外）

15.悬挂式1301灭火系统（必要用途除外）

16.柜式1301灭火系统（必要用途除外）

（十一）民爆产品

1.火雷管

2.导火索

3.铵梯炸药

4.纸壳雷管（2011年）

（十二）其他

1.59、69、72、TF-3型防毒面具

第八部分

投资法规

国家法规

中华人民共和国发票管理办法实施细则

第一章 总 则

第一条 根据《中华人民共和国发票管理办法》(以下简称《办法》)规定，制定本实施细则。

第二条 在全国范围内统一式样的发票，由国家税务总局确定。

在省、自治区、直辖市范围内统一式样的发票，由省、自治区、直辖市国家税务局、地方税务局(以下简称省税务机关)确定。

第三条 发票的基本联次包括存根联、发票联、记账联。存根联由收款方或开票方留存备查；发票联由付款方或受票方作为付款原始凭证；记账联由收款方或开票方作为记账原始凭证。

省以上税务机关可根据发票管理情况以及纳税人经营业务需要，增减除发票联以外的其他联次，并确定其用途。

第四条 发票的基本内容包括：发票的名称、发票代码和号码、联次及用途、客户名称、开户银行及账号、商品名称或经营项目、计量单位、数量、单价、大小写金额、开票人、开票日期、开票单位(个人)名称(章)等。

省以上税务机关可根据经济活动以及发票管理需要，确定发票的具体内容。

第五条 有固定生产经营场所、财务和发票管理制度健全的纳税人，发票使用量较大或统一发票式样不能满足经营活动需要的，可以向省以上税务机关申请印有本单位名称的发票。

第二章 发票的印制

第六条 发票准印证由国家税务总局统一监制，省税务机关核发。

税务机关应当对印制发票企业实施监督管理，对不符合条件的，应当取消其印制发票的资格。

第七条 全国统一的发票防伪措施由国家税务总局确定，省税务机关可以根据需要增加本地区的发票防伪措施，并向国家税务总局备案。

发票防伪专用品应当按照规定专库保管，不得丢失。次品、废品应当在税务机关监督下集中销毁。

第八条 全国统一发票监制章是税务机关管理发票的法定标志，其形状、规格、内容、印色由国家税务总局规定。

第九条 全国范围内发票换版由国家税务总局确定；省、自治区、直辖市范围内发票换版由省税务机关确定。

发票换版时，应当进行公告。

第十条 监制发票的税务机关根据需要下达发票印制通知书，被指定的印制企业必须按照要求印制。

发票印制通知书应当载明印制发票企业名称、用票单位名称、发票名称、发票代码、种类、联次、规格、印色、印制数量、起止号码、交货时间、地点等内容。

第十一条 印制发票企业印制完毕的成品应当按照规定验收后专库保管，不得丢失。废品应当及时销毁。

第三章 发票的领购

第十二条 《办法》第十五条所称经办人身份证明是指经办人的居民身份证、护照或者其他能证明经办人身份的证件。

第十三条 《办法》第十五条所称发票专用章是指

用票单位和个人在其开具发票时加盖的有其名称、税务登记号、发票专用章字样的印章。

发票专用章式样由国家税务总局确定。

第十四条　税务机关对领购发票单位和个人提供的发票专用章的印模应当留存备查。

第十五条　《办法》第十五条所称领购方式是指批量供应、交旧购新或者验旧购新等方式。

第十六条　《办法》第十五条所称发票领购簿的内容应当包括用票单位和个人的名称、所属行业、购票方式、核准购票种类、开票限额、发票名称、领购日期、准购数量、起止号码、违章记录、领购人签字（盖章）、核发税务机关（章）等内容。

第十七条　《办法》第十五条所称发票使用情况是指发票领用存情况及相关开票数据。

第十八条　税务机关在发售发票时，应当按照核准的收费标准收取工本管理费，并向购票单位和个人开具收据。发票工本费征缴办法按照国家有关规定执行。

第十九条　《办法》第十六条所称书面证明是指有关业务合同、协议或者税务机关认可的其他资料。

第二十条　税务机关应当与受托代开发票的单位签订协议，明确代开发票的种类、对象、内容和相关责任等内容。

第二十一条　《办法》第十八条所称保证人，是指在中国境内具有担保能力的公民、法人或者其他经济组织。

保证人同意为领购发票的单位和个人提供担保的，应当填写担保书。担保书内容包括：担保对象、范围、期限和责任以及其他有关事项。

担保书须经购票人、保证人和税务机关签字盖章后方为有效。

第二十二条　《办法》第十八条第二款所称由保证人或者以保证金承担法律责任，是指由保证人缴纳罚款或者以保证金缴纳罚款。

第二十三条　提供保证人或者交纳保证金的具体范围由省税务机关规定。

第四章　发票的开具和保管

第二十四条　《办法》第十九条所称特殊情况下，由付款方向收款方开具发票，是指下列情况：

（一）收购单位和扣缴义务人支付个人款项时；

（二）国家税务总局认为其他需要由付款方向收款方开具发票的。

第二十五条　向消费者个人零售小额商品或者提供零星服务的，是否可免予逐笔开具发票，由省税务机关确定。

第二十六条　填开发票的单位和个人必须在发生经营业务确认营业收入时开具发票。未发生经营业务一律不准开具发票。

第二十七条　开具发票后，如发生销货退回需开红字发票的，必须收回原发票并注明“作废”字样或取得对方有效证明。

开具发票后，如发生销售折让的，必须在收回原发票并注明“作废”字样后重新开具销售发票或取得对方有效证明后开具红字发票。

第二十八条　单位和个人在开具发票时，必须做到按照号码顺序填开，填写项目齐全，内容真实，字迹清楚，全部联次一次打印，内容完全一致，并在发票联和抵扣联加盖发票专用章。

第二十九条　开具发票应当使用中文。民族自治地方可以同时使用当地通用的一种民族文字。

第三十条　《办法》第二十六条所称规定的使用区域是指国家税务总局和省税务机关规定的区域。

第三十一条　使用发票的单位和个人应当妥善保管发票。发生发票丢失情形时，应当于发现丢失当日书面报告税务机关，并登报声明作废。

第五章　发票的检查

第三十二条　《办法》第三十二条所称发票换票证仅限于在本县（市）范围内使用。需要调出外县（市）的发票查验时，应当提请该县（市）税务机关调取发票。

第三十三条　用票单位和个人有权申请税务机关对发票的真伪进行鉴别。收到申请的税务机关应当受理并负责鉴别发票的真伪；鉴别有困难的，可以提请发票监制税务机关协助鉴别。

在伪造、变造现场以及买卖地、存放地查获的发票，由当地税务机关鉴别。

第六章　罚　　则

第三十四条　税务机关对违反发票管理法规的行为进行处罚，应当将行政处罚决定书面通知当事人；对违反发票管理法规的案件，应当立案查处。

对违反发票管理法规的行政处罚，由县以上税务机关决定；罚款额在2000元以下的，可由税务所决定。

第三十五条 《办法》第四十条所称的公告是指，税务机关应当在办税场所或者广播、电视、报纸、期刊、网络等新闻媒体上公告纳税人发票违法的情况。公告内容包括：纳税人名称、纳税人识别号、经营地点、违反发票管理法规的具体情况。

第三十六条 对违反发票管理法规情节严重构成犯罪的，税务机关应当依法移送司法机关处理。

第七章 附 则

第三十七条 《办法》和本实施细则所称“以上”、“以下”均含本数。

第三十八条 本实施细则自2011年2月1日起施行。

关于修改《中华人民共和国个人所得税法》的决定

中华人民共和国主席令 第四十八号

（2011年6月30日第十一届全国人民代表大会常务委员会第二十一次会议通过）

第十一届全国人民代表大会常务委员会第二十一次会议决定对《中华人民共和国个人所得税法》作如下修改：

一、第三条第一项修改为：“工资、薪金所得，适用超额累进税率，税率为百分之三至百分之四十五（税率表附后）。”

二、第六条第一款第一项修改为：“工资、薪金所得，以每月收入额减除费用三千五百元后的余额，为应纳税所得额。”

三、第九条中的“七日内”修改为“十五日内”。

四、个人所得税税率表一（工资、薪金所得适用）修改为：

级数	全月应纳税所得额	税率（%）
1	不超过1500元的	3
2	超过1500元至4500元的部分	10
3	超过4500元至9000元的部分	20
4	超过9000元至35000元的部分	25
5	超过35000元至55000元的部分	30
6	超过55000元至80000元的部分	35
7	超过80000元的部分	45

（注：本表所称全月应纳税所得额是指依照本法第六条的规定，以每月收入额减除费用三千五百元以及附加减除费用后的余额。）

五、个人所得税税率表二（个体工商户的生产、经营所得和对企事业单位的承包经营、承租经营所得适用）修改为：

级数	全年应纳税所得额	税率（%）
1	不超过15000元的	5
2	超过15000元至30000元的部分	10
3	超过30000元至60000元的部分	20
4	超过60000元至100000元的部分	30
5	超过100000元的部分	35

（注：本表所称全年应纳税所得额是指依照本法第六条的规定，以每一纳税年度的收入总额减除成本、费用以及损失后的余额。）

本决定自2011年9月1日起施行。

《中华人民共和国个人所得税法》根据本决定作相应修改，重新公布。

中华人民共和国个人所得税法

（1980年9月10日第五届全国人民代表大会第三次会议通过）

根据1993年10月31日第八届全国人民代表大会常务委员会第四次会议《关于修改〈中华人民共和国个人所

得税法〉的决定》第一次修正

根据1999年8月30日第九届全国人民代表大会常务委员会第十一次会议《关于修改〈中华人民共和国个人所得税法〉的决定》第二次修正

根据2005年10月27日第十届全国人民代表大会常务委员会第十八次会议《关于修改〈中华人民共和国个人所得税法〉的决定》第三次修正

根据2007年6月29日第十届全国人民代表大会常务委员会第二十八次会议《关于修改〈中华人民共和国个人所得税法〉的决定》第四次修正

根据2007年12月29日第十届全国人民代表大会常务委员会第三十一次会议《关于修改〈中华人民共和国个人所得税法〉的决定》第五次修正

根据2011年6月30日第十一届全国人民代表大会常务委员会第二十一次会议《关于修改〈中华人民共和国个人所得税法〉的决定》第六次修正）

第一条 在中国境内有住所，或者无住所而在境内居住满一年的个人，从中国境内和境外取得的所得，依照本法规定缴纳个人所得税。

在中国境内无住所又不居住或者无住所而在境内居住不满一年的个人，从中国境内取得的所得，依照本法规定缴纳个人所得税。

第二条 下列各项个人所得，应纳个人所得税：

一、工资、薪金所得；

二、个体工商户的生产、经营所得；

三、对企事业单位的承包经营、承租经营所得；

四、劳务报酬所得；

五、稿酬所得；

六、特许权使用费所得；

七、利息、股息、红利所得；

八、财产租赁所得；

九、财产转让所得；

十、偶然所得；

十一、经国务院财政部门确定征税的其他所得。

第三条 个人所得税的税率：

一、工资、薪金所得，适用超额累进税率，税率为百分之三至百分之四十五（税率表附后）。

二、个体工商户的生产、经营所得和对企事业单位的承包经营、承租经营所得，适用百分之五至百分之三十五的超额累进税率（税率表附后）。

三、稿酬所得，适用比例税率，税率为百分之二十，并按应纳税额减征百分之三十。

四、劳务报酬所得，适用比例税率，税率为百分之二十。对劳务报酬所得一次收入畸高的，可以实行加成征收，具体办法由国务院规定。

五、特许权使用费所得，利息、股息、红利所得，财产租赁所得，财产转让所得，偶然所得和其他所得，适用比例税率，税率为百分之二十。

第四条 下列各项个人所得，免纳个人所得税：

一、省级人民政府、国务院部委和中国人民解放军军以上单位，以及外国组织、国际组织颁发的科学、教育、技术、文化、卫生、体育、环境保护等方面的奖金；

二、国债和国家发行的金融债券利息；

三、按照国家统一规定发给的补贴、津贴；

四、福利费、抚恤金、救济金；

五、保险赔款；

六、军人的转业费、复员费；

七、按照国家统一规定发给干部、职工的安家费、退职费、退休工资、离休工资、离休生活补助费；

八、依照我国有关法律规定应予免税的各国驻华使馆、领事馆的外交代表、领事官员和其他人员的所得；

九、中国政府参加的国际公约、签订的协议中规定免税的所得；

十、经国务院财政部门批准免税的所得。

第五条 有下列情形之一的，经批准可以减征个人所得税：

一、残疾、孤老人员和烈属的所得；

二、因严重自然灾害造成重大损失的；

三、其他经国务院财政部门批准减税的。

第六条 应纳税所得额的计算：

一、工资、薪金所得，以每月收入额减除费用三千五百元后的余额，为应纳税所得额。

二、个体工商户的生产、经营所得，以每一纳税年度的收入总额减除成本、费用以及损失后的余额，为应纳税所得额。

三、对企事业单位的承包经营、承租经营所得，以每一纳税年度的收入总额，减除必要费用后的余额，为应纳税所得额。

四、劳务报酬所得、稿酬所得、特许权使用费所得、财产租赁所得，每次收入不超过四千元的，减除费用八百元；四千元以上的，减除百分之二十的费用，其余额为应纳税所得额。

五、财产转让所得，以转让财产的收入额减除财产原值和合理费用后的余额，为应纳税所得额。

六、利息、股息、红利所得，偶然所得和其他所得，以每次收入额为应纳税所得额。

个人将其所得对教育事业和其他公益事业捐赠的部分，按照国务院有关规定从应纳税所得中扣除。

对在中国境内无住所而在中国境内取得工资、薪金所得的纳税义务人和在中国境内有住所而在中国境外取得工资、薪金所得的纳税义务人，可以根据其平均收入水平、生活水平以及汇率变化情况确定附加减除费用，附加减除费用适用的范围和标准由国务院规定。

第七条 纳税义务人从中国境外取得的所得，准予其在应纳税额中扣除已在境外缴纳的个人所得税税额。但扣除额不得超过该纳税义务人境外所得依照本法规定计算的应纳税额。

第八条 个人所得税，以所得人为纳税义务人，以支付所得的单位或者个人为扣缴义务人。个人所得超过国务院规定数额的，在两处以上取得工资、薪金所得或者没有扣缴义务人的，以及具有国务院规定的其他情形的，纳税义务人应当按照国家规定办理纳税申报。扣缴义务人应当按照国家规定办理全员全额扣缴申报。

第九条 扣缴义务人每月所扣的税款，自行申报纳税人每月应纳的税款，都应当在次月十五日内缴入国库，并向税务机关报送纳税申报表。

工资、薪金所得应纳的税款，按月计征，由扣缴义务人或者纳税义务人在次月十五日内缴入国库，并向税务机关报送纳税申报表。特定行业的工资、薪金所得应纳的税款，可以实行按年计算、分月预缴的方式计征，具体办法由国务院规定。

个体工商户的生产、经营所得应纳的税款，按年计算，分月预缴，由纳税义务人在次月十五日内预缴，年度终了后三个月内汇算清缴，多退少补。

对企事业单位的承包经营、承租经营所得应纳的税款，按年计算，由纳税义务人在年度终了后三十日内缴入国库，并向税务机关报送纳税申报表。纳税义务人在一年内分次取得承包经营、承租经营所得的，应当在取得每次所得后的十五日内预缴，年度终了后三个月内汇算清缴，多退少补。

从中国境外取得所得的纳税义务人，应当在年度终了后三十日内，将应纳的税款缴入国库，并向税务机关报送纳税申报表。

第十条 各项所得的计算，以人民币为单位。所得为外国货币的，按照国家外汇管理机关规定的外汇牌价折合成人民币缴纳税款。

第十一条 对扣缴义务人按照所扣缴的税款，付给百分之二的手续费。

第十二条 对储蓄存款利息所得开征、减征、停征个人所得税及其具体办法，由国务院规定。

第十三条 个人所得税的征收管理，依照《中华人民共和国税收征收管理法》的规定执行。

第十四条 国务院根据本法制定实施条例。

第十五条 本法自公布之日起施行。

个人所得税税率表一

（工资、薪金所得适用）

级数	全月应纳税所得额	税率（%）
1	不超过1500元的	3
2	超过1500元至4500元的部分	10
3	超过4500元至9000元的部分	20
4	超过9000元至35000元的部分	25
5	超过35000元至55000元的部分	30
6	超过55000元至80000元的部分	35
7	超过80000元的部分	45

（注：本表所称全月应纳税所得额是指依照本法第六条的规定，以每月收入额减除费用三千五百元以及附加减除费用后的余额。）

个人所得税税率表二

（个体工商户的生产、经营所得和对企事业单位的承包经营、承租经营所得适用）

级数	全年应纳税所得额	税率（%）
1	不超过15000元的	5
2	超过15000元至30000元的部分	10
3	超过30000元至60000元的部分	20
4	超过60000元至100000元的部分	30
5	超过100000元的部分	35

（注：本表所称全年应纳税所得额是指依照本法第六条的规定，以每一纳税年度的收入总额减除成本、费用以及损失后的余额。）

国务院关于修改《中华人民共和国资源税暂行条例》的决定

中华人民共和国国务院令　第605号

国务院决定对《中华人民共和国资源税暂行条例》作如下修改：

一、第一条修改为："在中华人民共和国领域及管辖海域开采本条例规定的矿产品或者生产盐（以下称开采或者生产应税产品）的单位和个人，为资源税的纳税人，应当依照本条例缴纳资源税。"

二、第二条修改为："资源税的税目、税率，依照本条例所附《资源税税目税率表》及财政部的有关规定执行。

"税目、税率的部分调整，由国务院决定。"

三、第三条修改为："纳税人具体适用的税率，在本条例所附《资源税税目税率表》规定的税率幅度内，根据纳税人所开采或者生产应税产品的资源品位、开采条件等情况，由财政部商国务院有关部门确定；财政部未列举名称且未确定具体适用税率的其他非金属矿原矿和有色金属矿原矿，由省、自治区、直辖市人民政府根据实际情况确定，报财政部和国家税务总局备案。"

四、第五条、第六条合并作为第四条，修改为："资源税的应纳税额，按照从价定率或者从量定额的办法，分别以应税产品的销售额乘以纳税人具体适用的比例税率或者以应税产品的销售数量乘以纳税人具体适用的定额税率计算。"

五、第四条作为第五条，修改为："纳税人开采或者生产不同税目应税产品的，应当分别核算不同税目应税产品的销售额或者销售数量；未分别核算或者不能准确提供不同税目应税产品的销售额或者销售数量的，从高适用税率。"

六、增加一条，作为第六条："纳税人开采或者生产应税产品，自用于连续生产应税产品的，不缴纳资源税；自用于其他方面的，视同销售，依照本条例缴纳资源税。"

七、第八条中的"课税数量"修改为"销售额或者销售数量"。

八、第十五条修改为："本条例实施办法由财政部和国家税务总局制定。"

九、将所附的《资源税税目税额幅度表》修改为：

资源税税目税率表

税目		税率
一、原油	销售额的5%-10%	
二、天然气	销售额的5%-10%	
三、煤炭	焦煤	每吨8-20元
	其他煤炭	每吨0.3-5元
四、其他非金属矿原矿	普通非金属矿原矿	每吨或者每立方米0.5-20元
	贵重非金属矿原矿	每千克或者每克拉0.5-20元
五、黑色金属矿原矿		每吨2-30元
六、有色金属矿原矿	稀土矿	每吨0.4-60元
	其他有色金属矿原矿	每吨0.4-30元
七、盐	固体盐	每吨10-60元
	液体盐	每吨2-10元

本决定自2011年11月1日起施行。

《中华人民共和国资源税暂行条例》根据本决定作相应的修改并对条文顺序作相应调整，重新公布。

中华人民共和国资源税暂行条例

（1993年12月25日中华人民共和国国务院令第139号发布　根据2011年9月30日《国务院关于修改〈中华人民共和国资源税暂行条例〉的决定》修订）

第一条 在中华人民共和国领域及管辖海域开采本条例规定的矿产品或者生产盐（以下称开采或者生产应税产品）的单位和个人，为资源税的纳税人，应当依照本条例缴纳资源税。

第二条 资源税的税目、税率，依照本条例所附《资源税税目税率表》及财政部的有关规定执行。

税目、税率的部分调整，由国务院决定。

第三条 纳税人具体适用的税率，在本条例所附《资源税税目税率表》规定的税率幅度内，根据纳税人所开采或者生产应税产品的资源品位、开采条件等情况，由财政部商国务院有关部门确定；财政部未列举名称且未确定具体适用税率的其他非金属矿原矿和有色金属矿原矿，由省、自治区、直辖市人民政府根据实际情况确定，报财政部和国家税务总局备案。

第四条 资源税的应纳税额，按照从价定率或者从量定额的办法，分别以应税产品的销售额乘以纳税人具体适用的比例税率或者以应税产品的销售数量乘以纳税人具体适用的定额税率计算。

第五条 纳税人开采或者生产不同税目应税产品的，应当分别核算不同税目应税产品的销售额或者销售数量；未分别核算或者不能准确提供不同税目应税产品的销售额或者销售数量的，从高适用税率。

第六条 纳税人开采或者生产应税产品，自用于连续生产应税产品的，不缴纳资源税；自用于其他方面的，视同销售，依照本条例缴纳资源税。

第七条 有下列情形之一的，减征或者免征资源税：

（一）开采原油过程中用于加热、修井的原油，免税。

（二）纳税人开采或者生产应税产品过程中，因意外事故或者自然灾害等原因遭受重大损失的，由省、自治区、直辖市人民政府酌情决定减税或者免税。

（三）国务院规定的其他减税、免税项目。

第八条 纳税人的减税、免税项目，应当单独核算销售额或者销售数量；未单独核算或者不能准确提供销售额或者销售数量的，不予减税或者免税。

第九条 纳税人销售应税产品，纳税义务发生时间为收讫销售款或者取得索取销售款凭据的当天；自产自用应税产品，纳税义务发生时间为移送使用的当天。

第十条 资源税由税务机关征收。

第十一条 收购未税矿产品的单位为资源税的扣缴义务人。

第十二条 纳税人应纳的资源税，应当向应税产品的开采或者生产所在地主管税务机关缴纳。纳税人在本省、自治区、直辖市范围内开采或者生产应税产品，其纳税地点需要调整的，由省、自治区、直辖市税务机关决定。

第十三条 纳税人的纳税期限为1日、3日、5日、10日、15日或者1个月，由主管税务机关根据实际情况具体核定。不能按固定期限计算纳税的，可以按次计算纳税。

纳税人以1个月为一期纳税的，自期满之日起10日内申报纳税；以1日、3日、5日、10日或者15日为一期纳税的，自期满之日起5日内预缴税款，于次月1日起10日内申报纳税并结清上月税款。

扣缴义务人的解缴税款期限，比照前两款的规定执行。

第十四条 资源税的征收管理，依照《中华人民共和国税收征收管理法》及本条例有关规定执行。

第十五条 本条例实施办法由财政部和国家税务总局制定。

第十六条 本条例自1994年1月1日起施行。1984年9月18日国务院发布的《中华人民共和国资源税条例（草案）》、《中华人民共和国盐税条例（草案）》同时废止。

资源税税目税率表

税目		税率
一、原油	销售额的5%–10%	
二、天然气	销售额的5%–10%	
三、煤炭	焦煤	每吨8–20元
	其他煤炭	每吨0.3–5元
四、其他非金属矿原矿	普通非金属矿原矿	每吨或者每立方米0.5–20元
	贵重非金属矿原矿	每千克或者每克拉0.5–20元
五、黑色金属矿原矿	每吨2–30元	
六、有色金属矿原矿	稀土矿	每吨0.4–60元
	其他有色金属矿原矿	每吨0.4–30元
七、盐	固体盐	每吨10–60元
	液体盐	每吨2–10元

个体工商户条例

中华人民共和国国务院令　第596号

第一条　为了保护个体工商户的合法权益，鼓励、支持和引导个体工商户健康发展，加强对个体工商户的监督、管理，发挥其在经济社会发展和扩大就业中的重要作用，制定本条例。

第二条　有经营能力的公民，依照本条例规定经工商行政管理部门登记，从事工商业经营的，为个体工商户。

个体工商户可以个人经营，也可以家庭经营。

个体工商户的合法权益受法律保护，任何单位和个人不得侵害。

第三条　县、自治县、不设区的市、市辖区工商行政管理部门为个体工商户的登记机关（以下简称登记机关）。登记机关按照国务院工商行政管理部门的规定，可以委托其下属工商行政管理所办理个体工商户登记。

第四条　国家对个体工商户实行市场平等准入、公平待遇的原则。

申请办理个体工商户登记，申请登记的经营范围不属于法律、行政法规禁止进入的行业的，登记机关应当依法予以登记。

第五条　工商行政管理部门和县级以上人民政府其他有关部门应当依法对个体工商户实行监督和管理。

个体工商户从事经营活动，应当遵守法律、法规，遵守社会公德、商业道德，诚实守信，接受政府及其有关部门依法实施的监督。

第六条　地方各级人民政府和县级以上人民政府有关部门应当采取措施，在经营场所、创业和职业技能培训、职业技能鉴定、技术创新、参加社会保险等方面，为个体工商户提供支持、便利和信息咨询等服务。

第七条　依法成立的个体劳动者协会在工商行政管理部门指导下，为个体工商户提供服务，维护个体工商户合法权益，引导个体工商户诚信自律。

个体工商户自愿加入个体劳动者协会。

第八条　申请登记为个体工商户，应当向经营场所所在地登记机关申请注册登记。申请人应当提交登记申请书、身份证明和经营场所证明。

个体工商户登记事项包括经营者姓名和住所、组成形式、经营范围、经营场所。个体工商户使用名称的，名称作为登记事项。

第九条　登记机关对申请材料依法审查后，按照下列规定办理：

（一）申请材料齐全、符合法定形式的，当场予以登记；申请材料不齐全或者不符合法定形式要求的，当场告知申请人需要补正的全部内容；

（二）需要对申请材料的实质性内容进行核实的，依法进行核查，并自受理申请之日起15日内作出是否予以登记的决定；

（三）不符合个体工商户登记条件的，不予登记并书面告知申请人，说明理由，告知申请人有权依法申请行政复议、提起行政诉讼。

予以注册登记的，登记机关应当自登记之日起10日内发给营业执照。

第十条　个体工商户登记事项变更的，应当向登记机关申请办理变更登记。

个体工商户变更经营者的，应当在办理注销登记后，由新的经营者重新申请办理注册登记。家庭经营的个体工商户在家庭成员间变更经营者的，依照前款规定办理变更手续。

第十一条　申请注册登记或者变更登记的登记事项属于依法须取得行政许可的，应当向登记机关提交许可证明。

第十二条　个体工商户不再从事经营活动的，应当到登记机关办理注销登记。

第十三条 个体工商户办理登记，应当按照国家有关规定缴纳登记费。

第十四条 个体工商户应当在每年规定的时间内向登记机关申请办理年度验照，由登记机关依法对个体工商户的登记事项和上一年度经营情况进行审验。

登记机关办理年度验照不得收取任何费用。

第十五条 登记机关和有关行政机关应当在其政府网站和办公场所，以便于公众知晓的方式公布个体工商户申请登记和行政许可的条件、程序、期限、需要提交的全部材料目录和收费标准等事项。

登记机关和有关行政机关应当为申请人申请行政许可和办理登记提供指导和查询服务。

第十六条 个体工商户在领取营业执照后，应当依法办理税务登记。

个体工商户税务登记内容发生变化的，应当依法办理变更或者注销税务登记。

第十七条 任何部门和单位不得向个体工商户集资、摊派，不得强行要求个体工商户提供赞助或者接受有偿服务。

第十八条 地方各级人民政府应当将个体工商户所需生产经营场地纳入城乡建设规划，统筹安排。

个体工商户经批准使用的经营场地，任何单位和个人不得侵占。

第十九条 个体工商户可以凭营业执照及税务登记证明，依法在银行或者其他金融机构开立账户，申请贷款。

金融机构应当改进和完善金融服务，为个体工商户申请贷款提供便利。

第二十条 个体工商户可以根据经营需要招用从业人员。

个体工商户应当依法与招用的从业人员订立劳动合同，履行法律、行政法规规定和合同约定的义务，不得侵害从业人员的合法权益。

第二十一条 个体工商户提交虚假材料骗取注册登记，或者伪造、涂改、出租、出借、转让营业执照的，由登记机关责令改正，处4000元以下的罚款；情节严重的，撤销注册登记或者吊销营业执照。

第二十二条 个体工商户登记事项变更，未办理变更登记的，由登记机关责令改正，处1500元以下的罚款；情节严重的，吊销营业执照。

个体工商户未办理税务登记的，由税务机关责令限期改正；逾期未改正的，经税务机关提请，由登记机关吊销营业执照。

第二十三条 个体工商户未在规定期限内申请办理年度验照的，由登记机关责令限期改正；逾期未改正的，吊销营业执照。

第二十四条 在个体工商户营业执照有效期内，有关行政机关依法吊销、撤销个体工商户的行政许可，或者行政许可有效期届满的，应当自吊销、撤销行政许可或者行政许可有效期届满之日起5个工作日内通知登记机关，由登记机关撤销注册登记或者吊销营业执照，或者责令当事人依法办理变更登记。

第二十五条 工商行政管理部门以及其他有关部门应当加强个体工商户管理工作的信息交流，逐步建立个体工商户管理信息系统。

第二十六条 工商行政管理部门以及其他有关部门的工作人员，滥用职权、徇私舞弊、收受贿赂或者侵害个体工商户合法权益的，依法给予处分；构成犯罪的，依法追究刑事责任。

第二十七条 香港特别行政区、澳门特别行政区永久性居民中的中国公民，台湾地区居民可以按照国家有关规定，申请登记为个体工商户。

第二十八条 个体工商户申请转变为企业组织形式，符合法定条件的，登记机关和有关行政机关应当为其提供便利。

第二十九条 无固定经营场所摊贩的管理办法，由省、自治区、直辖市人民政府根据当地实际情况规定。

第三十条 本条例自2011年11月1日起施行。1987年8月5日国务院发布的《城乡个体工商户管理暂行条例》同时废止。

中华人民共和国招标投标法实施条例

中华人民共和国国务院令 第613号

二〇一一年十二月二十日

第一章 总　　则

第一条 为了规范招标投标活动，根据《中华人民共和国招标投标法》（以下简称招标投标法），制定本条例。

第二条 招标投标法第三条所称工程建设项目，是指工程以及与工程建设有关的货物、服务。

前款所称工程，是指建设工程，包括建筑物和构筑物的新建、改建、扩建及其相关的装修、拆除、修缮等；所称与工程建设有关的货物，是指构成工程不可分割的组成部分，且为实现工程基本功能所必需的设备、材料等；所称与工程建设有关的服务，是指为完成工程所需的勘察、设计、监理等服务。

第三条 依法必须进行招标的工程建设项目的具体范围和规模标准，由国务院发展改革部门会同国务院有关部门制订，报国务院批准后公布施行。

第四条 国务院发展改革部门指导和协调全国招标投标工作，对国家重大建设项目的工程招标投标活动实施监督检查。国务院工业和信息化、住房城乡建设、交通运输、铁道、水利、商务等部门，按照规定的职责分工对有关招标投标活动实施监督。

县级以上地方人民政府发展改革部门指导和协调本行政区域的招标投标工作。县级以上地方人民政府有关部门按照规定的职责分工，对招标投标活动实施监督，依法查处招标投标活动中的违法行为。县级以上地方人民政府对其所属部门有关招标投标活动的监督职责分工另有规定的，从其规定。

财政部门依法对实行招标投标的政府采购工程建设项目的预算执行情况和政府采购政策执行情况实施监督。

监察机关依法对与招标投标活动有关的监察对象实施监察。

第五条 设区的市级以上地方人民政府可以根据实际需要，建立统一规范的招标投标交易场所，为招标投标活动提供服务。招标投标交易场所不得与行政监督部门存在隶属关系，不得以营利为目的。

国家鼓励利用信息网络进行电子招标投标。

第六条 禁止国家工作人员以任何方式非法干涉招标投标活动。

第二章 招　　标

第七条 按照国家有关规定需要履行项目审批、核准手续的依法必须进行招标的项目，其招标范围、招标方式、招标组织形式应当报项目审批、核准部门审批、核准。项目审批、核准部门应当及时将审批、核准确定的招标范围、招标方式、招标组织形式通报有关行政监督部门。

第八条 国有资金占控股或者主导地位的依法必须进行招标的项目，应当公开招标；但有下列情形之一的，可以邀请招标：

（一）技术复杂、有特殊要求或者受自然环境限制，只有少量潜在投标人可供选择；

（二）采用公开招标方式的费用占项目合同金额的比例过大。

有前款第二项所列情形，属于本条例第七条规定的项目，由项目审批、核准部门在审批、核准项目时作出认定；其他项目由招标人申请有关行政监督部门作出认定。

第九条 除招标投标法第六十六条规定的可以不进

行招标的特殊情况外，有下列情形之一的，可以不进行招标：

（一）需要采用不可替代的专利或者专有技术；

（二）采购人依法能够自行建设、生产或者提供；

（三）已通过招标方式选定的特许经营项目投资人依法能够自行建设、生产或者提供；

（四）需要向原中标人采购工程、货物或者服务，否则将影响施工或者功能配套要求；

（五）国家规定的其他特殊情形。

招标人为适用前款规定弄虚作假的，属于招标投标法第四条规定的规避招标。

第十条 招标投标法第十二条第二款规定的招标人具有编制招标文件和组织评标能力，是指招标人具有与招标项目规模和复杂程度相适应的技术、经济等方面的专业人员。

第十一条 招标代理机构的资格依照法律和国务院的规定由有关部门认定。

国务院住房城乡建设、商务、发展改革、工业和信息化等部门，按照规定的职责分工对招标代理机构依法实施监督管理。

第十二条 招标代理机构应当拥有一定数量的取得招标职业资格的专业人员。取得招标职业资格的具体办法由国务院人力资源社会保障部门会同国务院发展改革部门制定。

第十三条 招标代理机构在其资格许可和招标人委托的范围内开展招标代理业务，任何单位和个人不得非法干涉。

招标代理机构代理招标业务，应当遵守招标投标法和本条例关于招标人的规定。招标代理机构不得在所代理的招标项目中投标或者代理投标，也不得为所代理的招标项目的投标人提供咨询。

招标代理机构不得涂改、出租、出借、转让资格证书。

第十四条 招标人应当与被委托的招标代理机构签订书面委托合同，合同约定的收费标准应当符合国家有关规定。

第十五条 公开招标的项目，应当依照招标投标法和本条例的规定发布招标公告、编制招标文件。

招标人采用资格预审办法对潜在投标人进行资格审查的，应当发布资格预审公告、编制资格预审文件。

依法必须进行招标的项目的资格预审公告和招标公告，应当在国务院发展改革部门依法指定的媒介发布。在不同媒介发布的同一招标项目的资格预审公告或者招标公告的内容应当一致。指定媒介发布依法必须进行招标的项目的境内资格预审公告、招标公告，不得收取费用。

编制依法必须进行招标的项目的资格预审文件和招标文件，应当使用国务院发展改革部门会同有关行政监督部门制定的标准文本。

第十六条 招标人应当按照资格预审公告、招标公告或者投标邀请书规定的时间、地点发售资格预审文件或者招标文件。资格预审文件或者招标文件的发售期不得少于5日。

招标人发售资格预审文件、招标文件收取的费用应当限于补偿印刷、邮寄的成本支出，不得以营利为目的。

第十七条 招标人应当合理确定提交资格预审申请文件的时间。依法必须进行招标的项目提交资格预审申请文件的时间，自资格预审文件停止发售之日起不得少于5日。

第十八条 资格预审应当按照资格预审文件载明的标准和方法进行。

国有资金占控股或者主导地位的依法必须进行招标的项目，招标人应当组建资格审查委员会审查资格预审申请文件。资格审查委员会及其成员应当遵守招标投标法和本条例有关评标委员会及其成员的规定。

第十九条 资格预审结束后，招标人应当及时向资格预审申请人发出资格预审结果通知书。未通过资格预审的申请人不具有投标资格。

通过资格预审的申请人少于3个的，应当重新招标。

第二十条 招标人采用资格后审办法对投标人进行资格审查的，应当在开标后由评标委员会按照招标文件规定的标准和方法对投标人的资格进行审查。

第二十一条 招标人可以对已发出的资格预审文件或者招标文件进行必要的澄清或者修改。澄清或者修改的内容可能影响资格预审申请文件或者投标文件编制的，招标人应当在提交资格预审申请文件截止时间至少3日前，或者投标截止时间至少15日前，以书面形式通知所有获取资格预审文件或者招标文件的潜在投标人；不足3日或者15日的，招标人应当顺延提交资格预审申请文件或者投标文件的截止时间。

第二十二条 潜在投标人或者其他利害关系人对资格预审文件有异议的，应当在提交资格预审申请文件截止时间2日前提出；对招标文件有异议的，应当在投标截止时间10日前提出。招标人应当自收到异议之日起3日内作出答复；作出答复前，应当暂停招标投标活动。

第二十三条 招标人编制的资格预审文件、招标文件的内容违反法律、行政法规的强制性规定，违反公开、公平、公正和诚实信用原则，影响资格预审结果或者潜在投标人投标的，依法必须进行招标的项目的招标人应当在修改资格预审文件或者招标文件后重新招标。

第二十四条 招标人对招标项目划分标段的，应当遵守招标投标法的有关规定，不得利用划分标段限制或者排斥潜在投标人。依法必须进行招标的项目的招标人不得利用划分标段规避招标。

第二十五条 招标人应当在招标文件中载明投标有效期。投标有效期从提交投标文件的截止之日起算。

第二十六条 招标人在招标文件中要求投标人提交投标保证金的，投标保证金不得超过招标项目估算价的2%。投标保证金有效期应当与投标有效期一致。

依法必须进行招标的项目的境内投标单位，以现金或者支票形式提交的投标保证金应当从其基本账户转出。

招标人不得挪用投标保证金。

第二十七条 招标人可以自行决定是否编制标底。一个招标项目只能有一个标底。标底必须保密。

接受委托编制标底的中介机构不得参加受托编制标底项目的投标，也不得为该项目的投标人编制投标文件或者提供咨询。

招标人设有最高投标限价的，应当在招标文件中明确最高投标限价或者最高投标限价的计算方法。招标人不得规定最低投标限价。

第二十八条 招标人不得组织单个或者部分潜在投标人踏勘项目现场。

第二十九条 招标人可以依法对工程以及与工程建设有关的货物、服务全部或者部分实行总承包招标。以暂估价形式包括在总承包范围内的工程、货物、服务属于依法必须进行招标的项目范围且达到国家规定规模标准的，应当依法进行招标。

前款所称暂估价，是指总承包招标时不能确定价格而由招标人在招标文件中暂时估定的工程、货物、服务的金额。

第三十条 对技术复杂或者无法精确拟定技术规格的项目，招标人可以分两阶段进行招标。

第一阶段，投标人按照招标公告或者投标邀请书的要求提交不带报价的技术建议，招标人根据投标人提交的技术建议确定技术标准和要求，编制招标文件。

第二阶段，招标人向在第一阶段提交技术建议的投标人提供招标文件，投标人按照招标文件的要求提交包括最终技术方案和投标报价的投标文件。

招标人要求投标人提交投标保证金的，应当在第二阶段提出。

第三十一条 招标人终止招标的，应当及时发布公告，或者以书面形式通知被邀请的或者已经获取资格预审文件、招标文件的潜在投标人。已经发售资格预审文件、招标文件或者已经收取投标保证金的，招标人应当及时退还所收取的资格预审文件、招标文件的费用，以及所收取的投标保证金及银行同期存款利息。

第三十二条 招标人不得以不合理的条件限制、排斥潜在投标人或者投标人。

招标人有下列行为之一的，属于以不合理条件限制、排斥潜在投标人或者投标人：

（一）就同一招标项目向潜在投标人或者投标人提供有差别的项目信息；

（二）设定的资格、技术、商务条件与招标项目的具体特点和实际需要不相适应或者与合同履行无关；

（三）依法必须进行招标的项目以特定行政区域或者特定行业的业绩、奖项作为加分条件或者中标条件；

（四）对潜在投标人或者投标人采取不同的资格审查或者评标标准；

（五）限定或者指定特定的专利、商标、品牌、原产地或者供应商；

（六）依法必须进行招标的项目非法限定潜在投标人或者投标人的所有制形式或者组织形式；

（七）以其他不合理条件限制、排斥潜在投标人或者投标人。

第三章 投 标

第三十三条 投标人参加依法必须进行招标的项目的投标，不受地区或者部门的限制，任何单位和个人不得非法干涉。

第三十四条 与招标人存在利害关系可能影响招标公正性的法人、其他组织或者个人，不得参加投标。

单位负责人为同一人或者存在控股、管理关系的不同单位，不得参加同一标段投标或者未划分标段的同一招标项目投标。

违反前两款规定的，相关投标均无效。

第三十五条 投标人撤回已提交的投标文件，应当在投标截止时间前书面通知招标人。招标人已收取投标保证金的，应当自收到投标人书面撤回通知之日起5日内退还。

投标截止后投标人撤销投标文件的，招标人可以不退还投标保证金。

第三十六条 未通过资格预审的申请人提交的投标文件，以及逾期送达或者不按照招标文件要求密封的投标文件，招标人应当拒收。

招标人应当如实记载投标文件的送达时间和密封情况，并存档备查。

第三十七条 招标人应当在资格预审公告、招标公告或者投标邀请书中载明是否接受联合体投标。

招标人接受联合体投标并进行资格预审的，联合体应当在提交资格预审申请文件前组成。资格预审后联合体增减、更换成员的，其投标无效。

联合体各方在同一招标项目中以自己名义单独投标或者参加其他联合体投标的，相关投标均无效。

第三十八条 投标人发生合并、分立、破产等重大变化的，应当及时书面告知招标人。投标人不再具备资格预审文件、招标文件规定的资格条件或者其投标影响招标公正性的，其投标无效。

第三十九条 禁止投标人相互串通投标。

有下列情形之一的，属于投标人相互串通投标：

（一）投标人之间协商投标报价等投标文件的实质性内容；

（二）投标人之间约定中标人；

（三）投标人之间约定部分投标人放弃投标或者中标；

（四）属于同一集团、协会、商会等组织成员的投标人按照该组织要求协同投标；

（五）投标人之间为谋取中标或者排斥特定投标人而采取的其他联合行动。

第四十条 有下列情形之一的，视为投标人相互串通投标：

（一）不同投标人的投标文件由同一单位或者个人编制；

（二）不同投标人委托同一单位或者个人办理投标事宜；

（三）不同投标人的投标文件载明的项目管理成员为同一人；

（四）不同投标人的投标文件异常一致或者投标报价呈规律性差异；

（五）不同投标人的投标文件相互混装；

（六）不同投标人的投标保证金从同一单位或者个人的账户转出。

第四十一条 禁止招标人与投标人串通投标。

有下列情形之一的，属于招标人与投标人串通投标：

（一）招标人在开标前开启投标文件并将有关信息泄露给其他投标人；

（二）招标人直接或者间接向投标人泄露标底、评标委员会成员等信息；

（三）招标人明示或者暗示投标人压低或者抬高投标报价；

（四）招标人授意投标人撤换、修改投标文件；

（五）招标人明示或者暗示投标人为特定投标人中标提供方便；

（六）招标人与投标人为谋求特定投标人中标而采取的其他串通行为。

第四十二条 使用通过受让或者租借等方式获取的资格、资质证书投标的，属于招标投标法第三十三条规定的以他人名义投标。

投标人有下列情形之一的，属于招标投标法第三十三条规定的以其他方式弄虚作假的行为：

（一）使用伪造、变造的许可证件；

（二）提供虚假的财务状况或者业绩；

（三）提供虚假的项目负责人或者主要技术人员简历、劳动关系证明；

（四）提供虚假的信用状况；

（五）其他弄虚作假的行为。

第四十三条 提交资格预审申请文件的申请人应当遵守招标投标法和本条例有关投标人的规定。

第四章　开标、评标和中标

第四十四条 招标人应当按照招标文件规定的时间、地点开标。

投标人少于3个的，不得开标；招标人应当重新招标。

投标人对开标有异议的，应当在开标现场提出，招标人应当当场作出答复，并制作记录。

第四十五条　国家实行统一的评标专家专业分类标准和管理办法。具体标准和办法由国务院发展改革部门会同国务院有关部门制定。

省级人民政府和国务院有关部门应当组建综合评标专家库。

第四十六条　除招标投标法第三十七条第三款规定的特殊招标项目外，依法必须进行招标的项目，其评标委员会的专家成员应当从评标专家库内相关专业的专家名单中以随机抽取方式确定。任何单位和个人不得以明示、暗示等任何方式指定或者变相指定参加评标委员会的专家成员。

依法必须进行招标的项目的招标人非因招标投标法和本条例规定的事由，不得更换依法确定的评标委员会成员。更换评标委员会的专家成员应当依照前款规定进行。

评标委员会成员与投标人有利害关系的，应当主动回避。

有关行政监督部门应当按照规定的职责分工，对评标委员会成员的确定方式、评标专家的抽取和评标活动进行监督。行政监督部门的工作人员不得担任本部门负责监督项目的评标委员会成员。

第四十七条　招标投标法第三十七条第三款所称特殊招标项目，是指技术复杂、专业性强或者国家有特殊要求，采取随机抽取方式确定的专家难以保证胜任评标工作的项目。

第四十八条　招标人应当向评标委员会提供评标所必需的信息，但不得明示或者暗示其倾向或者排斥特定投标人。

招标人应当根据项目规模和技术复杂程度等因素合理确定评标时间。超过三分之一的评标委员会成员认为评标时间不够的，招标人应当适当延长。

评标过程中，评标委员会成员有回避事由、擅离职守或者因健康等原因不能继续评标的，应当及时更换。被更换的评标委员会成员作出的评审结论无效，由更换后的评标委员会成员重新进行评审。

第四十九条　评标委员会成员应当依照招标投标法和本条例的规定，按照招标文件规定的评标标准和方法，客观、公正地对投标文件提出评审意见。招标文件没有规定的评标标准和方法不得作为评标的依据。

评标委员会成员不得私下接触投标人，不得收受投标人给予的财物或者其他好处，不得向招标人征询确定中标人的意向，不得接受任何单位或者个人明示或者暗示提出的倾向或者排斥特定投标人的要求，不得有其他不客观、不公正履行职务的行为。

第五十条　招标项目设有标底的，招标人应当在开标时公布。标底只能作为评标的参考，不得以投标报价是否接近标底作为中标条件，也不得以投标报价超过标底上下浮动范围作为否决投标的条件。

第五十一条　有下列情形之一的，评标委员会应当否决其投标：

（一）投标文件未经投标单位盖章和单位负责人签字；

（二）投标联合体没有提交共同投标协议；

（三）投标人不符合国家或者招标文件规定的资格条件；

（四）同一投标人提交两个以上不同的投标文件或者投标报价，但招标文件要求提交备选投标的除外；

（五）投标报价低于成本或者高于招标文件设定的最高投标限价；

（六）投标文件没有对招标文件的实质性要求和条件作出响应；

（七）投标人有串通投标、弄虚作假、行贿等违法行为。

第五十二条　投标文件中有含义不明确的内容、明显文字或者计算错误，评标委员会认为需要投标人作出必要澄清、说明的，应当书面通知该投标人。投标人的澄清、说明应当采用书面形式，并不得超出投标文件的范围或者改变投标文件的实质性内容。

评标委员会不得暗示或者诱导投标人作出澄清、说明，不得接受投标人主动提出的澄清、说明。

第五十三条　评标完成后，评标委员会应当向招标人提交书面评标报告和中标候选人名单。中标候选人应当不超过3个，并标明排序。

评标报告应当由评标委员会全体成员签字。对评标结果有不同意见的评标委员会成员应当以书面形式说明其不同意见和理由，评标报告应当注明该不同意见。评标委员会成员拒绝在评标报告上签字又不书面说明其不同意见和理由的，视为同意评标结果。

第五十四条　依法必须进行招标的项目，招标人应当自收到评标报告之日起3日内公示中标候选人，公示期不得少于3日。

投标人或者其他利害关系人对依法必须进行招标的项目的评标结果有异议的，应当在中标候选人公示期间提出。招标人应当自收到异议之日起3日内作出答复；作出答复前，应当暂停招标投标活动。

第五十五条 国有资金占控股或者主导地位的依法必须进行招标的项目，招标人应当确定排名第一的中标候选人为中标人。排名第一的中标候选人放弃中标、因不可抗力不能履行合同、不按照招标文件要求提交履约保证金，或者被查实存在影响中标结果的违法行为等情形，不符合中标条件的，招标人可以按照评标委员会提出的中标候选人名单排序依次确定其他中标候选人为中标人，也可以重新招标。

第五十六条 中标候选人的经营、财务状况发生较大变化或者存在违法行为，招标人认为可能影响其履约能力的，应当在发出中标通知书前由原评标委员会按照招标文件规定的标准和方法审查确认。

第五十七条 招标人和中标人应当依照招标投标法和本条例的规定签订书面合同，合同的标的、价款、质量、履行期限等主要条款应当与招标文件和中标人的投标文件的内容一致。招标人和中标人不得再行订立背离合同实质性内容的其他协议。

招标人最迟应当在书面合同签订后5日内向中标人和未中标的投标人退还投标保证金及银行同期存款利息。

第五十八条 招标文件要求中标人提交履约保证金的，中标人应当按照招标文件的要求提交。履约保证金不得超过中标合同金额的10%。

第五十九条 中标人应当按照合同约定履行义务，完成中标项目。中标人不得向他人转让中标项目，也不得将中标项目肢解后分别向他人转让。

中标人按照合同约定或者经招标人同意，可以将中标项目的部分非主体、非关键性工作分包给他人完成。接受分包的人应当具备相应的资格条件，并不得再次分包。

中标人应当就分包项目向招标人负责，接受分包的人就分包项目承担连带责任。

第五章 投诉与处理

第六十条 投标人或者其他利害关系人认为招标投标活动不符合法律、行政法规规定的，可以自知道或者应当知道之日起10日内向有关行政监督部门投诉。投诉应当有明确的请求和必要的证明材料。

就本条例第二十二条、第四十四条、第五十四条规定事项投诉的，应当先向招标人提出异议，异议答复期间不计算在前款规定的期限内。

第六十一条 投诉人就同一事项向两个以上有权受理的行政监督部门投诉的，由最先收到投诉的行政监督部门负责处理。

行政监督部门应当自收到投诉之日起3个工作日内决定是否受理投诉，并自受理投诉之日起30个工作日内作出书面处理决定；需要检验、检测、鉴定、专家评审的，所需时间不计算在内。

投诉人捏造事实、伪造材料或者以非法手段取得证明材料进行投诉的，行政监督部门应当予以驳回。

第六十二条 行政监督部门处理投诉，有权查阅、复制有关文件、资料，调查有关情况，相关单位和人员应当予以配合。必要时，行政监督部门可以责令暂停招标投标活动。

行政监督部门的工作人员对监督检查过程中知悉的国家秘密、商业秘密，应当依法予以保密。

第六章 法律责任

第六十三条 招标人有下列限制或者排斥潜在投标人行为之一的，由有关行政监督部门依照招标投标法第五十一条的规定处罚：

（一）依法应当公开招标的项目不按照规定在指定媒介发布资格预审公告或者招标公告；

（二）在不同媒介发布的同一招标项目的资格预审公告或者招标公告的内容不一致，影响潜在投标人申请资格预审或者投标。

依法必须进行招标的项目的招标人不按照规定发布资格预审公告或者招标公告，构成规避招标的，依照招标投标法第四十九条的规定处罚。

第六十四条 招标人有下列情形之一的，由有关行政监督部门责令改正，可以处10万元以下的罚款：

（一）依法应当公开招标而采用邀请招标；

（二）招标文件、资格预审文件的发售、澄清、修改的时限，或者确定的提交资格预审申请文件、投标文件的时限不符合招标投标法和本条例规定；

（三）接受未通过资格预审的单位或者个人参加投标；

（四）接受应当拒收的投标文件。

招标人有前款第一项、第三项、第四项所列行为之一的，对单位直接负责的主管人员和其他直接责任人员依法给予处分。

第六十五条 招标代理机构在所代理的招标项目中投标、代理投标或者向该项目投标人提供咨询的，接受委托编制标底的中介机构参加受托编制标底项目的投标或者为该项目的投标人编制投标文件、提供咨询的，依照招标投标法第五十条的规定追究法律责任。

第六十六条 招标人超过本条例规定的比例收取投标保证金、履约保证金或者不按照规定退还投标保证金及银行同期存款利息的，由有关行政监督部门责令改正，可以处5万元以下的罚款；给他人造成损失的，依法承担赔偿责任。

第六十七条 投标人相互串通投标或者与招标人串通投标的，投标人向招标人或者评标委员会成员行贿谋取中标的，中标无效；构成犯罪的，依法追究刑事责任；尚不构成犯罪的，依照招标投标法第五十三条的规定处罚。投标人未中标的，对单位的罚款金额按照招标项目合同金额依照招标投标法规定的比例计算。

投标人有下列行为之一的，属于招标投标法第五十三条规定的情节严重行为，由有关行政监督部门取消其1年至2年内参加依法必须进行招标的项目的投标资格：

（一）以行贿谋取中标；

（二）3年内2次以上串通投标；

（三）串通投标行为损害招标人、其他投标人或者国家、集体、公民的合法利益，造成直接经济损失30万元以上；

（四）其他串通投标情节严重的行为。

投标人自本条第二款规定的处罚执行期限届满之日起3年内又有该款所列违法行为之一的，或者串通投标、以行贿谋取中标情节特别严重的，由工商行政管理机关吊销营业执照。

法律、行政法规对串通投标报价行为的处罚另有规定的，从其规定。

第六十八条 投标人以他人名义投标或者以其他方式弄虚作假骗取中标的，中标无效；构成犯罪的，依法追究刑事责任；尚不构成犯罪的，依照招标投标法第五十四条的规定处罚。依法必须进行招标的项目的投标人未中标的，对单位的罚款金额按照招标项目合同金额依照招标投标法规定的比例计算。

投标人有下列行为之一的，属于招标投标法第五十四条规定的情节严重行为，由有关行政监督部门取消其1年至3年内参加依法必须进行招标的项目的投标资格：

（一）伪造、变造资格、资质证书或者其他许可证件骗取中标；

（二）3年内2次以上使用他人名义投标；

（三）弄虚作假骗取中标给招标人造成直接经济损失30万元以上；

（四）其他弄虚作假骗取中标情节严重的行为。

投标人自本条第二款规定的处罚执行期限届满之日起3年内又有该款所列违法行为之一的，或者弄虚作假骗取中标情节特别严重的，由工商行政管理机关吊销营业执照。

第六十九条 出让或者出租资格、资质证书供他人投标的，依照法律、行政法规的规定给予行政处罚；构成犯罪的，依法追究刑事责任。

第七十条 依法必须进行招标的项目的招标人不按照规定组建评标委员会，或者确定、更换评标委员会成员违反招标投标法和本条例规定的，由有关行政监督部门责令改正，可以处10万元以下的罚款，对单位直接负责的主管人员和其他直接责任人员依法给予处分；违法确定或者更换的评标委员会成员作出的评审结论无效，依法重新进行评审。

国家工作人员以任何方式非法干涉选取评标委员会成员的，依照本条例第八十一条的规定追究法律责任。

第七十一条 评标委员会成员有下列行为之一的，由有关行政监督部门责令改正；情节严重的，禁止其在一定期限内参加依法必须进行招标的项目的评标；情节特别严重的，取消其担任评标委员会成员的资格：

（一）应当回避而不回避；

（二）擅离职守；

（三）不按照招标文件规定的评标标准和方法评标；

（四）私下接触投标人；

（五）向招标人征询确定中标人的意向或者接受任何单位或者个人明示或者暗示提出的倾向或者排斥特定投标人的要求；

（六）对依法应当否决的投标不提出否决意见；

（七）暗示或者诱导投标人作出澄清、说明或者接受投标人主动提出的澄清、说明；

（八）其他不客观、不公正履行职务的行为。

第七十二条 评标委员会成员收受投标人的财物或者其他好处的，没收收受的财物，处3000元以上5万元以下的罚款，取消担任评标委员会成员的资格，不得再参加依法必须进行招标的项目的评标；构成犯罪的，依法追究刑事责任。

第七十三条 依法必须进行招标的项目的招标人有下列情形之一的，由有关行政监督部门责令改正，可以处中标项目金额10‰以下的罚款；给他人造成损失的，依法承担赔偿责任；对单位直接负责的主管人员和其他直接责任人员依法给予处分：

（一）无正当理由不发出中标通知书；

（二）不按照规定确定中标人；

（三）中标通知书发出后无正当理由改变中标结果；

（四）无正当理由不与中标人订立合同；

（五）在订立合同时向中标人提出附加条件。

第七十四条 中标人无正当理由不与招标人订立合同，在签订合同时向招标人提出附加条件，或者不按照招标文件要求提交履约保证金的，取消其中标资格，投标保证金不予退还。对依法必须进行招标的项目的中标人，由有关行政监督部门责令改正，可以处中标项目金额10‰以下的罚款。

第七十五条 招标人和中标人不按照招标文件和中标人的投标文件订立合同，合同的主要条款与招标文件、中标人的投标文件的内容不一致，或者招标人、中标人订立背离合同实质性内容的协议的，由有关行政监督部门责令改正，可以处中标项目金额5‰以上10‰以下的罚款。

第七十六条 中标人将中标项目转让给他人的，将中标项目肢解后分别转让给他人的，违反招标投标法和本条例规定将中标项目的部分主体、关键性工作分包给他人的，或者分包人再次分包的，转让、分包无效，处转让、分包项目金额5‰以上10‰以下的罚款；有违法所得的，并处没收违法所得；可以责令停业整顿；情节严重的，由工商行政管理机关吊销营业执照。

第七十七条 投标人或者其他利害关系人捏造事实、伪造材料或者以非法手段取得证明材料进行投诉，给他人造成损失的，依法承担赔偿责任。

招标人不按照规定对异议作出答复，继续进行招标投标活动的，由有关行政监督部门责令改正，拒不改正或者不能改正并影响中标结果的，依照本条例第八十二条的规定处理。

第七十八条 取得招标职业资格的专业人员违反国家有关规定办理招标业务的，责令改正，给予警告；情节严重的，暂停一定期限内从事招标业务；情节特别严重的，取消招标职业资格。

第七十九条 国家建立招标投标信用制度。有关行政监督部门应当依法公告对招标人、招标代理机构、投标人、评标委员会成员等当事人违法行为的行政处理决定。

第八十条 项目审批、核准部门不依法审批、核准项目招标范围、招标方式、招标组织形式的，对单位直接负责的主管人员和其他直接责任人员依法给予处分。

有关行政监督部门不依法履行职责，对违反招标投标法和本条例规定的行为不依法查处，或者不按照规定处理投诉、不依法公告对招标投标当事人违法行为的行政处理决定的，对直接负责的主管人员和其他直接责任人员依法给予处分。

项目审批、核准部门和有关行政监督部门的工作人员徇私舞弊、滥用职权、玩忽职守，构成犯罪的，依法追究刑事责任。

第八十一条 国家工作人员利用职务便利，以直接或者间接、明示或者暗示等任何方式非法干涉招标投标活动，有下列情形之一的，依法给予记过或者记大过处分；情节严重的，依法给予降级或者撤职处分；情节特别严重的，依法给予开除处分；构成犯罪的，依法追究刑事责任：

（一）要求对依法必须进行招标的项目不招标，或者要求对依法应当公开招标的项目不公开招标；

（二）要求评标委员会成员或者招标人以其指定的投标人作为中标候选人或者中标人，或者以其他方式非法干涉评标活动，影响中标结果；

（三）以其他方式非法干涉招标投标活动。

第八十二条 依法必须进行招标的项目的招标投标活动违反招标投标法和本条例的规定，对中标结果造成实质性影响，且不能采取补救措施予以纠正的，招标、投标、中标无效，应当依法重新招标或者评标。

第七章 附 则

第八十三条 招标投标协会按照依法制定的章程开展活动，加强行业自律和服务。

第八十四条 政府采购的法律、行政法规对政府采购货物、服务的招标投标另有规定的，从其规定。

第八十五条 本条例自2012年2月1日起施行。

部门法规

企业年金基金管理办法

第一章　总　　则

第一条　为维护企业年金各方当事人的合法权益，规范企业年金基金管理，根据劳动法、信托法、合同法、证券投资基金法等法律和国务院有关规定，制定本办法。

第二条　企业年金基金的受托管理、账户管理、托管、投资管理以及监督管理适用本办法。

本办法所称企业年金基金，是指根据依法制定的企业年金计划筹集的资金及其投资运营收益形成的企业补充养老保险基金。

第三条　建立企业年金计划的企业及其职工作为委托人，与企业年金理事会或者法人受托机构（以下简称受托人）签订受托管理合同。

受托人与企业年金基金账户管理机构（以下简称账户管理人）、企业年金基金托管机构（以下简称托管人）和企业年金基金投资管理机构（以下简称投资管理人）分别签订委托管理合同。

第四条　受托人应当将受托管理合同和委托管理合同报人力资源社会保障行政部门备案。

第五条　一个企业年金计划应当仅有一个受托人、一个账户管理人和一个托管人，可以根据资产规模大小选择适量的投资管理人。

第六条　同一企业年金计划中，受托人与托管人、托管人与投资管理人不得为同一人；建立企业年金计划的企业成立企业年金理事会作为受托人的，该企业与托管人不得为同一人；受托人与托管人、托管人与投资管理人、投资管理人与其他投资管理人的总经理和企业年金从业人员，不得相互兼任。

同一企业年金计划中，法人受托机构具备账户管理或者投资管理业务资格的，可以兼任账户管理人或者投资管理人。

第七条　法人受托机构兼任投资管理人时，应当建立风险控制制度，确保各项业务管理之间的独立性；设立独立的受托业务和投资业务部门，办公区域、运营管理流程和业务制度应当严格分离；直接负责的高级管理人员、受托业务和投资业务部门的工作人员不得相互兼任。

同一企业年金计划中，法人受托机构对待各投资管理人应当执行统一的标准和流程，体现公开、公平、公正原则。

第八条　企业年金基金缴费必须归集到受托财产托管账户，并在45日内划入投资资产托管账户。企业年金基金财产独立于委托人、受托人、账户管理人、托管人、投资管理人和其他为企业年金基金管理提供服务的自然人、法人或者其他组织的固有财产及其管理的其他财产。

企业年金基金财产的管理、运用或者其他情形取得的财产和收益，应当归入基金财产。

第九条　委托人、受托人、账户管理人、托管人、投资管理人和其他为企业年金基金管理提供服务的自然人、法人或者其他组织，因依法解散、被依法撤销或者被依法宣告破产等原因进行终止清算的，企业年金基金财产不属于其清算财产。

第十条　企业年金基金财产的债权，不得与委托人、受托人、账户管理人、托管人、投资管理人和其他为企业年金基金管理提供服务的自然人、法人或者其他组织固有财产的债务相互抵销。不同企业年金计划的企业年金基金的债权债务，不得相互抵销。

第十一条 非因企业年金基金财产本身承担的债务，不得对基金财产强制执行。

第十二条 受托人、账户管理人、托管人、投资管理人和其他为企业年金基金管理提供服务的自然人、法人或者其他组织必须恪尽职守，履行诚实、信用、谨慎、勤勉的义务。

第十三条 人力资源社会保障部负责制定企业年金基金管理的有关政策。人力资源社会保障行政部门对企业年金基金管理进行监管。

第二章 受托人

第十四条 本办法所称受托人，是指受托管理企业年金基金的符合国家规定的养老金管理公司等法人受托机构（以下简称法人受托机构）或者企业年金理事会。

第十五条 建立企业年金计划的企业，应当通过职工大会或者职工代表大会讨论确定，选择法人受托机构作为受托人，或者成立企业年金理事会作为受托人。

第十六条 企业年金理事会由企业代表和职工代表等人员组成，也可以聘请企业以外的专业人员参加，其中职工代表不少于1/3。理事会应当配备一定数量的专职工作人员。

第十七条 企业年金理事会中的职工代表和企业以外的专业人员由职工大会、职工代表大会或者其他形式民主选举产生。企业代表由企业方聘任。

理事任期由企业年金理事会章程规定，但每届任期不得超过3年。理事任期届满，连选可以连任。

第十八条 企业年金理事会理事应当具备下列条件：

（一）具有完全民事行为能力；

（二）诚实守信，无犯罪记录；

（三）具有从事法律、金融、会计、社会保障或者其他履行企业年金理事会理事职责所必需的专业知识；

（四）具有决策能力；

（五）无个人所负数额较大的债务到期未清偿情形。

第十九条 企业年金理事会依法独立管理本企业的企业年金基金事务，不受企业方的干预，不得从事任何形式的营业性活动，不得从企业年金基金财产中提取管理费用。

第二十条 企业年金理事会会议，应当由理事本人出席；理事因故不能出席，可以书面委托其他理事代为出席，委托书中应当载明授权范围。

理事会作出决议，应当经全体理事2/3以上通过。理事会应当对会议所议事项的决定形成会议记录，出席会议的理事应当在会议记录上签名。

第二十一条 理事应当对企业年金理事会的决议承担责任。理事会的决议违反法律、行政法规、本办法规定或者理事会章程，致使企业年金基金财产遭受损失的，理事应当承担赔偿责任。但经证明在表决时曾表明异议并记载于会议记录的，该理事可以免除责任。

企业年金理事会对外签订合同，应当由全体理事签字。

第二十二条 法人受托机构应当具备下列条件：

（一）经国家金融监管部门批准，在中国境内注册的独立法人；

（二）注册资本不少于5亿元人民币，且在任何时候都维持不少于5亿元人民币的净资产；

（三）具有完善的法人治理结构；

（四）取得企业年金基金从业资格的专职人员达到规定人数；

（五）具有符合要求的营业场所、安全防范设施和与企业年金基金受托管理业务有关的其他设施；

（六）具有完善的内部稽核监控制度和风险控制制度；

（七）近3年没有重大违法违规行为；

（八）国家规定的其他条件。

第二十三条 受托人应当履行下列职责：

（一）选择、监督、更换账户管理人、托管人、投资管理人。

（二）制定企业年金基金战略资产配置策略。

（三）根据合同对企业年金基金管理进行监督。

（四）根据合同收取企业和职工缴费，向受益人支付企业年金待遇，并在合同中约定具体的履行方式。

（五）接受委托人查询，定期向委托人提交企业年金基金管理和财务会计报告。发生重大事件时，及时向委托人和有关监管部门报告；定期向有关监管部门提交开展企业年金基金受托管理业务情况的报告。

（六）按照国家规定保存与企业年金基金管理有关的记录自合同终止之日起至少15年。

（七）国家规定和合同约定的其他职责。

第二十四条 本办法所称受益人，是指参加企业年金计划并享有受益权的企业职工。

第二十五条　有下列情形之一的，法人受托机构职责终止：

（一）违反与委托人合同约定的；

（二）利用企业年金基金财产为其谋取利益，或者为他人谋取不正当利益的；

（三）依法解散、被依法撤销、被依法宣告破产或者被依法接管的；

（四）被依法取消企业年金基金受托管理业务资格的；

（五）委托人有证据认为更换受托人符合受益人利益的；

（六）有关监管部门有充分理由和依据认为更换受托人符合受益人利益的；

（七）国家规定和合同约定的其他情形。

企业年金理事会有前款第（二）项规定情形的，企业年金理事会职责终止，由委托人选择法人受托机构担任受托人。企业年金理事会有第（一）、（三）至（七）项规定情形之一的，应当按照国家规定重新组成，或者由委托人选择法人受托机构担任受托人。

第二十六条　受托人职责终止的，委托人应当在45日内委任新的受托人。

受托人职责终止的，应当妥善保管企业年金基金受托管理资料，在45日内办理完毕受托管理业务移交手续，新受托人应当接收并行使相应职责。

第三章　账户管理人

第二十七条　本办法所称账户管理人，是指接受受托人委托管理企业年金基金账户的专业机构。

第二十八条　账户管理人应当具备下列条件：

（一）经国家有关部门批准，在中国境内注册的独立法人；

（二）注册资本不少于5亿元人民币，且在任何时候都维持不少于5亿元人民币的净资产；

（三）具有完善的法人治理结构；

（四）取得企业年金基金从业资格的专职人员达到规定人数；

（五）具有相应的企业年金基金账户信息管理系统；

（六）具有符合要求的营业场所、安全防范设施和与企业年金基金账户管理业务有关的其他设施；

（七）具有完善的内部稽核监控制度和风险控制制度；

（八）近3年没有重大违法违规行为；

（九）国家规定的其他条件。

第二十九条　账户管理人应当履行下列职责：

（一）建立企业年金基金企业账户和个人账户。

（二）记录企业、职工缴费以及企业年金基金投资收益。

（三）定期与托管人核对缴费数据以及企业年金基金账户财产变化状况，及时将核对结果提交受托人。

（四）计算企业年金待遇。

（五）向企业和受益人提供企业年金基金企业账户和个人账户信息查询服务；向受益人提供年度权益报告。

（六）定期向受托人提交账户管理数据等信息以及企业年金基金账户管理报告；定期向有关监管部门提交开展企业年金基金账户管理业务情况的报告。

（七）按照国家规定保存企业年金基金账户管理档案自合同终止之日起至少15年。

（八）国家规定和合同约定的其他职责。

第三十条　有下列情形之一的，账户管理人职责终止：

（一）违反与受托人合同约定的；

（二）利用企业年金基金财产为其谋取利益，或者为他人谋取不正当利益的；

（三）依法解散、被依法撤销、被依法宣告破产或者被依法接管的；

（四）被依法取消企业年金基金账户管理业务资格的；

（五）受托人有证据认为更换账户管理人符合受益人利益的；

（六）有关监管部门有充分理由和依据认为更换账户管理人符合受益人利益的；

（七）国家规定和合同约定的其他情形。

第三十一条　账户管理人职责终止的，受托人应当在45日内确定新的账户管理人。

账户管理人职责终止的，应当妥善保管企业年金基金账户管理资料，在45日内办理完毕账户管理业务移交手续，新账户管理人应当接收并行使相应职责。

第四章　托管人

第三十二条　本办法所称托管人，是指接受受托人委托保管企业年金基金财产的商业银行。

第三十三条 托管人应当具备下列条件：

（一）经国家金融监管部门批准，在中国境内注册的独立法人；

（二）注册资本不少于50亿元人民币，且在任何时候都维持不少于50亿元人民币的净资产；

（三）具有完善的法人治理结构；

（四）设有专门的资产托管部门；

（五）取得企业年金基金从业资格的专职人员达到规定人数；

（六）具有保管企业年金基金财产的条件；

（七）具有安全高效的清算、交割系统；

（八）具有符合要求的营业场所、安全防范设施和与企业年金基金托管业务有关的其他设施；

（九）具有完善的内部稽核监控制度和风险控制制度；

（十）近3年没有重大违法违规行为；

（十一）国家规定的其他条件。

第三十四条 托管人应当履行下列职责：

（一）安全保管企业年金基金财产。

（二）以企业年金基金名义开设基金财产的资金账户和证券账户等。

（三）对所托管的不同企业年金基金财产分别设置账户，确保基金财产的完整和独立。

（四）根据受托人指令，向投资管理人分配企业年金基金财产。

（五）及时办理清算、交割事宜。

（六）负责企业年金基金会计核算和估值，复核、审查和确认投资管理人计算的基金财产净值。

（七）根据受托人指令，向受益人发放企业年金待遇。

（八）定期与账户管理人、投资管理人核对有关数据。

（九）按照规定监督投资管理人的投资运作，并定期向受托人报告投资监督情况。

（十）定期向受托人提交企业年金基金托管和财务会计报告；定期向有关监管部门提交开展企业年金基金托管业务情况的报告。

（十一）按照国家规定保存企业年金基金托管业务活动记录、账册、报表和其他相关资料自合同终止之日起至少15年。

（十二）国家规定和合同约定的其他职责。

第三十五条 托管人发现投资管理人依据交易程序尚未成立的投资指令违反法律、行政法规、其他有关规定或者合同约定的，应当拒绝执行，立即通知投资管理人，并及时向受托人和有关监管部门报告。

托管人发现投资管理人依据交易程序已经成立的投资指令违反法律、行政法规、其他有关规定或者合同约定的，应当立即通知投资管理人，并及时向受托人和有关监管部门报告。

第三十六条 有下列情形之一的，托管人职责终止：

（一）违反与受托人合同约定的；

（二）利用企业年金基金财产为其谋取利益，或者为他人谋取不正当利益的；

（三）依法解散、被依法撤销、被依法宣告破产或者被依法接管的；

（四）被依法取消企业年金基金托管业务资格的；

（五）受托人有证据认为更换托管人符合受益人利益的；

（六）有关监管部门有充分理由和依据认为更换托管人符合受益人利益的；

（七）国家规定和合同约定的其他情形。

第三十七条 托管人职责终止的，受托人应当在45日内确定新的托管人。

托管人职责终止的，应当妥善保管企业年金基金托管资料，在45日内办理完毕托管业务移交手续，新托管人应当接收并行使相应职责。

第三十八条 禁止托管人有下列行为：

（一）托管的企业年金基金财产与其固有财产混合管理；

（二）托管的企业年金基金财产与托管的其他财产混合管理；

（三）托管的不同企业年金计划、不同企业年金投资组合的企业年金基金财产混合管理；

（四）侵占、挪用托管的企业年金基金财产；

（五）国家规定和合同约定禁止的其他行为。

第五章 投资管理人

第三十九条 本办法所称投资管理人，是指接受受托人委托投资管理企业年金基金财产的专业机构。

第四十条 投资管理人应当具备下列条件：

（一）经国家金融监管部门批准，在中国境内注册，具有受托投资管理、基金管理或者资产管理资格的独立法人。

（二）具有证券资产管理业务的证券公司注册资本不少于10亿元人民币，且在任何时候都维持不少于10亿元人民币的净资产；养老金管理公司注册资本不少于5亿元人民币，且在任何时候都维持不少于5亿元人民币的净资产；信托公司注册资本不少于3亿元人民币，且在任何时候都维持不少于3亿元人民币的净资产；基金管理公司、保险资产管理公司、证券资产管理公司或者其他专业投资机构注册资本不少于1亿元人民币，且在任何时候都维持不少于1亿元人民币的净资产。

（三）具有完善的法人治理结构。

（四）取得企业年金基金从业资格的专职人员达到规定人数。

（五）具有符合要求的营业场所、安全防范设施和与企业年金基金投资管理业务有关的其他设施。

（六）具有完善的内部稽核监控制度和风险控制制度。

（七）近3年没有重大违法违规行为。

（八）国家规定的其他条件。

第四十一条　投资管理人应当履行下列职责：

（一）对企业年金基金财产进行投资。

（二）及时与托管人核对企业年金基金会计核算和估值结果。

（三）建立企业年金基金投资管理风险准备金。

（四）定期向受托人提交企业年金基金投资管理报告；定期向有关监管部门提交开展企业年金基金投资管理业务情况的报告。

（五）根据国家规定保存企业年金基金财产会计凭证、会计账簿、年度财务会计报告和投资记录自合同终止之日起至少15年。

（六）国家规定和合同约定的其他职责。

第四十二条　有下列情形之一的，投资管理人应当及时向受托人报告：

（一）企业年金基金单位净值大幅度波动的；

（二）可能使企业年金基金财产受到重大影响的有关事项；

（三）国家规定和合同约定的其他情形。

第四十三条　有下列情形之一的，投资管理人职责终止：

（一）违反与受托人合同约定的；

（二）利用企业年金基金财产为其谋取利益，或者为他人谋取不正当利益的；

（三）依法解散、被依法撤销、被依法宣告破产或者被依法接管的；

（四）被依法取消企业年金基金投资管理业务资格的；

（五）受托人有证据认为更换投资管理人符合受益人利益的；

（六）有关监管部门有充分理由和依据认为更换投资管理人符合受益人利益的；

（七）国家规定和合同约定的其他情形。

第四十四条　投资管理人职责终止的，受托人应当在45日内确定新的投资管理人。

投资管理人职责终止的，应当妥善保管企业年金基金投资管理资料，在45日内办理完毕投资管理业务移交手续，新投资管理人应当接收并行使相应职责。

第四十五条　禁止投资管理人有下列行为：

（一）将其固有财产或者他人财产混同于企业年金基金财产；

（二）不公平对待企业年金基金财产与其管理的其他财产；

（三）不公平对待其管理的不同企业年金基金财产；

（四）侵占、挪用企业年金基金财产；

（五）承诺、变相承诺保本或者保证收益；

（六）利用所管理的其他资产为企业年金计划委托人、受益人或者相关管理人谋取不正当利益；

（七）国家规定和合同约定禁止的其他行为。

第六章　基金投资

第四十六条　企业年金基金投资管理应当遵循谨慎、分散风险的原则，充分考虑企业年金基金财产的安全性、收益性和流动性，实行专业化管理。

第四十七条　企业年金基金财产限于境内投资，投资范围包括银行存款、国债、中央银行票据、债券回购、万能保险产品、投资连结保险产品、证券投资基金、股票，以及信用等级在投资级以上的金融债、企业（公司）债、可转换债（含分离交易可转换债）、短期融资券和中期票据等金融产品。

第四十八条　每个投资组合的企业年金基金财产应当由一个投资管理人管理，企业年金基金财产以投资组合为单位按照公允价值计算应当符合下列规定：

（一）投资银行活期存款、中央银行票据、债券回购等流动性产品以及货币市场基金的比例，不得低于投资组合企业年金基金财产净值的5%；清算备付金、证券清算款以及一级市场证券申购资金视为流动性资产；投资债券正回购的比例不得高于投资组合企业年金基金财产净值的40%。

（二）投资银行定期存款、协议存款、国债、金融债、企业（公司）债、短期融资券、中期票据、万能保险产品等固定收益类产品以及可转换债（含分离交易可转换债）、债券基金、投资连结保险产品（股票投资比例不高于30%）的比例，不得高于投资组合企业年金基金财产净值的95%。

（三）投资股票等权益类产品以及股票基金、混合基金、投资连结保险产品（股票投资比例高于或者等于30%）的比例，不得高于投资组合企业年金基金财产净值的30%。其中，企业年金基金不得直接投资于权证，但因投资股票、分离交易可转换债等投资品种而衍生获得的权证，应当在权证上市交易之日起10个交易日内卖出。

第四十九条 根据金融市场变化和投资运作情况，人力资源社会保障部会同中国银监会、中国证监会和中国保监会，适时对投资范围和比例进行调整。

第五十条 单个投资组合的企业年金基金财产，投资于一家企业所发行的股票，单期发行的同一品种短期融资券、中期票据、金融债、企业（公司）债、可转换债（含分离交易可转换债），单只证券投资基金，单个万能保险产品或者投资连结保险产品，分别不得超过该企业上述证券发行量、该基金份额或者该保险产品资产管理规模的5%；按照公允价值计算，也不得超过该投资组合企业年金基金财产净值的10%。

单个投资组合的企业年金基金财产，投资于经备案的符合第四十八条投资比例规定的单只养老金产品，不得超过该投资组合企业年金基金财产净值的30%，不受上述10%规定的限制。

第五十一条 投资管理人管理的企业年金基金财产投资于自己管理的金融产品须经受托人同意。

第五十二条 因证券市场波动、上市公司合并、基金规模变动等投资管理人之外的因素致使企业年金基金投资不符合本办法第四十八条、第五十条规定的比例或者合同约定的投资比例的，投资管理人应当在可上市交易之日起10个交易日内调整完毕。

第五十三条 企业年金基金证券交易以现货和国务院规定的其他方式进行，不得用于向他人贷款和提供担保。

投资管理人不得从事使企业年金基金财产承担无限责任的投资。

第七章 收益分配及费用

第五十四条 账户管理人应当采用份额计量方式进行账户管理，根据企业年金基金单位净值，按周或者按日足额记入企业年金基金企业账户和个人账户。

第五十五条 受托人年度提取的管理费不高于受托管理企业年金基金财产净值的0.2%。

第五十六条 账户管理人的管理费按照每户每月不超过5元人民币的限额，由建立企业年金计划的企业另行缴纳。

保留账户和退休人员账户的账户管理费可以按照合同约定由受益人自行承担，从受益人个人账户中扣除。

第五十七条 托管人年度提取的管理费不高于托管企业年金基金财产净值的0.2%。

第五十八条 投资管理人年度提取的管理费不高于投资管理企业年金基金财产净值的1.2%。

第五十九条 根据企业年金基金管理情况，人力资源社会保障部会同中国银监会、中国证监会和中国保监会，适时对有关管理费进行调整。

第六十条 投资管理人从当期收取的管理费中，提取20%作为企业年金基金投资管理风险准备金，专项用于弥补合同终止时所管理投资组合的企业年金基金当期委托投资资产的投资亏损。

第六十一条 当合同终止时，如所管理投资组合的企业年金基金财产净值低于当期委托投资资产的，投资管理人应当用风险准备金弥补该时点的当期委托投资资产亏损，直至该投资组合风险准备金弥补完毕；如所管理投资组合的企业年金基金当期委托投资资产没有发生投资亏损或者风险准备金弥补后有剩余的，风险准备金划归投资管理人所有。

第六十二条 企业年金基金投资管理风险准备金应当存放于投资管理人在托管人处开立的专用存款账户，余额达到投资管理人所管理投资组合基金财产净值的10%时可以不再提取。托管人不得对投资管理风险准备金账户收取费用。

第六十三条　风险准备金由投资管理人进行管理，可以投资于银行存款、国债等高流动性、低风险金融产品。风险准备金产生的投资收益，应当纳入风险准备金管理。

第八章　计划管理和信息披露

第六十四条　企业年金单一计划指受托人将单个委托人交付的企业年金基金，单独进行受托管理的企业年金计划。

企业年金集合计划指同一受托人将多个委托人交付的企业年金基金，集中进行受托管理的企业年金计划。

第六十五条　法人受托机构设立集合计划，应当制定集合计划受托管理合同，为每个集合计划确定账户管理人、托管人各1名，投资管理人至少3名；并分别与其签订委托管理合同。

集合计划受托人应当将制定的集合计划受托管理合同、签订的委托管理合同以及该集合计划的投资组合说明书报人力资源社会保障部备案。

第六十六条　一个企业年金方案的委托人只能建立一个企业年金单一计划或者参加一个企业年金集合计划。委托人加入集合计划满3年后，方可根据受托管理合同规定选择退出集合计划。

第六十七条　发生下列情形之一的，企业年金单一计划变更：

（一）企业年金计划受托人、账户管理人、托管人或者投资管理人变更；

（二）企业年金基金管理合同主要内容变更；

（三）企业年金计划名称变更；

（四）国家规定的其他情形。

发生前款规定情形时，受托人应当将相关企业年金基金管理合同重新报人力资源社会保障行政部门备案。

第六十八条　企业年金单一计划终止时，受托人应当组织清算组对企业年金基金财产进行清算。清算费用从企业年金基金财产中扣除。

清算组由企业代表、职工代表、受托人、账户管理人、托管人、投资管理人以及由受托人聘请的会计师事务所、律师事务所等组成。

清算组应当自清算工作完成后3个月内，向人力资源社会保障行政部门和受益人提交经会计师事务所审计以及律师事务所出具法律意见书的清算报告。

人力资源社会保障行政部门应当注销该企业年金计划。

第六十九条　受益人工作单位发生变化，新工作单位已经建立企业年金计划的，其企业年金个人账户权益应当转入新工作单位的企业年金计划管理。新工作单位没有建立企业年金计划的，其企业年金个人账户权益可以在原法人受托机构发起的集合计划设置的保留账户统一管理；原受托人是企业年金理事会的，由企业与职工协商选择法人受托机构管理。

第七十条　企业年金单一计划终止时，受益人企业年金个人账户权益应当转入原法人受托机构发起的集合计划设置的保留账户统一管理；原受托人是企业年金理事会的，由企业与职工协商选择法人受托机构管理。

第七十一条　发生以下情形之一的，受托人应当聘请会计师事务所对企业年金计划进行审计。审计费用从企业年金基金财产中扣除：

（一）企业年金计划连续运作满三个会计年度时；

（二）企业年金计划管理人职责终止时；

（三）国家规定的其他情形。

账户管理人、托管人、投资管理人应当自上述情况发生之日起配合会计师事务所对企业年金计划进行审计。受托人应当自上述情况发生之日起的50日内向委托人以及人力资源社会保障行政部门提交审计报告。

第七十二条　受托人应当在每季度结束后30日内向委托人提交企业年金基金管理季度报告；并应当在年度结束后60日内向委托人提交企业年金基金管理和财务会计年度报告。

第七十三条　账户管理人应当在每季度结束后15日内向受托人提交企业年金基金账户管理季度报告；并应当在年度结束后45日内向受托人提交企业年金基金账户管理年度报告。

第七十四条　托管人应当在每季度结束后15日内向受托人提交企业年金基金托管和财务会计季度报告；并应当在年度结束后45日内向受托人提交企业年金基金托管和财务会计年度报告。

第七十五条　投资管理人应当在每季度结束后15日内向受托人提交经托管人确认财务管理数据的企业年金基金投资组合季度报告；并应当在年度结束后45日内向受托人提交经托管人确认财务管理数据的企业年金基金投资管理年度报告。

第七十六条　法人受托机构、账户管理人、托管人和投资管理人发生下列情形之一的，应当及时向人力资源社会保障部报告；账户管理人、托管人和投资管理人应当同时抄报受托人：

（一）减资、合并、分立、依法解散、被依法撤销、决定申请破产或者被申请破产的；

（二）涉及重大诉讼或者仲裁的；

（三）董事长、总经理、直接负责企业年金业务的高级管理人员发生变动的；

（四）国家规定的其他情形。

第七十七条 受托人、账户管理人、托管人和投资管理人应当按照规定报告企业年金基金管理情况，并对所报告内容的真实性、完整性负责。

第九章 监督检查

第七十八条 法人受托机构、账户管理人、托管人、投资管理人开展企业年金基金管理相关业务，应当向人力资源社会保障部提出申请。法人受托机构、账户管理人、投资管理人向人力资源社会保障部提出申请前应当先经其业务监管部门同意，托管人向人力资源社会保障部提出申请前应当先向其业务监管部门备案。

第七十九条 人力资源社会保障部收到法人受托机构、账户管理人、托管人、投资管理人的申请后，应当组织专家评审委员会，按照规定进行审慎评审。经评审符合条件的，由人力资源社会保障部会同有关部门确认公告；经评审不符合条件的，应当书面通知申请人。

专家评审委员会由有关部门代表和社会专业人士组成。每次参加评审的专家应当从专家评审委员会中随机抽取产生。

第八十条 受托人、账户管理人、托管人、投资管理人开展企业年金基金管理相关业务，应当接受人力资源社会保障行政部门的监管。

法人受托机构、账户管理人、托管人和投资管理人的业务监管部门按照各自职责对其经营活动进行监督。

第八十一条 人力资源社会保障部依法履行监督管理职责，可以采取以下措施：

（一）查询、记录、复制与被调查事项有关的企业年金基金管理合同、财务会计报告等资料；

（二）询问与调查事项有关的单位和个人，要求其对有关问题做出说明、提供有关证明材料；

（三）国家规定的其他措施。

委托人、受托人、账户管理人、托管人、投资管理人和其他为企业年金基金管理提供服务的自然人、法人或者其他组织，应当积极配合检查，如实提供有关资料，不得拒绝、阻挠或者逃避检查，不得谎报、隐匿或者销毁相关证据材料。

第八十二条 人力资源社会保障部依法进行调查或者检查时，应当至少由两人共同进行，并出示证件，承担下列义务：

（一）依法履行职责，秉公执法，不得利用职务之便谋取私利；

（二）保守在调查或者检查时知悉的商业秘密；

（三）为举报人员保密。

第八十三条 法人受托机构、中央企业集团公司成立的企业年金理事会、账户管理人、托管人、投资管理人违反本办法规定或者企业年金基金管理费、信息披露相关规定的，由人力资源社会保障部责令改正。其他企业（包括中央企业子公司）成立的企业年金理事会，违反本办法规定或者企业年金基金管理费、信息披露相关规定的，由管理合同备案所在地的省、自治区、直辖市或者计划单列市人力资源社会保障行政部门责令改正。

第八十四条 受托人、账户管理人、托管人、投资管理人发生违法违规行为可能影响企业年金基金财产安全的，或者经责令改正而不改正的，由人力资源社会保障部暂停其接收新的企业年金基金管理业务。给企业年金基金财产或者受益人利益造成损害的，依法承担赔偿责任；构成犯罪的，依法追究刑事责任。

第八十五条 人力资源社会保障部将法人受托机构、账户管理人、托管人、投资管理人违法行为、处理结果以及改正情况予以记录，同时抄送业务监管部门。在企业年金基金管理资格有效期内，有3次以上违法记录或者1次以上经责令改正而不改正的，在其资格到期之后5年内，不再受理其开展企业年金基金管理业务的申请。

第八十六条 会计师事务所和律师事务所提供企业年金中介服务应当严格遵守相关职业准则和行业规范。

第十章 附　　则

第八十七条 企业年金基金管理，国务院另有规定的，从其规定。

第八十八条 本办法自2011年5月1日起施行。劳动和社会保障部、中国银行业监督管理委员会、中国证券监督管理委员会、中国保险监督管理委员会于2004年2月23日发布的《企业年金基金管理试行办法》（劳动保障部令第23号）同时废止。

个体工商户登记管理办法

（2011年9月30日国家工商行政管理总局令第56号公布）

第一章　总　　则

第一条　为保护个体工商户合法权益，鼓励、支持和引导个体工商户健康发展，规范个体工商户登记管理行为，依据《个体工商户条例》，制定本办法。

第二条　有经营能力的公民经工商行政管理部门登记，领取个体工商户营业执照，依法开展经营活动。

第三条　个体工商户的开业、变更和注销登记应当依照《个体工商户条例》和本办法办理。

申请办理个体工商户登记，申请人应当对申请材料的真实性负责。

第四条　工商行政管理部门是个体工商户的登记管理机关。

国家工商行政管理总局主管全国的个体工商户登记管理工作。

省、自治区、直辖市工商行政管理局和设区的市（地区）工商行政管理局负责本辖区的个体工商户登记管理工作。

县、自治县、不设区的市工商行政管理局以及市辖区工商行政管理分局为个体工商户的登记机关（以下简称登记机关），负责本辖区内的个体工商户登记。

第五条　登记机关可以委托其下属工商行政管理所（以下简称工商所）办理个体工商户登记。

第二章　登记事项

第六条　个体工商户的登记事项包括：

（一）经营者姓名和住所；

（二）组成形式；

（三）经营范围；

（四）经营场所。

个体工商户使用名称的，名称作为登记事项。

第七条　经营者姓名和住所，是指申请登记为个体工商户的公民姓名及其户籍所在地的详细住址。

第八条　组成形式，包括个人经营和家庭经营。

家庭经营的，参加经营的家庭成员姓名应当同时备案。

第九条　经营范围，是指个体工商户开展经营活动所属的行业类别。

登记机关根据申请人申请，参照《国民经济行业分类》中的类别标准，登记个体工商户的经营范围。

第十条　经营场所，是指个体工商户营业所在地的详细地址。

个体工商户经登记机关登记的经营场所只能为一处。

第十一条　个体工商户申请使用名称的，应当按照《个体工商户名称登记管理办法》办理。

第三章　登记申请

第十二条　个人经营的，以经营者本人为申请人；家庭经营的，以家庭成员中主持经营者为申请人。

委托代理人申请开业、变更、注销登记的，应当提交申请人的委托书和代理人的身份证明或者资格证明。

第十三条　申请个体工商户登记，申请人或者其委托的代理人可以直接到经营场所所在地登记机关登记；登记机关委托其下属工商所办理个体工商户登记的，到经营场所所在地工商所登记。

申请人或者其委托的代理人可以通过邮寄、传真、电子数据交换、电子邮件等方式向经营场所所在地登记机关提交申请。通过传真、电子数据交换、电子邮件等方式提交申请的，应当提供申请人或者其代理人的联络方式及通讯地址。对登记机关予以受理的申请，申请人应当自收到受理通知书之日起5日内，提交与传真、电子数据交换、电子邮件内容一致的申请材料原件。

第十四条　申请个体工商户开业登记，应当提交下列文件：

（一）申请人签署的个体工商户开业登记申请书；

（二）申请人身份证明；

（三）经营场所证明；

（四）国家工商行政管理总局规定提交的其他文件。

第十五条 申请个体工商户变更登记，应当提交下列文件：

（一）申请人签署的个体工商户变更登记申请书；

（二）申请经营场所变更的，应当提交新经营场所证明；

（三）国家工商行政管理总局规定提交的其他文件。

第十六条 申请个体工商户注销登记，应当提交下列文件：

（一）申请人签署的个体工商户注销登记申请书；

（二）个体工商户营业执照正本及所有副本；

（三）国家工商行政管理总局规定提交的其他文件。

第十七条 申请开业、变更登记的经营范围涉及国家法律、行政法规或者国务院决定规定在登记前须经批准的项目的，应当在申请登记前报经国家有关部门批准，并向登记机关提交相关批准文件。

第四章 受理、审查和决定

第十八条 登记机关收到申请人提交的登记申请后，对于申请材料齐全、符合法定形式的，应当受理。

申请材料不齐全或者不符合法定形式，登记机关应当当场告知申请人需要补正的全部内容，申请人按照要求提交全部补正申请材料的，登记机关应当受理。

申请材料存在可以当场更正的错误的，登记机关应当允许申请人当场更正。

第十九条 登记机关受理登记申请，除当场予以登记的外，应当发给申请人受理通知书。

对于不符合受理条件的登记申请，登记机关不予受理，并发给申请人不予受理通知书。

申请事项依法不属于个体工商户登记范畴的，登记机关应当即时决定不予受理，并向申请人说明理由。

第二十条 申请人提交的申请材料齐全、符合法定形式的，登记机关应当当场予以登记，并发给申请人准予登记通知书。

根据法定条件和程序，需要对申请材料的实质性内容进行核实的，登记机关应当指派两名以上工作人员进行核查，并填写申请材料核查情况报告书。登记机关应当自受理登记申请之日起15日内作出是否准予登记的决定。

第二十一条 对于以邮寄、传真、电子数据交换、电子邮件等方式提出申请并经登记机关受理的，登记机关应当自受理登记申请之日起15日内作出是否准予登记的决定。

第二十二条 登记机关作出准予登记决定的，应当发给申请人准予个体工商户登记通知书，并在10日内发给申请人个体工商户营业执照。不予登记的，应当发给申请人不予个体工商户登记通知书。

第五章 监督管理

第二十三条 个体工商户应当每年向登记机关申请办理年度验照，登记机关依照《个体工商户验照办法》，对个体工商户的登记事项和上一年度经营情况进行审验。

第二十四条 个体工商户营业执照（以下简称营业执照）分为正本和副本，载明个体工商户的名称、经营者姓名、组成形式、经营场所、经营范围和注册号、发照机关及发照时间信息，正、副本具有同等法律效力。

第二十五条 营业执照正本应当置于个体工商户经营场所的醒目位置。

第二十六条 个体工商户变更登记涉及营业执照载明事项的，登记机关应当换发营业执照。

第二十七条 营业执照遗失或毁损的，个体工商户应当向登记机关申请补领或者更换。

营业执照遗失的，个体工商户还应当在公开发行的报刊上声明作废。

第二十八条 有下列情形之一的，登记机关或其上级机关根据利害关系人的请求或者依据职权，可以撤销个体工商户登记：

（一）登记机关工作人员滥用职权、玩忽职守作出准予登记决定的；

（二）超越法定职权作出准予登记决定的；

（三）违反法定程序作出准予登记决定的；

（四）对不具备申请资格或者不符合法定条件的申请人准予登记的；

（五）依法可以撤销登记的其他情形。

申请人以欺骗、贿赂等不正当手段取得个体工商户登记的，应当予以撤销。

依照前两款的规定撤销个体工商户登记，可能对公共利益造成重大损害的，不予撤销。

依照本条第一款的规定撤销个体工商户登记，经营者合法权益受到损害的，行政机关应当依法给予赔偿。

第二十九条　登记机关作出撤销登记决定的，应当发给原申请人撤销登记决定书。

第三十条　有关行政机关依照《个体工商户条例》第二十四条规定，通知登记机关个体工商户行政许可被撤销、吊销或者行政许可有效期届满的，登记机关应当依法撤销登记或者吊销营业执照，或者责令当事人依法办理变更登记。

第三十一条　登记机关应当依照国家工商行政管理总局有关规定，依托个体工商户登记管理数据库，利用信息化手段，开展个体工商户信用监管，促进社会信用体系建设。

第六章　登记管理信息公示、公开

第三十二条　登记机关应当在登记场所及其网站公示个体工商户登记的以下内容：

（一）登记事项；

（二）登记依据；

（三）登记条件；

（四）登记程序及期限；

（五）提交申请材料目录及申请书示范文本；

（六）登记收费标准及依据。

登记机关应申请人的要求应当就公示内容予以说明、解释。

第三十三条　公众查阅个体工商户的下列信息，登记机关应当提供：

（一）开业、变更、注销登记的相关信息；

（二）验照的相关信息。

（三）国家工商行政管理总局规定公开的其他信息。

第三十四条　个体工商户登记管理材料涉及国家秘密、商业秘密和个人隐私的，登记机关不得对外公开。

第七章　法律责任

第三十五条　个体工商户提交虚假材料骗取注册登记，或者伪造、涂改、出租、出借、转让营业执照的，由登记机关责令改正，处4000元以下的罚款；情节严重的，撤销注册登记或者吊销营业执照。

第三十六条　个体工商户登记事项变更，未办理变更登记的，由登记机关责令改正，处1500元以下的罚款；情节严重的，吊销营业执照。

第三十七条　个体工商户违反本办法第二十五条规定的，由登记机关责令限期改正；逾期未改正的，处500元以下的罚款。

第三十八条　个体工商户未在规定期限内办理年度验照的，由登记机关责令限期改正；逾期未改正的，吊销营业执照。

第八章　附　　则

第三十九条　香港特别行政区、澳门特别行政区永久性居民中的中国公民，台湾地区居民可以按照国家有关规定，申请登记为个体工商户。

第四十条　个体工商户申请转变为企业组织形式的，登记机关应当依法为其提供继续使用原名称字号、保持工商登记档案延续性等市场主体组织形式转变方面的便利，及相关政策、法规和信息咨询服务。

第四十一条　个体工商户办理开业登记、变更登记，应当缴纳登记费。

个体工商户登记收费标准，按照国家有关规定执行。

第四十二条　个体工商户的登记文书格式以及营业执照的正本、副本样式，由国家工商行政管理总局制定。

第四十三条　本办法自2011年11月1日起施行。1987年9月5日国家工商行政管理局发布、1998年12月3日国家工商行政管理局令第86号修订的《城乡个体工商户管理暂行条例实施细则》、2004年7月23日国家工商行政管理总局令第13号发布的《个体工商户登记程序规定》，同时废止。

关于印发《新兴产业创投计划参股创业投资基金管理暂行办法》的通知

财建[2011]668号

各省、自治区、直辖市、计划单列市财政厅（局）、发展改革委：

为加快新兴产业创投计划实施，加强资金管理，根据《中华人民共和国促进科技成果转化法》、《国务院关于加快培育和发展战略性新兴产业的决定》（国发[2010]32号）、《国务院办公厅转发发展改革委等部门关于促进自主创新成果产业化若干政策的通知》（国办发[2008]128号）精神，财政部、国家发展改革委制定了《新兴产业创投计划参股创业投资基金管理暂行办法》，现予印发，请遵照执行。

财政部　国家发展改革委

二〇一一年八月十七日

附件1

新兴产业创投计划参股创业投资基金管理暂行办法

第一章 总则

第一条 为加快新兴产业创投计划实施，加强资金管理，根据《中华人民共和国促进科技成果转化法》、《国务院关于加快培育和发展战略性新兴产业的决定》（国发[2010]32号）、《国务院办公厅转发发展改革委等部门关于促进自主创新成果产业化若干政策的通知》（国办发[2008]128号）精神，制定本办法。

第二条 本办法所称新兴产业创投计划是指中央财政资金通过直接投资创业企业、参股创业投资基金等方式，培育和促进新兴产业发展的活动。

本办法所称参股创业投资基金是指中央财政从产业技术研究与开发资金等专项资金中安排资金与地方政府资金、社会资本共同发起设立的创业投资基金或通过增资方式参与的现有创业投资基金（以下简称参股基金）。

第三条 参股基金管理遵循“政府引导、规范管理、市场运作、鼓励创新”原则，其发起设立或增资、投资管理、业绩奖励等按照市场化方式独立运作，自主经营，自负盈亏。

中央财政出资资金委托受托管理机构管理，政府部门及其受托管理机构不干预参股基金日常的经营和管理。

第四条 参股基金由财政部、国家发展改革委共同组织实施。

国家发展改革委会同财政部确定参股基金的区域和产业领域，委托受托管理机构开展尽职调查，审核确认参股基金方案并批复中央财政出资额度，对参股基金运行情况进行监督。

财政部会同国家发展改革委确定中央财政出资资金受托管理机构，拨付中央财政出资资金，对受托管理机构进行业绩考核和监督。

第二章 投资领域和方向

第五条参股基金所在区域应具备发展战略性新兴产业和高技术产业的条件，有一定的人才、技术、项目资源储备。

第六条 参股基金投资应符合国家产业政策、高技术产业发展规划以及国家战略性新兴产业发展规划。

第七条 每支参股基金应集中投资于以下具体领域：节能环保、信息、生物与新医药、新能源、新材料、航空航天、海洋、先进装备制造、新能源汽车、高技术服务业（包括信息技术、生物技术、研发设计、检验检测、科技成果转化服务等）等战略性新兴产业和高新技术改造提升传统产业领域。

第八条 参股基金重点投向具备原始创新、集成创新或消化吸收再创新属性、且处于初创期、早中期的创新型企业，投资此类企业的资金比例不低于基金注册资本或承诺出资额的60%。

初创期创新型企业是指符合如下条件的企业，即：成立时间不超过5年，职工人数不超过300人，直接从事研究开发的科技人员占职工总数的20%以上，资产总额不超过3000万元人民币，年销售额或营业额不超过3000万元人民币。

早中期创新型企业是指符合如下条件的企业，即：职工人数不超过500人，资产总额不超过2亿元人民币，年销售额或营业额不超过2亿元人民币。

第九条 参股基金不得从事以下业务：

（一）投资于已上市企业，所投资的未上市企业上市后，参股基金所持股份未转让及其配售部分除外；

（二）从事担保、抵押、委托贷款、房地产（包括购买自用房地产）等业务；

（三）投资于其他创业投资基金或投资性企业；

（四）投资于股票、期货、企业债券、信托产品、理财产品、保险计划及其他金融衍生品；

（五）向任何第三人提供赞助、捐赠等；

（六）吸收或变相吸收存款，或向任何第三人提供贷款和资金拆借；

（七）进行承担无限连带责任的对外投资；

（八）发行信托或集合理财产品的形式募集资金；

（九）存续期内，投资回收资金再用于对外投资；

（十）其他国家法律法规禁止从事的业务。

第三章 管理要求

第十条 参股基金的管理架构包括参股基金企业、参股基金管理机构、托管银行三方，三方按约定各司其职，各负其责。

第十一条 参股基金企业依照《中华人民共和国公司法》或《中华人民共和国合伙企业法》行使管理职权。包括确定参股基金投向、选择参股基金管理机构和托管银行、负责重大事项决策等。

第十二条 参股基金管理机构由参股基金企业确定，接受参股基金企业委托并签订委托管理协议，按照协议约定负责参股基金日常的投资和管理。参股基金管理机构应符合以下条件：

（一）在中国大陆注册，且注册资本不低于500万元人民币，有一定的资金募集能力，有固定的营业场所和与其业务相适应的软硬件设施，具备丰富的投资管理经验和良好的管理业绩，健全的创业投资管理和风险控制流程，规范的项目遴选机制和投资决策机制，能够为被投资企业提供创业辅导、管理咨询等增值服务；

（二）至少有3名具备3年以上创业投资或基金管理工作经验的高级管理人员；至少有对3个以上创业企业投资的成功案例；

（三）参股基金管理机构及其工作人员无受过行政主管机关或司法机关处罚的不良记录。

第十三条 参股基金管理机构管理参股基金后，在完成对参股基金的70%资金委托投资之前，不得募集或管理其他创业投资基金。

第十四条 托管银行由参股基金企业确定，接受参股基金企业委托并签订资金托管协议，按照协议约定对参股基金托管专户进行管理，托管银行应符合以下条件：

（一）成立时间在五年以上全国性的股份制商业银行；

（二）与参股基金主要出资人、参股基金管理机构无股权、债务和亲属等关联和利害关系；

（三）具有创业投资基金托管经验；

（四）无重大过失及行政主管机关或司法机关处罚的不良记录。

第四章 申请条件

第十五条 新设立创业投资基金，申请中央财政资金出资的，应符合以下条件：

（一）主要发起人（合伙人，下同）、参股基金管理机构、托管银行已基本确定，并草签发起人协议、参股基金章程（合伙协议，下同）、委托管理协议、资金托管协议；其他出资人（合伙人，下同）已落实，并保证资金按约定及时足额到位；

（二）每支参股基金募集资金总额不低于2.5亿元人民币；主要发起人的注册资本或净资产不低于5000万元人民币；地方政府出资额不低于5000万元人民币；除中央财政和地方政府外的其他出资人出资额合计不低于1.5亿元人民币，其中除参股基金管理机构外的单个出资人出资额不低于1000万元人民币；除政府出资人外的其他出资人数量一般多于3个（含），不超过15个（含）；

（三）参股基金管理机构应对参股基金认缴出资，具体出资比例在参股基金章程中约定；

（四）创业投资基金应在设立6个月内按照《创业投资企业管理暂行办法》的规定进行备案。

第十六条 申请中央财政资金对现有创业投资基金进行增资的，除需符合新设立创业投资基金条件外，还应满足以下条件：

（一）创业投资基金已按有关法律法规设立，并开始投资运作，设立时间不超过12个月；

（二）创业投资基金全体出资人首期出资或首期认缴出资已经到位，且不低于注册资本或承诺出资额的20%；

（三）创业投资基金全体出资人同意中央财政资金入股（入伙），且增资价格按不高于发行价格和中国人民银行公布的同期活期存款利息之和协商确定（存款利息按最后一个出资人的实际资金到位时间与中央财政资金增资到位时间差，以及同期存款利率计算）；

（四）创业投资基金已按照或在增资6个月内按照《创业投资企业管理暂行办法》的规定进行备案。

第五章 激励机制

第十七条 中央财政出资资金与地方政府资金、其他出资人共同按参股基金章程约定向参股基金管理机构支付管理费用。

管理费用由参股基金企业支付，财政部不再列支管理费用。年度管理费用一般按照参股基金注册资本或承诺出资额的1.5—2.5%确定，具体比例在委托管理协议中明确。

第十八条 除对参股基金管理机构支付管理费外，参股基金企业还要对参股基金管理机构实施业绩奖励。业绩奖励采取“先回本后分利”的原则，原则上将参股基金增值收益（回收资金扣减参股基金出资）的20%奖励参股基金管理机构，剩余部分由中央财政、地方政府和其他出资人按照出资比例进行分配。

第十九条 对投资于初创期创新型企业的资金比例超过基金注册资本或承诺出资额70%的参股基金，中央财政资金可给予更大的让利幅度。

第六章 受托管理机构

第二十条 财政部会同国家发展改革委通过招标确定中央财政出资资金受托管理机构，并签订委托管理协议。

第二十一条 受托管理机构应符合以下条件：

（一） 具有独立法人资格；

（二） 注册资本不低于1亿元人民币；

（三） 从事创业投资管理业务5年以上；

（四） 有至少5名从事3年以上创业投资相关经历的从业人员；

（五） 有完善的创业投资管理制度；

（六） 有三个以上创业投资项目运作的成功经验；

（七）有作为出资人参与设立并管理创业投资基金的成功经验；

（八）最近三年以上持续保持良好的财务状况，没有受过行政主管机关或司法机关重大处罚的不良记录，严格按委托管理协议管理中央财政出资资金。

第二十二条 受托管理机构的职责主要包括：

（一）对参股基金开展尽职调查、入股谈判，签订参股基金章程；

（二）代表中央财政出资资金以出资额为限对参股基金行使出资人权利并承担相应义务，向参股基金派遣代表，监督参股基金投向；

（三）通过招标在财政部指定的国库集中支付代理银行范围内开设托管专户，根据参股基金章程约定，在地方政府、其他出资人按期缴付出资资金且足额到位后，将中央财政出资资金拨付参股基金账户；

（四）及时将中央财政出资资金的分红、退出等资金（含本金及收益）拨入托管专户并上缴中央国库；

（五）定期向财政部、国家发展改革委报告参股基金运作情况，股本变化情况及其他重大情况；

（六）受托管理机构应在创业投资备案管理部门进行附带备案。

第二十三条 财政部向受托管理机构支付日常管理费，日常管理费按年支付，当年支付上年，原则上每年按截至上年12月底已批复累计尚未回收中央财政出资额（以托管专户拨付被投资单位的金额和日期计算）的一定比例、按照超额累退方式核定，具体比例如下：

（一）中央财政出资额在20亿元（含）人民币以下的按2%核定；

（二）中央财政出资额在20—50亿元（含）人民币之间的部分按1.5%核定；

（三）中央财政出资额超过50亿元人民币的部分按1%核定。

第七章 申报审批程序

第二十四条 各省（自治区、直辖市、计划单列市）发展改革委、财政厅（局）根据当地情况按照本办法规定要求，组织编制参股基金组建方案或增资方案（具体详见附件2、附件3），联合报送国家发展改革委、财政部审核。

第二十五条 国家发展改革委、财政部组织专家对上报方案进行评审，对通过评审的方案，委托受托管理机构对拟参股基金开展尽职调查和入股谈判。

第二十六条 各省（自治区、直辖市、计划单列市）发展改革委、财政厅（局）根据评审意见，对参股基金方案进行修改完善，待各出资人签订相关协议后，联合向国家发展改革委、财政部上报正式方案，提出申请中央财政出资额度。

第二十七条 国家发展改革委、财政部参考受托管理机构尽职调查意见，正式确认参股基金方案并批复中央财政出资额度。财政部将中央财政出资资金拨付托管专户，由受托管理机构拨付参股基金账户。

第八章 中央财政出资资金的权益

第二十八条中央财政对每支参股基金的出资，原则上不超过参股基金注册资本或承诺出资额的20%，且与地方政府资金同进同出。对投资于初创期项目资金比例超过参股基金注册资本或承诺出资额70%的参股基金，可适当放宽中央财政出资资金参股比例限制。

第二十九条 参股基金的存续期限原则上不超过10年，一般通过到期清算、社会股东回购、股权转让等方式实现退出。

第三十条 受托管理机构应与其他出资人在参股基金章程中约定，有下述情况之一的，中央财政出资资金可无需其他出资人同意，选择退出：

（一）参股基金方案确认后超过一年，参股基金未按规定程序和时间要求完成设立或增资手续的；

（二）中央财政出资资金拨付参股基金账户一年以上，参股基金未开展投资业务的；

（三）参股基金投资领域和阶段不符合政策目标的；

（四）参股基金未按参股基金章程约定投资的；

（五）参股基金管理机构发生实质性变化的。

第三十一条 受托管理机构应与其他出资人在参股基金章程中约定，中央财政出资资金以出资额为限对参股基金债务承担责任。除参股基金章程中约定外，不要求优于其他出资人的额外优惠条款。

第三十二条 受托管理机构应与其他出资人在参股基金章程中约定，当参股基金清算出现亏损时，首先由参股基金管理机构以其对参股基金的出资额承担亏损，剩余部分由中央财政、地方政府和其他出资人按出资比例承担。

第九章 监督管理

第三十三条 国家发展改革委、财政部负责对参股基金运行情况进行监督，视工作需要委托专业机构进行审计，定期对参股基金的政策目标、政策效果及投资运行情况进行绩效评估。

第三十四条 财政部、国家发展改革委负责对受托管理机构进行业绩考核和评估检查。受托管理机构应于每年3月底前，将以前年度参股基金运作及中央财政出资资金托管等情况向财政部、国家发展改革委报告。主要包括：

（一）参股基金投资运作情况；

（二）中央财政出资资金的退出、收益、亏损情况；

（三）受托管理机构的经营情况、会计师事务所出具的对受托管理机构最近一年的审计报告。

第三十五条 参股基金运行中的重大问题，受托管理机构应当及时向国家发展改革委、财政部报告，主要包括：

（一）违反国家政策规定及参股基金章程约定投资的；

（二）其他重大突发事件。

第三十六条 各省（自治区、直辖市、计划单列市）发展改革委、财政厅（局）应加强监管和协调，对出现的重大变化和问题，及时报告国家发展改革委和财政部。

第三十七条 本办法由财政部、国家发展改革委负责解释。

第三十八条 本办法自发布之日起施行。

附件2

发起设立创业投资基金的方案框架

一、创业投资基金组建方案

设立背景和目标、基金规模、组织形式、投资领域、发起人和基金管理机构、管理架构、项目遴选程序、投资决策机制、投资托管、风险防范、投资退出、管理费用和收益分配、经营期限等。

二、创业投资基金发起人协议

三、创业投资基金章程或合伙协议（草案）

四、创业投资基金委托管理协议（草案）及基金管理机构章程（合伙协议）

五、创业投资基金资金托管协议（草案）

六、项目储备情况及第一阶段投资计划

七、地方政府及社会资金出资承诺函，并明确资金到位时限

八、会计师事务所出具的对主要发起人最近一年的审计报告

附件3

对现有创业投资基金进行增资的方案框架

一、创业投资基金增资方案

基金设立背景和目标、基金规模、组织形式、投资领域、发起人和基金管理机构、管理架构、项目遴选程序、投资决策机制、投资托管、风险防范、投资退出、管理费用和收益分配、经营期限等；本次创业投资基金增资情况。

二、创业投资基金股东大会（股东会议、合伙人大会）决议

三、创业投资基金章程（合伙协议）及营业执照

四、创业投资基金委托管理协议及基金管理机构章程（合伙协议）

五、创业投资基金投资管理流程和尽职调查准则

六、创业投资基金资金托管协议

七、投资项目情况及未来一年的投资计划

八、地方政府出资承诺函，并明确资金到位时限

九、会计师事务所出具的对创业投资基金最近一年的审计报告

车辆购置税用于交通运输重点项目专项资金管理暂行办法

财　政　部　交通运输部　　财建〔2011〕93号

第一章　总　　则

第一条　为了加强车辆购置税（以下简称车购税）用于交通运输重点项目专项资金的使用管理，进一步促进交通运输事业顺利发展，根据《中华人民共和国预

算法》、《交通和车辆税费改革实施方案》（国发〔2000〕34号）等有关规定，制定本办法。

第二条　车购税用于交通运输重点项目专项资金（以下简称专项资金）是指中央财政从车购税收入中安排的，用于地方交通运输重点项目支出的专项资金。

第二章　使用范围和预算管理方式

第三条　专项资金的使用范围包括：纳入交通运输行业规划范围的公路（含桥梁、隧道）建设、公路客货运枢纽（含物流园区）建设、内河水运建设以及国务院和财政部批准的其他支出。

第四条　专项资金按项目管理，实行财政专项转移支付，不得用于平衡一般财政预算。

第五条　专项资金的项目管理以交通运输主管部门为主，资金管理以财政主管部门为主。

第三章　项目库管理

第六条　交通运输部会同财政部，按照交通运输建设规划及交通运输事业发展的需求，定期联合向各省、自治区、直辖市、计划单列市（以下简称各省（区、市））交通运输、财政主管部门布置项目申报工作，明确项目申报有关要求。

第七条　各省（区、市）交通运输主管部门按照项目申报的有关要求组织项目申报工作，在与省级财政主管部门协商后，将符合条件并履行完毕基本建设审批程序的项目上报交通运输部。

第八条　交通运输部建立项目库并与财政部共享。交通运输部对地方上报的项目进行审核，将符合条件的项目纳入项目库，并会同财政部通知有关省（区、市）交通运输、财政主管部门，项目库实行滚动管理。对“十一五”期间已安排过资金的续建项目，可由交通运输部商财政部直接导入项目库。

各省（区、市）交通运输主管部门要结合实际情况逐步建立专项资金的省级支出项目库，并实现支出项目的滚动管理，项目库与同级财政主管部门共享。

第九条　专项资金的补助标准原则上五年确定一次。由交通运输部会同财政部确定补助标准的基本原则，具体各类型项目的补助标准由交通运输部制订，报财政部核备。因特殊情况确需调整补助标准的项目，由交通运输部商财政部结合实际情况另行确定。

第四章　资金下达

第十条　交通运输部根据财政部下达的车购税收支规模，提出年度各类型项目资金规模建议报财政部审定。

第十一条　交通运输部按照确定的各类型专项资金支出规模，结合交通运输基础设施建设任务及项目前期工作准备情况，从项目库中遴选项目，提出年度支出预算安排建议，报财政部审核。

第十二条　财政部对年度支出预算审核后，根据车购税入库和支出情况，结合各地施工的季节性要求，将专项资金分批下达有关省（区、市）财政主管部门，同时抄送交通运输部。

第十三条　项目预算一经批准，各有关单位要严格按照下达的项目名称和预算金额执行。在预算执行中，如因项目停（缓）建等情况需要对项目预算进行调整，应由省级交通运输主管部门联合财政主管部门向交通运输部、财政部提出申请，由交通运输部汇总审核后报财政部审批。

第十四条　各省（区、市）财政、交通运输主管部门要切实采取有效措施，保证专项资金得到科学、合理、安全、有效使用。具体资金支付按照财政国库管理制度有关规定执行。

第五章　决算管理

第十五条　专项资金的使用部门应当按照预算安排级次和决算管理的相关规定编制专项资金年度决算，纳入部门决算报同级财政主管部门审批。

各省（区、市）交通运输主管部门应当按照交通运输部的要求定期向交通运输部报送专项资金预算执行情况，并按要求编报资金使用情况统计表。

第十六条　专项资金项目支出预算如当年未执行完毕，可结转下年度继续使用。专项资金结余的具体使用办法，由各省（区、市）财政主管部门商交通运输主管部门制定。

第十七条　专项资金用于基本建设项目的竣工决算报批程序，由各省（区、市）财政主管部门确定。

第六章　监督检查

第十八条　各级财政、交通运输主管部门，财政部驻各省（区、市）财政监察专员办事处要加强对专项资金管理和财务监督，确保专项资金专款专用。

第十九条　对部门、单位和个人违反国家方针政策、法律、行政法规和有关规定，截留、挪用等行为，财政、交通运输等主管部门应及时制止和纠正，并严格按照《中华人民共和国预算法》、《财政违法行为处罚处分条例》（国务院令第427号）及其他有关法规予以处理。

第七章　附　　则

第二十条　本办法由财政部商交通运输部负责解释。

第二十一条　本办法自发布之日起执行。此前有关规定与本办法不一致的，以此办法为准。

商业银行理财产品销售管理办法

中国银行业监督管理委员会令2011 年 第 5 号

第一章　总　　则

第一条　为规范商业银行理财产品销售活动，促进商业银行理财业务健康发展，根据《中华人民共和国银行业监督管理法》、《中华人民共和国商业银行法》及其他相关法律、行政法规，制定本办法。

第二条　本办法所称商业银行理财产品（以下简称理财产品）销售是指商业银行将本行开发设计的理财产品向个人客户和机构客户（以下统称客户）宣传推介、销售、办理申购、赎回等行为。

第三条　商业银行开展理财产品销售活动，应当遵守法律、行政法规等相关规定，不得损害国家利益、社会公共利益和客户合法权益。

第四条　中国银监会及其派出机构依照相关法律、行政法规和本办法等相关规定，对理财产品销售活动实施监督管理。

第二章　基本原则

第五条　商业银行销售理财产品，应当遵循诚实守信、勤勉尽责、如实告知原则。

第六条　商业银行销售理财产品，应当遵循公平、公开、公正原则，充分揭示风险，保护客户合法权益，不得对客户进行误导销售。

第七条　商业银行销售理财产品，应当进行合规性审查，准确界定销售活动包含的法律关系，防范合规风险。

第八条　商业银行销售理财产品，应当做到成本可算、风险可控、信息充分披露。

第九条　商业银行销售理财产品，应当遵循风险匹配原则，禁止误导客户购买与其风险承受能力不相符合的理财产品。风险匹配原则是指商业银行只能向客户销售风险评级等于或低于其风险承受能力评级的理财产品。

第十条　商业银行销售理财产品，应当加强客户风险提示和投资者教育。

第三章　宣传销售文本管理

第十一条　本办法所称宣传销售文本分为两类。

一是 宣传材料，指商业银行为宣传推介理财产品向客户分发或者公布，使客户可以获得的书面、电子或其他介质的信息，包括：

（一）宣传单、手册、信函等面向客户的宣传资料；

（二）电话、传真、短信、邮件；

（三）报纸、海报、电子显示屏、电影、互联网等以及其他音像、通讯资料；

（四）其他相关资料。

二是 销售文件，包括：理财产品销售协议书、理财产品说明书、风险揭示书、客户权益须知等；经客户签字确认的销售文件，商业银行和客户双方均应留存。

第十二条　商业银行应当加强对理财产品宣传销售文本制作和发放的管理，宣传销售文本应当由商业银行总行统一管理和授权，分支机构未经总行授权不得擅自制作和分发宣传销售文本。

第十三条　理财产品宣传销售文本应当全面、客观反映理财产品的重要特性和与产品有关的重要事实，语言表述应当真实、准确和清晰，不得有下列情形：

（一）虚假记载、误导性陈述或者重大遗漏；

（二）违规承诺收益或者承担损失；

（三）夸大或者片面宣传理财产品，违规使用安全、保证、承诺、保险、避险、有保障、高收益、无风险等与产品风险收益特性不匹配的表述；

（四）登载单位或者个人的推荐性文字；

（五）在未提供客观证据的情况下，使用“业绩优良”、“名列前茅”、“位居前列”、“最有价值”、“首只”、“最大”、“最好”、“最强”、“唯一”等夸大过往业绩的表述；

（六）其他易使客户忽视风险的情形。

第十四条 理财产品宣传销售文本只能登载商业银行开发设计的该款理财产品或风险等级和结构相同的同类理财产品过往平均业绩及最好、最差业绩，同时应当遵守下列规定：

（一）引用的统计数据、图表和资料应当真实、准确、全面，并注明来源，不得引用未经核实的数据；

（二）真实、准确、合理地表述理财产品业绩和商业银行管理水平；

（三）在宣传销售文本中应当明确提示，产品过往业绩不代表其未来表现，不构成新发理财产品业绩表现的保证。如理财产品宣传销售文本中使用模拟数据的，必须注明模拟数据。

第十五条 理财产品宣传销售文本提及第三方专业机构评价结果的，应当列明第三方专业评价机构名称及刊登或发布评价的渠道与日期。

第十六条 理财产品宣传销售文本中出现表达收益率或收益区间字样的，应当在销售文件中提供科学、合理的测算依据和测算方式，以醒目文字提醒客户，“测算收益不等于实际收益，投资须谨慎”。如不能提供科学、合理的测算依据和测算方式，则理财产品宣传销售文本中不得出现产品收益率或收益区间等类似表述。向客户表述的收益率测算依据和测算方式应当简明、清晰，不得使用小概率事件夸大产品收益率或收益区间，误导客户。

第十七条 理财产品宣传材料应当在醒目位置提示客户，“理财非存款、产品有风险、投资须谨慎”。

第十八条 理财产品销售文件应当包含专页风险揭示书，风险揭示书应当使用通俗易懂的语言，并至少包含以下内容：

（一）在醒目位置提示客户，“理财非存款、产品有风险、投资须谨慎”；

（二）提示客户，“如影响您风险承受能力的因素发生变化，请及时完成风险承受能力评估”；

（三）提示客户注意投资风险，仔细阅读理财产品销售文件，了解理财产品具体情况；

（四）本理财产品类型、期限、风险评级结果、适合购买的客户，并配以示例说明最不利投资情形下的投资结果；

（五）保证收益理财产品风险揭示应当至少包含以下表述：“本理财产品有投资风险，只能保证获得合同明确承诺的收益，您应充分认识投资风险，谨慎投资”；

（六）保本浮动收益理财产品的风险揭示应当至少包含以下表述：“本理财产品有投资风险，只保障理财资金本金，不保证理财收益，您应当充分认识投资风险，谨慎投资”；

（七）非保本浮动收益理财产品的风险揭示应当至少包含以下内容：本理财产品不保证本金和收益，并根据理财产品风险评级提示客户可能会因市场变动而蒙受损失的程度，以及需要充分认识投资风险，谨慎投资等内容；

（八）客户风险承受能力评级，由客户填写；

（九）风险揭示书还应当设计客户风险确认语句抄录，包括确认语句栏和签字栏；确认语句栏应当完整载明的风险确认语句为：“本人已经阅读风险揭示，愿意承担投资风险”，并在此语句下预留足够空间供客户完整抄录和签名确认。

第十九条 理财产品销售文件应当包含专页客户权益须知，客户权益须知应当至少包括以下内容：

（一）客户办理理财产品的流程；

（二）客户风险承受能力评估流程、评级具体含义以及适合购买的理财产品等相关内容；

（三）商业银行向客户进行信息披露的方式、渠道和频率等；

（四）客户向商业银行投诉的方式和程序；

（五）商业银行联络方式及其他需要向客户说明的内容。

第二十条 理财产品销售文件应当载明投资范围、投资资产种类和各投资资产种类的投资比例，并确保在理财产品存续期间按照销售文件约定比例合理浮动。市场发生重大变化导致投资比例暂时超出浮动区间且可能对客户预期收益产生重大影响的，应当及时向客户进行信息披露。商业银行根据市场情况调整投资范围、投资品种或投资比例，应当按照有关规定进行信息披露后方可调整；客户不接受的，应当允许客户按照销售文件的约定提前赎回理财产品。

第二十一条 理财产品销售文件应当载明收取销售费、托管费、投资管理费等相关收费项目、收费条件、收费标准和收费方式。销售文件未载明的收费项目，不得向客户收取。商业银行根据相关法律和国家政策规定，需要对已约定的收费项目、条件、标准和方式进行调整时，应当按照有关规定进行信息披露后方可调整；客户不接受的，应当允许客户按照销售文件的约定提前赎回理财产品。

第二十二条 商业银行应当按照销售文件约定及时、准确地进行信息披露；产品结束或终止时的信息披露内容应当包括但不限于实际投资资产种类、投资品种、投资比例、销售费、托管费、投资管理费和客户收益等。理财产品未达到预期收益的，应当详细披露相关信息。

第二十三条 理财产品名称应当恰当反映产品属性，不得使用带有诱惑性、误导性和承诺性的称谓以及易引发争议的模糊性语言。理财产品名称中含有拟投资资产名称的，拟投资该资产的比例须达到该理财产品规模的50%（含）以上；对挂钩性结构化理财产品，名称中含有挂钩资产名称的，需要在名称中明确所挂钩标的资产占理财资金的比例或明确是用本金投资的预期收益挂钩标的资产。

第四章 理财产品风险评级

第二十四条 商业银行应当采用科学、合理的方法对拟销售的理财产品自主进行风险评级，制定风险管控措施，进行分级审核批准。理财产品风险评级结果应当以风险等级体现，由低到高至少包括五个等级，并可根据实际情况进一步细分。

第二十五条 商业银行应当根据风险匹配原则在理财产品风险评级与客户风险承受能力评估之间建立对应关系；应当在理财产品销售文件中明确提示产品适合销售的客户范围，并在销售系统中设置销售限制措施。

第二十六条 商业银行对理财产品进行风险评级的依据应当包括但不限于以下因素：

（一）理财产品投资范围、投资资产和投资比例；

（二）理财产品期限、成本、收益测算；

（三）本行开发设计的同类理财产品过往业绩；

（四）理财产品运营过程中存在的各类风险。

第五章 客户风险承受能力评估

第二十七条 商业银行应当对客户风险承受能力进行评估，确定客户风险承受能力评级，由低到高至少包括五级，并可根据实际情况进一步细分。

第二十八条 商业银行应当在客户首次购买理财产品前在本行网点进行风险承受能力评估。风险承受能力评估依据至少应当包括客户年龄、财务状况、投资经验、投资目的、收益预期、风险偏好、流动性要求、风险认识以及风险损失承受程度等。商业银行对超过65岁（含）的客户进行风险承受能力评估时，应当充分考虑客户年龄、相关投资经验等因素。商业银行完成客户风险承受能力评估后应当将风险承受能力评估结果告知客户，由客户签名确认后留存。

第二十九条 商业银行应当定期或不定期地采用当面或网上银行方式对客户进行风险承受能力持续评估。超过一年未进行风险承受能力评估或发生可能影响自身风险承受能力情况的客户，再次购买理财产品时，应当在商业银行网点或其网上银行完成风险承受能力评估，评估结果应当由客户签名确认；未进行评估，商业银行不得再次向其销售理财产品。

第三十条 商业银行应当制定本行统一的客户风险承受能力评估书。商业银行应当在客户风险承受能力评估书中明确提示，如客户发生可能影响其自身风险承受能力的情形，再次购买理财产品时应当主动要求商业银行对其进行风险承受能力评估。

第三十一条 商业银行为私人银行客户和高资产净值客户提供理财产品销售服务应当按照本办法规定进行客户风险承受能力评估。私人银行客户是指金融净资产达到600万元人民币及以上的商业银行客户；商业银行在提供服务时，由客户提供相关证明并签字确认。高资产净值客户是满足下列条件之一的商业银行客户：

（一）单笔认购理财产品不少于100万元人民币的自然人；

（二）认购理财产品时，个人或家庭金融净资产总计超过100万元人民币，且能提供相关证明的自然人；

（三）个人收入在最近三年每年超过20万元人民币或者家庭合计收入在最近三年内每年超过30万元人民币，且能提供相关证明的自然人。

第三十二条　商业银行分支机构理财产品销售部门负责人或经授权的业务主管人员应当定期对已完成的客户风险承受能力评估书进行审核。

第三十三条　商业银行应当建立客户风险承受能力评估信息管理系统，用于测评、记录和留存客户风险承受能力评估内容和结果。

第六章　理财产品销售管理

第三十四条　商业银行不得销售无市场分析预测、无风险管控预案、无风险评级、不能独立测算的理财产品，不得销售风险收益严重不对称的含有复杂金融衍生工具的理财产品。

第三十五条　商业银行不得无条件向客户承诺高于同期存款利率的保证收益率；高于同期存款利率的保证收益，应当是对客户有附加条件的保证收益。商业银行向客户承诺保证收益的附加条件可以是对理财产品期限调整、币种转换等权利，也可以是对最终支付货币和工具的选择权利等，承诺保证收益的附加条件所产生的投资风险应当由客户承担，并应当在销售文件明确告知客户。商业银行不得承诺或变相承诺除保证收益以外的任何可获得收益。

第三十六条　商业银行不得将存款单独作为理财产品销售，不得将理财产品与存款进行强制性搭配销售。商业银行不得将理财产品作为存款进行宣传销售，不得违反国家利率管理政策变相高息揽储。

第三十七条　商业银行从事理财产品销售活动，不得有下列情形：

（一）通过销售或购买理财产品方式调节监管指标，进行监管套利；

（二）将理财产品与其他产品进行捆绑销售；

（三）采取抽奖、回扣或者赠送实物等方式销售理财产品；

（四）通过理财产品进行利益输送；

（五）挪用客户认购、申购、赎回资金；

（六）销售人员代替客户签署文件；

（七）中国银监会规定禁止的其他情形。

第三十八条　商业银行应当根据理财产品风险评级、潜在客户群的风险承受能力评级，为理财产品设置适当的单一客户销售起点金额。风险评级为一级和二级的理财产品，单一客户销售起点金额不得低于5万元人民币；风险评级为三级和四级的理财产品，单一客户销售起点金额不得低于10万元人民币；风险评级为五级的理财产品，单一客户销售起点金额不得低于20万元人民币。

第三十九条　商业银行不得通过电视、电台渠道对具体理财产品进行宣传；通过电话、传真、短信、邮件等方式开展理财产品宣传时，如客户明确表示不同意，商业银行不得再通过此种方式向客户开展理财产品宣传。

第四十条　商业银行通过本行网上银行销售理财产品时，应当遵守本办法第二十八条规定；销售过程应有醒目的风险提示，风险确认不得低于网点标准，销售过程应当保留完整记录。

第四十一条　商业银行通过本行电话银行销售理财产品时，应当遵守本办法第二十八条规定；销售人员应当是具有理财从业资格的银行人员，销售过程应当使用统一的规范用语，妥善保管客户信息，履行相应的保密义务。商业银行通过本行电话银行向客户销售理财产品应当征得客户同意，明确告知客户销售的是理财产品，不得误导客户；销售过程的风险确认不得低于网点标准，销售过程应当录音并妥善保存。

第四十二条　商业银行销售风险评级为四级（含）以上理财产品时，除非与客户书面约定，否则应当在商业银行网点进行。

第四十三条　商业银行向私人银行客户销售专门为其设计开发的理财产品或投资组合时，双方应当签订专门的理财服务协议，销售活动可按服务协议约定方式进行，但应当确保销售过程符合相关法律法规规定。

第四十四条　商业银行向机构客户销售理财产品不适用本办法有关客户风险承受能力评估、风险确认语句抄录的相关规定，但应当确保销售过程符合相关法律法规及本办法其他条款规定。商业银行向机构客户销售专门为其设计开发的理财产品，双方应当签订专门的理财服务协议，销售活动可以按服务协议约定方式执行，但应当确保销售过程符合相关法律法规规定。

第四十五条　对于单笔投资金额较大的客户，商业银行应当在完成销售前将包括销售文件在内的认购资料至少报经商业银行分支机构销售部门负责人审核或其授权的业务主管人员审核；单笔金额标准和审核权限，由商业银行根据理财产品特性和本行风险管理要求制定。已经完成销售的理财产品销售文件，应至少报经商业银行分支机构理财产品销售部门负责人或其授权的业务主管人员定期审核。

第四十六条 客户购买风险较高或单笔金额较大的理财产品，除非双方书面约定，否则商业银行应当在划款时以电话等方式与客户进行最后确认；如果客户不同意购买该理财产品，商业银行应当遵从客户意愿，解除已签订的销售文件。风险较高和单笔金额较大的标准，由商业银行根据理财产品特性和本行风险管理要求制定。

第四十七条 商业银行不得将其他商业银行或其他金融机构开发设计的理财产品标记本行标识后作为自有理财产品销售。商业银行代理销售其他商业银行理财产品应当遵守本办法规定，进行充分的风险审查并承担相应责任。

第四十八条 商业银行应当建立异常销售的监控、记录、报告和处理制度，重点关注理财产品销售业务中的不当销售和误导销售行为，至少应当包括以下异常情况：

（一）客户频繁开立、撤销理财账户；

（二）客户风险承受能力与理财产品风险不匹配；

（三）商业银行超过约定时间进行资金划付；

（四）其他应当关注的异常情况。

第七章　销售人员管理

第四十九条 本办法所称销售人员是指商业银行面向客户从事理财产品宣传推介、销售、办理申购和赎回等相关活动的人员。

第五十条 销售人员除应当具备理财产品销售资格以及相关法律法规、金融、财务等专业知识和技能外，还应当满足以下要求：

（一）对理财业务相关法律、法规和监管规定等有充分了解和认识；

（二）遵守监管部门和商业银行制定的理财业务人员职业道德标准或守则；

（三）掌握所宣传销售的理财产品或向客户提供咨询顾问意见所涉及理财产品的特性，对有关理财产品市场有所认识和理解；

（四）具备相应的学历水平和工作经验；

（五）具备监管部门要求的行业资格。

第五十一条 销售人员从事理财产品销售活动，应当遵循以下原则：

（一）勤勉尽职原则。销售人员应当以对客户高度负责的态度执业，认真履行各项职责。

（二）诚实守信原则。销售人员应当忠实于客户，以诚实、公正的态度、合法的方式执业，如实告知客户可能影响其利益的重要情况和理财产品风险评级情况。

（三）公平对待客户原则。在理财产品销售活动中发生分歧或矛盾时，销售人员应当公平对待客户，不得损害客户合法权益。

（四）专业胜任原则。销售人员应当具备理财产品销售的专业资格和技能，胜任理财产品销售工作。

第五十二条 销售人员在向客户宣传销售理财产品时，应当先做自我介绍，尊重客户意愿，不得在客户不愿或不便的情况下进行宣传销售。

第五十三条 销售人员在为客户办理理财产品认购手续前，应当遵守本办法规定，特别注意以下事项：

（一）有效识别客户身份；

（二）向客户介绍理财产品销售业务流程、收费标准及方式等；

（三）了解客户风险承受能力评估情况、投资期限和流动性要求；

（四）提醒客户阅读销售文件，特别是风险揭示书和权益须知；

（五）确认客户抄录了风险确认语句。

第五十四条 销售人员从事理财产品销售活动，不得有下列情形：

（一）在销售活动中为自己或他人牟取不正当利益，承诺进行利益输送，通过给予他人财物或利益，或接受他人给予的财物或利益等形式进行商业贿赂；

（二）诋毁其他机构的理财产品或销售人员；

（三）散布虚假信息，扰乱市场秩序；

（四）违规接受客户全权委托，私自代理客户进行理财产品认购、申购、赎回等交易；

（五）违规对客户做出盈亏承诺，或与客户以口头或书面形式约定利益分成或亏损分担；

（六）挪用客户交易资金或理财产品；

（七）擅自更改客户交易指令；

（八）其他可能有损客户合法权益和所在机构声誉的行为。

第五十五条 商业银行应当向销售人员提供每年不少于20小时的培训，确保销售人员掌握理财业务监管政策、规章制度，熟悉理财产品宣传销售文本、产品风险特性等专业知识。培训记录应当详细记载培训要求、方式、时间及考核结果等，未达到培训要求的销售人员应当暂停从事理财产品销售活动。

第五十六条　商业银行应当建立健全销售人员资格考核、继续培训、跟踪评价等管理制度，不得对销售人员采用以销售业绩作为单一考核和奖励指标的考核方法，并应当将客户投诉情况、误导销售以及其他违规行为纳入考核指标体系。商业银行应当对销售人员在销售活动中出现的违规行为进行问责处理，将其纳入本行人力资源评价考核系统，持续跟踪考核。对于频繁被客户投诉、查证属实的销售人员，应当将其调离销售岗位；情节严重的应当按照本办法规定承担相应法律责任。

第八章　销售内控制度

第五十七条　商业银行董事会和高级管理层应当充分了解理财产品销售可能存在的合规风险、操作风险、法律风险、声誉风险等，密切关注理财产品销售过程中各项风险管控措施的执行情况，确保理财产品销售的各项管理制度和风险控制措施体现充分了解客户和符合客户利益的原则。

第五十八条　商业银行应当明确规定理财产品销售的管理部门，根据国家有关法律法规及销售业务的性质和自身特点建立科学、透明的理财产品销售管理体系和决策程序，高效、严谨的业务运营系统，健全、有效的内部监督系统，以及应急处理机制。

第五十九条　商业银行应当建立包括理财产品风险评级、客户风险承受能力评估、销售活动风险评估等在内的科学严密的风险管理体系和内部控制制度，对内外部风险进行识别、评估和管理，规范销售行为，确保将合适的产品销售给合适的客户。

第六十条　商业银行应当建立健全符合本行情况的理财产品销售授权控制体系，加强对分支机构的管理，有效控制分支机构的销售风险。授权管理应当至少包括：

（一）明确规定分支机构的业务权限；

（二）制定统一的标准化销售服务规程，提高分支机构的销售服务质量；

（三）统一信息技术系统和平台，确保客户信息的有效管理和客户资金安全；

（四）建立清晰的报告路线，保持信息渠道畅通；

（五）加强对分支机构的监督管理，采取定期核对、现场核查、风险评估等方式有效控制分支机构的风险。

第六十一条　商业银行应当建立理财产品销售业务账户管理制度，确保各类账户的开立和使用符合法律法规和相关监管规定，保障理财产品销售资金的安全和账户的有序管理。

第六十二条　商业银行应当制定理财产品销售业务基本规程，对开户、销户、资料变更等账户类业务，认购、申购、赎回、转换等交易类业务做出规定。

第六十三条　商业银行应当建立全面、透明、快捷和有效的客户投诉处理体系，具体应当包括：

（一）有专门的部门受理和处理客户投诉；

（二）建立客户投诉处理机制，至少应当包括投诉处理流程、调查程序、解决方案、客户反馈程序、内部反馈程序等；

（三）为客户提供合理的投诉途径，确保客户了解投诉的途径、方法及程序，采用本行统一标准，公平和公正地处理投诉；

（四）向社会公布受理客户投诉的方式，包括电话、邮件、信函以及现场投诉等并公布投诉处理规则；

（五）准确记录投诉内容，所有投诉应当保留记录并存档，投诉电话应当录音；

（六）评估客户投诉风险，采取适当措施，及时妥善处理客户投诉；

（七）定期根据客户投诉总结相关问题，形成分析报告，及时发现业务风险，完善内控制度。

第六十四条　商业银行应当依法建立客户信息管理制度和保密制度，防范客户信息被不当使用。

第六十五条　商业银行应当建立文档保存制度，妥善保存理财产品销售环节涉及的所有文件、记录、录音等相关资料。

第六十六条　商业银行应当具备与管控理财产品销售风险相适应的技术支持系统和后台保障能力，尽快建立完整的销售信息管理系统，设置必要的信息管理岗位，确保销售管理系统安全运行。

第六十七条　商业银行应当建立和完善理财产品销售质量控制制度，制定实施内部监督和独立审核措施，配备必要的人员，对本行理财产品销售人员的操守资质、服务合规性和服务质量等进行内部调查和监督。内部调查应当采用多样化的方式进行。对理财产品销售质量进行调查时，内部调查监督人员还应当亲自或委托适当的人员，以客户身份进行调查。

内部调查监督人员应当在审查销售服务记录、合同和其他材料等基础上，重点检查是否存在不当销售的情况。

第九章 监督管理

第六十八条 中国银监会及其派出机构根据审慎监管要求，对商业银行理财产品销售活动进行非现场监管和现场检查。

第六十九条 商业银行销售理财产品实行报告制，报告期间，不得对报告的理财产品开展宣传销售活动。商业银行总行或授权分支机构开发设计的理财产品，应当由商业银行总行负责报告，报告材料应当经商业银行主管理财业务的高级管理人员审核批准。商业银行总行应当在销售前10日，将以下材料向中国银监会负责法人机构监管的部门或属地银监局报告（外国银行分行参照执行）：

（一）理财产品的可行性评估报告，主要内容包括：产品基本特性、目标客户群、拟销售时间和规模、拟销售地区、理财资金投向、投资组合安排、资金成本与收益测算、含有预期收益率的理财产品的收益测算方式和测算依据、产品风险评估及管控措施等；

（二）内部审核文件；

（三）对理财产品投资管理人、托管人、投资顾问等相关方的尽职调查文件；

（四）与理财产品投资管理人、托管人、投资顾问等相关方签署的法律文件；

（五）理财产品销售文件，包括理财产品销售协议书、理财产品说明书、风险揭示书、客户权益须知等；

（六）理财产品宣传材料，包括银行营业网点、银行官方网站和银行委托第三方网站向客户提供的理财产品宣传材料，以及通过各种媒体投放的产品广告等；

（七）报告材料联络人的具体联系方式；

（八）中国银监会及其派出机构要求的其他材料。

商业银行向机构客户和私人银行客户销售专门为其开发设计的理财产品不适用本条规定。

第七十条 商业银行分支机构应当在开始发售理财产品之日起5日内，将以下材料向所在地中国银监会派出机构报告：

（一）总行理财产品发售授权书；

（二）理财产品销售文件，包括理财产品协议书、理财产品说明书、风险揭示书、客户权益须知等；

（三）理财产品宣传材料，包括银行营业网点、银行官方网站和银行委托第三方网站向客户提供的产品宣传材料，以及通过各种媒体投放的产品广告等；

（四）报告材料联络人的具体联系方式；

（五）中国银监会及其派出机构要求的其他材料。

商业银行向机构客户和私人银行客户销售专门为其开发设计的理财产品不适用本条规定。

第七十一条 商业银行应当确保报告材料的真实性和完整性。报告材料不齐全或者不符合形式要求的，应当按照中国银监会或其派出机构的要求进行补充报送或调整后重新报送。

第七十二条 商业银行理财业务有下列情形之一的，应当及时向中国银监会或其派出机构报告：

（一）发生群体性事件、重大投诉等重大事件；

（二）挪用客户资金或资产；

（三）投资交易对手或其他信用关联方发生重大信用违约事件，可能造成理财产品重大亏损；

（四）理财产品出现重大亏损；

（五）销售中出现的其他重大违法违规行为。

第七十三条 商业银行应当根据中国银监会的规定对理财产品销售进行月度、季度和年度统计分析，报送中国银监会及其派出机构。商业银行应当在每个会计年度结束时编制本年度理财业务发展报告，应当至少包括销售情况、投资情况、收益分配、客户投诉情况等，于下一年度2月底前报送中国银监会及其派出机构。

第十章 法律责任

第七十四条 商业银行违反本办法规定开展理财产品销售的，中国银监会或其派出机构责令限期改正，情节严重或者逾期不改正的，中国银监会或其派出机构可以区别不同情形，根据《中华人民共和国银行业监督管理法》第三十七条规定采取相应监管措施。

第七十五条 商业银行开展理财产品销售业务有下列情形之一的，由中国银监会或其派出机构责令限期改正，除按照本办法第七十四条规定采取相关监管措施外，还可以并处二十万以上五十万元以下罚款；涉嫌犯罪的，依法移送司法机关：

（一）违规开展理财产品销售造成客户或银行重大经济损失的；

（二）泄露或不当使用客户个人资料和交易记录造成严重后果的；

（三）挪用客户资产的；

（四）利用理财业务从事洗钱、逃税等违法犯罪活动的；

（五）其他严重违反审慎经营规则的。

第七十六条 商业银行违反法律、行政法规以及国家有关银行业监督管理规定的，中国银监会或其派出机构除依照本办法第七十四条和第七十五条规定处理外，还可以区别不同情形，按照《中华人民共和国银行业监督管理法》第四十八条规定采取相应监管措施。

第十一章 附 则

第七十七条 本办法中的“日”指工作日。

第七十八条 农村合作银行、城市信用社、农村信用社等其他银行业金融机构开展理财产品销售业务，参照本办法执行。

第七十九条 本办法由中国银监会负责解释。

第八十条 本办法自2012年1月1日起施行。

关于调整节能汽车推广补贴政策的通知

各省、自治区、直辖市、计划单列市财政厅（局）、发展改革委、工业和信息化主管部门，有关企业：

自2010年6月1日财政部、国家发展改革委、工业和信息化部启动节能汽车推广工作以来，我国节能汽车市场占有率大幅提升，节能汽车技术进步明显加快。为继续引导和鼓励汽车生产企业加大节能技术研发投入，促进产品结构优化升级，逐步降低油耗水平，根据行业节能技术进步、油耗标准推进等情况，财政部、国家发展改革委、工业和信息化部报经国务院批准同意，决定对现行节能汽车推广补贴政策进行调整。现将调整有关事项通知如下：

整车整备质量（CM）Kg	具有两排及以下座椅且装有手动挡变速器的车辆 L/100km	具有三排或三排以上座椅或装有非手动挡变速器的车辆 L/100km
CM≤750	4.8	5.2
750<CM≤865	5.1	5.4
865<CM≤980	5.3	5.7
980<CM≤1090	5.6	6.0
1090<CM≤1205	6.0	6.3
1205<CM≤1320	6.3	6.6
CM>1320	6.7	6.9

一、现行节能汽车推广补贴政策执行到2011年9月30日。推广企业要认真总结2010年6月1日—2011年9月30日推广情况，编制补贴资金清算报告，于2011年10月31日前由省级财政部门会同发展改革委、工业和信息化主管部门审核后上报财政部。财政部、国家发展改革委、工业和信息化部将组织专项核查并根据核查情况对补贴资金进行清算。

二、从2011年10月1日起实施新的节能汽车推广补贴政策。

（一）推广车辆要达到产品综合燃料消耗量标准，具体限值如下：

（二）推广补贴标准不变，即对消费者购买节能汽车继续给予一次性3000元定额补助，由生产企业在销售时兑付给购买者。

（三）其他有关事项按《“节能产品惠民工程”节能汽车（1.6升及以下乘用车）推广实施细则》（财建[2010]219号）执行。有关核查工作暂按《“节能产品惠民工程”节能汽车（1.6升及以下乘用车）推广专项核查办法》（工信部联装[2010]566号）执行。

请各地和有关推广企业认真做好节能汽车推广补贴政策调整的宣传、解释和执行工作，确保推广工作顺利进行。

财 政 部
国家发展改革委
工业和信息化部
二〇一一年九月七日

绿色能源示范县建设补助资金管理暂行办法

财政部　能源局　农业部　财建〔2011〕113号

第一章　总　　则

第一条　为利用可再生能源改善农村生活用能，推进农村能源清洁化和现代化，国家将安排资金支持绿色能源示范县建设。为规范绿色能源示范县建设财政补助资金（以下简称示范补助资金）管理，根据《中华人民共和国可再生能源法》及有关规定，特制定本办法。

第二条　本办法所称绿色能源是指生物质能、太阳能、风能、地热能、水能等可再生能源；绿色能源示范县是指经国家能源局、财政部和农业部共同认定、以开发利用绿色能源为主要方式解决或改善农村生活用能的县（市）。

第三条　示范补助资金由财政预算安排，按照“政府引导、市场运作、县级统筹、绩效挂钩”的原则使用管理。

第二章　支持范围及条件

第四条　中央财政示范补助资金支持范围及用途主要包括：

（一）沼气集中供气工程。指利用畜禽粪便、农作物秸秆等废弃生物质资源制取沼气的项目，单个项目沼气发酵装置池容350立方米以上，年产量10万立方米以上，原则上集中供应居民生活燃气150户及以上。示范补助资金重点支持沼气提纯处理设施、储气罐、输送管网建设。

（二）生物质气化工程。指利用农作物秸秆、林业废弃物和农林产品加工剩余物等废弃生物质资源制取燃气，可同时产炭或发电等多联产能源产品的气化项目，单个项目原则上集中供应居民生活燃气200户及以上。示范补助资金重点支持燃气清洁净化处理设施、储气罐及输送管网建设。

（三）生物质成型燃料工程。指利用农作物秸秆、林业废弃物和农林产品加工剩余物制成成型燃料的固化成型项目，单个项目年产能在5000吨及以上，原则上用于1000户及以上的农户炊事采暖及医院、学校、政府机关、孤儿院、幼儿园、养老院等公共机构供热采暖。示范补助资金重点支持生物质炊事采暖炉具购置，生物质生活用锅炉、炕具及灶具改造。

（四）其他可再生能源开发利用工程。采用适合当地资源条件的新技术、新产品，开发利用其他可再生能源工程（水能等传统能源除外）。

（五）农村能源服务体系。建立健全覆盖县、乡、村三级的现代农村能源服务网络，满足当地农村能源发展需要，示范补助资金重点支持能源资源评估、技术指导、宣传培训、考核验收等与绿色能源示范县建设直接相关活动。

已享受其他财政补助政策的项目，不纳入本办法支持范围。

第五条　申请示范补助资金的项目必须符合以下条件：

（一）项目已纳入绿色能源示范县建设实施方案，并在3年内建成；

（二）具备较好的项目建设条件，前期准备工作基本就绪，建设方案经过主管部门审核；

（三）项目技术工艺及产品质量符合农业部《绿色能源示范县技术管理暂行办法》要求；

（四）项目业主原则上为独立法人单位，注册资本金不少于300万元。项目业主单位财务管理制度完善、银行信用良好，并按市场化原则建设和运作项目。

第六条　申请示范补助资金的绿色能源示范县必须满足以下条件：

（一）符合《国家能源局关于推荐绿色能源县的通知》（国能新能〔2009〕343号）规定的基本条件和基本要求，且示范建设期内达到《绿色能源县评价暂行办法》规定的总体预期目标（评价指标）。

（二）示范建设期内中央财政支持项目（不含可再生能源建筑应用项目）必须达到的具体预期目标主要为：新增绿色能源生产能力超过5万吨标准煤；新增绿色能源用户2万户及以上；畜禽粪便和农林废弃物能源化利用率提高10个百分点及以上；农作物秸秆资源综合利用率达到80%以上。

第七条　绿色能源示范县要加快推进可再生能源建筑应用，包括在农村中小学推行太阳能浴室，实施太阳能、浅层地能采暖工程，利用浅层地能热泵等技术解决中小学采暖需求，建设太阳房，利用被动式太阳能采暖技术为教室供暖；在县城（镇）、农村居民住宅以及卫生院等公共建筑中实施可再生能源建筑一体化应用项目。具备条件的绿色能源示范县要一并编制可再生能源建筑应用实施工作方案，补助资金的申请、拨付及管理等具体事项，按照财政部、住房城乡建设部《关于印发加快农村地区可再生能源建筑应用的实施方案的通知》（财建〔2009〕306号）和《关于加强可再生能源建筑应用城市示范和农村地区县级示范管理的通知》（财建〔2010〕455号）的规定执行，对符合条件的绿色能源示范县予以优先支持。

第三章　补助方式与标准

第八条　中央财政对符合支持范围及条件的绿色能源示范县给予适当补助。示范补助资金（不含可再生能源建筑应用补助资金）规模根据各县符合支持方向的示范项目实际完成投资、新增绿色能源生产能力及用户数量等相关因素综合确定。

第九条　中央财政示范补助资金要与地方安排的补助资金统筹使用，可采取财政补贴、以奖代补、贷款贴息等补助方式支持示范项目建设。具体补助标准由地方综合考虑项目建设内容、投资规模、企业自筹资金等因素自行确定。

第十条　中央财政示范补助资金可安排用于能源服务体系建设，资金额度应控制在中央财政示范补助资金总额的5%以内。

第十一条　地方财政要安排相应资金予以支持，增强示范项目建设的可持续性，发挥和放大示范效应。具体补助资金规模和负担方式由地方视财力自行确定。地方财政支持情况将作为审核示范县实施方案和中央财政安排补助资金的因素之一。

第四章　资金下达与管理

第十二条　县级能源主管部门会同财政、农业（农村能源主管部门）等有关部门编制绿色能源示范县建设实施方案（编写提纲见附1），经由省级能源、财政和农业（农村能源主管部门）等有关部门审核后，联合上报国家能源局、财政部和农业部。

第十三条　国家能源局、财政部和农业部组织专家对绿色能源示范县建设实施方案进行评审并予以批复。批复的实施方案，将作为绿色能源示范县实施建设和考核验收的主要依据。

第十四条　根据批复的绿色能源示范县实施方案，对符合支持条件且有能力达到规定目标的示范县，中央财政综合考虑年度建设计划、项目投资规模以及中央财政预算安排等因素，分期分批向省级财政部门下达示范补助资金，其中：实施方案启动后拨付1/3；中期评估通过后再拨付1/3；实施方案完成并通过目标考核后再拨付剩余资金。对建设进度较慢的示范县，将视情况缓拨或停拨示范补助资金；对未达到规定目标的示范县，将相应扣减示范补助资金。

第十五条　地方财政部门商能源、农业（农村能源主管部门）等有关主管部门，根据项目实施情况及实际进度，将地方财政安排资金和中央财政示范补助资金及时拨付给项目单位或用户，并在年度结束后1个月内填制《绿色能源示范县财政补助资金安排使用情况表》（格式见附2），逐级上报财政部。同时，督促项目单位及时足额落实自筹资金。

第十六条　示范建设期结束后1个月内，县级能源主管部门会同财政、农业（农村能源主管部门）等有关部门编制绿色能源示范县建设总结报告。省级能源主管部门会同财政、农业（农村能源主管部门）等有关部门依据批复的实施方案组织验收，将有关验收报告报国家能源局、财政部和农业部。省级财政部门根据验收结果对示范补助资金进行据实清算，并将有关资金清算情况及时报财政部备案。

第五章　监管与考核

第十七条　纳入绿色能源示范县建设范畴且享受财政补助的项目，要严格按照批复的实施方案进行，不得随意调整。如确需调整的，须按规定程序报批。

第十八条　享受财政补助的示范项目单位要建立项目建设和资金管理台账，定期向县级能源、财政和农业（农村能源主管部门）等有关部门报告项目进展及资金使用等有关情况，并对上报信息的真实性、准确性负责。

第十九条 地方能源主管部门要会同财政、农业（农村能源主管部门）等有关部门加强对示范项目质量与进度、投资资金到位及财政资金使用等情况的跟踪、检查和监督，按规定进行绩效考评，确保资金使用规范、安全、有效。

第二十条 国家能源局会同财政部、农业部依据批复的示范县实施方案，组织对绿色能源示范县项目抽查、中期评估、目标考核和总体评价。

第二十一条 示范补助资金必须专款专用，任何单位不得以任何理由、任何形式套取、截留、挪用。对弄虚作假、骗取财政补助资金的示范县、项目单位和个人，除追缴扣回财政补助资金、取消示范项目资格和示范县资格外，还应追究相关人员的责任；对违反规定的地方有关部门，按照《财政违法行为处罚处分条例》（国务院令第427号）等有关规定进行处理。

第六章 附　则

第二十二条 各地要根据本办法规定和本地实际情况，制定具体实施细则，及时报财政部、国家能源局和农业部备案。

第二十三条 本办法由财政部会同国家能源局、农业部负责解释。

第二十四条 本办法自印发之日起施行。

物联网发展专项资金管理暂行办法

财政部　工业和信息化部　　财企〔2011〕64号

第一章 总　则

第一条 为了促进我国物联网健康发展，充分发挥财政资金的引导和扶持作用，规范物联网发展专项资金（以下简称专项资金）的管理，根据财政预算管理规定，特制定本办法。

第二条 专项资金是由中央财政预算安排，用于支持物联网研发、应用和服务等方面的专项资金。

第三条 专项资金的使用突出支持企业自主创新，体现以企业为主体、市场为导向、产学研用相结合的技术创新战略，符合国家宏观经济政策、产业政策和区域发展政策，坚持公开、公正、公平的原则，确保专项资金的规范、安全和高效使用。专项资金鼓励和支持企业以产业联盟组织形式开展物联网研发及应用活动。

第四条 专项资金由财政部、工业和信息化部各司其职，各负其责，共同管理。

财政部负责专项资金的预算管理、项目资金分配和资金拨付，并对专项资金的使用情况进行监督检查。

工业和信息化部负责确定专项资金的年度支持方向和支持重点，会同财政部组织项目评审，确定项目支持计划，并对项目实施情况进行监督检查。

第二章 支持范围与方式

第五条 专项资金的支持范围包括物联网的技术研发与产业化、标准研究与制订、应用示范与推广、公共服务平台等方面的项目。

第六条 项目申报单位应当具备以下资格条件：

（一）在中华人民共和国境内注册的独立法人；

（二）财务管理制度健全，会计信用和纳税信用良好；

（三）财务状况良好，具备承担项目的财务投资能力；

（四）专业技术人员不少于15人，其中高级职称不少于5人；

（五）拥有相应的专利、软件著作权或省部级以上认定的科技成果等研发成果，以及具有相应的市场应用基础。

第七条 项目申报单位应同时提供下列资料：

（一）法人执照副本及章程（复印件并加盖单位

公章）；

（二）项目可行性研究报告；

（三）经会计师事务所审计的上一年度会计报表和审计报告（复印件并加盖单位公章）；

（四）相应的专利、软件著作权或省部级以上认定的科技成果等证明材料，以及已开展的市场应用方面的证明材料（复印件并加盖单位公章）；

（五）其他需提供的资料。

第八条 专项资金的支持采用无偿资助或贷款贴息方式。申请专项资金的项目原则上只采用一种支持方式。

无偿资助方式主要支持以自有资金为主投入的项目，贷款贴息方式主要支持以银行贷款为主投入的项目。原则上，技术研发、标准研究与制订、公共服务平台类项目，以无偿资助方式为主；产业化、应用示范与推广类项目以贷款贴息方式为主。

第九条 无偿资助额度或贷款贴息比例，由财政部根据专项资金年度预算安排及年度项目指南确定。

第十条 已通过其他渠道获取财政资金支持的项目，专项资金不再予以支持。

第三章 专项资金的申请与审核

第十一条 专项资金采取项目管理方式。工业和信息化部会同财政部根据国家宏观经济政策、产业政策以及行业发展规划，组织研究编制年度项目指南，明确专项资金年度支持方向和支持重点。

第十二条 省级工业和信息化主管部门应会同同级财政部门根据年度项目指南，组织做好本地区项目的初审工作。

第十三条 省级财政部门应会同同级工业和信息化主管部门依据项目初审意见，将审核汇总后的项目推荐名单和申请材料上报财政部与工业和信息化部。

第十四条 中央管理企业直接向财政部与工业和信息化部申报，中央部门（单位）所属企业通过归口管理部门申报。

第十五条 工业和信息化部会同财政部建立专家评审机制，组织技术、财务、市场等方面的专家对申报项目进行评审或委托专业咨询机构进行评估。

第十六条 工业和信息化部会同财政部依据专家评审意见或专业咨询机构评估意见，研究提出年度项目支持意见。

第十七条 财政部根据年度项目支持意见，确定项目资金及支持方式，下达专项资金预算指标，并根据规定及时拨付资金。

第十八条 项目承担单位收到专项资金后，按国家统一的财务会计制度规定处理。

第四章 监督检查

第十九条 各级财政部门与同级工业和信息化主管部门应加强对专项资金使用情况和项目实施情况的监督检查，对专项资金使用情况和项目实施进展情况采取定期或不定期检查。

第二十条 中央级项目承担单位应在项目完成后3个月内向财政部、工业和信息化部报送项目完成情况及专项资金的使用情况；地方级项目承担单位应在项目完成后3个月内向省级财政部门与工业和信息化主管部门报送项目完成情况及专项资金的使用情况；省级财政部门会同同级工业和信息化主管部门于项目完成后6个月内向财政部、工业和信息化部报送项目完成情况及专项资金使用情况的总结报告。

第二十一条 对弄虚作假骗取专项资金、不按规定用途使用专项资金的单位，财政部依据《财政违法行为处罚处分条例》（国务院令第427号）的有关规定进行处罚，并取消三年内的申报资格。项目因故中止（不可抗力因素除外），财政部将收回全部或部分专项资金。

第五章 附 则

第二十二条 省级财政部门与工业和信息化主管部门可根据本地实际情况，比照本办法制定具体的实施办法。

第二十三条 本办法由财政部会同工业和信息化部负责解释。

第二十四条 本办法自印发之日起施行

淘汰落后产能中央财政奖励资金管理办法

财政部　工业和信息化部　能源局　　财建〔2011〕180号

第一章　总　　则

第一条　根据国务院节能减排工作部署和《国务院关于进一步加强淘汰落后产能工作的通知》（国发〔2010〕7号）、《国务院办公厅转发环境保护部等部门关于加强重金属污染防治工作指导意见的通知》（国办发〔2010〕61号）以及国务院制订的钢铁、有色金属、纺织行业等产业调整和振兴规划等文件要求，"十二五"期间，中央财政将继续安排专项资金，对经济欠发达地区淘汰落后产能工作给予奖励（以下简称奖励资金）。为规范奖励资金管理，提高资金使用效益，特制订本办法。

第二条　企业要切实承担起淘汰落后产能的主体责任，严格遵守节能、环保、质量、安全等法律法规，主动淘汰落后产能；地方政府要切实负担起本行政区域内淘汰落后产能工作的职责，依据有关法律、法规和政策组织督促企业淘汰落后产能。

第三条　本办法适用行业为国务院有关文件规定的电力、炼铁、炼钢、焦炭、电石、铁合金、电解铝、水泥、平板玻璃、造纸、酒精、味精、柠檬酸、铜冶炼、铅冶炼、锌冶炼、制革、印染、化纤以及涉及重金属污染的行业。

第二章　奖励条件和标准

第四条　奖励资金支持淘汰的落后产能项目必须具备以下条件：

1.满足奖励门槛要求。奖励门槛依据国家相关文件、产业政策等确定，并根据国家产业政策、产业结构调整等情况逐步提高，2011年－2013年的奖励门槛详见附1。

2.相关生产线和设备型号与项目批复等有效证明材料相一致，必须在当年拆除或废毁，不得转移。

3.近3年处于正常生产状态（根据企业纳税凭证、电费清单、生产许可证等确定），如年均实际产量比项目批复生产能力少20%以上，落后产能按年均实际产量确定。

4.所属企业相关情况与项目批复、工商营业执照、生产许可证等有效证明材料相一致。

5.经整改环保不达标，规模较小的重金属污染企业应整体淘汰。

6.未享受与淘汰落后产能相关的其他财政资金支持。

第五条　中央财政根据年度预算安排、地方当年淘汰落后产能目标任务、上年度目标任务实际完成和资金安排使用情况等因素安排奖励资金。对具体项目的奖励标准和金额由地方根据本办法要求和当地实际情况确定。

第三章　资金安排和使用

第六条　每年3月底前，省级财政会同工业和信息化、能源主管部门根据省级人民政府批准上报的本年度重点行业淘汰落后产能年度目标任务及计划淘汰落后产能企业名单，提出计划淘汰且符合奖励条件的落后产能规模、具体企业名单以及计划淘汰的主要设备等，联合上报财政部、工业和信息化部、国家能源局。中央企业按属地原则上报，同等享受奖励资金支持。

第七条　财政部、工业和信息化部、国家能源局审核下达奖励资金预算。

第八条　各地区要积极安排资金支持淘汰落后产能，与中央奖励资金一并使用。

第九条　省级财政部门会同工业和信息化、能源主管部门，根据中央财政下达的奖励资金预算，制定切实可行的资金使用管理办法和资金分配方案，按规定审核下达和拨付奖励资金。

第十条　奖励资金必须专项用于淘汰落后产能企业职工安置、企业转产、化解债务等淘汰落后产能相关支出，不得用于平衡地方财力。

第十一条　奖励资金由地方统筹安排使用，但必须坚持以下原则：

1.支持的淘汰落后产能项目须符合本办法第四条和第五条规定。

2.优先支持淘汰落后产能企业职工安置，妥善安置职工后，剩余资金再用于企业转产、化解债务等相关支出。

3.优先支持淘汰落后产能任务重、职工安置数量多和困难大的企业，主要是整体淘汰企业。

4.优先支持通过兼并重组淘汰落后产能的企业。

第四章　监督管理

第十二条　每年12月底前，各地区要按照《关于印发淘汰落后产能工作考核实施方案的通知》（工信部联产业〔2011〕46号）要求，对落后产能实际淘汰情况进行现场检查和验收，出具书面验收意见，并在省级人民政府网站或当地主流媒体上向社会公告本地区已完成淘汰落后产能任务的企业名单。

次年2月底前，省级财政、工业和信息化、能源等部门要将奖励资金安排和使用情况（详见附2）、落后产能实际淘汰情况和书面验收意见等上报财政部、工业和信息化部、国家能源局。同时，要将使用中央财政奖励资金的企业基本情况、录像、图片等相关资料整理成卷，以备检查。

第十三条　工业和信息化部、国家能源局、财政部组织对地方落后产能实际淘汰、奖励资金安排使用等情况进行专项检查。

第十四条　对有下列情形的，各级财政部门应扣回相关奖励资金，情节严重的，按照《财政违法行为处罚处分条例》（国务院令第427号）规定，依法追究有关单位和人员责任。

（一）提供虚假材料，虚报冒领奖励资金的；

（二）转移淘汰设备，违规恢复生产的；

（三）重复申报淘汰落后产能项目的；

（四）出具虚假报告和证明材料的。

第十五条　对未完成淘汰落后产能任务及未按规定安排使用奖励资金的地方，财政部将收回相关奖励资金，情节严重的，将对项目所在市县给予通报批评、暂停中央财政淘汰落后产能奖励资金申请资格等处罚，并依法追究有关单位和人员责任。

第十六条　各级财政部门应结合当地实际情况，可采取先淘汰后奖励、先制定职工安置方案后安排资金、按落后产能淘汰进度拨付资金等方式，加强资金监督管理，确保奖励资金的规范性、安全性和有效性。

第五章　附　　则

第十七条　本办法由财政部、工业和信息化部、国家能源局负责解释，各省（区、市）要依据本办法和当地实际情况制订实施细则，明确奖励资金安排原则、支持重点、支持标准等，报财政部、工业和信息化部、国家能源局备案。

第十八条　本办法自印发之日起实施，同时《淘汰落后产能中央财政奖励资金管理暂行办法》（财建〔2007〕873号）废止。

地方国有资产监管工作指导监督办法

国务院国有资产监督管理委员会令 第　25　号

第一章　总　　则

第一条　为加强对地方国有资产监管工作的指导和监督，保障地方国有资产监管工作规范有序进行，根据《中华人民共和国企业国有资产法》、《企业国有资产监督管理暂行条例》等法律、行政法规，制定本办法。

第二条　国务院国有资产监督管理机构指导监督地方国有资产监管工作，省（自治区、直辖市）和市（地）级政府国有资产监督管理机构指导监督本地区国有资产监管工作，适用本办法。

第三条　本办法所称指导监督，是指上级国有资产监督管理机构依照法律法规规定，对下级政府国有资产监管工作实施的依法规范、引导推进、沟通交流、督促检查等相关活动。

第四条 指导监督工作应当遵循下列原则：

（一）坚持国有资产属于国家所有原则，落实国有资产监管责任，保障国有资产监管政策法规的贯彻实施。

（二）坚持中央和地方政府分别代表国家履行出资人职责原则，各级国有资产监督管理机构作为本级政府的直属特设机构，应当根据授权，按照法定职责和程序开展指导监督工作。上级国有资产监督管理机构应当尊重和维护下级国有资产监督管理机构的出资人权利，不得代替或者干预下级国有资产监督管理机构履行出资人职责，不得干预企业经营自主权。

（三）坚持政企分开、政府的社会公共管理职能与国有资产出资人职能分开的原则，完善经营性国有资产管理和国有企业监管体制机制，鼓励地方积极探索国有资产监管和运营的有效途径和方式。

（四）坚持依法合规原则，加强分类指导，突出监督重点，增强地方国有资产监管工作的规范性和有效性。

第五条 国务院国有资产监督管理机构依照法律和行政法规规定，起草国有资产监督管理的法律法规草案，制定有关规章、制度，指导规范各级地方国有资产监管工作。

各级地方国有资产监督管理机构可以根据本地区实际，依照国有资产监管法律法规、规章和规范性文件规定，制定实施办法，指导规范本地区国有资产监管工作。

第六条 国有资产监管工作中的具体事项实行逐级指导监督。国务院国有资产监督管理机构应当加强对省级政府国有资产监督管理机构的具体业务指导监督；省级政府国有资产监督管理机构应当加强对市（地）级政府国有资产监督管理机构的具体业务指导监督；市（地）级政府国有资产监督管理机构应当加强对县级政府国有资产监管工作的具体业务指导监督。

市（地）级、县级政府尚未单独设立国有资产监督管理机构的，上一级国有资产监督管理机构应当建立与下级政府承担国有资产监管职责的部门、机构的指导监督工作联系制度。

第七条 上级国有资产监督管理机构制定国有资产监管规章、制度，开展指导监督工作，应当充分征求下级国有资产监督管理机构的意见和建议，加强与下级国有资产监督管理机构的沟通交流。

第二章 指导监督工作机制

第八条 各级国有资产监督管理机构应当根据指导监督职责，明确指导监督的分工领导和工作机制，加强指导监督工作的统筹协调，及时研究和汇总本地区指导监督工作中的重大事项和综合情况。

第九条 各级国有资产监督管理机构之间应当加强纵向沟通协调，健全完善上下联动、规范有序、全面覆盖的指导监督工作体系，加强指导监督工作制度建设，建立健全日常信息沟通交流平台。

第三章 指导监督工作事项

第十条 上级国有资产监督管理机构依法对下列地方国有资产监管工作进行指导和规范：

（一）国有资产管理体制和制度改革完善；

（二）国有资产监督管理机构履行出资人职责；

（三）国有企业改革发展；

（四）国有经济布局和结构调整；

（五）国有资产基础管理；

（六）其他需要指导规范的事项。

第十一条 上级国有资产监督管理机构应当加强与下级政府的沟通协调，依照《企业国有资产监督管理暂行条例》有关规定，对下级国有资产监督管理机构的机构设置、职责定位、监管范围以及制度建设等情况进行调研指导。

第十二条 上级国有资产监督管理机构应当指导下级国有资产监督管理机构依法规范履行出资人职责，建立健全业绩考核、财务预决算管理和财务审计、资本收益和预算管理、经济责任审计、监事会监督、参与重大决策、企业领导人员管理、薪酬分配、重要子企业监管等工作制度，加强国有资产监管。

第十三条 上级国有资产监督管理机构应当指导下级国有资产监督管理机构深化国有企业改革，加快公司制股份制改革和改制上市步伐，完善公司法人治理结构，建立规范的董事会；指导下级国有资产监督管理机构推动企业建立健全财务、审计、企业法律顾问和职工民主监督制度；指导下级国有资产监督管理机构规范国有资产经营公司运作；指导下级国有资产监督管理机构推动国有企业加快转变经济发展方式，加强自主创新和资源整合。

第十四条　上级国有资产监督管理机构应当指导下级国有资产监督管理机构积极探索地方国有经济发挥主导作用的领域和方式，推进国有资本向重要行业和关键领域集中；推动不同地区、不同层级国有资产监督管理机构监管企业按照市场化原则进行合并与重组。

第十五条　上级国有资产监督管理机构应当指导下级国有资产监督管理机构依法开展产权登记、资产评估、产权转让管理、国有股权管理、清产核资、资产统计、绩效评价、经济运行动态监测等基础管理工作。

第十六条　上级国有资产监督管理机构应当指导下级国有资产监督管理机构在地方党委领导下加强国有企业党建、群工、宣传以及反腐倡廉建设、信访维稳等工作。

第十七条　上级国有资产监督管理机构依法对地方国有资产监管工作中的下列事项实施监督检查或者督促调查处理：

（一）在企业国有产权转让、国有企业改制、上市公司国有股份转让等活动中有违法违规行为，造成重大国有资产损失或者重大社会影响的；

（二）违反企业国有资产评估、产权登记有关规定，造成重大国有资产损失或者重大社会影响的；

（三）违反企业国有资产统计有关规定，玩忽职守，提供或者指使他人提供虚假数据或信息，造成严重后果的；

（四）法律法规规定，党中央、国务院指示和上级政府要求监督的其他事项。

第四章　指导监督工作方式

第十八条　各级国有资产监督管理机构应当高度重视国有资产监管制度建设，建立健全法规体系，及时明确和规范地方国有资产监管工作遇到的问题。上级国有资产监督管理机构制定的国有资产监管规范性文件，应当及时印发或者抄送下级国有资产监督管理机构。

第十九条　各级国有资产监督管理机构应当加强对地方国有资产监管工作的调研指导，定期组织下级国有资产监督管理机构召开工作会议，加强业务交流和培训，互相学习、促进，及时总结推广国有资产监管和国有企业改革发展的典型经验。

第二十条　各级国有资产监督管理机构应当围绕中心工作，针对地方国有资产监管工作中的突出问题，确定年度指导监督工作重点，制定印发相关工作计划。下级国有资产监督管理机构制定的指导监督工作计划应当抄报上级国有资产监督管理机构。

第二十一条　国务院国有资产监督管理机构和省级政府国有资产监督管理机构建立国有资产监管立法备案制度，保障全国国有资产监管制度的统一。

下级国有资产监督管理机构制定的规范性文件，应当自发布之日起30日内抄送上级国有资产监督管理机构备案。其存在与国有资产监管法律、行政法规、规章和规范性文件相抵触情形的，上级国有资产监督管理机构应当及时提出意见，督促下级国有资产监督管理机构按程序予以修正。

第二十二条　国务院国有资产监督管理机构和省级政府国有资产监督管理机构建立国有资产监管法规、政策实施督查制度，对地方贯彻实施国有资产监管法规、政策情况，开展调研指导和监督检查。

上级国有资产监督管理机构发现下级政府国有资产监管工作中存在与国有资产监管法律、行政法规和中央方针政策不符情形的，应当依法提出纠正意见和建议。

第二十三条　各级国有资产监督管理机构建立国有资产监管重大事项报告制度。下级国有资产监督管理机构应当就下列重大事项及时向上级国有资产监督管理机构报告：

（一）地方国有资产监督管理机构的机构设置、职责定位、监管范围发生重大变动的；

（二）本地区国有资产总量、结构、变动等情况以及所出资企业汇总月度及年度财务情况；

（三）地方国有资产监管工作和国有企业改革发展中的其他重大事项。

第二十四条　各级国有资产监督管理机构开展监督检查，应当严格依照法定职责和法定程序进行。对本办法第十七条规定的监督事项，上级国有资产监督管理机构可以采取约谈、书面督办、专项检查、派出督察组等方式，督促纠正违法违规行为。下级国有资产监督管理机构应当及时向上级国有资产监督管理机构报告有关事项处理情况。

对存在违法违规行为的责任单位、个人，上级国有资产监督管理机构可以视情节轻重，在系统内予以通报批评或者向下级政府提出处理建议；对超出国有资产监督管理机构职责范围的违法违规事项，应当依法移送有关机构处理。

第五章　附　　则

第二十五条　地方国有资产监督管理机构可以依照本办法，制定本地区指导监督地方国资工作实施办法。

第二十六条　本办法自2011年5月1日起施行。原《地方国有资产监管工作指导监督暂行办法》（国务院国资委令第15号）同时废止。

民口科技重大专项管理工作经费管理暂行办法

财政部　财教〔2010〕673号

第一条　为了规范民口科技重大专项管理工作经费（以下简称管理费）的管理和使用，保障民口科技重大专项（以下简称专项）工作的顺利开展，提高资金使用效益，根据《民口科技重大专项资金管理暂行办法》（财教〔2009〕218号）和国家有关财政财务规章制度，制定本办法。

第二条　本办法中的管理费是指在民口科技重大专项组织管理和实施过程中，有关部门和单位开展相关管理性工作而直接发生的费用。

第三条　管理费来源于中央财政预算。管理费预算应当根据专项管理工作的合理需求，按照财政预算、国库管理以及《民口科技重大专项资金管理暂行办法》的有关规定，进行编制、核定和支付。

第四条　管理费按照“分年核定、滚动使用、勤俭节约、专款专用”的原则管理和使用。

第五条　根据现行专项管理体制，管理费分为科技部、发展改革委、财政部（以下简称三部门）管理费、专项领导小组管理费和牵头组织单位管理费三类。三部门、各专项领导小组组长单位和牵头组织单位分别是相应管理费的使用单位。

第六条　三部门管理费用于支持三部门组织开展的重大问题调研、监督评估、实施计划的综合平衡、预算评审、组织管理培训、专项交流与汇报、验收与宣传等工作。

第七条　专项领导小组管理费用于支持专项领导小组、领导小组办公室和专项咨询专家组开展的重大问题研讨与调研、专项实施情况监测与过程评估等工作。

第八条　专项牵头组织单位管理费用于支持专项牵头组织单位开展的重大问题调研、实施计划制定、项目（课题）立项评审、招标和监理、项目（课题）监督检查与验收等工作。

第九条　管理费纳入部门预算管理。经费使用单位按照《中央部门预算管理工作规程》等要求分年度编报经费需求，财政部按照财政预算管理有关规定核定并下达管理费预算。

（一）三部门管理费由科技部根据三部门共同研究确定的专项管理工作任务进行测算并编报，列入科技部部门预算。其中，项目（课题）预算评审费由财政部根据工作情况单独编报，列入财政部部门预算。

（二）专项领导小组管理费由领导小组组长单位根据相关管理工作任务进行测算并编制预算，通过组长单位的部门预算报送，列入组长单位的部门预算。

（三）专项牵头组织单位管理费由牵头组织单位根据相关管理工作任务进行测算并编制预算，通过牵头组织单位部门预算报送，列入牵头组织单位部门预算。

（四）由地方牵头组织实施的专项，其牵头组织单位管理费由科技部代行编报预算，报财政部核定后下达地方财政。

第十条　管理费开支范围包括会议费、差旅费、专家咨询费、劳务费、审计/评审评估/招投标/监理费、出版物/文献/信息传播费、设备购置费及其他费用等。主要开支内容和标准为：

（一）会议费是指专项组织实施和管理过程中召开的研讨会、论证会、评审评估会、培训会等会议费用。会议费的开支应当按照国家有关规定执行，严格控制会议的规模、数量、开支标准和会期。

（二）差旅费是指专项组织实施和管理过程中临时

聘请的咨询专家发生的外埠差旅费、市内交通费用等，开支标准应当按照国家有关规定执行。

（三）专家咨询费是指专项组织实施和管理过程中支付给临时聘请的咨询专家的费用。专家咨询费不得支付给参与专项管理的相关工作人员。专家咨询费的开支标准见下表：

咨询专家	咨询方式	标准	
具有或相当于高级专业技术职称的人员	会议咨询	第1、2天每人每天500—800元	第3天以后，每人每天300—400元
	通讯咨询	每个项目或课题每人60—100元	
其他人员	会议咨询	第1、2天每人每天300—500元	第3天以后，每人每天200—300元
	通讯咨询	每个项目或课题每人40—80元	

（四）劳务费是指专项组织管理工作中支付给临时聘用且没有工资性（包括退休工资）收入人员的劳务性费用。

（五）审计/评审评估/招投标/监理费是指专项组织实施和管理过程中发生的审计、立项评审、招投标、项目监理等相关费用，开支标准应当按照国家有关规定执行。

（六）出版物/文献/信息传播费是指专项组织实施和管理过程中需要支付的出版费、资料费、专用软件购买费、文献检索费、宣传费等费用。

（七）设备购置费主要用于科技重大专项管理工作所必需的达到固定资产标准的小型设备购置。设备购置费原则上不予开支，确有需要的，应单独报批。

（八）其他费用是指在专项组织实施过程中除上述支出项目之外的其他与重大专项管理工作直接相关的支出。其他费用应当在申请预算时单独列示。

第十一条 管理费要在核定的预算范围内严格按照规定的开支范围和开支标准执行，不得挤占、挪用。

第十二条 经财政部核定的管理费预算一般不予调整。确需调整的，应当按原申报程序逐级报批。

第十三条 管理费应当按规定纳入相应使用单位机关财务，统一管理，单独核算。

使用单位应当加强对管理费支出的财务审核，对无预算、超预算、不符合开支范围和手续不完备的支出不予支付。

第十四条 列入科技部部门预算的三部门管理费，使用前须编制资金使用计划，经三部门同意后执行；日常管理由科技部负责并纳入科技部机关财务，统一管理，单独核算。

第十五条 管理费使用单位应当按照部门决算管理要求，据实编制管理费决算。

当年未使用完的管理费，按照财政拨款结转和结余资金管理的有关规定执行。

第十六条 管理费使用单位要加强对管理费的管理，完善内部管理制度，加强内部控制和日常管理，确保规范管理和安全高效地使用。管理费不得用于弥补相应单位的日常公用经费。

第十七条 管理费的管理和使用接受财政、审计等有关部门的监督。

第十八条 管理费管理实行责任追究制度。对于弄虚作假、挪用、挤占管理费等违反财政财务制度和财经纪律的行为，按照有关规定进行处理。

第十九条 本办法由财政部负责解释。

第二十条 本办法自发布之日起施行。

境外直接投资人民币结算试点管理办法

中国人民银行公告 〔2011〕第1号

第一条 为配合跨境贸易人民币结算试点，便利境内机构以人民币开展境外直接投资，规范银行业金融机构（以下简称银行）办理境外直接投资人民币结算业务，根据《中华人民共和国中国人民银行法》等法律、行政法规，制定本办法。

第二条 本办法所称境外直接投资是指境内机构经境外直接投资主管部门核准，使用人民币资金通过设立、并购、参股等方式在境外设立或取得企业或项目全部或部分所有权、控制权或经营管理权等权益的行为。

本办法所称境内机构是指在跨境贸易人民币结算试点地区内登记注册的非金融企业。

本办法所称前期费用是指境内机构在境外设立项目或企业前，需要向境外支付的与境外直接投资有关的费用。

第三条 中国人民银行和国家外汇管理局根据本办法对境外直接投资人民币结算试点实施管理。

第四条 境内机构办理人民币境外直接投资应当获得境外直接投资主管部门的核准。在办理有关境外直接投资核准时，境内机构应当明确拟用人民币投资的金额。

第五条 境外直接投资前期费用汇出或未发生过前期费用汇出的境外直接投资，境内机构应当向所在地外汇局递交以下材料，办理前期费用汇出或境外直接投资登记手续。

（一）书面申请书；

（二）境外直接投资主管部门的核准文件及其复印件或向境外直接投资主管部门提交的境外直接投资申请文件复印件；

（三）境内机构的营业执照、组织机构代码证等复印件。

境内机构所在地外汇局应当在收到相关申请材料之日起3天内完成相关信息登记手续。

发生过前期费用汇出的境外直接投资，境内机构应当在获得境外直接投资主管部门核准的30天内向所在地外汇局报送有关信息。

第六条 境内机构按照本办法第五条第一款办理前期费用汇出或境外直接投资登记手续后，可以到银行办理境外直接投资人民币资金汇出或前期费用人民币资金汇出。

银行在办理境外直接投资人民币结算业务时，应当根据有关审慎监管规定，要求境内机构提交境外直接投资主管部门的核准证书或文件等相关材料，并认真审核。在审核过程中，银行可登入人民币跨境收付信息管理系统和直接投资外汇管理信息系统查询有关信息。

第七条 审核境内机构向境外直接投资主管部门提交的申请文件和境内机构的组织机构代码证等相关材料后，银行可以为境内机构办理境外直接投资人民币前期费用汇出。境内机构累计汇出的前期费用原则上不得超过其向境外直接投资主管部门申报的中方投资总额的15%。如确因境外并购等业务需要，前期费用超过15%的，应当向所在地外汇局说明并提交相关证明材料。

第八条 银行应当按照《人民币银行结算账户管理办法》（中国人民银行令〔2003〕第5号发布）等规定，通过境内机构的人民币银行结算账户为其办理境外直接投资人民币资金的结算，并向人民币跨境收付信息管理系统报送有关人民币资金跨境收付信息。

第九条 人民币境外直接投资相关业务需要同时使用外汇资金的，境内机构和银行应当按照外汇管理相关规定，办理境外直接投资外汇资金汇出入手续。在办理外汇资金汇出入手续时，银行应当登入直接投资外汇管理信息系统进行业务审核，确保相关业务的合规性。

第十条 银行为境内机构办理的境外直接投资汇出的人民币资金和外汇资金之和，不得超过境外直接投资主管部门核准的境外直接投资总额。

境内机构已经汇出境外的人民币前期费用，应当列入其境外直接投资总额。银行在为该境内机构办理境外直接投资人民币资金汇出时，应当扣减已汇出的人民币前期费用金额。银行应当向人民币跨境收付信息管理系统报送人民币前期费用跨境支付信息。

第十一条 自汇出人民币前期费用之日起6个月内仍未获得境外直接投资主管部门核准的，境内机构应当将剩余资金调回原汇出资金的境内人民币账户。银行应当督促境内机构将剩余资金调回原汇出资金的境内人民币账户。对拒不调回的，银行应当向所在地人民银行备案。

第十二条 境内机构可以将其所得的境外直接投资利润以人民币汇回境内。经审核境内机构提交的境外投资企业董事会利润处置决议等材料，银行可以为该境内机构办理境外直接投资人民币利润入账手续，并应当向人民币跨境收付信息管理系统报送人民币利润汇回信息。

第十三条 境内机构因境外投资企业增资、减资、转股、清算等人民币收支，可以凭境外直接投资主管部门的核准文件到银行直接办理人民币资金汇出入手续。

在办理上述业务时，银行应当向人民币跨境收付信息管理系统报送有关人民币跨境收付信息。

第十四条 已登记境外企业发生名称、经营期限、合资合作伙伴及合资合作方式等基本信息变更，或发生增资、减资、股权转让或置换、合并或分立清算等情况，境内机构应当在发生之日起30天内将上述变更情况报送所在地外汇局。

第十五条 银行可以按照有关规定向境内机构在境外投资的企业或项目发放人民币贷款。通过本银行的境外分行或境外代理银行发放人民币贷款的，银行可以向其境外分行调拨人民币资金或向境外代理银行融出人民币资金，并在15天内向所在地人民银行备案。在办理上述业务时，银行应当向人民币跨境收付信息管理系统报送有关人民币跨境收付信息。

第十六条 在办理境外直接投资人民币结算业务时，银行和境内机构应当按照《国际收支统计申报办法》等有关规定办理国际收支申报。

第十七条 银行应当认真履行信息报送义务，及时、准确、完整地向人民币跨境收付信息管理系统报送与境外直接投资相关的各类人民币跨境收付信息。

第十八条 银行在办理境外直接投资人民币结算业务时，应当按照《中华人民共和国反洗钱法》和中国人民银行的有关规定，切实履行反洗钱和反恐融资义务，预防利用人民币境外直接投资进行洗钱、恐怖融资等违法犯罪活动。银行应当收集境内机构境外直接投资目的地的反洗钱和反恐融资信息，评估境外直接投资目的地的洗钱和恐怖融资风险，并采取适当的风险管理措施。

第十九条 中国人民银行与国家外汇管理局、境外直接投资主管部门建立信息共享机制，加大事后监督检查力度，有效监管人民币境外直接投资业务活动。

人民币跨境收付信息管理系统每日向直接投资外汇管理信息系统传输境外直接投资相关的人民币跨境收付信息，直接投资外汇管理信息系统每日向人民币跨境收付信息管理系统传输境外直接投资相关的外汇跨境收付信息。

第二十条 中国人民银行会同国家外汇管理局对银行、境内机构的人民币境外直接投资业务活动进行现场检查和非现场检查，督促银行切实履行交易真实性审核、信息报送、反洗钱等职责，监督境内机构依法开展业务活动。

第二十一条 银行、境内机构违反本办法有关规定的，中国人民银行会同国家外汇管理局可以依法进行通报批评或处罚；情节严重的，可以禁止银行、境内机构继续开展跨境人民币业务。

第二十二条 银行在办理境外直接投资人民币结算业务时违反有关审慎监管规定的，由有关部门依法进行处罚；违反有关反洗钱、反恐融资和人民币银行结算账户管理规定的，由中国人民银行依法进行处罚。

第二十三条 境内金融机构的境外直接投资人民币结算业务管理，参照本办法执行。相关监管部门对境内金融机构人民币境外直接投资另有规定的，从其规定。

第二十四条 本办法由中国人民银行负责解释。

第二十五条 本办法自发布之日起施行。此前颁布的有关规定与本办法不一致的，按照本办法执行。

国际金融组织贷款赠款项目财务管理暂行办法

财 政 部 财际〔2011〕10号

第一章 总 则

第一条 为进一步规范和加强国际金融组织贷款赠款项目的财务管理工作，合理有效使用贷款赠款，充分发挥资金使用效益，根据《国际金融组织和外国政府贷款赠款管理办法》（财政部令第38号）及国家相关法律法规，结合国际金融组织有关规定，制定本办法。

第二条 财政部转贷（含统借统还）、转赠的国际金融组织贷款赠款项目（以下简称贷款赠款项目），在准备、实施、竣工至贷款本息费全部偿还期间的财务管理工作适用本办法。

第三条 贷款赠款项目财务管理坚持“统一管理、分工合作、各司其职、规范有效”的原则，财政部门和项目单位应密切协作，明确管理规则、程序、权限和责任，对项目资金的筹集、使用、偿还全过程实施科学化、精细化管理。

第四条 国际金融组织贷款赠款项目财务管理的基本任务是：贯彻执行国家相关法律、法规、制度，建立健全项目财务管理制度，加强财务管理和监督检查，规范贷款赠款资金的筹借、使用和偿还，优化融资结构，合理使用资金，高效运营资产，防控潜在风险，实现项目目标。

第五条 项目贷款资金实行专户管理、专账核算。原则上不同项目单独设立指定账户，按项目分账核算。同一赠款方同一币种赠款资金，只能开设一个账户，按项目分账核算。项目国内配套资金可参照办理。

第六条 本办法下列用语的含义：

国际金融组织贷款，是指财政部经国务院批准并代表国家向世界银行、亚洲开发银行、国际农业发展基金、欧洲投资银行等国际金融组织统一筹借并形成政府外债的贷款，以及与上述贷款搭配使用的联合融资；

国际金融组织赠款，是指财政部或者财政部经国务院批准代表国家作为受赠方接受的、不以与国际金融组织贷款搭配使用为前提条件的国际赠款。

项目单位，是指管理和使用国际金融组织贷款赠款资金的部门和单位，包括：

（一）管理和实施财政部直接转贷、转赠的国际金融组织贷款赠款项目的中央项目协调或执行机构；

（二）管理和实施地方财政部门再转贷、转赠的国际金融组织贷款赠款项目的部门和企事业单位；

（三）项目完工后的运营单位；

（四）财政部门授权管理国际金融组织贷款赠款项目的部门和单位等。

指定账户，是指财政部门或经财政部门授权的项目单位根据国际金融组织和国家有关规定开设的用于国际金融组织贷款赠款资金收支管理的专用账户。

第二章　财务管理机构与职责

第七条 财政部门作为国际金融组织贷款赠款的归口管理部门，对项目的评估论证、对外磋商、谈判签约、转贷转赠、资金使用、招标采购、债务偿还、信息统计、绩效评价实施全过程财务监督管理。主要工作职责：

（一）制定、发布国际金融组织贷款赠款财务管理、会计核算等规章制度，对项目财务管理活动进行指导与监督。

（二）牵头负责项目对外磋商、谈判、签约事宜。

（三）代表本级政府与本级项目单位或下级政府签订项目转贷、转赠协议。

（四）参与项目前期评估论证，地方财政部门负责编制贷款申请书和评审意见书，逐级上报财政部审批。

（五）管理在本级设立的项目指定账户，审核并支付项目贷款赠款资金，监督项目贷款资金和配套资金的使用和落实情况。

（六）审核确认项目年度资金使用计划、年度采购计划、年度国（境）内外考察培训计划。

（七）地方财政部门负责相关招投标工作的监督检查。

（八）审查经审计的项目年度财务报告以及竣工决算和完工报告。

（九）负责贷款债务分割、落实，按照贷款协定和转贷协议的要求做好还本付息付费工作。

（十）负责设立本级政府还贷准备金，并对下级政府还贷准备金的设立、使用及年度余额情况进行监督检查。

（十一）就项目实施相关财务管理事宜与有关国际金融组织进行沟通与协调。

（十二）牵头组织编写项目财务管理手册。

第八条 项目单位应按照国家相关财务会计法律、法规和其他有关规定，明确内部财务职能机构、分工和权限，提高财务管理效率，主要工作职责：

（一）建立健全本单位管理的国际金融组织贷款赠款项目内部财务管理制度。按照国家相关法律法规、财会制度和国际金融组织财务管理的要求，建立健全项目财务管理和完整的会计核算体系，对项目进行独立核算。

（二）指定专门财务管理机构和管理人员，对本单位和下级项目单位进行财务政策培训、业务指导及财务监督。

（三）为项目前期评估提供技术支持，组织编制项目概（预）算。

（四）管理经财政部门授权在本单位设立的项目指定账户。确保项目资金专款专用，据实支付项目贷款赠款资金，编制所辖项目提款申请书，向同级财政部门申请支付。

（五）筹措落实项目配套资金。

（六）编制项目的年度资金使用计划、年度采购计划、年度国（境）内外考察培训计划和选择采购代理机构、并报同级财政部门审核确认。

（七）组织项目土建工程、设备、咨询采购以及相应的招标、评标、合同谈判及授予。

（八）配合财政部门签署（再）转贷、转赠协议，落实债务，及时还本付息付费。

（九）负责编制项目年度财务报告和工程竣工报告，按要求报送有关部门。配合做好项目后评价及项目绩效评价。

（十）接受财政部门的监督和审计部门的审计，及时落实整改检查或审计中发现的问题，并向财政部门和审计部门报告。

（十一）协助财政部门编写项目财务管理手册。

第九条　财政部门和项目单位应保持财务管理机构和人员的相对稳定，保证财务管理工作的连续性。如确需调换财务人员，应按《会计基础工作规范》的规定，办清全部交接手续，保证项目执行不会受到重大影响。

第三章　资金及支付管理

第十条　国际金融组织贷款赠款项目的资金来源包括：国际金融组织贷款、赠款、联合融资和国内配套资金。

第十一条　各出资部门应按照协议约定履行出资责任。项目单位应当按照有关协议以及项目评估报告的要求，及时足额筹集配套资金。

第十二条　财政部门和项目单位应建立健全项目资金支付的审批流程和监控制度，明确项目贷款赠款资金支付的条件、权限和程序。

第十三条　贷款赠款资金实行计划管理，每年度结束前30天，项目单位编制下一年度项目活动安排和资金使用计划，经同级财政部门审核后，报上级财政部门审批。

第十四条　项目单位须按贷款或赠款协定所规定的费用类别和比例进行费用支付和提款报账工作。项目单位应按照国际金融组织的支付政策和财政部门的有关规定，及时向同级财政部门提交提款申请书及合格费用证明文件，办理贷款赠款资金提取事宜。提款报账原始凭证应由本级项目单位妥善保存、备查。

第十五条　财政部门和项目单位应按照外汇管理部门的规定，及时办理项目外汇登记、结汇、购汇等审批手续。

第十六条　项目单位应于每次提款及收到同级财政部门下达的付款通知后，及时核对、确认实际发生的支付金额、支付类别、付款日期等基础财务信息。

第十七条　国际金融组织项目评估文件或贷款协定、赠款协议中规定贷款回收后可用于再投资或滚动开发的，按照国际金融组织项目评估文件或贷款协定、赠款协议所规定的投向和条件进行，省级以上财政部门应加强监督管理。

第十八条　项目实施中的如下情形，项目单位须经地方财政部门逐级上报财政部事前审查：

（一）项目的建设时间、内容、地点、范围、资金用途、融资结构、支付比例等发生重大实质性变更的；

（二）贷款赠款项目无法在贷款或赠款协定所指定的账户关闭日之前完成支付而需要延期的；

（三）项目签约生效后，项目单位提出部分或全部中止项目实施的。

第四章　成本费用管理

第十九条　项目单位应建立成本预算约束机制，严格控制项目工程成本。

第二十条　财政部门和项目单位应按有关国际金融组织的适用政策和财政部有关规定，做好项目费用归集、分类核算等财务监管工作。

第二十一条　实物形式的配套或捐赠，有发票账单的，按照发票账单所列金额计价；无发票账单的，参照同类实物的国内或者国际市场公允价计价。

第二十二条　建筑安装工程和设备采购费用的预算制定、执行和调整参照同行业同期标准，执行中预算调整幅度应严格控制在项目评估中所确定的不可预见费幅度之内，财政部和有关国际金融组织经磋商另行批准的除外。

第二十三条　应严格控制车辆和办公设备采购、与项目无实质性联系的培训考察和各类会议等费用支出。财政部门应严格控制此类费用预算，超预算费用不予支付。

第二十四条 项目出国（境）培训考察费用应严格按照《财政部 外交部关于印发〈临时出国人员费用开支标准和管理办法〉的通知》（财行〔2001〕73号）、《利用国际金融组织贷款出国团组管理办法》（财际〔2001〕99号）、《国际金融组织贷款和赠款项目城市间交通费管理办法》（财国际〔2003〕16号）、《财政部国际司关于进一步加强利用国际金融组织贷（赠）款资金因公出国（境）管理的通知》（财国际〔2009〕30号）、《国家外国专家局、财政部关于调整短期出国（境）培训生活费开支标准和部分国家培训费币种的通知》（外专发〔2002〕95号）、《国家外国专家局、财政部关于调整中长期出国（境）培训人员费用开支标准的通知》（外专发〔2006〕172）等相关办法的具体规定执行。

第二十五条 原则上不得在项目采购或咨询合同约定出国（境）培训考察内容，确有需要的，应事前逐级报省级以上财政部门审查确认。

第二十六条 会议和差旅费用原则上应根据项目单位隶属级次，参照《中央国家机关和事业单位差旅费管理办法》（财行〔2006〕313号）、《中央国家机关会议费管理办法》（国管财〔2006〕426号）或项目所在省市政府的相关办法执行。按国际金融组织的相关安排确需提高标准的，应事前报同级财政部门审查确认。

第二十七条 招标采购代理费按照国家有关规定执行。

第二十八条 项目咨询费用是指项目准备或实施过程中用于聘任咨询公司或独立咨询专家的费用。财政部门和项目单位应从严控制咨询费用，费用标准的确定应参照专家所在地生活和收入水平。由国际金融组织贷款赠款支付的，专家的选聘应按照国际金融组织相关指南执行，资格条件和费用标准应事前报省级以上财政部门审查确认。由国内配套资金支付的，按照国内同行业相关标准执行。

第二十九条 地方项目协调机构和执行机构管理费原则上应纳入预算管理，具体办法由省级财政部门参照《国际金融组织贷款项目中央项目协调机构项目管理费申请及使用管理暂行办法》（财际〔2007〕50号）另行制定。

第三十条 长期负债和流动负债的利费支出，在项目尚未交付使用或者虽已交付使用但尚未办理竣工决算以前，应计入项目工程成本。

第三十一条 出包工程应按照实际支付工程价款计价。

第三十二条 进口的物资设备原则上不得转让出售。确有多余的，应逐级上报财政部，统一商国际金融组织后进行处理，并按有关程序补报关税。

第三十三条 进口设备索赔收入。利用国际金融组织贷款赠款的项目单位，在采购进口设备、物资中，由于质量或其他问题而发生的索赔收入，属于项目单位的收入，应作如下处理：

（一）如果索赔以后，经国际金融组织同意后确需继续进口类似设备、物资以抵补的，索赔收入供项目采购进口设备、物资继续使用。

（二）如果索赔以后，不再进口类似设备、物资的，索赔收入应上缴同级财政部门，抵减今后到期债务。

第三十四条 财政部门和项目单位应严格按照项目贷款或赠款协定所规定的标准、条件、类别及本办法第二十一条至第二十八条规定的标准支付、归集各类费用支出，严禁将项目资金用于不合理、不合规或超标准的费用支出，严禁挪用、套取项目资金。

第五章 资产管理

第三十五条 项目单位应按照国家会计法规制度的相关规定，对项目流动资产、固定资产、无形资产和递延资产的形成、确认、计价、损益和移交等实施财务管理。

第三十六条 项目资产的转移、出售、抵押、置换以及报废清理，应当按照国家有关规定和项目单位财务管理制度的权限和程序进行。

第三十七条 流动资产管理

（一）贷款指定账户的利息收入用于还贷准备金的比例不能低于50%，其余部分可用于项目管理费用开支。赠款指定账户的利息收入可用于项目相关活动。

（二）项目单位应加强应收款项的管理，认真进行事前信用风险评估、事中跟踪履约情况、事后落实收账责任，有效降低坏账损失。

（三）项目单位应建立健全存货管理制度，规范存货采购及收付的财务审批流程和权限。物资设备采购必须根据贷款或赠款协定所规定的采购方式并按照国际金融组织的采购指南、手册和财政部的相关规定办理。

第三十八条 固定资产管理

（一）在建工程项目交付使用后，应在一个年度内办理完毕竣工决算手续。

（二）项目建设单位已交付使用但尚未办理竣工决算的固定资产应继续列为交付使用资产，办理竣工结算并经运营单位验收后，由后者列为固定资产并按相应会计制度进行管理。

（三）项目单位应建立固定资产购建、使用和处置制度，参照相关行业标准自行确定固定资产折旧办法。一经确定，不得随意变更。

第三十九条 项目完工后，项目形成的无形资产和递延资产应单独移交。

第四十条 项目完工后，项目单位应进行各项资产清理造册，编制项目竣工报告、清理期间收支报表，报送同级财政部门审查确认。

第六章 债务管理

第四十一条 财政部门和项目单位应建立健全多级次、多渠道的债务偿还保障体系，落实债权债务关系，采取切实可行的债务管理措施，有效防控贷款项目债务风险。

第四十二条 项目前期准备阶段，在财政部门组织的前期评审中，应对潜在的财务和债务风险进行评估论证，充分考虑还贷责任和能力，合理确定偿债责任，落实偿债资金来源，在此基础上报送贷款申请书和项目评审意见书。

对投资额较大、经营性或潜在风险较大的项目，财政部门可要求债务人提供与债务总额相适应的财务反担保。

第四十三条 在项目实施阶段，财政部门应及时进行债务分割。项目单位应就统一组织的项目活动，及时向同级财政部门提交债务分割单及相关文件，协助财政部门落实债务。

第四十四条 财政部门和项目单位应提前制定还款计划，落实偿债资金来源，按时足额偿还到期债务。

第四十五条 项目单位变更、转制、改组或管理权让渡等，以及项目单位资产重组、经营权转让、改制（包括股票上市）、兼并、破产等重大事项，可能导致项目债权债务关系变更或未偿债务逃废的，事前须报财政部审批。

第四十六条 财政部门应建立健全偿债信用考评和债务预警体系，防范和化解债务风险。

第四十七条 财政部门应根据财政部相关规定，建立还贷准备金，并保持合理规模。

第四十八条 项目单位未能按时足额偿还贷款项目到期本息费的，财政部门有权按照《国际金融组织和外国政府贷款赠款管理办法》（财政部令第38号）第五十四条的规定进行处理。

第七章 会计核算

第四十九条 项目单位应按照财政部相关规定对项目进行独立会计核算。

第五十条 项目单位应按财政部有关会计核算办法的要求统一设置和使用会计科目，统一会计核算方法，会计核算应做到账证、账实、账账、账表相符。

第五十一条 外币业务。发生以人民币之外的其他币种货币进行的款项收付、往来结算以及计价等外币业务时，财政部门和项目单位应采用多币种分账制进行会计核算。

第八章 财务报告和信息管理

第五十二条 项目单位应按照国际金融组织和财政部门有关规定，编制、汇审和报送项目财务报告及各类财务统计信息。

第五十三条 项目财务报告和财务统计信息应按资金转贷转赠渠道按时报送同级财政部门，逐级会审后报财政部备案。

第五十四条 项目年度财务报告应附有审计部门出具的审计报告。

第五十五条 财政部门和项目单位应逐步建立健全资金、资产、财务、债务管理一体化的信息处理系统，提高财务信息管理的工作效率。

第九章 财务监督与审计

第五十六条 财政部门和项目单位应按照财政部、国家档案局颁发的《会计档案管理办法》及国际金融组织相关规定妥善保管项目财务会计档案、资料备查。

第五十七条 财政部门、审计部门及国际金融组织有权调阅、检查、核实贷款赠款项目的财务会计资料，并就检查或审计过程中发现的不符合有关规定的情况，采取相关措施进行处理，包括限期整改、暂停资金支付、强制提前收回贷款或赠款等。项目单位应积极配合。重大财务违规行为及处理意见应报财政部。

第五十八条 为项目提供公证审计的相关机构，应在国际金融组织规定的时限内，对项目进行审计并出具审计报告。

第五十九条 违反本办法及其他有关规定，以虚报、冒领或其他手段骗取贷款赠款资金的，或者滞留、截留、挪用及其他违反规定使用贷款赠款资金的，或者从贷款、赠款中非法获益的，依照《财政违法行为处罚条例》（国务院令第427号）以及相关法律、法规或规定处理。

第六十条 财政部门、项目单位的工作人员在贷款赠款的管理、资金使用和偿还过程中，贪污受贿、滥用职权、玩忽职守、徇私舞弊的，依法给予行政处分。触犯刑律的，要依法移交司法部门处理。

第十章 附 则

第六十一条 国际金融组织对贷款赠款项目财务管理另有要求且不违反我国法律法规规定的，从其规定。

第六十二条 中央各有关部委，各省、自治区、直辖市、计划单列市财政部门和新疆生产建设兵团财务局，可根据本办法制定实施细则。

第六十三条 本办法自发布之日起执行，《世界银行贷款项目财会管理暂行规定》（〔93〕财世字第127号）、《财政部国际司管理的赠款项目财务管理办法》、《国际农业发展基金会贷款项目财务管理办法》（财外字〔1995〕16号）同时废止。

合格境外机构投资者参与股指期货交易指引

中国证券监督管理委员会公告 〔2011〕 12 号

第一条 为了规范合格境外机构投资者（以下简称合格投资者）参与股指期货交易的行为，根据《合格境外机构投资者境内证券投资管理办法》（证监会令第36号）、《合格境外机构投资者境内证券投资外汇管理规定》（国家外汇管理局公告〔2009〕第1号）等规定，制定本指引。

第二条 本指引所称股指期货，是指经中国证券监督管理委员会（以下简称中国证监会）批准、在中国金融期货交易所（以下简称中金所）上市交易的、以股票价格指数为标的的金融期货合约。

第三条 合格投资者参与股指期货交易，只能从事套期保值交易，并按照中金所的有关规定执行。

第四条 合格投资者参与股指期货交易，除中国证监会另有规定外，应当遵守下列要求：

（一）在任何交易日日终，合格投资者持有的股指期货合约价值不得超过其投资额度。

（二）在任何交易日日内，合格投资者的股指期货成交金额（不包括平仓）不得超过其投资额度。

（三）法律法规的其他规定。

由于证券期货市场价格波动等原因导致持有的期货合约价值不符合上述规定的，合格投资者应当在10个交易日内调整完毕。

第五条 参与股指期货交易的合格投资者应当按照中金所的有关规定，办理开户、申请套期保值额度等事宜。投资额度发生变化的，合格投资者应当在3个工作日内报告中金所。需要调整套期保值额度的，应当按照中金所的有关规定办理。

第六条 合格投资者参与股指期货交易，应当根据中国人民银行、国家外汇管理局（以下简称国家外汇局）核准开立的不同资金账户分别向中金所申请交易编码。合格投资者的不同资金账户参与股指期货交易应当独立运作。

每个合格投资者可以分别委托不超过3家境内期货公司进行股指期货交易。

第七条 合格投资者、托管人、期货公司应当根据中金所的有关规定，确定合格投资者参与股指期货交易的交易结算模式，明确交易执行、资金划拨、资金清算、会计核算、保证金存管等业务中的权利和义务，建立资金安全保障机制。

第八条 合格投资者应当严格遵守相关法律法规和

中金所的有关业务规则，及时履行信息披露义务。

第九条　托管人、期货公司应当严格执行合格投资者参与股指期货交易的有关规定，加强对合格投资者交易行为的监督、核查和风险控制，按时履行中国证监会和国家外汇局要求的数据统计和报备责任，并及时报告所发现的异常交易和违法违规行为。

托管人应当定期向中国证监会报告合格投资者参与股指期货交易的投资和交易情况。

第十条　中金所应当对合格投资者参与股指期货交易的套期保值额度、交易行为等进行管理，并定期向中国证监会和国家外汇局报告批准合格投资者的套期保值额度情况。

第十一条　合格投资者参与股指期货交易发生重大违法违规行为的，中国证监会将依法采取处罚措施。

第十二条　本指引所称投资额度，是指合格投资者获得国家外汇局批准并实际汇入的或者经国家外汇局调整确认的投资本金金额。

第十三条　本指引自公布之日起施行。

商业银行信用卡业务监督管理办法

中国银行业监督管理委员会令2011 年 第 2 号

第一章　总　　则

第一条　为规范商业银行信用卡业务，保障客户和银行的合法权益，促进信用卡业务健康有序发展，根据《中华人民共和国银行业监督管理法》、《中华人民共和国商业银行法》、《中华人民共和国外资银行管理条例》等法律法规，制定本办法。

第二条　商业银行经营信用卡业务，应当严格遵守国家法律、法规、规章和有关政策规定，遵循平等、自愿和诚实信用的原则。

第三条　商业银行经营信用卡业务，应当依法保护客户合法权益和相关信息安全。未经客户授权，不得将相关信息用于本行信用卡业务以外的其他用途。

第四条　商业银行经营信用卡业务，应当建立健全信用卡业务风险管理和内部控制体系，严格实行授权管理，有效识别、评估、监测和控制业务风险。

第五条　商业银行经营信用卡业务，应当充分向持卡人披露相关信息，揭示业务风险，建立健全相应的投诉处理机制。

第六条　中国银监会及其派出机构依法对商业银行信用卡业务实施监督管理。

第二章　定义和分类

第七条　本办法所称信用卡，是指记录持卡人账户相关信息，具备银行授信额度和透支功能，并为持卡人提供相关银行服务的各类介质。

第八条　本办法所称信用卡业务，是指商业银行利用具有授信额度和透支功能的银行卡提供的银行服务，主要包括发卡业务和收单业务。

第九条　本办法所称发卡业务，是指发卡银行基于对客户的评估结果，与符合条件的客户签约发放信用卡并提供的相关银行服务。

发卡业务包括营销推广、审批授信、卡片制作发放、交易授权、交易处理、交易监测、资金结算、账务处理、争议处理、增值服务和欠款催收等业务环节。

第十条　本办法所称发卡银行，是指经中国银监会批准开办信用卡发卡业务，并承担发卡业务风险管理相关责任的商业银行。

第十一条　本办法所称发卡业务服务机构，是指与发卡银行签约协助其提供信用卡业务服务的法人机构或其他组织。

第十二条　本办法所称收单业务，是指商业银行为商户等提供的受理信用卡，并完成相关资金结算的服务。

收单业务包括商户资质审核、商户培训、受理终端安装维护管理、获取交易授权、处理交易信息、交易监测、资金垫付、资金结算、争议处理和增值服务等业务环节。

第十三条 本办法所称收单银行，是指依据合同为商户提供信用卡收单业务服务或为信用卡收单业务提供结算服务，并承担收单业务风险管理相关责任的商业银行。

第十四条 本办法所称收单业务服务机构，是指与收单银行或收单业务的结算银行签约协助其提供信用卡收单业务服务的法人机构或其他组织。

第十五条 商业银行发行的信用卡按照发行对象不同，分为个人卡和单位卡。其中，单位卡按照用途分为商务差旅卡和商务采购卡。

商务差旅卡，是指商业银行与政府部门、法人机构或其他组织签订合同建立差旅费用报销还款关系，为其工作人员提供日常商务支出和财务报销服务的信用卡。

商务采购卡，是指商业银行与政府部门、法人机构或其他组织签订合同建立采购支出报销还款关系，为其提供办公用品、办公事项等采购支出相关服务的信用卡。

第十六条 本办法所称学生，是指在教育机构脱产就读的学生。

第三章　业务准入

第十七条 商业银行申请开办信用卡业务，应当满足以下基本条件：

（一）公司治理良好，主要审慎监管指标符合中国银监会有关规定，具备与业务发展相适应的组织机构和规章制度，内部控制、风险管理和问责机制健全有效；

（二）信誉良好，具有完善、有效的内控机制和案件防控体系，最近3年内无重大违法违规行为和重大恶性案件；

（三）具备符合任职资格条件的董事、高级管理人员和合格从业人员。高级管理人员中应当具备有信用卡业务专业知识和管理经验的人员至少1名，具备开展信用卡业务必需的技术人员和管理人员，并全面实施分级授权管理；

（四）具备与业务经营相适应的营业场所、相关设施和必备的信息技术资源；

（五）已在境内建立符合法律法规和业务管理要求的业务系统，具有保障相关业务系统信息安全和运行质量的技术能力；

（六）开办外币信用卡业务的，应当具有经国务院外汇管理部门批准的结汇、售汇业务资格和中国银监会批准的外汇业务资格（或外汇业务范围）；

（七）符合中国银监会规定的其他审慎性条件。

第十八条 商业银行开办信用卡发卡业务除符合第十七条规定的条件外，还应当符合以下条件：

（一）注册资本为实缴资本，且不低于人民币5亿元或等值可兑换货币；

（二）具备办理零售业务的良好基础。最近3年个人存贷款业务规模和业务结构稳定，个人存贷款业务客户规模和客户结构良好，银行卡业务运行情况良好，身份证件验证系统和征信系统的连接和使用情况良好；

（三）具备办理信用卡业务的专业系统，在境内建有发卡业务主机、信用卡业务申请管理系统、信用评估管理系统、信用卡账户管理系统、信用卡交易授权系统、信用卡交易监测和伪冒交易预警系统、信用卡客户服务中心系统、催收业务管理系统等专业化运营基础设施，相关设施通过了必要的安全检测和业务测试，能够保障客户资料和业务数据的完整性和安全性；

（四）符合商业银行业务经营总体战略和发展规划，有利于提高总体业务竞争能力，能够根据业务发展实际情况持续开展业务成本计量、业务规模监测和基本盈亏平衡测算等工作。

第十九条 商业银行开办信用卡收单业务除符合第十七条规定的条件外，还应当符合以下条件：

（一）注册资本为实缴资本，且不低于人民币1亿元或等值可兑换货币；

（二）具备开办收单业务的良好基础。最近3年企业贷款业务规模和业务结构稳定，企业贷款业务客户规模和客户结构较为稳定，身份证件验证系统和征信系统连接和使用情况良好；

（三）具备办理收单业务的专业系统，在境内建有收单业务主机、特约商户申请管理系统、特约商户信用评估管理系统、特约商户结算账户管理系统、账务管理系统、收单交易监测和伪冒交易预警系统、交易授权系统等专业化运营基础设施，相关设施通过了必要的安全检测和业务测试，能够保障客户资料和业务数据的完整性和安全性；

（四）符合商业银行业务经营总体战略和发展规划，有利于提高业务竞争能力，能够根据业务发展实际情况持续开展业务成本计量、业务规模监测和基本盈亏平衡测算等工作。

第二十条　商业银行开办发卡和收单业务应当按规定程序报中国银监会及其派出机构审批。

全国性商业银行申请开办信用卡业务，由其总行（公司）向中国银监会申请审批。

按照有关规定只能在特定城市或地区从事业务经营活动的商业银行，申请开办信用卡业务，由其总行（公司）向注册地中国银监会派出机构提出申请，经初审同意后，由注册地中国银监会派出机构上报中国银监会审批。

外资法人银行申请开办信用卡业务，应当向注册地中国银监会派出机构提出申请，经初审同意后，由注册地中国银监会派出机构上报中国银监会审批。

第二十一条　商业银行申请开办信用卡发卡或收单业务之前，应当根据需要就拟申请的业务与中国银监会及其相关派出机构沟通，说明拟申请的信用卡业务运营模式、各环节业务流程和风险控制流程设计、业务系统和基础设施建设方案，并根据沟通情况，对有关业务环节进行调整和完善。

第二十二条　商业银行申请开办信用卡业务，可以在一个申请报告中同时申请不同种类的信用卡业务，但在申请中应当注明所申请的信用卡业务种类。

第二十三条　商业银行向中国银监会及其派出机构申请开办信用卡业务，应当提交以下文件资料（一式三份）：

（一）开办信用卡业务的申请书；

（二）信用卡业务可行性报告；

（三）信用卡业务发展规划和业务管理制度；

（四）信用卡章程，内容应当至少包括信用卡的名称、种类、功能、用途、发行对象、申领条件、申领手续、使用范围（包括使用方面的限制）及使用方法、信用卡账户适用的利率、面向持卡人的收费项目和收费水平、商业银行、持卡人及其他有关当事人的权利、义务等；

（五）信用卡卡样设计草案或可受理信用卡种类；

（六）信用卡业务运营设施、业务系统和灾备系统介绍；

（七）相关身份证件验证系统和征信系统连接和使用情况介绍；

（八）信用卡业务系统和灾备系统测试报告和安全评估报告；

（九）信用卡业务运行应急方案和业务连续性计划；

（十）信用卡业务风险管理体系建设和相应的规章制度；

（十一）信用卡业务的管理部门、职责分工、主要负责人介绍；

（十二）申请机构联系人、联系电话、联系地址、传真、电子邮箱等联系方式；

（十三）中国银监会及其派出机构按照审慎性原则要求提供的其他文件和资料。

第二十四条　商业银行应当由内部专门机构或委托其他专业机构进行独立的安全评估。安全评估报告应当至少包括董事会或总行（公司）高级管理层对信用卡业务风险管理体系建设和相关规章制度的审定情况、各业务环节信息资料的保护措施设置情况、持续监测记录和追踪预警异常业务行为（含入侵事故或系统漏洞）的流程设计、外挂系统或外部接入系统的安全措施设置、评估期等方面的内容。

第二十五条　全国性商业银行筹建信用卡中心等分行级专营机构的，应当由其总行（公司）向中国银监会提出申请。

按照有关规定只能在特定城市或地区从事业务经营活动的商业银行，筹建信用卡中心等分行级专营机构，应当由其总行（公司）向注册地中国银监会派出机构提出申请，经初审同意后，由注册地中国银监会派出机构报中国银监会审批。

外资法人银行筹建信用卡中心等分行级专营机构，应当向其注册地中国银监会派出机构提出申请，经初审同意后，由注册地中国银监会派出机构报中国银监会审批。

信用卡中心等分行级专营机构的开业申请由其注册地中国银监会派出机构受理和批准。

第二十六条　商业银行信用卡中心等分行级专营机构的分支机构，筹建和开业应当按照规定程序报其拟设地中国银监会派出机构审批。拟设地中国银监会派出机构作出批准或不批准的书面决定，并抄送分行级专营机构注册地中国银监会派出机构。

第二十七条　注册地中国银监会派出机构自收到完整申请材料之日起20日内审查完毕并将审查意见及完整

申请材料报中国银监会。

中国银监会自收到完整的信用卡业务申请材料之日起3个月内，做出批准或不批准的书面决定；决定不批准的，应当说明理由。

对于中国银监会或其派出机构未批准的信用卡业务类型，商业银行在达到相关要求后可以按照有关规定重新申请。

第二十八条 商业银行新增信用卡业务产品种类、增加信用卡业务功能、增设信用卡受理渠道等，或接受委托作为发卡业务服务机构和收单业务服务机构开办相关业务，应当参照第二十三条的有关规定，在开办业务之前一个月，将相关材料（一式三份）向中国银监会及其相关派出机构报告。

第二十九条 已实现业务数据集中处理的商业银行，获准开办信用卡业务后，可以授权其分支机构开办部分或全部信用卡业务。获得授权的分支机构开办相关信用卡业务，应当提前30个工作日持中国银监会批准文件、总行授权文件及其他相关材料向注册地中国银监会派出机构报告。

第三十条 商业银行为其他机构（非特约商户）开展收单业务提供结算服务，应当提前30个工作日持中国银监会批准文件、总行授权文件、合作机构营业执照和法定代表人详细信息、合作机构相关业务情况和财务状况、业务流程设计材料、书面合同、负责对合作机构进行合规管理的承诺书、风险事件和违法活动的应急处理制度、其他相关材料向当地中国银监会派出机构报告。

第三十一条 已开办信用卡业务的商业银行按照规划决定终止全部或部分类型的信用卡业务应当参照申请开办该业务的程序报中国银监会及其派出机构审批。

商业银行决定终止全部或部分类型的信用卡业务之前，应当根据需要就拟申请停办的业务与中国银监会或其相关派出机构沟通，说明拟申请终止业务的原因、风险状况、公告内容和渠道、应急预案等，并根据沟通情况进行调整和完善。

第三十二条 商业银行向中国银监会及其派出机构申请终止信用卡业务，应当提交以下文件资料（一式三份）：

（一）拟终止信用卡业务的申请书；

（二）终止信用卡业务的风险评估报告；

（三）终止信用卡业务的公告方案；

（四）终止业务过程中重大问题的应急预案；

（五）负责终止业务的部门、职责分工和主要负责人；

（六）申请机构联系人、联系电话、联系地址、传真、电子邮箱等联系方式；

（七）中国银监会及其派出机构按照审慎性原则要求提供的其他文件和资料。

经中国银监会及其相关派出机构同意后，商业银行应当通过网点公告、银行网站、客户服务热线、电子银行、其他媒体等多种渠道予以公告，公告持续期限自公告之日起不得少于90天。

第三十三条 商业银行终止信用卡业务或停止提供部分类型信用卡业务后，需要重新开办信用卡业务或部分类型信用卡业务的，按相关规定重新办理申请、审批、报告等手续。

第四章 发卡业务管理

第三十四条 发卡银行应当建立信用卡卡片管理制度，明确卡片、密码、函件、信封、制卡文件以及相关工作人员操作密码的生成、交接、保管、保密、使用监控、检查等环节的管理职责和操作规程，防范重大风险事故的发生。

第三十五条 商业银行应当建立信用卡业务申请材料管理系统，由总行（总公司、外资法人银行）对信用卡申请材料统一编号，并对申请材料信息录入、使用、销毁等实施登记制度。

第三十六条 信用卡卡面应当对持卡人充分披露以下基本信息：发卡银行法人名称、品牌标识及防伪标志、卡片种类（信用卡、贷记卡、准贷记卡等）、卡号、持卡人姓名拼音（外文姓名）、有效期、持卡人签名条、安全校验码、注意事项、客户服务电话、银行网站地址。

第三十七条 发卡银行印制的信用卡申请材料文本应当至少包含以下要素：

（一）申请人信息：编号、申请人姓名、有效身份证件名称、证件号码、单位名称、单位地址、住宅地址、账单寄送地址、联系电话、联系人姓名、联系人电话、联系人验证信息、其他验证信息等；

（二）合同信息：领用合同（协议）、信用卡章程、重要提示、合同信息变更的通知方式等；

（三）费用信息：主要收费项目和收费水平、收费信息查询渠道、收费信息变更的通知方式等；

（四）其他信息：申请人已持有的信用卡及其授信额度、申请人声明、申请人确认栏和签名栏、发卡银行服务电话和银行网站、投诉渠道等。

"重要提示"应当在信用卡申请材料中以醒目方式列示，至少包括申请信用卡的基本条件、所需基本申请资料、计结息规则、年费/滞纳金/超限费收取方式、阅读领用合同（协议）并签字的提示、申请人信息的安全保密提示、非法使用信用卡行为相关的法律责任和处理措施的提示、其他对申请人信用和权利义务有重大影响的内容等信息。

申请人确认栏应当载明以下语句，并要求客户抄录后签名："本人已阅读全部申请材料，充分了解并清楚知晓该信用卡产品的相关信息，愿意遵守领用合同（协议）的各项规则。"

第三十八条　发卡银行应当公开、明确告知申请人需提交的申请材料和基本要求，申请材料必须由申请人本人亲自签名，不得在客户不知情或违背客户意愿的情况下发卡。

发卡银行受理的信用卡附属卡申请材料必须由主卡持卡人以亲自签名、客户服务电话录音、电子签名或持卡人和发卡银行双方均认可的方式确认。

第三十九条　发卡银行应当建立信用卡营销管理制度，对营销人员进行系统培训、登记考核和规范管理，不得对营销人员采用单一以发卡数量计件提成的考核方式。信用卡营销行为应当符合以下条件：

（一）营销宣传材料真实准确，不得有虚假、误导性陈述或重大遗漏，不得有夸大或片面的宣传。应当由持卡人承担的费用必须公开透明，风险提示应当以明显的、易于理解的文字印制在宣传材料和产品（服务）申请材料中，提示内容的表述应当真实、清晰、充分，示范的案例应当具有代表性。

（二）营销人员必须佩戴所属银行的标识，明示所属发卡银行及客户投诉电话，使用统一印制的信用卡产品（服务）宣传材料，对信用卡收费项目、计结息政策和业务风险等进行充分的信息披露和风险提示，确认申请人提交的重要证明材料无涂改痕迹，确认申请人已经知晓和理解上述信息，确认申请人已经在申请材料上签名，并留存相关证据，不得进行误导性和欺骗性的宣传解释。遇到客户对宣传材料的真实性和可靠性有任何疑问时，应当提供相关信息查询渠道。

（三）营销人员应当公开明确告知申请信用卡需提交的申请资料和基本要求，督促信用卡申请人完整、正确、真实地填写申请材料，并审核身份证件（原件）和必要的证明材料（原件）。营销人员不得向客户承诺发卡，不得以快速发卡、以卡办卡、以名片办卡等名义营销信用卡。

（四）营销人员应当严格遵守对客户资料保密的原则，不得泄露客户信息，不得将信用卡营销工作转包或分包。发卡银行应当严格禁止营销人员从事本行以外的信用卡营销活动，并对营销人员收到申请人资料和送交审核的时间间隔和保密措施作出明确的制度规定，不得在未征得信用卡申请人同意的情况下，将申请人资料用于其他产品和服务的交叉销售。

（五）营销人员开展电话营销时，除遵守（一）至（四）条的相关规定外，必须留存清晰的录音资料，录音资料应当至少保存2年备查。

第四十条　发卡银行应当建立健全信用卡申请人资信审核制度，明确管理架构和内部控制机制。

第四十一条　发卡银行应当对信用卡申请人开展资信调查，充分核实并完整记录申请人有效身份、财务状况、消费和信贷记录等信息，并确认申请人拥有固定工作、稳定的收入来源或可靠的还款保障。

第四十二条　发卡银行应当根据总体风险管理要求确定信用卡申请材料的必填（选）要素，对信用卡申请材料出现漏填（选）必填信息或必选选项、他人代办（单位代办商务差旅卡和商务采购卡、主卡持卡人代办附属卡除外）、他人代签名、申请材料未签名等情况的，不得核发信用卡。

对信用卡申请材料出现疑点信息、漏填审核意见、各级审核人员未签名（签章、输入工作代码）或系统审核记录缺失等情况的，不得核发信用卡。

第四十三条　对首次申请本行信用卡的客户，不得采取全程系统自动发卡方式核发信用卡。

信用卡申请人有以下情况时，应当从严审核，加强风险防控：

（一）在身份信息系统中留有相关可疑信息或违法犯罪记录；

（二）在征信系统中无信贷记录；

（三）在征信系统中有不良记录；

（四）在征信系统中有多家银行贷款或信用卡授信记录；

（五）单位代办商务差旅卡和商务采购卡；

（六）其他渠道获得的风险信息。

第四十四条 发卡银行不得向未满十八周岁的客户核发信用卡（附属卡除外）。

第四十五条 向符合条件的同一申请人核发学生信用卡的发卡银行不得超过两家（附属卡除外）。

在发放学生信用卡之前，发卡银行必须落实第二还款来源，取得第二还款来源方（父母、监护人或其他管理人等）愿意代为还款的书面担保材料，并确认第二还款来源方身份的真实性。在提高学生信用卡额度之前，发卡银行必须取得第二还款来源方（父母、监护人或其他管理人等）表示同意并愿意代为还款的书面担保材料。

商业银行应当按照审慎原则制定学生信用卡业务的管理制度，根据业务发展实际情况评估、测算和合理确定本行学生信用卡的首次授信额度和根据用卡情况调整后的最高授信额度。学生信用卡不得超限额使用。

第四十六条 发卡银行应当在银行网站上公开披露与教育机构以向学生营销信用卡为目的签订的协议。

发卡银行在任何教育机构的校园内向学生开展信用卡营销活动，必须就开展营销活动的具体地点、日期、时间和活动内容提前告知相关教育机构并取得该教育机构的同意。

第四十七条 发卡银行应当提供信用卡申请处理进度和结果的查询渠道。

第四十八条 发卡银行发放信用卡应当符合安全管理要求，卡片和密码应当分别送达并提示持卡人接收。信用卡卡片发放时，应当向持卡人书面告知信用卡账单日期、信用卡章程、安全用卡须知、客户服务电话、服务和收费信息查询渠道等信息，以便持卡人安全使用信用卡。

第四十九条 发卡银行应当建立信用卡激活操作规程，激活前应当对信用卡持卡人身份信息进行核对。不得激活领用合同（协议）未经申请人签名确认、未经激活程序确认持卡人身份的信用卡。对新发信用卡、挂失换卡、毁损换卡、到期换卡等必须激活后才能为持卡人开通使用。

信用卡未经持卡人激活，不得扣收任何费用。在特殊情况下，持卡人以书面、客户服务电话录音、电子签名、持卡人和发卡银行双方均认可的方式单独授权扣收的费用，以及换卡时已形成的债权债务关系除外。

信用卡未经持卡人激活并使用，不得发放任何礼品或礼券。

第五十条 发卡银行应当建立信用卡授信管理制度，根据持卡人资信状况、用卡情况和风险信息对信用卡授信额度进行动态管理，并及时按照约定方式通知持卡人，必要时可以要求持卡人落实第二还款来源或要求其提供担保。

发卡银行应当对持卡人名下的多个信用卡账户授信额度、分期付款总体授信额度、附属卡授信额度、现金提取授信额度、超授信额度用卡服务的最高授信额度等合并管理，设定总授信额度上限。商务采购卡的现金提取授信额度应当设置为零。

第五十一条 在已通过信用卡领用合同（协议）、书面协议、电子银行记录或客户服务电话录音等进行约定的前提下，发卡银行可以对超过6个月未发生交易的信用卡调减授信额度，但必须提前3个工作日按照约定方式明确告知持卡人。

第五十二条 发卡银行应当建立信用卡业务风险管理制度。发卡银行从公安机关、司法机关、持卡人本人、亲属、交易监测或其他渠道获悉持卡人出现身份证件被盗用、家庭财务状况恶化、还款能力下降、预留联系方式失效、资信状况恶化、有非正常用卡行为等风险信息时，应当立即停止上调额度、超授信额度用卡服务授权、分期业务授权等可能扩大信用风险的操作，并视情况采取提高交易监测力度、调减授信额度、止付、冻结或落实第二还款来源等风险管理措施。

第五十三条 信用卡未经持卡人申请并开通超授信额度用卡服务，不得以任何形式扣收超限费。持卡人可以采用口头（客户服务电话录音）、电子、书面的方式开通或取消超授信额度用卡服务。

发卡银行必须在为持卡人开通超授信额度用卡服务之前，提供关于超限费收费形式和计算方式的信息，并明确告知持卡人具有取消超授信额度用卡服务的权利。发卡银行收取超限费后，应当在对账单中明确列出相应账单周期中的超限费金额。

第五十四条 经持卡人申请开通超授信额度用卡服务后，发卡银行在一个账单周期内只能提供一次超授信额度用卡服务，在一个账单周期内只能收取一次超限费。如果在两个连续的账单周期内，持卡人连续要求支付超限费以完成超过授信额度的透支交易，发卡银行必须在第二个账单周期结束后立即停止超授信额度用卡服务，直至信用卡未结清款项减少到信用卡原授信额度以下才能根据持卡人的再次申请重新开通超授信额度用卡服务。

第五十五条 发卡银行不得为信用卡转账（转出）和支取现金提供超授信额度用卡服务。信用卡透支转账（转出）和支取现金的金额两者合计不得超过信用卡的现金提取授信额度。

第五十六条 发卡银行应当制定信用卡交易授权和风险监测管理制度，配备必要的设备、系统和人员，确保24小时交易授权和实时监控，对出现可疑交易的信用卡账户应当及时采取与持卡人联系确认、调整授信额度、锁定账户、紧急止付等风险管理措施。

发卡银行应当对可疑交易采取电话核实、联系收单银行、调单或实地走访等方式进行风险排查并及时处理，必要时应当及时向公安机关报案。

第五十七条 发卡银行应当在信用卡领用合同（协议）中明确规定以持卡人相关资产偿还信用卡贷款的具体操作流程，在未获得持卡人授权的情况下，不得以持卡人资产直接抵偿信用卡应收账款。国家法律法规另有规定的除外。

发卡银行收到持卡人还款时，按照以下顺序对其信用卡账户的各项欠款进行冲还：逾期1－90天（含）的，按照先应收利息或各项费用、后本金的顺序进行冲还；逾期91天以上的，按照先本金、后应收利息或各项费用的顺序进行冲还。

第五十八条 发卡银行通过自助渠道提供信用卡查询和支付服务必须校验密码或信用卡校验码。对确实无法校验密码或信用卡校验码的，发卡银行应当根据交易类型、风险性质和风险特征，确定自助渠道信用卡服务的相关信息校验规则，以保障安全用卡。

第五十九条 发卡银行应当提供24小时挂失服务，通过营业网点、客户服务电话或电子银行等渠道及时受理持卡人挂失申请并采取相应的风险管控措施。

第六十条 发卡银行应当提供信息查询服务，通过银行网站、用卡手册、电子银行等多种渠道向持卡人公示信用卡产品和服务、使用说明、章程、领用合同（协议）、收费项目和收费水平、风险提示等信息。

第六十一条 发卡银行应当提供对账服务。对账单应当至少包括交易日期、交易金额、交易币种、交易商户名称或代码、本期还款金额、本期最低还款金额、到期还款日、注意事项、发卡银行服务电话等要素。对账服务的具体形式由发卡银行和持卡人自行约定。

发卡银行向持卡人提供对账单及其他服务凭证时，应当对信用卡卡号进行部分屏蔽，不得显示完整的卡号信息。银行柜台办理业务打印的业务凭证除外。

第六十二条 发卡银行应当提供投诉处理服务，根据信用卡产品（服务）特点和复杂程度建立统一、高效的投诉处理工作程序，明确投诉处理的管理部门，公开披露投诉处理渠道。

第六十三条 发卡银行应当提供信用卡到期换卡服务，为符合到期换卡条件的持卡人换卡。持卡人提出到期不续卡、不换卡、销户的除外。

对持卡人在信用卡有效期内未激活的信用卡账户，发卡银行不得提供到期换卡服务。

第六十四条 发卡银行应当提供信用卡销户服务，在确认信用卡账户没有未结清款项后及时为持卡人销户。信用卡销户时，商务采购卡账户余额应当转回其对应的单位结算账户。

在通过信用卡领用合同（协议）或书面协议对通知方式进行约定的前提下，发卡银行应当提前45天以上采用明确、简洁、易懂的语言将信用卡章程、产品服务等即将发生变更的事项通知持卡人。

第六十五条 信用卡业务计结息操作，遵照国家有关部门的规定执行。

第六十六条 发卡银行应当建立信用卡欠款催收管理制度，规范信用卡催收策略、权限、流程和方式，有效控制业务风险。发卡银行不得对催收人员采用单一以欠款回收金额提成的考核方式。

第六十七条 发卡银行应当及时就即将到期的透支金额、还款日期等信息提醒持卡人。持卡人提供不实信息、变更联系方式未通知发卡银行等情况除外。

第六十八条 发卡银行应当对债务人本人及其担保人进行催收，不得对与债务无关的第三人进行催收，不得采用暴力、胁迫、恐吓或辱骂等不当催收行为。对催收过程应当进行录音，录音资料至少保存2年备查。

第六十九条 信用卡催收函件应当对持卡人充分披

露以下基本信息：持卡人姓名和欠款余额，催收事由和相关法规，持卡人相关权利和义务，查询账户状态、还款、提出异议和提供相关证据的途径，发卡银行联系方式，相关业务公章，监管机构规定的其他内容。

发卡银行收到持卡人对信用卡催收提出的异议，应当及时对相关信用卡账户进行备注，并开展核实处理工作。

第七十条 在特殊情况下，确认信用卡欠款金额超出持卡人还款能力、且持卡人仍有还款意愿的，发卡银行可以与持卡人平等协商，达成个性化分期还款协议。个性化分期还款协议的最长期限不得超过5年。

个性化分期还款协议的内容应当至少包括：

（一）欠款余额、结构、币种；

（二）还款周期、方式、币种、日期和每期还款金额；

（三）还款期间是否计收年费、利息和其他费用；

（四）持卡人在个性化分期还款协议相关款项未全部结清前，不得向任何银行申领信用卡的承诺；

（五）双方的权利义务和违约责任；

（六）与还款有关的其他事项。

双方达成一致意见并签署分期还款协议的，发卡银行及其发卡业务服务机构应当停止对该持卡人的催收，持卡人不履行分期还款协议的情况除外。达成口头还款协议的，发卡银行必须留存录音资料。录音资料留存时间至少截至欠款结清日。

第七十一条 发卡银行不得将信用卡发卡营销、领用合同（协议）签约、授信审批、交易授权、交易监测、资金结算等核心业务外包给发卡业务服务机构。

第五章　收单业务管理

第七十二条 收单银行应当明确收单业务的牵头管理部门，承担协调处理特约商户资质审核、登记管理、机具管理、垫付资金管理、风险管理、应急处置等的职责。

第七十三条 收单银行应当加强对特约商户资质的审核，实行商户实名制，不得设定虚假商户。特约商户资料应当至少包括营业执照、税务登记证件或相关纳税证明、法定代表人或负责人身份证件、财务状况或业务规模、经营期限等。收单银行应当对特约商户进行定期或不定期现场调查，认真核实并及时更新特约商户资料。

收单银行不得因与特约商户有其他业务往来而降低资质审核标准和检查要求，对批发类、咨询类、投资类、中介类、公益类、低扣率商户或可能出现高风险的商户应当从严审核。

第七十四条 收单银行不得将个人银行结算账户设置为特约商户的单位结算账户，已纳入单位银行结算账户管理的除外。

收单银行应当为特约商户、特约商户服务机构等提供安全的结算服务，并承担相应的监督管理职责，确保所服务机构受理信用卡的业务合法合规。

第七十五条 收单银行签约的特约商户应当至少满足以下基本条件：

（一）合法设立的法人机构或其他组织；

（二）从事的业务和行业符合国家法律、法规和政策规定；

（三）未成为本行或他行发卡业务服务机构；

（四）商户、商户负责人（或法定代表人）未在征信系统、银行卡组织的风险信息共享系统、同业风险信息共享系统中留有可疑信息或风险信息。

第七十六条 收单银行对从事网上交易的商户，应当进行严格的审核和评估，以技术手段确保数据安全和资金安全。商业银行不得与网站上未明确标注如下信息的网络商户或第三方支付平台签订收单业务相关合同：

（一）客户服务电话号码及邮箱地址；

（二）安全管理的声明；

（三）退货（退款）政策和具体流程；

（四）保护客户隐私的声明；

（五）客户信息使用行为的管理要求；

（六）其他商业银行相关管理制度要求具备的信息。

收单银行应当按照外包管理要求对签约的第三方支付平台进行监督管理，并有责任对与第三方支付平台签约的商户进行不定期的资质审核或交易行为抽查，以确保为从事合法业务的商户提供服务。

第七十七条 收单银行应当严格按照国家法律法规、相关行业规范和业务规则设置商户名称、商户编码、商户类别码、商户服务类别码等，留存真实完整的商户地址、受理终端安装地点和使用范围、受理终端绑定通讯方式和号码、法定代表人（或负责人）、联系人、联系电话等信息，加强特约商户培训和交易检查工作，并真实、准确、完整地传递信用卡交易信息，为发卡银行开展信用卡交易授权和风险监测提供准确的信息。

收单银行要求第三方支付平台提供的交易明细信息，必须包括交易对象在第三方支付平台上的识别编号，以便协助持卡人保护自身合法权益。

第七十八条 收单银行应当确保特约商户按照联网通用原则受理信用卡，不得出现商户拒绝受理符合联网通用管理要求的信用卡、或商户因持卡人使用信用卡而向持卡人收取附加费用等行为。

第七十九条 收单银行应当建立特约商户管理制度，根据商户类型和业务特点对商户实行分类管理，严格控制交易处理程序和退款程序，不得因与特约商户有其他业务往来而降低对特约商户交易的检查要求。

第八十条 收单银行应当对特约商户的风险进行综合评估和分类管理，及时掌握其经营范围、场所、法定代表人或负责人、银行卡受理终端装机地址和使用范围等重要信息的变更情况，不断完善交易监控机制。收单银行应当对特约商户建立不定期现场核查制度，重点核对其银行卡受理终端使用范围、装机地址、装机编号是否与已签订的协议一致。

对通过邮寄、电话、电视和网络等方式销售商品或服务的特约商户，收单银行应当采取特殊的风险控制措施，加强交易情况监测，增加现场核查频度。

第八十一条 收单银行应当根据特约商户的业务性质、业务特征、营业情况，对特约商户设定动态营业额上限。对特约商户交易量突增、频繁出现大额交易、整数金额交易、交易额与经营状况明显不符、争议款项过高、退款交易过多、退款额过高、拖欠退款额过高、出现退款欺诈、非法交易、商户经营内容与商户类别码不符、或收到发卡银行风险提示等情况，收单银行应当及时调查处理，并及时采取有效措施，降低出现收单业务损失的风险。

第八十二条 对确认已出现虚假申请、信用卡套现、测录客户数据资料、泄露账户和交易信息、恶意倒闭等欺诈行为的特约商户，收单银行应当及时采取撤除受理终端、妥善留存交易记录等相关证据并提交公安机关处理、列入黑名单、录入银行卡风险信息系统、与相关银行卡组织共享风险信息等有效的风险控制措施。

第八十三条 收单银行应当建立相互独立的市场营销和风险管理机制，负责市场拓展、商户资质审核、服务和授权、异常交易监测、受理终端密钥管理、受理终端密钥下载、受理终端程序灌装等职能的人员和岗位，不得相互兼岗。

第八十四条 收单银行应当建立健全收单业务受理终端管理机制，设立管理台账，及时登记和更新受理终端安装地点、使用情况和不定期检查情况。

对特约商户提出的新增、更换、维护受理终端的要求，收单银行应当履行必要的核实程序，发现特约商户有移机使用、出租、出借或超出其经营范围使用受理终端的情况，应当立即采取撤除受理终端、妥善留存交易记录相关证据等有效的风险管理措施，并将特约商户、商户法定代表人（负责人）姓名、商户法定代表人（负责人）身份证件等有关信息录入银行卡风险信息共享系统。

第八十五条 收单银行应当加强对收单业务移动受理终端的管理，确保不同的终端设备使用不同的终端主密钥并定期更换。收单银行应当严格审核特约商户安装移动受理终端的申请，除航空、餐饮、交通罚款、上门收费、移动售货、物流配送确有使用移动受理终端需求的商户外，其他类型商户未经收单银行总行审核批准不得安装移动受理终端。

第八十六条 收单银行应当采用严格的技术手段对收单业务移动受理终端的使用进行监控，并不定期进行回访，确保收单业务移动受理终端未超出签约范围跨地区使用。

第八十七条 收单银行应当确保对收单业务受理终端所有打印凭条上的信用卡号码进行部分屏蔽，转账交易的转入卡号、预授权交易预留卡号和IC卡脱机交易除外。

收单银行和收单服务机构应当确保业务系统只能存储用于交易清分、资金结算、差错处理所必需的最基本的账户信息，不得以任何形式存储信用卡磁道信息、卡片验证码、个人标识码等信息。

第八十八条 收单银行应当与特约商户签订收单业务合同。收单业务合同至少应当明确以下事项：双方的权利义务关系，业务流程、收单业务管理主体、法律责任和经济责任，移动受理终端和无卡交易行为的管理主体、法律责任和经济责任，协助调查处理的责任和内容，保证金条款，保密条款，数据安全条款，其他条款。

第八十九条 收单银行、收单业务服务机构合作应当与特约商户签订收单业务合同。收单业务合同至少应当明确以下事项：收单业务营销主体，收单业务管理主体，各方的权利义务关系，各方的法律责任和经济责任，移动受理终端相关法律责任和经济责任，无卡交易相关法律责任和经济责任，协助调查处理的责任和内容，保证全条款，保密条款，数据安全条款等。

第九十条 收单银行不得将特约商户审核和签约、资金结算、后续检查和抽查、受理终端密钥管理和密钥下载工作外包给收单业务服务机构。

第六章 业务风险管理

第九十一条 商业银行应当制定明确的信用卡业务发展战略和风险管理规划，建立健全信用卡业务内部控制、授权管理和风险管理体系、组织、制度、流程和岗位，明确分工和相关职责。

商业银行可以基于自愿和保密原则，对信用卡业务中出现不良行为的营销人员、持卡人、特约商户、服务机构等有关风险信息进行共享，加强在风险管理方面的合作。

第九十二条 商业银行应当对信用卡风险资产实行分类管理，分类标准如下：

（一）正常类：持卡人能够按照事先约定的还款规则在到期还款日前（含）足额偿还应付款项。

（二）关注类：持卡人未按事先约定的还款规则在到期还款日足额偿还应付款项，逾期天数在1－90天（含）。

（三）次级类：持卡人未按事先约定的还款规则在到期还款日足额偿还应付款项，逾期天数为91－120天（含）。

（四）可疑类：持卡人未按事先约定的还款规则在到期还款日足额偿还应付款项，逾期天数在121－180天（含）。

（五）损失类：持卡人未按事先约定的还款规则在到期还款日足额偿还应付款项，逾期天数超过180天。

在业务系统能够支持、分类操作合法合规、分类方法和数据测算方式已经中国银监会及其相关派出机构审批同意等前提下，鼓励商业银行采用更为审慎的信用卡资产分类标准，持续关注和定期比对与之相关的准备金计提、风险资产计量等环节的重要风险管理指标，并采取相应的风险控制措施。

第九十三条 商业银行应当建立健全信用卡业务操作风险的防控制度和应急预案，有效防范操作风险。以下风险资产应当直接列入相应类别：

（一）持卡人因使用诈骗方式申领、使用信用卡造成的风险资产，一经确认，应当直接列入可疑类或损失类。

（二）因内部作案或内外勾结作案造成的风险资产应当直接列入可疑类或损失类。

（三）因系统故障、操作失误造成的风险资产应当直接列入可疑类或损失类。

（四）签订个性化分期还款协议后尚未偿还的风险资产应当直接列入次级类或可疑类。

第九十四条 发卡银行应当对信用卡风险资产质量变动情况进行持续监测，相关准备金计提遵照国家有关部门的规定执行。

第九十五条 发卡银行应当加强信用卡风险资产认定和核销管理工作，及时确认并核销。信用卡业务的呆账认定依据、认定范围、核销条件等遵照国家有关部门的规定执行。

第九十六条 发卡银行应当建立科学合理的风险监测指标，适时采取相应的风险控制措施。

第九十七条 发卡银行应当根据信用卡业务发展情况，使用计量模型辅助开展信用卡业务风险管理工作，制定模型开发、测试、验证、重检、调整、监测、维护、审计等相关管理制度，明确计量模型的使用范围。

第九十八条 发卡银行应当严格执行资本充足率监管要求，将未使用的信用卡授信额度，纳入承诺项目中的“其他承诺”子项计算表外加权风险资产，适用50%的信用转换系数和根据信用卡交易主体确定的相应风险权重。

第九十九条 商业银行应当对单位卡实施单一客户授信集中风险管理，定期集中计算单位卡授信和垫款额度总和，持续监测单位卡合同签约方在本行所有贷款授信额度及其使用情况，并定期开展单位卡相关交易真实性和用途适用性的检查工作，防止出现套取流动资金贷款的行为。

第七章 监督管理

第一百条 中国银监会及其派出机构依法对信用卡业务实施非现场监管和现场检查，对信用卡业务风险进行监测和评估，并对信用卡业务相关行业自律组织进行指导和监督。

在实施现场检查和风险评估的过程中，相关检查和评估人员应当遵守商业银行信用卡业务安全管理的有关规定。

第一百零一条 商业银行开办信用卡业务应当按照有关规定向中国银监会报送信用卡业务统计数据和管理信息。

第一百零二条 商业银行应当定期对信用卡业务发展与管理情况进行自我评估，按年编制《信用卡业务年度评估报告》。

第一百零三条 商业银行《信用卡业务年度评估报告》应当至少包括以下内容：

（一）本年度信用卡业务组织架构和高管人员配置总体情况；

（二）全年信用卡业务基本经营情况分析；

（三）信用卡业务总体资产结构和资产质量；

（四）不同类型的信用卡业务资产结构和资产质量；

（五）信用卡业务主要风险分析和风险管理情况；

（六）信用卡业务合规管理和内控管理情况；

（七）已外包的各项信用卡业务经营管理情况；

（八）投诉处理情况；

（九）下一年度信用卡业务发展规划；

（十）监管机构要求报告的其他事项。

第一百零四条 全国性商业银行《信用卡业务年度评估报告》应当于下一年度的3月底之前报送中国银监会（一式两份），抄送总行（公司）或外资法人银行注册地中国银监会派出机构。

按照有关规定只能在特定城市或地区从事业务经营活动的商业银行、商业银行授权开办部分或全部信用卡业务的分支机构（含营运中心等）应当于下一年度的3月底之前参照第一百零三条的规定将相关材料报送当地中国银监会派出机构。

第一百零五条 商业银行应当建立信用卡业务重大安全事故和风险事件报告制度，与中国银监会及其派出机构保持经常性沟通。出现重大安全事故和风险事件后24小时内应当向中国银监会及其相关派出机构报告，并随时关注事态发展，及时报送后续情况。

第一百零六条 中国银监会对信用卡业务实施现场检查时，应当按照现场检查有关规定组成检查工作组并进行相关业务培训，应当邀请相关商业银行的信用卡业务管理和技术人员介绍其信用卡业务总体框架、运营管理模式、重要业务运营系统和重要电子设备管理要求等。

第一百零七条 商业银行不符合本办法规定的条件，擅自开办信用卡业务的，中国银监会及其相关派出机构应当责令商业银行立即停止开办的信用卡业务，并依据《中华人民共和国银行业监督管理法》第四十五条规定采取相关监管措施。

第一百零八条 商业银行违反本办法规定经营信用卡业务的，中国银监会或其相关派出机构应当责令商业银行限期改正。商业银行逾期未改正的，中国银监会及其派出机构依据《中华人民共和国银行业监督管理法》第三十七条、第四十六条、第四十七条规定采取相关监管措施。

第一百零九条 商业银行在开展信用卡业务过程中，违反审慎经营原则导致信用卡业务存在较大风险隐患、合作的机构从事或被犯罪分子利用从事违法违规活动1年内达到2次的，由中国银监会或其派出机构立即暂停该商业银行相关新发卡业务或发展新特约商户的资格，责令限期改正；逾期未改正或安全隐患在短时间内难以解决的，中国银监会及其派出机构除采取《中华人民共和国银行业监督管理法》第四十六条规定的监管措施外，还可以视情况分别采取以下措施：

（一）责令商业银行、相关分支机构或相关专营机构限制（或暂停）信用卡发卡业务或收单业务；

（二）责令商业银行、相关分支机构或相关专营机构限制（或暂停）发展新的信用卡业务持卡人；

（三）责令商业银行、相关分支机构或相关专营机构限制（或暂停）发展新的信用卡业务特约商户；

（四）责令停止批准增设营运中心等；

（五）责令停止开办新业务；

（六）其他审慎性监管措施。

第一百一十条 商业银行、相关分支机构或相关营运中心整改后，应当向中国银监会或其相关派出机构提交整改情况报告。中国银监会或其相关派出机构验收确认符合审慎经营规则和本办法相关规定的，自验收完毕之日起三日内解除对其采取的有关监管措施。

第一百一十一条 商业银行在开展信用卡业务过程中，违反其他有关法律、行政法规和规章的，由中国银监会及其派出机构依据相关法律、行政法规和规章督促整改，并采取相应的监管措施。

第八章　附　　则

第一百一十二条　本办法由中国银监会负责解释。

第一百一十三条　本办法颁布之前制定的相关信用卡管理规定与本办法不一致的，以本办法为准。

第一百一十四条　在中华人民共和国境内经中国银监会批准设立的其他银行业金融机构开展信用卡业务，适用本办法的有关规定。

第一百一十五条　本办法自公布之日起施行。此前已开办相关业务且不符本办法规定的，半年内要调整完毕。

政府采购促进中小企业发展暂行办法

财政部　工业和信息化部　财库[2011]181号

第一条 为了发挥政府采购的政策功能，促进符合国家经济和社会发展政策目标，产品、服务、信誉较好的中小企业发展，根据《中华人民共和国政府采购法》、《中华人民共和国中小企业促进法》等有关法律法规，制定本办法。

第二条 本办法所称中小企业（含中型、小型、微型企业，下同）应当同时符合以下条件：

（一）符合中小企业划分标准；

（二）提供本企业制造的货物、承担的工程或者服务，或者提供其他中小企业制造的货物。本项所称货物不包括使用大型企业注册商标的货物。

本办法所称中小企业划分标准，是指国务院有关部门根据企业从业人员、营业收入、资产总额等指标制定的中小企业划型标准。

小型、微型企业提供中型企业制造的货物的，视同为中型企业。

第三条 任何单位和个人不得阻挠和限制中小企业自由进入本地区和本行业的政府采购市场，政府采购活动不得以注册资本金、资产总额、营业收入、从业人员、利润、纳税额等供应商的规模条件对中小企业实行差别待遇或者歧视待遇。

第四条 负有编制部门预算职责的各部门（以下简称各部门），应当加强政府采购计划的编制工作，制定向中小企业采购的具体方案，统筹确定本部门（含所属各单位，下同）面向中小企业采购的项目。在满足机构自身运转和提供公共服务基本需求的前提下，应当预留本部门年度政府采购项目预算总额的30%以上，专门面向中小企业采购，其中，预留给小型和微型企业的比例不低于60%。

采购人或者采购代理机构在组织采购活动时，应当在招标文件或谈判文件、询价文件中注明该项目专门面向中小企业或小型、微型企业采购。

第五条 对于非专门面向中小企业的项目，采购人或者采购代理机构应当在招标文件或者谈判文件、询价文件中作出规定，对小型和微型企业产品的价格给予6%–10%的扣除，用扣除后的价格参与评审，具体扣除比例由采购人或者采购代理机构确定。

参加政府采购活动的中小企业应当提供本办法规定的《中小企业声明函》（见附件）。

第六条 鼓励大中型企业和其他自然人、法人或者其他组织与小型、微型企业组成联合体共同参加非专门面向中小企业的政府采购活动。联合协议中约定，小型、微型企业的协议合同金额占到联合体协议合同总金额30%以上的，可给予联合体2%–3%的价格扣除。

联合体各方均为小型、微型企业的，联合体视同为小型、微型企业享受本办法第四条、第五条规定的扶持政策。

组成联合体的大中型企业和其他自然人、法人或者其他组织，与小型、微型企业之间不得存在投资关系。

第七条 中小企业依据本办法第四条、第五条、第六条规定的政策获取政府采购合同后，小型、微型企业不得分包或转包给大型、中型企业，中型企业不得分包或转包给大型企业。

第八条 鼓励采购人允许获得政府采购合同的大型企业依法向中小企业分包。

大型企业向中小企业分包的金额，计入面向中小企业采购的统计数额。

第九条 鼓励采购人在与中小企业签订政府采购合同时，在履约保证金、付款期限、付款方式等方面给予中小企业适当支持。采购人应当按照合同约定按时足额支付采购资金。

第十条 鼓励在政府采购活动中引入信用担保手段，为中小企业在融资、投标保证、履约保证等方面提供专业化的担保服务。

第十一条 各级财政部门和有关部门应当加大对中小企业参与政府采购的培训指导及专业化咨询服务力度，提高中小企业参与政府采购活动的能力。

第十二条 各部门应当每年第一季度向同级财政部门报告本部门上一年度面向中小企业采购的具体情况，并在财政部指定的政府采购发布媒体公开预留项目执行情况以及本部门其他项目面向中小企业采购的情况。

第十三条 各级财政部门应当积极推进政府采购信息化建设，提高政府采购信息发布透明度，提供便于中小企业获取政府采购信息的稳定渠道。

第十四条 各级财政部门会同中小企业主管部门建立健全政府采购促进中小企业发展的有关制度，加强有关政策执行情况的监督检查。

各部门负责对本部门政府采购促进中小企业发展各项工作的执行和管理。

第十五条 政府采购监督检查和投诉处理中对中小企业的认定，由企业所在地的县级以上中小企业主管部门负责。

第十六条 采购人、采购代理机构或者中小企业在政府采购活动中有违法违规行为的，依照政府采购法及有关法律法规处理。

第十七条 本办法由财政部、工业和信息化部负责解释。

第十八条 本办法自2012年1月1日起施行。

第九部分

投资统计

综　合

国民经济和社会发展总量与速度指标

指　标	总量指标					速度指标（%）						
						指数(2010 为以下各年)				平均增长速度		
	1978	1990	2000	2009	2010	1978	1990	2000	2009	1979-2010	1991-2010	2001-2010
人口与就业												
人口　（万人）												
总人口（年末）	96259	114333	126743	133450	134091	139.3	117.3	105.8	100.5	1.0	0.8	0.6
男性人口	49567	58904	65437	68647	68748	138.7	116.7	105.1	100.1	1.0	0.8	0.5
女性人口	46692	55429	61306	64803	65343	139.9	117.9	106.6	100.8	1.1	0.8	0.6
城镇人口	17245	30195	45906	64512	66978	388.4	221.8	145.9	103.8	4.3	4.1	3.8
乡村人口	79014	84138	80837	68938	67113	84.9	79.8	83.0	97.4	-0.5	-1.1	-1.8
就业　（万人）												
就业人员数	40152	64749	72085	75828	76105	189.5	117.5	105.6	100.4	2.0	0.8	0.5
城镇登记失业人数	530	383	595	921	908	171.3	237.1	152.6	98.6	1.7	4.4	4.3
宏观经济												
国民经济核算　（亿元）												
国民总收入	3645.2	18718.3	98000.5	341401.5	403260.0	2069.4	732.6	275.7	110.8	9.9	10.5	10.7
国内生产总值	3645.2	18667.8	99214.6	340902.8	401202.0	2058.9	730.8	270.9	110.4	9.9	10.5	10.5
第一产业	1027.5	5062.0	14944.7	35226.0	40533.6	418.9	219.7	151.2	104.3	4.6	4.0	4.2
第二产业	1745.2	7717.4	45555.9	157638.8	187581.4	3202.9	1053.2	296.1	112.4	11.4	12.5	11.5
第三产业	872.5	5888.4	38714.0	148038.0	173087.0	2762.4	762.8	288.9	109.6	10.9	10.7	11.2
支出法国内生产总值	3605.6	19347.8	98749.0	346316.6	394307.6							
最终消费支出	2239.1	12090.5	61516.0	166820.1	186905.3							
居民消费	1759.1	9450.9	45854.6	121129.9	133290.9							
政府消费	480.0	2639.6	15661.4	45690.2	53614.4							
资本形成总额	1377.9	6747.0	34842.8	164463.2	191690.8							
固定资本形成总额	1073.9	4827.8	33844.4	156679.8	182340.4							
存货增加	304.0	1919.2	998.4	7783.4	9350.5							

指　　标	总量指标					速度指标（%）						
						指数（2010 为以下各年）				平均增长速度		
	1978	1990	2000	2009	2010	1978	1990	2000	2009	1979-2010	1991-2010	2001-2010
货物和服务净出口	-11.4	510.3	2390.2	15033.3	15711.5							
固定资产投资　（亿元）												
全社会固定资产投资总额		4517.0	32917.7	224598.8	278121.9		6157.2	844.9	123.8		22.6	23.0
城　镇		3274.4	26221.8	193920.4	241430.9		7373.3	920.7	124.5		23.8	24.2
#房地产开发		253.3	4984.1	36241.8	48259.4		19056.0	968.3	133.2		31.2	25.5
农　村		1242.6	6695.9	30678.4	36691.0		2952.8	548.0	119.6		18.3	17.3
全社会施工房屋建筑面积(万平方米)		137171	265294	754189	885173		645.3	333.7	117.4		9.8	12.8
全社会竣工房屋建筑面积(万平方米)		107952	181974	302117	304306		281.9	167.2	100.7		5.3	5.3
消费												
社会消费品零售总额（亿元）	1559	8300	39106	132678	156998	10073.0	1891.5	401.5	118.3	15.5	15.8	14.9
对外贸易												
货物进出口总额　（亿美元）	206.4	1154.4	4742.9	22075.4	29740.0	14408.9	2576.2	627.0	134.7	16.8	17.6	20.2
出口额	97.5	620.9	2492.0	12016.1	15777.5	16182.1	2541.1	633.1	131.3	17.2	17.6	20.3
进口额	108.9	533.5	2250.9	10059.2	13962.4	12821.3	2617.1	620.3	138.8	16.4	17.7	20.0
实际利用外资额												
外商直接投资　（亿美元）		34.9	407.2	900.3	1057.4		3032.3	259.7	117.4		18.6	10.0
外商其他投资　（亿美元）		2.7	86.4	17.7	30.9		1151.5	35.7	174.3		13.0	-9.8
财政　（亿元）												
国家财政收入	1132.3	2937.1	13395.2	68518.3	83101.5	7339.4	2829.4	620.4	121.3	14.4	18.2	20.0
中　央	175.8	992.4	6989.2	35915.7	42488.5	24172.8	4281.3	607.9	118.3	18.7	20.7	19.8
地　方	956.5	1944.7	6406.1	32602.6	40613.0	4246.0	2088.4	634.0	124.6	12.4	16.4	20.3
国家财政支出	1122.1	3083.6	15886.5	76299.9	89874.2	8009.5	2914.6	565.7	117.8	14.7	18.4	18.9
中　央	532.1	1004.5	5519.9	15255.8	15989.7	3004.9	1591.9	289.7	104.8	11.2	14.8	11.2
地　方	590.0	2079.1	10366.7	61044.1	73884.4	12523.4	3553.6	712.7	121.0	16.3	19.5	21.7
物价总指数（上年=100）												
居民消费价格指数	100.7	103.1	100.4	99.3	103.3							
商品零售价格指数	100.7	102.1	98.5	98.8	103.1							
农产品生产价格指数	103.9	97.4	96.4	97.6	110.9							
工业品出厂价格指数	100.1	104.1	102.8	94.6	105.5							
原材料、燃料、动力购进价格指数		105.6	105.1	92.1	109.6							
固定资产投资价格指数			101.1	97.6	103.6							
能源生产与消费　（万吨标准煤）												
能源生产总量	62770	103922	135048	274619	296916	473.0	285.7	219.9	108.1	5.0	5.4	8.2

指标	总量指标					速度指标（%）						
						指数(2010为以下各年)				平均增长速度		
	1978	1990	2000	2009	2010	1978	1990	2000	2009	1979-2010	1991-2010	2001-2010
能源消费总量	57144	98703	145531	306647	324939	568.6	329.2	223.3	106.0	5.6	6.1	8.4
产　业												
农业												
农林牧渔业总产值　（亿元）	1397.0	7662.1	24915.8	60361.0	69319.8	639.3	313.5	163.3	104.4	6.0	5.9	5.0
主要农产品产量　（万吨）												
粮 食	30476.5	44624.3	46217.5	53082.1	54647.7	179.3	122.5	118.2	102.9	1.8	1.0	1.7
棉 花	216.7	450.8	441.7	637.7	596.1	275.1	132.2	134.9	93.5	3.2	1.4	3.0
油 料	521.8	1613.2	2954.8	3154.3	3230.1	619.0	200.2	109.3	102.4	5.9	3.5	0.9
甘 蔗	2111.6	5762.0	6828.0	11558.7	11078.9	524.7	192.3	162.3	95.8	5.3	3.3	5.0
甜 菜	270.2	1452.5	807.3	717.9	929.6	344.0	64.0	115.1	129.5	3.9	-2.2	1.4
茶 叶	26.8	54.0	68.3	135.9	147.5	550.4	273.1	215.9	108.6	5.5	5.2	8.0
水 果	657.0	1874.4	6225.1	20395.5	21401.4	3257.6	1141.8	343.8	104.9	11.5	12.9	13.1
肉 类			6013.9	7649.7	7925.8			131.8	103.6			2.8
奶 类			919.1	3677.7	3748.0			407.8	101.9			15.1
水产品	465.4	1237.0	3706.2	5116.4	5373.0	1154.6	434.4	145.0	105.0	7.9	7.6	3.8
工业												
主要工业产品产量												
原 煤　（亿吨）	6.18	10.80	13.84	29.73	32.35	523.5	299.5	233.7	108.8	5.3	5.6	8.9
原 油　（万吨）	10405	13831	16300	18949	20301	195.1	146.8	124.5	107.1	2.1	1.9	2.2
天然气　（亿立方米）	137.3	153.0	272.0	852.7	948.5	690.8	620.0	348.7	111.2	6.2	9.6	13.3
成品糖　（万吨）	227	582	700	1338	1118	492.3	192.0	159.7	83.5	5.1	3.3	4.8
布　（亿米）	110	189	277	753	800	725.3	423.7	288.8	106.2	6.4	7.5	11.2
水 泥　（万吨）	6524	20971	59700	164398	188191	2884.6	897.4	315.2	114.5	11.1	11.6	12.2
粗 钢　（万吨）	3178	6635	12850	57218	63723	2005.1	960.4	495.9	111.4	9.8	12.0	17.4
钢 材　（万吨）	2208	5153	13146	69405	80277	3635.7	1557.9	610.7	115.7	11.9	14.7	19.8
家用电冰箱　（万台）	2.8	463	1279	5930	7296	260561.4	1575.5	570.4	123.0	27.9	14.8	19.0
房间空气调节器　（万台）	0.02	24	1827	8078	10887	54437350.0	45232.5	596.0	134.8	51.1	35.8	19.5
家用洗衣机　（万台）	0.04	663	1443	4974	6248	15619325.0	942.8	433.0	125.6	45.3	11.9	15.8
彩色电视机　（万台）	0.38	1033	3936	9899	11830	3113165.8	1145.2	300.6	119.5	38.2	13.0	11.6
发电量　（亿千瓦小时）	2566	6212	13556	37147	42072	1639.6	677.3	310.4	113.3	9.1	10.0	12.0
规模以上工业企业												
主要指标　（亿元）												
工业总产值			85674	548311	698591							

指标	总量指标					速度指标（%）						
						指数(2010 为以下各年)				平均增长速度		
	1978	1990	2000	2009	2010	1978	1990	2000	2009	1979-2010	1991-2010	2001-2010
资产总计			126211	493693	592882			469.8	120.1			16.7
主营业务收入		16793.1	84152	542522	697744		4154.9	829.1	128.6		20.5	23.6
利润总额	599.3	559.8	4393	34542	53050	8851.9	9476.5	1207.5	153.6	15.0	25.6	28.3
建筑业												
建筑业企业从业人员（万人）		1011	1994	3673	4160		411.6	208.6	113.3		7.3	7.6
建筑业总产值（亿元）		1345	12498	76808	96031		7139.8	768.4	125.0		23.8	22.6
交通运输业												
客运量（万人）	253993	772682	1478573	2976898	3269508	1287.2	423.1	221.1	109.8	8.3	7.5	8.3
铁 路	81491	95712	105073	152451	167609	205.7	175.1	159.5	109.9	2.3	2.8	4.8
公 路	149229	648085	1347392	2779081	3052738	2045.7	471.0	226.6	109.8	9.9	8.1	8.5
水 运	23042	27225	19386	22314	22392	97.2	82.2	115.5	100.3	-0.1	-1.0	1.5
民 航	231	1660	6722	23052	26769	11588.4	1612.6	398.2	116.1	16.0	14.9	14.8
货运量（万吨）	248946	970602	1358682	2825222	3241807	1302.2	334.0	238.6	114.7	8.4	6.2	9.1
铁 路	110119	150681	178581	333348	364271	330.8	241.7	204.0	109.3	3.8	4.5	7.4
公 路	85182	724040	1038813	2127834	2448052	2873.9	338.1	235.7	115.0	11.1	6.3	9.0
水 运	43292	80094	122391	318996	378949	875.3	473.1	309.6	118.8	7.0	8.1	12.0
民 航	6	37	197	446	563	8797.5	1521.7	286.2	126.4	15.0	14.6	11.1
管 道	10347	15750	18700	44598	49972	483.0	317.3	267.2	112.0	5.0	5.9	10.3
沿海规模以上港口货物吞吐量（万吨）	19834	48321	125603	475481	548358	2764.7	1134.8	436.6	115.3	10.9	12.9	15.9
邮电通信业												
邮电业务总量（亿元）	34.1	155.5	4792.7	27193.5	31978.5	125902.3	27592.8	895.5	117.6	25.0	32.4	24.5
函 件（亿件）	28.4	54.9	77.7	75.3	74.0	261.0	134.9	95.2	98.3	3.0	1.5	-0.5
报刊期发数（万份）	11250	20078	20090	13910	17158	152.5	85.5	85.4	123.4	1.3	-0.8	-1.6
移动电话年末用户（万户）		1.8	8453.3	74721.4	85900.3		4694005.5	1016.2	115.0		71.2	26.1
固定电话年末用户（万户）	192.5	685.0	14482.9	31373.2	29434.2	15287.0	4296.8	203.2	93.8	17.0	20.7	7.3
城市	119.2	538.4	9311.6	21190.0	19658.1	16498.6	3650.9	211.1	92.8	17.3	19.7	7.8
农村	73.4	146.6	5171.3	10183.2	9776.1	13320.0	6669.4	189.0	96.0	16.5	23.4	6.6
公用电话（万户）	1.2	4.6	352.0	2708.8	2595.9	223034.6	56376.2	737.5	95.8	27.2	37.3	22.1
局用交换机容量（万门）	405.9	1231.8	17825.6	49265.6	46537.3	11465.8	3777.9	261.1	94.5	16.0	19.9	10.1
旅游业												
入境旅游过夜者人数（万人次）	71.6	1048.4	3122.9	5087.5	5566.5	7774.4	530.9	178.2	109.4	14.6	8.7	6.0
国际旅游外汇收入（亿美元）	2.6	22.2	162.2	396.8	458.1	17419.8	2065.6	282.5	115.5	17.5	16.3	10.9
金融业												

指标	总量指标 1978	1990	2000	2009	2010	速度指标（%）指数(2010为以下各年) 1978	1990	2000	2009	平均增长速度 1979-2010	1991-2010	2001-2010
金融机构人民币各项存款余额(亿元)	1155	13943	123804	597741	718238	62185.1	5151.3	580.1	120.2	22.3	21.8	19.2
金融机构人民币各项贷款余额(亿元)	1890	17511	99371	399685	479196	25354.3	2736.5	482.2	119.9	18.9	18.0	17.0
股票筹资额 (亿元)			2103	6125	11972			569.3	195.5			19.0
保险公司保费金额 (亿元)			1598	11137	14528			909.1	130.4			24.7
保险公司赔款及给付金额 (亿元)			526	3125	3200			608.4	102.4			19.8
教育、科技、文化												
教育												
专任教师数 (万人)												
#普通高等学校	20.6	39.5	46.3	129.5	134.3	652.0	340.0	290.2	103.7	6.0	6.3	11.2
普通中学	318.2	303.3	400.5	500.7	504.2	158.4	166.2	125.9	100.7	1.4	2.6	2.3
普通小学	522.6	558.2	586.0	563.3	561.7	107.5	100.6	95.8	99.7	0.2	0.03	-0.4
在校学生数 (万人)												
#普通高等学校	85.6	206.3	556.1	2144.7	2231.8	2607.2	1081.8	401.3	104.1	10.7	12.6	14.9
普通中学	6548.3	4586.0	7368.9	7867.9	7703.2	117.6	168.0	104.5	97.9	0.5	2.6	0.4
普通小学	14624.0	12241.4	13013.3	10071.5	9940.7	68.0	81.2	76.4	98.7	-1.2	-1.0	-2.7
教育经费支出 (亿元)			3849.1	16502.7								
科技												
研究与试验发展经费内部支出(亿元)			895.7	5802.1	7062.6			788.5	121.7			22.9
技术市场成交额 (亿元)		75.1	650.8	3039.0	3906.6		5201.9	600.3	128.5		21.8	19.6
文化												
图书出版总印数（亿册、亿张）	37.7	56.4	62.7	70.4	71.7	190.0	127.2	114.3	101.9	2.0	1.2	1.3
电视节目制作时间 (万小时)		9.2	58.5	265.4	274.3		2994.5	468.9	103.4		18.5	16.7
故事片产量 (部)	46	134	91	456	526	1143.5	392.5	578.0	115.4	7.9	7.1	19.2
家庭生活												
规模												
城镇居民平均每户家庭人口(人)		3.50	3.13	2.89	2.88		82.3	92.0	99.7		-1.0	-0.8
农村居民平均每户常住人口(人)		4.80	4.20	3.98	3.95		82.4	94.2	99.4		-1.0	-0.6
婚姻												
结婚登记总数 (万对)	597.8	951.1	848.5	1212.4	1241.0	207.6	130.5	146.3	102.4	2.3	1.3	3.9
离婚数 (万对)	28.5	80.0	121.3	246.8	267.8	939.6	334.7	220.8	108.5	7.3	6.2	8.2
居住												
城镇人均住房建筑面积(平方米)				31.3	31.6				101.0			
农村人均住房面积 (平方米)	8.1	17.8	24.8	33.6	34.1	420.7	191.5	137.4	101.5	4.6	3.3	3.2

指标	总量指标					速度指标（%）						
						指数(2010为以下各年)				平均增长速度		
	1978	1990	2000	2009	2010	1978	1990	2000	2009	1979-2010	1991-2010	2001-2010
生活												
城镇居民人均可支配收入（元）	343	1510	6280	17175	19109	965.2	487.2	251.6	107.8	7.3	8.2	9.7
农村居民人均纯收入（元）	134	686	2253	5153	5919	954.4	306.7	197.4	110.9	7.3	5.8	7.0
城乡人民币储蓄存款余额(亿元)	211	7120	64332	260772	303302	144018.1	4260.0	471.5	116.3	25.5	20.6	16.8
社会保险												
社会保险基金收入（亿元）		187	2645	16116	18823		10076.9	711.7	116.8		25.9	21.7
社会保险基金支出（亿元）		152	2386	12303	14819		9757.0	621.2	120.5		25.7	20.0
卫生												
医院、卫生院（个）	64311	62126	66095	59918	59683	92.8	96.1	90.3	99.6	-0.2	-0.2	-1.0
执业(助理)医师（万人）	97.8	176.3	207.6	232.9	241.3	246.7	136.9	116.3	103.6	2.9	1.6	1.5
医院、卫生院床位数（万张）	184.7	259.2	290.8	408.1	440.2	238.3	169.8	151.4	107.9	2.8	2.7	4.2
城市市政建设												
年供水总量（亿吨）	78.8	382.3	469.0	496.7	507.9	644.5	132.8	108.3	102.2	6.0	1.4	0.8
人工煤气供气量（亿立方米）		174.7	152.4	361.6	279.9		160.2	183.7	77.4		2.4	6.3
天然气供气量（亿立方米）		64.2	82.1	405.1	487.6		759.5	593.9	120.4		10.7	19.5
年末实有道路长度（万公里）	2.7	9.5	16.0	26.9	29.4	1091.9	309.9	184.0	109.4	7.8	5.8	6.3
排水管道长度（万公里）	2.0	5.8	14.2	34.4	37.0	1889.7	637.2	260.2	107.5	9.6	9.7	10.0
年末公共交通车辆运营数(万辆)	2.6	6.2	22.6	37.1	38.3	1482.3	617.7	169.5	103.2	8.8	9.5	5.4
城市绿地面积（万公顷）	8.2	47.5	86.5	199.3	213.4	2611.3	449.3	246.7	107.1	10.7	7.8	9.5
环境、灾害												
化学需氧量排放量（万吨）			1445	1278	1238			85.7	96.9			-1.5
二氧化硫排放量（万吨）			1995	2214	2185			109.5	98.7			0.9
交通事故发生数（起）		250244	616971	238351	219521		87.7	35.6	92.1		-0.7	-9.8
交通事故直接财产损失（万元）		35362	263290	91437	92634		262.0	35.2	101.3		4.9	-9.9
火灾发生数（起）		57302	189185	129381	132497		231.2	70.0	102.4		4.3	-3.5
火灾直接经济损失（万元）		51182	152217	162391	195945		382.8	128.7	120.7		6.9	2.6

注：1. 本表价值指标除邮电业务总量按不变价格计算外，其余均按当年价格计算。邮电业务总量2000年及以前按1990年不变价格计算，

2. 本表速度指标中，国民总收入、国内生产总值及三次产业增加值、农林牧渔业总产值、邮电业务总量和城乡居民收入指标均按可比价格计算。固定资产投资平均增长速度按累计法计算。

3. 2000年及以后保险业务包括外资公司。

国民经济和社会发展结构指标

单位：%

指　　标	1978	1990	2000	2010
人口与就业				
人口				
性别结构				
男	51.5	51.5	51.6	51.3
女	48.5	48.5	48.4	48.7
城乡结构				
城镇	17.9	26.4	36.2	49.9
乡村	82.1	73.6	63.8	50.1
就业				
产业结构				
第一产业	70.5	60.1	50.0	36.7
第二产业	17.3	21.4	22.5	28.7
第三产业	12.2	18.5	27.5	34.6
宏观经济				
国民经济核算				
国内生产总值产业结构				
第一产业	28.2	27.1	15.1	10.1
第二产业	47.9	41.3	45.9	46.8
第三产业	23.9	31.6	39.0	43.1
固定资产投资				
全社会固定资产投资结构				
城镇		72.5	79.7	86.8
农村		27.5	20.3	13.2
资金来源结构				
国家预算内资金		8.7	6.4	4.7
国内贷款		19.6	20.3	15.2
利用外资		6.3	5.1	1.6
自筹和其他投资		65.4	68.2	78.5
货物进出口				
出口货物结构				
初级产品		25.6	10.2	5.2
工业制成品		74.4	89.8	94.8
进口货物结构				
初级产品		18.5	20.8	31.1
工业制成品		81.5	79.2	68.9
利用外资				

指标	1978	1990	2000	2010
实际利用外资结构				
对外借款		63.5	16.8	
外商直接投资		33.9	68.6	97.2
外商其他投资		2.6	14.6	2.8
财政				
财政收入结构				
中央	15.5	33.8	52.2	51.1
地方	84.5	66.2	47.8	48.9
财政支出结构				
中央	47.4	32.6	34.7	17.8
地方	52.6	67.4	65.3	82.2
能源				
能源生产总量结构				
原煤	70.3	74.2	73.2	76.5
原油	23.7	19.0	17.2	9.8
天然气	2.9	2.0	2.7	4.3
水电、核电、风电	3.1	4.8	6.9	9.4
能源消费总量结构				
煤炭	70.7	76.2	69.2	68.0
石油	22.7	16.6	22.2	19.0
天然气	3.2	2.1	2.2	4.4
水电、核电、风电	3.4	5.1	6.4	8.6
产　业				
农业				
农林牧渔业产值结构				
#农业	80.0	64.7	55.7	53.3
林业	3.4	4.3	3.8	3.7
牧业	15.0	25.7	29.7	30.0
渔业	1.6	5.4	10.9	9.3
工业				
工业企业资产结构				
大型企业			56.3	39.8
中型企业			12.9	32.2
小型企业			30.8	27.9
建筑业				
建筑业总产值结构				
国有企业		69.5	40.4	18.9
集体企业		30.5	32.3	3.8
港澳台商投资企业			0.8	0.5

指　　标	1978	1990	2000	2010
外商投资企业			0.5	0.5
其他			25.9	76.4
交通运输业				
货运量结构				
铁　路	44.2	15.5	13.1	11.2
公　路	34.2	74.6	76.5	75.5
水　运	17.4	8.3	9.0	11.7
民　航	0.003	0.004	0.014	0.017
管道输油(气)	4.2	1.6	1.4	1.5
旅游业				
来华旅游人数结构				
外国人	12.7	6.4	12.2	19.5
港澳同胞	86.3	89.9	84.0	76.6
台湾同胞		3.5	3.7	3.8
金融业				
金融机构资金来源结构				
各项存款			91.4	89.1
金融债券				1.7
对国际金融机构负债			0.3	0.1
流通中现金			10.8	5.5
其他			-2.5	3.6
金融机构资金运用结构				
各项贷款			73.3	59.5
有价证券及投资			14.5	12.2
金银占款			0.01	0.1
外汇占款			10.5	28.0
财政借款			1.2	
在国际金融机构资产			0.4	0.2
教育、科技、文化				
教育				
普通学校专任教师结构				
大学	2.4	4.4	4.5	11.2
中学	36.9	33.7	38.8	42.0
小学	60.7	62.0	56.7	46.8
普通学校在校学生结构				
大学生	0.4	1.2	2.7	11.2
中学生	30.8	26.9	35.2	38.8
小学生	68.8	71.9	62.2	50.0
科技				

指标	1978	1990	2000	2010
研究与试验发展经费内部支出结构				
基础研究			5.2	4.6
应用研究			17.0	12.7
试验发展			77.8	82.8
生活、环境保护				
生活				
城镇居民消费结构				
食品		54.3	39.4	35.7
衣着		13.4	10.0	10.7
居住		7.0	11.3	9.9
家庭设备用品及服务		10.1	7.5	6.7
医疗保健		2.0	6.4	6.5
交通通信		1.2	8.5	14.7
教育文化娱乐服务		11.1	13.4	12.1
杂项商品与服务		0.9	3.4	3.7
农村居民消费结构				
食品		58.8	49.1	41.1
衣着		7.8	5.7	6.0
居住		17.3	15.5	19.1
家庭设备用品及服务		5.3	4.5	5.3
交通通讯		1.4	5.6	10.5
文教娱乐用品及服务		5.4	11.2	8.4
医疗保健		3.3	5.2	7.4
其他商品及服务		0.7	3.1	2.1
卫生				
卫生技术人员结构				
#执业(助理)医师	39.7	45.2	46.2	41.1
注册护士	16.4	25.0	28.2	34.9
药师(士)	10.8	10.4	9.2	6.0
检验技师(士)	4.0	4.4	4.5	3.9
环境保护				
工业污染治理投资结构				
治理废水			46.7	32.6
治理废气			38.7	47.4
治理固体废物			4.9	3.6
治理噪声			0.6	0.4
其他			9.1	15.6

国民经济和社会发展比例和效益指标

指　　标		1978	1990	2000	2010
人口与就业					
出生率	(‰)	18.25	21.06	14.03	11.90
死亡率	(‰)	6.25	6.67	6.45	7.11
自然增长率	(‰)	12.00	14.39	7.58	4.79
城镇登记失业率	(%)	5.3	2.5	3.1	4.1
国民经济核算					
人均国内生产总值	(元)	381	1644	7858	29992
固定资产投资					
全社会固定资产投资相当于国内生产总值比例	(%)		24.2	33.2	69.3
全社会房屋建筑面积竣工率	(%)		78.7	68.6	34.4
消费					
人均社会消费品零售额	(元)	163	731	3097	11736
对外贸易					
进出口总额相当于国内生产总值比例	(%)	9.7	29.8	39.6	50.3
财政					
国家财政收入相当于国内生产总值比例	(%)	31.1	15.7	13.5	20.7
国家财政支出相当于国内生产总值比例	(%)	30.8	16.5	16.0	22.4
外债					
偿债率	(%)		8.7	9.2	1.6
负债率	(%)		13.5	13.5	9.3
债务率	(%)		91.6	52.1	29.3
能源					
能源生产弹性系数			0.58	0.28	0.78
电力生产弹性系数			1.63	1.12	1.28
能源消费弹性系数			0.47	0.42	0.58
电力消费弹性系数			1.63	1.13	1.27
单位国内生产总值能耗	(吨标准煤/万元)				1.03
农业					
每公顷播种面积农产品产量	(公斤)				
粮食		2527	3933	4261	4974
棉花		445	807	1093	1229
油料		839	1480	1919	2326
工业					
总资产贡献率	(%)			9.00	15.68

指　　标	1978	1990	2000	2010
资产负债率　(%)			60.81	57.41
流动资产周转次数　(次/年)			1.62	2.50
成本费用利润率　(%)			5.56	8.31
产品销售率　(%)			97.67	98.02
建筑业				
建筑业劳动生产率　(元／人) (按增加值计算)			15929	40319
技术装备率　(元／人)		2467	6304	9547
产值利税率　(%)		5.1	4.6	7.0
房屋建筑面积竣工率　(%)		51.6	50.4	39.2
交通运输业				
铁路网密度　(公里／万平方公里)	53.9	60.3	71.6	95.0
公路网密度　(公里／万平方公里)	927	1071	1461	4175
邮电通信业				
电话普及率(含移动电话)　(部/百人)	0.4	1.11	19.1	86.4
移动电话普及率　(部/百人)			6.7	64.4
旅游业				
每一来华游客花费　(美元)		81	194	343
国内旅游人均花费　(元)			427	598
金融业				
金融机构存款相当于国内生产总值比例　(%)	31.7	74.7	124.8	179.0
金融机构贷款相当于国内生产总值比例　(%)	51.9	93.8	100.2	119.4
教育				
高中升学率　(%)		27.3	73.2	83.3
初中升学率　(%)	40.9	40.6	51.2	87.5
小学升学率　(%)	87.7	74.6	94.9	98.7
学龄儿童净入学率　(%)	95.5	97.8	99.1	99.7
科技				
研究与试验发展经费内部支出相当于 国内生产总值比例(%)			0.90	1.76
卫生				
每万人口执业(助理)医师数　(人)	10.8	15.6	16.8	17.9
每万人口医院、卫生院床位数　(张)	19.3	23.2	23.8	32.7
医疗机构病床使用率　(%)		80.9	60.8	79.0
城市市政建设				
用水普及率　(%)		48.0	63.9	96.7
燃气普及率　(%)		19.1	45.4	92.0
人均公园绿地面积　(平方米)		1.8	3.7	11.2

注：计算单位能耗的国内生产总值按 2005 年不变价计算。

按区域分的国民经济和社会发展主要指标（2010 年）

指　　标	全国总计	东部地区		中部地区		西部地区		东北地区	
		绝对数	占全国比　重	绝对数	占全国比　重	绝对数	占全国比　重	绝对数	占全国比　重
自然资源									
土地面积 （万平方公里）	960.0	91.6	9.5	102.8	10.7	686.7	71.5	78.8	8.2
人口									
年底总人口 （万人）	134091.0	50663.7	38.0	35696.6	26.8	36069.3	27.0	10954.9	8.2
劳动就业									
城镇就业人员 （万人）	34687.0	11443.1	48.5	4847.6	20.5	5000.8	21.2	2298.4	9.7
城镇登记失业率 （%）	4.1	3.2		3.8		3.8		3.9	
国民经济核算									
国内(地区)生产总值（亿元）	401202.0	232030.7	53.1	86109.4	19.7	81408.5	18.6	37493.5	8.6
第一产业	40533.6	14626.3	36.1	11221.1	27.7	10701.3	26.4	3984.1	9.8
第二产业	187581.4	114553.3	52.1	45130.3	20.5	40693.9	18.5	19687.2	8.9
#工业	160867.0	102307.6	52.9	39334.7	20.3	34348.7	17.8	17326.9	9.0
第三产业	173087.0	102851.0	58.3	29758.0	16.9	30013.3	17.0	13822.1	7.8
人均国内(地区)生产总值(元)	29992	46354		24242		22476		34303	
固定资产投资									
全社会固定资产投资总额(亿元)	278121.9	115854.0	42.7	62890.5	23.2	61892.2	22.8	30726.0	11.3
#房地产开发	48259.4	24533.9	50.8	8752.3	18.1	9743.3	20.2	5229.9	10.8
国内商业									
社会消费品零售总额(亿元)	156998.4	83904.5	53.4	31329.7	20.0	27332.4	17.4	14431.8	9.2
对外贸易									
货物进出口总额（亿美元）	29740.0	26056.5	87.6	1168.9	3.9	1283.9	4.3	1230.7	4.1
出口额	15777.5	13784.3	87.4	634.6	4.0	720.1	4.6	638.6	4.0
进口额	13962.4	12272.3	87.9	534.3	3.8	563.7	4.0	592.2	4.2
财政									
地方财政收入 （亿元）	40613.0	23005.4	56.6	6371.4	15.7	7873.4	19.4	3362.8	8.3
地方财政支出 （亿元）	73884.4	30182.2	40.9	15062.3	20.4	21403.6	29.0	7236.3	9.8
物价									
居民消费价格总指数(上年=100)	103.3	103.4		103.1		103.6		103.5	
农业									
主要农产品产量 （万吨）									
粮食	54647.7	13869.9	25.4	16720.7	30.6	14436.4	26.4	9620.7	17.6

指 标	全国总计	东部地区		中部地区		西部地区		东北地区	
		绝对数	占全国比 重	绝对数	占全国比 重	绝对数	占全国比 重	绝对数	占全国比 重
棉花	596.1	165.0	27.7	166.2	27.9	264.2	44.3	0.6	0.1
油料	3230.1	802.7	24.8	1400.6	43.4	829.3	25.7	197.6	6.1
工业									
主要工业产品产量									
原油 (万吨)	20301.4	8219.1	40.5	584.4	2.9	5840.7	28.8	5657.2	27.9
水泥 (万吨)	188191.2	76027.3	40.4	47314.1	25.1	53391.7	28.4	11458.0	6.1
粗钢 (万吨)	63723.0	34631.9	54.3	13698.8	21.5	8359.4	13.1	7032.9	11.0
发电量 (亿千瓦小时)	42071.6	17443.6	41.5	9720.4	23.1	12230.6	29.1	2677.1	6.4
交通运输业									
铁路营业里程 (公里)	91178	20351	22.3	20774	22.8	35965	39.4	14088	15.5
公路里程 (公里)	4008229	995002	24.8	1100921	27.5	1568378	39.1	343927	8.6
#高速公路	74113	26544	35.8	20055	27.1	21252	28.7	6263	8.5
旅客周转量 (亿人公里)	27894.3	9316.5	39.1	7010.9	29.4	5643.8	23.7	1884.0	7.9
货物周转量 (亿吨公里)	141837.4	72153.4	55.3	25939.5	19.9	20280.5	15.5	12137.4	9.3
邮电通信业									
邮电业务总量 (亿元)	31978.5	16671.2	52.1	5885.9	18.4	6890.9	21.5	2530.4	7.9
教育									
普通高等学校									
学校数 (个)	2358	934	39.6	613	26.0	564	23.9	247	10.5
招生数 (万人)	661.8	262.8	39.7	186.4	28.2	153.4	23.2	59.1	8.9
在校学生数 (万人)	2231.8	902.8	40.5	611.9	27.4	502.7	22.5	214.4	9.6
毕业生数 (万人)	575.4	237.0	41.2	161.4	28.0	123.4	21.5	53.6	9.3
卫生									
卫生机构数 (个)	936927	304501	32.5	267532	28.6	288631	30.8	76263	8.1
#医院、卫生院	59683	16507	27.7	15314	25.7	22778	38.2	5084	8.5
卫生技术人员 (万人)	587.6	237.4	40.5	146.1	24.9	146.8	25.0	56.3	9.6
#执业(助理)医师	241.3	96.4	40.0	60.1	24.9	60.9	25.2	23.9	9.9
医疗机构床位数 (万张)	478.7	177.1	37.0	123.0	25.7	130.6	27.3	47.9	10.0
#医院、卫生院	440.2	161.8	36.8	112.9	25.7	121.8	27.7	43.7	9.9
人民生活									
城镇居民可支配收入(元)	19109	23273		15962		15806		15941	
农村居民人均纯收入(元)	5919	8143		5510		4418		6434	

注：本表中涉及分地区数据相加不等于全国总计的指标，在计算东、中、西和东北地区占全国的比重时，分母为31个省(区、市)相加的合计数。

国内生产总值

单位：亿元

年份	国民总收入	国内生产总值	第一产业	第二产业			第三产业	人均国内生产总值（元）
					工业	建筑业		
1978	3645.2	3645.2	1027.5	1745.2	1607.0	138.2	872.5	381
1979	4062.6	4062.6	1270.2	1913.5	1769.7	143.8	878.9	419
1980	4545.6	4545.6	1371.6	2192.0	1996.5	195.5	982.0	463
1981	4889.5	4891.6	1559.5	2255.5	2048.4	207.1	1076.6	492
1982	5330.5	5323.4	1777.4	2383.0	2162.3	220.7	1163.0	528
1983	5985.6	5962.7	1978.4	2646.2	2375.6	270.6	1338.1	583
1984	7243.8	7208.1	2316.1	3105.7	2789.0	316.7	1786.3	695
1985	9040.7	9016.0	2564.4	3866.6	3448.7	417.9	2585.0	858
1986	10274.4	10275.2	2788.7	4492.7	3967.0	525.7	2993.8	963
1987	12050.6	12058.6	3233.0	5251.6	4585.8	665.8	3574.0	1112
1988	15036.8	15042.8	3865.4	6587.2	5777.2	810.0	4590.3	1366
1989	17000.9	16992.3	4265.9	7278.0	6484.0	794.0	5448.4	1519
1990	18718.3	18667.8	5062.0	7717.4	6858.0	859.4	5888.4	1644
1991	21826.2	21781.5	5342.2	9102.2	8087.1	1015.1	7337.1	1893
1992	26937.3	26923.5	5866.6	11699.5	10284.5	1415.0	9357.4	2311
1993	35260.0	35333.9	6963.8	16454.4	14188.0	2266.5	11915.7	2998

年份	国民总收入	国内生产总值	第一产业	第二产业			第三产业	人均国内生产总值（元）
					工业	建筑业		
1994	48108.5	48197.9	9572.7	22445.4	19480.7	2964.7	16179.8	4044
1995	59810.5	60793.7	12135.8	28679.5	24950.6	3728.8	19978.5	5046
1996	70142.5	71176.6	14015.4	33835.0	29447.6	4387.4	23326.2	5846
1997	78060.9	78973.0	14441.9	37543.0	32921.4	4621.6	26988.1	6420
1998	83024.3	84402.3	14817.6	39004.2	34018.4	4985.8	30580.5	6796
1999	88479.2	89677.1	14770.0	41033.6	35861.5	5172.1	33873.4	7159
2000	98000.5	99214.6	14944.7	45555.9	40033.6	5522.3	38714.0	7858
2001	108068.2	109655.2	15781.3	49512.3	43580.6	5931.7	44361.6	8622
2002	119095.7	120332.7	16537.0	53896.8	47431.3	6465.5	49898.9	9398
2003	135174.0	135822.8	17381.7	62436.3	54945.5	7490.8	56004.7	10542
2004	159586.8	159878.3	21412.7	73904.3	65210.0	8694.3	64561.3	12336
2005	183618.5	184937.4	22420.0	87598.1	77230.8	10367.3	74919.3	14185
2006	215883.9	216314.4	24040.0	103719.5	91310.9	12408.6	88554.9	16500
2007	266411.0	265810.3	28627.0	125831.4	110534.9	15296.5	111351.9	20169
2008	315274.7	314045.4	33702.0	149003.4	130260.2	18743.2	131340.0	23708
2009	341401.5	340902.8	35226.0	157638.8	135239.9	22398.8	148038.0	25608
2010	403260.0	401202.0	40533.6	187581.4	160867.0	26714.4	173087.0	29992

注： 1. 1980 年以后国民总收入（原称国民生产总值）与国内生产总值的差额为国外净要素收入。

2. 2010 年为初步核实数据，以下至 2-15 表均同。

3. 本表按当年价格计算。

国内生产总值构成

单位：%

年　份	国内生产总　值	第一产业	第二产业	工　业	建筑业	第三产业
1978	100.0	28.2	47.9	44.1	3.8	23.9
1979	100.0	31.3	47.1	43.6	3.5	21.6
1980	100.0	30.2	48.2	43.9	4.3	21.6
1981	100.0	31.9	46.1	41.9	4.2	22.0
1982	100.0	33.4	44.8	40.6	4.1	21.8
1983	100.0	33.2	44.4	39.9	4.5	22.4
1984	100.0	32.1	43.1	38.7	4.4	24.8
1985	100.0	28.4	42.9	38.3	4.6	28.7
1986	100.0	27.2	43.7	38.6	5.1	29.1
1987	100.0	26.8	43.6	38.0	5.5	29.6
1988	100.0	25.7	43.8	38.4	5.4	30.5
1989	100.0	25.1	42.8	38.2	4.7	32.1
1990	100.0	27.1	41.3	36.7	4.6	31.6
1991	100.0	24.5	41.8	37.1	4.7	33.7
1992	100.0	21.8	43.4	38.2	5.3	34.8
1993	100.0	19.7	46.6	40.2	6.4	33.7
1994	100.0	19.8	46.6	40.4	6.2	33.6
1995	100.0	19.9	47.2	41.0	6.1	32.9
1996	100.0	19.7	47.5	41.4	6.2	32.8
1997	100.0	18.3	47.5	41.7	5.9	34.2
1998	100.0	17.6	46.2	40.3	5.9	36.2
1999	100.0	16.5	45.8	40.0	5.8	37.7
2000	100.0	15.1	45.9	40.4	5.6	39.0
2001	100.0	14.4	45.1	39.7	5.4	40.5
2002	100.0	13.7	44.8	39.4	5.4	41.5
2003	100.0	12.8	46.0	40.5	5.5	41.2
2004	100.0	13.4	46.2	40.8	5.4	40.4
2005	100.0	12.1	47.4	41.8	5.6	40.5
2006	100.0	11.1	48.0	42.2	5.7	40.9
2007	100.0	10.8	47.3	41.6	5.8	41.9
2008	100.0	10.7	47.5	41.5	6.0	41.8
2009	100.0	10.3	46.3	39.7	6.6	43.4
2010	100.0	10.1	46.8	40.1	6.7	43.1

固定资产投资

全社会固定资产投资

指　　标	2009	2010	2010年比上年增长(%)
投资总额　（亿元）	**224598.8**	**278121.9**	**23.8**
按城乡分			
城镇	193920.4	241430.9	24.5
#房地产开发	36241.8	48259.4	33.2
农村	30678.4	36691.0	19.6
#农户	7434.5	7886.0	6.1
按构成分			
建筑安装工程	138758.3	171351.8	23.5
设备工具器具购置	50844.2	61681.5	21.3
其他费用	34996.2	45088.5	28.8
按三次产业分			
第一产业	6894.9	7923.1	14.9
第二产业	96250.8	118102.1	22.7
第三产业	121453.1	152096.7	25.2
投资资金来源　（亿元）	**250229.7**	**310964.2**	**24.3**
国家预算内资金	12685.7	14677.8	15.7
国内贷款	39302.8	47258.0	20.2
利用外资	4623.7	4986.8	7.9
自筹资金	153514.8	197099.2	28.4
其他资金	40102.6	46942.4	17.1
建设规模　（亿元）			
建设总规模	647024.1	819579.8	26.7
在建总规模	500444.4	634643.2	26.8
在建净规模	246082.2	309461.0	25.8
房屋建筑面积　（万平方米）			
施工面积	754189.4	885173.4	17.4
#住宅	431463.2	492763.6	14.2
竣工面积	302116.5	304306.1	0.7
#住宅	184209.5	183172.3	-0.6

注：1. 投资资金来源为财务拨款数，各项相加不等于投资总额。
2. 增长速度未扣除价格因素（以下各表同）。

按城乡分全社会固定资产投资

单位：亿元

年份 地区	全社会投资	城镇	#房地产开发	农村	农户	非农户
1995	20019.3	15643.7	3149.0	4375.6	2007.9	2367.7
1996	(22974.0)	(17627.7)	(3216.4)	(5346.3)	(2544.0)	(2802.3)
	22913.5	17567.2	3216.4	5346.3	2544.0	2802.3
1997	24941.1	19194.2	3178.4	5746.9	2691.2	3055.6
1998	28406.2	22491.4	3614.2	5914.8	2681.5	3233.3
1999	29854.7	23732.0	4103.2	6122.7	2779.6	3343.1
2000	32917.7	26221.8	4984.1	6695.9	2904.3	3791.6
2001	37213.5	30001.2	6344.1	7212.3	2976.6	4235.7
2002	43499.9	35488.8	7790.9	8011.1	3123.2	4887.9
2003	55566.6	45811.7	10153.8	9754.9	3201.0	6554.0
2004	70477.4	59028.2	13158.3	11449.3	3362.7	8086.6
2005	88773.6	75095.1	15909.2	13678.5	3940.6	9737.9
2006	109998.2	93368.7	19422.9	16629.5	4436.2	12193.3
2007	137323.9	117464.5	25288.8	19859.5	5123.3	14736.2
2008	172828.4	148738.3	31203.2	24090.1	5951.8	18138.3
2009	224598.8	193920.4	36241.8	30678.4	7434.5	23243.9
2010	278121.9	241430.9	48259.4	36691.0	7886.0	28805.0
北　京	5403.0	4916.5	2901.1	486.4	52.1	434.3
天　津	6278.1	5896.5	866.6	381.6	26.4	355.2
河　北	15083.4	12922.7	2264.9	2160.7	460.8	1699.9
山　西	6063.2	5526.6	592.2	536.6	217.9	318.6
内蒙古	8926.5	8688.0	1120.0	238.5	91.2	147.3
辽　宁	16043.0	15106.3	3465.8	936.7	249.4	687.3
吉　林	7870.4	7395.2	921.0	475.2	174.8	300.4
黑龙江	6812.6	6292.7	843.1	519.9	316.7	203.2

年份 地区	全社会投资	城镇	#房地产开发	农村	农户	非农户
上海	5108.9	4630.5	1980.7	478.4	2.0	476.4
江苏	23184.3	17416.5	4299.4	5767.8	377.7	5390.1
浙江	12376.0	8438.1	3025.4	3938.0	507.8	3430.2
安徽	11542.9	10281.3	2251.8	1261.7	439.1	822.6
福建	8199.1	7385.8	1818.9	813.3	206.1	607.3
江西	8772.3	7856.9	706.8	915.3	305.3	610.1
山东	23280.5	18844.4	3249.4	4436.1	697.8	3738.3
河南	16585.9	13934.8	2114.1	2651.0	786.6	1864.4
湖北	10262.7	9405.6	1618.2	857.1	302.8	554.3
湖南	9663.6	8618.0	1469.1	1045.6	362.5	683.0
广东	15623.7	12599.3	3659.7	3024.4	353.3	2671.1
广西	7057.6	6383.3	1206.2	674.3	338.3	336.0
海南	1317.0	1257.5	467.9	59.5	38.4	21.1
重庆	6688.9	6170.6	1620.3	518.3	94.6	423.7
四川	13116.7	11061.4	2194.6	2055.3	566.9	1488.5
贵州	3104.9	2609.4	556.7	495.6	159.1	336.4
云南	5528.7	5052.6	900.4	476.1	219.8	256.3
西藏	462.7	405.0	9.0	57.7		57.7
陕西	7963.7	7569.9	1159.5	393.8	220.3	173.5
甘肃	3158.3	2808.6	266.4	349.8	103.6	246.2
青海	1016.9	840.0	108.2	176.9	49.4	127.4
宁夏	1444.2	1292.8	254.4	151.4	46.6	104.7
新疆	3423.2	3065.1	347.7	358.1	118.5	239.6
不分地区	6759.1	6759.1				

注：自 1997 年起，除房地产投资、农村集体投资、个人投资以外，投资统计的起点由 5 万元提高到 50 万元。为便于比较，对 1996 年的相应数据作了全面调整，括号内为原口径数，未加括号的为调整后的新口径数（以下有关各表同）。

三、各地区全社会固定资产投资资金来源

单位：亿元

年份 地区	本年资金来源小计	国家预算内资金	国内贷款	利用外资	自筹资金	其他资金
1995	20524.9	621.1	4198.7	2295.9	10647.9	2761.3
1996	(23419.0)	(629.7)	(4576.5)	(2747.4)	(11197.4)	(4388.4)
	23358.6	625.9	4573.7	2746.6	11151.0	4261.4
1997	25259.7	696.7	4782.6	2683.9	12556.1	4540.4
1998	28716.9	1197.4	5542.9	2617.0	14015.6	5344.2
1999	29754.6	1852.1	5725.9	2006.8	14638.1	5531.6
2000	33110.3	2109.5	6727.3	1696.3	16317.3	6260.1
2001	37987.0	2546.4	7239.8	1730.7	18914.0	7556.1
2002	45046.9	3161.0	8859.1	2085.0	22816.7	8125.2
2003	58616.3	2687.8	12044.4	2599.4	31449.8	9834.9
2004	74564.9	3254.9	13788.0	3285.7	41272.6	12963.7
2005	94590.8	4154.3	16319.0	3978.8	55105.8	15033.0
2006	118957.0	4672.0	19590.5	4334.3	71076.5	19283.7
2007	150803.6	5857.1	23044.2	5132.7	91373.2	25396.4
2008	182915.3	7954.8	26443.7	5311.9	118510.4	24694.4
2009	250229.7	12685.7	39302.8	4623.7	153514.8	40102.6
2010	310964.2	14677.8	47258.0	4986.8	197099.2	46942.4
北　京	8316.9	91.2	2189.3	43.8	3240.2	2752.4
天　津	6887.3	53.0	1678.2	125.0	3998.9	1032.1
河　北	16550.0	373.5	2161.5	87.8	12331.8	1595.3
山　西	6147.8	456.8	918.5	32.7	3974.8	765.0
内蒙古	9069.1	378.7	1090.3	7.5	7188.5	404.0
辽　宁	18626.3	603.2	2768.7	440.8	12998.8	1814.7
吉　林	7850.8	292.4	470.6	53.9	6501.6	532.2
黑龙江	7295.4	381.0	542.1	35.9	5569.5	766.8

年　份 地　区	本年资金 来源小计	国家预算 内 资 金	国内贷款	利用外资	自筹资金	其他资金
上　海	6383.3	116.2	1493.3	236.2	3180.4	1357.2
江　苏	27246.2	282.1	3343.5	1154.9	17552.9	4912.8
浙　江	14981.7	468.0	2466.1	241.8	8299.4	3506.4
安　徽	12266.7	715.4	1193.1	111.9	8541.5	1704.9
福　建	8922.2	641.4	1512.8	289.2	5039.9	1439.1
江　西	9933.1	472.4	1059.3	191.6	7212.4	997.4
山　东	25399.2	528.6	2865.3	545.3	18466.2	2993.9
河　南	16943.2	363.5	1574.3	46.0	13247.9	1711.5
湖　北	11274.8	794.3	1699.4	156.2	7263.2	1361.8
湖　南	10289.9	687.3	1392.8	86.3	6726.8	1396.7
广　东	18264.5	361.6	3066.3	623.4	10450.7	3762.6
广　西	7453.2	331.1	1050.3	68.6	4784.0	1219.2
海　南	1747.7	114.3	479.9	23.2	571.4	558.9
重　庆	8304.7	606.8	1683.3	149.1	3833.1	2032.4
四　川	14941.5	1398.4	2411.4	99.9	8470.5	2561.4
贵　州	3644.1	292.1	897.3	11.4	1822.6	620.7
云　南	6375.6	526.8	1399.3	11.3	3327.6	1110.6
西　藏	518.0	321.5	9.9	1.4	158.7	26.4
陕　西	9302.4	819.0	1075.8	29.5	6100.7	1277.4
甘　肃	3240.6	555.7	510.1	18.8	1788.0	368.0
青　海	1040.3	141.5	178.6	5.2	540.3	174.7
宁　夏	1446.0	89.0	410.9	4.1	702.0	240.0
新　疆	3667.4	578.8	532.7	12.0	1959.4	584.6
不分地区	6634.6	842.3	3133.3	42.1	1255.5	1361.3

四、各地区全社会住宅投资

单位：亿元

年份 地区	合计	城镇	#房地产	农村	#农户
1995	4736.7	3278.2	1753.1	1458.5	1349.9
1996	5198.5	3326.2	1699.2	1872.3	1766.4
1997	5370.7	3319.7	1539.4	2051.0	1890.7
1998	6393.8	4310.8	2081.6	2083.0	1907.2
1999	7058.8	5050.9	2638.5	2007.9	1799.1
2000	7594.1	5435.3	3312.0	2158.9	1946.5
2001	8339.1	6261.5	4216.7	2077.6	1879.5
2002	9407.1	7248.9	5227.8	2158.2	1917.7
2003	10792.3	8624.8	6776.7	2167.5	1875.1
2004	13464.1	11010.1	8837.0	2453.9	2002.2
2005	15427.2	12825.8	10860.9	2601.5	2211.6
2006	19333.1	16305.5	13638.4	3027.5	2567.1
2007	25005.0	21238.3	18005.4	3766.7	3204.1
2008	30881.2	26516.0	22440.9	4365.2	3711.5
2009	36428.2	30512.7	25613.7	5915.5	4986.2
2010	45936.1	39473.7	34026.2	6462.5	5263.9
北京	1662.2	1569.1	1509.0	93.0	46.8
天津	700.5	652.2	565.4	48.3	13.0
河北	2614.8	2173.1	1785.8	441.7	356.9
山西	900.3	731.6	457.4	168.7	125.7
内蒙古	961.8	928.6	782.8	33.2	30.9
辽宁	2724.1	2562.1	2481.3	162.1	158.7
吉林	872.0	800.3	731.7	71.6	64.0
黑龙江	1066.2	939.7	657.5	126.4	84.5

年　份 地　区	合　计	城　镇	#房 地 产	农　村	#农　　户
上　海	1233.0	1230.8	1229.8	2.1	1.9
江　苏	3665.2	3380.7	3158.5	284.6	193.4
浙　江	2785.5	2271.8	2058.2	513.7	424.9
安　徽	2248.7	1836.3	1595.5	412.5	342.7
福　建	1254.1	1077.8	975.1	176.3	164.7
江　西	876.7	640.1	544.8	236.5	221.8
山　东	3706.9	3140.0	2511.2	566.9	395.1
河　南	2721.5	1992.0	1685.2	729.5	641.3
湖　北	1400.1	1190.1	1040.2	210.1	194.6
湖　南	1505.9	1207.5	1134.6	298.4	287.8
广　东	3161.7	2824.3	2539.0	337.4	282.6
广　西	1218.6	969.8	878.9	248.8	239.7
海　南	495.3	469.1	417.1	26.2	25.4
重　庆	1325.9	1245.8	1091.5	80.1	53.6
四　川	2354.1	1898.0	1535.3	456.1	331.8
贵　州	530.4	393.1	328.6	137.2	117.3
云　南	920.5	761.5	654.7	159.0	138.2
西　藏	42.1	21.8	7.0	20.2	
陕　西	1486.6	1334.8	938.2	151.8	140.6
甘　肃	486.5	389.1	187.9	97.3	74.5
青　海	177.9	114.2	75.2	63.6	38.5
宁　夏	238.8	209.3	187.3	29.5	26.3
新　疆	561.3	481.9	281.6	79.3	46.7
不分地区	36.9	36.9			

五、 各地区按主要行业分的全社会固定资产投资（一）

单位：亿元

年份 地区	合计	农、林、牧、渔业	采矿业	制造业	电力、燃气及水的生产和供应业	建筑业	交通运输、仓储和邮政业	信息传输、计算机服务和软件业	批发和零售业	住宿和餐饮业
2003	55566.6	1652.3	1775.2	14689.5	3962.4	924.4	6289.4	1660.7	922.7	423.0
2004	70477.4	1890.7	2395.9	19585.5	5795.1	964.0	7646.2	1657.7	1273.0	560.8
2005	88773.6	2323.7	3587.4	26576.0	7554.4	1119.0	9614.0	1581.8	1716.4	808.8
2006	109998.2	2749.9	4678.4	34089.5	8585.7	1125.5	12138.1	1875.9	2265.3	1095.7
2007	137323.9	3403.5	5878.8	44505.1	9467.6	1302.3	14154.0	1848.1	2880.3	1519.4
2008	172828.4	5064.5	7705.8	56702.4	10997.2	1555.9	17024.4	2162.6	3741.8	1959.2
2009	224598.8	6894.9	9210.8	70612.9	14434.6	1992.5	24974.7	2589.0	5132.8	2625.4
2010	278121.9	7923.1	11000.9	88619.2	15679.7	2802.2	30074.5	2454.5	6032.2	3366.8
北 京	5403.0	43.2	9.3	355.3	150.1	5.7	694.4	143.3	30.8	36.1
天 津	6278.1	91.9	308.6	2263.0	243.4	26.6	539.3	47.7	91.2	64.5
河 北	15083.4	565.2	439.7	5462.6	669.0	53.8	1521.2	41.2	464.4	147.7
山 西	6063.2	281.3	1068.9	1016.3	525.7	17.2	895.8	41.7	83.8	39.4
内蒙古	8926.5	446.2	992.9	1931.2	1375.6	111.7	1043.0	60.2	254.3	77.0
辽 宁	16043.0	358.3	634.3	5839.6	828.7	195.5	1080.8	146.5	323.9	210.2
吉 林	7870.4	243.5	488.6	3427.3	547.4	88.6	580.9	49.6	252.3	67.7
黑龙江	6812.6	479.5	587.5	1755.9	438.9	98.2	794.9	64.5	175.4	53.8
上 海	5108.9	16.4	0.4	1150.9	235.6	13.3	655.2	116.6	73.1	45.5
江 苏	23184.3	221.9	83.1	11656.4	633.3	90.3	1162.1	169.8	578.3	282.4
浙 江	12376.0	99.6	20.7	4357.2	590.7	44.8	1068.7	158.7	209.5	145.1
安 徽	11542.9	221.8	389.2	4222.5	400.4	346.5	477.9	85.4	252.5	158.7

年份 地区	合计	农、林、牧、渔业	采矿业	制造业	电力、燃气及水的生产和供应业	建筑业	交通运输、仓储和邮政业	信息传输、计算机服务和软件业	批发和零售业	住宿和餐饮业
福建	8199.1	155.0	114.1	2313.2	505.5	25.5	1189.0	141.4	157.9	101.9
江西	8772.3	250.7	265.4	4433.7	303.9	43.6	488.4	66.4	206.7	212.1
山东	23280.5	628.3	532.6	9459.0	640.8	351.0	1362.3	58.4	881.4	343.1
河南	16585.9	824.1	737.1	6967.9	523.1	14.7	791.4	58.9	465.9	213.4
湖北	10262.7	330.4	192.1	3406.8	489.4	43.2	935.3	75.6	304.2	191.3
湖南	9663.6	353.9	411.2	3114.2	429.8	163.9	1178.6	111.5	141.6	114.4
广东	15623.7	219.0	79.1	3772.5	1329.3	73.7	1820.0	254.6	273.6	246.2
广西	7057.6	242.4	191.9	1944.9	404.0	22.3	842.5	84.0	139.7	85.6
海南	1317.0	21.4	4.5	88.6	84.6	13.9	164.1	17.6	5.8	109.3
重庆	6688.9	276.1	137.1	1754.4	287.1	186.2	645.3	76.7	91.5	36.1
四川	13116.7	473.4	437.0	3368.7	1000.4	138.8	1576.2	111.8	163.0	121.1
贵州	3104.9	71.3	389.1	438.6	296.8	11.2	518.5	46.7	17.3	21.8
云南	5528.7	225.9	251.4	758.1	756.8	6.8	977.6	51.8	123.1	82.1
西藏	462.7	23.6	20.3	35.5	56.0	22.4	115.5	11.1	6.5	14.7
陕西	7963.7	290.2	691.5	1543.2	378.4	203.0	739.6	79.4	139.9	91.8
甘肃	3158.3	139.4	135.9	521.7	554.7	325.2	208.6	23.1	64.3	26.8
青海	1016.9	76.4	73.8	278.3	92.9	20.2	146.4	2.5	7.4	7.3
宁夏	1444.2	41.2	117.0	361.6	236.0	9.6	120.9	15.5	24.3	5.7
新疆	3423.2	211.4	610.5	620.2	395.1	34.8	415.6	42.0	28.4	13.9
不分地区	6759.1		586.3		276.4		5324.7			

各地区按主要行业分的全社会固定资产投资（二）

单位：亿元

年份 地区	金融业	房地产业	租赁和商务服务业	科学研究、技术服务和地质勘查业	水利、环境和公共设施管理业	居民服务和其他服务业	教育	卫生、社会保障和社会福利业	文化、体育和娱乐业	公共管理和社会组织	国际组织
2003	90.2	13143.4	375.5	285.8	4365.8	241.6	1671.1	405.8	531.5	2153.7	2.5
2004	136.0	16678.9	420.8	333.1	5071.7	313.7	2024.8	516.7	773.4	2437.4	2.0
2005	109.5	19505.3	549.6	435.1	6274.3	363.5	2209.2	661.8	857.0	2926.8	0.2
2006	121.4	24524.4	725.6	495.3	8152.7	389.5	2270.2	769.0	955.4	2990.5	0.1
2007	157.6	32438.9	949.3	560.0	10154.3	434.7	2375.6	885.0	1243.4	3166.1	
2008	260.6	40441.8	1355.9	782.0	13534.3	522.0	2523.8	1155.6	1589.9	3748.5	0.3
2009	360.2	49358.5	2036.2	1200.8	19874.4	801.9	3521.2	1858.6	2383.4	4735.9	0.2
2010	489.4	64877.3	2692.6	1379.3	24827.6	1114.1	4033.6	2119.0	2959.4	5676.6	
北京	30.3	3196.2	27.7	85.3	352.7	6.8	88.8	39.1	71.9	36.0	
天津	2.9	1143.2	294.9	20.7	826.3	96.5	59.7	19.7	60.6	77.3	
河北	12.8	3549.6	109.8	60.9	1396.5	51.3	149.1	112.2	128.9	147.4	
山西	2.6	1136.5	34.2	27.0	489.5	8.3	241.5	56.0	66.0	31.5	
内蒙古	38.1	1316.8	43.4	43.7	664.4	19.8	151.3	53.4	117.6	185.8	
辽宁	32.5	3755.5	340.8	122.3	1377.5	89.9	132.7	86.3	186.6	301.0	
吉林	11.4	1131.3	38.6	48.6	529.3	30.8	87.5	57.5	83.1	106.3	
黑龙江	9.5	1279.3	57.6	35.5	591.9	15.4	71.3	64.8	41.0	197.8	
上海	30.1	2080.3	53.7	32.6	450.0	2.4	50.1	38.0	45.5	19.2	
江苏	42.0	5182.9	325.2	138.7	1755.3	125.4	214.9	111.6	187.6	223.0	
浙江	36.3	4005.6	131.2	38.2	1047.8	14.7	128.8	83.3	75.3	119.6	
安徽	22.2	3199.9	71.8	65.0	975.4	29.2	194.0	103.0	108.8	218.7	

年份 地区	金融业	房地产业	租赁和商务服务业	科学研究、技术服务和地质勘查业	水利、环境和公共设施管理业	居民服务和其他服务业	教育	卫生、社会保障和社会福利业	文化、体育和娱乐业	公共管理和社会组织	国际组织
福 建	27.0	2246.2	97.1	18.0	707.9	14.9	116.5	60.1	79.5	128.7	
江 西	26.4	1094.7	83.1	43.9	839.6	54.9	112.2	58.4	84.4	103.9	
山 东	23.1	5260.3	222.0	156.0	1287.5	226.7	251.3	157.2	510.4	929.2	
河 南	15.1	3775.0	56.1	52.7	1303.8	72.2	265.1	139.2	165.6	144.3	
湖 北	18.7	2134.3	117.5	47.6	1084.2	39.5	160.3	92.8	115.1	484.5	
湖 南	5.6	1965.0	51.5	29.2	1045.0	37.4	115.1	101.2	98.1	196.3	
广 东	36.0	4574.1	160.0	100.2	1908.5	18.3	255.7	129.6	231.7	141.7	
广 西	19.7	1676.6	57.7	19.1	878.2	22.0	175.4	74.1	63.5	113.8	
海 南	5.4	530.6	14.1	1.8	113.9	1.5	25.5	18.7	41.6	54.2	
重 庆	3.7	1962.6	60.4	11.0	776.0	11.4	121.2	44.9	53.1	154.2	
四 川	10.6	3157.5	111.3	25.9	1548.8	63.1	264.4	150.2	157.0	237.5	
贵 州	6.2	782.1	5.8	7.8	350.5	5.6	48.7	17.8	21.3	47.9	
云 南	4.9	1222.5	14.5	7.8	632.3	8.0	181.2	67.1	50.8	106.0	
西 藏	0.8	45.8	1.8	1.8	25.3	1.3	11.7	3.7	6.9	58.0	
陕 西	3.3	1827.7	67.9	81.2	982.9	26.0	179.2	83.3	41.6	513.5	
甘 肃	3.3	505.0	25.9	24.8	140.6	14.1	68.4	42.5	27.0	307.0	
青 海	1.2	175.4	2.5	4.9	53.1	1.6	22.0	7.7	10.4	32.8	
宁 夏	0.3	333.2	3.2	1.4	85.2	1.3	33.0	14.5	10.9	29.5	
新 疆	7.2	631.6	11.4	17.2	195.8	3.8	56.8	31.4	17.2	78.9	
不分地区				8.6	411.9					151.2	

地区全社会建设总规模

单位：亿元

年份 地区	建设总规模	在建总规模	在建净规模
1995	62978.5	52026.7	26239.6
1996	75188.0	61930.7	31876.7
1997	81764.4	67126.6	33289.8
1998	90449.9	74138.2	36186.6
1999	96183.1	77120.2	36704.3
2000	102129.2	79951.1	37288.4
2001	118302.6	95244.0	49400.7
2002	135312.8	108684.1	57505.9
2003	163347.6	131733.0	69740.9
2004	212275.1	175652.6	92728.5
2005	270926.7	215349.7	116320.9
2006	326297.6	254062.3	124872.6
2007	396409.0	310890.3	150463.0
2008	498441.0	388122.0	184516.6
2009	647024.1	500444.4	246082.2
2010	819579.8	634643.2	309461.0
北　京	27670.9	23721.1	9846.5
天　津	20816.6	16929.0	8229.0
河　北	38243.0	27861.0	14027.9
山　西	17918.7	13857.6	6888.5
内蒙古	24097.7	17671.0	8526.9
辽　宁	42208.7	32079.8	15497.6
吉　林	13605.0	7828.9	3121.1
黑龙江	14917.3	10199.2	5519.7

年 份 地 区	建设总规模	在建总规模	在建净规模
上 海	26000.0	23393.1	8317.5
江 苏	60067.8	42744.7	20584.2
浙 江	43542.4	34420.7	15403.6
安 徽	28861.4	21223.0	9708.8
福 建	29043.3	25091.4	12273.2
江 西	19093.9	11834.2	5719.1
山 东	53145.4	39370.9	18528.7
河 南	36893.4	24068.2	13561.7
湖 北	29623.9	22737.7	11671.9
湖 南	24826.4	19805.4	9274.2
广 东	60158.7	47435.3	23364.2
广 西	21363.9	16859.3	9073.6
海 南	5100.9	4411.4	2298.4
重 庆	25839.1	22044.7	10908.0
四 川	41219.4	31809.6	15866.2
贵 州	12751.8	10741.1	6476.2
云 南	20911.8	18044.6	8884.3
西 藏	1104.1	786.7	314.2
陕 西	23202.3	19786.7	9309.2
甘 肃	7986.2	5855.1	2911.5
青 海	3922.3	3362.0	1690.3
宁 夏	4927.2	4322.3	2325.8
新 疆	9474.6	7444.5	3549.3
不分地区	31041.9	26903.1	15789.8

七、城镇固定资产投资建设总规模

单位：亿元

年 份 地 区	建设总规模	在建总规模	在建净规模
1995	56212.4	47651.1	23871.9
1996	67105.8	56584.4	29074.5
1997	72961.9	61379.8	30234.2
1998	81301.8	68223.3	32953.3
1999	86717.2	70997.5	33361.1
2000	91641.7	73255.2	33496.8
2001	106854.6	88031.7	45164.9
2002	122413.7	100673.0	52618.0
2003	147038.7	121978.1	63187.0
2004	192739.3	167566.0	84641.9
2005	247510.3	205611.8	106583.0
2006	299682.1	241300.0	118490.0
2007	366270.3	296935.4	144032.8
2008	462788.0	372392.6	177745.8
2009	600131.6	479246.0	236219.7
2010	760844.4	606760.9	295786.2
北 京	26568.6	22997.4	9490.2
天 津	20080.3	16466.0	7957.7
河 北	34971.7	26456.6	13295.5
山 西	17044.0	13450.5	6662.6
内蒙古	23798.4	17603.3	8492.4
辽 宁	40735.8	31320.6	15141.4
吉 林	13048.1	7667.1	3063.6
黑龙江	14348.4	10132.9	5479.1

年　份 地　区	建设总规模	在建总规模	在建净规模
上　海	24991.2	22572.5	8011.5
江　苏	50950.3	38799.9	18636.6
浙　江	35017.3	29223.4	12841.0
安　徽	27050.5	20504.6	9369.7
福　建	28064.0	24806.9	12166.7
江　西	17744.3	11311.1	5432.1
山　东	46290.8	35529.8	16714.4
河　南	33434.5	23082.9	13006.0
湖　北	28534.6	22437.1	11532.2
湖　南	23382.9	19150.7	9059.3
广　东	54748.4	44581.0	22008.9
广　西	20580.3	16691.5	9008.3
海　南	5016.8	4379.9	2284.6
重　庆	24855.4	21470.4	10553.3
四　川	37964.0	30458.4	15144.0
贵　州	12039.2	10423.2	6379.8
云　南	20224.2	17813.6	8765.0
西　藏	1028.3	766.9	305.3
陕　西	22733.9	19651.6	9258.4
甘　肃	7490.3	5643.1	2804.1
青　海	3529.9	3108.3	1514.4
宁　夏	4657.7	4173.5	2233.0
新　疆	8878.3	7183.5	3385.1
不分地区	31041.9	26903.1	15789.8

八、各地区按行业分城镇固定资产投资（一）

单位：亿元

年份 地区	合计	农、林、牧、渔业	采矿业	制造业	电力、燃气及水的生产和供应业	建筑业	交通运输、仓储和邮政业	信息传输、计算机服务和软件业	批发和零售业	住宿和餐饮业	金融业
2003	45811.7	535.0	1551.9	10744.0	3803.9	528.0	5669.0	1645.7	791.4	321.3	86.2
2004	59028.2	645.1	2126.3	14657.2	5525.1	526.3	7091.5	1638.0	1117.2	438.1	97.6
2005	75095.1	842.8	3234.3	20406.6	7286.6	664.3	8860.4	1561.6	1532.1	675.9	105.6
2006	93368.7	1118.2	4152.5	26336.0	8260.7	795.7	11224.5	1772.0	1896.5	938.7	118.7
2007	117464.5	1460.0	5256.1	35476.7	9088.9	992.5	12997.1	1819.4	2450.6	1329.9	151.9
2008	148738.3	2250.4	6846.8	46368.3	10489.1	1195.8	15700.5	2131.3	3193.0	1735.0	252.8
2009	193920.4	3356.4	8170.8	58706.1	13545.4	1569.1	23271.3	2543.5	4491.0	2328.6	348.5
2010	241430.9	3926.2	9694.7	74485.2	14591.3	2241.7	27883.1	2392.9	5233.4	2980.2	477.7
北京	4916.5	4.2	8.3	296.6	136.6	4.2	645.6	142.4	22.8	19.2	30.3
天津	5896.5	41.0	308.4	2059.3	241.8	21.4	518.5	47.7	86.7	60.9	2.9
河北	12922.7	310.4	357.9	4513.3	637.7	47.8	1388.1	40.8	409.2	139.6	12.7
山西	5526.6	160.9	1027.3	973.1	519.7	16.6	859.5	40.9	75.8	37.2	2.6
内蒙古	8688.0	309.6	979.9	1926.2	1373.3	107.4	1032.5	60.2	251.4	69.3	38.1
辽宁	15106.3	216.4	562.9	5504.7	787.1	171.7	1048.2	146.5	309.9	196.6	32.5
吉林	7395.2	140.8	439.4	3324.8	497.6	81.5	525.8	48.1	248.1	65.8	10.9
黑龙江	6292.7	229.1	583.5	1724.6	436.4	91.7	747.4	64.5	172.6	52.3	9.3
上海	4630.5	5.5	0.3	862.7	234.4	10.7	640.4	115.6	28.1	32.3	29.0
江苏	17416.5	55.2	63.8	7648.5	485.2	59.7	991.8	152.6	442.5	223.3	38.8
浙江	8438.1	22.1	2.1	1821.0	486.5	31.3	908.6	155.8	155.5	111.4	34.7
安徽	10281.3	100.3	336.4	3883.6	367.8	284.2	414.0	83.5	231.2	150.1	22.1

年份 地区	合计	农、林、牧、渔业	采矿业	制造业	电力、燃气及水的生产和供应业	建筑业	交通运输、仓储和邮政业	信息传输、计算机服务和软件业	批发和零售业	住宿和餐饮业	金融业
福建	7385.8	64.7	63.2	2078.2	486.0	19.1	1123.8	140.3	145.6	96.0	26.7
江西	7856.9	116.9	192.3	4265.7	281.2	34.8	420.7	62.8	194.3	201.5	25.8
山东	18844.4	207.0	418.9	7606.5	529.9	266.2	1133.5	54.1	730.2	298.5	22.7
河南	13934.8	311.5	658.3	6402.8	485.4	12.0	661.9	56.3	385.1	195.1	14.3
湖北	9405.6	192.6	151.9	3242.4	474.4	34.2	871.6	74.6	291.0	180.9	18.2
湖南	8618.0	222.2	326.7	2910.5	392.0	139.0	1103.9	108.7	127.7	99.3	5.5
广东	12599.3	65.5	43.4	2346.8	1132.0	38.3	1636.9	253.0	170.2	185.6	35.3
广西	6383.3	148.4	164.7	1857.7	374.1	21.2	759.9	78.1	135.7	82.2	19.7
海南	1257.5	7.2	4.5	87.8	81.8	13.6	161.8	17.6	5.3	108.8	5.4
重庆	6170.6	169.9	108.8	1670.6	266.5	148.4	604.3	76.7	90.4	34.1	3.7
四川	11061.4	228.7	271.7	3076.2	921.9	25.4	1358.9	107.0	137.3	107.6	9.6
贵州	2609.4	17.3	200.1	415.8	284.9	7.6	489.2	45.3	15.6	21.2	6.0
云南	5052.6	118.2	230.7	735.3	749.2	6.8	933.6	51.2	118.4	63.4	4.8
西藏	405.0	18.3	18.0	34.8	55.1	22.1	110.4	9.8	6.3	14.7	0.8
陕西	7569.9	212.8	682.4	1530.5	374.1	192.8	696.0	77.8	134.5	84.5	3.3
甘肃	2808.6	84.0	130.8	496.6	529.2	284.8	192.0	22.1	56.4	23.6	3.3
青海	840.0	26.7	62.8	263.4	89.6	14.9	126.6	2.2	6.9	6.6	1.2
宁夏	1292.8	19.5	113.4	342.9	225.0	5.5	83.9	15.5	22.4	5.4	0.3
新疆	3065.1	99.3	595.7	582.3	378.5	26.9	368.9	41.4	26.0	13.3	7.1
不分地区	6759.1		586.3		276.4		5324.7				

八、各地区按行业分城镇固定资产投资（二）

单位：亿元

年份 地区	房地产业	租赁和商务服务业	科学研究、技术服务和地质勘查业	水利、环境和公共设施管理业	居民服务和其他服务业	教育	卫生、社会保障和社会福利业	文化、体育和娱乐业	公共管理和社会组织	国际组织
2003	11105.3	309.8	281.7	4220.2	65.6	1474.1	357.7	479.6	1841.2	0.3
2004	14547.0	361.7	311.8	4890.8	107.6	1803.0	446.9	531.2	2165.6	0.3
2005	17098.2	486.2	424.5	6097.9	135.5	1966.9	591.8	685.8	2438.1	
2006	21586.2	662.6	465.1	7506.7	183.6	2128.8	708.0	858.2	2655.8	0.1
2007	28619.2	860.7	521.2	9276.0	235.8	2220.9	809.4	1129.8	2768.4	
2008	35914.2	1255.1	717.6	12279.1	312.7	2355.4	1065.9	1436.5	3239.0	
2009	43127.6	1880.4	1084.0	17878.9	518.6	3242.5	1698.0	2125.4	4034.2	
2010	57633.1	2486.4	1269.2	22333.7	757.1	3718.1	1959.5	2605.9	4761.6	
北京	3039.0	22.4	81.9	263.9	3.8	72.4	36.1	59.5	27.3	
天津	1129.6	281.3	20.7	813.4	93.1	58.8	19.4	49.9	41.6	
河北	3044.1	104.7	58.2	1337.9	39.5	144.0	106.6	119.9	110.3	
山西	943.6	34.2	25.2	426.6	7.4	236.8	54.2	60.4	24.6	
内蒙古	1282.4	43.4	42.8	651.6	18.1	149.9	53.2	117.1	181.5	
辽宁	3599.6	333.6	122.0	1313.9	82.7	131.9	84.4	181.3	280.4	
吉林	1048.6	38.6	47.3	521.4	30.6	87.5	56.1	82.0	100.3	
黑龙江	1132.7	57.3	35.4	575.9	14.6	71.3	64.5	38.1	191.6	
上海	2050.8	39.0	25.4	422.2	1.9	45.1	36.1	35.3	15.7	
江苏	4751.6	269.0	114.3	1442.8	58.5	185.9	96.2	158.9	177.8	
浙江	3389.4	112.8	31.1	846.7	5.6	103.5	74.9	60.6	84.4	

年份 地区	房地产业	租赁和商务服务业	科学研究、技术服务和地质勘查业	水利、环境和公共设施管理业	居民服务和其他服务业	教育	卫生、社会保障和社会福利业	文化、体育和娱乐业	公共管理和社会组织	国际组织
安徽	2785.5	64.6	63.2	911.2	24.2	175.2	97.1	101.2	186.0	
福建	2065.8	95.5	17.4	626.0	10.3	100.8	54.1	71.2	101.0	
江西	866.4	76.3	43.9	724.2	28.6	107.7	51.3	77.8	84.7	
山东	4520.4	201.7	140.8	1067.2	157.6	229.2	141.4	392.5	726.4	
河南	2907.0	52.2	41.7	1108.9	43.2	237.1	122.1	141.4	98.6	
湖北	1871.8	115.6	46.3	1015.8	35.9	156.1	90.1	106.8	435.4	
湖南	1670.6	49.9	25.0	968.2	19.6	106.0	94.9	85.0	163.3	
广东	4223.9	134.4	84.8	1602.3	12.5	199.5	119.3	204.7	110.8	
广西	1410.5	55.4	18.3	844.3	9.1	171.9	71.6	58.3	102.4	
海南	503.3	14.1	1.1	111.6	0.5	25.1	18.7	41.5	47.8	
重庆	1871.8	59.3	10.5	716.5	8.5	117.0	38.2	52.1	123.3	
四川	2717.3	103.5	23.4	1307.6	7.7	229.0	126.8	135.6	166.1	
贵州	646.7	5.4	7.3	326.4	3.6	46.7	15.9	18.9	35.5	
云南	1060.5	13.4	6.8	584.7	4.4	168.5	63.0	49.5	90.1	
西藏	25.8	1.8	0.9	23.7	0.7	11.3	3.4	6.7	40.5	
陕西	1674.2	67.2	80.8	947.8	21.6	178.7	82.1	40.1	488.6	
甘肃	416.3	25.3	23.5	128.9	7.4	64.3	39.4	23.8	256.9	
青海	125.3	2.4	2.9	43.6	1.2	20.8	6.8	9.5	26.5	
宁夏	305.1	1.9	1.1	70.5	1.0	32.4	12.5	10.6	23.9	
新疆	553.6	10.2	16.4	176.2	3.6	53.7	28.8	16.1	67.1	
不分地区			8.6	411.9					151.2	

九、各地区城镇能源工业投资

单位：亿元

年 份 地 区	合 计	煤炭开采及洗选业	石油及天然气开采业	石油及炼焦加工业	电力、热力及燃气的生产和供应业
2003	5508.4	436.4	946.0	322.0	3803.9
2004	7504.8	690.4	1112.3	637.9	5064.2
2005	10205.6	1162.9	1463.6	801.3	6777.8
2006	11826.3	1459.0	1822.2	939.3	7605.8
2007	13698.6	1804.6	2225.5	1415.4	8253.2
2008	16345.5	2399.2	2675.1	1827.5	9443.7
2009	19477.9	3056.9	2791.5	1839.8	11789.7
2010	21627.1	3784.7	2928.0	2035.1	12879.4
北 京	133.6	2.6	0.1	5.8	125.0
天 津	546.0		306.4	51.0	188.6
河 北	882.5	114.1	33.5	155.3	579.5
山 西	1520.7	929.5	21.6	96.4	473.2
内蒙古	2092.8	528.4	196.6	90.2	1277.7
辽 宁	1191.4	69.9	145.8	266.9	708.9
吉 林	773.9	59.9	242.4	18.3	453.2
黑龙江	1014.0	201.1	339.9	100.7	372.3
上 海	198.6		0.3	24.8	173.4
江 苏	478.5	17.5	27.3	60.6	373.1
浙 江	429.8			21.2	408.6
安 徽	526.8	194.0	1.6	25.3	305.8

年　份 地　区	合　计	煤炭开采及洗选业	石油及天然气开　采　业	石油及炼焦加　工　业	电力、热力及燃气的生产和供应业
福　建	636.9	18.9		168.4	449.6
江　西	281.0	37.8		15.2	228.1
山　东	972.4	97.2	219.1	179.0	477.1
河　南	773.2	231.9	71.5	74.8	395.0
湖　北	512.2	19.3	3.6	83.4	405.9
湖　南	496.4	146.3	0.4	34.6	315.1
广　东	965.6	0.5	12.3	55.4	897.4
广　西	367.5	11.4	1.8	63.1	291.2
海　南	61.0		0.3	2.1	58.7
重　庆	316.4	69.9	8.9	8.7	228.9
四　川	1050.4	139.4	10.5	37.8	862.7
贵　州	467.3	171.8		21.8	273.7
云　南	831.9	74.9	0.8	37.4	718.9
西　藏	52.7				52.7
陕　西	1043.2	316.0	256.0	136.1	335.0
甘　肃	667.2	77.0	11.7	66.9	511.6
青　海	141.5	9.4	39.4	5.6	87.0
宁　夏	350.7	110.7	1.6	21.6	216.8
新　疆	988.3	135.3	387.9	106.6	358.4
不分地区	862.7		586.3		276.4

十、各地区按行业分城镇新增固定资产（一）

单位：亿元

年份 地区	合计	农、林、牧、渔业	采矿业	制造业	电力、燃气及水的生产和供应业	建筑业	交通运输、仓储和邮政业	信息传输、计算机服务和软件业	批发和零售业	住宿和餐饮业	金融业
2003	28663.9	375.0	1182.9	6646.9	2228.4	344.3	3531.4	1053.0	535.5	204.5	71.4
2004	34731.4	458.9	1398.0	9023.3	3110.0	364.6	4237.8	1153.3	717.4	267.6	111.4
2005	45206.6	608.8	2015.8	13276.5	3429.3	374.8	5235.8	958.2	1019.4	431.7	81.5
2006	56290.9	807.0	2853.9	17268.0	4683.6	475.3	5751.0	1082.4	1266.7	580.4	78.9
2007	67367.5	1094.8	3438.5	21654.6	6151.5	584.2	6527.9	1077.7	1604.8	813.8	114.6
2008	84545.3	1694.1	3981.8	28335.2	6042.5	788.5	7802.7	1197.8	2238.9	1106.8	178.6
2009	113943.9	2529.3	5781.3	40317.0	7001.9	963.3	9593.1	1567.3	3250.9	1624.1	247.1
2010	136970.3	2865.0	5847.7	48751.7	8435.2	1363.9	12387.4	1514.7	3495.2	1849.4	226.3
北 京	2202.3	2.1	2.8	182.5	98.5	1.6	491.7	73.4	10.8	21.3	15.1
天 津	2750.3	20.1	87.1	1060.9	131.6	20.4	117.1	34.1	68.3	21.3	2.9
河 北	8053.9	233.7	220.6	3208.3	483.8	25.1	796.1	33.6	278.6	74.9	4.7
山 西	3145.1	134.6	429.6	697.1	388.2	12.7	444.7	27.8	69.9	24.6	2.2
内蒙古	5742.8	281.2	636.0	1384.0	840.9	59.2	603.7	64.6	171.9	52.1	11.7
辽 宁	8012.8	138.5	411.2	3570.0	376.2	113.4	410.9	95.9	188.3	108.0	12.5
吉 林	5285.7	108.6	264.1	2480.0	314.7	64.0	329.5	42.5	193.2	54.1	7.6
黑龙江	4335.7	168.1	522.9	1340.2	290.5	72.6	264.1	45.6	146.9	47.2	9.5
上 海	2653.8	5.1		496.7	173.4	6.7	443.2	6.7	18.0	31.5	2.7
江 苏	12097.1	43.2	25.6	5490.8	431.7	41.4	577.8	94.3	294.7	154.5	11.6
浙 江	4721.3	13.8	0.5	1209.5	444.0	12.8	493.9	35.9	131.1	75.5	9.3

年份 地区	合　计	农、林、牧、渔业	采矿业	制造业	电力、燃气及水的生产和供应业	建筑业	交通运输、仓储和邮政业	信息传输、计算机服务和软件业	批发和零售业	住宿和餐饮业	金融业
安　徽	5503.5	74.3	201.2	2230.5	205.0	205.3	223.2	51.5	137.0	99.3	11.5
福　建	2625.9	33.6	39.7	995.0	180.2	5.1	312.1	97.9	68.4	29.7	18.6
江　西	5457.4	82.8	139.0	3271.7	171.9	22.2	200.5	41.2	164.6	163.5	13.5
山　东	10195.1	145.1	333.2	4641.3	284.8	157.5	466.5	41.7	438.5	148.2	12.5
河　南	9062.0	252.0	573.6	4346.8	335.3	9.4	328.3	50.1	290.4	141.5	9.6
湖　北	5867.2	164.8	118.6	2349.7	260.4	24.4	465.7	40.4	205.1	127.3	8.2
湖　南	4272.4	109.4	231.2	1693.3	236.1	84.0	160.3	36.0	81.1	59.1	4.3
广　东	7647.8	51.7	15.3	1485.0	847.4	28.8	931.2	178.4	114.6	140.0	14.7
广　西	3145.9	107.7	120.7	1198.2	226.9	14.3	268.0	64.9	90.4	49.1	16.6
海　南	503.2	3.9	1.0	34.1	66.4	2.5	84.3	16.7	2.8	8.4	2.8
重　庆	3076.7	90.7	82.7	928.0	72.5	85.1	202.7	32.3	32.3	16.6	2.1
四　川	6785.0	177.6	153.1	2370.1	249.3	20.8	711.1	97.2	79.9	65.0	1.8
贵　州	1472.5	13.1	85.1	143.6	183.4	4.0	406.3	45.8	5.5	13.7	4.5
云　南	2357.5	104.6	152.2	359.3	241.6	3.1	182.7	42.6	68.8	22.1	3.3
西　藏	254.3	15.7	5.7	23.0	22.3	19.0	61.9	10.5	5.3	9.0	0.6
陕　西	3211.4	116.8	174.6	857.0	258.1	68.6	229.1	55.1	71.7	58.7	2.1
甘　肃	1523.1	50.5	50.8	244.4	292.3	148.0	124.3	17.2	35.3	17.6	2.3
青　海	330.0	23.0	11.0	63.4	28.4	8.4	54.7	0.3	2.6	5.1	0.9
宁　夏	570.9	14.3	19.5	93.5	98.6	5.6	22.8	11.2	7.4	1.0	0.1
新　疆	1648.3	84.4	272.8	303.9	200.7	17.7	88.6	29.5	21.8	9.5	6.4
不分地区	2459.1		466.0				1890.4				

十、各地区按行业分城镇新增固定资产（二）

单位：亿元

年份 地区	房地产业	租赁和商务服务业	科学研究、技术服务和地质勘查业	水利、环境和公共设施管理业	居民服务和其他服务业	教育	卫生、社会保障和社会福利业	文化、体育和娱乐业	公共管理和社会组织	国际组织
2003	7242.0	171.7	146.7	2222.2	43.2	994.5	263.3	219.9	1186.7	0.3
2004	7893.3	160.6	200.4	2406.5	74.4	1209.5	308.5	243.3	1392.4	0.2
2005	10419.3	268.5	196.2	3068.2	75.4	1430.4	391.6	374.7	1550.5	
2006	12968.5	279.0	258.5	3707.0	121.1	1379.6	475.6	473.8	1780.6	0.1
2007	14483.2	383.3	327.8	4390.7	175.6	1573.9	566.8	541.0	1862.9	
2008	18385.7	623.5	437.4	6122.1	244.5	1613.0	683.7	815.2	2253.4	
2009	22553.3	948.4	690.8	9361.2	372.2	2098.2	1055.0	1134.1	2855.7	
2010	27643.0	1323.5	749.9	11959.6	411.6	2364.2	1222.6	1448.1	3111.1	
北京	1091.7	15.5	41.0	51.1	1.2	48.3	17.1	18.8	17.6	
天津	754.3	118.5	9.9	205.6	7.3	23.5	15.7	19.6	32.1	
河北	1478.3	65.6	59.4	776.9	22.6	82.8	65.6	57.3	86.0	
山西	459.9	15.0	9.8	230.1	4.2	117.7	32.3	24.0	20.5	
内蒙古	638.9	23.7	26.4	535.0	12.1	123.6	42.8	88.1	147.0	
辽宁	1341.1	164.1	32.3	699.1	27.6	63.1	61.7	77.9	121.0	
吉林	703.3	31.0	41.2	400.7	20.2	78.4	39.2	48.7	64.9	
黑龙江	754.4	31.1	28.4	336.6	13.6	61.1	37.9	20.7	144.5	
上海	1013.9	33.8	14.7	340.7	1.8	31.3	10.0	17.7	5.7	
江苏	3075.3	176.0	84.4	1112.2	33.4	149.8	71.3	92.3	136.9	
浙江	1480.1	36.4	6.9	558.7	4.0	78.1	46.2	35.2	49.4	

年份 地区	房地产业	租赁和商务服务业	科学研究、技术服务和地质勘查业	水利、环境和公共设施管理业	居民服务和其他服务业	教育	卫生、社会保障和社会福利业	文化、体育和娱乐业	公共管理和社会组织	国际组织
安徽	1174.9	31.1	41.9	489.9	19.3	86.0	51.0	57.2	113.3	
福建	543.0	25.8	5.1	149.7	2.8	30.0	21.6	22.9	44.4	
江西	486.4	47.3	41.2	381.7	20.6	77.1	42.8	40.6	48.8	
山东	1912.9	99.2	72.6	506.7	88.3	136.9	62.1	167.1	479.8	
河南	1457.6	73.1	19.4	745.6	29.9	148.2	76.2	107.8	67.1	
湖北	956.1	45.6	32.8	453.6	25.6	114.5	75.5	70.2	328.9	
湖南	899.5	25.3	13.3	392.8	10.5	61.2	48.8	35.3	91.0	
广东	2295.7	68.8	58.4	929.9	7.9	135.4	63.7	201.8	79.1	
广西	439.4	38.3	9.6	286.1	7.9	68.7	39.9	26.8	72.6	
海南	211.8	0.5	0.5	28.0		7.2	1.4	4.5	26.6	
重庆	904.3	17.4	4.7	389.2	4.9	69.6	26.1	24.8	90.7	
四川	1348.8	99.7	16.6	879.7	6.9	202.0	101.0	83.0	121.5	
贵州	268.8	0.3	5.8	201.7	0.6	30.5	11.8	20.6	27.5	
云南	626.2	4.3	4.3	277.8	15.0	91.6	46.0	20.4	91.6	
西藏	18.1	1.8	0.8	13.3	0.4	14.1	2.8	3.2	26.7	
陕西	490.6	21.7	34.5	347.2	8.2	108.5	41.5	21.7	245.9	
甘肃	216.9	7.0	17.4	49.9	8.7	50.6	28.2	17.3	144.3	
青海	60.5	0.2	2.6	27.0	0.5	11.5	6.7	2.5	20.6	
宁夏	208.5	1.8	0.6	37.8	1.8	19.9	11.2	3.6	11.9	
新疆	332.0	3.6	13.1	125.7	3.7	43.1	24.4	16.3	51.1	
不分地区			0.5						102.2	

财政、金融

一、国家财政收支总额及增长速度

年　份	财政收入（亿元）	财政支出（亿元）	增长速度（%）	
			财政收入	财政支出
1978	1132.26	1122.09	29.5	33.0
1980	1159.93	1228.83	1.2	-4.1
1985	2004.82	2004.25	22.0	17.8
1990	2937.10	3083.59	10.2	9.2
1991	3149.48	3386.62	7.2	9.8
1992	3483.37	3742.20	10.6	10.5
1993	4348.95	4642.30	24.8	24.1
1994	5218.10	5792.62	20.0	24.8
1995	6242.20	6823.72	19.6	17.8
1996	7407.99	7937.55	18.7	16.3
1997	8651.14	9233.56	16.8	16.3
1998	9875.95	10798.18	14.2	16.9
1999	11444.08	13187.67	15.9	22.1
2000	13395.23	15886.50	17.0	20.5
2001	16386.04	18902.58	22.3	19.0
2002	18903.64	22053.15	15.4	16.7
2003	21715.25	24649.95	14.9	11.8
2004	26396.47	28486.89	21.6	15.6
2005	31649.29	33930.28	19.9	19.1
2006	38760.20	40422.73	22.5	19.1
2007	51321.78	49781.35	32.4	23.2
2008	61330.35	62592.66	19.5	25.7
2009	68518.30	76299.93	11.7	21.9
2010	83101.51	89874.16	21.3	17.8

注：1.在国家财政收支中，价格补贴1985年以前冲减财政收入，1986年以后列为财政支出。为了可比，本表将1985年以前冲减财政收入的价格补贴改列在财政支出中。

2.财政收入中不包括国内外债务收入。

3.从2000年起，财政支出中包括国内外债务付息支出。

二、各项税收

单位：亿元

年 份	合 计	#国内增值税	#国内消费税	#营业税	#企业所得税	#个人所得税	#关 税
1978	519.28						28.76
1980	571.70						33.53
1985	2040.79	147.70		211.07	696.06		205.21
1990	2821.86	400.00		515.75	716.00		159.01
1991	2990.17	406.36		564.00	731.13		187.28
1992	3296.91	705.93		658.67	720.78		212.75
1993	4255.30	1081.48		966.09	678.60		256.47
1994	5126.88	2308.34	487.40	670.02	708.49		272.68
1995	6038.04	2602.33	541.48	865.56	878.44		291.83
1996	6909.82	2962.81	620.23	1052.57	968.48		301.84
1997	8234.04	3283.92	678.70	1324.27	963.18		319.49
1998	9262.80	3628.46	814.93	1575.08	925.54		313.04
1999	10682.58	3881.87	820.66	1668.56	811.41	413.66	562.23
2000	12581.51	4553.17	858.29	1868.78	999.63	659.64	750.48
2001	15301.38	5357.13	929.99	2064.09	2630.87	995.26	840.52
2002	17636.45	6178.39	1046.32	2450.33	3082.79	1211.78	704.27
2003	20017.31	7236.54	1182.26	2844.45	2919.51	1418.03	923.13
2004	24165.68	9017.94	1501.90	3581.97	3957.33	1737.06	1043.77
2005	28778.54	10792.11	1633.81	4232.46	5343.92	2094.91	1066.17
2006	34804.35	12784.81	1885.69	5128.71	7039.60	2453.71	1141.78
2007	45621.97	15470.23	2206.83	6582.17	8779.25	3185.58	1432.57
2008	54223.79	17996.94	2568.27	7626.39	11175.63	3722.31	1769.95
2009	59521.59	18481.22	4761.22	9013.98	11536.84	3949.35	1483.81
2010	73210.79	21093.48	6071.55	11157.91	12843.54	4837.27	2027.83

注：1.企业所得税 2001 年以前只包括国有及集体企业所得税，从 2001 年起，企业所得税还包括除国有企业和集体企业外的其他所有制企业所得税，与以前各年不可比。

2.国内增值税不包括进口产品增值税；国内消费税不包括进口产品消费税。

三、中央和地方财政主要收入项目（2010 年）

单位：亿元

项　　目	国家财政收入	中央	地方
总计	**83101.51**	**42488.47**	**40613.04**
税收收入	**73210.79**	**40509.30**	**32701.49**
国内增值税	21093.48	15897.21	5196.27
国内消费税	6071.55	6071.55	
进口货物增值税、消费税	10490.64	10490.64	
出口货物退增值税、消费税	-7327.31	-7327.31	
营业税	11157.91	153.34	11004.57
企业所得税	12843.54	7795.17	5048.37
个人所得税	4837.27	2902.97	1934.30
资源税	417.57		417.57
城市维护建设税	1887.11	150.84	1736.27
房产税	894.07		894.07
印花税	1040.34	527.82	512.52
#证券交易印花税	544.16	527.82	16.34
城镇土地使用税	1004.01		1004.01
土地增值税	1278.29		1278.29
车船税	241.62		241.62
船舶吨税	26.63	26.63	
车辆购置税	1792.59	1792.59	
关税	2027.83	2027.83	
耕地占用税	888.64		888.64
契税	2464.85		2464.85
烟叶税	78.36		78.36
其他税收收入	1.80	0.02	1.78
非税收入	**9890.72**	**1979.17**	**7911.55**
专项收入	2040.74	298.03	1742.71
行政事业性收费	2996.39	396.02	2600.37
罚没收入	1074.64	31.79	1042.85
其他收入	3778.95	1253.33	2525.62

四、中央和地方财政主要支出项目（2010年）

单位：亿元

项　　目	国家财政支出	中央	地方
总计	**89874.16**	**15989.73**	**73884.43**
一般公共服务	9337.16	837.42	8499.74
外交	269.22	268.05	1.17
#对外援助	136.14	136.11	0.03
国防	5333.37	5176.35	157.02
公共安全	5517.70	875.20	4642.50
#武装警察	933.84	699.30	234.54
教育	12550.02	720.96	11829.06
科学技术	3250.18	1661.30	1588.88
文化体育与传媒	1542.70	150.13	1392.57
社会保障和就业	9130.62	450.30	8680.32
医疗卫生	4804.18	73.56	4730.62
环境保护	2441.98	69.48	2372.50
城乡社区事务	5987.38	10.09	5977.29
农林水事务	8129.58	387.89	7741.69
交通运输	5488.47	1489.58	3998.89
#车辆购置税支出	1541.82	1209.91	331.91
资源勘探电力信息等事务	3485.03	488.38	2996.65
商业服务业等事务	1413.14	139.79	1273.35
金融监管支出	637.04	488.16	148.88
地震灾后恢复重建支出	1132.54	37.90	1094.64
国土气象等事务	1330.39	176.39	1154.00
住房保障支出	2376.88	386.48	1990.40
粮油物资储备管理等事务	1171.96	495.12	676.84
国债付息支出	1844.24	1508.88	335.36
其他支出	2700.38	98.32	2602.06

五、各地区财政收入（2010 年）（一）

单位：亿元

地　区	一般预算收入	税收收入	国内增值税	营业税	企业所得税	个人所得税	资源税	城市维护建设税	房产税	印花税	城镇土地使用税
地方合计	**40613.04**	**32701.49**	**5196.27**	**11004.57**	**5048.37**	**1934.30**	**417.57**	**1736.27**	**894.07**	**512.52**	**1004.01**
北　京	2353.93	2251.59	210.01	855.40	513.09	215.33	0.37	80.00	83.83	32.14	16.13
天　津	1068.81	776.65	119.20	283.87	125.89	42.96	0.56	37.40	25.28	17.80	11.71
河　北	1331.85	1074.04	203.84	362.65	145.93	47.05	25.77	64.30	21.27	18.81	34.49
山　西	969.67	692.71	198.26	191.91	117.75	31.95	32.65	47.39	13.50	11.20	21.97
内蒙古	1069.98	752.81	135.95	234.57	101.27	39.34	36.82	44.59	18.47	10.82	44.58
辽　宁	2004.84	1516.65	188.84	453.75	174.06	64.20	46.45	71.62	45.91	22.81	108.05
吉　林	602.41	439.31	78.15	145.97	60.82	23.39	4.80	26.30	13.60	6.94	19.45
黑龙江	755.58	556.97	123.52	165.80	61.60	25.07	15.34	43.89	18.03	7.19	28.91
上　海	2873.58	2707.80	388.62	933.91	606.05	261.20		87.66	62.30	48.17	27.28
江　苏	4079.86	3312.61	562.60	1023.92	554.43	180.94	10.06	164.81	92.11	49.28	104.57
浙　江	2608.47	2464.96	398.82	816.68	374.13	151.08	6.36	143.06	71.97	40.37	67.54
安　徽	1149.40	866.55	129.48	291.93	106.59	31.97	12.65	54.40	17.62	11.15	32.52
福　建	1151.49	966.09	141.10	319.70	156.91	56.34	6.46	43.11	31.74	17.12	26.33
江　西	778.09	585.11	84.79	204.38	63.72	20.27	12.91	30.75	9.13	6.23	15.67

地　区	一般预算收入	税收收入									
			国内增值税	营业税	企业所得税	个人所得税	资源税	城市维护建设税	房产税	印花税	城镇土地使用税
山　东	2749.38	2149.90	378.23	631.51	293.22	81.01	33.29	130.74	64.65	33.74	137.69
河　南	1381.32	1016.55	155.79	319.34	136.63	40.29	26.08	61.35	22.77	14.23	49.80
湖　北	1011.23	777.96	125.57	249.49	106.91	34.41	8.40	50.49	18.83	12.28	21.38
湖　南	1081.69	730.84	112.57	256.80	60.28	37.62	6.14	62.01	17.92	9.48	17.14
广　东	4517.04	3803.47	657.82	1244.26	678.75	287.26	9.35	135.97	122.44	69.93	87.78
广　西	771.99	533.87	77.48	207.44	58.92	25.84	6.97	29.67	11.65	7.03	9.57
海　南	270.99	237.10	18.53	112.35	28.04	8.05	1.24	9.42	5.39	2.83	7.95
重　庆	952.07	621.56	77.72	242.45	74.25	26.24	5.02	34.94	14.02	9.63	18.50
四　川	1561.67	1180.58	149.65	475.80	141.49	57.76	12.83	66.61	26.05	16.52	34.08
贵　州	533.73	395.57	66.00	136.73	51.02	27.42	11.01	29.18	8.41	4.34	10.83
云　南	871.19	702.16	112.78	237.26	82.28	32.23	12.92	67.66	17.18	9.00	13.99
西　藏	36.65	25.28	3.50	11.96	4.53	1.98	0.66	1.87		0.31	
陕　西	958.21	710.57	140.27	265.94	84.78	35.54	22.30	50.22	15.35	10.01	15.73
甘　肃	353.58	220.29	44.09	86.84	19.98	11.13	6.18	21.22	8.36	4.42	4.42
青　海	110.22	88.94	17.52	34.44	10.98	3.46	9.58	5.69	1.58	1.09	1.83
宁　夏	153.55	126.79	20.25	56.24	14.08	5.57	1.92	8.10	2.35	2.10	4.40
新　疆	500.58	416.23	75.31	151.27	40.02	27.38	32.47	31.84	12.35	5.55	9.73

五、各地区财政收入（2010 年）（二）

单位：亿元

地 区	土地增值税	车 船 税	耕地占用税	契 税	烟叶税	其他税收收入	非税收入	专项收入	行政事业性收费收入	罚没收入	国有资本经营收入	国有资源(资产)有偿使用收入	其他收入
地方合计	**1278.29**	**241.62**	**888.64**	**2464.85**	**78.36**	**1.77**	**7911.56**	**1742.71**	**2600.37**	**1042.85**	**1012.74**	**1073.96**	**438.92**
北 京	85.86	14.92	10.19	134.27		0.06	102.34	48.16	39.84	22.93	-27.79	14.39	4.82
天 津	24.39	4.39	12.33	70.87			292.16	20.73	141.29	8.80	7.08	83.37	30.89
河 北	32.47	15.93	21.44	79.65	0.08	0.38	257.81	75.98	66.09	61.61	29.07	17.60	7.46
山 西	4.65	6.96	3.87	10.50	0.15		276.96	153.60	54.54	43.23	3.36	10.35	11.88
内蒙古	20.56	6.21	31.53	27.91	0.21		317.16	124.50	62.09	25.86	58.92	33.62	12.17
辽 宁	77.59	12.28	96.43	152.94	0.53	1.20	488.18	55.02	131.92	60.10	131.19	97.84	12.10
吉 林	11.25	4.72	11.58	31.53	0.74	0.05	163.10	20.11	54.70	28.76	24.48	26.57	8.48
黑龙江	8.64	6.60	15.76	34.46	2.16		198.61	36.49	68.84	25.71	38.42	24.81	4.33
上 海	96.96	9.93	12.14	173.58			165.78	49.94	97.04	17.34	-11.25	8.76	3.94
江 苏	170.36	15.82	58.98	324.72		0.02	767.25	107.37	224.57	89.31	257.53	79.75	8.72
浙 江	106.70	16.20	44.05	227.94	0.07		143.51	83.75	44.59	70.60	-72.91	16.77	0.70
安 徽	30.22	5.95	45.57	95.91	0.57		282.84	73.79	94.46	26.77	20.05	59.80	7.97
福 建	62.81	5.99	18.11	77.09	3.29		185.40	35.23	48.18	29.22	21.95	41.47	9.36
江 西	25.72	4.15	35.74	70.59	1.05		192.98	35.45	70.91	30.48	24.08	20.09	11.98

地　区	土地增值税	车　船税	耕地占用税	契　税	烟叶税	其他税收收入	非税收入	专项收入	行政事业性收费收入	罚没收入	国有资本经营收入	国有资源(资产)有偿使用收入	其他收入
山　东	66.19	23.27	81.31	193.51	1.51		599.48	103.90	203.02	77.62	79.82	93.06	42.07
河　南	37.96	9.79	48.96	88.98	4.54	0.04	364.77	89.04	122.42	50.83	60.36	23.98	18.14
湖　北	30.54	5.50	56.25	54.61	3.30		233.27	34.45	93.63	39.54	29.39	22.17	14.10
湖　南	19.54	5.18	53.21	67.47	5.48		350.85	52.48	127.05	45.54	8.58	74.10	43.11
广　东	189.79	27.38	56.03	235.51	1.20		713.57	97.35	293.43	95.62	90.00	81.88	55.29
广　西	22.27	4.33	30.95	41.18	0.57		238.13	22.67	65.07	31.29	66.16	35.87	17.06
海　南	21.23	1.04	4.25	16.78			33.89	7.93	8.58	4.74	7.73	3.95	0.96
重　庆	29.80	1.71	30.31	54.65	2.32		330.52	38.50	214.01	21.41	-0.01	42.53	14.08
四　川	47.78	10.73	36.17	97.94	7.17		381.09	61.16	118.82	35.25	41.67	90.67	33.53
贵　州	11.98	2.84	10.72	13.98	11.11		138.16	59.07	30.06	16.66	4.88	16.23	11.27
云　南	14.36	5.66	33.73	32.53	30.57		169.02	52.80	33.49	33.92	10.94	14.28	23.59
西　藏	0.13	0.23	0.12				11.37	1.18	1.59	0.83	-0.43	3.09	5.11
陕　西	15.43	6.93	22.32	24.13	1.59	0.01	247.64	88.40	39.02	22.06	76.35	14.97	6.85
甘　肃	3.02	2.58	1.95	5.98	0.12		133.30	59.02	19.02	8.12	23.38	9.10	14.66
青　海	0.45	0.40	0.48	1.44			21.27	13.30	3.05	2.16	0.56	1.69	0.52
宁　夏	1.67	0.91	0.24	8.94	0.01		26.77	8.92	9.44	4.16	0.57	2.71	0.96
新　疆	7.99	3.11	3.93	15.26	0.02		84.34	32.44	19.61	12.38	8.59	8.50	2.83

六、各地区财政支出（2010 年）（一）

单位：亿元

地区	一般预算支出	一般公共服务	国防	公共安全	教育	科学技术	文化体育与传媒	社会保障和就业	医疗卫生	环境保护	城乡社区事务
地方合计	**73884.43**	**8499.74**	**157.02**	**4642.50**	**11829.06**	**1588.88**	**1392.57**	**8680.32**	**4730.62**	**2372.50**	**5977.29**
北京	2717.32	239.57	4.70	180.94	450.22	178.92	79.36	275.90	186.82	60.85	294.30
天津	1376.84	98.07	0.88	84.92	229.56	43.25	24.28	137.74	70.07	27.10	355.29
河北	2820.24	358.13	7.08	176.08	514.30	29.65	37.09	358.78	235.48	115.16	178.75
山西	1931.36	215.83	3.30	121.84	328.58	20.12	31.24	274.46	113.86	82.37	111.57
内蒙古	2273.50	254.53	3.88	120.45	322.11	21.39	52.96	292.44	120.72	107.99	237.75
辽宁	3195.82	352.40	7.58	191.29	405.39	68.90	56.76	579.84	151.36	77.44	360.31
吉林	1787.25	198.04	3.70	109.30	250.20	19.12	32.93	253.36	110.91	71.55	108.90
黑龙江	2253.27	222.57	4.92	134.85	299.14	27.69	39.50	306.06	135.18	89.00	141.13
上海	3302.89	226.02	7.25	187.25	417.28	202.03	54.95	362.56	160.07	47.31	475.47
江苏	4914.06	631.24	12.93	326.80	865.36	150.35	88.67	364.48	249.69	139.89	624.53
浙江	3207.88	434.29	6.43	260.67	606.54	121.40	77.15	206.39	224.53	82.07	272.30
安徽	2587.61	273.72	4.63	119.48	386.31	57.98	51.68	334.15	184.22	64.72	236.18
福建	1695.09	211.91	3.27	120.60	327.77	32.31	27.10	148.24	117.58	39.79	107.68
江西	1923.26	218.75	4.09	107.49	297.50	18.26	28.38	233.02	150.02	49.14	102.47
山东	4145.03	544.31	10.41	244.03	770.45	84.36	74.03	416.77	250.77	112.93	388.40
河南	3416.14	478.69	4.16	189.72	609.37	44.67	54.99	461.22	270.21	96.38	165.30
湖北	2501.40	314.93	2.00	166.87	366.57	30.09	36.67	368.42	179.13	96.31	119.63
湖南	2702.48	367.20	7.49	159.14	403.10	35.04	39.66	396.40	180.44	90.82	186.98
广东	5421.54	685.39	11.09	495.80	921.48	214.44	166.16	469.58	304.04	239.16	407.64
广西	2007.59	268.76	7.26	125.14	366.84	21.66	32.77	217.07	165.49	63.99	103.87
海南	581.34	62.44	1.91	43.94	98.33	7.47	11.61	73.80	34.82	14.89	36.81
重庆	1709.04	168.49	6.18	91.84	240.46	17.90	24.04	236.98	94.87	69.01	251.26
四川	4257.98	407.31	8.53	218.38	540.65	34.71	59.37	513.65	263.34	112.99	179.19
贵州	1631.48	212.69	3.66	101.46	292.06	16.66	23.98	140.76	127.68	54.32	53.00
云南	2285.72	246.50	6.53	145.42	374.79	21.43	35.53	304.69	183.70	86.41	86.66
西藏	551.04	72.35	3.06	41.33	60.80	2.71	12.48	31.91	32.04	11.77	20.51
陕西	2218.83	287.29	2.90	111.50	377.79	25.25	47.86	315.61	156.66	82.88	126.84
甘肃	1468.58	145.75	1.77	70.45	228.23	10.89	29.78	215.09	100.40	68.31	56.82
青海	743.40	55.20	0.79	35.48	82.47	4.08	11.57	189.50	38.94	36.15	30.60
宁夏	557.53	51.77	0.63	31.49	81.59	5.97	16.09	35.03	34.02	30.79	61.89
新疆	1698.91	195.57	4.03	128.56	313.84	20.19	33.92	166.40	103.56	51.02	95.28

六、各地区财政支出（2010 年）（二）

单位：亿元

地 区	农林水事务	交通运输	资源勘探电力信息等事务	商业服务业等事务	金融监管等事务支出	地震灾后恢复重建支出	国土资源气象等事务	住房保障支出	粮油物资储备管理事务	国债还本付息支出	其他支出
地方合计	**7741.69**	**3998.89**	**2996.65**	**1273.35**	**148.88**	**1094.64**	**1153.99**	**1990.40**	**676.84**	**335.36**	**2602.06**
北 京	158.64	154.99	138.95	26.65	2.01	14.22	9.66	45.81	6.14		208.64
天 津	67.14	46.95	79.13	17.77	1.50	8.14	24.39	6.32	4.59		49.74
河 北	312.66	155.72	58.70	44.84	0.97	0.00	56.48	52.00	23.71	3.06	101.62
山 西	201.71	131.65	36.07	26.98	8.80	5.61	114.49	53.30	12.15	2.98	34.44
内蒙古	281.00	121.05	57.37	21.45	2.44		72.64	83.72	60.41	4.14	35.03
辽 宁	289.00	140.29	208.94	43.23	4.18	0.05	54.26	83.79	25.42	22.01	73.38
吉 林	238.94	89.78	53.15	24.75	5.50	4.33	20.52	86.84	60.52	31.88	13.01
黑龙江	338.06	147.72	73.34	35.70	12.65	0.58	30.60	108.94	63.93	1.28	40.38
上 海	151.93	80.43	357.85	46.85	16.81	22.10	14.16	52.45	13.53	26.51	380.09
江 苏	489.16	276.00	262.96	106.18	9.74	21.23	33.38	72.77	27.70	3.04	157.94
浙 江	290.37	233.37	125.67	85.58	4.22	18.68	20.96	29.60	11.75	2.65	93.19
安 徽	292.52	124.86	124.94	45.84	5.17		61.69	93.36	30.71	7.62	87.83
福 建	160.34	125.21	64.07	40.28	0.14	4.06	27.50	28.13	13.86	0.93	94.34
江 西	232.34	107.31	117.53	35.43	1.06	0.18	25.43	68.08	45.21	6.63	74.95
山 东	465.98	230.50	161.12	99.49	2.96	26.14	65.90	35.25	30.81	31.58	98.85
河 南	399.19	173.84	89.81	73.88	11.99	3.10	75.36	77.25	45.35	10.67	80.97
湖 北	305.44	124.03	109.84	60.25	3.41	4.93	36.52	56.59	24.58	9.45	85.75
湖 南	322.65	153.03	96.99	46.52	8.96		40.39	81.75	28.20	9.33	48.36
广 东	325.02	318.17	163.98	99.33	12.71	24.99	45.89	88.57	39.32	57.18	331.54
广 西	260.26	93.71	69.86	29.48	1.07		38.90	58.93	11.98	6.47	64.07
海 南	87.68	26.23	14.60	7.82	0.01		9.10	23.83	1.64	2.53	21.51
重 庆	159.18	81.85	83.28	30.66	4.62	4.52	31.99	79.91	9.91	1.18	20.90
四 川	401.76	192.98	153.73	69.29	4.79	808.82	48.37	107.03	26.80	11.83	94.45
贵 州	246.76	109.61	48.34	21.52	0.06		24.51	87.62	5.72	9.49	51.57
云 南	327.21	139.88	46.22	35.30	7.79	0.04	31.93	112.12	6.35	34.23	52.93
西 藏	89.11	64.06	17.24	5.84	0.35		6.92	10.46	1.89	0.01	66.15
陕 西	267.16	129.06	71.63	34.96	2.22	17.78	32.12	68.72	15.92	13.99	30.70
甘 肃	196.27	66.58	27.89	17.66	7.24	94.15	36.77	58.10	9.81	5.53	21.10
青 海	69.50	46.68	23.27	7.85	0.55	0.12	22.39	61.09	4.43	5.34	17.38
宁 夏	94.23	21.80	21.66	10.33	0.93		7.15	28.05	2.29	8.21	13.62
新 疆	220.50	91.54	38.53	21.64	4.00	10.86	33.65	90.02	12.20	5.61	57.62

七、货币供应量（年底余额）

单位：亿元

年份	货币和准货币 (M_2)	货币 (M_1)	流通中现金 (M_0)	活期存款	准货币	定期存款	储蓄存款	其他存款
1990	15293.4	6950.7	2644.4	4306.3	8342.7			
1991	19349.9	8633.3	3177.8	5455.5	10716.6			
1992	25402.2	11731.5	4336.0	7395.2	13670.7			
1993	34879.8	16280.4	5864.7	10415.7	18599.4	1247.9	15203.5	2148.0
1994	46923.5	20540.7	7288.6	13252.1	26382.8	1943.1	21518.8	2920.9
1995	60750.5	23987.1	7885.3	16101.8	36763.4	3324.2	29662.2	3777.0
1996	76094.9	28514.8	8802.0	19712.8	47580.1	5041.9	38520.8	4017.4
1997	90995.3	34826.3	10177.6	24648.7	56169.1	6738.5	46279.8	3150.7
1998	104498.5	38953.7	11204.2	27749.5	65544.9	8301.9	53407.5	3835.5
1999	119897.9	45837.2	13455.5	32381.8	74060.6	9476.8	59621.8	4962.0
2000	134610.3	53147.2	14652.7	38494.5	81463.1	11261.1	64332.4	5869.7
2001	158301.9	59871.6	15688.8	44182.8	98430.3	14180.1	73762.4	10487.8
2002	185007.0	70881.8	17278.0	53603.8	114125.2	16433.8	86910.7	10780.7
2003	221222.8	84118.6	19746.0	64372.6	137104.3	20940.4	103617.7	12546.2
2004	254107.0	95969.7	21468.3	74501.4	158137.2	25382.2	119555.4	13199.7
2005	298755.7	107278.8	24031.7	83247.1	191476.9	33100.0	141051.0	17325.9
2006	345603.6	126035.1	27072.6	98962.5	219568.5	38723.1	161587.3	19249.1
2007	403442.2	152560.1	30375.2	122184.9	250882.1	46932.5	172534.2	31415.4
2008	475166.6	166217.1	34219.0	131998.2	308949.5	60103.1	217885.4	30961.1
2009	606225.0	220001.5	38246.0	181758.5	386219.1	82284.9	260767.3	43166.9
2010	725774.1	266621.3	44628.2	221993.2	459152.7	105858.7	303302.2	49991.9

注：2001 年 6 月起，将证券公司客户保证金计入货币供应量(M2)，含在其他存款项内。

八、货币供应量同比增长率

单位：%

年　份	货币和准货币 (M_2)	货　币 (M_1)	流通中现金 (M_0)	活期存款	准货币	定期存款	储蓄存款	其他存款
1991	26.5	24.2	20.2	26.7	28.5			
1992	31.3	35.9	36.4	35.6	27.6			
1993								
1994	34.5	26.2	24.3	27.2	41.9	55.7	41.5	36.0
1995	29.5	16.8	8.2	21.5	39.4	71.1	37.9	29.3
1996	25.3	18.9	11.6	22.4	29.4	51.7	29.9	6.4
1997	17.3	16.5	15.6	16.9	17.8	24.5	19.3	-8.9
1998	14.8	11.9	10.1	12.6	16.7	23.2	15.4	21.7
1999	14.7	17.7	20.1	16.7	13.0	14.2	11.6	29.3
2000	12.3	16.0	8.9	18.9	10.0	18.8	7.9	18.3
2001	14.4	12.7	7.1	14.8	15.5	25.9	14.7	9.1
2002	16.8	16.8	10.1	19.2	16.8	21.8	17.8	2.8
2003	19.6	18.7	14.3	20.1	20.1	27.4	19.2	16.4
2004	14.7	13.6	8.7	15.1	15.3	21.2	15.4	5.2
2005	17.6	11.8	11.9	11.7	21.1	30.4	18.0	31.3
2006	17.0	17.5	12.7	18.9	16.7	17.2	14.6	36.3
2007	16.7	21.1	12.2	23.5	14.3	21.2	6.8	63.2
2008	17.8	9.1	12.7	8.2	23.2	28.1	26.3	-1.5
2009	27.7	32.4	11.8	37.7	25.2	37.7	19.7	39.4
2010	19.7	21.2	16.7	22.1	18.9	28.7	16.3	15.8

注：1.同期比增长率按可比口径计算。1993 年口径调整，故 1993 年未计算增长率。

2..2001 年 6 月起，将证券公司客户保证金计入货币供应量(M2)，含在其他存款内。

3.1997 年初，中国人民银行对金融统计制度进行了调整，因此自 1997 年起的数据与历史数据不完全可比

九、金融机构现金投放与回笼

单位：亿元

年 份	现金收入	现金支出	投 放
1978	1336.0	1352.6	16.6
1979	1626.4	1682.1	55.7
1980	2033.2	2111.7	78.5
1981	2402.2	2452.3	50.1
1982	2819.6	2862.4	42.8
1983	3428.7	3519.4	90.7
1984	4207.6	4469.9	262.3
1985	5499.1	5694.8	195.7
1986	6613.3	6843.9	230.6
1987	8779.6	9015.7	236.1
1988	12810.5	13490.0	679.5
1989	15057.6	15267.6	210.0
1990	17171.1	17471.4	300.4
1991	21465.1	21998.5	533.4
1992	31248.0	32406.2	1158.2
1993	48883.8	50412.5	1528.7
1994	71247.1	72671.0	1423.9
1995	96725.5	97322.3	596.8
1996	120263.3	121179.9	916.6
1997	141612.6	142988.3	1375.7
1998	203966.5	204993.1	1026.6
1999	233399.0	235650.4	2251.3
2000	277067.1	278264.3	1197.2
2001	321380.2	322416.3	1036.1
2002	365593.0	367182.2	1589.2
2003	455527.9	457995.9	2468.0
2004	567879.2	569601.5	1722.3
2005	626978.5	629541.8	2563.4
2006	705733.1	708774.1	3041.0
2007	824836.1	828138.7	3302.6
2008	807612.5	811456.2	3843.7
2009	866418.2	870445.2	4027.0

注：投放栏中的负数表示现金回笼。

十、黄金和外汇储备

年 份	黄金储备（万盎司）	外汇储备（亿美元）	年 份	黄金储备（万盎司）	外汇储备（亿美元）
1978	1280	1.67	1995	1267	735.97
1979	1280	8.40	1996	1267	1050.29
1980	1280	-12.96	1997	1267	1398.90
1981	1267	27.08	1998	1267	1449.59
1982	1267	69.86	1999	1267	1546.75
1983	1267	89.01	2000	1267	1655.74
1984	1267	82.20	2001	1608	2121.65
1985	1267	26.44	2002	1929	2864.07
1986	1267	20.72	2003	1929	4032.51
1987	1267	29.23	2004	1929	6099.32
1988	1267	33.72	2005	1929	8188.72
1989	1267	55.50	2006	1929	10663.40
1990	1267	110.93	2007	1929	15282.49
1991	1267	217.12	2008	1929	19460.30
1992	1267	194.43	2009	3389	23991.52
1993	1267	211.99	2010	3389	28473.38
1994	1267	516.20			

十一、证券市场基本情况

项　　目	2009	2010
境内上市公司数（A、B股）(家)	1718	2063
境内上市外资股公司数(B股)(家)	108	108
境外上市公司数（H股）　(家)	159	165
股票总发行股本　(亿股)	26163	33184
#流通股本　(亿股)	19760	25642
股票市价总值　(亿元)	243939	265423
#股票流通市值　(亿元)	151259	193110
股票成交量　(亿股)	51106.99	42151.98
股票成交金额　(亿元)	535987	545634
上证综合指数　(收盘)	3277.14	2808.08
深证综合指数　(收盘)	1201.34	1290.86
投资者开户数　(万户)	17150	18858
平均市盈率		
上海	28.73	21.61
深圳	46.01	44.69
平均换手率　(%)		
上海	499.41	198.00
深圳	793.27	557.00
国债发行额　(亿元)	17927.24	19778.30
企业债券发行额　(亿元)	15864.40	15491.45
债券成交额　(亿元)	40635.06	76206.00
国债现货成交金额　(亿元)	2085.71	1661.64
国债回购成交金额　(亿元)	35929.25	65877.79
证券投资基金只数　(只)	557	704
证券投资基金规模　(亿元)	26767.05	24228.35
证券投资基金成交金额　(亿元)	10249.58	8996.00
期货总成交量　(万手)	215751.76	312890.02
期货总成交额　(亿元)	1305142.92	2959480.02

注：1.股票总发行股本中含(A+H)股公司发行的H股。

2.换手率=全年成交金额/[（本年末流通市值+上年末流通市值)/2]*100%

十二、股票发行量和筹资额

年份	股票发行量（亿股）	A 股	H股，N股	B 股	股票筹资额（亿元）	A 股	#配 股	H股，N股	B 股
1991	5.00	5.00			5.00	5.00			
1992	20.75	10.00		10.75	94.09	50.00			44.09
1993	95.79	42.59	40.41	12.79	375.47	276.41	81.58	60.93	38.13
1994	91.26	10.97	69.89	10.40	326.78	99.78	50.16	188.73	38.27
1995	31.60	5.32	15.38	10.90	150.32	85.51	62.83	31.46	33.35
1996	86.11	38.29	31.77	16.05	425.08	294.34	69.89	83.56	47.18
1997	267.63	105.65	136.88	25.10	1293.82	825.92	170.86	360.00	107.90
1998	109.06	86.30	12.86	9.90	841.52	778.02	334.97	37.95	25.55
1999	122.93	98.11	23.05	1.77	944.56	893.60	320.97	47.17	3.79
2000	512.04	145.68	359.26	7.10	2103.24	1527.03	519.46	562.21	13.99
2001	141.48	93.00	48.48		1252.34	1182.13	430.63	70.21	
2002	291.74	134.20	157.54		961.75	779.75	56.61	181.99	
2003	281.43	83.64	196.79	1.00	1357.75	819.56	74.79	534.65	3.54
2004	227.92	54.88	171.51	1.53	1510.94	835.71	104.54	648.08	27.16
2005	567.05	13.80	553.25		1882.51	338.13	2.62	1544.38	
2006	1287.77	351.11	936.66		5594.29	2463.70	4.32	3130.59	
2007	637.24	413.27	223.97		8680.17	7722.99	227.68	957.18	
2008	180.29	114.91	65.38		3852.21	3457.75	151.57	317.26	
2009	415.96	260.38	155.58		6124.69	5004.90	105.97	1073.18	
2010	928.37	561.33	367.04		11971.93	9606.31	1438.25	2365.62	

十三、保险公司资金运用情况

单位：亿元

年 份	资金运用余 额	#银行存款	#国 债	#金融债券	#企业债券	#证券投资基金
2004	10778.62	5071.10	2618.44	1026.25	639.73	666.32
2005	14092.69	5165.55	3590.65	1804.71	1204.55	1107.00
2006	17785.40	5989.11	3647.01	2754.25	2121.56	912.08
2007	26647.81	6503.44	3956.56	4897.84	2799.76	2519.41
2008	30552.83	8087.49	4208.26	8754.06	4598.46	1646.46
2009	37417.12	10519.68	4053.82	8746.10	6074.56	2758.78
2010	46046.62	13909.97	4815.78	10038.75	7935.69	2620.73

十四、各地区原保险保费收入和赔付支出情况（2010 年）

单位：亿元

地　区	原保险保费收入			赔付支出		
	小计	财产险业务	人身险业务	小计	财产险业务	人身险业务
全　国	**14527.97**	**3895.64**	**10632.33**	**3200.43**	**1756.03**	**1444.40**
北　京	966.46	212.30	754.15	199.65	93.71	105.94
天　津	214.01	65.13	148.87	54.19	31.93	22.26
山　西	365.30	92.94	272.36	79.85	41.33	38.53
河　北	746.40	192.91	553.50	147.64	84.10	63.54
内蒙古	215.54	96.27	119.27	61.70	42.04	19.66
辽　宁	453.81	118.58	335.24	110.27	55.83	54.43
吉　林	239.25	60.89	178.36	56.27	28.72	27.55
黑龙江	343.22	71.86	271.36	77.55	33.05	44.50
上　海	883.86	189.22	694.64	194.54	84.26	110.28
江　苏	1162.67	311.91	850.77	251.78	134.41	117.37
浙　江	690.34	259.47	430.87	177.94	116.48	61.46
安　徽	438.25	119.62	318.63	104.63	57.91	46.72
福　建	346.07	99.89	246.17	85.34	51.52	33.83
江　西	253.26	69.24	184.01	61.91	30.97	30.94
山　东	876.22	241.57	634.64	189.81	107.80	82.01
河　南	793.28	134.72	658.56	153.91	70.72	83.19
湖　北	500.33	98.21	402.12	87.01	45.13	41.87
湖　南	438.53	100.70	337.83	84.73	43.87	40.87
广　东	1231.76	309.06	922.70	252.41	141.86	110.55
广　西	190.94	65.76	125.17	45.13	25.73	19.40
海　南	47.95	17.85	30.10	11.34	6.74	4.60
重　庆	321.08	65.96	255.12	62.10	32.05	30.05
四　川	765.77	191.56	574.21	150.94	85.90	65.04
贵　州	122.63	46.92	75.71	31.81	19.49	12.32
云　南	235.68	94.22	141.46	66.31	37.96	28.35
西　藏	5.06	4.11	0.95	2.22	1.93	0.30
陕　西	333.81	85.42	248.38	69.61	38.24	31.37
甘　肃	146.34	38.82	107.51	31.18	16.32	14.86
青　海	25.70	10.38	15.32	6.66	4.39	2.27
宁　夏	52.75	17.50	35.24	11.68	7.65	4.03
新　疆	190.92	63.00	127.92	50.13	29.21	20.91
大　连	151.05	43.56	107.48	37.21	18.78	18.43
宁　波	144.06	66.20	77.86	38.14	27.45	10.69
厦　门	77.55	28.20	49.35	17.55	11.03	6.52
青　岛	153.85	49.55	104.31	38.83	25.38	13.46
深　圳	361.49	120.57	240.93	73.94	52.91	21.03
集团、总公司本级	42.81	41.58	1.23	24.50	19.23	5.27

农业、工业、能源、环保

一、农、林、牧、渔业总产值及指数

年份 地区	绝对数（亿元）					指数（上年=100）				
	农林牧渔业总产值	#农业	#林业	#牧业	#渔业	农林牧渔业总产值	#农业	#林业	#牧业	#渔业
1978	1397.0	1117.5	48.1	209.3	22.1					
1980	1922.6	1454.1	81.4	354.2	32.9	101.4	99.7	112.2	107.0	107.7
1985	3619.5	2506.4	188.7	798.3	126.1	103.4	99.8	104.5	117.2	118.9
1990	7662.1	4954.3	330.3	1967.0	410.6	107.6	108.0	103.1	107.0	110.0
1991	8157.0	5146.4	367.9	2159.2	483.5	103.7	100.9	108.0	108.8	107.6
1992	9084.7	5588.0	422.6	2460.5	613.5	106.4	104.2	107.7	108.8	115.3
1993	10995.5	6605.1	494.0	3014.4	882.0	107.8	105.2	108.0	110.8	118.4
1994	15750.5	9169.2	611.1	4672.0	1298.2	108.6	103.2	108.9	116.7	120.0
1995	20340.9	11884.6	709.9	6045.0	1701.3	110.9	107.9	105.0	114.8	119.4
1996	22353.7	13539.8	778.0	6015.5	2020.4	109.4	107.8	105.7	111.4	114.0
1997	23788.4	13852.5	817.8	6835.4	2282.7	106.7	104.5	103.3	110.1	111.5
1998	24541.9	14241.9	851.3	7025.8	2422.9	106.0	104.9	102.9	107.4	108.8
1999	24519.1	14106.2	886.3	6997.6	2529.0	104.7	104.3	103.2	104.6	107.2
2000	24915.8	13873.6	936.5	7393.1	2712.6	103.6	101.4	105.4	106.3	106.5
2001	26179.6	14462.8	938.8	7963.1	2815.0	104.2	103.6	99.3	106.3	103.9
2002	27390.8	14931.5	1033.5	8454.6	2971.1	104.9	103.9	107.1	106.0	106.1
2003	29691.8	14870.1	1239.9	9538.8	3137.6	104.0	100.5	106.9	107.3	105.3
2004	36239.0	18138.4	1327.1	12173.8	3605.6	107.5	108.5	102.0	107.2	106.0
2005	39450.9	19613.4	1425.5	13310.8	4016.1	105.7	104.1	103.2	107.8	106.5
2006	40810.8	21522.3	1610.8	12083.9	3970.5	105.4	105.4	105.6	105.0	106.0
2007	48893.0	24658.1	1861.6	16124.9	4457.5	103.9	104.0	106.9	102.3	104.8
2008	58002.2	28044.2	2152.9	20583.6	5203.4	105.7	104.8	108.1	106.8	106.0
2009	60361.0	30777.5	2193.0	19468.4	5626.4	104.6	103.8	107.1	105.8	105.8
2010	69319.8	36941.1	2595.5	20825.7	6422.4	104.4	104.1	106.5	104.1	105.5
北京	328.0	154.2	16.8	139.6	11.5	98.3	95.0	97.7	100.8	107.7
天津	317.3	168.3	2.4	87.5	50.3	103.5	104.5	110.4	102.4	102.2

年份 地区	绝对数（亿元）					指数（上年=100）				
	农林牧渔业总产值	#农业	#林业	#牧业	#渔业	农林牧渔业总产值	#农业	#林业	#牧业	#渔业
河北	4309.4	2470.1	51.3	1443.8	142.5	103.5	103.8	101.8	102.4	105.8
山西	1047.8	669.0	65.0	250.8	6.1	106.2	105.4	115.5	104.7	113.1
内蒙古	1843.6	900.4	76.6	822.4	15.9	106.2	106.9	95.1	106.5	111.1
辽宁	3106.5	1140.3	82.5	1270.6	491.0	105.8	104.3	126.9	104.5	109.0
吉林	1850.3	866.9	68.3	831.5	25.3	103.6	106.3	104.9	100.5	100.7
黑龙江	2536.3	1369.2	95.5	965.8	53.7	105.8	107.2	109.3	103.2	106.2
上海	287.0	155.3	7.5	62.9	52.6	94.9	95.3	83.7	97.2	92.0
江苏	4297.1	2269.6	78.1	923.3	805.2	104.4	103.8	105.6	105.3	104.5
浙江	2172.9	1041.3	119.4	448.4	522.2	102.9	100.9	95.1	103.5	108.1
安徽	2955.4	1544.4	135.3	865.0	294.8	104.5	103.2	107.6	104.9	105.5
福建	2307.1	976.6	189.4	380.3	674.2	103.5	102.6	107.2	102.4	104.2
江西	1900.6	801.4	186.8	584.1	255.6	104.0	101.1	106.5	105.8	107.2
山东	6650.9	3670.1	86.5	1774.5	847.4	103.6	102.5	109.9	103.9	104.9
河南	5734.2	3540.8	115.3	1805.9	71.2	104.6	104.3	104.5	105.0	107.5
湖北	3502.0	1921.7	65.4	925.0	458.6	104.5	103.5	117.5	105.3	105.8
湖南	3787.5	2059.6	207.4	1118.2	232.7	104.3	104.3	106.9	103.4	105.5
广东	3754.9	1760.2	176.3	947.2	741.4	104.3	104.8	104.5	103.2	104.5
广西	2721.0	1339.6	173.5	870.7	247.2	104.7	103.0	115.8	105.1	105.8
海南	821.3	341.7	123.8	158.6	173.5	106.1	105.3	113.6	104.5	104.8
重庆	1021.1	623.3	30.4	326.6	27.2	105.9	106.7	110.2	103.8	109.9
四川	4081.8	2069.3	112.9	1705.2	129.8	104.5	105.1	105.6	103.5	104.9
贵州	997.8	587.3	41.0	304.2	13.8	105.2	102.7	109.7	108.2	111.6
云南	1810.5	925.6	184.2	588.8	48.1	104.7	103.6	106.1	105.7	109.4
西藏	100.8	46.1	2.5	48.9	0.2	103.5	113.3	33.1	105.9	105.6
陕西	1666.1	1107.2	35.2	435.0	8.3	105.8	106.5	102.7	104.5	109.0
甘肃	1057.0	757.6	18.5	181.8	1.2	105.7	106.7	89.3	104.8	105.3
青海	201.3	92.1	3.8	101.5	0.1	106.7	109.4	129.0	104.1	173.0
宁夏	305.9	195.1	8.7	82.1	8.0	107.8	109.9	103.6	103.7	111.2
新疆	1846.2	1376.9	35.3	375.8	12.7	104.9	104.7	106.4	105.1	105.5

注：本表绝对数按当年价格计算，指数按可比价格计算。2003 年起执行新国民经济行业分类标准，总产值包括农林牧渔服务业产值。

二、全国规模以上工业企业主要经济指标（2010年）

单位：亿元

项 目	企 业 单位数 （个）	工 业 总产值 （当年价格）	资产 总计	主营业 务收入	利润总 额	全部从业 人员年平均 人数(万人)
总计	**452872**	**698591**	**592882**	**697744**	**53050**	**9544.7**
按轻重工业分						
轻工业	188040	200072	137815	197074	15019	3773.3
重工业	264832	498519	455067	500670	38031	5771.4
按企业规模分						
大型企业	3742	229947	236257	238017	17630	2307.8
中型企业	42906	203925	191195	200997	17347	3082.4
小型企业	406224	264719	165430	258730	18072	4154.5
按登记注册类型分						
内资企业	378827	508673	444330	509015	38030	6899.0
国有企业	8726	57013	79888	58957	3303	638.0
集体企业	9166	10383	5473	10335	806	188.8
股份合作企业	4481	3789	2629	3756	319	62.3
联营企业	704	1237	1422	1201	70	18.2
国有联营企业	130	723	1023	689	28	6.7
集体联营企业	222	218	106	216	17	5.2
国有与集体联营企业	175	154	180	156	10	3.9
其他联营企业	177	143	113	141	15	2.4
有限责任公司	70078	156232	168139	159709	11987	2018.5

项　　目	企业单位数(个)	工业总产值(当年价格)	资产总计	主营业务收入	利润总额	全部从业人员年平均人数(万人)
国有独资公司	1479	27305	43488	29213	1910	338.7
其他有限责任公司	68599	128928	124651	130496	10076	1679.8
股份有限公司	9562	63804	68099	64414	6203	616.1
私营企业	273259	213339	116868	207838	15103	3312.1
私营独资企业	59926	38809	15275	37812	3192	588.2
私营合伙企业	10432	6254	2526	6106	574	111.4
私营有限责任公司	192614	154715	90447	150788	10233	2435.8
私营股份有限公司	10287	13561	8619	13133	1103	176.7
其他企业	2851	2876	1812	2804	240	45.0
港、澳、台商投资企业	34069	65358	52495	64893	5113	1235.2
合资经营企业(港或澳、台资)	10583	22976	20369	22624	1847	328.1
合作经营企业(港或澳、台资)	1223	1977	1625	1935	158	41.9
港、澳、台商独资经营企业	21671	37459	27451	37388	2849	836.5
港、澳、台商投资股份有限公司	592	2944	3051	2947	259	28.6
外商投资企业	39976	124560	96057	123836	9906	1410.5
中外合资经营企业	15036	56652	43253	56515	5238	474.9
中外合作经营企业	1237	2485	2204	2443	215	34.6
外资企业	23027	60596	45120	60088	4021	851.3
外商投资股份有限公司	676	4826	5480	4790	432	49.8

注：规模以上企业为年主营业务收入在 500 万元以上的企业（以下表均同）。

三、按行业分国有及国有控股工业企业主要指标（2010年）（一）

单位：亿元

年份 地区	企业单位数（个）	工业总产值	资产总计	流动资产合计	固定资产原价	固定资产净值	负债合计	流动负债合计
1998	64737	33621.04	74916.27	29559.03	47913.25	23545.82	35648.27	30625.48
1999	61301	35571.18	80471.69	31042.81	53146.30	35735.07	49877.69	31828.59
2000	53489	40554.37	84014.94	32628.81	57294.96	37638.76	51239.61	32237.41
2001	46767	42408.49	87901.54	33239.63	61782.45	39588.51	52025.60	33144.47
2002	41125	45178.96	89094.60	33468.77	64521.95	40762.69	52837.08	34009.59
2003	34280	53407.90	94519.79	36125.14	69701.11	43667.26	55990.53	36430.98
2004	35597	70228.99	109708.25	39376.20	76599.42	47647.39	62005.79	40771.99
2005	27477	83749.92	117629.61	42155.31	83515.49	51302.40	66653.58	44456.78
2006	24961	98910.45	135153.35	46713.09	96085.32	59523.42	76012.52	49935.64
2007	20680	119685.65	158187.87	54997.45	110084.72	68069.22	89372.34	59693.78
2008	21313	143950.02	188811.37	65493.98	129146.64	80091.64	111374.72	72749.16
2009	20510	146630.00	215742.01	74113.99	145330.28	90853.40	130098.87	83615.67
2010	20253	185861.02	247759.86	90810.23	165601.04	102013.08	149432.08	97364.41
北　京	1009	7223.90	16641.07	4682.83	6138.83	3773.87	7992.53	3879.32
天　津	801	6712.45	7460.00	2983.52	5118.65	3194.71	4695.50	3507.79
河　北	765	8916.34	12144.25	3879.76	8237.32	5295.02	7905.58	5132.49
山　西	664	6614.18	11437.84	4486.10	6922.51	4129.80	7421.26	4682.12
内蒙古	517	4455.52	7887.52	2241.38	6611.25	3988.34	4848.70	2585.24
辽　宁	852	11219.96	14588.59	6307.01	10062.80	5772.41	9628.08	7027.41
吉　林	406	5691.56	5623.00	2295.68	4088.24	2453.60	3326.15	2290.23
黑龙江	517	5517.06	7114.50	2724.63	6550.04	3561.49	3876.13	2756.65

年份 地区	企业单位数（个）	工业总产值	资产总计	流动资产合计	固定资产原价	固定资产净值	负债合计	流动负债合计
上海	1013	11190.55	12770.58	5851.16	8614.84	4522.66	6230.11	5005.27
江苏	826	9875.25	11062.36	4171.26	8218.96	4972.67	6646.56	4813.00
浙江	730	6721.77	6618.77	2076.52	5667.93	3468.09	3843.27	2319.77
安徽	737	6902.07	8532.68	2969.38	5422.43	3504.79	5629.37	3652.55
福建	520	2983.30	3845.72	1129.14	2876.13	1906.51	2244.97	1249.70
江西	531	3444.72	3723.89	1730.91	2356.14	1500.43	2363.04	1830.71
山东	1215	16726.97	17179.37	6648.58	12499.21	7070.14	10295.71	7088.57
河南	881	8453.93	10364.68	3952.01	6795.68	4330.32	6899.14	4453.10
湖北	886	8619.21	12074.62	4604.58	7897.20	5169.35	7400.24	5562.33
湖南	833	5364.78	6266.01	2573.43	4122.22	2655.73	4021.23	2592.07
广东	1250	13166.37	14797.34	5305.29	10456.03	6528.77	8632.33	5769.62
广西	632	3628.46	4368.41	1572.76	3022.65	2091.28	2901.99	1728.73
海南	101	356.84	599.57	125.40	429.71	277.46	289.81	202.56
重庆	547	3342.25	4206.02	1672.39	2544.67	1674.14	2661.77	1765.24
四川	921	6201.13	11429.22	4134.86	6655.41	4272.24	7641.93	4772.31
贵州	516	2429.41	4276.69	1392.53	3085.78	2133.38	2895.61	1435.75
云南	555	3754.44	6471.38	2286.26	3645.40	2476.64	3801.70	2148.68
西藏	37	27.73	211.28	45.51	150.78	107.31	50.21	30.04
陕西	706	6900.46	11118.22	4645.24	5580.22	3399.52	6509.22	4228.34
甘肃	459	3826.49	5224.05	1935.27	3643.08	2499.33	3346.54	2092.98
青海	135	861.36	2153.98	534.41	1645.67	1153.41	1407.69	686.13
宁夏	117	962.23	1973.50	484.62	1255.81	833.59	1333.04	609.59
新疆	574	3770.33	5594.76	1367.78	5285.46	3296.08	2692.70	1466.11

三、按行业分国有及国有控股工业企业主要指标（2010 年）（二）

单位：亿元

年份 地区	所有者权益合计	主营业务收入	主营业务成本	主营业务税金及附加	利润总额	本年应交增值税	全部从业人员年平均人数（万人）
1998	26759.22	33566.11	27092.45	993.53	525.14	1852.36	3747.78
1999	30566.88	35950.70	28919.13	1062.21	997.86	2019.03	3394.58
2000	32714.81	42203.12	33473.62	1150.28	2408.33	2320.36	2995.25
2001	35741.27	44443.52	35522.47	1250.18	2388.56	2408.97	2675.11
2002	36139.17	47844.21	38048.00	1401.82	2632.94	2580.51	2423.63
2003	38381.02	58027.15	45987.63	1589.87	3836.20	3025.57	2162.87
2004	47479.25	71430.99	57187.96	1921.90	5453.10	3514.68	1973.20
2005	50625.00	85574.18	69302.41	2121.74	6519.75	4098.37	1874.85
2006	58656.37	101404.62	81957.80	2612.74	8485.46	4930.24	1804.00
2007	68568.59	122617.13	98515.08	3242.18	10795.19	5951.44	1742.99
2008	77388.89	147507.90	122504.18	3882.05	9063.59	6769.35	1794.10
2009	85186.57	151700.55	124590.48	6199.11	9287.03	6508.74	1803.37
2010	98085.57	194339.68	158727.43	8016.31	14737.65	8362.00	1836.34
北 京	8648.54	7828.27	6806.17	178.93	558.16	221.18	48.42
天 津	2764.51	7234.43	6117.74	185.33	720.99	359.80	38.77
河 北	4230.39	9936.35	8684.35	249.38	365.54	308.60	92.68
山 西	4007.96	7033.06	5510.31	90.79	543.49	444.61	119.16
内蒙古	3015.59	4463.56	3341.22	86.83	624.27	254.03	46.72
辽 宁	4944.06	11738.70	9979.77	550.04	360.01	375.28	111.85
吉 林	2283.34	5614.78	4531.03	287.96	420.73	211.07	54.69
黑龙江	3225.75	6029.06	4229.89	452.20	879.11	375.32	82.82

年份 地区	所有者权益合计	主营业务收入	主营业务成本	主营业务税金及附加	利润总额	本年应交增值税	全部从业人员年平均人数（万人）
上海	6540.47	12743.02	10494.16	558.02	1130.68	449.37	46.72
江苏	4415.80	9893.42	8239.49	382.70	633.94	434.55	69.74
浙江	2775.50	6837.89	5778.54	345.96	407.21	275.26	31.20
安徽	2898.10	7024.70	5777.14	206.60	457.40	353.79	80.68
福建	1600.34	3026.27	2514.97	167.21	184.56	107.74	22.74
江西	1339.11	3803.30	3308.70	105.96	158.31	118.72	41.21
山东	6862.06	17491.02	14440.11	622.73	1289.38	680.34	154.89
河南	3454.85	9329.84	7954.09	265.36	390.63	328.94	131.42
湖北	4663.68	8777.45	7469.94	469.49	611.64	331.09	79.98
湖南	2244.79	5371.05	4301.98	388.03	312.05	294.31	60.60
广东	6155.54	13418.41	10909.07	579.72	1235.97	582.75	78.89
广西	1462.10	3602.74	3004.49	111.55	227.51	150.41	38.98
海南	309.58	349.34	274.85	11.89	37.87	12.69	3.37
重庆	1541.23	3347.05	2772.94	112.39	143.41	167.48	42.05
四川	3777.87	6424.93	5132.85	202.92	478.18	327.43	90.16
贵州	1375.73	2336.20	1831.69	128.90	161.23	116.28	40.56
云南	2662.33	3758.68	2751.80	485.16	335.36	229.89	35.07
西藏	161.04	27.27	30.48	0.42	2.00	2.14	1.10
陕西	4601.61	6843.66	4873.66	299.54	1025.04	395.74	84.78
甘肃	1853.62	4223.67	3453.56	187.08	171.93	136.47	46.20
青海	728.52	927.90	693.32	32.30	121.00	58.40	11.70
宁夏	640.79	960.62	794.69	27.24	85.27	48.13	13.84
新疆	2900.78	3943.03	2724.43	243.69	664.77	210.19	35.38

四、按行业分外商投资和港澳台商投资工业企业主要经济效益指标（2010 年）

行　　业	总资产贡献率（%）	资产负债率（%）	流动资产周转次数（次/年）	工业成本费用利润率（%）	产品销售率（%）
全国总计	**15.25**	**55.23**	**2.24**	**8.64**	**98.16**
煤炭开采和洗选业	29.67	54.20	1.99	26.41	97.87
石油和天然气开采业	75.00	80.14	7.83	94.21	99.79
黑色金属矿采选业	23.97	48.80	1.54	28.37	95.09
有色金属矿采选业	14.60	45.14	1.86	12.84	98.47
非金属矿采选业	19.51	52.24	3.17	11.26	97.99
其他采矿业					
农副食品加工业	15.63	63.08	2.66	6.63	98.33
食品制造业	20.50	51.09	2.42	11.17	97.07
饮料制造业	17.98	52.58	2.42	9.85	99.65
烟草制品业	15.11	15.50	0.83	24.45	99.13
纺织业	11.43	51.47	2.09	6.55	96.78
纺织服装、鞋、帽制造业	17.47	48.90	2.41	8.20	97.18
皮革、毛皮、羽毛(绒)及其制品业	18.92	50.50	2.59	8.21	97.66
木材加工及木、竹、藤、棕、草制品业	13.38	49.85	2.36	6.21	97.49
家具制造业	12.33	53.81	2.06	6.78	97.66
造纸及纸制品业	9.23	54.84	1.66	9.00	98.73
印刷业和记录媒介的复制	13.73	41.92	1.56	12.63	98.85
文教体育用品制造业	10.90	50.36	2.50	4.61	98.51
石油加工、炼焦及核燃料加工业	30.63	67.02	3.53	6.28	99.49
化学原料及化学制品制造业	17.06	53.73	2.32	11.49	97.75
医药制造业	20.56	44.20	1.74	15.58	93.89
化学纤维制造业	13.52	56.92	2.06	10.03	98.11
橡胶制品业	12.08	52.04	2.43	7.17	99.57
塑料制品业	11.87	49.12	2.00	7.30	98.42
非金属矿物制品业	14.68	51.14	2.04	12.16	97.82
黑色金属冶炼及压延加工业	10.45	66.24	2.62	4.95	97.91
有色金属冶炼及压延加工业	13.26	56.86	2.39	7.21	97.99
金属制品业	13.59	51.78	2.09	8.09	97.35
通用设备制造业	14.22	53.03	1.61	10.90	98.13
专用设备制造业	13.84	52.23	1.53	11.25	96.32
交通运输设备制造业	24.88	61.26	2.03	13.17	98.76
电气机械及器材制造业	14.64	56.30	1.97	8.69	97.68
通信设备、计算机及其他电子设备制造业	9.30	54.21	2.80	4.24	98.82
仪器仪表及文化、办公用机械制造业	14.87	49.26	2.08	8.27	98.59
工艺品及其他制造业	16.92	46.52	2.62	7.37	95.81
废弃资源和废旧材料回收加工业	12.74	71.59	2.06	4.72	100.33
电力、热力的生产和供应业	8.33	58.22	1.95	11.07	99.39
燃气生产和供应业	14.70	54.16	2.10	15.88	99.59
水的生产和供应业	6.43	51.54	1.00	20.12	98.97

五、能源生产总量及构成

年 份	能源生产总量（万吨标准煤）	占能源生产总量的比重（%）			
		原 煤	原 油	天然气	水电、核电、风电
1978	62770	70.3	23.7	2.9	3.1
1980	63735	69.4	23.8	3.0	3.8
1985	85546	72.8	20.9	2.0	4.3
1990	103922	74.2	19.0	2.0	4.8
1991	104844	74.1	19.2	2.0	4.7
1992	107256	74.3	18.9	2.0	4.8
1993	111059	74.0	18.7	2.0	5.3
1994	118729	74.6	17.6	1.9	5.9
1995	129034	75.3	16.6	1.9	6.2
1996	133032	75.0	16.9	2.0	6.1
1997	133460	74.3	17.2	2.1	6.5
1998	129834	73.3	17.7	2.2	6.8
1999	131935	73.9	17.3	2.5	6.3
2000	135048	73.2	17.2	2.7	6.9
2001	143875	73.0	16.3	2.8	7.9
2002	150656	73.5	15.8	2.9	7.8
2003	171906	76.2	14.1	2.7	7.0
2004	196648	77.1	12.8	2.8	7.3
2005	216219	77.6	12.0	3.0	7.4
2006	232167	77.8	11.3	3.4	7.5
2007	247279	77.7	10.8	3.7	7.8
2008	260552	76.8	10.5	4.1	8.6
2009	274619	77.3	9.9	4.1	8.7
2010	296916	76.5	9.8	4.3	9.4

注：电力折算标准煤的系数根据当年平均发电煤耗计算(下表同)。

六、能源消费总量及构成

年 份	能源消费总量（万吨标准煤）	占能源消费总量的比重（%）			
		煤 炭	石 油	天然气	水电、核电、风电
1978	57144	70.7	22.7	3.2	3.4
1980	60275	72.2	20.7	3.1	4.0
1985	76682	75.8	17.1	2.2	4.9
1990	98703	76.2	16.6	2.1	5.1
1991	103783	76.1	17.1	2.0	4.8
1992	109170	75.7	17.5	1.9	4.9
1993	115993	74.7	18.2	1.9	5.2
1994	122737	75.0	17.4	1.9	5.7
1995	131176	74.6	17.5	1.8	6.1
1996	135192	73.5	18.7	1.8	6.0
1997	135909	71.4	20.4	1.8	6.4
1998	136184	70.9	20.8	1.8	6.5
1999	140569	70.6	21.5	2.0	5.9
2000	145531	69.2	22.2	2.2	6.4
2001	150406	68.3	21.8	2.4	7.5
2002	159431	68.0	22.3	2.4	7.3
2003	183792	69.8	21.2	2.5	6.5
2004	213456	69.5	21.3	2.5	6.7
2005	235997	70.8	19.8	2.6	6.8
2006	258676	71.1	19.3	2.9	6.7
2007	280508	71.1	18.8	3.3	6.8
2008	291448	70.3	18.3	3.7	7.7
2009	306647	70.4	17.9	3.9	7.8
2010	324939	68.0	19.0	4.4	8.6

七、综合能源平衡表

单位：万吨标准煤

项　　目	1990	1995	2000	2005	2009
可供消费的能源总量	**96138**	**129535**	**142605**	**232225**	**311277**
一次能源生产量	103922	129034	135048	216219	274619
回收能		2312	1760	2939	7627
进口量	1310	5456	14334	26952	47313
出口量(-)	5875	6776	9633	11448	8440
年初年末库存差额	-3219	-491	1097	-2436	-9841
能源消费总量	**98703**	**131176**	**145531**	**235997**	**306647**
在总量中：					
农、林、牧、渔、水利业	4852	5505	3914	6071	6251
工　业	67578	96191	103774	168724	219197
建筑业	1213	1335	2179	3403	4562
交通运输、仓储和邮政业	4541	5863	11242	18391	23692
批发、零售业和住宿、餐饮业	1247	2018	3048	4848	6412
其他行业	3473	4519	5762	9255	12690
生活消费	15799	15745	15614	25305	33843
在总量中：					
终端消费	94289	124252	139008	225690	292299
#工业	63239	89473	97597	158767	205322
加工转换损失量	2264	3634	2461	3823	6283
#炼焦	905		525	702	1010
炼油	326		781	1305	1784
损失量	2150	3289	4062	6483	8065
平衡差额	**-2565**	**-1641**	**-2926**	**-3772**	**4630**

注：1.电力、热力按等价热值折算,因此加工转换损失量中不包括发电、供热损失量。村办工业包括在工业中(下表同)。

2.进口量包括我国飞机、轮船在国外加油量;出口量包括外国飞机、轮船在我国加油量。

八、石油平衡表

单位：万吨

项　　目	1990	1995	2000	2005	2009
可供量	**11435.0**	**16072.7**	**22631.8**	**32539.1**	**38462.8**
生产量	13830.6	15005.0	16300.0	18135.3	18949.0
进口量	755.6	3673.2	9748.5	17163.2	25642.4
出口量(-)	3110.4	2454.5	2172.1	2888.1	3916.6
年初年末库存差额	-40.8	-151.0	-1244.6	128.8	-2211.9
消费量	**11485.6**	**16064.9**	**22495.9**	**32537.7**	**38384.5**
在消费量中：					
农、林、牧、渔、水利业	1033.6	1203.2	788.5	1451.7	1308.1
工　业	7321.6	9349.3	11248.5	14245.1	15692.9
建筑业	327.3	242.8	840.6	1502.2	1942.3
交通运输、仓储和邮政业	1683.2	2863.6	6399.0	10709.5	13548.5
批发、零售业和住宿、餐饮业	77.6	333.9	247.0	375.6	429.7
其他行业	757.8	1390.3	1635.9	1969.2	2296.3
生活消费	284.5	682.0	1336.5	2284.4	3166.8
在消费量中：					
终端消费	9304.7	13676.3	19950.1	29191.6	35689.9
#工　业	5180.4	7095.5	8860.0	11027.5	13153.7
中间消费（用于加工转换）	1630.4	2230.0	2352.9	3190.7	2505.9
发　电	1234.4	1358.5	1178.2	1602.0	501.2
供　热	356.3	399.9	427.0	407.6	383.3
制　气	39.7	51.6	25.9	14.4	0.3
炼油损失量	295.8	420.1	721.9	1166.7	1621.1
损失量	254.7	158.6	192.9	155.4	188.7
平衡差额	**-50.6**	**7.8**	**135.8**	**1.4**	**78.3**

注：1.生产量为原油产量。

2.进口量包括我国飞机、轮船在国外加油量；出口量包括外国飞机、轮船在我国加油量。

九、煤炭平衡表

单位：万吨

项　　目	1990	1995	2000	2005	2009
可供量	**102221.1**	**133461.7**	**136794.5**	**226941.0**	**301283.8**
生产量	107988.3	136073.1	138418.5	234951.8	297300.0
进口量	200.3	163.5	217.9	2617.1	12584.0
出口量(-)	1729.0	2861.7	5506.5	7172.4	2239.6
年初年末库存差额	-4238.5	86.8	3664.7	-3455.4	-6360.6
消费量	**105523.0**	**137676.5**	**141091.7**	**231851.1**	**295833.1**
在消费量中：					
农、林、牧、渔、水利业	2095.2	1856.7	933.4	1513.8	1582.1
工　业	81090.9	117570.7	127806.7	215493.3	279888.5
建筑业	437.6	439.8	536.8	603.6	635.6
交通运输、仓储和邮政业	2160.9	1315.1	882.2	811.2	640.9
批发、零售业和住宿、餐饮业	1058.3	977.4	1314.6	1674.4	1977.9
其他行业	1980.4	1986.7	1161.0	1715.9	1986.1
生活消费	16699.7	13530.1	8457.0	10039.0	9121.9
在消费量中：					
终端消费	60205.9	66156.1	55913.1	75382.7	83700.5
#工　业	35773.8	46050.3	42628.0	59024.9	67755.9
中间消费(用于加工转换)	41257.8	69487.6	85178.6	156468.4	212132.6
发　电	27204.3	44440.2	55811.2	103263.5	143967.3
供　热	2995.5	5887.3	8794.1	13542.0	15359.7
炼　焦	10697.6	18396.4	16496.4	33167.1	43691.7
制　气	360.4	763.7	960.0	1277.0	1150.7
洗选损耗	4059.3	2032.8	3191.2	4982.1	7765.5
平衡差额	**-3302.0**	**-4214.8**	**-4297.2**	**-4910.0**	**5450.7**

注：生产量为原煤产量。

十、电力平衡表

单位：亿千瓦小时

项　　目	1990	1995	2000	2005	2009
可供量	**6230.4**	**10023.4**	**13472.7**	**24940.8**	**37032.7**
生产量	6212.0	10077.3	13556.0	25002.6	37146.5
水　电	1267.2	1905.8	2224.1	3970.2	6156.4
火　电	4944.8	8043.2	11141.9	20473.4	29827.8
核　电		128.3	167.4	530.9	701.3
进口量	19.3	6.4	15.5	50.1	60.1
出口量(-)	0.9	60.3	98.8	111.9	173.9
消费量	**6230.4**	**10023.4**	**13472.4**	**24940.3**	**37032.2**
在消费量中：					
农、林、牧、渔、水利业	426.8	582.4	533.0	776.3	939.9
工　业	4873.3	7659.8	10004.6	18521.7	26854.5
建筑业	65.0	159.6	159.8	233.9	421.9
交通运输、仓储和邮政业	105.9	182.3	281.2	430.3	617.0
批发、零售业和住宿、餐饮业	76.2	199.5	418.7	752.3	1136.8
其他行业	202.4	234.2	623.2	1340.9	2189.9
生活消费	480.8	1005.6	1452.0	2884.8	4872.2
在消费量中：					
终端消费	5795.8	9278.9	12535.7	23233.8	34773.9
#工　业	4438.7	6915.3	9067.9	16815.2	24596.3
输配电损失量	434.6	744.5	936.7	1706.5	2258.2

十一、各地区“十一五”节能目标完成情况

地　区	2005		2010	
	单位地区生产总值能耗(等价值)(吨标准煤/万元)	“十一五”时期计划降低(%)	单位地区生产总值能耗(等价值)(吨标准煤/万元)	比2005年降低(%)
北　京	0.792	20.00	0.582	26.59
天　津	1.046	20.00	0.826	21.00
河　北	1.981	20.00	1.583	20.11
山　西	2.890	22.00	2.235	22.66
内蒙古	2.475	22.00	1.915	22.62
辽　宁	1.726	20.00	1.380	20.01
吉　林	1.468	22.00	1.145	22.04
黑龙江	1.460	20.00	1.156	20.79
上　海	0.889	20.00	0.712	20.00
江　苏	0.920	20.00	0.734	20.45
浙　江	0.897	20.00	0.717	20.01
安　徽	1.216	20.00	0.969	20.36
福　建	0.937	16.00	0.783	16.45
江　西	1.057	20.00	0.845	20.04
山　东	1.316	22.00	1.025	22.09
河　南	1.396	20.00	1.115	20.12
湖　北	1.510	20.00	1.183	21.67
湖　南	1.472	20.00	1.170	20.43
广　东	0.794	16.00	0.664	16.42
广　西	1.222	15.00	1.036	15.22
海　南	0.920	12.00	0.808	12.14
重　庆	1.425	20.00	1.127	20.95
四　川	1.600	20.00	1.275	20.31
贵　州	2.813	20.00	2.248	20.06
云　南	1.740	17.00	1.438	17.41
西　藏	1.450	12.00	1.276	12.00
陕　西	1.416	20.00	1.129	20.25
甘　肃	2.260	20.00	1.801	20.26
青　海	3.074	17.00	2.550	17.04
宁　夏	4.140	20.00	3.308	20.09
新　疆		(另行考核)		

注：1.地区生产总值和工业增加值按2005年价格计算。

2.西藏自治区数据由西藏自治区政府提供

十二、各地区废气排放及处理情况（2010年）（一）

地区	废气治理设施数（套）	工业废气排放总量（亿标立方米）			工业二氧化硫排放量（万吨）	生活二氧化硫排放量（万吨）
			燃料燃烧	生产工艺		
全国	**187401**	**519168**	**303897**	**215271**	**1864.4**	**320.7**
北京	2468	4750	1857	2894	5.7	5.8
天津	3126	7686	5254	2432	21.8	1.8
河北	13743	56324	27750	28574	99.4	24.0
山西	9517	35190	22669	12520	114.7	10.2
内蒙古	5183	27488	17476	10013	119.3	20.1
辽宁	9641	26955	12949	14006	85.9	16.3
吉林	3144	8240	5786	2454	30.1	5.6
黑龙江	4396	10111	8304	1807	41.7	7.3
上海	4319	12969	5089	7880	22.1	13.7
江苏	11631	31213	20235	10978	100.2	4.8
浙江	21702	20434	13480	6954	65.4	2.4
安徽	4933	17849	8860	8989	48.4	4.8
福建	6470	13507	8322	5185	39.1	1.8
江西	4141	9812	5248	4564	47.1	8.6
山东	11886	43837	25874	17963	138.3	15.5
河南	9079	22709	12929	9780	116.3	17.6
湖北	5478	13865	7451	6414	51.6	11.7
湖南	5154	14673	5011	9662	62.7	17.4
广东	12789	24092	16627	7465	98.9	6.1
广西	6017	14520	8584	5936	84.8	5.6
海南	472	1360	1010	350	2.8	0.1
重庆	3511	10943	7756	3187	57.3	14.7
四川	7346	20107	11111	8995	93.8	19.3
贵州	2910	10192	6866	3327	63.8	51.1
云南	5649	10978	5235	5743	44.0	6.1
西藏	46	16	13	3	0.1	0.3
陕西	3983	13510	8695	4815	70.7	7.2
甘肃	2769	6252	3401	2852	45.2	9.9
青海	981	3952	855	3097	13.3	1.0
宁夏	1370	16324	13491	2834	28.0	3.0
新疆	3547	9310	5711	3598	51.8	7.0

十二、各地区废气排放及处理情况（2010 年）（二）

地　区	工业二氧化硫去除量（万吨）	工业烟尘排放量（万吨）	生活烟尘排放量（万吨）	工业烟尘去除量（万吨）	工业粉尘排放量（万吨）	工业粉尘去除量（万吨）
全　国	**3304.0**	**603.2**	**225.9**	**38941.4**	**448.7**	**9501.7**
北　京	13.0	2.1	2.7	190.8	1.7	78.1
天　津	37.4	5.4	1.1	484.5	0.8	54.8
河　北	170.6	32.3	17.7	2806.7	32.1	526.7
山　西	194.6	43.2	18.9	2581.7	36.5	302.2
内蒙古	160.3	47.6	17.1	2645.7	16.0	259.7
辽　宁	129.5	39.8	23.5	2220.3	16.7	562.2
吉　林	20.3	21.0	9.1	968.0	5.3	436.0
黑龙江	11.0	29.7	12.5	1306.2	5.7	108.6
上　海	35.0	4.2	6.0	472.3	1.0	138.2
江　苏	215.8	29.9	3.6	2345.9	15.1	344.5
浙　江	129.7	16.5	0.9	1246.6	13.9	813.1
安　徽	161.3	20.7	4.8	1716.5	26.4	356.8
福　建	40.5	10.0	3.9	740.8	14.0	570.5
江　西	162.8	13.9	2.5	834.9	22.4	463.9
山　东	315.2	29.1	10.0	3596.0	18.9	767.2
河　南	143.3	47.4	7.3	2810.7	22.7	540.6
湖　北	109.1	14.5	4.8	1069.6	14.6	476.1
湖　南	100.2	23.5	7.7	786.8	39.4	373.2
广　东	145.0	25.3	5.8	1499.3	10.4	476.0
广　西	98.4	25.0	1.1	526.8	31.8	335.7
海　南	8.8	0.7	0.2	78.2	0.7	4.7
重　庆	96.2	10.2	10.6	377.3	8.4	95.4
四　川	86.8	26.0	8.2	1275.7	14.1	318.8
贵　州	215.9	11.3	13.9	1325.8	8.6	163.1
云　南	148.3	8.9	4.9	1088.2	9.2	211.0
西　藏		0.1	0.2	0.1	0.1	
陕　西	107.6	11.5	4.8	836.5	18.5	284.1
甘　肃	173.5	9.8	6.5	355.6	9.3	142.5
青　海	2.8	5.2	2.5	117.6	9.8	82.3
宁　夏	53.0	13.6	3.6	2221.5	6.1	126.3
新　疆	17.9	24.8	9.6	415.2	18.5	89.3

十三、各地区工业固体废物产生及处理利用情况（2010年）

地　区	工业固体废物产生量（万吨）	#危险废物	工业固体废物综合利用量（万吨）	工业固体废物贮存量（万吨）	工业固体废物处置量（万吨）	工业固体废物排放量（吨）	“三废”综合利用产品产值（万元）
全　国	**240944**	**1587**	**161772**	**23918**	**57264**	**4981976**	**17785034**
北　京	1269	11	835	40	780	611	34366
天　津	1862	10	1845		27		192650
河　北	31688	37	17973	1831	12007	44506	1071801
山　西	18270	11	12059	997	5273	953817	426372
内蒙古	16996	35	9562	2152	5295	45294	272375
辽　宁	17273	95	8210	2535	6767	27877	328090
吉　林	4642	78	3114	952	578		391663
黑龙江	5405	16	4169	835	445	18619	323471
上　海	2448	51	2367	1	94	2	170379
江　苏	9064	133	8761	215	139		2189749
浙　江	4268	64	4033	69	174	6177	2863867
安　徽	9158	12	7849	518	916	15	566922
福　建	7487	8	6215	108	1181	35163	375029
江　西	9407	9	4379	557	4487	132314	593473
山　东	16038	289	15297	384	475	110	1871898
河　南	10714	19	8380	722	1770	2150	743909
湖　北	6813	17	5521	238	1097	41693	822836
湖　南	5773	67	4797	769	448	163714	901207
广　东	5456	118	4953	177	350	141609	624265
广　西	6232	24	4231	439	1563	91391	510233
海　南	212		178	33		10	31623
重　庆	2837	36	2317	288	155	1336308	291327
四　川	11239	133	6159	1323	3758	32240	457847
贵　州	8188	52	4174	1473	2498	597582	179143
云　南	9392	62	4798	1845	2911	363098	654555
西　藏	11			7		41243	239
陕　西	6892	26	3753	1030	2177	133926	293500
甘　肃	3745	34	1783	1012	1150	113758	224121
青　海	1783	86	759	1035	1	21652	55188
宁　夏	2465	4	1422	564	490	9220	100750
新　疆	3914	49	1877	1771	256	627877	222187

十四、环境污染治理投资

指　　标	2006	2007	2008	2009	2010
环境污染治理投资总额(亿元)	**2566.0**	**3387.3**	**4490.3**	**4525.3**	**6654.2**
#城市环境基础设施建设投资	1314.9	1467.5	1801.0	2512.0	4224.2
#燃气	155.0	160.1	163.5	182.2	290.8
集中供热	223.6	230.0	269.7	368.7	433.2
排水	331.5	410.0	496.0	729.8	901.6
园林绿化	429.0	525.6	649.8	914.9	2297.0
市容环境卫生	175.8	141.8	222.0	316.5	301.6
工业污染源治理投资	483.9	552.4	542.6	442.6	397.0
建设项目“三同时”环保投资	767.2	1367.4	2146.7	1570.7	2033.0
环境污染治理投资总额占国内生产总值比重(%)	**1.22**	**1.36**	**1.49**	**1.33**	**1.66**

十五、工业污染治理投资完成情况

年份 地区	工业污染治理完成投资（万元）	治理废水	治理废气	治理固体废物	治理噪声	治理其他	本年竣工项目数（个）
2000	2347895	1095897	909242	114673	13692	214390	21070
2001	1745280	729214	657940	186967	6424	164734	10277
2002	1883663	714935	697864	161287	10464	299113	9733
2003	2218281	873748	921222	161763	10139	251408	9568
2004	3081060	1055868	1427975	226465	13416	357336	11290
2005	4581909	1337147	2129571	274181	30613	810396	11158
2006	4839485	1511165	2332697	182631	30145	782848	11972
2007	5523909	1960722	2752642	182532	18279	606838	12547
2008	5426404	1945977	2656987	196851	28383	598206	11184
2009	4426207	1494606	2324616	218536	14100	374349	8236
2010	3969768	1295519	1881883	142692	14193	620021	5866
北京	19340	1762	17264		11	302	46
天津	164684	47139	34856	1226	155	81308	99
河北	108588	24678	82054	2	993	862	150
山西	279574	54820	149810	30135	919	43890	599
内蒙古	132400	46323	68783	1987	201	15106	156
辽宁	147708	47214	94551	804		5139	84
吉林	63366	26793	31281	4871	312	109	89
黑龙江	49494	25339	16884			7272	49
上海	94107	6308	34781	27	679	52312	156
江苏	185995	74386	71870	8964	1974	28801	361
浙江	119568	71262	39982	2746	212	5367	577
安徽	58895	14250	30932		108	13606	55
福建	153296	70939	49844	7704	611	24198	628
江西	63775	19865	39594	48		4269	103
山东	456759	162780	186423	15288	785	91484	399
河南	125120	44301	75616	856	445	3902	169
湖北	277416	35627	197293	9580	867	19090	195
湖南	137949	59248	63845	11222	501	3134	167
广东	310584	150272	54176	4622	342	100672	613
广西	92845	47388	27250	17024	80	1104	166
海南	4354	3923	140	52		238	14
重庆	77502	37761	27369	3189	500	8684	89
四川	71627	37749	30889	1405	488	1096	154
贵州	68080	19383	39461	6298	2497	441	97
云南	106272	24184	72910	6302	240	2636	334
西藏							
陕西	336535	71479	178851	1950	1259	82997	124
甘肃	146483	26166	104552	5593	19	10154	120
青海	9747	1019	8729				11
宁夏	40896	23478	5618			11800	14
新疆	66813	19687	46276	800		50	48

4-16　　林业系统营林固定资产投资完成情况

单位：万元

年　份 地　区	本年完成投资	#国家投资	#国债资金	本年新增 固定资产
2000	1510541	1103624	365907	425135
2001	1919835	1516932	509195	409064
2002	2976388	2479492	778882	797275
2003	3892793	3098907	945705	1283847
2004	3989023	3202142	632739	1199775
2005	4593443	3528122	585865	1590725
2006	4784890	3683961	466936	1464354
2007	6217121	4421010	555165	1321247
2008	8366173	5014117	539579	2358134
2009	13513349	7104764	566829	4622205
北　京	339462	286613	4549	74109
天　津	30572	8259	5000	30572
河　北	330527	281817	9633	171405
山　西	620845	350619	8764	4344
内蒙古	679629	672270	102114	123672
辽　宁	331567	280366	27637	201754
吉　林	445644	264834	8479	179037
黑龙江	834066	532587	33567	377407
上　海	64986	35507	460	17627
江　苏	738587	33954	2910	48361

年份 地区	本年完成投资	#国家投资	#国债资金	本年新增 固定资产
浙　江	47302	33278	951	29460
安　徽	130358	90191	6483	57996
福　建	40710	19000	2079	19300
江　西	232054	146682	14206	122694
山　东	212444	32577	6300	69158
河　南	570593	202708		89042
湖　北	279846	198023	20519	92451
湖　南	312354	240604	27172	132128
广　东	78135	18733	5418	23732
广　西	2680619	333407	32405	1207468
海　南	27994	17095		
重　庆	573208	415213	11983	147216
四　川	1605475	771024	790	196698
贵　州	331912	301047		244391
云　南	372359	263759	38814	92250
西　藏	25250	25250		2300
陕　西	401925	337258	91216	267011
甘　肃	466615	383201	29355	232882
青　海	119745	111105	12957	119745
宁　夏	108396	95635	10608	32654
新　疆	282271	199774	36222	114677
大兴安岭	158467	86371	13986	71624

注：全国合计数包含国家林业局直属单位的固定资产投资数据。

城市、旅游、外贸

一、各地区城市建设情况（2010年）

地　区	城区面积（平方公里）	建成区面积（平方公里）	城市建设用地面积（平方公里）	征用土地面积（平方公里）	城市人口密度（人/平方公里）
全　国	**178691.7**	**40058.0**	**39758.4**	**1641.6**	**2209**
北　京	12187.0			46.5	1383
天　津	2236.1	686.7	686.7	44.0	2752
河　北	6521.7	1619.7	1571.7	37.1	2354
山　西	3348.3	864.7	847.2	16.6	2890
内蒙古	8537.1	1038.3	1123.4	14.1	981
辽　宁	11655.7	2220.5	2171.2	128.2	1814
吉　林	7376.8	1237.4	1171.8	59.0	1449
黑龙江	2589.5	1638.0	1737.5	28.3	5239
上　海	6340.5	998.8			3630
江　苏	12462.8	3271.1	3424.8	195.5	2027
浙　江	10256.4	2129.0	2245.9	107.4	1773
安　徽	5041.2	1491.3	1540.0	109.3	2469

地　区	城区面积（平方公里）	建成区面积（平方公里）	城市建设用地面积（平方公里）	征用土地面积（平方公里）	城市人口密度（人/平方公里）
福　建	4361.8	1059.0	1019.1	23.8	2290
江　西	1719.3	933.8	966.3	21.0	4786
山　东	19631.7	3566.2	3526.4	98.7	1389
河　南	4101.4	2014.4	1947.2	67.0	5178
湖　北	9057.2	1701.0	1968.8	79.9	1929
湖　南	4121.9	1321.1	1458.6	48.9	2992
广　东	18130.1	4618.1	4774.8	95.7	2428
广　西	5656.7	940.5	908.6	101.4	1498
海　南	833.0	221.3	260.7	0.1	2739
重　庆	5695.8	870.2	855.7	48.0	1860
四　川	5772.8	1629.7	1610.3	86.3	2743
贵　州	1658.4	464.0	477.1	5.3	3266
云　南	1930.0	751.3	832.9	85.2	3795
西　藏	782.0	84.9	82.5	2.9	575
陕　西	1430.6	758.5	704.9	41.5	5506
甘　肃	1426.3	632.8	594.4	23.8	3793
青　海	512.3	113.9	113.5		2320
宁　夏	2049.7	343.8	284.4	8.3	1093
新　疆	1267.6	838.2	852.4	17.7	4977

二、各地区城市供水情况（2010 年）

地区	年末供水综合生产能力（万立方米/日）	年末供水管道长度（公里）	全年供水总量（万立方米）	#生活用水	#生产用水	用水人口（万人）	人均日生活用水量（升）
全国	**27601.5**	**539778**	**5078745**	**2387525**	**1952534**	**38156.7**	**171.4**
北京	1604.1	25147	155557	107635	29069	1685.9	174.9
天津	405.2	10744	68970	29655	29904	615.3	132.0
河北	888.9	14288	166430	68890	79720	1534.9	123.0
山西	356.0	7414	76772	36549	34173	941.2	106.4
内蒙古	341.6	8561	62757	23799	30577	736.9	88.5
辽宁	1391.1	29123	261879	90968	109164	2060.4	121.0
吉林	735.5	8935	100743	42308	34295	957.7	121.0
黑龙江	830.2	11413	164235	54236	83261	1199.6	123.9
上海	1465.6	32462	336637	146891	125186	2301.9	174.8
江苏	2714.7	63807	482821	202343	228024	2515.6	220.4
浙江	1519.9	38982	270044	122841	110749	1815.0	185.4
安徽	1992.8	14730	160816	70183	68025	1195.6	160.8
福建	676.4	14650	132627	67699	50471	993.9	186.6
江西	459.2	9807	91278	53948	19809	801.7	184.4
山东	1477.6	37313	290866	128362	136188	2715.3	129.5

地　区	年末供水综合生产能力（万立方米/日）	年末供水管道长度（公里）	全年供水总　量（万立方米）	#生活用水	#生产用水	用水人口（万人）	人均日生活用水量（升）
河　南	1010.3	17299	179122	76986	78984	1933.3	109.1
湖　北	1326.3	22827	253421	131677	77710	1705.4	211.5
湖　南	979.4	14400	189223	94414	58880	1173.7	220.4
广　东	3497.4	79816	806144	395034	285708	4329.9	250.0
广　西	604.4	12843	147291	73080	58614	801.8	249.7
海　南	173.0	2525	33546	19703	9382	204.1	264.5
重　庆	412.3	9190	86926	49742	25410	996.6	136.8
四　川	804.5	20656	173858	103223	48817	1437.9	196.7
贵　州	241.1	5979	44117	24275	11712	509.8	130.5
云　南	299.3	6559	66444	37726	19957	706.8	146.2
西　藏	31.2	753	7681	3499	2845	43.8	218.9
陕　西	371.1	4926	81335	47350	24725	782.9	165.7
甘　肃	398.2	4357	62713	28051	29226	495.4	155.1
青　海	84.6	1383	18572	7755	8737	118.7	179.0
宁　夏	136.4	2382	28656	14266	12974	220.1	177.6
新　疆	373.1	6507	77263	34436	30237	625.7	150.8

三、各地区城市燃气情况（2010 年）

地区	人工煤气生产能力(万立方米/日)	管道长度(公里)			全年供气总量			用气人口（万人）		
		人工煤气	天然气	液化石油气	人工煤气(万立方米)	天然气(万立方米)	液化石油气(吨)	人工煤气	天然气	液化石油气
全国	**8509.0**	**38877**	**256429**	**13374**	**2799380**	**4875808**	**12680054**	**2801.9**	**17021.2**	**16502.7**
北京			15500	245		719740	323104		1291.9	394.0
天津			10791	181		169453	53368		573.5	41.8
河北	161.1	3536	8155	278	89834	106740	205007	179.6	838.8	502.8
山西	226.7	4418	3429	384	87203	141440	63331	238.1	430.8	201.4
内蒙古	164.0	325	2925	108	3069	69531	74251	51.9	258.0	353.9
辽宁	321.2	5476	7405	644	55177	66173	395058	542.4	797.0	652.1
吉林	90.0	1759	3976	87	16727	43462	214818	164.6	289.9	460.9
黑龙江	67.4	594	6032	22	7587	72497	219784	74.4	567.5	506.7
上海	817.4	5517	17317	512	142167	450032	398427	357.7	1092.6	851.6
江苏	5328.4	2450	27641	1082	1931995	472309	766586	89.8	1299.7	1115.0
浙江	1.8	114	13962	2238	484	118884	877956	4.6	552.9	1244.4
安徽			9803	323		112190	615770		635.6	491.1
福建	8.0	275	4296	940	2673	51101	333758	14.7	274.3	699.0
江西	160.0	2120	3220	377	58208	11263	188847	149.8	156.8	453.5
山东	78.5	2097	24518	1320	35730	326931	760332	159.3	1444.4	1104.3

地区	人工煤气生产能力(万立方米/日)	管道长度(公里)			全年供气总量			用气人口(万人)		
		人工煤气	天然气	液化石油气	人工煤气(万立方米)	天然气(万立方米)	液化石油气(吨)	人工煤气	天然气	液化石油气
河南	187.6	1806	11914	19	109500	158928	241602	164.6	830.9	564.2
湖北	57.2	626	11371	642	12042	152833	421507	41.2	700.5	861.7
湖南		512	7177	32	3044	111757	252906	33.3	421.7	611.8
广东	47.8	272	10683	3329	7037	170266	5055955	17.9	921.7	3275.0
广西	10.6	409	3974	44	4517	10320	303804	42.5	106.0	633.8
海南			1366	18		14264	63959		77.1	111.0
重庆			8351			254021	92807		860.7	114.4
四川	511.0	514	23889	163	159719	525686	191071	40.9	1164.5	131.0
贵州	191.8	2830	195	132	26963	3546	63772	166.8	11.7	199.2
云南	13.6	2323	337	170	33818	119	166108	232.8	36.8	290.0
西藏							5521			35.9
陕西			6901			164654	43381		546.6	165.5
甘肃	15.9	618	900	1	9438	72917	185523	20.3	197.0	184.7
青海			830			61557	7142		89.0	18.9
宁夏		215	2424		697	108485	14984	6.2	108.5	82.6
新疆	49.0	71	7145	82	1752	134711	79617	8.8	445.0	150.6

四、各地区城市集中供热情况（2010 年）

地区	供应能力		供热总量		管道长度		供热面积（万平方米）
	蒸汽（吨/小时）	热水（兆瓦）	蒸汽（万吉焦）	热水（万吉焦）	蒸汽（公里）	热水（公里）	
全国	**105084**	**315717**	**66397**	**224716**	**15122**	**124051**	**435668**
北京	450	35684	189	36112	48	12224	46715
天津	3167	18055	1568	9991	622	14073	24034
河北	11570	23177	7068	13780	1386	8305	38683
山西	2674	17405	1462	10189	429	4946	28739
内蒙古	662	25850	1148	15370	117	5410	25340
辽宁	13186	55770	6521	39613	2302	20599	74526
吉林	5208	29145	1998	21162	217	9914	31718
黑龙江	4411	32052	2020	26805	453	13800	37513
上海							
江苏	6280	6055	4513	43	946	59	9946
浙江	5438	75	5667		896		3992
安徽	3530	182	2665	44	448	15	2464
福建							
江西							

地　区	供应能力		供热总量		管道长度		供热面积（万平方米）
	蒸　汽（吨/小时）	热　水（兆瓦）	蒸　汽（万吉焦）	热　水（万吉焦）	蒸　汽（公里）	热　水（公里）	
山　东	31086	27587	17221	18466	4655	20515	54710
河　南	5590	4767	3000	2512	1048	2668	10738
湖　北	1564	278	721	19	142	10	978
湖　南							
广　东							
广　西							
海　南							
重　庆							
四　川	60		84		42		14
贵　州							
云　南							
西　藏							
陕　西	3731	4215	2402	2168	626	545	9263
甘　肃	4525	10208	6296	5901	442	3109	10544
青　海		370		248		105	208
宁　夏	576	5945	612	5427	96	1842	6380
新　疆	1376	18897	1242	16866	207	5912	19162

五、国内旅游情况

年 份	旅游人数（百万人次）			旅游总花费（亿元）			人均花费（元）		
		城镇居民	农村居民		城镇居民	农村居民		城镇居民	农村居民
1994	524	205	319	1023.5	848.2	175.3	195.3	414.7	54.9
1995	629	246	383	1375.7	1140.1	235.6	218.7	464.0	61.5
1996	640	256	383	1638.4	1368.4	270.0	256.2	534.1	70.5
1997	644	259	385	2112.7	1551.8	560.9	328.1	599.8	145.7
1998	695	250	445	2391.2	1515.1	876.1	345.0	607.0	197.0
1999	719	284	435	2831.9	1748.2	1083.7	394.0	614.8	249.5
2000	744	329	415	3175.5	2235.3	940.3	426.6	678.6	226.6
2001	784	375	409	3522.4	2651.7	870.7	449.5	708.3	212.7
2002	878	385	493	3878.4	2848.1	1030.3	441.8	739.7	209.1
2003	870	351	519	3442.3	2404.1	1038.2	395.7	684.9	200.0
2004	1102	459	643	4710.7	3359.0	1351.7	427.5	731.8	210.2
2005	1212	496	716	5285.9	3656.1	1629.7	436.1	737.1	227.6
2006	1394	576	818	6229.7	4414.7	1815.0	446.9	766.4	221.9
2007	1610	612	998	7770.6	5550.4	2220.2	482.6	906.9	222.5
2008	1712	703	1009	8749.3	5971.7	2777.6	511.0	849.4	275.3
2009	1902	903	999	10183.7	7233.8	2949.9	535.4	801.1	295.3
2010	2103	1065	1038	12579.8	9403.8	3176.0	598.2	883.0	306.0

六、按国别分外国入境旅游人数

单位：万人次

地　区	1995	2000	2005	2007	2008	2009	2010
总计	**588.67**	**1016.04**	**2025.51**	**2610.97**	**2432.53**	**2193.75**	**2612.69**
亚洲	**338.26**	**610.15**	**1249.99**	**1606.12**	**1455.10**	**1377.93**	**1617.86**
#朝鲜	6.64	7.64	12.58	11.37	10.18	10.56	**11.64**
印度	4.50	12.09	35.65	46.25	43.66	44.89	54.93
印度尼西亚	13.28	22.06	37.76	47.71	42.63	46.90	57.34
日本	130.52	220.15	339.00	397.75	344.61	331.75	373.12
马来西亚	25.18	44.10	89.96	106.20	104.05	105.90	124.52
蒙古	26.19	39.91	64.20	68.20	70.53	57.67	79.44
菲律宾	21.97	36.39	65.40	83.30	79.53	74.89	82.83
新加坡	26.15	39.94	75.59	92.20	87.58	88.95	100.37
韩国	52.95	134.47	354.53	477.71	396.04	319.75	407.64
泰国	17.33	24.11	58.63	61.16	55.43	54.18	63.55
非洲	**4.08**	**6.56**	**23.80**	**37.91**	**37.84**	**40.12**	**46.36**
欧洲	**159.06**	**248.90**	**479.14**	**621.68**	**612.33**	**459.11**	**569.79**
#英国	18.49	28.39	49.96	60.51	55.15	52.88	57.50
德国	16.65	23.91	45.49	55.67	52.89	51.85	60.86
法国	11.85	18.50	37.20	46.34	43.00	42.48	51.27
意大利	6.37	7.78	19.70	21.52	19.44	19.14	22.92
荷兰	3.49	7.60	14.58	19.41	18.09	16.69	18.91
葡萄牙	2.56	2.28	4.38	4.83	4.39	4.36	4.77
瑞典	3.52	5.36	11.03	14.51	13.77	12.58	15.45
瑞士	3.43	3.07	5.14	6.46	6.34	6.26	7.43
俄罗斯	48.93	108.02	222.39	300.39	312.34	174.3	237.03
拉丁美洲	**5.37**	**8.29**	**16.05**	**24.26**	**26.03**	**23.10**	**30.05**
北美洲	**64.36**	**113.28**	**198.53**	**256.15**	**232.12**	**226.01**	**269.49**
#加拿大	12.88	23.66	42.98	57.72	53.47	55.03	68.53
美国	51.49	89.62	155.55	190.12	178.64	170.98	200.96
大洋洲及太平洋岛屿	**15.85**	**28.18**	**57.36**	**72.85**	**68.88**	**67.24**	**78.93**
#澳大利亚	12.94	23.41	48.3	60.74	57.15	56.15	66.13
新西兰	2.29	3.76	7.84	10.87	10.52	10.04	11.61
其他	**1.69**	**0.68**	**0.65**	**0.31**	**0.23**	**0.22**	**0.21**

七、各地区接待入境旅游人数

单位：万人次

地　区	1995		2000		2005		2009		2010	
	总　计	#外国人	总　计	#外国人	总　计	#外国人	总　计	#外国人	总　计	#外国人
北　京	206.87	166.52	282.09	237.96	362.92	311.62	412.51	342.92	490.07	421.63
天　津	20.06	16.27	35.62	32.14	74.01	67.46	141.02	130.58	166.07	153.05
河　北	16.50	13.59	41.43	35.90	62.65	57.39	84.22	74.69	97.74	85.31
山　西	7.12	5.15	16.53	11.66	42.15	25.40	106.78	66.63	130.29	82.09
内蒙古	30.09	29.46	39.19	38.74	100.16	99.56	128.96	126.61	142.80	140.02
辽　宁	26.38	21.46	61.22	50.05	130.20	111.11	293.20	250.74	361.80	307.01
吉　林	15.61	14.49	22.27	19.19	37.32	30.68	68.05	58.29	82.01	72.16
黑龙江	16.23	13.94	55.17	50.47	82.15	76.42	142.51	135.03	172.42	164.83
上　海	136.79	107.54	181.40	143.90	444.54	379.93	533.39	439.05	733.72	593.12
江　苏	76.77	48.68	160.95	98.15	378.30	262.15	556.83	396.07	653.55	473.50
浙　江	67.27	36.65	112.59	64.75	348.05	232.92	570.64	377.60	684.71	447.41
安　徽	14.29	7.28	31.84	16.79	63.29	41.06	156.16	97.75	198.42	117.40
福　建	90.64	22.41	161.33	49.75	197.39	72.36	312.03	97.84	368.14	115.27
江　西	7.36	2.34	16.31	5.54	37.25	13.63	96.43	38.76	113.97	39.92
山　东	45.09	30.43	72.31	48.01	155.11	124.78	310.04	241.19	366.79	277.87

地　区	1995		2000		2005		2009		2010	
	总　计	#外国人	总　计	#外国人	总　计	#外国人	总　计	#外国人	总　计	#外国人
河　南	21.84	9.12	32.50	18.21	60.05	34.73	125.85	82.76	146.84	96.09
湖　北	27.09	16.83	45.08	35.74	82.57	62.68	133.46	101.76	181.74	138.55
湖　南	17.73	7.18	45.40	15.79	71.98	60.88	130.87	64.08	189.87	103.30
广　东	620.68	122.07	1198.94	212.85	1896.99	476.53	2747.80	617.94	3140.93	733.28
广　西	41.85	30.74	122.91	50.80	147.71	88.66	209.85	117.38	250.24	141.39
海　南	28.71	5.75	48.68	9.37	43.19	26.94	55.15	37.21	66.33	47.40
重　庆			26.61	19.29	52.39	41.81	104.81	84.80	137.02	103.96
四　川	37.67	24.51	46.20	19.97	106.28	68.27	84.99	61.49	104.93	74.97
贵　州	13.66	7.79	18.39	7.12	27.62	9.26	39.95	16.28	50.01	18.61
云　南	59.69	47.38	100.11	66.59	150.28	99.65	284.49	191.79	329.15	231.23
西　藏	6.78	6.54	15.00	13.58	12.13	11.10	17.49	16.25	22.83	21.41
陕　西	44.23	39.73	71.28	58.48	92.84	74.57	145.08	114.42	212.17	155.24
甘　肃	9.09	7.07	21.31	14.34	28.85	17.20	6.07	4.51	7.02	4.99
青　海	1.33	0.87	3.26	1.46	3.52	1.46	3.61	2.47	4.67	3.39
宁　夏	0.37	0.28	0.78	0.58	0.82	0.66	1.45	1.16	1.80	1.29
新　疆	20.36	18.55	25.61	20.84	33.11	29.01	35.49	31.84	50.94	45.44

八、对外经济贸易基本情况

指　　标	2006	2007	2008	2009	2010
货物进出口总额（人民币亿元）	**140974.0**	**166863.7**	**179921.5**	**150648.1**	**201722.1**
出口总额	77597.2	93563.6	100394.9	82029.7	107022.8
进口总额	63376.9	73300.1	79526.5	68618.4	94699.3
进出口差额	14220.3	20263.5	20868.4	13411.3	12323.5
货物进出口总额　（亿美元）	**17604.4**	**21765.7**	**25632.6**	**22075.4**	**29740.0**
出口总额	9689.8	12204.6	14306.9	12016.1	15777.5
初级产品	529.2	615.1	779.6	631.1	816.9
工业制成品	9160.2	11562.7	13527.4	11384.8	14960.7
进口总额	7914.6	9561.2	11325.7	10059.2	13962.4
初级产品	1871.3	2430.9	3623.9	2898.0	4338.5
工业制成品	6043.3	7128.6	7701.7	7161.2	9623.9
进出口差额	1774.8	2618.3	2981.3	1956.9	1815.1
外商直接投资合同项目　（个）	**41473**	**37871**	**27514**	**23435**	**27406**
实际使用外资额　（亿美元）	**670.76**	**783.39**	**952.53**	**918.04**	**1088.21**

指 标	2006	2007	2008	2009	2010
外商直接投资	630.21	747.68	923.95	900.33	1057.35
外商其他投资	40.55	35.72	28.58	17.71	30.86
外资企业基本情况					
年底登记户数 (户)	376711	406442	434937	434248	445244
投资总额 (亿美元)	17076	21088	23241	25000	27059
注册资本 (亿美元)	9465	11554	13006	14035	15738
#外方	7406	9211	10389	11369	12590
对外经济合作 (亿美元)					
合同金额	716.48	853.45	1130.15	1336.82	1430.92
#对外承包工程	660.05	776.21	1045.62	1262.10	1343.67
对外劳务合作	52.33	66.99	75.64	74.73	87.25
完成营业额	356.95	479.00	651.16	866.17	1010.50
#对外承包工程	299.93	406.43	566.12	777.06	921.70
对外劳务合作	53.73	67.67	80.57	89.11	88.80

注：1.从 2001 年起，外商投资合同金额和实际使用外资额均不包括对外借款(6-13 表类同)。

2.从 2007 年起商务部不再对外公布外资合同金额数据。

3.外资企业基本情况数据来自国家工商总局，其年底登记户数自 2008 年起口径调整为企业加分支机构，(同时调整了以前年份数据)，下同。

4.自 2009 年起商务部将对外设计咨询纳入对外承包工程合并统计。

九、各地区外商投资企业货物进出口总额

单位：万美元

地区	2000			2009			2010		
	进出口	出口	进口	进出口	出口	进口	进出口	出口	进口
全国	**23671390**	**11944121**	**11727269**	**121747836**	**67207409**	**54540427**	**160061524**	**86222881.97**	**73838642.36**
北京	776847	287108	489739	5334148	2008999	3325149	6982928	2215220	4767708
天津	1369289	637925	731364	4488051	2166105	2321946	5880898	2643785	3237114
河北	158147	101240	56907	1343558	657571	685987	1750914	921579	829336
山西	41876	15209	26667	163150	69143	94007	220570	87993	132577
内蒙古	18157	13799	4358	108694	52317	56377	161063	95974	65089
辽宁	1229698	624464	605234	3076882	1640160	1436721	3899198	2063953	1835245
吉林	112274	39197	73077	555747	101950	453797	760502	127753	632749
黑龙江	47353	26679	20674	78345	49296	29050	111252	69866	41386
上海	3341054	1426102	1914952	18670215	9701509	8968706	24991842	12593270	12398571
江苏	3018082	1445340	1572742	25969712	14661957	11307755	34720361	19231357	15489004
浙江	938993	534851	404142	6929148	4477938	2451210	9239699	5813714	3425985
安徽	94779	39993	54786	523140	223759	299381	811938	325294	486645
福建	1405740	759713	646027	4377455	2739325	1638130	5833659	3495247	2338411
江西	31814	16298	15516	770607	322582	448024	1193074	499473	693601

地区	2000			2009			2010		
	进出口	出口	进口	进出口	出口	进口	进出口	出口	进口
山东	1392569	792766	599803	7559835	4478307	3081528	9632505	5656323	3976182
河南	57695	30889	26806	376612	182754	193857	451982	255577	196405
湖北	104686	42956	61730	703772	338756	365016	1105434	569511	535923
湖南	47717	18250	29467	182177	86058	96118	310208	129164	181044
广东	9203696	4951011	4252685	38241318	22379781	15861537	48449160	28184708	20264452
广西	55339	34112	21227	367765	127751	240014	492309	203314	288994
海南	45993	30464	15529	301396	58544	242852	623702	127682	496020
重庆	32389	9666	22723	295047	79951	215096	475706	165096	310610
四川	61524	24517	37007	936469	418911	517558	1278437	444301	834136
贵州	5690	4012	1678	18647	9737	8910	17449	10528	6920
云南	19658	8113	11545	43593	27236	16356	64499	33003	31497
西藏	634	389	245	99	98	1	549	3	546
陕西	35433	11611	23822	252626	110813	141813	506126	215667	290458
甘肃	5657	3832	1825	10693	8206	2487	14426	9750	4676
青海	925	202	723	19432	364	19068	13467	984	12483
宁夏	6125	4294	1831	22142	12246	9896	32158	14930	17228
新疆	11557	9119	2438	27362	15283	12080	35510	17864	17645

十、利用外资概况

项目单位：个；　金额单位：亿美元

年　份	总　计		对外借款		外商直接投资		外商其他
	项　目	金　额	项　目	金　额	项　目	金　额	投资额
合同利用外资额							
1979-1984	3841	281.26	117	169.78	3724	97.50	13.98
1985	3145	102.69	72	35.34	3073	63.33	4.02
1986	1551	122.33	53	84.07	1498	33.30	4.96
1987	2289	121.36	56	78.17	2233	37.09	6.10
1988	6063	160.04	118	98.13	5945	52.97	8.94
1989	5909	114.79	130	51.85	5779	56.00	6.94
1990	7371	120.86	98	50.99	7273	65.96	3.91
1991	13086	195.83	108	71.61	12978	119.77	4.45
1992	48858	694.39	94	107.03	48764	581.24	6.12
1993	83595	1232.73	158	113.06	83437	1114.36	5.31
1994	47646	937.56	97	106.68	47549	826.80	4.08
1995	37184	1032.05	173	112.88	37011	912.82	6.35
1996	24673	816.10	117	79.62	24556	732.76	3.71
1997	21138	610.58	137	58.72	21001	510.03	41.82
1998	19850	632.01	51	83.85	19799	521.02	27.14
1999	17022	520.09	104	83.60	16918	412.23	24.26
2000	22347	711.30			22347	623.80	87.50
2001	26140	719.76			26140	691.95	27.81
2002	34171	847.51			34171	827.68	19.82
2003	41081	1169.01			41081	1150.69	18.32
2004	43664	1565.88			43664	1534.79	31.09
2005	44001	1925.93			44001	1890.65	35.28
2006	41473	1982.16			41473	1937.27	44.89
2007	37871				37871		
2008	27514				27514		
2009	23435				23435		
2010	27406				27406		

年　　份	总　计		对外借款		外商直接投资		外商其他
	项　目	金　额	项　目	金　额	项　目	金　额	投资额
1979-2010	712324				710641		
实际使用外资额							
1979-1984		181.87		130.41		41.04	10.42
1985		47.60		25.06		19.56	2.98
1986		76.28		50.14		22.44	3.70
1987		84.52		58.05		23.14	3.33
1988		102.26		64.87		31.94	5.45
1989		100.60		62.86		33.92	3.81
1990		102.89		65.34		34.87	2.68
1991		115.54		68.88		43.66	3.00
1992		192.03		79.11		110.08	2.84
1993		389.60		111.89		275.15	2.56
1994		432.13		92.67		337.67	1.79
1995		481.33		103.27		375.21	2.85
1996		548.05		126.69		417.26	4.10
1997		644.08		120.21		452.57	71.30
1998		585.57		110.00		454.63	20.94
1999		526.59		102.12		403.19	21.28
2000		593.56		100.00		407.15	86.41
2001		496.72				468.78	27.94
2002		550.11				527.43	22.68
2003		561.40				535.05	26.35
2004		640.72				606.30	34.42
2005		638.05				603.25	34.80
2006		670.76				630.21	40.55
2007		783.39				747.68	35.72
2008		952.53				923.95	28.58
2009		918.04				900.33	17.71
2010		1088.21				1057.35	30.86
1979-2010		12504.43				10483.81	549.05

注：本表资料由商务部提供。

十一、按行业分外商直接投资（2010 年）

行　　业	合同项目（个）	实际使用金额（万美元）
总　　计	**27406**	**10573524**
农、林、牧、渔业	929	191195
采矿业	92	68440
制造业	11047	4959058
电力、燃气及水的生产和供应业	210	212477
建筑业	276	146062
交通运输、仓储和邮政业	396	224373
信息传输、计算机服务和软件业	1046	248667
批发和零售业	6786	659566
住宿和餐饮业	579	93494
金融业	85	112347
房地产业	689	2398556
租赁和商务服务业	3418	713023
科学研究、技术服务和地质勘查业	1299	196692
水利、环境和公共设施管理业	143	90859
居民服务和其他服务业	217	205268
教育	12	818
卫生、社会保障和社会福利业	12	9017
文化、体育和娱乐业	168	43612
公共管理和社会组织	2	

十二、按行业分对外直接投资

单位：万美元

行业	对外直接投资净额		截至2010年对外直接投资存量
	2009	2010	
总计	**5652899**	**6881131**	**31721059**
农、林、牧、渔业	34279	53398	261208
采矿业	1334309	571486	4466064
制造业	224097	466417	1780166
电力、燃气及水的生产和供应业	46807	100643	341068
建筑业	36022	162826	617328
交通运输、仓储和邮政业	206752	565545	2318780
信息传输、计算机服务和软件业	27813	50612	840624
批发和零售业	613575	672878	4200645
住宿和餐饮业	7487	21820	44986
金融业	873374	862739	5525321
房地产业	93814	161308	726642
租赁和商务服务业	2047378	3028070	9724605
科学研究、技术服务和地质勘查业	77573	101886	396712
水利、环境和公共设施管理业	434	7198	113343
居民服务和其他服务业	26773	32105	322974
教育	245	200	2394
卫生、社会保障和社会福利业	191	3352	3616
文化、体育和娱乐业	1976	18648	34583
公共管理和社会组织			

十三、对外经济合作

年　份	合同数（份）	对外承包工程	对外劳务合作	对外设计咨询	合同金额（亿美元）	对外承包工程	对外劳务合作	对外设计咨询	完成营业额（亿美元）	对外承包工程	对外劳务合作	对外设计咨询
1976-2010	**1303846**	**94587**	**1203288**	**5971**	**7753.83**	**6946.69**	**760.53**	**46.61**	**5091.81**	**4329.41**	**735.70**	**26.71**
1976-1988	7534	3449	4085		105.95	89.00	16.95		60.91	49.70	11.21	
1989	3100	776	2324		22.12	17.81	4.31		16.86	14.84	2.02	
1990	5175	920	4255		26.04	21.25	4.78		18.67	16.44	2.23	
1991	8438	1171	7267		36.09	25.24	10.85		23.63	19.70	3.93	
1992	9405	1164	8241		65.85	52.51	13.35		30.49	24.03	6.46	
1993	11605	1393	10212		68.00	51.89	16.11		45.38	36.68	8.70	
1994	17491	1702	15789		79.88	60.28	19.60		59.78	48.83	10.95	
1995	19321	1558	17397	366	96.72	74.84	20.07	1.81	65.88	51.08	13.47	1.33
1996	24891	1634	22723	534	102.73	77.28	22.80	2.65	76.96	58.21	17.12	1.64
1997	28442	2085	25743	614	113.56	85.16	25.50	2.90	83.83	60.36	21.65	1.82
1998	25955	2322	23191	442	117.73	92.43	23.90	1.40	101.34	77.69	22.76	0.89
1999	21126	2527	18173	426	130.02	101.99	26.32	1.71	112.35	85.22	26.23	0.90
2000	23565	2597	20474	494	149.43	117.19	29.91	2.33	113.25	83.79	28.13	1.34
2001	39400	5836	33358	206	164.55	130.39	33.28	0.88	121.39	88.99	31.77	0.63
2002	34461	4036	30163	262	178.91	150.55	27.52	0.85	143.52	111.94	30.71	0.87
2003	42059	3708	38043	308	209.30	176.67	30.87	1.76	172.34	138.37	33.09	0.88
2004	60312	6694	53271	347	276.98	238.44	35.03	3.51	213.69	174.68	37.53	1.47
2005	73233	9502	63410	321	342.16	296.14	42.45	3.57	267.76	217.63	47.86	2.27
2006	107744	12996	94386	362	716.48	660.05	52.33	4.11	356.95	299.93	53.73	3.29
2007	168240	6282	161457	501	853.45	776.21	66.99	10.26	479.00	406.43	67.67	4.90
2008	163881	5411	157682	788	1130.15	1045.62	75.64	8.88	651.16	566.12	80.57	4.48
2009	162081	7280	154801		1336.82	1262.10	74.73		866.17	777.06	89.11	
2010	246387	9544	236843		1430.92	1343.67	87.25		1010.50	921.70	88.80	

十四、按国别(地区)分对外经济合作完成营业额

单位：万美元

国别(地区)	2009			2010		
	合 计	承包工程	劳务合作	合 计	承包工程	劳务合作
合 计	**8661725**	**7770611**	**891114**	**10105015**	**9217025**	**887990**
亚洲	**4317381**	**3981117**	**336264**	**4596294**	**4265811**	**330483**
阿富汗	3449	3449		3766	3766	
巴林	6888	6853	35	8901	8873	28
孟加拉国	34103	33862	241	35537	35500	37
不丹				5		5
文莱	1954	1953	1	3843	3843	
缅甸	83070	83030	40	133357	133316	41
柬埔寨	40983	39782	1201	65330	64818	512
塞浦路斯	5191	5170	21	4379	4338	41
朝鲜	2338	1801	537	3500	3018	482
中国香港	206221	179860	26361	189564	159148	30416
印度	579454	579396	58	525759	525532	227
印度尼西亚	264849	264688	161	351826	351773	53
伊朗	210376	210376		186068	186068	
伊拉克	35313	35313		67165	67165	
以色列	8858	7055	1803	1407	149	1258
日本	177422	18349	159073	186617	25781	160836
约旦	36697	33527	3170	13161	11006	2155
科威特	21678	21018	660	40958	40754	204
老挝	41675	41294	381	57464	57310	154
黎巴嫩				3751	3743	8
中国澳门	92215	53413	38802	144795	113538	31257
马来西亚	116748	115398	1350	132238	130840	1398
马尔代夫	1322	1322		825	825	
蒙古	51462	50991	471	25345	25124	221
尼泊尔	5417	5417		6667	6667	

国别(地区)	2009			2010		
	合　计	承包工程	劳务合作	合　计	承包工程	劳务合作
阿曼	27193	27113	80	45630	45627	3
巴基斯坦	173425	173330	95	211055	210848	207
巴勒斯坦	7409	7409				
菲律宾	56549	56423	126	177323	177258	65
卡塔尔	45054	42364	2690	106700	104330	2370
沙特阿拉伯	361612	359158	2454	324489	322705	1784
新加坡	251954	199893	52061	283156	226734	56422
韩国	81684	61318	20366	26025	9871	16154
斯里兰卡	68604	68569	35	76868	76868	
叙利亚	20343	20343		20143	20143	
泰国	53292	52682	610	46720	46165	555
土耳其	123415	123207	208	81940	81928	12
阿联酋	361701	354167	7534	305056	297160	7896
也门共和国	46371	46047	324	37273	37252	21
越南	239885	237106	2779	313147	310961	2186
中国台湾	16685	4624	12061	29898	16515	13383
东帝汶	1353	1352	1	5366	5362	4
哈萨克斯坦	140968	140555	413	146535	146447	88
吉尔吉斯斯坦	8705	8704	1	15611	15611	
塔吉克斯坦	33597	33537	60	26459	26459	
土库曼斯坦	93323	93323		73770	73770	
乌兹别克斯坦	75826	75826		50042	50042	
亚洲其他国家(地区)	750	750		860	860	
非洲	**2843602**	**2809899**	**33703**	**3624900**	**3583027**	**41873**
阿尔及利亚	594439	587726	6713	501942	494736	7206
安哥拉	496109	486189	9920	509691	496407	13284
贝宁	2861	2830	31	2542	2524	18
博茨瓦纳	60579	60471	108	158582	158497	85
布隆迪	563	563		1435	1435	

国别(地区)	2009			2010		
	合 计	承包工程	劳务合作	合 计	承包工程	劳务合作
喀麦隆	12211	12211		13350	13308	42
佛得角	1741	1739	2	1065	1061	4
中非	3462	3462		3663	3663	
乍得	44576	44511	65	147498	147476	22
科摩罗	1035	1008	27	1989	1977	12
刚果（布）	87749	85864	1885	108989	107768	1221
吉布提	6925	6923	2	2062	2060	2
埃及	79851	79735	116	117005	116881	124
赤道几内亚	133895	133518	377	175706	174836	870
埃塞俄比亚	119841	119583	258	155365	154966	399
加蓬	21165	19712	1453	28593	28583	10
冈比亚	121	121		150	150	
加纳	46062	46048	14	77077	77077	
几内亚	7457	7399	58	12772	12759	13
几内亚(比绍)	6047	5607	440	3484	3284	200
科特迪瓦	2085	2083	2	4692	4673	19
肯尼亚	57081	57076	5	88716	88512	204
利比里亚	6454	4724	1730	11545	10038	1507
利比亚	192799	191251	1548	350863	344930	5933
马达加斯加	15455	15349	106	11961	11883	78
马拉维	4847	4847		11557	11555	2
马里	26777	26743	34	38862	38860	2
毛里塔尼亚	19609	19075	534	19130	18586	544
毛里求斯	12685	7803	4882	18280	13618	4662
摩洛哥	51721	51100	621	59539	59041	498
莫桑比克	32210	32187	23	38944	38760	184
纳米比亚	15024	14934	90	10603	10567	36
尼日尔	32968	32948	20	89442	89407	35
尼日利亚	201083	200352	731	293634	292981	653
卢旺达	8164	8142	22	14249	14173	76

国别(地区)	2009			2010		
	合　计	承包工程	劳务合作	合　计	承包工程	劳务合作
圣多美和普林西比	43	43		25	25	
塞内加尔	14703	14703		20492	20492	
塞舌尔	4501	4384	117	3167	3064	103
塞拉利昂	2700	2664	36	3746	3688	58
索马里	19	19				
南非	12093	11818	275	36906	36690	216
苏丹	207866	207843	23	233853	233696	157
坦桑尼亚	54430	54320	110	81272	81153	119
多哥	3893	3886	7	6944	5296	1648
突尼斯	5318	5318		14806	14802	4
乌干达	18941	18902	39	15312	15152	160
布基纳法索	23	23		389	389	
赞比亚	35901	35361	540	40916	40412	504
津巴布韦	6572	6509	63	13865	13805	60
莱索托	4398	4014	384	2330	1905	425
斯威士兰	199		199	162		162
厄立特里亚	3375	3284	91	2872	2659	213
民主刚果	62976	62974	2	62866	62767	99
欧洲	**340654**	**317464**	**23190**	**516946**	**498723**	**18223**
比利时	7345	7345		11322	11322	
丹麦	4445	4414	31	309	241	68
英国	29971	28525	1446	44120	43241	879
德国	52040	45887	6153	41708	34556	7152
法国	20334	20319	15	46898	46848	50
爱尔兰	959	201	758	671	11	660
意大利	10695	10678	17	7920	7790	130
卢森堡				44	44	
荷兰	10632	10332	300	12301	11927	374
希腊	5063	3970	1093	4450	3333	1117
葡萄牙	5083	5083		4377	4377	

国别(地区)	2009			2010		
	合 计	承包工程	劳务合作	合 计	承包工程	劳务合作
西班牙	16181	16109	72	22219	22156	63
阿尔巴尼亚	8640	8639	1	1945	1945	
奥地利	1059	1059		1788	1788	
保加利亚	406	406		13209	13209	
芬兰	53	53		105	105	
匈牙利	6537	6503	34	4481	4429	52
冰岛	477	474	3	1410	1410	
马耳他	135		135	184		184
摩纳哥	11		11	39		39
挪威	1316	1059	257	3774	3529	245
波兰	3617	3362	255	6079	5898	181
罗马尼亚	5799	5460	339	5869	5727	142
瑞典	530	519	11	1356	1291	65
瑞士	235	235		366	366	
爱沙尼亚	49		49	71	66	5
立陶宛	128	27	101	16	6	10
格鲁吉亚	426	426		3925	3925	
亚美尼亚	1831	1831		1136	1136	
阿塞拜疆	12510	12509	1	55098	55097	1
白俄罗斯	8869	8327	542	48916	48876	40
摩尔多瓦				284	284	
俄罗斯	99890	88382	11508	149838	143128	6710
乌克兰	22162	22114	48	12951	12915	36
斯洛文尼亚	209	202	7	6	3	3
捷克	2570	2569	1	6468	6468	
斯洛伐克	116	114	2	77	75	2
马其顿共和国				57	57	
塞尔维亚	303	303		441	426	15
黑山	28	28		718	718	

国别(地区)	2009			2010		
	合　计	承包工程	劳务合作	合　计	承包工程	劳务合作
拉丁美洲	**368172**	**364418**	**3754**	**630937**	**627449**	**3488**
安提瓜和巴布达	844	844		3423	3423	
阿根廷	18102	18058	44	10495	10470	25
巴哈马	1291	1291		2292	2292	
巴巴多斯	1592	1560	32	1214	1180	34
伯利兹	2613	2597	16	928	926	2
玻利维亚	111	111		205	205	
巴西	111290	111156	134	102025	101997	28
智利	8323	8218	105	7310	6888	422
哥伦比亚	6928	6928		8093	8093	
多米尼克				1720	1720	
哥斯达黎加	3283	3283		5330	5330	
古巴	4702	4698	4	6991	6991	
多米尼加共和国	1002	1002				
厄瓜多尔	22247	22247		21886	21886	
格林纳达	164	164		700	700	
危地马拉	2200	2200		8484	8484	
圭亚那	1395	1395		688	688	
洪都拉斯	4		4	84	84	
牙买加	9792	9776	16	16183	16178	5
墨西哥	16785	16557	228	39164	39047	117
尼加拉瓜	95		95	24		24
巴拿马	2244	7	2237	6061	3837	2224
巴拉圭				37	37	
秘鲁	18993	18967	26	11133	11071	62
波多黎各	2281	2281				
圣卢西亚	8		8			
圣文森特和	911	404	507	783	466	317

国别(地区)	2009			2010		
	合　计	承包工程	劳务合作	合　计	承包工程	劳务合作
格林纳丁斯						
萨尔瓦多	1		1			
苏里南	7712	7711	1	8121	8121	
特立尼达和多巴哥	27739	27538	201	16149	16097	52
特克斯和凯科斯岛	385	309	76	72		72
乌拉圭	2269	2269		3277	3277	
委内瑞拉	92855	92847	8	347970	347961	9
英属维尔京群岛	11		11	95		95
北美洲	**97794**	**93595**	**4199**	**92153**	**88832**	**3321**
加拿大	11432	10123	1309	5667	5025	642
美国	86362	83472	2890	86286	83607	2679
百慕大群岛				200	200	
大洋洲及太平洋岛屿	**203212**	**200578**	**2634**	**154144**	**153039**	**1105**
澳大利亚	114512	112396	2116	94032	93323	709
库克群岛	1636	1604	32	128	120	8
斐济	5886	5774	112	14236	14166	70
新喀里多尼亚	8714	8714		12762	12762	
瓦努阿图	146	127	19	1123	1087	36
新西兰	3698	3642	56	2895	2884	11
巴布亚新几内亚	63591	63591		20157	20157	
汤加	2310	2310		5390	5390	
萨摩亚	1752	1469	283	3129	3119	10
密克罗尼西亚	510	510		31	31	
马绍尔群岛	16		16	261		261
法属波利尼西亚	441	441				
其他	**3603**	**3540**	**63**	**228**	**144**	**84**
国境内	**487307**		**487307**	**489413**		**489413**

香港、澳门、台湾

一、本地生产总值

年份	本地生产总值（以当年价格计算）		本地生产总值与上年比较的实际增长(%)	人均本地生产总值（以当年价格计算）	
	（亿港元）	（亿美元）		（港元）	（美元）
1990	5990	769	3.9	104996	13480
1991	6903	888	5.7	120015	15444
1992	8051	1040	6.1	138795	17930
1993	9280	1200	6.0	157261	20328
1994	10475	1355	6.0	173554	22458
1995	11157	1442	2.3	181241	23428
1996	12295	1590	4.2	191047	24702
1997	13650	1763	5.1	210350	27170
1998	12928	1669	-6.0	197559	25508
1999	12667	1633	2.6	191731	24714
2000	13177	1691	8.0	197697	25375
2001	12992	1666	0.5	193500	24811
2002	12773	1638	1.8	189397	24285
2003	12348	1586	3.0	183449	23558
2004	12919	1659	8.5	190451	24454
2005	13826	1778	7.1	202928	26093
2006	14754	1899	7.0	215158	27698
2007	16156	2071	6.4	233266	29902
2008	16770	2154	2.3	240339	30864
2009	16223	2093	-2.7	231638	29881
2010	17439	2245	7.0	246733	31759

二、香港国际收支平衡表

单位：亿港元

标准组成部分①	2006	2007	2008	2009	2010
经常帐户②	**1781.66**	**1992.79**	**2295.06**	**1392.49**	**1082.44**
货物	-1089.83	-1536.72	-1800.91	-2082.20	-3338.05
服务	2771.54	3286.07	3521.46	3292.28	4316.55
收益	273.48	444.37	833.06	428.66	365.68
经常转移	-173.53	-200.93	-258.55	-246.25	-261.74
资本及金融帐户②	**-2099.35**	**-2592.47**	**-2311.62**	**-1553.71**	**-1374.10**
资本转移	-29.00	103.38	163.93	362.10	406.47
直接投资	6.35	-525.77	703.93	-899.00	-557.30
有价证券投资	-2078.79	-214.52	-2951.48	-3324.17	-4728.75
金融衍生工具	259.25	435.34	633.38	245.60	291.56
其他投资	210.19	-1245.92	1777.32	7554.38	3924.78
储备资产（变动净值）③	-467.35	-1144.98	-2638.69	-5492.62	-710.86
净误差及遗漏④	**317.69**	**599.68**	**16.56**	**161.22**	**291.66**
整体的国际收支	**467.35 (盈余)**	**1144.98 (盈余)**	**2638.69 (盈余)**	**5492.62 (盈余)**	**710.86 (盈余)**

注：①根据国际收支平衡表的会计常规，某标准组成部分的净贷方数字以正数显示，而净借方则以负数显示。

②经常帐差额的正数显示盈余而负数则显示赤字。在资本及金融帐方面，正数显示净资金流入而负数则显示净资金流出。由于对外资产的增加是属于借方帐目而减少则属贷方帐目，因此负数的储备资产变动净值显示储备资产的增加，而正数则显示减少。

③在国际收支平衡架构下储备资产变动净值的估计是指交易数字。因计价方式改变(包括价格变动及汇率变动)及分类重组所导致的影响并不包括在内。

④原则上，贷方和借方各项帐目的净总和应相等于零。但实际上，贷方和借方帐目的资料是透过不同的来源搜集，基于各种原因会 有差异。为了令贷方和借方帐目的总和相等，便须加进一个余额项目，以反映平衡表的「净误差及遗漏」。

三、香港国际投资头寸（期末头寸）

单位：亿港元

概括组成部分	2006	2007	2008	2009	2010
资产	**149987.00**	**211940.93**	**175212.61**	**198114.97**	**224314.74**
在外地的直接投资	52645.23	78889.93	59061.75	64537.22	73740.64
有价证券投资	45134.98	60740.91	43182.41	62934.49	72225.22
金融衍生工具	1752.04	3736.19	6753.11	3792.24	4580.98
其他投资	40094.63	56667.08	52068.23	47014.93	52877.68
储备资产	10360.11	11906.82	14147.10	19836.09	20890.22
负债	**109689.82**	**174205.03**	**126945.89**	**142271.04**	**170374.89**
在香港的直接投资	57719.14	91865.49	63258.37	72620.53	85334.44
有价证券投资	20187.54	37260.25	17819.04	26431.79	31306.14
金融衍生工具	1583.38	2538.36	5726.47	3104.78	3785.62
其他投资	30199.76	42540.93	40142.01	40113.93	49948.68
国际投资头寸净值①	**40297.17**	**37735.90**	**48266.72**	**55843.94**	**53939.86**

注：①国际投资头寸净值是对外金融资产总值与对外金融负债总值之差。

四、按主要投资者国家／地区划分的外来直接投资头寸及流动

单位：亿港元

主要投资者国家／地区	以市值计算的外来直接投资					
	年底头寸			年间流入		
	2007	2008	2009	2007	2008	2009
中国内地	37374	23114	26445	1042	1797	1923
英属维尔京群岛	33585	20407	23531	1093	1105	1265
荷兰	5305	4138	4964	380	386	484
百慕大群岛	3832	3586	4524	277	169	589
美国	2786	2476	3156	358	141	-164
日本	1647	1647	1678	143	83	97
开曼群岛	1115	1088	1447	109	38	8
英国	1345	1163	1267	230	130	157
新加坡	1055	1081	1139	164	94	90
科克群岛	322	556	673	8	75	1
其他	3500	4002	3796	436	625	-388
总计	**91865**	**63258**	**72621**	**4239**	**4643**	**4061**

注：国家／地区是指直接来源经济体系。这未必反映最初资金流出的国家／地区。

五、本地生产总值(按当年价格计算)

年　份	本地生产总值		本地生产总值与上年比较的实际增长率（%）	人均本地生产总值	
	（亿澳门元）	（亿美元）		（澳门元）	（美元）
1992	385.1	48.3	13.3	103828	13024
1993	442.1	55.5	5.2	115137	14450
1994	492.8	61.9	4.3	124192	15602
1995	552.5	69.3	3.3	134983	16941
1996	561.2	70.5	-0.4	135208	16972
1997	563.6	70.7	-0.3	135055	16935
1998	523.4	65.6	-4.6	123951	15535
1999	500.3	62.6	-2.4	117055	14647
2000	514.2	64.1	5.7	119420	14879
2001	521.2	64.9	2.9	120063	14945
2002	560.8	69.8	8.9	127935	15925
2003	633.4	79.0	12.6	142314	17742
2004	820.1	102.2	26.9	179478	22372
2005	941.2	117.5	8.5	197673	24676
2006	1162.1	145.2	14.5	232725	29088
2007	1448.2	180.2	14.5	275450	34277
2008	1660.1	207.0	3.4	302413	37705
2009	1700.9	213.0	1.6	312512	39141
2010①	2237.4	279.6	26.4	409828	51214

注：①估算数字在日后得到更多资料时会作出修订。

六、财政收入

单位：万澳门元

项　目	2006	2007	2008	2009	2010①
经常收入					
直接税	2171541	3302026	4299083	4519032	6884921
间接税	140263	205907	188348	149140	220229
费用、罚款及其他金钱制裁	53759	108109	128147	105608	128296
财产收益	217106	725313	276385	380106	203305
转移	95862	445591	595882	585199	377228
耐用品的出售	16	451	1018	867	349
劳务及非耐用品的出售	4989	114441	132414	152813	3832
其他经常收入	13696	124032	130846	170645	5610
资本收入					
投资资产的出售	318	3946	3942	593	10482
转移	-	-	-	-	-
财务资产	13477	7421	29405	10942	121099
财务负债	-	-	-	-	-
其他资本收入	-	328149	431171	895506	-
非从支付中扣减的退回	5316	5663	9294	16637	8232
指定帐目	**1002507**	**-**	**-**	**-**	**-**
总数	**3718852**	**5371050**	**6225934**	**6987088**	**7963583**

注：①2010 年数字在日后得到更多资料时会作出修订。

七、财政支出

单位：万澳门元

项 目	2006	2007	2008	2009	2010①
经常支出					
工薪	343365	693106	841647	905630	551009
货物及劳务	87397	362227	455521	560783	277101
利息	-	2399	2958	1590	-
经常转移	818346	587094	1105450	1307277	2327037
其他经常支出	8033	197597	123092	259544	88326
资本支出					
投资	435491	375701	329120	416191	506393
资本转移	8800	11007	11123	7493	-
财务活动	31037	105468	175431	87484	25940
其他资本支出	-	-	-	-	-
指定帐目	**1002507**	**-**	**-**	**-**	**-**
总数	**2734976**	**2334598**	**3044343**	**3545992**	**3775806**

注：①2010 年数字在日后得到更多资料时会作出修订

附录一、 台湾本地生产总值支出构成

单位：%

年份	本地生产总值（新台币亿元）	居民消费	政府消费	固定资本形成总额	存货增加	货物及服务出口	减：货物及服务进口
2003	106963	59.8	13.2	19.8	0.1	55.5	48.5
2004	113653	59.9	12.7	22.8	0.9	61.4	57.7
2005	117403	60.4	12.5	22.5	0.3	62.5	58.1
2006	122435	59.2	12.0	22.3	0.4	68.0	61.9
2007	129105	58.1	11.8	22.0	0.1	72.1	64.1
2008	126202	60.3	12.4	21.1	1.3	73.0	68.1
2009	124772	60.8	13.0	18.9	-1.2	62.5	53.9
2010	136035	58.0	12.2	21.7	0.9	73.7	66.5

附录二、台湾各级政府财政收入净额

单位：新台币亿元

项目	2005	2006	2007	2008	2009
总计	**22180**	**21770**	**22448**	**22316**	**21135**
税收收入	15313	15567	16859	17106	14835
营业盈余及事业收入	3757	3259	2918	2649	3309
其他收入	3111	2944	2671	2561	2991
财产孳息收入	128	144	151	142	141
规费收入	888	911	966	943	920
罚款及赔偿收入	433	425	446	467	414
捐献及赠与收入	57	69	78	89	87
资本收回及售价收入	1100	830	557	504	721
杂项收入	505	564	472	416	708

附录三、台湾各级政府财政支出净额

单位：新台币亿元

项　目	2005	2006	2007	2008	2009
总　计	**22920**	**22142**	**22902**	**23436**	**24610**
一般政务支出	3419	3452	3440	3505	3550
国防支出	2475	2347	2559	2622	2977
教育科学文化支出	4732	4848	4926	4955	5373
经济发展支出	4305	3419	3833	4323	4450
社会福利支出	3578	3703	3722	3681	3874
社区发展及环境保护支出	1007	888	873	822	863
退休抚恤支出	1915	1970	2007	2022	2053
债务支出	1326	1383	1394	1347	1295
杂项支出	163	131	149	159	173

附录四、台湾金融概况

年 份	货币供应量M_1 (新台币亿元)	流动性负债① (新台币亿元)	储备货币 (新台币亿元)	主要金融机构存款	主要金融机构放款与投资(新台币亿元)	再贴现率 (年息%)	汇率(卖出价) (新台币/美元)
2003	65528	273807	16194	217469	165351	1.38	34.02
2004	73680	299984	17177	232565	179640	1.75	31.78
2005	78711	325466	17585	247095	193602	2.25	32.88
2006	82226	351722	18832	259420	201539	2.75	32.65
2007	82200	370012	19475	262088	206269	3.38	32.49
2008	81537	389321	21254	279779	213315	2.00	32.91
2009	105116	417768	23040	295559	214906	1.25	32.08
2010	114571	445919	25018	310880	228212	1.63	30.42

附录

中国投资大事记

（2011年1月—2011年12月）

一月

2010年全国税收收入77390亿元

1月9日　国家税务总局公布的最新数据显示：2010年全国税收收入完成77390亿元（扣除出口退税后为70062亿元，不包括关税、船舶吨税、耕地占用税和契税）。其中，税务部门负责组织的税收收入完成66862亿元，增长20.8%；海关代征进口税收完成10528亿元，增长35.9%。全国共办理出口退税7328亿元，增长13%。

在税种方面，国内增值税、国内消费税、营业税分别增长14.8%、27.5%、23.8%，所得税增长20.4%。在区域分布上，东、中、西三个区域税收收入分别增长21.1%、23.5%和29%。

此外，地方税务机关还组织征收社保基金、教育费附加、文化事业建设费等其他收入11256亿元。

银联卡去年新增4.9亿张

1月16日　中国银联最新数据显示，2010年，境内银行卡跨行交易金额11.2万亿元，同比增长46%，新增银联卡4.9亿张。

2010年，银联境内受理网络加快向中小城市和广大农村地区延伸。银联便民支付服务拓展至全国200多个城市的6.4万个网点，为老百姓提供水电煤气交费、信用卡自助还款、手机充值等十余项服务。农民工银行卡特色服务基本覆盖全国所有县及县以下农村地区。2010年，境外新增银联卡受理国家和地区21个，银联境外受理网络延伸至境外104个国家和地区。

2010年我国旅游业总收入1.57万亿元

1月18日　2010年我国旅游业三大市场实现全面恢复并较快增长，全国旅游业总收入1.57万亿元，同比增长21.7%。其中，国内旅游人数达21亿人次，同比增长10.6%；国内旅游收入1.26万亿元，同比增长23.5%。入境旅游人数达1.34亿人次，同比增长5.8%；出境旅游人数5739万人次，同比增长20.4%。

国家旅游局局长邵琪伟介绍，“十一五”期间，我国国内旅游人数年均增长12%，入境过境旅游人数年均增长3.5%，出境旅游人数年均增长19%，全国旅游业总收入年均增长15%。我国跃居全球第四大入境旅游接待国和亚洲第一大出境旅游客源国，居民人均出游率达1.5次，旅游直接就业达1350万人，旅游消费对社会消费的贡献超过10%，旅游业对我国经济社会发展的积极作用更加明显。

世界最大水轮机开始安装

1月24日　我国拥有完全自主知识产权的世界单机容量最大水轮发电机组，24日开始在向家坝电站进入正式安装阶段。这标志着我国清洁能源重装工艺及安装水平跃上一个新台阶，也为向家坝电站首台机组明年顺利发电奠定了基础。

据介绍，这套国产单机容量达80万千瓦的水轮机组不仅拥有世界目前最大单机容量，而且也是目前世界上最大的水轮机，水轮机发电机定子高度达6.3米，总重量达1976吨。向家坝机电安装项目部副主任涂阳文说，这种规模水轮发电机组的安装标准非常高，要求发电机转子半径偏差最大0.9毫米，不仅远高于国家标准，而且也高于三峡工程半径偏差1.2毫米标准，标志着我国大型水轮机组安装技术首次跨入半径偏差1毫米范围。

二月

医保覆盖十二亿城乡居民

2月14日　2010年，医药卫生体制改革稳步向前推进，成效持续显现，老百姓在看病就医方面感受到了更多实惠。

2010年，覆盖城乡全体居民的基本医疗保障体系已经初步形成，覆盖12亿多城乡居民。全国职工医保和城镇居民医保参保人数达到4.29亿；关闭破产国有企业退休人员和困难企业职工参保问题基本解决；新农合参合人数达到8.34亿。

医疗保障水平进一步提高。城镇居民医保和新农合政府补助标准从每人每年80元提高到120元。

中日污泥处理和资源化利用研讨会在京举行

2月21日　由中国住房和城乡建设部和日本国际协力机构（JICA）联合主办的中日污泥处理和资源化利用研讨会21日在北京举行，两国专家分别就中日两国污泥处理的现状和意义进行了交流与研讨。

北京8条地铁线路同时开工

2月28日　北京市8条新建城市轨道交通线路正式开工，总里程约113.7公里。这8条线路分别为6号线二期、15号线一期西段、昌平线与8号线联络线、S1线西段、西郊线、16号线、海淀山后线、燕房线，总投资约820亿元，将在2013年至2015年期间陆续建成通车。加上这次开工的8条线路，目前北京共有16条地铁线路在建。

三月

首批中央补助公共租赁住房专项资金100亿元下达

3月17日　近日，财政部下达了2011年第一批中央补助公共租赁住房专项资金100亿元，要求各地专项用于补助政府组织实施的公共租赁住房项目的开支，包括投资补助、贷款贴息以及政府投资项目的资本金等支出。加上去年9月份提前下达的2011年中央补助廉租住房专项资金100亿元，截至目前，财政部已累计下达2011年中央保障性安居工程专项补助资金200亿元。

自主研发立体视频芯片发布

3月21日　我国平面视频立体转换技术在清华大学实现较大突破。20日从清华大学"清立方"立体视频芯片新闻发布会上获悉的。该技术实现了平面视频高质量的立体转换，为推动数字电视、移动终端与影视制作等产业迈进立体视频领域提供了具有核心竞争力的高端技术支持。

项目负责人清华大学戴琼海教授介绍，根据目前该项目的技术进展，未来三年，普通民众有可能实现在家中利用红绿眼镜通过普通平板电视收看立体视频。

据介绍，立体视频技术是数字媒体领域重要发展方向，旨在实现场景的立体感知与高临场感呈现。清华大学历经十余年攻关，在平面视频立体转换、立体视频采集、制作、编码传输和播放等方面，形成了一系列自主知识产权的核心关键技术。

宁夏探明煤炭增至381亿吨

3月21日　《宁夏回族自治区煤炭资源潜力评价报告》日前通过国土资源部评审验收。报告将宁夏探明煤炭资源量由314.5亿吨更新为381.3亿吨。

据悉，《宁夏回族自治区煤炭资源潜力评价报告》由宁夏煤田地质局历时3年多完成，对宁夏煤炭资源聚煤规律、构造控煤作用、煤炭分布特征、开发利用现状及潜力进行了全面系统的综合评价研究，认定宁夏生产及在建井（获得采矿权）已占用煤炭资源149.8亿吨，尚未占用资源量228亿吨，圈定预测区34个，面积7137平方公里，预测资源量1471亿吨。

柴达木将成"十二五"中国西部区域发展"新引擎"

3月27日　从今年起，柴达木将全面铺开六大循环经济产业项目和基础设施建设。"十二五"期间，柴达木将完成固定资产投资3000亿元，到2015年试验区地区生产总值将达1000亿元，工业增加值将达800亿元。

有关经济分析人士认为，随着新一轮工业项目建设高潮的掀起，柴达木——这个已变身我国最大循环经济试验区的"聚宝盆"，将成为我国西部区域发展的"新引擎"。

四月

中低速磁悬浮商业示范线2012年底前将落户张家界

4月2日　张家界市政府、中国南车股份有限公司、中国中铁股份有限公司和湖南省铁路投资集团有限公司1日签署协议，计划在2012年底之前在张家界市区至世界自然遗产武陵源风景名胜区之间，修建中低速磁悬浮列车商业示范线。

近年来从世界各地赴张家界旅游的海内外游客数量不断攀升，从张家界市空港、车站和公路涌入武陵源景区的大量机动车不但经常发生拥堵，而且尾气排放污染景区自然环境。为解决这一问题，湖南省积极支持在这条旅游黄金通道上建设磁悬浮列车商业示范线。1日，张家界市政府、中国南车股份有限公司、中国中铁股份有限公司和湖南省铁路投资集团有限公司签订战略合作意向书，计划投资20亿至28亿元修建这一常导型中低速磁悬浮商业示范线。

有关单位介绍，“张家界磁悬浮”项目列车研发单位——中国南车株洲电力机车有限公司研发的中低速磁悬浮列车抱轨运行、没有脱轨风险，冰雪、大雾、暴雨等恶劣天气下也能照常运行，具有安全可靠、建设和运营管理成本低、“安静”舒适、电磁辐射小于家电产品等优势。投入张家界运行的磁悬浮列车，最大运行时速约每小时120公里，满载可乘坐402人。

三峡地下电站首台机组即将投产 4月启动有水调试

4月7日　从负责三峡地下电站安装调试的葛洲坝集团公司了解到，三峡地下电站首台国产化70万千瓦水轮发电机组——32号机组已安装完毕，投产试运行前必须进行的无水调试已进入扫尾阶段，接下来即将充水启动有水调试，以检验机组的各项性能，投产发电指日可待。

32号机组去年4月1日开始安装，同年12月15日转子吊装就位，今年3月初进行机组总装施工，3月中旬全面启动无水调试。

在为期一个月的总装调试进程中，葛洲坝三峡机电安装处三峡地下电站机电安装项目部进行了机组轴线调整、三部轴承部件安装、电气高压试验、调速系统调试等多项工作。结果显示，32号机组各项技术指标均稳定保持在三峡左、右岸电站机组的优良水平。

按计划，三峡地下电站首批机组将于2011年5月、6月、7月分别有一台70万千瓦机组投产发电。

“电力天路”——青藏联网工程有望今年10月建成

4月8日　被称为“电力天路”的我国西部大开发重点项目——青藏联网工程将于年底建成投运，并力争今年10月带电运行。这一工程的建成运营将使西藏电网与全国电网实现联网，从根本上解决西藏缺电问题。这是记者从青藏联网工程建设指挥部获悉的。

总投资达160多亿元的青藏联网工程全长1038公里，是迄今为止世界上高海拔、穿越多年冻土地段最长的输电工程。

青藏联网后，西藏电网孤网运行历史将结束，同时随着国家电网的延伸互动，能源集聚效应将更为明显。资源利用结构的优化完善，将促进区域经济快速发展。

南水北调中线干线主体工程全部开工 2014年通水

4月25日　国务院南水北调办副主任张野25日在河南省南阳市湍河渡槽施工现场宣布，南水北调中线干线黄河南段连线建设全面开工。这不仅标志着黄河以南段工程成功连线建设，也标志着整个南水北调中线干线主体工程全部开工。按照南水北调工程建设目标，南水北调中线一期工程将于2013年底主体工程完工，2014年汛后全线通水。

南水北调中线干线工程是南水北调中线一期工程的输水工程部分，包括总干渠和天津干渠，全长1432公里，年均调水量95亿立方米。工程跨越长江、黄河、淮河、海河四大流域，途经河南、河北、北京、天津四省（直辖市）。工程短期目标以解决城市缺水为主，有利于缓解北方地区尤其是京、津、冀地区的水资源危机，有利于逐步改善受水区的生态环境，促进地区经济社会协调可持续发展。

据了解，南水北调中线干线黄河以南段工程总长474公里，起于河南省南阳市淅川县陶岔渠首工程，止于郑州市以西30公里的穿黄工程，途径郑州、许昌、平顶山、南阳4个市、18个（区）县，总计23个设计单元，79个施工标，计划总工期31至42个月，总投资514.3亿元。

据国务院南水北调办公室统计，截至2011年3月底，南水北调东、中线一期工程累计下达投资1149.8亿元（含初步设计工作投资14.2亿元），其中中央预算内投资232.7亿元，中央预算内专项资金（国债）106.5亿元，南水北调工程基金112亿元，国家重大水利工程建设基金358.8亿元，贷款339.8亿元。

五月

海峡两岸经贸文化达成四点共识

5月8日　在今天下午举行的第七届两岸经贸文化论坛闭幕式上，中共中央台湾工作办公室主任王毅代表大陆主办方作了小结。提出了许多建设性意见，反映了两岸同胞的愿望，顺应了两岸关系发展的需要。概括起来主要有以下四点：

一是要确保两岸关系稳定发展。二是切实为两岸同胞办实事、谋福祉。三是要重视加强两岸青年交流。四是要探索落实论坛共同建议的机制。

七届论坛迄今累计形成的超过100余项“共同建议”，多数已化为现实，成为政策，或正待落实。为了不辜负与会代表付出的努力，本届论坛首次提出要积极推动与落实论坛的“共同建议”。希望逐步形成与论坛作用相适应的有效机制，从而更加发挥好论坛的重要作用。

中国新闻出版传媒集团有限公司揭牌

5月8日　中国新闻出版传媒集团有限公司成立大会在北京人民大会堂举行。中国新闻出版报社整体转制，成立中国新闻出版传媒集团有限公司，标志着我国非时政类报刊改革取得了新的进展。

据了解，作为非时政类报刊单位的中国新闻出版报社成立于1988年1月，目前拥有《中国新闻出版报》，《中国出版》、《农家书屋》等杂志和中国新闻出版网。

共同建设全国加工贸易转型升级示范区

5月16日　海关总署与广东省人民政府在北京签署合作备忘录，以共同建设全国加工贸易转型升级示范区，推进转变发展方式。

中共中央政治局委员、广东省委书记汪洋说，推动加工贸易加快转型升级，是提高我国对外开放水平、提升国际竞争力的重要举措，是转变经济发展方式的重要内容，也是广东加快转型升级的迫切要求。合作备忘录提出的各项政策措施，符合广东实际，具有很强的可操作性，必将为广东加快建设全国加工贸易转型升级示范区注入新动力，为全国加工贸易转型升级创造新经验。

六大产业撑起柴达木循环经济试验区产业框架

5月23日　我国面积最大的循环经济试验区——柴达木循环经济试验区正全力推进项目建设，截至目前，以盐湖化工等六大循环经济产业链构成的主导产业框架初步形成。

2005年10月，柴达木循环经济试验区被列入首批13个国家级循环经济试验区；2010年3月，国务院批复实施试验区总体规划，将柴达木发展循环经济由地方发展战略上升为国家战略。

五年多来，以柴达木盆地为州域主体的青海省海西蒙古族藏族自治州积极探索，试验区建设取得初步成效。海西州副州长、柴达木循环经济试验区管委会副主任马杰说：“柴达木循环经济试验区以盆地内现有的石油天然气化工、盐湖化工、有色金属、煤炭等工业为基础，已初步搭建起了油气－－盐化工、煤－－焦－－盐化工、煤化工－－盐化工－－建材、有色金属－－天然气－－盐化工、铁矿－－焦炭－－钢铁以及新能源六大循环产业链基本架构。”

马杰说，五年多来，试验区发挥区域比较优势和资源组合优势，开始实现产业集群发展、资源集约利用，试验区主要产品产能大幅上升，开发培育出了氯化钙、焦炭、氧化镁等一批新的工业产品。

六月

世界上海拔最高公路隧道工程在四川正式开工建设

6月1日　世界上海拔最高的公路隧道工程——川藏公路雀儿山隧道东洞口引道工程1日在四川省德格县马尼干戈乡破土动工。

雀儿山隧道是世界上第一座海拔在4300米以上的超特长公路隧道，建设工期预计4年。四川省公路局和甘孜藏族自治州政府提供的资料显示，雀儿山隧道长约7公里，设计高程达4240米至4380米。

国家将雀儿山隧道工程列入“十二五”规划当中，计划投资11.2亿元。据四川省公路局估算，雀儿山隧道建成后，将缩短里程20公里，车速提高一倍，车辆穿越雀儿山只需10多分钟，至少节约两个小时。

2011年全国质量管理重点工作座谈会在青岛举行

6月14日　2011年全国质量管理重点工作座谈会在青岛举行。会议对2011年重点开展的质量状况分析工作制度、全国知名品牌创建示范区建设试点、全国质量工作先进单位和先进个人表彰、中小学质量教育社会实践基地建设4项质量管理工作进行了解读和宣传，并对下一步工作进行了再部署。

国内第一列实用型中低速磁悬浮列车开始运行试验

6月15日　国内首列具有完全自主知识产权的实用型中低速磁悬浮列车，在中国北车唐山轨道客车有限公司下线后完成列车调试，开始进行线路运行试验，这标志着我国已经具备中低速磁悬浮列车产业化的制造能力。

中低速磁悬浮列车是一种新近发展起来的轨道交通装备，性能卓越，适用于大中城市市内、近距离城市间、旅游景区的交通连接，市场前景广阔。中低速磁悬浮列车利用电磁力克服地球引力，使列车在轨道上悬浮，并利用直线电机推动前进。与普通轮轨列车相比，具有噪声低，振动小，线路敷设条件宽松、建造成本低，易于实施，易于维护等优点，而且由于其牵引力不受轮轨间的粘着系数影响，使其爬坡能力强，转弯半径小，是舒适、安全、快捷、环保的绿色轨道交通工具，在各种交通方式中具有独特的优势。

据介绍，该车采用铝合金车体、宽幅车身，供电电压由直流750伏提高到直流1500伏，噪音低、无辐射、运行安全可靠，爬坡能力达到70‰的水平，更加适合在城市复杂线路运行，并大幅降低了线路建设拆迁成本。

北京两条在建地铁线实现隧道洞体贯通

6月28日　北京地铁8号线二期北段、9号线南段28日实现洞体贯通，下一步将进入设备安装、调试阶段，计划2011年底前实现开通试运营。

地铁8号线二期北段6座车站已经全部完成，9号线9座车站全部完成主体结构施工，轨道、设备安装、供电系统、信号系统等正在进行施工，预计9月中旬实现轨道贯通，9月底实现全线试运行，年底前开通试运营。

8号线二期北段全长10.7公里，9号线南段全长11.2公里。8号线二期北段通车后将于奥运支线贯通运营，将有效疏解回龙观地区和地铁13号线的客流压力，大大缓解北京北部地区交通拥堵现状。9号线南段是北京市西南地区一条重要地铁干线，通车后对缓解北京西南地区交通拥堵，推动北京南城计划起到重要作用。

按照规划，到2015年，北京地铁总里程将达到561公里。到2020年预计北京轨道交通线路将达到30条，总里程近1000公里。

六（盘水）沾（益）铁路复线乌蒙山1号隧道胜利贯通

6月29日　被铁道部列为一级风险的六沾铁路复线乌蒙山1号隧道胜利贯通。全长6451米的乌蒙山1号隧道在六（盘水）沾（益）铁路复线三座重难点控制性隧道中瓦斯压力最大，穿越梅花山主脉，有多处煤矿采空区，岩溶、暗河密布，高瓦斯、高突泥、高涌水，被国内隧道专家称为“地质博物馆”。

该隧道穿越15条断层和2个向斜、1个背斜，部分地段水位很高，最大水压3.8兆帕，日涌水量最高21万立方米。溶洞地段最大突泥量5000立方米。隧道穿越2个煤系地层，长800米，瓦斯最大压力3.626兆帕，远大于0.74兆帕的瓦斯突出临界值，涌出量每秒20.624立方米，只要有一丝明火，隧道瞬间就会变成一个引燃导火索的“火药桶”。

开工四年多来，建设者通过了30处岩溶岩腔，创造了月进尺220米的岩溶地质光面爆破纪录，为国内高瓦斯隧道建设积累了宝贵经验。

我国首条引进境外天然气工程——西气东输二线投产

6月30日　西气东输二线东段工程30日投产，这标志着中亚—西气东输二线干线全线贯通送气，来自土库曼斯坦阿姆河右岸的天然气可以直达珠三角。

西气东输二线工程西起新疆霍尔果斯，东达上海，南抵广州、香港，横跨我国15个省区市及特别行政区，与中国－中亚天然气管道衔接，是我国第一条引进境外天然气资源的大型管道工程。

作为列入“十一五”规划的国家级重点工程，“西二线”于2008年2月22日在北京人民大会堂宣布开工，总投资约1422亿元人民币，由一干八支组成，管线全长8704公里（其中干线全长4978公里，八条支干线全长约3726公里），横贯我国东西两端，年输气能力300亿立方米，并可稳定供气30年以上。

西气东输二线工程干线贯通投产，对于优化我国能源消费结构、缓解天然气供应紧张局面、提高天然气管网运营水平、推进大型装备工业国产化水平具有十分重大而深远的意义。

世界最长跨海大桥和国内最长海底隧道同时通车

6月30日　青岛胶州湾大桥和胶州湾隧道是目前世界上最长的跨海大桥和中国最长海底隧道，这“一桥一隧”30日上午在青岛同时建成通车。

胶州湾大桥主桥之上，银白色的桥吊索塔顶部射出钢缆，稳住横卧于胶州湾上的“巨龙”。大桥主桥设双向8车道，顺着大桥从东向西行进，依次会看到沧口、红岛和大沽河航道桥，以及我国首个海上互通立交桥红岛互通立交桥。

胶州湾大桥东起青岛东部城区海尔路，越过胶州湾，西至黄岛红石崖，主桥中部建设互通立交桥与红岛相连，青岛、黄岛和红岛由此实现“品”形连接。

据介绍，胶州湾大桥于2007年5月开工，总投资147.92亿元，全长36.48公里，是目前世界上已建成的最长跨海大桥，比前任“冠军”杭州湾跨海大桥长了0.48公里。

30日同时通车的胶州湾隧道则是中国建成通车的最长海底隧道，全长9.47公里，黄岛端入口为滨海大道，出口位于青岛市区团岛路与瞿塘峡路交叉口，较早前建成的另一条海底隧道厦门翔安海底隧道长了0.77公里。胶州湾隧道建设近4年，总投资70.62亿元，建成双向6车道，设计车速80公里／小时。

七月

西藏首条高速公路—拉萨至贡嘎机场专用公路竣工

7月14日　西藏第一条高速公路——拉萨至贡嘎机场专用公路已全面竣工，并将于近期正式通车，这将结束西藏没有高等级公路的历史，开启西藏公路建设新的起点。

拉萨至贡嘎机场专用公路2009年4月28日开工，将拉萨市区到贡嘎机场的乘车时间从1个小时缩短为半个小时，全线免费通行。

拉萨至贡嘎机场专用公路起点位于拉萨火车站、柳梧客运站以西1.7公里处，工程沿拉萨河南岸布线，止于“两桥一隧”工程嘎啦山隧道北洞口与拉萨河特大桥南桥头之间，路线全长37.837公里。工程概算总投资15.9亿元，设计行车时速80公里。全线设互通立交桥4座，特大桥2座，大桥2座，中桥4座，小桥4座，通道桥23座，涵洞83道，双连拱隧道3座，养护管理中心1处。

我国主导马铃薯基因组研究获重大成果

7月20日　今天从中国农业科学院获悉，7月14日，国际权威学术期刊《自然（Nature）》发表了马铃薯全基因组序列图和生物学分析的封面论文。此项成果是由14个国家29个单位的97名研究人员组成的“马铃薯基因组测序国际协作组”经过6年艰苦的努力共同完成的。在项目执行过程中，中方团队实现了从参与到主导的跨越，奠定了我国在马铃薯基因组研究领域的国际领先地位。

据介绍，由中国农业科学院蔬菜花卉研究所、深圳华大基因研究院等组成的中国马铃薯基因组项目团队在此项成果中发挥了重要作用。

分析结果表明：马铃薯基因组共包含约39000个基因，在进化过程中经历了两次全基因组复制。通过对基因组的分析初步揭示了马铃薯自交衰退的基因组学基础。

云南第一条复线电气化铁路控制性工程歌乐隧道贯通

7月20日　上午，随着明洞与出口段成功爆破，国家重点工程沪昆铁路六（六盘水）沾（沾益）复线控制性工程歌乐隧道顺利贯通，这标志着云南第一条复线电气化铁路工程顺利推进。

据了解，沪昆铁路六沾复线东起贵州六盘水车站，向西途经水城、威宁、宣威、沾益等县市，改建铁路全长约212.22公里，按国家1级铁路设计，最高时速为160公里／小时，建设工期为4年，与2007年开通的沾益至昆明复线铁路相连后将成为云南第一条复线电气化铁路。

承建的中铁建工集团副总经理孟庆军在贯通仪式上介绍，歌乐隧道全长4584米，最大埋深约144米，是六沾二线主要控制性工程。该隧道以玄武岩、灰岩、松软土为主，围岩破碎，地下水及岩溶多，地质复杂多变，是六沾铁路建设工程中最难啃的“硬骨头”。

据悉，随着复线建成，六沾铁路输送能力将由现在的客车9对／日、货运1587万吨／年提高到客车34对／日、货运5781万吨／年。

第九颗北斗卫星成功发射

7月27日　27日5时44分，我国在西昌卫星发射中心用“长征三号甲”运载火箭，成功将第九颗北斗导航卫星送入太空预定转移轨道，这是北斗导航系统组网的第四颗倾斜地球同步轨道卫星。

本次北斗导航卫星的成功发射，标志着我国北斗区域卫星导航系统建设又迈出了坚实一步。目前，北斗区域卫星导航系统的基本系统已建设完成，正在抓紧开展星地联调和测试评估工作，经初步测试系统运行良好，将于今年年底前为我国及周边大部分地区初步提供连续无源定位、导航和授时以及短报文通信服务，满足交通运输、渔业、林业、气象、电信、水利、测绘等行业以及大众用户的应用需求。按照“三步走”的发展战略，明年年底前，我国还将陆续发射多颗组网导航卫星，不断提升系统服务性能，扩大覆盖区域，完成北斗区域卫星导航系统建设。

江西省10年内建成五大水利保障体系(科学发展　转变方式)

7月27日　江西省日前出台《关于加快水利改革发展的实施意见》，力争通过5到10年努力，基本建成“五大水利保障体系”，从根本上扭转水利建设明显滞后的局面；合理调整城市居民生活用水价格，稳步推进阶梯式水价制度。

据了解，江西水利改革发展的总体目标是建"五大水利保障体系"。一是防洪抗旱减灾体系。鄱阳湖区及"五河"中下游干流及重要支流重点河段堤防达到规划标准，鄱阳湖区等重点地区和南昌等大中城市达到国家规定的防洪标准，抗旱水源工程数量和水量调蓄能力明显提高。二是水资源合理配置和科学利用体系。"十二五"期间，全省新增总供水能力35亿立方米，万元GDP、万元工业增加值耗水量分别比2010年下降30%。三是水资源保护和河湖健康体系。到2015年，全省水（环境）一级功能区达标率达到85%以上，水质常年稳定在Ⅲ类以上。四是民生水利保障体系。"十二五"期间，基本解决农村饮水安全问题。2020年基本实现农村自来水全覆盖。五是水利管理和科学发展制度体系。

八月

西藏诞生首家国家新型工业化产业示范基地

8月6日　近日，拉萨经济技术开发区被确定为国家新型工业化产业示范基地。这对于促进西藏产业升级和国家级拉萨经济技术开发区快速发展具有重要意义。

国家级拉萨经济技术开发区管委会主任黄羽天介绍，拉萨经济技术开发区是西藏首家被工业和信息化部确定的国家新型工业化产业示范基地，将进一步推动国家级拉萨经济技术开发区优化各类资源配置，提升产业技术装备水平，充分发挥产业的集聚和辐射效应，成为引领西藏产业结构升级、提升技术水平的样板和产业发展的典型。

目前，拉萨经济技术开发区发展态势良好。今年1至6月，开发区新增注册企业75家，新增注册资金7.6亿元，累计实现税收6.6亿元，同比增长94%。中国石油青海油田LNG公司、西藏高原天然水有限公司、修正药业集团等一大批重点项目纷纷入驻，拉萨经济技术开发区未来发展态势将更加迅猛。

财政部将在香港发行人民币国债

8月15日 财政部将于8月中旬在香港第三次发行人民币国债，中共中央政治局常委、国务院副总理李克强将出席香港人民币国债发行仪式。日前财政部副部长李勇介绍了此次发行的相关情况。

本次人民币国债发行金额为200亿元。其中，面向个人投资者发行部分期限为2年，发行金额50亿元；面向机构投资者发行部分期限为3年、5年、7年和10年，发行金额分别为60亿元、50亿元、30亿元和10亿元。

浙江：沪杭磁悬浮计划2010年开建　总投资220亿元

8月17日　浙江省政府日前发布重大项目建设行动计划（2008–2012），一直备受瞩目的沪杭磁悬浮和沪杭客运专线等项目同时"榜"上有名，而且建设年限、总投资等"指标"有了详尽答案。其中，沪杭磁悬浮2010年开始建设，沪杭客运专线2009年开建。

被列入千亿基础网络工程综合交通网络部分的沪杭客运专线浙江段将在2009年至2013年间完成建设，总投资134.2亿元。其中2008年度计划完成投资32.0亿元，完成可研报批工作，力争开工。

同时上"榜"的沪杭磁悬浮交通项目（浙江段）建设起止年限为2010年–2014年，总投资220.0亿元，其中2008年–2012年计划完成投资65.0亿元。今年的年度实施计划是由浙江省沪杭磁悬浮交通项目（浙江段）筹建办公室、沿线各市政府负责做好土地预审、规划选址、环境评估等前期工作。

这份行动计划显示，沪杭磁悬浮交通项目新建线路总长调整为119.434公里，其中沪杭磁悬浮城际线（含三角区联络线）164.577公里，磁悬浮上海机场联络线（上海支线）34.857公里；浙江段长103.553公里，设嘉兴和杭州东两个车站。

去年民企500强入围门槛50亿元

8月25日　今天全国工商联在北京公布2010年中国民营企业500强名单，华为技术有限公司、江苏沙钢集团有限公司、苏宁电器集团位列前三名。2010年，民营企业500强吸纳就业561.16万人，户均员工达到1.12万人，比2009年增长24.03%。比亚迪股份有限公司、苏宁电器集团、华为技术有限公司、雨润控股集团公司员工均超过10万人，对全国就业的贡献进一步增强。

今天发布的报告显示，中国民营企业500强在2010年规模快速扩张，盈利能力全面提升。2010年中国民营企业500强入围门槛达到50.60亿元，较2009年提高了14亿元；营业收入总额69849.32亿元，户均139.70亿元，同比增长47.48%；共有4家企业营业收入总额超过1000亿元。

民营企业500强资产总额达到58824.80亿元，户均

117.65亿元，同比增长50.90%，净资产达到21275.10亿元，户均42.55亿元，增长54.68%。有8家企业资产总额突破1000亿元。

九月

兰州试行“一卡通”

9月5日　近日，“无线兰州”城市一卡通系统开始在兰州市区试运行。该系统在同一张手机SIM卡或CPU单卡中内置数字证书、手机钱包、公交一卡通等多个应用，不仅适用于合作商家进行现场刷卡消费，还可以用于企业、校园里的门禁、考勤、内部支付等。

我国超级稻冲击新纪录

9月18日　农业部组织的8名专家开始对位于湖南省隆回县羊古坳乡的超级稻高产攻关基地开展取样验收。如果该基地超级稻冲击亩产900公斤成功，将成为我国大面积水稻亩产的最高纪录。此次验收的超级稻品种由“杂交水稻之父”袁隆平院士研制。

毛乌素沙漠边缘建成臭柏保护区

9月28日　地处毛乌素沙漠边缘的陕西省榆林市神木县通过繁育臭柏，恢复保护区植被种类。截至目前，神木县臭柏资源自然保护区总面积达到123平方公里。臭柏主要分布于我国西部干旱地区，具有耐寒、耐旱、耐瘠薄、抗风沙等特点。图为保护区管理站工作人员在查看臭柏的生长状况。

国家提高2012年小麦最低收购价格

9月28日　为保护农民种粮积极性，进一步促进粮食生产发展，国家继续在小麦主产区实行最低收购价政策，并适当提高2012年最低收购价水平。经报请国务院批准，2012年生产的白小麦（三等，下同）、红小麦和混合麦最低收购价均提高到每50公斤102元，比2011年分别提高7元、9元和9元。

十月

第九次中美经济发展和改革对话在北京举行

10月20日，第九次中美经济发展和改革对话在北京举行。会议由国家发展改革委副主任彭森与美国国务院副国务卿罗伯特·霍尔默茨共同主持。中方参会部门包括国家发展改革委、外交部、财政部和国家能源局，美国国务院、商务部、财政部、能源部、农业部、贸易发展署、驻华使馆等美方部门派代表参会。

中美经济发展和改革对话由中国国家发展改革委和美国国务院共同倡议，首次对话于2003年11月举行，该机制旨在通过两国有关政府部门就经济领域中的重大问题进行交流和讨论，增进理解，协调政策，加强合作，共同推动双边关系向前发展。

海水淡化产业发展专家座谈会在京召开

10月22日，国家发展改革委在北京召开了海水淡化专家座谈会。会上，环资司介绍了我国海水淡化产业发展的相关情况，特别是海水淡化产业政策和规划的制定情况；与会的各位院士、教授和专家广泛讨论了我国海水淡化产业发展中的技术、经济和政策问题；国外专家还介绍国际先进的海水淡化技术和经验。与会专家对我委组织推进海水淡化以及“十一五”工作推进取得的成绩给予高度评价，对于“十二五”海水淡化面临的形势、发展的目标和重点提出了积极的建议。

广东台山核电1号机组核岛穹顶23日成功吊装就位

10月23日　广东台山核电1号机组核岛穹顶23日上午成功吊装就位，标志着该工程取得重要进展。按照工程安排，核岛穹顶吊装后，核电站重要的核岛主设备安装工作将在 1 号机组核岛逐步展开。

台山核电项目建设两台单机容量为175万千瓦的核电机组，由中广核集团与法国电力公司按照70%和30%的比例共同出资建设，是世界上第三个ＥＰＲ在建项目。

中德电动汽车科技创新合作研讨会在京举行

10月24日，中德电动汽车科技创新合作研讨会在京举行。科技部、发展改革委、工信部、外交部、环保部、标准委，德国驻中国大使、德国经济部、德国交通部、德国环境部，以及武汉、大连、深圳、德国北威州、不莱梅、汉堡等两国城市代表和中德两国电动汽车企业负责人近100名代表参加了本次论坛。科技部部长万钢介绍了中国电动汽车发展现状以及落实《中德关于建立电动汽车战略伙伴关系的联合声明》的举措，并对开展中德联合项目研究和互动示范运行提出了具体建议。

今后，中德双方将围绕电动汽车互动示范、技术研发和支撑环境体系三方面开展深入合作，为中德两国政府政策制定、企业技术升级提供依据和条件，从而推动电动汽车在中德乃至全世界范围内的可持续发展。会上，大连市与不来梅的政府代表现场签订了关于“电动汽车领域合作”的谅解备忘录。

国家发展改革委与国家开发银行签订支持物流业发展战略合作协议

10月25日，国家发展改革委与国家开发银行在京签署《支持物流业发展战略合作协议》，共同推进物流业做强做大，促进产业结构调整和经济发展方式转变。

根据协议，双方将以国家物流业发展规划和政策为指引，以鼓励发展的重点领域、地区、企业和项目为支持对象，将国家发展改革委政策引导优势与国开行融资支持优势结合，按市场化方式进行操作，促进物流业加快发展。双方合作重点包括：一是国开行积极支持并参与国家发展改革委在物流业重大发展战略、规划和政策领域的研究工作，共同推动物流业政策体系的不断完善；二是共同积极支持物流企业兼并重组，培育大型物流企业，推动重点领域物流发展，支持物流园区建设以及新型增值服务，优化区域布局等；三是共同推进新疆、西藏和青海、四川、甘肃、云南等省藏区物流业发展；四是积极推动全国性、区域性和地区性物流节点城市的物流设施建设。

中国出口企业转向新兴国家

10月24日　中国的出口企业正迅速向新兴国家转向。由于欧美经济低迷，中国对欧美的出口减速趋势明显，但对新兴国家的出口却风调雨顺，其中对东南亚地区的出口前三个季度同比增长了24.7%。加上进口，东南亚已经成为了中国第三大贸易对象区域。伴随着贸易的扩大，中国与东南亚边境的港口、铁路等基础设施整备也活跃起来。

十一月

中国发布淘汰白炽灯路线图

11月1日，国家发展改革委、商务部、海关总署、国家工商总局、国家质检总局联合印发《关于逐步禁止进口和销售普通照明白炽灯的公告》（以下简称《公告》），决定从2012年10月1日起，按功率大小分阶段逐步禁止进口和销售普通照明白炽灯。

中国是照明产品的生产和消费大国，节能灯、白炽灯产量均居世界首位，2010年白炽灯产量和国内销量分别为38.5亿只和10.7亿只。据测算，中国照明用电约占全社会用电量的12%左右，采用高效照明产品替代白炽灯，节能减排潜力巨大。逐步淘汰白炽灯，对于促进中国照明电器行业结构优化升级、推动实现“十二五”节能减排目标任务、积极应对全球气候变化具有重要意义。

利用外资设立中小企业担保公司试点工作取得实质性进展

11月11日，国家发展和改革委员会在北京举行了中外合资担保公司投资协议签约仪式，这标志着《国务院关于进一步做好利用外资工作的若干意见》（国发[2010]9号）中，有关“加快推进利用外资设立中小企业担保公司试点工作”取得实质性重大进展。

据了解，合资担保公司签约金额约51亿元人民币，将成为目前国内投资规模最大的担保公司之一。中方投资者包括中国进出口银行、海航资本控股有限公司、宝钢集团有限公司、浙江省海宁宏达股权投资管理有限公司、内蒙古鑫泰投资有限责任公司。外方投资者包括美国摩根大通集团、德国西门子。

中国—东盟双方贸易增长三十七倍

11月18日　中国—东盟建立对话关系20年来，双方在经贸领域开展了一系列的务实合作，取得了显著的成效。双边贸易快速增长，双方互为重要贸易伙伴。据介绍，1991年，中国与东盟建立对话关系时，双方的贸易额仅为79.6亿美元。20年来，特别是中国—东盟自由贸易区建设启动、中国—东盟博览会举办以来，双方贸易额进入了快速增长的新阶段。2004年，双方贸易额突破1000亿美元；2007年突破2000亿美元；2010年，双方贸易额达到2927.76亿美元，创历史新高。20年来，双边贸易额增长了37倍。近10年来，双方贸易额年均增长超过20%。

第六届中日节能环保综合论坛于11月26日在北京举行

11月26日　第六届中日节能环保综合论坛在北京举行，中方主办单位为国家发展改革委、商务部，日方主办单位为经济产业省、日中经济协会。主论坛半天，由两国政府有关领导发表演讲。分论坛半天，由两国代表围绕领跑者制度、绿色建筑、污水和污泥处理、循环经济、新能源汽车、能源（煤炭和火力发电）、中日长期贸易等七个议题进行研讨。23-25日，日方组成六个考察团在中国境内进行商务和技术考察。这次论坛将有50多个项目进行签约。

十二月

中国将研发第三代风云气象卫星

12月5日　中国气象局和中国航天科技集团公司在

京联合召开我国风云卫星发展研讨会，通过征集用户需求，了解卫星及载荷预期发展目标，初步形成了我国第三代气象卫星的发展框架与思路。

我国风云系列气象卫星历经40年发展，共成功发射11颗气象卫星，现有6颗卫星在轨稳定运行，实现了业务化、系列化的发展目标。在第一、第二代风云系列气象卫星取得良好经济、社会效益的基础上，进一步发展第三代风云气象卫星，对于卫星观测业务的可持续发展、满足日益增长的应用需求、提升我国国际影响力等方面都具有重要意义。

全国农机化水平持续提高

12月5日　从农业部获悉，截至11月30日，今年中央财政农机购置补贴资金175亿元已全部落实到户，共补贴各类农机具约564万台（套），受益农户约439万户。补贴政策进一步加快了农业机械化进程。数据显示，今年全国耕种收综合机械化水平预计超过54.5%，同比提高2.2个百分点。

8亿立方米黄河水将为河北“解渴”

12月5日　从河北省水利厅获悉，2011至2012年度，河北省将引8亿立方米黄河水，有效缓解河北省东南部地区水资源供需矛盾，为当地经济社会发展提供宝贵的水源。

首个全国性股权投资企业管理规则发布实施

12月8日　近年来，我国股权投资（基金）企业快速发展，对于优化企业融资结构起到了积极作用，但与此同时也出现了个别地区股权投资基金非法集资等不规范的募资行为和不规范的运营行为。为规范我国股权投资（基金）企业的运作和备案管理，促进股权投资行业健康发展，日前国家发展改革委发布了《关于促进股权投资企业规范发展的通知》（以下简称《通知》）。这是我国首个全国性股权投资企业管理规则，标志着我国股权投资（基金）企业规范发展进入了制度化的轨道。

2011年西部大开发新开工22项重点工程

12月20日　为深入实施西部大开发战略，促进西部地区又好又快发展，2011年国家新开工西部大开发重点工程22项，投资总规模为2079亿元。22项新开工重点工程分别是：(1) 贵州毕节至都格（黔滇界）高速公路，(2) 云南龙陵至瑞丽高速公路，(3) 内蒙古韩家营（晋蒙界）至呼和浩特高速公路，(4) 宁夏东山坡至毛家沟（宁甘界）高速公路，(5) 陕西汉中至略阳（陕甘界）高速公路，(6) 甘肃徽县（陕甘界）至天水高速公路，(7) 新疆克拉玛依至塔城高速公路，(8) 广西南宁轨道交通1号线一期工程，(9) 拉萨贡嘎机场飞行区改造及配套工程，(10) 西部支线机场建设，(11) 青海柴达木盆地百万千瓦太阳能示范基地，(12) 内蒙古高头窑矿区高头窑煤矿，(13) 重庆500千伏输变电工程建设，(14) 溪洛渡右岸电站送电广东双回±500千伏直流输电工程，(15) 云南普洱至广东江门±800千伏直流输电工程，(16) 西藏藏中电网建设工程，(17) 庆阳石化成品油外输管道，(18) 云南小中甸水利枢纽工程，(19) 四川自贡小井沟水利工程，(20) 宁夏沙坡头水利枢纽南北干渠及灌区节水改造工程，(21) 攀钢钒钛资源综合利用及产业结构调整，(22) 宝钢集团新疆八一钢铁有限公司南疆钢铁项目。

2000—2011年，西部大开发累计新开工重点工程165项，投资总规模3.1万亿元。

国际投资大事记

（2011年1月—011年12月）

一月

中投在美买楼

1月6日　中投瞄准地产可以看作是其谋求业务多元化的一个信号。在对外偿还能力得到充分保证的情况下，中国政府持有国外资产将更多地考虑如何增值，因此适当将投资对象放宽，眼见美债及欧洲债券价格不断下跌，一向坚守美债的中投公司开始谋求多元化投资。昨日有消息称，中投公司去年帮助与凯雷集团共同所有的一栋曼哈顿办公楼进行了再融资，此举再次表明这家3000亿美元的主权财富基金正在加大投资美国房地产的力度。

专家认为，在美元贬值的情况下，中国政府应逐渐将持有的美国金融资产转化为实物资产，而抄底美国房地产正是不错的选择。与此同时，中投可以借此在美国“投石问路”，积累更多海外投资经验。

中国在美交易人民币

1月13日　昨日据媒体报道，中国银行美国分行已正式向美国客户开放人民币交易业务，允许美国公司及个人通过其美国分行进行人民币买卖。“这是人民币国际化进程中相当重要的一步，也表明中国有意加快人民币国际化的步伐。”上海社科院金融研究中心副主任潘正彦表示。

欧盟拟改救援机制

1月17日　欧盟成员国财政部长会议召开。各成员国财政部副部长齐聚布鲁塞尔，商讨欧洲金融稳定机制的修改方案。德国财政部长朔伊布勒透露，各成员国正在研究“综合方案”，致力于永久性解决不断蔓延的欧债危机，并且有望在2月举行的欧盟领导人峰会上达成一揽子具体措施。

联合国报告称人民币汇率未被低估

1月19日　联合国贸易和发展会议（贸发会议）1月18日在日内瓦公布最新研究报告指出，以单位劳动成本计，人民币实际有效汇率自1995年来累计升值近一倍，当前币值未被低估。

人民币兑美元再创新高

1月20日　来自中国外汇交易中心的最新数据显示，1月19日人民币对美元汇率中间价报6.5885，连续第二个交易日改写汇改以来新高纪录。

欧美投行或转型多元化

1月25日美国的固定收益交易疲弱，但是股市表现较为强劲，可望让瑞银集团、瑞士信贷及法国兴业等重心在股票交易上的投行受惠

新年伊始，多家美国大型银行陆续公布2010年第四季度财报，报告显示，一些大型银行的营收较第三季度都有些许下滑，其原因都是投资银行业务的不振。这便给全球投资银行业者发出警告：2011年，业务多元化是生存及赚钱的惟一办法。

二月

新CPI权重方案启动

2月15日　昨日下午，国家统计局总统计师鲜祖德证实，新CPI权重方案已于年初启动。鲜祖德对该媒体表示：“新CPI统计方案符合最新消费结构的实际情况，只会更客观全面地反映消费和物价变化，不会存在拉低CPI的情况。”

受CPI权重调整的传闻影响，2月14日，沪深股市出现了久违的放量大涨，股指单边上扬，各板块集体飘红。

华康实现连续两年盈利（保险行业）

2月16日　昨日，华康保险代理集团公布了2010年度各项经营业绩指标。数据显示，该集团企业代理人身险与财产险业务当年新单保费、续期保费收入累计11.1095亿元，其中，代理人身险与财产险业务当年新单保费6.48亿元，与上年相比增长了24.6%；连续实现第二个财务年度盈利，利润与上年相比，增长幅度超过了30%；专业保险营销员2.35万人，同比增长了27.7%。

港股外地机构交易比重上升

2月21日　香港证券交易所发布的调查报告显示，作为投资者类别中的重头部分，外地机构投资者在香港证券市场总成交金额中的比例从2008／2009年度的38%增至2009／2010年度的42%。

港交所当天发布《现货市场交易研究调查2009／2010》指出，证券市场的总成交额中，本地与外地投资者所占的交易比重持续保持均衡。

汇丰PMI显示2月工业放缓

2月21日，汇丰发布，当月中国制造业采购经理人指数（PMI）预览数较1月份下降3.0个百分点，至51.5；2月中国制造业产出指数较1月份下降4.7个百分点，至51.8。上述两项指数均为7个月来的最低水平。PMI预览数较最终数据提前一周公布。汇丰中国2月PMI的最终数据将于3月1日发布。

国内航空上调燃油附加费

2月21日，国航、厦航、川航、西部航空、昆明航空、深圳航空、山东航空、大新华航空等多家国内航空公司发出通知称，自2011年2月22日零时起，调整国内航线旅客运输燃油附加收取标准，其中800公里以上航线每位旅客收取标准为90元，800公里以下（含）航线每位旅客收取标准为50元。

韩国航空销售额创新高

2月21日　韩国国土海洋部发表数据称，韩国7家航空公司去年销售总额达17.44万亿韩元（1美元约合1110

韩元），营业利润达1.74万亿韩元，均创下历史新高。

三月

全球农产品价格上涨趋势还将延续

3月7日　彭博社报道，由于俄罗斯实施粮食出口禁令，该国小麦种植面积将下降至近4年以来的低点。这也意味着，全球农产品价格的上涨趋势还将延续。

分析师指出，由于俄罗斯政府出台的出口禁令导致农民收入受限，因此后者都不愿种植更多小麦，而种植成本的上升则进一步打压了农民的热情。

巴克莱资本大宗商品分析师乌尼克里斯南表示：“目前俄罗斯的粮食生产局势非常危险。由于全球粮食库存下降，未来一年的情况不容乐观。”

上海期金重返300元上方

3月8日 受地缘政治因素的刺激，加上油价上涨带动市场对通胀的担忧，本周首个交易日，上海期货交易所黄金期货再次高开高走，结束了上周连续下跌的态势，主力合约期价亦重新回到300元上方。

数据显示，上海期货交易所黄金期货交易最为活跃的今年6月份合约早盘跳空高开，开盘报价每克303.10元，盘中增仓继续震荡上行，扩大市场涨幅，收盘于每克304.33元，创下了今年1月初以来的新高，较上周五结算价上涨了3.82元或1.27%。

其余交易的非活跃合约亦都全线报涨收红，其中9月份交割的合约收盘于每克306.41元，较前一交易日结算价上涨了1.55%，12月份交割的合约也上涨了1.33%，收盘于每克306元。

2月FDI达78亿美元

3月15日　中国庞大的内需市场成为很多跨国公司需求新的利润增长点的“福地”。商务部公布数据显示，2月，中国新批设立外商投资企业1156家，同比下降10.9%；实际使用外资（FDI）78亿美元，同比增长32.2%。

存款准备金率无底线？

3月29日　存款准备金率将继续上调已经成为市场的共识。不少分析人士认为，到年底存款准备金率将达到23%甚至更高。全国人大财经委副主任委员、央行前副行长吴晓灵表示，存款准备金率仍存在上调空间。

四月

力拓控股RML超50%，武钢难以收购

4月11日　数度推迟后，力拓终于完成了对澳大利亚上市焦煤企业Riversdale Mining Ltd.（简称“RML”）的控制权。力拓日前在官网发布公告称，公司对RML的控股比例超过50%，进而取得了控制权。力拓还表示，在收购提案4月20日到期前，力拓对RML的控股比例有望进一步提高。

去年6月，武钢曾率先与RML签署谅解备忘录，计划出资8亿美元，以10澳元/股的价格认购RML8%的股权，并购买其Zambeze煤矿项目40%的股权和买入BENGA煤矿至少10%焦煤的权利。但在力拓获取RML的控股权后，已有媒体预计“武钢很难在短时间内出资更高的收购价格”。这意味着，武钢出局的可能性极大。

力拓之所以看中RML公司是因为其掌握着优质的焦煤资源，与铁矿石一样，焦煤也是下游钢铁企业不得不使用的重要原材料。

泰康人寿高调引入高盛投资

4月12日　再过不久，泰康人寿股份有限公司（以下简称“泰康人寿”）宣布，高盛集团有限公司（以下简称“高盛”）收购泰康人寿12.02%的股权。

对此，市场分析人士指出：“随着资本大鳄高盛的进入，泰康人寿的上市步伐会提速。”中央财大保险学院院长郝演苏在接受记者采访时表示，泰康人寿一直在准备上市，包括股东的清退或者引入。此次转让，高盛作为投行及财务投资者介入，有助于泰康人寿加快上市的进程。

据了解到，这笔投资已经获得中国保监会批准，法国安盛人寿将其持有的泰康人寿1.33亿股，转让给高盛、中国嘉德国际拍卖有限公司和新政泰达投资有限公司。转让后，中国嘉德、新政泰达和高盛集团分别持有泰康人寿14.98%、10.90%和12.02%的股份。

外资觊觎中国日化品牌法国香水巨头科蒂收购丁家宜

4月13日　继小护士、大宝等民族日化品牌纷纷被外资收购后，丁家宜也开始一段跨国“婚姻”。法国香水巨头科蒂集团4月8日证实，已与中国防晒品销量第一的护肤品公司丁家宜达成股份购买协议，将获得丁家宜的大多数股份。

据了解，科蒂是全球五大化妆品公司之一，年销售额近40亿美元，旗下拥有全球第二大彩妆品牌芮谜及阿迪达斯个人护理用品系列等近30个国际日化品牌。而丁家宜现在全国拥有4个生产基地，旗下拥有丁家宜、植物

纯粹等知名护肤品牌，在洗面奶和防晒品领域占据一定的市场地位。

亚洲成全球经济增长引擎

4月13日，《博鳌亚洲论坛亚洲经济一体化进程2011年度报告》指出，2010年亚洲对全球经济增长率的贡献可望超过45%，亚洲地区成为全球经济增长引擎。亚洲经济从2009年下半年开始复苏，2010年继续保持强有力的增长势头。

报告指出，亚洲经济复苏得益于该地区政府在金融危机后所实施的大规模财政刺激方案和宽松的货币政策。2010年亚洲地区经济增长率很可能达到7%，远高于地区内许多经济体的经济潜在增长水平。

欧盟建议立法修改能源税

4月13日　欧盟委员会出台立法建议，对欧盟现行能源产品征税方法作出调整。

根据这份立法建议，欧盟成员国今后对汽油、柴油、生物燃料等能源产品征税将分两部分：一部分是按照能源产品实际产生的能量征税，以每千兆焦耳为单位开征，其中发动机用燃料最低税率为每千兆焦耳9.6欧元，供暖用燃料为0.15欧元；另一部分是根据二氧化碳排放量征税，每吨20欧元。

浦东外商投资成功率居首

4月19日　外资企业在浦东每投入100美元将获净收益279元，平均投资回报率高达42%。”4月18日，上海浦东新区副区长刘正义对记者如是说。当天，浦东新区首次对外发布《外商投资环境白皮书》（以下称《白皮书》），内容主要包括浦东新区外商投资综合报告和外商投资环境评价及案例。

《白皮书》显示，“十一五”期间，浦东新区合同外资年均增加51.87亿美元，实际到位外资年均增加35.45亿美元，占上海全市同期总量的1/3强。浦东新区利用外资保持了良好的发展态势，是浦东开发20年来利用外资规模最大、质量最高、对上海贡献最大的5年。

五大行资本充足率下降

4月26日　继农行之后，工行、中行、交行昨日同时公布2011年第一季度业绩报告。季报显示，大型银行一季度资本充足率和核心资本充足率均有所下降。

截至今年第一季度末，工行资本充足率为11.7%，比去年年末下降了0.5个百分点；而工行核心资本充足率为9.66%，比去年年末下降了0.31个百分点。中行核心资本充足率下降0.13个百分点至9.96%，资本充足率则下降0.20个百分点至12.38%。交行核心资本充足率为9.24%，资本充足率为12.05%。

日央行公布特别融资方案

4月28日　日本中央银行——日本银行决定继续维持去年10月起实施的零利率政策，同时公布向地震灾区金融机构提供每家上限为1500亿日元（约合18.36亿美元）的特别融资方案，总额为1万亿日元（约合122.40亿美元）。

五月

中美或攻防资本市场

5月09日　随着中国经济的快速发展，美国对中国的态度正出现明显变化，过去美国人的眼里中国是“加工厂”，如今已上升至“投资市场”的地位，这意味着今后美国施压人民币不再是重头戏，但同时，要求中国进行金融监管改革，资本市场进一步开放将是其施压主题

京沪高铁试运行（财经观察）

5月11日，在联调联试工作基本结束之后，京沪高铁正式开始运行试验。自2010年11月15日正式启动先导段枣庄西至蚌埠南联调联试工作以来，针对运营里程长的实际，京沪高铁分段组织开展联调联试工作。

目前，是按照两个速度等级混合开行的模式，铁道部已组织北京、济南、上海铁路局初步确定了列车开行方案。考虑客流情况和动车组下线，初期安排开行90对动车组列车，包括一站直达、省际直达和交错停车三种模式。

高盛又陷欺诈门去年支付法律费用超7亿美元

5月12日　当地时间5月10日，高盛集团向美国证券交易委员会（SEC）提交了一份季度监管文件，文件称美国商品期货交易委员会（CFTC）将对高盛执行与清算部门发起教唆、民事欺诈和监管相关指控。

文件指出，美国商品期货交易委员会调查的焦点在于高盛集团旗下的执行和结算部门（GSEC），这个部门主要向高盛集团客户提供结算和交易执行服务，客户范围包括了对冲基金、公司、共同基金和中央银行等。其中，在美国证券交易委员会注册的某经纪交易商在高盛集团持有相关账户，根据高盛集团对美国商品期货交易委员会指控所作出的回应，这些账户实际属于该经纪交易商的客户所有，而不是经纪交易商的自营账户。据称，这家经纪交易商已在美国证券交易委员会注册，文件并没有披露其身份。

印上调汽油零售价

5月12日　印度三大石油炼化和零售企业均宣布从昨日开始上调汽油价格，每升汽油售价上调大约5卢比（约合0.11美元），价格上调幅度超过8%。这是今年1月份以来印度国有油品销售企业首次上调零售价格，市场预期汽油零售价格还将进一步上调。

瑞穗银行与瑞穗实业银行谋合并

5月18日　日本第二大银行瑞穗金融集团正在考虑将旗下的零售银行业务和企业银行业务进行合并，以便提高经营效率。

8年前，日本第一劝业、富士银行以及日本工业银行合并成为日本瑞穗金融集团，为了平衡3家银行的权力，此后集团始终保持三名高层领导共同管理集团的特殊管理架构，同时将零售银行业务和企业银行业务实行分离。但是这一结构饱受投资者以及日本金融监管部门的诟病，集团被指责经营效率低下以及决策时间过长。

首季国际收支继续双顺差国际储备资产继续增长

5月25日　随着近期美元持续走强，一些'热钱'开始撤离中国市场，楼市和证券市场外资流入明显减少。但是，从长远看，外资大规模撤离的可能性不大。

5月24日，国家外汇管理局公布了第一季度统计数据。初步估算，第一季度，中国国际收支经常项目、资本和金融项目（含净误差与遗漏）继续呈现顺差，国际储备资产继续增长。

第一季度，中国经常项目顺差298亿美元，按可比口径计算（下同），同比下降18%。其中，货物贸易顺差208亿美元，服务贸易逆差102亿美元，收益顺差76亿美元，经常转移顺差116亿美元。

香港利率多面承压

只要美联储低利率政策不变，全球流动性过剩状况仍旧持续，香港的物价、楼价、利率等诸多方面势必备受煎熬。

继香港银行业存贷比由去年年初的71%上涨至当前的82%，引发利率上调的压力之后；5月23日出炉的香港4月CPI数据无疑加剧了这一压力。数据显示，4月份香港CPI同比上涨4.6%，呈现加速上升态势。香港特区政府更是将2011年的CPI涨幅预期从此前的4.5%上调至5.4%。

重庆房产税将微调

5月28日　重庆试点个人住房房产税改革时满4个月之际，重庆市市长黄奇帆表示，房产税改革试点工作有序、有效、平稳推进，此项改革将在充分试点的基础上进行修改完善。黄奇帆还表示，个人住房房产税改革将在1年至2年试点的基础上总结完善，两地试点后的"修改版"可能在全国推广房产税改革。

印度放松对外直接投资规定

5月28日　印度央行日前发布公告，宣布进一步放宽对印度公司在海外直接投资的监管，为企业经营提供更大的灵活性。根据新规定，在计算印度企业在海外的财务承担金额时，除对海外公司的资本投入和贷款以外，履约保函金额将从此前的100%计入财务承担改为50%的金额计入财务承担。

六月

央行：扩大直接融资规模

6月7日　中国人民银行在上周五发布的《中国金融稳定报告（2011）》中表示，今年将继续实施积极的财政政策和稳健的货币政策，今后金融工作的重点是扩大直接融资规模，央行将更加重视社会融资总量指标。

报告认为，2011年，中国经济保持平稳较快增长面临国际国内诸多挑战，需实施积极的财政政策和稳健的货币政策，从社会融资总量的角度衡量金融对经济的支持力度，扩大直接融资规模等。

中国环境依然严峻

6月7日　环境保护部日前发布《2010年中国环境状况公告》指出，2010年中国部分环境质量指标持续好转，但环境总体形势依然十分严峻。

长江、黄河、珠江、松花江、淮河、海河和辽河等七大水系总体为轻度污染。公报显示，204条河流409个国控断面中，Ⅰ－Ⅲ类、Ⅳ－Ⅴ类和劣Ⅴ类水质的断面比例分别为59.9%、23.7%、16.4%。其中，长江、珠江总体水质良好，松花江、淮河为轻度污染，黄河、辽河为中度污染，海河为重度污染。

此外，湖泊（水库）富营养化问题依然突出，在监测营养状态的26个湖泊（水库）中，富营养化状态的湖泊（水库）占42.3%。

一年期央票地量发行

6月14日　中国人民银行公开市场发行了10亿元一年期央票，发行利率连续第十次持平于3.3058%。10亿元的发行量是该品种的历史发行地量，也是今年3月份以来的新低。由于地量发行，利率持平也在市场预期之中。

而央行当天也未进行正回购操作。

工信部推进稀土重组大企业

6月14日　日前在北京召开的全国稀土工作会议上，工业和信息化部部长苗圩指出，积极推进稀土行业的联合重组，形成以大企业、大集体为主导的产业格局，是改善稀土行业管理的有效途径。同时，工信部正着手制定加快组建大型企业集团的具体方案。

海航资本欲打造保险业全产业链

6月15日　新光海航人寿保险有限责任公司、民安财产保险有限公司、扬子江保险经纪有限公司以及海南通汇保险代理有限责任公司，这四家保险机构，实际上都是海航集团金融产业板块——海航资本控股有限公司（简称“海航资本”）的成员公司。而从这种布局来看，海航资本在保险领域的集团化构想已显而易见。

澳门企业担忧原材料上升

6月14日　澳门特区政府经济局公布的调查报告显示，原材料价格上升仍是澳门企业的主要隐忧，此外，来自外部的价格竞争和人员缺乏也是企业发展隐忧。

调查结果显示，今年第一季度，曾面临“原材料价格上升”和“外部价格竞争”问题的受访企业分别占总数的78.6%和73.7%，而遇到“人员缺乏”、“工资高昂”及“订单不足”等问题的企业分别占64.9%、50.4%及25.1%。

两法明确了境外国有资产管理的责任主体

6月27日　国务院国资委正式发布了《中央企业境外国有资产监督管理暂行办法》（下称《境外资产监管办法》）和《中央企业境外国有产权管理暂行办法》（下称《境外产权管理办法》），均自7月1日起施行。

值得关注的是，《境外资产监管办法》明确了中央企业是其境外国有资产管理的责任主体，央企负责人须对海外投资失误负责。《境外资产监管办法》明确提出，中央企业是其境外国有产权管理的责任主体。

针对中央企业参与境外金融衍生业务，《境外资产监管办法》指出，从事境外期货、期权、远期、掉期等金融衍生业务应当严守套期保值原则，完善风险管理规定，禁止投机行为。

七月

外储逼近3.2万亿

7月12日，中国人民银行公布的《2011年上半年金融统计数据报告》显示，截至6月末，国家外汇储备余额已达3.1975万亿美元，同比大幅增长30.3%。

“6月贸易顺差意外创出近半年多以来的新高，在一定程度上导致了外储的增长。”上海社科院金融研究中心副主任潘正彦对《国际金融报》分析，“而这其中可能有很大一部分是来源不明的所谓‘热钱’，整个上半年贸易顺差同比收窄18.2%。同时，在资本项目下，1－5月份的外商直接投资同比增长23.4%。结合这些数据看，不明来源的境外资金流入量仍非常多。”

中国再度加仓美债

7月18日，美国财政部公布了5月各国及地区持有美债状况。5月中国持有美债总计11598亿美元，环比增持73亿美元，至此中国已连续两个月增持美债，依然为美国头号债主。

资料显示，中国持有的美国国债总量于2010年6月突破万亿关口，此后至今从未低于1.11万亿美元。去年11月至今年3月，中国连续5个月减持美债，总计减持304亿美元。过去两个月中国总计增持美国国债149亿美元，增幅为1.3%。

目前美国的国债总量已达到14.3万亿美元的法律规定上限。标普、穆迪等评级机构已指出，如果美国无法如约偿还债务，他们将调降美国的信用评级。

中国东盟经贸加速跑

7月27日　昨日，国新办就“中国－东盟建立对话关系20年经贸成效情况”召开新闻发布会。商务部国际贸易谈判代表兼副部长高虎城介绍，目前中国是东盟第一大贸易伙伴，而东盟也超过日本，成为中国第三大贸易伙伴。“2010年，双边贸易额已达2927.8亿美元，规模扩大了37倍。而在1991年，双方双边贸易额仅为79.6亿美元。20年来平均增速在20%以上”。

“中国对东盟投资已经从建筑行业和承包工程等一些传统领域，开始向能源、制造业和商业服务领域转移。”高虎城透露，目前中国与东盟成员国当中正在建设五个经贸合作区，预计初步投资达到8亿多美元。

八月

英继续维持最低水平利率

8月4日　英国中央银行英格兰银行决定继续将主导利率维持在0.5%的历史最低水平，这已是该行连续第29个月决定维持利率不变。英国央行同时决定，定量宽松政策中向市场提供的直接货币供应量继续保持在2000亿英镑（约合3270亿美元）的规模不变。

外汇局继续高压打热钱

8月5日 日前，国家外汇局分局长座谈会在江西南昌召开。会议提出，下半年要严厉打击“热钱”等违法违规资金和跨境套利资金流入。继续保持打击“热钱”的高压态势，严厉打击外汇违规收结汇。同时，采取积极措施，鼓励和便利购付汇，抑制市场主体套利性跨境资产运作，减缓结售汇顺差过快增长。对合法合规的外汇资金流动，要继续给予政策便利。

国家发展改革委十大措施鼓励民企

8月15日 据国家发展和改革委员会介绍，我国将采取十大政策措施鼓励和引导民营企业在节能环保、新一代信息技术、生物、高端装备制造、新能源、新材料、新能源汽车等战略性新兴产业领域形成一批具有国际竞争力的优势企业。

冰岛央行上调基准利率

8月17日 冰岛中央银行宣布将基准利率上调0.25个百分点至4.5%，以稳定物价。冰岛央行同时还宣布，各种商业利率也将相应上调，其中存款利率从3.25%升至3.5%，大额存单利率从4%升至4.25%，抵押贷款利率4.25%升至4.5%，隔夜拆借利率从5.25%升至5.5%。

瑞士央行再提存款准备金

8月17日 瑞士国家银行（央行）宣布，将存款准备金从1200亿瑞士法郎（约合1534亿美元）提高到2000亿瑞士法郎（约合2556亿美元），以期阻止瑞士法郎升值。

瑞士央行认为，虽然央行此前采取的措施发挥了作用，但瑞郎仍被过度高估。为此，央行决定再次大幅增加瑞郎货币市场流动性，加大货币市场利率下降压力。

台湾倡议两岸拿下惠普PC

8月18日 美国惠普公司表示正考虑拆分个人电脑业务，引起全球业界高度关注。中国台湾相关业者日前提出设想，希望两岸企业联手拿下惠普在个人电脑领域的“市场大饼”。

德国重申反对欧元债券

8月21日 德国总理默克尔再次表示，坚决反对推出欧元债券。默克尔当天在接受德国电视二台采访时表示，发行欧元债券并不能解决当前危机，只会让欧盟变成一个债务联盟，而非稳定联盟。

默克尔说：“政治不可能也不会简单地随市场。市场想强迫我们去做一些事情，但我们不会去做。”她指出，目前危机的解决之道应是削减公共债务，提升经济竞争力。

九月

中国江西赣州三大稀土产区停产

9月5日 有“稀土王国”之称的世界离子型稀土主产地中国江西赣州市日前出台有关通知，力图通过多项措施促钨、稀土资源有序开发，持续利用。

赣州市在新出台的《关于下达2011年全市钨、稀土矿开采总量控制指标的通知》中指出，各县区必须根据各钨矿、稀土矿山的资源储量状况，开发利用情况，年度采掘计划审查情况，对生产指标进行分解，并落实到每个矿山企业，以严格落实钨矿、稀土矿山总量控制指标。宁都县继续停产，赣县、信丰原则停产——2011年底两县全面停产。

人民币将成尼日利亚外储货币

9月6日 尼日利亚中央银行发表声明说，人民币将与美元、欧元和英镑一起成为尼日利亚外汇储备货币。声明说，将人民币列为外汇储备货币是实现尼日利亚外汇储备多样化、促进经济转型的必然措施。

梁稳根晋升中国首富

9月7日 胡润研究院昨日公布百富榜前50名，梁稳根以财富700亿晋升中国首富；去年首富宗庆后以财富680亿退居第二；李彦宏以财富560亿进入前三。许家印取代王健林成为今年的地产大王，吴亚军成为女首富。

欧盟明年公共债务比重仍将维持高位

9月12日 欧盟委员会公布的公共财政报告预测，到2012年欧盟公共债务占国内生产总值的比重将达到83.3%，比2007年的水平高出约20个百分点。欧盟委员会负责经济和货币事务的高官马可·布蒂在报告前言中表示，财政危机是自2008年国际金融危机爆发以来一直对欧盟经济和财政形势影响最大的因素。

ＩＭＦ下调全球增长预期

9月21日 国际货币基金组织（ＩＭＦ）昨日发布的2011年下半年《世界经济展望》报告预测，今年全球经济增速为4.0%，比6月份预测低0.3个百分点，显示全球经济复苏遭遇新挑战。2012年全球经济也将增长4.0%，较6月份的预测下调0.5个百分点。

ＩＭＦ表示，在投资依然强劲的推动下，中国经济将继续保持强劲增长势头，成为世界经济增长的领头羊。今年中国实际国内生产总值增速将达到9.5%，2012

年增速将达到9.0%。

香港富裕人士财力冠亚洲

9月23日　根据昨日发表的“汇丰亚太区富裕人士调查”结果，香港特区富裕人士的人均流动资产高达31.51万美元，超过澳大利亚和新加坡居于亚洲首位。

“汇丰亚太区富裕人士调查”由尼尔森负责进行，在亚洲8个主要市场内，访问平均流动资产值和按揭价值最高的10%富裕人士，数目超过4400位。除香港外，调查发现受访地区富裕人士人均流动资产排在前几位的依次为：澳大利亚（29.62万美元）、新加坡（29.37万美元）、中国内地（15.92万美元）和中国台湾（15.69万美元）。

中日韩合作秘书处挂牌

9月28日　中日韩三国合作秘书处昨日在韩国首都首尔正式挂牌，标志着三国为加强磋商增进合作迈出了新的一步。韩国外交通商部长官金星焕、中国驻韩国大使张鑫森、日本驻韩国大使武藤正敏前往秘书处表示祝贺，并与三国合作秘书处秘书长申凤吉一起为秘书处牌匾揭幕。

中日韩三国合作秘书处常设于首尔，秘书长由三国按韩日中的顺序轮流提名任命，任期两年。首任秘书长由韩国前外交通商部国际经济合作大使申凤吉担任。三国秘书处已于本月1日开始办公。

十月

欧佩克下调原油需求预测

10月11日　设在维也纳的石油输出国组织（欧佩克）发表报告，下调国际原油需求预测。根据这份报告，2011年世界原油的日需求量较2010年仅增加88万桶，为平均每天8781万桶，比上月的预测少18万桶。报告预计，2012年世界原油的日需求量也仅比今年增长119万桶，达到8901万桶，而上月的预测是8926万桶。

美国推迟发布汇率报告

10月14日　美国财政部发表声明说，推迟向国会提交半年一次的有关美国主要贸易伙伴的《国际经济和汇率政策报告》。

财政部的声明说，推迟发布汇率报告的原因在于要在近期一些重要国际会议上与有关方面继续磋商协调，这些会议包括二十国集团财政部长与央行行长会议、二十国集团峰会、亚太经合组织财政部长会议以及亚太经合组织领导人非正式会议。

美对中国出口太阳能电池板提出双反申请

10月20日　从中国机电产品进出口商会获悉，针对美国国内产业对中国出口的太阳能电池板提出的贸易救济调查申请，机电商会代表中国太阳能光伏产业表示遗憾和反对，并称中国企业对美出口不存在任何不公平贸易行为。

香港营商环境蝉联第二

10月20日　世界银行与国际金融公司联合发布的《2012营商环境报告》显示，过去一年里，香港凭借良好的营商环境在全球183个经济体排名中蝉联亚军，仅次于新加坡。

报告从10个方面对各经济体的营商规管作出评估，其中香港表现出色，在“批出建筑许可证”这一指标上排名第一，“跨境贸易”排名第二，“缴纳税款”与“保护投资者”上排名第三，“获得信贷”方面排名第四。

央行证实与东盟成员商签人民币互换协议

10月24日　中国人民银行行长助理金琦日前在参加“第三届中国－东盟金融合作与发展领袖论坛”后表示，中国正与东盟多个国家进行人民币本币互换协议的谈判，具体签订时间将根据谈判情况而定。目前中国已与印尼、马来西亚和新加坡签订了人民币本币互换协议。

十一月

中国浙江发行205.5亿企业债券

11月3日　从浙江省发改委了解到，截至10月31日，该省已发行企业债券19只，累计实现募集资金205.5亿元。无论是以发行家数还是以融资规模统计，在全国各省份均排名第一。此外，浙江省民营企业债券发行家数和规模也均居全国第一，2只民营企业债券总计募集资金22亿元。

浙江省发改委有关负责人表示，企业通过发行企业债券直接从资本市场融资，拓宽了融资渠道，有效地破解了部分企业面临的资金瓶颈制约。

央行：民间借贷具有制度合法性

11月8日　中国人民银行有关负责人昨日对新华社记者表示，民间借贷是正规金融有益和必要的补充，但是，由于民间借贷游离于正规金融之外，存在着交易隐蔽、风险不易监控以及容易滋生非法集资、洗钱犯罪等问题，这就需要通过修订与完善相应的法律法规予以引导和规范。

美证交会加强监管借壳上市

11月10日　美国证券交易委员会当地时间11月9日表示，证交会已批准美国三家主要证券交易市场提高借壳上市门槛的新规定，以加强对外国公司通过反向收购在美国上市的监管。

根据纳斯达克证券市场、纽约证券交易所和美国证券交易所的新规定，试图通过反向收购在这三家交易市场上市的公司必须满足以下两个条件，一是在反向收购以后必须经历一年的“成熟期”，即在美国场外交易市场或其他受监管的美国或外国证券交易所交易满一年，同时向美国证交会提交所需报告，包括经审计的财务报表；二是在提交上市申请和交易市场批准其上市之前的60个交易日内，至少有30个交易日股价不得低于规定的某一价位。

中国企业前三季央企捐赠16.9亿元

11月15日　国务院国资委昨日公布的统计数据显示，今年前三季度有92家中央企业发生对外捐赠支出，累计支出总金额为16.9亿元。其中，神华集团以5.984亿元高居榜首，中石油、中石化分别以2.404亿元和9810万元居二、三位；共有25家中央企业对外捐赠超过1000万元。

德国房地产市场升温

11月21日　德国市场研究机构F＋B公布的德国第三季度住房指数显示，受金融危机等因素影响，德国住房及租房市场升温明显，南部城市慕尼黑成为德国房价最高的城市。

统计结果显示，德国住房价格近年来总体呈上升趋势，2011年第三季度升势明显。与第二季度相比，德国第三季度私有住房价格上涨1.2%，比去年同期增长2.6%。F＋B总经理贝恩德·洛伊特纳说：“私有住房价格走势充满活力。”

日本计划出口核电项目

11月30日　日本众议院外务委员会经执政及在野各党首席理事间的磋商达成协议，将从11月30日起开始审议日本与约旦、韩国、俄罗斯、越南四国间核能协定的国会批准草案。上述协定如获批，即意味着日本的核电出口得到允许。日本民主党将对4份草案进行一同处理，力争于12月2日由首相野田佳彦出席众议院会议接受质询后获得通过。在福岛核电站事故尚未完全平息的情况下，积极推进国际核电商务的野田政府的姿态也可能会遭到外界的质疑。

十二月

CME接受人民币为抵押品

12月5日，运营全球最大期货交易所的芝加哥商品交易所集团(CME Group)发表声明称，从2012年1月起将允许国际投资者把人民币用作所有期货产品交易的抵押品。

声明还指出，CME能接受的人民币金额上限为1亿美元。另外，汇丰银行将是CME在亚洲的独家结算托管行，而香港汇丰银行将接受CME客户的人民币存款，并允许其被用作抵押品。

首份家族企业报告出炉

12月12日　首份《中国家族企业发展报告》在北京发布。在对我国家族企业的生存现状及成长历程进行全景分析的基础上，这份报告提出，我国的家族企业已经成为经济社会发展的一支重要力量，对经济社会发展的贡献越来越大，但也面临日益突出的传承换代问题。

中国支持民资进入铁路等领域

12月15日，中共中央政治局常委、国务院副总理李克强出席全国发展和改革工作座谈会并讲话。他强调，要全面贯彻落实中央经济工作会议精神，突出把握好稳中求进的工作总基调，以扩大内需为战略基点，统筹做好稳增长、控物价、调结构、惠民生、促改革、保稳定各项工作，提高发展的质量和效益。

李克强指出，扩大内需是我国发展的战略基点，也是转方式的基本要求和首要任务。要坚定不移地实施扩大内需战略，更加注重扩大最终需求。着力增加低收入者收入，提高中等收入者比重。多策并举鼓励创业就业，提高居民消费能力，进一步研究扩大内需尤其是促进消费持续增长的长效机制。保持投资的适度规模，优化投资结构，保障重点在建项目建设，有序推进“十二五”规划确定的重大项目开工，加强薄弱环节，支持民间投资进入铁路、市政、能源、社会事业等领域，并把增投资与扩消费更好地结合起来，进一步巩固我国经济的内生和自主增长基础，把握发展的主动权。

中国央行连续三周净回笼资金

12月15日　中国央行在公开市场发行了30亿元3月期央票，发行利率继续持平于3.1618%，同时还进行了100亿元91天期回购操作。至此，一周内央行在公开市场回笼资金860亿元，而本周公开市场到期资金量仅有130亿元，实现净回笼资金730亿元。

英国实行新规控制房贷风险

12月19日　英国金融管理局透露，将推行新的政策规定，控制抵押房贷风险。英国购房者如果想从银行获得新的抵押贷款将要面临更严格的要求。

该机构说，计划在2013年推行一项新规定以防止银行抵押贷款风险出现。此计划主要是为了向借贷者提出基本的条件要求，防止购房者在向银行借贷时不考虑自身偿还能力，导致入不敷出。

中国三网融合试点城市将扩大

12月26日　中国工业和信息化部部长苗圩表示，2012年我国将继续大力推进三网融合，尽快将试点扩大到全国各直辖市、省会城市和其他具备条件的城市，推动广电和电信企业加强技术、业务和合作模式创新，带动相关技术研发和配套产业发展。

财政经济名词解释

低碳经济：是指温室气体排放量尽可能低的经济发展方式，尤其是二氧化碳这一主要温室气体的排放量要有效控制。在全球变暖的大背景下，低碳经济受到越来越多国家的关注。

近些年来，科学界以及各国政府已经基本达成一致，认为人类活动导致地球大气层中的温室气体（尤其是二氧化碳）不断增多，气候正在发生变化。在可预见的将来，温室气体水平过高导致的全球变暖会对人类生活产生负面影响。因此，推行低碳经济被认为是避免气候发生灾难性变化、保持人类可持续发展的有效方法之一。

低碳经济以低能耗、低排放、低污染为基础，其实质是提高能源利用效率和创建清洁能源结构，核心是技术创新、制度创新和发展观的改变。发展低碳经济是一场涉及生产模式、生活方式、价值观念和国家权益的全球性革命。

欧佩克：　欧佩克”即石油输出国组织。它是一个自愿结成的政府间组织，对其成员国的石油政策进行协调、统一。欧佩克旨在通过消除有害的、不必要的价格波动，确保国际石油市场上石油价格的稳定，保证各成员国在任何情况下都能获得稳定的石油收入，并为石油消费国提供足够、经济、长期的石油供应。

欧佩克大会：　欧佩克大会是该组织的最高权力机构，各成员国向大会派出以石油、矿产和能源部长（大臣）为首的代表团。大会每年召开两次，如有需要还可召开特别会议。大会奉行全体成员国一致原则，每个成员国均为一票，负责制定该组织的大政方针，并决定以何种适当方式加以执行。

国际能源机构：是指石油消费国政府间的经济联合组织，成立于1974年石油危机期间，总部设在法国巴黎。目前国际能源机构有26个成员国，主要成员国包括美国、德国、法国、英国、日本以及加拿大等国家。国际能源机构的成员国均为经合组织成员。根据国际能源机构的统计，全球约半数能源消费发生在该机构26个成员国以外。

该机构的宗旨是协调成员的能源政策，发展石油供应方面的自给能力，共同采取节约石油需求的措施，加强长期合作以减少对石油进口的依赖，提供石油市场情报，拟订石油消费计划，石油发生短缺时按计划分享石油，以及促进它与石油生产国和其他石油消费国的关系等。目前工作重点集中在气候变化引起的政策调整、市场改革、能源技术合作等方面。

理事会为最高权力机构，由代表成员国的能源部长或高级官员组成；管理委员会是理事会的执行机构，由各成员国的主要代表组成；秘书处负责日常事务，下辖5个办公室，分别负责处理不同领域的具体工作。

1996年10月，国际能源机构执行主任普里德尔访华，并与中国政府签署《关于在能源领域里进行合作的政策性谅解备忘录》，加强双方在能源节约与效率、能源开发与利用、能源行业的外国投资和贸易、能源供应保障、环境保护等方面的合作。

节能 ：“节能”即节约能源。所谓“节能”，按《中华人民共和国节约能源法》的解释，是指加强用能管理，采取技术上可行、经济上合理以及环境和社会可以承受的措施，减少从能源生产到消费各个环节中的损失和浪费，更加有效、合理地利用能源。

能效标识：能效标识直观地明示了家电产品的能源效率等级，而能源效率等级是判断家电产品是否节能的最重要指标， 产品的能源效率越高， 表示节能效果越好， 越省电。以电冰箱能效标识为例， 电冰箱的能效为1、2、3、4、5级， 共五个等级。 等级1表示产品达到国际先进水平， 最节电，即耗能最低； 等级2表示比较节电； 等级3表示产品的能源效率为我国市场的平均水平；等级4表示产品能源效率低于市场平均水平； 等级5表示未来要淘汰的高耗能产品。因此能效标识可以使消费者能够对不同产品的节能效果进行比较，从而使消费者能够购买到更节能、更省钱的产品。

能效标识为背部有粘性的，顶部标有“中国能效标识”（CHINA ENERGY LABEL）字样的彩色标签，一般粘贴在产品的正面面板上。电冰箱能效标识的信息内容包括产品的生产者，型号，能源效率等级、24小时耗电量、各间室容积、依据的国家标准号。空调能效标识的信息包括：产品的生产者，型号，能源效率等级、能效比、输入功率、制冷量、依据的国家标准号。

太阳能：太阳内部不停进行着由氢聚变成氦的原子核反应——核聚变过程，不停地释放出巨大的能量，不断地向宇宙空间辐射，太阳能是指太阳所负载的能量，它的计量一般以阳光照射到地面的辐射总量，包括太阳的直接辐射和天空散射辐射的总和。太阳能的利用方式主要有：光伏（太阳能电池）发电系统，将太阳能直接转换为电能；太阳能聚热系统，利用太阳的热能产生电能；被动式太阳房；太阳能热水系统；太阳能取暖和制冷。

绿色GDP：指用以衡量各国扣除自然资产损失后新创造的真实国民财富的总量核算指标。简单地讲，就是从现行统计的GDP中，扣除由于环境污染、自然资源退化、教育低下、人口数量失控、管理不善等因素引起的经济损失成本，从而得出真实的国民财富总量。

绿色GDP不仅能反映经济增长水平，而且能够体现经济增长与自然保护和谐统一的程度，可以很好地表达和反映可持续发展的思想和要求。绿色GDP占GDP的比重越高，表明国民经济增长的正面效应越高，负面效应越低。

能源审计：是指用能单位自己或委托从事能源审计的机构，根据国家有关节能法规和标准，对能源使用的物理过程和财务过程进行检测、核查、分析和评价的活动。

煤炭质量：是指煤炭产品在自身的形成和开采、加工过程中所具有的、能够满足不同用户需求的特征或特性的总和。根据煤炭产品质量特性和用途，一般煤炭质量可用一定的质量指标（或标准）来表示。如按煤的工业分析，可用煤的固定碳、腌 7.帧11.曳趾退 值戎副昀幢硎荆话疵旱脑*胤治解 捎妹褐刑迹 ）、氢（H）、氧(n)、氮(N)、硫(S)、磷(P)及微量元素含量的多少来表示；按煤的工艺性质，煤炭质量又可用煤的发热量(0)、煤的粘结性（R · I）和结焦性（y）、煤的热稳定性(TS)、煤灰的熔融性(DT、ST或FT)、煤的反应性、煤的燃点（T）以及煤的可选性等指标来表示。煤炭质量的高低，不仅关系到用煤单位的使用效果和产品质量，而且也关系到煤炭企业的声誉和经济效益，甚至也影响到国民经济的发展规模和水平。

循环经济：是指最大限度优化配置资源，最大限度提高资源利用效率，最大限度提高资源使用效益，表现为＂资源 —— 产品 —— 再生资源＂的经济增长方式，做到生产和消费污染排放最小化、废物资源化和无害化，以最小成本获得最大经济效益和环境效益。

沼气：是指利用人畜粪便、秸秆、污水等各种有机物在密闭的沼气池内，在厌氧（没有氧气）条件下，被种类繁多的沼气发酵微生物分解转化，最终产生沼气的过程。沼气是一种混合气体，可以燃烧，因为这种气体最先是在沼泽中发现的，所以称为沼气。

地热能：是指来自地球深处的可再生热能。它来源于地球的熔融岩浆和放射性物质的衰变。地下水的深处循环和来自极深处的岩浆侵入到地壳后，把热量从地下深处带至近表层。在有些地方，热能随自然涌出的热蒸汽和水而到达地面，这种热能的储量相当大。

垃圾发电：是指采用流化焚烧发电技术，对城市生活垃圾进行无害化处理和资源化利用。垃圾运到电厂后先进行预处理，把砖头等一些不易焚烧的垃圾去掉，然后运到垃圾库，经过简单处理后，送到被称为“异重型循环流化床”的焚烧炉内，按照8：2的比例加入碎原煤进行燃烧。垃圾渗出的污水可在炉内燃烧处理，燃烧产生的物质有两大类，一种是气体，另一种是灰。气体通过布袋除尘装置回收，进行无害化处理。灰可以作为原料生产砖，也可以卖给水泥厂做原料，更可以填沟造田。

风能：是指空气的动能，是指风所负载的能量，风能的大小决定于风速和空气的密度。地球上和大气中，各处接收到的太阳辐射能和放出的长波辐射能是不同的，因此在各处的温度也不同，这就造成了气压的差别。大气便由气压高的地方向气压低的地方流动。水平方向的大气流动就是风，所以，风的能量是由太阳辐射能转化来的。

水能：是指一种可再生能源，是清洁能源，是指水体的动能、势能和压力能等能量资源。广义的水能资源包括河流水能、潮汐水能、波浪能、海流能等能量资源；狭义的水能资源指河流的水能资源。

钍能：是一种可以取代核能、十分丰富的新能源，它可以用来发电，无法被用于武器制造，只产生少量的辐射物质。一吨钍可以提供相当于200吨铀，或者350万吨煤所提供的能源，而世界上已知的钍元素储量可以至少为世界提供1万年的能源支持。英国科学家已经在曼彻斯特南部的柴郡平原，建起了一个用于研究钍能源的机器，并为其起名为“艾玛”。

海洋能：是一种蕴藏在海洋中的可再生能源，包括潮汐能、波浪引起的机械能和热能。海洋能同时也涉及一个更广的范畴，包括海面上空的风能、海水表面的太阳能和海里的生物质能。中国拥有18,000公里的海岸线和总面积达6,700平方公里的6,960座岛屿。这些岛屿大多远离陆地，因而缺少能源供应。因此要实现我国海岸和海岛经济的可持续发展，必须大力发展我国的海洋能资源。

潮汐能： 潮汐能指在涨潮和落潮过程中产生的势能。潮汐能的强度和潮头数量和落差有关。通常潮头落差大于3m的潮汐就具有产能利用价值。潮汐能主要用于发电。

浪能：浪能指蕴藏在海面波浪中的动能和势能。浪能主要用于发电，同时也可用于输送和抽运水、供暖、海水脱盐和制造氢气。

海洋热能：海洋热能指由于海洋表层水体和深层水体温度差引起的热能。除了发电，海洋热能还可以用于海水脱盐、空调、和深海矿藏开发。

可再生能源：是指在自然界中可以不断再生、永续利用、取之不尽、用之不竭的资源，它对环境无害或危害极小，而且资源分布广泛，适宜就地开发利用。可再生能源主要包括太阳能、风能、水能、生物质能、地热能和海洋能等。

生物质能：包括自然界可用作能源用途的各种植物、人畜排泄物以及城乡有机废物转化成的能源，如薪柴、沼气、生物柴油、燃料乙醇、林业加工废弃物、农作物秸秆、城市有机垃圾、工农业有机废水和其他野生植物等。

国家发改委曾就国内一些地方盲目发展玉米加工乙醇能力一事明确表态：“坚持非粮为主，积极稳妥推动生物燃料乙醇产业发展。”

国家发改委要求，各地不得以玉米加工为名，违规建设生物燃料乙醇项目，盲目扩大玉米加工能力，也不得以建设燃料乙醇项目为名，盲目发展玉米加工乙醇能力。

生物柴油：是清洁的可再生能源，是指植物油与甲醇进行酯交换制造的脂肪酸甲酯，是一种洁净的生物燃料，也称之为“再生燃油”。

“生物柴油”是一种石油替代品。众所周知，普通柴油是从石油中提炼的，而“生物柴油”则可从动物、植物的脂肪中提取，在美国，目前主要从大豆中提取。这是因为美国的大豆产量很高，价格也便宜。此外，用“生物柴油”作汽车燃料对环保也有积极意义——排放的废气所含的二氧化碳远没有用普通柴油那么多，而二氧化碳正是加剧温室效应的罪魁祸首。

车用乙醇汽油：是在汽油中加入适量变性燃料乙醇形成的新型混合燃料，可以代替部分汽油。而燃料乙醇是一种绿色可再生资源，随着科学技术的发展，粮食和各种植物纤维都可以加工生产出燃料乙醇，燃料乙醇的原料来源相当丰富，而且可以循环再生。

十大重点节能工程：为落实《节能中长期专项规划》，国家发展和改革委员会组织编制了《“十一五”十大重点节能工程实施方案》，包括节约和替代石油工程、燃煤工业锅炉（窑炉）改造工程、区域热电联产工程、余热余压利用工程、电机系统节能工程、能量系统优化工程、建筑节能工程、绿色照明工程、政府机构节能工程和节能监测（服务）体系建设工程。“十一五”期间，通过实施十大重点节能工程，预计可节能2.4亿吨标准煤，减排二氧化碳（以碳计）1.56亿吨。

企业应用：运营商“管道智能化”的利器

——访思科全球副总裁徐启威

电信业当前正处于深化转型的时代，传统业务滞涨，以移动互联网、云计算为代表的新技术，带动信息通信业务创新节奏加快，电信行业面临越来越多的跨界竞争和异质竞争。在这一形势下，电信运营商如何避免被旁路？如何让“哑管道”变成“智能管道”？业务创新的方向在哪里？思科公司全球副总裁日前在接受记者采访时表示，当前运营商应该在传统经营带宽业务的基础之上，积极向新的服务领域拓展，以获得差异化优势，其中，企业信息通信应用是非常关键的市场。

作为一家致力于创新的公司，思科一直不断在寻求为客户带来实际价值的技术、解决方案和应用。徐启威介绍说，在当前这一时期，针对运营商市场，思科确立了五大创新方向。首先是IP NGN。通信终端越来越多，接入方式也趋于多样化，全球可用的存储、带宽、计算和信息系统正在呈现爆炸性增长，这对网络提出了严峻的挑战。以往用户对互联网的即时性要求不高，一封电子邮件迟几分钟送达或许没有关系，但是随着越来越多的关键应用、实时通信应用投入商用，例如视频应用，一旦发生时延，便会直接影响到用户的使用体验。在大家都将目光聚焦于创新应用上时，核心网曾一度不被重视，现在看来，其安全性、可靠性依然是保证用户体验的基础。徐启威特别表示：“思科非常注重端到端的应用体验，而不仅仅只关注于某个方面，因为任何一个环节的短板都会对最终用户产生影响。”

其次是视频。根据思科和世界有代表性的运营商所建立的数据视频指数（VNI），不久的将来，网络的流量超过90% 是视频。思科在内容分发网络（CDS）、流媒体、视频内容的处理、网络对视频应用的感知、网络自愈能力等方面已经获得了领先的优势，也收购了很多视频通信领域的领先厂商，如科学亚特兰大、腾博等，并且将视频业务优化整合到其协同平台上。

再者是UC（统一通信）和协作。协作需要跨界，需要实现对各种通信方式和终端的覆盖。徐启威进一步解释说：“如果你用平板电脑，我也用平板电脑，才能进行协作，这显然会限制企业协作的应用场合。如果你用Cius（思科平板电脑）或iPhone，我用企业视频终端，他用桌面PC，大家都可以在任何地方获得互通的良好视频通信体验，那么应用潜力一下就被挖掘出来。这显然需要一个良好的UC平台在后面支撑”。创新的应用经常需要和传统的体系对接，尤其是在电信运营商中常常面临这样的问题。徐启威介绍说，有些著名的运营商在与思科的合作中，希望实现UC与IMS系统兼容，"我们按照运营商的要求实现了这一目标，但同时发现，他们后来的扩容，基本都是UC的扩容，来满足用户的需求。"

徐启威说，第四个创新点是数据中心、云计算和虚拟化。他认为，云计算可能并不是一项全新的技术，但是却足以改变整个信息通信产业的格局。由于引入虚拟化技术，数据中心变得更加经济可靠。中小企业显然可以借助云计算具备更多能力和更丰富的IT专长，大型企业采用云计算平台可以更好地优化IT资源。电信运营商如果愿意在云计算领域加大投入，他们会具备得天独厚的优势，例如网络知识、服务管理能力、与客户的信任关系，将会带来新的利润来源。"网络是云计算的基础，基础网络能力不够就无法实现很好的虚拟化体验。如果网络质量足够好，用户在使用一个数据库时，根本感觉不到是物理的数据库还是虚拟的数据库，"徐启威说，"正是网络方面积累的丰富经验，让思科在数据中心市场上获得了令人吃惊的增长，IDC最近的报告显示，自两年前思科推出统一计算系统平台后，如今该平台已超越x86刀片服务器的市场增长水平，同时思科也成功跻身x86刀片服务器收入前三强厂商。"

第五个，就是商业转型。在未来的市场上，用户居于中心，徐启威说，思科将会帮助运营商搭建和运营定制化的解决方案，来确保其协同、创新和安全地开展业务，从而进一步提升其竞争力。

今天的电信市场上，早已不再只是一个网络对应一种业务，融合成为必然的趋势。徐启威说，虚拟化、协作技术的出现，让跨界通信成为可能，如果运营商真能够深度介入企业网的这一市场，将会开辟出一个全新的发展空间。任何一个企业都是逐步成长起来的，信息通信设施与业务发展很难保持同步。在云计算和协作平台的支撑下，企业就能够实现按需购买。例如，一个企业如果需要一百台各类终端，以及ERP、CRM等应用，就可以向运营商定制，运营商借助协作平台，将这100款终端，无论是智能手机、平板电脑还是虚拟桌面有机整合起来，并通过"云"将应用推送给他们。这样，企业就不必自己去建机房和采购软硬件，可以集中精力聚焦于自己的核心业务。现在，思科正在联手合作伙伴、运营商、集成商、应用开发商等，打造一个完善的生态体系，并向着这一目标迈进。

除了终端与应用的融合，网络融合同样是一种潮流，例如Wi-Fi与公众蜂窝网络的融合。徐启威介绍说，近来，很多著名运营商开始大规模加大无线局域网的建设。与以往的"热点"不同，经过升级后的运营商级的Wi-Fi，具备了各种电信级的可靠性，更重要的是实现了与蜂窝网络的无缝协同，由此，电信界对Wi-Fi也产生出更深的认识和更高的期望。即便是升级到LTE，现在看来也无法阻挡住移动互联网海量数据的冲击。不过，由于建网思路的改变，运营商采购Wi-Fi设备的观念也开始变化，仅仅提供简单连接显然不够，更要经受"数据洪峰"考验，满足电信级业务的苛刻要求。徐启威介绍说，思科的设备在巴塞罗那移动世界大会，北京奥运会等数据量极大的场景都表现良好，这增强了运营商与其合作的信心。在"热点2.0"时代，思科希望能够与运营商携手，为用户提供更好的无线网络应用环境，为各种创新应用的良好展示搭建一个更好的基础平台。

"思科拥有大量企业网用户，对企业市场有着深刻理解和认识。运营商如果仅仅向企业用户提供带宽，只能陷入低价值的圈子。电信业发展的根本出路在于通过创新提供差异化的服务，让管道智能化。我们希望能够与运营商携手，深入挖掘企业用户的信息通信需求，共同为他们带来价值，使信息通信技术进步的成果真正服务于经济的发展。"徐启威最后总结说。

3G行业应用助推“二化”融合

中国联合网络通信集团有限公司

一、联通公司概况

中国联合网络通信集团有限公司（简称“中国联通”）于2009年1月6日在原中国网通和原中国联通的基础上合并组建而成，在国内31个省（自治区、直辖市）和境外多个国家和地区设有分支机构，是中国唯一一家同时在纽约、香港、上海三地上市的电信运营企业，连续多年入选“世界500强企业”。

中国联通主要经营固定通信业务，移动通信业务，国内、国际通信设施服务业务，卫星国际专线业务、数据通信业务、网络接入业务和各类电信增值业务，与通信信息业务相关的系统集成业务等。中国联通于2009年4月28日，推出全新的“沃”全业务品牌，承载了联通始终如一坚持创新的服务理念，“沃”品牌认知度与美誉度不断提升。截至2011年11月底，中国联通用户总数突破3.45亿户，其中移动电话用户1.96亿户，宽带用户5553万户。

中国联通拥有覆盖全国、通达世界的现代通信网络，积极推进固定网络和移动网络的宽带化，扩大国际网络覆盖，进一步完善营销网点布局，为广大用户提供全方位、高品质信息通信服务。截至2011年11 月底，3G基站数达到20.2万个，2G基站数达到37.7万个，宽带接入端口达到6583万个，开通246个国家和地区543个运营商的GSM语音及短信国际漫游业务，开通177个国家和地区399个运营商的WCDMA/GPRS数据国际漫游业务。

二、“二化”融合为3G行业应用带来机遇

目前，我国正在走信息化与工业化深度融合的道路，目标是进一步转变经济发展方式，提高社会经济的运行质量，实现可持续发展，这也是未来一个时期我国经济发展的主线。在社会经济发展方式转型的过程中，各行各业的信息化需求越来越旺盛，越来越迫切，越来越多的企业设立CIO职位足以证明其对信息化的重视程度。行业信息化的广阔空间为行业应用带来了难得的发展机遇，而3G特有的高速网络能力使信息化行业应用如虎添翼。

目前，无论是行业、企业提升监管水平，还是节能增效，或者扩大营销服务范围，都迫切需要信息化应用的支撑，信息化的广阔“蓝海”为行业应用带来了新机遇。

行业提升管理水平需要“监控器”。目前公安、金融、保险、移动执法、防汛、环保、危险品管理等众多行业都有着旺盛的监控需求。比如公安部门需要加强对城市治安的管理，环保部门需要加强对排污企业的监督和管理。在改造企业生产流程、支撑政府主管部门以及其他行业实施监控等方面，信息通信大有用武之地。

行业节能增效需要“倍增器”。汽车耗能已经占到石油消费的大半，在我国高速公路里程不断增加、贯通成网的情况下，联网收费、不停车收费（ETC）就能节省大量能源。据分析，不停车收费能让车辆不停车就能缴费，使通行率提高30%。 而电能是能源消耗的另一大户，无论是工业用电还是居民用电，在发电、输电、变电、配电、用电和调度六个环节，想要实现科学、合理、高效的管控，都离不开信息技术的支撑，电力行业非常需要用信息技术来实现电力的高效传输及合理利用。

行业拓宽服务范围需要“延伸器”。近两年，银行、证券等行业在努力拓展服务范围，以在激烈的用户市场竞争中获得优势，信息技术成为非常给力的“延伸器”。手机银行、手机证券应运而生，并且拥有广阔的发展前景。专家分析，未来几年我国手机订购、手机缴费、手机银行、刷手机消费等业务的市场规模将在百亿元以上。

三、联通3G行业应用发展

目前，行业信息化已经成为联通集团的战略重点。中国联通董事长常小兵明确指出，3G业务的应用重点并非语音业务市场，而是在于提供丰富的信息化应用服务，行业信息化市场刚起步，机遇和潜力非常大。

1、行业应用发展整体情况

自3G正式商用以来，中国联通全面打造“3G领先”战略体系，以3G行业应用积极致力于提高政府和企业信息化水平，坚持为行业客户提供以创新科技为核心的全方位、高品质的移动信息化服务。

2011年，中国联通共实施行业信息化项目1.2万个，行业用户超过1000万，涉及移动办公、物联网、电子商务多类应用。

2、行业应用产品介绍

中国联通利用WCDMA的高速网络带宽和强大的多媒体业务支撑能力，充分挖掘企业、行业应用需求，结合系统集成优势、全业务经营优势，整合产业链上下游的软件、硬件、服务提供商，开发了移动办公、物联网、电子商务、宽带商务四大类一揽子“沃 商务”解决方案，为广大行业企业客户提供贴身、高效的信息化服务。目前，中国联通确立了以政府、金融、汽车、交通物流、航空、电力、能源、卫生医疗八大行业信息化为突破口的推进策略，进行重点突破、规模推广。

● 移动办公：让办公更加高效便捷

对于经常出差的商务人士和企业管理者来说，外出期间需及时处理突发性的公务事件是最让人犯难、头疼的问题，如何实现移动化的办公方式成为他们最迫切的需求。而随着3G高速无线网络及智能终端的普及，实现了通信、IT技术和企业生产管理流程的完美结合，使移动办公成为继电脑无纸化办公、互联网远程化办公之后的新一代办公模式。移动办公不仅使得办公变得随心、轻松，而且借助手机通信的便利性，使得使用者无论身处何种紧急情况下，都能高效迅捷地开展工作，对于突发性事件的处理、应急性事件的部署有极为重要的意义。

中国联通为满足客户移动办公业务需要，为各行业提供了移动办公的一揽子解决方案，包括：移动OA、移动警务、药品稽查、数字工商、数字城管、移动税务、移动采编、手机查勘定损、移动销售管理等成熟的应用。中国联通“沃·商务”移动办公系统，将智能终端、WCDMA高速网络、内部业务系统三者有机结合，开发出移动办公系统，实现任何办公地点和办公时间的无缝接入，提高了办公效率。它可以连接客户原有的各种IT系统，包括OA、邮件、ERP以及其他各类个性业务系统，使手机也可以用于操作、浏览、管理公司的全部工作事务，也提供了一些无线环境下的新特性功能。

典型应用介绍：

◇ 移动警务：利用3G 网络，将警用特殊终端、智能手机、笔记本电脑等各种执法终端，与公安数据库安全对接，实现了执法数据、图像、音频、视频的即时传送。目前已经广泛应用于全国各级公安部门日常执法工作和应急任务中，在六十年国庆、上海世博会、广州亚运会等重大活动的安保工作中发挥了重要作用。

◇ 银行展业：传统的信用卡受理模式是客户现场填写信用卡申请单、相机拍摄身份证和用户照片，然后统一收集运送到风险控制部门进行审核、发卡。随着3G和终端技术的发展，目前已可以实现由发卡人员在平板电脑（即展业终端）上进行客户资料录入、二代证扫描、拍照等，通过3G网络实时上传至后台进行审核。通过无纸化的信用卡受理流程，使办卡周期从原来的4–5周，降低到了2周，大大提高了工作效率和开卡率。同时，也节省了大量信用卡纸件申请单录入系统成本。

● 物联网：让“感知中国”畅通无阻

新一代信息技术位居“十二五”规划的七大战略性新兴产业首位，在转变国民经济发展方式中占据重要的位置。而物联网作为新一代信息技术的重要组成部分，温家宝总理把物联网形象地称为“感知中国”。

中国联通高度重视物联网的发展，较早在该领域进行布局，充分利用其领先的3G技术优势，在众多领域广泛实现通信与物联网技术的对接，助力物联网应用的推广和普及。目前，中国联通在物联网应用领域已经形成了移动媒体、智能公交、警车巡逻指挥、平安校园、ATM监控、驻车监控、环保监测、煤矿安监、油田监测、视频直播、即拍即传、智能抄表、汽车信息化、农机管理、汽车远程诊断等成熟产品，可满足各行业的个性化需求。

典型应用介绍

◇ 智能公交：将车辆指挥调度、实时视频监控、公交信息发布功能融为一体，实现公交车辆动态管理、科学调度，促进城市公共交通的现代化进程。目前已在全国174个城市普及推广，装备车辆近20万辆。

◇ 环保监测：借助前端各类传感器和视频监控设备，综合运用传感技术、定位及地理信息系统，建立全方位、全天候、立体化的环境监控和监测体系。目前已在内蒙污染源监控、河南环保监测、江苏污水处理、安徽河道监控等重点项目中投入使用。

● **电子商务：为企业拓展商务边界**

作为一种新型的商务模式，电子商务有着巨大的发展潜力，对调整国民经济结构有着重要的作用。随着相关技术的发展和消费者消费习惯的改变，电子商务已经由前几年的商业炒作转变为实际的应用，世界范围内电子商务业务量都在快速增长，而移动电子商务（手机、PDA等）所占的市场份额也越来越大。

凭借着强大的网络尤其是WCDMA网络的优势，推出了手机银行、手机航空、移动证券、手机购物等电子商务系列行业应用，帮助企业拓展商业经营、管理和服务的边界。目前在航空运输、电子金融、销售终端管理等业务领域，中国联通已为集团客户提供了成熟、完善的行业应用。

典型应用介绍

◇ 手机银行：是中国联通与各银行联合推出的一项利用手机客户端进行银行业务办理的金融操作的服务。手机银行不仅可以使人们在任何时间、任何地点处理多种金融业务，而且极大地丰富了银行服务的内涵，使银行能以便利、高效而又较为安全的方式为客户提供传统和创新服务，成为继网上银行、电话银行之后又一种方便银行用户的金融业务服务方式。它延长了银行的服务时间，也让消费者能够享受到更便捷的金融服务。

◇ 手机航空：基于WEB/WAP技术和二维码技术，用户能够方便地进行手机端机票预订、机票电子支付、动态航班信息提醒、手机办理电子登机手续、机场天气查询等服务，实现手机终端上的一站式航空服务。目前已经联合国航、东航、南航等推出了手机航空服务。

● **宽带商务：服务中小企业信息化**

"宽带商务"是中国联通为满足广大中小企业综合通信及IT服务的需求而特别制定的全方位办公自动化及通信解决方案，它依靠电信级的基础运营平台，整合了多种通信和信息化产品，能够满足客户"外部通信和内部信息化应用"的双重需求。从而帮助广大企业提高信息化水平，提高竞争力和盈利能力。目前，宽带商务应用已经覆盖全国31个省、自治区和直辖市。

目前"宽带商务"能够提供企业短信、办公自动化、视频监控、融合通信、定位服务、网络传真、企业建站等系列服务。

2008年，"宽带商务"获评"中小企业信息化十大影响力品牌"；2009年，中国联通宽带商务公共服务平台成为国家发改委第一批国家信息化"中小企业电子商务服务"试点项目；2011年，承办了由工信部组织的"精彩创新中国行 服务机构在行动"中小企业信息化推进活动。

典型应用产品：

◇ 办公自动化：是为中小企业提供在线协同办公的服务平台，通过友好的管理界面，可将文档管理、工作计划、收发文管理等众多的日常办公应用内容集成在一起，通过无纸化的信息流转，为企业提供一个内部系统办公的平台。

◇ 网络传真：是宽带网络（IP网络）和传统电话网络（PSTN）相融合的通信产品，用户接入互联网，便可使用电脑直接收发、浏览、存储、转发传真。

◇ 企业建站：是指为中小企业客户提供网站策划、域名申请、空间开通、网站制作、网站推广、网站维护、安全服务以及信息互动等一揽子服务内容。

3、 整合资源，打造行业应用产业链

行业信息化是一个非常大的市场，涉及政府部门、行业协会、各行业企业、设备厂商、软件开发商、系统集成厂商、内容服务商、终端用户等方方面面，有效拓展这个市场需要对各行业的具体需求有深入的了解，光靠运营商一己之力是难以成功的。中国联通本着"开放 合作 共赢"的态度与全社会各相关产业建立起广泛的合作关系，整合各方资源，努力为客户提供全方位、一体化的综合解决方案，与产业链各方一起实现共赢。

通过与主要客户建立战略合作伙伴关系，为行业应用拓展营造良好环境。2011年，中国联通与政府、企业等36家单位签署战略合作协议，战略合作伙伴达到76家。通过战略合作，加快推进信息化与工业化融合发展，推动产业结构优化升级和经济发展方式转变，促进信息化在经济社会各领域的应用。

为有效组织产业链资源，加速3G行业应用拓展，中国联通启动了行业应用合作伙伴的招募计划。第一批合作伙伴已于2011年招募完成，涉及移动办公、移动警务、移动税务、移动工商、移动城管、平安校园、环保监控、驻车监控、移动保险应用、移动证券应用、移动采编、销售管理、智能公交、智能抄表、移动网络购物等领域中的领先企业。通过与合作伙伴间建立了完善的合作机制，充分发挥合作伙伴行业特性，共同拓展市场。从项目实践看，这种深层次合作关系是非常有效的。

4、 持续提供优质服务，为客户创造价值

中国联通为行业客户提供更好更优质的服务，建立了遍布全国的集团客户服务体系，配备了4万名客户经理随时贴身服务。5000名系统集成人员进行技术支援。丰富而实用的应用和高品质的服务对企业提升产业效能、拓展营销渠道、降低运营成本起到了立竿见影的作用，极大地提升了企业价值。

● "沃·商务"力助企业降本增效。

"沃·商务"系列信息化解决方案，以高速3G网络为基础，让企业实现信息化、移动化、随身化，为企业降低了大量的人力成本、时间成本，极大地提升了企业的运营效率。如ATM机监控应用，依托WCDMA网络，实现实时视频监控、有效图像存储、联动报警、设备远程巡检等功能，为提升安全防范水平、加大科技管理力度、打击犯罪提供了有力保障。再如交通银行通过与中国联通合作，将移动展业应用于办理信用卡，极大地缩短了信用卡办卡周期，节省了大量人力物力。

● "沃·商务"让企业管理水平上新台阶

中国联通的平安校园、手机查勘、煤炭监控等应用，让企业管理者能够更好地了解各种情况，对管理水平提升很大。比如：平安校园应用通过提供实时视频监控、平安短信、学生定位三大功能，提升了学校安防管理的信息化水平，成为保障公共安全的重要组成部分。

目前，广东联通已成功为1273所学校提供应用，其中安装视频监控点的学校达到410所，为打击校园犯罪以及维护社会稳定提供了有效手段。而手机查勘应用基则可通过3G网络和智能终端，实现查勘员定位调度、现场查勘数据、照片上传等功能，解决车险查勘中存在的对查勘员缺乏有效管理、报案后等待时间长、理赔时效慢的问题，降低车险经营成本和理赔道德风险，提升保险公司的服务质量。目前，手机查勘已经在平保、人保、太保等保险公司得到广泛应用。

● “沃·商务”大大增强企业竞争力。

对很多企业来说，“沃·商务”的系列信息化应用能帮助企业在短时期内构建新的竞争力，成为企业拓展市场的利器。比如在汽车信息化领域，联通的汽车行业应用以汽车生活服务为核心，将定位、互联网、移动通信技术相结合，为驾驶员和乘客提供位置服务、通信服务、远程诊断与救援、安防监控、资讯与娱乐服务等，大大增强了汽车厂商的竞争力。目前，一汽、上汽、长安、奇瑞、比亚迪、吉利、郑州宇通、苏州金龙等多家国内知名整车生产集团都与中国联通签署战略合作协议，展开全方位合作，共同打造安全、丰富、便捷、高效的汽车信息服务平台。在证券行业，大量券商也非常看重WCDMA高速3G网络，纷纷与联通合作推出定制股票机和手机证券业务，构筑新的竞争力。目前，华林证券、东兴证券有数万股民在使用定制股票终端，华泰证券已发展数千用户使用手机证券业务，这些券商因为推出更多新应用得到了股民的青睐。

中国联通将不断整合和优先调配各种资源，一如既往地为广大客户提供先进、优质、全面的通信信息服务，共同探索用信息化手段提高企业管理和运营水平，提升企业生产和运作效率，协助客户实现成功，共同开创更加广阔的发展前景。

四、典型行业应用案例

1、 中国人寿“国寿E家”

中国人寿是国内唯一一家资产过万亿的保险集团，拥有保险营销人员70万人。为提高投保效率，中国人寿打造了以“笔记本＋3G上网卡”为基础的“国寿E家”电子投保平台，该平台具备电子投保、销售服务、日常管理等功能，使保单签署时间从数周提高到几十分钟。目前已经在8000余名销售人员中推广使用。

2、 交通银行“天机变”信用卡移动展业

“天机变”项目是交行卡中心在发售信用卡环节上的一个重大变革，以往传统信用卡受理模式为客户现场填写信用卡申请单，收集、运送到风险控制部门进行审核，现在改为由发卡人员在平板电脑上做客户资料录入、拍照，并实时上传信息和图片到后台服务器的业务模式。这种方式大大减少了客户在资料运送、扫描录入以及资料存储方面的成本投入。目前已经在10000余名营销人员中推广。

3、 重庆公安局“阳光警务”

“阳光警务”是指公安机关的办事制度、执法程序、执法结果公开化，甚至工作理念、思想意识都要展现在“阳光”下。为构建和谐警民关系，塑造公安机关良好形象，同时引导人民群众有序参与社会治安，重庆市公安局启动“阳光警务”计划。重庆联通为重庆公安局提供阳光警务综合解决方案。系统终端可部署在街道、社区、车站码头、商业区等公共场所，可为公众提供办事指南、安全防范知识、案件办理和警情提示查询功能，同时还可对警务服务进行评价和投诉。“阳光警务”得到了公安部门和公众的充分肯定和高度评价，实现了社会效益和经济效益的双赢。

4、 上海海关移动查验

该项目是上海海关在通关作业环节的重大变革，海关管理人员通过移动终端分配任务指派查验员进行现场通关查验，查验员可通过移动终端进行3G实时视频采集，并与后台鉴定人员互动，完成查验工作。该项目作为海关总署的重点创新试点项目，实现了通关查验工作的无纸化、信息化、互动化，具有非常重大的推广意义。

5、 人口信息直报移动应用

国家一直把计划生育作为基本国策，如何做好人口信息统计上报、人口服务管理是各级计生部门重要工作。目前人口信息直报系统只能覆盖到县或者乡一级，县乡以下通常采用基层计生干部按村手工统计汇总方式，然后回到办公室集中录入到直报系统中，既费工费时，又难免出现遗漏和错误。通过人口信息直报移动应用较好解决了以上问题，基层计生工作人员利用移动终端实时向省数据中心直报辖区内人口变化动态信息。目前这套系统目前在湖北部分地区推广使用。

6、 山东威海市立医院“医务通”

威海市立医院是一座集医疗、教学、科研、急救、预防、保健、康复于一体的现代化三级综合性医院。2011年5月，威海联通与威海市立医院共同打造了“医务通”系统，该系统以医院信息系统（HIS）为支撑平台，以大屏幕3G智能手机为硬件平台，以3G网络为网络平台，实现了HIS向病房的扩展和延伸，能够提供移动办公、移动护士工作站、移动医生工作站等相关功能，有效地提高医院服务水平和竞争力，减少患者就医的时间和成本，同时提高医护人员的工作效率，避免信息传递不畅导致的误诊和延误。3G“医务通”开拓了一种全新的医院管理与服务的新模式，受到了医院领导和医务工作人员的肯定。